马克思主义学术文丛　赵剑英　总主编

马克思主义哲学形态的演变　上卷

吴元梁　主编

中国社会科学出版社

图书在版编目(CIP)数据

马克思主义哲学形态的演变/吴元梁主编. 一北京:中国社会科学
出版社,2010.3
ISBN 978-7-5004-8479-0

Ⅰ.①马… Ⅱ.①吴… Ⅲ.①马克思主义哲学－研究 Ⅳ.①B0－0

中国版本图书馆 CIP 数据核字(2010)第 007021 号

责任编辑　储成喜　黄燕生
责任校对　王应来
封面设计　大鹏工作室
技术编辑　戴　宽

出版发行　中国社会科学出版社
社　　址　北京鼓楼西大街甲 158 号　　邮　编　100720
电　　话　010－84029450(邮购)
网　　址　http://www.csspw.cn
经　　销　新华书店
印　　刷　君升印刷厂　　　　　　　　装　订　广增装订厂
版　　次　2010 年 3 月第 1 版　　　　印　次　2010 年 3 月第 1 次印刷
开　　本　710×1000　1/16
印　　张　67.75
字　　数　1100 千字
定　　价　118.00 元(上、下卷)

出版前言

马克思主义的诞生是人类思想史上一件划时代的大事。一百六十多年来，马克思主义的真理性，业已通过对人类历史影响的深度和广度得到充分的检验和证明。在当今纷繁复杂的各种思想体系中，只有马克思主义才能对全球化条件下当代资本主义社会的内在矛盾从理论和方法上给予深刻的揭示和说明，只有当代中国的马克思主义才能给中国的发展道路从理论和方法上提供科学的论证和指引。近代以来的中国历史和发展实践表明，当代中国发展问题的关键在于必须坚持和发展马克思主义，坚持中国特色社会主义理论体系。这是中华民族走向伟大复兴的光明之路。

马克思主义是发展的科学。当今世界格局和经济政治秩序正在发生前所未有的深刻变化，诸多全球性问题纷至沓来。当代中国改革发展也正处于关键阶段，社会利益结构正在发生深刻调整，资源生态环境承载的压力巨大并付出了沉重代价，主流价值观念和意识形态面临重大冲击，党的执政方式与能力面临复杂而严峻的考验。这些重大的现实课题，迫切需要我们大力推进理论创新，不断赋予当代中国马克思主义鲜明的实践特色、民族特色、时代特色。对于广大马克思主义理论工作者而言，坚持马克思主义基本原理与把握中国国情和时代特征紧密结合起来，加快推进马克思主义中国化的步伐，为中国特色社会主义事业的健康发展提供正确的理论支持，无疑是一项光荣而重大的历史使命。

马克思主义研究事业的繁荣和发展，绝不仅仅体现为马克思主义研究成果数量的增加和研究队伍以及机构规模的扩大，而更应体现在关于马克思主义基础理论研究和重大现实课题研究所取得的重大进展上。本文丛旨在推出高质量、高水平的马克思主义理论研究创新成果。在选稿标准上，坚持基础研究和现实研究的统一，坚持思想性、学术性与实践性的统一，坚持马克思主义中国化、时代化、大众化的统一，倡导求真、创新、严谨、平实的学风和文风。希望《马克思主义学术文丛》成为我国马克思主义理论研究与创新成果的展示平台，期盼广大读者对该文丛予以积极关心、支持与指导！

中国社会科学出版社总编辑　赵剑英

2010 年 3 月 2 日

总　目

（下卷）

第三编　马克思主义哲学形态在西方的演变

第四编　马克思主义哲学形态在中国的演变（1）
——毛泽东哲学思想

第五编　马克思主义哲学形态在中国的演变（2）
——中国特色社会主义哲学思想

目 录
（上卷）

第一编　马克思主义哲学原生形态

第二编　马克思主义哲学形态在
俄国、苏联的演变

序　言

（一）

　　本书是 2001 年 10 月 30 日正式立项的中国社会科学院重大课题"马克思主义哲学形态研究"的最终成果，得到了我院重大课题文库出版资助。

　　马克思主义哲学形态研究并不是我们一时心血来潮的产物，而是在 20 世纪 90 年代中期对我国马克思主义哲学研究状况进行了学科调查之后，经过长期酝酿才逐步形成的。

　　1993 年中国社会科学院在所（局）和处室换届之后，在院科研局具体领导和组织下，全院各所进行了大规模的学科调查。马克思主义哲学史研究室在哲学所领导下从 1994 年开始了学科调查，并于 1995 年 4 月 6 日召开了有北京大学、中国人民大学、中央党校等单位马哲史专家参加的学科调查座谈会，最后在 4 月 20 日写成了《马哲史学科调查报告》。

　　我们在学科调查过程中了解到中国马克思主义哲学史学会 1987 年在大连年会上提出并讨论了若干带全局性的攻关难题，其中有关于唯物史观的最高表现形态和如何对待国外马克思主义哲学研究的各种学派流派这样两个问题。这引起了我们的注意，也使我们受到了极大的启发。我们认识到，不同的表现形态可以更好地解决马克思主义哲学研究中出现的不同流派、学派之间的关系问题，而对唯物史观的当代表现形态的探讨也可以更明确地表达我们所面临的重大的历史性课题。所以，我们在学科调查报告中明确地引进和使用了"形态"范畴，用它来表达一些新的想法。该报告写道："马克思主义哲学史是马克思主义哲学形成、应用、推广和发展的历史，其任务是如实地再现马克思主义哲学形成、应用、推广和发展的历史过程，正确地评价马克思主义哲学史上出现的人物、著作、理论和观点，总结历史经验，揭示马克思主义哲学的发展规律，科学地把握马克思主义哲学的实质和体系，探讨马克思主义哲学的当代形态及未来发展趋势。"

报告在环视马哲史学科研究现状、分析马哲史学科发展趋势之后，论述了马哲史学科发展规划和措施。报告指出："马哲史学科的发展方向原则上应该朝着根据建设中国特色社会主义的实践需要、根据马克思主义哲学在人类从 20 世纪奔向 21 世纪过程中进一步发展的需要开展马哲史的研究，站在时代发展的高度对马哲史上的人物、思想、事件作出新的发掘、评价、解释，揭示马克思主义哲学的发展规律，总结在社会主义实践中应用马克思主义哲学的经验教训，探求马克思主义哲学进一步发展的生长点和马克思主义哲学的现代存在形态，谱写马克思主义哲学发展的新篇章。马克思主义哲学在马克思恩格斯创立之后是随着无产阶级及其政党所从事的革命和建设的实践而不断发展的，这种实践活动在 20 世纪明显地表现出从各国各民族各地区特点出发寻求通向社会主义的不同的具体道路。与此相关联的，马克思主义哲学在发展上也呈现出多条发展线索、多种存在形态，不发达国家是一种情况，发达国家又是一种情况，没有夺取政权时期是一种情况，掌握政权时期又是一种情况，这种发展上的多样性在人类奔向 21 世纪过程中只会加强，因此马哲史应该反映马克思主义哲学在不同国家、地区、民族发展过程中得以不同应用、推广和发展的绚丽多彩的壮观和曲折复杂的生动局面。"

我们的报告得到了时任哲学所所长陈筠泉同志和当时具体负责领导和组织学科调查的副所长李景源同志的肯定。

1997 年中国社会科学院建院 20 周年院庆时，举行了面向社会的学术报告会。哲学所组成了以陈筠泉所长为首的报告组，我被指定负责报告马克思主义哲学研究的情况，形成的报告稿，题为《回顾展望，开创马克思主义哲学研究的新局面》。报告会之后，报告稿中的第一、三部分合并后以同样的题目在当年 6 月 7 日发表于《光明日报》第 5 版上。报告指出："马克思主义哲学基本原理的研究，马克思主义哲学史研究，马克思主义哲学原理多种应用研究，建设有中国特色社会主义理论的哲学研究，集中起来就是希望突破 30 年代斯大林领导下所建构的马克思主义哲学体系的模式，创建一个具有中国特点又面向世界的、既体现马克思主义哲学创始人基本思想又能抓住和回答当代时代问题从而体现当代时代特征的马克思主义哲学理论体系。在这个问题上，持有不同观点的学者进行了不同的尝试和探索，已经形成了不同版本，为进一步的研究和解决这个问题开创了一个很好的局面。"报告还指出："我们应该从解决当代实践中的时代性问题出发对马克思主义哲学的经典著作进行新的研究和发掘。我们应该进一步研究和总结马克思主义哲学在不同国家的发展和传播的规律，研究马克思主义哲学存在形态的演变历史和规律。不但应该总结成功和胜利的经验，更要总结挫折、曲折、失败的历史教训；不但要研究共产党领袖的哲学思想，还要研究总结马克思主义职业哲学家的思想。总之，我们应该振奋精神，解放思想，立足现实，总结历史，面向未来，让马克思主义哲学体现当代人类跨世纪发展的时代精神。"①

1998 年社科院进行了新一轮的换届。2000 年，在新一届哲学所领导李德顺、李鹏程两位副所长及院科研局的支持下，我们于 2000 年 5 月 8 日填写了《中国社会科学院重大课题申报书》（B 类），课题名称为：马克思主义哲学形态研究。该课题经批准后于 2001 年正式立项。

2001 年，我在《哲学研究》第 6 期上发表了论文《回答时代性问题是马克思主义哲学在 21 世纪发展的根本途径》，其中又谈到了马克思主义哲学形态研究问题，文中说道："在 21 世纪中，我们要按照江泽民'三个代表'的思想推进党的建设工程，同样我们也要按照江泽民'三个代表'的思想开展哲学研究。马克思主义哲学工作者只有代表当代社会先进生产力的发展要求，代表先进文化的前进方向，代表最广大人民群众的根本利益，才能站在时代的前列发现问题，才能对时代性问题作出新的回答，将马克思主义哲学推向前进，创造马克思主义哲学的新形态。"该文还论述了问题研究与形态研究的关系，指出："现在大家都在谈论要建构马克思主义哲学的新体系，这种建构也不能脱离所要解决的问题去抽象地进行。脱离了所要解决的问题，仅仅去凭对马克思本本的解读，是不可能建构出在 21 世纪具有生命力的马克思主义哲学体系的。马克思恩格斯当年创立马克思主义哲学的时候就不是这种态度。理论逻辑应该反映事物

① 中国社会科学院办公厅科研局编：《新时期社会科学的回顾与前瞻》，社会科学文献出版社 1998 年版，第 40 页。

逻辑或认识逻辑。这就是说，问题自身所固有的结构规定制约着解决它的理论的内在逻辑。因此我们只有真正抓住马克思主义哲学在 21 世纪发展中所遇到的新问题，只有对新问题的系统、结构和我们对新问题的认识过程作出了正确分析的时候，才会形成新的理论和观点，才会发现理论、观点之间的内在联系，才能建构起具有 21 世纪风格的马克思主义哲学的新体系，才能形成马克思主义哲学的新形态。"[1]

2002 年，在李铁映院长的倡导、组织、领导下，社科院学术委员会开展了《21 世纪初中国面临的重大理论和对策问题》研讨活动，经时任院学术委员会副秘书长的陈筠泉同志的提议，我们设计了《马克思主义哲学的当代形态》课题，并入选。该课题设计中说："自 20 世纪以来，人类社会发生了前人难以想象的剧烈和深刻的变动。……人类社会发展出现了许多具有时代特征性的新问题、新情况、新规律。社会主义计划经济实践模式的失败，要求我们从哲学上进行反思，发现其哲学认识上的根源；邓小平理论开辟了通过改革开放实现社会主义现代化的正确道路，开拓了马克思主义的新境界，把对社会主义的认识提高到新的科学水平。改革开放和现代化建设实践的发展，要求我们从哲学上进行总结，进一步阐明有中国特色社会主义的哲学基础。上述种种情况，都要求我们开展马克思主义哲学当代形态的研究。"又说："开展本课题研究的理论意义，归结起来，就在于可以推动哲学创新，阐述建构和有中国特色社会主义理论相适应的马克思主义哲学新形态。"[2]

上述表明，马克思主义哲学形态研究课题的提出和确立，实际上是社科院环境中马克思主义哲学学科片学术群体集体酝酿的结果。

（二）

当我们着手进行该课题研究的时候，觉得困难比预想的要大得多。于是课题组从 2003 年 10 月到 2004 年初，进行了多次讨论。讨论集中在两

---

① 吴元梁：《回答时代性课题是马克思主义哲学在 21 世纪发展的根本途径》，《哲学研究》2001 年第 6 期。

② 中国社会科学院学术委员会编：《21 世纪初中国面临的重大理论和对策问题》，社会科学文献出版社 2003 年版，第 61—62 页。

个问题上：一是马克思主义哲学形态研究究竟怎样进行，它和以往的马克思主义哲学原理和马克思主义哲学史研究究竟有什么异同？二是本课题的最终成果的章节结构怎样设计更好？

课题申报书中关于课题成果的结构设计为导论加六章。第一章哲学形态理论研究；第二章马克思恩格斯哲学形态研究；第三章列宁斯大林及苏联解体前后哲学形态研究；第四章马克思主义中国化形态研究（毛泽东哲学思想、邓小平哲学思想）；第五章西方马克思主义哲学形态研究；第六章当代马克思主义哲学新形态研究。

为了进一步理清和深化研究思路，我们提出并讨论了下列问题：1. 马克思和恩格斯是合在一起讲还是分开讲？2. 三、四、五章怎样立题更好？可否改变为：辩证唯物主义形态研究、历史唯物主义形态研究、实践唯物主义形态研究、马克思主义人本哲学形态研究、社会批判哲学形态、文化批判哲学形态研究，等等。3. 马克思主义哲学中国化形态该怎样定义，或者说从哲学形态的角度该怎样认识毛泽东哲学思想、邓小平哲学思想、"三个代表"重要思想对马克思主义哲学的应用和发展？4. 从哲学形态的角度该怎样认识西方马克思主义对马克思主义哲学的应用和发展？

关于研究的方法论思想，我们提出了下列基本要求：这种研究必须体现历史和理论的统一和结合，即既要研究某种形态的形成和演变的历史过程，又要对某种形态进行理论上的分析和评论。我们要讲清楚某种形态在马克思著作那里的根据、形成原因及过程、发展和演变、主要理论观点、主要代表人物及其同其他形态之间所发生的争论、目前的状况以及所受到的主要挑战、未来的发展前景，等等。

围绕上述问题和设想，从 2003 年 10 月到 2004 年 2 月，课题组进行了多次讨论。关于提纲，讨论过程中，提出了好几个提纲设想：

研究提纲 1

导论

1. 马克思主义哲学原生形态

2. 辩证唯物主义形态

3. 历史唯物主义形态

4. 实践唯物主义形态

5. 马克思主义哲学人类学形态

6. 西方马克思主义哲学形态

7. 马克思主义哲学中国化形态

8. 当代马克思主义哲学新形态研究

研究提纲 2

一、导论（3 万字）

二、马克思主义哲学的原初形态（6 万字）

　　1. 马克思的哲学思想；

　　2. 恩格斯的哲学思想。

三、马克思主义哲学的"苏联化"形态（6 万字）

四、马克思主义哲学的"西方化"形态（12 万字）

　　1. 人本主义的马克思主义；

　　2. 科学主义的马克思主义；

　　3. 东欧的新马克思主义。

五、马克思主义哲学的中国化形态（12 万字）

　　1. 毛泽东哲学思想；

　　2. 邓小平哲学思想；

　　3. "三个代表"重要思想中的哲学思想

六、马克思主义哲学的新形态展望：一种实践唯物主义的可能性（6 万字）

研究提纲 3

一、导论（2 万字）

二、马克思主义哲学的原初形态（4 万字）

三、马克思主义哲学的辩证唯物主义形态（4 万字）

四、马克思主义哲学的"历史唯物主义"形态（4 万字）

五、马克思主义哲学的实践唯物主义形态（4 万字）

六、马克思主义哲学的哲学人本学形态（4 万字）

七、马克思主义哲学的科学主义形态（4 万字）

八、马克思主义哲学的新形态展望（4 万字）

研究提纲4

导论

一、马克思主义哲学的原生形态

　　1. 马克思哲学思想及其存在形态

　　2. 恩格斯对马克思主义哲学的创立发展及其存在形态

二、马克思主义哲学传播发展过程中形成的主要形态

　　3. 辩证唯物主义形态

　　4. 历史唯物主义形态

　　5. 实践唯物主义形态

　　6. 马克思主义哲学人类学形态

三、马克思主义哲学形态演变的几个问题

　　7. 时代主题和马克思主义哲学形态

　　8. 地区国情和马克思主义哲学形态

　　9. 哲学思潮和马克思主义哲学形态

　　10. 科学技术和马克思主义哲学形态

　　11. 党的领导和马克思主义哲学形态

四、马克思主义哲学新形态探索

　　12. 科学总结马克思主义哲学发展史上的形态争论

　　13. 全面理解马克思主义哲学的本质特征

　　14. 创建马克思主义哲学新形态的方法论原则

　　15. 对学术界创建的马克思主义哲学新形态的评论和分析

　　16. 我们所设想的马克思主义哲学新形态

经过讨论，到 2004 年 2 月中旬，在 2、4 两提纲基础上形成了新的写作提纲：

一、导论（3 万字）

二、马克思主义哲学的原初形态（6 万字）

　　1. 马克思的哲学思想

　　2. 恩格斯的哲学思想

三、马克思主义哲学的"俄苏化"形态（6 万字）

四、马克思主义哲学的"西方化"形态（12 万字）

五、马克思主义哲学的中国化形态（12 万字）

1. 毛泽东哲学思想
2. 邓小平哲学思想
3. "三个代表"重要思想中的哲学思想

六、马克思主义哲学的新形态研究（6 万字）

（一）马克思主义哲学形态演变的几个问题

1. 时代主题和马克思主义哲学形态
2. 地区国情和马克思主义哲学形态
3. 哲学思潮和马克思主义哲学形态
4. 科学技术和马克思主义哲学形态
5. 党的领导和马克思主义哲学形态

（二）马克思主义哲学新形态探索

1. 科学总结马克思主义哲学发展史上的形态争论
2. 全面理解马克思主义哲学的本质特征
3. 创建马克思主义哲学新形态的方法论原则
4. 对学术界创建的马克思主义哲学新形态的评论和分析
5. 我们所设想的马克思主义哲学新形态

当时，按这个提纲进行了分工，课题研究进入写作阶段。经过几年的努力，到 2008 年 7 月底全部完成了初稿的写作。从收到第一份书稿起，我就断断续续地进行了统稿。统稿的原则是在政治上与党中央保持高度一致，在学术上尊重撰稿人的学术见解；协调课题组学术共识与撰稿人学术观点的关系，维护课题组形成的学术共识；对部分篇幅较大的书稿进行文字压缩；章节设置的统调和文字的润饰加工。统稿过程中，思考再三，总觉得"马克思主义哲学'苏联化'形态"、"马克思主义哲学'西方化'形态"、"马克思主义哲学'中国化'形态"这些概念，到现在为止，我们还不能完全将它们论述清楚，所以还是进行了改动。将全书改为"马克思主义哲学的形态演变"，将原以上述概念命名的标题改为"马克思主义哲学形态在俄国苏联的演变"、"马克思主义哲学形态在西方的演变"、"马克思主义哲学形态在中国的演变"。同时，在马克思主义哲学形态在中国的演变部分，增加了原计划中没有的内容，一是增加了作为马克思主义中国化最新成果的科学发展观与构建社会主义和谐社会的内容，二是增加了 20 世纪"五四"运动前马克思主义在中国传播的最初形态（社会进化论）的内容，还将原计划提纲中的"六、马克思主义哲学的新形态研究"改为"改革开放以来哲学界对马克思主义哲学新形态的探索",作为"马克思主义哲学形态在中国演变"的最后一章。

课题未能按照原计划完成,主要原因是课题组成员的知识储备在开始时不能完全适应课题的要求,只能将研究与学习结合起来,在学习中研究,在研究中继续学习,这样就把研究和写作的过程拉长了。幸运的是院科研局哲学片对我们采取了理解和容忍的态度,没有采取简单终止措施。不过,推迟结项的好处是使我们在2008年9月提交的结项成果比2004年提纲的设想要丰富、全面、深入得多。课题结项评审组由陈筠泉编审(组长)、王锐生教授、徐崇温研究员、李德顺教授、梁树发教授组成。2008年10月28日在课题结项评审会上,评审组专家们给出了高度评价的同时,也提出了许多中肯、深刻的修改意见。结项后,我们进行了认真的修改,加强了薄弱环节,结构也进行了调整。从结项时的四编18章改为五编27章。课题组成员承担并完成任务的情况是:杨学功(导论、第一编)、李涛(第二编第5—10章)、魏小萍(第三编的引言、第11章第1节、第14章)、刘文旋(第三编的第11章的第2—3节、第12、13章)、单继刚(第四编的第17章)、徐素华(第四编的第15、16、18—23章)、欧阳英(第五编的第24、25章)、吴元梁(第五编的第26章)、孙伟平(第五编的第27章),全书由吴元梁统稿。

(三)

本书由导论、五编、二十七章构成。

导论通过对"哲学形态"这一范畴的分析和考察,论证了从哲学形态角度对马克思主义哲学进行考察的合理性、可能性和必要性。导论指出,马克思恩格斯曾广泛使用过"形态"概念,不仅使用过"价值形态"、"经济形态"、"社会形态"等概念,而且还经常使用"形态"概念来描述或说明哲学的历史发展和演变,这就实际上提出和使用了"哲学形态"这个范畴。

恩格斯曾经指出,每一时代的理论思维,从而我们时代的理论思维,都是一种历史的产物,在不同的时代具有非常不同的形式,并因而具有非常不同的内容。一定时代哲学之内容和形式的有机统一,就构成了特定的哲学形态。换言之,哲学形态是哲学的内容和形式的具体的历史的统一。

因而，哲学形态是随着人们实践和认识的发展而历史地具体地演变的。既存在着哲学作为一个总体在历史的不同的时间空间中的演变，也存在着一种哲学流派、哲学思潮、哲学学说在不同的历史时空中的演变。马克思主义哲学形成于19世纪40年代，迄今已经有160余年的历史。在这个历史过程中，马克思主义哲学总是随着时代条件的变化、社会实践的发展和科学文化的进步，不断增益其理论内容，更新其理论形式，从而形成了马克思主义哲学的不同理论形态，形成了马克思主义哲学发展史上各种理论和学说既一脉相承又与时俱进的特点。本书的任务，就是要对马克思主义哲学历史发展过程中形成的不同理论形态进行集中的系统的研究。

导论论证了对马克思主义哲学进行形态研究的必要性和可能性。马克思主义哲学产生以来在传播和发展中所出现的波澜壮阔、跌宕起伏、复杂多样的实际过程，马克思主义哲学研究中所长期存在的"原理研究"和"马哲史研究"脱节现象及其弊端，都显示了对马克思主义哲学进行形态研究的必要性。从目前的情况来看，开展马克思主义哲学形态研究是可行的。首先，马克思主义哲学演变过程中形成了或存在着不同的理论形态。其次，开展这种研究的社会条件、学术氛围、主体条件也已成熟。导论还论述了我们开展马克思主义哲学形态研究的目的和方法，认为这种研究的目的并不是为了建立某种概念演绎的思辨体系，而是为了从一个新的角度总结马克思主义哲学发展和传播的历史经验，进一步揭示马克思主义哲学发展和演变的规律，阐明马克思主义哲学在当代发展和演变的方法论依据和正确的现实道路。

第一编（第一至四章）论述了马克思主义哲学原生形态。第一章讨论了马克思主义哲学原生态的创立及其条件，认为马克思主义哲学的原生形态于19世纪40年代产生，是时代的产物，是多种因素综合作用的结果，其中包括社会历史条件、科学文化条件、哲学理论来源以及创立者的个人条件等。针对现在有人对恩格斯能否作为马克思主义哲学的创始人所提出的质疑，第一章专门讨论了马克思和恩格斯在思想上的关系，对恩格斯在马克思主义哲学创立和形成过程中的地位和作用作了肯定性的回答。第二章对马克思主义哲学原生形态进行了发生学的考察，论述了马克思创立其新哲学的思想历程，还单独论述了恩格斯对马克思主义哲学原生形态的独特贡献。第三章分别考察了马克思和恩格斯各自对马克思主义哲学原生形态的理解和表述，特别探讨了由于他们各自在前后不同时期所做的不同理解和表述之间的差异所引发的后人之间的争论。第四章考察了马克思主义哲学原生形态在哲学史上变革的意义，认为马克思主义哲学形态是对传统哲学形态的超越。

第二编（第五至十章）论述了马克思主义哲学形态在俄国、苏联的演变。该编从历时性的维度考察马克思主义哲学的苏联化形态的形成和演变史，把这一历史过程划分为六个阶段并用相应的六章来论述：第五章论述的是（第一个阶段）马克思主义哲学苏联化形态的奠基，主要考察恩格斯对马克思主义哲学的体系化以及恩格斯的哲学观念在经历了一系列曲折之后如何为普列汉诺夫所继承；第六章论述的是（第二个阶段）马克思主义哲学的苏联化形态的进一步奠基，主要考察十月革命之前列宁对马克思主义哲学的贡献；第七章论述的是（第三个阶段）马克思主义哲学的苏联化形态的初步形成，主要考察苏联过渡时期（1917—1936）马克思主义哲学的发展；第八章论述的是（第四个阶段）马克思主义哲学苏联化形态的确立，主要考察斯大林时期（1936—1952）苏联马克思主义哲学的发展；第九章和第十章论述的是（第五个阶段和第六个阶段）马克思主义哲学苏联化形态在苏联的演变，分别考察后斯大林时期（1952—1986）和改革时期（1986—1991）苏联马克思主义哲学的发展和演变。马克思主义哲学苏联化形态的形成史是该编研究的一个重点。关于这一历史，作者试图梳理出这样一条线索：即从恩格斯经第二国际时期的哲学论争到普列汉诺夫，再到列宁；再经苏联建国后的哲学论争，到 20世纪 30 年代辩证唯物主义和历史唯物主义哲学的初步形成，再到斯大林的《联共（布）党史》四章二节所标志的辩证唯物主义和历史唯物主义哲学的正式确立。该编还对苏联学者在各个时期对马克思主义哲学的研究和阐述所作出的贡献给予了特别的关注和重视。

第三编（第十一至十四章）论述了马克思主义哲学形态在西方的演变。20 世纪 20 年代以来在欧美发达国家形成了有别于苏联马克思列宁主义的各种马克思主义思潮，我国理论界称之为西方马克思主义。20 世纪初，在俄国十月革命胜利的鼓舞下，德国、匈牙利、捷克、波兰等国也发生了无产阶级革命，但都失败了。从那以后，对这些国家无产阶级革命的失败及无产阶级革命形势在西方发达国家的逐渐消失所进行的反思，对苏联革命和建设实践中的种种问题所引发的争论的思考，对资本主义在发达国家中的演变及社会主义前途问题的探索，导致了西方马克思主义的产生和发展。同时，西方国家所存在的各种哲学传统、哲学思潮和哲学流派对马克思主义哲学形态在西方的演变也产生着明显的影响。有的学者常常首先是一定哲学学派中的哲学家，其次才是马克思主义哲学家。这时他往往用已有的哲学知识去接受、理解和研究马克思主义；另一种情况是学者在接受、理解和研究马克思主义时无意识地受着环境氛围中哲学背景的影响。不同哲学背景的影响是否形成了不同的马克思主义哲学形态，这是值得研究的问题。第十一章论述了西方马克思主义哲学的起源，研究、评述了匈牙利的卢卡奇、德国的柯尔施、意大利的葛兰西；第十二章论述了西方马克思主义的典型形态——批判理论；第十三章论述了批判理论的历史哲学和认识论，论述了霍克海默、阿多诺、马尔库塞、哈贝马斯等人的理论；第十四章论述了西方马克思主义哲学的若干其他形态，主要论述了存在主义与马克思主义哲学、衍变中的结构主义与马克思主义哲学、分析哲学与马克思主义哲学等，最后论述了西方马克思主义哲学形态的发展趋势。

第四编（第十五至二十三章）论述了马克思主义哲学形态在中国演变过程中中国人最初对马克思哲学的理解和马克思主义哲学在中国演变的第一个理论成果即毛泽东哲学思想。第十五章论述了中国化形态马克思主义哲学形成的现实依据；第十六章论述了中国化形态马克思主义哲学形成的哲学文化背景；第十七章论述中国人对马克思哲学的最初理解，认为，社会进化论是马克思主义哲学在中国传播过程中的第一个形态，认为在20世纪头20年、甚至头30年，用"社会进化论"或类似术语来称呼马克思的哲学，是相当流行的。不过，20年代后期起，随着辩证唯物主义与历史唯物主义解释范式的兴起，社会进化论的解释迅速衰落。社会进化论作为马克思主义哲学特征的整体概括已经不再被接受了。第十八章到第二十三章集中论述了毛泽东哲学思想，认为毛泽东首创了马克思主义哲学的中国化形态，毛泽东哲学思想就是中国化形态的马克思主义哲学，是马克思主义哲学中国化最有代表性的理论成果。论述了毛泽东创建中国化形态马克思主义哲学的独特条件、中国化形态马克思主义哲学形成的哲学文化背景，对马克思主义哲学中国化重要性的认识过程，中国化形态马克思主义哲学的构成要素和形成路径，中国化形态马克思主义哲学——毛泽东思想的代表作，中国化形态马克思主义哲学的中国特色，学术界对中国化形态马克思主义哲学的探索，从而多方面地多角度地展示了马克思主义和中国实际相结合过程所形成的第一次历史性飞跃的伟大成果。

第五编（第二十四至二十七章）论述了马克思主义哲学形态在中国演变的第二个伟大成果——中国特色社会主义哲学思想。第二十四章论述了作为马克思主义哲学形态在中国演变的邓小平哲学思想。该章分析了邓小平哲学思想的基本特点，认为邓小平哲学思想是以方法论形态为特征的"应用哲学"，认为邓小平哲学思想是以发展为主题的"发展哲学"，继承和发展了马克思主义的社会发展理论，吸收了当代国外发展理论的优秀成果，在回答中国当代发展问题的过程中，创立了具有中国特色的发展哲学。第二十五章论述了"三个代表"重要思想的哲学思想，认为"三个代表"重要思想从先进生产力、先进文化与人民群众的根本利益三个层面上对党的先进性提出了更高的要求，从而创造性地丰富和发展了马克思主义哲学思想，构建了一个将先进生产力论、先进文化观和群众观点等汇集在一起的新的社会综合发展观。第二十六章论述了作为马克思主义哲学形态在中国演变最新成果暨其创造性结晶的科学发展观和构建社会主义和谐社会理论，认为贯彻科学发展观和构建社会主义和谐社会是建设中国特色社会主义的基本要求，是实现经济社会又好又快发展、实现全面建设小康社会目标的内在要求，是马克思主义和中国实际相结合的新进展，是马克思主义中国化的新成果，以人为本，实现科学发展、和谐发展、和平发展，是马克思主义哲学世界观和方法论的当代运用，是马克思主义哲学发展观的新形态。第二十七章论述了改革开放以来哲学界对马克思主义哲学新形态的探索。该章认为，立足现时代，科学地总结马克思主义哲学形态的演变，深入探讨马克思主义哲学的本质特征和精神实质，针对时代性问题进行改革与创新，探索马克思主义哲学的新形态，是马克思主义哲学工作者的神圣使命。该章回顾了马克思主义哲学形态的演变及其启示，分析了马克思主义哲学面临的新挑战、新问题，进一步探讨了马克思主义哲学的本质特征和精神实质，论述了创建马克思主义哲学新形态的方法论问题，评析了改革开放以来若干马克思主义哲学新形态构想，该章最后指出，最终提炼、归纳出马克思主义哲学新形态，仍是现时代需要进一步求解的课题。这也绝不会是一个短暂而一帆风顺的过程。马克思主义哲学形态创新，任重而道远。

本书的主旨是通过马克思主义哲学形态的研究，总结马克思主义哲学发展的历史经验，揭示马克思主义哲学形态演变的规律，阐明当代形成马克思主义哲学新形态的方法论原则，探讨马克思主义哲学的当代新形态、探讨作为马克思主义哲学当代形态的中国特色社会主义哲学。

本书值得肯定的有：一、通过哲学史研究，阐明"哲学形态"范畴的基本意义，为哲学形态分析建立了一个理论框架；二、从哲学形态的角度，特别是从哲学问题、主要观点、理论逻辑体系、话语系统、哲学与实践、哲学与政治等哲学形态特征的不同方面去分析、研究和论述了马克思主义哲学的原生形态、马克思主义哲学形态在俄国苏联的演变、马克思主义哲学形态在西方的演变、马克思主义哲学形态在中国的演变，初步揭示了马克思主义哲学形态演变的特点和规律；三、讨论了建构当代马克思主义哲学新形态的方法论，对改革开放以来学术界对马克思主义哲学当代形态建构的各种尝试进行了分析和评论，初步论述了作为马克思主义哲学当代形态的中国特色社会主义哲学。

不过，必须指出，马克思主义哲学形态研究对于我们来说，仍然处于开始的阶段，摆在读者面前的本书，还是非常不成熟的，像不像形态研究，有没有意义？马克思主义哲学从其创立以来究竟发生了怎样的形态演变，在马克思主义哲学后继者那里，究竟哪些哲学可以冠称以"马克思主义哲学的新形态"？马克思主义哲学形态演变的规律究竟该怎样描述？马克思主义哲学的当代形态究竟是什么？这些仍然是需要我们和大家一起继续研究和解决的问题。对于上述问题及本书中存在的不足和错误，还请专家和读者不吝指教。

最后，我们想趁本书出版之际，向一直支持开展马克思主义哲学形态研究的中国社会科学院领导、院科研局领导、哲学所领导、院科研局哲学片韦莉莉、哲学所科研处王平和财务处刘柄华、课题结项组专家、中国社会科学出版社领导和本书编辑黄燕生编审、储诚喜以及学术界一直支持和鼓励我们研究的同行，一并致以衷心的、真诚的感谢。

吴元梁

2009 年 6 月 30 日

导　论

马克思主义哲学形成于 19 世纪 40 年代，迄今已经有 160 余年的历史。在这个历史过程中，马克思主义哲学总是随着时代条件的变化、社会实践的发展和科学文化的进步，不断增益其理论内容，更新其理论形式，从而形成了马克思主义哲学的不同理论形态，形成了马克思主义哲学发展史上各种理论和学说既一脉相承又与时俱进的特点。本书的基本任务，就是要对马克思主义哲学历史发展过程中形成的不同理论形态进行集中的系统的研究，并在此基础上提出关于建构马克思主义哲学当代形态的初步设想。因此，在具体探讨马克思主义哲学的各种理论形态之前，首先有必要对哲学形态的概念、马克思主义哲学形态研究的必要性和可能性、马克思主义哲学形态研究的目的和方法等问题，做一个概略的说明。

一　"哲学形态"概念及其规定性

"形态"是个一般的概念，在许多学科领域中被广泛使用；而哲学形态是个特殊概念，在哲学研究中有其特定的涵义。为了阐明哲学形态概念及其规定性，我们需要从一般的"形态"概念谈起。

一　"形态"概念的一般含义和用法

顾名思义，形态是指某种事物或理论在一定条件下的存在样式和表现状态。^① 因此，它是描述一种事物或理论存在样式的普遍概念。事实上，无论在自然科学还是人文社会科学研究中，"形态"都是一个运用得非常广泛的概念。法国学者莫里斯·哈布瓦赫在《社会形态学》一书中写道："矿物质的外部表征、地质层的分布、植物和动物的形态、器官组织的分布等等，在自然科学领域中，诸如此类形态学研究的例子不胜枚举。在人类社会里，人们也会谈及形态，但意义通常模糊，甚至会具有隐喻的含义。"^② 这里涉及矿物学、地质学、生物学以及社会科学等领域中广泛使用的"形态"概念，我们不妨稍微展开做一点分析。

在生物学中，形态一般指动植物及其组成部分的外形和结构，形态研究主要是对动植物的组织结构、细胞构成、发育模式、进化结构及其功能状态等进行研究。这种研究形成了具有独特地位的生物形态学，是生物分类的基础。

在语言学中，形态指词在语言结构中的构成及其功能变化，形态学研究语言的构成要素（词素）、建构规则及其形式变化过程，对它们的研究形成具有独特地位的语言形态学。语言的形态变化可分为构形形态与构词形态、内部形态与分析形态，等等。^③

在社会科学研究中，社会学创始人涂尔干（一译杜尔凯姆）试图建立社会形态学。他把对各种社会物质形式的研究称作社会形态学，主要研究社会各组成部分的数量、性质，在地球上分布的方式以及社会内部、国家之间的人口迁移、人口聚居和居住形式等问题。^④ 而莫里斯·哈布瓦赫则认为，有必要建立一门普遍的社会形态学，其目的就是研究所有特殊群体的物质形式，研究总体说来集体生活所分解成的所有大型活动。在他看来，广义社会形态学包括宗教形态学、政治形态学、经济形态学等。

在马克思主义经典作家的著作中，也广泛使用了"形态"的概念。例如，恩格斯在《自然辩证法》中写道："首先是由于达尔文所称的生长

---

① 《现代汉语词典》"形态"条的解释如下：（1）事物的形状或表现：意识～｜观念～；（2）生物体外部的形状；（3）词的内部变化形式，包括构词形式和词形变化的形式（《现代汉语词典（修订本）》，商务印书馆1996年第3版，第1410页）。这些解释多从"形式"义着眼，不完全准确，仅供参考。

② 莫里斯·哈布瓦赫：《社会形态学》，王迪译，上海人民出版社2005年版，第3页。

③ 欧阳康：《哲学研究方法论》，武汉大学出版社2004年版，第46页。

④ 莫里斯·哈布瓦赫：《社会形态学》，王迪译，上海人民出版社2005年版，第1页。

相关律。依据这一规律，一个有机生物的个别部分的特定形态，总是和其他部分的某些形态相联系的，虽然在表面上和这些形态似乎没有任何关联。""整个有机界在不断地证明形式和内容的同一或不可分离。形态学的现象和生理学的现象、形态和机能是互相制约的。形态（细胞）的分化决定物质分化为肌肉、皮肤、骨骼、表皮等等，而物质的分化又决定分化了的形态。"① 这是在生物学和生理学意义上谈论"形态"，恩格斯还使用了"形态学"的概念。

当然，马克思和恩格斯更多地使用的是"价值形态"、"经济形态"、"社会形态"等概念。例如，马克思在《资本论》中写道："一切商品都用金来计量它们的价值，从而使金成为它们的使用形态的想象的对立面，成为它们的价值形态。金能够成为实在的货币，是因为商品通过它们的全面让渡使金成为它们的实际转换或转化的使用形态，从而使金成为它们的实际的价值形态。商品在它的价值形态上蜕掉了它的自然形成的使用价值的一切痕迹，蜕掉了创造它的那种特殊有用劳动的一切痕迹，蛹化为无差别的人类劳动的同样的社会化身。"② 这里讲的是金作为货币的出现使金本身以及所有商品在"形态"上发生的变化。又说："动物遗骸的结构对于认识已经绝迹的动物的机体有重要的意义，劳动资料的遗骸对于判断已经消亡的社会经济形态也有同样重要的意义。各种经济时代的区别，不在于生产什么，而在于怎样生产，用什么劳动资料生产。"③ 这里讲的是"社会经济形态"，强调劳动资料对于区分各个不同的经济时代的意义。

至于"社会形态"概念的使用就更多了。例如，马克思在《〈政治经济学批判〉序言》中说："无论哪一个社会形态，在它所能容纳的全部生产力发挥出来以前，是决不会灭亡的；而新的更高的生产关系，在它的物质存在条件在旧社会的胎胞里成熟以前，是决不会出现的。所以人类始终只提出自己能够解决的任务，因为只要仔细考察就可以发现，任务本身，只有在解决它的物质条件已经存在或者至少是在生成过程中的时候，才会产生。大体说来，亚细亚的、古代的、封建的和现代资产阶级的生产方式可以看做是经济的社会形态演进的几个时代。资产阶级的生产关系是社会

---

① 《马克思恩格斯全集》第 20 卷，人民出版社 1971 年版，第 511、650 页。

② 马克思：《资本论》第 1 卷，人民出版社 2004 年版，第 130—131 页。

③ 同上书，第 210 页。

生产过程的最后一个对抗形式，这里所说的对抗，不是指个人的对抗，而是指从个人的社会生活条件中生长出来的对抗；但是，在资产阶级社会的胎胞里发展的生产力，同时又创造着解决这种对抗的物质条件。因此，人类社会的史前时期就以这种社会形态而告终。"①　马克思在《1857—1858年经济学手稿》中说："人的依赖性关系（起初完全是自然发生的），是最初的社会形态，在这种社会形态下，人的生产能力只是在狭窄的范围内和孤立的地点上发展着。以物的依赖性为基础的人的独立性，是第二大形态，在这种社会形态下，才形成普遍的社会物质交换，全面的关系，多方面的需要以及全面的能力的体系。建立在个人全面发展和他们共同的社会生产能力成为他们的社会财富这一基础上的自由个性，是第三个阶段。第二个阶段为第三个阶段创造条件。"②

　　值得注意的是，在《给维·伊·查苏利奇的复信》中，马克思还把"历史的形态"分为"原生形态"、"次生形态"和"再生形态"。他写道："'农业公社'到处都是古代社会形态的最近的类型；由于同样原因，在古代和现代的西欧的历史运动中，'农村公社'时期是从公有制到私有制、从原生形态到次生形态的过渡时期。""农业公社既然是原生的社会形态的最后阶段，所以它同时也是向次生的形态过渡的阶段，即以公有制为基础的社会向以私有制为基础的社会的过渡。不言而喻，次生的形态包括建立在奴隶制上和农奴制上的一系列社会。"③"各种原始公社（把所有的原始公社混为一谈是错误的；正像在地质的层系构造中一样，在历史的形态④中，也有原生类型、次生类型、再生类型等一系列的类型）的衰落的历史，还有待于撰述。"⑤

　　但是，马克思和恩格斯对"形态"概念的使用并不限于以上所列举

---

　　①　《马克思恩格斯选集》第 2 卷，人民出版社 1995 年版，第 33 页。

　　②　《马克思恩格斯全集》第 46 卷（上），人民出版社 1979 年第 1 版，第 104 页。参看《马克思恩格斯全集》第 30 卷，人民出版社 1995 年版，第 107—108 页。新版将"社会形态"改译为"社会形式"。在马克思著作的德文版中，"社会形态"（Gesellschaftsformation）和"社会形式"（Gesellschaftsform）略有差异，但没有实质性区别。

　　③　《马克思恩格斯全集》第 19 卷，人民出版社 1979 年版，第 450 页。

　　④　"地质的层系构造"和"历史的形态"中的"层系构造"和"形态"，原文为"formation"。——编者注。显然，马克思在这里是把"历史的形态"与"地质的形态"（地质的层系构造）做类比说明。

　　⑤　《马克思恩格斯选集》第 3 卷，人民出版社 1995 年版，第 765、771 页。

的这些。当马克思提出并论证真正的哲学是自己时代精神的精华，并认为哲学的内容和外部表现都会随着时代而变化的时候，他就实际地提出和使用了哲学形态的概念和范畴。他说："任何真正的哲学都是自己时代的精神上的精华，因此，必然会出现这样的时代：那时哲学不仅在内部通过自己的内容，而且在外部通过自己的表现，同自己时代的现实世界接触并发生相互作用。那时，哲学不再是同其他各特定体系相对的特定体系，而变成面对世界的一般哲学，变成当代世界的哲学。各种外部表现证明，哲学正在获得这样的意义，哲学正在变成文化的活的灵魂，哲学正在世界化，而世界正在哲学化……哲学思想冲破了令人费解的、正规的体系外壳，以世界公民的姿态出现在世界上。……哲学以前甚至曾经拒绝利用报纸，认为报纸不适合于作为自己活动的场所，但是，哲学最终不得不打破自己的沉默，变成报纸的撰稿人……"①

　　众所周知，马克思恩格斯认为，在哲学史上，唯物主义经历了不同形态的演变，辩证法也经历了不同形态的演变。

　　恩格斯在《路德维希·费尔巴哈和德国古典哲学的终结》中有一段名言："像唯心主义一样，唯物主义也经历了一系列的发展阶段。甚至随着自然科学领域中每一个划时代的发现，唯物主义也必然要改变自己的形式；而自从历史也得到唯物主义的解释以后，一条新的发展道路也在这里开辟出来了。"② 这里所说的"形式"（form）和"形态"（formation）没有实质性区别，因为恩格斯显然不只是说唯物主义哲学的外在形式发生了变化，而且是说它的理论内容和表现形式都发生了变化。恩格斯还把唯物主义的发展史概括为：古代朴素唯物主义——近代机械唯物主义——马克思的现代唯物主义三种基本形态的更替。

　　恩格斯在《反杜林论》中要求理论自然科学家从历史地存在的形态中研究辩证哲学。他认为，辩证法在历史上的第一种形态是古希腊哲学中的辩证思维，是以天然的纯朴的形式出现的；辩证法的第二个形态，恰好和德国自然科学家特别接近，这就是从康德到黑格尔的德国古典哲学；辩证法的第三个形态就是马克思的辩证法。③

---

① 《马克思恩格斯全集》第 1 卷，人民出版社 1995 年版，第 220 页。
② 《马克思恩格斯选集》第 4 卷，人民出版社 1995 年版，第 228 页。
③ 《马克思恩格斯全集》第 20 卷，人民出版社 1971 年版，第 385—386 页。

马克思在《资本论》第一卷1872年第二版跋中，谈到他的辩证方法与黑格尔的辩证方法的差异，为了把他的辩证法与当时在德国流行的作为单纯辩护工具的辩证法区别开来，也使用了"形态"的概念。马克思写道："我的辩证方法，从根本上来说，不仅和黑格尔的辩证方法不同，而且和它截然相反。在黑格尔看来，思维过程，即他称为观念而甚至把它转化为独立主体的思维过程，是现实事物的造物主，而现实事物只是思维过程的外部表现。我的看法则相反，观念的东西不外是移入人的头脑并在人的头脑中改造过的物质的东西而已。""辩证法，在其神秘形式上，成了德国的时髦东西，因为它似乎使现存事物显得光彩。辩证法，在其合理形态上，引起资产阶级及其夸夸其谈的代言人的恼怒和恐怖，因为辩证法在对现存事物的肯定的理解中同时包含对现存事物的否定的理解，即对现存事物的必然灭亡的理解；辩证法对每一种既成的形式都是从不断的运动中，因而也是从它的暂时性方面去理解；辩证法不崇拜任何东西，按其本质来说，它是批判的和革命的。"① 这就是说，马克思认为，黑格尔的辩证法是神秘形态的辩证法，而他自己的辩证法是合理形态的辩证法。

综上所述，无论在自然科学和社会科学研究中，还是在哲学研究中，"形态"都是一个可以普遍使用的概念。当然，它们的具体含义并不相同。

二　从哲学的层次结构看哲学形态

无论是作为现代学术建制中的一门学科，还是作为一种历史悠久的文化现象，哲学都是一个庞大的"家族"，它是由各种要素纵横交错相互联系而形成的、有一定层次结构的系统。厘清哲学内部结构的各种层次，无论对于哲学的学科建设和学术研究，无疑都具有重要的前提性意义，也有助于我们把握哲学形态在哲学的层次结构中的地位。

哲学内部结构的层次，按照由低到高、由简到繁的顺序排列，首先就是哲学观点（ideas of philosophy），即对于某一哲学问题的具体看法。这是哲学的细胞形态，哲学的最低层次。哲学学说或哲学理论，就是按照一定的逻辑结构，由这些具体观点建构而成的。我们越往哲学史的早期追溯就越是发现，那时的哲学还不具有学说或理论的结构形式，而只是一些具体的哲学观点。哲学学说或哲学理论需要详细严密的逻辑论证来展开，缺

---

① 《马克思恩格斯选集》第2卷，人民出版社1995年版，第111—112页。

少这样的论证就无法构成哲学学说或哲学理论。而在哲学的早期阶段，这样的论证付诸阙如，因此只有具体的哲学观点，还谈不上哲学学说或哲学理论。例如，在伊奥尼亚学派哲人那里，我们只能看到"水是世界万物的始基"（泰勒斯）、"万物的始基是气"（阿那克西美尼）、"万物的始基是火"（赫拉克利特）等观点和言论，很少看到他们对这些观点的详细论证。这并不能完全归结为文献的逸失和缺乏，而是那个时代哲学发展水平的反映和表现。正因如此，黑格尔在谈到泰勒斯时说，泰勒斯的哲学"并不表现为一个完成了的系统，这并不是由于缺少资料，而是因为最初的哲学还不能有系统"[①]。

哲学学说或哲学理论（theory of philosophy），是哲学内部结构的中间层次。一定的哲学学说或哲学理论总是由具体的哲学观点构成的，但并不是这些观点的简单堆积和拼凑，而是这些观点的有机组织。由于有了这样的组织，具体观点可以放大也可以缩小其功能。但不管是放大还是缩小，它们都在该学说或理论中重新获得了自己的位置，其意义必须借助于整个学说或理论才能得到理解和说明。人们常说要完整、系统地理解某一学说或理论，而不能只抓住它的个别观点和结论，这当然是完全正确的；然而反过来看，要完整、系统地理解某一学说或理论，同样离不开对具体观点及其相互关系的正确把握。

哲学学说或哲学理论，通常表现为一定的哲学体系（system of philosophy）。因此，我们把"哲学学说"、"哲学理论"与"哲学体系"作为同等程度的概念来看待。任何哲学学说或哲学理论，都必然是由一系列具体观点构成的具有内在联系的体系。

哲学体系又有两种：思想体系和叙述体系。所谓思想体系，是指各种具体哲学观点之间的内在联系。任何一种成熟的、系统的学说，都必然有自己的思想体系；反之，没有自己的思想体系，只是一些零星的偶发的见解，就还没有达到学说的水平。所谓叙述体系，是指阐释、论证和发挥一种思想体系的概念、范畴系统。具体的哲学观点总是凝结、体现在相应的概念、范畴之中，这些概念、范畴之间的联系和转化就构成其叙述体系。从这种意义上看，具有内在逻辑联系的哲学范畴体系也就是哲学的叙述体系。由此可见，哲学的叙述体系并不神秘，它与哲学的思想体系也不是截

---

① 黑格尔：《哲学史讲演录》第一卷，贺麟、王太庆译，商务印书馆 1959 年版，第 181 页。

然对立的。

但是，思想体系与叙述体系毕竟是有区别的。思想体系有两个特点：第一，它是一种学说在创立过程中自然形成的，是这种学说本来具有或必然具有的；第二，思想体系的奠基人和完成者，只能是该学说的创立者本人。叙述体系与之不同，它也有两个特点：第一，叙述体系是在一种学说形成过程之中，或在这种学说形成之后，根据其思想体系自觉地建构起来的；第二，叙述体系的建构者，既可以是该学说的创立者本人，也可以是他人（包括同时代的其他人和后来人），因此，同一个思想体系可以有多个不同的叙述体系。此外，一个学说的创立者必然有其思想体系，但不一定有其叙述体系；或者在学说的某些方面有其叙述体系，在另一些方面没有其叙述体系。例如马克思主义，它当然有着自己的思想体系，在政治经济学方面也有着相当完整严密的叙述体系，但马克思在创立自己的新哲学时，却没有刻意为它制定一个一劳永逸的叙述体系。马克思哲学也不同于历史上那些体系化哲学，他给我们留下的只是他的哲学的具有内在联系的思想体系[①]，而没有留下有完整逻辑结构的叙述体系[②]。马克思哲学的叙述体系是由后人建构的。

一般说来，叙述体系的建构要以思想体系为基础，必须忠实于思想体系。但实际情况证明，二者之间的关系是错综复杂的，而不是完全一一对

---

① 众所周知，马克思并没有留下一部以哲学为专门内容和有完整哲学体系的著作，但这是否意味着马克思哲学没有自己的思想体系呢？中国古代哲学也有与之类似的情况，冯友兰先生的如下一段话，或许会给我们以一定的启发："中国古代哲学家们少做正式的哲学论著。从古代流传下来的哲学史料，大多是为别的目的而写的东西，或者是别人所记录的他们的言语，可以说是东鳞西爪。因此就使人有一种印象，认为中国古代哲学家的思想没有系统。如果是就形式上的系统而言，这种情况是有的，也是相当普遍的。但是形式上的系统不等于实质上的系统。拿一部《论语》来看，其中所记载的都是孔子回答学生们的话。学生们东提一个问题，西提一个问题，其间并没有联系。孔子东答一个问题，西答一个问题，其答也没有联系。孔子并没有和学生们就一个专门问题讨论起来，深入下去。（也许有，不过没有这样记载流传下来）就形式上看，一部《论语》是没有形式上系统的。但这并不等于孔子的思想没有实质上的系统，如果是那样，他的思想就不成为一个体系，乱七八糟。如果真是那样，他也就不成为一个哲学家了，哲学史也就不必给他地位了。"（《中国哲学史新编》第一册，人民出版社1982年版，第37—38页）冯先生这里所说的"形式上的系统"，相当于我们所说的"叙述体系"；而他所说的"实质上的系统"，相当于我们所说的"思想体系"。

② 借用列宁的话来说，马克思没有留下大写的"逻辑"，只留下了《资本论》的逻辑（参见《哲学笔记》，人民出版社1993年版，第290页）。

应的。如果一个叙述体系出自该学说创立者之手，它可能与其思想体系较为融洽和接近，但也存在着不相一致的情况，如黑格尔哲学中体系和方法（内容）互相矛盾，就是一个典型例子。如果叙述体系出自他人之手，情况就更加复杂，因为这样的体系体现的是他人对该学说的理解，只能通过他人的阐释才能揭示出来，而这样的阐释和揭示必然是多样化的，乃至是多元化的。由后人建构的马克思主义哲学的叙述体系与马克思哲学原生形态的思想体系之间的关系，就是如此。

三　哲学形态的基本规定

在上面的叙述中，实际上已经引出了哲学形态的概念。哲学形态（pattern of philosophy）是哲学内部结构的更高层次。一定时代的哲学学说或哲学理论，不可能"只此一家，别无分店"，而总是千姿百态，不一而足。哲学迄今一直是在不断分化中发展的，而且越是往后，哲学学说或哲学理论的数量就越多。这样就造成了两种意义上的哲学形态：一种是同一时代各种不同性质的哲学学说共时性多样性的统一形态，标志着各种哲学派别（同一性质的多种哲学学说，构成一个学派）在同一时代的同时并存；另一种是不同时代多种多样的哲学学说历时性统一的形态，标志着哲学本身的历史演进。换言之，上述两种意义上的哲学形态，分别表征着哲学在空间上的多样性和在时间上的流变性。

这里需要特别提出用来对哲学进行整体性把握的是广义的哲学形态，它是上述两种意义上的哲学形态的辩证综合，是包含历史与时间尺度在内的哲学样态的多样性统一。实际存在的哲学样态的多样性，在这种综合中表现为一种有机整体性，类似于生物界中多种多样的生物（植物、动物、微生物等）在历史进化中所形成的生态系统。换言之，我们把"哲学形态"看做是包含一定时代标准在内的具体哲学学说和哲学流派的本质抽象。具体的哲学学说和哲学流派是极其多样的，随着哲学的发展甚至可以是无限的，这种多样性和无限性在理论的可能性上与哲学家的个体数量等值；而哲学形态固然也是多样的，但由于把时代标准包括在内，因而具有内在的统一性。对于这样的哲学形态的考察，必须以时代性为标准才能把握其内在逻辑。一种有助于说明问题的方法是：以具有划时代意义的哲学家的哲学观为典型个案，通过考察他们对"哲学是什么"等哲学观问题的理解和回答，来揭示哲学形态的历史演变。例如考察古希腊哲学，我们可以选择伊奥尼亚学派、苏格拉底和亚里士多德作为典型案例，从中可以看到哲学形态经历了自然哲学——人生哲学——形而上学（"第一哲学"）的演变过程。由于哲学的历史形态不是固定不变的，一定时代的哲学到底怎样为自己定位，也不是由其本身决定的，而是由那个时代的知识状况及其分化程度决定的，因此，我们也可以从人类知识积累基础上所发生的学科分化和整合的角度，来寻求哲学形态的历史定位。

从历史上看，哲学形态总是处于不断流变的过程之中。例如，人们通常把西方哲学的发展史概括为古代的本体论哲学、近代的认识论哲学和现代的语言哲学。这种概括就是从"哲学形态"着眼的。人们因此而把近代哲学的变革称作"认识论转向"（epistemological turn），把现代哲学的变革称作"语言学转向"（linguistic turn）。对此，有的西方学者作了这样的解释："首先，哲学家们思考这个世界；接着，他们反思认识这个世界的方式；最后，他们转向注意表达这种认识的媒介。这是否就是哲学从形而上学，经过认识论，再到语言哲学的自然进程。"①

以上说的是大尺度的哲学形态概念。所谓哲学形态就是哲学的内容和形式的具体的历史的统一，是用来论述或标志由于在不同的历史条件下所发生的内容和形式上的变化而造成同一哲学在实际存在上的区别的一个范畴和概念。恩格斯曾经指出，每一时代的理论思维，从而我们时代的理论思维，都是一种历史的产物，在不同的时代具有非常不同的形式，并因而具有非常不同的内容。恩格斯关于剩余劳动在不同的历史时期有不同的表现形态的论述对于我们理解和把握哲学形态范畴也很有帮助。他说："另一方面，如果认为无偿劳动只有在现在这种关系下，即在生产一方面由资本家一方面由雇佣工人进行的情形之下，才能产生出来，那是荒谬的。正相反，在一切时代，被压迫阶级都必须提供无偿劳动。有一个很长的时期，奴隶制度是劳动组织的支配形态，奴隶被迫做的劳动，比以生活资料的形式所还给他们的劳动，要多得多。在农奴制度下，直到农民徭役劳动废除为止，情形也是这样。不过，在这里，农民为维持自身生活而工作的时间和为地主工作的剩余劳动之间的区别是极清楚的，因为后者和前者是分开的。现在，形态已经变化了，不过本质依然是一样的。"② 这就是说，

---

①　斯鲁格：《弗雷格》，中国社会科学出版社 1989 年版，第 10 页。

②　《马克思恩格斯全集》第 16 卷，人民出版社 1964 年版，第 267 页。

当我们用哲学形态范畴来论述或描述哲学变化的时候，在形态不同的哲学之间总存在着可以把它们联系起来一脉相承的东西，总存在可以把它们归为哲学、同一种哲学、同一种哲学学说的共同的本质特征。

综上所述，从外延方面，从广义上看，哲学形态具有多种不同含义和层次，大致包括以下几点①：

第一，作为社会系统内在要素的哲学形态。按照马克思的社会有机体思想，哲学以一定的社会生产力为最终根源，是与政治法律思想、道德观念、宗教意识等既相联系又相区别的一种社会意识形态，它高度集中地体现着时代精神，并历史地提供着一定时代的世界观和方法论。这种界说，是从社会系统论的角度对哲学形态的定位。

第二，哲学历史发展过程中的不同形态。如上面的叙述中所谈到的本体论形态、认识论形态，以及当代日益繁复纷纭而难以用一个术语来概括的多样化的哲学形态。这些哲学形态的形成和演变，是由于社会实践和科学文化的发展，凸显了不同历史时期哲学的时代性主题，从而导致特定时期哲学在内容和形式上的时代性特点，并使哲学在自身发展中显现出历史形态的演化和更迭。在特定的历史时期，某一哲学形态体现着当时的时代性哲学主题，并统摄着人们对于其他哲学问题的思考。例如哲学的本体论形态，存在于人类哲学思维的早期阶段，随着近代科学的独立和发展，认识论问题逐渐成为近代哲学的时代性主题，这时，关于世界本原问题的哲学思考逐渐地失去了时代意义。但是，它又作为一种基本的范畴和研究方式积淀下来，成为尔后的哲学理论体系中的一个"构件"和一种可能的哲学思维方式，并要求人们依据新的科学成果和认识水准作出新的哲学界说。

第三，某种哲学流派的不同历史形态。如唯物主义哲学的朴素形态、形而上学形态和辩证形态。这是由于科学和实践的进步，引起某种哲学流派在其历史发展进程中从形式到内容的某些改变。这正如恩格斯所指出的，与唯心主义一样，唯物主义也经历了一系列的发展阶段，甚至随着自然科学领域中每一个划时代的发现，唯物主义也必然要改变自己的形式。

———————————

① 以下叙述参考了欧阳康教授的相关论述。参见欧阳康《哲学研究方法论》，武汉大学出版社 2004 年版，第 47—48 页。

第四，某一历史时期不同哲学派别的不同形态。如近代西方哲学中的唯理论和经验论，它们是在同一社会历史条件下，围绕认识论问题这一共同的哲学主题所展开的不同哲学思路。或者说，它们从不同角度、不同侧面和途径，对同一哲学主题进行探索的不同形式和不同派别。

第五，某种哲学学说在历史演变中形成的不同形态。历史上的哲学学说大体有两种不同的命运或结局：一种是形成即终结，没有自己的后继者，因此很快就被后起的哲学学说所代替，挤到后台去了。在漫漫的历史长河中，这样昙花一现的哲学学说多得不可胜数；另一种是形成后继续发展，在不断更新中保持生机与活力。马克思主义哲学是后一种哲学学说的典型。之所以如此，从根本上说，是因为马克思主义哲学不是纯粹书斋式言论，而是面向现实生活的哲学思考。马克思主义哲学始终以现实生活作为思考的对象，而现实生活总是处在不停的变动之中，这种变动的剧烈和深刻，近一百多年来达到了前人难以想象的程度。因此，马克思主义哲学必定会随着时代、实践和科学的发展而不断更新，不可能一成不变。这就是人们常说的马克思主义哲学的开放性，所谓"开放"，就是不凝固在既成的结论和理论形态上，而是面向生活实践，不断通过理论概括更新其理论内容和形式，形成新的理论形态。

事实上，在马克思主义哲学形成以来160余年的历史过程中，马克思主义哲学的创始人和后继者总是根据变化了的时代条件，不断推进马克思主义哲学的理论创新，从而使之获得新的生命和形态。可以说，马克思主义哲学的生命力就存在于它的不断发展的过程之中。像马克思主义哲学这种目的在于指导生活实践的哲学，显然不能满足于既成的结论，而必须随着生活实践本身的进展而不断更新自己的理论内容和形式。在哲学史上，我们经常看到的情形是，一种哲学在形成之后，经过一段时间的流行，就会被新的哲学所取代，借用黑格尔的话来说，哲学史仿佛是哲学理论的竞技"战场"，堆满了"死人的骨骼"。在这里，哲学的发展主要采取了一种外在否定的形式。而从马克思主义哲学发展史上看，马克思主义哲学的发展并不是采取这种外在否定的形式进行的，马克思主义哲学的发展主要表现为一种内在更新，后起的理论和学说与先前的理论和学说之间存在内在的亲缘关系，存在着学统和"道统"上的内在联系，各种马克思主义哲学形态之间存在着"家族相似"性。这就形成了马克思主义哲学发展史上各种理论和学说既一脉相承又与时俱进的特点。

由此可见，哲学形态的基本规定或基本要素实际上有两条，首先是在不同的哲学、哲学学派、哲学学说之间存在某种能够将它们贯串起来的共同本质，其次这种共同本质在现实的存在形态或表现形态上又是不同的。前一条讲本质相同，后一条讲形态不同。就前面的分析来说，第一种场合，意识形态是哲学和政治、法律、道德、艺术等意识形态形式的共同地方，但从存在形态来说，哲学又不同于非哲学的意识形态。所以，这里使用的哲学形态，是相对于社会结构中的其他非哲学的意识形态而言的；第二种场合，哲学是不同历史时期哲学的共同本质，即我们讨论的对象必须是哲学。但哲学在不同历史时期中实际存在形态又是不同的。这里使用哲学形态，是用来论述哲学在总体上的演变和发展；第三种场合，讨论的对象是某种哲学流派，因而构成这种哲学流派的本质特征就是共同的东西，这里使用哲学形态，是为了论述某一哲学流派在历史上的演变和发展；第四种场合，共同的地方就是都为哲学流派，不同的地方就是不同的哲学流派有着不同的存在形态。这里使用哲学形态，是为了对同一历史时期中的不同哲学派别进行比较研究；第五种场合，共同的地方就是构成某一哲学学说的本质规定，不同的地方就是同样的本质规定在不同的场合具有不同的存在形态。这里使用哲学形态，是为了研究和论述某一哲学学说的演变和发展。哲学形态作为一种总体性、综合性、现实性的范畴，要求我们将哲学的内容和形式统一起来考察哲学整体、哲学学派、哲学学说的演变和发展。

二　马克思主义哲学形态研究的必要性和可能性

开展马克思主义哲学形态研究，即对马克思主义哲学的形成史、流变史、发展史，着重从形态视角进行研究，进而在此基础上建构既充分反映时代特征和实践需要，又体现中国特色、中国风格和中国气派的马克思主义哲学的新形态，是当前马克思主义哲学史学科建设的一项重要任务，也是实现马克思主义哲学理论创新的必然要求。

一　马克思主义哲学形态研究的必要性

众所周知，"马克思主义哲学史"现在已经是我国哲学领域里一个重要的分支学科，与"马克思主义哲学原理"并行。但是，在新中国成立以后的相当长一段时间里，具体地说，从 20 世纪 50 年代到 70 年代，我们所讲的马克思主义哲学，非常缺乏"历史"的视角。就是说，我们往往不是把它当成一个思想发展的过程去看待，而是当成一些既成的结论去叙述。这些既成的结论，也就是被我们当成"原理"看待的东西，大多是从苏联教科书中移植过来的，虽然经过了中国学者的整理、加工、充实和完善，但整体的框架结构和基本的原理原则，都没有脱离苏联教科书体系的窠臼。

随着实践的发展和研究的深入，这一套既成的"原理"体系的问题日益暴露出来。特别是"文革"结束后，当反思哲学理论研究的问题和失误时，人们普遍感到，我们过去所真诚相信和宣讲的那些"原理"，有相当一些并不是真正忠实于马克思主义哲学本身的，而这与我们过去所坚持的原理体系有着不可分割的关联。由此而提出的问题就是：（1）回头看，马克思主义哲学"本来是"怎样的？（2）往前看，马克思主义哲学"应该是"怎样的？正是在这样的背景下，伴随着思想理论领域里"拨乱反正"的展开，特别是随着我国改革开放新时代的到来，建设马克思主义哲学史这门学科的任务和进行马克思主义哲学原理体系改革研究的任务，在 20 世纪 80 年代初被同时提了出来。

经过学者们 30 年坚持不懈的努力，马克思主义哲学史作为一门新学科已经建立起来，并取得了较大的研究进展和成绩，先后出版了多部《马克思主义哲学史》教材（1 卷本、3 卷本、8 卷本）和一大批研究专著。马克思主义哲学原理体系改革研究也在探索中取得了可喜的进步，先后出版了几部新的哲学原理教科书或专著，这些著述无论在内容上还是体系结构上都与苏联模式的教科书体系拉开了差距。

但是，在看到成绩的同时，我们不应讳言而必须承认，两方面的进展都还不能令人满意。而其中一个重要的原因，在我们看来，就是没有在二者的"结合"上狠下工夫。结果，理应为改革传统教科书体系提供理论借鉴和思想资源的马克思主义哲学史学科，一定程度上变成了缺乏时代感和现实性的、对于马克思主义哲学演变过程中所产生的大量文献的冗长的直观叙述，并且这些叙述在缺乏更好的概念框架和理论结构的条件下，基本上是按照传统教科书的体系模式来安排的；而马克思主义哲学原理体系改革的探索，则陷入了另一种片面性，一些研究者在强调马克思主义哲学的时代感和现实性（这种强调本身并没有错）的时候，自觉不自觉地走向某种"六经注我"的研究方式，使相关的研究变成了随意性极大的主观发挥，失去了应有的文献依据和历史根基。20世纪90年代以后，由于上述偏颇所造成的问题，当然还有其他更复杂的背景和原因，这两方面的研究都陷入了困境和低谷。我们认为，破解这一难题的可能的选择之一，就是把二者真正有效地"结合"起来。开展马克思主义哲学形态研究的课题，就是在这样的背景下提出来的。

　　"史"的研究离不开"论"的引导和提升，否则"史"的研究在最好的意义上，也不过是以"客观历史编纂学"的方式（黑格尔所批评的哲学史研究方式）从事某种文献整理的工作。这里的"论"，就是哲学史家所说的用于指导哲学史研究的"观点和方法"，简称"哲学史观"。而一定的哲学史观，又总是来源或根据于一定的哲学观。哲学观的提供者，即某种哲学之原理。"原理"代表着一种哲学最新和最高的发展水平，在一定意义上是"史"的完成形态。马克思说过，人体解剖是猴体解剖的一把钥匙，低等动物身上所表现的特征和性状，只有在高等动物身上才能获得充分的认识。这是非常精辟的思想。对于马克思主义哲学史的研究来说，只有当我们具备了充分成熟的"原理"意识时，才可能真正把握和揭示出它的内在历史逻辑。

　　同时，"论"也不是横空出世的，而必须有"史"的根据和线索。恩格斯说过，真正的理论思维，应该是"建立在通晓思维的历史和成就基础上的理论思维"。在未能弄清一种理论和学说的来龙去脉的时候，我们很难真正理解这种理论和学说。而且，在这样的情况下，我们还有可能把这些原理当成某种现成的、一经形成就不再变化的东西去看待。黑格尔甚至说，在哲学史中，我们研究的就是哲学本身；我们之所以是我们，乃是因为我们有历史。这种富有历史感的思维方式曾经得到马克思主义经典作家的高度评价，被称之为德国古典哲学的最高成就。可是，在我们的"原理"研究中，这种富有历史感的思维方式是比较缺乏的，很多似乎很奇妙的谈论都没有历史根基。

　　基于对上述情况的分析判断，我们认为，开展马克思主义哲学形态研究，有助于克服长期以来在"原理研究"和"马哲史研究"中存在的"史"、"论"脱节现象及其弊端，是实现二者有效"结合"的一个切入点。

二　马克思主义哲学形态研究的可能性

作为一项研究课题，马克思主义哲学形态研究的可能性一方面取决于它的对象，即客观上是否存在着马克思主义哲学形态这回事；另一方面取决于研究主体，即研究者是否形成了相应的理论和方法。从目前的情况来看，这两方面的条件都已具备，因此，开展马克思主义哲学形态研究是可行的。

首先，承认马克思主义哲学演变过程中形成了或存在着不同的理论形态，是开展马克思主义哲学形态研究的基本前提。

众所周知，马克思主义哲学是由马克思和恩格斯在 19 世纪 40 年代共同创立的，迄今已有 150 多年的历史，在这个过程中事实上形成了马克思主义哲学不同的理论形态。马克思和恩格斯不仅是马克思主义哲学的创立者，也是这种哲学的发展者，他们构成了马克思主义哲学发展史上的马恩阶段，由他们创立并发展了的马克思主义哲学可以称之为马克思主义哲学的原生形态。这一阶段还包括他们的一些战友和学生对马克思主义哲学的研究和宣传。列宁在 19 世纪末 20 世纪初自由资本主义向垄断资本主义转变的历史条件下，把马克思主义发展到列宁主义阶段，实现了马克思主义从理论到实践的巨大飞跃。列宁逝世后，斯大林对马克思主义哲学作了通俗化的解释，其中存在着简单化的倾向和误解。以上这些，隶属于并形成了苏俄马克思主义哲学形态。与此同时，马克思主义哲学在西方也发展出了不同的理论形态，与第二国际理论家和苏联的"正统马克思主义"相区别，以卢卡奇、柯尔施、葛兰西为早期代表的"西方马克思主义"开创了马克思主义哲学的另一种理论路向，逐步形成为西方马克思主义哲学形态。自从马克思主义传入中国以来，中国的马克思主义者，从李大钊、陈独秀算起，已经有几代人，在民主革命和社会主义革命时期的主要代表是毛泽东，在社会主义现代化建设新时期的主要代表是邓小平，现在仍在继续发展着，从而形成了中国化的马克思主义哲学形态。这些都是马克思主义哲学历史发展中的基本史实，是谁也否认不了的，问题是到底应该怎样看待这些理论形态之间的关系。

不可否认，在马克思主义哲学传播和演进过程中是否形成了或存在着不同的理论形态，这个问题在以前是不可能提出来的。因为受到意识形态因素的限制和其他因素的影响，人们往往非反思地认定，马克思主义哲学是一脉相承的思想体系，看不到或故意无视马克思主义哲学的创立者和后继者，如马克思、恩格斯、列宁、斯大林以及当代马克思主义者之间实际存在的种种差异，对它们讳莫如深。随着思想的解禁和研究的深入，学者们现在已经能够正视这种差异了。应该说，这是人之常情。因为即使是同一个人的思想，也可能在一生中发生某种变化，更不用说两个人或多个人的思想之间会存在差异了。从一定意义上说，发展即意味着差异。如果永远只能与原来的思想保持同一，理论也就停滞不前了。当然，大家都认为应该更多地从他们的思想的一致性和一贯性方面去理解，这无疑是正确的；然而，是否正视他们的思想之间实际存在的差异，直接关系到马克思主义哲学形态能否成立的根据所在。

　　早在 20 世纪 90 年代初，就有学者在对马克思主义哲学史深入研究的基础上，提出马克思主义哲学历史演进过程中形成了或存在着不同形态的观点，并分别用"原生形态"、"次生形态"和"再生形态"① 等几个概念来标志它们，这是富有启发意义的。如果能本着研究的态度去看待，或许可以作如下的理解：马克思主义哲学的"原生形态"是指马克思和恩格斯所创立的哲学，其名称为"新唯物主义"、"把感性理解为实践活动的唯物主义"（《关于费尔巴哈的提纲》）或"实践的唯物主义"（《德意志意识形态》），主要内容是唯物史观或历史唯物主义；"次生形态"是指经晚年恩格斯、第二国际理论家以及列宁阐释和发挥过的马克思主义哲学，其名称不尽一致，内容比较复杂，甚至存在着尖锐的观点分歧，内部有很多具体的"小形态"；"再生形态"是指被斯大林体系化的马克思主义哲学，以及我们从苏联人手中接受过来的教科书哲学，其名称是辩证唯物主义和历史唯物主义，核心内容是辩证唯物主义。除此之外，还有马克思主义哲学的"当代形态"，即正在被我们运用和发展着的马克思主义哲学。当然，对马克思主义哲学"原生形态"、"次生形态"、"再生形态"的具体内容和特征究竟应如何概括和把握，研究者可能见仁见智，未必会有完全相同或一致的看法，我们所提出的只是一种理解。但不管人们的具体理解有何差异，马克思主义哲学历史演变过程中形成了或存在着不同的理论形态，都是无可争辩的理论事实。显然，这些形态之间不仅存在着一

---

　　① 参看高齐云主编《马克思主义哲学体系的原生、次生、再生形态》，中山大学出版社 1990 年版。

致性，也存在着相当大的差异。这是我们把它们作为不同的形态来考察的根据所在。

　　事实上，由于时代主题的变化，地区国情的差异，具体科学研究的进展，新的哲学流派的形成和影响，以及马克思主义政党执政地位的变化等多种因素，马克思主义哲学的面貌和特征必然发生相应的变化，从而形成不同的理论形态。近年来，经过深入研究和探讨，马克思主义哲学在传播和演进过程中形成了不同的理论形态的观点，已经得到相当多不抱偏见的学者的认同。例如，有学者指出，根据现有材料可以设想：假如由马克思本人来写一部叙述其哲学思想的著作，他很可能是按照《关于费尔巴哈的提纲》那样的构思；而由恩格斯来写，则可能以《反杜林论》、《费尔巴哈论》和《自然辩证法》等内容为思路；如果由列宁来写，那么大体可以从《唯物主义和经验批判主义》和《哲学笔记》等书中看到一些线索；斯大林已经留下了他的《论辩证唯物主义和历史唯物主义》，代表了他所理解的马克思主义哲学；毛泽东在延安时期阅读了不少哲学著作，并写下了大量批注，其中比较重要的是读西洛可夫、爱森堡等著，李达、雷仲坚译《辩证法唯物论教程》一书的批注，和读米丁等著、沈志远译《辩证唯物论与历史唯物论》一书的批注，《实践论》和《矛盾论》就从这些批注中汲取了理论资源。这足以说明，同样是对马克思主义哲学基本原理的叙述，在保持其实质不变的前提下，也可以并且应该有不同的叙述体系。① 不同的叙述体系，实际上就是不同的理论形态。

　　其次，关于研究的主体条件。已有学者提出并详细阐明了哲学形态学（morphology of philosophy）的理论与方法，指出哲学形态是哲学的内容和形式、理论和体系的具体的历史的统一。对哲学形态有必要也有可能进行形态学意义上的探索。哲学形态学正是以哲学形态为研究对象，探索哲学形态的系统发生、历史演进、内部构成、外部条件、现代特点等。哲学形态学的实质是要在历史与逻辑、内容和形式、理论和体系的统一中对哲学的历史、现实和未来做一种总体性和动态性的研究。就其过程性而言，哲学形态处于不断的演进和发展之中，必然会随着时代的变化而变化。关注哲学形态的变化与发展，就是要对哲学与时代的关系进行一种动态的相关

---

　　① 李德顺：《立言录》，黑龙江教育出版社 1998 年版，第 14 页。

性探索，以哲学的视野来透视时代，并以哲学形态的变化来表现时代的变化。[①]

　　运用哲学形态学的理论和方法来研究马克思主义哲学形态，具有充分的历史依据和学理依据。因为马克思主义哲学是不断发展和变化的，马克思主义哲学的形态也会随着时代的发展而发生变化。从方法论上看，我们必须把马克思主义哲学当成特定内容与具体形式内在统一的有机整体，作为一种由时代所塑造从而具有时代特点、体现时代精神的哲学形态来把握其内在结构和现实根据；把作为整体的马克思主义哲学放到人类哲学思维发展的历史进程中，作为哲学形态演化更迭过程中的一种历史形式，来把握其历史渊源和发展趋向；把马克思主义哲学放到当代哲学理论和哲学流派多样化发展的客观背景中，作为当代社会多种哲学形态中的一种现实形态，来把握其本质特征和独特地位。马克思主义哲学形态的研究，就是要具体地考察马克思主义哲学流变过程中历史地形成的各种特定理论形态，揭示其特点，评价其好坏，以期为建构马克思主义哲学当代形态提供必要的思想资源和历史借鉴。

三　马克思主义哲学形态研究的目的和方法

　　马克思主义哲学形态研究的目的，并不是为了建立某种概念演绎的思辨体系，而是要切实运用哲学形态学的理论和方法，考察马克思主义哲学的各种历史形态，并在对这些形态进行深入研究和综合比较的基础上，阐明其特点，评价其得失，以期为建构马克思主义哲学的当代新形态提供思想资源和理论借鉴。

一　对各种马克思主义哲学形态进行综合比较研究

　　从世界马克思主义哲学的发展图景来看，在马克思主义哲学160多年的历史演变过程中，形成了不同的理论形态和理论传统。深入研究和比较世界马克思主义哲学发展中各种不同的理论形态，把握其特点，分辨其差异，无疑有助于我们在当代语境中建构具有中国特点、中国风格和中国气

---

　　① 欧阳康：《哲学研究方法论》，武汉大学出版社2004年版，第44—51页。

派的马克思主义哲学新形态。

　　学术界一般公认，除马克思主义哲学原生形态和有待于建构的马克思主义哲学当代形态外，苏俄马克思主义哲学、西方马克思主义哲学、中国马克思主义哲学是马克思主义哲学演变过程中形成的三种主要形态。下面简要谈谈这几种形态的特点和差异。

　　苏俄马克思主义哲学形态是在普列汉诺夫、列宁等的理论工作基础上逐步形成的，最终在斯大林模式的教科书体系中被定型化。这种形态曾经被确认为"正统马克思主义"，并取得了排他性的独尊地位。苏俄马克思主义哲学形态的主要特点是：（1）从哲学性质上看，把马克思主义哲学理解为关于整个世界的普遍规律的科学，力图使马克思主义哲学"科学化"；（2）从理论观点上看，强调马克思主义哲学首先是辩证唯物主义，历史唯物主义只是辩证唯物主义在社会历史领域中的推广和运用；（3）从理论功能上看，论证和辩护的功能取代了分析和批判的功能。关于这种形态，大家比较熟悉，不再详细展开。

　　西方马克思主义是以区别于苏俄马克思主义的姿态登上理论舞台的，其产生背景是第一次世界大战后西欧各国革命的失败。第一次世界大战后，在资本主义发展上比俄国先进的中欧和西欧许多国家（芬兰、匈牙利、波兰、捷克、德国、奥地利等）都出现了有利于无产阶级革命的形势，并且在各国共产党的领导下以十月革命为榜样发动了革命，然而这些革命都无例外地遭到了失败。为什么会失败？理所当然地引起了各国共产党人和马克思主义者的思考，得出的答案也各式各样。其中对西方马克思主义的形成较有影响的两种看法是：这些革命只关注资本主义的经济危机作为导火线的作用，而没有唤起无产阶级的阶级意识；只是单纯照搬十月革命的模式，而没有制定适合本国特殊条件的战略和策略。前者针对的主要是在第二国际得到流行的经济决定论，后者针对的主要是被简单化的列宁主义。匈牙利共产党人卢卡奇在《历史和阶级意识》（1923），德国共产党人柯尔施在《马克思主义和哲学》（1923）中，对这些看法作了哲学上的论证。他们试图通过研究从黑格尔到马克思的发展来重新解释马克思的哲学理论。由于第二国际和列宁领导的第三国际在当时占有正统或主流地位，卢卡奇和柯尔施等人的学说自然就被认为是与正统马克思主义有所不同的学说，后来被称为"西方马克思主义"。卢卡奇和柯尔施开了西方马克思主义的先河，在他们之后，随着马克思主义和工人运动中出现各种失误和挫折（例如欧洲工人运动未能阻止法西斯主义、苏联模式社会主义的弊端和失败、1968 年"五月风暴"及其失败、东欧剧变等），陆续有一些学者在主流马克思主义运动和执政的共产党范围以外以马克思主义的名义力图对这些失误和挫折加以总结，并以此重新认识和解释马克思主义，他们也大都被认为是西方马克思主义者。由于他们所面对的历史事件不同、思想和文化背景相异，因此他们的理论也各有特色。

"西方马克思主义"是一个总的称谓，但并不是具有完整思想体系的统一的学说或派别，而是一个既具有某些共同理论基调，又色彩斑斓、内容庞杂的思想理论运动。西方马克思主义主要有两大倾向：20 世纪 50 年代之前人本主义独占鳌头，50 年代以后形成科学主义倾向。属于人本主义倾向的主要是法兰克福学派和"存在主义的马克思主义"等。属于科学主义倾向的有结构主义的马克思主义、新实证主义的马克思主义等。20世纪 60 年代以后又形成了一些新派别，如女权主义的马克思主义、分析的马克思主义、生态学的马克思主义等。

经过几十年的发展演变，西方马克思主义哲学也形成了自己的理论形态，其主要特点是：（1）研究内容的现实性、综合性，即紧密结合资本主义发展的现实，从综合的角度对资本主义的政治、经济和社会生活进行理论分析；（2）研究功能的批判性，即把马克思主义哲学作为对现实资本主义社会进行分析和批判的理论工具；（3）研究风格的反思性，起初主要是反思西欧各国革命的失败的原因，而现在，反思东欧剧变和社会主义受挫的教训，反思马克思主义理论与马克思本人思想的关系，已成为 20 世纪 90 年代以后一种新的研究趋势。从前一个方面看，主要是反思现实社会主义受挫的理论、现实和历史原因；从后一个方面看，他们试图通过将马克思本人的思想与马克思主义加以区别，从历史的挫折中"拯救"马克思主义；（4）"嫁接"当代西方哲学思潮，形成了多种多样的派别。

中国马克思主义哲学形态①形成于 20 世纪初，与西方马克思主义哲学在时间上几乎同时，在理论上也都以苏俄马克思主义哲学为出发点，然

---

①　下文关于中国马克思主义哲学形态的论述，参考和借鉴了何萍教授《20 世纪马克思主义哲学中的两种传统》（载《哲学研究》2003 年第 8 期）一文中的观点。

而在对待苏俄马克思主义哲学的态度上，则与西方马克思主义哲学截然相反。西方马克思主义哲学是从批判苏俄马克思主义哲学中产生的。柯尔施曾明确指出，他提出"西方马克思主义"概念，就是为了标明他们所创立的马克思主义哲学是完全不同于苏俄马克思主义哲学的新的马克思主义哲学形态。与之相反，中国马克思主义哲学形态是在传播苏俄马克思主义哲学的基础上发展起来的，在基本原理和理论框架上基本遵循了苏俄马克思主义哲学范式。不仅如此，在尔后多年的哲学研究中，中国马克思主义者一直认同苏俄马克思主义哲学体系，而对西方马克思主义哲学持批判态度，改革开放以来这种状况才有所改变。

当然，我们也决不能因此就把中国马克思主义哲学形态简单等同于苏俄马克思主义哲学形态。中国马克思主义哲学虽然在理论上采取了苏俄马克思主义哲学模式，但是从一开始，中国的马克思主义者就着重把马克思主义哲学当作历史观、认识论和方法论。在马克思主义哲学的创新上，中国马克思主义者还结合中国革命的现实，通过与中国思想界的论战，对哲学与科学、辩证唯物主义的哲学性质、马克思主义哲学的本体论和认识论的关系等问题，都做出了自己的解答，创造出具有自身民族特色的马克思主义哲学。如同中国共产党人在革命实践中逐步探索出一条适合自身国情的道路一样，中国马克思主义者也进行了马克思主义哲学中国化的不懈探索。李达的《社会学大纲》、毛泽东的《实践论》，都把实践置于马克思主义哲学的首位，强调马克思主义哲学本质上是实践的唯物论。这种对马克思主义哲学的理解和阐释，明显不同于苏俄马克思主义的辩证唯物主义哲学体系。而今天的中国马克思主义哲学与苏俄马克思主义哲学形态的差别就更大了，这是不言而喻的事实。

中国马克思主义哲学与苏俄马克思主义哲学之间的差异引发出一个十分重要的理论问题：中国马克思主义哲学与苏俄马克思主义哲学之"同"究竟在何处？两者是东方马克思主义哲学形态之"同"，还是苏俄马克思主义哲学形态之"同"？20世纪70至80年代以来的中国马克思主义哲学的发展表明了，中国马克思主义哲学与苏俄马克思主义哲学之"同"只有在区别于"西方马克思主义"的意义上去理解，即它们仅仅是东方马克思主义哲学形态之"同"，而不能与苏俄马克思主义哲学形态完全等同。20世纪30至50年代，中国马克思主义者学习和采用苏俄马克思主义哲学教科书体系，主要是因为中国马克思主义哲学处于初创时期，必须模仿已经取得成功的理论作为自身的起点。然而，一旦中国马克思主义哲学有了自己的经验和基础，就必然删除原有理论中不属于自身的内容，创造出新的理论体系。这种新的理论体系才是构成中国马克思主义哲学理论内核的东西。苏俄马克思主义哲学教科书体系不过是中国马克思主义者借以创造自己哲学形态的中介，仅仅是一种暂时的过渡形式。这些都说明，苏俄马克思主义哲学教科书体系从来就没有成为中国马克思主义哲学的主宰，中国马克思主义哲学也绝不是苏俄马克思主义哲学的翻版，它们之间的同一性是东方马克思主义哲学形态的共性，它们之间的差别来自于各自的民族哲学形态。肯定这一点，我们就不难理解中国马克思主义哲学形态的理论性质及其特点。

改革开放以来，特别是东欧剧变之后，中国马克思主义哲学的特点进一步形成并得到突出发展。在错综复杂的国际局势下，中国继续坚定地坚持社会主义道路，坚持马克思主义在意识形态领域的指导地位，实现了马克思主义同中国实际相结合过程中的第二次历史性飞跃，作为国家指导思想的马克思主义中国化的现实形态，取得了从邓小平理论到"三个代表"重要思想和科学发展观等标志性成果。学术研究上也探讨了不少新问题，提出了一些新观点、新方法，形成了新的理论成果。这些理论成果，已经成为当代中国哲学的有机组成部分。

二　"回到马克思"与"发展马克思"的关系

在前面的论述中，我们已经提到马克思主义哲学的思想体系和叙述体系，并且指出不同的叙述体系，实际上就是不同的理论形态。因此，对于马克思主义哲学形态研究来说，怎样看待和处理马克思主义哲学的思想体系和叙述体系、马克思主义哲学的原生形态和衍生形态的关系，进而怎样看待和处理"返本"与"开新"、"回到马克思"与"发展马克思"的关系，都是不能回避的重要问题。事实上，在这些问题上存在着尖锐的分歧，不可不辨。

首先，马克思主义哲学形态研究必须正确处理思想体系和叙述体系、原生形态和衍生形态的关系问题。

如前所述，由马克思和恩格斯共同创立的马克思主义哲学原生形态只具有各种观点内在联系的思想体系，而没有形成其全面的叙述体系，马克思主义哲学的完整、系统、全面的叙述体系是由后人建构的。在这里，存在着马克思主义哲学的原生形态和由对原生形态的解释而形成的各种衍生形态（如次生、再生形态）的关系问题。

马克思主义哲学的原生形态是马克思和恩格斯创立的，因而是这种哲学在建立过程中自然形成和本来具有的，作为整体来说是"一"；与之不同，马克思主义哲学的衍生形态是由后来的马克思主义者，在变化了的时代条件下，基于他们对马克思主义哲学的理解和解释，又融入新的时代内容和思想成果而建立的，因此它必然是"多"。一般说来，对原生形态的解释要以原生形态本身为基础、为源头，并尽可能保持与原生形态精神实质的一致。但是，这种一致并不是预定的，也有发生偏差和变形的可能。在此过程中，作为马克思主义哲学原生形态之解释的各种衍生形态必然是多样化的，乃至是多元化的。① 正如恩格斯说的那样："现在，形态已经变化了，不过本质依然是一样的。"② 多样多元的各种衍生形态之间可能形成互补的关系，也可能形成竞争的关系。当然，多样和多元只是一个事实，并不意味着其中每一"样"和每一"元"都是天然合理和正确的。开展马克思主义哲学形态研究，就是要对这些多样化乃至多元化的衍生形态作出评价。一般说来，这种评价在参照原生形态的同时，主要通过对各种衍生形态在提出、回答和解决实践问题过程中的实际效果的比较和竞争来实现的。

其次，马克思主义哲学形态研究必须正确处理文本与解释、"返本"与"开新"的关系问题。

近年来，中国学术界兴起了马克思文本研究热，其中就涉及文本与解释的关系问题。自从马克思的文本被创作出来以后，已经经过了几代人的解释，形成了若干互有差异的解释系统。我们现在对马克思文本的研究，实际上已不可能完全摆脱这些解释。一般说来，对马克思的研究要以文本本身为基础，尽可能达到与文本实质内容的一致。但是这种"一致"是一个无止境的、无限的"对话"过程。解释文本的文本又形成新的文本，

---

① 关于这种多样化或多元化，詹明信（Fredric Jameson）曾经在讲到理论话语的多样性时，说过下面一段意味深长的话："在此人们会说，不管你怎么大讲理论话语的多样性，到头来马克思主义还是一家独尊，以势压人。但我们不应忘记如今马克思主义并不是只此一家，别无分店。事实上有形形色色的马克思主义理论话语。因此这样的说法并不成立。"（参见詹明信《晚期资本主义的文化逻辑》，生活·读书·新知三联书店 1997 年版，第 19 页）

② 《马克思恩格斯全集》第 16 卷，人民出版社 1964 年版，第 267 页。

我们称之为衍生文本。被解释的原初文本与由解释文本而形成的衍生文本之间的关系，是源与流、一与多的关系。这种关系并不是简单的派生与被派生的关系，而是一种在无限反复的"循环"中相互促进的关系：一方面，文本及其意义存在于对它的解释中，"多"和"流"是对"一"和"源"的补充和发展（当然也包括偏离），现实中只能通过"多"和"流"去达到"一"和"源"，这是解释对文本意义的制约性；另一方面，文本又制约着对它的解释，并且为评价各种解释提供某种尺度和准绳。因此，所谓"回到马克思"，只是要求"回到"在历史演进中（特别是在后来的解释中）被"遮蔽"的马克思哲学的真精神上，并以它作为我们继续前进的出发点，结合当今的时代精神和思想成果，去建构马克思主义哲学的当代形态；它不是也不可能是"回到"马克思的一切既成结论上，并教条主义地固守这些既成结论。

这里，"返本"与"开新"之间在无限反复的"循环"中相互促进的关系表现为："返本"的内在要求和目的正是为了"开新"；而"开新"要成为真正富有新意的发展和创新，又离不开对马克思哲学精神实质不断深入的把握，也就是要求不断"返本"。显然，这是一个在无限反复的循环中不断提升的过程。"返本"与"开新"的循环，是通过马克思主义哲学的"原生形态"和"衍生形态"之间的互动来实现的。"开新"，即建构马克思主义哲学的当代形态，但这种形态是否还是真正忠实于马克思哲学的，在很大程度上取决于它是否真正根源于马克思主义哲学的"原生形态"。因此，"回到马克思"正是建构马克思主义哲学当代形态的必经途径和理论前提。离开马克思主义哲学的原生形态去建构所谓当代形态，必然使之失去应有的历史前提和理论根基，为主观任意地"再造马克思"打开方便之门。

再次，马克思主义哲学形态研究必须正确处理"回到马克思"与"发展马克思"的关系问题。

如前所述，马克思主义哲学的原生形态和衍生形态之间并不是派生和被派生的关系。同样，探求马克思主义哲学的当代性并建构马克思主义哲学的当代形态，也不能通过简单地回归到马克思主义哲学的原生形态来实现。对此，我们可以通过分析国内学术界关于"马克思哲学"和"马克思主义哲学"两个概念的区分来予以说明。

近年来，随着"回到马克思"之说的兴起，国内不少学者都主张把

"马克思哲学"与"马克思主义哲学"两个概念严格区分开来。如果从这两个概念所涵盖的内容范围和文本依据来看，这种区分当然是合理的，也有助于对马克思主义哲学的历史发展和形态演变做出更具体的理解和描述。在这种区分中，"马克思哲学"在狭义上特指马克思本人的哲学，它以马克思本人的著作为文本依据；而"马克思主义哲学"，其文本依据则不仅包括了马克思的著作，而且包括了隶属于这一学派的其他人的著作，例如马克思的合作者恩格斯的著作，马克思的后继者列宁、斯大林、毛泽东等人的著作，甚至包括马克思的战友和学生的著作，理论上还应该包括当代的其他马克思主义者（不管他们是政治家还是学者）的著作，等等。可见，"马克思主义哲学"是一个内涵和外延均在不断扩展的概念，而"马克思哲学"则是一个内涵和外延都相对确定的概念。

但是，如果仅仅这样理解上述划界的意义，它就是一个单纯技术性或技巧性的问题了。实际上，主张把"马克思哲学"与"马克思主义哲学"两个概念严格区分开来的论者，似都暗含着一种前见：马克思本人的哲学与隶属于这个学派的其他人的哲学（如恩格斯的哲学、列宁的哲学、斯大林的哲学、西方马克思主义的哲学、中国的马克思主义哲学，等等）是有本质区别的。换言之，这种划界并不是一个技术性或技巧性问题，而是一个实质性问题。

然而，在我们看来，正是在这里可能潜藏着一个理论逻辑上的"陷阱"：把"马克思哲学"与"马克思主义哲学"僵硬地界别开来，势必割裂马克思主义哲学历史发展的内在连续性，甚至人为制造马克思与恩格斯以及马克思主义哲学的创始人和后继者之间的种种"断裂"。排除那种把马克思和恩格斯对立起来的"偏见"不论，在理论上则关涉如何看待马克思哲学的本真精神、马克思主义哲学的历史发展和马克思主义哲学当代价值的理解方式问题。正如有学者所质询的："马克思的本真精神是自足地存在于马克思的文本中，还是存在于与现实实践的交互作用和相互发明中？割断了马克思哲学与后来继承者的历史联系如何理解马克思哲学的发展问题？如果说与马克思同时代且长期合作的恩格斯都对马克思存在着诸多'误读'和'曲解'，那身处当代的我们在何种程度上能够'回到马克思'，而这种'还原'主义的理解进路是否本身就违背了当代诠释学所揭示的理解规律？评价马克思主义哲学当代性的标准应该是什么，是理论的自洽还是对当代现实实践问题的解决能力？等等。"①

这些尖锐的质询凸显了理解方式的当代性问题。应该看到，马克思主义是从马克思发源而不断流变着的学说，是以马克思为根而一直在生长着并具有分歧的枝杈的理论生命体。将马克思主义哲学的"源"与"流"抽象地割裂开来、对立起来，撇开马克思主义哲学在当代的发展而力图在源头去寻找"马克思哲学"自身的所谓同一性和单义性，只能是否定历史的错觉。实际上，即使是在源头上也存在着本身的差异和矛盾，孕育着多向发展的可能性，而发展过程中的多样性更是发展本身的特性所规定的。不同时代不同国度的马克思主义者，根据自己在实践中所面临的任务和问题，结合自己的历史文化传统，对马克思思想理解的侧重点和着眼点都是不同的，从而形成了各具特质和特色的马克思主义哲学形态，构成了一个庞大的马克思主义家族。只有从这样一个广阔的历史视野出发，才能合理地理解马克思主义哲学的发展史，正当地提出建构马克思主义哲学当代形态的问题。

三　建构马克思主义哲学当代形态

现在最重要的问题是建构马克思主义哲学的当代形态。因为对我们来说，马克思主义哲学形态研究的目的，并不是为了建立某种概念演绎的思辨体系，而是要切实运用哲学形态学的理论和方法，考察马克思主义哲学

---

① 马俊峰：《合理理解马克思主义哲学的当代性》，载《教学与研究》2005 年第 9 期。有这样一个例子颇能说明问题：中央乐团的作曲家田丰创办了一所云南少数民族文化传习馆。田丰把民间艺人和有歌舞天分的孩子集中在馆里进行文化传习，坚持"原汁原味，求真禁变"，不对传统做任何加工，甚至不让学员看电视。可是传习馆最终关闭，田丰也因肺癌去世。有人认为传习馆的悲剧就在于"求真禁变"（参见"民族歌舞《云南映象》的启示"，载《光明日报》2004 年 7 月 22 日 A2 版）。2006 年 11 月 18—20 日，云南大型原生态民族音乐剧"云岭天籁"在北京演出，则获得观众和专家好评。到底应该如何继承原生态文化艺术？怎样更好地开掘民族传统文化资源？多年来，在田间地头采集民歌，通过"采风"汲取民间文化的丰富养分，一直是人们坚持的习惯做法。但"云岭天籁"编导、音乐统筹刘晓耕却认为："我们不是简单地把采回来的歌直接拿出去，而是在保持框架不变、音乐灵魂不变的前提下，在结构上进行加工，加入有时代感的表达形式。""在对待如何继承原生态文化艺术的问题上，有两种态度：一种是求真禁变，一种是求真求变。我们的态度是求真求变。""我们对原生态文化的还原不是博物馆式的，是加以创造和发展的。对于它的原生态元素，不是弱化而是强化它。"（参见《〈云岭天籁〉打造原生态民族文化品牌》，载《光明日报》2006 年 11 月 22 日第 2 版）对待马克思主义哲学原生形态应取何种态度？从这个例子中当可获得必要的启示。

的各种历史形态，并在对这些形态进行充分研究和比较的基础上，建构马克思主义哲学当代形态，即反映当代特点和中国特色的 21 世纪的马克思主义哲学新形态。

建构马克思主义哲学当代形态，离不开现有的基础和相应的条件。从基础来看，中国改革开放 20 多年来，作为国家指导思想的马克思主义中国化的现实形态，已经取得了从邓小平理论到"三个代表"重要思想和科学发展观等标志性成果，其中包含着丰富深刻的哲学思想和哲学智慧，有待于从理论上进一步加强研究和阐发。而从学术形态看，与改革开放和现代化建设的客观进程相适应，学术界本着严谨的科学态度，根据"第一手文献"对马克思主义经典著作重新进行翻译和解读，打破不合理的学科疆界，理解上更接近于马克思主义哲学的真实所是；同时又提出和探讨了不少新问题、新概念、新观点、新方法，达到了新的理论高度。总体上说，马克思主义哲学在我国的发展，已经基本上走出了传统教科书的体系模式，一个具有当代高度和中国特色的马克思主义哲学新形态，正在酝酿和形成之中。

从条件来看，中央实施马克思主义理论研究和建设工程，为建构马克思主义哲学当代新形态提供了非常有利的条件。胡锦涛在会见出席中央实施马克思主义理论研究和建设工程工作会议的全体代表时强调指出，当今世界政治、经济、文化、科技、军事等领域出现了一系列新变化、新矛盾、新问题，我国改革发展也面临着一系列新任务、新情况、新课题。我们要带领全国各族人民抓住重要战略机遇期，全面建设小康社会，把改革开放和现代化建设继续推向前进，就必须进一步高扬马克思主义理论的伟大旗帜，用发展着的马克思主义指导新的实践，并在实践中不断丰富和发展马克思主义。[①] 据我们理解，"用发展着的马克思主义指导新的实践"与"在实践中不断丰富和发展马克思主义"，是相辅相成的关系。事实上，要用发展着的马克思主义指导新的实践，就必须在实践中不断丰富和发展马克思主义。而建构马克思主义哲学当代新形态就是我们在当代条件下丰富和发展马克思主义的一个重要方面。

建构马克思主义哲学当代新形态，必须从多方面综合进行：既要根据

---

① 参看《高扬马克思主义理论伟大旗帜　凝聚全党全国人民共同奋斗》，载《光明日报》2004 年 4 月 29 日 A1 版。

新的实践需要重新认真研究马克思主义经典著作，把握其思想方法和精神实质，又要深入研究当代实践中的新情况、新问题、新经验，并进行新的理论概括；既要坚持马克思主义哲学的指导地位，又要充分汲取和消化利用中国传统哲学和西方哲学中的合理思想资源；既要具备哲学思维必须的高度和深度，又要对当代科学包括自然科学和人文社会科学的具体成果进行哲学升华和提炼。只有通过上述各方面的综合努力，我们才能真正建构起既具有当代特征又具有中国风格和气派的马克思主义哲学新形态。

任何真正的哲学都是时代精神的精华，同时又是民族精神的高度凝结。从一定意义上说，哲学研究是以民族性的形式、时代性的内容去求索具有人类普遍性的问题。哲学迄今一直是在不断分化中发展的，不同时代和民族的哲学各不相同，从而形成不同的哲学传统。"要理解一个哲学，必须首先了解它所赞成的、所反对的各种传统，否则就不可能理解它。"①中国哲学与西方哲学在历史发展中形成了不同的传统，这种不同是如此之大，以致引起了关于中国思想能否被称之为"哲学"的持久争论。然而，正如黑格尔所说："只有当一个民族用自己的语言掌握了一门科学的时候，我们才能说这门科学属于这个民族了；这一点，对于哲学来说最有必要。"② 作为一门学科的哲学在现代中国的建设已经有近一个世纪的历史，事实证明中国人完全能够掌握这门学科，不仅能很好地理解自己的传统，也能理解西方哲学的传统，并且能实现西方哲学成果的创造性转化，马克思主义哲学的中国化就是鲜明的例证。

如何重建当代中国哲学新体系，是晚近以来许多学者热切探寻的重大课题。冯友兰先生就是众多探求者中最具有自觉意识的一位代表人物。冯先生晚年曾一而再、再而三地呼唤创建"新中国的新哲学体系"。他说，"通观中国历史，每当国家完成统一，建立了强有力的中央政府，各族人民和睦相处的时候，随后就会出现一个新的包括自然、社会、个人生活各方面的广泛哲学体系，作为当时社会结构的理论基础和时代精神内容，也是国家统一在人的思想中的反映。儒家、新儒家都是这样的哲学体系。中国今天也需要这样一个包括新文明各方面的广泛哲学体系，作为国家的指

---

① 冯友兰：《中国哲学简史》，北京大学出版社 1984 年版，第 377 页。
② 黑格尔：《哲学史讲演录》第四卷，商务印书馆 1978 年版，第 187 页。

针",现在则要为这一国家"哲学体系准备材料,铺设道路"①。据亲人回忆,冯先生晚年学术努力的根本目的就是要"为中国古典哲学找出与'中国特色社会主义'的结合点,找出与'中国的马克思主义'的结合点"②。

按照我们的理解,无论是冯先生致力于寻找中国传统哲学与当代中国现实的"结合点",还是有的学者力图创建当代中国的马克思主义哲学新体系,此外还包括众多学者对西方哲学成果的创造性吸纳和转化,它都是当代中国的哲学研究的有机组成部分,而"重建当代中国哲学新体系"则应成为我们所有学术工作的总目标和总方向。当代语境下的马克思主义哲学理论话语,或者说马克思主义哲学中国化的当代新形态,将作为当代中国哲学的一个重要方面,或当代中国哲学的一种现实形态而存在。它将成为中华民族在 21 世纪民族精神的集中表达,成为中华民族对于人类精神文明的新贡献。

---

① 李中华编:《冯友兰学术文化随笔》,中国青年出版社 1996 年版,第 247—248 页。
② 宗璞、蔡仲德:《解读冯友兰·亲人回忆卷》,海天出版社 1998 年版,第 123 页。

第 一 编

马克思主义哲学原生形态

第 一 章

马克思主义哲学原生形态的
创立条件及其创始人

马克思主义哲学的原生形态形成于 19 世纪 40 年代。它是时代的产物，是多种因素综合作用的结果。马克思主义哲学创立的条件，包括社会历史条件、科学文化条件、哲学理论来源以及创立者的个人条件等。以往一般公认，马克思和恩格斯是马克思主义及其哲学的共同创始人，但是现在有人对恩格斯能否作为马克思主义哲学的创始人提出质疑，其中涉及马克思和恩格斯在思想上的关系。这就是我们在本章要讨论的问题。

第一节　马克思主义哲学原生
形态创立的条件

马克思主义及其哲学的创立，无疑是多种因素交互作用的结果，是由客观上和主观上、外在和内在的各种条件制约和决定的。客观上，要受到社会生产方式运动变化的制约，要受到无产阶级争取解放的斗争的展开程度及其发展规模的制约，还要受到其他经济的、政治的、科学的以及思想文化状况的影响，等等。在谈到马克思主义哲学产生的条件时，毛泽东说："由于欧洲许多国家的社会经济情况进到了资本主义高度发展的阶段，生产力、阶级斗争和科学均发展到了历史上未有过的水平，工业无产阶级成为历史发展的最伟大的动力，因而产生了马克思主义的唯物辩证法的宇宙观。"[①] 毛泽东的这段论述，主要概括了马克思主义哲学创立的客观条件，除此之外，马克思主义哲学的创立还依赖于主观条件，即其创始

---

① 《毛泽东选集》第 1 卷，人民出版社 1991 年版，第 300 页。

人的个人条件，主要是其创始人敏锐观察现实生活并从中发现真谛的能力以及从事理论创作的高超的思维能力。"任何真正的哲学都是自己时代精神的精华。"① 马克思主义哲学的创立，是 19 世纪中叶欧洲的社会历史条件、科学文化条件和哲学发展的必然结果，也是其创始人自觉担当历史使命的结果。

一　社会历史条件

从马克思主义哲学创立的社会历史条件来看，19 世纪 40 年代是资本主义迅速发展，而其内部矛盾也日益暴露的时代。经过 17、18 世纪的资产阶级革命，西欧主要的资本主义国家如英国和法国已经建立起资本主义的社会制度和国家政权。从 18 世纪六七十年代开始，以瓦特发明和改进蒸汽机为标志，英国开始了以机器大生产代替工场手工业生产的工业革命（史称第一次工业革命），随后法国也进行了这场革命。到 19 世纪初，资本主义生产方式已经在欧洲一些主要国家占据统治地位。工业革命极大地提高了劳动生产率，使资本主义在它不到一百年的统治里所创造的生产力，比以往任何时代所创立的全部生产力的总和还要多、还要大。同时，社会关系也简单化了，以前隐藏在封建的、宗法的家庭关系中的神秘面纱被揭开了，社会日益呈现出以物质利益关系为基础的本然状态。

与资本主义的发展相伴随的是世界市场的开拓。美洲和环绕非洲的航路的发现，给新兴的资产阶级开辟了新的活动场所。大工业建立了由美洲的发现准备好的世界市场。世界市场的建立使商业、航海业和陆路交通得到了巨大的发展，这种发展又反过来促进了工业的扩展。世界市场体系的建立，开阔了人们的眼界，以前为狭隘的地域所局限的世界图景日益为新的世界图景所取代。所有这一切，都为科学地揭示社会历史的本质和规律创造了条件。

资本主义的发展一方面带来了物质财富的空前增长，另一方面又导致了它所固有的各种矛盾的尖锐化。启蒙思想家曾经在他们的著作中许诺了自由、平等、博爱的理想，然而在现实生活中，这些华美宣言竟然是令人失望的讽刺画。在马克思所生活的时代，以产业工人为主体的劳动人民确

---

① 《马克思恩格斯全集》第 1 卷，人民出版社 1956 年版，第 121 页。

实生活在严重贫困化的状态之中。这种状况引起了一切富有良知的思想家的深切同情。但是，工人阶级并不只是一个受苦的阶级，马克思揭示出，正是由于无产阶级所处的卑贱的经济地位，无可遏止地推动他们去争取自己以至全人类的解放，而马克思主义及其哲学也自觉地把全人类的解放作为自己的崇高理想。19 世纪 30—40 年代，无产阶级作为一支独立的政治力量登上了历史舞台。从 30 年代开始，欧洲先后爆发了法国里昂工人起义、英国宪章运动和德国西里西亚纺织工人起义等三次著名的工人运动。这些运动显示了无产阶级创造新社会的巨大力量，为马克思主义及其哲学的创立提供了阶级基础。马克思主义哲学不是纯粹书斋里的哲学，而是自觉地为无产阶级以至全人类的解放服务的哲学。马克思在《〈黑格尔法哲学批判〉导言》中写道："无产阶级宣告现存世界制度的解体，只不过是揭示自己本身存在的秘密，因为它就是这个世界制度的实际解体。……哲学把无产阶级当做自己的物质武器，同样地，无产阶级也把哲学当做自己的精神武器；思想的闪电一旦真正射入这块没有接触过的人民园地，德国人就会解放成为人。"[1] 当然，今天资本主义国家工人阶级的状况已经发生了很大变化，乃至有人认为无产阶级作为一个阶级已经消失，马克思的社会理想也归于虚无，从而带来了对马克思主义及其哲学的重新估价，这是我们以后要进一步讨论的问题，但在陈述马克思主义哲学创立的条件时，我们不应该无视马克思在世时无产阶级的悲惨境遇。而且我们看到，在实行市场经济的当下，这种境遇正在以各种变形的方式在我们的生活中重演，需要我们正视而不是回避问题。"彼岸世界的真理消失以后，历史的任务就是确立此岸世界的真理。人的自我异化的神圣形象被揭穿以后，揭露非神圣形象中的自我异化，就是为历史服务的哲学的迫切任务。"[2] 无论怎样说，马克思致力于人的解放的理想即使在今天这个时代也没有过时，相反它仍激励着千百万为美好未来而奋斗的人们。

二　科学文化条件

哲学并不是科学和文化的总和，而是科学的反思和文化的活的灵魂。作为科学的反思和文化的灵魂，一定时代哲学的产生除了宏观的社会历史

---

[1]　《马克思恩格斯全集》第 1 卷，人民出版社 1956 年版，第 466—467 页。

[2]　同上书，第 453 页。

条件外，还与一定时代的科学文化条件息息相关。

（一）科学基础

伴随着资本主义生产的兴起和发展，从中世纪神学束缚下解放出来的近代自然科学，即以实验为基础的科学也蓬勃发展起来。从18世纪下半叶开始，特别是进入19世纪，近代自然科学已经由主要是"搜集材料的科学"，即"关于既成事物的科学"，发展为"整理材料的科学"，即"关于过程、关于这些事物的发生和发展以及关于把这些自然过程结合为一个伟大的整体的联系的科学"。在这一过程中，一些新兴学科，如地质学、胚胎学、动植物生理学、有机化学等，陆续建立起来。以1775年康德在《宇宙发展史概论》（旧译《自然通史和天体演化论》）中提出的关于太阳系起源的"星云假说"为发端，近代自然科学领域中陆续产生了赖尔的地质渐变论，施莱登和施旺的细胞学说，迈尔、焦耳等的能量守恒和转化定律，以及达尔文的生物进化论等一系列重大发现，在僵化的形而上学的自然观上打开了一个个缺口。这些科学发现，特别是19世纪的三大科学发现（前列诸项中的后三者），为马克思主义哲学的创立提供了自然科学基础。细胞学说揭示了"细胞"是一切生物的共同物质基础，细胞变异是一切生物变化的内在根据，植物和动物都是细胞按照一定的规律发育和生长的结果，从而阐明了生命有机界的内在统一联系，沉重打击了关于生命起源问题上"上帝创造论"的神学观点和物种不变论的形而上学观念。能量守恒和转化定律揭示出，自然界中起作用的各种能，如机械能、热能、光能、电磁能、化学能等，都是物质运动的各种表现形式，它们之间按照一定的度量关系相互转化，而转化过程中总的能量是守恒的。这就证明，运动是客观的，既不能创造也不能消灭，而只能由一种形式转化为另一种形式。转化本身也证明了自然界中各种物质运动过程的内在统一性。生物进化论揭示出，今天存在的千姿百态的生物，包括人在内，都是由原始单细胞胚胎按照"生存竞争"、"自然选择"、"适者生存"的原则长期进化而来的，从而把变化发展的观念引入生物界。

总之，正如恩格斯所说："由于这三大发现和自然科学的其他巨大进步，我们现在不仅能够指出自然界中各个领域内过程之间的联系，而且总的说来也能指出各个领域之间的联系了，这样，我们就能够依靠经验自然科学本身所提供的事实，以近乎系统的形式描绘出一幅自然界联系的清晰图画。"① 这就为马克思主义哲学的创立提供了科学基础。

（二）文化条件

"文化"（culture）在广义上包括自然科学在内，在狭义上，则是指除自然科学之外的人文学术成果。我们这里所说的马克思主义哲学创立所依赖的文化条件，是在狭义上理解的。简要地说，马克思主义哲学创立的文化条件，就是人类在自由资本主义时代所创造的一切人文学术成果，其中主要是文艺复兴时代的人文主义思想和启蒙思想家提出的政治国家学说。

"文艺复兴"是发生在14—16世纪的一场早期资产阶级的新文化运动，是新兴资产阶级反封建、反神权的斗争在思想文化上的反映。"文艺复兴"于14世纪末发端于意大利北部的罗马和中部的佛罗伦萨，15—16世纪在其他欧洲国家也普遍发展起来。代表人物有意大利的但丁、彼特拉克、薄伽丘、瓦拉、彭波拉齐、皮科、达·芬奇，荷兰的爱拉斯谟，法国的拉伯雷、蒙田（蒙台涅），英国的莎士比亚，西班牙的塞万提斯等。这是一个需要巨人并且产生了巨人的时代。"文艺复兴"时期在思想上的成果，主要是人文主义思潮。"人文主义"和"人道主义"在欧洲语言中都来自拉丁文 humanus（意思是"属于人的"）。文艺复兴时期的"人文主义"思潮有如下两个方面的含义：其一，是就这个运动的代表人物所进行的活动领域或他们的研究对象来说的，他们研究的领域如古代语言（古希腊语、拉丁语）、文学艺术等，在当时都被称为"人文学科"，同"神学学科"相区别。他们研究这些人文学科，因此就被称为人文主义者，而他们所掀起的运动也被称为人文主义运动。其二，是就它的代表人物在不同的文化领域中所共同贯彻的基本思想来说的。由于他们都提倡"人"或人道精神，因此他们就被称为人文主义者或人道主义者。人文主义是西方近代人性论的初步表现形态。一般在讲"文艺复兴"时期的人性论思潮时，使用"人文主义"一词，而在讲以后的人性论时，则叫做"人道主义"。人文主义的基本思想包括以下几个方面：第一，反对神权对人的侵犯，要求肯定人的价值，恢复人的尊严，保障人的权利。中世纪神学和经院哲学极力证明上帝的伟大和人的渺小，把人说成只是上帝的工具、附庸，宣扬"人应当蔑视自己"。而人文主义者为了新兴资产阶级争

① 《马克思恩格斯全集》第21卷，人民出版社1965年版，第339—340页。

取生存和发展的权利，反对神权统治，以炽烈的热情歌颂"人"的力量
的伟大和人性的崇高，要求人们把目光从神转向人，追求人的独立地位。
他们的响亮口号是："我是人，凡是人的一切特性我都具有。"① 就是说，
我作为一个人，乃是一个独立的存在，我自己就是自己的目的，应该按照
人的自然本性享受人间的欢乐。但丁说："人的高贵，就其许许多多的成
果而言，超过了天使的高贵。"② 莎士比亚在其名著《哈姆雷特》中热情
赞叹道："人是多么了不起的一件作品！理性是多么高贵，力量是多么无
穷！仪表和举止是多么端正。多么出色！论行动，多么像天使！论理解，
多么像天神！宇宙的精华，万物的灵长！"第二，反对宗教禁欲主义，肯
定现实人生的意义，提倡对世俗幸福的追求。中世纪天主教要求人们放弃
暂时的尘世生活享受，绝情除欲，忍受痛苦，去追求所谓"天国"的极
乐。人文主义者无情地揭露这种说教的虚伪性，痛斥僧侣们要求别人禁欲
苦行，而自己却是贪得无厌地过着腐朽糜烂生活的"伪君子"、"假善
人"。人文主义者大声疾呼：有血肉之躯、有感情、有欲望的现实的人，
希望过现实的生活，追求世俗的幸福，这是人性的自然要求，是人的权
利。第三，反对封建专制主义和世袭等级制度，要求自由平等和个性解
放。在中世纪，人们不仅受到各种神学教条的束缚，而且受到封建专制主
义和等级制度的禁锢，变得自卑、自怯、自甘屈辱。人文主义者提出了自
由平等的思想，要求砸碎封建等级制的枷锁。但丁说，真正的"高贵"
不在于"出身"、"门第"，而在于人本身的品质的优良；"自由意志"是
上帝给予人的"最大赠物"，是不可剥夺的。薄伽丘说："我们人类是天
生一律平等的，只有才德才是区分人类的标准，那发挥了大才大德的人才
当得起一个'贵'，否则就只能算是贱，这条最基本的法律被世俗的谬见
所掩盖了。"③ 拉伯雷认为，"自由"是人类天生的本性，人应该自由自在
地生活，使人们从"屈辱于压迫和束缚之下"解脱出来。他在其所描绘
的理想社会雏形的"德廉美修道院"中，只规定了一条原则："想做什
么，便做什么"，认为只有在这样充分自由的环境里，才能培养出全面发

---

① 这是一句古代箴言，原出自公元前 2 世纪拉丁诗人特伦斯的诗。

② 《从文艺复兴到十九世纪资产阶级文学家艺术家有关人道主义人性论言论选辑》，第 3
页。

③ 薄伽丘：《十日谈》，人民文学出版社 1983 年版，第 357 页。

展的"巨人"。人文主义者的这些思想，表达了新兴资产阶级要求摆脱封建等级制束缚，获得雇工自由、贸易自由、政治自由等权利，以发展资本主义的强烈愿望。第四，反对盲目信仰和崇拜权威的蒙昧主义，推崇理性，重视科学知识。天主教泯灭人的理性，迫使人们盲目信仰圣经教条，绝对服从权威言论，稍有疑义，就是离经叛道，大祸临头。人文主义者坚信人的力量的伟大，坚信人具有的感觉能力和理性思维能力，能够认识自然、造福人类，因而提倡积极思维，敢于怀疑和推翻"权威"言论，要求恢复理性的权威。蒙田说："盲目追随别人的人，追随不了什么，他得不到什么。"① 这些思想反映了新兴资产阶级渴望探索自然，发展科学文化的愿望。

　　人文主义的基本思想后来在启蒙思想家的人性论和政治国家学说中得到继承和发展。17、18 世纪，伴随着英、法等国的资产阶级革命并为这种革命提供理论准备，启蒙思想家制定了资产阶级的政治和国家学说。英国哲学家霍布斯首先提出了他的"公民哲学"。他认为，"自我保存"是人的普遍的绝对本性，是人类活动的根本原则，是人的一切行为的动力。在国家产生前，人类处于"自然状态"。由于人的自我保存、损人利己的本性，必然产生纷争，人与人之间处于"永恒战争状态"——"人对人是狼"。在这种状态下，表面上似乎每个人都拥有绝对的权利，但由于人与人为敌，实际上什么权利也不能兑现，根本不能实现"自我保存"的目的。于是，人们为了自我保存的需要，便基于自然法相互订立契约，把一切权利转让给最高统治者，由他来保障社会和平和个人安全，这样就建立了公共权力机关——国家。由于人们把一切权利都转让给了最高统治者，因此最高统治者拥有至高无上的权力，集立法、裁判、行政、军事乃至文化教育大权于一身，这种权力既不能转移，也不能分散，人们必须绝对服从。显然，这是一种集权主义的国家模型。在霍布斯之后，洛克提出了他的"社会契约论"和"分权"学说。同霍布斯一样，他断言"自我保存"是普遍的人性，是支配社会发展的"自然规律"。在国家产生前，人们根据自然法享有生命、自由和私有财产等自然权利，人人都可以根据自己的自由意志决定自己的

———————

① 《从文艺复兴到十九世纪资产阶级文学家艺术家有关人道主义人性论言论选辑》，第52页。

行动，而无须得到他人的许可。但是，在这种状态下，由于人的利己本性，不能保证长久不发生纷争，而一旦发生纷争，由于每个人都具有"王者的气派"，自己充当自己的裁判者，必然使纷争无法解决，从而威胁和损害人的自然权利。为了避免这种情况，人们便订立契约，成立国家。与霍布斯不受任何限制的集权国家模型不同，洛克主张分权。洛克认为，人们并没有把自己的全部自然权利转让给国家，而只是转让了其中的仲裁权，至于生命、自由、私有财产等自然权利，人们非但没有转让，反而应该得到国家的保护，如果国家执政者侵犯这些自然权利，人们就有权推翻他。同时，洛克还认为，执政者是签订契约的一方，必须受契约的约束，忠实地履行人民的委托。显然，这是与霍布斯集权国家模型不同的民主自由国家模型。在他看来，人们放弃自己的自然权利而接受专制君主的保护，实在无异于为了防止狐狸的搅扰而甘愿被狮子所吞噬。为了防止君主专制，洛克在资产阶级政治学说史上首次提出了政府分权的学说。他把国家权力分为立法权、行政权和联邦权（处理外交事务的权力），认为这三种权力应由不同的部门掌管，而不能集中于君主一人之手。立法权是国家的最高权力，应由多数人选举的议会掌握；而行政权和联邦权则归一个常设的、由深谋远虑的个人所掌握的机关来执行。当立法权与行政权发生冲突时，行政权必须服从立法权。洛克的政治国家学说后来为法国启蒙学者孟德斯鸠和卢梭等人所继承和发展。孟德斯鸠继洛克之后，把立法、行政、司法间的关系发展成为典型的分权学说，认为这三种权力中，任何两权合并就意味着滥用权力，公民的政治自由就必然会受到侵犯。因此，孟德斯鸠主张"以权力制约权力"，通过三权分立、互相制衡的办法来防止滥用权力，从而保障公民的自由。继孟德斯鸠之后，卢梭更进一步提出了"主权在民"的思想。卢梭认为，人是生而自由、独立和平等的，私有制是人类不平等的根源。要克服社会的不平等现象，使人类由不平等转变为平等，恢复天赋的平等权利，就必须消灭封建专制制度，建立以社会契约为基础的民主国家制度。在他看来，国家只是"自由"的人民的"自由的协议"的产物。根据他的社会契约论，人们在订立契约时，每个结合者都把自己的全部权利毫无保留地转让给整个社会。这种转让是等价的，因为既然权利是转让给整个社会，并没有转让给任何个人，人们就可以从社会中"获得自己本身所转让给他的同样的权利，所以人们就得到了他自己所丧失的全部的等价物，以及比他自己所有的保存自己的力量更大的力量"①。卢梭认为，按照这种契约要求组成的集合体，就可以体现全体成员的最高的共同意志，即"公意"。国家就是根据这种"公意"来治理的，人们服从国家就是服从"公意"，也就是"服从他们自己的意志"。因此，在民主国家中，人们虽然丧失了"自然自由"，却获得了政治自由和对于自己所享有的一切东西的所有权；虽然失去了"自然平等"，却获得了道德与法律上的平等。根据这种契约理论，卢梭提出了人民主权的思想。他认为，"主权"就是"公意"的运用。主权应该属于人民，政府的职责仅仅是执行"公意"，并非人民的主人；如果政府篡夺了人民的主权，破坏了社会契约，损害了人民的公共利益，人民便有权推翻它。这显然是一种比较激进的民主主义的政治理想。启蒙思想家的政治国家学说，对近代西欧各国产生了重大影响。他们关于自由、平等的自然权利的思想在法国大革命和美国独立战争中被发展为"天赋人权"和"自由、平等、博爱"的资产阶级革命口号，并被写进法国大革命之后的《人权宣言》和美国《独立宣言》；他们关于分权制衡的学说则为西方民主宪政奠定了理论基础，至今仍然是西方主要资本主义国家的立国原则。

以上我们极其简要地介绍了近代西方的文化成就，主要是文艺复兴时代的人文主义思想和启蒙思想家提出的政治国家学说。那么，有什么根据说它们构成了马克思主义哲学赖以产生的文化条件呢？这当然要从马克思主义哲学的创始人的生平和著作中去寻找答案。如果从他们的经历和著作中可以找到明显的证据，证明他们确实是以人类在自由资本主义时代所创造的文化成就作为自己理论活动的背景和前提的，我们的问题就获得了肯定的回答。事实上，这样的证据是不难发现的。

从马克思的家庭背景来看，他的父亲亨利希·马克思就是一个受到启蒙思想和人道主义思想影响的开明之人，为了获得"欧洲文化的入场券"，他放弃犹太教而改宗基督教，改宗基督教在当时是犹太人中间的自由思想者在文化方面前进一步的表现。"不管是什么原因，有一点是无可怀疑的，即亨利希·马克思树立了一种现代人文主义思想，这种思想使他摆脱了犹太教的一切偏见，而他就把这种自由当作一宗宝贵的遗产留给了

---

① 卢梭：《社会契约论》，商务印书馆 1962 年版，第 21 页。

他的儿子卡尔。"① 同马克思一家有着亲密的交往关系的特利尔城政府枢密顾问官路德维希·冯·威斯特华伦（其女燕妮·冯·威斯特华伦后来成了马克思的妻子）也是一个受到人文主义影响，思想上比较开明的人，马克思曾称他为"敬爱的慈父般的朋友"，马克思的博士论文就是题献给这位"朋友"的。马克思就读的中学环境也比较宽松，富有自由主义思想的符登巴赫校长总有办法不顾政府的禁令，努力培养他的学生的启蒙思想和人道主义精神。所以我们从马克思的早期著作中，无处不可以看到启蒙思想和人道主义对他的影响，例如收入《马克思恩格斯全集》中文第 1 版第 1 卷开首的几篇文章，即马克思在《莱茵报》工作时期所写的政论文章——《评普鲁士最近的书报检查令》、《关于出版自由和公布等级会议记录的辩论》等，这些著作都闪耀着启蒙理性和人道主义的思想光辉。有人甚至因此把马克思描写成一个自由主义者，我们并不赞成这种描写，在我们看来，自由主义思想只是马克思独立思想发展的起点。承认这种起点的意义，也就是确认资本主义时代的文化成就是马克思主义哲学赖以产生的文化条件。正如列宁所说，马克思主义是人类在资本主义时代所创造的一切优秀文化的当然继承者。

（三）哲学理论来源

作为一种社会意识形式，哲学理论的根源总是存在于经济的事实中。但是，由于意识形式的相对独立性，任何新的学说都"必须首先从已有的思想材料出发"②。恩格斯在 1890 年 10 月 27 日致施米特的信中写道："每一个时代的哲学作为分工的一个特定的领域，都具有由它的先驱传给它而它便由此出发的特定的思想材料作为前提"；恩格斯接着说："经济发展对这些领域也具有最终的至上权力，这在我看来是确定无疑的，但是这种至上权力是发生在各该领域本身所规定的那些条件的范围内，这种作用就是各种经济影响……对先驱所提供的现有的哲学材料发生的作用。经济在这里并不重新创造出任何东西，但是它决定着现有思想资料的改变和进一步发展的方式。"③ 这就是说，经济对哲学理论的决定作用，只表现为"它决定着现有思想材料的改变和进一步发展的方式"，它"不重新创

---

① 弗·梅林：《马克思传》，人民出版社 1965 年版，第 9 页。
② 《马克思恩格斯选集》第 3 卷，人民出版社 1995 年版，第 355 页。
③ 《马克思恩格斯选集》第 4 卷，人民出版社 1995 年版，第 703—704 页。

造出任何东西"，亦即它不能直接创造出任何新的概念、观点和理论。因此，探询一种哲学产生的原因，不能仅仅局限于外在的社会历史条件，还必须考察这种哲学与它以前的哲学之间的继承性历史联系。

关于马克思主义哲学的理论来源，列宁曾在《马克思主义的三个来源和三个组成部分》① 一文中做过论述，他认为德国古典哲学是马克思主义哲学的直接的理论来源。不能说这种说法不对，但我们认为这种概括还不够完全。至于传统哲学教科书进一步把马克思主义哲学的理论来源，归结为黑格尔哲学中辩证法的"合理内核"和费尔巴哈哲学中唯物主义的"基本内核"，认为马克思主义哲学是对二者的有机"结合"，则更是简单化的。一种哲学如果只是既有的两种哲学的综合（哪怕是辩证意义上的），我们有什么理由可以断言它在哲学史上的革命意义呢？

马克思主义哲学是从黑格尔学派的解体过程中产生的一个新派别。马克思曾经是黑格尔哲学的信徒，他认真读过黑格尔的几乎全部著作，还阅读过黑格尔的大部分弟子的著作；后来他又受到费尔巴哈哲学的明显影响，认真阅读过费尔巴哈的主要著作，如《基督教的本质》、《关于哲学改造的临时纲要》等。因此，说黑格尔哲学和费尔巴哈哲学是马克思主义哲学的理论来源没有错。但是，德国古典哲学不能仅仅归结为黑格尔哲学和费尔巴哈哲学。事实上，马克思在亲近黑格尔哲学之前，还曾阅读过康德、费希特等人的著作，恩格斯在柏林服兵役期间读过谢林的著作，并对之进行了批判。下面来看一些更具体的材料：

众所周知，马克思于 1835 年秋进入波恩大学，次年转入柏林大学，学习的专业是法学，但他自己最感兴趣的是哲学和历史。大学初期，马克思曾一度热衷于诗歌创作，写了大量作品，其中主要是爱情诗。这些诗作的艺术价值不高，马克思本人对它们也持批评态度，并很快认识到诗歌创造不是他适合的发展方向，转而把主要精力用于从事理论研究。但是，这些诗歌习作并非毫无意义，它们至少给我们提供了了解马克思大学初期思想状况的可贵资料。这里仅举一例——在"献给父亲的诗作"中，有一组题名为"黑格尔"的讽刺短诗，其中前两首短诗反映了马克思对他刚刚开始进行研究的黑格尔哲学的态度。马克思当时的思想发生了一个转折，由比较倾向康德、费希特转向黑格尔，"已把黑格尔的学说潜心钻

---

① 《列宁论马克思主义》，人民出版社 2003 年版，第 66—71 页。

研"。他一方面意识到黑格尔哲学包罗万象、内容丰富，"揭示一切"；另一方面又对黑格尔哲学借以表达的形式持批判的态度，认为这是在一定程度上故意用晦涩的语言来表示自己的高深莫测，"实际上什么都没有讲"①。

> 我教授的语言已变得错杂纷纭、一片迷茫，
> 每个人爱怎么理解，完全可以按照他自己的愿望，
> 我的语言至少绝不会束缚每个人的想象，
> 因为正像一个诗人可以从悬崖的瀑布的喧响
> 听出心上的姑娘倾吐的情话和衷肠，
> 他可以怎么想，就怎么认识，有所感触，便变成思想，
> 所以每个人都可以啜饮这智慧的玉液琼浆，
> 我给诸位揭示一切，因为我实际上什么都没有讲！

这与马克思 1837 年 11 月 10（—11）日给父亲的信可以相互印证。在这封信中，马克思说："先前我读过黑格尔哲学的一些片断，我不喜欢它那离奇古怪的调子。"② 更有意思的是第三首讽刺短诗，其中写道：

> 康德和费希特喜欢在太空遨游，
> 寻找一个遥远的未知国度。

---

①　马克思对黑格尔哲学的初步体会实际上已经接触到传统本体论哲学的一般特点。它"揭示一切"，又"实际上什么都没有讲"，为什么会有这种内在矛盾呢？因为传统本体论哲学是以纯粹先验的概念推演来构造的，一切发展都构成其体系的内在环节，当然可以宣称自己"揭示一切"；但是，这些先验的揭示与经验世界是无关的，因此，对于经验世界的实际内容来说，它又确实"什么都没有讲"。关于传统本体论哲学的活动领域及其特点，牟宗三先生曾经谈过他的体会："一个表达逻辑自己的纯形式的推演系统，自始即不牵涉对象，全系统一无所说，与外界根本无关。然则它表示什么呢？这须审慎体会。我步步审识的结果，遂断定它只是'纯理之自己展现'，它不表示任何东西，它只表示'纯理自己'。"（《牟宗三集》，群言出版社 1993 年版，第 58 页）关于传统形上学的特点，冯友兰先生说："哲学，特别是形上学，与其他各门知识不同，不同之处在于，哲学的发展使它最终达到超越经验的'某物'。在这个'某物'中，存在着从逻辑上说不可感只可思的东西。""人们不需要相信对实际做很多肯定的任何形上学学说。它若作这样的肯定，它就是坏的形上学。""哲学，尤其是形上学，若是试图给予实际的信息，就会变成废话。"（参看冯友兰《中国哲学简史》，北京大学出版社 1985 年版，第 387、386、8—9 页）

②　《马克思恩格斯全集》第 40 卷，人民出版社 1982 年版，第 15 页。

　　而我只求能真正领悟

　　在街头巷尾遇到的日常事物。①

　　这首诗反映了马克思当时已经流露出要留意现实生活的致思取向，预示着他经过一段与黑格尔哲学和青年黑格尔派的亲近之后，将最终告别和清算思辨哲学的思想进程。

　　上面提到的那封给父亲的信写于马克思转入柏林大学一年之后，是马克思学生时代的信件中保存下来的唯一的也是最早的一封信。有种种迹象表明，马克思当时正处于一个思想转变时期。信中表达了他当时遇到的"现有的东西和应有的东西之间的对立"的苦恼；他在法学研究中所感到的对于哲学的强烈需要（"没有哲学我就不能前进"）；以及他意识到应该"从对象的发展上细心研究对象本身"②，"从理想主义……转而向现实本身去寻求思想"③的发展方向；最后，这封信透露了一个重要的情况——马克思参加了刚刚成立不久的青年黑格尔派"博士俱乐部"的活动……④

　　列宁曾经把马克思哲学思想的发展过程概括为："离开黑格尔走向费尔巴哈，又超过费尔巴哈走向历史（和辩证）唯物主义。"⑤这一概括准确地反映了马克思主义思想发展的实际情况。因此，"离开黑格尔"正是马克思自己独立的哲学思想发展的起点。这个起点最早可以追溯到他于1841年3月完成的博士论文。

　　然而，正是马克思的博士论文向我们展示了一个宽广的视域。马克思的博士论文题为《德谟克利特的自然哲学和伊壁鸠鲁的自然哲学的差别》，这也是马克思的第一篇哲学著作。为了写作这篇论文，从1839年开

---

　　①　《马克思恩格斯全集》第1卷，人民出版社1995年版，第736页。

　　②　《马克思恩格斯全集》第40卷，人民出版社1982年版，第11页。

　　③　马克思当时正从康德、费希特转向黑格尔，他已经认识到，康德和费希特哲学把理想与现实、原则和实际对立起来，理想高高在上，在太空遨游，是不能解决现实问题的。他在给父亲的信中写道："我从理想主义，——顺便提一提，我曾拿它同康德和费希特的理想主义比较，并从其中吸取营养，——转而向现实本身去寻求思想。如果说神先前是超尘世的，那么现在它们已经成为尘世的中心。"（《马克思恩格斯全集》第40卷，人民出版社1982年版，第15页）这可以与前引诗句相互印证。可以看出，贯穿马克思早期思想发展过程中的一条基本线索，就是如何解决哲学与现实世界的关系问题。

　　④　参看《马克思恩格斯全集》第40卷，人民出版社1982年版，第8—19页。

　　⑤　《列宁全集》第55卷，人民出版社1990年版，第293页。

始，马克思就开始对古希腊哲学进行研究，他读过亚里士多德以及有关德谟克利特和晚期希腊哲学的许多著作，写下了7本《关于伊壁鸠鲁哲学的笔记》，博士论文就是在这些笔记的基础上整理而成的。从这篇论文的"序言"和"新序言（片断）"中可以看出，它只是当时计划要写但后来并未完成的一部更大的著作的"先导"，在那部计划的著作中，马克思准备全面论述晚期希腊哲学，内容包括伊壁鸠鲁、斯多亚主义和怀疑主义。[①] 这表明，我们不能把古希腊哲学排斥在马克思主义哲学理论来源的范围之外。

此外，从马克思和恩格斯合著的《神圣家族》、《德意志意识形态》以及恩格斯的《费尔巴哈论》等著作中，我们可以看到他们对近代哲学，特别是以培根、霍布斯、洛克、贝克莱、休谟等为代表的英国哲学，和以拉美特利、爱尔维修、狄德罗、霍尔巴赫等为代表的法国百科全书派的哲学，都有非常具体的论述。因此，我们也不能把近代英法哲学排除在马克思主义哲学的理论来源之外。

总之，马克思主义哲学的理论来源，从广义上理解，应该是马克思主义哲学产生前欧洲哲学的全部内容。不仅理论上说应该如此，事实上也确实如此。当然，这些内容并不是没有轻重之分的，其中德国古典哲学对马克思和恩格斯的影响最大，是马克思主义哲学直接的理论来源。

需要特别指出的是，马克思主义哲学不是学科建制意义上的哲学，而是问题回应式的哲学。马克思主义理论是一个整体，并不存在绝对分明的学科划分。马克思主义哲学的产生不是在哲学理论内部自动循环的结果，其他思想成果，特别是英国古典政治经济学、法国复辟时期的历史学和空想社会主义思想对马克思主义哲学的形成也有直接影响。所以在更广泛的意义上，应该把这些思想成果也包括在马克思主义哲学的理论来源之中。

众所周知，马克思在流寓巴黎期间接触到波旁王朝复辟时期兴起的关于"第三等级"的大量历史文献，如以基佐、米涅和梯叶里为代表的学派，试图通过严格的决定论和阶级斗争学说来解释全部历史，特别是法国革命的历史。同时，马克思还潜心研究了18世纪法国唯物主义，主要是起源于洛克而汇流于社会科学的那一派，即爱尔维修和霍尔巴赫的派别。这个派别试图把唯物主义推广和应用到社会生活方面，马克思曾一度把这

---

① 《马克思恩格斯全集》第1卷，人民出版社1995年版，第10—11、103页。

种学说称之为"真正的人道主义"。最后，在巴黎当时的精神园地中，到处是社会主义的萌芽，其中有圣西门派的残余，有傅立叶派，有基督教社会主义者，有小资产阶级的社会主义者，还有其最卓越的代表人物列鲁和蒲鲁东，以及文艺界的社会主义领袖贝朗瑞和乔治·桑。这些人物及其思想，都对马克思主义哲学的形成产生了直接的影响。此外，政治经济学的研究对于马克思哲学的创立具有特殊重要的意义。

唯物史观在纵横两个方面展开自己的理论系统。在纵的方面，它要揭示人类社会从低级向高级发展的内在历史逻辑；在横的方面，它剖开社会肌体，揭示其内部结构和相互制约关系。马克思和恩格斯揭示历史发展的内在逻辑是从解剖资本主义社会入手的。然而，资本主义社会本身又是一个十分复杂的肌体，它直接呈现在人们面前的一个由各种关系交织而成的"关于整体的表象"。要揭示这一整体的内在结构，就不能停留在表象上，而必须剖开整体，抓住关键性的方面或环节，借以理解和说明整体，列宁在谈到马克思研究社会结构所使用的方法时指出，这种方法就是"从社会生活的各种领域中划分出经济领域，从一切社会关系中划分出生产关系，即决定其余一切关系的基本的原始的关系"①。生产关系或经济关系是一切社会运动的基础，是一切复杂的政治上层建筑和思想上层建筑借以竖立其上的基石。因此，抓住这一决定性的环节，是解开社会结构奥秘，创立唯物史观的关键。而政治经济学就是研究生产关系的科学，所以马克思说："对市民社会的解剖应该到政治经济学中去寻求。"② 恩格斯写道："一切社会变迁和政治变革的终极原因，不应当到人们的头脑中，到人们对永恒的真理和正义的日益增进的认识中去寻找，而应当到生产方式和交换方式的变更中去寻找；不应当到有关时代的**哲学**中去寻找，而应当到有关时代的**经济**中去寻找。"③ "要获得理解人类历史发展过程的钥匙……应该到……'市民社会'中去寻找。但关于市民社会的科学，也就是政治经济学。"④ 可见，不研究政治经济学，就不可能了解"一切社会变迁和政治变革的终极原因"，不可能"获得理解人类历史发展过程的钥匙"，

① 《列宁选集》第 1 卷，人民出版社 1995 年版，第 6 页。
② 《马克思恩格斯选集》第 2 卷，人民出版社 1995 年版，第 32 页。
③ 《马克思恩格斯选集》第 3 卷，人民出版社 1995 年版，第 741 页。
④ 《马克思恩格斯全集》第 16 卷，人民出版社 1964 年版，第 409 页。

也就不可能创立唯物史观。事实上，在马克思和恩格斯之前，黑格尔和费尔巴哈企图在纯粹哲学的范围内来解决历史发展的规律问题。结果，他们终生没有走出哲学的圈子，也就始终没有发现历史发展的规律性。马克思和恩格斯正是走出哲学才改造了哲学；他们正是借助于政治经济学的研究，才批判地改造了旧哲学，创立了以唯物史观为核心内容的新哲学。

（四）个人条件

以上诸种条件表明，历史发展到 19 世纪中叶，创立一种新哲学的外部条件已经具备。这种可能能否变成现实，取决于是否产生能够担当创立新哲学使命的历史人物。马克思和恩格斯的个人资质条件，使他们接受了历史的挑选，成为马克思主义哲学的创始人。这里主要考察马克思的个人条件，后面再谈恩格斯。在我们看来，马克思之所以能够成为马克思主义哲学的主要创始人，或者说马克思之所以成为马克思，主要是由下列几种因素促成的。

1. 崇高的理想

马克思 1818 年 5 月 5 日出生于德国莱茵省特里尔市一个律师家庭。他在非常幼小的时候就表现出很高的天赋。"他的'辉煌的天赋'在他父亲心中唤起希望，认为有朝一日这些才能终将用于造福人类的事业；母亲则把儿子称做一个无往不利的幸运儿。"① 往后我们将看到，父亲的预感是准确的，而母亲的看法，除马克思获得了特利尔城最迷人的姑娘燕妮② 终生不渝的爱情堪称是极大的幸运外，其他方面几乎都没能如愿。

我们还是从马克思早年就确立的崇高理想说起吧。

有关马克思早年思想状况的记载，《马克思恩格斯全集》历史考证版第二版（MEGA2）为我们提供了一些可靠的文献，主要是他在中学毕业考试时所写的三篇作文（宗教作文、德语作文和拉丁语作文）。这些作文反映了启蒙思想、理性精神和人道主义对他的影响。其中经常被提到和引用的是写于 1835 年 8 月 12 日的德语作文——《青年在选择职业时的考虑》。在这篇作文中，马克思一开始就把选择的严峻课题提到了人们的面

---

① 弗·梅林：《马克思传》，人民出版社 1965 年版，第 6 页。

② 燕妮·冯·威斯特华伦是路德维希·冯·威斯特华伦的长女，她比马克思大四岁，从小一起长大。燕妮不仅是特利尔城最漂亮的姑娘，而且是一位品德高尚的女性。恩格斯曾经《在燕妮·马克思墓前的讲话》中说："如果有一位女性把使别人幸福视为自己的幸福，那么这位女性就是她。"（《马克思恩格斯全集》第 19 卷，人民出版社 1963 年版，第 324 页）

前："选择是人比其他创造物远为优越的地方，但同时也是可能毁灭人的一生、破坏他的一切计划并使他陷于不幸的行为。"① 马克思反对单凭幻想、虚荣和名利激起的一时热情和冲动进行选择，反对不顾自己的体质限制和错误估计自己能力的选择。他认为，"那些主要不是干预生活本身，而是从事抽象真理的研究的职业，对于还没有确立坚定的原则和牢固的、不可动摇的信念的青年是最危险的"②。马克思明确提出了选择职业的标准："在选择职业时，我们应该遵循的主要指针是人类的幸福和我们自身的完美。"③ 在他看来，这两个标准不是彼此对立、互相冲突的，而是统一的。因为，"人的本性是这样：人只有为同时代人的完美、为他们的幸福而工作，自己才能达到完美。如果一个人只为自己劳动，他也许能够成为著名的学者、伟大的哲人、卓越的诗人，然而他永远不能成为完美的、真正伟大的人物"④。从这样的高标准出发，马克思表达了自己立志为人类的幸福而工作的崇高理想与抱负：

> 如果我们选择了最能为人类而工作的职业，那么，重担就不能把我们压倒，因为这是为大家而作出的牺牲；那时我们所享受的就不是可怜的、有限的、自私的乐趣，我们的幸福将属于千百万人，我们的事业并不显赫一时，但将永远存在。⑤

这预示着马克思未来的人生价值取向。这种崇高的理想在博士论文中再次得到表白，马克思颂扬"普罗米修斯是哲学日历中最高尚的圣者和殉道者"⑥。马克思毕生都在为人类解放寻找理性之路，他是思想领域里盗取天火的普罗米修斯，他的哲学使命在实际的历史运动中体现了人类的使命。

---

① 《马克思恩格斯全集》第1卷，人民出版社1995年版，第455页。
② 同上书，第458—459页。
③ 同上书，第459页。
④ 同上。
⑤ 同上。
⑥ 《马克思恩格斯全集》第40卷，人民出版社1982年版，第190页。按：普罗米修斯是希腊神话中的英雄，他盗取天火给人间带来光明，却因违犯天条而受到宙斯的惩罚，被缚在高加索山崖上忍受鹰啄食肝脏的痛苦。马克思以此形象自喻。

2. 坚强的性格

与母亲"幸运儿"的预期相反，马克思命运坎坷。他一生颠沛流离，经常遭到政府的驱逐。1841年大学毕业时，马克思曾一度想在大学谋取教职，但是当时的情况已不允许他这样做。他1842年为《莱茵报》撰稿。由于普鲁士政府对报纸的激进倾向不满，决定查封该报，马克思于1843年3月18日声明退出编辑部。同年5月与燕妮结婚，来到克罗茨纳赫。1843年10月为出版《德法年鉴》到巴黎。从此之后，马克思一次又一次被政府驱逐：1845年1月，被法国政府驱逐，前往比利时；3年后即1848年被比利时政府驱逐，在巴黎短暂停留后，回到德国；1849年5月又被普鲁士政府驱逐，6月再回到巴黎，7月19日便接到命令："卡尔·马克思和他的妻子必须在24小时内离开巴黎。"8月，马克思前往伦敦定居，直到去世。马克思曾在国际联合的意义上说"工人没有祖国"，而他自己则简直就是一个世界公民。

马克思一生穷困，饱受贫病的煎熬。他常常因为交不起房租和无力偿还食品店的债务而遭人白眼，曾困难到完成《政治经济学批判》第一分册后，没有邮费将稿子寄出的地步，往往要靠恩格斯和其他人的资助才能渡过难关。他身患多种疾病，31岁就患上肝病，以后经常复发，还患有眼病、支气管炎、风湿痛、胆囊炎等，并长期失眠，最后死于肺脓肿。他和燕妮生有七个孩子，只有三个长大成人，其他都因病得不到治疗而夭折，小女儿弗兰契斯卡一岁就病死了，连棺材钱都是向人要的。然而，所有这一切，都丝毫没有动摇马克思的信念和意志。

马克思勤奋刻苦的精神也是非常出名的，这是因为他明白，"在科学上没有平坦的大道，只有不畏劳苦沿着陡峭山路攀登的人，才有希望达到光辉的顶点"。为了研究政治经济学，从1849年定居伦敦的时候起，在以后的30多年里，他经常到当时世界上资料最齐备的大英博物馆图书馆查阅资料，通常从上午9点坐到晚上7点。由于他有固定的座位，传说他坐的位子已被他的皮鞋磨出了明显的印记。没有坚强的意志，这一切都是难以想象的。

关于马克思的性格，我们还可以从一份题为《卡尔·马克思。自白》[①]的材料中获得佐证。这是他1865年4月1日对女儿20个问题的回

_____

①　《马克思恩格斯全集》第31卷，人民出版社1972年版，第588—589页。

答，我们只摘录相关的部分：

> 您的特点：……………………目标始终如一。
>
> 您对幸福的理解：……………………斗争。
>
> 您对不幸的理解：……………………屈服。
>
> 您喜爱的格言：……………………人所具有的我都具有。
>
> 您喜爱的箴言：……………………怀疑一切。

目标始终如一，从不屈服，从不向命运低头，这就是马克思的性格。

3. 出众的才华

关于马克思出众的天赋和才华，几乎没有任何人表示怀疑。天赋是父亲首先发现的，才华首先是在朋友中得到承认的，而且早在大学期间就显露出来。青年黑格尔派的重要人物科本称赞马克思是"一座思想的仓库、制造厂，或者按照柏林的说法，思想的牛首"[1]。博士俱乐部的另一位著名人物赫斯写道："马克思博士，这个我最崇拜的人，还是一个十分年轻的人（至多不过24岁左右）；他将给中世纪的宗教和政治以致命的打击；他既有深思熟虑、冷静、严肃的态度，又有最辛辣的机智；如果把卢梭、伏尔泰、霍尔巴赫、莱辛、海涅和黑格尔合为一人（我说的是结合，不是凑合），那么结果就是一个马克思博士。"[2] 恩格斯在他的晚年著作《费尔巴哈论》的一个注释中称马克思为"天才"——不是"生而知之"意义上的，而是"天纵之才"。

当代著作家也丝毫不否认马克思的才华，虽然他们对马克思的学说有新的评价。熊彼特在《从马克思到凯恩斯》一书中写道：

> 马克思首先是一个博学的人。马克思作为作家，我一直称他为天才和预言家。而且我认为有必要突出上面这一点，这似乎有些奇怪。然而，意识到这一点是很重要的。天才和预言家通常不是在某一专门的方面很杰出，正是因为他们不是某方面的专家，因而具有独创性。但是马克思的经济学中没有什么能说明他缺少作为学者的素质，或缺

---

[1]　科尔纽：《马克思恩格斯传》第1卷，生活·读书·新知三联书店1980年版，第187页。

[2]　同上书，第289—290页。

乏理论分析技术方面的训练。他是一位贪婪的读者、一位不知疲倦的
工作者。他很少遗漏重要文献。他消化他读过的所有东西，深入思考
每个事实，怀着热情争论不寻常的问题的细节。他习惯于透视包含整
个人类的文明和延续发展的历史。或批评，或反对，或采纳，或综
合，他对每一个问题总是要探索透彻。最突出的证明就是他的剩余价
值理论，这是理论方面的里程碑。他不间断地为武装自己而学习，努
力掌握一切应该掌握的知识，从而避免使自己形成偏见、形成非科学
的其他目标，虽然他是在为达到一个确定的目标而工作着。由于他的
聪明才智，他不由自主地把对问题的兴趣本身看得最为重要，而不管
他在多大程度上把注意力集中在最终结果上。在工作时他主要关心的
是用他那个时代的科学来使分析工具变得锋利，关心如何使逻辑困难
得到解决，关心建立一个理论基础，以获得一个在性质上、目标上完
全科学的理论，不论它可能有什么缺点。

这段话不仅突出地强调了马克思的才华，而且精确地描述了他研究问题的
科学方法。

综上所述，正是这些内在资质，才使马克思成为马克思，使他成为马
克思主义及其哲学的主要创始人。

第二节　马克思主义哲学原生形态的创始人

在以上关于马克思主义哲学创立的个人资质条件的考察中，我们主要
谈论的是马克思，但是一般公认，马克思主义及其哲学的创始人还包括恩
格斯。关于恩格斯在马克思主义哲学史上的地位，即他对于马克思主义哲
学创立和发展的贡献，以及在这一过程中他与马克思思想上的关系，在西
方学界是一个长期存在争议的问题。

综合地看，关于马克思与恩格斯在思想上的关系，国外学术界主要存
在着以下五种观点：（1）"一致论"，这是以考茨基和普列汉诺夫为代表
的第二国际"正统马克思主义"在马克思和恩格斯思想关系问题上的看
法；（2）"修正论"，这是伯恩斯坦关于马克思和恩格斯思想关系的观点，
认为恩格斯修正了马克思，通过恩格斯的"修正"，唯物史观从马克思不
成熟的"最初的形态"提高到恩格斯的"成熟的形态"；（3）"误解论"，

这是早期西方马克思主义者对马克思和恩格斯关系性质的定位，其要旨是：恩格斯误解了马克思，应该回到马克思；（4）"对立论"，这是西方"马克思学"学者和一些晚期西方马克思主义者在马克思和恩格斯关系问题上的基本立场，其核心观点是：恩格斯背离了马克思，应该回归马克思；（5）"同质论"，这是以古德纳尔、亨勒、利各比等为代表的部分西方"马克思学"学者对马克思和恩格斯关系问题的最新看法，基本立场是：马克思和恩格斯的思想具有同质性，都包含有内在矛盾，应该被解构。

关于马克思主义哲学的创始人问题，若干年来一直有一种很有影响的观点，否认恩格斯在马克思主义哲学创始过程中的地位，否认恩格斯是马克思主义哲学的创始人。现在国内也有一些学者附和这种观点，因此有必要表明我们对这一问题的看法。

众所周知，在马克思主义发展史上，列宁最早明确提出关于"马克思主义"的定义："马克思主义是马克思的观点和学说的体系。"[1] 但是我们发现，恩格斯本人是这一定义的始作俑者。

关于"马克思主义"这一术语的命名，恩格斯曾经在多种场合做过说明，例如他反复强调，构成马克思主义核心的基本思想"完全是属于马克思一个人的"[2]。马克思逝世后，有不少人提到恩格斯在制定马克思主义理论方面的贡献，恩格斯在他的著作《路德维希·费尔巴哈和德国古典哲学的终结》中，在谈到"从黑格尔学派的解体过程中还产生了另一个派别，唯一的真正结出果实的派别。这个派别主要是同马克思的名字联系在一起的"时，特别加注说："近来人们不止一次地提到我参加了制定这一理论的工作，因此，我在这里不得不说几句话，把这个问题澄清。我不能否认，我和马克思共同工作 40 年，在此以前及在此期间，我在一定程度上独立地参加了这一理论的创立，特别是对这一理论的阐发。但是，绝大部分基本指导思想（特别是在经济和历史领域内），尤其是对这些指导思想的最后的明确的表述，都是属于马克思的。我所提供的，马克

---

① 列宁：《卡尔·马克思》，见《列宁论马克思主义》，人民出版社 2003 年版，第 6 页。

② 参见《共产党宣言》1883 年德文版序言、1888 年英文版序言，1883 年 3 月 14 日恩格斯致威·李卜克内西的信，1884 年 10 月 15 日恩格斯致约·菲·贝克尔的信，1893 年 7 月 14 日致弗·梅林的信，等等。

思没有我也能够做到，至多有几个专门的领域除外。至于马克思所做到的，我却做不到。马克思比我们大家都站得高些，看得远些，观察得多些和快些。马克思是天才，我们至多是能手。没有马克思，我们的理论远不会是现在这个样子。所以，这个理论用他的名字命名是理所当然的。"①

应该承认，恩格斯所说的这些话基本上是事实。但是，由于他习惯于"第二小提琴手"的位置而对作为"第一小提琴手"的马克思无限景仰，以及他长期养成的谦逊美德，恩格斯对他自己在马克思主义学说发展史上的贡献评价明显偏低。遗憾的是，恩格斯的自我评价成了那些刻意贬低恩格斯的人的口实。当他还健在的时候，就有人公然宣称，恩格斯"从来没有独立地发表过自己的意见"，"缺乏伟大的独创精神"。在他逝世之后，特别是在他逝世已经超过一个世纪之久的今天，由于历史运动的跌宕起伏和与之相伴的个人声誉的升降沉浮，由于不同语境中的言说所造成的不断叠加的文献累积，这似乎已经成为一件不太容易说清的学术公案了。

近年来，随着"回到马克思"之说的兴盛，学术界有不少人都强调马克思和恩格斯在思想上的差异，主张把"马克思哲学"与"马克思主义哲学"两个概念严格区别开来。这种区分暗含着这样一种识见：马克思本人的哲学与隶属于这个学派的其他人的哲学（如恩格斯的哲学、列宁的哲学、斯大林的哲学、西方马克思主义的哲学、中国的马克思主义哲学，等等）是有本质差别的。美国学者洛克莫尔在《马克思主义之后的马克思》一书的"中译本前言"中说："我强调马克思与马克思主义在哲学观点上的决定性差异，进而强调马克思和恩格斯两人之间的差异。同时，我强调要真正理解马克思的观点在哲学上的重要性，应该通过阅读马克思本人的文本，而不是像通常所做的那样，通过马克思主义来进行。"他在该书中一再强调马克思与恩格斯在哲学观点上的根本差异，认为恩格斯不是马克思主义哲学原生形态的创始人，而是与马克思哲学存在根本差异的"马克思主义"的肇始人。②

实际上，无论对于马克思主义哲学原生形态的创立和阐发，恩格斯都

---

① 《马克思恩格斯选集》第 4 卷，人民出版社 1995 年版，第 242 页。
② 参见洛克莫尔《马克思主义之后的马克思》，杨学功、徐素华译，人民出版社 2008 年版。

作出了特殊的贡献。他的功绩是不能抹杀的。

在恩格斯的晚年，他已经形成了对于整个马克思主义理论的总括式理解。他首次明确地概括了马克思一生的"两个伟大的发现"——唯物史观和剩余价值学说。在他看来，正是由于这两大发现，才使社会主义从空想变成了科学。按照这种理解方式，在马克思主义的理论领域中，属于哲学的就是唯物史观；在这种意义上，也可以说马克思主义哲学原生形态的主要内容就是唯物史观。因此，要说明恩格斯对马克思主义哲学原生形态的贡献，就应该把重点放在考察恩格斯对于唯物史观的创立和发展方面所作出的特殊贡献上。恩格斯自己曾非常审慎地谈到过他所起的作用："我在一定程度上独立地参加了这一理论的创立，特别是对这一理论的阐发。"① 依据恩格斯的这一表述，我们也可以从"创立"和"阐发"两个方面来考察恩格斯的独特贡献。

关于恩格斯在"创立"唯物史观方面所起的作用，他所举的例子是他的《英国工人阶级状况》一书，认为这部著作是他当时"独自在这方面达到什么程度"的"最好的说明"。② 其实还应该提到的是他的《政治经济学批判大纲》，马克思曾经说过："自从弗里德里希·恩格斯批判经济学范畴的天才大纲（在《德法年鉴》上）发表以后，我同他不断通信交换意见，他从**另一条道路**（黑体为引者所加）得出同我一样的结果。"③

从基本史实看，恩格斯比马克思更早步入社会，直接接触到资本主义社会的实际情况。当马克思还在柏林大学读书的时候，恩格斯就迫于父命辍学了，他先到父亲在巴门开设的一个营业所当办事员，后又到不来梅一家贸易公司学习经商。当马克思参加《莱茵报》和《德法年鉴》编辑工作的时候，恩格斯到了当时资本主义发展最充分的英国，在曼彻斯特的一家工厂工作。恩格斯的工作环境比马克思更有利于他直接了解资本主义社会生活的各个方面，特别是经济关系方面。后来恩格斯在回顾他在曼彻斯特的这一段生活时写道：

　　我在曼彻斯特时异常清晰地观察到，迄今为止在历史著作中根本

① 《马克思恩格斯选集》第4卷，人民出版社1995年版，第242页。
② 《马克思恩格斯选集》第1卷，人民出版社1995年版，第257—258页。
③ 《马克思恩格斯选集》第2卷，人民出版社1995年版，第33页。

不起作用或者只起极小作用的经济事实，至少在现代世界中是一个决定性的历史力量；这些经济事实形成了产生现代阶级对立的基础；这些阶级对立，在它们因大工业而得到充分发展的国家里，因而特别是在英国，又是政党形成的基础，党派斗争的基础，因而也是全部政治史的基础。①

这表明恩格斯通过不同的途径（从另一条道路），结果殊途同归，与马克思大体同时形成了唯物史观的基本思想。

至于恩格斯在"阐发"唯物史观方面的贡献，我们还是先来看恩格斯自己的一段叙述：

> 当我 1844 年夏天在巴黎拜访马克思时，我们在一切理论领域中都显出意见完全一致，从此就开始了我们共同的工作。当我们 1845 年春天在布鲁塞尔再次会见时，马克思已经大致完成了发挥他的唯物主义历史理论的工作，于是我们就着手**在各个极为不同的方面**（黑体为引者所加）详细地制定这种新观点了。②

这段话表明，马克思和恩格斯在阐发唯物史观的基本原理时是有着不同的侧重和分工的。在这个方面，我们只要指出下面的事实，就足以说明恩格斯在阐发唯物史观方面的独特贡献。

在唯物史观形成后的相当长一段时间里，马克思和恩格斯都把重点放在从作为基础的经济事实中探索出政治观念、法权观念和其他思想观念以及由这些观念所制约的行动，而对其他参与交互作用的因素没有给予应有的重视。因此，19 世纪末，有人把唯物史观曲解为"经济决定论"，说它"把人类变成了一种机械发展的毫无抵抗力的玩物"。针对这种误解，恩格斯在晚年书信中对唯物史观做了新的阐发。他对上层建筑反作用的论述，对意识形态发展相对独立性的论述，对历史发展"合力论"的论述等，都是他对唯物史观的独特贡献。恩格斯写道：

---

① 《马克思恩格斯选集》第 4 卷，人民出版社 1995 年版，第 196 页。
② 同上。

　　根据唯物史观，历史过程中的决定性因素**归根到底**是现实生活的生产和再生产。无论马克思或我都从来没有肯定过比这更多的东西。如果有人在这里加以歪曲，说经济因素是**唯一**决定性的因素，那么他就是把这个命题变成毫无内容的、抽象的、荒诞无稽的空话。经济状况是基础，但是对历史斗争的进程发生影响并且在许多情况下主要是决定着这一斗争的**形式**的，还有上层建筑的各种因素：阶级斗争的政治形式及其结果——由胜利了的阶级在获胜以后确立的宪法等等，各种法的形式以及所有这些实际斗争在参加者头脑中的反映，政治的、法律的和哲学的理论，宗教的观点以及它们向教义体系的进一步的发展。这里表现出这一切因素间的相互作用，而在这种相互作用中归根到底是经济运动作为必然的东西通过无穷无尽的偶然事件（即这样一些事物和事变，它们的内部联系是如此疏远或者是如此难于确定，以致我们可以认为这种联系并不存在，忘掉这种联系）向前发展。否则把理论应用于任何历史时期，就会比解一个最简单的一次方程式更容易了。①

他还举例说，要从经济上说明每一个德意志小邦的过去和现在的一切，或者要从经济上说明德语音变的起源，那是肯定要闹笑话的。

　　综上所述，恩格斯对于唯物史观，无论在创立和阐发方面都作出了自己独特的贡献。正如列·阿·列昂节夫所说："恩格斯极其审慎地谈到过自己在创立和制定新世界观方面的贡献。可是这个贡献是巨大的，对于马克思主义的牢不可破的堡垒，无论在根基或上层建筑方面，恩格斯都用他的劳动投入了不少的巨石。"② 因此，作为马克思主义哲学原生形态的创始人之一，恩格斯是当之无愧的。

---

　　① 《马克思恩格斯选集》第 4 卷，人民出版社 1995 年版，第 695—696 页。
　　② 列昂节夫：《恩格斯在马克思主义政治经济学形成和发展方面的作用》，中国人民大学出版社 1982 年版，第 46 页。

第 二 章

马克思主义哲学原生形态的
发生学考察

　　很少有人否认，马克思哲学的产生是哲学史上的一次革命性变革。但是，这种变革的实质究竟为何，人们却有着很不相同甚至完全不同的理解。理解和解释的多样性肯定是一种不可避免的现象，这是解释学已经揭示了的真理。然而，对马克思哲学来说，这种理解的多样性决不意味着这样的结论：每一种解释都是合理的，都有着相同的存在价值。实际上，情况恰恰相反，各种各样不同的乃至对立的解释反映着尖锐的思想分歧。①我们并不抱持一元的解释观，但我们也不能把解释看成是完全主观的任意涂抹，想把解释对象怎样打扮起来，就怎样打扮起来。马克思在给《祖国纪事》杂志编辑部的信中，就批评过米海洛夫斯基把他关于西欧资本主义起源的历史概述彻底变成一般发展道路的历史哲学的做法，是对《资本论》的"错误的解释"。对一种文献或思想的解释，情况异常复杂，

---

① 自从马克思哲学的文本被创作出来以后，对它的解释历来是多种多样的，其中存在着复杂的思想分歧，有时甚至产生"真马克思"和"假马克思"之争。例如，19世纪70年代末，马克思曾针对法国"马克思派"存在的宗派主义和教条主义倾向，毅然决然地说："我只知道我自己不是马克思主义者。"（参看《马克思恩格斯选集》第4卷，人民出版社1995年版，第691页）列宁也曾经针对长期存在的对马克思的误解，意味深长地说："半世纪以来，没有一个马克思主义者是理解马克思的!!!"（《哲学笔记》，人民出版社1974年版，第191页）马克思主义传播史上这样一种奇特的现象，被有的学者概括为"'什么是马克思主义'的提问"（参看梁树发《关于"什么是马克思主义"的提问》，载《中国人民大学学报》2000年第4期）。有的学者甚至略带夸张的口吻说："马克思虽是马克思主义之'父'，但他似乎越来越控制不住从自己身上长出来的那些'主义'们了，在许多时候和许多地方，'马克思主义'越来越不像甚至越来越不是马克思的'主义'了。"（参看谢菏生《马克思："问题"和他的"主义"》，载《济南市委党校学报》2000年第4期）

往往难有定论，也不能人为地定于一尊，因为这样就会限制思想自由发展的活力。但这不是说，解释没有一定的标准和准绳。这个标准或准绳也不是预定的和先验的，只能从客观存在的文本和以它为根据的解释活动中产生出来。而对文本意义的揭示，发生学的考察是一个必要的步骤。

就马克思哲学的文本研究①来说，运用发生学方法进行考察的学科是马哲史。如人们已经发现的那样，这种考察也必须以一定的"前见"为前提。一定的前见形成相应的视界，理解和解释就是"前见"和"文本"接触时的"视界融合"。"前见"不同，解释的结果也就不同。一定的"前见"，在凸显"文本"的某些意义方面时，总难免会遮蔽另外一些意义方面，区别只在于被遮蔽的方面是否是本质的方面。我们用于对马克思哲学进行发生学考察的"前见"，是作为哲学形态的"本体论"。就是说，我们是以马克思哲学对待本体论哲学的态度为中心来进行这种考察的。

众所周知，马克思在哲学上所实现的具有深远意义的变革萌芽于他的大学时期，发端于《莱茵报》时期，开始于《德法年鉴》时期，而完成于写作《提纲》和《形态》的时期。因此，我们把 1841—1846 年期间马克思的著作作为我们研究马克思早期思想发展的主要文本依据。这些著作有：《博士论文》、《莱茵报》时期的政论文章、《黑格尔法哲学批判》、《德法年鉴》上发表的论文、《1844 年经济学哲学手稿》、《神圣家族》、《关于费尔巴哈的提纲》、《德意志意识形态》。所谓发生学考察，主要就是依据这些著作所提供的线索，揭示出马克思早期思想发展的轨迹。

我们研究的主人公——卡尔·马克思（Karl Marx，1818—1883）是

---

①　我们认为，对马克思的哲学文本，特别是早期文本，应取研究的态度，而不是单纯宣讲的态度。关于研究的态度，罗素在讲到哲学家的品格时说过这样一段话："如果他在进行研究以前先假定某些信念不拘真假总归是那种促进良好行为的信念，他就是限制了哲学思辨的范围，从而使哲学成为琐碎无聊的东西；真正的哲学家准备审查一切先入之见。假如有意识或无意识地给追求真理这件事加上什么限制，哲学便由于恐惧而瘫痪，为政府惩罚吐露'危险思想'的人的检查制度铺平道路——事实上，哲学家已经对自己的研究工作加上了这样的检查制度。"（《西方哲学史》下卷，马元德译，商务印书馆 1976 年版，第 396 页）胡适也说："所有的主义和学理应是都该研究的，但是我们应当把它们当作一种假设的观念拿来研究，而不应该把它们当成绝对的真理，或终极的教条。所有的主义和学理都应被当成参考或研究的资料，而不应该把它们当成宗教信条一样来奉行来顶礼膜拜。我们应当利用它们来做帮助我们思想的工作；而绝对不能把它们当成绝对真理来终止我们的思考和僵化我们的智慧。"（《胡适口述自传》，唐德刚译注，华东师大出版社 1993 年版，第 194 页）作为对研究态度的阐释来看，这些说法可谓差强人意。

众多传记作品的传主。这些传记作品为我们提供了关于他的生平事业的相当翔实而生动的描绘，是我们了解这位"千年伟人"① 应该熟悉的。不过，这里不准备过多地涉及他的生平经历，而只是集中讨论马克思早期思想的发展，并把这种讨论集中在哲学思想方面。

列宁曾经把马克思哲学思想的发展过程概括为："离开黑格尔走向费尔巴哈，又进一步从费尔巴哈走向历史（和辩证）唯物主义。"② 这一概括准确地反映了马克思主义思想发展的实际情况。因此，"离开黑格尔"正是马克思自己独立的哲学思想发展的起点。这个起点最早可以追溯到他于 1841 年 3 月完成的博士论文。

第一节　从"自我意识"到"此岸世界"：从《博士论文》到《〈黑格尔法哲学批判〉导言》

我们所考察的这一时期的马克思的思想发展，通常被称为马克思开始并完成世界观和政治立场转变的时期。从逻辑的抽象意义上说，实现世界观的转变是创立新哲学的前提，二者必然会在某一时空点上发生"断裂"；然而作为完整的思想发展的历史过程来看，它们之间又肯定存在着继承性的"联系"。本文试图依据相关文献，揭示马克思独立的思想发展过程中"弃旧"与"开新"的统一关系，并依据他的实际思想状况，把这一过程划分为若干相对独立的阶段，提炼出各阶段能够代表马克思哲学思想发展水平的核心理念。

一　《博士论文》：自我意识

参加青年黑格尔派的活动，在一定程度上亲近和接受黑格尔哲学（诚然，马克思从来就不是一个完全的黑格尔主义者，他在接受黑格尔哲

---

① 1999 年秋天，英国广播公司（BBC）用几周时间在国际互联网举办千年最伟大的思想家评选，马克思位居爱因斯坦、牛顿、达尔文、康德、尼采等人之前，被评为已过去的千年世界上最伟大的思想家。2000 年初，路透社邀请政界、商界、艺术和学术领域的名人评选"千年伟人"，对 39 名候选人的投票比较平均，爱因斯坦仅以一分的优势领先于甘地和马克思，说明马克思是"千年伟人"。（均据新华社消息）

② 列宁：《哲学笔记》，人民出版社 1974 年版，第 386—387 页。

学之初，就对这种哲学有所保留，表现出反对思辨哲学的倾向），是马克思独立的思想发展过程的起点。因此，探讨马克思早期思想的发展，应该从分析他与黑格尔哲学的关系开始。

马克思与黑格尔哲学的关系，经历了一个从信奉它到逐渐与之脱离再到最后对它进行批判，"清算"自己过去的哲学信仰的过程。但是，黑格尔哲学是一个复杂的综合体，所以我们需要弄清马克思在黑格尔哲学中所接受的主要是什么。

马克思在评论黑格尔哲学时曾经说过："在黑格尔的体系中有三个因素：斯宾诺莎的实体，费希特的自我意识以及前两个因素在黑格尔那里的必然的矛盾的统一，即绝对精神。第一个因素是形而上学地改了装的、脱离人的自然。第二个因素是形而上学地改了装的、脱离自然的精神。第三个因素是形而上学地改了装的、以上两个因素的统一，即现实的人和现实的人类。"①

黑格尔1831年去世后，黑格尔学派逐渐解体，分裂为青年黑格尔派（所谓左翼）和老年黑格尔派（所谓右翼）。马克思在柏林大学参加青年黑格尔派博士俱乐部的活动（1837—1840年），表明他一开始接受的是青年黑格尔派的观点。但是，即使在青年黑格尔派内部，也不是没有分歧的，施特劳斯和鲍威尔就为福音故事的产生发生过争论。从哲学上说，正如马克思后来所分析的，他们各自抓住了黑格尔哲学的一个要素，施特劳斯抓住了"实体"，鲍威尔抓住了"自我意识"，他们之间的论争，就是"实体"和"自我意识"的论争，后来扩展为这样的问题：什么是历史发展的主要动力，是"实体"还是"自我意识"？

反映马克思大学时期哲学思想的主要文献，是他的博士论文——《德谟克利特的自然哲学和伊壁鸠鲁的自然哲学的差别》，这也是马克思的第一篇哲学著作。

从1839年开始，马克思进行古代哲学史的研究，他写下了7本《关于伊壁鸠鲁哲学的笔记》，博士论文就是在这些笔记的基础上整理而成的。从这篇论文的"序言"和"新序言（片断）"中可以看出，它只是当时计划要写但后来并未完成的一部更大的著作的"先导"，在那部计划的著作中，马克思准备全面论述晚期希腊哲学，内容包括伊壁鸠鲁、斯多

---

① 《马克思恩格斯全集》第2卷，人民出版社1957年版，第177页。

亚主义和怀疑主义。① 他之所以选择这个题目，是与他当时信奉的青年黑格尔派的哲学相关的。他想通过阐述亚里士多德以后古希腊晚期哲学的发展，来论证要求个性自由的自我意识哲学。"新序言"保留下来的"片断"中，有一段被马克思删掉的话可以引为佐证："伊壁鸠鲁主义、斯多亚主义、怀疑主义哲学，即自我意识哲学。"②

从技术方面看，马克思的博士论文是一篇哲学史研究的专题论文，它是严格按照学位论文的规范写成的，甚至使它带上了学位论文通常具有的学究气。马克思自己在《序言》中也明确承认这一点："这篇论文如果当初不是预定作为博士论文，那么它一方面可能会具有更加严格的科学形式，另一方面在某些叙述上也许会少一点学究气。"③

但事情不止于此，《序言》本身又是马克思当时信奉的哲学观的宣言书。他在高度评价普罗米修斯的"自白"（"我痛恨所有的神"），称赞"普罗米修斯是哲学历书上最高尚的圣者和殉道者"的同时，又把"自我意识"抬高到"神性"的地位，马克思当时信奉的"哲学的格言"是："反对不承认人的自我意识是最高神性的一切天上和地上的神。不应该有任何神同人的自我意识相并列。"④ 在谈到上帝存在的本体论证明时，马克思说："对神的存在的证明不外是对人的本质的自我意识存在的证明，对自我意识存在的逻辑说明。例如，本体论的证明。当我们思索存在的时候，什么存在是直接的呢？自我意识。"⑤ 总之，自我意识是最高的神性。至于自然界，在他看来不过是"物质的、漠不相关的外在形式"，其意义是由内在的自我意识所赋予的，"感性的自然也只是对象化了的、经验的、个别的自我意识，而这就是感性的自我意识"⑥。

在博士论文中，马克思分析并批判了对伊壁鸠鲁哲学的种种歪曲和贬低，纠正了把德谟克利特和伊壁鸠鲁的自然哲学等同起来的传统偏见，阐明了他们在自然哲学方面的差别，特别是揭示了伊壁鸠鲁原子学说的独特的积极的意义。在马克思看来，重要的是伊壁鸠鲁用原子偏斜运动的论点

---

① 《马克思恩格斯全集》第1卷，人民出版社1995年版，第10—11、103页。
② 同上书，第103页。
③ 同上书，第10页。
④ 同上。
⑤ 同上书，第101页。
⑥ 同上书，第45页。

纠正了德谟克利特的机械决定论，打破了命运的束缚，从而企图从自然的角度来阐明个人的意志自由、个性和独立性。马克思指出，原子脱离直线作偏斜运动不是伊壁鸠鲁物理学中的一个特殊的、偶然的规定，而是被赋予了普遍意义的原子运动规律，它贯穿于伊壁鸠鲁的整个哲学。

马克思重视伊壁鸠鲁关于原子偏斜运动体现了自我意识的自由的观点，但并不赞成伊壁鸠鲁把自由理解为脱离现实世界的自我意识的心灵宁静的看法。马克思认为，不能抽象地理解自由，不能通过把人同周围环境分开并把二者绝对对立起来的办法来实现自由，那样达到的自由只是理论上的自由；只有当人不被看做是抽象的个别性，而是从人同周围环境的密切联系和相互作用中来考察人的时候，自由问题才能得到解决。马克思深刻地分析了人与现实、哲学与世界的辩证关系，指出："在自身中变得自由的理论精神成为实践力量，作为意志走出阿门塞斯冥国，面向那存在于理论精神之外的尘世的现实，——这是一条心理学规律。"① 作为一种意志力量，哲学必然要同外部世界发生关系，变成一种实践力量。由于哲学与世界的相互作用、相互融合，"世界的哲学化同时也就是哲学的世界化"：一方面，通过理性批判来改变不合理的现实世界，使世界不断合理化，变成理性的世界，也就是"世界哲学化"；另一方面，哲学在与现实世界的接触中也不断扬弃自身内在的缺点和缺陷，即"哲学世界化"。

马克思的博士论文表明，他当时基本上还是一个黑格尔主义者②，特别是鲍威尔式的青年黑格尔派的信徒，相信自我意识是世界发展的决定力量。但是，马克思通过对哲学与现实世界的相互作用的论证，又在一定程度上超过了黑格尔的思辨哲学和青年黑格尔派，预示着他与后者即将发生的"脱离"。黑格尔的思辨哲学作为传统本体论哲学的集大成者，其基本特征就是从纯粹的概念推演中逻辑地构造世界，而马克思关注现实世界的致思取向必然会与这种哲学发生矛盾。

二　《莱茵报》政论：物质利益

大学毕业并获得博士学位后，马克思原拟在波恩大学谋取教职。但

---

① 《马克思恩格斯全集》第 1 卷，人民出版社 1995 年版，第 75 页。

② 参看《列宁全集》第 21 卷，中文 2 版，第 28 页。弗·梅林也说：在博士论文中，"马克思还完全站在黑格尔哲学的唯心主义立场上"（参看梅林《马克思传》，人民出版社 1965 年版，第 42 页）。

是，由于德国当局对进步教授的迫害，他不得不放弃这一打算，而踏上沸腾的社会生活的舞台，投身于反对普鲁士专制制度和争取民主自由的现实斗争之中。正是在与现实生活的日益密切的接触中，马克思的政治立场和哲学思想发生了巨大的转变。

马克思的世界观转变萌芽于 1842 年，1843—1844 年《德法年鉴》时期，这一转变初步完成。

1842 年 5 月至 1843 年 3 月，是马克思主义思想发展的《莱茵报》时期。1842 年 5 月，他开始为《莱茵报》撰稿，同年 10 月 15 日成了该报的编辑。他在该报上发表了大量文章、社论、声明、编者按语等，共计 20 多篇。这些文本反映出，他当时基本上还是一个黑格尔主义者；但是，费尔巴哈的代表性著作（如《黑格尔哲学批判》、《基督教的本质》）已经发表，马克思也开始受到费尔巴哈的影响；特别是通过亲身接触现实社会生活，使他日益认识到各种现实关系的作用，而在一定程度上进一步克服黑格尔的思辨哲学对他的限制和影响，开始向着新世界观转变。表现在：

第一，日益认识到哲学与现实生活的联系。马克思《莱茵报》时期所发表的第一篇政论文章是《评普鲁士最近的书报检查令》。在这篇充满民主主义精神的战斗檄文中，马克思继续高扬理性的旗帜和理性的普遍性品格。他说："天才的谦逊恰恰在于用事物本身的乡音和表达事物本质的土语来说话。天才的谦逊是要忘掉谦逊和不谦逊，使事物本身突现出来。精神的谦逊总的说来就是理性，就是按照事物的本质特征去对待各种事物的那种普遍的思想自由。"① 哲学追求的是普遍性的真理，只有普遍的才是真实的。关于这一点，马克思后来发挥说："难道存在着植物和星辰的一般本性而不存在人的一般本性吗？哲学是问：什么是真实的？而不是问：什么是有效的？它所关心的是一切人的真理，而不是个别人的真理；哲学的形而上学真理不知道政治地理的界限；至于'界限'从哪里开始，哲学的政治真理知道得非常清楚，而不会把特殊的世界观和民族观的虚幻视野和人的精神的真实视野混淆起来。"②

在《〈科隆日报〉第 197 号的社论》中，马克思批驳了"科隆日报"

①　《马克思恩格斯全集》第 1 卷，人民出版社 1995 年版，第 111—112 页。

②　同上书，第 215 页。

企图把哲学与现实隔离开来的错误，试图揭示哲学的现实基础。他进一步发挥了自己在博士论文中提出的关于哲学和现实的关系的论点，指出："任何真正的哲学都是自己时代的精神上的精华，因此，必然会出现这样的时代：那时哲学不仅在内部通过自己的内容，而且在外部通过自己的表现，同自己时代的现实世界接触并相互作用。那时，哲学不再是同其他各特定体系相对的特定体系，而变成面对世界的一般哲学，变成当代世界的哲学。各种外部表现证明，哲学正获得这样的意义，哲学正变成文化的活的灵魂，哲学正在世界化，而世界正在哲学化，——这样的外部表现在一切时代里曾经是相同的。"①

> 哲学就其性质来说，从未打算把禁欲主义的教士长袍换成报纸的轻便服装。然而，哲学家并不像蘑菇那样是从地里冒出来的，他们是自己的时代、自己的人民的产物，人民的最美好、最珍贵、最隐蔽的精髓都汇集在哲学思想里。正是那种用工人的双手建筑铁路的精神，在哲学家的头脑中建立哲学体系。哲学不是在世界之外，就如同人脑虽然不在胃里，但也不在人体之外一样。当然，哲学在用双脚立地以前，先是用头脑立于世界的；而人类的其他许多领域在想到究竟是"头脑"也属于这个世界，还是这个世界是头脑的世界以前，早就用双脚扎根大地，并用双手采摘世界的果实了。②

这是对哲学的现实基础的深刻揭示。马克思还揭露了《科隆日报》呼吁政府禁止在报刊上讨论宗教和哲学问题的反动主张，维护了哲学探讨宗教问题的权利，维护了哲学探索真理的理性精神。他说：

> 但是，哲学谈论宗教问题和哲学问题同你们不一样。你们没有经过研究就谈论这些问题，而哲学是在研究之后才谈论的；你们求助于感情，哲学则求助于理智；你们是在咒骂，哲学是在教导；你向人们许诺天堂和人间，哲学只许诺真理；你们要求人们信仰你们的信仰，哲学并不要求人们信仰它的结论，而只要求检验疑团；你们在恐吓，

---

① 《马克思恩格斯全集》第 1 卷，人民出版社 1995 年版，第 220 页。
② 同上书，第 219—220 页。

哲学在安慰。①

第二，初步看到了物质利益、等级地位在社会生活中的作用，开始对黑格尔的理性国家观发生怀疑，提出要"在初看起来似乎只有人在起作用的地方"看到"各种关系的客观本性"②。

马克思最先在《莱茵报》上发表的，是《第六届莱茵省议会的辩论》这一组文章中的第一篇《关于新闻出版自由和公布省等级会议辩论情况的辩论》。在这里，马克思已经不是像评书报检查令那篇文章中那样，从一般的理论观点出发，而是从具体的政治观点出发来看待新闻出版自由了，已经把新闻出版自由的问题同各个社会等级对这个问题的态度联系起来了。他认为，问题不在于新闻出版自由是否应当存在，而在于它是个别人的特权还是人民应当享有的权利。他赞赏农民等级的代表在维护新闻出版自由时捍卫了普遍利益。马克思还提出自由报刊应具有人民性，认为自由报刊是人民精神的洞察一切的慧眼，是把个人同国家和世界联结起来的纽带。自由报刊是观念的世界，它不断从现实世界中涌出，又作为越来越丰富的精神唤起新的生机，流回现实世界。

在《第六届莱茵省议会的辩论》的第三篇论文《关于林木盗窃法的辩论》中，马克思第一次直接研究了贫苦劳动群众的物质生活条件，探讨了物质利益同国家和法的关系，公开捍卫贫苦群众的利益，抨击普鲁士的国家和法律制度，指出封建专制社会的立法就是把贵族的特权变成法。马克思已经认识到物质利益的差别使社会划分为不同的等级，对私人利益的考虑支配着人们的思想和行动，也支配着国家官员和立法机关代表的决策行为。在反对封建的等级代表制度的同时，马克思也努力探索一种适应历史要求、代表人民利益的政治制度。他严厉批判作为普鲁士政治制度基础并导致贵族政治统治的等级制原则，要求实行人民代表制，建立真正代表人民利益的国家机构。他认为，人民代表机构不应该代表等级的特殊利益，而应该代表人民的普遍利益。他把人民代表制看做是人民精神力量的体现。应该看到，"普遍利益"之类的概念，表明马克思还没有完全超越黑格尔的国家观，仍然把国家看作理性的表现或体现，普遍利益实际上就

---

① 《马克思恩格斯全集》第 1 卷，人民出版社 1995 年版，第 222 页。

② 同上书，第 363 页。

是普遍理性。但是，马克思认为，法律的合理性在于同现实的一致性，这就使他的法律观点具有更实际的因素。他说："法律只能是现实在观念上的有意识的反映，只能是实际生命力在理论上的自我独立的表现。"①

通过对社会生活的亲身考察，马克思进一步触摸到了隐藏在各种社会关系后面的客观本质，加深了对社会生活和国家问题的理解。在《摩泽尔记者的辩护》一文中，马克思表达了一个重要的思想："人们在研究国家状况时很容易走入歧途，即忽视各种关系的客观本性，而用当事人的意志来解释一切。但是存在着这样一些关系，这些关系既决定私人的行动，也决定个别行政当局的行动，而且就像呼吸的方式一样不以他们为转移。只要人们一开始就站在这种客观立场上，人们就不会违反常规地以这一方或那一方的善意或恶意为前提，而会在初看起来似乎只有人在起作用的地方看到这些关系在起作用。"② 这表明，马克思已经在对支配人们的思想和行动的物质利益的分析中，开始认识到社会关系的客观本性，对哲学的基础和前提形成新的理解。他批判青年黑格尔派的那种抽象的、脱离现实生活的提问方式，批判他们"闭关自守并醉心于淡漠的自我直观"的思辨，讽刺他们"有一种爱听蓝色天空音乐的癖好……他们由于过分地敬重观念，所以就不去实现这些观念。他们把观念当作崇拜的对象，但不去培育它。"③ 马克思认为，必须"把我们的全部叙述都建立在事实的基础上，并且竭力做到只是概括地说明这些事实"④。这些思想反映出，马克思已经开始摆脱抽象思辨，力图使自己的思想植根于现实社会生活的基础之上。

参加《莱茵报》的工作，对马克思的思想发展有着重要的意义。在这里，他第一次亲身接触到各种社会问题和经济问题，要对当时最紧迫的政治问题表明态度，要每天分析社会舆论对各个阶级、各个政治集团的主张和要求的不同反映，还要对付来自政府当局和书报检查机关的阻挠和迫害以及其他报刊对《莱茵报》的责难和攻击。马克思后来在回顾《莱茵报》时期的工作时说道："1842—1843 年间，我作为《莱茵报》的编辑，

---

① 《马克思恩格斯全集》第 1 卷，人民出版社 1995 年版，第 314 页。

② 同上书，第 363 页。

③ 同上书，第 189 页。

④ 同上书，第 371 页。

第一次遇到要对所谓物质利益发表意见的难事。莱茵省议会关于林木盗窃和地产析分的讨论，当时的莱茵省总督冯·沙培尔先生就摩塞尔农民状况同《莱茵报》展开的官方论战，最后，关于自由贸易和保护关税的辩论，是促使我去研究经济问题的最初动因。"①

前面已经说过，马克思在大学初期信奉的是康德和费希特哲学，大约1837年秋转而相信黑格尔哲学，特别是青年黑格尔派的自我意识哲学。《莱茵报》时期的实际工作，使他相信的黑格尔哲学又一次落空，因为他发现黑格尔哲学的原理原则与现实生活中的大量事实和关系是相背离的，这令他非常苦恼。为了解决使他苦恼的疑问，马克思开始对黑格尔哲学特别是法哲学进行第一次自觉的系统的批判。

这里有一个问题激起了我们的兴趣：马克思凭借什么能够对黑格尔哲学采取批判的态度？就当时的情况看，黑格尔的理性国家观和青年黑格尔派的自我意识哲学在现实面前的失败，是毋庸争辩的事实。这个事实对青年黑格尔派和马克思来说是共同的，但他们由此而得出的结论和选择的方向却大相径庭：青年黑格尔派把这种失败归结为国家的非理性和群众的无知，从而进一步把自己的哲学同现实生活对立起来，以鄙视现实和敌视群众的态度蜷缩到自己的抽象哲学体系中去孤芳自赏；与之相反，马克思则在哲学与现实的矛盾面前改弦更张，重新寻找能够解释现实生活进而能够改变现实生活的哲学。引导马克思走出这条道路的，正是他那一贯的面向现实的求实精神和批判精神。在这种精神面前，不存在任何必须固守的哲学信条，一切都要以现实生活为标准来决定取舍。简单地说，在哲学与现实的关系上，青年黑格尔派为了"保全"哲学，不惜"回避"现实，最终使自己的哲学变成了脱离现实的空谈；马克思为了"直面"现实，不惜"抛弃"哲学，最终却使他的新哲学能够在批判现实中诞生或获得新生。这是两种完全不同的结局，大概也是历史上一切理论和学说的命运所借以表现的两种基本形式。

三 《黑格尔法哲学批判》：市民社会

1843年3月，《莱茵报》被普鲁士政府查封了，马克思不得不由社会舞台退回书房。5月，他来到莱茵省的一个小镇克罗茨纳赫，一直待到10

---

① 《马克思恩格斯选集》第2卷，人民出版社1995年版，第31页。

月。在那里，他记下了五本世界史笔记，写成了《黑格尔法哲学批判》手稿。

《黑格尔法哲学批判》是马克思为了解决在《莱茵报》时期使他苦恼的疑问而写的一部批判性著作。在这部著作中，马克思运用费尔巴哈的主宾颠倒方法和黑格尔的异化观点，对黑格尔的法哲学和国家哲学进行了较为系统的批判性分析。他指出，在黑格尔那里，"理念变成了独立的主体，而家庭和市民社会对国家的现实关系变成了理念所具有的想象的内部活动。实际上，家庭和市民社会是国家的前提，他们才是真正的活动者；而思辨的思维却把这一切头足倒置"，"条件变成了被制约的东西，规定其他东西的东西变成了被规定的东西，产生其他东西的东西变成了它的产品的产品"①。马克思已经认识到黑格尔的思辨方法的特点，指出："假如黑格尔从作为国家基础的现实的主体出发，那末他就没有必要神秘地把国家变成主体。黑格尔说：'可是主观性只是作为主体才真正存在，人格只是作为人才存在。'这也是神秘化。主观性是主体的规定，人格是人的规定。而黑格尔不把主观性和人格看做主体的谓语，反而把这些谓语弄成某种独立的东西，然后神秘地把这些谓语变成这些谓语的主体。"②"他把身为理念的主体的东西当成理念的产物，当成理念的谓语。他不是从对象中发展自己的思想，而是按照做完了自己的事情并且是在抽象的逻辑领域中做完了自己的事情的思维的样式来制造自己的对象。"③

黑格尔哲学的思辨方法，是传统本体论哲学的典型代表。马克思对这种方法的批判，就是对传统本体论哲学的批判。针对黑格尔把具体对象纳入先验逻辑框架的思辨方法，马克思提出："对现代国家制度的真正哲学的批判，不仅要揭露这种制度中实际存在的矛盾，而且要解释这些矛盾；真正哲学的批判要理解这些矛盾的根源和必然性，从它们的特殊意义上来把握它们。但是，这种理解不在于像黑格尔所想象的那样到处去寻找逻辑概念的规定，而在于把握特殊对象的特殊逻辑。"④ 这样，马克思实际上提出了一条具体地研究事物的特殊性的认识道路。

---

① 《马克思恩格斯全集》第1卷，人民出版社1956年版，第250—251、252页。
② 同上书，第273页。
③ 同上书，第259页。
④ 同上书，第359页。

通过对黑格尔法哲学和国家哲学的批判，马克思初步清算了黑格尔唯心主义的国家观和法学观对他的影响。马克思自己后来总结说："我的研究得出这样一个结果：法的关系正像国家的形式一样，既不能从它们本身来理解，也不能从所谓人类精神的一般发展来理解，相反，它们根源于物质的生活关系，这种物质的生活关系的总和，黑格尔按照 18 世纪的英国人和法国人的先例，概括为'市民社会'，而对市民社会的解剖应该到政治经济学中去寻求。"① 恩格斯也评论说："马克思从黑格尔的法哲学出发，得出了这样一种见解：要获得理解人类历史发展过程的钥匙，不应当到黑格尔描绘成'大厦之顶'的国家中去寻找，而应当到黑格尔所那样蔑视的'市民社会'中去寻找。"②

四　《德法年鉴》论文：此岸世界

同年 10 月，为了出版《德法年鉴》，马克思来到被他称为"新世界观首府"的巴黎。1844 年 2 月，《年鉴》出版。马克思在这个杂志上发表的论文，标志着他已经实现了世界观的转变。

在《德法年鉴》上，马克思发表的《论犹太人问题》、《〈黑格尔法哲学批判〉导言》等著名论文，表明他的思想与《莱茵报》时期相比又有了新的飞跃。

第一，批判了青年黑格尔派的唯心史观，认为不能单纯靠废除宗教的办法来实现"政治解放"，而要通过对现存制度的批判来实现"人类解放"。马克思指出，宗教不是世俗狭隘性的原因，而只是它的表现；应该用世俗桎梏来说明宗教桎梏，而不是相反；只有消灭了世俗桎梏，才能克服宗教桎梏。因此，不是要把世俗问题化为神学问题，而是要把神学问题化为世俗问题；不是要用迷信来说明历史，而是要用历史来说明迷信。

马克思深刻地揭示了宗教产生的根源："人不是抽象的蛰居于世界之外的存在物。人就是**人的世界**，就是国家，社会。这个国家、这个社会产生了宗教，一种**颠倒的世界意识**，因为它们就是**颠倒的世界**。""**宗教里**的苦难既是现实的苦难的**表现**，又是对这种现实的苦难的**抗议**。"③

---

① 《马克思恩格斯选集》第 2 卷，人民出版社 1995 年版，第 32 页。

② 《马克思恩格斯全集》第 16 卷，人民出版社 1964 年版，第 469 页。

③ 《马克思恩格斯选集》第 1 卷，人民出版社 1995 年版，第 1、2 页。

揭穿了宗教的异化之后，真正的任务就是要回到现实世界。马克思说："**真理的彼岸世界**消逝以后，**历史的任务**就是确立**此岸世界的真理**。人的自我异化的**神圣形象**被揭穿以后，揭露非神圣形象的自我异化，就成了为历史服务的**哲学**的迫切**任务**。于是，对天国的批判就变成对尘世的批判，**对宗教的批判**变成**对法的批判，对神学的批判**变成**对政治的批判**。"①

第二，提出了"批判的武器"和"武器的批判"相结合的重要思想。同青年黑格尔派"自由人"高喊脱离现实的空洞批判不同，马克思意识到应该把理论批判与现实斗争结合起来，并把批判和实际斗争看作同一件事情。他指出："批判的武器当然不能代替武器的批判，物质力量只能用物质力量来摧毁。"② 形成这样的物质力量，是人类解放的必要的先决条件。这种力量不是别的，正是"被戴上彻底的锁链的阶级"，即无产阶级。"这个解放的头脑是哲学，它的心脏是无产阶级。""哲学把无产阶级当作自己的**物质**武器，同样地，无产阶级也把哲学当成自己的**精神**武器。"③

令我们感到颇有兴味的是，马克思在《〈黑格尔法哲学批判〉导言》中，甚至提出了"消灭哲学"的口号。当然，这个口号不同于后现代诸公所提出的"取消哲学"。马克思要"消灭"或者说他决心要抛弃的，是那种脱离现实的思辨哲学，他之所以要"消灭哲学"，是为了"使哲学成为现实"，因为**"不使哲学成为现实，就不能够消灭哲学"**④。所以他强调理论要"掌握群众"，才能变成"物质力量"。

马克思的这一思想是一以贯之的。在晚年《给〈祖国纪事〉杂志编辑部的信》中，他愤怒地谴责把他"关于西欧资本主义起源的历史概述彻底变成一般发展道路的历史哲学理论"，认为这是对他的"侮辱"。马克思指出："极为相似的事变发生在不同的历史环境中就引起了完全不同的结果。如果把这些演变中的每一个都分别加以研究，然后再把它们加以比较，我们就会很容易地找到理解这种现象的钥匙；但是，使用一般历史哲学理论这一把万能钥匙，那是永远达不到这种目的的，这种历史哲学理

---

① 《马克思恩格斯选集》第 1 卷，人民出版社 1995 年版，第 2 页。

② 同上书，第 9 页。

③ 同上书，第 15、16 页。

④ 同上书，第 8 页。

论的最大长处就在于它是超历史的。"①

由于马克思与卢格思想上的原则分歧,《德法年鉴》只出版了一期双刊号就停刊了。1844 年 3 月,马克思同卢格分道扬镳。在此之前,他已把青年黑格尔派的头面人物,一个个抛在了身后,而同卢格的分道,可以看作他同青年黑格尔派的彻底决裂。

第二节　"生产劳动"和"生产方式"：
《巴黎手稿》和《神圣家族》

恩格斯在评论黑格尔学派的解体时曾经说过：施特劳斯和鲍威尔各自抓住黑格尔哲学的一个方面,只能算作黑格尔哲学的支脉,只有费尔巴哈是一个杰出的哲学家。1841 年以后,费尔巴哈的主要著作《黑格尔哲学批判》、《基督教的本质》、《关于哲学改造的临时纲要》等先后发表了,马克思和恩格斯都一度受到费尔巴哈的巨大影响。恩格斯后来在回顾费尔巴哈《基督教的本质》一书出版后的情形时,动情地说："这部书的解放作用,只有亲身体验过的人才能想象得到。那时大家都很兴奋：我们一时都成为费尔巴哈派了。马克思曾经怎样热烈地欢迎这种新观点,而这种新观点又是如何强烈地影响了他（尽管还有种种批判性的保留意见）,这可以从《神圣家族》中看出来。"②

在这里,恩格斯把《神圣家族》作为马克思受到费尔巴哈影响的证据提出来了。实际上,可以作为这种证据的,还有稍早写作的《1844 年经济学—哲学手稿》,这部著作在马克思和恩格斯生前一直没有公开发表过,后来又一度被误认为是《神圣家族》的准备著作,直到 1932 年才第一次全文发表。随着《手稿》的发表,在西方世界迅速掀起了所谓"青年马克思热"。因此,我们把这两部著作视为马克思受到费尔巴哈影响的主要文献依据来进行研究。

此前,马克思已经"离开"黑格尔；现在,他又"走向"费尔巴哈。这在马克思的思想发展过程中虽然只是一个非常短暂的时期,但却是马克思哲学形成的一个不可忽略的中转站。

---

① 《马克思恩格斯选集》第 3 卷,人民出版社 1995 年版,第 341—342 页。
② 《马克思恩格斯选集》第 4 卷,人民出版社 1995 年版,第 222 页。

一　《手稿》：生产劳动

由于恩格斯在《德法年鉴》上发表的《政治经济学批判大纲》一文的推动，也由于马克思在批判黑格尔的国家哲学和法哲学的过程中逐渐认识到，这种"不是针对原本，而是针对副本"①的批判不能从根本上解决问题。所以，《德法年鉴》停刊后，1844 年 4—8 月，马克思便集中精力对政治经济学进行了第一次较为系统的批判研究，其成果体现在《1844年经济学—哲学手稿》中。《手稿》从异化理论出发，通过对资本主义制度下劳动异化的种种表现的分析，呈现了一副资本主义社会自我异化的生动图景，论证了共产主义条件下异化的克服和"真正人的本质"的实现和"复归"。特别重要的是，《手稿》通过对异化劳动的分析，接近了历史唯物主义最基本的观点——生产劳动的观点。马克思写道："世界历史不外是人通过人的劳动而诞生的过程"②，"宗教、家庭、国家、法、道德、科学、艺术等等，都不过是生产的一些特殊的方式，并且受生产的普遍规律的支配"③。

马克思在《手稿》中分析了人的劳动作为人的生命活动的基本形式的本质和内容，极其深入地考察了人和自然界的关系如何在人类社会发展过程中由于劳动而发生根本的变化。人作为自然界的一部分（这是就起源来说）及其发展的最高产物，在同自然界的相互作用过程中日益使自然界受自己支配，使整个周围世界成为运用自己的精神力和体力的领域。人的劳动赋予自然界以第二个生命，并且正是因为这个缘故，所以自然界越是为人的活动所占有，它就越是通过劳动这个洪炉，变成"劳动的人的作坊"，变成"被劳动所人化了的"自然界。④

《手稿》继续对黑格尔的思辨哲学进行批判。在黑格尔哲学中，人和自然界都被认为是绝对观念的外化，这种外化是主体、主词逻辑地演绎出客体、宾词，而作为主体、主词的不是人和自然界，而是绝对精神，因此，真实的关系被完全颠倒了。马克思指出："这个过程必须有一个承担

---

① 《马克思恩格斯选集》第 1 卷，人民出版社 1995 年版，第 2 页。

② 《马克思恩格斯全集》第 42 卷，人民出版社 1979 年版，第 131 页。

③ 同上。

④ 列尼·巴日特诺夫：《哲学中革命变革的起源》，刘丕坤译，中国社会科学出版社 1981 年版，第 9 页。

者、主体；但主体首先必须是一个结果；因此，这个结果，即知道自己是绝对自我意识的主体，就是神，绝对精神，就是知道自己并且实现自己的观念。现实的人和现实的自然界不过成为这个隐秘的、非现实的人和这个非现实的自然界的宾词、象征。因此，主词和宾词之间的关系被绝对地相互颠倒了：这就是神秘的主体—客体，或笼罩在客体上的主体性，作为过程的绝对主体，作为使自己外化并且从这种外化返回到自身的、但同时又使外化回到自身的主体……"①

同时，马克思从生产劳动的观点出发，看到了这一过程中主体—客体的相互作用，从而在一定意义上看到了旧唯物主义和唯心主义的片面性，向着新唯物主义前进了一步。马克思说："我们看到，主观主义和客观主义，唯灵主义和唯物主义，活动和受动，只有在社会状态中才失去它们彼此间的对立，并从而失去它们作为这样的对立面的存在……因此，这种对立的解决决不只是认识的任务，而是一个现实生活的任务，而哲学未能解决这个任务，正因为哲学把这仅仅看作理论的任务。"② 十分明显，这里已经表现出新唯物主义超越旧唯物主义和唯心主义的抽象对立、重视社会状态和现实生活的新质特征。所以德曼强调，《手稿》"对于重新理解马克思学说的发展过程和全部含义具有决定意义"。"马克思……抛弃了哲学唯心主义，并没有使他用物质的最高实在性来对抗观念的、虚假的实在性。不如说他使这二者仅仅从属于既被动又能动、既不自觉又自觉的无所不包的生活现实的总体。"③ 这是有道理的。

《手稿》还从异化的扬弃的观点出发，对马克思理想的未来共产主义社会作了论证。马克思说："共产主义是私有财产即人的自我异化的积极的扬弃，因而是通过人并且为了人而对人的本质的真正占有；因此，它是人向自身、向社会的（即人的）人的复归，这种复归是完全的、自觉的而且保存了以往发展的全部财富的。这种共产主义，作为完成了的自然主义，等于人道主义，而作为完成了的人道主义，等于自然主义，它是人和自然之间、人和人之间的矛盾的真正解决，是存在和本质、对象化和自我

---

① 《马克思恩格斯全集》第 42 卷，人民出版社 1979 年版，第 176 页。

② 同上书，第 127 页。

③ 巴日特诺夫：《哲学中革命变革的起源》，刘丕坤译，中国社会科学出版社 1981 年版，第 3 页。

确证、自由和必然、个体和类之间的斗争的真正解决。它是历史之谜的解答，而且知道自己就是这种解答。"①

但是，对于《手稿》，我们必须看到它的二重性。一方面要看到马克思所达到的新结论，即他"离开"黑格尔和费尔巴哈"走向历史（和辩证）唯物主义"的方面；另一方面又要看到他仍"停留"在旧哲学基点上的方面，即黑格尔的思辨方法特别是费尔巴哈的人本主义对他的影响仍残存着的"痕迹"和部分。

首先，在《手稿》中，马克思把"异化"作为他当时使用的中心概念，甚至分析问题的理论出发点。尽管他对"异化"概念的理解既不同于黑格尔，又超过了费尔巴哈，但用异化来解释现存的社会关系，却不是正确的方法。因为它不是从现实的基础出发，而是从理想的前提出发；不是从历史地形成的现实的人及其本质出发，而是从所谓"完美人"的这种或那种规定出发。这种方法带有浓厚的思辨色彩。我们看到，马克思从"异化—异化的克服"的模式中引申出了共产主义的必然性的结论，但由于缺乏充分的事实材料根据和经济学上的论证，这种结论仍然在某种程度上带有抽象的和空想的性质。②

其次，《手稿》中最重要的观点，即生产劳动的观点，仍然是从批判黑格尔哲学出发得出来的。黑格尔虽然抓住了劳动的创造本质，但他只承认一种劳动，即抽象的精神的劳动。马克思批判地说，在黑格尔那里，"全部外化历史和外化的整个复归，不过是抽象的、绝对的思维的生产史，即逻辑的思辨的思维的生产史"③。马克思看到在黑格尔那里"关系被绝对地相互颠倒了"④。所以他要把它反转过来：从具体的现实性中去把握人和自然界，并由此得出结论：人的本质、人和自然界的中介以及改造自然和改造人的动力不是精神，而是作为人类生活之基础的生产活动。

---

① 《马克思恩格斯全集》第42卷，人民出版社1979年版，第120页。

② 奥·科尔纽在《一八四八年革命前马克思和恩格斯的思想发展》一文中写道：这时，即"当马克思用乌托邦的方式把未来的、比较完美的人类发展时期（他说：在这个时期内由于共产主义革命，无论是人还是劳动都不再是'异化的'，而是'真正的'人和劳动）同人类发展的腐朽时期（他说：这个时期的特征就是异化劳动和异化的人）加以比较时，他的历史观仍然是乌托邦式的"（参见《马克思哲学思想研究译文集》，人民出版社1983年版，第257页）。

③ 《马克思恩格斯全集》第42卷，人民出版社1979年版，第161页。

④ 同上书，第176页。

马克思写道："正是在改造对象世界中，人才真正地证明自己是类存在物。"① 可见，生产劳动的观点，马克思是直接地从深入批判黑格尔哲学出发得出来的。

《手稿》是马克思"转而向现实本身去寻求思想"的致思取向的进一步发展。这种致思取向开始只是被朦胧地意识到，甚至直到在《莱茵报》时期遇到了要对"物质利益"发表意见的难事以后，在一段时间里对他来说还是抽象的，马克思仍然习惯于从政治、法学、哲学的角度提出和研究问题。而《手稿》标志着，马克思已经下决心研究政治经济学。正是从这里出发，马克思才不仅超越了黑格尔，而且超越了费尔巴哈。

政治经济学的研究对于马克思哲学的创立具有特殊重要的意义。这是因为：马克思哲学的直接理论任务，是要发现社会历史运动的规律，以便为资本主义批判提供理论和方法。而"要获得理解人类历史发展过程的钥匙……应当到……'市民社会'中去寻找"②。恩格斯说："生产以及随生产而来的产品交换是一切社会制度的基础……所以，一切社会变迁和政治变革的终极原因，不应当到人们的头脑中，到人们对永恒的真理和正义的日益增进的认识中去寻找，而应当在生产方式和交换方式的变更中去寻找；不应当在有关时代的**哲学**中去寻找，而应当在有关时代的**经济**中去寻找。"③ 可见，不研究现实经济问题，就不可能了解"一切社会变迁和政治变革的终极原因"，不可能"获得理解人类历史发展过程的钥匙"。在马克思之前，黑格尔和费尔巴哈企图在纯哲学范围内研究问题，结果，他们终生没有走出哲学，也就终生没有找到解决问题的出路。马克思正是走出哲学才改造了哲学；他正是借助于政治经济学的研究，才既批判和改造了黑格尔哲学，又批判和改造了费尔巴哈哲学，创立了自己的新哲学。

二　《神圣家族》：生产方式

1844 年 8 月底，恩格斯在由英国回德国的途中，与马克思在巴黎会见。这是他们的第二次会见，与第一次会见"不欢而散"相反，这时他

① 《马克思恩格斯全集》第 42 卷，人民出版社 1979 年版，第 97 页。
② 《马克思恩格斯全集》第 16 卷，人民出版社 1964 年版，第 409 页。
③ 《马克思恩格斯选集》第 3 卷，人民出版社 1995 年版，第 617—618 页。

们发现彼此在各个领域中的意见"完全一致",于是开始了他们之间长期合作的伟大友谊。1844 年 9 月到 11 月底,马克思和恩格斯完成了他们合作的第一部著作——《神圣家族》。其中只有少数部分是由恩格斯写的(大约二十分之一),大部分内容是马克思写的。这部论战性著作彻底批判了青年黑格尔派布鲁诺·鲍威尔等人的思辨哲学,初步清算了他们过去的哲学信仰。这部著作虽然还受着费尔巴哈的哲学的影响,可以看到费尔巴哈哲学的明显痕迹,对费尔巴哈的评价也过高,例如认为费尔巴哈已经拟订了批判一切思辨哲学的要点,但马克思已经在超出费尔巴哈而进一步发展费尔巴哈的方向上向前迈出了一大步。恩格斯后来在《路德维希·费尔巴哈和德国古典哲学的终结》中写道:"对抽象的人的崇拜,即费尔巴哈的新宗教的核心,必定会由关于现实的人及其历史发展的科学来代替。这个超过费尔巴哈而进一步发展费尔巴哈观点的工作,是马克思于1845 年在《神圣家族》中开始的。"① (《神圣家族》一书于 1845 年 2 月出版——引者注)该书为历史唯物主义基本原理的形成奠定了基础。

《神圣家族》从理论上对青年黑格尔派和黑格尔的思辨哲学进行彻底的清算。在这个过程中,费尔巴哈对马克思发生了重大影响,对他实现从青年黑格尔派的立场转变为唯物主义的立场起着重要作用,"成为费尔巴哈派"是马克思从黑格尔哲学达到自己的新哲学的"中间环节"。

《神圣家族》在马克思哲学形成史上的重要意义,在于它对以黑格尔为代表的思辨哲学的批判,这种批判实际上也就是马克思对传统本体论哲学的批判。因此,这部著作对于我们的研究目的来说具有重要意义。

马克思深刻揭示了思辨唯心主义的秘密,就在于把概念独立化、实体化,把本来是从个别事物中抽象出来的一般当成独立存在的本质,进而把概念视为感性对象的来源和基础。"这种办法,用思辨的话来说,就是把实体了解为主体,了解为内部过程,了解为绝对的人格。这种理解方式就是黑格尔方法的基本特征。"② 马克思写道:

> 如果我从现实的苹果、梨、草莓、扁桃中得出"果实"这个一般的观念,如果再进一步想象我从现实的果实中得到的"果实"这

---

① 《马克思恩格斯选集》第 4 卷,人民出版社 1995 年版,第 241 页。
② 《马克思恩格斯全集》第 2 卷,人民出版社 1957 年版,第 75 页。

个抽象观念就是存在于我身外的一种本质，而且是梨、苹果等等的真正的本质，那末我就宣布（用思辨的话说）"果实"是梨、苹果、扁桃等等的"实体"，所以我说：对梨说来，决定梨成为梨的那些方面是非本质的，对苹果说来，决定苹果成为苹果的那些方面也是非本质的。作为它们的本质的并不是它们那种可以感触得到的实际的定在，而是我从它们中抽象出来又硬给它们塞进去的本质，即我的观念中的本质——"果实"。于是我就宣布：苹果、梨、扁桃等等是"果实"的简单的存在形式，是它的样态。诚然，我的有限的、基于感觉的理智辨别出苹果不同于梨，也不同于扁桃，但是我的思辨的理性却说这些感性的差别是非本质的、无关重要的。思辨的理性在苹果和梨中看出了共同的东西，在梨和扁桃中看出共同的东西，这就是"果实"。具有不同特点的现实的果实从此就只是虚幻果实，而它们的真正的本质则是"果实"这个"实体"。①

马克思还通过对 17—19 世纪哲学史，特别是对法国唯物主义的研究，精辟地分析了形而上学的命运。他写道：

> 18 世纪的法国启蒙运动，特别是法国唯物主义，不仅是反对现存政治制度的斗争，同时是反对现存宗教和神学的斗争，而且还是反对 17 世纪的形而上学和反对一切形而上学，特别是反对笛卡儿、马勒伯朗士、斯宾诺莎和莱布尼茨的形而上学的公开而鲜明的斗争。人们用哲学来对抗形而上学，这正像费尔巴哈在他向黑格尔作第一次坚决进攻时以清醒的哲学来对抗醉醺醺的思辨一样。被法国启蒙运动特别是 18 世纪的法国唯物主义所击败的 17 世纪的形而上学，在德国哲学中，特别是在 19 世纪的德国思辨哲学中，曾有过胜利的和富有内容的复辟。在黑格尔天才地把 17 世纪的形而上学同后来的一切形而上学及德国唯心主义结合起来并建立了一个形而上学的包罗万象的王国之后，对思辨的形而上学和一切形而上学的进攻，就像在 18 世纪那样，又跟对神学的进攻再次配合起来。这种形而上学将永远屈服于现在为思辨本身的活动所完美化并和人道主义相吻合的唯物主义。费

---

① 《马克思恩格斯全集》第 2 卷，人民出版社 1957 年版，第 71—72 页。

尔巴哈在理论方面体现了和人道主义相吻合的唯物主义，而法国和英国的社会主义和共产主义则在实践方面体现了这种唯物主义。①

17世纪的形而上学（想想笛卡儿、莱布尼茨等人）还是有积极的、世俗的内容的。它在数学、物理学以及与它有密切联系的其他精密科学方面都有所发现。但是在18世纪初这种表面现象就已经消失了。实证科学脱离了形而上学，给自己划定了单独的活动范围。现在，正当实在的本质和尘世的事物开始把人们的全部注意力集中到自己身上的时候，形而上学的全部财富只剩下想象的本质和神灵的事物了。形而上学变得枯燥乏味了。②

此处之所以大段地引述了原著中的话语，是因为这些话语明确而尖锐地表达了马克思反对传统形而上学和本体论哲学的立场，值得我们反复体味。现代哲学的基本取向就是"拒斥形而上学"，即拒斥传统本体论哲学或先验思辨哲学。马克思哲学是最早发现形而上学的症结并对形而上学进行批判的哲学。实际上，海德格尔早就注意到，"卡尔·马克思完成了对形而上学的颠倒"③。我国也有学者指出："在哲学史上，马克思和孔德是同时举起'拒斥形而上学'旗帜的……在时代性上，马克思的'拒斥形而上学'与孔德的'拒斥形而上学'具有一致性；在指向性上……孔德把'拒斥形而上学'局限于经验、知识以及'可证实'的范围内；马克思提出的是另一条思路，即'拒斥形而上学'之后，哲学应关注'现存世界'、'自己时代的世界'、'人类世界'，'把人们的全部注意力集中到自己身上'。"④

《神圣家族》是一部论战性著作，它的主要内容是对思辨哲学的批判。从马克思所达到的肯定性结论来看，他已经接近了"生产方式"和"生产关系"的概念。所以列宁高度评价这部著作，认为它"明确地强调指出了自己的全部世界观的基本原则"⑤。

马克思在批判鲍威尔的"历史的发源地"、"在天上的云雾中"的观

① 《马克思恩格斯全集》第2卷，人民出版社1957年版，第159—160页。
② 同上书，第161—162页。
③ 海德格尔：《面向思的事情》，陈小文、孙周兴译，商务印书馆1996年版，第60页。
④ 肖前等主编：《实践唯物主义研究》，中国人民大学出版社1996年版，第29页。
⑤ 列宁：《哲学笔记》，人民出版社1974年版，第22页。

点时，提出了物质生产是历史的发源地的重要论断。鲍威尔认为，"从历史运动中排除掉人对自然界的理论关系和实践关系，排除掉自然科学和工业，它就能达到即使是才开始的对历史现实的认识。"马克思认为，这种把"历史同自然科学和工业分开"的思想是根本错误的。他针锋相对地提出：要真正地认识一个历史时期，就必须认识"某一历史时期的工业和生活本身的直接的生产方式"①。马克思认为，历史不过是追求着自己目的的人的活动而已，而物质生产是整个人类历史的发源地。这实际上已经接近了生产方式是历史发展的决定力量的思想。

马克思不仅看到了物质生产在社会生活中的决定作用，而且看到了在物质生产的产品的背后隐藏着人和人的关系。他说："实物是为人的存在，是人的实物存在。同时也就是人为他人的定在，是他对他人的人的关系，是人对人的社会关系。"② 就是说，劳动者与自己的产品的关系，反映或体现了人与人的社会关系。列宁十分重视这一思想，指出："这一段话极富有代表性，因为它表明马克思是如何接近自己的整个'体系'（如果可以用这个名词的话）的基本思想的，——即如何接近生产的社会关系这个思想的。"③

第三节　"人的感性活动"与"现实生活"：《提纲》和《形态》

1845—1846 年，是马克思主义思想发展的又一个转折点，是他的哲学思想成熟的标志期④。用我们前面的表述来说，这个时期是他"离开"费尔巴哈而进一步"走向历史（和辩证的）唯物主义"的时期。此前的《手稿》和《家族》时期，即 1844 年，马克思已经"离开"黑格尔"走向"费尔巴哈。但是，当马克思通过费尔巴哈摆脱了黑格尔的思辨哲学，日益接近自己的新哲学时，又同费尔巴哈的旧唯物主义的直观性和不彻底性发生了矛盾，如果他不进一步摆脱费尔巴哈的影响，就不可能最终创建

①　《马克思恩格斯全集》第 2 卷，人民出版社 1957 年版，第 191 页。
②　同上书，第 52 页。
③　列宁：《哲学笔记》，人民出版社 1974 年版，第 13 页。
④　恩格斯完成他分工写作的《神圣家族》的部分章节后，于 1844 年 9 月至 1845 年 3 月，即大体上与马克思写作《提纲》的时间相当，写成了《英国工人阶级状况》一书。

自己的新哲学。

我们看到，这个决定性的步骤，是在《关于费尔巴哈的提纲》和《德意志意识形态》中实现的。因此，《提纲》和《形态》是马克思哲学诞生①的标志。

一　《提纲》：人的感性活动

1845 年 1 月，马克思离开巴黎来到布鲁塞尔。大约 3 月，他写下了著名的《关于费尔巴哈的提纲》。在这部"包含着新世界的天才萌芽的第一个文件"里，马克思批判了包括费尔巴哈在内的一切旧唯物主义的局限性，把实践作为新世界观的根本特点提了出来，并以之把唯物主义自然观和历史观连贯成一个统一的整体，为详细制定新世界观的理论体系提出了纲领。

《提纲》的第一条相当于总纲，马克思在这里既剖析了包括费尔巴哈在内的一切旧唯物主义的缺点，又批判了唯心主义抽象地发展能动性的错误，对贯穿全部《提纲》的核心范畴——实践作出了明确的规定。马克思指出："从前的一切唯物主义（包括费尔巴哈的唯物主义）的主要缺点是：对对象、现实、感性，只是从**客体**的或者**直观**的形式去理解，而不是把它们当作**感性的人的活动**，当作**实践**去理解，不是从主体方面去理解。因此，和唯物主义相反，**能动的**方面却被唯心主义抽象地发展了。"② 关于"实践"范畴，马克思在行文中使用了一系列术语来表述，如"感性的人的活动"，"对象性的活动"，"现实的、感性的活动本身"，"革命的"、"实践批判的"活动，等等。这些不同的表述，分别从不同的方面揭示了实践活动的特征，可以看做是对"实践"范畴的互相补充的规定。

《提纲》的第二至第九条，马克思分别从实践与思维的真理性、人的活动与环境的改变、宗教世界和世俗世界、抽象思维与感性、人的本质、社会生活的本质等方面，全面地阐述了实践的观点在认识论和历史观上的基础性意义。对于认识论来说，马克思认为，"关于思维——离开实践的

---

① "诞生"不等于"公开问世"。《形态》在马克思生前一直未能出版，《提纲》是马克思匆匆写成供自己研究用的"笔记"，直到 1888 年才第一次作为恩格斯《费尔巴哈论》一书单行本的"附录"公开发表。

② 《马克思恩格斯选集》第 1 卷，人民出版社 1995 年版，第 54 页。

思维——的现实性或非现实性的争论，是一个纯粹**经院哲学**的问题。"①
对于历史观来说，马克思指出，全部社会生活在本质上是**实践的**，"环境
的改变和人的活动或自我改变的一致，只能被看作是并合理地理解为**革命
的实践**"②。这就明确地阐明了实践的观点在马克思哲学中的全局性重要
意义。

　　《提纲》的最后两条，即第十和第十一条，是对整个《提纲》的总
结。在这里，马克思对新、旧唯物主义的本质特征作出了科学的规定。
"旧唯物主义的立脚点是市民社会，新唯物主义的立脚点则是人类社会或
社会的人类"；"哲学家们只是用不同的方式**解释**世界，问题在于**改变**
世界。"③

　　综合地看，正如恩格斯所高度评价的那样，《提纲》虽然是"匆匆写
成的供以后研究用的笔记"，但它却是"非常宝贵的"、"包含着新世界观
的天才萌芽的第一个文件"④。我们甚至还可以说，恩格斯所谓"萌芽"
的提法，只是意在标明马克思的新哲学观点在这里尚未充分展开和系统论
证，而就其成熟性和完整性来说，它实际上已经奠定了新哲学的雏形。

　　总之，《提纲》标志着马克思不仅同以黑格尔为代表的唯心主义哲学
划清了界限，而且同以费尔巴哈为代表的旧唯物主义哲学划清了界限；不
仅同一切旧哲学划清了界限，而且为制定新哲学的体系提出了纲领。马克
思在为旧唯物主义定性时，把它命名为"直观的唯物主义"，解释说：
"直观的唯物主义，即不是把感性理解为实践活动的唯物主义"⑤ 借用马
克思的这一表述，再借用稍后的《德意志意识形态》中的一个提法，我
们可以把马克思的新唯物主义命名为"实践的唯物主义"，并把它定义为
"把感性理解为实践活动的唯物主义"。

二　《形态》：现实生活

　　1845 年 9 月至 1846 年夏初，马克思、恩格斯写成了他们合作的第二

---

①　《马克思恩格斯选集》第 1 卷，人民出版社 1995 年版，第 55 页。

②　同上书，第 56 页。

③　同上书，第 57 页。

④　《马克思恩格斯选集》第 4 卷，人民出版社 1995 年版，第 212—213 页。

⑤　《马克思恩格斯选集》第 1 卷，人民出版社 1995 年版，第 56 页。

部著作——《德意志意识形态》①。这部著作系统地发挥了《提纲》中的思想，不仅批判了费尔巴哈唯物主义的直观性和历史观上的唯心主义的错误，以及"真正的社会主义"和无政府主义等流行思潮，对青年黑格尔派进行了彻底的"清算"；而且还较为系统地阐述了马克思哲学的基本原理。

《形态》提出了"现实生活"的概念，在表述中有"物质生活"、"实际生活"等不同，但基本的意思是相同的，就是指不同于幻想和意识形态的思辨的现实活动过程。马克思写道：

> 我们开始要谈的前提并不是任意提出的，不是教条，而是一些只有在想象中才能撇开的现实前提。这是一些现实的个人，是他们的活动和他们的物质生活条件，包括他们已有的和由他们自己的活动创造出来的物质生活条件。因此，这些前提可以用纯粹经验的方法来确认。②

> 我们首先应当确定一切人类生存的第一个前提，也就是一切历史的第一个前提，这个前提是：人们为了能够"创造历史"，必须能够生活，但是为了生活，首先就需要吃喝住穿以及其他一些东西。因此第一个历史活动就是生产满足这些需要的资料，即生产物质生活本身。③

与思辨哲学"从天国降到人间"相反，面向现实生活的哲学是"从人间升到天国"。马克思说："意识［das Bewuβtsein］在任何时候都只能是被意识到了的存在［das bewuβte Sein］，而人们的存在就是他们的现实生活过程。"④ 马克思哲学的本质之点，就是面向现实生活，因此它绝不是黑格尔学派的那种构造体系的思辨哲学。关于这一点，我们可以举几个例子来说明。

例如青年黑格尔派。在马克思看来，青年黑格尔派的玄想家们虽然满

---

① 《德意志意识形态》一书在马克思恩格斯生前未能出版，它第一次公开问世于 1924 年。
② 《马克思恩格斯选集》第 1 卷，人民出版社 1995 年版，第 66—67 页。
③ 同上书，第 78—79 页。
④ 同上书，第 72 页。

口讲的都是"震撼世界"的词句，但实际上却是最大的保守派，因为
"他们只是用词句"来反对"这个世界的词句"，而"绝对不是反对现实
的现存世界"，"这些哲学家没有一个想到要提出关于德国哲学和德国现
实之间的联系问题，关于他们所作的批判和他们自身的物质环境之间的联
系问题"①。面对青年黑格尔派的堕落和虚妄，马克思给他们提出的忠告
是："少发些不着边际的空论，少唱些高调，少来些自我欣赏，多说些明
确的意见，多注意一些具体的现实，多提供一些实际的知识。"② 这进一
步凸显出马克思关注现实生活的致思取向。而这种取向，也在发展过程中
进一步造就并最终形成了马克思哲学的特殊品格和气质。

又如资本主义。资本主义的现实在马克思看来并不理想，他要求推翻
现存制度而实现他所理想的新社会。马克思发出了这样的呐喊："要对现
存的一切进行无情的批判"，"要在批判旧世界中发现一个新世界"③ 但
是，"未来"绝不会由天而降，它只能从"现在"的怀抱中孕育出来。因
此，要使理想不流于幻想和荒谬而成为真理，就必须立足于现实的基础，
通过认识现实发现未来产生的必然性。如果不从资本主义的现实出发，而
从某种符合"人类天性"的社会条件出发，从某种作为永恒真理和正义
的体现的社会理想出发，就必然陷入这样那样的空想社会主义。

再如共产主义。马克思在《形态》中谈到"共产主义"时，不再单
纯把"共产主义"看做一种思想或理想，而是把它看做一种"现实的运
动"："共产主义对我们来说不是应当确立的状况，不是现实应当与之相
适应的理想。我们所称为共产主义的是那种消灭现存状况的现实的运
动"，这个运动是有条件的，"是由现有的前提产生的"④。离开"现有的
前提"而奢谈共产主义，就像离开实践谈理论一样，"是一个纯粹经院哲
学的问题"。

在《形态》中，马克思对新发现的历史观——唯物史观做了简明的
总结。他写道：

---

① 《马克思恩格斯选集》第 1 卷，人民出版社 1995 年版，第 66 页。

② 《马克思恩格斯全集》第 27 卷，人民出版社 1972 年版，第 436 页。

③ 《马克思恩格斯选集》第 1 卷，人民出版社 1972 年版，第 415—416 页。

④ 同上书，第 87 页。

这种历史观就在于：从直接生活的物质生产出发来考察现实的生产过程，并把与该生产方式相联系的、它所产生的交往形式，即各个不同阶段上的市民社会，理解为整个历史的基础……同时从市民社会出发来阐明各种不同的理论产物和意识形态，如宗教、哲学、道德等等，并在这个基础上追溯它们的产生过程。①

应该引起我们关注的是，在《形态》中，马克思还通过揭露思辨哲学的"语言的秘密"，进一步展开了对本体论哲学的批判。马克思说：

对于哲学家们说来，从思想世界降到现实世界是最困难的任务之一。语言是思想的直接现实，正像哲学家们把思维变成一种独立的力量那样，他们也一定要把语言变成某种独立的特殊的王国，这就是哲学语言的秘密，在哲学语言里，思想通过词的形式具有自己本身的内容，从思想世界降到现实世界的问题，变成了从语言降到生活中的问题。②

这段话是针对施蒂纳说的。施蒂纳仿效黑格尔，从纯粹概念推演中来构造哲学体系，其逻辑的开端是没有任何进一步规定的"唯一者"（"独一"），他从这个逻辑范畴出发，企图通过纯粹思想的运行和推演，"从思想世界降到现实世界"。在这样做的时候，他也就将思想变成了一种独立的力量，把语言变成"某种独立的特殊的王国"。因此，这样的哲学必然是脱离现实生活世界的，抽象思辨的，先验的。马克思揭露了这种哲学的实质：

我们看到，从思维过渡到现实，也就是从语言过渡到生活的整个问题，只存在于哲学幻想中，也就是说，只有在那种不会明白自己在想象中脱离生活的性质和根源的哲学意识看来才是合理的。这个大问

---

① 《马克思恩格斯全集》第 3 卷，人民出版社 1960 年版，第 42—43 页。这一表述，可看作马克思 1859 年在《〈政治经济学批判〉导言》中对历史唯物主义作出经典表述前，试图对唯物史观基本原理做简略而全面的概括的最初形式。

② 《马克思恩格斯全集》第 3 卷，人民出版社 1960 年版，第 525 页。

题，由于它总是闪现在我们这些思想家的头脑中，当然最终会迫使这些游侠骑士中的一个人出发去寻找这样一个词，这个词作为词构成可寻觅的过渡，这个词作为词不再单纯是词了，这个词用神秘的超语言方式指出从语言走到它所标示的现实客体的道路，简而言之，这个词要在一切词中起一种和救世主——圣子在人们中所起的基督教幻想的作用一样的作用。①

思辨哲学所寻求的通向现实的道路是虚假的，只存在于哲学幻想中。马克思指出了一条新的进路，这就是——用"普通语言"说话，思想不脱离现实生活：

> 哲学家们只要把自己的语言还原为它从中抽象出来的普通语言，就可以认清他们的语言是被歪曲了的现实世界的语言，就可以懂得，无论思想或语言都不能独自组成特殊的王国，它们只是现实生活的表现。②

以上对马克思哲学形成过程的考察当然是很粗略的，而且由于题旨的限制，我们也不能涉及马克思主义思想的所有方面，但这种考察已经向我们展示出马克思怎样从黑格尔出发，经过费尔巴哈的"中间环节"而走向自己的新哲学的大致线索和理路。循着这一线索和理路，我们应该在马克思所开辟的哲学新方向上继续前进，而不是倒退到虽是马克思主义思想发展的起点、但最终被他"扬弃"的"前马克思"哲学的某种形态或观念上。因为那样做的结果，必然会导致对马克思哲学精神的偏离和扭曲。

第四节　恩格斯对马克思主义哲学原生形态的独特贡献

在恩格斯的晚年，他已经形成了对于整个马克思主义理论的总括式理解。他首次明确地概括了马克思一生的"两个伟大的发现"——唯物史

---

① 《马克思恩格斯全集》第3卷，人民出版社1960年版，第528—529页。
② 同上书，第525页。

观和剩余价值学说。在他看来，正是由于这两大发现，社会主义才从空想变成了科学。按照这种理解方式，在马克思主义的理论领域中，属于哲学的就是唯物史观；在这种意义上，也可以说马克思哲学就是唯物史观。因此，要说明恩格斯对马克思哲学的贡献，就应该把重点放在考察恩格斯对于唯物史观的创立和发展所作出的特殊贡献上。如前所述，恩格斯自己曾非常审慎地谈到过他所起的作用："我在一定程度上独立地参加了这一理论的创立，特别是对这一理论的阐发。"①

　　恩格斯不仅把握住了唯物史观在马克思主义哲学中的核心地位，而且他对于唯物史观，无论在创立和阐发方面都作出了自己独特的贡献。

---

①　《马克思恩格斯选集》第 4 卷，人民出版社 1995 年版，第 242 页。

第 三 章

马克思和恩格斯对马克思主义
哲学原生形态的理解和表述

马克思主义哲学原生形态有着非常丰富的特征和多方面的具体规定性，对这些特征和规定性的不同理解，在马克思主义哲学研究领域中引起了旷日持久的争论，不仅至今仍未消停，反而有愈演愈烈之势。我们认为，要妥善地处理这些分歧和争论，首先还是要准确理解马克思主义哲学原生形态的创始人马克思和恩格斯本人对马克思主义哲学的理解和表述，这是进一步深入研究的前提或基础。

第一节 马克思对马克思主义哲学
原生形态的理解和表述

如前所述，马克思并没有写过一部以哲学为专门内容和有完整哲学体系的著作，马克思对自己哲学的理解，是在一些具体问题的论述中顺便谈到的，或者是在与以前的旧哲学的比较中予以表述的。而其基本之点，则集中体现在马克思的哲学观上。

众所周知，历史上哲学理论的重大的或根本性的变革，总是集中地体现为哲学观的变革，体现为"哲学理念"的更新。因此，我们必须从哲学观或"哲学理念"的变革出发，去看待和评价各种不同的哲学理论，去理解和解释哲学的发展史。① 对于马克思哲学的把握也必须如此，必须首先从哲学观的视角切入。

马克思的哲学观，是马克思对哲学的规范性见解。这种见解，仍然是

---

① 孙正聿：《哲学通论》，辽宁人民出版社 1998 年版，第 23 页。

符合我们今天时代标准的哲学观。但是我们必须对它有正确的理解和诠释，否则就会背离马克思的哲学观甚至退化到前马克思主义的某种哲学观上。

马克思在创立自己的新哲学时，并没有刻意为它制定一劳永逸的体系，甚至没有给哲学下过明确的定义。他的哲学观，是通过一系列论战性著作来表述的。透过这些表述，我们不难看到马克思哲学在哲学观上所实现的变革。早在 1842 年《莱茵报》时期，马克思就逐渐形成了"向现实本身去寻求思想"的致思取向，意识到哲学与现实世界的"相互作用"，表现出反对思辨哲学的倾向。他写道："哲学家并不像蘑菇那样是从地里冒出来的，他们是自己的时代、自己的人民的产物，人民的最美好、最珍贵、最隐蔽的精髓都汇集在哲学思想里"；"哲学不是在世界之外，就如同人脑虽然不在胃里，但也不在人体之外一样。当然，哲学在用双脚立地以前，先是用头脑立于世界的；而人类的其他许多领域在想到究竟是'头脑'也属于这个世界，还是这个世界是头脑的世界以前，早就用双脚扎根大地，并用双手采摘世界的果实了。""任何真正的哲学都是自己时代的精神上的精华，因此，必然会出现这样的时代：那时哲学不仅在内部通过自己的内容，而且在外部通过自己的表现，同自己时代的现实世界接触并相互作用。"①

马克思的这一思想倾向，在随后的《黑格尔法哲学批判》及其《导言》、《1844 年经济学哲学手稿》和《神圣家族》等著作中得到了进一步发展。他批判黑格尔的法哲学时说，在黑格尔那里，"理念变成了独立的主体，而家庭和市民社会对国家的现实关系变成了理念所具有的想象的内部活动。实际上，家庭和市民社会是国家的前提，他们才是真正的活动者；而思辨的思维却把这一切头足倒置"，"条件变成了被制约的东西，规定其他东西的东西变成了被规定的东西，产生其他东西的东西变成了它的产品的产品"②。在《手稿》中，马克思申明："我的结论是通过完全经验的以对国民经济学进行认真的批判研究为基础的分析得出来的"，即它们不是思辨的产物。而在黑格尔那里，"全部外化历史和外化的整个复

---

① 《马克思恩格斯全集》第 1 卷，人民出版社 1995 年版，第 219—220 页。
② 《马克思恩格斯全集》第 1 卷，人民出版社 1956 年版，第 250—251、252 页。

归，不过是抽象的、绝对的思维的生产史，即逻辑的思辨的思维的生产史"①。在《神圣家族》中，马克思进一步揭露思辨哲学的秘密，就在于把概念独立化、实体化，即把本来从个别事物中抽象出来的一般当作独立存在的本质，并且把它视为感性对象的来源和基础，"我们在思辨中感到高兴的，就是重新获得了各种现实的果实，但这些果实已经是具有更高的神秘意义的果实，它们不是从物质的土地中，而是从我们脑子的以太中生长出来的，它们是'一般果实'的化身，是绝对主体的化身"②。马克思讥讽说，这是一种"醉醺醺的思辨"。

马克思反对思辨哲学的思想倾向，在《关于费尔巴哈的提纲》和《德意志意识形态》中终于形成自己明确的哲学观。在这里，他又加进了批判包括费尔巴哈在内的一切旧唯物主义的新因素，从而使自己的哲学观与一切旧哲学观划清了界限。

首先，马克思继续对思辨哲学进行批判，并在这种批判中明确阐述了自己的新哲学观。马克思写道："只要按照事物的本来面目及其产生情况来理解事物，任何深奥的哲学问题……都可以十分简单地归结为某种经验的事实"；"经验的观察在任何情况下都应当根据经验来揭示……而不应当带有任何神秘和思辨的色彩"，"德国哲学从天国降到人间；和它完全相反，这里我们是从人间升到天国"；"在思辨终止的地方，在现实生活面前，正是描述人们实践活动和实际发展过程的真正的实证科学开始的地方。关于意识的空话将终止，它们一定会被真正的知识所代替。对现实的描述会使独立的哲学失去生存环境，能够取而代之的充其量不过是从对人类历史发展的观察中抽象出来的最一般的结果的概括。这些抽象本身离开了现实的历史就没有任何价值。"③

其次，马克思在肯定费尔巴哈的"感性哲学"对于批判黑格尔的思辨哲学的积极意义的同时，又通过引入实践的观点改造了费尔巴哈的哲学观，确立了新的哲学观。马克思写道："费尔巴哈不满意抽象的思维而喜欢直观；但是他把感性不是看作实践的、人的感性的活动"；"费尔巴哈想要研究与思想客体确实不同的感性客体，但是他没有把人的活动本身理

---

① 《马克思恩格斯全集》第 42 卷，人民出版社 1979 年版，第 45、161 页。
② 《马克思恩格斯全集》第 2 卷，人民出版社 1957 年版，第 74 页。
③ 马克思恩格斯：《费尔巴哈》，人民出版社 1988 年版，第 20、15、16、17 页。

解为对象性的活动"；因此，费尔巴哈的唯物主义只能是"直观的唯物主义"，而"直观的唯物主义，即不是把感性理解为实践活动的唯物主义"①。针对费尔巴哈直观的唯物主义的这些局限，马克思把自己的新哲学命名为"新唯物主义"、"实践的唯物主义"，并指出：费尔巴哈"和其他理论家一样，只是希望确立对现存事实的正确理解，然而一个真正的共产主义者的任务却在于推翻这种现存的东西"；"对实践的唯物主义者即共产主义者来说，全部问题都在于使现存世界革命化，实际地反对并改变现存的事物"②。总之，"哲学家们只是用不同的方式解释世界，问题在于改变世界。"③

马克思的这些纲领性的思想，鲜明而又深刻地表述了马克思的哲学观，从中不难看到马克思哲学观的本质之点。

第一，马克思哲学的产生宣告了那种超越实证科学的玄思哲学的终结。哲学所努力的，不再是构造臆想的联系，而是"发现现实的联系"；哲学所追求的，也不再是不能达到的"绝对真理"，而是要把"绝对真理"撇在一边，"沿着实证科学和利用辩证思维对这些科学成果进行概括的途径去追求可以达到的相对真理"④。就根本性质而言，马克思哲学不再是提供什么终极真理知识的理论，既不是寻求一切存在背后的所谓隐秘本性或终极本体的理论，也不是妄想为世界建立统一体系、提供世界整体图景的理论。⑤

第二，马克思哲学的基本精神，是科学的批判精神。早在马克思哲学形成初期，马克思就提出："我不主张我们竖起任何教条主义的旗帜"；"新思潮的优点就恰恰在于我们不想教条式地预料未来，而只是希望在批判旧世界中发现新世界"；"如果我们的任务不是推断未来和宣布一些适合将来任何时候的一劳永逸的决定，那末我们便会更明确地知道，我们现在应该做些什么，我指的就是要对现存的一切进行无情的批判，所谓无情，意义有二，即这种批判不怕自己所作的结论，临到触犯当权者时也不

---

① 马克思恩格斯：《费尔巴哈》，人民出版社 1988 年版，第 85、83、86 页。
② 同上书，第 41、19 页。
③ 同上书，第 86 页。
④ 《马克思恩格斯选集》第 4 卷，人民出版社 1995 年版，第 220 页。
⑤ 高清海：《哲学与主体自我意识》，吉林大学出版社 1988 年版，第 19 页。

退缩。"① 这一体现新哲学原则精神的思想，为马克思一贯坚持和重申，除前面引用的以外，为人们所熟知的是马克思在《资本论》第一卷第二版跋中的如下一段话："辩证法，在其神秘形式上，成了德国的时髦东西，因为它似乎使现存事物显得光彩。辩证法，在其合理形态上……在对现存事物的肯定的理解中同时包含对现存事物的否定的理解，即对现存事物的必然灭亡的理解；辩证法对每一种既成的形式都是从不断的运动中，因而也是从它的暂时性方面去理解；辩证法不崇拜任何东西，按其本质来说，它是批判的和革命的。"② 这不仅仅是对狭义的"辩证法"的概括，而且是对整个马克思哲学基本精神的概括。

与思辨哲学"从天国降到人间"相反，面向现实生活的哲学是"从人间升到天国"。马克思说："意识在任何时候都只能是被意识到了的存在，而人们的存在就是他们的现实生活过程。"③ 马克思哲学的本质之点，就是关注现实生活，因此它决不是黑格尔学派的那种构造体系的思辨哲学。

综上所述，马克思对自己哲学的理解，集中到一点，就是哲学应该成为面向现实生活的理论思考，成为改变世界的理论工具，成为无产阶级和人民大众推翻异化世界、实现自身解放的"批判的武器"。为此，他把自己的新哲学命名为"新唯物主义"（《关于费尔巴哈的提纲》），或"实践的唯物主义"（《德意志意识形态》）。

第二节　恩格斯对马克思主义哲学原生形态的理解和解释

马克思的哲学观，不仅在他的一系列论战性著作中有过明确的表述，而且在他的合作者恩格斯那里得到过合理的总结。

如前所述，马克思哲学的创立，宣告了黑格尔式的思辨自然哲学和历史哲学及其所体现的哲学观的终结。哲学所努力的，不再是构造臆想的联系，而是"发现现实的联系"；哲学所追求的，也不再是达不到而且任何

---

① 《马克思恩格斯全集》第 1 卷，人民出版社 1956 年版，第 416 页。
② 《马克思恩格斯选集》第 2 卷，人民出版社 1995 年版，第 112 页。
③ 《马克思恩格斯选集》第 1 卷，人民出版社 1995 年版，第 72 页。

单个人都无法达到的"绝对真理",而是要"沿着实证科学和利用辩证思维对这些科学成果进行概括的途径去追求可以达到的相对真理"。恩格斯对这种哲学观的变革做出了明确阐述:

> 不再需要任何凌驾于其他科学之上的哲学了。一旦对每一门科学都提出要求,要它们弄清它们自己在事物以及关于事物的知识的总联系中的地位,关于总联系的任何特殊科学就是多余的了。于是,在以往的全部哲学中仍然独立存在的,就只有关于思维及其规律的学说——形式逻辑和辩证法。其他一切都归到关于自然和历史的实证科学中去了。①

> 如果存在的基本原则是从实际存在的事物中得来的,那么为此我们所需要的就不是哲学,而是关于世界和世界中所发生的事情的实证知识;由此产生的也不是哲学,而是实证科学。……既然哲学本身已不再需要,那么任何体系,甚至哲学的自然体系也就不再需要了。关于自然界所有过程都处在一种系统联系中的认识,推动科学从个别部分和整体上到处去证明这种系统联系。但是,对这种联系作恰当的、毫无遗漏的、科学的陈述,对我们所处的世界体系形成精确的思想映象,这无论对我们还是对所有时代来说都是不可能的。②

> 我们现在不仅能够说明自然界中各个领域内的过程之间的联系,而且总的说来也能说明各个领域之间的联系了,这样,我们就能够依靠经验自然科学本身所提供的事实,以近乎系统的形式描绘出一幅自然界联系的清晰图画。……自然哲学就最终被排除了。任何使它复活的企图不仅是多余的,而且**是倒退**。③

> 这种历史观(指唯物史观——引者)结束了历史领域内的哲学,正如辩证的自然观使一切自然哲学都成为不必要的和不可能的一样。现在无论在哪一个领域,都不再要从头脑中想出联系,而要从事实中发现联系了。这样,对于已经从自然界和历史中被驱逐出去的哲学来说,要是还留下什么的话,那就只留下一个纯粹思想的领域:关于思

---

①　《马克思恩格斯选集》第 3 卷,人民出版社 1995 年版,第 364 页。
②　同上书,第 375—376 页。
③　《马克思恩格斯选集》第 4 卷,人民出版社 1995 年版,第 246 页。

维过程本身的规律的学说，即逻辑和辩证法。①

在上述论断中，恩格斯分别从哲学与自然科学以及哲学与历史科学的关系角度，说明了那种超验思辨的哲学——"关于总体联系的特殊科学"——是"不必要的"和"不可能的"，而把哲学的着力点和立足点确定为"关于思维及其规律的学说"，顺应了近代哲学的认识论转向，是符合近代哲学精神的。他认为使旧的思辨哲学"复活"的企图，"不仅是多余的，而且是倒退"。这体现了恩格斯对马克思哲学在哲学观上所实现的革命变革的理解。

在谈到马克思哲学的产生所引起的哲学变革时，恩格斯曾简捷地称旧哲学为"哲学"。他说："哲学在这里被'扬弃'了"，马克思哲学"已经根本不再是哲学"。"现代唯物主义，否定的否定，不是单纯地恢复旧唯物主义，而是把两千年来哲学和自然科学发展的全部思想内容以及这两千年的历史本身的全部思想内容加到旧唯物主义的永久性的基础上。这已经根本不再是哲学，而只是世界观，它不应当在某种特殊的科学的科学中，而应当在各种现实的科学中得到证实和表现出来。因此，哲学在这里被'扬弃'了，就是说，'既被克服又被保存'；按其形式来说是被克服了，按其现实的内容来说是被保存了。"② 这就是说，现代唯物主义是古希腊罗马的唯物主义的否定之否定，它根本不再是那种追求"世界本原"、"最高原因"的哲学，它综合了两千年来哲学和自然科学发展的成果，成了科学的世界观。

传统的思辨哲学作为先验哲学，它企望提供的，是可以到处套用的刻板公式和现成结论。恩格斯曾经嘲讽过的"官方黑格尔学派"就是典型。恩格斯说："自从黑格尔逝世之后，把一门科学在其固有的内部联系中来阐述的尝试，几乎未曾有过。官方的黑格尔学派从老师的辩证法中只学会搬弄最简单的技巧，拿来到处应用，而且常常笨拙得可笑。对他们来说，黑格尔的全部遗产不过是可以用来套在任何论题上的刻板公式，不过是可以用来在缺乏思想和实证知识的时候及时捕塞一下的词汇语录。……这些

---

① 《马克思恩格斯选集》第 4 卷，人民出版社 1995 年版，第 257 页。
② 《马克思恩格斯选集》第 3 卷，人民出版社 1995 年版，第 481 页。

黑格尔主义者懂一点'无'，却能写'一切'。"①

如同马克思反对把他的历史观变成一般的历史哲学理论，恩格斯反对把马克思哲学变成"教义"和"套语"。他指出："马克思的整个世界观不是教义，而是方法。它提供的不是现成的教条，而是进一步研究的出发点和供这种研究**使用**的方法。"② 他批评德国的一些青年著作家把马克思的哲学原理当作"套语"，再把这个套语当作标签贴到各种事物上去，而不对事物本身作进一步的研究，就以为问题已经解决了的做法，严峻地提出：马克思的历史观"首先是进行研究工作的指南，并不是按照黑格尔学派的方式构造体系的诀窍"③。

反对思辨哲学和先验哲学，就不能也不允许用哲学的原理做逻辑演绎的大前提，代替对具体事物的深入研究，从中推导出具体的科学结论来。例如，不能用对立统一规律推导出基本粒子无限可分的结论来，或者说，这样的推导是无效的，类似的结论只能由物理学家经过具体研究得出。恩格斯对自然哲学的批判很能说明这一点。自然哲学反科学的本性早在黑格尔的自然哲学体系中就表现得十分清楚，黑格尔对物理学家的攻击用词特别尖刻，嘲笑道尔顿，蔑视牛顿，胡诌光学、电学和原子物理的规律。恩格斯指出，自然哲学反对某个科学理论（或假设），往往不是从事实出发，而是从原则出发，以论证某个科学理论不符合哲学原理而应该抛弃。这是从原则出发的先验论，是错误的，因为原则不是研究的出发点。马克思哲学的原则只是供研究用的方法，而绝不是具体科学研究的推理前提，更不是衡量自然科学结论真理性的标准。不具体分析科学问题，而匆忙下哲学结论，不仅不利于科学的发展，也不利于哲学的发展。

恩格斯不仅对马克思的哲学观作了明确的总结，而且在他的一系列代表性论著中具体地阐发了他对马克思主义哲学的理解。在这里，回到前面已经提出的问题，我们的关切是：有没有一种独立于马克思哲学之外的"恩格斯的哲学"？如果有，它与"马克思哲学"是什么关系？

众多研究者一般都把《反杜林论》"哲学"编（写于 1876 年 9 月至

---

① 《马克思恩格斯选集》第 2 卷，人民出版社 1995 年版，第 40 页。

② 《马克思恩格斯选集》第 4 卷，人民出版社 1995 年版，第 742—743 页。这段话引自恩格斯 1895 年（即他逝世的那一年）3 月 11 日致威·桑巴特的信，在一定意义上可以看做恩格斯对马克思学说的临终遗言。

③ 参见《马克思恩格斯选集》第 4 卷，人民出版社 1995 年版，第 692 页。

1877 年 1 月)、《自然辩证法》(间断性地写于 1873 年初至 1882 年夏) 和
《费尔巴哈论》(写于 1886 年初) 等几部著作,作为恩格斯的哲学代表
作,并认为在这些著作中所表达的哲学思想与马克思本人的哲学思想存在
着实质性的差异。如果事情果真如此,当然不能因为约定俗成或其他理由
拒绝承认。然而在我们看来,把这几部著作作为恩格斯的哲学代表作,进
而认为恩格斯提出了一种与"马克思哲学"不同的哲学,其根据远不能
说是充分的和自足的。

众所周知,《反杜林论》只是恩格斯的一部论战性著作。虽然它的外
观即它的结构布局①很容易被误认为是对马克思主义几个组成部分的系统
论述,然而,正如恩格斯在该书"序言"中所说,"本书的目的并不是以
另一个体系去同杜林先生的'体系'相对立"②。虽然恩格斯提醒读者不
要忽略他所提出的各种见解之间的内在联系,但显然我们不能把它作为对
马克思主义理论内容的全面的正式表述,其"哲学"编也就不能想当然
地被当作恩格斯所理解的"马克思哲学"来看待。事实上,《反杜林论》
"哲学"编所叙述的体系,基本上是按照杜林《哲学教程》的结构来安排
的,我们不能把它简单拿来当作马克思主义哲学的体系 (至于传统哲学
教科书潜在地受到这一体系结构的影响,那是另一回事情)。根据恩格斯
的转述,杜林对哲学的理解是这样的:"哲学是对世界和生活的意识的最
高形式的阐发,在更广的意义上说,还包括一切知识和意愿的**原则**。……
这些原则是简单的或迄今被设想为简单的成分……这些终极的成分或原
则,一旦被发现,就不仅对于直接知道和接触到的东西,而且对于我们不
知道和接触不到的世界也都有意义。因此,哲学原则就成了科学要成为对
自然界和人类生活进行解释的统一体系所需要的最后补充。除了一切存在
的基本形式,哲学只有两个真正的研究对象,即自然界和人类世界。这
样,在我们的材料整理上就**自然而然**地分成了三部分,这就是:一般的世
界模式论,关于自然原则的学说,以及最后关于人的学说。"③ 就是说,
在杜林看来,哲学是关于原则的学说,其内容包括三个部分:先是一般的

---

① "结构布局"这个术语是俞吾金先生率先提出和使用的。参见俞吾金"运用差异分析法
研究马克思的学说",《哲学动态》2004 年第 12 期。

② 《马克思恩格斯选集》第 3 卷,人民出版社 1995 年版,第 344 页。

③ 同上书,第 373 页。

世界模式论，然后是关于自然的学说，最后是关于人的学说。很明显，《反杜林论》"哲学"编的结构顺序，基本上就是按照杜林的体系来安排的，我们怎么能把它当作马克思主义哲学的体系去看待呢？这从恩格斯对旧的自然哲学和历史哲学所持的尖锐批判态度中也可以看出来。当然，尽管《反杜林论》"哲学"编不一定代表马克思主义哲学的体系，但是恩格斯在多部著作中对于马克思主义哲学有一种系统化的尝试仍然是可以肯定的。

与《反杜林论》在内容上有一定联系的《自然辩证法》，除几篇成型的论文外，大多是一些读书札记，是一部未完成的著作。"未完成"本身就意味着某种不成熟性（恩格斯在《反杜林论》序言中谈到他在数学和自然科学方面知识的欠缺，说他"在理论自然科学的领域中总的说来表现得相当笨拙"，可以作为这种不成熟性的证据）。在一个如此长的时间跨度内（1873—1882 年），恩格斯不是没有机会来写完这部著作。确实，正如恩格斯自己所解释的那样，在马克思逝世之后，更紧迫的义务（整理出版《资本论》手稿等）几乎占去了他的全部时间，使他不得不中断这部书的写作。但是，这一选择本身也说明，在恩格斯看来，整理出版《资本论》是比写完他的《自然辩证法》更重要的任务。恩格斯写道："理论自然科学的进步也许会使我的劳动绝大部分或者全部成为多余的。"[①] 这是他对自己这部未完成的著作的价值的清醒估计，也可以认为是他最终没有下决心完成这部著作的真正原因。因此，我们也不能把《自然辩证法》作为恩格斯的哲学代表作，更不能认为它是对"马克思哲学"的正面叙述。关于这部手稿在马克思主义理论领域中的位置，我们认为可以按照恩格斯自己的一个说法，把它定位为马克思本人没有从事过的"几个专门的领域"之一（此外，还有军事等领域，也是恩格斯的特长，而马克思很少涉猎）。

至于《费尔巴哈论》，其写作动机是为了却马克思和恩格斯四十年前的一个夙愿，即阐明他们的新见解与德国哲学的意识形态见解的对立，把他们从前的哲学信仰清算一下。从这部书的内容来看，可以分为两大部分：前面三章为一个部分，最后一章是一个独立的部分。就第一部分看，其内容是对近代哲学特别是黑格尔哲学和费尔巴哈哲学的批判性分析，其

---

① 《马克思恩格斯选集》第 3 卷，人民出版社 1995 年版，第 351 页。

中提出的一些论断，如哲学基本问题、唯物主义的形式等，都只适用于近代哲学的范围。可是，我们以前僭越了论域，把它们视为可以用来解释和说明全部哲学史以及"马克思哲学"本身的普遍理论，结果造成在哲学史研究领域中简单化的做法大行其道，而在对马克思哲学实质的理解上又陷入"近代性"的遮蔽。最后一章可以看做是恩格斯对"马克思哲学"的正面论述。这些论述表明，恩格斯对"马克思哲学"的理解确实带有他所特有的视角和倾向性，甚至可以说形成了"马克思哲学"的恩格斯解释模式。

恩格斯对"马克思哲学"的解释具有如下几个特征：

第一，恩格斯在宣布旧的自然哲学终结的同时，又试图重建辩证法，并把辩证法定义为"关于外部世界和人类思维的运动的一般规律的科学"①，确认自然辩证法对于历史辩证法的优先性。这明显是由于受到这一时期恩格斯自然辩证法研究工作的影响，即把他自己的研究结果带入到对"马克思哲学"的解释之中。但是，恩格斯对这方面的内容没有具体展开，这就为后人根据他的其他著作特别是《反杜林论》和《自然辩证法》来补缀这些内容留下了余地，因为在这两部著作中有这方面的现成内容。但是，根据我们前面的论述，很难认为这些补缀是合法的。

第二，恩格斯论述的重点是唯物史观。在非常有限的篇幅里，他几乎详尽地阐述了唯物史观的基本原理。在这里，恩格斯把从黑格尔学派的解体过程中产生的一个新派别，即"同马克思的名字联系在一起的"新派别界定为——"在劳动发展史中找到了理解全部社会史的锁钥的新派别"②。在另一个地方，恩格斯又说："一旦了解到以往的德国唯心主义是完全荒谬的，那就必然导致唯物主义，但是要注意，并不是导致18世纪的纯粹形而上学的、完全机械的唯物主义。同那种以天真的革命精神简单地抛弃以往的全部历史的做法相反，现代唯物主义把历史看作人类的发展过程，而它的任务就在于发现这个过程的运动规律。"③

第三，在谈到旧哲学终结的后果时，恩格斯写道："对于已经从自然界和历史中被驱逐出去的哲学来说，要是还留下什么的话，那就只留下一

---

① 《马克思恩格斯选集》第4卷，人民出版社1995年版，第243页。

② 同上书，第258页。

③ 《马克思恩格斯选集》第3卷，人民出版社1995年版，第738页。

个纯粹思想的领域：关于思维过程本身的规律的学说，即逻辑和辩证法。"① 这段话可以看做是恩格斯哲学观的简明自白，而怎样理解这段话，则是把握恩格斯哲学观的关键。遗憾的是恩格斯自己没有展开，至今也还没有人对此作出令人信服的解释。

综上可见，恩格斯对"哲学"确实有他自己独立的不完全同于马克思的看法（这里无法详细展开），但是，就他对"马克思哲学"的理解而言，他又牢牢地把握住了唯物史观这个核心。这是我们恰当地评价恩格斯的哲学贡献的基本前提。很多人都认为，恩格斯开创了对马克思主义哲学原生形态的"辩证唯物主义"理解的路向，不能说这种看法完全没有根据，但恩格斯并没有使用"辩证唯物主义"这个术语，他曾提出过另一个术语，即把马克思主义哲学命名为——"现代唯物主义"（《反杜林论》）。

第三节　由多种理解和表述之间的差异所引起的争论

马克思和恩格斯对马克思主义哲学原生形态的理解是以后各种理解的根据，但是它并不能限制人们对马克思主义哲学的新理解。在马克思和恩格斯之后，狄慈根是马克思主义哲学史上第一个把马克思主义哲学叫做"辩证唯物主义"的人。这种理解影响到后来的列宁、斯大林和苏联教科书对马克思主义哲学的理解，逐渐形成为所谓"正统"派。除此之外，对于马克思主义哲学还存在其他各种理解，如第二国际理论家和某些西方马克思主义者对马克思主义哲学的"狭义的历史唯物主义"的理解，葛兰西对马克思主义哲学的"实践哲学"理解，以及南斯拉夫实践派对马克思主义哲学的"实践唯物主义"的理解，西方马克思主义的部分代表人物和东欧以及苏联部分学者对马克思主义哲学的"人道主义"理解，等等。

上述各种理解，在我国改革开放新时期的哲学研究中引起了激烈的争论。改革开放以前，我国哲学界对于马克思主义哲学的理解是基本一致的，即认为马克思主义哲学就是辩证唯物主义和历史唯物主义，其在哲学

---

① 《马克思恩格斯选集》第4卷，人民出版社1995年版，第257页。

史上所实现的革命变革表现在它实现了两个有机"结合"：唯物主义和辩证法的有机结合，唯物辩证的自然观和历史观的有机结合。改革开放以来，人们对马克思主义哲学变革的实质进行了新的探索，并且形成了互有差异的几种不同观点，展开了激烈的学术争鸣，形成了以下几种有代表性的观点，在一定意义上，也可以说形成了马克思主义哲学内部的几个派别。

（1）"辩证唯物主义"派。该派认为，马克思主义哲学是对包括自然界、社会历史和人的思维在内的"整个世界"的总的看法和根本观点，其实质就是以"辩证唯物主义"命名的一般世界观。该派以黄楠森先生为代表。

（2）"历史唯物主义"派。该派认为，马克思主义哲学就是（广义的）历史唯物主义，马克思没有创立过历史唯物主义以外的任何其他哲学，历史唯物主义就是马克思的全部哲学。该派以俞吾金教授为代表。

（3）"实践唯物主义"派。该派并不是一个统一的派别，因为论者对于"实践唯物主义"一直存在着不同的理解。有人认为，"实践唯物主义就是历史唯物主义的同义语"；有人把实践唯物主义称为"实践本体论"，不过多数人并不同意这种看法。实践唯物主义派有一个共同点，即认为实践的观点是马克思主义哲学的首要的基本的观点。该派以肖前教授等为代表。

（4）"实践人道主义"派。该派认为，马克思主义哲学是以实践观点为基础的人道主义（一说人本主义），它实现了对旧唯物论和唯心论的双重超越。这种观点自20世纪80年代关于人道主义和异化问题的讨论以来，始终若隐若现，但却一直以各种不同的理论变形顽强地存在着。

上述几派观点，虽然经过激烈的交锋，但并没有达成一致，观点的分歧依然。今天与20年前的情形一样，还是这几派，既没有增加，也没有减少。20世纪90年代以来，一些学者（如欧阳康、陆建杰等）提出，对马克思主义哲学总体规定和特质的把握，应该"从多样理解走向系统整合"。他们认为，上述各派观点虽然强调的侧重点不同，但并不是互相对立的，而是可以内在统一的，它们都从不同方面揭示了马克思主义哲学区别于旧哲学的本质特征。因此，在他们看来，马克思主义哲学的总体规定应该是这些特点的"综合"，用他们的话来表述就是：马克思主义哲学是辩证的、历史的、实践的、人道的唯物主义。

　　我们对这个问题的看法是：除非通过互有差异乃至互相对立的各种不同观点的综合可以接近真理，否则并不能消弭分歧。实际情况也证明，这种试图综合各派观点的主张并未获得人们的普遍接受和认同，分歧仍然存在，争论仍在继续，虽然不像当时那么热烈。其实，仅仅停留于名称或称谓的争论，情绪化地维护自己一派的观点，甚至误解乃至曲解其他各派的观点，是不能解决问题的。下面，我们试图转换一下讨论问题的视角，从哲学形态转变的视角来考察马克思主义哲学在哲学史上的变革意义，从而达到对于马克思主义哲学原生形态的一种新的理解。

第 四 章

马克思主义哲学原生形态在
哲学史上的变革意义

　　马克思主义哲学原生形态在哲学史上的变革意义及其地位，是任何关于马克思主义哲学的谈论都无法绕开的一个话题。虽然很少有人否认马克思主义哲学原生形态的产生是哲学史上的一次革命性变革，但是这种变革的实质究竟为何，人们却有着很不相同甚至完全不同的理解。例如，起源于第二国际理论家的解释框架而在苏联哲学教科书体系中被定型化的解释模式，与西方马克思主义的代表人物对马克思哲学的解释，就分属于两种不同的理解路向。这些不同的理解路向在历史视域中关涉对马克思哲学与传统西方哲学关系的识别，而在现实层面则导向对马克思哲学当代价值的不同认肯，因此无论从何种意义上说都是一件命运攸关的事情。这里我们试图从哲学形态转变的视角对此作点探讨。

　　事实上，早在 20 世纪 80 年代末，就有研究现代西方哲学的学者提出，19 世纪中叶是西方哲学发展中的一个转折点。以马克思主义哲学产生为标志的哲学的革命变革和以现代西方哲学产生为标志的西方哲学改变形态，是这个转折点的体现。无疑，马克思主义哲学的产生和现代西方哲学的产生，在哲学史上的意义是不同的。同时，高度评价马克思主义哲学的革命变革，也并不意味着可以忽视现代西方哲学的改变形态。关键是要实事求是地看待这两个大体上同时发生的过程。

　　马克思主义哲学所实现的革命变革，现代西方哲学所实现的理论形态的改变，都是针对旧的传统哲学而言的，特别是针对从休谟、康德到黑格尔的古典哲学的。其中黑格尔的思辨体系是传统哲学的集大成者。可以说，在现代西方哲学思潮中，没有哪一个不是程度不同地同黑格尔的哲学联系着。黑格尔哲学既是马克思主义哲学、又是现代西方哲学据以出发的思想材料。一些西方学者也表达了类似的看法。例如美国哲学家怀特在《分析的时代》一书中指出："几乎20世纪的每一种重要的哲学运动都是以攻击那位思想庞杂而声名赫赫的19世纪的德国教授的观点开始的。"①怀特还具体指出，黑格尔"不仅影响了马克思主义、存在主义和工具主义的创始人，而且在这一时期或另一时期还支配了那些更具有技术哲学运动的逻辑实证主义、实在主义与分析哲学的奠基人"②。

既然马克思主义哲学所实现的革命变革和现代西方哲学所实现的理论形态改变，二者都是针对旧的传统哲学而言的，而且二者又是大体并行地发生的，那么笼统地说现代西方哲学的产生是针对马克思主义哲学，因而一开始就是对马克思主义的反动，显然是不符合历史事实的。这就要求我们重新认识马克思主义哲学原生形态与现代西方哲学的关系问题。③

第一节　从马克思有关"消灭哲学"的言论谈起

任何一个熟悉传统西方哲学（指从柏拉图到黑格尔的古典西方哲学），又认真研读过马克思原著的人，都不难从二者的比照中获得一种强烈的印象：如果把传统西方哲学叫做"哲学"的话，那么马克思的思想就怎么看怎么都不像"哲学"。事实上，我们从马克思的著作中就可以找到这种印象的直接佐证，即他关于"消灭哲学"的言论。

在马克思的大学时期和他开始从事其理论活动的初期，从哲学上提出问题，凭借哲学的方式求解问题，曾经是他的理论活动的基本方式，表现出对哲学的根本依赖。在1837年11月10［—11］日给父亲的信中，他表示"没有哲学我就不能前进"④。这里所说的"哲学"，是指黑格尔学派那种从抽象的一般观念中推导出现实具体事物的思维方式。然而，这种思维方式与马克思逐渐形成的"转而向现实本身去寻求思想"的致思取向是相互矛盾的，他意识到哲学必须与现实世界相互作用：

---

① 怀特：《分析的时代》，商务印书馆1981年版，第7页。

② 同上。

③ 郑杭生主编：《现代西方哲学主要流派》，中国人民大学出版社1988年版，第1—3页。

④ 《马克思恩格斯全集》第40卷，人民出版社1982年版，第13页。

　　　　哲学不是在世界之外，就如同人脑虽然不在胃里，但也不在人体之外一样。当然，哲学在用双脚立地以前，先是用头脑立于世界的；而人类的其他许多领域在想到究竟是"头脑"也属于这个世界，还是这个世界是头脑的世界以前，早就用双脚扎根大地，并用双手采摘世界的果实了。

　　　　任何真正的哲学都是自己时代的精神上的精华，因此，必然会出现这样的时代：那时哲学不仅在内部通过自己的内容，而且在外部通过自己的表现，同自己时代的现实世界接触并相互作用。①

随着这一思想倾向的进展，在《〈黑格尔法哲学批判〉导言》中，马克思表达了对思辨哲学的"否弃"②。他批评德国的实践政治派时写道：

　　　　德国的**实践**政治派要求**对哲学的否定**是正当的。该派的错误不在于提出了这个要求，而在于停留于这个要求——没有认真实现它，也不可能实现它。该派以为，只要背对着哲学，并且扭过头去对哲学嘟囔几句陈腐的气话，对哲学的否定就实现了。该派眼界的狭隘性就表现在没有把哲学归入**德国的**现实范围，或者甚至以为哲学**低于**德国的实践和为实践服务的理论。你们要求人们必须**从现实的生活胚芽出**发，可是你们忘记了德国人民现实的生活胚芽一向都只是在他们的**脑壳**里萌生的。一句话，**你们不使哲学成为现实，就不能够消灭哲学**。③

同时，马克思又批评了起源于哲学的理论政治派，他说：

　　　　该派犯了同样的错误，只不过错误的因素是**相反的**。该派认为目前的斗争**只是哲学同德国世界的批判性斗争**，它没有想到**迄今为止的哲学**本身就属于这个世界，而且是这个世界的**补充**，虽然只是观念上的**补充**。该派对敌手采取批判的态度，对自己本身却采取非批判的态

---

① 《马克思恩格斯全集》第1卷，人民出版社1995年版，第220页。
② Daniel Brudney, *Marx's Attempt to Leave Philosophy*, Harvard University Press, 1998.
③ 《马克思恩格斯选集》第1卷，人民出版社1995年版，第8页。

度，因为它从哲学的**前提**出发，要么停留于哲学提供的结论，要么就把从别处得来的要求和结论冒充为哲学的直接要求和结论，尽管这些要求和结论——假定是正确的——相反地只有借助于**对迄今为止的哲学的否定**、对作为哲学的哲学的否定，才能得到。……该派的根本缺陷可以归结如下：**它以为，不消灭哲学，就能够使哲学成为现实**。①

这就是马克思关于"消灭哲学"的直接谈论。

那么，如何理解马克思在这里所表述的"消灭哲学"的提法呢？有的学者认为，上述引文中被翻译为"消灭"的德文词 aufheben 应译为"扬弃"，即将相关语句译为："你们不在现实中实现哲学，就不能扬弃哲学。"② 但是我们发现，即使这样改译之后，这句话的意思仍然是费解的。因为只有一种新哲学"取代"了旧哲学，我们才可以在辩证"否定"的意义上说，旧哲学被"扬弃"了，怎么能说在现实中实现哲学，就是哲学的"扬弃"呢？

其实，马克思上述论断中的"哲学"一词是有特定所指的，他所谓"消灭哲学"不同于后现代思想家所提出的"取消哲学"。马克思要"消灭"或者说他决心要抛弃的，是那种脱离现实的思辨哲学。他之所以要"消灭哲学"，是为了"使哲学成为现实"，因为"不使哲学成为现实，就不能够消灭哲学"。所以他强调理论要"掌握群众"，才能变成"物质力量"。

马克思的这一思想是一以贯之的。在《德意志意识形态》中，马克思说过一段非常风趣而辛辣的话——

　　须要"把哲学搁在一旁"，须要跳出哲学的圈子并作为一个普通的人去研究现实……哲学和对现实世界的研究这两者的关系就像手淫和性爱的关系一样。③

---

① 《马克思恩格斯选集》第 1 卷，人民出版社 1995 年版，第 8 页。
② 俞吾金：《AUFHEBEN 的翻译及其启示》，见《从康德到马克思》，广西师范大学出版社 2004 年版，第 72 页。
③ 《马克思恩格斯全集》第 3 卷，人民出版社 1960 年版，第 262 页。

　　在晚年《给〈祖国纪事〉杂志编辑部的信》中，他愤怒地谴责把他"关于西欧资本主义起源的历史概述彻底变成一般发展道路的历史哲学理论"的做法，认为这是对他的"侮辱"。马克思写道：

　　　　极为相似的事变发生在不同的历史环境中就引起了完全不同的结果。如果把这些演变中的每一个都分别加以研究，然后再把它们加以比较，我们就会很容易地找到理解这种现象的钥匙；但是，使用一般历史哲学理论这一把万能钥匙，那是永远达不到这种目的的，这种历史哲学理论的最大长处就在于它是超历史的。①

　　历来的哲学家都把研究普遍的东西作为哲学的对象，把研究特殊的东西作为具体科学的对象。但是，他们却颠倒了一般和个别、普遍和特殊的关系，认为哲学是具体科学的基础，具体科学的原理是从哲学中演绎出来的。第一个把哲学和具体科学相对区分开来的亚里士多德就认为，只有哲学才为具体科学提供真理，对具体科学"进行特殊研究的人，不管是几何学家还是算学家，都不打算对它们的真假发表任何意见"②。近代理性主义哲学的奠基人笛卡儿的观点更明确，他把全部哲学比喻为一棵树，其中形而上学是树根，具体科学是树干和枝叶，"它们都是从哲学取得它们的原理的"③。这种把哲学凌驾于具体科学之上，主张哲学向科学输送原理的旧哲学，完全颠倒了哲学和具体科学的关系，背离了人类认识从个别到一般、从特殊到普遍的正常秩序。马克思认为，哲学必须以各门具体科学提供的知识为基础，是对这些知识进行抽象概括的结果，而不是相反。非常明显的是，我们从马克思成熟时期的著作中几乎找不到他关于哲学的直接谈论，更不用说建构所谓哲学体系了。

　　恩格斯曾经在马克思哲学"终结"了传统哲学的意义上，说马克思主义"已经根本不再是哲学"④。还有不少当代西方学者也在哲学形态转变的意义上谈论过马克思对传统哲学的"终结"。例如，海德格尔在批判

---

① 《马克思恩格斯选集》第3卷，人民出版社1995年版，第342页。
② 《西方哲学原著选读》上卷，商务印书馆1981年版，第121页。
③ 《十六—十八世纪西欧各国哲学》，商务印书馆1975年版，第140页。
④ 《马克思恩格斯选集》第3卷，人民出版社1995年版，第481页。

传统哲学时，坚决地指认马克思哲学的变革意义。他说：

> 纵观整个哲学史，柏拉图的思想以有所变化的形态始终起着决定性的作用。形而上学就是柏拉图主义。尼采把他自己的哲学标示为颠倒了的柏拉图主义。随着这一已经由卡尔·马克思完成了的对形而上学的颠倒，哲学达到了最极端的可能性。①

詹明信（Fredric Jameson）在《晚期资本主义的文化逻辑》一书中表达了类似的看法。他认为：马克思主义既不是本体论也不是哲学。马克思的独到之处在于他致力于"理论与实践的结合"。

> 也就是说，世界上并不存在任何可以写在纸上的马克思主义哲学体系。……我觉得苏联马克思主义，或者说马克思主义的"东正教"最可悲之处就在于它抱着这样一种观念，即人们可以描绘出一幅世界整体的无所不包的画面。这幅画的名字便是辩证唯物主义。其写作方式与陈旧古老的哲学论文的写作方式如出一辙。你从"物质"出发一步步往前走，如此等等。我对这种观念一直是强烈抵制的。也许在一个非常空泛模糊的意义上我们仍可以把马克思主义称作哲学。但我不会在任何实质意义上把它当哲学来看。②

实际上，如前所述，早在海德格尔和詹明信之前，恩格斯就认为马克思主义不再是"哲学"，它实现了"哲学的终结"。值得注意的是，恩格斯的说法，如同马克思所说的"消灭哲学"一样，都不过是一种为了把马克思哲学与传统哲学根本区别开来而采取的极端的做法。这种做法的优点是：它可以避免我们在马克思主义和传统哲学都属于"哲学"的前提下，去寻找他们之间的抽象共同性，从而有助于我们以一种新的思维方式，去探索马克思哲学对传统哲学深刻的变革意义。我们看到，由于历史和理解上的原因，这种变革意义曾以各种方式被遮蔽了，而其中最通常也

---

①　海德格尔：《面向思的事情》，陈小文、孙周兴译，商务印书馆1996年版，第59页。

②　詹明信：《晚期资本主义的文化逻辑》，张旭东编，陈清桥等译，生活·读书·新知三联书店1997年版，第18页。

最普遍的方式，就是以传统哲学的范式去理解和诠释马克思的新哲学，从而使它的变革意义被模糊在某种抽象的同一性之中。

事实上，马克思在哲学史上所实现的变革，不仅表现在它的具体理论观点与旧哲学迥然有别，而且首先表现在它的哲学观与旧哲学根本不同。它改变了哲学的对象、性质和功能，改变了哲学问题的提法和探讨哲学问题的思维方式，从而也改变了哲学的存在形态和存在方式。[①]

第二节　在何种意义上把传统西方哲学作为一种哲学形态来考察

如前所述，我们把"哲学形态"理解为具有高度概括性的"大尺度"的哲学历史形式，是这个尺度内具体的哲学学说和哲学流派的本质抽象。如同对"社会转型"的把握，不能把同一社会形态内部的任何变化都看作社会形态的变化，而必须考察社会形态的根本性质变化一样；对于"哲学形态"的变化，也必须考察历史的"长时段"，才能把握到哲学的整体性转变。区别在于：对社会转型的考察所依据的是社会根本性质的变化[②]；而对哲学形态转变的把握，依据的则是哲学理念

---

① 已有不少学者从哲学观或哲学形态转变的意义上探讨过马克思哲学对传统哲学的变革意义。参看邓晓芒：《马克思对哲学的扬弃》，载《学术月刊》2003 年第 3 期；张汝伦：《马克思的哲学观和"哲学的终结"》，载《中国社会科学》2003 年第 4 期。柯尔施曾经在《马克思主义和哲学》中提出马克思主义是否有"哲学"的问题，近来引起一些学者的热烈讨论，可参看吴晓明等《论柯尔施对"庸俗马克思主义"的批判与反拨——〈马克思主义和哲学〉的阐释定向及存在论基础》，载《云南大学学报》2004 年第 3 期；陈学明：《评西方马克思主义所开辟的马克思哲学的解释路向——重读柯尔施的〈马克思主义和哲学〉》，载《学术月刊》2004 年第 5 期；徐长福：《求解"柯尔施问题"——论马克思学说跟哲学和科学的关系》，载《哲学研究》2004 年第 6 期。

② 例如，马克思在《1857—1858 年经济学手稿》中，依据作为主体的人的生存发展景况，把人类的历史发展划分为依次更替的三大社会形式或三个阶段：人的依赖性社会、物的依赖性社会、个人全面发展的社会（参看《马克思恩格斯全集》第 30 卷，人民出版社 1995 年版，第 107—108 页）。这就是依据社会根本性质的变化而对"社会转型"的宏观把握。其中的每一社会形式或阶段都是一个大尺度的时间概念，都包含了几个具体的社会形态：如人的依赖性社会包括了原始社会、奴隶社会和封建社会几个形态；物的依赖性社会包括了人类历史上以商品经济为经济形态的整个历史时期；个人全面发展的社会是马克思关于未来社会的理想，可以肯定也必将经历一系列的发展阶段。

(idea of philosophy)① 的变更。

例如，人们通常把西方哲学的发展史概括为古代的本体论哲学、近代的认识论哲学和现代的语言哲学。这种概括就是从"哲学形态"上着眼的。人们因此而把近代哲学的变革称作"认识论转向"（epistemological turn），把现代哲学的变革称作"语言学转向"（linguistic turn）。对此，有的西方学者作了这样的解释："首先，哲学家们思考这个世界，接着，他们反思认识这个世界的方式，最后，他们转向注意表达这种认识的媒介。这是否就是哲学从形而上学，经过认识论，再到语言哲学的自然进程。"②

上述概括无疑是对哲学形态转变的一种有力说明，且已获得人们的广泛认同。但是，为了说明现代哲学区别于传统哲学（包括古代和近代哲学）的特点，以及现代哲学转向的实质内涵和核心意义，凸显作为现代哲学的马克思哲学革命的当代价值，我们在这里提出一种更简约的概括，即哲学形态从传统向现代的转变。

近年来，一些学者明确提出，在马克思哲学研究中，必须超越近代知识论哲学模式，我们认为这种提问方式就是从哲学形态上着眼的。事实上，如同人们已经发现的那样，西方哲学发展到 19 世纪中叶，发生了一次重大转折，以马克思主义哲学的产生为标志的哲学的革命变革和以现代西方哲学产生为标志的西方哲学改变形态，是这一转折的具体表现。这一转型是如此之巨，它使马克思哲学和现代西方哲学在面貌上如此之不同于传统西方哲学，以致人们常常怀疑马克思哲学和现代西方哲学究竟还是不是哲学。应该说，这正是一次极好的机会，可以让我们在二者的充分比照中来认识现代西方哲学的特点和马克思哲学变革的真实意义。有学者认为，现代西方哲学的产生是一次具有划时代意义的哲学思维方式的转型，

---

① 关于"哲学理念"，这里有必要解释一下。黑格尔曾说："要这样来理解那个理念，使得多种多样的现实，能被引导到这个作为共相的理念上面，并且通过它而被规定，在这个统一性里面被认识。"（《哲学史讲演录》第 2 卷，贺麟、王太庆译，商务印书馆 1960 年版，第 385 页）按照这个意思，哲学理念是贯穿在哲学具体内容中的共相，是规定和引导哲学多方面内容的统一性。不过，黑格尔的"理念"是相对于一个哲学体系来说的，而我们这里的"哲学理念"则是相对于一种哲学形态来说的，二者的适用范围不同。"哲学理念"是一种哲学形态所代表的哲学观的本质抽象和升华，其核心内容，就是作为该哲学形态之前提和出发点的支撑性理论假定。详见下文。

② 斯鲁格：《弗雷格》，中国社会科学出版社 1989 年版，第 10 页。

它力图超越以主客心物二分为出发点，以建立关于世界的本原、本质的叙述体系为目标，以基础主义、本质主义为理论特征的传统哲学，使哲学研究在不同程度上从抽象化的自在自然界或绝对化的观念世界返回到人的现实生活世界。同样，马克思哲学不是，从而也不能把它解释成任何意义上的传统哲学，马克思哲学在哲学史上所实现的革命变革的伟大意义，就在于它比一般现代西方哲学更彻底、更全面地超越了传统哲学的二元分立、基础主义、本质主义和思辨形而上学等倾向。马克思哲学所关注的不再是建立关于整个世界的完整严密的理论体系，它不固守任何与现实生活和实践相背离的抽象原则，而是直面人的现实生活实践，从中发现本来固有的现实联系。①

问题是，人们对现代哲学转型的内容和特征还存在着不同的理解和表述。而要深刻地认识并理解现代哲学转型的意义，就要对传统哲学的实质作出准确的反思和说明，而这又必须揭示传统哲学的支撑性理论假定。

什么是传统哲学的支撑性理论假定呢？这要从作为一种哲学之出发点的理论假定的概念谈起。金岳霖先生说："哲学中的见，其论理上最根本的部分，或者是假设，或者是信仰；严格的说起来，大都是永远或暂时不能证明与反证的思想。如果一个思想家一定要等这一部分的思想证明之后，才承认它成立，他就不能有哲学。""思想的起点（就是论理上最根本的部分）总是在论理学范围之外。则一部分思想在论理上是假设，在心理方面或者是信仰。各思想家有'选择'的余地。所谓'选择'者，是说各个人既有他的性情，在他的环境之下，大约就有某种思想。这类的思想，就是上面所说的成见。"② 金先生此处所说的"成见"，就是我们所说的作为哲学出发点的支撑性理论假定。

从总体上看，包括古希腊罗马哲学和近代哲学在内的传统西方哲学，具有这样两个相互统一的基本信念（理论假定）：第一，相信万物本原或本体的存在，并把解决本原或本体问题作为解决其他问题的基础；第二，相信理性可以把握本原或本体，并把完善理性工具看作哲学的根本任务之

---

① 参看刘放桐"当代哲学走向：马克思主义与现代西方哲学的比较研究"，载《天津社会科学》1999年第6期。

② 金岳霖："《中国哲学史》之审查报告"，参见冯友兰《中国哲学史》下册，华东师范大学出版社2000年版，第434页。

一。因此，传统西方哲学的支撑性理论假定，就是用理性去追求万物的本原或本体，或者说是理性主义和"万物本原（本体）论"的统一。[①] 对传统西方哲学来说，追求万物的本原或本体是它的目的，而理性则是达到这一目的的手段，二者的统一构成了传统西方哲学的基本信念，是传统西方哲学的两个主要的支撑性理论假定。而在这两个假定中，"本体"的假定又比"理性"的假定更根本，它往往是理性能够得以成立的根据和保证。同时，二者又是相互规定的：一方面，"理性"要以"本体"为凭借；另一方面，"本体"又要由理性去发现。这种相互规定的特点，使"本体"不再仅仅属于对象范畴，而且属于主体范畴；不仅属于所指范畴，而且属于能指范畴。我们看到，近代哲学家对"本体"的理解，正是突出地体现了后一方面的特征。在这里，传统西方哲学的两个基本信念得到了高度合一的规定：实体即主体，对象即理性，所指即能指。通过这样的高度合一的规定，传统西方哲学的支撑性理论假定事实上已经合二为一：追问以"实体"概念为"能指"的"终极实在"。由此种支撑性理论假定而规定的传统哲学的理想，可以简要地表述如下：

> 哲学——以追求终极实在为依归，以奠定知识基础为任务，以达到终极解释为目标。

怀抱上述理想的哲学，就其作为一种哲学形态来说，就是西方传统哲学。对于这种哲学形态的本质，人们使用了各种不同的名称来标志它，如"理智形而上学"、基础主义、本质主义、逻各斯中心主义，等等。这些名称分别从特定的层面或角度揭示了这种哲学的特征，并不是互相排斥的。而要把握这种哲学的本质，就必须研究这种哲学形态所代表和象征的哲学理念或哲学观。

当然，有人或许会说，传统西方哲学是一个非常宽泛的概念，很难抽象地谈论其本质。我们的看法是，传统西方哲学固然包含着丰富的内容，但当我们把它作为一种哲学形态来进行整体的把握时，并不需要将它的一切部分、一切问题尽数罗列出来，而只要把握这种哲学形态最核心的精神或理念，它能代表和统摄这种哲学的最高方向，并且正是在这一方向上引

---

① 　郑杭生主编：《现代西方哲学主要流派》，中国人民大学出版社 1988 年版，第 4—7 页。

发出该哲学的各种领域和问题来。那么，能够代表传统西方哲学的核心精神的是什么呢？我们看到，从古希腊开始，哲学家们就一直把追求多中之"一"、变中之"不变"、现象背后的"本质"、经验世界之上的"超验世界"看作哲学的使命，由此形成了历史悠久的形而上学传统。哈贝马斯在反思这一传统时写道：

> 撇开亚里士多德这条线不论，我把一直可以追溯到柏拉图的哲学唯心论思想看作是'形而上学思想'，它途经普罗提诺和新柏拉图主义、奥古斯丁和托马斯、皮科·德·米兰德拉、库萨的尼古拉、笛卡儿、斯宾诺莎和莱布尼茨，一直延续到康德、费希特、谢林和黑格尔。古代唯物论和怀疑论，中世纪后期的唯名论和近代经验论，无疑都是反形而上学的逆流。但它们并没有走出形而上学思想的视野。①

因此，形而上学本体论就是传统西方哲学的本质。

现代哲学的基本取向就是"拒斥形而上学"，即拒斥传统本体论哲学或先验思辨哲学。马克思哲学是最早发现形而上学的症结并对之进行批判的哲学。正如有的学者所指出的：

> 在哲学史上，马克思和孔德是同时举起"拒斥形而上学"旗帜的……在时代性上，马克思的"拒斥形而上学"与孔德的"拒斥形而上学"具有一致性；在指向性上……孔德把"拒斥形而上学"局限于经验、知识以及"可证实"的范围内；马克思提出的是另一条思路，即"拒斥形而上学"之后，哲学应关注"现存世界"、"自己时代的世界"、"人类世界"，"把人们的全部注意力集中到自己身上"。②

现代哲学对传统形而上学本体论的批判，宣告了那种以追求永恒实体和超验本质为基本旨趣，以奠定知识基础为主要任务，以达到绝对真理为终极关切的传统哲学观念的终结，掀开了哲学历史新的一页。在这一哲学

---

① 哈贝马斯：《后形而上学思想》，曹卫东等译，译林出版社 2001 年版，第 28 页。
② 肖前等主编：《实践唯物主义研究》，中国人民大学出版社 1996 年版，第 29 页。

历史新纪元的开端处，矗立着马克思的不朽形象。然而，由于种种原因，马克思批判传统哲学和开启现代哲学的意义，并未得到充分的理解和研究，以致按照传统哲学的观念和模式去诠释马克思哲学的做法，反而得以长期通行。这对马克思来说，也许是最大的不幸。

第三节　马克思主义哲学原生形态对传统哲学形态的超越

关于马克思哲学与传统西方哲学的关系，是一个长期争论而没有正确解决的问题。俞吾金先生在《对马克思哲学与西方哲学关系的再认识》①一文中，曾经概括了对马克思哲学与西方哲学关系的误解和误导的五种不同类型，这里我们只选择其中两种有代表性的类型作一简要分析。一种是：片面强调马克思哲学的独创性和伟大性，以致把它与整个西方哲学传统对立起来，把它们之间的关系仅仅理解为批判者与被批判对象之间的关系；另一种是：强调马克思哲学是从属于近代西方哲学的，它与当代西方哲学处于对立的状态中。表面看来，这两种误解是相反的，但实质却是一致的，即都是通过割裂马克思哲学与西方哲学的关系，而在不同的意义上把二者截然对立起来。如果说前一种误解将导致无视马克思哲学的理论来源，使马克思哲学的内容贫乏化，那么后一种误解将导致对马克思哲学实质理解的重大偏差和扭曲。但是，抽象地谈论问题是没有意义的，反对一种片面性，也不能用另一种片面性去代替。当前出现了一种研究倾向，就是把马克思哲学完全"消融"于西方哲学的传统之中，忽视二者之间的根本差别。按照这种同质性的神话，马克思哲学变革的实质意义将永远处于"遮蔽"之中。

毫无疑问，马克思哲学对传统西方哲学所采取的是"扬弃"的态度，而不是全盘否定或简单"拒斥"的态度。但是，要使这种态度得以落实而不是停留在抽象的议论或空洞的许诺上，我们就必须指认出马克思哲学对传统西方哲学所"扬"和所"弃"的具体内容。可以肯定的是，马克思哲学对传统西方哲学必有所承袭，但是，如果看不到马克思哲学对于传

---

① 参看俞吾金《对马克思哲学与西方哲学关系的再认识》，载《天津社会科学》1999 年第 6 期。

统西方哲学及其所代表的哲学理念的根本超越，我们也就无法理解和把握马克思哲学在哲学史上所实现的革命变革。马克思哲学变革的实质，从否定性的维度看，无疑应当从它与传统西方哲学的批判性超越关系中去寻求。因此，不明了传统西方哲学的特点和问题所在，就无法真正理解现代西方哲学转型的意义，当然也就无法把握马克思哲学变革的真义及其实质。我们认为，马克思哲学在哲学史上最具深远意义的革命变革，就在于它在批判传统形而上学本体论中，开创了哲学发展的新方向，奠定了哲学发展新形态的基础。

当然，从正面肯定地揭示这一变革的具体内容和伟大意义，是一件有待于进一步深入展开的艰巨的理论任务。限于篇幅，这里只能简略地列举若干要点。

首先，马克思哲学的产生宣告了那种超越实证科学的玄思哲学的终结。传统本体论哲学是运用先验逻辑的范畴演绎方法构造的思辨体系，马克思坚决批判这种哲学。马克思写道：

> 只要按照事物的本来面目及其产生情况来理解事物，任何深奥的哲学问题……都可以十分简单地归结为某种经验的事实；[1]
>
> 经验的观察在任何情况下都应当根据经验来揭示……而不应当带有任何神秘和思辨的色彩；[2]
>
> 在思辨终止的地方，在现实生活面前，正是描述人们实践活动和实际发展过程的真正的实证科学开始的地方。关于意识的空话将终止，它们一定会被真正的知识所代替。对现实的描述会使独立的哲学失去生存环境，能够取而代之的充其量不过是从对人类历史发展的观察中抽象出来的最一般的结果的概括。这些抽象本身离开了现实的历史就没有任何价值。[3]

就根本性质而言，马克思哲学不再是提供什么终极真理知识的理论，既不是寻求一切存在背后的所谓隐秘本性或终极本体的理论，也不是妄想为世

---

[1]　马克思恩格斯：《费尔巴哈》，人民出版社 1988 年版，第 20 页。

[2]　同上书，第 15 页。

[3]　同上书，第 17 页。

界建立统一体系、提供世界整体图景的理论。它把传统的本体论哲学作为一种过时的哲学形态远远地抛在了自己身后。

其次，马克思哲学超越了"体系哲学"的桎梏，使哲学成为"研究工作的指南"。马克思彻底打破了旧哲学由以出发的前提，他所关注的不再是建立关于整个世界的严密完整的理论体系，而是直面人的现实生活和实践。传统本体论哲学作为先验哲学，它企望提供的，是可以到处套用的刻板公式和现成结论。与之相反，马克思哲学"首先是进行研究工作的指南，并不是按照黑格尔学派的方式构造体系的诀窍"①。在马克思看来，"哲学没有任何的单独存在的权利，它的材料分布在实证科学的各种不同的部门中间"②。哲学家企图绕过实证科学径直把握世界，只能得到思辨哲学，决不会得到科学的哲学。

海德格尔以批判人们对哲学的误解的形式对传统的哲学观进行过批判。他认为传统哲学观的错误在于"对哲学的本质要求过多"，把自己的目标指向"最初的和最后的根据"。

> 由此，就极容易造成这样一种假象，仿佛哲学能够而且必须为当下以及将来的历史的此在，为一个民族的时代创造出文化足以建筑于其上的基础来。然而，对哲学的能力的本质做这样的期望和要求未免过于奢求。

与传统哲学的这种过分"奢求"不同，海德格尔对哲学的理解是：

> 哲学按其本质只能是而且必须是一种从思的角度来对赋予尺度和品位的知之渠道和视野的开放。……正是这种知，激发着而且迫使着而且追求着一切追问和评价。

海德格尔还批评了对哲学作用的误解，这种误解认为，

> 哲学可以用来从概观和体系上整理在者整体，提供一副关于各种

---

① 《马克思恩格斯选集》第 4 卷，人民出版社 1995 年版，第 692 页。
② 《列宁全集》第 1 卷，人民出版社 1955 年版，第 396 页。

各样可能事物以及事物领域的世界图景，世界画面，并由此指明一般的和带有规律性的方向。①

海德格尔的这番话对于反思我们过去所坚持的哲学观具有启发意义，因为稍加思考即不难发现，我们过去所坚持的那种哲学观，正是一种企图为整个世界寻求最初根源和最后根据的哲学观，它不仅与传统本体论哲学难以划清界限，甚至与传统的宇宙论问题也划不清界限。

再次，马克思哲学使哲学的致思取向从抽象的观念世界或自在世界，转向人的现实生活世界。从马克思哲学所源出的黑格尔哲学和费尔巴哈哲学来看，黑格尔哲学活动的领域，是一个由纯粹先验的范畴推演所构成的抽象王国，自然界和人类历史不过是这个纯逻辑的世界的外化；费尔巴哈批判黑格尔的思辨哲学，要求把自然界和人作为哲学的对象和出发点，但是，由于理论与方法的限制，他最终没有找到一条从他自己所极端憎恶的抽象王国通向活生生的现实世界的道路。马克思哲学视野中的"世界"，既不同于旧唯物主义哲学的"自然世界"，也不同于唯心主义哲学的"精神世界"，当然更不是什么包括人的实践和认识活动尚未接触到的未知世界在内的无限的"整个世界"，而是以人的实践活动为基础和纽带联结而成的自然、社会和人相统一的"感性世界"、"现实世界"、"对象世界"。自然、社会和人是这个世界的三大领域，但它们不是彼此分隔和互相外在的三个世界，而是通过人的实践活动联结而成的一个世界。认真解读马克思的著述，不难发现，马克思与他之前的哲学家们的一个重大区别，就在于他思考的中心已不再是思辨的形上学问题，相反，他完成了"形上学的颠倒"，要求哲学的重心从注目于先验的外在实体，转换到现实的生活世界；从追寻世界的至终究极的解释原则，转换到关注人的具体生存境遇。因此，他的哲学思考自觉地拒斥一切先验的教条和经院的气息，并把现实生活世界作为他从事哲学批判和创造的最重要的根据地。

最后，马克思哲学把传统本体论哲学的知性概念思维转变为实践论的思维方式。马克思明确提出，与旧哲学不同，新哲学对"对象、现实、感性"，"是把它们当作感性的人的活动，当作实践去理解"，"从主体方

---

① 海德格尔：《形而上学导论》，熊伟等译，商务印书馆1996年版，第11—12页。

面去理解"。① 这里所谓"当作实践去理解",就是把实践的观点上升为一种思维方式,用它去解决以往哲学中抽象探讨和争论的问题。因为"凡是把理论引向神秘主义的神秘东西,都能在人的实践中以及对这个实践的理解中得到合理的解决"②。所以马克思不是从思维和存在的抽象对立的意义上,去总结自己的新哲学与旧哲学的对立,而是从实践的观点来总结这种对立的:"它(指马克思的新哲学——引者按)不是在每个时代中寻找某种范畴,而是始终站在现实历史的基础上(现实历史的基础即实践——引者),不是从观念出发来解释实践,而是从物质实践出发来解释观念的东西。"③

　　以上简略地提示的几个要点,已足以显示马克思哲学与传统本体论哲学的判然之别。正视这些(以及其他)差异,将使我们从马克思有关"消灭哲学"的提法中得到启示,并通过反观我们自己正在从事的哲学研究活动,使之从抽象玄谈的陷阱中摆脱出来。

---

① 马克思恩格斯:《费尔巴哈》,人民出版社 1988 年版,第 83 页。
② 同上书,第 85 页。
③ 同上书,第 37 页。

第 二 编

马克思主义哲学形态在俄国、
苏联的演变

在相当长的一个历史时期内，马克思主义哲学的苏联化形态被看成马克思主义哲学发展史中的正统和主流，甚至被看成马克思主义哲学唯一可能的形式。因此，至少从外在特征上看，马克思主义哲学的苏联化形态比起马克思主义哲学的其他再生形态（是指除作为原生形态的马克思、恩格斯本人的哲学思想之外的其他马克思主义哲学形态）有许多特别之处：首先，它的"地位"最高，作为曾经的世界头号社会主义强国——苏联的官方哲学，它一度拥有唯我独尊的地位；其次，它的影响广泛而深远，不仅在世界范围内得到了广泛传播，而且作为历代马克思主义者认识世界和改造世界的基本范式，早已植入思想者的意识之中，对于这些思想者而言是可以反思却不可去除的；再次，它的理论体系最为严整，这是与它官方哲学的地位和主要执行哲学教科书的职能相关的。那些试图与马克思主义哲学的苏联化形态相竞争的其他马克思主义哲学的再生形态，在理论体系的严整性上与它相去甚远。

然而，随着马克思主义理论和实践的发展，马克思主义哲学的苏联化形态从天上回到了人间。今天，辩证唯物主义和历史唯物主义哲学不再被看成马克思主义哲学唯一可能的形式，它的形成和演变也不再被看成马克思主义哲学发展史中唯一的线索。甚至有人走向了另一个极端，试图彻底否定马克思主义哲学的苏联化形态。

马克思主义哲学史与马克思主义史本质上是一种衍生关系，即马克思主义哲学史从属于马克思主义理论和实践的发展史。同时，马克思主义哲学史又有相对独立性，即有其自身理论发展的特殊逻辑。不过，就对马克思主义哲学史的理解从"单线式"到"多线式"的这种变化而言，它显然受到了对科学社会主义实践史的再认识的影响。在科学社会主义实践史中，苏联社会主义模式曾经被长期看作社会主义唯一可能的形式，而今天这种观念显然是被打破了。科学社会主义的实践可以探索不同的形式，马克思主义理论的发展也可以有不同的线索。相应的，马克思主义哲学理论的发展也应当是多线的，而不是单线的。因此，苏联化形态的马克思主义哲学从普遍降到了特殊，从一般降到了具体。

我们应当从马克思主义的普遍和特殊的辩证法出发，对马克思主义哲学的苏联化形态给予科学的定位：首先，它仍然是反映马克思主义哲学的普遍性和一般性的一个特殊而具体的东西，彻底否定这一形态不符合辩证法；其次，它不是马克思主义哲学的唯一可能的形式，应当说这一认识是符合马克思主义哲学发展的本来面目的；再次，应当承认马克思主义哲学的各个再生形态之间本质上有一种平等的竞争关系，因此，即使在今天，马克思主义哲学的苏联化形态仍然可以在理论竞争之中确认其优越性。

本编主要从历时性的维度来考察马克思主义哲学的苏联化形态，即考察它的形成和演变史。这一历史可以分为以下六个阶段：第一个阶段是马克思主义哲学苏联化形态的奠基，主要考察恩格斯对马克思主义哲学的体系化以及恩格斯的哲学观念在经历了一系列曲折之后如何为普列汉诺夫所继承；第二个阶段是马克思主义哲学的苏联化形态的进一步奠基，主要考察十月革命之前列宁对马克思主义哲学的贡献；第三个阶段是马克思主义哲学的苏联化形态的初步形成，主要考察苏联过渡时期（1917—1936）马克思主义哲学的发展；第四个阶段是马克思主义哲学苏联化形态的确立，主要考察斯大林时期（1936—1952）苏联马克思主义哲学的发展；第五个阶段和第六个阶段是马克思主义哲学苏联化形态在苏联的演变，分别考察后斯大林时期（1952—1986）和改革时期（1986—1991）苏联马克思主义哲学的发展。

马克思主义哲学苏联化形态的形成史是本编研究的一个重点。关于这一历史，我们试图梳理出这样一条线索：即从恩格斯经第二国际时期的哲学论争到普列汉诺夫，再到列宁；再经苏联建国后的哲学论争，到 20 世纪 30 年代辩证唯物主义和历史唯物主义哲学的初步形成，再到斯大林的《联共（布）党史》四章二节所标志的辩证唯物主义和历史唯物主义哲学的正式确立。我们还试图揭示出遵循上述线索的理论发展史之中的历史必然性，并认为这一必然性来自于以下几个方面：首先，马克思主义哲学的基本精神是科学性和革命性的统一，其革命性就在于马克思主义哲学是无产阶级的意识形态，它要为无产阶级革命和社会主义建设服务，因而革命和建设的实践是其发展的最基本的动力；其次，马克思主义哲学又是一种科学的意识形态，对自然界、人类社会和思维的认识的丰富和深化是其发展的又一个基本动力；再次，对非马克思主义、反马克思主义以及错误地修正马克思主义的一系列哲学观点的批判，或者说与其他哲学意识形态的竞争也是马克思主义哲学理论发展的动力。此外，不能忽视一种哲学理论本身也具有一种走向精致化、完整化的内在动力。

我们也将考察马克思主义哲学的苏联化形态在苏联的后斯大林时期和改革时期的进一步演变，这一考察不仅必须阐明苏联马克思主义哲学发展曾经取得的不容抹煞的巨大成就，而且试图揭示抽象人道主义这种非马克思主义的理论要素在苏联的后斯大林时期是如何被注入到辩证唯物主义和历史唯物主义哲学之中的；在苏联的改革时期又如何导致了马克思主义哲学的质变，即由辩证唯物主义和历史唯物主义哲学蜕变为抽象人道主义的非马克思主义哲学的。

我们希望通过对马克思主义哲学形态在俄苏演化的考察，能够达到以下目的：一方面，作为对马克思主义哲学史研究进行深化的一种尝试，能够在广度上和深度上拓展和加深对马克思主义哲学发展史的理解和认识；另一方面，充分认识这一哲学形态形成的历史必然性，又进一步提高捍卫和发展这一哲学的自觉性，为马克思主义哲学理论的创新和发展提供一个科学的基础。

第 五 章

马克思主义哲学苏联化形态的奠基：
从恩格斯到普列汉诺夫

马克思主义哲学的苏联化形态作为对马克思主义哲学的一种理解范式，其雏形和基本观点主要来自于恩格斯对马克思主义哲学的系统化尝试。在第一国际时期，德国的工人哲学家狄慈根认同了恩格斯的哲学观念并对马克思主义哲学作出过独特的贡献。在第二国际时期，恩格斯的哲学观念并不为第二国际的理论家们所广泛接受。伯恩施坦、考茨基等人眼中的马克思主义主要是经济学说和唯物主义历史观，至于唯物史观本身的哲学基础，他们则提出了形形色色的观点。在第二国际理论家中，普列汉诺夫是恩格斯哲学观念的忠实继承者，他不仅坚持对历史唯物主义做一元论的阐释，而且认为马克思主义有自己的世界观基础，那就是辩证唯物主义。

第一节　恩格斯对马克思主义哲学的系统化

恩格斯（1820—1895）对马克思主义哲学的系统化是从 19 世纪 70 年代中后期开始的。在这之前，马克思和恩格斯虽然没有明确的系统化尝试，但是他们也论述过自己所创立的新哲学的两个基本要点：

首先，这是一种唯物主义哲学。在《关于费尔巴哈的提纲》中，马克思称自己所信奉的哲学为"新唯物主义"①。在马克思、恩格斯合著的《德意志意识形态》中，他们把自己的哲学进一步称作"唯物主义世界

---

① 《马克思恩格斯选集》第 1 卷，人民出版社 1995 年版，第 57 页。

观"①。在《德意志意识形态》中被马克思、恩格斯称为"唯物主义世界观"的一系列观点实际上主要是一种历史观。这一历史观创立后，在马克思、恩格斯的理论研究和革命实践活动中得到不断的运用和发展。马克思在 1857 年《〈政治经济学批判〉序言》中还对这一历史观做出了经典的表述。值得注意的是，马克思一直把这一历史观笼统地称为"唯物主义"。例如，他在谈到《〈政治经济学批判〉序言》一书时说，"在那里我说明了我的方法的唯物主义基础"②。今天，许多人认为马克思在《关于费尔巴哈的提纲》和《德意志意识形态》中阐述的历史观实际上蕴含了一种世界观，这种世界观才是真正的马克思的哲学。这只是一家之言，至少马克思本人在其有生之年没有这样明确地论述过。恩格斯发表《反杜林论》时马克思仍然在世，如果恩格斯的哲学与马克思的哲学真的如某些人说得那么截然不同，马克思又怎么会沉默不语呢？在 1859 年，恩格斯在《卡尔·马克思〈政治经济学批判。第一分册〉》一文中明确地使用了"唯物主义历史观"概念。这一称谓更加精确，同时也暗含着一种在历史观之外拓展唯物主义哲学体系的可能性。对恩格斯的这一做法，马克思是没有异议的。

其次，新哲学的方法是辩证法。马克思在 1865 年写作的《论蒲鲁东》中指出，存在着与思辨辩证法不同的"科学辩证法"③。马克思在《〈资本论〉第一卷 1872 年第二版跋》中进一步论述道："我的辩证方法，从根本上来说，不仅和黑格尔的辩证方法不同，而且和他截然相反。"④恩格斯在《卡尔·马克思〈政治经济学批判。第一分册〉》中则指出，辩证法"这个方法的制定，在我们看来是一个其意义不亚于唯物主义基本观点的成果"⑤。

显然，唯物主义和辩证法，这是马克思和恩格斯曾经明确论述过的自己新哲学的两个基本要点。

到 19 世纪 70 年代中后期，马克思主义的唯物主义世界观和方法论已逐渐成为各国社会主义工人政党的理论基础，这就要求对以唯物主义和辩

---

① 《马克思恩格斯全集》第 1 版，第 3 卷，第 261 页。
② 《马克思恩格斯选集》第 2 卷，人民出版社 1995 年版，第 110 页。
③ 《马克思恩格斯全集》第 1 版，第 16 卷，第 31 页。
④ 《马克思恩格斯选集》第 2 卷，人民出版社 1995 年版，第 111—112 页。
⑤ 同上书，第 43 页。

证法为基本特征的马克思主义哲学做出系统的阐述。恩格斯适应了这一要求，在总结无产阶级革命斗争实践和近代自然科学发展的基础上，在哲学领域进行了一系列探索：在1876年至1878年写作的《反杜林论》中，恩格斯提出了一个马克思主义哲学理论体系的构想。这个体系试图贯彻世界观和方法论相统一的原则，主要包含了自然辩证法、历史辩证法、思维辩证法三大组成部分。在主要写于1873—1883年的《自然辩证法》手稿中，恩格斯详细讨论了马克思主义自然观，并进一步论述了辩证法。在1884年的《家庭、私有制和国家的起源》中，恩格斯论述了人类早期社会形成和发展的规律，对唯物主义历史观做出了重要补充。在1886年的《费尔巴哈论》中，恩格斯提出了哲学基本问题理论，表明了马克思主义对于哲学的一种基本认识。在19世纪90年代的一系列书信和文章中，恩格斯批判了庸俗社会学，进一步阐发了历史辩证法，完善了唯物史观。恩格斯的这些理论尝试，形成了一个有一定逻辑结构贯穿于其中的体系，这一体系包括哲学论、马克思主义哲学论、自然观、历史观、思维观和认识论、辩证法论、辩证逻辑论等内容。

一　恩格斯的哲学观

首先，恩格斯提出了哲学基本问题理论，表明了马克思主义对哲学的一种基本认识。他指出："全部哲学，特别是近代哲学的重大的基本问题，是思维和存在的关系问题。"[1]

其次，从哲学基本问题理论出发，恩格斯给出了一种对马克思主义哲学的基本定位。即马克思主义哲学首先是唯物主义的；同时又承认思维和存在的同一性，因而是可知论的；而且，与历史上的唯物主义，尤其是与十八世纪的形而上学的、机械的唯物主义相区别，马克思主义哲学是"现代唯物主义"，其现代性体现在两个方面：第一，在与其他具体科学的关系上，现代唯物主义不仅与旧唯物主义，而且与所有旧哲学不同。旧哲学试图做凌驾于各门具体科学之上的科学之科学；现代唯物主义不再是科学之科学，"而只是世界观"[2]。第二，现代唯物主义与旧唯物主义在方

---

① 《马克思恩格斯选集》第4卷，人民出版社1995年版，第223—225页。
② 《马克思恩格斯选集》第3卷，人民出版社1995年版，第481页。

法论上有根本的区别，现代唯物主义是"本质上辩证的"①。

二　恩格斯的辩证法观

辩证法既是马克思主义哲学的基本方法，又是理解马克思主义哲学作为"现代唯物主义"的一把钥匙，为此，恩格斯第一次系统论述了马克思主义的辩证法理论。

首先，恩格斯把辩证法定义为"关于自然、人类社会和思维的运动和发展的普遍规律的科学"②。他还论述了客观辩证法和主观辩证法的关系。他指出，客观辩证法即自然界、人类社会发展的普遍规律，是外部世界的规律；主观辩证法即人类思维运动的一般规律。主观辩证法和客观辩证法具有同一性。"所谓的主观辩证法，即辩证的思维，不过是在自然界中到处发生作用的、对立中的运动的反映。"③ 另一方面，主观辩证法和客观辩证法"这两个系列的规律在本质上是同一的，但是在表现上是不同的，这是因为人的头脑可以自觉地应用这些规律，而在自然界中这些规律是不自觉地、以外部必然性的形式、在无穷无尽的表面的偶然性中实现的，而且到现在为止在人类历史上多半也是如此"④。恩格斯讨论主观辩证法和客观辩证法的关系，实际上是对马克思主义辩证法做出定位。主观辩证法和客观辩证法的统一表明马克思主义辩证法是一门科学，是对客观规律的正确认识。

其次，恩格斯也论述了马克思主义辩证法和黑格尔辩证法的关系。在他看来，马克思主义辩证法与黑格尔的辩证法是批判继承关系：一方面，马克思主义辩证法拯救了黑格尔哲学神秘外壳下的合理内核，从中汲取了大量的营养。另一方面，马克思主义的唯物辩证法与黑格尔的唯心辩证法有着本质的区别：黑格尔是从绝对观念中引出思维规律，并把它强加于自然界和人类历史；而唯物辩证法则是从客观事物的运动中寻找其自身的规律性。

再次，恩格斯还初步论述了辩证法的两个基本特征、三个基本规律、

---

① 《马克思恩格斯选集》第 3 卷，人民出版社 1995 年版，第 364 页。

② 同上书，第 484 页。

③ 《马克思恩格斯选集》第 4 卷，人民出版社 1995 年版，第 317 页。

④ 同上书，第 243 页。

和几个基本范畴。

第一，在区分辩证法与形而上学这两种截然对立的思维方式时，恩格斯论述了辩证法的基本特征。他指出，形而上学思维方式的基本特征是：把事物及其在思想上的反映——概念，看作孤立的、应当逐个地和分别地加以考察的、固定的、僵硬的和一成不变的。形而上学的思维方式的局限性在于：虽然它在依对象的性质而展开的各个领域中具有一定的合理性甚至必要性，可是它每一次都迟早要达到一个界限，一超过那个界限，它就会变成片面的、狭隘的、抽象的，并且陷入无法解决的矛盾。与之相反，辩证法在考察事物及其在观念上的反映时，本质上是从它们的联系、它们的连接、它们的运动、它们的产生和消逝方面来考察的。① 因此，恩格斯明确提出："辩证法是关于普遍联系的科学。"同时，"辩证法被看作关于**一切**运动的各个最普遍规律的科学"②。

第二，恩格斯还明确提出了辩证法的三大规律，他说：

"辩证法的规律……实质上可归结为下面三个规律：

量转化为质和质转化为量的规律；

对立的相互渗透的规律；

否定的否定的规律。"③

恩格斯认为，在黑格尔那里，这三个规律按照唯心主义的方式被当作纯粹的思维规律而加以阐明，而这三个规律实际上则是客观事物运动的最普遍规律。在《反杜林论》和《自然辩证法》中，恩格斯运用了大量的材料，尤其是自然科学方面的材料，论证了这三大规律的客观性和普遍性。

第三，恩格斯还论述了辩证法的一些基本范畴，如同一性和差异性、必然性和偶然性、原因和结果，等等。

恩格斯不仅讨论了自然界、人类社会和思维发展的共同的普遍规律，而且讨论了这三个领域各自特殊的辩证发展规律，从而形成了唯物主义的自然观、历史观和思维观。正如他所说的，现代唯物主义"不应当在某

① 《马克思恩格斯选集》第3卷，人民出版社1995年版，第360—361页。
② 《马克思恩格斯选集》第4卷，人民出版社1995年版，第259、365页。
③ 同上书，第310页。

种特殊的科学的科学中，而应当在各种现实的科学中得到证实和表现出来"①。

三　恩格斯关于马克思主义自然观的基本思想

恩格斯第一次系统论述了一种马克思主义自然观，这主要包括以下几个方面：

首先，恩格斯从哲学基本问题出发，提出了物质一元论的自然观。他指出，世界是统一的，而"世界的真正统一性是在于它的物质性"②，这是由哲学的和自然科学的长期的和持续的发展来证明的。恩格斯还对物质做出了规定，即"物、物质无非是各种物的总和，而这个概念就是从这一总和中抽象出来的……'物质'和'运动'这样的词无非是**简称**，我们就用这种简称把感官可感知的许多不同的事物依照其共同的属性概括起来"③。

其次，恩格斯论述了物质运动的原理。

第一，恩格斯论述了物质和运动不可分割的原理。他指出，离开运动去考察物质是近代科学中盛行的机械论观点。这种观点承认物质的客观性，但认为物质本身是惰性的、被动的，物质的运动是某种外来的"力"的作用的结果。由于将物质和运动割裂开来，从而不可避免地导致了关于神秘的"第一推动力"的假设。而近代科学中的"唯能论"则走向了另一个极端，认为存在着没有物质的运动，这种观点必然走向唯心主义。恩格斯批判了这两种倾向，明确提出了物质和运动不可分割的原理，并把这一原理作为研究物质运动问题的出发点。他说："没有运动的物质和没有物质的运动一样，是不可想象的"，如果要给运动下一个定义，那么"运动是物质的存在方式"④。在 1873 年 5 月 30 日致马克思的信中，恩格斯还进一步写道："物体是离不开运动的，各种物体的形式和种类只有在运动中才能认识，处于运动之外，处于同其他物体的一切关系之外的物体，是谈不上的。物体只有在运动中才能显示出它是什么。因此，自然科学只

---

① 《马克思恩格斯选集》第 3 卷，人民出版社 1995 年版，第 481 页。
② 同上书，第 383 页。
③ 《马克思恩格斯选集》第 4 卷，人民出版社 1995 年版，第 343 页。
④ 《马克思恩格斯选集》第 3 卷，人民出版社 1995 年版，第 400、399 页。

有在物体的相互关系之中，在物体的运动之中观察物体，才能认识物体。对运动的各种形式的认识，就是对物体的认识。"①

第二，从物质和运动不可分割的原理出发，恩格斯论述了运动的普遍性、运动的原因和运动的有规律性。他说："运动，就它被理解为存在的方式，被理解为物质的固有属性这一最一般的意义来说，囊括宇宙中发生的一切变化和过程，从单纯的位置变动起直到思维。"② 关于运动的原因，恩格斯采纳了黑格尔的一个说法，即"相互作用是事物的真正的终极原因"③。恩格斯还指出，物质运动是有规律的，而辩证法就是物质运动最普遍规律的科学，因此自然观、历史观和思维观同时也是自然辩证法、历史辩证法和思维辩证法。

第三，恩格斯从物质的永恒性出发，论述了运动的永恒性。他认为，要从量和质这两个方面去理解运动的永恒性和不灭性。运动的不灭性首先表现在运动量的守恒性上，即一个物体获得了一定量的某种运动，必定是另一个物体失去了一定量的某种运动，反之亦然。同时，在各种运动形式相互转化的过程中，这些不同质的运动形式是不能消灭的，各种物质运动形式之间相互转化的能力是不会被消灭的，这就是运动在质上的不灭性。

第四，恩格斯还阐述了物质运动的多样性和四种基本运动形式的理论。近代科学中的机械论否认运动的多样性，把机械运动看成唯一的运动形式，把各种运动之间质的差别归结为量的不同。恩格斯则指出，运动包括了宇宙中发生的一切变化和过程，在质上是多种多样的。同时，依据19世纪自然科学的成果，恩格斯将自然界丰富多彩的运动过程概括为四种基本运动形式：机械运动、物理运动、化学运动和生命运动。每一种运动形式对应着不同的物质承担者：机械运动对应着天上和地下的物体，物理运动对应着分子，化学运动对应着原子，生命运动的承担者是蛋白体。每一种运动形式有其特殊的矛盾：如机械运动中的作用和反作用，物理运动中的凝聚与扩散、吸收与辐射，化学运动中的化合和分解，生命运动中的同化与异化、遗传和变异等。各种运动形式之间不仅相互区别，表现出多样性；而且相互联系、相互过渡、相互转化，表现出统一性。基本运动

---

① 《马克思恩格斯选集》第4卷，人民出版社1995年版，第614页。

② 同上书，第346页。

③ 同上书，第328页。

形式的排列也不是任意的，这个排列反映了自然界中运动形式从低级到高级发展的历史顺序。一方面，高级运动形式由低级运动形式转化而来，在自身中包含了低级运动形式；另一方面，高级运动形式不是低级运动形式的简单堆积，它具有不同于低级运动形式的特殊的质。只有研究或充分了解了初级的、简单的运动形式之后，才能够对于更高级的、更复杂的运动形式有所了解。

第五，为了辩证地理解运动，恩格斯还论述了运动与静止的关系。一方面，运动与静止相互对立，静止表示事物的平衡状态，运动表示平衡状态的破坏。另一方面，运动与静止又相互联系，个别的运动趋向于平衡，总的运动又破坏平衡。静止和平衡作为有限制的运动的结果是有条件的和相对的，运动和平衡的破坏则是绝对的。恩格斯还提出，"运动应当在它的对立面即静止中找到自己的尺度"①。

再次，恩格斯论述了辩证的时空观。第一，他肯定了时间和空间的物质本性。他说："一切存在的基本形式是时间和空间，时间以外的存在像空间以外的存在一样，是非常荒诞的事情。"② 第二，恩格斯还论述了时间、空间在发展过程中的无限性和有限性的统一，肯定了时间和空间的辩证性质。

此外，恩格斯在《自然辩证法》中，尤其是在写于 1876 年 6—7 月的《劳动在从猿到人转变过程中的作用》一文（《自然辩证法》的一部分）中，第一次明确提出了劳动创造人类的科学论断，实现了人类起源问题上的新突破，阐明了从自然界向人类社会过渡的辩证法。恩格斯还深刻地指出："我们不要过分陶醉于我们人类对自然界的胜利。对于每一次这样的胜利，自然界都对我们进行报复。"③ 因此，恩格斯认为，我们不能像征服者统治异族人那样统治自然界，我们的统治力量在于能够认识和正确运用自然规律。最后，恩格斯还提出，我们不仅要认识和运用自然规律，也要认识和运用社会规律，为了消除人类的苦难，必须对资本主义生产方式和整个社会制度进行革命。

恩格斯关于马克思主义自然观的思想和论述是非常丰富的，以上只列

---

① 《马克思恩格斯选集》第 3 卷，人民出版社 1995 年版，第 402 页。

② 同上书，第 392 页。

③ 《马克思恩格斯选集》第 4 卷，人民出版社 1995 年版，第 383 页。

举了几个主要的方面。值得一提的是,自然这一概念在马克思和恩格斯那里有狭义和广义两种含义,狭义的自然是指区别于人类社会的自然界,广义的自然则是指整个世界。因此,可以从两个层次来理解恩格斯的自然观,它既是一种自然观,也是一种世界观,因为人类社会从一定的意义上讲也要遵循这些自然规律。

四　恩格斯关于认识论的基本思想

恩格斯系统论述了一种马克思主义思维观或者说认识论。

首先,关于认识的本质,恩格斯认为认识是对客观事物的反映。在哲学基本问题理论中,恩格斯就指出认识的本质问题在于:在我们关于现实世界的表象和概念中能否正确地反映现实。他还明确提出:"一切观念都来自经验,都是现实的反映——正确的或歪曲的反映。"[①]

其次,关于认识的可能性,恩格斯认为马克思主义坚持可知论的立场,即认为思维和存在具有同一性,表象和概念能够正确地反映现实事物。同时,恩格斯强调指出,不可知论的一个重要的认识论根源就在于不懂辩证法,而马克思主义认识论同时也是思维的辩证法。在《自然辩证法中》,恩格斯论述了认识中无限和有限,相对和绝对,个别、特殊和一般的辩证法。在《反杜林论》中,恩格斯阐明人的思维的主要矛盾,揭示了认识的有限性和无限性的辩证法。他指出,一方面只要人类能够长久延续下去,只要在认识器官和认识对象中没有给这种认识规定出界限,人的认识能力是无限的,人的思维就具有至上性;另一方面人类思维又只能表现和实现于一系列的个人的思维之中,这些个人的认识能力是有限的[②]。

再次,关于认识的发展阶段,恩格斯批判继承了康德和黑格尔的思想,把认识划分为感性、知性、理性三个由低到高的发展阶段并提出只有辩证的思维才是理性的。他还指出,知性活动,包括归纳、演绎、抽象、分析、综合以及实验,是人和动物所共有的,只是程度上有所不同。而真正的理性——辩证的思维,是人所独有的。

同时,关于认识的结果,恩格斯提出了辩证的真理观。一方面,他从

---

① 《马克思恩格斯全集》第 1 版,第 20 卷,第 661 页。
② 《马克思恩格斯选集》第 3 卷,人民出版社 1995 年版,第 427 页。

可知论立场出发肯定了真理的客观性，另一方面，他也阐明了真理与谬误的对立统一。他认为，由于人的思维是至上性和非至上性、无限性和有限性的对立统一，人的思维的产物就必然表现为真理和谬误的对立统一。真理和谬误是对立的，它们具有不同的质的规定性，不容混淆。但是，恩格斯也指出："真理和谬误，正如一切在两极对立中运动的逻辑范畴一样，只是在非常有限的领域内才具有绝对的意义。"① 这种有限的领域即认识处于一定条件下的具体的对象，超越一切条件的、适用于一切对象的永恒真理是不存在的。如果超出一定的领域运用真理和谬误的对立，这种对立就变成相对的，而且双方都必然向自己的对立面转化，真理变谬误，谬误变真理。

　　而且，恩格斯也把实践范畴引入了认识论。他指出了实践对认识的基础性作用。他说："人的思维的最本质的和最切近的基础，正是**人所引起的自然界的变化**，而不仅仅是自然界本身；人在怎样的程度上学会改变自然界，人的智力就在怎样的程度上发展起来。"② 他还指出，对不可知论的最令人信服的驳斥是实践，即实验和工业。换言之，"既然我们自己能够制造出某一自然过程，按照它的条件把它生产出来，并使它为我们的目的服务，从而证明我们对这一过程的理解是正确的，那么康德的不可捉摸的'自在之物'就完结了"③。

　　此外，恩格斯对必然与自由的辩证关系的阐述也是对认识与实践关系的一种深化。他指出："自由不在于幻想中摆脱自然规律而独立，而在于认识这些规律，从而能够有计划地使自然规律为一定的目的服务。"④ 按照恩格斯的看法，自由包含两个方面：一方面是借助于对事物的认识来做出决定的能力，即意志自由；另一方面是借助于对自然界的必然性的认识来支配我们自己和外部自然，即行动自由。无论是意志自由，还是行动自由都要以正确的认识为前提；同时，认识的目的又是为了在实践中获得自由；这表明了实践与认识的不可分割的联系。

　　恩格斯还指出，自由是历史发展的产物。最初的、从动物界刚分离出

---

① 《马克思恩格斯选集》第 3 卷，人民出版社 1995 年版，第 431 页。
② 《马克思恩格斯选集》第 4 卷，人民出版社 1995 年版，第 329 页。
③ 同上书，第 225—226 页。
④ 《马克思恩格斯选集》第 3 卷，人民出版社 1995 年版，第 455 页。

来的人，在一切本质方面是和动物一样不自由的。但是文化上的每一个进步，都是迈向自由的一步。随着生产力的巨大发展，有可能实现这样一种生活状态，即不再有任何阶级差别，不再有任何对个人生活资料的忧虑，并且第一次能够谈到真正的人的自由，谈到那种与已被认识的自然规律和谐一致的生活，这就是共产主义社会。共产主义社会是人类从必然王国进入自由王国的飞跃。在共产主义社会中，"人们周围的、至今统治着人们的生活条件，现在受人们的支配和控制，人们第一次成为自然界的自觉的和真正的主人，因为他们已经成为自身的社会结合的主人了"①。恩格斯这里所谈的自由和自由王国已不是认识论的范畴，而是历史观了。

五　恩格斯对唯物史观的完善和发展

恩格斯对马克思和他本人曾经系统论述过的马克思主义历史观做出了重要补充，从而使历史辩证法成为一个更加完整的体系。这主要体现在两个方面：

首先，在《家庭、私有制和国家的起源》一书中，恩格斯揭示了人类早期社会形成和发展的历史规律。

第一，为了解释人类早期社会的发展规律，恩格斯提出了两种生产理论。他说："根据唯物主义观点，历史中的决定性因素，归根到底是直接生活的生产和再生产。但是，生产本身又有两种。一方面是生活资料即食物、衣服、住房以及为此所必需的工具的生产；另一方面是人自身的生产，即种的繁衍。"② 在生活资料的生产中形成了人们之间的劳动关系，在人自身的生产过程中则形成了人们之间的血族关系和家庭关系。恩格斯还指出，劳动越不发展，劳动产品的数量、社会财富越受限制，社会制度就越在较大程度上受血族关系的支配。因此，血族关系是整个人类早期社会的基础。

第二，从两种生产理论出发，恩格斯不仅论述了家庭的起源及其由低级到高级的发展历程，而且论述了私有制和阶级的起源。他指出，在以血族关系为基础的人类早期社会中，随着劳动生产率的日益发展，私有制和交换、财产差别、使用他人劳动力的可能性，阶级对立的基础等新的社会

---

① 《马克思恩格斯选集》第3卷，人民出版社1995年版，第633—634页。
② 《马克思恩格斯选集》第4卷，人民出版社1995年版，第2页。

成分也日益发展起来。这些新的社会成分通过几个世纪的发展导致了一个彻底的变革。以血族团体为基础的旧社会，由于新形成的各社会阶级的冲突而被炸毁，代之以组成为国家的新社会。国家的基层单位不再是血族团体，而是地区团体。在新社会中，家庭制度完全受所有制支配，阶级对立和阶级斗争从此自由开展起来。

第三，恩格斯还进一步论述了国家的起源和本质。他指出："国家是社会在一定发展阶段上的产物……这种从社会中产生但又自居于社会之上并且日益同社会相异化的力量，就是国家。"他还指出，国家与血族团体的不同之处在于：其一，国家是按地区划分它的国民；其二，国家设立了公共权力。公共权力不再是自己组织为武装力量的居民，而是军队、宪兵、警察等武装的人及其物质附属物，如监狱和各种强制措施；其三，为了维持这种公共权力，国家就需要公民缴纳捐税。最后，恩格斯进一步强调了国家的阶级性。他指出，由于国家是从控制阶级对立的需要中产生的，所以，国家是"最强大的、在经济上占统治地位的阶级的国家，这个阶级借助于国家而在政治上也成为占统治地位的阶级，因而获得了镇压和剥削被压迫阶级的新手段"①。

其次，恩格斯在《费尔巴哈论》中对唯物史观做了一个概述，这是对马克思在 1857 年《〈政治经济学批判〉序言》中对唯物史观经典表述的完善和补充。恩格斯指出，马克思主义把自然界看成一个历史发展的过程，同时认为社会历史领域也有其客观的运动规律。与自然界不同的是，在社会历史领域进行活动的，是有意识的、追求某种目的的人，因此要寻找客观规律，必须探寻人的动机背后的历史原因。而且，不能仅仅考虑个别人物，即使是非常杰出的人物的动机；更要考虑使广大群众、整个一个民族以及一个民族中的一个整个的阶级的行动起来的动机，尤其是那些持久的、引起重大历史变迁的行动的动机。那么，历史表明，一切政治斗争都是阶级斗争，而阶级斗争都是围绕着经济解放进行的。经济关系决定国家和法，也决定哲学和宗教。国家和法表面上是独立的，实际上维护的是统治阶级的利益，哲学和宗教也是如此。

再次，恩格斯在晚年的一系列书信和文章中，阐发了历史辩证法，完善了唯物史观。

---

① 《马克思恩格斯选集》第 4 卷，人民出版社 1995 年版，第 170、172 页。

第一，恩格斯在 1892 年的《〈社会主义从空想到科学的发展〉英文版导言》中第一次明确提出了"历史唯物主义"这一概念并把它作为"唯物主义历史观"的同义词。

第二，针对资产阶级学者把历史唯物主义曲解为"经济唯物主义"的观点，恩格斯论述了历史发展过程必然与偶然的辩证法。他说，"根据唯物史观，历史过程中的决定性因素**归根到底**是现实生活的生产和再生产"，但这并不是说经济因素是唯一的决定性因素。经济状况是基础，但是对历史过程发生影响的还有上层建筑的各种因素，阶级斗争的政治形式及其成果，各种法的形式以及所有这些实际斗争在参加者头脑中的反映，政治的、法律的和哲学的理论以及宗教观点。"这里表现出这一切因素间的相互作用，而在这种相互作用中归根到底是经济运动作为必然的东西通过无穷无尽的偶然事件（……）向前发展。"①

恩格斯还认为，历史中的必然性和偶然性的辩证法不仅体现在影响历史发展的动因方面，而且体现在个人意志在历史中发挥作用的方面。他指出，"我们自己创造着我们的历史，但是第一，我们是在十分确定的前提和条件下创造的"，其中经济条件是决定性的，其他条件的作用也不可忽视。"第二，历史是这样创造的：最终的结果总是从许多单个的意志的相互冲突中产生出来的，而其中每一个意志，又是由于许多特殊的生活条件，才成为它所成为的那样。这样就有无数互相交错的力量，有无数个力的平行四边形，由此就产生出一个合力，即历史结果，而这个结果又可以看作一个作为整体的、不自觉地和不自主的起着作用的力量的结果。"②这里通过各种偶然性而得到实现的必然性，归根到底仍然是经济的必然性。此外，恩格斯还谈到了历史中的伟大人物的作用。他说，伟大人物的出现的确是一种偶然现象，但是这种偶然性仍然是经济必然性的表现，因为如果我们把这个人去掉，就会需要另外一个人代替他，这个代替者无论好一些差一些，最终是会出现的。

第三，在晚年书信中，恩格斯还着重论述了上层建筑的相对独立性、上层建筑各个因素之间的相互作用和它们对经济基础的反作用。他说："政治、法、哲学、宗教、文学、艺术等等的发展是以经济的发展为基础

---

① 《马克思恩格斯选集》第 4 卷，人民出版社 1995 年版，第 695—696 页。

② 同上书，第 696—697 页。

的，但是它们又都相互作用并对经济基础发生作用。"① 以国家权力为例，它是由经济基础决定的，但国家权力对于经济发展的反作用可以有三种：可以沿着同一方向走，促进经济的发展；可以沿着相反的方向走，这样经过一定的时期国家权力会走向崩溃；或者它可以阻止经济发展的既定方向，而给它另外的方向，这种情况可以归结为前两种情况中的一种。法同样对经济基础具有反作用。

至于那些更高的悬浮在空中的意识形态的领域，如宗教、哲学等，恩格斯说，"经济发展对这些领域也具有最终的至上权力，这在我看来是确定无疑的，但是这种至上权力是发生在各该领域本身所规定的条件的范围内"②。以哲学为例，每一个时代的哲学作为分工的一个特定领域，都具有由它的先驱传给它的特定的思想材料作为前提。经济对哲学发挥作用的方式是：他并不重新创造出任何东西，但是它决定着现有思想材料的改变和进一步发展的方式，而且多半也是间接决定的，因为直接对哲学发生影响的是政治、法律和道德。当哲学家成为社会分工之内的独立集团，它们的产物，包括他们的错误，就要反过来影响社会发展，甚至经济发展。

除了论述自然辩证法、思维辩证法和历史辩证法，恩格斯还第一次提出了研究马克思主义的辩证逻辑的任务。他指出，辩证逻辑与形式逻辑一样，是研究思维形式的科学，但是形式逻辑满足于思维形式的简单排列，而辩证逻辑要考察思维形式的运动，即概念、判断、推理的运动。在《自然辩证法》中，恩格斯分析了概念、判断和推理这三种基本的思维形式，揭示了它们的辩证本性。同时，他还分析了假说这一理论思维的基本形式。此外，恩格斯还提出了辩证逻辑所要遵循的一些基本原则，如逻辑和历史的统一、抽象和具体的统一、归纳和演绎的统一、分析和综合的统一，等等。

总之，通过上述从哲学论到辩证逻辑的一系列工作，恩格斯奠定了一种系统化的马克思主义哲学的基础。这种系统化的马克思主义哲学代表了恩格斯的哲学观念，它不仅是普列汉诺夫、列宁、斯大林哲学思想的源头，而且是后来苏联的辩证唯物主义和历史唯物主义哲学的思想源头。

① 《马克思恩格斯选集》第 4 卷，人民出版社 1995 年版，第 732 页。
② 同上书，第 704 页。

第二节　狄慈根的"辩证唯物主义"哲学

1861 年第一国际的成立是马克思主义传播和发展的一个里程碑。随着马克思和恩格斯的学说在工人运动和社会主义运动中被广泛接受，出现了一些研究和宣传马克思主义的理论家，如德国的 W. （威廉·）李卜克内西（1826—1900）、A. （奥古斯特·）倍倍尔（1840—1913），法国的 P. （保尔·）拉法格（1842—1911）、J. （茹尔·）盖德（1845—1922），意大利的 A. （安东尼奥·）拉布里奥拉（1843—1904），等等。在马克思主义哲学方面，这些理论家们大多把阐释和宣传唯物主义历史观作为主要的任务。这时在德国出现了一位工人哲学家 J. （约瑟夫·）狄慈根（1828—1888），他按照自己的方式独立地发现了"辩证唯物主义"，在马克思主义哲学发展史上有着不可忽视的地位。

狄慈根没有受过系统的教育，他早年一边工作，一边坚持自学，并对哲学产生了浓厚的兴趣。1848 年之后，他投身于德国的社会主义运动，成为德国社会民主工党的第一批党员。1869 年，狄慈根出版了自己的第一本哲学专著《人脑活动的本质》。这本书尽管有种种缺陷和不足之处，但在基本观点上已经达到了唯物主义和辩证法的高度。考虑到当时马克思和恩格斯还没有出版像《反杜林论》这样系统阐述哲学观点的著作，狄慈根的理论探索就更显得难能可贵。

马克思和恩格斯曾对狄慈根的这本著作给予很高的评价。马克思说："狄慈根的论述，除去费尔巴哈等人的东西，一句话，除去他的那些来源之外，我认为完全是他的独立劳动。"[1] 马克思还说："虽然有些混乱的概念和过多的重复，但包含着许多卓越的思想，而且作为一个工人的独立思考的产物来说，甚至是令人惊叹的思想。"[2] 恩格斯后来在《费尔巴哈论》中也曾说道："值得注意的是，不仅我们发现了这个多年来已成为我们最好的劳动工具和最锐利的武器的唯物主义辩证法，而且德国工人约瑟夫·狄慈根不依靠我们，甚至不依靠黑格尔也发现了他。"[3]

---

① 《马克思恩格斯全集》第 1 版，第 32 卷，第 185 页。

② 同上书，第 567 页。

③ 《马克思恩格斯选集》第 4 卷，人民出版社 1995 年版，第 243 页。

1869 年之后，狄慈根开始从事社会民主党报刊的编辑工作和专门的理论研究，他进一步接受了马克思和恩格斯的哲学观点，写作了《论逻辑书简》（1880—1883）、《一个社会主义者在认识论领域中的漫游》（1886）、《哲学的成果》（1887）等大量的论著，成为著名的马克思主义哲学家。

狄慈根在马克思主义哲学发展史中的一个重要功绩，就是第一次提出了"辩证唯物主义"这个术语。他把自己的哲学观点叫做"新唯物主义"、"社会民主主义的唯物主义"、"辩证唯物主义"、"辩证的唯物主义"或"辩证的社会民主主义的唯物主义"①。不过，从狄慈根对"辩证唯物主义"这个术语的使用来看，他并不像后来的普列汉诺夫等人那样把这个术语作为对马克思主义世界观本质特征的一个严格的规定，而只是对他本人哲学思想的一种描述。

狄慈根本人的"辩证唯物主义"哲学从总体上看，是基本上认同于恩格斯的哲学观念的，可以说是在恩格斯哲学思想框架内的一种发挥和发展。

首先，他接受了恩格斯的哲学基本问题理论，并以此作为研究的出发点。在自然观问题上，他提出了所谓的"宇宙万有"学说，实际上是对世界的物质统一性和多样性思想的一种发挥。考虑到当时恩格斯的《自然辩证法》手稿并没有发表，狄慈根的这一思想也具有一定的原创性。

其次，在辩证法问题上，狄慈根论述了辩证法的普遍联系观、运动发展观和矛盾观。

早在《人脑活动的本质》一书中，狄慈根就提出普遍联系是辩证法的一个基本观点，这和后来恩格斯关于辩证法是普遍联系的科学这一论述不谋而合。在狄慈根看来，一切事物都相互联系、相互依赖，这是一个方面；另一方面，"事物只有在联系中和凭借联系，才真实地存在着"②。狄慈根还论述道：普遍联系并不否认事物的独立性；事物之间的联系不是单一的，而是多种多样的；在认识事物的过程中，应当深入、全面的考察事物的各种关系，这样才能得出正确的结论，等等。狄慈根关于普遍联系的

---

① 狄慈根：《一个社会主义者在认识论领域中的漫游》，《狄慈根哲学著作选集》，生活·读书·新知三联书店 1978 年版，第 247、245、241、255、242 页。

② 狄慈根：《人脑活动的本质》，同上书，第 86 页。

这些论述与后来苏联的辩证唯物主义和历史唯物主义体系关于这一问题的论述是很接近的。

狄慈根还论述了辩证法的运动发展的观点。他认为发展是世界的本质特征,而且,"发展既是革命的,同时也是保守的"①。这一思想无疑是精辟的,使辩证发展观与相对主义划清了界限。狄慈根还认为,事物运动发展的动力就在于事物之间的相互联系和相互作用。同时,他还提出,事物的普遍联系和运动发展这两个方面是辩证地联系在一起的,是不可分割的。这一思想无疑是深刻的,其旨在论证物质世界是自因的,即世界存在和发展的根据在其自身之内。

狄慈根还非常重视辩证法的矛盾观点,他说:"辩证法的第一项就是告诉我们事物不仅等于其自身,不仅自始至终同一,而且同一事物还具有矛盾的本质。"② 从这一观点出发,狄慈根还论述了矛盾的客观性和普遍性。

狄慈根的著作中使用了很多辩证法的范畴,如整体与部分、一与多、有限与无限、绝对与相对,等等。其中,狄慈根对原因与结果、现象与本质这两对范畴做了深入的论述。他说,原因和结果的关系不是一种神秘力量,而是客观存在,是世界普遍联系的一种形式。狄慈根还认为,在任何既定的关系中,原因和结果都是确定的,否则就无法认识事物的因果关系;但从整个世界的相互联系和变化发展来看,"一切事物既是因又是果"③,"每一个原因都产生结果,每一个结果都成为原因"④,原因和结果之间可以相互转化。狄慈根还注意到了因果联系的复杂性,即一个原因可能产生很多不同的结果,导致一个结果的也不止一个原因,而是许多原因聚合成的总因。狄慈根关于现象和本质的论述是针对当时流行的新康德主义的。新康德主义接受康德的观点,认为人们只能认识现象,本质则是属于彼岸的,不可认识的。狄慈根认为,本质并不是神秘的力量,它和现象一样是客观世界的一个方面。现象和本质是辩证统一的,是不可分割的。

---

① 狄慈根:《人脑活动的本质》,《狄慈根哲学著作选集》,生活·读书·新知三联书店1978年版,第84页。

② 狄慈根:《哲学的成果》,同上书,第344页。

③ 狄慈根:《论逻辑书简》,同上书,第170页。

④ 狄慈根:《人脑活动的本质》,同上书,第53页。

　　狄慈根的主要哲学功绩还在于对认识论的研究。他认为："哲学的专门任务不是提供世界的真切的思维图像，而是提供人类精神在形成世界图像时所需要的方法和道路。"① 因此，他把研究认识论问题作为自己主要的任务。

　　关于认识的本质，狄慈根的基本观点是："物质是观念的前提或基原"，"思想是脑机能与某种对象结合而生之子"②。狄慈根认为，人脑是思维的器官，但是单靠人脑不可能产生认识，要产生认识，必须要有一个引起思想的客体或对象。而思想和对象的关系正如绘画、摄影一样，思想只能是真实事物的肖像。列宁在《唯物主义和经验批判主义》一书中对狄慈根关于认识本质的基本观点给予了很高评价，认为它"包含着和不可知论、马赫主义、唯心主义不同的唯物主义的全部认识论基础"③。

　　关于认识的过程，狄慈根论述了认识中经验与理性的辩证关系。他认为经验是认识的基础，同时经验也必须上升到理性，才能正确认识事物，而且，"正像没有经验就没有理性一样，没有理性也就没有经验"④。狄慈根所说的经验与理性就是后来列宁所说的感性认识和理性认识。狄慈根的思想显然是列宁关于认识发展阶段思想的重要来源。

　　关于认识的结果，狄慈根论述了相对真理和绝对真理的辩证关系。他认为，宇宙本身就包含着有限和无限的矛盾，"无限是由无穷个有限组成的，每一个有限的现象本身都具有无限的性质"⑤。由于宇宙的两重性，人们在认识它的时候，形成了真理的两重性，即真理"既是有限的，又是无限的，既是有穷的，又是无穷的"⑥。我们认识了有限、相对的事物，就向无限、绝对的宇宙认识前进了一步。狄慈根还认为，人的智力是一个有限的特殊体，但是作为宇宙的一部分，本身也具有普遍性。"在事物之中不存在不向我们的精神开放的东西。人类的精神对神秘的揭示是无限

---

　　① 狄慈根：《哲学的成果》，《狄慈根哲学著作选集》，生活·读书·新知三联书店 1978 年版，第 364 页。

　　② 狄慈根：《人脑活动的本质》，同上书，第 20 页。

　　③ 《列宁全集》第 2 版，第 18 卷，第 257 页。

　　④ 狄慈根：《论逻辑书简》，《狄慈根哲学著作选集》，生活·读书·新知三联书店 1978 年版，第 198 页。

　　⑤ 狄慈根：《一个社会主义者在认识论领域的漫游》，同上，第 256 页。

　　⑥ 狄慈根：《论逻辑书简》，同上，第 118 页。

的，他提出新的说明能力是无穷尽的。"① 狄慈根关于真理的思想是辩证的，既反对了绝对主义的真理观，又与相对主义和不可知论划清了界限。

狄慈根还批判继承了黑格尔关于辩证法、认识论、逻辑学三者同一的思想，主张在一种唯物主义的基础上辩证法、认识论、逻辑学的统一，这一思想也是深刻的，对列宁产生过重要影响。

狄慈根的哲学也存在着缺陷和不足，例如用词不当，以及由于表达的不确切，造成思想的混乱。而且他还提出了一些错误观点，例如混淆物质和精神的本质区别，认为精神和物质是一个更高的统一体的不同存在形态。他甚至认为，只要认识到这一点，唯物主义和唯心主义的争论只是字眼上的争议而已。列宁曾经对这一思想给予过尖锐的批评，他说:"这是糊涂思想。因为这样一来，狄慈根自己所坚持的那种物质和精神、唯物主义和唯心主义在认识论上的对立就会失去意义。"②

狄慈根逝世后十年，在修正主义流行的年代，以狄慈根的儿子欧根·狄慈根为代表的一些人提出了所谓的"狄慈根主义"。他们认为狄慈根哲学在认识论和辩证法方面要比马克思和恩格斯的哲学详尽得多、深刻得多，因此它应该成为科学社会主义的哲学基础。这些人特别推崇狄慈根的地方，正是狄慈根背离彻底唯物主义的地方，即混淆物质和精神的本质区别，从而取消唯物主义和唯心主义的对立。梅林、普列汉诺夫和列宁坚决批判了这一思潮。他们一方面承认狄慈根的声望和才能，并且承认它的唯物主义和辩证法;另一方面则指出:狄慈根的哲学著作，就水平、准确性、深度和广度来说，都不如马克思和恩格斯的著作;在某些思想上，可以认为是对马克思和恩格斯论述的一定充实，但不能作为他们哲学的补充或代替。至于"狄慈根主义"，列宁认为它是一种混乱思想，它不是根据狄慈根的伟大之处，而是利用它的弱点创立的一种路线。③

狄慈根的哲学思想对普列汉诺夫的影响并不大，对列宁则有一定影响，列宁在写作《唯物主义和经验批判主义》和《哲学笔记》的过程中始终把狄慈根的著作作为重要的哲学资料来研究。而且，狄慈根所关注的

---

① 狄慈根:《一个社会主义者在认识论领域的漫游》，《狄慈根哲学著作选集》，生活·读书·新知三联书店 1978 年版，第 267 页。

② 《列宁全集》第 2 版，第 18 卷，第 257 页。

③ 同上书，第 259 页。

哲学问题和对问题的论述方式，很接近于后来苏联的辩证唯物主义和历史唯物主义哲学。所以，狄慈根哲学也是马克思主义哲学苏联化形态的一个思想源头。

第三节　第二国际理论家们关于
马克思主义哲学的分歧

1889 年第二国际的成立是马克思主义传播和发展的又一个里程碑。在这一时期出现了一大批研究和宣传马克思主义的理论家。其中在哲学领域比较重要的除了依然活跃的奥古斯特·倍倍尔、保尔·拉法格，还有德国的 F.（弗兰茨·）梅林（1846—1919）、A.（爱德华·）伯恩施坦（1850—1932）、K.（卡尔·）考茨基（1854—1938），奥地利的 M.（麦克斯·）阿德勒（1873—1937）、F.（弗里德里希·）阿德勒（1879—1960），以及俄国的 Г. B.（格奥尔基·瓦连廷诺维奇·）普列汉诺夫（1856—1918）。

一　第二国际理论家们视野中的马克思主义哲学

第二国际既是理论繁荣的时期，又是理论分裂的时期。一方面，在政治实践中，改良主义越来越有市场，改良还是革命的问题不可避免地引起争论。另一方面，在理论上，主要是新康德主义对马克思主义形成了冲击。新康德主义是 19 世纪后半叶主要流行于德国的唯心主义哲学思潮。这一思潮推崇康德的哲学理论，提出了"回到康德去"的口号。尤其是新康德主义的马堡学派对德国社会民主党内修正主义的形成有重要影响。马堡学派的创始人 H.（赫尔曼·）科亨（1842—1918）认为，社会主义的原则不能以唯物主义为基础，而应当以伦理学唯心主义为基础。因此，康德由于创立了伦理学和绝对命令而成了德国社会主义的真正鼻祖。这一学派的门徒 R.（鲁道夫·）施塔姆勒（1856—1938）、F.（弗兰茨·）施陶丁格尔（1849—1921）、K.（卡尔·）沃伦德尔（1860—1928）、L.（路德维希·）沃尔特曼（1871—1907）致力于在先验唯心主义的基础上，把康德和马克思结合起来。

伯恩施坦修正主义理论体系的提出是第二国际理论分裂的标志。在 1899 年的《社会主义的前提和社会民主党的任务》一书中，伯恩施坦全面修正了马克思主义。在政治战略的层面，他鼓吹改良主义，主张以改良代替革命。在政治理论的层面,他推崇的是与科学社会主义相对立的伦理社会主义,即认为社会主义是一种伦理公设,而不是一种现实的历史过程的结果。在哲学领域,他不仅批评了唯物主义和唯物主义历史观,而且彻底否定了辩证法。伯恩施坦的哲学观点可以称为一种哲学修正主义。对于伯恩施坦修正主义,罗莎·卢森堡、普列汉诺夫、梅林、倍倍尔、考茨基等人给予了坚决的批判。这种理论斗争一直持续到 1914 年第一次世界大战的爆发和第二国际的破产。

至少是在伯恩施坦修正主义出现之前,在哲学领域第二国际理论家们有一些普遍的倾向。这些倾向主要来自于德国社会民主党的理论家,因为德国社会民主党是第二国际的领袖。这些倾向是:第一,受新康德主义影响,轻视黑格尔的哲学遗产,因而对马克思主义理论中黑格尔主义的因素缺乏了解,尤其是不懂辩证法;第二,对马克思主义理论做唯科学主义的解释,认为马克思主义就是经济理论和唯物主义历史观,而唯物史观与其说是一种哲学,不如说是一种科学。所以,第二国际理论家们往往轻视本体论、认识论,而重视唯物史观;第三,也是受新康德主义的影响,认为恩格斯的哲学已经过时了,所以轻视恩格斯的哲学遗产,拒绝恩格斯的哲学观念;第四,因为轻视哲学,所以第二国际理论家们往往不精通哲学。当然,对上述所有这些倾向而言,普列汉诺夫都是个例外。

在哲学领域,修正主义引起了一系列连锁反应。本来,第二国际理论家们一个普遍的特征就是轻视哲学,认为马克思主义就是经济理论和唯物主义历史观,而唯物史观与其说是一种哲学,不如说是一种科学。伯恩施坦对唯物主义和辩证法的否定开启了一条继续用新康德主义修正马克思主义的道路,德国的 C.(康拉德·)施密特(1863—1932)、奥地利的 O.(奥托·)鲍威尔(1881—1938)都在这方面进行过尝试,这种尝试在麦克斯·阿德勒那里达到了顶峰,他在哲学上提出了一种彻底的新康德主义的马克思主义。与此异曲同工的是,在 20 世纪初,随着哲学上马赫主义的流行,一些人又主张以马赫哲学补充唯物史观,其代表人物是弗里德里希·阿德勒。另一方面,在批判修正主义的过程中,一些理论家进一步加强了对马克思主义哲学的研究,其中最突出的是普列汉诺夫。普列汉诺夫提出,马克思主义不仅有唯物主义历史观,而且有自己的唯物主义世界观,这就是辩证唯物主义。面对哲学领域、尤其是世界观方面的争论,作为公认的第二国际理论领袖的考茨基采取了一贯的折衷态度,他一方面批评过伯恩施坦，而且称赞过普列汉诺夫是在哲学上最接近马克思和恩格斯的人，另一方面又提出了一种哲学折衷主义。这种折衷主义有两个要点，一个是世界观和历史观的二元论，即认为世界观和历史观是可以分开的；另一个是世界观多元主义，即认为可以用不同的世界观来论证唯物史观。

　　本小节将主要考察伯恩施坦的哲学修正主义、考茨基的哲学折衷主义和麦克斯·阿德勒的康德化的马克思主义哲学，普列汉诺夫的哲学观点将在下一节考察。

二　伯恩施坦对唯物主义和辩证法的批判

　　伯恩施坦的哲学观点是与他的政治观点相联系的。为了论证伦理社会主义，他要批判唯物主义和辩证法。

　　关于唯物主义，伯恩施坦认为，做一个唯物主义者，首先意味着把一切现象归因于物质的必然的运动。由于混淆了"必然性"和"决定性"这两个概念，伯恩施坦进一步得出结论说，唯物主义是一种宿命论。他说："所以唯物主义者是不信神的加尔文教徒。如果说他不相信任何神定的宿命，那么他毕竟相信而且必须相信，不管从随便什么时刻起，此后的一切现象都是由已存在的物质的总和和它的各部分的力量关系预先决定的。"① 伯恩施坦曾经声明，自己在哲学上信奉的不是唯物主义，而是德国新康德主义哲学家弗·阿·朗格的观点，这是因为朗格哲学重视理想的因素，不把物质因素抬高为无所不能的力量；同时，伯恩施坦认为朗格哲学还具有高度的科学公正态度，随时准备承认错误和接受新的真理。

　　关于唯物主义历史观，伯恩施坦认为，唯物史观是用唯物主义来解释历史，这就意味着从根本上主张一切历史的过程和发展的必然性。因此，唯物主义者仅仅要回答，必然性是以什么方式在历史中贯彻的，什么力量要素或者哪些力量要素在其中起决定作用，各种不同的力量因素彼此之间存在什么样的关系，自然、经济、法律制度、思想在历史中各起什么作用。在伯恩施坦看来，马克思和恩格斯显然是把各个时期的物质生产力和人的生产关系作为历史的决定性因素，但是，马克思和恩格斯在创立唯物史观初期的观点与他们后期著作中的观点是不同的。在马克思创立唯物史

---

　　① 伯恩施坦：《社会主义的前提和社会民主党的任务》，生活·读书·新知三联书店1973年版，第49页。

观的初期，他的论断具有强烈的历史宿命论色彩，有时甚至"把人仅仅看成历史力量的活的代理人，他几乎是违反着自己的意志而执行历史力量的任务"①。而在马克思和恩格斯的后期著作中，对非经济因素在社会发展中的协助作用以及它们对生产关系的反作用给予了更多的承认。伯恩施坦认为，这是符合一种理论的自然发展过程的。一种新理论经常首先以断然的、独断的表述方式出现，为了给自己树立威信，他必须证明旧的理论站不住脚，而在这种斗争中，片面性和夸大是不可避免的。因此，伯恩施坦提出，应当按照唯物史观的成熟形态而不是最初的形态来应用它，除了对生产力和生产关系的发展和影响，还要对每一时代的法权的和道德的观念、历史的和宗教的传统、对地理的影响和其他的自然影响（人本身的性质和人的精神素质的性质也属于这一范围）加以充分地考虑。

伯恩施坦看到了历史中多种因素的相互作用，这一点并没有错，恩格斯在晚年书信中也谈到了这一点。但是伯恩施坦不懂得历史中必然与偶然的辩证法，没有看到在多种历史因素的相互作用中归根结蒂是经济因素在起决定作用。他也没有看到，马克思和恩格斯在创立唯物史观初期的观点与他们晚期著作中的观点只是在理论侧重点上有所不同，在本质上马克思和恩格斯的理论观点是前后一贯的。由于把历史中的各种因素的作用等量齐观，伯恩施坦走向了一种历史的多种因素的决定论。对于当时普列汉诺夫提出的对唯物史观的"一元论"的解释，伯恩施坦认为是一种极大的倒退，相反，他明确表示自己推崇的是一种折衷主义。他说:"折衷主义——从对于现象的种种不同的解释和处理方式中进行选择——往往只是对于从一物引出万物并且以独一无二的方法处理万物的教条主义渴望的自然的反作用。"②

对于辩证法，伯恩施坦则持彻底否定的态度，认为辩证法是马克思和恩格斯学说中致命的缺陷。在这里，新康德主义对黑格尔的轻视态度显然影响了伯恩施坦。伯恩施坦认为，马克思和恩格斯试图把黑格尔的概念辩证法颠倒过来，但是这不是一件简单的事情，因为一旦离开了可以凭经验确认的事实的土地并且超越这些事实而思考，就要陷入派生概念的世界。这时，如果遵循黑格尔所提出的那个样子的辩证法规律，就会不知不觉地

---

① 伯恩施坦:《社会主义的前提和社会民主党的任务》，生活·读书·新知三联书店1973年版，第51页。

② 同上书，第55页。

进入"概念的自我发展"的圈套，而离科学性越来越远。伯恩施坦承认，辩证法的原理在有些情况下能够形象地说明事物的发展，但是即使在这种情况下，事物的真相也往往被这些原理弄模糊了，而不是被阐明了。而且，一旦根据辩证法的那些原理来演绎地预测发展，那么任意构想的危险就开始出现。尤其是，一件事物越复杂，它的要素的数目越多，它的性质越是多种多样，它的力量关系越是涉及多个方面，那么辩证法的原理就这一事物的发展所能告诉人们的就越少，因为，根据那些原理做出结论时，就越会丧失一切评价的尺度。

伯恩施坦还举了一个例子，即马克思和恩格斯1847年在《共产党宣言》中宣称，德国处于资产阶级革命的前夜，这一革命由于无产阶级已经达到的发展和欧洲文明的已经进步的条件，只可能是无产阶级革命的直接序幕。伯恩施坦认为，马克思和恩格斯的预言显然没有实现，而这个预言不仅是对一个政治行动的前途的过高估计，而且是对经济和社会发展的成熟程度所作的纯粹思辨的预测。这种预测的非科学性在于：一件需要几个世代才能实现的事，竟根据关于对立面的发展和关于通过对立面发展的哲学而被看成一次政治革命的直接后果，而这一革命是首先必须为资产阶级创造发展的自由余地的。在伯恩施坦看来，"马克思当时已经认真地研究了经济学，却犯了这一随便哪一个第一流的政治梦想家也很少会超过的历史的自我欺骗，如果不把这一自我欺骗看成黑格尔的矛盾辩证法残余的产物，那么他就不可理解了。马克思——恩格斯也一样——似乎一生都没有彻底摆脱这一残余，但它在那时，在一个普遍动乱的时期，应当说对于他变得更加致命了。"[1] 为了证明自己的观点，伯恩施坦还提到，恩格斯在逝世前不久为马克思《1848年至1850年的法兰西阶级斗争》一书所写的序言中，已经毫无保留地承认了马克思和他本人在估计社会发展和政治发展所需时间方面所犯的错误。需要指出的是，伯恩施坦在这里又歪曲了恩格斯的思想，从恩格斯的相关论述中并不能得出伯恩施坦式的改良主义推论。最后，伯恩施坦得出结论说："黑格尔辩证法是马克思学说中的叛卖性因素，是妨碍对事物进行任何推理正确的考察的陷阱。"[2]

---

[1]　伯恩施坦：《社会主义的前提和社会民主党的任务》，生活·读书·新知三联书店1973年版，第70页。

[2]　同上书，第75页。

伯恩施坦对唯物辩证法的批判实际上是在重复新康德主义者对黑格尔辩证法的批判。他的批判并不能驳倒辩证法，相反，却充分暴露了他对辩证法的无知和在马克思主义理论基础方面的薄弱。普列汉诺夫等人对他的观点给予过针锋相对的批判。

三　考茨基对马克思主义哲学的多元主义理解

考茨基著作甚丰，但是世界观、认识论、辩证法等哲学问题不是他的长项。面对第二国际中关于马克思主义世界观、认识论的论争，考茨基一贯采取折衷主义的态度，但是其观点前后也有一些变化。1909 年，一位俄国工人给考茨基写信，请他就俄国社会民主党内关于马克思主义认识论基础的争论发表看法，考茨基在回信中谈到了他对马克思主义哲学的认识。他说："我认为马克思主义不是哲学，而是一种经验科学，一种特殊的社会观"；"马克思没有宣布一种哲学，而是宣告了一切哲学的终结"。"人们是依据十八世纪唯物主义，还是马赫主义，还是狄慈根的辩证唯物主义，还是别的什么来论证这一观点，这对于我们的思想的明确性和统一性来说不是完全无关紧要的，但是对于党的明确性和统一性来说，这是一个完全无足轻重的问题。"[①] 考茨基的这些看法实际上代表了第二国际时期关于马克思主义哲学的一种主流的观点。

在 1927 年写作《唯物主义历史观》时，考茨基的观点有了变化。首先，他承认马克思和恩格斯有自己的哲学。他说："马克思和恩格斯在发展它们的历史观之前，已经在哲学上达到一种唯物主义的观点了。"[②] 但是，考茨基认为，这种唯物主义是一种方法。这种方法可以概括为两个要求，一个是"并不是事实遵从原理，而是原理必须遵从事实"，另一个是"不要把我们以外的事物一个一个地孤立起来当作不动的、不变的东西来考察，而要从它们的运动变化、生成消灭中，从它们的总联系中来研究它们"[③]。很明显，后者是辩证法的基本原则，前者是把唯物主义方法论化了。考茨基也把这种方法也称为"辩证唯物主义"。既然辩证唯物主义是

---

① 考茨基：《一封关于马克思和马赫的信》，载《国际共运史研究资料》第三辑，人民出版社 1981 年版，第 251—253 页。

② 考茨基：《唯物主义历史观》第一分册，上海人民出版社 1964 年版，第 21 页。

③ 同上书，第 25 页。

一种方法，而不是一种世界观，那么考茨基就仍然可以坚持他的世界观和历史观的二元论以及世界观的多元主义。他说："唯物主义历史观并不是与一种唯物主义哲学结合在一起的。它可以与任何一种使用辩证唯物主义的方法的世界观合得拢，或者至少与它不发生合不拢的矛盾。"① 当然，考茨基补充说，不是任何一种哲学都与唯物史观合得拢。考茨基的这种世界观上的折衷主义显然背离了马克思和恩格斯的哲学观点，但是它对后世的影响是巨大的，第二次世界大战后世界观的多元论成为德国社会民主党在世界观问题上的一个基本原则，并进而成为整个世界民主社会主义运动所奉行的一个基本原则。

考茨基不仅对马克思主义世界观、认识论缺乏研究，而且也不能真正理解马克思主义的辩证法，这不仅是他本人的一个缺陷，而且是第二国际理论家们的一个普遍的缺陷（普列汉诺夫除外）。这种情况是有其客观原因的。考茨基是在 19 世纪 70 年代末 80 年代初接受马克思主义的，他和当时的许多社会主义者一样，不是通过对黑格尔的辩证法的研究，而是从当时的唯物主义和达尔文的进化论出发来接受马克思主义的。而且，19世纪后半叶流行的新康德主义对黑格尔哲学的轻视，也影响了人们对辩证法的研究。在成为马克思主义者之后，考茨基虽然明确地意识到要把马克思的观点和达尔文的观点区别开来，但是他一生都没有摆脱进化论的影响。在辩证法的基本观念上，他仍然是一个达尔文主义的进化论者和机械论者，而不是辩证论者。例如，在《唯物主义历史观》一书中，考茨基不是把否定的否定看成事物自我运动的规律，而是看成事物与外在世界对立的结果。他说："自我的周围世界出来与自我对立，这就是'非我'，就是有机体的否定，就是'反题'。最后的结果，就是对立的克服，就是否定的否定，就是通过顺应而对有机体重新肯定，就是'合题'。"同时，他对恩格斯的本来正确的观点持一种批评的态度，他说："按照恩格斯所描述的讲来，运动和发展不被看做自我和周围世界这两个因素的相互作用，而只被看做个体这一因素的自己运动，而反题也和正题一样是从同一个体中求得。在这里，黑格尔的榜样显然还有强烈的影响。"②

重视唯物主义历史观，这是第二国际理论家们的又一个普遍特征，而

---

① 考茨基：《唯物主义历史观》第一分册，上海人民出版社 1964 年版，第 29 页。
② 同上书，第 141、144 页。

考茨基在阐释、宣传和应用唯物史观方面作出过尤为突出的贡献。他不仅把唯物史观运用于经济和政治问题的分析，而且运用于伦理和宗教的分析，在这些领域提出了一系列马克思主义的观点。他晚年还撰写了《唯物主义历史观》一书，试图对唯物史观做出系统的阐述。这本书篇幅巨大，探讨了唯物史观领域的一系列重要理论问题，在许多观点上有较为深入的分析，在马克思主义哲学发展史中应当有其一席之地。但是，由于不懂辩证法，考茨基对唯物史观的阐释具有浓厚的达尔文主义色彩，因此，也不能对这本书评价过高。关于考茨基对唯物史观的一系列发展及其不足，这里就不一一赘述。

从总体上说，考茨基虽然在阐释和宣传唯物史观方面有其历史功绩，但是他并未真正地推进马克思主义哲学，甚至在有些方面还使这种哲学的水平有所下降。

四　麦克斯·阿德勒的康德化的马克思主义哲学

麦克斯·阿德勒是"奥地利马克思主义"的重要理论家，他在政治观点上比较接近罗莎·卢森堡等第二国际中的"左派"，在哲学观点上则以把马克思主义哲学彻底康德化而著称。

麦克斯·阿德勒在青年时代就接受了考茨基把马克思主义世界观与历史观截然分开的观点，他说："唯物史观并不必然是要同唯物主义携手并进的。因而，唯物主义同社会民主主义之间也完全不存在不可分割的必然联系。唯物主义世界观与唯物主义历史观毫无共同之处。前者是本体论的世界观，是假设。而后者则是同生理学或者化学一样的科学。"① 后来他在《康德和马克思主义》一文中进一步发挥了这一思想。在这篇论文中，麦克斯·阿德勒把真理分成两类，一类是科学真理，一类是哲学真理。科学真理具有时间性，一旦事实的某些方面发生变化，这种真理就会失去效用。哲学真理没有时间性，不管这种真理多么古老，都不会丧失其精神的生命力。麦克斯·阿德勒认为，唯物主义是一种哲学真理，而唯物史观是一种科学真理，所以二者没有必然联系。那么，唯物史观究竟有没有哲学基础呢？按照麦克斯·阿德勒的逻辑，唯物史观不需要本体论的基础，但

---

① 麦克斯·阿德勒：《唯物主义对社会民主主义的意义》，转引自刘佩弦、马健行主编《第二国际若干人物的思想研究》，中国人民大学出版社 1994 年版，第 384 页。

是它作为一门科学需要认识论意义上的哲学基础。康德哲学作为一种认识论旨在为一切科学奠定基础，那么它也自然是唯物史观的哲学基础。

麦克斯·阿德勒把唯物史观康德化是从社会存在与社会意识的关系这一唯物史观的基本问题入手的。麦克斯·阿德勒的出发点是这样一个命题：心理的东西不可能从物理的东西中产生出来。因此，他认为说物质条件对历史过程从而也就是对心理过程产生任何影响的观念是不可思议的。从这一观点出发，麦克斯·阿德勒提出，人是一个社会存在物，而人之所以是一个社会存在物是因为人首先在精神中、意识中社会化了。他认为，认识最初都是表现为个人的自我意识，但是，从认识的本质来说，个人意识要成为可能，必然要同其他的自我相联系。自我意识同众人意识必然的相互联结就是意识的先验社会化。麦克斯·阿德勒进而提出了"社会化意识"这一概念，并把这一概念作为唯物史观的起点。按照他的看法，社会化意识决定了社会存在是一种精神性的存在，这样社会存在决定社会意识在逻辑上才是可能的，成了精神对精神的关系。为了证明自己的观点，麦克斯·阿德勒还引用了马克思《资本论》中的一段话："最蹩脚的建筑师从一开始就比灵巧的蜜蜂高明的地方，是他在用蜂蜡建筑以前，已经在自己的头脑中把它建成了，劳动结束时得到的结果，在这个过程开始时就已经在劳动者的表象中存在着，即已经观念地存在着。"① 马克思这段话的本意是指出人的自觉劳动与动物的本能活动的区别，麦克斯·阿德勒显然是歪曲了马克思。

麦克斯·阿德勒认为，既然社会存在是精神性的存在，那么一切经济关系就是精神性的关系，甚至生产力也是一种精神性的力量。显然，麦克斯·阿德勒是把唯物史观彻底唯心主义化了。麦克斯·阿德勒甚至还认为，马克思和恩格斯之所以使用唯物主义这个术语只是由于历史的原因，为了反对唯灵论才使用的。他还断章取义地引用马克思在《关于费尔巴哈的提纲》中批评旧唯物主义的那段话，认为马克思批评的是一切唯物主义，因为唯物主义只承认客体，没有为人的活动留有余地。

应当指出的是，虽然都是用康德哲学来补充马克思主义，但是麦克斯·阿德勒与 F. 施陶丁格尔、K. 沃伦德尔等有社会主义倾向的新康德主义者是不同的。这些新康德主义者在政治上信奉伦理社会主义，在理论上

---

① 《马克思恩格斯全集》第 1 版，第 23 卷，第 202 页。

主要是用康德的伦理学理论来补充马克思主义。麦克斯·阿德勒不是伦理社会主义者，他承认社会主义的历史必然性，在理论上则主要是用康德的认识论来补充马克思主义。

从总体上看，麦克斯·阿德勒是把马克思主义哲学彻底唯心主义化了。尽管他的思想非常有趣，值得我们进一步挖掘，但是，他的这种理论"创新"在马克思主义哲学史上的意义也许更在于一种警示：如果任意地解释马克思主义哲学，就必然会陷入唯心主义的泥潭。

对伯恩施坦、考茨基和麦克斯·阿德勒哲学观点的考察充分体现了第二国际理论家们关于马克思主义哲学的分歧。这些分歧表明，马克思主义哲学的发展从一开始就充满了争论，从一开始就不是单线的。而且，后来关于马克思主义哲学的论争中出现的许多倾向和苗头，在第二国际时期就已经出现了。也正是在这种理论纷争不断的背景下，才出现了普列汉诺夫对唯物史观的一元论阐释和对马克思主义世界观的重铸。

第四节　俄国马克思主义的起源和发展与普列汉诺夫对恩格斯哲学观念的继承

一　俄国马克思主义的起源和发展（十月革命之前）

俄国马克思主义的起源可以追溯到 Н. Г.（尼·加·）车尔尼雪夫斯基（1828—1889）。他是一个社会主义者，在哲学上信奉费尔巴哈的唯物主义。他也是 19 世纪 60 年代俄国社会主义思潮的精神领袖。车尔尼雪夫斯基提出了一个重要的问题，即俄国是否也像其他欧洲国家一样，注定要经过资本主义的阶段，或者说俄国能否直接进入社会主义。这就是马克思曾经回答过的跨越资本主义"卡夫丁峡谷"的问题。这是一个具有顽强生命力的理论问题，它不仅伴随着 19 世纪上半叶以及以后的俄国马克思主义发展史，而且迄今为止伴随着中国等东方国家探索社会主义道路的整个历史进程。

19 世纪 70 年代，俄国著名的社会主义流派——民粹派得到了迅速的发展。А. И.（亚·伊·）赫尔岑（1812—1870）、М. А.（米·亚·）巴枯宁（1814—1876）和车尔尼雪夫斯基都是民粹派的思想奠基者。而 19 世纪 70 年代则出现了 П. Л.（彼·拉·）拉甫罗夫（1823—1900）、

Ⅱ. Н.（彼·尼·）特卡乔夫（1844—1886）等一大批民粹派知识分子，他们自称"人民之友"。

"人民之友"对车尔尼雪夫斯基提出的问题做出了肯定的回答。他们认为，俄国独有的"农村公社"是农民集体主义的胚胎，它可以使俄国不经过资本主义的阶段而直接进入社会主义。被赫尔岑、巴枯宁以及后来的"人民之友"所顶礼膜拜的农村公社实际上是一种俄国农民共同使用土地的形式，其特点是在实行强制性的统一轮作的前提下，将耕地分给农户使用，森林、牧场则共同使用，不得分割。村社的土地定期重分，农民无权放弃土地和买卖土地。村社内实行连环保的制度。村社管理机构由选举产生。①

民粹派的观点深受一种斯拉夫民族观念的影响。这种观念不仅把平民看成可怜的对象，而且看成一种理想，因为他们忍苦、忍恶、忍难的能力，显示出他们的精神的伟大和刚强。俄国的许多知识分子认定平民是正义和真正的生活方式的捍卫者。Л. Н.（列·尼·）托尔斯泰（1828—1910）和Ф. М.（费·米·）陀思妥耶夫斯基（1821—1881）等许多知识分子认为人民是宗教真理的捍卫者；而民粹派则试图在人民中发现一种社会真理的来源。

"人民之友"掀起了一个"到民间去"的运动。早在1861年，赫尔岑就号召过俄国学生"到民间去"。巴枯宁也曾提出，知识分子要与农民相结合，不是去教他们，而是向他们学习，并推动他们起来革命。② 1876年，民粹派成立了一个政治组织——"土地与自由社"，他们的革命性运动获得了很大的进展。然而，由于"到民间去"的运动并没有取得预期的效果，民粹派开始变得越来越激进。1879年10月，土地与自由社分裂为两派，一派是激进的多数派，名为"民意党"，他们致力于政治斗争，并以恐怖和暗杀为手段；另一派最开始只有22个人，名为"黑色土地平分社"，他们不赞成恐怖的手段，仍然坚持民粹派原来的纲领和策略。这一派的领袖就是普列汉诺夫（时年23岁）。民意党人在1881年刺杀沙皇亚历山大二世之后遭到了疯狂的报复，民意党的主力基本上被摧毁了。在20世纪初，俄国还出现了一种新型的民粹派，名为社会革命党。

---

① 《列宁选集》第1卷注释，人民出版社1995年版，第793页。

② ［奥地利］G. A.（古斯塔夫·安德烈·）威特尔：《辩证唯物主义——苏联哲学之历史的和系统的概观》，商务印书馆1963年版，第80页。

　　普列汉诺夫是俄国马克思主义和俄国社会民主党的奠基人。在1880年逃亡到西欧之后，普列汉诺夫了解了西欧工人运动和马克思主义的发展状况，迅速转向了马克思主义的立场。1883 年，普列汉诺夫与 Л. Г.（列·格·）捷依奇、В. И.（维·伊·）查苏利奇（1849—1919）、П. Б.（帕·波·）阿克雪罗得（1850—1928）等原黑色土地平分社的成员共计五个人在瑞士日内瓦成立了第一个革命的俄国马克思主义（当时的旗帜是社会民主主义）组织"劳动解放社"，当时年龄最大的查苏利奇只有 34 岁、年龄最小的普列汉诺夫只有 27 岁。[①] 在俄国国内，1885 年在圣彼得堡产生了第一个社会民主主义的组织。1895 年，В. И.（弗·伊·）列宁（1870—1922）成功地使二十几个在圣彼得堡活动的社会民主主义组织结合成为"工人阶级解放斗争协会"，同样类型的组织在莫斯科、基辅等其他城市也相继出现。1898 年，各城市的马克思主义组织在明斯克召开了"第一届俄国社会民主工党代表大会"，列宁因为被流放到西伯利亚而没有出席。会议通过了一个由 П. Б.（彼·伯·）司徒卢威（1870—1944）起草的宣言，并选出了一个中央委员会，但是既没有党纲和党章，也没有共同的斗争计划和统一的领导。

　　在这一时期的俄国马克思主义中，出现了一系列的派别和倾向。第一派是一群知识分子，他们自称马克思主义者，但是在观点上却偏离了正统的马克思主义，其主要代表人物是司徒卢威、Н. А.（尼·亚·）别尔嘉耶夫（1874—1948）、С. Н.（谢·尼·）布尔加柯夫（1871—1944）和 М. Н.（米·伊·）杜冈—巴拉诺夫斯基（1865—1919）。因为他们在合法的刊物上发表文章，所以被称为"合法马克思主义者"。另一派是所谓"经济派"，主张工人应当主要致力于罢工等经济斗争，政治斗争则应当由资产阶级来做。列宁领导了反对"经济派"的斗争，后者很快遭到了失败。1903 年召开了"俄国社会民主工党第二届代表大会"，建立了真正的马克思主义的政党，但是党内也出现了布尔什维克和孟什维克两个派别。孟什维克的基本观点是：首先，与民粹派相对立，不承认俄国发展的所谓特殊道路。但是，他们不相信革命连一点资产阶级的来源都没有，因此主张无产阶级与资产阶级联盟，而不是与农民联盟。在土地问题上，主张"地方自治化"，反对布尔什维克的"国有化"。他们尤其反对的是列

---

①　高放、高敬增：《普列汉诺夫评传》，中国人民大学出版社 1985 年版，第 56 页。

宁所主张的民主集中制的建党原则。

布尔什维克和孟什维克的争议使俄国社会民主党的奠基者普列汉诺夫陷入了两难境地。一方面，他在这一时期在基本观点上是接近布尔什维克的；另一方面，查苏利奇、Л. 捷依奇、Л.（尔·）马尔托夫（Ю. О.（尤·奥·）策杰尔包姆的笔名，又名 Н. Т.（纳·土·）马尔托夫（1873—1923）等与他多年出生入死的老战友则持孟什维克的观点。普列汉诺夫这时选择了类似于考茨基的一种立场，那就是调和主义、折衷主义，这使他不可避免地陷入机会主义。从 1903 年发表第一篇机会主义作品《不该这么办》开始，普列汉诺夫在机会主义的泥潭中越陷越深，渐渐远离了俄国马克思主义发展的正途，成为孟什维克的思想领袖。1905年俄国革命后，沙皇政府开始召集成立国会。这时，相当多的孟什维克赞成解散不合法组织，凭借合法方式斗争，这一批人被称为"取消派"。在1912 年俄国社会民主工党布拉格大会上，取消派被开除出党（普列汉诺夫不是取消派），布尔什维克派成为一个独立的政党。

俄国马克思主义发展的思想史不可避免地伴随着布尔什维克与其他派别之间的论战，其中，涉及如何认识马克思主义哲学的重要论战主要有以下几次：

第一场论战是在马克思主义者与民粹派之间展开的。在 19 世纪 90 年代，随着马克思主义在俄国迅速传播，马克思主义者主要从三个方面对民粹派进行了批判：一是批判民粹派在历史学和社会学中的"主观方法"，代之以马克思主义的历史唯物主义，这方面的作品有别尔托夫（普列汉诺夫的笔名）的《论一元历史观之发展》（1895）和列宁的《什么是"人民之友"以及他们如何攻击社会民主主义者》（1894）；二是批判民粹派的英雄史观，代之以历史唯物主义的个人观，这方面的代表作是普列汉诺夫的小册子《论个人在历史上的作用》（1898）；三是批判民粹派关于俄国具有特殊历史命运的观点，论证俄国已经走上了资本主义的发展道路，这方面的代表作是司徒卢威的《俄国经济发展问题评注》（1894）以及后来列宁的著作《俄国资本主义的发展》（1899）。在上述作品中，司徒卢威的《俄国经济发展问题评注》和普列汉诺夫的《论一元历史观之发展》影响最大。

第二场论战是在正统马克思主义者与"合法马克思主义者"之间展开的。"合法马克思主义者"别尔嘉耶夫、布尔加柯夫、司徒卢威等人接受了当时正流行于第二国际的修正主义观点，主张用新康德主义补充马克思主义。他们与正统派之间的论战开始于 1896 年，此后愈来愈激烈。在 1898 年至 1901 年间，普列汉诺夫撰写了一系列批判伯恩施坦、K.（康拉德·）施密特和司徒卢威的文章，不仅驳斥了"合法马克思主义者"，而且成为第二国际中反对伯恩施坦修正主义的先锋。这些文章后来汇编为一本文集——《对我们的批判者的批判》（1903）。普列汉诺夫的学生 Л. И.（柳·伊·）阿克雪罗得（阿尔托多克斯的笔名）（1868—1946）也写了很多批判"合法马克思主义者"文章，后来汇编为文集《哲学论文集》（1906）。"合法马克思主义者"在论战中发展出两种不同的道路，一条是走向科学实在论，另一条是走向宗教唯心主义。后一条道路的代表人物是别尔嘉耶夫和布尔加柯夫，别尔嘉耶夫在 1901 年发表的论文《为唯心主义而斗争》以及布尔加柯夫 1904 年出版的论文集《从马克思主义到唯心主义》就体现了这种心路历程。

俄国 1905 年革命失败后，在知识分子阶层中充斥着一种悲观和颓废的气氛。别尔嘉耶夫和布尔加柯夫等人已经蜕变为彻底的宗教唯心主义者，他们和 Д. С.（德·谢·）梅利日柯夫斯基（1865—1941）等人在圣彼得堡的"宗教哲学社"中积极开展活动，宣扬宗教思想。这些人被称为"寻神派"。与此同时，在俄国社会民主工党内部还出现了所谓的"造神派"，代表人物是 А. В.（阿·瓦·）卢那察尔斯基（1875—1933）、М.（马·）高尔基［А. М.（阿·马·）彼什科夫的笔名］（1868—1936）和 В.（弗·）巴扎罗夫［В. А.（弗·亚·）鲁德涅夫的笔名］（1874—1939）。他们想把马克思主义变成一种宗教信仰，甚至宣称生产力是"圣父"、无产阶级是"圣子"、科学社会主义是"圣灵"。"寻神派"和"造神派"受到了普列汉诺夫和列宁的批判。

第三场论战在很大程度上是俄国社会民主工党内部的哲学争论，是在辩证唯物主义者与马赫主义者之间展开的。马赫主义又称经验批判主义，是 20 世纪初流行于西欧的哲学思潮。该思潮的创立者奥地利物理学家和哲学家 E.（恩斯特·）马赫（1838—1916）的基本观点是：首先，从当时实证主义的反形而上学立场出发，试图取消现象与实在的区别。马赫像贝克莱一样，主张感觉与物自体是同一的。他认为，整个世界，无论是物理对象，还是身体和自我，都是一堆感觉而已。原因、物质、原子等概念，并没有经验的依据，只有作为一种作为实用的假设而出现的符号意义。其次，他还认为，思维的目的在于把握事实中稳定的相互关系，并根据经济原则（即把经验的要素叙述得尽量经济、完全）而支配他们。因为事实处于变化之中，思维的把握只是一种近似。而概念的符号意义，也来自于这种近似。马赫主义的产生有其科学史的背景。19世纪末20世纪初，由于自然科学的一些最新发现推翻了古典力学所描述的世界图景，从而使古典物理学的一系列概念、原理发生动摇，使许多科学知识遭到怀疑。在这种背景下，马赫主义显得很有科学依据，因而有许多追随者。

俄国的马赫主义信徒不仅有公开的反马克思主义者 B. B. （弗·维·）列谢维奇（1837—1905）、B. M. （维·米·）切尔诺夫［Ю. （尤·）加尔德宁］（1873—1952），还有孟什维克的 H. （尼·）瓦连廷诺夫［H. B. （尼·弗·）沃尔斯基的笔名］（1879—1964）、П. C. （帕·索·）尤什凯维奇（1873—1945），布尔什维克的 A. （亚·）波格丹诺夫［A. A. （亚·亚·）马林诺夫斯基的笔名］（1873—1928）、B. 巴扎罗夫、A. B. 卢那察尔斯基等。其中最重要的代表人物是波格丹诺夫。

波格丹诺夫称自己的哲学为"经验一元论"。他认为，马赫哲学未能最终消除心与物的二元论，因此自己的一元论哲学是对马赫主义的发展。波格丹诺夫认为，物理现象和心理现象分别是以不同的组织方式组织起来的经验。物理世界具有客观性和普遍性，这是孤立的个体在融合他们的经验并互相分沽的过程中所取得的结果，换言之，物理现象是在社会的基础上组织起来的经验；心理世界不具有客观性和普遍性，但也不是混乱的，它是在个人的基础上组织起来的经验。这样，物理现象和心理现象只有组织层次上的不同，并无本质上的不同。他还认为，时间、空间、因果性和规律都是组织的形式，客观真理并不存在。而认识的目的不在于解释现实，而在于以经验的混沌的要素为基础，对我们的经验做一种相应的建设，即创造一个世界图案。①

波格丹诺夫后来又进一步提出了一种哲学理论——"组织形态学"。他从马克思《关于费尔巴哈的提纲》的最后一条——"哲学家们只是用

---

① ［奥地利］G. A. 威特尔：《辩证唯物主义——苏联哲学之历史的和系统的概观》，商务印书馆1963年版，第117页。

不同的方式说明世界，而问题在于改变世界"出发，认为以往的哲学是从事静观研究的哲学，而组织形态学不在于"叙述"整个世界，而在于使它变成"过去从来没有过"的组织化的整体。而组织形态学所依据的材料仍然是经验的混沌的要素。波格丹诺夫认为，一切人类的活动，无论是技术的、社会的、认识的、艺术的还是其他领域的，都是一种有组织的活动。人在这些活动中所做的事情不过是把已经存在的要素或者复合体加以统一和分解。这种条理化的过程既是自然界的本质，也是历史的本质，例如经济生产是事物的安排，思维则是观念的安排。他还提出，统摄这种条理化过程的原理是"平衡律"，即任何一种有组织的东西，都处在平衡之中，而这种平衡又是动态的，它不断地被破坏然后又被恢复。波格丹诺夫还认为，平衡律也是辩证法的本质，辩证法不过是一种借对立而进行的组织过程。波格丹诺夫对辩证法的推演不是来自于事物本身所具有的矛盾，而是来自于不同事物之间的对立，这显然和考茨基一样陷入了机械论。波格丹诺夫的组织形态学后来对 H. И.（尼·伊·）布哈林（1888—1938）产生过重要影响。

波格丹诺夫的社会学说也不同于正统的马克思主义。他不是以生产资料所有制，而是以人的组织经验来划分阶级。他认为统治阶级不是那些占有生产资料的人，而是那些能组织生产资料的人。克服阶级差别的方法，也不在于夺取政权，然后把生产资料转入工人阶级手中，而在于对工人阶级进行教育以求把组织经验加以普及化。因此，波格丹诺夫热衷于提高"无产阶级文化"的水平，而不是革命。

俄国 1905 年革命失败后，马赫主义更加流行。在 1908 年，马赫主义者出版了四本系统攻击辩证唯物主义和历史唯物主义的哲学著作。分别是：B. 巴扎罗夫、波格丹诺夫、A. B. 卢那察尔斯基等人的论文集《关于马克思主义哲学的概论》、П. C. 尤什凯维奇的《唯物主义和批判实在论》、Я. A.（雅·亚·）别尔曼（1868—1933）的《从现代认识论来看辩证法》和 H. 瓦连廷诺夫的《马克思主义的哲学体系》。对于马赫主义，普列汉诺夫、列宁、A. M.（阿·莫·）德波林（1881—1963）等人给予了批判，其中最重要的批判性著作无疑是列宁的《唯物主义和经验批判主义》（写于 1908 年，出版于 1909 年）。

二 普列汉诺夫的辩证唯物主义和历史唯物主义

综上所述，无论是在第二国际还是在俄国马克思主义者之中，在哲学领域都出现了纷繁复杂的局面，如何理解马克思主义哲学成为一个突出的理论问题。针对这一状况，普列汉诺夫在马克思主义的世界观、辩证法、认识论和历史观等领域写作了大量的论著，旗帜鲜明地提出马克思主义哲学就是辩证唯物主义。普列汉诺夫不仅是俄国马克思主义哲学理论的奠基人，而且是恩格斯哲学观念的忠实继承者。

首先，普列汉诺夫提出，马克思主义不仅有历史观，而且有自己的世界观，这就是辩证唯物主义。

针对第二国际中普遍流行的把马克思主义哲学仅仅局限在历史观领域的做法，普列汉诺夫反驳道："难道人们的世界观，即人们对整个世界体系的看法，就限于他们对'经济条件'同法律制度和道德宗教观念的关系的看法吗？换句话说，难道历史唯物主义就是整个世界观吗？当然不是！它只是世界观的一个部分。是什么世界观的一个部分呢？嘿，当然是唯物主义的世界观。恩格斯说，他和马克思运用唯物主义来解释历史。事实正是如此。"[1]

那么，怎样规定马克思主义的世界观呢？普列汉诺夫认为，马克思主义的世界观首先是唯物主义的，而判断什么是唯物主义，什么是唯心主义，必须依据恩格斯的哲学基本问题理论所给出的定义。为此，普列汉诺夫详细研究了唯物主义史，把唯物主义的哲学思想谱系上溯到了赫拉克里特、德谟克利特、斯宾诺莎、法国唯物主义者和费尔巴哈。正是在总结唯物主义史的基础上，普列汉诺夫指出："马克思主义是一个完整的世界观。简单说来，这是现代唯物主义，也就是现今发展到最高阶段的世界观，这种世界观的基础早在古希腊就由德谟克利特奠定了，而且一部分是由德谟克利特以前的伊奥尼亚思想家们所奠定的。"[2] 他还进一步指出："马克思和恩格斯的哲学不仅是唯物主义的哲学，而且是辩证的唯物主义

---

[1] 普列汉诺夫：《评弗·吕根纳的一本书》，《普列汉诺夫哲学著作选集》第3卷，生活·读书·新知三联书店1962年版，第337页。

[2] 普列汉诺夫：《马克思主义的基本问题》，生活·读书·新知三联书店1962年版，第134页。

哲学。"① "我们用'辩证唯物主义'这一术语,它是唯一能够正确说明马克思的哲学的术语。霍尔巴赫和爱尔维修是形而上学的唯物主义者。他们曾和形而上学的唯心主义斗争过。他们的唯物主义让位于辩证的唯心主义,而后者则为辩证唯物主义所战胜。"②

应当指出的是,普列汉诺夫对辩证唯物主义世界观这一概念有两种用法,狭义的是指马克思主义哲学,包括自然观、辩证法和认识论,历史观本质上也是它的一个组成部分,这与我们今天的用法大体一致;广义的是指整个马克思主义的理论体系,例如,他曾说:"存在的只是一个'体系'——辩证唯物主义体系,在这个体系中既有政治经济学,也有对历史过程的科学解释,还有许多别的东西。"③ 普列汉诺夫的这种用法虽然不够科学,但他的目的是借此来反对第二国际理论家们肢解马克思主义理论体系的做法,这个目的是合理的。普列汉诺夫认为,不能把马克思主义仅仅理解成经济理论和历史观,也不能把马克思主义与当时资产阶级思想界占统治地位的种种哲学相调和,不仅马克思主义的哲学唯物主义与历史观是不可分割的,而且马克思主义的各个部分之间都是不可分割的。他说:"马克思世界观的多方面是极密切地互相联系着的,因此不能任意地割掉其中的一个方面,而用从另一种截然不同的世界观中随便抓来一些观点来代替。"④

在马克思主义哲学发展史上,"辩证唯物主义"这个术语首先是由约瑟夫·狄慈根提出的,但是狄慈根仅仅把这个术语作为对他本人哲学思想的一种描述。而普列汉诺夫则是把这个术语作为对马克思主义世界观本质特征的一个严格的规定,因此,应当说我们今天所使用的辩证唯物主义概念,是由普列汉诺夫首先提出的。辩证唯物主义世界观这一概念的提出是普列汉诺夫对马克思主义哲学的一个重要贡献,它进一步推进了马克思主义哲学的系统化。

其次,普列汉诺夫进一步系统论述了马克思主义的辩证法理论。恩格

---

① 普列汉诺夫:《恩格斯〈费尔巴哈与德国古典哲学的终结〉一书俄译本第二版的译者序言》,同上书,第79页。

② 普列汉诺夫:《论一元历史观之发展》,《普列汉诺夫哲学著作选集》第1卷,生活·读书·新知三联书店1959年版,第768页注二。

③ 普列汉诺夫:《评安东尼·潘涅库克的一本小册子》,同上书,第106页。

④ 普列汉诺夫:《卡尔·马克思逝世二十五周年》,同上书,第216页。

斯曾把辩证法定义为关于普遍联系的科学，普列汉诺夫在此基础上又进一步把辩证法概括为关于发展的学说。这两个概括后来发展为辩证法的两个基本特征的理论。为了使辩证法与当时流行的庸俗进化论相区别，普列汉诺夫还论述了包括量变和质变两个环节的完整的发展观念。他还指出，辩证法坚持从事物内部发现它自身的否定因素，找出它的自我运动的内在动力，这表明他对辩证法的了解明显高于考茨基之流。而且，为了批判修正主义者对马克思主义辩证法的歪曲，普列汉诺夫又深入论述了唯物辩证法与黑格尔辩证法的本质区别。此外，普列汉诺夫不仅重视客观辩证法，也重视主观辩证法。总之，他的这些研究和论述向建立系统的辩证法理论体系又迈进了一步。不过，普列汉诺夫的辩证法研究也有不足之处，列宁就曾经批评他对辩证法的阐述还不够系统和深入，而且没有抓住对立统一规律这个辩证法的核心。

再次，普列汉诺夫进一步阐发了马克思主义认识论，使马克思主义哲学与康德哲学划清了界限。

第二国际的思想状况表明，不批判康德认识论，就不能坚持和发展辩证唯物主义的认识论。普列汉诺夫首先从哲学基本问题理论出发，认为康德认识论的前提是一种二元论，这突出表现在康德关于现象世界的学说中存在着的两个并列的因素："（1）主观的唯心主义的因素——我们直观的形式或思维、一般认识的形式；（2）实在论的因素——本体给与我们的并受我们的意识加工的那种尚未确定的材料。"① 与此相反，普列汉诺夫认为唯物主义最重要的特征就是排除了精神和物质、神和自然界的二元论。

如何看待自在之物，也是辩证唯物主义和康德认识论的重要分歧。普列汉诺夫认为康德在这个问题上陷入了自相矛盾，他一方面承认自在之物是现象的原因；另一方面又说因果性范畴只在现象范围内有意义，对自在之物不适用。与之相反，唯物主义者则认为一切自在之物都是物质的。那么什么是物质？普列汉诺夫给出了一个定义："我们所说的物质的对象（物体），就是那些不依赖于我们的意识而存在的对象，这些对象在作用于我们的感官时唤起我们一定的感觉，而这些感觉反过来又

---

① 普列汉诺夫：《为恩格斯〈费尔巴哈和德国古典哲学的终结〉一书俄译本第一版所写的注释》，《普列汉诺夫哲学著作选集》第 1 卷，生活·读书·新知三联书店 1959 年版，第 532 页。

成为我们关于外部世界,即关于这些物质对象及它们的相互关系的观念的基础。"① 这个定义是比较科学的,列宁的物质定义显然吸收了这一思想。

另一个问题是,人能否认识自在之物?普列汉诺夫认为康德主张物体属于不可认识的范围,因而陷入了不可知论,而辩证唯物主义坚持可知论。普列汉诺夫承认主体由于自身的某些特性在感知外界事物时表现出相当大的差异,但他认为这并不能推出主体对外部世界的感觉仅有主观意义,而不具有客观的内容。实际上,主体本身也是物质存在物,它们有能力反映自在客观的某些真实情况,不能说主体的感知完全没有客观实在性。另一方面,主体不仅是认识的主体,同时也是实践的主体。恩格斯曾经指出,对于不可知论的驳斥,最有力的莫过于人的实践,即实验和工业。普列汉诺夫进一步发挥了这一思想,认为人在实验和生产中,自在之物已同我们的"自我"发生了因果关系,这样康德关于因果范畴不适用于自在之物的说法就不成立了。而且,在实践中我们至少能够预见自在之物将在我们身上产生的作用,我们起码知道物对我们发生具体作用的那些特点,那么我们就不能说这些物是不可认识的。普列汉诺夫从实践出发来反驳不可知论,对于后来列宁明确将实践范畴引入认识论显然有积极的影响。

还有一个问题是意识和物质如何相似的问题,这是不可知论者向唯物主义者提出的一个难题。普列汉诺夫承认人的感觉和引起感觉的运动不是一个东西,但他认为观念的东西与物质的东西之间又有同一性。他说:"我们关于物的形式和关系的表象不过是像象形文字;但是这些象形文字是准确标记着这些形式和关系的,而这就足够使我们能研究自在之物对我们的作用,而且也使得我们对它们能起作用。我重复地说,如果在客观的关系和它们在我们头脑中的主观反映('翻译')之间没有正确的符合,那末我们的存在本身就变成不可能的。"② 这就是著名的"象形文字论"。"象形文字论"基本上是一个马克思主义的命题,但也有不足之处。列宁

---

① 普列汉诺夫:《战斗唯物主义》,《普列汉诺夫哲学著作选集》第 1 卷,生活·读书·新知三联书店 1959 年版,第 250 页。

② 普列汉诺夫:《再论唯物主义》,《普列汉诺夫哲学著作选集》第 2 卷,生活·读书·新知三联书店 1961 年版,第 503 页。

曾经指出，"象形文字论"是一个带有不可知论成分的概念，因为象形文字在一定程度上离开了它的客观原型。普列汉诺夫后来也认识到这一术语的不妥，于 1905 年公开声明放弃了这一术语。

普列汉诺夫对康德哲学的批判影响深远，后来成了马克思主义对康德哲学的一种权威版本的批判。在批判康德哲学的过程中，普列汉诺夫也发展了马克思主义的认识论。除了"象形文字论"，他在认识论研究方面的不足之处还有：首先，对认识的辩证法不够重视，论述较少。其次，他认为马克思的认识论就是费尔巴哈的认识论，没有划清二者的界限。

同时，普列汉诺夫最重要的理论贡献还在于对历史唯物主义的发展。

普列汉诺夫对唯物史观的第一个突出贡献，就是系统而深入地探讨了这个学说的理论来源，这不仅有助于深化对唯物史观的认识，而且有助于揭示唯物史观创立的革命性意义。

普列汉诺夫还第一次系统论述了地理环境的作用。他把地理环境作为人类社会的自然前提，指出地理环境只是由靠助成生产力的发展来促进历史运动。这一观点是正确的。但是他有时又笼统地说地理环境决定生产力的发展，而生产力的发展决定着社会关系的发展，这表明普列汉诺夫并没有彻底地克服地理环境决定论的影响。

普列汉诺夫还提出了关于社会结构的"五项因素公式"，认为社会结构的五个基本因素是：生产力的状况；被生产力所制约的经济关系；在一定的经济基础上生长起来的社会政治制度；一部分由经济直接所决定的、一部分由生长在经济上的社会政治制度所决定的社会中的人的心理；反映这种心理特性的思想体系。与马克思在《〈政治经济学批判〉序言》中提出的社会结构的经典公式相比，普列汉诺夫的公式是对马克思的公式的进一步的发挥，而且普列汉诺夫引入了一个新的因素——社会心理，这是他的创新之处。普列汉诺夫公式的主要缺陷则在于停留在静态地考察社会结构，没有把社会结构与社会的矛盾运动和社会革命结合起来。

普列汉诺夫的另一个重要贡献是深入阐发了马克思主义的社会意识理论。他把社会意识区分为社会心理和社会的思想体系两个层次，并对社会心理、对社会心理与社会思想体系关系进行了具有开创性的研究。他还发挥了恩格斯晚年的历史辩证法思想，详细探讨了社会存在决定社会意识的复杂性，讨论了社会意识的相对独立性及其对社会存在的反作用，这些都是对社会存在决定社会意识原理的深化。

　　普列汉诺夫还从必然与自由、必然与偶然的历史辩证法出发，论述了个人在历史上的作用以及杰出人物的历史评价问题，这一论述也具有重要的理论意义和开创性。

　　可以说，普列汉诺夫几乎深入研究了历史唯物主义的一切重大问题。而贯穿在普列汉诺夫关于历史唯物主义研究中的基本思想，就是对历史做彻底的唯物主义一元论的解释。这既是为了反对伯恩施坦等人对历史的多元论理解，也是为了贯彻马克思主义世界观与历史观的不可分割的统一性。

　　普列汉诺夫的哲学也有不足之处。除了上面所涉及的一些方面，其主要的不足有以下三点：第一，对辩证法，尤其是认识的辩证法缺乏系统而深入的研究。对此列宁曾指出："1. 普列汉诺夫对康德主义（以及一般不可知论）进行批判，从庸俗唯物主义的观点出发，多于从辩证唯物主义的观点出发，因为他只是肤浅地驳斥他们的议论，而不是纠正（像黑格尔纠正康德那样）这些议论，不是加深、概括、扩大它们，指出一切概念和任何概念的联系和过渡。……2. 马克思主义者们（在 20 世纪初）对康德主义者和休谟主义者进行批判，按照费尔巴哈的方式（和按照毕希纳的方式）多于按照黑格尔的方式。"① 第二，因为对马克思主义辩证法缺乏深入的认识，普列汉诺夫在许多问题上没有划清马克思主义哲学与费尔巴哈哲学之间的界限。第三，基于上述两方面的不足，普列汉诺夫对实践范畴在马克思主义哲学中的地位重视不够，论述较少。

　　综上所述，尽管有一些缺点和不足，但普列汉诺夫在马克思主义哲学发展史上无疑具有重要的地位。其哲学功绩在于：

　　首先，他在第二国际时期的哲学论战中，从马克思主义的立场、观点和方法出发，批判了修正主义者关于马克思主义哲学的种种错误的、明显背离马克思主义的认识，捍卫了马克思主义哲学的基本观点，从而成为第二国际理论家中在哲学领域坚持马克思主义的一面旗帜。

　　其次，他不仅是恩格斯哲学观念的忠实继承者，而且在很多方面发展了这一哲学并将这一哲学进一步系统化，他是从恩格斯哲学到列宁哲学再到苏联的辩证唯物主义和历史唯物主义哲学最终形成这一历史过程的重要一环。

---

　　① 《列宁全集》第 2 版，第 55 卷，第 150 页。

　　再次，普列汉诺夫不是一个体系的开创者，而是一个拨乱反正者。他所重铸的与其说是"辩证唯物主义"这一哲学体系本身，不如说是这个哲学体系的革命性，即它作为无产阶级意识形态的职能。马克思主义哲学的基本精神是科学性和革命性的统一，即它既是科学的世界观，又是无产阶级的哲学意识形态，并且是二者有机的结合。第二国际的修正主义者们在用形形色色的时髦哲学补充马克思主义的时候，恰恰丧失了马克思主义哲学的革命性方面。因此，普列汉诺夫对马克思主义哲学革命性的强调是意义深远的。这一革命性不是表现在词句上，而是表现在普列汉诺夫对马克思主义哲学的一种塑造上。经过他的塑造，马克思主义的"辩证唯物主义"能够更好地作为马克思主义理论的哲学部分，为无产阶级革命服务。这也是列宁最推崇普列汉诺夫哲学之处。而且，从严格意义上说，对马克思主义哲学意识形态性的塑造在马克思和恩格斯的哲学思想之中即是题中应有之义，普列汉诺夫使这一塑造从自发发展到了自觉，而真正使其发扬光大的是列宁。列宁和普列汉诺夫对马克思主义哲学的这种自觉的意识形态化的塑造绝不是偶然的，它是马克思主义的社会主义发展到可以夺取政权的历史阶段和历史时机之后对哲学所必然提出的要求。不过，对于普列汉诺夫和列宁为马克思主义哲学所塑造的这些意识形态方面的特征，还应持具体的、历史的态度，既要看到其历史功绩，又要在坚持其基本原则的前提下看到其发展、变革的可能性。

　　正是由于普列汉诺夫的功绩，恩格斯在其有生之年就对普列汉诺夫给予过很高的评价。在1885年，恩格斯看了普列汉诺夫的《我们的意见分歧》之后，在给查苏利奇的信中写道："我感到自豪的是，在俄国青年中有一派真诚地、无保留地接受了马克思的伟大的经济理论和历史理论，并坚决地同他们前辈的一切无政府主义的和带有一点斯拉夫主义的传统决裂。如果马克思能够多活几年，那他本人也同样会以此自豪的。"[①] 十年之后，即1895年，恩格斯收到了《论一元历史观之发展》一书后，在给普列汉诺夫的信中写道："您争取到这本书在本国出版，这本身无论如何是一次巨大的胜利。"[②] 对于后来普列汉诺夫的机会主义错误，列宁给与了坚决的批判，但是列宁始终肯定普列汉诺夫的理论功绩，列宁在1920

---

① 《马克思恩格斯全集》第1版，第36卷，第301页。
② 《马克思恩格斯全集》第1版，第39卷，第383页。

年的《论工会、目前形势及托洛茨基同志和布哈林同志的错误》中指出:
"我觉得这里应当附带向年轻的党员指出一点:不研究——正是研究——
普列汉诺夫所写的全部哲学著作,就不能成为一个自觉的、真正的共产主
义者,因为这些著作是整个国际马克思主义文献中的优秀作品。"①

　　普列汉诺夫仅仅在哲学领域是一个胜利者,他没有能够跟上列宁主义
的步伐,最终堕落成为一个机会主义者。普列汉诺夫仍然是第二国际的一
个理论家,它与第二国际的其他理论家们虽然在许多理论问题上是不相容
的,但是与他们也有共同的东西。首先,最根本的缺陷是在方法论上理论
和实践的脱离;其次,由于理论上不够彻底,往往走向折衷主义:对思想
自由的推崇不可避免地存在着消极的方面——失去了与修正主义彻底决裂
的勇气,对议会抱有幻想,没有能力对无产阶级革命前夕的历史事件做出
切实的评价;再次,也是最重要的,正是由于在理论和方法论上的不足,
导致了在实践面前,尤其是时代最重大的问题——帝国主义战争和无产阶
级革命面前束手无策。

---

① 《列宁选集》第 4 卷,人民出版社 1995 年版,第 419—420 页。

第 六 章

马克思主义哲学苏联化形态的进一步奠基：
列宁对辩证唯物主义和历史唯物主义的
捍卫和发展（十月革命之前）

随着第二国际的破产和俄国十月革命的胜利，马克思主义发展到了列宁主义阶段。列宁不仅是无产阶级的革命领袖，是伟大的马克思主义政治家、理论家，而且是伟大的马克思主义哲学家。列宁在继承马克思、恩格斯和普列汉诺夫哲学遗产的基础上，把恩格斯和普列汉诺夫开辟的哲学道路进一步推向前进，在哲学观、世界观、辩证法、认识论、历史观等许多问题上创造性地发展了马克思主义哲学。在十月革命之前，列宁对哲学的研究和阐述主要集中在以下几个时期：在 19 世纪 90 年代批判民粹派、"合法马克思主义"和"经济派"的过程中，列宁主要捍卫和发展了历史唯物主义。在第一次俄国革命前后（1903—1914），列宁在批判马赫主义的过程中发展了马克思主义认识论，其代表作就是《唯物主义和经验批判主义》（写于 1908 年，1909 年出版）。这本书也一举确立了辩证唯物主义在马克思主义理论体系中的指导地位。在第一次世界大战期间，列宁获得了难得的闲暇时间来研究理论问题。在 1913—1917 年期间发表的《马克思学说的历史命运》、《马克思主义的三个来源和三个组成部分》、《卡尔·马克思》等一系列论著中，列宁对马克思主义的基本理论做出了总体性的说明，其中对马克思主义的哲学理论也做出了明确的概括。在《哲学笔记》（主要写于 1914 年 9 月至 1916 年 6 月，列宁生前未发表）中，列宁对马克思主义的辩证法理论做了创造性的阐发并进一步发展了马克思主义认识论。在《国家与革命》（1917）及其准备材料中，列宁则捍卫和发展了马克思主义的国家理论和无产阶级专政理论。

第一节　列宁关于哲学观和世界观的基本思想

一　列宁的哲学观

在哲学观即如何看待哲学的问题上，列宁像普列汉诺夫一样捍卫了恩格斯的哲学基本问题理论，同时他又提出了关于哲学的党性原则的著名论断。在《唯物主义和经验批判主义》中，列宁认为，最新的哲学像在两千年前一样，始终是有党性的。哲学的党性有两个层次的含义，第一层含义是指哲学理论的派别性，即在解决哲学问题上有唯物主义和唯心主义两条基本路线、两个基本派别，哲学家们始终被划分为两大阵营。① 第二层含义是指哲学上的派别归根到底反映着不同阶级和集团的利益。就这一层含义而言，列宁早在写于 1894 年底至 1895 年初的《民粹主义的经济内容及其在司徒卢威先生的书中受到的批评》一书中就明确提出哲学具有党性。在《唯物主义和经验批判主义》中，列宁进一步指出："哲学上的党派斗争……归根到底表现着现代社会中敌对阶级的倾向和思想体系。"② 而且，列宁认为党性原则不局限于哲学领域，政治经济学也是有党性的，他说："在现代社会中，政治经济学正像认识论一样，是一门有党性的科学。总的来说，经济学教授们不过是资产阶级手下的有学问的帮办，而哲学教授们不过是神学家手下的有学问的帮办。"③

列宁提出的哲学党性原则是从哲学基本问题理论和历史唯物主义的社会意识形态理论中引申出来的，是对马克思主义哲学观的发展。然而，后来在理解和运用列宁的哲学党性原则的过程中往往存在着一种简单化和教条化的倾向，这是违背列宁哲学的基本精神的。列宁在不早于 1908 年写作的关于 B. M.（弗·米·）舒利亚季科夫的《西欧哲学（从笛卡尔到恩·马赫）对资本主义的辩护》一书的批注（该批注发表于 1937 年，后收入《哲学笔记》）中，批评了 B. M. 舒利亚季科夫对哲学知识做简单化和庸俗社会学的解释，把哲学直接归结为自己的社会经济等价物的做法。列宁指出："整本书就是把唯物主义肆无忌惮地庸俗化的例证。它对各个

---

① 《列宁选集》第 2 卷，人民出版社 1995 年版，第 227 页。
② 同上书，第 240 页。
③ 同上书，第 234—235 页。

时期、各种社会形态、各种意识形态不做具体的分析，只讲关于'组织者'的空话，只做牵强附会、荒唐可笑的对比。……丑化历史上的唯物主义。"① 列宁的这一思想对于我们全面地理解和运用哲学的党性原则是具有指导意义的。

二　列宁关于世界观的基本思想

在世界观问题上，列宁同意普列汉诺夫的观点，认为马克思主义的世界观就是辩证唯物主义。他说："马克思一再把自己的世界观叫做辩证唯物主义，恩格斯的《反杜林论》（马克思读过全部手稿）阐述的也正是这个世界观。"② 列宁也充分肯定了普列汉诺夫的哲学功绩。他指出，在第二国际修正主义思潮泛滥，尤其是在哲学问题上混乱不堪的时候，普列汉诺夫"是从彻底的辩证唯物主义观点批判过修正主义者在这里大肆散播的庸俗不堪的滥调的唯一马克思主义者"③。列宁还从哲学基本问题理论和哲学的党性原则出发，论述了辩证唯物主义与旧唯物主义的批判继承关系。他认为马克思和恩格斯的哲学与历史上的一切唯物主义同属于一个阵营，在唯物主义的最基本的问题上，马克思和恩格斯与一切旧唯物主义没有也不可能有任何差别。④ 同时，列宁引述恩格斯的话，指出旧唯物主义，尤其是 18 世纪法国唯物主义的基本缺陷是：其一，机械性，即仅仅用力学的尺度来衡量化学过程和有机过程；其二，形而上学性，即不懂辩证法；其三，下半截的唯物主义和上半截的唯心主义，即没有把唯物主义贯彻到社会历史领域。列宁认为，马克思和恩格斯创立的辩证唯物主义世界观，克服了旧唯物主义的上述三种缺陷，实现了哲学史上的伟大变革。

不过，列宁也和普列汉诺夫一样对辩证唯物主义世界观概念有狭义和广义两种用法，狭义的是指马克思主义哲学，广义的是指马克思主义的整个理论体系。这两种用法实际上来自于世界观这一概念的两层含义，因为世界观可以指哲学，也可以指一切知识。好在由于列宁对马克思主义的三个组成部分——哲学、政治经济学和科学社会主义的关系做过明确论述，

---

① 《列宁全集》第 2 版，第 55 卷，第 464 页。
② 《列宁全集》第 2 版，第 18 卷，第 258 页。
③ 《列宁选集》第 2 卷，人民出版社 1995 年版，第 3 页。
④ 同上书，第 177 页。

这两种用法也就不再引起歧义。而且，在通常情况下，列宁所说的辩证唯物主义世界观专指马克思主义哲学。

此外，关于辩证唯物主义和历史唯物主义的关系，列宁与普列汉诺夫的观点也是一致的，列宁明确提出历史唯物主义是辩证唯物主义在社会历史领域的推广，在本质上它是辩证唯物主义的一个组成部分。他说："一般唯物主义认为客观真实的存在（物质）不依赖于人类的意识、感觉、经验等等。历史唯物主义认为社会存在不依赖于人类的社会意识。在这两种场合下，意识都不过是存在的反映，至多也只是存在的近似正确的（恰当的、十分确切的）反映。在这个由一块整钢铸成的马克思主义哲学中，决不可去掉任何一个基本前提、任何一个重要部分，不然就会离开客观真理，就会落入资产阶级反动谬论的怀抱。"①

列宁在《唯物主义和经验批判主义》中还论述了马克思主义的物质观，从而为辩证唯物主义世界观奠定了一块基石。列宁提出了著名的物质定义："物质是标志客观实在的哲学范畴，这种客观实在是人通过感觉感知的，它不依赖于我们的感觉而存在，为我们的感觉所复写、摄影、反映"，"物质是作用于我们的感官而引起感觉的东西；物质是我们通过感觉感知的客观实在"②。列宁的物质定义显然继承了普列汉诺夫的思想，他们都是从物质和意识的关系出发来规定物质。对此，列宁曾指出，用形式逻辑的"属＋种差"的方式给物质下定义是不行的，因为物质这样的哲学范畴是广泛已极的概念，本身就是最大的属，只能根据同它对应的概念的相互关系来下定义。同时，列宁对物质范畴还进行了更深入的探讨。首先，列宁认为，要把物质同它的具体形态，同人们在科学上认识到的物质的一定的结构层次和某些具体的特性区别开来。为此，他指出："物质的唯一'特性'就是，它是客观实在，它存在于我们的意识之外"③。其次，列宁认为物质和意识的对立既是绝对的，又是相对的。一方面，在何者是第一性、何者是第二性的问题上，物质和意识的对立是绝对的；另一方面，一旦超出这个范围，物质和意识的对立就是相对的，辩证唯物主义坚持物质一元论，归根到底把意识看作物质的产物。再次，在运动、时

①　《列宁选集》第 2 卷，人民出版社 1995 年版，第 221—222 页。
②　同上书，第 89、107 页。
③　同上书，第 192 页。

空、世界的统一性等问题上，列宁重申了恩格斯的思想，指出物质和运动不可分割，时空是物质存在的客观形式，世界的统一性在于其物质性，等等。

第二节　列宁对马克思主义认识论的贡献

列宁在继承马克思、恩格斯以及普列汉诺夫等人认识论思想的基础上，在《唯物主义和经验批判主义》一书中系统地阐述了马克思主义认识论，并在后来的《哲学笔记》等论著和手稿中进一步发展了这一认识论，其贡献主要体现在以下几个方面：

一　列宁进一步阐发了马克思主义认识论的唯物主义和可知论前提

首先，在《唯物主义和经验批判主义》中，列宁得出了马克思主义认识论的三个重要的结论，这是对马克思主义认识论的基本前提的新概括。

这三个结论是："（1）物是不依赖于我们的意识，不依赖于我们的感觉而在我们之外存在着的。……（2）在现象和自在之物之间绝没有而且也不可能有任何原则的差别。差别仅仅存在于已经认识的东西和尚未认识的东西之间。……（3）在认识论上和在科学的其他一切领域中一样，我们应该辩证的思考，也就是说，不要以为我们的认识是一成不变的，而要去分析怎样从不知到知，怎样从不完全的不确切的知到比较完全比较确切的知。"① 这与其说是三个结论，不如说是马克思主义认识论的三个基本前提和出发点。第一个结论表明马克思主义认识论是以唯物主义世界观为基础的，因而是唯物主义的认识论。第二个结论是重申了马克思主义认识论的可知论立场。第三个结论表明马克思主义认识论同时也是思维的辩证法。马克思主义认识论的这三个基本前提恩格斯都曾经论述过，列宁则把它们更为明确地概括出来，这是对马克思主义认识论的发展。

其次，也是在《唯物主义和经验批判主义》中，列宁把哲学基本问题引入认识论，提出在认识论上同样有唯物主义和唯心主义两条基本路线，这是对马克思主义认识论的唯物主义前提的具体化。

---

① 《列宁选集》第 2 卷，人民出版社 1995 年版，第 77 页。

　　列宁指出："从物到感觉和思想呢，还是从思想和感觉到物？恩格斯坚持第一条路线，即唯物主义的路线。马赫坚持第二条路线，即唯心主义的路线。"① 列宁的这一理论是针对马赫主义提出的，因为马赫主义专门讨论认识论问题，对世界本原问题采取回避的态度。列宁认为，哲学基本问题是任何哲学都不能回避的，但是它在认识论领域应当有其特殊的表现形式。列宁提出的认识论的两条基本路线，实际上是哲学基本问题第一方面在认识论领域特殊的表现形式，因而是辩证唯物主义世界观和认识论相联系的一个纽带。同时，它也是列宁提出的认识论的第一个结论的必然的推论。所以，列宁提出的认识论的两条基本路线的理论对马克思主义哲学的贡献体现在两个方面：第一，它是对哲学基本问题第一方面理论的深化和发展；第二，它把马克思主义认识论的唯物主义前提明确化、具体化了。

　　再次，在《唯物主义和经验批判主义》中，列宁深入分析、批判了不可知论，从而深化了马克思主义的可知论观点。

　　恩格斯在《〈社会主义从空想到科学的发展〉英文版导言》中曾指出，不可知论者讲到事物或事物的特性时，"他实际上所指的并不是这些他也不能确实知道的事物及其特性，而是它们对他的感官所产生的印象而已"②。列宁从恩格斯的这一思想出发，认为不可知论的问题不仅发生在哲学基本问题的第二方面，而且涉及了哲学基本问题的第一方面，因为不可知论者不仅怀疑认识的正确性，而且怀疑能否谈论物本身。列宁说："不可知论者路线的本质是什么呢？就是他不超出感觉，他停留在现象的此岸，不承认在感觉的界限之外有任何'确实的'东西。关于这些物本身（……），我们是根本不能确实知道的，这就是不可知论者的十分肯定的论述。"③ 那么，从哲学基本问题的第一方面看，不可知论是唯物主义还是唯心主义呢？列宁根据恩格斯的论述，认为不可知论是介于唯物主义和唯心主义之间，动摇于唯物主义和唯心主义之间的中间派；或者说不可知论是一种折衷主义，是唯物主义和唯心主义的结合物。列宁指出，不可知论者的折衷主义的比例因人而异，有人唯物主义因素多一些，有人唯心

---

① 《列宁选集》第2卷，人民出版社1995年版，第37页。
② 《马克思恩格斯选集》第3卷，人民出版社1995年版，第702页。
③ 《列宁全集》第2版，第18卷，第106页。

主义因素多一些。①

此外，在后来的《哲学笔记》中，列宁论述了思维与存在相互转化的辩证法，论证了思维和存在的统一性，从而进一步深化了马克思主义的可知论。

第一，列宁认为，思维与存在、物质与意识、主观的东西与客观的东西、观念的东西和实在的东西之间是相互对立的关系，在一定范围内，这种对立是绝对的。然而，超出这个范围，对立面之间可以相互转化和过渡：一方面存在着"从物质到意识的过渡"，即物质变精神；另一方面存在着"观念的东西转化为实在的东西"②，即精神变物质。列宁还强调这个转化、过渡是辩证的，即质的变化、飞跃、渐进过程的中断。

第二，列宁还指出，思维和存在的统一性不仅表现在它们之间能够相互转化，而且表现在它们之间是相互包含的。他说："自然界既是具体的又是抽象的，既是现象又是本质，既是瞬间又是关系。人的概念就其抽象性、分隔性来说是主观的，可是就整体、过程、总和、趋势、来源来说却是客观的。"③ 列宁的这些论述显然是在对黑格尔的思维和存在的同一性学说进行了唯物主义改造的基础上，对思维和存在的统一性的阐发。这种改造与恩格斯在《自然辩证法》中的思路是一致的。列宁所论述的思维和存在的统一性有两个方面的理论意义，一个是世界观方面的意义，即它是对世界的物质统一性的深化；另一个是认识论方面的意义，即它进一步表明了思维和存在之间并没有不可逾越的鸿沟，思维认识存在是完全可能的。

二　列宁进一步揭示了反映论是马克思主义认识论的本质特征

在《唯物主义和经验批判主义》和《哲学笔记》等论著中，列宁坚持和发展了唯物主义的反映论，进一步揭示了反映论是马克思主义认识论的本质特征。

在《唯物主义和经验批判主义》中，列宁多次重申恩格斯的反映论思想，他指出："辩证唯物主义认识论的基础是承认外部世界及其在人脑

---

① 《列宁全集》第 2 版，第 18 卷，第 214 页。
② 《列宁全集》第 2 版，第 55 卷，第 243、97 页。
③ 同上书，第 178 页。

中的反映。"① 后来,列宁又进一步明确提出唯物主义认识论"就是人在认识永恒运动着和变化着的物质方面的唯物主义反映论"。

从列宁在《唯物主义和经验批判主义》中的一系列论述可以看出,列宁所说的唯物主义反映论应当首先包括以下几个方面的内容:第一,承认物质世界的客观存在,即承认列宁所提出的认识论的第一个结论;第二,承认从物到感觉、思想的认识论的唯物主义路线;第三,坚持可知论的立场,即承认列宁所提出的认识论的第二个结论;第四,承认"心理的东西、意识等是物质(即物理的东西)的最高产物,是叫做人脑的这样一块特别复杂的物质的机能"②;第五,承认意识的本质是外部世界的主观映象。在认识活动中意识与外部世界的关系可以用"反映"这个词来表达,也可以用再现、反射、复写、摄影等词来表达,它们都是对意识活动的象征性的、比喻性的描述。

不过,以上几点并不是马克思主义的辩证唯物主义认识论的全部内容,它们只是一切唯物主义的认识论,包括旧唯物主义的直观认识论所共有的东西。从列宁在《唯物主义和经验批判主义》以及后来的《哲学笔记》等论著中的一系列论述中可以看出,辩证唯物主义反映论还应当包括以下内容:第一,把实践引入认识论,承认实践是认识的基础,这也是马克思主义创始人所一贯坚持的;第二,承认人的认识具有能动性;第三,坚持思维的辩证法,也就是承认列宁在《唯物主义和经验批判主义》中所提出的认识论的第三个结论。对此,列宁在《哲学笔记》中曾指出:"形而上学的唯物主义的根本缺陷就是不能把辩证法应用于反映论,应用于认识的过程和发展。"③ 在列宁看来,正是上述几点划清了辩证唯物主义认识论与旧唯物主义的直观认识论的界限,使马克思主义认识论成为辩证的、能动的唯物主义反映论。

列宁不仅揭示了马克思主义反映论的本质特征,而且,在《唯物主义和经验批判主义》中,列宁着重从认识起点问题上来论证反映论,他系统论述了马克思主义关于感觉和经验的理论。

首先,针对马赫主义者关于世界是由感觉构成的观点,列宁分析了感

---

① 《列宁选集》第2卷,人民出版社1995年版,第10页。
② 同上书,第170页。
③ 《列宁全集》第2版,第55卷,第311页。

觉的本质。他指出："感觉是客观地存在于我们之外的自在之物作用于我们的感官的结果"，"感觉是客观世界、即世界自身的主观映象。"① 其次，针对马赫主义者对唯物主义认识论的一个诘难，即他们认为心理体验不能由物理要素即质量和运动构成，因此感觉和物质之间存在着鸿沟，列宁指出，感觉本身不是物质，但它也不是脱离物质而独立存在的，它是物质的一种属性，是人脑这一复杂的物质的机能和产物。再次，针对马赫主义者提出的没有感觉能力的物质（无机物）与有感觉能力的物质（有机物）如何发生联系的问题，列宁认为，尽管当时的科学还不能回答这一问题，但是可以假定在无机物中、在物质大厦本身的基础上，有一种和感觉相似的能力。② 同时，针对马赫主义者夸大感觉在认识中的作用的观点，列宁论述了感觉在认识中的作用，即认为感觉是意识与外部世界的直接联系，是认识的起点。他还指出："唯心主义哲学的诡辩就在于：它把感觉不是看作意识和外部世界的联系，而是看作隔离意识和外部世界的屏障、墙壁；不是看作同感觉相符合的外部现象的映象，而是看作'唯一存在的东西'。"③ 此外，针对马赫主义者侈谈经验这一概念，列宁也论述了经验。他认为，经验和感觉是同一含义的概念，重视经验并不等于唯物主义，判断一种哲学是不是唯物主义不能只看它是否重视经验，而要看它如何处理经验和物质世界的关系。列宁指出："在'经验'这个字眼下，毫无疑问，既可隐藏哲学上的唯物主义路线，也可隐藏唯心主义路线，同样既可隐藏休谟主义路线，也可隐藏康德主义路线"④。

三　列宁论述了实践在认识中的地位和作用

在《唯物主义和经验批判主义》和《哲学笔记》等论著中，列宁重申了马克思和恩格斯把实践引入认识论的观点，进一步论述了实践在认识中的作用，从而揭示了辩证唯物主义反映论的实践基础。

首先，在《唯物主义和经验批判主义》中，列宁重申了马克思和恩格斯把实践引入认识论的思想。列宁对马克思《关于费尔巴哈的提纲》

---

① 《列宁全集》第 2 版，第 18 卷，第 118 页。
② 《列宁选集》第 2 卷，人民出版社 1995 年版，第 41 页。
③ 《列宁全集》第 2 卷，人民出版社 1995 年版，第 47 页。
④ 同上书，第 114 页。

第一条做出了自己的阐释,认为其精神实质包括两个方面:一方面,马克思与一切唯物主义有共同的基本立场,就是"承认我们表象与之'相符合的'我们之外的实在的客体"。换句话说,马克思并没有因为批评旧唯物主义而否定从客体方面理解事物的唯物主义原则,也没有否定直观是认识事物的一种基础性的形式。另一方面,鉴于唯心主义发展了能动力的方面,"马克思认为:应该把这些能动力从唯心主义手中夺过来,也把它们引入唯物主义的体系,但是,当然必须把唯心主义不能承认的那种实在的和感性的特性给与这些能动力"①。换言之,就是要肯定实践对认识的重要作用。列宁认为,从马克思《关于费尔巴哈的提纲》,尤其是其第一条和第二条,以及恩格斯的《费尔巴哈论》可以看出,马克思和恩格斯始终"把实践标准作为唯物主义认识论的基础","生活和实践的观点,应该是认识论的首要的和基本的观点。这种观点必然会导致唯物主义,而把教授的经院哲学的无数臆说一脚踢开"②。

其次,在《唯物主义和经验批判主义》中,列宁认为,与在"经验"问题上一样,重视实践的哲学也不一定是唯物主义的,在实践问题上同样有唯物主义与唯心主义、辩证法与形而上学的对立。第一,对实践标准既可以做主观的解释,也可以做客观的解释,因此存在着唯心主义的和唯物主义的两种实践观。第二,不能形而上学地理解实践,而应当辩证地理解实践。为此,列宁提出了关于实践标准的"确定性"和"不确定性"相统一的观点,他说:"实践标准实质上决不能完全地证实或驳倒人类的任何表象。这个标准也是这样的'不确定',以便不让人的知识变成'绝对',同时它又是这样的确定,以便同唯心主义和不可知论的一切变种进行无情的斗争。"③

再次,在《唯物主义和经验批判主义》中,列宁在讨论实践标准问题时还扩大了实践概念的外延,认为"作为认识论的标准的实践应当也包括天文学上的观察、发现等等的实践"④,即实践不一定都是直接变革客观事物的活动,它还包括在思想指导下,有目的地观察、发现、接触客

---

① 《列宁选集》第2卷,人民出版社1995年版,第80页。

② 同上书,第98、103页。

③ 同上书,第103页。

④ 同上书,第100页。

观事物的活动。

在后来的《哲学笔记》中，通过批判地改造黑格尔的哲学，列宁进一步阐发了认识与实践的辩证关系，这体现在以下几个方面：

首先，列宁对认识与实践关系的深入探讨是在引入了主体和客体这对范畴的基础上进行的。主体和客体是近代哲学，尤其是黑格尔哲学的重要范畴，马克思和恩格斯也把这对范畴引入了自己的理论体系之中。列宁在《哲学笔记》中则把主体和客体看作马克思主义认识论的一对基本范畴，它们与思维和存在这对范畴既有区别，又有联系。列宁认为，认识的客体、对象是客观世界；认识的主体是思维着的人，其本身也是客观世界的一个部分。他说："认识是（理智）为了使无机界受主体支配以及为了概括（在无机界的现象中认识一般）而沉入无机界中的过程……"，"认识是思维对客体的永远的、无止境的接近。"① 同时，列宁在《哲学笔记》中探讨的主客体之间的关系，也不局限于认识，而是涉及了主客体之间的实践关系。列宁通过主体和客体这对范畴把认识和实践联系起来，使认识奠基于实践的基础之上，这和马克思和恩格斯的思路是一致的。

其次，在《哲学笔记》中，列宁论述了在实践活动中主体的能动性和客体对主体的制约性。列宁首先指出实践有两个要素：一个是主观的要求，另一个是使主观的要求变成现实。列宁的这一思想是在批判地改造黑格尔哲学的过程中得出的，他认为，黑格尔在阐述"善"这个范畴时，实际上突破了道德实践的范围，揭示了实践概念的一般内容，即"'善'是'对外部现实性的要求'，这就是说，'善'被理解为人的实践＝要求（1）和外部现实（2）"②。从实践的两个要素出发，列宁进一步指出，主体在实践活动中的能动性体现在三个方面：第一，人的实践活动是有目的的，存在着"善的目的（主观的目的）对现实（"外部现实"）的关系"。第二，主体在实践中能够改造客观世界。"这就是说，世界不会满足人，人决心以自己的行动来改变世界"，"目的活动不是指向自己……而是为了通过消灭外部世界的规定的（方面、特征、现象）来获得具有外部现实形式的实在性……"。第三，列宁指出，在实践活动中，"人的意识不

---

① 《列宁全集》第 2 版，第 55 卷，第 164、165 页。

② 同上书，第 183 页。

仅反映客观世界,并且创造客观世界"①,这个论断充分揭示了人的实践活动的创造性和人的意识的能动性。列宁在阐述主体能动性的同时,也指明了在实践活动中客体对主体的制约性,他说:"如果考察逻辑中主体对客体的关系,那就应当注意具体的主体(= 人的生命)在客观环境中存在的一般前提。"这种制约性也体现在三个方面:第一,"人的目的是客观世界所产生的,是以它为前提的";第二,人的实践活动是受客观规律制约的。即"人在自己的实践活动中面向客观世界,以它为转移,以它来规定自己的活动";第三,人的实践活动如果违背客观规律,就会遇到困难。列宁指出:"'客观世界''走它自己的路',人的实践面对这个客观世界,在'实现'目的时会遇到'困难',甚至会碰到'无法解决的问题'……"②

再次,在深入探讨实践范畴的基础上,列宁论述了认识与实践的辩证关系。第一,列宁通过与黑格尔哲学做比较,进一步指明了把实践引入认识论的重要意义。他说:"在黑格尔那里,在分析认识过程中,实践是一个环节,并且也就是向客观的(在黑格尔看来是'绝对的')真理的过渡。因此,马克思把实践的标准引进认识论时,是直接和黑格尔接近的:见关于费尔巴哈的提纲。"③ 第二,列宁还通过改造黑格尔的思想,论述了实践是认识的基础,这体现在三个方面:其一是实践高于认识,列宁说:"实践高于(理论的)认识,因为它不仅具有普遍性的品格,而且还具有直接现实性的品格。"其二是认识来源于实践,列宁指出,黑格尔把实践纳入逻辑的范畴体系之中,这里有非常深刻的、唯物主义的内容,即"人的实践活动必须亿万次的使人的意识去重复不同的逻辑的式,以便这些式能够获得公理的意义"。其三是实践是检验认识的正确性,即检验真理的标准。列宁认为,黑格尔把目的性范畴看作从客观性到观念的中间环节就接近了实践标准的思想,他说:"精彩:黑格尔通过人的实践的、和目的性的活动,接近于作为概念和客体相一致的'观念',接近于作为真理的观念。紧紧接近于下述这点:人以自己的实践证明自己的观念、概念、知识、科学的客观正确性。"他还指出:"人的和人类的实践是认识

---

① 《列宁全集》第 2 版,第 55 卷,第 186、183、183、182 页。
② 同上书,第 172、159、157、184 页。
③ 同上书,第 181 页。

的客观性的验证、标准。"① 第三，列宁不仅论述了实践是认识的基础，而且论述了认识对于实践的反作用，即实践也离不开认识。他说："人的意志、人的实践，本身之所以会妨碍达到自己的目的……就是由于把自己和认识分隔开来，由于不承认外部现实是真实存在着的东西（是客观真理）。必须把认识和实践结合起来。"②

列宁在《哲学笔记》中对认识和实践的辩证关系的论述具有重要的理论意义：一方面，它论证了实践是辩证唯物主义反映论的唯物主义前提和可知论立场的基础；另一方面，它也表明实践是辩证唯物主义反映论的能动性和辩证性的基础。

四　列宁论述了认识过程中的一系列辩证法

在《哲学笔记》中，列宁论述了认识发展过程中的一系列辩证法，从而进一步说明了辩证唯物主义反映论的辩证性和能动性。

首先，列宁明确提出了认识发展过程中两个阶段的理论，即从感性到理性、从理性到实践这两个阶段。他说："从生动的直观到抽象的思维，并从抽象的思维到实践，这就是认识真理、认识客观实在的辩证途径。"③

关于从感性到理性的发展阶段，列宁指出，第一，认识必须从感觉、经验开始，从感觉、经验上升到理性的一般，因为感性的"表象不能把握整个运动，例如它不能把握秒速为 30 万公里的运动，而思维则把握而且应当把握"。因此，科学的抽象是对认识的深化，"即使是最简单的概括，即使是概念（判断、推理等等）的最初的和最简单的形成，已经意味着人在认识世界的日益深刻的客观联系。"第二，理性一般也离不开感觉、经验，即存在着"概念与经验、感觉的'综合'、总括、总结之间的一致"④。第三，列宁指出了从感性到理性的过渡、转化是辩证的，是中断、飞跃。第四，列宁还指出在从感性到理性的过程中，兴趣、意欲、幻想等非理性因素也发挥作用，"因为即使在最简单的概括中，在最基本的一般观念（一般'桌子'）中，都有一定成分的幻想"⑤。

---

① 《列宁全集》第 2 版，第 55 卷，第 183、160、161、181 页。

② 同上书，第 185 页。

③ 同上书，第 142 页。

④ 同上书，第 197、149—150、245 页。

⑤ 同上书，第 317 页。

关于从理性到实践的发展阶段,列宁在讨论认识和实践的关系时实际上已经做了充分的论述。

列宁还指出,不要把认识过程的两个阶段看成一次完成的,他说:"人的认识不是直线(也就是说,不是沿着直线进行的),而是无限地近似于一串圆圈、近似于螺旋的曲线。"①

其次,列宁论述了概念和范畴的本质以及认识发展过程中现象和本质、逻辑和历史、抽象和具体、分析和综合等一系列辩证法。

第一,关于概念和范畴,列宁首先指出它们的本质是认识发展的阶段性总结,他说:"在人面前是自然现象之网。本能的人,即野蛮人,没有把自己同自然界区分开来。自觉的人则区分开来了,范畴是区分过程中的梯级,即认识世界的过程中的梯级,是帮助我们认识和掌握自然现象之网的网上纽结。"②列宁还指出,概念和范畴不是凝固的和僵死的,而是流动的,即随着"人的思想由现象到本质,由所谓初级本质到二级本质,不断深化,以至无穷"③,存在着由较浅层次的概念和范畴到更深层次的概念和范畴的演进过程。同时,列宁也指出,概念和范畴的流动不是单向的,而是"相互过渡的,往返流动的"④,这样,每一个概念和范畴都与其他的概念和范畴处在一定的联系之中。

第二,从列宁的上述论述中可以看出,他把认识由现象到本质的深化过程与概念和范畴的流动和过渡联系在一起。列宁认为这两个方面都是辩证法的重要内容,因此,他把这两个方面列入了辩证法要素的十六条之中,分别是:"(11)人对事物、现象、过程等等的认识深化的无限过程,从现象到本质、从不甚深刻的本质到更深刻的本质。……(12)从并存到因果性以及从联系和相互依存的一个形式到另一个更深刻更一般的形式。"⑤ 其中第 12 条讲的就是概念和范畴的演进过程。

第三,在讨论概念和范畴的演进过程时,列宁还论述了逻辑和历史的关系。黑格尔在自己的逻辑学中,把概念和范畴的逻辑发展与全部哲学史相联系,列宁对这一思想给与了肯定,即肯定了逻辑范畴的发展次序与认

① 《列宁全集》第 2 版,第 55 卷,第 311 页。
② 同上书,第 78 页。
③ 同上书,第 213 页。
④ 同上。
⑤ 同上书,第 191 页。

识史的发展过程的一致性。不过,列宁认为这种一致性不是像黑格尔哲学那样建立在唯心主义基础上的直接的同一性,而是建立在唯物主义基础上的统一性。列宁说:"这里有一个非常深刻、正确、实质上是唯物主义的思想(现实的历史是意识所追随的基础、根据、存在)。"①

第四,列宁还论述了认识中抽象和具体的辩证法。列宁首先肯定了认识中抽象的必要性,他说:"认识是人对自然界的反映。但是,这并不是简单的、直接的、完整的反映,而是一系列的抽象过程,即概念、规律等等的构成、形成过程","如果不把不间断的东西割断,不使活生生的东西简单化、粗陋化,不加以划分,不使之僵化,那么我们就不能想象、表达、测量、描述运动。思想对运动的描述,总是粗陋化、僵化"②。另一方面,列宁也肯定了从抽象到具体的必然性,即存在着从抽象的普遍到"自身体现着特殊的、个体的、个别的东西的全部丰富性的这种普遍"③的过渡。这是对马克思在《〈政治经济学批判〉导言》中提出的从抽象到具体的方法的进一步发挥。

第五,列宁非常重视分析和综合这对范畴。在黑格尔的逻辑学中,"绝对认识"的方法既是分析的,又是综合的,即一方面要从事物的普遍性去考察,另一方面也不要脱离事物的整体,陷入枝节、实例和对比之中。列宁肯定了这一思想,认为分析和综合的结合是辩证的认识方法的一个本质特征,并把它们列入了辩证法要素的十六条之中,即"(7)分析和综合的结合,——各个部分的分解和所有这些部分的总和、总计"④。

再次,列宁在论述思维辩证法的过程中,还揭示了唯心主义的社会根源和认识论根源。列宁指出,在认识的近似于螺旋曲线发展的过程中,这一曲线的任何一个片断、碎片、小段都能被片面地变成独立的完整的直线,这条直线能把人们引到唯心主义的泥坑中去。他说:"从辩证唯物主义的观点来看,哲学唯心主义是把认识的某一特征、某一方面、某一侧面,片面地、夸大地、überschwengliches(狄慈根)发展(膨胀、扩大)为脱离了物质、脱离了自然的、神化了的绝对",这就是唯心主义的认识

① 《列宁全集》第2版,第55卷,第224页。
② 同上书,第152、219页。
③ 同上书,第83页。
④ 同上书,第191页。

论根源。同时，这种片面性一旦形成，统治阶级的阶级利益就会把它巩固起来，这就是唯心主义的社会根源。列宁还指出，我们要全面地评价唯心主义，"它不是没有根基的，它无疑是一朵无实花，然而却是生长在活生生的、结果实的、真实的、强大的、全能的、客观的、绝对的人类认识这棵活树上的一朵无实花"①。

五　列宁系统地发展了马克思主义的真理观

真理观是辩证唯物主义反映论的重要内容，列宁的相关论述主要有以下几个方面：

首先，在《唯物主义和经验批判主义》中，列宁主张真理问题上的唯物论，即承认客观真理，反对否认客观真理的唯心主义真理观。他指出，真理观上的首要问题是："有没有客观真理？就是说，在人的表象中能否有不依赖于主体、不依赖于人、不依赖于人类的内容？"②唯物主义坚持"从物到感觉和思想"的认识路线，因而肯定客观真理；唯心主义坚持"从感觉和思想到物"的认识路线，不管是主观唯心主义，还是客观唯心主义，实际上都主张主观真理，否认客观真理。

其次，在《唯物主义和经验批判主义》中，列宁也主张真理问题上的辩证法，即承认真理的绝对性和相对性的统一，反对真理问题上的绝对主义和相对主义。第一，列宁指出："如果有客观真理，那么表现客观真理的人的表象能否立即地、完全地、无条件地、绝对地表现它，或者只能近似地、相对地表现它？这第二个问题是关于绝对真理和相对真理的关系问题。"③列宁认为，马克思主义当然承认绝对真理，因为只要承认客观真理，"也就是这样或那样地承认绝对真理"④。第二，针对马赫主义者对恩格斯的批评，列宁一方面捍卫了恩格斯在《反杜林论》中关于绝对真理和相对真理、真理和谬误的辩证法，另一方面着重论证了真理的绝对性，他说："绝对真理是由发展中的相对真理的总和构成的；相对真理是不依赖于人类而存在的客体的相对正确的反映；这些反映愈来愈正确；每

① 《列宁全集》第2版，第55卷，第311页。
② 《列宁选集》第2卷，人民出版社1995年版，第81—82页。
③ 同上书，第82页。
④ 同上书，第92页。

一个科学真理尽管有相对性,其中都含有绝对真理的成分。"① 第三,列宁还进一步提出,把真理观上的辩证法贯彻到底,就要承认绝对真理和相对真理的区分既是确定的,又是不确定的。他说:"这种区分正是这样'不确定',以便阻止科学变为恶劣的教条,变为某种僵死的凝固不变的东西;但同时他又是这样的'确定',以便最坚决果断地同信仰主义和不可知论划清界限,同哲学唯心主义以及休谟和康德的信徒们的诡辩划清界限。"② 第四,列宁还指出在真理观上坚持辩证法必须与相对主义划清界限。他说:"把相对主义作为认识论的基础,就必然使自己不是陷入绝对怀疑论、不可知论和诡辩,就是陷入主观主义。作为认识论基础的相对主义,不仅承认我们知识的相对性,并且还否定任何为我们的相对认识所逐渐接近的、不依赖于人类而存在的、客观的准绳或模特儿。"③

再次,在《哲学笔记》中,列宁除了论述实践是检验真理的标准,还提出了真理的全面性和过程性的思想,这是对"真理是具体的"这一思想的一个发挥。列宁指出,认识不是一次完成的,我们在某一个概念、范畴和规律中所达到的理性的一般,从历时性的角度看,只是认识具体事物的一个阶段;从共时性的角度看,只是认识了具体事物的一个片断,而"一般概念、规律等等的无限总和才提供完全的具体事物"。因此,真理是一个过程,"不应当设想真理是僵死的静止,是暗淡的(灰暗的)、没有冲动、没有运动的简单图画(形象)";同时真理又是全面的,"真理是由现象、现实的一切方面的总和以及它们的(相互)关系构成的"④。这就从共时性和历时性这两个角度说明了真理的具体性。

六　在《唯物主义和经验批判主义》中,列宁还对 19 世纪末 20 世纪初的物理学新发现进行了哲学总结

19 世纪末 20 世纪初,物理学上有一系列革命性的重大发现,新的实验事实与原来的科学理论发生矛盾,极大地冲击了以牛顿力学为基础的机械论自然观,使物理学和哲学都陷入了"危机"和争论之中。

① 《列宁选集》第 2 卷,人民出版社 1995 年版,第 212 页。

② 同上书,第 96 页。

③ 同上书,第 96—97 页。

④ 《列宁全集》第 2 版,第 55 卷,第 239、164、166 页。

　　对此，列宁首先揭示了这一系列物理学新发现的实质及其哲学影响。他认为，物理学的新发现不是消极的"危机"，而是一场自然科学革命；它在哲学领域的影响也不是什么"新物理学驳倒了唯物主义"，而是"现代物理学是在临产中，它正在生产辩证唯物主义"①。其次，列宁指明了物理学新发现所引起的一系列哲学争论的实质。他认为，因物理学的新发现而产生的不同哲学观点的分歧集中在认识同物理世界的关系问题上，其实质在于是否承认物理世界的客观实在性，是否承认科学理论是对客观实在的反映，这一分歧是哲学上两条基本路线、两个基本派别对立的继续和表现。再次，列宁还从辩证唯物主义出发，对物理学的一系列新发现分别做出了哲学概括，纠正了旧唯物主义的机械的、形而上学的观念，驳斥了唯心主义。同时，列宁还分析了"物理学唯心主义"的认识论根源，认为其来自两个方面：一方面是物理学的数学化，它使物理学中客观的、实在的要素消失了，只剩下微分方程式所表示的形式关系；另一方面"是相对主义的原理，即我们知识的相对性原理。这个原理在旧理论急剧崩溃的时期以特殊力量强使物理学家接受；在不懂得辩证法的情况下，这个原理必然导致唯心主义"②。此外，列宁总结了物理学的新发现导致物理学和哲学陷入"危机"的教训，指出必须加强辩证唯物主义和自然科学的联系。

　　以上这些方面的考察表明，列宁极大地推进了马克思主义的认识论，并且已经提供了一个比较完备的马克思主义的认识论体系，后来苏联的辩证唯物主义和历史唯物主义体系中的认识论部分正是以列宁的体系为基础的。

第三节　列宁对唯物辩证法的贡献

　　列宁不仅系统阐述了马克思主义认识论，也系统论述了马克思主义的唯物辩证法。在1914年前后，列宁开始集中精力研究辩证法问题。促成列宁研究辩证法的原因是多方面的。首先，俄国马赫主义的代表人物波格丹诺夫在1910—1914年又提出了一系列新理论，其中的重要一点就是以

---

① 《列宁选集》第2卷，人民出版社1995年版，第216页。
② 同上书，第211页。

"平衡论"代替马克思主义的辩证法。其次，列宁通过总结与第二国际修正主义思潮在哲学领域斗争的经验和教训，认识到只有运用唯物辩证法这一思想武器才能有力地驳斥哲学上的修正主义。不过，最重要的原因还是列宁通过进一步研究马克思主义的基本理论，更加充分地认识到了辩证法在马克思主义理论体系中的重要性。尤其是 1913 年 9 月《马克思恩格斯通信集》在德国斯图加特出版之后，列宁在研读这本书的过程中得到了很多启示。他指出，辩证法是整个通信集的焦点，应当对其进行系统的研究和论述。同时，列宁也找到了研习辩证法的途径和方法，那就是研读黑格尔的《逻辑学》，因为正如恩格斯所指出的，黑格尔的《逻辑学》是辩证法理论的"真正的宝藏"①。

在 1914 年 9 月至 1915 年期间，列宁研读了黑格尔的《逻辑学》、《哲学史讲演录》、《历史哲学讲演录》，阅读了费尔巴哈的《对莱布尼茨哲学的叙述、分析和批判》、亚里士多德的《形而上学》、F.（斐·）拉萨尔（1825—1864）的《爱非斯的晦涩哲人赫拉克利特的哲学》以及其他一些评论黑格尔哲学和研究自然科学中哲学问题的著作，并做了八本哲学笔记。笔记中除了大量的摘要和评语，还包括了《辩证法的要素》、《黑格尔辩证法（逻辑学）的纲要》、《认识论和辩证法应当从中形成的知识领域》、《谈谈辩证法问题》等纲要、短文和札记。这八本笔记加上以前少量的哲学笔记和读书批注，构成了我们今天看到的《哲学笔记》的内容。尽管《哲学笔记》主要是一些摘要和思想札记，而且除了《谈谈辩证法问题》等短文，《哲学笔记》的主体部分在列宁生前并没有发表，但是在《哲学笔记》中蕴含着丰富而深刻的哲学思想，体现了列宁对马克思主义的辩证法和认识论的新发展。

从《哲学笔记》以及列宁的其他一些论著来看，列宁对唯物辩证法的发展主要体现在以下几个方面：

一　在完成于 1914 年 11 月的《卡尔·马克思》一文中，列宁把辩证法概括为"最全面、最富有内容、最深刻的发展学说"

《卡尔·马克思（传略和马克思主义概述）》一文是列宁为著名的《格拉纳特百科词典》撰写的一个词条，后来作为小册子单独出版。在

---

① 《列宁全集》第 2 版，第 58 卷，第 163 页。

《卡尔·马克思》中，列宁概述了马克思主义的理论体系，其中关于辩证法的一节是列宁概述辩证法的最初的纲要。

把辩证法概括为关于发展的学说，这一思想首先是由普列汉诺夫明确提出的。列宁继承和发展了这一思想。在 1910 年 12 月的《论马克思主义历史发展中的几个特点》一文中，列宁提出辩证法是"关于包罗万象和充满矛盾的历史发展的学说"①。在 1913 年 3 月的《马克思主义的三个来源和三个组成部分》中，列宁又提出辩证法是"最完备深刻而无片面性弊病的关于发展的学说"②。在《卡尔·马克思》中，列宁进一步把辩证法概括为"最全面、最富有内容、最深刻的发展学说"③，比起普列汉诺夫的表述，列宁的这一概括更加明确、更加彻底。

在《卡尔·马克思》中，列宁还总结了辩证法作为发展学说的六个方面的内容，他说："发展似乎是在重复以往的阶段，但它是以另一种方式重复，是在更高的基础上重复（'否定的否定'）；发展是按所谓螺旋式，而不是按直线式进行的；发展是飞跃式的、剧变式的、革命的；渐进过程的中断；量转化为质；发展的内因来自对某一物体、或在某一现象范围内或某一社会内发生作用的各种力量和趋势的矛盾或冲突；每种现象的一切方面（而且历史在不断地揭示出新的方面）相互依存，极其密切而不可分割地联系在一起，这种联系形成统一的、有规律的世界运动过程，——这就是辩证法这一内容更丰富的（与通常的相比）发展学说的若干特征。"④ 列宁在这里对辩证法的概述有以下几个特点：首先，这一概述是从辩证法作为发展观的角度出发的；其次，针对当时流行的庸俗进化论把发展仅仅看成渐进的这一观点，列宁强调了发展的飞跃性，在上述关于辩证法的六个方面的内容中，有三个方面谈的是这一问题。再次，针对当时把辩证法简单化为所谓的"三分法"的错误认识，列宁强调了辩证法内容的全面性和丰富性。此外，在《卡尔·马克思》中，针对当时的一些马克思主义者不重视认识的辩证法的倾向，列宁还强调了辩证法也包括认识论。

①　《列宁选集》第 2 卷，人民出版社 1995 年版，第 278 页。

②　同上书，第 310 页。

③　同上书，第 421 页。

④　同上书，第 423 页。

列宁在《卡尔·马克思》中对辩证法的概述完成于他集中精力研究辩证法问题的起始阶段，这个概述只是初步的、简略的；不过，列宁从发展学说的角度阐述辩证法的基本内容是有理论价值的，尤其是从发展学说的角度对辩证法的概括是准确而深刻的，至今仍然是马克思主义关于辩证法的经典表述。

二　在《哲学笔记》中，列宁明确提出了唯物主义的辩证法、认识论和逻辑学相同一的思想，这是对唯物辩证法的进一步的科学定位

辩证法、认识论和逻辑学相同一的思想来自于黑格尔，不过在黑格尔那里，这种同一是建立在客观唯心主义的基础上的。黑格尔把绝对精神看作世界的本原，因此在黑格尔的哲学中，概念、范畴的运动首先是一种逻辑学；其次，概念、范畴的运动作为绝对精神的自我运动又是客观世界的辩证法，客观辩证法与主观辩证法是直接同一的；同时，概念、范畴的运动作为绝对精神的自我认识又是认识论。列宁批判地吸收了黑格尔的思想，主张在唯物主义基础上的辩证法、认识论和逻辑学的同一，他说："在《资本论》中，唯物主义的逻辑、辩证法和认识论〔不必要三个词：它们是同一个东西〕都应用于一门科学，这种唯物主义从黑格尔那里吸取了全部有价值的东西并发展了这些有价值的东西。"①

理解列宁的上述思想，必须结合恩格斯关于主观辩证法和客观辩证法的辩证关系的论述。恩格斯讨论主观辩证法和客观辩证法的关系实际上是为了对马克思主义的唯物辩证法做出科学定位，即唯物辩证法作为一种理论在形式上是主观的，在内容上是客观的。列宁关于辩证法、认识论和逻辑学相同一的思想是在恩格斯的基础上对唯物辩证法进一步做出的科学的定位。即首先，唯物辩证法在形式上是主观的，表现为概念自身运动的规律，表现为逻辑学；其次，唯物辩证法在内容上是客观的，是客观世界运动的规律——客观辩证法的反映；再次，唯物辩证法是对客观世界的认识规律的总结，是思想史的概括，因而它同时也是马克思主义认识论。列宁对唯物辩证法的这一定位显然是对恩格斯思想的深化和发展。

列宁在批判地改造黑格尔哲学的过程中论证了唯物主义的辩证法、认识论和逻辑学的同一性。首先，在黑格尔那里，主观辩证法和客观辩证法

①　《列宁全集》第 2 版，第 55 卷，第 290 页。

是直接同一的,而在恩格斯和列宁看来,主观辩证法和客观辩证法不是直接的同一,而是本质上的同一,即主观辩证法是客观辩证法的反映。其次,在黑格尔那里,认识论和逻辑学也是直接同一的。列宁则认为,这仅仅表明黑格尔猜测到了作为主观辩证法的逻辑学是人类"思想史的精华"或者说"思想史的结果和总结"①。在列宁看来,辩证法同时也是认识论,但是辩证法和认识论的同一性在黑格尔哲学中和在马克思主义哲学中的表现形式是不同的。在黑格尔哲学中辩证法直接就是认识论;而在马克思主义哲学中,辩证法和认识论的同一有两个方面的涵义:第一,它只能被唯物主义地理解为辩证法是认识史的总结;第二,它要求把辩证法运用于认识论。在《谈谈辩证法问题》中,列宁指出:"辩证法本来是人类的全部认识所固有的。……辩证法也就是(黑格尔和)马克思主义的认识论:正是问题的这一'方面'(这不是问题的一个'方面',而是问题的实质)普列汉诺夫没有注意到,至于其他的马克思主义者就更不用说了。"②

从辩证法是认识史的总结这一观点出发,列宁还提出了一个研究计划,即研究"整个认识的历史",或者说"全部知识领域"。包括哲学的历史、各门科学的历史、儿童智力发展史、动物智力发展史、语言的历史,以及心理学、生理学。列宁指出,这些就是认识论和辩证法应当从中形成的知识领域,希腊哲学已经涉及所有这些部分。③ 在列宁看来,全面地、全方位地研究认识史,显然是深入理解和进一步发展辩证法理论的有效途径。

三 在《哲学笔记》中,列宁提出了辩证法要素的十六条,从而勾勒出了一个辩证法理论体系的雏形

在《哲学笔记》中,当列宁看到黑格尔关于"辩证法的环节"的论述时受到启发,认为黑格尔的论述是不明确的,从唯物主义的观点看,"辩证法的要素"应当大致包括以下三个方面:

(1)来自概念自身的概念的规定〔应当从事物的关系和事物的

① 《列宁全集》第2版,第55卷,第146页。
② 同上书,第308页。
③ 同上书,第302页。

发展去考察事物本身〕；

　　（2）事物本身中的矛盾性（自己的他物），一切现象中的矛盾的力量和倾向；

　　（3）分析和综合的结合。

　　接着，列宁又进一步把这三个方面详细地表述为辩证法要素的十六条。根据这十六条之间的逻辑关系，可以把它们划分为两个部分。第一部分是第一条至第七条：

　　（1）考察的客观性（不是实例，不是枝节之论，而是自在之物本身）。

　　（2）这个事物对其他事物的多种多样的关系的全部总和。

　　（3）这个事物（或现象）的发展、它自身的运动、它自身的生命。

　　（4）这个事物中的内在矛盾的倾向（和方面）。

　　（5）事物（现象等等）是对立面的总和与统一。

　　（6）这些对立面、矛盾的趋向等等的斗争或展开。

　　（7）分析和综合的结合，——各个部分的分解和所有这些部分的总和、总计。

　　这七条是列宁最开始论述的辩证法要素的三个方面的扩展。其中第一、二、三条是第一方面的展开和补充，分别讨论了辩证法的唯物主义的前提——客观性和唯物辩证法的联系的原则和发展的原则；第四、五、六条是第二方面的展开，讨论的是对立面的统一；第七条是第三方面的展开，即分析和综合相结合的辩证的认识方法。接着，列宁在手稿中写下了一段小结："可以把辩证法简要地规定为关于对立面的统一的学说。这样就会抓住辩证法的核心，可是这需要说明和发挥"，强调了对立面的统一这一方面的重要性。随后，列宁又写下了辩证法要素的第八条至第十六条：

　　（8）每个事物（现象等等）的关系不仅是多种多样的，并且是一般的、普遍的。每个事物（现象、过程等等）是和其他的每个事物联系着的。

（9）不仅是对立面的统一，而且是每个规定、质、特征、方面、特性向每个他者［向自己的对立面］的过渡。

（10）揭示新的方面、关系等等的无限过程。

（11）人对事物、现象、过程等等的认识深化的无限过程，从现象到本质、从不甚深刻的本质到更深刻的本质；

（12）从并存到因果性以及从联系和相互依存的一个形式到另一个更深刻更一般的形式。

（13）在高级阶段重复低级阶段的某些特征、特性等等，并且

（14）仿佛是向旧东西的复归（否定的否定）。

（15）内容对形式以及形式对内容的斗争。抛弃形式、改造内容。

（16）从量到质和从质到量的过渡。（15 和 16 是 9 的实例）。①

第八至十六条显然是对前七条的扩展。其中第八条补充了第二条，讨论的还是辩证法的联系的原则。第九条是对第四、五、六条的补充，继续讨论对立面的统一。第十、十一、十二条讨论的是认识的辩证法，可以看作是对第七条的扩展。第十三条至十六条分别讨论了否定的否定、内容和形式以及质和量的相互过渡，这都是辩证法的重要规律和范畴。

列宁上述关于辩证法要素的论述尽管只是一个思想札记，而且它并没有涉及辩证法的所有的重要范畴，有些提法也有待于进一步的概括和完善，但是其理论价值是不容低估的。首先，它揭示了唯物辩证法的一系列基本原则和主要内容；其次，它从辩证法和认识论的统一性出发，强调认识的辩证法也是唯物辩证法的重要内容；再次，它把对立面的统一作为辩证法的核心，并以此来揭示辩证法的规律和范畴之间的联系。所以，列宁关于辩证法要素的论述实际上已勾勒出了一个辩证法理论体系的雏形，这是对马克思主义辩证法理论进行系统化的一个重要尝试。

---

① 《列宁全集》第 2 版，第 55 卷，第 190—192 页。

　　四　在《哲学笔记》中，列宁提出对立面的统一是辩证法的核心和实质，这是对辩证法理论的重要发展

　　列宁在讨论辩证法的要素时就把对立面的统一看作辩证法的核心。在稍后写作的《谈谈辩证法问题》中，列宁对这一观点做了进一步的发挥，他指出："统一物之分为两个部分以及对它的矛盾着的部分的认识（……），是辩证法的实质（是辩证法的'本质'之一，是它的基本的特点和特征之一，甚至可说是它的基本的特点或特征）。"①

　　恩格斯在《自然辩证法》中把对立的相互渗透作为辩证法的三个基本规律之一，并指出这一规律揭示了客观世界的矛盾的普遍性。列宁则把这一规律进一步表述为对立面的统一，并具体论述了其基本内涵。

　　列宁指出，对立面的统一"就是承认（发现）自然界的（也包括精神的和社会的）一切现象和过程具有矛盾着的、相互排斥的、对立的倾向"。这就是说，对立面的统一首先意味着矛盾的普遍性，意味着对立面之间的相互排斥和斗争。

　　其次，列宁指出，对立面之间又是统一的，这表现在对立面之间是同一的、统一的，它们构成一个总和，而且可以相互转化。第一，"对立面（……）是同一的"，它们相互联系而存在；第二，列宁认为，用"统一"这个说法更正确些，虽然同一和统一这两个术语的差别在这里并不重要，"在一定意义上二者都是正确的"；第三，在辩证法要素的第五条中，列宁提到了辩证法的总和与统一；第四，在辩证法要素的第九条中，列宁指出可以向自身的对立面过渡。

　　再次，除了论述对立面的斗争和统一，列宁还指出："对立面的统一（一致、统一、均势）是有条件的、暂时的、易逝的、相对的。相互排斥的对立面的斗争是绝对的，正如发展、运动是绝对的一样。"② 这一观点也是列宁对马克思主义辩证法的发展。

　　为什么说对立面的统一是辩证法的核心和实质？列宁认为，首先，对立面的统一是事物运动的动力。列宁肯定了黑格尔的思想——矛盾"是一切运动和生命力的根源；某物只因为在本身中包含着矛盾才运动，才有

――――――――――

① 《列宁全集》第 2 版，第 55 卷，第 305 页。
② 同上书，第 306—307 页。

冲动和活动"①，因此，列宁指出："要认识在'自己运动'中、自生发展中和蓬勃生活中的世界一切过程，就要把这些过程当作对立面的统一来认识。"② 其次，是否承认对立统一是区分两种发展观的关键。列宁指出有两种发展观，第一种认为发展是减少和增加，是重复；第二种认为发展是对立面的统一。第一种观点是僵死的、平庸的、枯燥的。只有第二种观点才能提供理解事物"自己运动"的钥匙，才能提供理解"飞跃"、"渐进过程的中断"、"向对立面的转化"、旧东西的消灭和新东西的产生的钥匙。③ 再次，对立面的统一也是理解辩证法的其他规律和范畴的一把钥匙。在《辩证法的要素》中，列宁把内容和形式之间的斗争、从量到质和从质到量的过渡看作对立面之间相互过渡的实例。关于否定的否定规律，列宁也把它的本质看作对立面的统一。列宁指出，作为联系环节、发展环节的辩证的否定不是单纯的否定，而是保持着肯定的东西。"对于'第二个'否定的论点，'辩证的环节'则要求指出'统一'，也就是指出否定和肯定的联系，指出这个肯定存在于否定之中。"④

列宁关于对立面的统一是辩证法的核心和实质的观点是对辩证法理论的重要发展。在黑格尔的辩证法理论体系中，否定的否定是最基本的规律，对立面的统一只是它的一个环节。马克思在《哲学的贫困》中讲过："两个相互矛盾的方面的共存、斗争以及融合成一个新范畴，就是辩证运动。"⑤ 从上下文来看，马克思所讲的实际上是正题、反题、合题的关系，即与对立面的统一交织在一起的否定的否定。恩格斯在《反杜林论》中也认为，马克思所使用的一系列辩证的说法是："按本性说是对抗的、包含着矛盾的过程，一个极端向它的反面的转化，最后，作为整个过程的核心的否定的否定。"⑥ 而列宁在《哲学笔记》中第一次明确地提出对立面的统一是辩证法的核心和实质，这是一个创造性的贡献。

---

① 《列宁全集》第 2 版，第 55 卷，第 116 页。
② 同上书，第 306 页。
③ 同上书，第 306 页。
④ 同上书，第 196 页。
⑤ 《马克思恩格斯选集》第 1 卷，人民出版社 1995 年版，第 144 页。
⑥ 《马克思恩格斯选集》第 3 卷，人民出版社 1995 年版，第 483 页。

五　在《哲学笔记》中，列宁还对辩证法的一系列规律和范畴进行了论述和发挥

关于存在和无这对范畴，黑格尔把它们作为自己逻辑学体系的开端，并做过深刻的论述。列宁肯定了黑格尔的思想，认为它们是最普遍的一对范畴，是对立统一的关系，把它们割裂开来，就会陷入诡辩论。同时，列宁还认为这对范畴是理解运动的关键，即"在运动（……）的某些环节上，存在和非存在这两个消逝着的环节在一瞬间相符合"。不仅如此，列宁认为这对范畴也是理解发展和飞跃的关键，他说："辩证的过渡和非辩证的过渡的区别何在？在于飞跃。在于矛盾性。在于渐进过程的中断。在于存在和非存在的统一（同一）。"① 此外，列宁也认为这对范畴应当成为辩证法体系的逻辑起点。

关于有限和无限，黑格尔认为，一方面，有限意味着对事物的否定，因为一切规定都是否定，给某物以规定，就是给它以界限，界限就是最初的否定。另一方面，有限的本性就是超越自己，否定自己的否定，成为无限。有限和无限是对立统一的，离开有限的无限是一种"恶无限"，不是真正的无限。列宁肯定了黑格尔的思想，认为有限意味着事物自身包含着矛盾，他说："某物，从其内在界限的观点来看，从其自身矛盾——这个矛盾推动着它［这个某物］并使它超出自己的界限——的观点来看，是有限。……当人们说事物是有限的，他们的意思就是承认：事物的非存在是他们的本性。"② 同时，列宁肯定了有限向无限的转化和过渡是有限的本性这一思想，认为这是客观事物本身的辩证法。此外，列宁也肯定了有限和无限的对立统一关系，认为它们是相互包含、相互转化的。

关于现象和本质，黑格尔首先区分了三个概念——外观、现象、现实，认为这三者是本质的不同程度的表现，其中外观是本质还没有表现出来的阶段，它既是本质的一种表现，又是虚无的、不真实的、易于消失的；而现象是本质的表现；现实则是本质的充分表现。列宁肯定了外观这一概念，他说："非本质的东西，外观的东西，表面的东西常常消失，不像'本质'那样'扎实'，那样'稳固'。比如：河水的流动就是泡沫在

---

① 《列宁全集》第 2 版，第 55 卷，第 240、244 页。
② 同上书，第 91 页。

上面, 深流在下面。然而就连泡沫也是本质的表现!"①

黑格尔在讨论现象和本质的时候还论述了规律这一范畴, 认为规律和本质是同一层次的概念; 规律与现象相比, 现象是整体, 规律只是作为现象根据的一个方面; 同时规律又是现象"静止的"反映。列宁对此做了肯定和发挥。他认为, 首先, "规律的概念是人对于世界过程的统一和联系、相互依赖和总体性的认识的一个阶段"。其次, "规律是宇宙运动中本质的东西的反映"。规律和本质是同等程度的概念, 而且规律是"本质的关系或本质之间的关系"。再次, 现象是总体、整体, 规律是部分, "现象比规律丰富"; 此外, "规律把握住静止的东西——因此, 规律、任何规律都是狭隘的、不完全的、近似的"。②

黑格尔还讨论了与现象和本质相关的另一对概念——现象世界和本质世界, 认为二者也是对立统一的。列宁认为, 黑格尔所说的现象世界和本质世界实际上是认识的深化过程中的一种辩证关系, 即在认识的每一个环节上都存在着从现象世界到本质世界的运动。同时, 列宁指出, 现象世界和本质世界是对立统一的, 不过在认识中也存在着本质世界离现象世界越来越远的运动, 这一方面黑格尔没有论述到。列宁说: "现象世界和自在世界是人对自然界的认识的各环节, (认识的)阶段、变化或深化。自在世界离现象世界越来越远的移动——这在黑格尔那里还没有看到。"③

关于一般与个别, 列宁在肯定黑格尔的有关论述的基础上有进一步的发挥。列宁认为, 首先, 一般与个别是对立的, 又是同一的, "个别一定与一般相连而存在"。"一般只能在个别中存在, 只能通过个别而存在。任何个别(不论怎样)都是一般, 任何一般都是个别的(一部分, 或一方面, 或本质)"。其次, 个别比一般丰富, "任何一般只是大致地包括一切个别事物。任何个别事物都不能完全地包括在一般之中"。再次, 个别之间是相互联系的, "任何个别经过千万次的过渡而与另一类的个别(事物、现象、过程)相联系", 这种联系包含着自然界的必然性、客观联系等概念的因素和萌芽。此外, 在一般与个别的辩证关系之中, 包含着必然和偶然、本质和现象等辩证关系。关于这一点, 列宁还发挥道: "在任何

---

① 《列宁全集》第 2 版, 第 55 卷, 第 107 页。

② 同上书, 第 126—127 页。

③ 同上书, 第 128 页。

一个命题中，很像在一个'单位'（'细胞'）中一样，都可以（而且应当发现）辩证法一切要素的胚芽，这就表明辩证法是人类的全部认识所固有的。"①

关于否定的否定，列宁对这一规律的认识是有一个过程的。在写于1894年至1895年的《什么是"人民之友"以及他们如何攻击社会民主党人》一书中，列宁还没有认识到否定的否定是辩证法的基本规律之一，他还把恩格斯在《反杜林论》中对这一规律的肯定看成恩格斯思想中黑格尔表达方式的遗迹。后来列宁逐渐改变了这一看法，在1914年的《卡尔·马克思》中明确肯定了这一规律。在《哲学笔记》中列宁又进一步论述了这一规律。

首先，列宁肯定了黑格尔的辩证的否定观，并用自己的语言概述了这一否定观，即"辩证法的特征和本质的东西不是单纯的否定，不是徒然的否定，不是怀疑的否定、动摇、疑惑，——当然，辩证法自身包含着否定的要素，——不是这些，而是作为联系环节、作为发展环节的否定，它保持着肯定的东西，即没有任何动摇、没有任何折中"。辩证的否定是"一切活动的，即生命的和精神的自己运动的最内在的源泉，是辩证法的灵魂"，也是"辩证法的精华"②。

其次，列宁肯定了黑格尔的下述思想：否定的否定包含着三项，第一项是肯定，第二项是否定，第三项是否定的否定；辩证地理解第一项，就要看到肯定之中有差别；辩证地理解第二项，就要看到否定之中有统一；而第三项既是合题，又是新一轮否定的否定的前提。列宁对这些思想做了进一步的发挥，他说："对于简单的和最初的'第一个'肯定的论断、论点等等，'辩证的环节'即科学的考察，要求指出差别、联系、过渡。否则，简单的、肯定的论断就是不完全的、无生命的、僵死的。对于'第二个'否定的论点，'辩证的环节'则要求指出'统一'，也就是指出否定和肯定的联系，指出这个肯定存在于否定之中。从肯定到否定，——从否定到保存着肯定东西的'统一'。"③列宁还指出，由于否定的否定的第三项既包含了第一项，又突破了第一项，所以事物的前进运动就表现为

① 《列宁全集》第2版，第55卷，第307—308页。

② 同上书，第195、197页。

③ 同上书，第196页。

"圆圈式的"、"螺旋式的"或者说仿佛是"回到出发点"的特征。在辩证法要素的十六条中，列宁把否定的否定概括为：在高级阶段重复低级阶段的某些特征、特性等等，并且仿佛是向旧东西的复归。

六　在《哲学笔记》等论著和手稿中，列宁还指明了辩证法与诡辩论和折衷主义的区别

首先，列宁多次论述过辩证法与诡辩论的区别。在《唯物主义和经验批判主义》中，列宁指出："辩证法，正如黑格尔早已说明的那样，包含着相对主义、否定、怀疑论的因素，可是它并不归结为相对主义。"①在《哲学笔记》中，列宁进一步指出诡辩论的关键是割裂了相对和绝对，他说："在（客观）辩证法中，相对和绝对的差别也是相对的。对于客观辩证法来说，相对中有绝对。对于主观主义和诡辩论说来，相对只是相对，因而排斥绝对。"②

其次，列宁也多次论述过折衷主义与辩证法的根本对立。他指出，考茨基是典型的折衷主义者，其在哲学上的表现是："用折中主义代替辩证法。'中庸'：把两个极端'调和'起来，缺乏清楚、肯定、明确的结论，摇摆不定。"③

再次，列宁指出，诡辩论和折衷主义的根源都是主观主义，即抛弃了观察的客观性和全面性，随心所欲地、主观地运用概念的灵活性，他说："概念的全面的、普遍的灵活性，达到了对立面同一的灵活性"是辩证法的实质所在，"主观地运用的这种灵活性＝折中主义与诡辩。客观地运用的灵活性，即反映物质过程的全面性及其同一性的灵活性，就是辩证法，就是世界的永恒发展的正确反映"。④

列宁的辩证法思想，不仅体现在上述他关于辩证法的直接的研究和阐述之中，也体现在他关于现实的政治问题的论述之中。尤其是在列宁完成《哲学笔记》之后，在他关于帝国主义、战争与革命、社会主义革命的一系列论著中，也包含着丰富的辩证法思想，例如战争与革命的

---

① 《列宁选集》第 2 卷，人民出版社 1995 年版，第 97 页。
② 《列宁全集》第 2 版，第 55 卷，第 306—307 页。
③ 《列宁全集》第 2 版，第 54 卷，第 5 页。
④ 《列宁全集》第 2 版，第 55 卷，第 91 页。

辩证法，这些都是列宁哲学思想的组成部分。关于这些思想，本书就不一一赘述了。总之，列宁也对发展马克思主义的辩证法理论作出了重大的贡献。

第四节　列宁对历史唯物主义的捍卫和发展

列宁对历史唯物主义也有重要的发展，这主要体现在以下几个方面：

一　在批判民粹派主观社会学的过程中，列宁阐发了以马克思主义的社会形态理论为核心的唯物史观的一系列原理

在 19 世纪 90 年代马克思主义与民粹派的论战中，民粹派理论家 H. K.（尼·康·）米海洛夫斯基（局外人）（1842—1904）宣扬主观社会学，对唯物史观提出了一系列批评。列宁在 1894 年的《什么是"人民之友"以及他们如何攻击社会民主党人》一书以及其他论著中，全面驳斥了米海洛夫斯基的观点，系统阐发了唯物史观的一系列原理，尤其是马克思主义的社会形态理论。

列宁认为，唯物史观的核心思想，正如马克思曾指出的，就是：社会经济形态的发展是一种自然历史过程。列宁在《什么是"人民之友"以及他们如何攻击社会民主党人》中详细阐述了这一思想。

他认为，首先，马克思得出这一思想时所使用的基本方法"就是从社会生活的各个领域中划分出经济领域，从一切社会关系中划分出生产关系，即决定其余一切关系的基本的原始的关系"。换言之，唯物史观的基本思想就是把社会关系划分成物质的社会关系和思想的社会关系，然后把物质决定意识这一一般的唯物主义原理运用于社会历史，而物质的社会关系正是生产关系。

其次，由于唯物史观把握了物质的社会关系，它就能够把对社会历史现象的研究变成一门科学。换句话说，唯物史观把生产关系确立为社会结构，这就提供了一个客观的标准。从这个标准出发，就能够发现社会历史现象中的重复性和常规性，从而揭示社会历史发展的规律性。

再次，"只有把社会关系归结于生产关系，把生产关系归结于生产力的水平，才能有可靠的根据把社会形态的发展看作自然历史过程。不言而

喻，没有这种观点，也就不会有社会科学。"① 也就是说，由于社会发展的物质原因是生产力，所以不仅要用物质的社会关系去说明思想的社会关系，而且要用物质的力量去说明物质的社会关系，只有这样才能在社会历史领域中把唯物主义贯彻到底。列宁的这些阐述是明确而深刻的，尽管列宁当时只有 24 岁，但他的这些论述后来成为关于唯物史观的一个经典的阐释。

此外，列宁还指出，社会经济形态的发展是一种自然历史过程的思想是《资本论》的理论前提。在《资本论》中，马克思从各社会经济形态中抽取了商品经济这一形态，并完全用生产关系来说明该社会形态的构成和发展。马克思一次也没有利用生产关系之外的因素来说明问题。同时，虽然马克思"完全用生产关系来说明该社会形态的构成和发展，但又随时随地探究与这种生产关系相适应的上层建筑，使骨骼有血有肉"。从列宁的论述中可以看出，列宁把社会形态和社会经济形态两个概念当作同义词来使用，并认为生产关系是社会经济形态的骨骼。通过分析《资本论》，列宁还提出了一个重要观点，即"自从《资本论》问世以来，唯物主义历史观已经不是假设，而是科学地证明了的原理"②。

列宁不仅论述了社会形态理论，而且还进一步阐述了马克思主义把社会看作活的机体的论断。这一论断是列宁在阐述马克思主义辩证法理论的过程中提出的，他说："马克思和恩格斯称之为辩证方法（它与形而上学方法相反）的，不是别的，正是社会学中的科学方法，这个方法把社会看作处在不断发展中的活的机体（而不是机械地结合起来因而可以把各种社会要素随便配搭起来的一种什么东西），要研究这个机体，就必须客观地分析组成该社会形态的生产关系，研究该社会形态的活动规律和发展规律。"③ 列宁提出社会是活的机体，是通过与生物有机体的类比来说明社会的整体性、协调性和辩证发展的特性，这是对历史辩证法的一个发挥，也是对唯物史观的一个发展，这一观点后来被进一步概括为"社会有机体"理论。

如何看待个人在历史中的作用，这是 19 世纪 90 年代马克思主义与民

---

① 《列宁选集》第 1 卷，人民出版社 1995 年版，第 6、8—9 页。

② 同上书，第 9、10 页。

③ 同上书，第 32 页。

粹派论战中的一个核心问题，对此普列汉诺夫做出过重要的论述。列宁也论及了这一问题，他在 1894 年底至 1895 年初所写的《民粹主义的经济内容及其在司徒卢威先生的书中受到的批评》一书中指出，唯物史观并不否认个人的历史作用，它主张"全部历史本来由个人活动构成，而社会科学的任务在于解释这些活动"。唯物史观主张通过研究社会关系来研究个人，并认为这样才是研究真实的个人，因为正如马克思曾指出的，人的本质在其现实性上是一切社会关系的总和。列宁还指出，唯物史观之所以取得成就，"正是因为它十分确切而肯定地规定了把个人因素归结为社会根源的方法"①，这一提法是对唯物史观的一个新概括。

　　除此之外，列宁在批判民粹派的过程中，还阐发了唯物史观的其他原理，其中比较重要的有：针对民粹派批评唯物史观是经济唯物主义，列宁指出，不能把唯物史观归结为经济唯物主义，因为它不仅分析社会生活的经济方面，而且要分析社会生活的各个方面。针对民粹派批评马克思主义者信奉抽象的历史公式，列宁指出，马克思主义者并不相信抽象的历史公式，从现实的社会经济关系出发研究社会历史是唯物史观的根本出发点。针对民粹派批评俄国马克思主义者抛弃了俄国革命民主主义的思想遗产，列宁在 1897 年的《我们拒绝什么遗产》中论述了社会意识的历史继承性问题，他指出，社会意识具有历史继承性，但社会意识的历史继承要受社会存在及其发展的制约。

　　二　列宁批判了"合法马克思主义"者对唯物史观的客观主义理解，论述了唯物史观作为无产阶级革命哲学的重要内涵

　　1894 年，"合法马克思主义"的代表人物司徒卢威出版了《俄国经济发展问题的评述》一书。该书主要从经济上论证了资本主义在俄国发展的必然性，批判了民粹派的观点，在当时产生了重要的社会影响。然而，列宁却看到了这本书所体现出的"合法马克思主义"者的一个重要的缺陷——狭隘客观主义。列宁在《民粹主义的经济内容及其在司徒卢威先生的书中受到的批评》中指出，所谓狭隘客观主义，即"只证明过程的不可避免性和必然性，而不尽力揭示这一过程在每个具体阶段上所具有的阶级对抗形式；只是说明一般过程，而不去说明各个对抗阶级，虽然过程

---

　　① 《列宁全集》第 2 版，第 1 卷，第 360、372 页。

就是由这些对抗阶级的斗争形成的"①。在批判狭隘客观主义的过程中，列宁阐述了唯物史观以及马克思主义哲学的革命性的方面。

首先，列宁指出，在社会历史领域要把唯物主义贯彻到底，就要"不仅指出过程的必然性，并且阐明究竟是什么样的社会经济形态提供这一过程的内容，究竟是什么样的阶级决定这种必然性"。列宁分析道："客观主义者谈论现有历史过程的必然性；唯物主义者则是确切地肯定现有社会经济形态和它所产生的对抗关系。客观主义者证明现有一系列事实的必然性时，总是有站到为这些事实辩护的立场上去的危险；唯物主义者则是揭露阶级矛盾，从而确定自己的立场。客观主义者谈论'不可克服的历史趋势'；唯物主义者则是谈论那个'支配'当前经济制度、促使其他阶级进行种种反抗的阶级。可见一方面，唯物主义者贯彻自己的客观主义，比客观主义者更彻底、更深刻、更全面。"②

其次，列宁指出唯物史观具有党性，即"另一方面，唯物主义本身包含有所谓党性，要求在对事变作任何评价时都必须直率而公开地站到一定社会集团的立场上"③。这是列宁第一次提出哲学党性原则。哲学党性原则是列宁反复重申的观点，在1905年的《社会主义政党和非党的革命性》一文中，列宁对这一问题做过进一步的论述；在1909年的《唯物主义和经验批判主义》中则对这一问题做了经典的表述。

再次，列宁阐明了马克思主义哲学是科学性和革命性的统一。在《什么是"人民之友"以及他们如何攻击社会民主党人》中，列宁指出，马克思主义理论"把严格的和高度的科学性（它是社会科学的最新成就）同革命性结合起来，并且不仅仅是因为学说的创始人兼有学者和革命家的品质而偶然地结合起来，而是把二者内在地和不可分割地结合在这个理论本身中"④。在《民粹主义的经济内容及其在司徒卢威先生的书中受到的批评》中，列宁进一步阐明了马克思主义的哲学唯物主义不仅是科学，而且是无产阶级革命的哲学：它不仅要揭示社会历史发展的普遍规律，而且要揭示资本主义产生、发展和必然灭亡的历史规律；它不仅要指明构成

---

① 《列宁全集》第2版，第1卷，第458页。

② 同上书，第363页。

③ 同上。

④ 《列宁选集》第1卷，人民出版社1995年版，第83页。

资本主义发展和灭亡的历史必然性的阶级矛盾和阶级斗争，而且要指明无产阶级的历史使命并且要自觉地成为无产阶级革命斗争的思想武器。

三　在批判"经济派"的过程中，列宁论述了政治斗争、革命理论、无产阶级政党以及革命领袖的重要作用

列宁与俄国社会民主党内的"经济派"进行了长期的斗争，并为此写下了一系列论著，其中最重要的写于 1901 年秋至 1902 年 2 月的《怎么办》一书，它是在政治上和理论上对"经济派"的系统的清算。

列宁在《怎么办》中引述了"经济派"的一个基本观点："根据马克思和恩格斯的学说，各个阶级的经济利益在历史上起决定作用，所以，无产阶级为自己的经济利益而进行的斗争对它的阶级发展和解放斗争也应当有着首要的意义。"列宁驳斥了这一观点，他认为，从各个阶级的经济利益在历史上起决定作用的原理，不能推论出经济斗争具有首要意义的结论。前者是整个社会关系中何者起决定作用的问题，后者是无产阶级的阶级斗争形式中经济斗争形式和政治斗争形式的关系问题。列宁还阐明了政治斗争的重要性，他说："总的说来，各阶级最重大的、'决定性的'利益只有通过根本的政治改造来满足。具体来说，无产阶级的基本经济利益只能通过无产阶级专政代替资产阶级专政的政治革命来满足。"① 为了彻底清算"经济派"，列宁还剖析了"经济派"的工联主义的政治本质和崇尚自发性的思想根源，并论述了马克思主义对于经济斗争的基本认识以及无产阶级革命斗争中经济斗争和政治斗争的辩证统一。

针对"经济派"对革命理论的轻视，列宁提出了"没有革命的理论，就不会有革命的运动"这一著名的论断。实际上普列汉诺夫早在 1883 年就提出过类似的论断，列宁继承了他的思想并以更加明确、更加有力的方式表达了这一思想。列宁认为，革命理论的重要性在于：首先，没有革命的理论，就不会有坚强的社会主义政党；其次，只有掌握革命理论，才能正确地吸取别国的经验，因为无产阶级的革命运动本质上是国际主义的；再次，只有掌握革命理论，工人群众才能真正具有自觉的阶级意识。从革命理论的重要性出发，列宁还进一步论述了社会主义理论同工人运动相结合的必要性。他指出，社会主义者的学说不同工人斗争相结合，就只是一

---

① 《列宁选集》第 1 卷，人民出版社 1995 年版，第 333 页脚注。

种空想，一种善良的愿望，对实际生活不会发生影响；而工人运动如果没有理论武装，则只会陷入零散状态，不会有政治意义，因此，必须用革命理论来武装工人运动。

列宁在论述革命理论重要性的过程中，还提出了著名的马克思主义的"灌输论"，其主要内容是：首先，列宁引述了他认为十分正确而重要的考茨基的话，即"社会主义意识是一种由外面灌输（von auβen Hineinge-tragenes）到无产阶级的阶级斗争中去的东西，而不是一种从这个斗争中自发地（urwüchsig）产生出来的东西"，因为社会主义学说是由有产阶级的有教养的人即知识分子创造的，马克思和恩格斯按其社会地位来说也是资产阶级知识分子。其次，工人运动在没有得到科学社会主义理论的指导之前，无力抵抗资产阶级思想的进攻。列宁指出："既然谈不到由工人群众在其运动进程中自己创立的独立的思想体系，那么问题只能是这样：或者是资产阶级的思想体系，或者是社会主义的思想体系。这里中间的东西是没有的（因为人类没有创造过任何'第三种'思想体系，而且在为阶级矛盾所分裂的社会中，任何时候也不可能有非阶级的或超阶级的思想体系）。因此，对社会主义思想体系的任何轻视和任何脱离，都意味着资产阶级思想体系的加强。人们经常谈论自发性。但工人运动的自发的发展，恰恰导致运动受资产阶级思想体系的支配。"① 因此，列宁认为，正如考茨基所说的，"社会民主党的任务就是把认清无产阶级的地位及其任务的这种意识灌输到无产阶级中去"②。当然，这种灌输不是把无产阶级仅当作消极被动的对象，而是促进工人运动从自发到自觉的发展。从列宁的论述可以看出，"灌输论"不是列宁的独创，而是继承和发展了考茨基的思想，不过，正是列宁使这一思想发扬光大，并对国际共产主义运动产生了深远的影响。

针对经济派对革命政党作用的轻视，列宁还论述了革命政党和领袖人物的作用。列宁认为，首先，只有无产阶级政党才能把一切革命力量统一起来，组织有力量的阶级斗争；其次，只有建立无产阶级政党，才能把社会主义的思想和意识灌输到工人群众中去，才能实现社会主义与工人运动的结合；再次，只有建立在无产阶级政党领导下的牢固的、集中的、战斗

① 《列宁选集》第 1 卷，人民出版社 1995 年版，第 326—327 页。

② 同上书，第 326—327 页。

的革命家组织，才能赢得政治斗争的胜利。列宁指出："在现代社会中，假如没有'十来个'富有天才（而天才人物不是成千成百的产生的）、经过考验、受过专业训练和长期教育并且彼此配合得很好的领袖，无论哪个阶级都无法进行坚持不懈的斗争。"① 总之，在列宁看来，为了在阶级斗争中获得胜利，阶级必须组织为政党，政党必须由领袖人物来领导。

四　在《国家与革命》和《马克思主义论国家》等论著和笔记中，列宁捍卫和发展了马克思主义的国家理论和无产阶级专政理论

在第一次世界大战期间，列宁在写下了《哲学笔记》、《关于帝国主义的笔记》，并完成了《帝国主义是资本主义的最高阶段》（1916）一书的写作之后，又于1916年秋至1917年初潜心研究国家问题，写下了题为"马克思主义论国家"的笔记。这本笔记连同前面两本笔记，并称列宁的"三大笔记"。在《马克思主义论国家》这一笔记的基础上，列宁又于1917年8—9月写作了《国家与革命》这一马克思主义哲学和政治学的代表作。在《国家与革命》和《马克思主义论国家》等论著和笔记中，列宁详细地考察了马克思和恩格斯关于国家与革命问题的全部观点及其发展历程，驳斥了当时流行的对马克思主义国家学说和共产主义社会形态理论的种种歪曲和误解，恢复了马克思主义国家学说的本来面目并对其做了进一步的阐发，这不仅是对马克思主义政治学和科学社会主义理论的巨大的贡献，而且是对唯物史观的丰富和发展。

首先，结合时代提出的新问题，列宁阐发了马克思主义关于国家的起源、本质以及消亡的理论。

第一，关于国家的本质，针对关于这一问题的种种错误观点，列宁重申了马克思和恩格斯的观点，指出国家是统治阶级剥削和压迫被统治阶级的工具。

第二，关于国家的起源，列宁强调了国家是阶级矛盾不可调和的产物。恩格斯曾指出："确切地说，国家是社会在一定发展阶段上的产物；国家是承认：这个社会陷入了不可解决的自我矛盾，分裂为不可调和的对立面而又无力摆脱这些对立面。而为了使这些对立面，这些经济利益互相冲突的阶级，不致在无谓的斗争中把自己和社会消灭，就需要有一种表面

---

① 《列宁选集》第1卷，人民出版社1995年版，第401页。

上凌驾于社会之上的力量，这种力量应当缓和冲突，把冲突保持在'秩序'的范围以内；这种从社会中产生但又自居于社会之上并且日益同社会相异化的力量，就是国家。"①　列宁认为，这段话清楚地表达了马克思主义关于国家的历史作用和意义的基本思想，然而，小资产阶级的思想家们常常歪曲这一思想，把国家说成是阶级调和的机关。列宁分析道，马克思主义认为国家是一个阶级压迫另一个阶级的机关，是建立一种"秩序"来抑制阶级冲突，从而使压迫合法化、固定化；而在小资产阶级的思想家看来，"秩序"正是阶级调和，而不是阶级压迫。所以，列宁强调指出："国家是阶级矛盾不可调和的产物和表现。在阶级矛盾客观上不能调和的地方、时候和条件下，便产生国家。反过来说，国家的存在证明阶级矛盾不可调和。"②

第三，列宁强调"国家是特殊的强力组织，是镇压某一个阶级的暴力组织"③，国家的力量来自于常备军、警察、法庭、监狱等强力工具。

第四，列宁澄清了马克思主义关于国家消亡的理论，驳斥了机会主义对这个问题的歪曲。恩格斯曾提出国家不是被废除的，而是自行消亡的这一观点。考茨基等人认为，既然国家可以自行消亡，那么完全可以不通过暴力革命而通过议会道路来夺取政权，从而使资产阶级国家"自行消亡"。列宁认为，考茨基等人的看法完全是机会主义和折衷主义，因为恩格斯所说的国家消亡是指无产阶级夺取政权之后，无产阶级国家所必然要走的道路；而马克思和恩格斯一再重申，无产阶级国家代替资产阶级国家，暴力革命是不可避免的。因此，列宁强调指出："无产阶级国家代替资产阶级国家，非通过暴力革命不可。无产阶级国家的消亡，即任何国家的消亡，只能通过'自行消亡'。"④

总之，针对关于国家问题的种种歪曲和误解，列宁对马克思主义国家观做了正本清源的论述，深化和发展了这一学说。

其次，列宁考察了马克思和恩格斯的无产阶级专政理论的形成和发展过程，阐明了无产阶级专政理论的重要意义。

---

① 《马克思恩格斯选集》第 4 卷，人民出版社 1995 年版，第 170 页。
② 《列宁选集》第 3 卷，人民出版社 1995 年版，第 114 页。
③ 同上书，第 130 页。
④ 同上书，第 128 页。

第一，列宁首先考察了马克思和恩格斯写于 1848 年革命前的两部著作——《哲学的贫困》和《共产党宣言》，认为在这两部著作中虽然还没有明确提出"无产阶级专政"这一术语，但是马克思和恩格斯已经指出通过革命使"无产阶级转化为统治阶级"，这实际上就是"马克思主义在国家问题上一个最卓越最重要的思想即'无产阶级专政'"①。不过，列宁认为，马克思和恩格斯在这两部著作中对国家问题还提得非常抽象，还没有提出怎样以无产阶级国家来代替资产阶级国家的问题。

第二，列宁接着考察了马克思 1852 年的《路易·波拿巴的雾月十八日》，指出马克思在这本书中提出了一个重要的结论：过去的一切革命都是使国家机器更加完备，而这个机器是必须打碎、必须摧毁的。列宁认为，"这个结论是马克思主义国家学说中主要的基本的东西。正是这个基本的东西……被占统治地位的正式社会民主党完全忘记了"②，但是马克思当时还没有具体提出用什么东西来代替这个必须消灭的国家机器。

第三，列宁马上又考察了马克思 1871 年的《法兰西内战》，指出马克思在这本书中提出了工人阶级不能简单地掌握现成的国家机器，并运用它来达到自己的目的这一著名论断，同时马克思也肯定了巴黎公社这一无产阶级专政的具体形式。

第四，列宁在写作《国家与革命》时，还不知道马克思在 1871 年之前就已经有了"无产阶级专政"这一提法。列宁在 1906 年至 1907 年第 31 期德国《新时代》杂志中，首次看到了马克思 1852 年 3 月 5 日致约·魏德迈的信，了解到马克思在这封信中已经提出了"无产阶级专政"这一概念。1918 年 12 月《国家与革命》再版时，列宁在该书第二章增添了一节，专门讨论马克思在这封信中的思想。马克思在信中认为，自己给阶级斗争理论增添的新内容主要有以下几点："（1）阶级的存在仅仅同生产发展的一定历史阶段相联系；（2）阶级斗争必然导致无产阶级专政；（3）这个专政不过是达到消灭一切阶级和进入无阶级社会的过渡……"③ 列宁对马克思的论述做了进一步的发挥，他认为，其一，对无产阶级专政的态度是检验真假马克思主义者的试金石。他说："只有承认阶级斗争，同时

①　《列宁选集》第 3 卷，人民出版社 1995 年版，第 129 页。

②　同上书，第 134 页。

③　《马克思恩格斯选集》第 4 卷，人民出版社 1995 年版，第 547 页。

也承认无产阶级专政的人，才是马克思主义者。……必须用这块试金石来检验是否真正理解和承认马克思主义"。列宁还进一步发挥道："其二，只有懂得一个阶级的专政不仅对一般阶级社会是必要的，不仅对推翻了资产阶级的无产阶级是必要的，而且对介于资本主义和'无阶级社会'即共产主义之间的整整一个历史时期都是必要的，——只有懂得这一点的人，才算掌握了马克思国家学说的实质。"① 其三，列宁还进一步阐发了无产阶级专政形式的多样性的理论。实际上在《国家与革命》再版之前，在1916年的《论面目全非的马克思主义和"帝国主义经济主义"》一文中，列宁就明确表述了这一思想，他说："一切民族都将走向社会主义，这是不可避免的，但是一切民族的走法却不会完全一样，在民主的这种或那种形式上，在无产阶级专政的这种或那种形态上，在社会生活各方面社会主义改造的速度上，每个民族都会有自己的特点。"②

再次，列宁阐明了民主问题并揭示了无产阶级民主历史发展的辩证法。

第一，列宁辩证地揭示了民主的内涵。他说："民主是国家形式，是国家形态的一种。因此，它同任何国家一样，也是有组织有系统地对人们使用暴力，这是一方面。但另一方面，民主意味着在形式上承认公民一律平等，承认大家都有决定国家制度和管理国家的平等权利。"③ 在列宁看来，民主是国家的一种组织形式，就组织形式而言，民主和专制是对立的，从专制到民主是一种进步。不过，由于任何国家的本质都是统治阶级对被统治阶级的专政，民主只能是专政的一种形式，民主和专政是形式与内容的关系。民主和专政的关系是辩证的，一方面，内容决定形式，民主同时也是统治阶级的专政；另一方面，民主作为形式具有相对独立性，这体现在两个方面：对统治阶级而言，统治阶级内部的民主比专制更为进步；对被统治阶级而言，民主在一定程度上能够制约统治阶级，从而保护被统治阶级，尽管这种制约和保护非常有限的。对此，列宁指出："我们赞成民主共和国，因为这是在资本主义制度下对无产阶级最有利的国家

---

① 《列宁选集》第3卷，人民出版社1995年版，第139、140页。
② 《列宁选集》第2卷，人民出版社1995年版，第777页。
③ 《列宁选集》第3卷，人民出版社1995年版，第201页。

形式。"①

第二，列宁揭示了资产阶级民主与资产阶级专政的辩证统一。列宁指出，在资本主义社会中，在其最顺利的发展条件下，比较完全的民主制度就是民主共和制。但是这种民主制度始终受到资本主义剥削制度狭窄框子的限制，因此它实质上始终是少数人的即只是有产阶级的、富人的民主制度，换言之，资产阶级民主的实质就是资产阶级内部的民主和对无产阶级和劳动人民的专政。同时，列宁也指出了资产阶级民主作为一种组织形式所具有的特征：其一，资产阶级民主具有虚假性、虚伪性，因为它在形式上标榜一切人的自由和平等，实质上却是少数人的民主；它对无产阶级和劳动人民实行专政，却制造了无产阶级和劳动人民也参与国家管理的假象。列宁说："如果真是所有的人都参加国家的管理，那么资本主义就不能支持下去。"② 其二，资产阶级民主的内在矛盾预示了无产阶级民主的必然性。列宁指出，资本主义的发展为"所有的人"参加国家管理创造了前提，从而提出了普遍民主的要求；然而，这种要求和客观的可能性在资产阶级民主制度中不可能实现，这就是资产阶级民主的内在矛盾。在列宁看来，资产阶级民主与资产阶级专政的关系是资本主义国家的形式与内容的关系，它们当然是一对矛盾；而与之相区别的资产阶级民主的内在矛盾则是指资产阶级民主作为一种组织形式本身所具有的矛盾。列宁认为，资产阶级民主的内在矛盾运动必然导致突破少数人的民主这一界限，实现"所有的人"参与国家管理的真正的民主，即无产阶级民主。

第三，列宁揭示了无产阶级民主的实质及其历史发展的辩证法。列宁认为，无产阶级民主的实质是无产阶级专政，二者是形式与内容的关系。列宁指出，无产阶级专政与所有剥削阶级的专政不同，它是专政性和过渡性的统一，即一方面它是无产阶级和劳动人民对资产阶级的专政；另一方面，无产阶级专政已经不是原来意义上的国家，而是向共产主义过渡的逐渐走向消亡的"半国家"，而共产主义是不需要国家的。无产阶级专政的专政性和过渡性决定了无产阶级民主的本质特征。其一，比起资产阶级民主，无产阶级民主是真正的民主和新型的民主。它不仅是穷人的、人民的

---

① 《列宁选集》第 3 卷，人民出版社 1995 年版，第 126—127 页。
② 同上书，第 201 页。

民主，而且是人类历史上有阶级斗争以来第一次实现多数人的民主。列宁说："人民这个大多数享有民主，对人民的剥削者、压迫者实行强力镇压，即把它们排斥于民主之外，——这就是民主在从资本主义向共产主义过渡时改变了的形态。"其二，无产阶级专政的过渡性也决定了无产阶级民主的过程性，即民主不断扩大的过程同时也是国家走向消亡的过程。列宁指出，随着无产阶级民主愈发展、愈完全，全体社会成员都来参加社会管理，国家的社会职能也就由原来的政治职能转变为简单的管理职能，国家就愈会成为多余的东西而自行消亡下去。其三，无产阶级民主的最终目标是国家的消亡和共产主义的实现，因而也是民主自身的消亡。列宁认为，民主作为一种国家形式只能提供形式的平等，而共产主义的社会经济制度才能提供事实的平等。他说："只有共产主义才能提供真正完全的民主，而民主愈完全，它也就愈迅速地成为不需要的东西，愈迅速地自行消亡"①，"完全的民主等于没有任何民主。这不是怪论，而是真理！"②

值得一提的是，列宁在探讨无产阶级民主理论的过程中，始终强调在实践中发展无产阶级民主的重要性，他说："彻底发展民主，找出彻底发展的种种形式，用实践来检验这些形式等等，这一切都是为社会革命进行斗争的基本任务之一。"③

此外，列宁还阐发了马克思主义关于共产主义社会形态的本质特征及其历史发展的前景的理论。

第一，列宁指出，对共产主义社会的预测不是乌托邦，而是有其现实的事实依据和理论基础。其一，列宁指出："共产主义是从资本主义中产生出来的，它是历史地从资本主义中发展出来的，它是资本主义所产生的那种社会力量发生作用的结果。"换言之，资本主义社会的内在矛盾运动和在资本主义社会内部成熟的新社会形态的前提决定了共产主义社会的历史必然性。其二，列宁认为，由于马克思主义揭示了资本主义社会的基本运动规律，从而为科学地预测共产主义社会奠定了理论基础。他说："马克思的全部理论，就是运用最彻底、最完整、最周密、内容最丰富的发展论去考察现代资本主义。自然，他也就要运用这个理论去考察资本主义的

---

① 《列宁选集》第 3 卷，人民出版社 1995 年版，第 191、192 页。
② 《列宁全集》第 2 版，第 31 卷，第 162 页。
③ 《列宁选集》第 3 卷，人民出版社 1995 年版，第 181 页。

即将到来的崩溃和未来共产主义的未来的发展。"①

第二，列宁明确提出了共产主义社会将经历两个发展阶段的观点。马克思在《哥达纲领批判》中曾指出："在资本主义社会和共产主义社会之间，有一个从前者变为后者的革命转变时期。同这个时期相适应的也有一个政治上的过渡时期，这个时期的国家只能是无产阶级的专政。"② 在《马克思主义论国家》中，列宁对马克思的这一思想做了进一步的发挥。列宁把共产主义社会划分为两个阶段，把马克思所说的"从资本主义社会到共产主义社会的转变时期"称为共产主义的第一阶段或低级阶段；把共产主义社会本身称为共产主义的高级阶段。③

第三，列宁进一步阐明了共产主义社会第一阶段的两个基本特征：按劳分配和无产阶级专政。列宁指出，马克思曾经明确论述了共产主义社会第一阶段的两个基本特征，即经济上还要实行按劳分配制度；政治上还存在国家，也就是无产阶级专政。关于按劳分配，马克思称之为资产阶级权利，列宁认为马克思的这一提法是为了说明按劳分配制度的过渡性。即这一制度只实现了生产资料占有关系上的平等，在分配关系上则只实现了"形式上的平等"，还没有实现"事实上的平等"。而"各尽所能，按需分配"才是共产主义的经济原则。从按劳分配制度的过渡性出发，列宁还进一步说明了无产阶级专政国家的过渡性。他说："在一定的时期内，不仅会保留资产阶级权利，甚至还会保留资产阶级国家，——但没有资产阶级！"④ "和（半资产阶级权利）一起，（半资产阶级）国家也还不能完全消失。"⑤ 可见，列宁深刻把握了无产阶级专政历史发展的辩证法。一方面，列宁强调在共产主义社会的第一阶段无产阶级专政的必要性，另一方面，列宁又强调无产阶级专政的过渡性，认为共产主义的实现意味着国家的消亡和无产阶级专政历史使命的完成。十月革命胜利后，列宁分析和总结了俄国革命和建设实践的新经验和新情况后，进一步认为，作为共产主义社会初级阶段的社会主义本身也将是一个历史过程，也将经历几个发展阶段。

---

① 《列宁选集》第3卷，人民出版社1995年版，第187、186页。

② 《马克思恩格斯选集》第3卷，人民出版社1995年版，第314页。

③ 《列宁全集》第2版，第31卷，第164页。

④ 《列宁选集》第3卷，人民出版社1995年版，第200页。

⑤ 《列宁全集》第2版，第31卷，第164页。

　　第四，列宁还讨论了达到共产主义社会的高级阶段所需要的条件。在列宁看来，与共产主义社会的低级阶段相对应，共产主义社会高级阶段的特征是经济上的"各尽所能，按需分配"和政治上的国家的消亡。他认为实现共产主义所需要的条件是："（1）脑力劳动和体力劳动的对立消失了；（2）劳动成了生活的第一需要（注意：劳动的习惯成了常规，不用强制!!）；（3）生产力高度发展了，等等。"①

　　列宁在《国家与革命》和《马克思主义论国家》等论著和笔记中阐明的国家与革命的理论，是继马克思和恩格斯的《共产党宣言》、《法兰西内战》、《哥达纲领批判》和《家庭、私有制和国家的起源》等名著之后，对马克思主义政治学说的又一次重大发展，它极大地推动了俄国的无产阶级革命和国际共产主义运动，成为世界无产阶级革命实践的直接导言。

　　上述对十月革命之前列宁哲学思想的讨论足以证明，列宁所走的哲学道路是以普列汉诺夫为中介，继承和发展了马克思，尤其是恩格斯的哲学观念。列宁对恩格斯的哲学观念的发展主要体现在两个方面：一方面是理论的进一步系统化和创新，另一方面是对马克思主义哲学作为无产阶级意识形态的本质特征的揭示和阐发。这两个方面在列宁的哲学中是一个有机的、不可分割的整体。

　　然而，今天对列宁的哲学存在着很多争议，其中最根本的争议还在于对从恩格斯经普列汉诺夫到列宁的这一条哲学道路有不同的认识，同时也是对马克思主义哲学的基本精神有不同的认识。我们认为，首先，从恩格斯经普列汉诺夫到列宁的这一哲学道路在理论上为我们留下了一笔丰富的哲学遗产，在实践中对国际共产主义运动产生过极其深远的影响。我们必须用严肃而慎重的态度对待这笔遗产，认真研究其理论内容，肯定其历史价值和历史意义，而这一点已为全世界的研究马克思主义的学者所公认。从这一点出发，就必须承认列宁对马克思主义哲学的巨大贡献。至于对这一贡献给与多么高的评价，则是可以讨论的问题。其次，列宁的哲学道路不仅是对马克思主义哲学的多种理解中的一种，而且是最重要的一种。列宁是不能忽视的、伟大的马克思主义哲学家。

---

　　①　《列宁全集》第 2 版，第 31 卷，第 164 页。

第 七 章

马克思主义哲学苏联化形态的初步形成：从资本主义向社会主义过渡时期的苏联马克思主义哲学（1917—1936）

　　辩证唯物主义和历史唯物主义哲学在苏联形成和发展的历史，同时也是马克思主义哲学在苏联的发展史。可以把这一发展史划分为四个阶段：第一个阶段是从 1917 年十月革命胜利到 1936 年苏联社会主义改造的完成。这是从资本主义向社会主义的过渡时期，与现实政治生活中的一系列困难、争论、斗争以及矫枉过正式的失误相对应，苏联的马克思主义哲学在这一时期的发展也伴随着斗争和争论，最终受到斯大林支持的体现列宁主义的基本哲学观点的辩证唯物主义和历史唯物主义哲学占据了上风。第二个阶段是从 1936 年到 1953 年斯大林的逝世，这一时期不仅苏联的马克思主义哲学，而且苏联社会生活的各个方面都打上了深深的斯大林的烙印。第三个阶段是从 1953 年到 1986 年苏共二十七大的召开，这一时期，苏联的社会生活仍然是以所谓的斯大林模式为框架的，但是又呈现出一些不同于斯大林时期的特点，苏联马克思主义哲学的发展也同样如此。第四个阶段是从 1986 年到 1991 年苏联解体。这是苏联的改革时期和崩溃时期，也是苏联马克思主义哲学的改革和误入歧途的时期。[①]

　　本章将以马克思主义哲学苏联化形态的初步形成为主题，考察苏联马克思主义哲学理论在上述第一个阶段的发展。

　　1917 年至 1936 年是苏联从资本主义向社会主义过渡的历史时期，这

---

　　① 关于这四个阶段的划分，参见安启念《苏联哲学 70 年》前言，重庆出版社 1990 年版，第 5 页。

是苏联与国内外的敌对势力进行残酷斗争的时期，也是苏联的社会主义建设高歌猛进的时期。为了探索人类历史上前所未有的建设社会主义的道路，不同的理念、认识、策略之间的争议是不可避免的，创造性的成就和探索中的失误也必然地联系在了一起，苏联哲学领域的状况就体现出这种复杂性。为了把握这一时期苏联马克思主义哲学发展的全貌，应当注意以下几个方面的内容：首先，列宁在十月革命后进一步发展了马克思主义哲学，这是苏联过渡时期的首要哲学成就；其次，在苏联的过渡时期，在哲学领域出现了一系列或大或小的斗争和争论，其中最主要的有三次，即马克思主义与宗教唯心主义的斗争、机械论派与德波林学派的争论以及对德波林学派的批判。这些斗争和争论主要是围绕着对马克思主义哲学的理解而展开的，它们构成了过渡时期苏联马克思主义哲学发展的一条重要线索。这些斗争和争论在理论上对马克思主义哲学的发展有促进作用，但是通过这些斗争和争论所形成的苏联的哲学为政治服务的体制则有很多消极的方面；再次，过渡时期的苏联哲学史不仅仅是一个斗争和争论的过程，就苏联的马克思主义哲学而言，它的发展还体现在马克思主义哲学的传播、辩证唯物主义和历史唯物主义理论体系的初步形成，以及苏联哲学工作者对马克思主义哲学一系列问题的研究和阐发等方面。对于过渡时期苏联马克思主义哲学发展，本章将从领袖人物（列宁）的哲学思想、哲学斗争和争论、哲学体制、哲学体系、哲学问题等方面进行考察。

第一节　十月革命后列宁对马克思主义哲学的进一步发展

十月革命胜利后，列宁担负着领导苏联探索社会主义道路的历史重任，很难抽出时间直接研究哲学问题，但是在他研究现实经济、政治、文化问题的论著中包含着丰富的哲学思想，尤其是 1922 年 3 月发表的《论战斗唯物主义的意义》一文，那是列宁对《在马克思主义旗帜下》这一刊物提出的一系列期望和要求，这被看做列宁的哲学遗嘱。这一时期列宁的哲学思想主要体现在以下几个方面：

首先，在《论战斗唯物主义的意义》中，列宁提出了坚持和发展辩证唯物主义的四点要求：第一个要求，唯物主义必须具有战斗性。这包括两个方面的内容：第一，要和形形色色的唯心主义作斗争，"要坚定不移地揭露和追击当今一切'僧侣主义的有学位的奴仆',而不管他们是以官方科学界的代表,还是以'民主主义左派或有社会主义思想的'政论家自命的自由射手的面貌出现";第二,战斗的唯物主义必须同时是战斗的无神论,必须不懈地进行无神论的宣传和斗争。为此,列宁提出,要遵照恩格斯的嘱咐,把18世纪末战斗的无神论的文献翻译出来,并在人民中广泛传播。同时,要在马克思主义的刊物中用许多篇幅来进行无神论的宣传,评介有关著作。

那么,如何实现唯物主义的战斗性呢?列宁接着提出了第二个要求:战斗唯物主义者要同共产党外的彻底唯物主义者结成联盟。只有形成这样的联盟,才能更好地进行理论斗争。列宁还提出,这个联盟是开放的,共产党员和一切彻底的唯物主义者在一定程度上"要同资产阶级中的进步分子结成联盟",不过,当这些进步分子变成反动的时候,就要坚决地揭露他们。

同时,为了实现唯物主义的战斗性,列宁又提出了第三个要求:同样重要甚至更重要的是战斗唯物主义同现代自然科学家结成联盟。这是因为:第一,现代自然科学家大多倾向于唯物主义,敢于捍卫和宣传唯物主义、反对唯心主义和怀疑论;第二,现代自然科学经历着急剧的变革,要坚持和发展唯物主义必须回答这些变革所提出的问题,同自然科学家结盟有助于完成这一任务;第三,自然科学家也应该自觉地做一个辩证唯物主义者,这样才会有坚实可靠的哲学论据,才能抵御唯心主义世界观的侵蚀。

为了实现唯物主义的战斗性,列宁最后又提出了第四个要求:要坚持和发展唯物辩证法。具体的方法是挖掘黑格尔的思想遗产,并加以唯物主义的改造,为此,列宁还号召战斗唯物主义者们组成一个"黑格尔辩证法唯物主义之友协会"[①]。

列宁的这四个要求是针对苏联当时思想文化领域的现实问题提出的,同时,这四个要求对于发展马克思主义哲学又具有普遍的指导意义。

其次,列宁明确提出对具体情况做具体分析是马克思主义活的灵魂,同时又提出了辩证逻辑的四个要求,这是列宁对马克思主义方法论作出的重要贡献。

---

① 《列宁选集》第4卷,人民出版社1995年版,第647—648、650、652页。

　　马克思主义方法论是马克思主义世界观和认识论的必然推论。对具体情况做具体分析正是列宁从"真理是具体的"这一认识论思想引申出来的方法论。在 1904 年的《进一步，退两步》一书中，列宁把"真理是具体的"这一思想进一步解释为"具体问题应该根据问题的全部具体情况加以分析"①。在 1905 年的《社会民主党在民主革命中的两种策略》一书中，列宁又进一步发挥了这一思想，认为"具体的政治任务要在具体的环境中提出。一切都是相对的，一切都是流动的，一切都是变化的"②。在 1920 年 4—5 月的《共产主义运动中的"左派"幼稚病》中，列宁明确提出："马克思主义的精髓，马克思主义的活的灵魂：对具体情况做具体分析。"③

　　那么，如何对具体问题作具体分析？列宁在 1921 年 1 月《再论工会、目前形势及托洛茨基同志和布哈林同志的错误》中提出了辩证逻辑对认识活动的四个要求，实际上回答了这一问题。这四个要求分别是：第一，全面性的要求，即"要真正地认识事物，就必须把握住、研究清楚它的一切方面、一切联系和'中介'"；第二，发展和变化的要求，即"辩证逻辑要求从事物的发展、'自己运动'（像黑格尔有时所说的）、变化中来考察事物"；第三，"必须把人的全部实践——作为真理的标准，也作为事物同人所需要它的那一点联系的实际确定者——包括到事物的完整的'定义'中去"；第四，"没有抽象的真理，真理是具体的"④。列宁在这里使用"辩证逻辑"这一概念，正是为了强调辩证法的方法论意义。在辩证逻辑的这四个要求中，第一个和第二个是强调把辩证法的联系原则和发展原则贯彻到认识活动中去；第三个是强调认识活动要自觉地以实践为基础，这是认识的唯物主义前提和能动性的保证；第四个是强调要坚持辩证的真理观。这四个要求是列宁对马克思主义方法论的重要概括。

　　再次，在十月革命后，列宁在论述社会经济、政治、文化等问题的过程中，进一步运用、深化、丰富和发展了唯物史观，这体现在以下几个方面：

---

① 《列宁全集》第 2 版，第 8 卷，第 374 页。
② 《列宁全集》第 2 版，第 11 卷，第 69 页。
③ 《列宁选集》第 4 卷，人民出版社 1995 年版，第 213 页。
④ 同上书，第 419 页。

第一，列宁进一步揭示了生产力在社会发展中的决定性作用。

在 1918 年 4 月的《苏维埃政权当前的任务》中，列宁提出，社会主义的根本任务就是提高劳动生产率。在 1919 年 6 月的《伟大的创举》中，列宁进一步论述道："劳动生产率，归根到底是使新社会制度取得胜利的最重要最主要的东西。……共产主义就是利用先进技术的、自愿自觉的、联合起来的工人所创造的较资本主义更高的劳动生产率。"① 在 1920 年 12 月全俄苏维埃第八次代表大会的一个报告中，列宁还指出："共产主义就是苏维埃政权加全国电气化。"②

第二，在 1921 年 1 月《再论工会、目前形势及托洛茨基同志和布哈林同志的错误》中，列宁进一步论述了政治和经济的关系，提出政治是经济的集中表现的思想。

列宁指出："政治是经济的集中表现……政治同经济相比不能不占首位。不肯定这一点，就是忘记了马克思主义的最起码的常识。"他还指出："因为全部问题只在于（从马克思主义的观点来看，也只能在于）：一个阶级如果不从政治上正确的看问题，就不能维持它的统治，因而也就不能完成它的生产任务。"③

第三，列宁发展了马克思主义的社会意识理论，这体现在三个方面：

其一，在批判"无产阶级文化派"的过程中，列宁捍卫和发展了马克思主义的社会意识理论。"无产阶级文化派"是依托于全俄无产阶级文化学会（1917—1932）的一个理论派别，其主要的理论家是马赫主义者波格丹诺夫，并以波格丹诺夫后来提出的组织形态学为理论基础。该派的主要理论特征是对人类文化遗产采取一种"左"的虚无主义的态度。列宁一方面肯定了"无产阶级文化派"在宣传和普及无产阶级文化方面的积极作用，另一方面批评了他们的虚无主义态度，强调了马克思主义对人类文化遗产所采取的批判继承的态度。

其二，在 1923 年的《论合作社》中，列宁提出了无产阶级文化革命的思想。列宁指出，苏维埃政权的敌人认为在一个文化不够发达的国家里推行社会主义是一种冒失行为，这完全是一种书本主义，实际上苏联先进

---

① 《列宁选集》第 4 卷，人民出版社 1995 年版，第 16—17 页。

② 同上书，第 364 页。

③ 同上书，第 407、408 页。

行了政治和社会革命，然后正在进行着文化革命。他说："现在，只要实现了这个文化革命，我们的国家就能成为完全社会主义的国家了。但是这个文化革命，无论在纯粹文化方面（因为我们是文盲）或物质方面（因为要成为有文化的人，就要有相当发达的物质生产资料的生产，要有相当的物质基础），对于我们说来，都是异常困难的。"①

其三，在 1920 年 10 月《共青团的任务》中，列宁提出了共产主义道德这一概念。列宁认为，无产阶级的道德就是共产主义道德，其基本原则是"大家为一人，一人为大家"②。共产主义道德概念的提出是列宁对马克思主义伦理学的重要发展。

第四，在 1919 年 6 月的《伟大的创举》一文中，列宁提出了阶级的定义，分析了过渡时期的阶级关系，并讨论了如何消灭阶级。

列宁指出："所谓阶级，就是这样一些大的集团，这些集团在历史上一定的社会生产体系中所处的地位不同，同生产资料的关系（这种关系大部分是在法律上明文规定了的）不同，在社会的劳动组织中所起的作用不同，因而取得归自己支配的那份社会财富的方式和多寡也不同。所谓阶级，就是这样一些集团，由于它们在一定社会结构中所处的地位不同，其中一个集团能够占有另一个集团的劳动。"③

列宁还指出，在过渡时期，虽然无产阶级夺取了政权，但并不意味着阶级斗争的结束。这是由于，其一，资产阶级并不是一下子被消灭的，他们"还部分地保留着某些生产资料，还有金钱，还有广泛的社会联系"④；其二，资产阶级还有国际的基础，即国际资本，他们是国际资本的一个分支；其三，农民等小资产阶级具有两面性，在无产阶级和资产阶级斗争尖锐化的时候，他们往往会摇摆不定，反复无常。

列宁还进一步讨论了如何消灭阶级。他首先区分了消灭剥削阶级和完全消灭阶级这两个概念，并认为通过无产阶级专政，消灭剥削阶级，这是消灭阶级的首要前提。同时，"为了完全消灭阶级，不仅要推翻剥削者即地主和资本家，不仅要废除他们的所有制，而且要废除任何生产资料私有

---

① 《列宁选集》第 4 卷，人民出版社 1995 年版，第 774 页。

② 《列宁全集》第 2 版，第 39 卷，第 100 页。

③ 《列宁选集》第 4 卷，人民出版社 1995 年版，第 11 页。

④ 同上书，第 67 页。

制，要消灭城乡之间、体力劳动者和脑力劳动者之间的差别。这是很长时期才能实现的事业。要完成这一事业，必须大大发展生产力，必须克服无数小生产残余的反抗（往往是特别顽强特别难于克服的消极反抗），必须克服与这些残余相联系的巨大的习惯势力和保守势力"①。

第五，在1920年的《共产主义运动中的"左派"幼稚病》一文中，列宁对阶级、政党和领袖的辩证关系做了经典的论述。

列宁指出，不能把群众与政党和领袖对立起来，因为"群众是划分为阶级的；只有把不按照生产的社会结构中的地位区分的大多数同在生产的社会结构中占有特殊地位的集团对立时，才可以把群众和阶级对立起来；在通常情况下，在多数场合，至少在现代的文明国家内，阶级是由政党来领导的；政党通常是由最有威信、最有影响、最有经验、被选出担任最重要职务而称为领袖的人们所组成的比较稳定的集团来主持的"②。

第六，在《无产阶级革命和叛徒考茨基》等论著中，列宁进一步论述了无产阶级专政和民主，这是对马克思主义政治理论的进一步发展。

针对考茨基在1918年8月抛出的攻击新生的苏维埃政权的小册子《无产阶级专政》，列宁于1918年10月—11月写作了《无产阶级革命和叛徒考茨基》一书，批驳了考茨基的观点，捍卫了马克思主义的无产阶级专政理论。《无产阶级革命和叛徒考茨基》是继《国家与革命》之后，马克思主义政治学的又一部重要著作。在1918年12月，列宁还借《国家与革命》再版的机会，补写了第二章第三节，进一步阐明了无产阶级专政理论的重要意义。

在十月革命后，列宁在《无产阶级革命和叛徒考茨基》等论著中关于无产阶级专政的主要思想是：其一，列宁指出，无产阶级专政当然意味着暴力，这是无产阶级专政的重要标志；其二，无产阶级专政也具有组织生产、管理社会的职能，列宁说："无产阶级专政的实质不仅在于暴力，而且主要不在于暴力。它的主要实质在于劳动者的先进部队、先锋队、唯一领导者即无产阶级的组织性和纪律性"③；其三，针对俄国的实际情况，列宁提出无产阶级专政应当是特种形式的阶级联盟，即工农联盟；其四，

① 《列宁选集》第4卷，人民出版社1995年版，第11页。
② 同上书，第151页。
③ 《列宁选集》第3卷，人民出版社1995年版，第835页。

列宁还提出了无产阶级专政体系的理论，认为无产阶级专政是一个由党、苏维埃、工会等"若干齿轮组成的复杂体系"①，这实际上是对社会主义国家政治体制的探讨。

在《无产阶级革命和叛徒考茨基》等论著中，列宁还进一步论述了民主：其一，列宁指明了民主的阶级性，他说："如果不是嘲弄理智和历史，那就很明显：只要有不同的阶级存在，就不能说'纯粹民主'，而只能说阶级的民主（附带说一下，'纯粹民主'不仅是既不了解阶级斗争也不了解国家实质的无知之谈，而且是十足的空谈，因为在共产主义社会中，民主将演变成习惯，消亡下去，但永远也不会是'纯粹的'民主）。"② 其二，列宁强调了民主和专政的辩证统一，他说："专政不一定意味着消灭对其他阶级实行专政的那个阶级的民主，但一定意味着消灭（或极大的限制，这也是消灭方式中的一种）被专政的或者说作为专政对象的那个阶级的民主。"③ 其三，列宁阐明了资产阶级民主的实质是资产阶级专政，他说："在资本主义制度下（就是说只要土地和生产资料的私有制继续存在），在资产阶级民主下，'自由和平等'只是一种形式，实际上是对工人（他们在形式上是自由和平等的）实行雇用奴隶制，是资本具有无限权力，是资本压迫劳动。"④ 其四，列宁也强调了社会主义民主的重要性，他说："没有民主，就不可能有社会主义"，"胜利了的社会主义如果不实行充分的民主，就不能保持它所取得的胜利，并且引导人类走向国家的消亡"⑤。

第七，十月革命后，列宁把辩证法运用于观察社会主义社会，从而开拓了社会主义辩证法这一马克思主义哲学的新领域。

列宁在社会主义辩证法领域的首要贡献在于运用马克思主义的矛盾学说分析苏联的过渡时期，并提出了一系列重要思想：

其一，列宁阐明了苏联过渡时期的各种类型的矛盾体系（其中包括基本上是新的矛盾体系）和阶级斗争的形式，确定了他们在社会发展中的相互影响和作用。同时，在阐明矛盾体系的过程中，列宁还论述了基本

---

① 《列宁选集》第 4 卷，人民出版社 1995 年版，第 369—370 页。
② 《列宁选集》第 3 卷，人民出版社 1995 年版，第 600—601 页。
③ 同上书，第 593—594 页。
④ 《列宁全集》第 2 版，第 36 卷，第 362 页。
⑤ 《列宁选集》第 2 卷，人民出版社 1995 年版，第 782 页。

矛盾、主要矛盾和次要矛盾、普遍矛盾和特殊矛盾、内部矛盾和外部矛盾的辩证法。

其二，列宁揭示了苏联过渡时期的基本矛盾是社会主义结构与资本主义结构之间的矛盾，同时阐明了世界资本主义体系与社会主义之间的矛盾是整个新的历史时代的基本矛盾。

其三，列宁发现并论证了一种新类型的矛盾——社会主义所特有的非对抗性矛盾（这种类型的矛盾在资本主义条件下是从属的、次要的）。针对托洛茨基主义把社会矛盾的一种形式——对抗绝对化的观点，以及布哈林等人混淆对抗和矛盾的观点，列宁指出："在社会主义下，对抗将消失，矛盾仍将存在。"① 列宁还区分了苏联过渡时期非对抗性矛盾的三种形式，第一种是社会主义与其自身中包含着的资本主义残余的矛盾，即新事物与其自身中的旧事物残余的矛盾；第二种是在社会主义发展过程中产生的新与旧的矛盾；第三种不是新与旧的关系，而是新事物中与整体与部分、普遍与特殊、单一与多样、同一与差异相关的矛盾。其中对第二种矛盾的肯定对苏联的社会主义建设实践具有重要的指导意义。

其四，列宁揭示了苏联过渡时期一系列作为共产主义高级阶段萌芽的新的发展规律的实质，例如新型的劳动态度（共产主义星期六义务劳动）、对公共财产的态度、友好阶级（工人阶级和劳动农民）的关系。这些规律在方法论上表明了社会主义社会的社会统一的方面（即团结、合作、和谐的方面）和推动社会主义社会发展的矛盾的方面之间相互作用的辩证法。②

其五，正是针对共产主义低级阶段所特有的因素与共产主义高级阶段的一系列萌芽的差异和对立，列宁提出了"有意识地把对立的方面结合起来的思想"③，即运用对立面的自然结合以达到新事物战胜旧事物的新方法，丰富了马克思主义的矛盾学说。

列宁的这些思想具有双重意义，一方面，它们是列宁的社会主义辩证法思想的重要内容；另一方面，它们又是对作为一般方法论的马克思主义

---

① 《列宁全集》第 2 版，第 60 卷，第 282 页。

② Г. А.（格·阿·）库尔萨诺夫主编：《马克思主义辩证法史：列宁主义阶段》，人民出版社 1987 年版，第 185—186 页。

③ 《列宁选集》第 4 卷，人民出版社 1995 年版，第 376 页。

矛盾学说的运用和发展。

除了对矛盾学说的运用和发展,列宁还运用和发展了辩证法的量变和质变相互转化规律中旧质向新质转化的原理,揭示了苏联过渡时期的一系列特有的规律,例如向社会主义过渡的形式的多样性,新内容利用旧形式,特殊飞跃形式的渐进性,等等。①

除了对辩证法基本规律的运用和发展,列宁在社会主义辩证法领域的其他思想还有:其一,主要在新经济政策时期,列宁论述了社会主义建设中前进与后退、直接与间接、革命与改良的辩证法;其二,列宁论述了社会主义建设中理论与实践的辩证法,强调了理论必须与实践相结合。他说:"现在已经到了这样一个历史关头:理论在变为实践,理论由实践赋予活力,由实践来修正,由实践来检验"②;其三,主要在新经济政策时期,列宁还论述了社会主义建设中主体与客体的辩证法,包括:既尊重实践、又超越实践;既尊重经验,又超越经验;一般与个别、普遍与特殊的结合,等等。

列宁在十月革命后的哲学思想是非常丰富的,是过渡时期苏联哲学所取得的成就中最重要的方面。

第二节 苏联过渡时期的哲学斗争和争论与哲学为政治服务体制的初步形成

过渡时期的苏联非常重视马克思主义理论,尤其是马克思主义的哲学理论对社会主义建设的指导作用。因此,在哲学领域,马克思主义与非马克思主义意识形态的理论斗争,马克思主义阵营内部不同哲学观点之间的争论,以及苏联共产党对这些斗争和争论的介入都是不可避免的。过渡时期的苏联在这方面有成功的经验,也有失败的教训。

一 在哲学领域马克思主义与宗教唯心主义的斗争

在十月革命后的初期,思想文化领域的状况非常复杂。一大批资产阶

---

① 关于列宁在十月革命后对唯物辩证法的贡献,参见 Г.A. 库尔萨诺夫主编《马克思主义辩证法史:列宁主义阶段》,人民出版社 1987 年版,第四章。

② 《列宁选集》第 4 卷,人民出版社 1995 年版,第 381 页。

级知识分子不仅仍然占据着大学讲台，而且继续控制着主要的出版机构、刊物和学术团体。他们发表大量的论著，鼓吹他们所信奉的学术观点和价值观。在哲学领域这种状况尤为突出，资产阶级知识分子异常活跃，出现了形形色色的哲学流派，例如 А.И.（亚·伊·）维登斯基（1856—1925）的新康德主义、И.А. 伊林（1882—?）的新黑格尔主义、Н.О.（尼·奥·）洛斯基（1870—1965）和 С.Л. 弗兰克（1877—1950）的直觉主义、Е.Н.（叶·尼·）特鲁别茨科伊（1863—1920）的"具体唯心主义"形态的宗教神秘主义。① 此外，Н.А. 别尔嘉耶夫（原"合法马克思主义者"）和 Л.（列·）舍斯托夫［Л.И.（列·伊·）什瓦尔茨曼的笔名］（1866—1938）后来被列入在西欧产生重要影响的基督教存在主义的开创者之列；Л.М. 洛帕金（1855—1920）后来被认为是人格主义的开创者之一；П.А.（皮·亚·）索罗金（1889—1968）原来是俄国社会革命党的右翼领袖，十月革命后宣扬实证主义，他后来移居美国后在美国资产阶级社会学领域占有重要地位。② 这些哲学流派中的绝大部分不仅宣扬唯心主义，而且宣扬宗教唯心主义。他们对唯物主义和无神论持公开的批评态度，有些人甚至还直接攻击马克思主义和苏维埃政权。正如后来一些苏联学者指出的，这些资产阶级哲学家转向哲学神秘主义和公开的宗教立场不仅有俄国思想传统的影响，而且与他们所支持的资产阶级政权被推翻所带来的失望和绝望情绪也密切相关。

　　造成这一时期资产阶级知识分子在苏联的思想文化领域，尤其是在学术领域占据主流地位的原因是多方面的。首先，它是无产阶级夺取政权后，资产阶级在文化领域仍然占有优势的一种表现。以哲学领域为例，在当时的苏联，无产阶级哲学家不仅数量少，而且就哲学素养和思辨水平而言很难在短时期内赶超那些资产阶级哲学家；其次，当时的苏维埃政权正忙于国内战争和反对外国军事干涉，无暇顾及思想文化领域。苏联共产党的一批最积极而又有理论修养的干部都在前线作战或埋头于解决刻不容缓

---

　　① 本书所涉及的苏联人物的译名主要依据了 М.А.（米·亚·）敦尼克等主编《哲学史》（第6卷）上册中文版（生活·读书·新知三联书店1982年版）所附的人名索引以及《俄语姓名译名手册》（商务印书馆1982年版）。

　　② 参见 В.Е.（瓦·叶·）叶夫格拉弗夫主编《苏联哲学史》，商务印书馆1998年版，第105—106页。关于十月革命前后俄国形形色色的哲学流派，参见 Н.О.（尼·奥·）洛斯基《俄国哲学史》，浙江人民出版社1999年版。

的政治和经济任务；再次，1921 年初开始实施的新经济政策允许资本主义势力在一定范围内的存在和发展，文化领域的资产阶级知识分子也因此而更加活跃。

列宁等布尔什维克对思想文化领域的这种状况显然是不能满意的。为此，一方面，苏维埃政权开始创办一系列的学院、出版社和刊物，如1918 年成立的以研究社会科学为主要任务的社会主义学院（1923 年改名为共产主义学院）、1919 年成立的斯维尔德洛夫共产主义大学、1921 年成立的以培养社会科学方面的干部为主要任务的红色教授学院；1921 年创立的党的出版社——红色处女地；以及 1921 年起陆续创办的《共产主义革命》、《在马克思主义旗帜下》、《布尔什维克》等刊物。由于红色教授学院缺少哲学教师，列宁还亲自批准著名的孟什维克 A. M. （阿·莫·）德波林（1881—1963）和 Л. И. （柳·伊·）阿克雪罗得（1868—1946）参加哲学教学工作。

另一方面，从 1922 年开始，随着苏联政治和经济形势的好转，布尔什维克开始了对资产阶级知识分子的反击。首先，列宁表达了对资产阶级知识分子占据大学讲台的强烈不满，他说："无产阶级掌握政权几乎已有五年了，但旧的资产阶级学者还在无产阶级的国立学校和大学里用旧的资产阶级的毒素教育（确切些说，是腐化）青年，这是一种耻辱。"[1] 在1922 年 3 月，正是针对思想文化领域的上述状况，列宁发表了《论战斗唯物主义的意义》，强调唯物主义的战斗性和宣传无神论的重要性。在这篇文章的结尾处，列宁指出："俄国工人阶级有本领夺得政权，但是还没有学会利用这个政权，否则它早就把这类教员和学术团体的成员客客气气地送到资产阶级'民主'国家里去了。那里才是这类农奴主最适合的地方。"[2]

1922 年，作为多民族社会主义国家的苏维埃社会主义共和国联盟宣告成立。1922 年 7 月，苏维埃政权建立了书报检查制度并在同年夏天解散了一些从事反苏维埃活动的学术团体和学会，查封了两种最反动的杂志即《思想》和《经济学家》。同时，在 1922 年夏天，苏维埃政府逮捕了一批从事反对马克思主义和苏维埃政权活动的资产阶级教授和作家，并在

---

① 《列宁全集》第 2 版，第 43 卷，第 51—52 页。
② 《列宁选集》第 4 卷，人民出版社 1995 年版，第 655 页。

同年秋天，经列宁亲自圈定名单，将其中的 161 人驱逐出境。在 1922 年秋天，苏维埃政府颁布了新的高等学校章程，削弱了教授委员会的权限，并对高等学校教师和学生的社会成分提出了要求。到 1927 年前后，由资产阶级知识分子所控制的各种刊物和学术团体逐渐停止了活动。①

苏联建国初期列宁所领导的在哲学领域反对宗教唯心主义的斗争是在思想文化领域反对资产阶级意识形态斗争的一个重要的组成部分。从当时苏联哲学领域的状况来看，这一斗争是有其必要性的。但是，在今天看来，这一斗争所采取的方式是否都是合理的，例如对高等学校教师和学生的社会成分提出的要求，是需要我们结合当时的具体情况进一步研究和思考的问题。

二　布哈林的哲学思想及其争议

Н. И. （尼·伊·）布哈林（1888—1938）是苏联共产党内著名的理论家，他的《共产主义 ABC》、《过渡时期经济学》等著作使他在马克思主义思想史上占有重要地位。他也是过渡时期苏联共产党的主要领导者之一，曾任苏共中央政治局委员和《真理报》主编等要职。由于在建设社会主义的纲领和策略等一系列问题上与当时苏共的主要领导人斯大林存在着严重的分歧，布哈林等人遭到了斯大林的政治迫害，1938 年布哈林被以叛国罪判处死刑。1962 年苏联否定了布哈林"叛国"和"间谍"的罪名，1988 年苏联为布哈林彻底平反。

布哈林在哲学领域的代表作是《历史唯物主义理论》（1921），这是一本系统阐述唯物史观基本观点的通俗教材，全书除导论外共分八章。第一章标题为"社会科学中的原因和目的（因果性和目的论）"，主要阐述社会历史发展的规律性；第二章标题为"决定论和非决定论（必然和意志自由）"，主要阐述历史发展中的必然性、偶然性和人的自由；第三章标题为"辩证唯物主义"，阐述了马克思主义的唯物主义和辩证法的基本观点；第四章标题为"社会"，主要阐述社会的本质；第五章标题为"社会与自然界之间的平衡"，主要阐述生产力；第六章标题为"社会要素之间的平衡"，主要阐述经济基础和上层建筑；第七章标题为"社会平衡的破坏和恢复"，主要阐述社会运动的规律；第八章标题为"阶级和阶级斗

---

① 安启念：《苏联哲学 70 年》，重庆出版社 1990 年版，第 12—14 页。

争"，主要阐述阶级、阶级斗争、国家、政党、领袖等问题。

《历史唯物主义理论》一书从内容上看，既有突出的贡献，也有明显的不足。其贡献不仅体现在布哈林对历史唯物主义基本思想的科学概括，也体现在布哈林自己对马克思主义哲学的一系列创造性发挥。而且，书中的很多提法至今仍为我们的马克思主义哲学教科书所沿用。其不足主要体现在书中存在着大量的引起争议的观点。今天看来，其中有的观点基本上是正确的，但是又有一定的局限性；有的观点基本上是错误的，但是也包含着合理的成分。因此，对布哈林的这些观点要做具体的分析。下面将考察和讨论《历史唯物主义理论》一书中布哈林的几个重要观点：

首先，布哈林阐述了历史唯物主义的地位和作用，并提出历史唯物主义的实质是马克思主义社会学。

布哈林指出："历史唯物主义理论处于怎样的地位呢？它不是政治经济学，也不是历史。它是关于社会及其发展规律的一般学说，也就是社会学。"从这一观点出发，布哈林为《历史唯物主义理论》一书定了一个副标题——"马克思主义社会学通俗教材"。布哈林认为，在社会科学中，不是研究某一类现象，而是研究全部社会生活的科学有两门，一门是历史学，一门是社会学。其中社会学要研究的问题是：社会是什么？社会发展和衰亡取决于什么？各类社会现象的相互关系如何？它们的发展原因何在？社会的各种历史形态是怎样的？它们更替的原因何在？总之，社会学是研究人类发展一般规律的科学。因此，社会学与历史学的关系是：历史学为社会学提供材料，社会学为历史学提供方法，人们以往所说的"历史哲学"、"历史过程理论"就是指社会学。从布哈林的论述中可以看出，他所说的"社会学"实质上是一种社会理论、历史理论，与我们今天所说的社会学并不是同一个概念。他关于历史唯物主义实质的阐述从内容上看是正确的，但是使用"社会学"这个概念来概括历史唯物主义的实质还是有所欠缺的，容易使人忽略历史唯物主义的哲学性的方面。这种对哲学性的忽视在当时的苏联还有其更深的理论背景，关于这一点后面还要讨论。无论如何，把历史唯物主义概括为社会学的这一提法我们今天已经不再使用了。

尽管有提法上的问题，但是布哈林还是正确阐明了历史唯物主义的地位和作用。他指出，历史唯物主义为"各门社会科学提供研究的方法"，是社会科学研究的指南。他还强调，历史唯物主义是无产阶级和劳动人民认识世界和改造世界的锐利武器。"借助于它，无产阶级可以搞清楚社会生活和阶级斗争中一些最复杂的问题。借助于它，共产党人曾经正确预言过战争、革命和无产阶级专政，预言过不同政党、集团和阶级在人类经历的伟大变革中的作为。"①

其次，布哈林论证了社会规律的因果性，批判了唯心主义目的论。

布哈林认为，在承认社会历史发展有规律性的前提下，关于这一规律的性质仍然有两种基本观点：一种观点是目的论者提出的，他们认为规律是合目的性的；另一种观点则认为规律是因果性的。布哈林指出，所谓目的论，就是主张世界上的一切都服从于一定的目的的观点，这不仅是唯心主义的，而且是信仰主义的。布哈林说："目的论的观点以宗教为立足点。就其来源而言，这就是把世俗的奴役关系——一方从属和另一方统治——生搬硬套地运用到整个世界。目的论的观点与科学的观点根本对立，它所依赖的是信仰。"因此，布哈林认为，目的论者所说的合目的的规律是为其信仰主义服务的，不是科学的观点。布哈林还指出，把规律理解成因果性的，就是认为每一个现象都有自己的原因。换言之，对于任何事物，"人们不问目的（不问'为了什么？'），而问原因（即问'因为什么？'）"②，布哈林认为这才是科学的观点。布哈林还进一步指出，所谓因果性规律，就是现象和现象之间的一种必然的、可以经常普遍观察到的联系。科学地解释一个现象，就是要找出其原因，即找出它所依存的另一个现象，弄清楚现象和现象之间的因果联系。需要指出的是，布哈林所讨论的目的论和因果论的对立不仅涉及对社会现象的解释，而且涉及对自然现象的解释，而在他看来，历史唯物主义的贡献就在于把因果论贯彻到了社会历史领域。

布哈林对客观规律因果性的强调和对目的论的批判针对的是当时流行的各种目的论观点，他的阐述基本上是正确的，是对马克思主义哲学的一个贡献。不过，在他的阐述中也存在着把因果性和目的性对立起来的倾向，没有看到社会历史发展是合规律性与合目的性的统一。

再次，布哈林在必然与自由的关系问题上强调决定论，在必然与偶然的关系问题上否认偶然性。

---

① 布哈林：《历史唯物主义理论》，人民出版社 1983 年版，第 7 页。
② 同上书，第 14、12 页。

　　布哈林阐述了历史中必然与自由的关系，认为在这一问题上有唯物主义决定论与唯心主义的非决定论的对立。他认为："主张人的意志是自由的（无依赖的）那种学说，叫做非决定论。……主张人的意志是有依赖、受制约、不自由的那种学说，叫做决定论。"① 布哈林对马克思主义关于必然和自由关系学说的阐述基本上是正确的，但是也存在着把必然和自由割裂开来的倾向。而且，他用"决定论"这一概念来概括马克思主义关于必然和自由关系的学说是不准确的，"决定论"直到今天仍然是一个有争议的概念。

　　布哈林还阐述了历史中的必然与偶然的关系，他认为："严格说起来，没有任何一种现象是偶然的即无原因的"，"社会科学中也应当摒除偶然性这个概念。"② 这一观点显然是错误的，没有看到必然性和偶然性的辩证统一。在西方哲学史上斯宾诺莎曾提出过类似的观点，恩格斯在《自然辩证法》中曾给与过专门的批判。

　　此外，布哈林还主张以平衡论代替辩证法。

　　布哈林认为，事物运动的普遍规律是从平衡到平衡的破坏，再到平衡在新的基础上的恢复，这就是著名的平衡论。布哈林用平衡论来解释历史，把生产力看作社会与自然界之间的平衡；把经济基础和上层建筑之间的关系看作社会要素之间的平衡；把社会的平衡和破坏看作社会运动的基本规律。平衡论并不是布哈林的独创，而是波格丹诺夫在其"组织形态学"理论中首先提出的，波格丹诺夫认为平衡律是辩证法的本质，辩证法不过是平衡律的特殊表现形式。从内容上看，平衡论把事物和环境之间的矛盾看作事物发展的动力，不能理解事物自我运动的实质，因而在本质上是一种非辩证的机械论观点。不过，对布哈林的平衡论还应当持具体分析的态度。

　　第一，尽管平衡论没有领会辩证法的实质，但是它与辩证法仍然有千丝万缕的联系。平衡论者总是试图吸收和包容辩证法的内容，甚至把平衡论打扮成辩证法的模样。而实际情况恰恰相反，毋宁说被辩证理解了的平衡论是辩证法的一种特殊表现形式和一个组成部分。

　　第二，与黑格尔的情况相类似，布哈林以平衡论为框架对历史唯物主

---

① 布哈林：《历史唯物主义理论》，人民出版社 1983 年版，第 26 页。
② 同上书，第 39、42 页。

义有关内容的阐述实质上是把历史唯物主义那部分内容的合理内核装在了一个错误的外壳之中。因此，不能因为平衡论就彻底否定布哈林的那部分阐述在内容方面的价值，毕竟这些内容还是来自于布哈林对马克思主义经典理论的理解与概括。

第三，受到平衡论的限制，布哈林没有能够揭示生产力与生产关系的辩证关系、经济基础与上层建筑的辩证关系以及社会矛盾运动的真正实质和全部内容。不过，如果把辩证的平衡看作辩证法的一个特殊规律，那么就会看到布哈林侧重于对人与自然之间的平衡、社会要素之间的平衡以及社会的平衡等方面的论述也是对马克思主义哲学的独特贡献。认识到这一点，也就不难理解为什么布哈林能够从平衡论出发对社会主义建设提出了一系列的真知灼见。例如，他提出社会主义建设要处理好工农关系和城乡关系；社会主义时期的经济关系必须有适当的比例；工业化的速度必须与农业发展相协调；等等。

除了上述几个方面，布哈林的《历史唯物主义理论》在对生产力、生产关系、阶级、国家、革命等一系列问题的认识上都存在着引起争议的观点，本章在讨论苏联过渡时期哲学理论问题的研究状况时还将进一步分析这些争议。

今天，对布哈林《历史唯物主义理论》一书的评价应当注意以下几个方面：

首先，在马克思主义思想史中，布哈林的《历史唯物主义理论》并不是第一本系统介绍唯物史观的著作，实际上类似的工作考茨基等人就曾经做过。不过，布哈林的《历史唯物主义理论》作为苏联无产阶级夺取政权之后，第一本比较系统地、全面地、详细地阐述历史唯物主义的著作也是具有开创性的。

其次，这本书还有一个重要特点——通俗化。布哈林在《历史唯物主义理论》的序言中就明确指出这本书是为工人而写的。这种通俗化可能会降低理论的深度，但是优秀的通俗化作品却能够获得很高的社会价值并因而具有重要的历史意义，《历史唯物主义理论》正是这样的著作。

再次，从内容上讲，这部著作对历史唯物主义理论的阐述我们今天只能做三七开的评价，主要部分是正确的，问题也不少。在这些问题中，一部分至今仍然存在着争议，但可以作为一家之言；另外一部分明显是错误的，其中最根本的缺陷是：这本书表明布哈林并不精通辩证法。所以，当时的苏联理论界把布哈林归入到机械论派之中是有道理的。列宁曾指出，布哈林是党的宝贵的理论家，"但是要把他的理论观点算作完全马克思主义的，那是值得怀疑的，因为在他的理论观点里面有一种繁琐哲学的东西（他从来没有学过辩证法，并且我想，他从来不完全了解辩证法）"①。

总之，尽管在理论观点上存在着一系列的缺陷和不足，布哈林仍然不仅是杰出的马克思主义理论家，而且是杰出的马克思主义哲学家。就《历史唯物主义理论》一书而言，其贡献是主要的，缺陷和不足是次要的。这本书不仅对于马克思主义哲学在苏联的传播和发展产生过深远的影响，而且在马克思主义哲学发展史上也具有重要的地位。

三　机械论派与德波林学派的争论

苏联建国初期，在哲学领域不仅存在着公开的马克思主义反对派，而且即使在马克思主义者内部，关于哲学的认识也存在着严重的分歧。当时流行着一种否定哲学的地位和作用的哲学虚无主义思潮，这一思潮有两个来源：一个来源是马赫主义对形而上学的拒斥。马赫主义虽然受到过列宁的批判，但是其排斥传统哲学的观念在一些哲学家和科学家中仍然有市场。早在十月革命前，波格丹诺夫就把哲学看成是仅为剥削制度所具有的暂时现象。在十月革命后的初年，波格丹诺夫打着"无产阶级文化"的旗号发表了一系列著作，宣扬其组织形态学观点。② 除了主张以组织形态学取代哲学，他的观点中的主观唯心主义、烦琐哲学和机械论对许多苏联学者，甚至布哈林这样苏共重要的理论家都产生了影响。当时的一个学者 Э. С. （艾·谢·）恩契缅走得更远，在其《新生物学理论与马克思主义》一书中他宣称属于剥削者的辩证唯物主义会愚弄革命工人的天真头脑；要把心理学、逻辑和哲学束之高阁，而用他自己的所谓新生物学理论取而代之。

哲学虚无主义的另一个来源是布尔什维克内部出现的贬低和排斥哲学的"左"的倾向，这一倾向与波格丹诺夫的观点也有联系。一些人认为，哲学和宗教一样，只是剥削阶级的奢侈品，无产阶级并不需要哲学。例如，时任彼得格勒共产主义大学校长的老布尔什维克 С. К. （谢·康·）

---

① 《列宁全集》第 1 版，第 36 卷，第 617—618 页。
② 参见 B. E. 叶夫格拉弗夫主编《苏联哲学史》，商务印书馆 1998 年版，第 107 页。

米宁（1882—1962）于 1922 年在《马克思主义旗帜下》杂志上发表了名为《抛弃哲学》的文章，认为一切哲学都是资产阶级精神的精华，无产阶级只需要科学，并不需要哲学。这种哲学虚无主义与马克思主义的基本精神是背道而驰的，因此，С. К. 米宁的文章一发表，《真理报》立即刊登了批评文章。实际上列宁 1922 年发表的《论战斗唯物主义的意义》一文针对的不仅是宗教唯心主义，而且也包括这种歪曲和简化辩证唯物主义的倾向。1924 年成立的"战斗的辩证唯物主义者协会"也把反对这种理论倾向作为自己的任务之一。在 1924 年召开的苏共第十三次代表大会则明确提出，"必须与使理论简单化和反对理论的倾向作斗争"①。

1924 年，著名学者 И. И.（伊·伊·）斯克沃尔佐夫—斯切潘诺夫（1870—1928）发表了一篇名为《历史唯物主义和现代自然科学》的文章，认为唯物史观完全可以和机械论的自然观结合在一起。这篇文章立即受到了 Я. Э.（扬·埃·）斯腾等人的批评，从而引发了一场延续数年的论战。1924 年恩格斯的《自然辩证法》在苏联的发表进一步推动了这一论战。在论战中逐渐形成了两个对立的派别，即机械论派和德波林学派（又称辩证论派）。

机械论派并不是一个严格的理论派别，而是指持相似观点的一批哲学家和科学家。机械论派的代表人物包括：物理学家 К. А.（克·阿·）季米里亚捷夫（1843—1955），自然科学家 С. П. 别洛夫，著名的无神论宣传者、科学家和政论家 И. И. 斯克沃尔佐夫—斯切潘诺夫，著名哲学家 Л. И. 阿克雪罗得，哲学家 А. И.（亚·伊·）瓦利雅什，哲学家 В. Н.（弗·尼·）萨拉比扬诺夫（1886—1952）。布哈林虽然没有积极参与论战，但也被认为是机械论者。国立季米里亚捷夫科学研究所是机械论者的一个重要阵地，并不定期地出版刊物《辩证法与自然界》文辑（第 1—5 辑，1926—1929）。

机械论派的主要观点有以下几个方面：首先，有一种"还原论"倾向，即认为自然界和人类社会的一切现象都可以还原为机械运动；其次，从还原论出发，否定哲学的地位和作用。机械论者认为，既然一切现象都可以用简单的力学（不一定是机械力学）来说明，那么自然科学本身就是唯一科学的世界观，独立于自然科学之外的哲学世界观是不必要的；再

---

① 安启念：《苏联哲学 70 年》，重庆出版社 1990 年版，第 18 页。

次，不理解辩证法的实质和意义，往往把辩证法等同于黑格尔主义，甚至提出"辩证法就是经院哲学"的口号。此外，机械论者的重要理论特征还表现在以下几个方面：在质变和量变的关系问题上，往往持否定质变的庸俗进化论观点，甚至否认质的客观性；在必然性和偶然性的关系问题上，只承认客观必然性，否认客观偶然性；不理解矛盾是事物运动的内在源泉，等等。

被称为机械论者的这些苏联学者并不是严格意义上的机械唯物主义者或形而上学唯物主义者，他们中的许多人是马克思主义世界观的忠诚信奉者，尽管在解释马克思主义原理时往往不准确，甚至简单化和机械化；而且他们坚持唯物主义历史观。在 20 世纪 20 年代初苏联反对宗教唯心主义的斗争中，当时为数不多的持辩证唯物主义立场的马克思主义学者曾与一些自发的唯物主义者和在某种程度上持机械论观点的唯物主义者组成统一战线，当时唯物主义阵营内部的分歧还不明显。所以，机械论者也是有其历史功绩的。

与机械论派不同，德波林学派不仅有共同的观点，而且有比较稳定的组织联系。德波林在十月革命后致力于马克思主义哲学的教学和研究，是 20 世纪 20 年代苏联哲学界的理论权威和主要领导者之一。1922 年，他创办了苏联第一本马克思主义哲学方面的杂志——《在马克思主义旗帜下》。由于德波林在 1926 年至 1931 年初一直担任该杂志的主编，这本杂志也成为德波林学派的主要阵地。德波林学派的主要成员还包括哲学家 Н. А.（尼·亚·）卡烈夫、И. К.（伊·卡·）卢波尔（1896—1943）、Я. Э. 斯腾，和物理学家 Б. М. 格森、生物学家 И. И. 阿果尔，以及自然科学家 М. Л. 列文、С. Г. 列维特，他们大多是德波林的学生。

与机械论派的观点相对应，德波林学派的基本观点是：首先，反对还原论，认为机械运动只是运动的一种形式，不能用它取代更复杂的运动形式；其次，不仅认为哲学作为世界观有独立存在的意义，而且强调哲学对自然科学的指导作用，有时甚至夸大了这一作用。德波林说："马克思列宁主义哲学有权得到古典哲学在科学体系中所占有的那种地位。"[①] 这显然是把马克思主义哲学理解成黑格尔哲学式的科学之科学，因而偏离了马克思主义；再次，不仅认为唯物辩证法是马克思主义哲学的本质内容，而

---

① 《在马克思主义旗帜下》1929 年第 5 期，第 8 页。

且强调马克思主义哲学仅仅是作为关于思维的学说和科学方法论的辩证法，因而忽视了马克思主义哲学在世界观方面的内容。对此 Я. Э. 斯滕做了明确的阐述，他说："马克思主义哲学不可能是关于世界观的特殊科学，但作为一个特殊的独立的科学，它是以关于形式逻辑和辩证法的学说的形式，也就是以科学的方法论的形式存在的。"① 此外，批判了机械论者在质变和量变的关系、必然性和偶然性的关系问题上的错误认识，强调了质变和量变、必然性和偶然性的辩证统一。

与机械论派相比，德波林学派对辩证法的理解和肯定显然更符合马克思主义哲学的本来面目。不过，德波林学派又走向了另一个极端，他们的观点过于黑格尔化，以至于忽视了唯物辩证法与黑格尔唯心辩证法之间的本质区别，甚至把二者看成相同的东西。德波林认为，辩证唯物主义就是"黑格尔的辩证方法和唯物主义的自然观与历史观的综合"②。Н. А. 卡烈夫认为："黑格尔哲学中的唯物主义成分正是它的方法。"③ 由于把唯物辩证法和黑格尔的唯心辩证法看成了同一个东西，德波林学派论述具体哲学问题的过程中常常把黑格尔的观点当成马克思主义的哲学观点。除了上面已经指出的把马克思主义哲学的内容局限于思维方法，以及把马克思主义哲学看成科学之科学之外，在矛盾的普遍性、范畴的本质等问题上，德波林学派的观点都犯了类似的错误。此外，在马克思主义哲学的来源问题上，德波林肯定了普列汉诺夫的说法，认为马克思主义哲学来源于斯宾诺莎的学说，这一观点显然也是片面的。除了哲学观点上的缺陷和不足，德波林在与机械论派的论战中还有一个做法是不妥当的，即他给机械论派扣了很多政治帽子，诸如"修正主义"、"同西方马克思主义取消派之间存在着联系"，等等。

在论战中反对机械论派观点的一些苏联学者实际上也不属于德波林学派，例如 В. В. （弗·维·）阿多拉茨基（1878—1945）、В. Ф. （瓦·费·）阿斯穆斯（1894—?）、В. А. （瓦·亚·）贝斯特里扬斯基（1886—1940）、Б. Э. 贝霍夫斯基（1898—?）、М. А. （米·亚·）敦尼

---

① 《布尔什维克》1925 年第 15—16 期，第 121 页。

② 德波林：《康德的辩证法》，《马克思恩格斯文库》俄文版，第 1 卷，第 14 页。

③ Н. А. 卡烈夫："马克思主义中的哲学问题"，《在马克思主义旗帜下》1925 年第 8—9 期，第 9 页。

克（1896—1971）、A. B. 卢那察尔斯基（1875—1933）、В. И.（弗·伊·）涅夫斯基（1876—1937）、М. В. 谢烈布里亚科夫、А. Я. 特罗伊茨基，等等。

机械论派与德波林学派的争论最后是以行政干预的方式结束的。1926年春，《真理报》发表了德波林学派支持者的文章，批评了季米里亚捷夫科学研究所出版的一部文集《自然界中的辩证法》。1927 年 1 月，由德波林担任领导的当时苏联的主要哲学组织"战斗唯物主义者协会"通过了一个谴责机械论派的决议。1928 年，"战斗唯物主义者协会"与德波林的年轻追随者们建立的"黑格尔辩证法唯物主义之友协会"合并为"战斗唯物主义者辩证法论者协会"，拒不吸收机械论派主要成员的参加，两派观点上的对立导致了组织上的分裂。1929 年 4 月 8—13 日，马克思列宁主义科学研究机构第二次全苏代表会议对两派的论战做出了总结，通过了两个谴责机械论派的决议，宣告了德波林学派的胜利。决议指出，机械论"用庸俗进化论代替革命的辩证法，用实证主义代替唯物主义，客观上阻碍了辩证唯物主义的方法论"，它"明显地背离了马克思列宁主义哲学的立场"[①]。

德波林学派与机械论派的论战以及德波林学派的胜利是有积极意义的。首先，它反对了苏联建国初期的哲学虚无主义思潮，维护了马克思主义哲学作为无产阶级世界观的地位；其次，它批判了苏联建国初期流行的机械论观点，弘扬了辩证法，促进了苏联马克思主义哲学的发展。苏联建国初期机械论观点的流行反映了苏联理论界对马克思主义辩证法还缺乏深入的理解。例如，作为权威的马克思主义哲学通俗教材的布哈林的《历史唯物主义理论》在辩证法问题上就存在着根本的缺陷。德波林学派的胜利使苏联理论界进一步认识到了辩证法是马克思主义哲学的本质特征，唯物主义和辩证法是不可分割的，学习和掌握辩证法是发展马克思主义哲学的根本要求。因此，在这场争论之后，许多苏联学者开始认真研究辩证法。不过，德波林学派的胜利在理论上也有其消极的方面。首先，德波林学派的观点也不完全是马克思主义的，其错误观点还有待于进一步的批判；其次，机械论派在基本观点上是错误的，但是也有其合理的成分，他们力求依据自然科学的成就，反对烦琐的空谈和抽象议论，强调对现象进

---

① 《共产主义科学院通报》1929 年俄文版，第 32（2）册，第 243 页。

行量的描述的重要性，他们还公正地指出了德波林学派对马克思主义观点
与黑格尔观点的混淆。但是论战的结果却是对其观点一概否定，这也给苏
联哲学的发展造成了损失；再次，虽然德波林学派后来也受到了批判，但
是其在哲学与自然科学的关系问题上把哲学看成科学之科学的错误观点不
仅没有受到触动，反而以更加"左"的方式加以发扬。用哲学粗暴地干
涉自然科学，这是苏联哲学和自然科学发展中一个为害几十年的错误
倾向。

德波林学派与机械论派的论战还开了苏联共产党以行政手段干预学术
争论的先例，这不是纯粹的理论问题，而是一个思想文化体制的问题，对
此要做具体的分析。

首先，苏共为什么要介入德波林学派与机械论派的争论？原因主要有
两个方面：一方面是理论上的原因，因为马克思主义哲学是马克思主义理
论的重要组成部分，在关于马克思主义哲学的问题上，德波林学派显然比
机械论派更加符合马克思主义的本来面目；另一方面也有政治上的原因，
即机械论在政治上的推论是布哈林的社会主义建设的平衡论和所谓的
"社会主义自流论"。尤其是后一理论，强调量变，认为社会主义的发展
是一个不断积累的过程，从而有轻视阶级斗争和无产阶级政党在社会主义
改造方面能动作用的倾向。当时的苏共领导人斯大林认为，布哈林等人的
平衡论和自流论观点是为富农服务的右倾思想，而机械论是其哲学基础。
今天看来，斯大林与布哈林等人的争论是关于社会主义发展道路问题的正
常的争论，斯大林给布哈林扣上的政治帽子是否正确是值得怀疑的，不过
这一问题这里不做深入地讨论。

无论如何，苏共对德波林学派的支持既有理论上的原因，也有政治上
的原因。不管当时这两方面的原因何者占主要地位，今天看来，苏共介入
德波林学派与机械论派的论战都是必要的，对德波林学派的支持也是正确
的，实际的效果是促进了苏联马克思主义哲学理论的发展。但是，今天看
来，苏共在介入这一论战的方式上也存在着严重的失误，这体现在两个方
面：第一，以行政手段直接干预学术争论的方式是简单粗暴的，不利于马
克思主义理论的发展；第二，为学术观点扣上政治帽子更是一种贻害无穷
的恶劣倾向。这两种倾向不仅贯穿了苏联思想文化发展的历史，而且是国
际共产主义运动中带有普遍性的错误倾向。这两点也是苏共干预德波林学
派与机械论派的论战给我们留下的最消极的东西。关于这两点，后面还有

详细的讨论。

四　对德波林学派的批判

对德波林学派的批判来自于哲学领域的一场新的讨论。1929 年 12 月 27 日，斯大林发表了一篇重要讲话——《论苏联土地政策的几个问题》。在讲话中，斯大林不仅批评了"平衡论"、"自流论"，而且批评了在农业领域中理论工作滞后于实际工作，理论与实际相脱离的状况。1929 年被斯大林称为"大转变"的一年，即在新经济政策执行 8 年之后，无产阶级开始由"退却"转向"进攻"。"进攻"的基本手段就是斗争，1929 年开始的消灭富农阶级的政策、1934 年开始的肃反扩大化都是其组成部分。而 1929 年斯大林对农业领域理论工作的批评实际上也是对苏联所有理论工作者的警告和督促。

哲学界在讨论斯大林讲话的过程中，就如何评价哲学界的工作产生了尖锐的分歧。以哲学和自然科学红色教授学院党支部委员会负责人，刚毕业不久的 М. Б. （马·波·）米丁（1901—?）和 П. Ф. （巴·费·）尤金（1899—1968）为代表的一批年轻人，批评德波林等哲学界的领导埋头于对哲学史的经院式研究，对具体的、现实的问题不闻不问，使哲学界游离于党的中心工作之外。以德波林学派的 Н. А. 卡烈夫、Я. Э. 斯腾为代表的一批人不同意 М. Б. 米丁等人的指责，认为哲学界刚刚取得了反对机械论的胜利，不存在理论落后于生活的情况。一场新的讨论由此展开。

1930 年 3 月之前是讨论的开始阶段，讨论局限于红色教授学院内部。德波林等人仍然以哲学界领导人的面目出现，居高临下地对待 М. Б. 米丁、П. Ф. 尤金这些"心怀恶意的小伙子"。从 1930 年 3 月末到 12 月初是讨论的第二阶段，讨论超出了红色教授学院的范围，具有越来越强的政治色彩。М. Б. 米丁、П. Ф. 尤金等人得到了苏共中央的支持，Е. М. （叶·米·）雅罗斯拉夫斯基（1878—1943）、В. В. 阿多拉茨基等苏共理论界的重要人物也逐渐加入了批评德波林学派的行列。德波林等人承受的压力也越来越大，声音越来越小，讨论逐渐变成了对德波林学派的批判。当时对德波林学派持批评态度的苏联学者还有 В. Ф. 拉里切维奇、Н. А. （尼·阿·）斯克雷普尼克（1872—1933）、Ф. В. （费·瓦·）康斯坦丁诺夫（1901—?）、Б. А. （波·亚·）恰金（1899—?）、П. С. 切列姆内赫、А. Ф.（亚·弗·）奥库洛夫、М. А.（米·亚·）敦尼克（1896—1971）等人。

在讨论中对德波林学派的批评主要有以下几个方面：首先，认为德波林学派低估了列宁的哲学遗产。这一批评是符合事实的，德波林的一个基本观点是："列宁在哲学方面是普列汉诺夫的'学生'……普列汉诺夫首先是一位理论家，而列宁首先是一位实践家、政治家、领袖。"① 然而，在苏联当时的政治背景下，德波林学派的这一观点被认为具有严重的政治后果。在列宁逝世后，苏共领导层内部曾就如何评价列宁的理论遗产发生过严重的分歧。Л. Д.（列·达·）托洛茨基（1879—1940）及其追随者只承认列宁是一个实践家、革命领袖，否认列宁开创了马克思主义的新阶段。在这一问题上布哈林同意托洛茨基的观点，同时他也否认列宁哲学的开创性意义。斯大林则持相反的观点。在《论列宁主义基础》（1924）等论著中，斯大林论证了列宁主义是马克思主义的新阶段并且论述了列宁主义的基本问题。在 1927 年底苏共十五大上托洛茨基主义被定性为反布尔什维主义之后，任何否定和低估列宁理论遗产的倾向都被认为是一种政治错误。而且，事实上德波林学派的成员 Н. А. 卡烈夫就被认为是一个托洛茨基分子。Н. А. 卡烈夫曾断言："如果有人对列宁说，他开辟了马克思主义的新纪元，他也会感到震惊的。"② 针对德波林学派的这一观点，德波林学派的批评者们重点论证了列宁哲学是马克思主义哲学的新阶段的观点。

其次，对德波林学派的另一个批判是认为其具有理论脱离社会主义建设实践、哲学脱离政治的倾向，Е. М. 雅罗斯拉夫斯基把这一点定性为"形式主义倾向"。再次，还有一个批判是认为德波林学派在哲学研究工作中没有贯彻哲学的党性原则。此外，德波林学派的一些哲学观点也受到了批评，尤其是其没有划清唯物辩证法与黑格尔唯心辩证法界限的错误认识。③

1930 年 12 月 9 日适逢斯大林的生日，他在这一天亲临哲学和自然

---

① 德波林：《哲学与政治》（下），三联书店 1965 年版，第 817 页。

② Н. А. 卡烈夫：《论对黑格尔的有效研究和无效研究》，《在马克思主义旗帜下》1924 年第 4—5 期，第 241 页。

③ 关于对德波林学派的批判，参见张念丰、郭燕顺等编译《德波林学派资料选编》一书，吉林人民出版社 1982 年版。

科学红色教授学院，与 M. Б. 米丁、П. Ф. 尤金等红色教授学院党支部委员会的成员进行了一次谈话，对德波林学派的问题做了进一步的定性，从此进入了对德波林学派进行公开批判的阶段。虽然斯大林的谈话内容迄今仍未正式公布，但 1992 年俄罗斯刊物上发表了米丁所做的"斯大林谈话"纪录稿全文，使我们今天能够了解谈话的全貌。从纪录稿来看，在谈话的开始部分，斯大林对德波林学派、普列汉诺夫、恩格斯、列宁都做了简要的评述。后来的谈话则主要是米丁等人提出问题，斯大林做出回答。

关于德波林学派的基本性质，斯大林说："德波林和他的门徒们在认识论方面是普列汉诺夫分子。他们是些按孟什维克思维方式思维的人。批判他们是一项很精细的工作，不能出差错。他们是孟什维克化的唯心主义者。"当米丁等人问到把德波林学派的观点定性为形式主义倾向是否正确时，斯大林基本上肯定了这一提法，但认为这个术语太轻，太学术性了，应当加强。当被问到德波林学派是不是反马克思主义者时，斯大林说："事实上他们是反马克思主义者。如果使哲学脱离政治，理论脱离实践——那算什么马克思主义。"当被问到是否应当把理论领域两条路线的斗争与党内的政治倾向直接联系起来时，斯大林说："可以而且应该联系，因为在阶级斗争尖锐化的形势下，对马克思主义的任何背离，即使是在最抽象的理论问题上的背离，都具有政治意义。但是，在这个问题上不能简单化。在政治斗争中，重要的不是言词有力，而是论据有力。"[①] 斯大林还认为，德波林学派一方面是形式主义，另一方面是"抽象的唯物主义"，即他们一成不变地接受黑格尔哲学，对黑格尔顶礼膜拜。

除了评价德波林学派，斯大林还对一系列哲学人物和派别做出了评价。关于列宁，斯大林肯定了列宁把辩证唯物主义提高到了一个新阶段这一提法，他还说："列宁在马克思主义的各个方面都作出了新的贡献，要竭尽全力深入研究和揭示这些新的贡献。"关于普列汉诺夫，斯大林做出了基本上是否定性的评价，并提出要批判和揭露普列汉诺夫的哲学观点。关于机械论派，斯大林肯定了机械论者仍然是当时的主要危险这一提法。

---

① 《斯大林与哲学和自然科学红色教授学院党支部委员会的谈话（1930 年 12 月 9 日）》，《哲学译丛》1999 年第 2 期，第 49—51 页。

关于布哈林，斯大林提出要对他进行严厉的批判，因为他把历史唯物主义非常严重和彻底地搞乱了。最后，斯大林还向米丁等人提出了任务，他说："你们现在的重要任务是开展全面的批判。主要的问题是进攻。向所有的方向、向没有进攻过的地方进攻。"①

斯大林 1930 年 12 月 9 日的谈话不仅是当时对德波林学派的"盖棺定论"，而且是对苏联马克思主义哲学发展历程的一个总结。这个总结有合理之处，例如对列宁哲学的肯定、对机械论的批评；但也充斥着各种错误，例如否定了普列汉诺夫的哲学功绩，彻底否定了布哈林和德波林学派。斯大林这篇谈话最根本的问题是把对两类矛盾（即阶级矛盾和人民内部矛盾）的混淆扩展到了理论领域，把关于马克思主义理论的正常的争论和偏差看成反对马克思主义的阶级斗争的表现形式。正如斯大林后来的肃反扩大化给苏联的社会生活带来深重的灾难一样，这种理论上的肃反扩大化也严重窒息了苏联马克思主义理论的发展。

斯大林这次谈话之后，红色教授学院根据谈话的精神做出了彻底否定德波林学派的决议。1931 年 1 月 25 日，苏共中央又做出了《关于〈在马克思主义旗帜下〉杂志的决议》。决议指出："领导《在马克思主义旗帜下》杂志的一批人复活了第二国际最有害的传统和教条之一即割裂理论与实践的联系，在许多问题上滑向孟什维克式的唯心主义立场。"② 接着《在马克思主义旗帜下》杂志被改组，领导苏联哲学界的战斗唯物主义者和辩证论者协会也被改组，协会的领导人由德波林等人更换成了 М. Б. 米丁等人。1931 年 4 月召开的战斗唯物主义者和辩证论者协会全苏会议还确定了辩证唯物主义和历史唯物主义进一步研究的方向：（1）探讨马克思《资本论》中的辩证法、逻辑和认识论；（2）研究帝国主义、无产阶级革命以及过渡时期的辩证法；（3）研究社会主义时期社会主义建设的经验。德波林学派的许多哲学家，如 Н. А. 卡烈夫、Я. Э. 斯腾后来甚至在肃反扩大化中被镇压。

由于德波林学派的观点有偏离马克思主义之处，所以对德波林学派的批判并不是完全没有积极的意义。其积极的意义在于：首先，反对了

---

① 《斯大林与哲学和自然科学红色教授学院党支部委员会的谈话（1930 年 12 月 9 日）》，《哲学译丛》1999 年第 2 期，第 49—51 页。

② 《真理报》1931 年 1 月 26 日。

那种对马克思主义哲学做黑格尔式的理解，不能划清黑格尔辩证法与唯物辩证法界限的理论倾向；其次，通过批判德波林等人忽视列宁哲学遗产的错误，苏联哲学界进一步认识到列宁阶段是马克思主义哲学发展的新阶段，对列宁哲学的研究开始受到高度的重视；再次，通过批判德波林等人的形式主义倾向，有助于克服哲学研究中理论脱离实际，哲学脱离政治的倾向。但是，今天看来，对德波林学派批判的消极方面更为突出。首先，德波林学派对马克思主义哲学的理解固然有其不足之处，但他们仍然是坚持和研究马克思主义哲学的一个学派，对德波林学派的批判实际上否定了马克思主义哲学研究中正常争论的合理性，这只能阻碍马克思主义哲学的发展；其次，在理论和实践、哲学和政治的关系上产生了另一种片面性，即忽视哲学的理论性和相对独立性，一味强调哲学要为政治服务，要解决实际问题。其结果是使哲学沦落到了为党的领袖的语录、对党的具体政策进行论证的地步，这后来成为苏联哲学发展中的一个痼疾；再次，对德波林学派的批判还助长了一种对待思想文化问题的形而上学的思维方式。即不是具体分析某一理论的功过是非，而是先扣政治帽子，然后全盘否定。这种态度不是马克思主义的，它导致了对布哈林、德波林学派、甚至对普列汉诺夫的全盘否定，因而不利于吸收马克思主义发展史中的思想遗产；它也导致了对非马克思主义、非无产阶级的思想遗产的虚无主义态度，从而阻碍了对人类思想文化遗产的吸收，极大地束缚了苏联马克思主义理论自身的发展。同时，对德波林学派的批判使对学术问题的行政干预进一步升级，并开了由党和政府的某一级机关或某一位领导人物对不同的学术观点加以裁决的先例，这种做法也对苏联思想文化事业的发展产生了恶劣的影响。此外，对德波林学派的批判也开了用阶级斗争的方式解决理论问题的先河。这不仅是用行政手段干预学术，而且是用暴力手段解决理论问题。这是斯大林式的肃反扩大化所导致的种种严重错误之一。

五　过渡时期苏联哲学领域斗争和争论的实质：捍卫马克思主义哲学的列宁主义范式与苏联哲学为政治服务体制的初步形成

　　有学者认为，过渡时期苏联哲学领域的斗争和争论实质上是一系列

"控制与反控制的对抗"①，这一看法是有一定的合理性的。当时的苏联共产党对哲学领域的三次主要的斗争和争论没有做两类矛盾的划分，而一概看作斗争。第一次斗争的对象是马克思主义哲学的公开的敌人，它用一种简单粗暴的方式把各种公开反对马克思主义、反对苏维埃政权的资产阶级哲学赶出了历史舞台。第二次斗争的对象是无产阶级内部否定和忽视马克思主义哲学指导作用以及否定和误解马克思主义辩证法的错误倾向，它不仅确立了马克思主义哲学对具体科学的指导地位，而且把这一指导地位错误地夸大为哲学对自然科学具体观点的直接的干涉和裁夺。第三次斗争在肯定马克思主义哲学对具体科学的指导地位的前提下，针对的是哲学脱离政治需要、理论脱离社会主义实践以及马克思主义哲学研究中的独立化、学院化、非政治化的倾向，它确立了哲学为政治服务的使命，但同时又使这一使命简单化和庸俗化了。

不过，把苏联建国初期哲学领域的三次主要斗争和争论仅仅理解为"控制与反控制的对抗"是不够的，必须区分这三次斗争中所涉及的理论本身的和哲学体制的这两个层面的问题。第一次斗争在理论上主要是解决了在哲学领域是确立马克思主义哲学的主导地位，还是推行哲学意识形态多元化的问题。苏联共产党当然选择了前者，而这一选择必然要上升到体制的层面，即要运用政治和行政的力量来实现。第二次斗争在理论上主要是反对对马克思主义哲学的机械论理解范式，捍卫了列宁主义的范式——辩证唯物主义和历史唯物主义。这一次斗争在体制上的意义并不突出，主要是从体制上确立了马克思主义哲学对具体科学的指导地位。第三次斗争不仅有理论的意义，即反对了对马克思主义哲学的黑格尔化的理解范式；而且在体制上的意义更为突出，即确立了一种苏联式的学术与政治的关系，并使其体制化。

苏联共产党领导的在哲学领域的一系列斗争不是孤立的现象。当时在斯大林领导下的苏联共产党把一种政治、经济、思想文化高度集中的体制看成社会主义制度的本质特征，向社会主义过渡就成了向这一体制过渡。

---

① 参见安启念《解读米丁》，《读书》1999 年第 3 期；以及安启念：《苏联哲学 70 年》，重庆出版社 1990 年版，第 51—52 页。关于苏联学者对过渡时期哲学斗争和争论的研究书目，参见 Г. А. 库尔萨诺夫主编《马克思主义辩证法史：列宁主义阶段》，人民出版社 1987 年版，第 198 页注释。

1925 年苏共十四大上确立的社会主义工业化方针，1927 年苏共十五大确立的农业集体化方针，以及 1930 年苏共十六大确立的社会主义在所有战线上展开全面进攻的方针都是向这一体制过渡的关键性步骤。这一体制就是我们通常所说的斯大林体制或斯大林模式。在这一体制中，哲学，尤其是马克思主义哲学被看做一个重要的环节，它直接为政治服务，同时又指导具体科学。所以，哲学领域的斗争与苏联其他领域的斗争一样，是通过斗争向社会主义过渡的一个组成部分。今天看来，斯大林体制有其历史功绩，但是也存在着严重的弊端。我们对于这一体制在经济方面的弊端已经有了较为深入的认识，然而，对于这一体制给与哲学的定位或者说它的"哲学体制"还缺乏深入的反思，而苏联建国初期哲学领域的三次主要斗争和争论正是为了实现这一哲学体制而进行的。

可以从理论本身和哲学体制这两个层面来评价苏联建国初期哲学领域的三次主要斗争和争论。从理论本身来看，这三次斗争和争论的积极因素较多。它给宗教唯心主义以致命的打击，使马克思主义哲学占据了哲学领域的主导地位；它批判了哲学虚无主义和机械论观点，维护了马克思主义哲学的无产阶级世界观地位以及马克思主义哲学的辩证本质；它批判了把马克思主义哲学黑格尔化以及低估列宁哲学遗产的错误倾向，明确了唯物辩证法与黑格尔辩证法的本质区别，肯定了列宁对马克思主义哲学的伟大贡献。这三个方面都是对马克思主义哲学的捍卫和发展。

从哲学体制来看，这三次斗争和争论的消极因素较多。通过这些斗争和争论形成的斯大林式的苏联哲学体制主要有以下四个方面的特征：

首先，哲学体制是思想文化体制的一个组成部分，党和政府直接对哲学实施政治领导，同时，又通过哲学领导自然科学。

其次，哲学的主要功能是直接为政治服务，是作为理论直接为社会主义实践服务。这种服务的极端化形式就是哲学为党的领袖人物的语录、为党的具体政策做注解。

再次，党和政府对哲学实施政治领导的基本方式是：第一，为了维护马克思主义哲学的主导地位，明确禁止公开地反对马克思主义哲学的观点；第二，马克思主义经典作家和无产阶级革命领袖的哲学思想具有特殊的地位，基本上是不允许公开质疑的；第三，党通过中央决议的方式对一些重大的理论问题提出统一的认识，并以此来指导马克思主义哲学的研究，因此出现了党的中央决议中的哲学思想这一重要的理论形式；第四，对于马克思主义哲学内部的争论，由党和政府进行行政干预：由党和政府的最高领导人或理论界、哲学界的主要领导人对不同的学术观点做行政裁决；由哲学界的领导机构，必要时由党中央对学术问题做政治决议；对学术观点扣政治帽子；以阶级斗争的方式处理那些被定性为阶级矛盾的学术观点。

此外，党通过哲学领导自然科学具体方式是：直接干涉自然科学的具体观点，对于看起来不符合马克思主义哲学的自然科学观点不仅要批判，而且扣政治帽子。

这一哲学体制在苏联的斯大林时期达到了高峰。斯大林时期之后，这一体制中某些过于消极的方面在不同程度上得到了修正，但是像斯大林体制的其他方面一样，至少在苏联的改革时期之前这一哲学体制也没有受到根本的触动。

关于这一体制的种种弊端，我们已经做过具体的分析。它们的根本问题在于，对马克思主义哲学的基本精神——科学性和革命性的统一在一定程度上做了歪曲的运用。即片面强调马克思主义哲学的革命性和意识形态职能，忽视了马克思主义哲学科学性的方面和理论发展的特殊规律。同时，由于没有能够很好地贯彻马克思主义哲学的基本精神，马克思主义哲学的革命性方面在这一体制中同样不能得到很好的贯彻，马克思主义哲学在很多时候被当成了为教条主义和长官意志做辩护的消极工具。

不过，需要指出的是，这一体制虽然存在着严重的问题，但是它的基本原则是正确的。苏联的哲学为政治服务体制的基本原则无非两点，一是政治领导哲学，二是哲学为政治服务。虽然哲学为政治服务的体制在具体的方式、方法上弊端不少，但是这两个基本原则是符合马克思主义的基本精神的。思想文化领域，尤其是哲学领域，是意识形态斗争的重要阵地，无产阶级的政党和国家必然要对哲学领域实施有效的领导，并探索符合哲学发展特殊规律的领导方式。同时，马克思主义哲学具有作为无产阶级意识形态的革命性职能，它当然要为无产阶级的政党和国家服务，并且也要求我们探索其为政治服务的合理方式。否定了政治对哲学的领导，就难以保证在哲学领域的意识形态性的问题上马克思主义观点的主导地位。当然，并不是哲学领域的一切问题都是意识形态性的，实际情况相当复杂，要求我们做具体分析。另一方面，否定了哲学为政治的服务，就会使马克思主义的政党和国家失去有力的思想武器，就会削弱马克思主义的政治。

　　总之，这一体制所提出的党和政府要对哲学进行有效领导的要求却是正确的，它所出现的问题是在贯彻马克思主义的基本精神的过程中出现的失误。今天，如果我们为了反对斯大林式的哲学体制而放弃了党和政府对哲学领域的领导权，那也是错误的。在社会主义国家改革开放的过程中，这方面的教训是非常多的。关键是要探索党对哲学领域、对思想文化领域进行领导的合理方式。例如，在既提倡学术自由，又与资产阶级意识形态作有效斗争的过程中，社会主义国家的执政党应当如何发挥其作用？如何在尊重人的思想意识发展特殊规律的前提下，以适当的手段解决思想问题？如何在尊重马克思主义理论研究的独立性、学术性的前提下，真正地做到理论与实践、哲学与政治的有机结合？如何在尊重马克思主义理论内部正常学术争论的前提下，引导学术界批评错误倾向，促进马克思主义理论的发展？如何对待非无产阶级的思想文化遗产，既批判其非无产阶级的意识形态的内容，又吸收其文明成果，等等。这些问题都值得我们研究和思考。

第三节　苏联过渡时期马克思主义哲学理论的传播与辩证唯物主义和历史唯物主义体系的初步形成

　　哲学领域的斗争和争论以及哲学为政治服务体制的形成并不能够反映过渡时期苏联马克思主义哲学发展的全貌。这一时期马克思主义哲学的传播和发展还体现在以下几个方面：首先，苏联过渡时期出版了大量的马克思主义经典作家的哲学著作，极大地促进了马克思主义哲学理论的传播；其次，在苏联过渡时期初步形成了一个马克思主义哲学教科书体系——辩证唯物主义和历史唯物主义体系，它对于马克思主义哲学理论的研究、宣传和普及（宣传和普及也是传播的重要方式）起到了巨大的促进作用；再次，苏联的哲学工作者（以下简称苏联学者）以极大的热情投入到了对马克思主义哲学的研究之中，取得了丰硕的成果：既有对马克思主义经典作家哲学思想的研究，也有以辩证唯物主义和历史唯物主义为主要框架，对马克思主义哲学理论问题的阐发。总之，过渡时期苏联马克思主义哲学的传播和发展、研究和宣传、争论和共识是交织在一起的，下面我们来讨论其中主要的方面。

一   苏联过渡时期马克思主义经典作家哲学著作的出版和对经典作家哲学思想的研究

首先，这一时期编辑和出版了大量的马克思和恩格斯的著作和文献。俄共（苏联是在 1922 年正式成立的）在 1918 年就做出了组织出版《马克思恩格斯全集》第 1 版的决议。1920 年 8 月，列宁提议出版马克思和恩格斯的书信选集，并实际上承担了组织和编辑的工作。1920 年 12 月 8 日，俄共中央决定建立马克思主义博物馆；1921 年 1 月，又将博物馆改名为马克思恩格斯研究院。在院长 Д. Б.（达·波·）梁赞诺夫（1870—1938）的主持下，研究院开始在世界范围内广泛搜集马克思和恩格斯的原始文献，出版《马克思恩格斯文库》（同时用俄文和德文出版）和《马克思主义年鉴》。1924 年，《文库》发表了马克思的《关于费尔巴哈的提纲》。1925 年，首次以俄语和德语两种文字出版了恩格斯的《自然辩证法》。后来还出版了马克思的《黑格尔法哲学批判》。20 世纪 30 年代初，苏联首次发表了马克思的《1844 年经济学哲学手稿》（德文部分）、《数学手稿》和马克思和恩格斯的《德意志意识形态》（1932）。与此同时，苏联大量出版了马克思和恩格斯重要著作的单行本。1923 年和 1924 年，苏联开始出版《马克思恩格斯选集》（不久因故改变，没有出完）。1924 年 5 月，苏共十三大又做出了出版《马克思恩格斯全集》的决定，马克思恩格斯研究院开始用俄文（1928）和原文（1927）出版《马克思恩格斯全集》第 1 版。受苏联肃反扩大化的影响，用原文出版马克思和恩格斯著作（即 MEGA1）的计划在 1935 年停止了，但是俄文版的出版工作一直在进行。1935 年 8 月苏共中央政治局研究了马克思、恩格斯、列宁研究院（马克思恩格斯研究院后来与列宁研究院合并组成的机构）的工作，确定其主要任务是："……警觉地捍卫马克思恩格斯列宁的遗产，保证最大限度准确而又原原本本地传达马克思列宁主义经典作家著作的原文，不容许对原文有一点偏离和歪曲。给那些对马克思列宁主义奠基者的原著作任何修改和增补的编者以最严厉地追究党内责任的惩处。"[①] 这一决定把对马克思主义经典著作的忠实极端化、绝对化了，体现了一种教条主义倾向。Д. Б. 梁赞诺夫后来在肃反扩大化中也被镇压。

---

① 马克思列宁主义研究院中央党务档案馆，全宗 17 目录 3 编号 970，第 167 页。

其次，列宁和普列汉诺夫的著作也大量地整理出版。1920 年再版了
《唯物主义和经验批判主义》，这实际上是这一经典著作的首次大量出版，
因为 1909 年该书的第一版只有几百本在书店出售，其余的则被没收。该
书的第 2 版还附载了老布尔什维克 В. И. 涅夫斯基对十月革命后波格丹诺
夫的哲学观点进行批判的文章。1923 年根据党中央的决议组建了列宁研
究院，并于 1931 年与马克思恩格斯研究院合并为马克思、恩格斯、列宁
研究院。1920—1926 年出版了共 20 卷、27 册的《列宁全集》第 1 版。同
时还决定出版汇集了列宁的书信、演讲、准备材料以及其他文献的《列
宁文稿》。1924 年 5 月，苏共 13 大还做出了出版《列宁全集》新版的
决定。

1925 年在《在马克思主义旗帜下》杂志上发表了列宁的《谈谈辩证
法问题》和《黑格尔〈逻辑学〉一书摘要》的片断。1929 年发表了列宁
对布哈林《过渡时期经济学》一书的批注。1929—1930 年《哲学笔记》
发表并于 1933 年出版了单行本（全文），В. В. 阿多拉茨基、Н. А. 卡烈
夫、П. 萨鲍什尼科夫、А. 萨拉德热夫等人在编辑出版《哲学笔记》方
面做了大量的工作。1937 年，马克思、恩格斯、列宁研究院还首次出版
了列宁对 В. М.（弗·米·）舒里亚季科夫（1872—1912）《西欧哲学
（从笛卡儿到恩·马赫）对资本主义的辩护》一书的批注（写作时间不早
于 1908 年）。同时，在 20 世纪 20—30 年代列宁的所有主要著作都以单行
本形式出版和再版。30 年代还完成了《列宁全集》30 卷本第 2 版和第 3
版和《列宁文稿》29 卷本的出版工作。除了列宁的著作，20 年代还出版
了普列汉诺夫的哲学著作选集。1923—1927 年出版了 24 卷的《普列汉诺
夫全集》。

再次，这一时期苏联还出版了一大批与马克思主义哲学的思想来源密
切相关的哲学史著作，如拉美特利、霍尔巴赫、爱尔维修、狄德罗、托兰
德、费尔巴哈等 17、18 世纪唯物主义者的著作，附有详细注释的黑格尔
著作的新译本，以及别林斯基、车尔尼雪夫斯基、赫尔岑等俄国革命民主
主义者的著作。

同时，这一时期出现了一大批以马克思、恩格斯、列宁等经典作家的
基本思想以及哲学思想为研究对象的论著。其中研究马克思和恩格斯的主
要有 Д. Б. 梁赞诺夫的《马克思和恩格斯》、《马克思主义史概论》，В. В.
阿多拉茨基编的《马克思恩格斯生平事迹年表》以及他的《马克思主义

基本问题大纲》（1922），К. А.（康·安·）波波夫的《马克思和恩格斯论农民和无产阶级革命》（1928），В. Ф. 阿斯穆斯的《新哲学中的辩证法史纲》（1929），德波林的《马克思与黑格尔》（论文，1923），П. 利片金和 С. 尼古拉耶夫的《马克思的哲学发展》（论文，1933），Е. П. 西特科夫斯基的《马克思和恩格斯是辩证唯物主义的创建者》（论文，1936），П. Н.（彼·尼·）费多谢也夫（1908—?）的《青年恩格斯的哲学思想》（论文，1940），Л. Ф. 伊利切夫的《论恩格斯的〈路德维希·费尔巴哈和德国古典哲学的终结〉一书》（1940）、《论恩格斯的著作〈反杜林论〉》（1940），等等。关于马克思和恩格斯的思想来源问题，即与黑格尔、费尔巴哈以及斯宾诺莎哲学的关系问题是当时争论最激烈的问题之一。

对列宁思想的研究则不仅局限于学术的方面。在 20 世纪 20 年代苏共领导层关于列宁主义的争论中，斯大林等党的领导人研究、捍卫和发展了列宁的思想遗产，并涉及了其中哲学的方面。老布尔什维克 В. В. 阿多拉茨基是最早致力于研究列宁哲学思想的学者，列宁也曾给他本人以很高的评价。他研究列宁哲学的代表作有《列宁著作中的马克思主义辩证法》（论文，1922）、《作为哲学家的列宁》（论文，1924）、《论列宁主义（革命马克思主义）的理论和实践》（1924）、《论列宁对哲学的研究》（论文，1930）、《论列宁著作对哲学的意义》（论文，1930），等等。1925 年还出版了由 В. В. 阿多拉茨基编的列宁关于历史唯物主义论述的文选。20 世纪 20 年代研究列宁哲学的重要论著还包括：В. Ф. 阿斯穆斯的《辩证唯物主义和逻辑》（1924），В. И. 涅夫斯基的《作为唯物主义者的列宁及其最初著作》（论文，1924），老布尔什维克 В. А. 贝斯特里扬斯基的《列宁是唯物主义者和辩证法家》（1925），德波林的《作为思想家的列宁》（1924），И. К. 卢波尔的《为辩证唯物主义而斗争的列宁》（1924）、《列宁和哲学》（1927），С. Л. 戈尼克曼的《作为哲学家的列宁》（论文，1924），等等。如前所述，在德波林学派对列宁的研究中存在着低估列宁哲学遗产的倾向。

1929—1930 年《哲学笔记》的发表使马克思主义哲学发展中列宁阶段的问题成为哲学讨论的中心议题。1931 年 1 月底，联共（布）中央通过的《关于〈在马克思主义旗帜下〉杂志的决议》不仅彻底批判了德波林学派，而且明确提出了列宁哲学是马克思主义哲学发展的新阶段，这是在苏联的过渡时期关于列宁哲学思想以及马克思主义哲学史的最重要的理论观点。30 年代出现了一大批研究列宁哲学思想的论著，如 B. B. 阿多拉茨基的《论马克思列宁主义的理论基础》（论文，1932），И. 普洛特尼科夫编的《辩证唯物主义的列宁阶段》（文选，1932），П. Л. 库切罗夫的《唯物辩证法的阶级基础》（论文，1932），И. К. 卢波尔编的《列宁同马赫主义做斗争的基本路线》（论文集，1933），A. 艾森贝格的《列宁的〈唯物主义和经验批判主义〉》（1934），Е. П. 西特科夫斯基的《列宁和普列汉诺夫是马赫主义的批评者》（论文，1934），《列宁的〈唯物主义和经验批判主义〉二十五年》（论文集，1935），B. M. 波兹纳的《辩证唯物主义纲要》（关于列宁的《唯物主义和经验批判主义》一书）（1936），A. B. 谢格洛夫的《列宁反对波格丹诺夫修正马克思主义的斗争》（1937），М. Б. 米丁的论文集《唯物辩证法的首要问题》（1936）和《19世纪 90 年代中期列宁捍卫辩证唯物主义的斗争》（论文，1937），Б. А. 恰金的《90 年代列宁捍卫马克思主义唯物主义的斗争》（1940），A. B. 沃斯特里科夫的《列宁反对俄国新康德主义修正马克思主义的斗争》（1940），以及 Ф. А. （费·亚·）戈罗霍夫的《列宁和历史唯物主义》（1934）。除了这些专门研究列宁哲学思想的论著，苏联学者在马克思主义哲学教科书等其他方面的论著中也涉及了对列宁哲学思想的认识。

当时的苏联学者认为，马克思主义哲学发展中的列宁阶段的中心问题主要有：（1）列宁根据世界历史的新现象和自然科学领域中的新发现，探讨了作为逻辑学和马克思主义认识论的辩证法；（2）发展了作为哲学科学的唯物辩证法；（3）从理论上分析了作为辩证法的核心和实质的对立面的同一和斗争的规律；（4）探讨了辩证唯物主义的反映论；（5）丰富了理论和实践统一的学说以及哲学的党性原则的学说。这些问题也成为 20 世纪 30 年代苏联学者对列宁思想研究的主要课题。不过，当时的研究还停留在单纯叙述列宁对某一个问题的见解上，对列宁的观点缺乏足够的分析，还没有揭示出列宁对发展马克思主义哲学原理所作的新贡献。[1]

此外，除了前面提到的《在马克思主义旗帜下》、《马克思主义年鉴》，在研究和宣传马克思主义哲学理论方面其他一些重要的刊物和出版

---

[1]　B. H. （维·尼·）科洛斯科夫：《苏联马克思列宁主义哲学史纲要（三十年代）》，求实出版社 1985 年版，第 44 页。

物有：苏共中央机关刊物《布尔什维克》，共产国际执委会机关刊物《共产国际》，《社会主义科学院通讯》（1923 年起改名为《共产主义科学院通讯》）、《出版物与革命》、《马克思主义者科学学会会刊》、《斯维尔德洛夫共产主义大学学刊》、《战斗唯物主义者》（辑刊），等等；以及 1924 年成立的战斗唯物主义者协会（后改组为战斗唯物主义者和辩证论者协会）等学术团体也在研究和宣传马克思主义哲学理论方面发挥了重要作用。

二 过渡时期苏联马克思主义哲学教科书的演变与辩证唯物主义和历史唯物主义体系的初步形成

过渡时期的苏联非常重视马克思主义理论，尤其是马克思主义的哲学理论对社会主义建设的指导作用。为了研究、宣传和普及马克思主义的哲学理论，编写马克思主义哲学的教科书就成为一项意义重大的理论工作。苏联在这方面的开山之作无疑是布哈林的《历史唯物主义理论》。与苏联过渡时期的一系列斗争和争论相联系，苏联马克思主义哲学教科书也经历了一个复杂的演变过程。

马克思主义哲学在苏联成为高等院校中专门学习的对象是从 20 世纪 20 年代初开始的。当时还没有独立的马克思主义哲学学科和科学社会主义理论学科，这两个学科是后来随着向和平时期社会主义建设的过渡而逐步分化并相互独立的。因此，当时的哲学教科书往往包含了大量的科学社会主义理论的内容，例如 B. B. 阿多拉茨基的《马克思主义基本问题大纲》（1922）和 Б. И. 戈列夫的《唯物主义——无产者的哲学》（1922）。

就马克思主义哲学的内容而言，当时苏联的马克思主义哲学教科书以阐述历史唯物主义为主，存在着"历史唯物主义"概念挤掉了"辩证唯物主义"概念的情况。一些教科书完全不阐述哲学唯物主义和辩证法问题，另一些教科书则把一般哲学问题作为导论从属于社会学问题（例如布哈林的《历史唯物主义理论》）。造成这种状况的原因是多方面的。从客观条件来说，当时苏联的社会政治问题非常突出，对历史唯物主义的理论需求更迫切。从当时理论界的状况来讲，一方面第二国际时期贬低马克思主义世界观和认识论的理论意义的思潮在苏联仍有一定影响；另一方面机械论观点的流行也对此产生了影响。

这些教材在对历史唯物主义问题的阐述上也存在着一定的问题。有的教材实际上是对考茨基等第二国际理论家们观点的转述，例如 И. 施泰恩的《历史唯物主义和马克思的剩余价值论》和 Г. 戈尔捷尔的《历史唯物主义》；① 大部分教材则未能很好地克服机械论的观点，例如布哈林的《历史唯物主义理论》（1921），再如 А. И. 丘缅涅夫的《历史唯物主义理论》（1922 年第 2 版）、С. Ю.（谢·尤·）谢姆科夫斯基的《历史唯物主义讲稿》（1922）、В. Н. 萨拉比扬诺夫（机械论派的代表人物之一）的《历史唯物主义》（1922），等等。

　　在批判机械论派的过程中，德波林学派在如何理解历史唯物主义的问题上又走向了另一个极端。他们认为历史唯物主义研究的是社会问题，不属于哲学。不过，他们的观点实际上并没有干扰到苏联学者编写历史唯物主义教材的积极性，从 20 世纪 20 年代中期到 30 年代初，苏联出现了一大批以阐述历史唯物主义为主的教科书。

　　1924 年出版的 И. П. 拉祖莫夫斯基的《历史唯物主义理论教程》第 1 版在克服机械论对历史唯物主义的曲解方面起到了重要的作用。1925 年出版了由 В. В. 阿多拉茨基编的列宁关于历史唯物主义论述的文选。其他比较重要的历史唯物主义教科书还有 Б. И. 戈列夫的《历史唯物主义概论》（1925）、Н. 佩尔林的《历史唯物主义》（1925）、С. 沃尔扎宁的《什么是历史唯物主义？》（1925）、А. 拉耶夫斯基的《历史唯物主义入门》（1925）、Б. А. 芬格尔特、М. А. 希尔文特的《历史唯物主义简明教程》（1928）、И. Ф. 库拉佐夫的《历史唯物主义》（1929）、С. А. 奥兰斯基的《马克思主义社会学的基本问题》（1929），等等。

　　在克服"历史唯物主义"概念挤掉"辩证唯物主义"概念的倾向，编写辩证唯物主义的教材方面，当时的苏联学者也做出了努力。1922 年明斯克出版的 С. Я. 沃尔夫松的《辩证唯物主义》一书在体例上与当时的其他哲学教材已有不同。该书认为把马克思主义哲学的教材称为"辩证唯物主义"更为确切，因为这一概念比"历史唯物主义"更广泛。该书在内容上仍以历史唯物主义为主，同时加入了对哲学史、认识过程和辩证法的论述。专门论述辩证唯物主义的教材主要出现在 20 世纪 30 年代初，如 Г. С. 蒂缅斯基的《辩证唯物主义导论》（1930）、Б. Э. 贝霍夫斯基的《辩证唯物主义哲学概论》（1930）。

---

① В. Е. 叶夫格拉弗夫主编：《苏联哲学史》，商务印书馆 1998 年版，第 184 页。

在批判德波林学派之后，М. Б. 米丁等人成为苏联哲学界的领导者，他们立即组织集体编写了《辩证唯物主义和历史唯物主义》一书。该书分两册，上册《辩证唯物主义》由 М. Б. 米丁主编，1933—1934 年出版；下册《历史唯物主义》由 М. Б. 米丁和 И. П. 拉祖莫夫斯基主编，1932年出版。这本书宣告了作为体现马克思主义哲学本质内容的“辩证唯物主义”和“历史唯物主义”两个概念的合二为一，同时也标志着苏联马克思主义哲学教科书体系的初步形成。有学者提出，在 М. Б. 米丁等人主编的《辩证唯物主义和历史唯物主义》之前苏联也出现过把辩证唯物主义和历史唯物主义合二为一的教材，即 Б. А. 芬格尔特、М. А. 希尔文特的《辩证唯物主义和历史唯物主义》（1929）[1]。但是，从理论背景上看，这本书出现在苏共对德波林学派做出结论之前，未能体现苏共对哲学的最终定位；从作为教材的影响力而言，它与 М. Б. 米丁等人主编的教材也不可同日而语。1938 年《联共（布）党史简明教程》四章二节中斯大林对辩证唯物主义和历史唯物主义的经典论述正是以 М. Б. 米丁等人主编的《辩证唯物主义和历史唯物主义》为基础的。苏联哲学界对于这部教材在奠定辩证唯物主义和历史唯物主义体系的基本框架方面的历史作用也给与了充分的肯定。例如，Г. А. 库尔萨诺夫主编的《马克思主义辩证法史：列宁主义阶段》一书就认为，М. Б. 米丁等人主编的教材实质上第一次阐述了作为科学的马克思列宁主义哲学教程的结构，这种结构早在苏维埃时期高等学校马克思列宁主义哲学的生动的教学过程中就固定下来了。[2]

在批判德波林学派之后，除了 М. Б. 米丁等人主编的教材，还出现了一大批马克思主义哲学教材，其中关于历史唯物主义的有 А. 麦德维杰夫和 М. А. 希尔文特主编的《历史唯物主义概要》（1931）、М. Б. 沃尔夫松和 Г. М. 加克的《历史唯物主义概论》（1931）以及《历史唯物主义概要》（党校及技校用教材），等等。关于辩证唯物主义的有 И. 希罗可夫、А. 艾森贝格、Г. 特姆扬斯基编写的《辩证唯物主义》（1931）、О. В.（奥·弗·）特拉赫腾贝格的《辩证唯物主义》（1932）、В. М. 波兹纳的

---

①　参见《国内外马克思主义哲学教材体系调研介绍》，《全国马克思主义哲学理论创新研讨会会议简报》第 2 期（2004 年 11 月 25 日）。

②　参见 Г. А. 库尔萨诺夫主编《马克思主义辩证法史：列宁主义阶段》，人民出版社 1987年版，第 319 页。

《辩证唯物主义是无产阶级哲学》（1933）、B. H. 萨拉比扬诺夫的《辩证唯物主义和历史唯物主义》（1934），等等。① 此外，这一时期以及稍后的关于辩证唯物主义的重要论著以及一些专门阐述唯物辩证法的教材也值得一提，如 A. 斯托里亚罗夫的《辩证唯物主义和机械论者》（1930）、И. 希罗可夫和 P. 扬科夫斯基编的《唯物辩证法》第一册（1932）、论文集《黑格尔和辩证唯物主义》（1932）、论文集《马克思主义和哲学问题》（1932）、Г. 奥比奇金的《辩证认识过程的基本要素》（1933）、М. Б. 米丁的《唯物辩证法的首要问题》（1936）、М. М.（马·莫·）罗森塔尔的《唯物辩证法》（通俗纲要）（1937），等等。

　　就当时的马克思主义哲学教科书的内容而言，辩证唯物主义主要包括以下几个部分：第一部分为哲学的党性原则，有的教科书把这一部分作为全书的绪论，有的则作为全书的总结；第二部分为唯物主义与唯心主义，介绍哲学上两条路线的对立和西方哲学史中唯物主义和唯心主义的一些基本派别，在这一部分中往往并不介绍恩格斯的哲学基本问题理论，而且实际上只讨论哲学基本问题的第一方面，不涉及第二方面；第三部分为物质观，阐述世界的物质性和物质存在的形式，这一部分往往内容较少，有的教科书甚至不涉及这方面的内容，这种状况与苏联过渡时期关于马克思主义物质观的研究较为薄弱有关；第四部分是认识论，内容包括反映论、真理论、实践在认识中的地位和作用，以及主体与客体、认识与实践的关系、认识过程、逻辑与历史的统一，等等。有的教科书为了贯彻列宁关于辩证法、认识论、逻辑学三者一致的思想，把物质观、认识论和辩证法作为逻辑学放在同一章中来阐述；第五部分是辩证法的规律和范畴，内容有对立统一规律、质量互变规律、否定之否定规律，本质与现象、形式与内容、必然与偶然、可能与现实、原因与结果等范畴（有的教科书还有必然与自由这对范畴），有的教科书还包括辩证法与形式逻辑的关系，等等。这一时期的教科书一般把辩证法部分放在认识论部分之后。除了这五个基本的部分，有的教科书还加入了马克思主义概论的部分，并把这部分

---

　　① 关于苏联过渡时期马克思主义哲学教科书的基本情况，参见 B. E. 叶夫格拉弗夫主编《苏联哲学史》，商务印书馆 1998 年版，第 112、188—189 页；B. H.（维·尼·）科洛斯科夫：《苏联马克思列宁主义哲学史纲要（三十年代）》，求实出版社 1985 年版，第 32、87 页；安启念：《苏联哲学 70 年》，重庆出版社 1990 年版，第 66—67 页。

作为绪论。有的教科书则加入了辩证逻辑的部分，阐述辩证法与形式逻辑的关系，辩证的概念、判断和推理观，以及抽象与具体、分析与综合、归纳与演绎等问题。①

历史唯物主义的主要内容有：历史唯物主义的研究对象以及辩证唯物主义与历史唯物主义的关系、社会经济形态、生产力和生产关系、基础和上层建筑、阶级和国家、社会意识形态和文化、战斗的无神论、社会革命、马克思主义和修正主义，等等。

马克思主义哲学教科书是马克思主义哲学的一种特殊的表现形式。从哲学理论的层面上看，它有两个方面的基本特征。一方面，它是对马克思主义哲学理论的通俗化，即用简单、明确、浅显的思维形式和语言来表达马克思主义哲学的基本观点。通俗化是一把双刃剑，它既促进了马克思主义哲学的普及和传播，同时也不可避免地带来了一种对马克思主义哲学理论做简单化、甚至教条化理解的倾向。所以，我们既要看到通俗化的必要性，又要看到被通俗化的马克思主义哲学只是马克思主义哲学的一种表现形式，而不是马克思主义哲学理论的全部内容；另一方面，马克思主义哲学教科书的编写同时是一个对马克思主义哲学系统化、体系化的过程。体系化是宣传和普及马克思主义哲学的要求，也是对马克思主义哲学的一种发展，但它也同时带来了一种对马克思主义哲学做程式化、甚至教条化理解的倾向。所以，我们也既要看到体系化的必要性，又要看到在体系化的过程中，马克思主义哲学的一些重要内容可能被忽视了，体系化的马克思主义哲学也不能涵盖马克思主义哲学的全部内容。

从哲学与政治的关系这一层面来看，教科书这种马克思主义哲学的表现形式与马克思主义哲学的论文、专著等其他表现形式相比，与政治的联系更为紧密。这表现在一些政治观点可能被直接加入到哲学教科书之中；也表现在对某一哲学原理以及某一哲学理论的某一方面的侧重和强调可能与当时的政治形势有关，例如在强调阶级斗争的年代，历史唯物主义原理中的阶级斗争理论以及辩证唯物主义原理中的矛盾的斗争性都会得到相应的强调。所以，在不同的政治时期，马克思主义哲学的教科书会呈现出不同的特点。但是，不能因此得出结论说马克思主义哲学教科书仅仅是为政

---

① 参见 М. Б. 米丁主编《辩证唯物主义和历史唯物主义》上册，莫斯科 1934 年版；И. 希罗可夫、А. 艾森贝格、Г. 特姆扬斯基编《辩证唯物主义》，列宁格勒 1931 年版。

治服务的工具，因为哲学教科书同样是马克思主义哲学的一种合理的存在形式，并有其理论发展的自身的逻辑。关于苏联马克思主义哲学教科书体系的形成在马克思主义哲学发展史上的意义将在本章最后加以讨论。

第四节　过渡时期的苏联学者对马克思主义哲学理论问题的研究和阐发

与辩证唯物主义和历史唯物主义体系的初步确立相联系，过渡时期苏联学者对马克思主义哲学理论问题的研究和阐发也可以划分为辩证唯物主义和历史唯物主义两个领域。这些研究和阐发既体现在教科书或百科全书之类的工具书之中，也体现在研究性论著中，同时也不能低估 20 世纪 30 年代初形成的哲学为政治服务的体制以及从苏共中央到苏联哲学界的各级机构关于哲学问题的各种决议对苏联学者的影响。[①]

一　过渡时期的苏联学者对辩证唯物主义的研究和阐发

在辩证唯物主义领域，过渡时期的苏联学者主要探讨了以下一些问题：

（一）哲学的地位、对象和哲学的党性原则

哲学的地位和研究对象的问题在 20 世纪 20 年代的苏联曾引起广泛的争论。前文已经指出，在 20 年代初苏联流行着一种哲学虚无主义思潮，这一思潮打着科学的旗号或者"极左的"革命旗号，试图否定哲学的地位和作用。尽管不能把机械论派和哲学虚无主义画等号，但机械论派深受这种哲学虚无主义的影响。机械论者往往认为哲学的对象与自然科学的对象是同一的，因而哲学并无存在的必要。通过对哲学虚无主义和机械论的批判，到 20 年代中期苏联学者在肯定哲学的地位和作用的问题上已基本达成了共识。

---

① 关于过渡时期苏联学者对马克思主义哲学理论问题的研究和阐发，参见 B. E. 叶夫格拉弗夫主编《苏联哲学史》，商务印书馆 1998 年版，第六章、第七章、第十章；B. H.（维·尼·）科洛斯科夫：《苏联马克思列宁主义哲学史纲要（三十年代）》，求实出版社 1985 年版，第二章、第三章；M. A. 敦尼克等主编《哲学史》第六卷上册，生活·读书·新知三联书店 1982 年版，第三章、第四章；Г. A. 库尔萨诺夫主编《马克思主义辩证法史：列宁主义阶段》，人民出版社 1987 年版，第五章。

　　不过，在反对哲学虚无主义和机械论的过程中，德波林学派关于哲学对象的认识又走向了另一个极端。他们认为哲学的对象仅仅是作为逻辑和方法论的辩证法，即辩证法、认识论和逻辑学三者中逻辑学的那一方面。他们不仅对认识论持否定态度，认为它同康德的批判主义一道过时了，而且还把一般辩证法理论和自然辩证法分隔开来，缩小了哲学的研究对象。

　　在批判德波林学派之后，苏联学者主要通过阐发列宁关于辩证法、认识论、逻辑学三者相同一的思想，进一步论述了哲学研究的对象。

　　苏联学者们认为，首先，根据列宁的思想，辩证法是关于客观世界的发展和用辩证逻辑范畴反映真正的现实过程的认识发展的最一般规律的学说；同时辩证法也是逻辑学，因为它研究外部世界发展的最一般规律在人的思维中的反映形式，从总体上，从发生、运动和发展中考察逻辑概念和范畴。[1]

　　其次，辩证法、认识论、逻辑学三者相同一的思想是列宁对作为马克思主义哲学科学的辩证法所做的一种解释，它与恩格斯关于辩证法是关于自然界、人类社会和思维发展普遍规律的科学这一思想是一致的；同时，它又集中地体现了列宁哲学观的独到之处，即这一思想充分地指明了马克思主义哲学的所有组成部分的统一性、整体性和不可分割性。

　　再次，这一思想也为科学地规定哲学的对象和功能指明了方向。М. Б. 米丁主编的 1934 年版的《辩证唯物主义和历史唯物主义》上册一书提出："作为科学的辩证唯物主义是一个不可分割的整体，它既是逻辑学，又是认识论，同时也是关于物质的客观现实存在的学说。"[2] 其他苏联学者也认为，辩证法是统一的哲学科学，它既执行本体论的功能，又执行逻辑学的功能，同时也执行认识论的功能。[3] 这些苏联学者对列宁关于辩证法、认识论、逻辑学三者相同一思想的阐发对于克服德波林学派缩小哲学研究对象的倾向是有积极意义的，不过，当时的苏联学者主要强调了辩证法、认识论、逻辑学三者相同一这一方面，对于三者各自的相对独立性，尤其是认识的辩证法和辩证逻辑研究得较少。

---

　　① 参见论文集《列宁的〈唯物主义和经验批判主义〉》，莫斯科—列宁格勒 1935 年版，第 31 页；《辩证唯物主义》，载《大百科全书》第 22 卷，莫斯科 1935 年版，第 129—130 页。

　　② М. Б. 米丁主编：《辩证唯物主义和历史唯物主义》上册，莫斯科 1934 年版，第 137 页。

　　③ Л. Ф. 伊利切夫、И. 希罗可夫、Ф. 切尔诺夫、А. 伊万诺夫：《辩证唯物主义》，载《小百科全书》第 6 卷，莫斯科 1937 年版，第 687—689 页。

对德波林学派批判的另一个重要的方面是反对哲学与政治、理论与实践的脱离，反对抹煞哲学的社会功能和意识形态功能。由此，苏联学者们进一步强调了哲学的党性原则。20世纪30年代苏联学者们关于这一问题的基本观点是：在阶级社会的条件下，对任何哲学问题的解决要么是从唯物主义立场出发，要么是从唯心主义立场出发；要么是从辩证法立场出发，要么是从形而上学立场出发；这些立场的对立最终反映的是在社会中相互斗争着的阶级的利益。辩证唯物主义从不讳言自己的阶级性和党性，并公开宣布自己是工人阶级及其共产党的哲学世界观。同时，哲学的党性原则与哲学和政治的相互关系问题不可分割地联系在一起。①

此外，当时的许多苏联学者也批评了在哲学史等领域的研究中，把哲学的党性原则简单化、教条化的倾向。有的学者指出，哲学和政治之间，哲学错误和政治错误之间是有联系的，但是这种联系不是直接的，只有具体分析某一哲学流派和政治流派的一切方面，才能肯定这种联系。И. К. 卢波尔认为，对哲学体系的社会历史分析是必要的，但同时逻辑分析也是必要的。② 在1937年1月召开的关于 М. А. 敦尼克的《古典作家赫尔岑的哲学史纲要》（1936）一书的讨论会上，在肯定该书基本内容的同时，Б. 切尔内绍夫批评了该书对哲学派别的阶级基础所持的抽象的庸俗社会学观点。Г. Ф.（格·费·）亚历山大罗夫（1908—1961）也同意这一批评，他同时还强调哲学史的任务不仅是研究不同哲学体系的社会阶级根源，而且应当揭示出哲学发展所积累的理论思维的丰富经验。③

（二）物质的基本运动形式之间的关系以及因果性问题

在20世纪20年代德波林学派与机械论派的争论中，物质的基本运动形式之间的关系是一个焦点问题。机械论派认为物质的各种运动形式之间并没有不可逾越的鸿沟。这一观点本身是正确的，与恩格斯在《自然辩证法》中的看法是一致的。但是机械论派有还原论倾向，认为物质的各种运动形式，包括化学运动和生物运动都可以还原为力学运动，这就抹杀

---

① М. Б. 米丁主编：《辩证唯物主义和历史唯物主义》上册，莫斯科1934年版，第42—43页。

② 同上书，第236—237页；Л. 兹沃诺夫：《哲学的党性》，莫斯科—列宁格勒1932年版，第12—15页；《红色教授学院函授咨询部通报》1930年第2期，第21页。

③ 《图书与无产阶级革命》，1937年第1—2期，第143—144页。

了各种物质运动形式的特殊性，把复杂的事物简单化了。德波林学派批判了机械论派的还原论倾向，认为把高级的运动形式归结为低级的运动形式并不能够真正地说明世界的统一性，而只是一种万物的抽象的同一性。不过，德波林学派在这一问题上也有局限性，他们对各种物质运动形式之间的统一性重视不够。德波林学派与机械论派关于这一问题的争论对于更好地理解和研究马克思主义的自然辩证法理论是有积极意义的。

同时，现代科学中的因果观开始成为苏联学者关注的问题。Φ. 加利佩林和 M. A. 马尔科夫在《量子力学中种种不确切性的相互关系》（1932）一文中考察了量子力学中因果观的哲学方面，论证了因果性不是主观概念，而是具有客观规律性的范畴。

从总体上看，苏联过渡时期对马克思主义的物质及其存在形式学说的研究是非常薄弱的，不仅在哲学教科书中对这方面的阐述不多，而且研究性的论著甚少。

（三）辩证法的规律和范畴

过渡时期的苏联学者们比较重视对唯物辩证法的三个基本规律——由量到质和由质到量转化的规律、对立面统一和斗争的规律、否定之否定的规律的研究和阐发，此外，他们还讨论了本质和现象、内容和形式、必然性和偶然性、可能性和现实、原因和结果、根据和条件、自由和必然等一系列唯物辩证法的范畴。

在 20 世纪 20 年代德波林学派与机械论派的争论中，由量到质和由质到量转化的规律是双方争论的一个焦点问题。机械论者并不否定由量向质的转化，Л. И. 阿克雪罗得甚至称之为体现发展本质的辩证法的主要原则。但她同时又把质的概念看成某种不确定的、不清晰的"神秘的词句"。И. И. 斯克沃尔佐夫—斯切潘诺夫等人则表现出一种把质变归结为量变的庸俗进化论倾向。在批判机械论派的过程中，苏联学者们对由量到质和由质到量转化的规律逐渐达成了共识，即必须承认事物的质的客观性，承认质和量的辩证统一，同时要把事物的发展看作量变和质变、连续性和间断性辩证统一的过程。И. 希罗可夫和 P. 扬科夫斯基编的《唯物辩证法》第一册（1932）一书还从列宁在社会主义辩证法领域的相关思想出发，强调了量变和质变相互渗透的思想。

对于对立统一规律，在 20 世纪 20 年代德波林学派与机械论派的争论中也有所涉及。机械论派把任何矛盾都等同于对抗，德波林学派则主要强调矛盾中对立面的统一的方面，双方都没有对对抗性矛盾和非对抗性矛盾做出区分。20 年代末 30 年代初，苏联学者们就对抗性矛盾这一概念进行了讨论，许多学者对这一概念的认识还是片面的。[①] 同时，在批判机械论派的过程中，苏联学者对事物的内在矛盾是其运动的源泉这一思想有了进一步的认识。

在 20 世纪 30 年代，列宁关于对立面的统一和斗争的规律是辩证法的核心和实质的思想受到了高度的重视。这一思想和列宁对辩证唯物主义反映论的贡献一起被看做马克思主义哲学列宁阶段的重要标志。苏联学者一方面进一步研究了列宁的相关思想，例如 М. М. 罗森塔尔的论文《论列宁对对立面统一规律的理解的若干特征》（1935）；另一方面则进一步阐发了对立面统一和斗争的规律，这包括：首先，强调辩证法的客观性，强调矛盾的客观性和普遍性；其次，认为这一规律既反映了客观辩证法的本质，又是我们的认识，即主观辩证法的基本规律；再次，进一步批判了把矛盾看作外部力量的对抗的机械论观点，而且重点是批判平衡论，这方面的代表作是 М. 谢列克托尔的《辩证唯物主义和平衡论》（1934）。

对于否定之否定规律，过渡时期苏联学者的认识则不尽相同。20 年代的一些苏联学者把它理解为三段式，即正题、反题和合题的依次更替。其中机械论者受波格丹诺夫的影响则把这三个阶段看成从平衡到平衡的破坏，再到新的平衡，并认为重复性是否定的否定规律中主要的东西。鉴于对否定之否定规律的这种理解，Б. И. 戈列夫甚至否定这一规律是辩证法的基本规律。这一观点受到了 С. Я. 沃尔夫松和 Н. А. 卡烈夫等人的反对。当时的多数苏联学者反对把否定的否定规律理解成三段式，认为三段式并不能反映发展的丰富性。一些苏联学者也不同意机械论者只看到否定的否定规律中的重复性的认识，他们认为，重复性是相对的，只是螺旋运动的一个方面。

从 20 世纪 30 年代的一些哲学论著来看，当时的苏联学者还是承认否定之否定规律是唯物辩证法的一个基本规律的，这种状况一直持续到 1938 年《联共（布）党史简明教程》四章二节的发表。

---

① Г. А. 库尔萨诺夫主编：《马克思主义辩证法史：列宁主义阶段》，人民出版社 1987 年版，第 199—201 页。

关于辩证法的范畴，在 20 世纪 20 年代德波林还提出了一个重要问题，即探索辩证法理论的范畴体系。他认为，应当把自然界当作这一体系的基础，把物质运动概念作为这一体系的逻辑出发点，在此基础上可以把黑格尔的辩证法的范畴体系移植过来，稍稍加以重组和补充就可以了。德波林的观点显然是过于黑格尔化了，但他提出的问题后来成为苏联学者的一个重要研究方向。

过渡时期的苏联学者们还未能回答德波林提出的问题，而是致力于对唯物辩证法诸范畴的分别研究。这体现在一系列哲学教科书对这些范畴的阐述中，也体现在一些研究性论著中。① 其中比较突出的是 М. М. 罗森塔尔在《马克思〈资本论〉中本质和现象范畴探讨》（1933）一文中对本质和现象这一《资本论》的逻辑的一个方面的探讨。此外，С. Л. 哥尼克曼在其《历史唯物主义》中从社会主义辩证法的相关问题出发讨论了内容与形式这对范畴，并把它们与否定的否定规律相联系，不过 С. Л. 哥尼克曼把否定的否定仅仅理解成克服内容和保留形式是不全面的，实际上对内容本身也有一个既克服又保留的问题。

（四）辩证逻辑及其与形式逻辑的关系

过渡时期的苏联学者也对辩证逻辑进行了研究，列宁《哲学笔记》的发表促进了这一研究。В. Ф. 阿斯穆斯在其著作《辩证唯物主义与逻辑学》（1924）、《康德的辩证法》（1929）中，讨论了唯物辩证法和逻辑的关系。他基本上继承了恩格斯的观点，认为辩证逻辑是相对于形式逻辑的高等逻辑。同时，他还对辩证逻辑思想史进行了研究。

在 20 世纪二三十年代，德波林学派也研究了辩证法、逻辑和认识论的关系。他们在研究中还涉及了抽象和具体、分析和综合等辩证逻辑的范畴。德波林不仅有割裂辩证法和认识论的错误倾向，而且对形式逻辑也持片面的否定态度。

20 世纪 20 年代还出版了两本关于辩证逻辑的专著，分别是 А. К. 托波尔科夫的《辩证逻辑要素》（1927 年第 1 版，1928 年第 2 版）和机械论者 А. И. 瓦利雅什的《逻辑和辩证法》（1928）。А. К. 托波尔科夫对辩证逻辑的阐发主要来自于对黑格尔辩证逻辑思想的继承和改造，他没有明

---

① 关于这一时期唯物辩证法范畴的研究，参见 В. Е. 叶夫格拉弗夫主编《苏联哲学史》，商务印书馆 1998 年版，第 55 页脚注①。

确提出作为逻辑的辩证法的任务，使用的概念也不确切。① A. И. 瓦利雅什在《逻辑和辩证法》以及《列宁的辩证法》（1928）中对辩证逻辑的研究也存在着同样的问题。

总之，当时的苏联学者对辩证逻辑问题是比较重视的。1931 年出版的 И. 希罗可夫等人编的马克思主义哲学教科书《辩证唯物主义》也专设一章讨论辩证逻辑问题。

当时的苏联学者首先关注的是辩证逻辑的对象。例如，Б. Э. 贝霍夫斯基认为，辩证逻辑考察思维的形式，它以对立面的统一为基础，可以称它为矛盾逻辑，但不是自相矛盾的逻辑。德波林认为，辩证逻辑是辩证法的一个方面，当辩证法研究基本概念和范畴，并对它们进行逻辑分析时，或者说辩证法作为科学方法运用于思维领域时，就是辩证逻辑。② 但是，由于当时非常强调辩证法、认识论和逻辑学的同一性，对辩证逻辑的对象的特殊性这一方面还缺乏应有的重视。

而且，当时的苏联学者对分析和综合、归纳和演绎、抽象和具体、逻辑的和历史的这些范畴的论述并不多，而是把注意力放在了辩证逻辑和形式逻辑的关系问题上。М. Б. 米丁主编的《辩证唯物主义和历史唯物主义》上册一书提出，就逻辑学问题而言，唯物辩证法是在限制和"贬低"形式逻辑。这代表了当时关于这一问题的主流观点。不过，当时的许多苏联学者对这一问题的解决过于草率和简单化了，他们认为形式逻辑是唯心主义和形而上学的基础，仅仅有某种论辩的职能，甚至有人认为它根本不是科学，已经过时了。③ 这种否定形式逻辑的观点，是建立在对恩格斯、列宁的有关论述做片面理解基础之上的，并不符合马克思主义的本来面目。而且这种对形式逻辑的虚无主义态度对苏联逻辑科学的发展产生了消极的影响。

---

①　Г. А. 库尔萨诺夫主编：《马克思主义辩证法史：列宁主义阶段》，人民出版社 1987 年版，第 354—359 页。

②　Б. Э. 贝霍夫斯基：《辩证唯物主义哲学概论》，莫斯科—列宁格勒 1930 年版，第 232 页；А. 德波林：《辩证法和自然科学》，莫斯科—列宁格勒 1940 年版，第 3—12 页。

③　М. Б. 米丁主编：《辩证唯物主义和历史唯物主义》上册，莫斯科 1934 年版，第 222—223 页；Г. 奥比奇金：《辩证认识过程的基本要素》，莫斯科—列宁格勒 1933 年版，第 68 页；К. 米洛诺夫："谈谈形式逻辑和辩证逻辑的相互关系问题"，《在马克思主义旗帜下》1937 年第 4—5 期，第 59—60 页。

不过，当时还是有一些苏联学者正确解释了辩证逻辑和形式逻辑的关系。例如，A. X. 奇奇卡洛夫认为，片面否定形式逻辑是一种"左倾"简单化的态度，形式逻辑作为相对静止的理论，作为运动的要素，仍有其意义。B. Ф. 阿斯穆斯认为，形式逻辑现在仍然是科学认识的必要阶段，在这个阶段上，人们只研究思维的规律和形式而不涉及其具体内容。不过，这个阶段只是用于相对静止的、孤立的、封闭的现象，一旦涉及运动和变化，形式逻辑的局限性就暴露出来了。[①]

（五）认识的本质和过程、实践在认识中的地位和作用

在 20 世纪 20 年代，苏联学者对辩证唯物主义认识论的研究和阐发主要有以下几个方面的特点：

首先，列宁的反映论并没有得到很好的阐发。在认识的本质这一问题上，机械论者往往认为思维不反映存在，而是与它相符合。受马赫主义的影响，B. H. 萨拉比扬诺夫等机械论者把感觉看成约定俗成的符号，进而否定客观真理。德波林学派则坚决捍卫客观真理的思想，但是他们对列宁的反映论则缺乏应有的阐述和评价。

其次，关于认识的过程这一问题，苏联的最初一批哲学教科书也有所忽视，这些教科书阐述的重点是认识的感觉基础问题。在对认识过程的理解方面，机械论者的特点是轻视抽象思维，例如 Л. И. 阿克雪罗得认为辩证唯物主义从头到尾都是经验性质的；B. H. 萨拉比扬诺夫认为理性是感性物质的记录器和分类器。不过，20 世纪 20 年代后期的许多苏联学者批判了机械论者的这一错误认识，强调了抽象思维的作用，并论述了具体概念的问题。

再次，20 世纪 20 年代的苏联学者比较重视认识中主体和客体的关系问题，对这一问题有过大量的论述。当时的苏联学者们认为，不能把主体和客体绝对等同，否则会把认识变成自我意识；也不能把它们绝对对立，它们之间的差别在哲学基本问题之外只具有相对意义。作为认识主体的人是广义客体的一部分；同时，认识着的人对自己是主体，对他人是客体；主体还具有自己的特殊性，即高度的能动性——设定目的，为实现目的而

[①] 参见《纪念马克思逝世五十周年学术会议资料汇编》，莫斯科—列宁格勒 1934 年版，第 121 页；B. Ф. 阿斯穆斯：《新哲学中的辩证法史纲》，莫斯科—列宁格勒 1930 年版，第 231 页。

斗争，改变周围现实。①

在 20 世纪 30 年代，对列宁反映论的阐发成为苏联辩证唯物主义认识论研究的首要议题。1934 年 6 月 20 日至 23 日，共产主义学院哲学研究所为纪念《唯物主义和经验批判主义》一书问世 25 周年召开了一次重要的学术会议，这次会议成为研究和宣传列宁哲学思想的一个里程碑。苏联哲学界的一些重要人物在会议上发言，他们强调了列宁反映论的辩证法的方面，认为马克思主义把辩证法和反映论汇合成统一的哲学学科。一些发言者还分析了高级神经活动的生理学、心理学以及动物心理学领域的最新实验材料，认为这些材料为考察认识问题，揭示社会实践在心理活动中的作用提供了经验素材。苏联科学院院士，物理学家 С. И. 瓦维洛夫和 А. И. 约弗也在会议上发言，指出一些新的自然科学事实证明了辩证唯物主义的正确性。Л. И. 阿克雪罗得在发言中也肯定了《唯物主义和经验批判主义》一书的理论意义。匈牙利哲学家 G.（乔治·）卢卡奇则在发言中批评了自己 1922 年《历史与阶级意识》一书中的错误观点。②

Т.（托多尔·）巴甫洛夫（П. 多谢夫）是一位在苏联工作和生活过（1932—1936 年在苏联）的保加利亚学者，1936 年他写作了关于一本关于认识论的专著——《反映论》。这是苏联在认识论领域的第一本重要的专著，在苏联哲学界引起了很大的反响，尤其是书中对"第一性的"质和"第二性的"质，直接的东西和间接的东西在认识过程中的统一，观念作为客观事物的主观映象，以及具体真理等问题的阐述得到了当时苏联学者的高度评价。

除了上述几个方面，Т. 巴甫洛夫在书中提出的重要观点还包括：首先，进一步发挥了列宁关于在整个物质大厦的基础上有一种和感觉相近的反映能力的思想，即反映是物质的普遍属性的原理。Т. 巴甫洛夫认为反映的本质是对象或现象的相互作用，他还考察了物质发展的不同阶段上的反映的特性，如"反映—痕迹"、感应性、感受性、反射、感觉、本能、记忆、思维等等；其次，继续强调列宁反映论的辩证法的方面。Т. 巴甫洛夫说："列宁反映论的主要和基本之点正在于，他无比深化和发展了马

① B. E. 叶夫格拉弗夫主编：《苏联哲学史》，商务印书馆 1998 年版，第 119 页。

② 参见《在马克思主义旗帜下》1934 年第 4 期；《哲学研究所学术会议著作》，莫斯科—列宁格勒 1935 年版。

克思主义认识论关于认识的主动性和辩证性的学说，并把这种学说具体化了。"① 再次，讨论了归纳法在科学和艺术活动中的作用。T. 巴甫洛夫认为归纳法有其不合乎逻辑的方面，但是这种不合乎逻辑的方面无论是在科学活动还是在艺术活动中都有其存在的合理性。与此同时，还考察了感觉和思维、激情和刚毅在认识过程中的统一和相互渗透。此外，在考察认识的发展阶段问题时，T. 巴甫洛夫强调从我们表象和观念的主观性向事物的客观本质的转化，是通过实践进行的。他还从语言学、生物学、生理学、心理学等领域的材料出发分析了这一问题。

实践在认识中的地位和作用也是列宁所论述的辩证唯物主义反映论的重要内容，在这一问题上，20 世纪 30 年代的苏联学者的研究主要有以下几个方面：首先，20 世纪 30 年代的苏联学者继续关注着认识中主体和客体的关系问题，并强调认识的客体是历史的，认识的主体是历史的、发展着的、社会的人；其次，有的苏联学者考察了实践活动与辩证逻辑的关系，并认为人借助劳动工具积极影响自然界的过程，导致了间接知识的发展、孤立的抽象概念的形成以及一定的逻辑范畴的确立；再次，有的学者强调马克思和恩格斯是从历史角度来考察认识过程的，并且首先把它看作社会意识的问题。② 此外，在实践作为检验真理标准的问题上，有学者提出在检验真理的过程中同样不能忽视非经验手段。例如，П. Л. 库切罗夫认为："如果否认理论分析和从理论上检验不同逻辑结论的巨大意义，那就会使马克思主义庸俗化。"③

此外，当时的苏联学者对认识的相对性和真理的具体性也进行了研究。

从总体上看，过渡时期苏联学者对认识论的研究还处于起步阶段，这方面的论著并不多。

---

① T. 巴甫洛夫（П. 多谢夫）：《〈唯物主义和经验批判主义〉中的反映论问题》，载论文集《列宁的〈唯物主义和经验批判主义〉二十五年》，莫斯科—列宁格勒 1935 年版，第 65 页。

② П. Л. 库切罗夫：《实践与辩证逻辑》，《在马克思主义旗帜下》1930 年第 7—8 期，第 78—79 页；A. 艾森贝格：《列宁的〈唯物主义和经验批判主义〉一书中辩证唯物主义与历史唯物主义的统一》，《在马克思主义旗帜下》1934 年第 6 期，第 25 页。

③ П. Л. 库切罗夫：《唯物辩证法的阶级基础》，《马克思主义问题》1932 年第 6 期，第 74 页。

二　过渡时期苏联学者对历史唯物主义的研究和阐发

讨论苏联过渡时期的历史唯物主义研究，有必要注意苏共中央决议中的哲学思想这一理论形式，它体现了苏联共产党对于一些与政治紧密相关的重大理论问题的基本认识，对普通学者的研究起着指导性的作用。因此，在讨论阶级、国家、革命以及社会主义辩证法等问题时，需要把苏共中央的有关思想与苏联学者的研究结合起来考察。具体而言，在历史唯物主义领域，过渡时期的苏联学者讨论的问题主要有以下几个方面：

（一）历史唯物主义的研究对象

在 20 世纪 20 年代，苏联学者关于历史唯物主义的研究对象问题主要有两种观点，一种观点认为历史唯物主义研究的是社会及其发展的一般规律，布哈林在《历史唯物主义理论》中就持这种观点；另一种观点来自德波林学派，与他们把哲学的研究对象归结为一般方法沦相联系，他们把历史唯物主义归结为社会科学方法论。H. A. 卡烈夫认为，不能把历史唯物主义规定为社会学，历史唯物主义是作为特殊的方法论科学而保留其独立的意义，它是历史、一般社会科学的逻辑学或辩证法。①

在 20 世纪 20 年代，即使在把历史唯物主义看成一般社会学理论的苏联学者中，关于历史唯物主义对象的解释也不尽相同。有人认为历史唯物主义不仅研究社会发展的规律，也研究社会结构组织以及社会功能发挥的规律。有人把社会学分为静态社会学和动态社会学两个部分，并把这两个方面对立起来。M. H.（米·尼·）波克罗夫斯基（1868—1932）批评了这种倾向。M. H. 波克罗夫斯基、B. A. 贝斯特里扬斯基、B. И. 涅夫斯基等人还批判了资产阶级社会学学者否定历史规律的客观性和宣扬非决定论的观点。此外，一些苏联学者还批评了对社会整体的各个方面的联系做机械论解释的倾向以及历史因素论者的多元论观点，论证了作为整体的社会有机体概念。②

---

① 参见 H. A. 卡烈夫《作为科学的历史唯物主义》，《在马克思主义旗帜下》1929 年第 12 期，第 23 页。

② 关于 20 世纪 20 年代苏联学者对历史唯物主义研究对象的争论，参见 B. E. 叶夫格拉弗夫主编《苏联哲学史》，商务印书馆 1998 年版，第 187—188 页。

在批判德波林学派的过程中，德波林学派关于历史唯物主义研究对象的观点也得到了清算。例如，C. A. 奥兰斯基认为，历史唯物主义作为方法，仅仅表明一种抽象的理论科学在本身具有独立性的同时，也为其他的、较为专门的科学提供一定的认识原则，并在这一意义上成为它们的方法。① 到了 30 年代，苏联学者在历史唯物主义的研究对象问题上基本上达成了共识，即认为历史唯物主义的研究对象是历史发展的一般规律，同时历史唯物主义是世界观和方法论的统一。关于历史唯物主义是马克思主义社会学的提法也被保留了下来，主要原因是列宁和普列汉诺夫都使用过这一提法。

与历史唯物主义的对象相联系的一个问题是辩证唯物主义与历史唯物主义的关系问题。20 世纪 30 年代的苏联学者非常强调二者的不可分割的统一性，强调历史唯物主义是辩证唯物主义在社会历史领域的推广。不过，苏联学者对上述的"推广"并没有做简单化的理解。他们认为，这一"推广"不等于从辩证唯物主义的一般规律中思辨地推出社会发展的规律，而是对辩证唯物主义与历史唯物主义关系的本质特征的一个说明。② 此外，30 年代苏联学者关于自然界与人类社会相互关系的讨论也与这一问题相关，当时的苏联学者论证了一个马克思主义的基本命题：人的社会生活的特殊规律与自然界发展的一般规律是统一的。

与历史唯物主义的对象相联系的另一个问题是历史唯物主义与科学社会主义理论的关系问题。如前所述，苏联建国初期，科学社会主义（后来苏联称之为科学共产主义）学科是逐渐从历史唯物主义中独立出来的。30 年代的苏联学者已经认识到历史唯物主义与科学社会主义理论既是统一的、密不可分的，又各自具有相对独立的研究对象。③ 1937年为苏联社会经济类高等院校和高等师范院校制定的辩证唯物主义和历史唯物主义的教学大纲中，历史唯物主义部分的主题包括：唯物史观、社会经济形态、生产力和生产关系、阶级和国家、社会意识形式（包括

---

① C. A. 奥兰斯基：《马克思主义社会学的基本问题》第 1 卷，列宁格勒 1929 年版，第 13 页。

② M. Б. 沃尔夫松、Г. M. 加克：《历史唯物主义概论》，莫斯科—列宁格勒 1931 年版，第 72 页。

③ M. Б. 米丁、И. П. 拉祖莫夫斯基主编：《辩证唯物主义和历史唯物主义》下册，莫斯科 1932 年版，第 4 页。

了宗教的起源、马克思列宁主义的道德学说）；科学社会主义部分的主题包括：无产阶级革命、无产阶级专政、土地和农民问题、民族和殖民地问题、社会主义建设、党的学说。这表明科学社会主义学科独立的趋势已经非常明显了。科学社会主义学科的独立是对科学社会主义理论的研究和宣传发展到一定阶段的必然结果，是有其积极意义的。不过，在1938年之后，在这一问题上又出现了某种倒退。当时的苏共中央认为，科学社会主义学科的独立带来了消极的后果，即列宁主义和马克思主义基本理论的脱节。1938年《联共（布）党史简明教程》出版后，苏共中央做出决议，建议在高等院校制定名为《马克思列宁主义基础》的统一教程，组建统一的马克思列宁主义研究室，取消列宁主义、辩证唯物主义和历史唯物主义这些独立的课程。不过，在设有哲学系、历史系和文学系的院校则继续讲授辩证唯物主义和历史唯物主义课程。在20世纪30—50年代，科学社会主义的理论问题在很大程度上被包含在历史唯物主义之内。

（二）社会经济形态

在20世纪20年代，苏联学者对社会经济形态问题的理解较为肤浅，没有认识到这一问题的重要性，甚至对这一问题有一些错误的认识。随着苏联向社会主义阶段即共产主义社会形态的第一阶段的过渡，探讨马克思主义划分社会历史发展阶段的标准及其理论前提就成为重要的理论问题，对社会经济形态的理解问题也就突出出来了。

在1928—1933年期间，围绕着对 C. M. 杜布罗夫斯基《论"亚细亚"生产方式、封建主义、农奴制和商业资本的实质问题》一书的评价，在共产主义学院、红色教授学院以及其他机关和报刊上，开展了一次关于社会形态的特征、社会形态的历史分期等问题的大辩论。这次大辩论涉及了以下一些问题：

首先，有些学者不恰当地扩展了资本主义存在的历史范围。Б. И. 戈列夫认为萌芽状态的资本主义在所有古代国家就已存在，在古罗马甚至就有股份公司。О. В. 特拉赫腾贝格和 А. И. 古科夫斯基认为古代民族在发展中经历了与现代民族相同的阶段，并以商业资本主义时代告终。这些观点在理论上混淆了资本主义与简单的商品经济，在政治上还被认为与托洛茨基主义企图抹煞富农与中农之间的差别以及右倾机会主义企图证明资本主义的永恒有关。[①]

　　其次是如何认识人类社会的早期发展阶段或者说前阶级社会的问题。有的学者否认用社会形态学说表述前阶级社会的可能性。当时流行的一种观点是认为生产关系不存在于前阶级社会并将随着向共产主义过渡而消失。另一些学者则认为社会形态概念同样适用于前阶级社会。持这种观点的人中，有人认为前阶级社会中存在过数种社会形态；有人认为前阶级社会中只是一种社会形态；还有人认为前阶级社会中只是一种社会形态，但经历了不同的阶段。把前阶级社会定位为一种社会形态的学者们还试图揭示促进其发展的主要矛盾。Г. C. 蒂缅斯基则否定了这一矛盾的存在。M. П. 扎科夫等人强调前阶级社会发展中的生物学因素并主张用氏族关系替代生产关系。多数学者则试图从生产方式中寻找这一矛盾并提出了不同的看法。有人认为矛盾在于生产力的低水平和生产的集体形式之间；有人认为矛盾在于原始共产主义的生产关系与劳动和所有制相脱离之间的矛盾；还有人认为矛盾在于原始共产主义的生产关系与作为生产力发展形式的劳动分工之间。从当时的苏联学者对前阶级社会问题的认识看，他们显然对恩格斯《家庭、私有制和国家的起源》中的思想缺乏深入的理解。

　　再次是关于阶级社会发展的分期问题。一些苏联学者对奴隶制缺乏科学的认识，忽视了历史分期中的奴隶制形态。少数学者还认为"亚细亚生产方式"是一种特殊的社会形态，多数学者不同意这一观点，并对其进行了批判。

　　到 20 世纪 30 年代初，苏联学者对社会经济形态的基本共识是：首先，它是生产方式和与其相适应的生产关系的总和，是社会结构的物质基础；其次，它是处于一定历史阶段的社会，有其自身特有的作用规律和发展规律；再次，它是基础和上层建筑的统一，是社会生活各个方面的内在统一。[②]

　　与社会经济形态相联系的一个问题是如何认识共产主义的第一阶

---

　　① 苏联学者关于社会形态问题的讨论，参见 B. E. 叶夫格拉弗夫主编《苏联哲学史》，商务印书馆 1998 年版，第 193—195 页。

　　② M. Б. 米丁、И. П. 拉祖莫夫斯基主编：《辩证唯物主义和历史唯物主义》下册，莫斯科 1932 年版，第 56 页。

段——社会主义。当时的苏联学者们认为，首先，社会主义是在资本主义的废墟上建立起来的，它在经济、道德、精神等各个方面都带有旧社会的痕迹；其次，社会主义阶段本身也要经历一系列不同的发展时期和发展阶段；再次，对于苏联过渡时期出现的种种不顾客观条件，试图取消货币、市场、阶级、经济核算等的"左"倾观点，一些苏联学者也进行了分析和批判。例如，当时的苏联学者批判了平均主义以及消费平等观。从这一讨论还引申出了对马克思主义平等观的理解，即马克思主义认为，平等意味着劳动者不受剥削；废除生产资料私有制，使其归社会所有；人人有按能力进行劳动的平等义务以及在社会主义制度下按劳取偿、在共产主义制度下按需取偿的权利。①

20 世纪 30 年代末，由于受苏联马克思主义理论研究中日趋严重的教条化倾向以及斯大林的《辩证唯物主义和历史唯物主义》一书相关思想的影响，关于社会经济形态理论的探讨停顿下来，甚至连"社会经济形态"概念也不再使用了。社会发展史被归结为生产方式更替的历史，"形态"范畴被"生产关系的类型"所取代。

（三）生产力和生产关系

生产力和生产关系是历史唯物主义的一对核心范畴，对这对范畴的理解与现实的政治问题存在着紧密的联系。过渡时期的苏联学者非常重视研究这对范畴，1930 年 5—6 月，共产主义学院哲学研究所还以生产力和生产关系这对范畴为主题召开了学术研讨会。

过渡时期的苏联学者首先批评了考茨基、布哈林和托洛茨基等人在生产力和生产关系问题上的错误认识。

考茨基认为，生产力的增长是某种超越社会条件的，不依生产关系为转移而自然发展的东西。生产关系则成了由于生产力的发展而产生的消极结果。苏联学者们认为，按照这种理论，整个历史过程要用技术进步来说明，其结果是政治与经济相脱节，宣告生产力发展规律有"至高无上的权力"，从而过低估计生产关系的作用和在经济方面政治所起的作用。实际上，生产关系是生产力状况的社会形式，只有

---

① B. H. 维·尼·科洛斯科夫：《苏联马克思列宁主义哲学史纲要（三十年代）》，求实出版社 1985 年版，第 102 页。

生产关系才能揭示出作为社会生产内容的生产力的联系和发展的规律。①

布哈林的观点与考茨基有相似之处，他也把生产力的发展看作盲目自流的自动过程。同时，他还进一步提出，生产力就是技术，生产关系则是对技术的配置和结合，即人们把生产力的诸要素按其自然物质特征加以组织，并仅此而已。苏联学者们认为，布哈林的命题一方面在生产力问题上忽视了马克思、恩格斯、列宁关于工人阶级、劳动群众是基本生产力的思想；另一方面在生产关系问题上把生产关系与作为任何一般生产条件的简单的劳动过程混为一谈，而不管生产的社会形式如何，从而阉割了生产关系的社会经济内容和阶级内容。这不仅导致了抹煞资本主义和社会主义生产方式的本质区别，赞同发展"一般"生产力的原则；而且会使社会主义国家的工人阶级及其政党不去领导经济建设、不去镇压资本主义成分。

托洛茨基分子则在"左"的词句的掩饰之下，把生产力看作可以随意命令的过程而不顾生产关系现状所决定的现实可能性。苏联学者们认为，托洛茨基分子所主张的是冒险主义的工业化方针，以为可以破坏工业经济和农业经济之间正常的劳动交换从农业中榨取资金，这只能导致农业的崩溃和劳动人民生活水平的下降。

在批判错误观点的过程中，苏联学者们进一步研究了生产力和生产关系的内涵以及二者之间的辩证关系。②

关于对生产力的理解，当时的一些苏联学者首先批评了布哈林及其他机械论者忽视生产中人的因素，把生产力归结为技术的观点，并论述了生产力中物的因素和人的因素的统一。他们认为，对生产力解释的技术观点和自然主义模糊了生产力的社会内容和社会意义，马克思把生产力理解为比单纯技术和人对自然界影响的自然过程更广泛和更复杂的关系。到了20世纪30年代，苏联学者们普遍认为，技术、机器等生产资料的本身不等于社会的生产力，劳动力和生产资料只有当它们在具体的生产关系范围

---

① B. H. 维·尼·科洛斯科夫：《苏联马克思列宁主义哲学史纲要（三十年代）》，求实出版社 1985 年版，第 108—109 页。

② 同上书，第 104—111 页；B. E. 叶夫格拉弗夫主编：《苏联哲学史》，商务印书馆 1998 年版，第 196—201 页。

内以特定的方式结合起来，才能成为社会的生产力。[①]

其次，关于生产力的组成部分在当时的苏联学者中也存在着不同的认识。例如，多数学者主张把劳动对象归入生产力的物质成分，只有少数学者持相反的观点。再如，马克思曾有科学是社会的直接生产力的思想，当时的苏联学者对这一问题的理解是：科学只有体现为生产因素时才成为直接的生产力，在此之前只是潜在的生产力。在关于生产力的组成部分的讨论中，M. 卢宾施泰因的论述有一定代表性，他认为社会的基本生产力包括三个方面：一是劳动对象，即土地、矿藏、森林等；二是劳动资料，即人用来作用于劳动对象因而在某种程度上是人的活动的导体的那些对象，厂房、运河、道路也属于劳动资料；三是作为最重要的生产力的无产阶级这一最革命的阶级和劳动群众。[②] 此外，有些学者还提出不应把生产力看做是所有成分的总和，而应看作体现在生产过程的技术组织中的这些成分之间的联系体系，劳动者之间的技术关系也应被视作生产力的组成部分。

再次，讨论中还提到了生产力的功能特征。A. 叶菲莫夫认为生产力不应被看做生产资料和劳动力的现实总和，而应看作社会的生产能力，决定这一能力的因素有：科技发展水平、生产资料的规模和质量、劳动力熟练程度、劳动的社会协作程度、生产过程的社会组织性，等等。A. Л. 伯恩施坦则认为不应把对生产力的功能解释与使生产力的实体性解释对立起来。

关于对生产关系的理解，20 世纪 30 年代的苏联学者首先批判了一些第二国际的理论家否认生产关系物质性的观点。麦克斯·阿德勒、考茨基等人把社会联系解释为心理上的相互作用，竭力突出生产关系中的心理因素和意志因素。苏联学者们指出，这实际上是用唯心主义和唯意志论偷换历史唯物主义。

其次，苏联学者们在批判布哈林把生产关系"技术化"、"自然主义化"的观点的过程中，提出要区分生产中的技术关系和社会关系这两个方面。20 世纪 20—30 年代一种广泛流行的观点是：生产关系可以划分为

---

① С. Л. 戈尼克曼：《历史唯物主义》，莫斯科—列宁格勒 1931 年版，第 172—175 页；М. Б. 米丁、И. П. 拉祖莫夫斯基主编：《辩证唯物主义和历史唯物主义》下册，莫斯科 1932 年版，第 78 页。

② M. 卢宾施泰因：《马克思论资本主义和社会主义的生产力》，《布尔什维克》1933 年第 5 期，第 152 页。

两个层次，第一个层次是技术关系，第二个层次是财产关系、社会经济关系、所有制关系。这一观点实际上来源于普列汉诺夫，他认为技术关系永远和生产力相适应，而财产关系发展到一定阶段会和生产力相冲突。另一种观点认为生产关系指包括生产中的社会经济关系，技术联系则被视为生产力的成分。这两种观点后来都受到了批评，认为它们割裂了生产的技术方面和社会经济方面，这在政治上的推论就是和平长入社会主义的理论。某些学者为了强调上述两个方面的统一，认为生产中的技术关系既是生产力的组成部分，也是生产关系的组成部分。

关于生产力与生产关系的辩证关系，苏联学者们认为，首先要反对把二者割裂开来的倾向，同时也反对把生产力、生产关系与一般生产方式割裂开来；其次，要反对只强调二者的统一性、忽视二者相对独立性的倾向，即不能把生产关系溶解在社会生产力中，也不能把社会生产力仅仅归结为生产关系的一个技术的方面；再次，针对 И. Ф. 库拉佐夫、С. Л. 戈尼克曼等人把生产关系看作本质上是保守的、看作生产力发展消极后果的观点，Н. А. 卡烈夫论述了生产力和生产关系作为内容和形式的辩证法。到了 20 世纪 30 年代，苏联学者对于生产力和生产关系的一种较为普遍的看法是："生产力是整个社会生产过程的内容、基础。生产能力的水平、表示人对自然的能动关系的生产能力的诸要素，就是这种内容、这种基础。……生产关系是生产过程，即人与人的相互关系的特殊经济形式。"①

（四）基础和上层建筑

在 20 世纪 20 年代，В. Н. 萨拉比扬诺夫、Н. 佩尔林、Б. И. 戈列夫、И. П. 拉祖莫夫斯基等苏联学者都把经济基础规定为生产力与生产关系的总和。另一些苏联学者（包括一些经济学家）批评了这一观点，认为它没有看到生产的经济方面和自然技术方面这两者之间的界限。当时的多数苏联学者认为，生产力和生产关系的总和是生产方式，生产方式是一切社会关系的决定性基础，但是生产方式和基础并不是同一概念。换言之，生产力是经济关系的基础，但其本身不是经济关系。

关于上层建筑，А. Ф. 维什涅夫斯基在 1925 年就提出区分"主观的"

---

① М. Б. 米丁、И. П. 拉祖莫夫斯基主编：《辩证唯物主义和历史唯物主义》下册，莫斯科 1932 年版，第 113—114 页。

上层建筑（科学、哲学、道德等）和"客观的"上层建筑（国家等）。
М. Б. 沃尔夫松和 Г. М. 加克在 1931 年也提出了类似观点，他们把上层建筑分为两类：一类是直接耸立于基础之上的社会政治上层建筑（国家、政党、法），另一类是由社会政治上层建筑直接决定的意识形态上层建筑（宗教、科学、艺术、道德等）。

不过，苏联的过渡时期还缺乏对各个上层建筑的特征和职能的专门研究。

（五）阶级、国家、革命

在苏联的过渡时期，对阶级、国家、革命等问题的认识是交织在一起的，而且，这些认识与苏联的政治生活紧密地联系在一起。

在对革命的认识上，居于首要地位的是社会主义在苏联胜利的可能性问题。列宁对这个问题做出了肯定的回答，认为社会主义在一国胜利是完全可能的。以斯大林为主要领导人的苏联共产党坚持了列宁的这一思想，并把它写入了党的决议。同时，在苏联共产党的决议中和苏联学者的论著中，不仅批判了考茨基等机会主义者不顾客观形势的变化，认为无产阶级革命只有在经济高度发达的国家才能成立的陈词滥调，而且批判了托洛茨基的所谓不断革命理论。考茨基等人不仅持反苏的立场，而且企图彻底篡改马克思主义的革命理论。他们认为，垄断阶段的资本主义可以摆脱生产的无政府状态，生产力和生产关系不再冲突，所以不需要以革命的方式推翻资本主义。苏联学者对这些机会主义观点进行了揭露和批判。托洛茨基不断革命理论的前提是借口世界分工、苏联工业依赖外国技术、欧洲发达资本主义国家依赖亚洲原料等事实，否定在一国建成社会主义的可能性。从这一前提出发，托洛茨基鼓吹把革命的火焰蔓延到其他国家去等冒险主义的不断革命论。斯大林的论著对于反对托洛茨基主义起到了重要的理论作用。在 20 年代末 30 年代初，苏联学者还批判了托洛茨基主义的方法论基础。

其次，如何看待无产阶级革命中农民的作用也是一个重要的理论问题。托洛茨基忽视农民的两重性，轻视农民在革命中的作用，不相信农民能够参加社会主义建设。托洛茨基分子 Е. А.（叶·阿·）普列奥布拉任斯基（1886—1937）提出了一种"社会主义积累的基本规律"，企图依靠剥削农民来实现国家工业化。苏共党内的一些理论家坚决批判了这些错误认识，捍卫了列宁的工农联盟的思想。

　　再次，苏联建国初期出现了一种由 Л. Н.（列·那·）克里茨曼（1890—1938）提出，并受到布哈林支持的革命四阶段理论，即认为革命的第一个阶段是思想阶段，即无产阶级掌握社会主义思想；第二个阶段是政治阶段，即确立无产阶级专政；第三个阶段是经济阶段，这一阶段又分为两个小阶段，即先是剥夺大私有者资本家，在经济领域确立新的国家权力，然后克服市场的自发力量，调整社会主义生产，重建整个经济体系；第四个阶段是技术革命。苏联学者们批判了这一理论，认为它在方法上是机械论的，割裂了政治、经济和意识形态；同时，它在政治上的推论是认为无产阶级革命的社会经济内容只在于剥夺大私有者，而不包括对富农以及其他顽固反抗生产公有化的资本主义分子的斗争。

　　与对革命的认识相联系的是对阶级的认识，这方面首要的问题是反对布哈林的阶级斗争缓和论和熄灭论倾向。斯大林认为，布哈林没有看到富农也是资产阶级，与富农的斗争也是阶级斗争，而且这一斗争越来越尖锐。

　　其次，研究社会的阶级结构，尤其是农民的阶级分化也是重要的理论问题。1925 年共产主义科学院就 Л. Н. 克里茨曼的报告《现代苏联农村中农民的阶级分化》进行了一场讨论，苏联学者们批评了 Л. Н. 克里茨曼把资本主义制度下农民分化的规律机械地搬到苏联过渡时期的做法。1927 年苏共十五大所通过的决议中也提出了类似的观点，即反对照搬资本主义农村经济发展的规律。20 世纪 20 年代末和 30 年代初，苏联出现了一大批研究阶级和阶级斗争以及农民问题的论著。[①]

　　再次，对阶级本质的认识也成为一个突出的问题。过渡时期的苏联学者首先批判了伯恩施坦、波格丹诺夫、布哈林等人在这一问题上的错误观点。伯恩施坦等修正主义者认为阶级产生的原因在于收入分配形式。波格丹诺夫则认为阶级的产生是劳动分工的结果，即由于劳动分工出现了组织者和被组织者的区分，他们之间心理上的对立逐步上升为阶级对立的意识形态。布哈林基本上接受了波格丹诺夫的观点。在《历史唯物主义理论》中，他把劳动者的技术职能分工看作阶级形成的基础。这一解释使阶级与阶层、职业概念相混淆，并得出了一些不正确的结论：一方面模糊了农民的阶级分化，例如中农和富农之间的差别；另一方面把知识分子视为特殊

---

　　① M. A. 敦尼克等主编：《哲学史》第六卷（上册），生活·读书·新知三联书店 1982 年版，第 285 页脚注。

的阶级。

苏联学者们从马克思主义的阶级观出发，尤其是从列宁 1919 年对阶级所做的定义出发，分析和批判了上述错误观点。С. И. 松采夫对有关阶级形成的各种观点进行了研究，并把阶级理论分为三类：第一类是建立在非经济基础上的阶级学说；第二类是建立在混合基础上的阶级学说；第三类是建立在经济基础上的阶级学说；第三类学说又分为分配论和生产论。不过，С. И. 松采夫未能揭示出马克思主义阶级理论与波格丹诺夫阶级理论之间的本质区别。А. Д. 乌达尔佐夫则强调不是组织者的活动，而是对生产资料的占有创造了阶级。[①]

同时，在阶级问题上，20 世纪 30 年代初的苏联曾流行一种观点，认为在社会主义建设过程中工人阶级和农民阶级之间的阶级差别将会消失，历史实践表明这种观点是不符合实际的。

此外，对知识分子的社会本质的界定也是这一时期苏联学者关心的问题。苏联学者们既批判了资产阶级学者别尔嘉耶夫等人关于知识分子独立于任何阶级及其政治之外的说法，也不同意布哈林关于知识分子是一个特殊的中间阶级的看法。多数学者把知识分子看作分属不同阶级的特殊的职业集团，其中有人把知识分子看作某一阶级的一部分，有人则把知识分子看作跨阶级的社会集团。

过渡时期苏联学者对阶级的研究还包括其他一些问题，如阶级内部的社会阶层的差别，等等。

与对阶级、革命的认识相联系的是对国家的认识。这方面首要的问题是捍卫无产阶级专政理论。为此，在苏联共产党的决议中和苏联学者的论著中，首先批驳了考茨基等机会主义者对无产阶级专政的攻击。同时也批判了托洛茨基关于无产阶级专政的错误观点。托洛茨基否认无产阶级专政的创造性力量，把国家仅仅看成暴力的工具，而且不仅是对剥削阶级的暴力工具，也是对农民的暴力工具。在批判托洛茨基主义的过程中，列宁关于社会主义国家在社会主义建设中的积极作用的思想，政治优先于经济的思想得到了阐发。

---

① 参见 С. И. 松采夫《社会阶级、阶级问题发展的重要环节及主要学说》，莫斯科 1923 年第 2 版；А. Д. 乌达尔佐夫："对波格丹诺夫阶级理论的批判"，《在马克思主义旗帜下》1922 年第 7—8 期，第 93 页。

其次，批判了过渡时期就要求国家消亡的错误观点。布哈林就持这种观点，他还向党提出过消除政治上层建筑、消灭一切政治权力的建议。尽管他的建议被党的第七次代表大会（召开于 1918 年 3 月）否决，他在1926 年仍然断言，在过渡时期国家已不是上层建筑而是融汇于基础之中，国家已成为某种中立组织和阶级调和的工具。这一观点受到了苏联学者们的批判。

再次，在国家的本质问题上，过渡时期的苏联学者也捍卫了马克思主义的国家理论。第一，学者们从列宁的有关思想出发，批判了考茨基把国家和法解释为不受阶级区分和阶级斗争制约的观点。第二，苏联学者们也批判了奥地利法学家 H. 凯尔森（1881—1973）之流的规范学派的观点，这一学派否认国家是一定阶级的统治工具，否认法是统治阶级意志的表现。

此外，在过渡时期 M. И.（米·伊·）加里宁（1875—1946）等苏共党内的理论家就已提出了苏维埃国家具有转变为全民国家的倾向。

（六）社会意识与文化

过渡时期的苏联学者比较重视对社会意识和文化问题的研究，他们的研究体现在以下几个方面：

首先，这一时期的苏联学者们往往把"社会意识"和"意识形态"两个概念等同起来并对社会意识形态问题进行了研究。

第一，关于如何认识意识形态，一些苏联学者对其采取了否定的态度，例如 B. B. 阿多拉茨基就把科学和意识形态对立起来。另一些苏联学者批评了这种认识，捍卫了列宁的基本思想，即认为社会主义意识形态的阶级性决不会使它失去科学的客观性。①

苏联学者们还批判了 20 年代在苏联一度流行的波格丹诺夫关于意识形态的主观唯心主义观点。波格丹诺夫仅仅把意识形态看成工具性的东西，实质上否认了意识形态能够反映社会存在和客观真理。苏联学者们反驳道：进步的意识形态能够成为对现实的客观反映，反动意识形态对现实的歪曲反映也有其真实的根源。

---

① 参见 B. B. 阿多拉茨基"论意识形态"，《在马克思主义旗帜下》1922 年第 11—12 期，第 209 页；A. 萨莫伊洛夫：《唯物主义中的"左派"幼稚病（反对哲学、意识形态、世界观的运动)》，莫斯科 1926 年版。

第二个问题是意识形态和社会心理的关系。在这个问题上，苏联学者们首先批判了波格丹诺夫的观点。波格丹诺夫认为，意识形态是由社会心理通过心理因素的结晶化和凝聚成长起来的。苏联学者们认为，这一观点过多地强调了自发性，没有看到作为阶级的理论意识的意识形态与作为群众日常意识的社会心理的本质区别。以无产阶级意识形态为例，它所体现出的自觉性不是自发性发展的结果，而是通过对人类的科学知识的概括，通过与敌对意识形态的斗争产生的。①

同时，在意识形态和社会心理的关系问题上，苏联学者们往往以普列汉诺夫的相关论述为依据。但是普列汉诺夫有夸大社会心理对意识形态的影响，低估意识形态对社会心理影响的非辩证倾向，这种倾向在过渡时期苏联学者的相关论著中也有所反映。

与意识形态和社会心理的关系问题相关的是对社会心理的研究。当时的一些苏联学者试图从弗洛伊德主义和行为主义出发来分析社会心理现象，这些学者受到了批判。但是，否定了资产阶级社会心理学之后，却没有人从马克思主义观点出发来研究社会心理领域的相关问题，使这一领域成了空白。

第三个问题是意识形态与经济基础的关系。苏联学者们主要批判了把意识形态看作经济基础的简单的、自动的反映的庸俗唯物主义观点。持这种庸俗唯物主义观点的主要有 В. Ф.（瓦·费·）彼列维尔泽夫（1882—1968）、В. М.（弗·马·）弗里切（1870—1929）等人。在批判错误观点的过程中，А. В. 卢那察尔斯基等人阐述了艺术、精神文化与经济关系、阶级关系相互作用的复杂性。

这一时期苏联学者在社会意识形态和社会意识方面研究的不足之处在于：对社会意识和它的结构研究得较少，往往把"社会意识"概念和"意识形态"概念等同起来，日常的意识没有得到很好的研究，某些学者只把它理解为个人的意识，从而把它排斥在社会意识范畴之外；社会心理学的研究范围被缩小了；社会生活的发展被看成主要是物质生产的历史，对社会的精神生活不够重视，等等。

---

① 波格丹诺夫：《关于社会意识的科学》。莫斯科 1923 年版；М. Б. 米丁、И. П 拉祖莫夫斯基：《辩证唯物主义和历史唯物主义》下册，莫斯科 1932 年版；А. В. 谢格洛夫：《列宁反对波格丹诺夫修正马克思主义的斗争》，莫斯科 1937 年版。

其次，苏联学者们阐发了列宁关于社会主义文化和文化革命的理论，这包括以下几个方面：

第一，苏联学者们探讨了文化概念，认为文化比意识形态更广泛，广义的文化包括人类的一切物质活动和精神活动。П. Ф. 尤金认为，文化的要素包括：人创造劳动工具和手段并用来与自然界作斗争，即技术；表明掌握物质生产资料程度的社会劳动和劳动力组织；最稳定表现社会各界及物质生活条件水平和性质的日常生活；科学、法、道德、艺术、哲学，即人们精神活动的全部总和。①

第二，苏联学者们还批判了 В. А. 瓦加年、Л. Л. 阿韦尔巴赫等人承认苏维埃文化是无产阶级文化，但不承认它是社会主义文化的错误认识，捍卫了列宁的观点，即无产阶级文化按其实质来说就是社会主义文化。

第三，苏联学者们讨论了文化的民族形式与其国际主义内容的关系问题。Н. К.（娜·康·）克鲁普斯卡娅（1869—1939）批判了 В. А. 瓦加年提出的通过逐渐消除民族文化走向国际主义的"左倾"认识，论证了国际主义只能是各民族文化的某种综合。当时的苏联学者们普遍认为，社会主义文化具有多种多样的民族形式，但其内容是国际主义的，它反映了正在建设社会主义的劳动人民的理想和目的。构成文化的民族形式的是民族语言和反映民族性格、民族传统、生活条件的一些特征。不过，20 世纪 30—40 年代关于文化的民族形式的研究也有不足之处：对文化的民族形式有所夸大，文化的民族形式与国际主义内容有所脱节，对文化的形式和内容的关系缺乏辩证的分析，等等。

第四，1930 年苏共十六大通过的决议指出，社会主义文化革命最重要的任务之一，是克服社会精神生活的各个方面，即在科学、文学、艺术以及劳动群众的意识中的资产阶级意识形态，同时建议各级党组织在文化教育工作中贯穿共产主义内容，反对使文化教育工作脱离社会主义建设的企图，克服文化教育工作中的非政治倾向和狭隘的文化主义。

为此，М. И. 加里宁、Н. К. 克鲁普斯卡娅等老布尔什维克阐发了共产主义教育理论，并使之成为社会主义文化革命理论的重要内容。

除了以上四个方面，这一时期的苏联学者还开始了对社会主义文化的

---

① П. Ф. 尤金：《马克思列宁主义论文化和文化革命》，《纪念马克思逝世五十周年学术会议资料汇编》，莫斯科—列宁格勒 1934 年版，第 205 页。

阶级性和全民性等问题的探讨。

(七) 社会主义辩证法

列宁是社会主义辩证法思想的创始人，过渡时期的苏联共产党继承和发展了列宁的社会主义辩证法思想并把它作为指导社会主义建设的重要指南，同时，普通的苏联学者也对社会主义辩证法问题进行了积极的研究。因此，过渡时期苏联社会主义辩证法思想的发展体现于苏共中央的一系列相关决议和苏联学者的研究这两个方面。具体而言，这一时期苏联的社会主义辩证法理论主要涉及了以下问题：①

首先，继承列宁的相关思想，阐明和分析了体现苏联从资本主义到社会主义过渡时期的特殊本质的各种新型矛盾及其相互交错和相互作用，这方面的具体问题有苏联过渡时期的主要矛盾，内部矛盾和外部矛盾，非对抗性矛盾并且主要是工人阶级与劳动农民的矛盾，旧知识分子的两重性，各种矛盾的相互交错，以及新的东西与旧的东西的矛盾，苏联先进的政治制度与经济文化落后的矛盾，各民族之间事实上的不平等，等等；其次，研究了基于社会主义建设的社会生活的各个方面的适应和不适应的问题。与后来斯大林把社会主义生产力与生产关系的适应、适合绝对化的做法不同，这一时期对适应和不适应关系的理解是辩证的；再次，研究了社会主义实践中形式和内容的辩证法。同时，研究和具体说明了质变和继承性这两个范畴，确定了继承性的各种形式，而从资本主义到社会主义的过渡是与利用这些形式联系在一起的。与后来斯大林把质变的革命性飞跃形式绝对化的观点不同，这一时期的基本观点是既承认质变的革命性飞跃形式，也承认其渐进性形式。此外，开始了对社会主义条件下主观因素的作用和意识的积极的、创造性的作用的增长等问题的探讨，确定了主观因素在社会主义建设的辩证法中的地位，等等。

第五节　过渡时期苏联哲学的主题：马克思主义哲学苏联化形态的初步形成

以上从十月革命后列宁的哲学思想、哲学领域的斗争和争论、哲学为

---

① 参见 Г. A. 库尔萨诺夫主编《马克思主义辩证法史：列宁主义阶段》，人民出版社 1987年版，第五章。

政治服务体制的形成、辩证唯物主义和历史唯物主义体系的出现、马克思主义哲学理论问题的研究等方面考察了从资本主义向社会主义过渡时期的苏联马克思主义哲学的发展。从这些考察中可以看出，马克思主义哲学苏联化形态的初步形成是过渡时期苏联哲学的主题。

什么是马克思主义哲学的苏联化形态？我们认为，马克思主义哲学苏联化形态的基本特征可以概括为"一种哲学、两个职能、四个要素"。

所谓"一种哲学"，就是指辩证唯物主义和历史唯物主义哲学。它在本质上是对马克思主义哲学的一种理解范式，其思想来源是马克思、恩格斯、普列汉诺夫和列宁等马克思主义经典作家和重要理论家的哲学思想，尤其是恩格斯对马克思主义哲学的体系化是这一哲学的最初奠基，而列宁对马克思主义哲学的创造性发展为这一哲学做了进一步的奠基。所以，可以说辩证唯物主义和历史唯物主义哲学是恩格斯、普列汉诺夫和列宁所遵循的哲学道路的必然产物。

所谓"两个职能"，就是体现马克思主义哲学的科学性和革命性这两个方面的科学世界观职能和意识形态职能。马克思主义哲学的基本精神是科学性和革命性的统一。马克思主义哲学的苏联化形态作为理解马克思主义哲学的一种范式是体现马克思主义哲学的基本精神的一种具体形式。

首先，它是在苏联无产阶级夺取政权的条件下，马克思主义哲学的科学世界观职能和意识形态职能相结合的一种具体形式。就它的科学世界观职能而言，除了进一步地认识世界，总结无产阶级革命的历史经验，还要进一步探索社会主义建设的客观规律。就它的意识形态职能而言，作为马克思主义理论的一个组成部分，它面临着要为巩固无产阶级政权、推进社会主义建设和向共产主义过渡服务的新任务。同时，由于无产阶级夺取了政权，马克思主义哲学的科学世界观职能和意识形态职能，尤其是意识形态职能的实现获得了前所未有的有利条件。这主要表现为无产阶级政权能够为其提供制度的和体制的保障，并形成一种相应的体制。不过，对这一体制要有清醒的认识，如果这一体制中某些消极的方面导致了马克思主义哲学的意识形态职能的夸大和极端化，压制了马克思主义哲学的科学世界观职能，就同样不能体现马克思主义哲学的基本精神。

其次，结合马克思主义哲学苏联化形态的理论来源和它的职能这两个方面，我们可以进一步地认为，马克思主义哲学的苏联化形态在本质上是列宁主义胜利的产物，因为正是列宁主义的胜利使无产阶级在苏联夺取了政权，列宁的哲学道路也就成了苏联马克思主义哲学的正统。

所谓"四个要素"，是指体系、体制、领袖人物的哲学思想和普通学者的哲学研究这四个方面。

第一个要素是体系，它是一种哲学范式形成的标志。马克思主义哲学苏联化形态的体系就是辩证唯物主义和历史唯物主义体系。在这里我们区分了辩证唯物主义和历史唯物主义哲学与辩证唯物主义和历史唯物主义体系这两个概念。前者是一种相对抽象的、普遍的东西，后者是一种具体的、特殊的东西，或者说是辩证唯物主义和历史唯物主义哲学的基本框架。

在苏联的过渡时期，辩证唯物主义和历史唯物主义体系在马克思主义哲学教科书这一理论形式中出现，并且具备了明确的逻辑结构和基本观点，包括了辩证唯物主义和历史唯物主义两大部分以及一系列基本范畴和原理。它的出现是马克思主义哲学苏联化形态初步形成的标志。

辩证唯物主义和历史唯物主义体系的出现与马克思主义哲学教科书这一理论形式是密不可分的。马克思主义哲学教科书既是对马克思主义哲学进行教学、宣传、普及和传播的工具，又是对马克思主义哲学进行理论研究的产物。如前所述，哲学教科书作为教学的产物，具有通俗化、体系化、与政治的联系较为紧密等特征。但是同时，它作为理论研究的产物又成为马克思主义哲学理论问题研究的一个总结和进一步发展的基础，它是教学与研究、体系与问题、哲学与政治以及通俗化与深刻性的统一体。

马克思主义哲学教科书这一理论形式促进了辩证唯物主义和历史唯物主义体系的形成，但是不能把辩证唯物主义和历史唯物主义哲学归结为这一种理论形式。以苏联的过渡时期为例，辩证唯物主义和历史唯物主义体系为当时苏联学者的哲学研究提供了基本的理论框架，但是当时的苏联学者在研究性论著中对马克思主义哲学的阐发在深度和广度上远远超出了马克思主义哲学教科书体系本身。不了解苏联学者的这些成就，仅限于从教科书这种形式来理解苏联的辩证唯物主义和历史唯物主义哲学，就只能导致对历史和理论的片面理解。

第二个要素是体制，即苏联的过渡时期初步形成的哲学为政治服务的体制。这一体制是苏联思想文化体制的一个组成部分，是由苏联的社会政治条件决定的。但是同时，这一体制的一些重要特征与苏联的辩证唯物主义和历史唯物主义哲学的意识形态职能有着必然的联系。因此，对于马克思主义哲学的苏联化形态而言，它不是一个纯粹外在的因素，而是这一哲学与其社会政治环境相联系的一个中介。

对于这一体制的评价，应当注意以下两个方面：一方面，必须承认这一体制的弊端给苏联辩证唯物主义和历史唯物主义哲学的发展造成了严重的消极后果。除了前面所述的使哲学理论庸俗化的问题，它还导致了严重的教条主义倾向，主要表现在哲学研究中唯领袖人物的思想是从、本本主义以及注释之风盛行等方面；另一方面，应当辩证地评价这一体制，要看到尽管它存在着严重的弊端，但是它所表达的在社会主义国家执政党要对哲学进行有效领导的要求是合理的。这一体制可能需要变化和改革，但是这一体制所试图强调的马克思主义哲学的革命性的方面，以及马克思主义理论与实践的统一、哲学与政治的联系这些基本精神却仍然是不容置疑的。归根到底，毕竟这一体制属于社会主义思想文化体制的范畴，对它彻底否定不是马克思主义的态度。

在哲学理论与哲学体制的关系问题上，还应当注意哲学体制与哲学理论的联系也不是简单的、直接的，而是间接的、复杂的。不能因为苏联的哲学体制弊端重重就认为在这一体制下形成的辩证唯物主义和历史唯物主义哲学也一无是处。哲学理论与哲学体制也不是共存亡的，只要辩证唯物主义和历史唯物主义哲学能够在新的历史条件下很好地体现马克思主义哲学的基本精神，它就不会因体制、地点和时间的变化而失去其生命力。

第三个和第四个因素是领袖人物的哲学思想和普通学者的哲学研究，它们都是马克思主义哲学苏联化形态的不可或缺的组成部分。由于历史和体制的原因，在马克思主义哲学的苏联化形态中，领袖人物的哲学思想起着举足轻重的作用。领袖人物的哲学思想与普通学者的哲学研究之间的关系往往是不平衡的，对普通学者的哲学研究的尊重和给与他们的学术自由并不充分。就马克思主义哲学的苏联化形态而言，如果把马克思主义哲学的苏联化形态比作一个正在建设中的理论大厦，辩证唯物主义和历史唯物主义体系就是这个大厦的基本框架，那么领袖人物不仅是这个大厦的建筑设计师，而且是主要的工程师，他们不仅"设计"了辩证唯物主义和历史唯物主义体系本身，而且随时提供辩证唯物主义和历史唯物主义哲学的权威观点。而普通的苏联哲学工作者往往只是充当了建筑工人的角色，他们只是为辩证唯物主义和历史唯物主义哲学增砖添瓦。这种领袖人物的哲学思想与普通学者的哲学研究之间的不平衡关系在苏联的斯大林时期达到了顶峰，随后有所好转，但是并没有根本性的变化。

　　这里所说的领袖人物，是指马克思主义经典作家和马克思主义哲学史上的重要理论家，而不是什么其他的领袖人物。领袖人物和普通的哲学工作者都是马克思主义哲学理论的创造者和宣传者，应当从唯物史观出发正确理解他们作为理论创造者的辩证关系，从而促进马克思主义哲学的发展。

　　此外，还应当重视苏共纲领和决议中的哲学思想这一理论形式，包括世界社会主义运动的纲领性文件中的哲学思想，苏联共产党的基本纲领、重要决议和文件中的哲学思想以及苏共领导人和理论家的报告、著作、讲话中的哲学思想。这一理论形式体现了苏联共产党（有时是整个世界社会主义阵营）对于一些重大理论问题的基本认识，实际上是苏联共产党的领导者们以及专业理论工作者们集体智慧的产物，是领袖人物的哲学思想和普通学者的哲学研究之间的一个中介环节。关于这一理论形式，首先，就其地位而言，在苏联的后斯大林时期，领袖人物的作用不再突出，苏共纲领和决议中的哲学思想的重要性也就日益增长。其次，就其内容而言，它往往并不是对所有哲学问题都发表意见，而是集中阐述与政治紧密相关的一系列重大理论问题，例如阶级、国家、革命、社会主义辩证法、世界社会历史发展的辩证法。再次，就其理论来源而言，它和普通学者的哲学研究之间存在着一种更深入、更复杂的互动关系，需要我们做具体的分析。因此，本书并不把这一理论形式作为马克思主义哲学苏联化形态的一个单独的要素来考察。

　　以上分析了马克思主义哲学苏联化形态的一些基本特征，这些分析表明，马克思主义哲学的苏联化形态是一个多种因素相互作用下的复杂的理论系统。在苏联的过渡时期，无论是辩证唯物主义和历史唯物主义哲学还是哲学为政治服务的体制，都处于初步形成的阶段。斯大林的《联共（布）党史简明教程》四章二节的发表才标志着辩证唯物主义和历史唯物主义哲学的真正确立，与之相联系的则是对斯大林的个人迷信所导致的教条主义的盛行和哲学为政治服务体制的进一步畸形的发展和确立。我们将从领袖人物的思想、体制、体系、问题等方面进一步考察马克思主义哲学苏联化形态的发展和演变。

第 八 章

马克思主义哲学苏联化形态的确立：
斯大林时期的苏联马克思主义哲学
（1936—1953）

1936 年新宪法的通过标志着苏联由资本主义向社会主义过渡的完成。在从 1936 年到 1953 年斯大林逝世的这一历史时期中，苏联的政治生活和社会生活主要呈现出以下几个方面的特点：首先，苏联的社会主义建设取得了巨大的成就，同时也存在着一些问题和不足；其次，形成了一套以政治、经济、文化高度集中为主要特征的体制，这一体制后来被称为"斯大林模式"；再次，在 1941—1945 年期间，苏联人民在反对德国法西斯主义侵略的卫国战争中取得了伟大的胜利，而且苏联也成为第二次世界大战中战胜法西斯主义的决定性力量。同时，苏联当时政治、经济、文化高度集中的体制也决定了无论是苏联社会主义建设的成就和不足，还是卫国战争的曲折和胜利，都与作为苏联共产党最高领袖的斯大林的个人功过有着密不可分的联系。斯大林既有伟大的历史功绩，也有严重的错误和失误。他最严重的错误是培植了一种对他自己的个人迷信，其主要表现是搞个人崇拜，滥用权力，践踏党内民主和苏维埃民主，并导致了一系列违法行为和肃反扩大化。

斯大林时期苏联政治生活和社会生活的这些特点对苏联马克思主义哲学的发展也产生了重要的影响。首先，随着斯大林式的政治、经济、文化体制的形成，作为这一体制组成部分的哲学为政治服务的体制也进一步确立；其次，在卫国战争期间，苏联的马克思主义哲学与其他各项事业一样把为反法西斯战争服务作为自己的主要任务；再次，对斯大林的个人迷信给苏联的社会科学带来了损害，使理论脱离了社会主义建设实践，培植了教条主义和书呆子习气，束缚和限制了理论工作者的创造性和主动精神。① 在哲学领域，斯大林被吹捧成能够创造性地发展马克思主义并解决一切哲学问题的唯一的哲学家。斯大林的哲学著作被吹捧成马克思主义哲学的顶峰，甚至他早年的一些不成熟的哲学作品也被吹捧为天才著作。同时，尽管存在着这些缺点和不足，斯大林时期的苏联马克思主义哲学仍然在发展，并取得了巨大的成就。这些成就既体现在斯大林的哲学著作中，也体现在苏联学者对马克思主义哲学的研究中。对斯大林哲学著作的无原则吹捧固然是错误的，但是它们对马克思主义哲学的发展也是不容抹煞的。

如果以苏联卫国战争为界，可以把 1936 年至 1953 年的这一历史时期进一步划分为战前、战中和战后三个阶段。这三个阶段的苏联马克思主义哲学发展也呈现出不同的特点：战前阶段的苏联马克思主义哲学既是 20 世纪 30 年代前期马克思主义哲学发展的继续，又由于斯大林《辩证唯物主义和历史唯物主义》（即《联共（布）党史简明教程》第四章第二节，后来作为单独的小册子出版）的发表而发生了新的变化。对斯大林这本小册子的学习、注释和宣传一度取代了正常的哲学学术研究。卫国战争的爆发则进一步改变了哲学发展的正常进程和马克思主义哲学的主要任务。在战后阶段，随着国际国内形势的变化，苏联马克思主义哲学的发展也具有一些新的内容。当然，尽管存在着这三个阶段的发展变化，斯大林时期的马克思主义哲学仍然具有区别于苏联其他历史时期的一些固有的特征。

本章所要讨论的是斯大林时期斯大林本人的哲学思想、辩证唯物主义和历史唯物主义体系的基本确立、哲学为政治服务体制的进一步发展和确立、苏联学者对马克思主义哲学研究的继续等方面的内容，以及贯穿于这些内容之中的主题——马克思主义哲学苏联化形态的确立。

---

① M. A. 敦尼克等主编：《哲学史》第六卷（上册），生活·读书·新知三联书店 1982 年版，第 166 页。

第一节 斯大林的《辩证唯物主义和历史唯物主义》与苏联马克思主义哲学教科书体系的基本确立

斯大林是苏联共产党的最高领袖，哲学理论的创作并不是他工作的重点。不过，作为列宁的学生，斯大林非常重视马克思主义哲学并对其有着明确、系统和深入的理解。在1938年出版的《联共（布）党史简明教程》中，斯大林亲自审定了第四章第二节——《论辩证唯物主义和历史唯物主义》。这部分内容后来以小册子的形式单独出版，题目改为《辩证唯物主义和历史唯物主义》。这本小册子是斯大林哲学思想的集中体现。

《辩证唯物主义和历史唯物主义》篇幅不长，主要包括了以下内容：首先，在开头部分，斯大林阐述了什么是辩证唯物主义、什么是历史唯物主义，以及马克思主义哲学与德国古典哲学的批判继承关系——实际上也就是辩证唯物主义与黑格尔的辩证唯心主义以及与费尔巴哈唯物主义的关系；其次，斯大林接着阐述了什么是马克思主义的辩证方法、什么是马克思主义的哲学唯物主义以及什么是历史唯物主义，这三部分内容构成了小册子的主体。

斯大林在这本小册子中对马克思主义哲学理论的阐述还有两个重要的特点。一个特点是阐述和引证相结合，即在阐述马克思主义哲学理论的某一个观点或某一个方面时，引用马克思和恩格斯相关论述加以佐证。另一个特点是：斯大林不仅阐述了马克思主义哲学理论本身，而且详细阐明了如何运用这些理论。具体而言，斯大林在阐述辩证唯物主义理论的时候，总是同时阐明这些理论在社会历史领域的推论以及在无产阶级政党的理论和实践这一层面上的进一步推论。而斯大林在阐述历史唯物主义理论的时候，也阐明了在无产阶级政党的理论和实践中如何运用这些理论。通观全书，斯大林关于如何运用马克思主义哲学理论的论述与他关于马克思主义哲学理论本身的论述具有同样的篇幅。斯大林所做的关于如何运用马克思主义哲学理论的论述具有特殊的理论意义：一方面，这些论述中富含关于历史唯物主义的思想以及马克思主义哲学理论与马克思主义政治学说的结合点。另一方面，这些论述属于马克思主义哲学与无产阶级革命和社会主义实践相结合的中介环节，对于我们在实践中如何运用马克思主义哲学理论具有重要的指导意义和方法论价值。甚至可以说，这些论述才是斯大林《辩证唯物主义和历史唯物主义》中最精彩的部分。以往对斯大林《辩证唯物主义和历史唯物主义》的研究中对这一部分有所忽视，从而影响了对斯大林的哲学思想做全面的评价。

下面将结合斯大林阐述马克思主义哲学理论的特点，讨论《辩证唯物主义和历史唯物主义》一书的基本思想及其影响。

一　在《辩证唯物主义和历史唯物主义》中，斯大林阐述了什么是辩证唯物主义和历史唯物主义以及辩证唯物主义和历史唯物主义与德国古典哲学的关系

斯大林指出："辩证唯物主义是马克思列宁主义党的世界观。它所以叫作辩证唯物主义，是因为它对自然界现象的看法、它研究自然界现象的方法、它认识这些现象的方法是辩证的，而它对自然界现象的解释，它对自然界现象的了解，它的理论是唯物主义的。……历史唯物主义就是把辩证唯物主义的原理推广去研究社会生活，把辩证唯物主义的原理应用于社会生活现象，应用于研究社会，应用于研究社会历史。"①

斯大林的这一论述不仅是非常明确的，而且基本上是符合马克思主义的。不过，他的这一论述也有一些值得反思之处：首先，他把马克思主义哲学规定为无产阶级政党的世界观当然是正确的，但是仅仅提到这一点是不够全面的，因为马克思主义哲学不仅是无产阶级政党的世界观，也是无产阶级的世界观。在世界观问题上，无产阶级与其先锋队组织——无产阶级政党究竟具有一种什么样的辩证关系，还是有待于进一步地研究和论述的。

其次，斯大林把辩证法规定为马克思主义哲学的方法，把唯物主义规定为马克思主义哲学的理论，这是值得研究的。如果把理论和方法看作为同一层次上的概念，那倒也不会有什么原则性的大问题，但如果把理论和方法理解为不同层次上的概念，那就不可避免地具有一种割裂理论与方法、世界观和方法论的倾向。

———————

① 《斯大林选集》下卷，人民出版社1979年版，第424页。

再次，从把马克思主义哲学的基本观点区分为理论和方法这两个方面出发，斯大林试图用马克思主义辩证方法的四个特征和哲学唯物主义理论的三个特征来概括辩证唯物主义理论的主要内容。斯大林的这一理论框架的主要问题是过于简单化了，关于这一点本编后面还将进行具体的分析。

此外，斯大林把历史唯物主义看作辩证唯物主义在社会历史领域的推广和应用，这既是对辩证唯物主义和历史唯物主义之间关系的一个说明，也是《辩证唯物主义和历史唯物主义》全书理论框架的另一个出发点。把历史唯物主义看作辩证唯物主义的推广和应用，这一观点来自于列宁，它是对辩证唯物主义与历史唯物主义的逻辑关系的一个正确的说明。马克思主义哲学史中是先有辩证唯物主义，还是先有历史唯物主义的事实并不能够影响这种本质上的逻辑关系。不过，如果能对马克思主义哲学史中历史唯物主义和辩证唯物主义先后出现的事实做出说明，显然有助于进一步澄清二者的关系。在这一问题上，斯大林也是提出了观点，而没有做详细的论证。同时，正是从历史唯物主义是辩证唯物主义的推广和应用这一观点出发，斯大林在阐述辩证唯物主义理论的时候，才同时阐述了这些理论如何在社会历史领域进行推广和应用。所以，斯大林关于历史唯物主义的阐述不仅体现在《辩证唯物主义和历史唯物主义》一书最后部分关于生产的论述中，也体现在关于辩证唯物主义理论的推广和应用的论述中。这种阐述方式体现了斯大林自己的特点。而且，如前所述，斯大林对马克思主义哲学理论的推广和应用不仅仅停留在历史观层面，而且拓展到了无产阶级政党的理论和实践这一层面。

总之，从斯大林为辩证唯物主义和历史唯物主义所下的定义来看，他的观点基本上是正确的，只是由于论述得简明扼要，就不可避免地存在着不够深入的缺点。从斯大林为《辩证唯物主义和历史唯物主义》一书所制定的理论框架来看，既有思路清晰、逻辑严密，体现理论和实践的统一、哲学与政治的结合等优点，也有过于简单化的缺点。

斯大林接着指出："马克思和恩格斯从黑格尔的辩证法中采取的仅仅是它的'合理的内核'，而摒弃了黑格尔的唯心主义的外壳，并且向前发展了辩证法，赋予辩证法以现代的、科学的形态。……马克思和恩格斯是从费尔巴哈唯物主义中采取了它的'基本的内核'，把它进一步发展成为科学的哲学唯物主义理论，而摒弃了它那些唯心主义的和宗教伦理的杂质。"① 斯大林的这一论述是非常重要的，它不仅继承了马克思、恩格斯和列宁的相关思想，而且强调了唯物辩证法是对黑格尔哲学合理内核的向前发展。斯大林的这一论述是斯大林对马克思主义哲学的一个贡献。当然，斯大林之所以能做出这一经典的表述，与苏联过渡时期关于马克思主义哲学与黑格尔哲学关系的深入讨论是分不开的。

二 斯大林阐述了马克思主义的辩证方法及其在社会历史领域的推广和应用

斯大林对这一问题的阐述主要包括以下三个方面的内容：

首先，斯大林把唯物辩证法仅仅规定为一种方法并简单地回顾了辩证法的发展史。如前所述，由于斯大林把辩证法规定为马克思主义哲学的方法，所以，为了保持全书的逻辑的一贯性，他对辩证法的阐述只停留在方法的层面上。对于主观辩证法与客观辩证法的统一，以及列宁所强调的辩证法、认识论和逻辑学的统一这些马克思主义哲学的重要观点，斯大林采取了回避的态度。在涉及客观辩证法的内容时，斯大林认为它们是辩证方法所揭示的客观世界的规律，而没有使用"客观辩证法"概念。这种情况的出现正是《辩证唯物主义和历史唯物主义》一书理论框架的简单化所带来的问题。由于把唯物辩证法仅仅规定为一种方法，便牺牲了唯物辩证法理论的一些重要内容，甚至背离了唯物辩证法的本质。

关于辩证法的历史，斯大林指出："在古代，所谓辩证法，指的是以揭露对方论断中的矛盾并克服这些矛盾来求得真理的艺术。古代有些哲学家认为，思维矛盾的揭露以及对立意见的冲突，是发现真理的最好方法。这种辩证的思维方式后来推广到自然界现象中去，就变成了认识自然界的辩证方法。"② 斯大林的这个阐述显然是不全面的，因为认识自然界的辩证方法不过是自然界自身的辩证法在人们头脑中自觉的反映而已。

其次，斯大林阐述了马克思主义辩证方法的四个基本特征。

斯大林指出，辩证法从根本上来说，是同形而上学截然相反的。

"马克思主义的辩证方法的基本特征是：

（1）同形而上学相反，辩证法不是把自然界看作彼此隔离、彼此孤

---

① 《斯大林选集》下卷，人民出版社 1979 年版，第 424—425 页。

② 同上书，第 425 页。

立、彼此不依赖的各对象或现象的偶然堆积，而是把它看作有联系的统一的整体，其中各个对象或现象互相有机地联系着，互相依赖着，互相制约着。

……

（2）同形而上学相反，辩证法不是把自然界看作静止不动、停滞不变的状态，而是看作不断运动和变化、不断更新和发展的状态，其中始终有某种东西在产生、在发展，有某种东西在破坏、在衰颓。

……

（3）同形而上学相反，辩证法不是把发展过程看作简单的增长过程，量变不引起质变的过程，而是看作从不显著的、潜在的量的变化到显露的变化，到根本的变化，到质的变化的发展，在这种发展过程中，质变不是逐渐地发生，而是迅速的、突然地发生的，表现为从一种状态飞跃式地进到另一种状态，并且不是偶然发生的，而是有规律地发生的，是由许多不明显的逐渐的量变积累而成的。

……

（4）同形而上学相反，辩证法的出发点是：自然界的对象或自然界的现象含有内在的矛盾，因为它们都有其反面和正面，都有其过去和将来，都有其衰颓着的东西和发展着的东西，而这种对立面的斗争，旧东西和新东西之间、衰亡着的东西和产生着的东西之间、衰颓着的东西和发展着的东西之间的斗争，就是发展过程的内在内容，就是量变转化为质变的内在内容。"①

从斯大林的论述中可以看出，第一，他所说的辩证方法的前两个基本特征也就是普遍联系和变化发展，对此斯大林还有进一步的概括，他说："因此，辩证方法要求我们观察现象时不仅要从各个现象的相互联系和相互制约的角度去观察，而且要从它们的运动、它们的变化、它们的发展的角度，从它们的产生和衰亡的角度去观察。"②

第二，斯大林在阐述辩证方法的变化发展的特征时，对这一特征还有进一步的发挥和发展，他说："在辩证法看来，只有正在产生、正在发展

---

① 《斯大林选集》下卷，人民出版社 1979 年版，第 425—429 页。

② 同上书，第 425 页。

的东西，才是不可战胜的。"① 这就是我们后来所说的新生事物是不可战胜的观点，这是斯大林对马克思主义哲学的一个贡献。

第三，斯大林阐述的辩证方法的第三个基本特征实际上就是作为方法的质变和量变相互转化的规律。斯大林对这一问题的阐述存在着不足之处：首先，他只阐述了量变转化为质变，没有阐述质变向量变的转化；其次，他只承认质变的飞跃式方式，不承认质变的渐进性方式，关于这一点，斯大林在晚年对自己的认识有所修正。

第四，斯大林阐述的辩证方法的第四个基本特征实际上就是作为方法的对立统一规律。斯大林的这一阐述也存在着不足，即他只论述了矛盾双方斗争性的方面，没有论述矛盾双方统一性的方面。而且他也没有提到列宁关于对立统一规律是辩证法的实质和核心的思想。

第五，斯大林只阐述了马克思主义辩证方法的四个基本特征，没有阐述辩证法的否定之否定规律，也没有阐述辩证法的一系列范畴，这显然是不全面的。在阐述质变和量变相互转化的规律时，斯大林提到了偶然、规律这两个概念，但也是一笔带过而已。同时，斯大林也试图把否定之否定规律的内容包含在作为方法的质变和量变相互转化的规律之中。他说："因此，辩证方法认为，不应该把发展过程了解为圆圈式的运动，了解为过去事物的简单重复，而应该把它了解为前进的运动，了解为上升的运动，了解为从旧质态到新质态的转化，了解为从简单到复杂、从低级到高级的发展。"② 这段论述也了显示出斯大林不承认辩证法的否定之否定规律的原因所在，即斯大林只承认运动的前进性的方面，不承认运动的圆圈式的方面，没有认识到发展过程是前进运动和圆圈运动的统一，是螺旋式运动。斯大林不承认否定之否定规律的观点是片面的，也违背了列宁《哲学笔记》中的相关思想。

总体上说，从斯大林对马克思主义辩证方法的四个基本特征的阐述来看，他对唯物辩证法内容的理解不仅不全面，而且有一些错误认识。

再次，斯大林还阐述了马克思主义的辩证方法在社会历史领域的推广和应用。如前所述，斯大林对这一推广和应用的阐述主要有两个层次，第一个层次是辩证方法在历史观上的推广和结论；第二个层次是辩证方法在

---

① 《斯大林选集》下卷，人民出版社 1979 年版，第 425 页。

② 同上书，第 427 页。

无产阶级政党的理论和实践中的进一步推广和结论。

第一，斯大林认为，从普遍联系的观点出发，在研究历史上的每一种社会制度、每一个社会运动时，就不应从"永恒正义"或其他某种成见出发，而应从产生这种制度、这一运动的条件以及同它们有联系的条件出发。"一切以条件、地点和时间为转移。……显然，没有这种观察社会现象的历史观点，历史科学就会无法存在和发展。"① 这里，斯大林对于列宁提出的马克思主义方法论的重要观点——具体问题具体分析做了进一步的发展：首先，他把这一观点进一步概括为马克思主义的历史观点；其次，他明确指出了马克思主义历史观点的主要哲学依据就是辩证法的普遍联系的观点。今天，斯大林的这一思想仍然值得我们重视和进一步地挖掘。

第二，斯大林认为，从变化发展的观点出发，就会看到社会历史领域没有什么"不可动摇的社会秩序"，没有什么私有制和剥削的"永恒原则"，没有什么农民服从地主、工人服从资本家的"永恒观念"。不仅如此，斯大林还进一步发挥了从变化发展观点出发的新生事物不可战胜的思想，提出了对无产阶级政党而言非常重要的一些结论：一是资本主义制度将为社会主义制度所代替；二是社会发展要依靠正在发展的、有前途的阶级，即使这些阶级在当时还不是占优势的力量；三是一个重要的方法论命题："这就是说，要在政治上不犯错误，就要向前看，而不要向后看。"② 斯大林的这些论述揭示了唯物辩证法变化发展观点在历史观、科学社会主义理论以及无产阶级政党政策上的方法论意义，也具有重要的理论价值。

第三，斯大林认为，从质变和量变相互转化的规律出发，就可以推出被压迫阶级的革命是完全自然的和必不可免的现象这一结论。而且，对无产阶级政党而言，"这就是说，从资本主义过渡到社会主义，工人阶级摆脱资本主义压迫，不可能通过缓慢的变化，通过改良来实现，而只能通过资本主义制度的质变，通过革命来实现。……这就是说，要在政治上不犯错误，就要做革命者，而不要做改良主义者"③。斯大林的这一论述揭示了唯物辩证法质变和量变相互转化的规律对于无产阶级革命理论的方法论

---

① 《斯大林选集》下卷，人民出版社 1979 年版，第 430 页。

② 同上书，第 431 页。

③ 同上。

意义。同时，从这一论述也可以看出斯大林否认质变的渐进性方式这一哲学观点是和他反对改良主义的政治观点联系在一起的，只不过在这个问题上，他的政治观点基本上正确，而相应的哲学观点却存在着片面性。

第四，斯大林认为，从矛盾的观点出发，就要承认无产阶级的阶级斗争是完全自然的和必不可免的现象。对无产阶级政党而言，"这就是说，不要掩饰资本主义制度的各种矛盾，而要暴露和揭开这些矛盾，不要熄灭阶级斗争，而要把阶级斗争进行到底。……这就是说，要在政治上不犯错误，就要执行无产阶级的不调和的阶级政策，而不要执行使无产阶级利益同资产阶级利益相协调的改良主义政策，不要执行使资本主义'长人'社会主义的妥协主义的政策"①。斯大林的这一论述揭示了唯物辩证法的对立统一规律对于无产阶级革命和社会主义建设的方法论意义。同时，从这些论述也可以看出斯大林之所以在哲学上忽视矛盾的统一性方面，是因为他在政治上只承认无产阶级与资产阶级以及富农阶级等剥削阶级的斗争，不承认无产阶级与这些阶级合作的任何可能性。在这个问题上，斯大林的政治观点有片面性，相应的哲学观点也有片面性。

从斯大林对马克思主义的辩证方法在社会历史领域的推广和应用的阐述可以看出：第一，斯大林坚持哲学和政治的结合，理论和实践的结合，从马克思主义哲学科学性和革命性的统一出发来阐述马克思主义哲学理论，这是符合马克思主义哲学的基本精神的。而且，在如何实现哲学和政治的结合、理论和实践的结合方面，《辩证唯物主义和历史唯物主义》一书做出了重要探索，即它从如何理解马克思主义哲学和如何运用马克思主义哲学这两个方面的统一出发来阐述马克思主义哲学理论，这一点是《辩证唯物主义和历史唯物主义》一书的特点，同时也是其最重要的理论价值之一和斯大林对马克思主义哲学的最重要的贡献之一。第二，对于斯大林的哲学观点与他的政治观点的内在联系要做具体的分析。斯大林的哲学观点和政治观点之间显然存在着一种互动关系，但是它们之间又是相对独立的，一种政治观点的错误并不意味着相关的哲学观点也是错误的，反之亦然。

总体上说，斯大林关于辩证法的四基本特征说，有他的独创之处，至少没有机械地照抄照搬经典作家的有关论述，而且在阐述唯物辩证法基本

① 《斯大林选集》下卷，人民出版社 1979 年版，第 431 页。

内容时还有不少侧重、强调和创新，当然也存在着一些缺陷和不足。与斯大林对唯物辩证法的理解不够深入和全面的缺点相联系，斯大林的思维方式中既有辩证法的东西，也有不少形而上学的东西，这也是他某些政治错误的方法论根源。①

三　斯大林阐述了马克思主义哲学唯物主义的三个基本特征及其在社会历史领域的推广和应用

斯大林指出，哲学唯物主义的对立面是哲学唯心主义，马克思主义哲学唯物主义的基本特征是：

（1）唯心主义认为世界是'绝对观念'、'宇宙精神'、'意识'的体现，而马克思的哲学唯物主义却与此相反，它认为，世界按其本质说来是物质的；世界上形形色色的现象是运动着的物质的不同形态；辩证方法所判明的现象的相互联系和相互制约，是运动着的物质的发展规律；世界是按物质运动规律发展的，并不需要什么'宇宙精神'。

……

（2）唯心主义硬说，只有我们的意识才是真实存在的，物质世界、存在、自然界只是在我们的意识中，在我们的感觉、表象、概念中存在，而马克思主义的哲学唯物主义却与此相反，它认为，物质、自然界、存在，是在意识以外，不依赖意识而存在的客观实在；物质是第一性的，因为它是感觉、表象、意识的来源；而意识是第二性的，是派生的，因为它是物质的反映，存在的反映；思维是发展到高度完善的物质的产物，即人脑的产物，而人脑是思维的器官；因此，如果不愿意大错特错，那就不能把思维和物质分开。

……

（3）唯心主义否认认识世界及其规律的可能性，不相信我们知识的可靠性，不承认客观真理，并且认为世界上充满着科学永远不能认识的'自在之物'，而马克思主义的哲学唯物主义却与此相反，它

---

① 关于这一点，毛泽东同志曾有过评论，参见《毛泽东选集》第 5 卷，人民出版社 1991 年版，第 348 页。

认为，世界及其规律完全可以认识；我们关于自然界规律的知识，经过经验和实践检验过的知识，是具有客观真理意义的、可靠的知识；世界上没有不可认识的东西，而只有还没有被认识、而将来科学和实践的力量会加以揭示和认识的东西。①

斯大林所说的哲学唯物主义的第一个基本特征主要包含了世界的物质统一性和多样性、运动和物质不可分割、物质世界运动的客观规律性以及客观规律的辩证性质等马克思主义哲学的基本观点。今天，我们在反思这一表述的简单化倾向的同时，仍不能否认其清晰准确的特点和高度的理论概括力。

斯大林所说的哲学唯物主义的第二个基本特征则主要包含了物质的定义、哲学基本问题的第一方面、反映论以及思维是人脑的产物等马克思主义哲学的基本观点。斯大林在这里把马克思主义认识论的基本观点与马克思主义物质观结合在一起来阐述，从物质和意识的关系出发，阐明了物质的客观实在性；并从意识的本质是物质的反映以及思维是物质的产物出发阐明了物质第一性、意识第二性的原理。斯大林的这一阐述不仅是简明而准确的，而且有他自己的特点。

斯大林所说的哲学唯物主义的第三个基本特征主要是马克思主义的可知论观点和客观真理观。在这里，斯大林把不可知论看成唯心主义的一个特征，这一观点是不符合恩格斯的哲学基本问题理论的。关于唯心主义与不可知论的关系，或者说哲学基本问题的第一方面和第二方面之间的关系，列宁曾做过探讨并认为两者之间存在着必然的联系，但是列宁并不认为这种联系是直接的。斯大林则把不可知论直接看成了唯心主义的特征，这显然是片面的。与主观辩证法和客观辩证法的问题类似，斯大林在这里把不可知论归结为哲学唯心主义的第三个特征，同样是因为《辩证唯物主义和历史唯物主义》一书的理论框架过于简单化了。斯大林想把马克思主义世界观和认识论的丰富内容概括在所谓的哲学唯物主义的几个特征之内，就难免出现牵强附会之处，甚至提出了错误观点。

应该说，在当时的情况下，提出"马克思主义的哲学唯物主义"这个概念，特别是提出"马克思主义哲学唯物主义的基本特征"的概念，

---

① 《斯大林选集》下卷，人民出版社 1979 年版，第 431—434 页。

是很到位的，提出了一个至今还需要我们认真讨论的问题。遗憾的是，在回答和阐述时，斯大林只论述了马克思主义哲学唯物主义与哲学唯心主义的区别，而没有论述马克思主义哲学唯物主义与旧唯物主义的区别。这样，马克思主义哲学唯物主义区别于旧唯物主义的实践性、辩证性、历史性，都没有得到论述和强调，致使后人读起来，觉得他所论述的马克思主义哲学唯物主义和马克思主义以前的唯物主义没有什么太大的区别。

斯大林还把阐述的重点放在了哲学唯物主义的三个特征在社会历史领域的推广和应用上。这一推广和应用同样既包括历史观的层面，也包括无产阶级政党理论和实践的层面。

首先，斯大林从物质世界的客观规律性、世界的可知性以及真理的客观性出发，指出社会发展同样具有规律性，社会生活同样可以认识，社会科学同样是客观真理。因此，"无产阶级政党在它的实际活动中，不应该以任何偶然动机为指南，而应该以社会发展规律、以这些规律中得出的实际结论为指南。……科学和实际活动的联系、理论和实践的联系、它们的统一，应当成为无产阶级政党的指路明星"①。这一论断的重要性在于，它指明了理论和实践的统一这一无产阶级政党思想路线的重要原则的哲学理论依据。

其次，从物质决定意识，物质第一性、意识第二性的原理出发，斯大林进一步阐述和发挥了马克思主义的社会存在和社会意识关系的理论。

第一，斯大林论述了社会存在决定社会意识的原理及其对无产阶级政党提出的要求。

他指出，由哲学唯物主义的原理可以推出，"社会的物质生活、社会的存在，也是第一性的，而社会的精神生活是第二性的，是派生的；社会的物质生活是不依赖于人们意志而存在的客观实在，而社会的精神生活是这一客观实在的反映，是存在的反映。……这就是说，形成社会的精神生活的源泉，产生社会思想、社会理论、政治观点和政治设施的源泉，不应当到思想、理论、观点和政治设施本身中去寻求，而要到社会的物质生活条件、社会存在中去寻求，因为这些思想、理论、观点等等是社会存在的反映"②。在这里，斯大林清晰而准确地表达了历史唯物主义的一个最基

---

① 《斯大林选集》下卷，人民出版社 1979 年版，第 436 页。

② 同上。

本的思想，并指明了它是哲学基本问题第一方面的推论。

同时，斯大林还进一步阐述了无产阶级政党在自己的活动中如何贯彻上述结论。他说："马克思列宁主义的力量和生命力在于，它在自己的实际活动中正是以社会物质生活发展的需要为依据，任何时候也不脱离社会的现实生活。"① 这就揭示了马克思列宁主义理论作为一种社会意识，其理论生命力的源泉就在于正确地反映社会的物质生活。

第二，斯大林论述了社会意识的作用和意义及其对无产阶级政党所提出的要求。

他指出，历史唯物主义决不否认社会思想、理论、观点和政治设施的意义和作用，而是着重指出它们在社会生活和社会历史中的重大作用和意义。关于社会意识的作用和意义，斯大林首先区分了旧的衰颓的思想和理论与新的先进的思想和理论，并指出前者是为社会上衰颓势力的利益服务的，后者是为社会上先进势力的利益服务的；而且后者的作用就是促进社会生活发展，它们愈是确切地反映社会物质生活发展的需要，它们的意义就愈大。

斯大林接着论述了新的社会思想和理论对社会发展发挥作用的具体方式。他指出："新的社会思想和理论，只有在社会物质生活的发展向社会提出新的任务以后，才会产生。可是，一经产生，它们就会成为促进解决社会物质生活的发展所提出的新任务、促进社会前进的最重大的力量。"这种力量就体现在新的思想、理论，政治观点和政治设施具有极大的组织作用、动员作用和改造作用。同时，这些作用也说明了新的社会思想和理论产生的历史必然性——"新的社会思想和理论所以产生，正是因为它们是社会所必需的，因为没有它们那种组织工作、动员工作和改造工作，就不可能解决社会物质生活发展中的已经成熟的任务"。而且，这些新的社会思想和理论一经产生，"就为自己开拓道路，成为人民群众的财富，它们动员人民群众，组织人民群众去反对社会上衰颓的势力，从而有助于推翻社会上衰颓的、阻碍社会物质生活发展的势力"②。

在做出上述分析之后，斯大林得出结论说："社会思想、理论和政治设施，在社会物质生活的发展即社会存在的发展所提出的已经成熟的任务

---

① 《斯大林选集》下卷，人民出版社 1979 年版，第 437 页。
② 同上书，第 438 页。

的基础上一经产生，便反过来影响社会存在，影响社会生活，为彻底解决社会物质生活的已经成熟的任务，为社会物质生活能进一步发展，创造必要的条件。"①

斯大林接着指出，社会意识所具有的历史作用的理论对无产阶级政党提出了要求，即要求它以先进的社会理论和思想为依据，而这一先进的理论和思想能够正确反映社会物质生活发展的需要，因而能够发动群众、动员群众、组织群众。这一理论当然就是马克思列宁主义，因此，斯大林又提出："马克思列宁主义的力量和生命力在于，它以正确反映社会物质生活发展需要的先进理论为依据，把这种理论提到它应有的高度，并且把充分利用这种理论的动员力量、组织力量和改造力量，看作自己的职责。"②

综上所述，斯大林把社会存在和社会意识的关系看作哲学基本问题的第一个方面在历史观上的推广和应用。从这一思路出发，斯大林对社会存在和社会意识的关系问题做了深入的论述，这些论述是对马克思主义哲学的重要发展。从斯大林的上述论述出发，社会存在和社会意识关系后来被进一步概括为历史唯物主义的基本问题。

四　斯大林进一步阐述了什么是历史唯物主义

历史唯物主义是辩证唯物主义在社会历史领域的推广和应用，但这并不否认历史唯物主义所要揭示的社会发展规律的特殊性。同时，正是对社会存在和社会意识关系问题的唯物主义解答为揭示社会历史发展的特殊规律指明了方向。从这一思路出发，斯大林在阐述辩证方法和哲学唯物主义理论之后，又阐述了社会历史发展的决定性因素——生产以及生产的三个特点，从而回答了什么是历史唯物主义这一问题。

首先，斯大林阐述了物质资料的生产方式是决定社会发展的主要力量。

斯大林指出，既然社会存在决定社会意识，社会的物质生活决定社会的精神生活，那么社会的物质生活包括哪些内容呢？在这里，斯大林使用了"社会物质生活条件"概念，并以这一概念来揭示社会物质生活的本质特征。他认为，社会物质生活条件主要包括三个方面：自然环境——即

---

① 《斯大林选集》下卷，人民出版社 1979 年版，第 438 页。
② 同上书，第 439 页。

地理环境，人口和物质资料的生产方式。关于地理环境，斯大林认为：
"地理环境无疑是社会发展的经常的和必要的条件之一，它当然影响到社
会的发展，——加速或者延缓社会发展进程。但是它的影响并不是决定的
影响，因为社会的变化和发展比地理环境的变化和发展快得不可比拟。"
关于人口，斯大林认为，人口的增长、人口密度的大小也是社会物质生活
条件的重要内容，"因为人是社会物质生活条件的必要因素，没有一定的
最低限度的人口，就不可能有任何社会物质生活。……但是它不可能是社
会发展的主要力量，它对社会发展的影响不可能是决定的影响。因为人口
的增长本身并不能说明为什么某种社会制度恰恰被一定的新制度所代替，
而不是被其他某种制度所代替"。在分析了地理环境和人口之后，斯大林
提出，在社会物质生活条件体系中，决定社会面貌、决定社会制度性质、
决定社会从这一制度发展到另一制度的主要力量"就是人们生存所必需
的生活资料的谋得方式，就是社会生存和发展所必需的食品、衣服、鞋
子、住房、燃料和生产工具等等物质资料的生产方式"①。

斯大林接着论述了物质资料的生产方式，他把物质资料的生产和生产
方式看作同义词，认为生产有两方面的内容，即"生产、生产方式既包
括社会生产力，也包括人们的生产关系，而体现着两者在物质资料生产过
程中的统一"。关于生产力，斯大林指出："要生活，就要有食品、衣服、
鞋子、住房和燃料等等，要有这些物质资料，就必须生产它们，要生产它
们，就需要有人们用来生产食品、衣服、鞋子、住房和燃料等等的生产工
具，就需要善于生产这些工具，善于使用这些工具。……用来生产物质资
料的生产工具，以及有一定的生产经验和劳动技能来使用生产工具、实现
物质资料生产的人，——所有这些因素共同构成社会的生产力。"关于生
产关系，斯大林认为，生产力"所表现的是人们同那些用来生产物质资
料的自然对象和力量的关系"，而生产关系是人们在生产过程中的相互关
系，生产关系和生产力一样是生产的必要因素，是生产方式的另一个方
面。生产关系表明"人们同自然界作斗争以及利用自然界来生产物质资
料，并不是彼此孤立、彼此隔绝、各人单独进行的，而是以一个人群为单
位，以社会为单位共同进行的。因此，生产在任何时候和任何条件下都是
社会的生产。人们在实现物质资料的生产的时候，在生产内部彼此建立这

① 《斯大林选集》下卷，人民出版社 1979 年版，第 440—441 页。

种或那种相互关系，即这种或那种生产关系。这些关系可能是不受剥削的人们彼此间的合作和互助关系，可能是统治和服从的关系，最后，也可能是从一种生产关系形式向另一种生产关系形式过渡的关系"①。

斯大林这里提出了关于历史唯物主义的一系列重要思想。第一，他提出的社会物质生活条件三个方面的理论是对马克思主义哲学的一个贡献；第二，他对物质资料的生产方式是决定社会发展的主要力量的阐述，迄今为止一直为众多的马克思主义哲学教科书所沿用；第三，他把生产和生产方式看作同义词，认为生产方式是生产力和生产关系的统一体，这一观点尽管一直存在着争议，但不失为一家之言；第四，他把生产关系明确规定为一种社会关系，等于是对过渡时期苏联学者关于生产中的技术关系是否属于生产关系的争论提出了自己的看法。斯大林的论述中也有不足之处，主要是他在论述生产力时，不仅没有明确地把劳动对象纳入生产力之中，而且还把物质生产资料主要局限于生产工具，从而仅仅把生产工具和劳动者看作生产力的主要因素。生产工具和劳动者是生产力体系中最核心的内容，把握了这一内容也就把握了生产力的实质。但是这并不表明生产力体系中没有其他内容，过渡时期的苏联学者对这一问题有过深入的探讨，可惜没有能反映在斯大林的论述之中。

其次，斯大林阐述了生产的变化和发展是社会变化和发展的根本动因。

在阐述了生产在社会历史发展中的决定性作用以及生产的基本内涵之后，斯大林又阐述了生产的三个特点，这实际上是以生产问题为线索对历史唯物主义的一系列基本理论的阐述。斯大林指出，"生产的第一个特点就是它永远也不会长久停留在这一点上，而是始终处在变化和发展的状态中；同时，生产方式的变化又必然引起全部社会制度、社会思想、政治观点和政治设施的变化，即引起全部社会结构和政治结构的改造。……社会的生产方式怎样，社会本身基本上也就怎样，社会的思想和理论、政治观点和政治设施也就怎样。……或者说得粗浅一些：人们的生活方式怎样，人们的思想方式也就怎样。"②

斯大林在这里阐述的生产的第一个特点是从社会的发展、变化或者说

---

① 《斯大林选集》下卷，人民出版社 1979 年版，第 441—442 页。

② 同上书，第 443 页。

社会动力学这个角度来讲的，它的基本内容有两个方面：一是生产是变化和发展的，变化和发展是生产的本质属性；二是生产的变化和发展决定了社会的变化和发展。斯大林的论述基本上是正确的，但是在论述中也体现了这样一种倾向，即没有提经济基础概念，而是认为生产方式决定上层建筑，这实际上是重复了过渡时期的一些苏联学者把生产力纳入到决定上层建筑的经济基础之中的观点。

从生产的变化和发展决定社会的变化和发展的基本观点出发，斯大林开始了进一步的推论，他指出："社会发展史首先是生产的发展史，是各种生产方式在许多世纪过程中依次更迭的历史，是生产力和人们生产关系的发展史。"① 这一论断也是非常重要的。虽然它在逻辑上并不否认生产方式的历史同时也是上层建筑的历史，但是由于它对生产方式的强调，其实际效果是把生产方式看成了揭示社会历史发展的阶段性的基本概念。如前所述，过渡时期的苏联学者普遍使用社会经济形态概念来揭示社会历史发展的阶段性，在斯大林的《辩证唯物主义和历史唯物主义》发表之后，在这一问题上，生产方式概念逐步取代了社会经济形态概念。这一取代是有片面性的，因为社会经济形态概念的内涵更为广泛，不仅包括了生产方式的内容，也包括了上层建筑的内容，而社会历史发展的阶段性应当具有上层建筑方面的内容。如果把社会发展史仅仅看成生产方式的更迭史，就容易忽视某一社会发展阶段中上层建筑的特殊性，因而就难以反映不同历史阶段社会发展的全貌。

斯大林还从生产问题出发，进一步推论出了人民群众的历史作用。他指出："社会发展史同时也是物质资料生产者本身的历史，即作为生产过程的基本力量、生产社会生存所必需的物质资料的劳动群众的历史。……这就是说，历史科学要想成为真正的科学，就不能再把社会发展史归结为帝王将相的行动，归结为那些蹂躏他国的'侵略者'和'征服者'的行动，而首先应当研究物质资料生产者的历史，劳动群众的历史，各国人民的历史。"② 斯大林这一论断，揭示了人民群众是历史的创造者这一历史唯物主义原理的理论依据。

此外，斯大林还阐述了生产在社会历史发展中的决定性作用在历史科

① 《斯大林选集》下卷，人民出版社 1979 年版，第 443 页。
② 同上。

学研究中以及无产阶级政党政策中的推论。第一，斯大林指出："历史科学的首要任务是研究和揭示生产的规律，生产力和生产关系发展的规律，社会经济发展的规律"；第二，对无产阶级政党而言，一方面，"无产阶级政党要想成为真正的党，首先应当掌握生产发展规律的知识，社会经济发展规律的知识"，另一方面，"要在政治上不犯错误，无产阶级党在制定自己的党纲以及进行实际活动的时候，首先应当从生产发展的规律出发，从社会经济发展的规律出发"。斯大林的这些论述，揭示了经济问题在历史科学中的重要性以及无产阶级政党为什么要重视经济问题以及为什么要掌握经济知识。

再次，斯大林阐述了生产关系必须适合生产力的历史规律并简述了生产力和生产关系的发展史。

斯大林所阐述的生产的第二个特点实际上包含了以下几个方面的内容：

第一，斯大林阐述了生产关系必须适合生产力的历史规律。首先，他指出，"生产的变化和发展始终是从生产力的变化和发展，首先是从生产工具的变化和发展开始的。所以生产力是生产中最活动、最革命的因素"；其次，斯大林指出，生产力不仅是生产中最活动、最革命的因素，而且是生产发展的决定因素，从而明确论述了生产力对生产关系的决定作用；再次，斯大林还明确论述了生产关系对生产力的反作用；最后，斯大林指出："因此，无论生产关系怎样落后于生产力的发展，但是它迟早必须适合——也确实在适合——生产力的发展水平，适合生产力的性质。"①总之，斯大林对生产关系必须适合生产力这一历史规律做了准确而详细的阐述。

第二，斯大林简述了从古到今生产力的发展史。斯大林对生产力发展史的简述只涉及了生产工具和人的劳动能力这两个方面，并没有包含生产力发展的全部内容，但是由于它把握了生产工具这一社会生产力发展的测量器，也就准确把握了生产力发展史的主要线索。

第三，斯大林简述了从古到今生产关系的发展史，转述了马克思的"五形态"说，即认为"历史上生产关系有五大类型：原始公社制的、奴

---

① 《斯大林选集》下卷，人民出版社 1979 年版，第 444—445 页。

隶占有制的、封建制的、资本主义的、社会主义的"①。

此外，斯大林阐述了新旧生产方式相更迭的一般历史规律。

在这方面，斯大林主要阐述了三方面的内容：一是新的生产力和生产关系是在旧制度内部产生的；二是新的生产力和生产关系的产生是自发的、不自觉的、不以人们意志为转移的；三是在旧制度内新的生产力和生产关系成熟以后，要通过新兴阶级的自觉的革命活动来推翻旧制度。这三方面的内容实际上所讲的是一种新的生产方式（生产力和生产关系统一体）代替旧的生产方式的一般历史规律。从斯大林的引证来看，斯大林这些阐述的主要依据是马克思 1859 年《〈政治经济学批判〉序言》中的相关思想。

总之，斯大林以生产以及生产的三个特点为主题阐述了历史唯物主义的一系列基本观点，把握住了历史唯物主义的核心内容，在许多问题上坚持和发展了马克思主义哲学。不过，斯大林对历史唯物主义的阐述也存在着理论框架过于简单化的问题，历史唯物主义的一些重要内容被遗漏了，例如经济基础概念。历史唯物主义的某些观点在这一框架内发生了变形，例如经济基础与上层建筑的关系变成了生产方式与上层建筑的关系；生产方式的类型概念取代了社会经济形态概念。除此之外，斯大林关于历史唯物主义的一些观点也不是完全正确的。其中一些观点一直存在着争议，只能作为一家之言。

五　斯大林《辩证唯物主义和历史唯物主义》一书的理论价值及其影响

以上讨论了《辩证唯物主义和历史唯物主义》一书的基本思想，通过讨论可以得出如下结论：

斯大林在《辩证唯物主义和历史唯物主义》中，在继承列宁的哲学道路和总结过渡时期苏联社会主义实践的基本经验和马克思主义哲学发展成果的基础上，清晰而通俗地阐述了马克思主义哲学的基本理论，并在一系列理论观点上发展了马克思主义哲学。该书一个最突出的特点，是从理论和实践相统一、哲学和政治相结合出发，从如何理解马克思主义哲学和如何运用马克思主义哲学这两个方面相统一的角度来阐述马克思主义哲学

---

① 《斯大林选集》下卷，人民出版社 1979 年版，第 446 页。

理论，从而揭示了辩证唯物主义与历史唯物主义的内在联系、马克思主义哲学理论与马克思主义政治学说的内在联系，在理论和实践的结合点上创造性地发展了马克思主义哲学。

《辩证唯物主义和历史唯物主义》一书的不足之处是：首先，该书的理论框架虽然有思路清晰、逻辑严密等优点，但是也存在着过于简单化的缺陷。它不可避免地遗漏了一些内容，甚至牺牲了一些对马克思主义哲学理论来说不可或缺的内容；它还导致了一些牵强附会之处，甚至一些错误观点。其次，受篇幅限制，该书在许多地方对马克思主义哲学的阐述不够深入。再次，斯大林对唯物辩证法的阐述问题较多，表明了他思维方式中有浓厚的形而上学倾向。此外，与上述三个方面相联系，该书中有一系列存在着争议的理论观点，今天看来，其中的一些观点仍然可以作为一家之言，另一些观点则明显是错误的。

为了公正地评价《辩证唯物主义和历史唯物主义》一书，必须反对两种错误倾向。一种倾向是斯大林时期苏联学者对它的无原则的吹捧。在当时的历史条件下，由于苏联高度集中的经济、政治和文化体制所带来的学术民主的缺乏以及对斯大林的个人迷信，斯大林的《辩证唯物主义和历史唯物主义》得到的不可能是公正的评价，而只是无原则的吹捧。М. Б. 米丁等人甚至提出，斯大林的《辩证唯物主义和历史唯物主义》不仅可以与恩格斯的《反杜林论》和列宁的《唯物主义和经验批判主义》齐名，而且是马克思主义哲学的顶峰。"马克思主义哲学的列宁阶段"的提法也被改为"马克思主义哲学的列宁斯大林阶段"[①]。这些评价显然是教条主义和个人崇拜的产物，其最恶劣的后果是：斯大林的一切观点，甚至他的错误观点都被当作社会科学的金科玉律而不容争论，从而严重窒息了马克思主义哲学的发展。

另一种错误倾向是对《辩证唯物主义和历史唯物主义》持根本否定的态度。例如，今天有些学者认为该书是斯大林把马克思主义哲学原理教条化的结果；该书是通过强权被奉为经典，压制了正确观点的发表，使得马克思主义哲学的原理长期以来得不到科学的表述；甚至斯大林的观点在总体上是不是属于马克思主义的都值得怀疑。这些观点也是片

---

① М. Б. 米丁等：《马克思列宁主义哲学问题论文集》，生活·读书·新知三联书店1953年版，第177、186页。

面的。

　　同时，评价《辩证唯物主义和历史唯物主义》一书还要注意以下几个方面的问题：

　　首先，就《辩证唯物主义和历史唯物主义》与斯大林哲学思想的关系而言，《辩证唯物主义和历史唯物主义》这本小册子并不能够涵盖斯大林哲学思想的全部内容，斯大林的其他哲学思想，尤其是他对社会主义实践中的哲学问题的探讨同样是非常重要的。

　　其次，就斯大林哲学思想的发展而言，斯大林在其晚年的《马克思主义和语言学问题》、《苏联社会主义经济问题》两部著作中对马克思主义哲学做了进一步的论述并对《辩证唯物主义和历史唯物主义》一书中的某些错误观点做出了修正。

　　再次，可以把列宁的哲学，以及与斯大林同时代的苏联学者的哲学思想作为评价斯大林的《辩证唯物主义和历史唯物主义》一书以及斯大林整体的哲学思想的两个参照系。比起列宁的哲学，斯大林的哲学，尤其是《辩证唯物主义和历史唯物主义》有所发展，也有所退步。斯大林对马克思主义哲学的贡献与列宁是不能相提并论的，他的哲学仍然属于马克思主义哲学的列宁阶段，而不是开辟了一个新阶段。同时，比起同时代的其他苏联学者，斯大林的哲学有突出之处，不过，他的哲学仍然只是同时代马克思主义哲学思想中最重要的一家之言而已。仅就《辩证唯物主义和历史唯物主义》来说，它虽然是对过渡时期苏联马克思主义哲学的一个总结，但是这一总结是不全面的，因为它没有能够反映过渡时期苏联学者研究马克思主义哲学理论所取得的丰富成果。

　　综上所述，就《辩证唯物主义和历史唯物主义》一书而言，它的成绩是主要的，不足是次要的。它是对列宁主义哲学的进一步发展，是马克思主义哲学史上最重要的哲学文献之一。

　　由于《辩证唯物主义和历史唯物主义》一书在理论上的重要性加上斯大林在国际共产主义运动中的地位，以及其他一些历史因素，《辩证唯物主义和历史唯物主义》一书在马克思主义哲学史中产生了极其深远的影响。这一影响主要体现在两个方面：

　　首先，它促进了马克思主义哲学理论的传播和发展。仅在 1938—1949 年的 11 年间，该书先后重版了 234 次，被翻译为 66 种文字，总发行量在 3570 多万册以上。① 该书以斯大林特有的清晰、简洁、通俗的风格，全面介绍了马克思主义哲学的基本原理，教育了不止一代的共产党人和革命群众，为传播和发展马克思主义作出了贡献——这是多年来在关于《辩证唯物主义和历史唯物主义》一书的研究中学者们所达成的一个共识。

其次，斯大林的《辩证唯物主义和历史唯物主义》标志着苏联马克思主义哲学教科书体系的基本确立。

第一，《辩证唯物主义和历史唯物主义》一书本身就被当作马克思主义哲学教科书来使用，并形成了对其学习、解释和宣传的热潮。既然有了权威的教科书，对其他教科书的需求也就减少了。斯大林时期新编写的马克思主义哲学教科书比起苏联的过渡时期而言数量骤减。在学习和宣传《辩证唯物主义和历史唯物主义》的高潮时期，几乎没有新的哲学教科书问世。当时比较重要的致力于哲学普及的作品是 M. M. 罗森塔尔和 П. Ф. 尤金主编的《简明哲学辞典》（1939 年第 1 版，1954 年第 4 版）。在卫国战争之后才出现了一批新的马克思主义哲学教科书，主要有 M. A. 列昂诺夫的《辩证唯物主义概论》（1951）、Ф. B. 康斯坦丁诺夫主编的《历史唯物主义》（1950 年第 1 版、1954 年第 2 版）、M. M. 罗森塔尔的《马克思主义的辩证方法》（1951）、Г. Ф. 亚历山大罗夫主编的《辩证唯物主义》（1953）。

第二，就斯大林的《辩证唯物主义和历史唯物主义》对当时和后来的苏联马克思主义哲学教科书的影响而言，它确实确立了一些基本的原则：一是确立了把马克思主义哲学分为辩证唯物主义和历史唯物主义这两个部分来阐述的基本框架。尤其是 Ф. B. 康斯坦丁诺夫主编的《历史唯物主义》1950 年第 1 版和 Г. Ф. 亚历山大罗夫主编的《辩证唯物主义》，作为苏联科学院哲学研究所集体编写的教材在理论框架上完全依据斯大林的《辩证唯物主义和历史唯物主义》，可以说是对斯大林的《辩证唯物主义和历史唯物主义》的扩展。二是确立了马克思主义哲学理论的基本内容，斯大林在《辩证唯物主义和历史唯物主义》中的论述基本上被当作定论，并在相当长的一个历史时期内成为马克思主义哲学的权威观点。这样，在苏联当时的历史条件下，辩证唯物主义和历史唯物主义的基本框架和一些基本观点就由学术思想、领袖人物的思想上升为不容争议的苏联共产党关

---

① 中山大学哲学系主编：《马克思主义哲学史稿》，人民出版社 1981 年版，第 469 页。

于哲学的基本观点，并随着国际共产主义运动的发展而广泛传播。

那么，斯大林的《辩证唯物主义和历史唯物主义》与苏联的马克思主义哲学教科书体系，或者说辩证唯物主义和历史唯物主义体系究竟是一种什么关系呢？首先，不能说辩证唯物主义和历史唯物主义的理论体系仅仅来自于斯大林的《辩证唯物主义和历史唯物主义》，因为斯大林的《辩证唯物主义和历史唯物主义》只是这一体系形成和发展过程中的一个环节；其次，斯大林的《辩证唯物主义和历史唯物主义》不是创造了辩证唯物主义和历史唯物主义体系的基本理论框架，而是凭借苏联的体制和斯大林的个人地位而巩固了这一框架；再次，斯大林的《辩证唯物主义和历史唯物主义》也巩固了马克思主义哲学的一系列基本观点并使其更加通俗化了。

同时，与 M. Б. 米丁等人主编的《辩证唯物主义和历史唯物主义》（上册，1933—1934，下册 1932）一书的理论框架相比，斯大林的《辩证唯物主义和历史唯物主义》一书的框架稍有不同，但是这两个框架实际上是大同小异，或者说本质上相同，形式上有差异。在苏联的后斯大林时期，对斯大林的《辩证唯物主义和历史唯物主义》一书框架的一些问题提出了很多批评，马克思主义哲学教科书实际上又回到了 M. Б. 米丁等人主编的《辩证唯物主义和历史唯物主义》一书的框架。但是由于斯大林在确定这一体系的基本框架和基本内容方面所起的作用，上述情况并不能够撼动斯大林作为苏联辩证唯物主义和历史唯物主义体系的真正确立者的地位。因此，斯大林的《辩证唯物主义和历史唯物主义》是苏联马克思主义哲学教科书体系形成和发展过程中的一个重要环节，标志着苏联马克思主义哲学教科书体系的基本确立。

第二节　斯大林对社会主义实践中的哲学问题的探讨

斯大林对苏联社会主义建设中的一系列重大理论问题的认识同样涉及了哲学，这主要包括以下几个方面：[①]

---

① 关于斯大林对社会主义实践中哲学问题的探讨，参见黄楠森等主编《马克思主义哲学史》（八卷本）第 5 卷，北京出版社 1996 年版，第 423—448 页；M. A. 敦尼克等主编《哲学史》（第六卷）上册，生活·读书·新知三联书店 1982 年版，第 290—294 页。

一　苏联的内部矛盾和外部矛盾

为了深入地分析苏联的国情，斯大林从唯物辩证法出发，提出了苏联社会主义建设的"两种矛盾"的理论。他在 1925 年的《俄共（布）第十四次代表会议的工作总结》中指出："我国有两种矛盾。一种矛盾是内部的矛盾，即无产阶级和农民之间的矛盾。另一种矛盾是外部的矛盾，即我们这个社会主义国家和其他一切资本主义国家的矛盾。"[①] 在 1925 年，无产阶级和农民之间的关系问题是苏联内部矛盾的主要方面，所以当时斯大林把苏联的内部矛盾概括为无产阶级和农民之间的矛盾，但是这并不表明斯大林对苏联内部矛盾的理解仅仅限于这一个方面。

根据"两种矛盾"理论，斯大林进一步分析了社会主义在苏联一国胜利理论的两个方面。斯大林在 1938 年 2 月的一封书信中指出，就内部矛盾而言，苏联的资产阶级已经被消灭，社会主义已经基本上建立起来了；但是，就外部矛盾而言，由于处在资本主义国家的包围之中，还不能说苏联的社会主义已经取得了最终的胜利。[②]

斯大林还从"两种矛盾"理论出发进一步分析了苏联的国情并制定了"迅速发展工业"的方针。早在十月革命后，斯大林就清醒地认识到苏联所面临的国际国内形势是：一方面，无产阶级专政在一些工业不发达，而小商品生产阶级（农民）人数众多的国家建立起来了，另一方面，资产阶级专政在一些工业比较发达而无产阶级人数众多的国家还存在着。在 1928 年 11 月的苏共中央全会上，斯大林指出，就内部环境而言，苏联的社会主义大生产还处在占绝对优势的小生产的包围之中；就外部环境而言，拥有现代化的工业技术的发达资本主义国家威胁着苏联的独立发展；因此，苏联必须确立迅速发展工业化的方针。[③] 后来的历史进程表明，斯大林对苏联国情的分析基本上是正确的，而迅速发展工业的方针更是抓住了苏联社会发展的关键环节。

---

① 《斯大林选集》上卷，人民出版社 1979 年版，第 336 页。
② 《斯大林文选（1934—1952）》，人民出版社 1962 年版，第 166—173 页。
③ 《斯大林全集》第 5 卷，第 73 页；《斯大林选集》下卷，人民出版社 1979 年版，第 77—78 页。

二　苏联的阶级和阶级斗争

关于苏联的阶级和阶级斗争，斯大林也是从内部矛盾和外部矛盾这两个方面来分析的。

斯大林在 1936 年 11 月全苏苏维埃第八次非常代表大会上所做的《关于苏联宪法草案》的报告中，分析了 1924—1936 年苏联阶级结构的变化。他指出，地主、资本家、富农、商人和投机者等所有剥削阶级都消灭了，剩下了工人阶级、农民阶级和知识分子。苏联的工人阶级已经不再是"无产阶级"，而是同全体人民一起占有生产工具和生产资料并且摆脱了剥削的全新的工人阶级；苏联的农民阶级也是摆脱了剥削的，以集体所有制为经济基础的全新的农民阶级。苏联的知识分子也不再为地主和资本家服务，而是与工农并肩前进的全新的劳动知识分子。[①]

斯大林对苏联阶级结构的这一分析基本上是正确的，不过，在如何认识苏联的阶级状况的问题上，斯大林也有过一些不正确的提法。例如，在 1936 年 3 月与美国报业代表罗易·霍华德的谈话中，斯大林为了论证苏联不需要多党制，认为苏联社会中已没有阶级，阶级和阶级之间的界限正在消失，社会主义社会的各阶层之间只留下了某些非根本性的差别。[②] 这一提法是与斯大林否认社会主义社会中的矛盾，认为社会主义社会的生产力和生产关系完全适合等观点联系在一起的。

与上述观点自相矛盾的是，斯大林同时提出了在社会主义条件下阶级斗争将逐步尖锐化的理论。在 1936 年之前，斯大林认为阶级斗争尖锐化的根源在国内，而在 1936 年之后，斯大林则认为阶级斗争尖锐化的根源在国外。斯大林在 1937 年 3 月苏共中央全会的一次报告中指出："我们的进展越大，胜利越多，被击溃了的剥削阶级残余也会愈加凶恶，他们愈要采取更尖锐的斗争形式，他们愈要危害苏维埃国家，他们愈要抓紧最绝望的斗争手段来做最后的挣扎。……应该注意到，在苏联已被击溃了的阶级残余并不是孤立的。他们得到我们苏联国外的敌人的直接支持。以为阶级斗争的范围只局限于苏联境内，这是错误的。如果阶级斗争的一端在苏联境内有所行动，那么它的另一端却延伸到包围我们的资产阶级国家的境内

---

① 《斯大林选集》下卷，人民出版社 1979 年版，第 394—396 页。

② 《斯大林文选（1934—1952）》，人民出版社 1962 年版，第 79 页。

去了。"①

斯大林的在社会主义条件下阶级斗争尖锐化理论的提出看起来似乎与斯大林对苏联阶级结构的分析自相矛盾，实则是一种必然。其理论根源就在于以形而上学的思维方式认识社会主义社会，在理论上否认社会主义社会的矛盾。而在社会主义建设的实践中遇到矛盾时，便把矛盾绝对化，并从外部环境中寻找原因。斯大林的在社会主义条件下阶级斗争尖锐化的理论不仅在理论上是错误的，而且在实践中也造成了极大的危害，成为苏联肃反扩大化的理论依据。

三　苏联的国家职能

在 1939 年 3 月苏共第十八次代表大会上关于苏共中央工作的总结报告中，斯大林依据苏联社会主义建设的经验，主要从内部矛盾和外部矛盾这两个方面论述了苏联的国家职能。

他指出，十月革命以来，苏联的国家职能经历了两个主要的发展阶段。第一阶段是从十月革命起到各剥削阶级被消灭为止。这一时期的苏联国家主要有两个基本职能。第一个职能是镇压国内被推翻了的阶级。在这一职能上，苏联与以往的国家的不同之处在于它是为了多数劳动者的利益来镇压少数剥削者。第二个职能是保卫国家以防外来侵犯。在这一职能上，以往的国家反对外来的侵犯是为了保护少数剥削者的财富和特权，苏联则是为了保护大多数劳动者的成果。此外，苏联的国家还有第三个职能，即经济组织和文化教育工作，但是这个新的职能在苏联的这一时期没有得到重大的发展。

第二个阶段是从消灭城乡资本主义分子起到社会主义经济制度完全胜利和通过新宪法为止这一时期。这一时期苏联的国家职能发生了变化，在国内进行武力镇压的职能已经消失了，代之以国家保护社会主义财产免受盗贼和人民财富盗窃者损害的职能；武装保护国家以防外来侵略的职能则完全保存着；军队、惩罚机关和侦察机关的矛头不是针对国内，而是针对国外的外部敌人；国家的经济组织工作和文化教育工作的职能仍然保存着，而且得到了充分的发展。

斯大林还讨论了在共产主义社会苏联国家是否需要保存的问题。他认

① 《斯大林文选（1934—1952）》，人民出版社 1962 年版，第 129 页。

为，如果那时资本主义的包围仍然存在，国家仍然会保存；如果那时社会主义的包围取代了资本主义的包围，国家就会消亡。①

斯大林的上述论述是对马克思主义国家学说的运用和发展，并且强调了国家职能的发展变化，这是符合辩证法的。但是受斯大林的形而上学思维方式的影响，这些论述中有许多不足之处。首先，国家保护社会主义财产免受盗贼和人民财富盗窃者损害的职能并不是在苏联国家发展的第二阶段才出现的，而是苏联国家，甚至是以往的国家所固有一个的职能，只不过苏联国家保护的是人民的财富，而以往的国家主要保护的是少数剥削者的财富；其次，斯大林认为在苏联国家发展的第二阶段国内进行武力镇压的职能已经消失，这是不符合马克思主义国家观的。在社会主义条件下，剥削阶级已经被消灭，但是阶级斗争在一定范围内仍会长期存在，国家作为暴力工具的职能是不会消失的；再次，把国家的消亡仅仅与苏联的外部环境相联系是片面的，忽视了生产力的发展、社会主义民主的扩大等苏联的内部环境的变化才真正为国家消亡准备着条件。

四　苏联社会发展的动力

在 1939 年 3 月苏共第十八次代表大会上关于苏共中央工作的总结报告中，斯大林还论述了苏联的社会发展动力。他指出，苏联已经没有对抗的敌对阶级，苏联的工人、农民、知识分子是在友爱合作的基础上生活和工作着。"在这种共同性的基础上，像苏联社会在道义上和政治上的一致、苏联各族人民的友谊以及苏维埃爱国主义这样一些动力也得到了发展。"②

斯大林对这一问题的论述也存在着片面性。从列宁开始，苏联的社会主义辩证法理论就从社会统一和社会发展的矛盾这两个方面的辩证关系出发来探讨苏联过渡时期社会发展的动力问题。而斯大林对苏联建成社会主义后社会发展动力的分析实际上抛弃了这一理论传统，仅仅强调社会统一这一个方面，这是与他把社会主义社会生产力和生产关系的适合绝对化的观点相联系的。斯大林的错误首先在于忽视了社会主义社会中客观存在着的矛盾，犯了主观主义的错误。其次，斯大林不是从社会基本矛盾的层面

---

① 《斯大林选集》下卷，人民出版社 1979 年版，第 469—471 页。

② 《斯大林文选（1934—1952）》，人民出版社 1962 年版，第 237 页。

去寻找苏联社会发展的动力，而是把苏联社会发展的动力局限于上层建筑领域的一些因素，这是不符合历史唯物主义的。究其原因，由于斯大林提出了社会主义社会的生产力和生产关系完全适合的观点，他对苏联社会发展动力的认识就难以深入到生产力和生产关系、经济基础和上层建筑的层面。再次，斯大林也不是从矛盾和斗争中寻找事物发展的动力，而是从统一和和谐中寻找事物发展的动力，这也不符合辩证法的基本精神。不过，斯大林所强调的作为社会发展动力的社会统一的方面是有一定合理性的，不能完全否定这一方面对社会发展的促进作用。

　　斯大林对社会主义实践中的哲学问题的探讨有些属于社会辩证法问题，有些则属于马克思主义哲学与政治学说、马克思主义理论与实践的结合点。尽管包含着一些不足之处，但是斯大林在这方面的许多思想同样是对马克思主义哲学的贡献。

第三节　斯大林时期苏联哲学为政治服务体制的基本确立

　　在斯大林的哲学观点上升为苏联共产党所支持的权威观点的过程中，起决定性作用的是苏联的思想文化体制，尤其是作为这一体制的组成部分的哲学为政治服务的体制。哲学为政治服务的体制在苏联的过渡时期初步形成后，在斯大林时期则进一步地畸形发展和确立，这主要表现在一系列不正常的理论事件之中。

一　对德波林学派批判的一再升级

　　如前所述，由于斯大林的介入，对德波林学派的批判在1931年被升级，德波林学派的错误被定性为"孟什维克式的唯心主义"。在1936年，在苏联肃反扩大化的背景下，对德波林学派的批判再次升级，德波林学派的错误被定性为"国内阶级斗争尖锐化在理论战线各个领域的反映"[①]，德波林学派的学者们被看成反革命分子和叛徒。与此同时，包括 И. К. 卢波尔、Н. А. 卡烈夫，甚至 И. П. 拉祖莫夫斯基在内的几十名苏联哲学家被逮捕，其中一些人还被杀害。1941年，М. Б. 米丁和 П. Ф. 尤金在总结

――――――――――

① 《在马克思主义旗帜下》，1936年第1期。

1931 年之后 10 年间哲学领域的斗争时，认为机械论派和德波林学派的成员不是全部也是大多数同反革命集团，同托洛茨基主义和布哈林主义密切相关。

这种哲学领域的政治迫害只是苏联政治生活和社会生活的一个缩影。在斯大林的领导下，残酷的阶级斗争成为从 1929 年开始的社会主义改造的基本手段。从 1929 年开始的消灭富农阶级的政策采取了没收富农财产、将大批富农迁往西伯利亚的方式。从 1930 年年初到 1932 年年底，被迁的富农至少有 24 万多户，总人口达 100 万—150 万人，其中甚至包括红军的家属。[①] 中农、贫农中的许多人如果跟不上集体化运动的步伐，也会得到与富农相同的待遇。这些政策使苏联农业遭到了极大的破坏。

从 1934 年起，由于列宁格勒党的负责人基洛夫被暗杀，斯大林趁机发动了肃清反革命的斗争，许多人被逮捕、处死或神秘失踪。这一斗争在 1937 年达到高潮，1939 年才开始降温。今天看来，这一斗争被严重地扩大化了。1934 年苏共第十七次代表大会选出的 139 名中央委员和候补委员中，被逮捕并枪毙的有 83 名。出席这次大会的 1966 名代表中，有 1108 名被捕。[②] Г. Е.（格·叶·）季诺维也夫（1883—1936）、Л. Б.（列·波·）加米涅夫（1883—1936）、布哈林、А. И.（阿·伊·）李可夫（1881—1938）、М. П.（米·巴·）托姆斯基（1880—1936）等人被枪毙。在军队中，5 名元帅中的 3 名，15 名军兵种司令中的 13 名，以及许多高级将领和普通军官遭到镇压。此外，还有很多无辜的干部和群众遭到镇压。无论是对农民的粗暴的政策，还是肃反扩大化，都是属于斯大林最严重的错误之列。尤其是肃反扩大化充分体现了对斯大林的个人迷信的恶果。斯大林的这些错误对苏联社会主义事业以及国际共产主义运动所造成的损害是极其长远的，即使在今天也需要我们去揭露和批判。

在当时那种恐怖的气氛下，哲学工作者也是难以幸免于难的。对德波林学派批判的升级是苏联肃反扩大化的一个组成部分，它表明残酷的阶级斗争方式已被引入苏联哲学为政治服务的体制中。

---

① P. A.（罗·亚·）麦德维杰夫：《让历史来审判——斯大林主义的起源及其后果》，人民出版社 1983 年版，第 156—159 页。

② H. C.（尼·谢·）赫鲁晓夫（1894—1971）：《关于个人崇拜及其后果》（赫鲁晓夫在苏共二十大上的秘密报告），载《赫鲁晓夫回忆录》，东方出版社 1988 年版，第 763—764 页。

二　对《哲学史》第 3 卷的批判

这一事件发生在卫国战争期间。当时苏联的哲学研究和意识形态工作的重心都转向了为战争服务，一些迫切的理论问题成为哲学研究的重点，如爱国主义、道德和政治因素在战争中的作用、苏联人民的力量源泉、共产党在反法西斯侵略斗争中的作用，以及对法西斯主义、种族主义及其理论基础尼采哲学、新马尔萨斯主义、地缘政治学等的揭露和批判。

同时，由于德国法西斯主义发动的对苏战争具有扼杀社会主义政权和宣扬以日耳曼人征服斯拉夫人的种族主义这双重特征，强调哲学的党性原则和突出俄罗斯民族的哲学成就也成为当时苏联哲学研究工作的重点。在战争期间，苏联学者加强了对俄罗斯哲学史，尤其是它的唯物主义传统的研究。莫斯科大学还成立了苏联的第一个俄罗斯哲学史教研室。

1944 年苏共中央做出的关于《哲学史》第 3 卷的决议就与战争对苏联哲学的影响有关。《哲学史》是由 Г. Ф. 亚历山大罗夫等人主编，由苏联科学院哲学研究所集体编写的一部著作。该书原拟出 6—7 卷，并于 1940—1943 年期间出版了第 1—3 卷，其中第 3 卷以阐述 18 世纪末 19 世纪初的德国古典哲学为主要内容。《哲学史》试图以马克思主义的观点来系统阐述哲学史，这一工作是历史上前所未有的，具有重要的开创性意义。然而，该书的第 3 卷在 1943 年出版后，受到了严厉的批判。

1944 年 5 月 1 日，苏共中央做出了《关于哲学方面的科学工作中的缺点》的决议，其主要内容就是批判《哲学史》第 3 卷。同年，党的机关刊物《布尔什维克》于第 7—8 期发表社论——《论在解释 18 世纪末和 19 世纪初德国哲学史方面的缺点和错误》，全面阐述了中央决议的基本精神。苏共中央认为，《哲学史》第 3 卷的主要问题是：第一，抹煞了黑格尔的辩证法和他的唯心主义独断论的哲学体系之间的矛盾；第二，没有揭露黑格尔辩证法的局限性，没有强调它与唯物辩证法的对立，夸大了黑格尔哲学的意义；第三，没有揭示出黑格尔的唯心主义的辩证方法与马克思主义的辩证方法之间的对立所反映的资产阶级世界观与无产阶级世界观之间的对立；第四，没有批判德国古典哲学中反动的社会政治思想，如黑格尔、费希特等人颂扬普鲁士国家，称颂日耳曼人为优秀民族、贬低斯拉夫人，从而为战争和殖民政策辩护，等等。① 苏共中央还做出了两条决定：一是取消 1943 年授予该书的斯大林奖金；二是该书必须重写。

苏共中央批判《哲学史》第 3 卷的主要原因是该书违背了斯大林的一些观点。首先，斯大林在《辩证唯物主义和历史唯物主义》中，对马克思主义的辩证方法与黑格尔的辩证方法的关系有过明确的论述，《哲学史》第 3 卷在这一问题上没有能够很好地贯彻斯大林的观点。这也体现出了《哲学史》第 3 卷作者们的一种学术独立性，而这种独立性正是斯大林所厌恶的。其次，按照斯大林的思路，研究一个哲学体系时，显然不能把它的哲学观点和政治观点分割开来。斯大林的这一思路是有合理性的，《哲学史》第 3 卷在这方面的确存在着不足。但是斯大林又有忽视一个哲学体系的哲学观点和政治观点之间相对独立性的倾向，这同样是片面的；再次，斯大林当时已对德国古典哲学有一个基本的判断，认为德国古典唯心主义哲学是对法国革命和法国唯物主义的贵族式的反动。② 这一观点是非常片面的，不仅违背了马克思主义经典作家的相关论断，而且也有悖于哲学史的常识。斯大林之所以做出这一论断，与他的形而上学的思维方式有关，也很有可能与对德战争的政治形势有关。从这一判断出发，斯大林就不会同意《哲学史》第 3 卷对德国古典哲学的评价。从总体上看，在上述问题上，无论是斯大林的认识，还是《哲学史》第 3 卷的基本观点，在学术上都可以作为一家之言，而且《哲学史》第 3 卷的观点合理性更多。但是苏联当时哲学为政治服务的体制和对斯大林的个人迷信所导致的是党和政府对学术观点的粗暴干预以及确保斯大林哲学观点的唯一正确。这不仅是对学术自由和民主的剥夺，也阻碍了苏联哲学理论的发展。上述事件是苏联的党和政府直接干预学术问题的又一个实例。

三　1947 年哲学讨论会与日丹诺夫主义的提出

在卫国战争胜利后，国际形势发生了巨大的变化。一方面，不仅苏联的国际地位空前提高，而且在东欧和亚洲出现了一大批社会主义国家，国际共产主义运动出现了蓬勃发展的态势；另一方面，为了遏制国际共产主

---

① 安启念：《苏联哲学 70 年》，重庆出版社 1990 年版，第 94 页。

② 这一观点未见确切出处，但在 1947 年 1 月的一次哲学讨论会上已有人向与会者做了传达。

义运动的发展，以美国为首的资本主义阵营主动挑起了与社会主义阵营之间的冷战，冷战不仅贯穿于经济领域和政治领域，意识形态领域同样成为两大阵营、两种势力交锋的重要阵地。就苏联的国内形势而言，一方面社会主义事业出现了前所未有的大好局面；另一方面苏联政治生活和社会生活中的一些痼疾并未根除，并由于国际形势中的冷战因素等原因而有所加剧。

在这样的国际国内形势下，意识形态领域的斗争又被以斯大林为首的苏共中央提上了日程。新一轮的斗争首先是从文艺界开始的。1946 年，在列宁格勒出版的《星》和《列宁格勒》两个文学与社会政治的综合性杂志上发表了以 M. M. 左琴科为代表的被认为是反苏的文学作品，以及以 A. A. 阿赫玛托娃为代表的被认为是宣扬资产阶级颓废艺术的文学作品。针对这一事件，1946 年 8 月 14 日，苏共中央做出决议，严厉批判了文艺界出现的无思想性的形式主义、不问政治、脱离现实、崇洋媚外以及丧失布尔什维克战斗精神的倾向，并责令《列宁格勒》停刊，《星》彻底整顿。随后，包括文学、戏剧、音乐等领域的苏联文艺界开始了一场声势浩大的向资产阶级思想进攻的运动。

对于这场运动，哲学界的反应并不积极。用当时主抓意识形态工作的苏共中央政治局委员、书记处书记 A. A.（安·亚·）日丹诺夫（1896—1948）的话来说，哲学界并没有掀起向资产阶级思想进攻的高潮，而是停留在无原则性、无思想性、轻视现实题材以及奴颜婢膝地崇拜资产阶级哲学的状态。① 1947 年的哲学讨论会正是在这种背景下召开的，讨论会的主题是批判 Г. Ф. 亚历山大罗夫的另一本哲学史著作——《西欧哲学史》。

Г. Ф. 亚历山大罗夫（1908—1961）是当时苏联哲学界的主要领导人之一，他是苏联科学院院士，并在 1940—1947 年期间担任苏共中央宣传鼓动部部长，1947—1954 年期间任苏联科学院哲学研究所所长。《西欧哲学史》原是他的一部讲稿，于 1945 年正式出版，1946 年出了第 2 版。《西欧哲学史》出版后得到了苏联哲学界的高度评价，并被提名授予斯大林奖金。然而，苏共中央并不同意哲学界对《西欧哲学史》一书的评价，为了批判《西欧哲学史》一书，日丹诺夫按照党中央和斯大林的指示，

---

① 日丹诺夫：《在关于亚历山大罗夫著〈西欧哲学史〉一书讨论会上的发言》，载日丹诺夫著《论文学与艺术》，人民文学出版社 1959 年版，第 107 页。

于 1947 年 6 月召集了关于《西欧哲学史》一书的讨论会，参加会议的有 90 多位苏联哲学界的代表人物。日丹诺夫在会上做了长篇发言。

日丹诺夫的发言分为两个部分：第一部分对《西欧哲学史》一书进行了批判；第二部分对当时苏联哲学界提出了批评。其中第一部分非常重要，因为在这一部分中，日丹诺夫在批判《西欧哲学史》一书的同时，提出了一系列影响深远的关于哲学史研究的重要观点。

（一）日丹诺夫对《西欧哲学史》一书的批判

在发言中，日丹诺夫首先提出了五条他所认为的哲学史教科书所要遵循的起码的条件：

第一，哲学史教科书需要对于哲学史这门科学研究的对象下一个确切的定义。

第二，哲学史教科书必须是合乎科学的，也就是说要以现时所达到了的辩证唯物主义和历史唯物主义的成就为基础。

第三，哲学史的叙述应当是创造性的，而不应是繁琐哲学式的，必须与现时任务直接联系，以便说明这些任务，并指出哲学继续发展的前途。

第四，引用的实际材料应当是经过审查，完全可靠和适当的。

第五，叙述的文字，应当是明确易懂，使人信服的。[1]

日丹诺夫认为，《西欧哲学史》一书并没有满足上述这些要求，这本书的主要缺点有七个方面：

第一，关于哲学史的定义不正确。

日丹诺夫认为，《西欧哲学史》一书对哲学史做了许多定义，但都只有局部的意义，没有一个完整的可以概括一切的定义。其中有一个定义被《西欧哲学史》的作者打了重点号，应该是作者所认同的基本定义，即认为"哲学史就是人类对于周围宇宙的知识之前进、上升、发展的历史"[2]，但是这一定义是不正确的，因为它把哲学史等同于科学史，把哲学看成了

---

[1]　日丹诺夫：《在关于亚历山大罗夫著〈西欧哲学史〉一书讨论会上的发言》，载日丹诺夫著《论文学与艺术》，人民文学出版社 1959 年版，第 82—83 页。

[2]　同上书，第 85 页。

科学之科学。《西欧哲学史》的作者还提出了一个定义，认为哲学史也就是说明许多现代思想发生和发展的历史，这也是错误的和不确切的，因为它把"现代"这一概念与"科学"这一概念混为一谈。

在做出上述批判之后，日丹诺夫自己给哲学史下了一个著名的定义："科学的哲学史，是科学的唯物主义世界观及其规律的胚胎、发生与发展的历史。唯物主义既然是从与唯心主义派别斗争中生长和发展起来的，那么，哲学史也就是唯物主义与唯心主义斗争的历史。"①

第二，没有从辩证唯物主义和历史唯物主义的高度来理解哲学史，尤其是没有突出马克思主义哲学在哲学史中的革命性意义。

日丹诺夫认为，从辩证唯物主义和历史唯物主义的观点来看，《西欧哲学史》一书存在着一系列缺点：其一，只看到哲学史中的量变和平稳进化，没有看到哲学史中的质变和革命，因而忽视了马克思主义哲学的革命性意义；其二，"忽略了以下的事实：在历史过程中，不仅对于某些哲学问题的观点起了变化，而且问题的范围、整个哲学对象都在经常变化着"②；其三，与第二点相联系，错误地认为哲学在古希腊时期已经分化成特殊的知识部门；其四，把哲学史当作是各种哲学派别的逐渐更替，没有看到正是马克思主义哲学的诞生使哲学史划分为前后两个不同的历史时期；其五，既然有马克思主义辩证法，哲学史就应当包括辩证法的历史，而《西欧哲学史》一书没有说明逻辑学和辩证法的历史。

第三，对哲学史的叙述不够全面。

日丹诺夫认为，《西欧哲学史》一书把哲学史仅仅叙述到马克思主义哲学产生时为止，即 1848 年，是毫无理由的，而且《西欧哲学史》一书的作者也没有对此做出充分的说明。同时，《西欧哲学史》一书没有包括俄国哲学史也是一个原则性的错误。它一方面客观上降低了俄国哲学的作用；另一方面人为地把哲学史划分为西欧哲学史和俄国哲学史而没有对此做任何解释，实际上就是承认了资产阶级把文化划分为"西欧"文化和"东方"文化，从而把马克思主义看成"西欧"的地方性思潮的观点。

---

① 日丹诺夫：《在关于亚历山大罗夫著〈西欧哲学史〉一书讨论会上的发言》，载日丹诺夫著《论文学与艺术》，人民文学出版社 1959 年版，第 85 页。

② 同上书，第 86 页。

　　第四，在阐述哲学史的过程中丧失了哲学的党性原则。

　　日丹诺夫认为，这一问题体现在以下几个方面：其一，《西欧哲学史》一书在导言中通过引用车尔尼雪夫斯基的话提倡一种相互对立的哲学体系之间的相互忍让和对哲学先辈的敬意和爱戴，这实际上是"宣传对哲学敌人的慈悲观念，这种宣传无疑是替学院派伪客观主义效劳"，从而走上了拒绝哲学党性原则的道路；其二，这就导致了《西欧哲学史》一书对哲学观点的叙述是抽象的、客观主义的和中立的；其三，不仅如此，《西欧哲学史》一书"在批评某个资产阶级哲学家以前，总是'颂扬它们的功绩'，向他们焚香顶礼"，"亚历山大罗夫同志几乎对所有一切旧哲学家都找到了机会说几句恭维话。对于名声越大的资产阶级哲学家也就恭维得越厉害。所有这一切就使得亚历山大罗夫同志成为（也许他自己不觉得）资产阶级哲学历史学家的俘虏，这些历史家的出发点首先是把每个哲学家看做是他的同行，然后才把他看做是敌人。这种观点如果在我们这里得到发展机会，必然要引到客观主义，引到对资产阶级献媚，夸大他们的功劳，剥夺我们哲学的战斗进攻精神"①。

　　第五，对某一哲学体系的阐述与这一哲学产生的具体历史环境以及社会阶级根源相脱节。

　　日丹诺夫认为，虽然《西欧哲学史》一书的作者认识了哲学思想的发展归根到底是由社会物质生活条件决定的，但是在具体的论述过程中没有很好地贯彻这一原则，这就导致了书中哲学体系与具体历史环境之间的联系只是机械的、文字上的，而不是本质上的有机联系。所以这本书没有完成用唯物主义方法来叙述哲学史的任务，从而丧失了科学性。

　　第六，对研究哲学史的目的表述得不明确，并且有缺陷。

　　日丹诺夫认为，《西欧哲学史》一书的作者只是从教授哲学历史的意义出发，从文化教育的任务出发，把研究哲学史当作消极观察的学院式研究。而哲学和哲学史研究的真正目的应当是"继续发展已成为科学的哲学，找出新的规律，在实践中检阅旧的原则，用新的原则来代替已陈腐的原则"②。

---

　　①　日丹诺夫：《在关于亚历山大罗夫著〈西欧哲学史〉一书讨论会上的发言》，载日丹诺夫著《论文学与艺术》，人民文学出版社1959年版，第93—94页。

　　②　同上书，第100页。

第七，对哲学史的叙述与自然科学史脱节。

日丹诺夫认为，《西欧哲学史》一书对各个时期自然科学发展水平的描写存在着严重的问题，这表明了作者对自然科学的无知。

在做出了上述七点批判之后，日丹诺夫说："结论就是这本教科书很坏，需要根本改造。"[1]

日丹诺夫对《西欧哲学史》一书的批判不是一种客观公正的学术批评，而是出于一定的政治目的而做的批判。首先，日丹诺夫对《西欧哲学史》一书没有做出全面的评价，他只讲该书的缺点，不讲其优点，对该书的开创性意义和理论价值只字不提；其次，它的批评方式是恶劣的，在批评中一味地吹毛求疵，求全责备，上纲上线，言过其实，夸大其词，完全是为批判而批判。日丹诺夫对《西欧哲学史》一书的批判方式本身就起到了一种非常恶劣的示范作用，可以说贻害无穷。

同时，《西欧哲学史》一书之所以受到如此兴师动众、毫不留情的批判，其直接原因还在于日丹诺夫秉承的是斯大林的旨意。在 1944 年，苏共中央已经根据斯大林的指示严厉批评过 Г. Ф. 亚历山大罗夫主编的《哲学史》第 3 卷，然而，Г. Ф. 亚历山大罗夫在自己的专著《西欧哲学史》中"不思悔改"，仍然坚持自己一贯的哲学史图式和研究方法，仍然坚持自己的学术独立性，这当然会触怒斯大林。所以《西欧哲学史》一书受到彻底否定是必然的。

在批判《西欧哲学史》一书的过程中，日丹诺夫阐述了哲学史研究的对象、方法、范围、目的，哲学的党性原则在哲学史研究中的体现、哲学史与具体的历史环境的关系以及哲学史与自然科学史的关系等方面，这些阐述构成了一个比较系统的哲学史理论。从总体上看，这一理论有积极的成分，但是消极的成分更多，基本上是一种违背哲学史发展规律的哲学史理论。这一理论对后世的影响是深远的，它在相当长的一个历史时期内成为苏联以及包括中国在内的整个社会主义阵营在理解和研究哲学史问题时的所使用的基本范式。这一范式重视对哲学史中的唯物主义理论传统的研究，在挖掘哲学史中的唯物主义遗产方面发挥过积极的作用，但是它也导致了对哲学史的简单化、公式化、片面化的理解，从而谬种流传，在很

---

[1]　日丹诺夫：《在关于亚历山大罗夫著〈西欧哲学史〉一书讨论会上的发言》，载日丹诺夫著《论文学与艺术》，人民文学出版社 1959 年版，第 103 页。

大程度上束缚和阻碍了全世界马克思主义者对哲学史的研究。

（二）日丹诺夫对当时苏联哲学界的批评

对《西欧哲学史》一书的批判只是日丹诺夫在 1947 年哲学讨论会上所做的长篇发言的第一部分。日丹诺夫在发言的第二部分则对当时的苏联哲学界提出了批评。

日丹诺夫认为，既然《西欧哲学史》一书存在着如此多的问题，而它在苏联哲学界最初得到的却是一片赞扬之声，后来需要苏共中央和斯大林本人亲自干预才受到应有的批判，这一事实说明了苏联的哲学工作存在着严重的病态。这表现在哲学工作中缺乏布尔什维克的批评和自我批评精神；缺乏创造性的讨论；哲学论著数量上很不够，质量上也很差；现时的紧迫问题几乎全不研究；等等。总之，还没有形成一条真正的哲学战线。日丹诺夫提出，所谓哲学战线，就是"由许多战斗哲学家组成的队伍，而且这些哲学家是由完美的马克思主义理论所武装起来的，他们向国外敌对的思想，向国内苏联人意识中资产阶级思想的残余做全面的进攻，把我国的科学不断推向前进，并以相信我们的道路是合乎历史规律的意识以及有科学根据地相信我们事业必然获得最终胜利的意识，把社会主义社会的劳动者武装起来"[1]。日丹诺夫对哲学战线的论述非常重要，一方面，它是对苏联当时已经初步形成的哲学为政治服务的体制中哲学的职能的进一步表述和具体化；另一方面，它从冷战的国际形势出发，强调了哲学对国外敌对思想和苏联国内资产阶级残余意识的批判职能，从而为苏联哲学的职能注入了新内容。

日丹诺夫接着分析了苏联哲学战线落后的原因，并认为这一原因主要在主观方面，尤其在于当时苏联哲学界的主要领导人 Г. Ф. 亚历山大罗夫的主观主义错误。Г. Ф. 亚历山大罗夫的错误主要表现在"任人唯亲"，在工作中依赖少数几个他最亲近的人，从而使哲学活动为"少数哲学家集团"所垄断。日丹诺夫举例说，在编辑教科书的问题上，Г. Ф. 亚历山大罗夫选择了一条错误的道路，即自己去独立创作。而正确的道路应该是把哲学战线上的工作者团结起来，共同去努力解决有一般科学意义的重大任务。日丹诺夫还指出，在哲学战线上犯主观主义错误的领导人不只是

---

[1]　日丹诺夫：《在关于亚历山大罗夫著〈西欧哲学史〉一书讨论会上的发言》，载日丹诺夫著《论文学与艺术》，人民文学出版社 1959 年版，第 106 页。

Г. Ф. 亚历山大罗夫一个人，而是许多人。这种主观主义错误的根源在于还没有充分了解马克思列宁主义的理论基础和思想中仍然存有资产阶级意识影响的残余。因为对马克思主义的理解不够深入、不够彻底，所以就缺乏战斗作风和战斗精神，进而缺乏创新精神。日丹诺夫说道："正由于我们某些哲学家战斗作风和战斗精神不够，所以害怕在许多新问题上，现实问题上试试自己的力量，害怕在解决实践中每天对哲学家提出的，而哲学家也必须回答的那些问题中试试自己的力量。现在应当是大胆地把苏维埃社会的理论，苏维埃国家的理论，现代自然科学的理论，伦理学和美学推向前进的时候了。"[①] 日丹诺夫在这里对 Г. Ф. 亚历山大罗夫的批评以及对哲学工作中战斗精神和创新精神的提倡是有合理性的，这也是日丹诺夫的长篇发展中为数不多的积极成分之一。

最后，日丹诺夫对于如何改进哲学界的工作提出了一些意见。他认为，首先，既要注意哲学的创作工作，也不能缩小注释工作，或者更确切地说，通俗化工作，因为这一工作是人民需要的。其次，必须批判唯心主义哲学的最新形式。日丹诺夫对于体现在存在主义等哲学思潮中的唯心主义哲学与资产阶级颓废艺术的结合表示了极大的厌恶，他说："现在唯心主义哲学又以新的、可鄙的、肮脏的本质出现，这种本质是深刻反映资产阶级堕落的卑鄙无耻。"再次，要批判资产阶级科学，因为"现在资产阶级科学供给宗教和神学以新的论证，这是必须无情揭破的"[②]。此外，要继续批判人们意识中的"资产阶级残余"，使哲学工作为苏联社会主义建设服务，以及在新形势下为支援新民主主义国家和殖民地人民的民族解放运动而服务。日丹诺夫对于现代唯心主义的厌恶和全盘否定，以及他给西方科学扣上"资产阶级"的帽子，同样是基于一种形而上学的思维方式，充斥着片面性和对待思想文化的虚无主义态度。

1947 年的哲学讨论会并不是一次自由的学术讨论，而是通过讨论会的形式贯彻苏共中央和斯大林关于哲学的最新指示，而日丹诺夫在哲学讨论会上的长篇发言则是这一指示的具体化。这一指示的核心内容是对苏联哲学的进一步的定位。这次讨论会对苏联哲学的影响主要有三个方面：其

---

　　①　日丹诺夫：《在关于亚历山大罗夫著〈西欧哲学史〉一书讨论会上的发言》，载日丹诺夫著《论文学与艺术》，人民文学出版社 1959 年版，第 109 页。

　　②　同上书，第 112 页。

一，在哲学史研究领域确立了日丹诺夫式的哲学史研究范式，它甚至成了马克思主义哲学史研究方法论的代名词；其二，苏联过渡时期初步形成的哲学为政治服务的体制的一些基本原则通过这次讨论会得到了强化，例如哲学要为政治服务，理论要和实践结合，在研究中要贯彻哲学的党性原则，等等；其三，由于冷战的国际形势，苏联哲学的批判职能被进一步地强调，批判的对象是苏联国内的资产阶级残余意识和国外的敌对思想。正是由于对苏联哲学产生过这些深远的影响，1947 年哲学讨论会堪称卫国战争之后苏联当代哲学史中最重要的事件之一。

（三）日丹诺夫对"世界主义"的批判

1947 年哲学讨论会与 1946 年开始的苏联文艺界的运动一样，是苏联思想文化领域向资产阶级思想进攻运动的一个组成部分。这一运动还有一个重要的内容就是日丹诺夫对"世界主义"的批判。

"世界主义"这一概念是由日丹诺夫首先提出的。他认为，在当时的苏联思想文化领域，存在着一种鼓吹和崇拜西方资产阶级文化，贬低俄国文化传统的错误，这一错误即"世界主义"。在 1948 年苏联音乐工作者会议上的发言中，日丹诺夫指出："艺术中的国际主义并不是诞生在民族艺术缩小和贫乏的基础上的。相反地，国际主义是诞生在民族艺术繁荣的地方。忘记这个真理，就是丧失领导的路线，丧失自己的面目，成为忘本的世界主义者了。"[①]

日丹诺夫所说的世界主义是与爱国主义和国际主义相对立的，相当于我们今天所说的民族虚无主义。然而，由于日丹诺夫对于西方文化与俄国文化的关系，以及资产阶级文化与社会主义文化的关系的理解是形而上学的，即仅仅看到西方文化与俄国文化、资产阶级文化与社会主义文化之间的区别和对立，看不到它们之间的联系，所以，他所号召的对"世界主义"的批判所导致的不再是避免民族虚无主义，而是敌视西方文化和拒斥一切资产阶级文化。这是一种文化上的闭关锁国主义，它严重阻碍了苏联思想文化的发展。

（四）日丹诺夫主义的本质及其对苏联哲学的影响

通过从 1946 年开始的向资产阶级思想进攻运动，苏联在思想文化问

---

① 日丹诺夫：《在联共（布）中央召开的苏联音乐工作者会议上的发言》，载日丹诺夫著《论文学与艺术》，人民文学出版社 1959 年版，第 65 页。

题上进一步形成了一系列基本观点、基本原则，这就是"日丹诺夫主义"。"日丹诺夫主义"的基本原则来自于斯大林，并主要由日丹诺夫加以具体化。

"日丹诺夫主义"不仅涉及哲学、文艺，而且涵盖思想文化的一切领域，其基本内容和主要的问题包括：首先，在坚持党性原则、反对客观主义的口号下片面夸大了社会科学的党性原则，甚至要把党性原则推广到自然科学中去；其次，在坚持爱国主义、反对世界主义的口号下暗含着一种敌视西方文化和拒斥一切资产阶级文化的虚无主义态度；再次，在坚持与苏联国内的"资产阶级残余意识"和国外的敌对思想作斗争的过程中片面夸大了社会科学的批判职能。此外，日丹诺夫所提出的系统的哲学史研究范式，以及他在文艺问题上的一系列思想都是"日丹诺夫主义"的组成部分。尽管日丹诺夫本人作为苏联卫国战争时期著名的列宁格勒保卫战的主要领导者，曾经为苏联的社会主义事业建立过伟大的功勋，但是他在思想文化领域秉承斯大林的旨意而加以推行的"日丹诺夫主义"则消极成分甚多，造成了苏联思想文化体制的种种弊端。

"日丹诺夫主义"所针对的是整个苏联思想文化体制，而苏联的哲学为政治服务的体制作为思想文化体制的一个组成部分，也必然受其影响。同时，哲学被"日丹诺夫主义"看作思想文化领域中最重要的阵地之一，它所受到的影响也就更直接、更深远。正如斯大林的《辩证唯物主义和历史唯物主义》标志着苏联过渡时期初步形成的马克思主义哲学教科书体系的最终确立一样，"日丹诺夫主义"的提出也标志着苏联过渡时期初步形成的哲学为政治服务体制的最终确立。

四　在生物遗传学领域对摩尔根学派的批判

在苏联过渡时期初步形成的哲学为政治服务的体制中，哲学与自然科学的关系是一个重要的内容，而且这方面存在着严重的问题，主要表现为哲学对自然科学的粗暴干涉。苏联卫国战争后，随着"日丹诺夫主义"的提出，哲学对自然科学的干涉更加严重、更为畸形，1948 年开始的在生物遗传学领域对摩尔根学派的批判充分体现了这一问题。

早在 20 世纪 20 年代，苏联生物遗传学领域就存在着两个主要派别——摩尔根学派和米丘林学派。摩尔根学派是摩尔根的遗传学思想传入到俄国后逐渐形成的，其基本观点是认为生物的遗传性取决于其细胞染色体上一种被称为"基因"的特殊物质，外界环境不能直接决定生物的遗传特性。米丘林学派则是由俄国著名的生物学家、园艺学家 И. В.（伊·弗·）米丘林（1855—1935）创立的，其基本思想是强调遗传过程中生物体与环境的相互作用，主张生物在外界条件作用下获得新的特性并且这些特性是可以遗传的。И. В. 米丘林去世后，这一派的代表人物是 Т. Д.（特·杰·）李森科（1898—?）。虽然米丘林学派在苏联一直被作为社会主义的科学加以支持，但直到卫国战争结束，摩尔根学派仍然可以独立开展研究和教学。

到 1948 年，情况发生了根本的变化。在 1948 年 7 月 31 日—8 月 7 日召开的全苏农业科学院大会上，Т. Д. 李森科做了题为《论生物学现状》的报告，对摩尔根学派展开了批判。Т. Д. 李森科认为，摩尔根学派的理论不仅是唯心主义的和不可知论的，而且是反动的。所谓唯心主义，是指摩尔根学派否认环境对生物遗传特性的决定作用，并否认获得性可以遗传；而是主张一种被称为基因的、神秘的、不受物质环境约束的特殊物质决定着生物的遗传，这是变相的活力论。所谓不可知论，是指摩尔根学派认为生物特性的变异是基因"突变"的结果，是不确定的、偶然的，这就否认了变异规律的可知性。摩尔根学派理论的"反动性"则体现在以下三个方面：首先，它与马尔萨斯的人口论有联系。因为它在生物进化问题上赞同达尔文的种内竞争观点，这种观点是反科学、反人民的，也是达尔文主义与反动的马尔萨斯的人口论的共同点。其次，它的不可知论倾向否认了人们掌握生物遗传的客观规律并把这一规律运用于社会主义建设的可能性。再次，它的基因不变论是为种族歧视做辩护，为反动的优生学提供基础。Т. Д. 李森科还认为，与摩尔根学派的理论相反，И. В. 米丘林的生物遗传学理论是唯物主义的和可知论的，是体现了科学的党性的、真正进步的社会主义的生物学。

Т. Д. 李森科对摩尔根学派的批判得到了苏共中央和斯大林的支持。在 Т. Д. 李森科做《论生物学现状》的报告之前，斯大林不仅亲自修改了他的报告，而且还召见他并向他详细解释了对报告所做的修改。在全苏农业科学院大会期间，真理报先后用 15 版的篇幅刊登了会议的全部文件，并发表社论公开支持米丘林学派。这次会议结束后，摩尔根学派受到了毁灭性的打击：研究所被撤销，实验室被关闭，课程被取消，教科书被销毁，教师被开除。后来直到 1964 年赫鲁晓夫下台之后，摩尔根学派的理论才重新被提及。在摩尔根学派遭到批判之后，一场以反对资产阶级思想的影响为内容的批判运动在物理学、化学、控制论、心理学、生理学等领域广泛地开展起来。①

受到斯大林支持的 Т. Д. 李森科对摩尔根学派的批判是把马克思主义哲学在自然科学领域的运用做简单化、庸俗化的一个极端的表现。首先它对自然科学的定位不正确，把科学也看成了意识形态。如前所述，日丹诺夫甚至有"资产阶级科学"的提法。这是违背马克思主义的科学观的；其次，它对哲学与自然科学的关系做了简单化的理解，错误地认为哲学可以直接干涉自然科学；再次，它仍然把哲学看作科学之科学。换言之，它不是去尊重客观对象的特殊发展规律，而是把一种简单化、程式化的思想模式强加于对象，这种思想方法虽然打着唯物主义的旗号，实际上却是唯心主义的和形而上学的。总之，这种对马克思主义哲学的庸俗化的运用不仅无助于揭示自然规律，而且只能与自然规律背道而驰，从而严重阻碍了苏联自然科学的发展。以生物遗传学为例，在苏联的摩尔根学派遭受灭顶之灾的这一时期，西方的摩尔根遗传学理论不断取得重大的突破，极大地促进了生物遗传学的发展。而苏联的生物遗传学则大大落后了。

五　对《哲学问题》杂志的批判

1947 年的哲学讨论会并不是一无是处的，由于日丹诺夫在其发言中鼓励哲学工作者要有战斗精神和创新精神，一些哲学工作者深受鼓舞，希望能够开创哲学工作中的新局面。在这一背景下，继 1944 年《在马克思主义旗帜下》停刊之后，1947 年下半年另一本专业哲学杂志——《哲学问题》创刊，主编为 Б. М.（博·米·）凯德洛夫（1903—?）。然而，《哲学问题》刚出版到第 4 期，便立即受到了批判，Б. М. 凯德洛夫被撤职，原因是该杂志没有贯彻日丹诺夫所提出的哲学研究中的正确的思想路线。

具体而言，以 Б. М. 凯德洛夫为首的哲学问题编辑部被认为犯了以下错误：

第一，发表了 З. А. 卡缅斯基的反对爱国主义、充满世界主义和客观

_____

①　关于对摩尔根学派的批判，参见安启念《苏联哲学 70 年》，重庆出版社 1991 年版，第 108—111 页。

主义的文章，而且还组织了讨论。这篇文章把俄罗斯的思想发展仅仅看成西欧思想发展的反映，一味地讨好西欧资产阶级文化。这是编辑部最严重的政治错误。

第二，在摩尔根和米丘林两个生物学学派之间采取了错误的客观主义的立场，在 1948 年第 1 期上发表了摩尔根学派的文章，试图调和两派的对立，没有看到这两个生物学学派的对立实质上是唯物主义和唯心主义之间不可调和的斗争。

第三，发表了物理学家 M. A. 马尔科夫的文章《论物理知识的本性》，这篇文章离开了辩证唯物主义，转向了唯心主义和不可知论。编辑部还设法保护 M. A. 马尔科夫使他不受唯物主义者的批评。

第四，Б. M. 凯德洛夫本人在 1947 年第 2 期上发表的关于列宁《哲学笔记》的文章中，对《哲学笔记》做了抽象的、经院哲学式的研究，把黑格尔式的唯心主义观点强加于列宁，放弃了哲学的党性原则，犯了资产阶级客观主义的错误。

第五，Б. M. 凯德洛夫还在《批评简讯》一文中提出要防止在争取俄罗斯的科学优先地位时搞过头，这一说法转移了人们对世界主义错误的警惕。[①]

后来，Б. M. 凯德洛夫本人的哲学论著也受到了批判。1949 年 3 月，M. Б. 米丁在《文学报》上发表的文章《论苏联哲学中的世界主义"理论"》中甚至提出，在哲学界也有一个"数典忘宗"的世界主义者集团，其代表人物就是 Б. M. 凯德洛夫及其追随者。M. Б. 米丁认为，这些哲学界的世界主义者强调哲学是全人类的思想，一方面忽视了阶级斗争的国际性和阶级斗争在哲学中的反映；另一方面对俄罗斯民族文化持虚无主义态度，忽视了俄罗斯社会思想发展的民族性和独创性。[②]

对《哲学问题》杂志的批判可以说是日丹诺夫主义提出后的一次牛刀小试。日丹诺夫主义的那些基本原则和观点已经为评价和判断某一理论提供了标准。这一事件也表明造成苏联哲学界创造性不足的根本原因不是什么 Г. Ф. 亚历山大罗夫的主观主义错误，而正是日丹诺夫主义所要强化

---

① 《为哲学中的布尔什维克党性而斗争》，《哲学问题》1948 年第 3 期，第 11—12 页。

② 黄楠森等主编《马克思主义哲学史》（八卷本），第 5 卷，北京出版社 1996 年版，第 494 页。

的那些原则。

　　总之，从 20 世纪 30 年代批判德波林学派的一再升级到对《哲学问题》杂志的批判，斯大林时期所发生的这一系列理论事件实际上所体现的是苏联过渡时期初步形成的哲学为政治服务体制的进一步畸形发展和最终确立，并且由于这一时期对斯大林的个人迷信而使这一体制的某些原则发展到了极端化的程度。

　　首先，苏联过渡时期确立的一个重要原则是：哲学体制是思想文化体制的一个组成部分，党和政府直接对哲学实施政治领导，同时，又通过哲学领导自然科学。在斯大林时期这一原则演化成斯大林本人对哲学和自然科学的直接领导。

　　其次，苏联过渡时期确立的另一个重要原则是：哲学的主要功能是直接为政治服务，是作为理论直接为社会主义实践服务。在斯大林时期这种服务的极端化形式就是哲学为斯大林本人的语录、为党的具体政策做注解。

　　再次，苏联过渡时期还确立了党和政府对哲学实施政治领导的基本方式：其一，为了维护马克思主义哲学的主导地位，明确禁止公开的反对马克思主义哲学的观点；其二，马克思主义经典作家和无产阶级革命领袖的哲学思想具有特殊的地位，基本上是不允许公开质疑的；其三，党通过中央决议的方式对一些重大的理论问题提出统一的认识，并以此来指导马克思主义哲学的研究，因此出现了党的中央决议中的哲学思想这一重要的理论形式；其四，对于马克思主义哲学内部的争论，由党和政府进行行政干预：由党和政府的最高领导人或理论界、哲学界的主要领导人对不同的学术观点做行政裁决；由哲学界的领导机构，必要时由党中央对学术问题做政治决议；对学术观点扣政治帽子；以阶级斗争的方式处理那些被定性为阶级矛盾的学术观点。这一系列原则在斯大林时期的一系列理论事件中得到充分的体现，甚至出现了列宁的哲学思想被忽视，党的中央决议完全服从于斯大林个人意志的状况。

　　同时，苏联过渡时期确立的党通过哲学领导自然科学具体方式是：直接干涉自然科学的具体观点，对于看起来不符合马克思主义哲学的自然科学观点不仅要批判，而且扣政治帽子。这一原则在苏联的斯大林时期也达到了高峰。

　　此外，斯大林时期日丹诺夫主义的出现又给苏联哲学为政治服务的体制增添了新内容：在坚持党性原则、反对客观主义的口号下片面夸大了社会科学的党性原则，甚至要把"党性原则"推广到自然科学中去；在坚持爱国主义、反对世界主义的口号下暗含着一种敌视西方文化和拒斥一切资产阶级文化的虚无主义态度；在坚持与苏联国内的资产阶级残余意识和国外的敌对思想作斗争的过程中片面夸大了社会科学的批判职能；等等。

这里需要重申的是，斯大林时期之后，这一体制中某些过于消极的方面在不同程度上得到了修正，但是像斯大林体制的其他方面一样，至少在苏联的改革时期之前这一哲学体制也没有受到根本的触动。

而且，如果说苏联过渡时期的三次主要的哲学斗争还存在着在理论上基本正确，在体制上逐渐走向僵化的二重性；那么，到了斯大林时期，苏共中央在哲学领域所发动的斗争则不仅是在体制上的错误和问题更加明显，而且在理论上同样基本上是错误的和片面的，其主要的表现就是"日丹诺夫主义"，这表明苏联的哲学为政治服务的体制已经走向了畸形。

第四节 斯大林晚年的哲学思想

斯大林晚年的哲学思想主要体现在《马克思主义和语言学问题》、《苏联社会主义经济问题》这两部著作中。斯大林在这两部著作中对自己以前的一些哲学思想，尤其是《辩证唯物主义和历史唯物主义》中的一些思想做出了修正，并提出了一些新观点。

一 斯大林在《马克思主义和语言学问题》中的哲学思想

20 世纪 50 年代之前，在苏联语言学界长期占统治地位的是 H. Я.（尼·雅·）马尔（1864—1934）的语言学理论。H. Я. 马尔对苏联语言学作出过贡献，他还试图把自己的语言学理论建立在马克思主义的基础之上，但是他的一些观点实际上是把马克思主义哲学庸俗化了。例如，他认为语言是一种上层建筑，是有阶级性的；他否认语言发展的继承性，认为语言的发展是通过周期性爆发的形式实现的；他还把语言和思维割裂开来，认为思维可以离开语言而存在。1950 年 5 月 9 日，《真理报》发表了批评 H. Я. 马尔的文章，从而开始了历时两个月的语言学讨论。斯大林亲自参加了这次讨论并写作了一篇短文，答复了一些人的来信。这些短文和复信被汇编成《马克思主义和语言学问题》一书，于 1950 年 8 月出版。斯大林在书中主要是从哲学出发来探讨语言学问题的，他对马克思主义哲学一些基本原理的阐述和发挥是书中最重要的理论内容。

首先，斯大林澄清了语言的本质和语言与思维的关系。针对 Н. Я. 马尔把语言看作上层建筑的观点，斯大林指出："语言既不能列入基础一类，也不能列入上层建筑一类。"① 语言是人们交际的工具，它可以为各个阶级服务，因而它不具有阶级性。同时，针对 Н. Я. 马尔割裂语言与思维的做法，斯大林指出，语言是思维的物质外壳，认为思维可以离开语言而存在是一种唯心主义。

其次，斯大林肯定了质变的非爆发形式。针对 Н. Я. 马尔认为语言的发展是通过周期性爆发的形式实现的观点。斯大林认为，第一，这一观点是不符合语言的发展规律的，"马克思主义认为，语言从旧质过渡到新质不是经过爆发，不是经过消灭现存的语言和创造新的语言，而是经过新质的要素的逐渐积累，也就是经过旧质要素的逐渐死亡来实现的"。第二，"从旧质过渡到新质经过爆发的规律，不仅不适用于语言发展的历史，而且也不是在任何时候都适用于诸如基础或上层建筑之类的其他社会现象。对于分成敌对阶级的社会，爆发是必需的。但是对于没有敌对阶级的社会，爆发就绝不是必需的了"。例如苏联农业从"资产阶级的个体农民的制度到社会主义的集体农庄制度"② 的变革既是一场革命，又是通过非爆发式的、逐渐过渡的形式来实现的。斯大林对质变的非爆发形式的肯定显然是对他在 1938 年的《辩证唯物主义和历史唯物主义》中提出的，事物的质变只能采取爆发的、革命的形式这一观点的修正。

再次，斯大林论述了基础与上层建筑的关系。基础与上层建筑的关系是唯物史观的一个基本原理，也是讨论语言学问题的一个重要前提。在《马克思主义和语言学问题》中，斯大林对基础、上层建筑以及二者之间的关系做出了明确的规定。他指出："基础是社会在其一定发展阶段上的经济制度。上层建筑是社会的政治、法律、宗教、艺术、哲学的观点，以及同这些观点相适应的政治、法律等设施。"一方面，基础决定上层建筑，"如果基础发生变化和被消灭，那么它的上层建筑也就会随着发生变

---

① 《斯大林选集》下卷，人民出版社 1979 年版，第 525 页。
② 同上书，第 519 页。

化和被消灭。如果产生新的基础，那就会随着产生同它相适应的上层建筑"；另一方面，"上层建筑是由基础产生的，但这绝不是说，上层建筑只是反映基础，它是消极的、中立的，对自己基础的命运、对阶级的命运、对制度的性质是漠不关心的。相反地，上层建筑一出现，就成为极大的积极力量，积极促进自己基础的形成和巩固，采取一切办法帮助新制度去根除和消灭旧基础和旧阶级"[①]。

此外，为了阐明语言与上层建筑的区别，斯大林还论述了上层建筑的历史性以及上层建筑和生产的关系。他指出："上层建筑是某个经济基础存在和活动的那一个时代的产物。因此上层建筑的生命是不长久的，它是随着这个基础的消灭而消灭的，随着这个基础的消失而消失的。""上层建筑同生产、同人的生产活动没有直接联系。上层建筑是通过经济的中介、通过基础的中介同生产仅仅有间接的联系。因此上层建筑反映生产力发展水平的变化，不是立刻、直接反映的，而是在基础变化以后，通过生产变化在基础变化中的折光来反映的。"[②]

斯大林对基础与上层建筑的论述具有重要的理论意义。首先，在1938年的《辩证唯物主义和历史唯物主义》中，斯大林对历史唯物主义阐述的一个不全面之处就是遗漏了经济基础概念，同时把经济基础与上层建筑的关系演绎成了生产方式与上层建筑的关系。《马克思主义和语言学问题》中对基础和上层建筑的论述是对《辩证唯物主义和历史唯物主义》的一个重要补充；其次，斯大林对基础与上层建筑的规定以及二者之间关系的论述，已成为马克思主义哲学史中关于这一问题的一个经典的通俗化的论述；再次，斯大林对上层建筑与生产之间关系的论述也是有价值的，它实际上明确回答了为什么生产力不应包括在经济基础之中这一问题。

不过，斯大林的论述也存在着不足之处。主要的不足之处是：斯大林虽然正确地指出了上层建筑的历史性，但是他对这一历史性的理解过于简单化了，以为随着旧的经济基础的消亡，旧的上层建筑也会立即消亡，这是不完全符合上层建筑发展的客观规律的。实际上，随着旧的经济制度的消亡，旧的政治制度即政治上层建筑也会立即消亡，但是旧的社会意识形

①　《斯大林选集》下卷，人民出版社1979年版，第501—502页。

②　同上书，第504—505页。

态即思想上层建筑却可以在新的社会制度中存在相当长的一个历史时期。正如后来一些苏联学者所指出的，用强制的办法干涉文化和艺术的发展，对于思想文化遗产的虚无主义态度都是与斯大林对思想上层建筑历史性的错误认识相联系的。

二　《苏联社会主义经济问题》中的哲学思想

1940 年前后，受苏共中央的委托，苏联科学院经济研究所开始集体编写包括社会主义部分在内的政治经济学教科书。受苏联卫国战争的影响，编写工作一度中断。直到 1951 年 4 月，《政治经济学》未定稿完成，并开始广泛征求意见。1951 年 11 月 10 日—12 月 18 日，苏共中央组织了关于《政治经济学》未定稿的有 240 人参加的大型讨论会，政治经济学社会主义部分的一些理论问题在讨论会上引起了激烈的争论。斯大林非常重视这次会议，针对会上争论的一些问题，斯大林还在 1952 年 2—9 月期间陆续写作了一些指导意见和回信，这些意见和回信后来汇集成《苏联社会主义经济问题》一书，并首先于 1952 年 10 月发表在《布尔什维克》杂志和《真理报》上。斯大林在书中讨论经济学问题的过程中涉及了大量的哲学问题，并对马克思主义哲学的一些原理做了进一步的阐述。

首先，斯大林在书中肯定了社会主义经济规律的客观性并阐述了马克思主义的规律观。

社会主义经济规律是否具有客观性，这不仅是苏联 1951 年政治经济学讨论会中争论的一个焦点问题，而且是布尔什维克夺取政权后就一直存在争议的问题。一些苏联学者认为，由于苏维埃国家的特殊性，苏维埃国家和它的领导人能够废除现存的政治经济学规律，"制定"和"创造"新的经济规律。斯大林驳斥了这一观点。他指出，所谓规律，即自然界或社会中不以人们的意志为转移的客观过程的反映。"人们能发现这些规律，认识它们，研究它们，在自己的行动中考虑到它们，利用它们以利于社会，但是人们不能改变和废除这些规律，尤其不能制定和创造新的科学规律。"斯大林还指出，虽然在天文、地质以及其他一些类似的过程中，人们即使认识了它们的规律，也无力影响它们，但是在其他场合，人们绝不是无能为力的。在这些场合，如果人们认识了自然规律，并善于应用和利用它们，"便能限制它们发生作用的范围，把自然界的破坏力引导到另一方向，使自然界的破坏力转而有利于社会"①。这一过程并没有改变科学规律，相反，在这一过程中对自然规律的任何违反，都会引起严重的后果。

斯大林接着指出，经济规律还有区别于自然规律的两个特点：第一，经济规律不是长久存在的，而是存在于一定的历史时期，新的经济条件的出现使旧规律退出历史舞台，让位给新规律。但是无论旧规律还是新规律，都不是被消灭或创造的。第二，在自然科学中，发现和应用新的规律或多或少是顺利的；与此不同，在经济学领域中，发现和利用那些触犯社会腐朽力量的利益的新规律，却要遇到这些力量的极强烈的反抗。因此，就需要有能够克服这种反抗的力量，社会力量②。

从经济规律的这两个特点出发，斯大林还批评了旨在否认经济规律客观性的一系列错误观点。第一，一些人援引恩格斯关于人们在社会主义条件下将获得自由并成为社会生活的主人的论述，认为在社会主义条件下已经不需要服从经济规律了。斯大林反驳道，恩格斯所论述的自由，是指"被认识了的必然性"，它要求的不是消灭经济规律，而恰恰是认识和善于运用它们；第二，一些人从苏维埃政权毕竟是在"空地上"创造新的社会主义的经济形式这一事实出发，认为经济规律是可以创造的。斯大林反驳道，苏维埃政权之所以能够完成创造新的经济形式的任务，不是因为它消灭了现存的经济规律，创造了新的经济规律，而是因为它依靠了"生产关系一定要适合生产力性质这一经济规律"；第三，有人认为，在社会主义条件下国民经济有计划、按比例发展也证明了经济规律可以创造。斯大林反驳道，在社会主义条件下国民经济有计划、按比例发展是社会主义的一个客观经济规律，不是人们随意创造出来的，不能把这一客观规律与国家的计划部门所制订的年度计划和五年计划这种主观的东西混淆起来。这两者之间是可能和现实的关系：前者是规律，它使国家的计划部门具有去正确地计划社会生产的可能性；后者是对规律的认识和应用，而且不能说后者完全反映了前者的要求；第四，有人认为在社会主义制度下发生作用的若干经济规律，如价值规律，是在计划经济的基础上"改造过的"，甚至"根本改造过的"。斯大林认为这样说是错误的，因为规律

---

① 《斯大林选集》下卷，人民出版社1979年版，第540页。

② 同上书，第540、543页。

是不能改造的，尤其是不能根本改造的。

斯大林还分析了否认经济规律客观性的思想根源，即苏维埃政权的巨大成就使一些人冲昏了头脑，以为苏维埃政权无所不能，甚至能创造科学规律。同时，斯大林还特别指出，虽然他关于马克思主义规律观的论述是在重复某些真理，即重复马克思主义经典作家的相关观点，但这些重复也是有价值的，重复和耐心地解释这些真理是马克思主义教育的最好的办法之一。

总之，斯大林在论述社会主义经济规律客观性的过程中，对规律范畴做了明确的规定，论述了客观规律与人的主观能动性的关系以及经济规律区别于自然科学规律的特点，把生产力决定生产关系、生产关系又反作用于生产力的历史规律明确概括为"生产关系一定要适合生产力性质"，这些都是斯大林对马克思主义哲学的贡献。在社会主义经济规律客观性这一问题上，尽管斯大林的一些具体的经济学观点今天看来未必正确，但是他的基本的哲学观点和经济学观点仍然是值得我们研究的。

其次，斯大林论述了社会主义条件下的商品生产和价值规律。

关于商品生产，有的苏联学者认为在共产党取得政权后就应当废除商品生产。斯大林驳斥了这一看法，他指出，虽然恩格斯曾经论述过一旦社会占有了生产资料，商品生产就将被废除，但是恩格斯并没有说明社会占有生产资料是全部占有还是部分占有。就十月革命前的俄国而言，一方面资本主义在工业中已经使生产资料集中到可以剥夺并转归社会所有的程度，另一方面在农业中虽然有了资本主义的发展，却还是分散在众多的中小私有者之间，不可能提出剥夺这些生产者的问题。面对这种情况，修正主义者认为应当拒绝夺取政权，等资本主义使千百万中小生产者破产，并使农业中的生产资料集中起来，再去夺取政权。列宁则给出了相反的答案，即决不放过夺取政权的有利条件；剥夺工业中的生产资料归全民所有；把中小个体生产者逐步联合到生产合作社，即集体农庄中；通过发展工业，为集体农庄提供大规模生产的技术基础，并且不要剥夺集体农庄；为了保证城市和乡村、工业和农业的经济结合，要在一定时期内保持商品生产这个为农民唯一可以接受的与城市进行经济联系的方式，并且要全力发展国营商业和合作社—集体农庄商业，把一切资本家从商品流转领域排挤出去。斯大林认为，列宁所指出的道路是具有人数众多的小生产者阶级的资本主义国家获得社会主义胜利的唯一可能和适当的道路。

　　还有人认为，在苏联生产资料公有制的统治地位确立之后，雇佣劳动制度和剥削制度被消灭后，就应该消除商品生产。斯大林认为这也是错误的，因为当时苏联仍然存在两种所有制形式：一种是全民所有制，另一种是集体农庄所有制。集体农庄仍然只能接受以商品形式实现的与城市的经济联系，所以商品生产和商品"流转"都是必要的。

　　斯大林还指出，苏联的商品生产是特殊的商品生产，没有资本家参与，它的活动范围也仅限于个人消费品，所以它不会发展为资本主义生产。从这一点出发，斯大林还反对把资本主义所特有的一些经济范畴，如作为商品的劳动力、剩余价值、资本、资本利润、平均利润率，以及必要劳动和剩余劳动、必要产品和剩余产品、必要劳动时间和剩余劳动时间等移植到社会主义政治经济学中。

　　关于价值规律，斯大林认为它在社会主义制度下也是存在并发挥作用的。它作用的范围，首先是在商品流通领域，并在一定范围内起着调节者的作用；同时它也在生产领域发挥作用。斯大林还批判了两种错误观点：一种观点认为价值规律是永恒的，对此，斯大林指出在共产主义社会，价值规律将失去其作用；另一种观点认为价值规律也是苏联生产领域的主要调节者，斯大林否定了这一观点，认为价值规律只是在资本主义制度下的生产的调节者，而在苏联，有三个因素决定了价值规律以及商品生产是被严格限制在一定范围内的。这三个因素是：生产资料的公有化，国民经济有计划按比例发展的规律，国家的年度计划、五年计划以及经济政策。

　　对商品生产和价值规律的认识不是纯粹的哲学问题，但却是涉及如何理解社会主义制度的重大理论问题。斯大林在这一问题上的认识和实践体现了将马克思主义和苏联实际相结合的精神，突破了马克思恩格斯当年关于共产主义社会低级阶段不存在商品生产和商品交换的设想，但他为了建立一个与资本主义商品经济相区别的社会主义商品经济，又对商品经济的生产和交换、价值规律的作用进行了很多限制，其结果是扭曲了市场机制和价值规律的作用，实际上建立了中央集权的计划经济体制。这种体制后来随着苏联经济的发展和国际环境的变化，其弊端就越来越明显地暴露了出来。所以，斯大林关于苏联社会主义商品经济的理论和实践，需要我们反思和重新认识。

　　再次，斯大林阐述了现代资本主义的基本经济规律和社会主义的基本经济规律。

斯大林指出："现代资本主义基本经济规律的主要特点和要求，可以大致表述如下：用剥削本国大多数居民并使它们破产和贫困的办法，用奴役和不断掠夺其他国家人民、特别是落后国家人民的办法，以及用旨在保证最高利润的战争和国民经济军事化的办法，来保证最大限度的资本主义利润。……社会主义基本经济规律的主要特点和要求，可以大致表述如下：用在高度技术基础上使社会主义生产不断增长和不断完善的办法，来保证最大限度地满足整个社会经常增长的物质和文化的需要。"①

针对一个苏联学者 Л. Д.（尔·德·）雅罗申科认为斯大林关于社会主义基本经济规律的定义是从消费占首位出发的错误认识，斯大林还做出了进一步的解释。他指出，人们不是为了生产而生产，而是为满足自己的需要而生产，这是生产的目的问题，与生产和消费何者占首位不是一个问题。斯大林还阐述了从社会主义向共产主义过渡的先决条件。

此外，斯大林对生产力和生产关系做出了新论述，这包括以下几个方面：

第一，斯大林明确提出了经济基础概念，他指出："每个社会形态，连社会主义社会在内，都有自己的由人们生产关系的总和所构成的经济基础。"②

第二，斯大林明确规定了生产关系的三个方面，他指出，生产关系，即经济关系包括："（一）生产资料的所有制形式；（二）由此产生的各种社会集团在生产中的地位以及它们的相互关系，或如马克思所说的，'互相交换其活动'；（三）完全以它们为转移的产品分配形式。"③ 斯大林把生产关系分成这三个方面的思想在《辩证唯物主义和历史唯物主义》中就有，只是这里论述得更加明确。

第三，斯大林对自己以前提出的在社会主义制度下生产关系完全适合生产力的论断做出了修正。他指出，其一，这一命题可以表述为"在社会主义制度下生产关系同生产力性质的完全适合"；其二，"完

---

① 《斯大林选集》下卷，人民出版社 1979 年版，第 568—569 页。

② 同上书，第 587 页。

③ 同上书，第 594—595 页。

全适合"这种说法不能在绝对意义上来理解，不能理解成在社会主义制度下生产关系和生产力之间没有任何矛盾；其三，应当把"完全适合"理解成在社会主义制度下，生产关系和生产力不会发生冲突，并有可能使一度落后了的生产关系再去适合生产力的性质；其四，在这个意义上说，在某一时期，资产阶级的生产关系也是完全适合生产力性质的。①

除了上述几个方面，斯大林在《苏联社会主义经济问题》中还讨论了社会主义条件下的城乡对立、脑体差别，统一的世界市场的瓦解与世界资本主义体系危机加深，资本主义国家之间战争的不可避免，马克思主义政治经济学教科书的国际意义等问题。

总之，斯大林的《苏联社会主义经济问题》一书阐明了社会主义政治经济学的一些重大的理论问题，对马克思主义政治经济学理论的发展和社会主义经济建设都产生了深远的影响。今天看来，书中的许多观点仍值得我们进一步研究。

第五节　斯大林时期苏联学者对马克思主义哲学的研究

斯大林时期苏联学者对马克思主义哲学的研究呈现出明显的阶段性。体现这种阶段性的第一个分水岭是 1938 年斯大林的《辩证唯物主义和历史唯物主义》的发表，在这之前的苏联马克思主义哲学研究基本上是 20 世纪 30 年代中前期研究的继续，在这之后的苏联马克思主义哲学研究则逐渐以对《辩证唯物主义和历史唯物主义》的注释为主题；第二个分水岭是 1941 年卫国战争的爆发，在卫国战争前夜和卫国战争期间，法西斯主义及其理论基础以及其他与战争相关的理论问题成为苏联马克思主义哲学研究的主题；第三个分水岭是 1947 年哲学讨论会，这次讨论会的意义是双重的，它一方面鼓励了创造性，促进了苏联马克思主义哲学研究，另一方面又给苏联的哲学工作者戴上了沉重的精神枷锁。不过，尽管有这些曲折和困难，斯大林时期的苏联学者在马克思主义哲学研究中仍然取得了

---

① 《斯大林选集》下卷，人民出版社 1979 年版，第 577、590 页。

巨大的成就，这主要体现在以下几个方面：①

一　斯大林时期苏联马克思主义经典著作的出版以及对马克思主义哲学史的研究

这一时期出版马克思主义经典作家著作的工作仍在继续。1928 年开始出版的《马克思恩格斯全集》俄文第 1 版在 1947 年出齐。50 年代又开始了出版后来多达 50 卷本的《马克思恩格斯全集》俄文新版的工作。《马克思恩格斯选集》、马克思和恩格斯重要著作的单行本也大量出版。在《马克思恩格斯文库》中，马克思和恩格斯的各种手稿也相继问世。1946—1950 年期间还出版了《列宁全集》第 4 版，共 35 卷。因这一版内容遗漏较多，后来又补充了 8 卷，到 1966 年出完。据统计，仅在 1946—1950 年期间，马克思、恩格斯和列宁的著作就出版了 1196 种，近 7000 万册。同时，也是在斯大林时期，列宁的《唯物主义和经验批判主义》被翻译成多种文字，并在世界范围内引起了一场哲学争论和斗争。

不过，在这一时期出版马克思主义经典作家著作的工作中也存在着不足之处。例如，由于对马克思和恩格斯一些早期著作的不正确认识和轻视，使它们没有收入《马克思恩格斯全集》俄文第 1 版，甚至一开始也没有收入《马克思恩格斯全集》俄文第 2 版，只是后来才增补进去。再如，斯大林哲学思想的局限性导致了他对列宁《哲学笔记》的轻视，这使得《哲学笔记》既没有收进《列宁全集》的第 2 版中，也没有收进《列宁全集》的第 3 版中（《列宁全集》的这两版都出版于 30 年代）。

这一时期的马克思主义哲学史研究主要集中在对马克思、恩格斯、列宁以及斯大林的哲学思想的研究方面。关于马克思和恩格斯哲学思想的研究性论著主要集中出现于 50 年代前期。马克思和恩格斯的早期思想成为研究的一个重点，这方面的代表作是 В. А. 卡尔普申的《马克思

---

① 关于斯大林时期苏联学者对马克思主义哲学的研究，参见以下著作的相关部分：安启念：《苏联哲学 70 年》，重庆出版社 1990 年版；黄楠森等主编《马克思主义哲学史》（八卷本）第 5 卷，北京出版社 1996 年版；В. Н.（维·尼·）科洛斯科夫：《苏联马克思列宁主义哲学史纲要（三十年代）》，求实出版社 1985 年版；В. Е. 叶夫格拉弗夫主编《苏联哲学史》，商务印书馆 1998 年版；М. А. 敦尼克等主编《哲学史》（第六卷）上册，生活·读书·新知三联书店 1982 年版。

在〈1844 年经济学哲学手稿〉中对唯物辩证法的探讨》（发表于《哲学问题》1955 年第 3 期）。这篇文章驳斥了那种认为马克思是先成了一个辩证唯物主义者，然后才把唯物主义推广到历史领域的看法。文章认为，无论是辩证唯物主义还是历史唯物主义，都是必须同时建立在分析经济问题、总结工人运动的成就以及对人类历史经验进行哲学概括的基础之上才能形成的。在研究马克思和恩格斯成熟时期的哲学思想方面也出现了一些重要论著，例如 Т. И. 奥伊泽尔曼的著作和 1955 年出版的 М. М. 罗森塔尔的专著《马克思〈资本论〉中的辩证法问题》。后一著作尤其具有重要的理论意义：它从哲学出发研究了《资本论》，实现了列宁的一个哲学遗嘱。

这一时期研究列宁哲学思想的论著除了前文提到过的 30 年代末、40 年代初的一些作品，还有 М. Э. 奥美里扬诺夫斯基的《列宁与 20 世纪的物理学》（莫斯科 1947 年版），以及 1947 年发表的 Б. М. 凯德洛夫和 В. К. 布鲁施林斯基研究《哲学笔记》的两篇文章。

这一时期对斯大林哲学思想的研究则深受对斯大林的个人迷信的影响。斯大林的主要哲学著作，甚至他早年写的不成熟的哲学著作《无政府主义还是社会主义》（1906—1907）都受到了无原则的吹捧。斯大林的哲学思想被说成是马克思主义哲学的顶峰，同时"马克思主义哲学的列宁阶段"的提法也被改为"马克思主义哲学的列宁斯大林阶段"。对斯大林哲学思想的这些抬高是难以经受住历史考验的。

二　斯大林时期的辩证唯物主义研究

如前所述，在 30 年代中前期，苏联学者在唯物辩证法和认识论等领域的研究中取得了一定的成就。30 年代后期这些方面的研究在继续，并出现了一些重要的理论成果。斯大林的《辩证唯物主义和历史唯物主义》发表后产生的消极影响，使这方面的研究显得有点低迷。在卫国战争胜利后，尤其是 1947 年哲学讨论会之后，苏联的辩证唯物主义研究才开始复苏。斯大林时期苏联学者对辩证唯物主义的研究主要有以下几个方面：

（一）物质及其存在形式的学说

这一时期苏联学者对马克思主义哲学的物质及其存在形式学说的研究仍然很薄弱，值得一提的主要是一些从自然科学的新成果出发的对时间、空间、因果性、规律性等范畴的研究。例如，Г. А.（格·阿·）库尔萨诺夫研究了拓扑学和相对论对辩证唯物主义时空观的深化。他指出，拓扑学是几何学的一个分支，主要研究时空方式所具有的那些在不断变形的情况下仍然保持不变的特性。结合拓扑学和相对论，Г. А. 库尔萨诺夫阐发了空间和时间的绝对性和相对性，空间和时间的无限性、间断性和连续性，空间的"维"和凝聚性以及时间的一维性和不可复性（定向性）等辩证唯物主义的观点。①

再如，M. 丰杰尔从量子力学出发进一步分析了因果性和规律性范畴。他认为，在机械论的因果性中，原因和结果都具有确定性。而在量子力学中，原因和结果的出现都有一定的概率性，因而具有不确定性。但这并不意味着决定论的覆灭，也不意味着统计的规律性就一定排斥因果性。相反，新物理学规律的统计性质并不排斥因果性，它只是因果性在一个特殊领域的新的表现形式。这也表明在不同的存在领域，因果性可以有不同的形式。②

（二）辩证法的规律和范畴、辩证逻辑及其与形式逻辑的关系

这一时期苏联学者对辩证法的规律和范畴的研究虽然受到了斯大林观点的影响，但仍然取得了一定的成就。

关于量变和质变相互转化的规律，最重要的研究成果是 Б. М. 凯德洛夫在 40 年代前期发表的一系列论文以及 1946 年出版的专著《论自然界中的量变和质变》。该书运用了大量的自然科学材料，结合自然科学史，尤其是道尔顿、拉瓦锡、罗蒙诺索夫、门捷列夫、达尔文等人的发现，从各个角度阐明了量变转化为质变的规律。

同时，在质变的爆发形式和非爆发形式问题上，一开始，受斯大林《辩证唯物主义和历史唯物主义》的影响，否定质变的非爆发形式成为当时苏联哲学界的主流观点。在斯大林的《马克思主义和语言学问题》发表后，苏联学者们也开始肯定质变的非爆发形式，例如 Б. М. 凯德洛夫的论文《渐进性是旧质向新质转化的一种形式》（1954）。不过，一些学者又走向了另一个极端，把质变的非爆发形式绝对化，从而抹煞了质变和量

---

① Г. А. 库尔萨诺夫：《空间和时间是物质存在的形式》，《在马克思主义旗帜下》1940 年第 6 期，第 139 页。

② M. 丰杰尔：《因果性和规律性》，《在马克思主义旗帜下》1941 年第 6 期，第 69 页。

变的差别。

关于对立面统一和斗争的规律，斯大林的一些错误认识也产生了消极的影响。甚至在 50 年代初还有人为割裂对立面的"斗争"和"统一"这两个方面作辩护，认为"统一"、"同一"是黑格尔主义的残余。不过，仍然有一些学者坚持强调那些被斯大林所忽视了的东西，如列宁《哲学笔记》的理论意义，列宁关于对立面的统一和斗争是辩证法的实质和核心的思想，以及列宁的辩证逻辑思想。1941 年，"对立面统一和斗争规律"还被列入苏联高等教育的教学大纲之中。

关于否定之否定规律，在斯大林的《辩证唯物主义和历史唯物主义》发表之初，仍然有学者能坚持自己的观点，例如 1940 年出版的 M. M. 罗森塔尔和 Π. Φ. 尤金主编的《简明哲学辞典》第 2 版仍然把否定之否定看作辩证法的基本规律之一。但是，随着斯大林认识影响的加深，在 20 世纪 40—50 年代中期的哲学论著中，长期没有提及否定之否定的规律，而是代之以自然界和人类社会渐进发展的一般原理，否定之否定的规律仅仅作为这一原理的一个方面。①

关于辩证法的范畴，虽然斯大林的《辩证唯物主义和历史唯物主义》没有对其专门论述，但是一些苏联学者仍然坚持研究了这一问题。E. Π. 西特科夫斯基在一篇长文中认为，在自然界中起作用的并不仅仅是辩证法的几个基本规律，辩证法的范畴作为一些特殊的规律，是对基本规律的具体化、深化和补充。他还首次把本质与现象、原因与结果、因果性与目的性、可能性与现实性、形式与内容等范畴作为一个整体进行了论述。② 不过，受斯大林哲学思想的影响，在 30—40 年代的哲学教科书中，辩证法的范畴往往被归属在斯大林所阐述过的辩证法的几个基本特征之下，例如把偶然性和必然性归属在辩证法的"普遍联系"的特征之下，这实际上不利于对辩证法范畴的理解和认识。到 50 年代中期，对辩证法范畴的研究开始复苏，当时的代表作是雅罗斯拉夫国立师范学院哲学教研室合著的《辩证唯物主义的范畴》（1954）和《唯物辩证法范畴》（1956）。

---

① E. 别列维奇：《论渐进发展》，《在马克思主义旗帜下》1941 年第 4 期，第 59—89 页。

② E. Π. 西特科夫斯基：《论马克思主义辩证法的若干范畴》，《在马克思主义旗帜下》1939 年第 4 期，第 180 页。

同时，在 20 世纪 50 年代中期，主要受斯大林在《苏联社会主义经济问题》中阐述马克思主义规律观的影响，规律问题成为马克思主义哲学研究的一个热点。这方面的代表作有：Б. М. 凯德洛夫的《论对自然规律的唯物主义理解》（论文，1952），В. П. 图加林诺夫的《客观世界的规律及对它们的认识和运用》（列宁格勒 1954 年版），以及 Г. М. 施特拉克斯的《马克思列宁主义哲学中的规律范畴》（莫斯科 1955 年版）。

在斯大林时期，对辩证逻辑的研究非常少。只是到了 20 世纪 50 年代才开始重新关注这一问题。苏联科学院哲学所在 20 世纪 50 年代中期制定的研究工作计划中重新强调了要对列宁的辩证法、认识论、逻辑学三者相统一的思想进行具体的揭示和探讨，不过从总体上说这一计划并没有立即得到落实。1958 年，莫斯科大学哲学系开设了辩证逻辑的课程，这对辩证逻辑的研究是一个推动。

这一时期对形式逻辑的研究也发生了根本性的变化。从 1946 年开始，形式逻辑已成为苏联中学和大学的一门课程。而在学术界则出现了一种把形式逻辑绝对化的倾向，这是对 20 世纪 30 年代把形式逻辑看成形而上学的一种反动。在 1950—1952 年期间还出现了一次关于辩证逻辑和形式逻辑关系的大讨论，这实际上也是 20 世纪 30 年代关于这一问题的争论的继续。在讨论中，一些人认为只有形式逻辑才是真正的逻辑，辩证逻辑只是认识论的方法和理论。另一些人则认为形式逻辑只是辩证逻辑的一个方面或部分。还有人认为应当建立一种新的、统一的逻辑：既非纯形式的，也非纯辩证的。不过，当时的主流看法仍然是认为形式逻辑和辩证逻辑是认识的两个阶段的逻辑，形式逻辑是低级阶段的逻辑，将向高级阶段的辩证逻辑过渡。

（三）认识论

认识论问题是斯大林的《辩证唯物主义和历史唯物主义》的弱项，不过，斯大林时期的苏联学者在认识论问题的研究中仍然取得了一定的成就。

在 1936 年 Т. 巴甫洛夫（П. 多谢夫）发表专著《反映论》之后，30 年代后期苏联的认识论研究非常活跃，其中青年哲学家 Ф. И.（费·伊·）哈斯哈契赫尤为引人注目。Ф. И. 哈斯哈契赫生前发表了一系列重要论文。在 1942 年他牺牲于反法西斯前线之后，他的作

品被整理出版为一系列著作，包括《辩证唯物主义认识论原理》
（1944）、《论世界的可知性》（1946）、《物质与意识》（1956）、《辩
证唯物主义的认识论问题》（1967）等等。Ф. И. 哈斯哈契赫的研究
不仅依据了马克思、恩格斯和列宁的认识论思想，而且从达尔文、赫
胥黎、门捷列夫、爱因斯坦以及 К. А. 季米里亚捷夫等自然科学家的
著作中吸取营养。他考察了物质的进化过程、生命的起源、刺激感应
性、动物的感觉能力，以及人类思维的史前史、劳动在思维产生中的
作用、感性认识与逻辑认识的关系、真理及其标准等问题，为发展马
克思主义认识论作出了贡献。

除了 Ф. И. 哈斯哈赫对认识发生史的研究，当时苏联学者对认识论
的研究还体现在以下几个方面：

首先，苏联学者们研究了事物"第一性的"质（事物的客观属
性）与"第二性的"质（指色、声、气、味等感觉和知觉的质）的
关系问题。Т. 巴甫洛夫的《反映论》首先强调了这一问题，并引起
了许多苏联学者的关注。当时苏联学者对这一问题的研究体现在两个
方面：Т. 巴甫洛夫、Л. 李森科、Ф. И. 哈斯哈契赫等人强调了这两
种质的区别以及"第二性的"质的特殊性；Л. О. 列兹尼科夫则强调
"第二性的"质的相对性不等于他们的主观性，并着重论证了"第二
性的质"的客观性。①

其次，Ф. И. 哈斯哈契赫深入研究了认识的感觉阶段或者说认识的最
初形式——生动直观，并强调了实践在认识的这一阶段的作用。他认为，
第一，人的感觉具有实践性，这体现在两个方面：一方面人的感觉的直观
性不是绝对的，而是以人的实践、人的先前的经验为中介的；另一方面人
的实践活动不仅对感觉的内容，而且对其形式都有重大的影响。第二，人
的感觉具有历史性，即与人的实践活动相联系，人的感官及其活动是社会
历史发展的产物。第三，人的感觉具有创造性，这种积极的、创造的性质

① 参见 Л. О. 列兹尼科夫：《反映论与"第一性的质"和"第二性的"质的问题》，《在马
克思主义旗帜下》1937 年第 7 期，第 97 页；以及他的《论感性知觉在认识中的作用》，《在马
克思主义旗帜下》1938 年第 8 期，第 53 页；他的《反映论和"生理学"唯心主义》，《在马克思主
义旗帜下》1938 年第 3 期，第 119 页。

是人的直观与动物直观的本质区别。①

再次，Ф. И. 哈斯哈契赫还从列宁关于人的认识不仅反映客观世界，而且创造客观世界的思想出发，讨论了人化自然这一概念，并认为与人的实践活动相关的人化自然已成为认识的主要对象。他写道："人们使自然界'人化'，创造出作为其生存的必要条件的文化艺术环境。人们通常使用的绝大多数概念，反映的是作为人类物质创造和精神创造的产物的种种对象。"②

此外，受斯大林《马克思主义和语言学问题》的影响，思维和语言的关系问题在 20 世纪 50 年代也成为一个研究重点。著名心理学家 Л. С. 维果特斯基把话语思维看成一种复杂的动态结构，并认为思想和语词的联系产生在发展过程中，而且本身也在发展。20 世纪 50 年代末出版的 Л. О. 列兹尼科夫的著作《概念与语词》对于思维与语言关系的研究做出了总结。书中提出，不能认为语词要么体现概念、要么创造概念，实际上语词既是体现概念的形式，又是概念形成的方式。由于语词本身既有反映功能又有意指功能，而且既是声音符号又是概念符号，因此它是意指性概念，是对实际存在的对象和现象的概括性反映。

三　斯大林时期的历史唯物主义研究

与辩证唯物主义领域的研究相类似，斯大林时期苏联学者对历史唯物主义的研究也可以划分为三个阶段。20 世纪 30 年代后半期的历史唯物主义研究是 30 年代前期的继续，苏联学者们发表了一系列论著。③ 斯大林的《辩证唯物主义和历史唯物主义》小册子发表之后，苏联学者对历史唯物主义的研究深受斯大林的影响。一方面，斯大林在《辩证唯物主义和历史唯物主义》以及其他论著中对历史唯物主义的阐述尽管也有一些片面性和不足之处，但是绝大部分不仅是深入浅出的，而且具有相当高的理论水准，这对于斯大林时期的历史唯物主义研究起到了巨大的促进作

①　Ф. И. 哈斯哈契赫：《反映论的若干问题》，《在马克思主义旗帜下》1937 年第 11—12 期，第 50—51、54 页；以及他的《谈谈从物质过渡到感觉的问题》，《科学和技术战线》1938 年第 6 期，第 37 页。

②　Ф. И. 哈斯哈契赫：《认识过程的基本要素》，《在马克思主义旗帜下》1940 年第 12 期，第 68 页。

③　B. E. 叶夫格拉弗夫主编：《苏联哲学史》，商务印书馆 1998 年版，第 211 页。

用；另一方面，由于对斯大林的个人迷信，斯大林的观点被绝对化了，当时的苏联学者在历史唯物主义和科学社会主义领域（如前所述，这两个领域在当时是没有分开的）如果试图做独立的研究和探索，往往被看成"有害的自作主张"，这又阻碍了历史唯物主义的研究。卫国战争爆发后，研究与战争相关的理论问题以及批判法西斯主义成为苏联历史唯物主义研究的主题。在战后，尤其是 1947 年哲学讨论会之后，苏联的历史唯物主义研究也出现了复苏，Ф. B. 康斯坦丁诺夫主编的《历史唯物主义》教材的出版成为当时的一件大事。总之，受对斯大林的个人崇拜因素的影响，以及卫国战争等突发事件的影响，斯大林时期苏联学者对历史唯物主义的研究往往表现为对斯大林的某些观点的注释和发挥，因而缺少有创造性的理论成果。具体而言，这一时期苏联学者对历史唯物主义的研究涉及了历史唯物主义的基本理论问题、社会主义辩证法、社会主义实践中的哲学问题等方面，并集中在以下几个问题上：

（一）社会意识

斯大林在其论著中对社会意识问题并没有做深入的探讨，这就为苏联学者们提供了一个进一步研究的空间。在 20 世纪 30—40 年代，苏联学者关于社会意识的研究主要有以下几个方面：

首先，苏联学者们讨论了在社会主义条件下主观因素的作用和意识的积极的、创造性的作用的增长。一些苏联学者认为，意识形态对社会基础反作用的性质是同具体的历史条件相联系的。在社会主义条件下，马克思列宁主义的思想体系科学地反映了社会物质生活的发展，成为社会发展的积极的动力。社会发展的自发性被社会主义制度下对社会规律的自觉的利用代替了。从这个意义上说，主观因素，即群众、阶级、政党的意识和意志以及他们的组织性和能动性，在社会主义条件下在社会生活中的作用增长了。[①] 不过，少数的哲学和经济学学者走向了一个极端，他们过分夸大了主观因素的作用，甚至有人错误地认为社会主义的经济规律也是苏维埃国家创造出来的，这一观点后来受到了斯大林的批评。

其次，由于从 30 年代中期开始，苏共中央提出了在社会主义条件下同人们思想意识中的资本主义残余进行斗争的任务，如何认识人们思想意

---

① B. H. （维·尼·）科洛斯科夫：《苏联马克思列宁主义哲学史纲要（三十年代）》，求实出版社 1985 年版，第 129—131 页。

识中的资本主义残余以及如何克服它们就成为 20 世纪 30—40 年代的苏联学者重点研究的问题。关于这些资本主义残余意识存在的原因，当时的苏联学者主要强调了两个方面：一是社会意识落后于社会存在；二是资本主义世界腐蚀的影响。这些分析有其合理性，但是还不够全面，有一些导致资本主义残余意识能够长久存在的因素没有被分析到，诸如经济制度的现实困难，城乡差别、脑力劳动和体力劳动的差别，许多人在劳动中和日常生活中的不利条件，社会主义原则和法制被破坏，等等。[①]

再次，一些苏联学者对具体的社会意识形态也进行了研究，如 1938 年出版的 П. Н. 费多谢也夫的著作《论宗教和反对宗教的斗争》。此外，研究宗教问题的著作还有 А. Т. （亚·季·）卢卡切夫斯基的著作《宗教的起源（理论概论）》（1930）、Ю. П. （尤·巴·）弗兰佐夫的著作《拜物教和宗教起源问题》（1940）、《宗教的起源和自由思想》（1959）。

此外，当时的研究中还涉及了文化和文化革命的问题。

到了 50 年代，苏联学者关于社会意识问题的研究进一步加强。在 Ф. В. 康斯坦丁诺夫主编的《历史唯物主义》（1950）、他本人的专著《社会意识的形式》（1951），以及 Г. М. 加克的《苏维埃社会中的政治和意识形态》（论文）等论著中，苏联学者们提出的一个新观点，即认为在社会主义制度下，各种社会意识形态之间出现了一种新型的、不同于对抗性社会的关系。其中政治和法的意识形态功能在改变；自然科学和社会科学在社会生活中的作用在增长；宗教与社会主义社会的要求和任务是不相符合的，它不是社会主义的意识形态，而是"残存的"意识形态，克服和排除宗教的工作是逐渐进行的。[②]

此外，50 年代的一些苏联学者和国外的一些社会主义学者还专门研究了社会意识形态之一的科学，如 С. И. （谢·伊·）瓦维洛夫（1891—1951）的著作《新阶段的苏联科学》（1946）。

除了社会意识问题，这一时期苏联学者对历史唯物主义基本理论问题的探讨还涉及了历史唯物主义的对象、社会存在和社会意识、基础和上层

---

① B. H. （维·尼·）科洛斯科夫：《苏联马克思列宁主义哲学史纲要（三十年代）》，求实出版社 1985 年版，第 131—132 页；М. А. 敦尼克等主编：《哲学史》第六卷（上册），生活·读书·新知三联书店 1982 年版，第 346 页。

② М. А. 敦尼克等主编：《哲学史》第六卷（上册），生活·读书·新知三联书店 1982 年版，第 347 页。

建筑等问题。①

（二）苏联社会发展的动力

在社会主义辩证法研究这一领域，如前所述，斯大林关于苏联社会发展动力的认识是非常片面的，他的那些明显违背唯物辩证法的观点在苏联学者中引起了一些反对意见，这主要体现在 40 年代初关于社会主义社会矛盾性质的讨论中。

1940 年年初，《在马克思主义旗帜下》杂志上发表的一些文章为了论证斯大林关于社会主义条件下生产关系与生产力完全适合的观点，提出在社会主义社会生产关系与生产力之间没有也不可能有矛盾。这些文章受到了 H. 弗拉索夫的反驳。H. 弗拉索夫认为，否认社会主义社会的生产关系与生产力之间的矛盾在理论上是错误的，在实践中是有害的。社会生产的可能性与社会需求之间的矛盾是社会主义的生产关系与生产力之间矛盾的具体形式。② H. 弗拉索夫的观点得到了一些苏联学者的支持。而 Φ. A. （费·亚·）戈罗霍夫、И. 德沃尔金、A. 扎尔金等人则发表文章，反对 H. 弗拉索夫的观点。由于这次讨论涉及了对斯大林观点的争议，讨论并没有深入下去便停止了。③

在 1947 年的哲学讨论会上，日丹诺夫重新提出了这一问题，认为社会主义社会中矛盾是仍然存在着的。另一位学者 Ц. A. （佐·亚·）斯切潘年（1911—?）则在讨论会上明确提出了苏维埃社会的社会统一与其发展的矛盾的相互关系问题。他在论文《论社会主义制度下的矛盾》（1947）和论文集《苏联社会主义社会》（1948）中讨论了社会主义社会的非对抗性矛盾，并提出劳动人民日益增长的需要与物质生产发展已达到的水平之间的矛盾是社会主义的基本矛盾。从 1947 年开始出现了大量研究苏维埃社会的社会统一条件下社会主义矛盾的论著。

同时，苏联学者们也对斯大林关于社会统一所做的论述给予了进一步的注释和发挥。例如，Γ. E. （格·叶·）格列则尔曼在其专著《苏联剥削阶级的消灭和阶级差别的克服》（1949）中专辟一节，解释和发挥了斯

---

① B. E. 叶夫格拉弗夫主编：《苏联哲学史》，商务印书馆 1998 年版，第 210—224 页。

② H. 弗拉索夫：《谈谈推动社会主义社会的矛盾的问题》，《在马克思主义旗帜下》1940 年第 3—4 期，第 117 页。

③ B. H. （维·尼·）科洛斯科夫：《苏联马克思列宁主义哲学史纲要（三十年代）》，求实出版社 1985 年版，第 124—125 页。

大林关于苏联社会发展动力的论述，М. Б. 米丁在其《斯大林是马克思列宁主义的科学大师》一文中也做了同样的工作。① Ф. В. 康斯坦丁诺夫在其著作《论社会主义社会发展的动力》（1951）中则强调了思想动力与社会生活的经济、物质条件的有机统一。

（三）苏联的阶级和阶级斗争

这一问题属于社会主义实践中的哲学问题。② 关于苏联国内的阶级状况，斯大林所做的分析成为苏共的权威观点。例如，1936 年苏共第十八次代表大会所做的决议指出："现在，苏联社会主义社会是由两个彼此友好的阶级——工人阶级和农民阶级构成，这两个阶级之间的差别，以及这两个阶级和知识分子之间的差别正在逐渐消失。苏联劳动人民绝大多数都是无阶级的社会主义社会、共产主义社会的积极自觉的建设者。"③ 在斯大林的基本观点以及苏共中央决议的基础上，一些苏联学者对苏联国内的阶级问题做了进一步的研究，这方面的代表作是 Г. Е. 格列则尔曼的专著《苏联剥削阶级的消灭和阶级差别的克服》（1949）。

关于国际范围内的阶级斗争，或者说社会主义国家与资本主义国家的关系，一个最重要的问题是如何认识苏联所遵循的不同社会制度国家之间和平共处的政策。苏联关于这一问题的基本观点是把和平共处的政策看作在国际舞台上社会主义国家与资本主义进行阶级斗争的形式之一。例如，共产国际第六次代表大会的提纲中指出，无产阶级国家的和平政策"只是从十月革命以来苏联所一贯坚持的与资本主义作斗争的另一种形式，而且在目前情况下是最为有利的一种形式"④。

这一时期苏联学者所探讨的社会主义实践中的哲学问题还包括：社会主义向共产主义过渡的规律问题、社会主义社会中社会规律的性质问题、社会主义生产力与生产关系的适应问题、社会主义国家理论，等等。⑤

除了以上几个方面，斯大林时期的苏联学者对历史唯物主义的研究还

---

① 黄楠森等主编：《马克思主义哲学史》（八卷本）第 5 卷，北京出版社 1996 年版，第 440—443 页。

② 本书认为，社会主义辩证法这一概念有狭义和广义之分，广义的社会主义辩证法即社会主义实践中的哲学问题研究，但是本书是取其狭义。

③ 《苏共决议汇编》，第 5 分册，人民出版社 1958 年版，第 7 页。

④ 《共产国际文件汇编（1919—1932）》，莫斯科 1933 年版，第 811 页。

⑤ В. Е. 叶夫格拉弗夫主编：《苏联哲学史》，商务印书馆 1998 年版，第 210—224 页。

包括对民族和民族关系问题的研究以及对法西斯主义意识形态的研究和批判等方面。①

　　本章从领袖人物的哲学思想、辩证唯物主义和历史唯物主义体系的发展、哲学为政治服务的体制以及苏联学者对马克思主义哲学的研究等方面考察了斯大林时期的苏联马克思主义哲学，这些因素的发展变化表明：在苏联的斯大林时期，马克思主义哲学的苏联化形态得以确立。

---

　　① 关于对民族问题的研究，参见 M. A. 敦尼克等主编《哲学史》第六卷（上册），生活·读书·新知三联书店 1982 年版，第 311—317 页。关于对法西斯主义的研究，参见 B. H.（维·尼·）科洛斯科夫：《苏联马克思列宁主义哲学史纲要（三十年代）》，求实出版社 1985 年版，第 132—134 页；M. A. 敦尼克等主编《哲学史》第六卷（上册），生活·读书·新知三联书店 1982 年版，第 162、294 页。

第 九 章

马克思主义哲学的苏联化形态在苏联的演变：后斯大林时期的苏联马克思主义哲学（1953—1986）

马克思主义哲学的苏联化形态奠基、形成、确立的过程同时也是一个传播、发展和演变的过程。尤其是列宁主义形成之后，随着俄国十月革命的胜利，列宁的哲学观点以及他为马克思主义哲学的苏联化形态所确立的那些基本原则更是在世界范围内被广泛传播和接受。与苏联社会主义事业的巩固和发展相联系的马克思主义哲学的苏联化形态在斯大林时期的确立又对上述传播和接受的进程起到了决定性的推动作用，这时在世界范围内被广泛传播和接受的马克思主义哲学不再仅仅是马克思主义经典作家的哲学思想，而是一个完整的马克思主义哲学的理论体系。不过，至少在苏联解体之前，马克思主义哲学的苏联化形态在苏联的进一步发展和演变仍然以其丰富的理论成果，成为这一形态发展的主线。本章将继续考察这一主线。

第一节　后斯大林时期苏联的政治和社会生活与马克思主义哲学发展的几个特点

苏联的后斯大林时期可以被进一步划分为三个阶段：从 1953 年 3 月斯大林逝世到 1964 年 10 月赫鲁晓夫下台是赫鲁晓夫阶段；从 1964 年 10 月到 1982 年 11 月 Л. И. （列·伊·）勃列日涅夫（1906—1982）逝世是勃列日涅夫阶段；从 1982 年 11 月到 1986 年 2 月苏共 27 大召开是苏联改

革的酝酿阶段。赫鲁晓夫阶段，苏联政治和社会生活的第一个主题是批判对斯大林的个人迷信，赫鲁晓夫在 1956 年苏共 20 大上所做的秘密报告在这方面起到了决定性的作用。1956 年 6 月 30 日，苏共中央还通过了《关于克服个人迷信及其后果》的决议。赫鲁晓夫阶段的第二个主题是改革，这一改革实际上涉及了苏联的经济、政治、思想文化和苏共的指导思想等各个领域。不过，由于赫鲁晓夫的改革路线存在着根本的缺陷以及赫鲁晓夫本人的一些缺点，他的改革最后归于失败。勃列日涅夫在执政之初也曾大力推行经济改革，但是在强大的习惯势力面前，改革很快销声匿迹。在整个 70 年代以及 80 年代初，保守、僵化的倾向在苏联的政治和社会生活中逐渐占据了上风。在 80 年代初，在两任苏共最高领导人 Ю. В.（尤·弗·）安德罗波夫（1916—1984）、К. У.（康·乌·）契尔年科（1911—1985）短暂执政便相继去世后，1985 年 3 月 11 日，54 岁的М. С.（米·谢·）戈尔巴乔夫（1931—）成为苏共最高领导人，他制定了全面改革的方针。

尽管上述三个阶段有着相对不同的主题，但是苏联的后斯大林时期也存在着区别于苏联其他历史时期的一些特征，这体现在以下几个方面：

首先，在经济领域，在巩固和发展社会主义经济制度的前提下，一方面，苏联的社会主义建设在这一时期取得了巨大的成就；苏联的综合国力得到全面增强，成为稳居美国之后的世界第二强国。另一方面，苏联在经济建设中也存在着一些问题，尤其是形成于斯大林时期的苏联经济体制的弊端逐渐显现出来，到 70 年代末和 80 年代初，苏联的经济增长速度趋缓，经济改革的呼声日高。

其次，在政治领域，在巩固和发展社会主义政治制度的前提下，苏共基本上保持了斯大林时期形成的政治体制，但是批判了对斯大林的个人迷信及其后果，苏联的政治生活出现了较为开明的局面。不过，在政治领域也存在着一些问题，例如领导干部脱离群众，对个人自由的过度压制，社会主义民主不能充分发扬，等等。

再次，在思想文化领域，苏共也基本上保持了斯大林时期形成的思想文化体制，但是纠正了斯大林时期在这一领域的一些极端的和错误的做法。这一时期苏联思想文化领域存在的问题主要有两个方面：一方面，斯大林时期形成的思想文化体制的一些弊端仍然存在着，例如以行政手段干涉学术自由，等等。另一方面，在批判个人迷信的过程中存在着矫枉过正的倾向，出现了一股旨在怀疑和否定社会主义的"解冻"思潮，而苏共没有能够对这股思潮给予有效的批判和清算。

同时，在国际关系领域，苏联开始了与美国进行全球争霸的战略并一度占据上风，这一战略逐步演变为错误的霸权主义政策，同时也给苏联带来了沉重的经济负担。

最后，在指导思想领域，苏共在坚持马克思列宁主义的基础之上，又提出了一系列新观点，其中有些观点至今仍然是存在争议并可以讨论的，例如，1956 年苏共 20 大提出的社会主义和资本主义两大体系和平共处、和平竞赛的观点；战争是可以防止的观点以及有可能实现从资本主义向社会主义的和平过渡的观点。再如 1961 年苏共 22 大提出的"一切为了人，一切为了人的幸福"的口号和 1971 年苏共 24 大、1976 年苏共 25 大提出并详细论述的苏联已经建成了发达社会主义的观点。另一些观点则明显地脱离了实际，也背离了马克思主义，例如 1959 年苏共 21 大提出的社会主义在苏联已经取得了最终胜利的观点，以及 1961 年苏共 22 大提出的苏联已成为"全民国家"、苏共已成为"全民党"的观点。

与后斯大林时期苏联政治和社会生活的上述特征相联系，这一时期的苏联马克思主义哲学的发展呈现出以下几个特点。

一　就哲学为政治服务的体制而言，在苏联的后斯大林时期，这一体制的基本原则仍然被保持着，但是进行了一定的改革和改善，一些简单粗暴的做法得到了纠正

这一体制中被保持着的基本原则和基本方式有：首先，坚持党和政府直接对哲学实施政治领导，同时又通过哲学领导自然科学；其次，坚持哲学为政治服务、为社会主义实践服务的职能；再次，仍然禁止公开地反对马克思主义哲学的观点，维护马克思主义经典作家的哲学思想以及苏共纲领和决议中对重大理论问题的认识的指导地位，苏共中央仍然对不同的学术观点尤其是涉及重大政治问题的观点进行行政干预，等等。

这一体制的改革和改善则体现在：首先，哲学与自然科学的不正常关系得到了改善，不再对自然科学观点随意贴政治标签，哲学家与自然科学家联盟的思想得到恢复①；其次，不再过分夸大哲学的党性原则和哲学的批判职能，不再对非马克思主义的哲学持一概否定的虚无主义态度；再次，尽量减少对不同的学术观点做行政裁决，不再以政治迫害代替学术斗争。同时，允许学术争论中不同派别的存在，尽管还没有达到公开允许的程度，等等。②

与苏联的过渡时期和斯大林时期一样，后斯大林时期的哲学界也发生过许多重要的理论事件，其中以下几个事件较为突出地体现了后斯大林时期苏联哲学为政治服务体制的某些变化。

第一个事件是 1956 年苏共 20 大之后批判个人迷信在哲学领域影响的运动。当时所列举的个人迷信在哲学领域的表现有：不是把实践，而是把理论权威的言论作为真理的最高标准；斯大林的每一个言论都被吹捧为真理和马克思列宁主义的顶峰；由一个人垄断哲学问题的解决权；在理论中采取粗暴的行政手段和发号施令；鼓励教条主义，剥夺科学家（包括社会科学家）的首创权利，使他们脱离实践、脱离现实生活；理论工作者的全部注意力都放在了注释斯大林的著作上，造成了辩证唯物主义的落后；忽视列宁的哲学遗产和马克思主义哲学的列宁阶段；等等。③

正是这些批判为从理论上和体制上清算斯大林的错误奠定了基础。不过，苏联哲学界在批判个人迷信的过程中也出现了一种矫枉过正的倾向，即对斯大林的理论贡献评价过低，这在其后许多苏联学者的论著中都有所体现，而且这种倾向在苏联一直没有得到过根本性的扭转。

第二个重要事件是 1970 年 3 月苏联科学院哲学法学部召开的专门批判 П. В.（巴·瓦·）科普宁（1922—1971）《列宁的哲学思想和逻辑》一书的讨论会。П. В. 科普宁在辩证逻辑、认识论等领域颇有建树并于 1968 年开始担任苏联科学院哲学所所长。在讨论会上，М. Б. 米丁等人认为 П. В. 科普宁这一著作的错误主要有三个方面：第一，试图修正关于马克思主义哲学的定义，妄图把所谓的"某种整体性的人"的内容加入马

---

① 关于这一时期苏联哲学与自然科学关系的变化，参见贾泽林等编著《苏联当代哲学（1945—1982）》，人民出版社 1986 年版，第五章。

② 关于这一时期苏联哲学为政治服务体制的变化，参见安启念《苏联哲学 70 年》，重庆出版社 1990 年版，第三章。

③ 参见贾泽林等编著《苏联当代哲学（1945—1982）》，人民出版社 1986 年版，第 34—35 页。

克思主义哲学的定义中去；第二，把马克思主义哲学归结为逻辑和认识论，忽视了马克思主义哲学的世界观职能和社会职能；第三，使用了许多诸如"一般人"、"整体人"的抽象形而上学的提法，没有表明自己对于一些西方学者用人本主义补充辩证唯物主义这一做法的态度。

М. Б. 米丁等人对 П. В. 科普宁的批判所使用的手法类似于日丹诺夫1947 年对 Г. Ф. 亚历山大罗夫《西欧哲学史》一书的批判。但是，1970年的这次讨论会并没有成为"一言堂"，会上尽管有不少苏联学者对 П. В. 科普宁持坚决批判的态度，但也有许多学者，如 Б. М. 凯德洛夫、В. А.（弗·亚·）列克托尔斯基、Э. В.（艾·瓦·）伊利因科夫等人，对 П. В. 科普宁持支持和辩护的态度。还有一些学者，如 М. М. 罗森塔尔、Т. И. 奥伊泽尔曼则对 П. В. 科普宁持较为温和的批评态度。П. В. 科普宁本人则无论在会上还是在会后都始终坚持自己的观点。①

与这次批判和争论相关，由于在马克思主义哲学的研究对象等一系列重大问题上的分歧，加上当时对于理论争论的较为宽容的态度，在后斯大林时期苏联的马克思主义哲学研究领域逐渐出现了"本体论派"和"认识论派"这两个学派，两派之间进行了一系列的争论和论战。关于这一问题，我们在后面还将做详细的讨论。

第三个重要事件是 1975 年 9 月苏联《真理报》对哲学界的批评，包括对苏联科学院哲学所和《哲学问题》杂志的点名批评。这一批评实际上主要针对的是苏联哲学界出现的"本体论派"和"认识论派"之争，认为这体现了一种"追求个人垄断的野心"和"派别主义"。同时，这一批评也针对了哲学界在撰写唯物辩证法、唯物史观和共产主义社会经济形态理论的系统性著作方面进度迟缓、工作不力的状况。受到批评的苏联科学院哲学所和《哲学问题》杂志纷纷做出公开检讨，而受到批评的学者，如"本体论派"的代表人物 В. П.（瓦·巴·）罗任（1908—?）和"认识论派"的代表人物 Б. М. 凯德洛夫则仍然可以坚持自己的观点。②

除了以上几个事件，我们在后面将阐述到的苏共中央领导人 М. А.

---

① 关于这次讨论会，参见贾泽林等编著《苏联当代哲学（1945—1982）》，人民出版社1986 年版，第 59—61 页。

② 参见贾泽林等编著《苏联当代哲学（1945—1982）》，人民出版社 1986 年版，第 64—69页。

（米·安·）苏斯洛夫（1902—1982）对关于社会主义辩证法的一个争论的表态，以及 1976 年苏共中央对 В. Ж.（弗·扎·）凯列等人关于社会经济形态理论观点的批判也体现了苏联哲学为政治服务体制中变与不变的两个方面。

二 就哲学体系而言，在后斯大林时期，苏联哲学的辩证唯物主义和历史唯物主义体系的基本框架没有改变，只是内容有所调整

第一次调整是对斯大林的一些错误观点的纠正。[①] 1954—1955 年期间，苏联哲学界围绕着 Г. Ф. 亚历山大罗夫主编的《辩证唯物主义》（1953）（中译本 1954 年出版）和 Ф. В. 康斯坦丁诺夫主编的《历史唯物主义》（1954 年第 2 版）（中译本 1955 年出版）进行了讨论。Г. Ф. 亚历山大罗夫主编的《辩证唯物主义》一书由于完全依据斯大林的《辩证唯物主义和历史唯物主义》小册子的理论框架和观点而受到了批评，而 Ф. В. 康斯坦丁诺夫主编的《历史唯物主义》第 2 版由于对 1950 年第 1 版做了较大的改动，体现了反对个人迷信的精神，受到了肯定和赞扬。1956 年苏共 20 大之后，斯大林的哲学观点已不再被看做马克思主义哲学的顶峰。

这次调整的主要成果是出现了一批新的马克思主义哲学教科书，例如 М. Н.（米·尼·）鲁特凯维奇的《辩证唯物主义》（1959）、И. Д.（伊·狄·）潘茨哈瓦的《辩证唯物主义》（1959）、И. Д. 安德列也夫的《辩证唯物主义》（1960）、О. В.（奥·威·）库西宁（1881—1964）的《马克思列宁主义原理》（1959）。其中最重要的是 Ф. В. 康斯坦丁诺夫主编的苏联科学院哲学研究所的集体著作《马克思主义哲学原理》（1958）（中文译本 1959 年出版）。这部教材以及它后来的改进版可以说是苏联马克思主义哲学教科书的代表作，出版后多次修订、再版，成为苏联马克思主义哲学教科书的权威版本。

就内容而言，该书表现为对 30 年代 М. Б. 米丁等人主编的辩证唯物主义和历史唯物主义教材的一种回归。该书主要分导论、辩证唯物主义、历史唯物主义三个部分。导论部分共三章，分别讨论哲学的对象、马克思

---

① 关于苏联马克思主义哲学教科书的几次调整，参见王东《马克思学新奠基——马克思哲学新解读的方法论导言》，北京大学出版社 2006 年版，第 59—62 页。

主义产生以前哲学史上唯物主义和唯心主义的斗争、马克思主义哲学的产生和发展。辩证唯物主义部分共七章，分别讨论物质及其存在形式、物质和意识、辩证法的范畴、辩证法的三大规律（分三章）、认识过程的辩证法。其中关于反映论的一些理论问题被放在了"物质和意识"一章中。历史唯物主义部分共九章，分别讨论了历史唯物主义是关于社会发展规律的科学、物质生产是社会物质生活的基础、生产力和生产关系的辩证法、社会的基础和上层建筑、阶级及阶级斗争和国家、社会革命是社会经济形态更替的规律、社会意识及其在社会生活中的作用、人民群众和个人在历史上的作用、现代资产阶级哲学和社会学的主要流派。

苏联马克思主义哲学教科书内容的第二次调整出现在 60 年代初。以Ф. В. 康斯坦丁诺夫主编的《马克思主义哲学原理》为例，为了贯彻 1961年召开的苏共 22 大的基本精神，该书在 1962 年出了第 2 版，加入了苏共纲领中提出的和平共处、和平竞赛、和平过渡，全民党、全民国家论，以及发达社会主义等理论观点。60 年代比较重要的马克思主义哲学教科书还有 В. Г. 阿法纳西耶夫的《哲学基础知识》、В. П. 罗任、В. П. 图加林诺夫和 Б. А. 恰金主编的《马克思列宁主义哲学》，В. Ж. 凯列、М. Я. 科瓦尔仲的《历史唯物主义：教材》（1962 年第 1 版，1969 年第 2 版），А. Д.（阿·德·）马卡罗夫（1903—1976）等编的《历史唯物主义》（1963），А. Г.（亚·格·）斯皮尔金（1918—?）的《马克思主义哲学教程》（1966 年第 2 版），Д. И.（德·伊·）切斯诺科夫《历史唯物主义》（1964 年第 1 版，1965 年第 2 版），А. Е. 富尔曼的《历史唯物主义：教材》（1970），等等。

第三次调整出现在 70 年代。以 Ф. В. 康斯坦丁诺夫主编的《马克思主义哲学原理》为例，该书更名为《马克思列宁主义哲学原理》，并分别在 1971 年、1972 年和 1974 年出了 3 版，其中 1972 年第 2 版有中译本（1976 年出版）。与 1958 年版的《马克思主义哲学原理》相比，《马克思列宁主义哲学原理》1972 年版在内容上有了一些变化。全书分为导论、辩证唯物主义、历史唯物主义和现代资产阶级哲学和社会学批判四个部分。第一部分导论共两章，分别讨论哲学、哲学的对象和哲学在各门科学中的地位，马克思主义哲学的产生和发展，没有了讨论哲学史的一章。第二部分辩证唯物主义共七章，分别讨论物质及其存在的基本形式，意识是具有高度组织的物质的特性，普遍的辩证发展规律，唯物辩证法的范畴，

人的认识的性质，认识过程的辩证法，科学研究的方法、手段和方式。其
中辩证法的部分由《马克思主义哲学原理》一书的四章缩减为两章，增
加了专门讨论认识论和科学方法论的两章。第三部分历史唯物主义共十二
章，分别讨论了历史唯物主义是一门科学，物质生产是社会生活的基础，
社会经济形态、世界历史过程的统一性和多样性，阶级和阶级斗争，人们
共同体的历史形式：部落、部族、民族，社会的政治组织，社会革命，社
会意识的结构和形式，科学及其在社会中的地位和作用，社会和个人，人
民群众和个人在历史上的作用，历史进步。这一部分变化较大，增加了分
别讨论社会经济形态，世界历史过程的统一性和多样性，人们共同体的历
史形式，科学、社会和个人，历史进步的五章；关于国家的部分独立为一
章，并且更名为"社会的政治组织"；《马克思主义哲学原理》一书中讨
论物质生产、生产力和生产关系的辩证法、社会的基础和上层建筑的三章
合为一章。第四部分现代资产阶级哲学和社会学的主要流派则分为两章。

这次调整后一直到 80 年代初，苏联的马克思主义哲学教科书都没有
太大的变化。以 Ф. В. 康斯坦丁诺夫主编的《马克思列宁主义哲学原理》
1982 年第 6 版（中译本 1985 年出版）为例，与该书的 1972 年第 2 版相
比，只是删去了讨论科学方法论的一章，其余的章节则没有变化。除了
Ф. В. 康斯坦丁诺夫主编的权威版本的马克思主义哲学教科书，80 年代苏
联比较重要的马克思主义哲学教科书还有 В. Г. 阿法纳西耶夫的《哲学基
础知识》（到 1981 年已出了 12 版），П. Н. 费多谢也夫主编的《唯物主义
辩证法（理论概论）》（1980）。

**三 就研究对象而言，在后斯大林时期新的历史条件下，苏共对哲学
等社会科学提出了新的任务和要求，马克思主义哲学研究领域出现了新
对象**

按照苏联当时的观点，苏共 20 大之后，国际共产主义运动进入了一
个新阶段，这一阶段的特点是：进一步创造性地发展马克思列宁主义，克
服个人迷信及其后果。同时，这一时期也出现了一系列亟待解决的哲学和
社会学问题：首先，研究现时代在世界范围内社会历史发展的辩证法，包
括世界社会主义体系的巩固和发展，资本主义总危机新阶段的到来，帝国
主义殖民体系的瓦解，争取和平运动的发展以及其他新的社会历史进程，
尤其是从资本主义向社会主义和共产主义过渡的辩证法；其次，研究共产

主义社会形态中社会存在和社会意识的规律性，研究社会向共产主义发展的新的理论问题，包括社会学、美学、伦理学、无神论等问题，研究"居于首位"的人的哲学问题以及现时代个人与社会之间的多种关系的哲学问题，从而为苏联从社会主义向共产主义的过渡服务；再次，自然科学的划时代的新成就，科学和技术的飞速发展，新的科学部门（如控制论）的飞速发展要求全面地研究唯物辩证法、逻辑学和认识论、自然科学的哲学问题、科学思维的逻辑。同时，批判经历着深刻危机而又选择反共主义为主要思想武器的资产阶级哲学和社会学。此外，批判修正主义，同时也要批判维护和传播个人迷信的教条主义（主要指当时的中国共产党）。①

由于苏共提出的理论任务与哲学理论自身发展的要求，苏联马克思主义哲学领域除了原有的研究对象外，又出现了一系列新的研究对象。主要有共产主义形成和发展的哲学问题，关于人、人的自由和幸福、个性的全面发展的问题，科学方法论问题以及各门自然科学之间、自然科学与社会科学之间的关系、科学认识的逻辑等等。关于这些新出现的哲学研究的对象和领域，我们在后面还将做详细的介绍。

四　就理论倾向而言，后斯大林时期苏联马克思主义哲学发展的一个重要特征是出现了明显的人文化倾向

这一倾向主要体现在两个方面：首先，在讨论哲学问题时，人的因素，以及主观的、能动的、主体的方面得到了更多的肯定和强调。这方面最突出的表现就是出现了前文所述的"本体论派"与"认识论派"的长期争论，其中"认识论派"试图排斥马克思主义哲学的本体论方面。其次，在哲学研究中，关于人的理论问题，以及关于人的主观性、主体性、能动性的理论问题越来越受到重视。对人道主义的研究、对人本身的研究、对全球性问题的研究相继成为苏联哲学研究的热点。

苏联哲学的这种人文化倾向具有复杂的历史原因：首先，西方人文主义传统，尤其是俄国东正教传统中的抽象的宗教人道主义和现代西方人本主义思潮的影响都是其不可忽视的原因；其次，现实的理论需要也是一个重要的原因。由于苏联宣布进入发达社会主义阶段，向共产主义过渡的问

---

① M. A. 敦尼克等主编：《哲学史》第六卷（上册），生活·读书·新知三联书店 1982 年版，第 170—171 页。

题成为重要的研究课题。70 年代的苏联理论界普遍认为向共产主义过渡的一个关键问题是共产主义新人的培养，为此就要深入研究人的问题以及马克思主义与人道主义的关系问题。[①]

再次，也是最重要的原因在于苏共指导思想中抽象人道主义内容的泛滥。这表现在以下几点：第一，苏共对个人迷信的批判存在着矫枉过正的倾向，对于 50 年出现的以抽象人道主义为旗帜的"解冻"思潮缺乏应有的批判；第二，赫鲁晓夫时期的苏共纲领中包含着许多未经批判的抽象人道主义的内容。例如，和平共处、和平竞赛、和平过渡的理论虽然不能说完全是抽象人道主义的理论，但是也包含着一些抽象人道主义的内容。到了勃列日涅夫时期，苏共纲领中的这些内容并没有得到清算，而是继续保留着；第三，苏共 22 大提出的"一切为了人，一切为了人的幸福"的口号可以说是苏共纲领中抽象人道主义内容最突出的体现。如果抽象地讲，这一口号并没有什么错误，马克思主义也承认这一原则；但是这一口号只是停留在资产阶级人文主义的水平上，它没有看到，在如何理解和如何实现"一切为了人，一切为了人的幸福"的问题上，马克思主义与资产阶级人文主义有着本质的区别。所以，抽象地提"一切为了人，一切为了人的幸福"的口号并把这一口号作为共产党的指导性纲领是错误的，为偷运资产阶级意识形态打开了方便之门。

同时，苏联哲学的这种人文化倾向在本质上是对以往的苏联马克思主义哲学中对人的问题的轻视和忽视的一种反动。任何一种哲学都有其局限性，都不可能面面俱到。对于由恩格斯和列宁奠基的马克思主义哲学的苏联化形态而言，由于历史的和理论的原因，对人的问题有所忽视是其重要的理论局限性之一。因此，在一定的历史时期，在马克思主义哲学的苏联化形态内部，必然会出现对人的问题的重新肯定、强调甚至夸大，苏联的后斯大林时期恰好提供了这样一个时机。不过，问题的关键不在于要不要对人的问题进行研究，而在于以什么方法来研究以及能否科学地看待人的因素在马克思主义哲学中的地位。我们在后面的介绍将表明，关于人的问题在马克思主义哲学中的地位，在苏联哲学界内部也存在着分歧。

如果对后斯大林时期苏联哲学的人文化倾向进行具体的、历史的分

---

① 　关于苏联哲学的人文化倾向，参见安启念：《苏联哲学的人道化及其社会影响》，《高校理论战线》1997 年第 1 期。

析，就可以看出它具有积极的和消极的两个方面的性质。其积极的方面在于，它对马克思主义哲学具有一种补充和发展的意义；其消极的方面在于，它把抽象人道主义这种非马克思主义的内容引入到马克思主义哲学理论体系中，从而不可避免地引起了理论内部的冲突和自相矛盾。与这两个方面的影响相联系，后斯大林时期苏联哲学的人文化倾向对马克思主义哲学苏联化形态的影响也具有两重性。一方面，它暂时没有改变辩证唯物主义和历史唯物主义哲学的基本面貌，只是在既定的框架之内增添了新内容，因而也没有引起质变；另一方面，由于在它引入到辩证唯物主义和历史唯物主义哲学的理论内容中，存在着抽象人道主义这种非马克思主义的因素，也就带来了引起辩证唯物主义和历史唯物主义哲学质变的可能性，这种质变的结果只能是使马克思主义哲学变成非马克思主义哲学，在苏联的改革时期戈尔巴乔夫提出的抽象人道主义哲学便是这种质变的体现。

五　就理论成果而言，后斯大林时期苏联马克思主义哲学的研究取得了巨大成就，这也是其重要的特征之一

后斯大林时期是苏联社会主义建设取得了辉煌成就的时期，苏联马克思主义哲学的发展同样体现了这一特点，这体现在以下两个方面：

首先，苏共高度重视哲学，这一时期苏共做出了涉及哲学问题的一系列重要决议。例如，苏共中央 1959 年 7 月 31 日通过的《关于〈哲学问题〉杂志》的决议提出了哲学杂志工作的主要路线，这一路线对整个哲学界的工作都具有指导意义。[①] 苏共中央 1967 年通过的《关于进一步发展社会科学及提高其在共产主义建设中的作用的措施》的决议则不仅对包括哲学在内的社会科学提出了指导性意见，而且专门列举了哲学领域急需研究的一些课题。此外，苏共中央 1979 年 4 月通过的《关于进一步改进意识形态、政治教育工作》的决议也涉及了哲学问题。

其次，在苏共的高度重视下，这一时期的马克思主义哲学出现了蓬勃发展的势头。从研究条件上讲，这一时期的苏联拥有一大批马克思主义哲学的研究和教学机构以及苏联哲学协会、苏联社会科学联合会等学术团体；哲学界在苏联科学院占据重要的地位，苏联科学院主席团设有一系列

---

① 关于这一路线的内容，参见 B. E. 叶夫格拉弗夫主编《苏联哲学史》，商务印书馆 1998 年版，第 42 页。

关于哲学的学术委员会；同时，苏联出版了一大批哲学期刊杂志和定期出版物；召开过许多重要的学术会议；苏联学者的国际学术联系也日益扩大。

从理论研究的指导方针上讲，苏联哲学界始终强调马克思主义哲学的科学性和革命性的统一。[①]

从理论成果上讲，在辩证唯物主义、历史唯物主义和马克思主义哲学史等领域，苏联学者写作了卷帙浩繁的论著。除了前文所述的马克思主义哲学教科书，这一时期还出版了一系列重要的哲学工具书，例如 Ф. В. 康斯坦丁诺夫主编的《哲学百科全书》（1960—1970 年第 1—5 卷）、Л. Ф. 伊利切夫等人主编的《哲学百科辞典》（1983）、И. Т. 弗罗洛夫主编的《哲学辞典》（1980 年第 4 版）、И. В. 布拉乌贝尔格和 И. К. 潘金主编的《简明哲学辞典》（1982 年第 4 版），等等。[②] 苏联哲学工作者在这一时期的研究性论著也数量极多，其中不乏大部头的多卷本著作和有创造性的力作。

不过，这一时期苏联马克思主义哲学的发展也存在着一些不足之处，例如：关于马克思主义哲学的论著数量很多，但质量高的并不多，存在着质量和数量不成比例的问题；受到苏联 70 年代保守风气的影响，苏联的哲学论著也普遍存在着创造性不足的问题；而且，还有很多理论问题没有得到深入的研究；等等。这些问题在苏联的改革时期得到了批评和反思。

第二节　后斯大林时期苏联马克思主义
经典作家著作的出版和马克思
主义哲学史研究

在这一时期，苏共中央马克思列宁主义研究院在 1954—1966 年期间出版了《马克思恩格斯全集》第 2 版。同时，苏共中央马克思列宁主义研究院还与德国统一社会党中央马克思列宁主义研究院合作，开始了用原文出版《马克思恩格斯全集》（MEGA2）的工作。

---

① В. Е. 叶夫格拉弗夫主编：《苏联哲学史》，商务印书馆 1998 年版，第 53—54 页。

② 关于这一时期出版的哲学工具书，参见 В. Е. 叶夫格拉弗夫主编《苏联哲学史》，商务印书馆 1998 年版，第 52—53 页。

苏共中央马克思列宁主义研究院还在 1958—1965 年期间出版了《列宁全集》第 5 版，这一版不仅收入了列宁已完成的著作，而且收入了列宁的许多准备材料——计划、笔记、札记、对文件的修改等等。在这一版全集收入的约 4000 份著作和文件中，约有 1000 份是首次公开发表的。同时，出版列宁档案中新的、未发表的文献的工作还在继续，《列宁文稿》已出版了 39 卷。到 80 年代初，苏联列宁著作的总印数已超过 5 亿 3 千万册。

这一时期还出版了苏共中央马克思列宁主义研究院编写的关于马克思、恩格斯和列宁的传记以及列宁年表。

在后斯大林时期，苏联的马克思主义哲学史研究取得了突出的成就，这主要体现在以下几个方面:[①]

首先，出版了一批重要的马克思主义哲学的通史类著作。例如，1957—1965 年出版了由苏联科学院哲学研究所撰写的六卷本《哲学史》，其中第 3、4、5、6 卷讨论的是马克思主义哲学的发展史。再如 M. T. （米·特·）约夫楚克（1908—?）主编的《哲学史简编》（1960）。60 年代末到 80 年代初还出版了《苏联哲学史》五卷本，其中第 3、4、5 卷涉及了马克思主义哲学在苏联的发展史。从 1972 到 1981 年还出版了第一部从马克思主义出发研究辩证法史的著作——《辩证法史》系列著作，这一系列的第 4 本和第 5 本分别讨论了马克思主义辩证法史的马克思主义阶段和列宁主义阶段。这些著作尽管也有不足之处，但从总体上看，都具有相当高的理论水准。

其次，这一时期的苏联学者研究了马克思主义哲学史的一系列方法论问题，这体现在以下几个方面:

第一，在撰写《哲学史》六卷本的过程中，M. T. 约夫楚克在一些文章和言论中提出了一些方法论问题，例如马克思主义哲学史的研究对象，马克思主义哲学史知识的结构，马克思主义哲学史列宁阶段的实质和原则，马克思主义哲学史在苏联发展的规律性和特殊性，等等。这些问题在苏联学者中引起了一定的反响和讨论。

---

① 关于苏联后斯大林时期的马克思主义哲学史研究，参见 B. E. 叶夫格拉弗夫主编《苏联哲学史》，商务印书馆 1998 年版，第 45—46、72—73、150—151、433—442 页；贾泽林等编著《苏联当代哲学（1945—1982）》，人民出版社 1986 年版，第 41—44 页。

第二，苏联学者们还重点讨论了马克思主义哲学史与马克思主义史的关系以及马克思主义哲学发展的"民族特性"的问题。当时的苏联学者们普遍认为，马克思主义哲学史在研究哲学时不仅把它作为科学的一个部门，而且把它作为共产主义世界观的理论基础的那些理想和信念的特定体系，因此，不能脱离无产阶级的阶级斗争来讨论马克思主义哲学史。同时，马克思主义哲学的发展具有产生"民族特性"的可能性，但是这种特殊性不能离开马克思主义哲学发展的基本规律性，否则就不是什么马克思主义哲学的新"形态"，而是完全背离了马克思主义。[①]

第三，苏联学者们对马克思主义哲学史的分期有了较为一致的看法，即把马克思主义哲学史分为马克思主义和列宁主义两大阶段，其中前者是资本主义发展的前垄断时期的马克思主义哲学；后者从19世纪90年代开始，是帝国主义和无产阶级革命时代的马克思主义哲学。《哲学史》六卷本还对马克思主义哲学史的两大阶段做了进一步的分期，其中马克思主义哲学史的马克思主义阶段被分为两个时期：从1848—1849年欧洲革命到1871年巴黎公社为第一个时期，即完整哲学体系的形成时期；从巴黎公社到列宁主义的诞生是第二个时期。马克思主义哲学史的列宁主义阶段在十月革命之前的时期也被分为两个时期：在1905—1907革命之前，主要是列宁为反对资产阶级意识形态和修正主义而斗争，论证主观因素的作用的时期；在这之后主要是列宁探讨唯物辩证法问题和社会主义革命理论的时期。十月革命之后马克思列宁主义哲学的发展也被分为两个时期：第一个时期是从1917年到社会主义在欧洲和亚洲一系列国家取得胜利和世界社会主义体系的形成；第二个时期则是世界社会主义体系的巩固和发展以及苏联建设共产主义的时期。

再次，这一时期开展了对马克思和恩格斯哲学思想的形成和发展的卓有成效的研究。

从50年代末到60年代，在《马克思恩格斯全集》第2版的出版，尤其是马克思和恩格斯的大量早期著作首次用俄文完整出版的推动下，苏联出现了一个研究马克思和恩格斯哲学思想形成的理论高潮，出现了 M. B.（米·瓦·）谢烈布里亚科夫的《青年恩格斯》（1952）、Т. И. 奥伊泽尔

---

① B. E. 叶夫格拉弗夫主编：《苏联哲学史》，商务印书馆1998年版，第434页。

曼的《马克思主义哲学的形成》（1962 年第 1 版，1974 年增订第 2 版）、
М. И. 拉宾的《围绕青年马克思思想遗产的斗争》（1962）以及他的《青
年马克思》（1968）等重要著作。

　　当时比较重要的研究有：第一，М. И. 拉宾专门讨论了在研究马克思
的早期思想时列宁与普列汉诺夫和梅林在方法论上的差别，他认为普列汉
诺夫重在揭示马克思主义哲学与其理论前提的逻辑关系；梅林重在具体
地、历史地再现马克思创作的早期阶段；而列宁则把马克思主义哲学的形
成看作拥有自己的内在逻辑的统一的过程。与普列汉诺夫和梅林不同，列
宁并不认为马克思的早期著作是不成熟的和是一个独立的阶段，而是认为
它们是马克思主义哲学形成过程中的一系列重要步骤；第二，М. В. 谢烈
布里亚科夫在研究青年恩格斯的著作中提出，恩格斯在哲学上向唯物主义
的转化不是瞬间完成的，恩格斯的哲学、经济学和社会主义观点的形成之
间存在着有机的联系；第三，当时的苏联学者已经普遍从辩证唯物主义和
历史唯物主义的统一出发，来探讨它们的形成；第四，Т. И. 奥伊泽尔
曼、Ю. Н. 达维多夫、И. С.（伊·谢）纳尔斯基等人提出，在马克思早
期著作中提出的异化范畴在马克思后来的著作中得到了阐明和具体化。
1965 年新版《德意志意识形态》第一章的发表推动了对异化问题的研究。
负责新版出版工作的 Г. А. 巴卡图利亚指出，异化范畴在马克思主义学说
中的地位因马克思和恩格斯对人类历史进程更为具体地考察而缩小。除了
以上几个方面，Т. И. 奥伊泽尔曼对《1844 年经济学哲学手稿》的研究
和 Э. В. 伊利因科夫对《资本论》中抽象和具体的辩证法的研究也很
重要。

　　在 60 年代末到 70 前代初，苏联又出版了一批涉及马克思和恩格斯哲
学思想的重要著作，如苏共中央马克思列宁主义研究院编的《马克思传》
（1968）、《恩格斯传》（1970），再如 М. М. 罗森塔尔主编的《马克思主
义辩证法史：从马克思主义产生到列宁阶段》（1971）以及 Б. М. 凯德洛
夫的《恩格斯和自然辩证法》（1970），等等。

　　当时的苏联学者已经把马克思主义的形成过程描述为哲学、政治经济
学和科学共产主义发展相统一的完整过程，并认为如果说辩证唯物主义和
历史唯物主义的形成基本上结束于 1848 年，那么马克思主义政治经济学
和科学共产主义的形成则一直持续到 19 世纪 60 年代，而且是在《资本
论》中彻底完成。

　　同时，这一时期的苏联学者对马克思主义哲学的列宁阶段做了进一步的研究，出版了数量极多的论著。① 这些研究主要包括以下几个方面：第一，继续研究列宁的《唯物主义和经验批判主义》，驳斥修正主义者提出的《唯物主义和经验批判主义》倒退到旧的形而上学的观点。这方面的代表作有《列宁是一个哲学家》（1961），Б. M. 凯德洛夫的著作《列宁与 20 世纪自然科学中的革命》（1969），等等；第二，继续研究列宁的辩证法思想，这方面的代表作有 M. M. 罗森塔尔的《列宁与辩证法》（1963）、П. В. 科普宁的《列宁的哲学思想与逻辑》（1969）、Г. A. 库尔萨诺夫主编的《马克思主义辩证法史：列宁主义阶段》（1973）、Л. H.（列·尼·）苏沃洛夫的《列宁〈哲学笔记〉中的辩证法问题》（1974）、Э. В. 伊利因科夫的《列宁辩证法与实证主义的形而上学》（1980）等等；第三，在 60 年代，苏联学者还重点研究了列宁关于主观因素（包括思想）在历史上的作用的思想，驳斥了国外一些学者认为列宁高估了主观因素在历史上的作用的观点。

　　此外，这一时期还加强了对狄慈根、拉法格、梅林、威廉·李卜克内西、罗莎·卢森堡、葛兰西等思想家的研究，对普列汉诺夫的研究也取得了相当大的成绩，1956—1958 年间还出版了五卷本的《普列汉诺夫哲学著作选集》。②

　　最后，这一时期还出版了一批涉及马克思主义哲学在苏联发展的历史的著作，例如《哲学史》第 5、6 卷，《苏联和欧洲社会主义诸国的马克思主义哲学和社会学》（1965），《第二次世界大战后马列主义哲学史概要》（1961），Л. H. 苏沃洛夫的《苏联的马列主义在从资本主义向社会主义过渡时期为反对资产阶级意识形态和修正主义所做的斗争》（1961）、A. П. 别特拉希克和 Л. H. 苏沃洛夫的《马列主义哲学史》（1964 年第 3 版），以及 Г. A. 库尔萨诺夫主编的《马克思主义辩证法史：列宁主义阶段》（1973），等等。

---

① B. E. 叶夫格拉弗夫主编：《苏联哲学史》，商务印书馆 1998 年版，第 45—46 页注释。

② 关于这方面的研究书目，参见 B. E. 叶夫格拉弗夫主编《苏联哲学史》，商务印书馆 1998 年版，第 72 页注释。

第三节　后斯大林时期苏联的
辩证唯物主义研究

　　根据后斯大林时期苏联辩证唯物主义和历史唯物主义研究的内容和特点，可以把这一时期的研究进一步划分为两个阶段，第一个阶段是 50 年代中期到 60 年代初，这是转型阶段；第二个阶段是 60 年代初到 80 年代中期，这是全面展开的阶段。这两个阶段的划分与我国改革开放时期的马克思主义哲学研究有相似之处，即一开始有一个研究的转型阶段，然后是带有新时期特点的研究全面展开的阶段。下面我们首先考察后斯大林时期的辩证唯物主义的研究。

　　1956 年苏共 20 大之后，苏联学者哲学创作的积极性空前高涨，仅从 1956 年到 1960 年，苏联就出版了千种以上的哲学著作和小册子，这几乎等于前四十年的总和。苏联的哲学教育工作也迅速发展，培养了大批的哲学干部。就辩证唯物主义而言，为苏联高等学校制定的教学大纲中辩证唯物主义的部分得到改革，改变了以阐述辩证方法的四个特征和唯物主义的三个特征为主的原有框架。如前所述，这一时期出版了一批新的马克思主义哲学教科书，其中大部分是专门阐述辩证唯物主义的。同时，苏共对哲学提出的新任务以及时代所赋予的新课题，在辩证唯物主义研究领域，除了体现在科学方法论等一些较新的研究领域的出现之外，还体现在一批以前从未探讨或探讨得较少的新范畴进入了辩证唯物主义的视野，例如物、属性和关系、单一、特殊和一般、规律、可能性、整体和部分、目的和目的性、逻辑的和历史的，等等。

　　从 60 年代初到 80 年代中期，苏联的辩证唯物主义研究从深度上和广度上都得到了极大的拓展，出现了一系列新的特点：首先，研究对象明显扩大，探讨了一些因时代发展而提出的新问题；其次，对于以往探讨过的一些理论问题则有了更为深入、系统的论证；再次，在解决问题方面，采用了更加综合、全面的方法，辩证唯物主义的综合功能日益增长。这一时期辩证唯物主义研究的总体水平，在相当大的程度上反映在《哲学百科全书》（第 1—5 卷，1960—1970）中。

　　从总体上看，从 50 年代中期到 80 年代中期，苏联辩证唯物主义研究的状况体现在以下几个方面：

一　物质及其存在形式的学说

从 50 年代中期到 60 年代初，苏联学者们对物质及其存在形式的一系列理论问题进行了全面、系统、深入的研究，改变了苏联的过渡时期和斯大林时期对这一领域的研究较为薄弱的状况。同时，对自然科学的哲学问题的研究开始兴起，1958 年召开的第一次全苏自然科学哲学会议极大地促进了这方面的研究。从 60 年代初到 80 年代中期，对自然科学的哲学问题研究成为苏联哲学中一个成效显著、发展迅速的研究领域，出版了一系列重要论著和丛书，这一领域的研究者不仅有哲学工作者，而且有许多自然科学工作者。[①] 在 1970 年和 1981 年还召开了第二次和第三次全苏自然科学哲学会议。我们不准备对这一时期苏联的自然科学哲学研究做过多的考察，而是主要介绍这方面的研究是如何丰富和深化马克思主义哲学的物质及其存在形式学说的，这体现在以下几点：

（一）物质

这方面首要的问题是对物质概念的争论，这一争论主要发生在 50 年代后半期到 60 年代初，当时的苏联学者们批评了一系列错误观点：

首先，长期以来，直到 40 年代，苏联哲学界流行着一种观点，认为列宁提出过两个物质概念，一个是哲学的，另一个是科学的。这一观点在 50—60 年代受到了批评。[②] 这一时期的苏联学者们逐步达成的共识是：只存在一个物质概念，即哲学的物质概念；而各门具体科学关于物质的结构、属性和形式的学说也是存在着的，但它们与哲学的物质概念不能并列。

其次，当时还有一种观点认为，列宁的物质定义只是认识论的，应当用本体论的物质概念补充列宁的定义。这一观点也受到了批评。一些苏联学者指出：列宁的物质定义是广义上的哲学物质定义，它取消了把哲学分成本体论和认识论的传统做法；同时，物质概念的客观内容只有通过哲学基本问题的解决才能被揭示出来，除此之外没有其

①　关于这方面的书目，参见 B. E. 叶夫格拉弗夫主编《苏联哲学史》，商务印书馆 1998 年版，第 56—57 页。

②　关于这一时期对物质概念的讨论，参见 M. A. 敦尼克等主编《哲学史》第六卷（上册），生活·读书·新知三联书店 1982 年版，第 192—196 页；贾泽林等编著《苏联当代哲学(1945—1982)》，人民出版社 1986 年版，第 373—376 页。

他的途径；制造本体论的物质概念的企图实际上是从列宁的物质概念向后退，它会导致传统自然哲学思辨的复活。一些学者还进一步指出，列宁物质定义的理论意义在于结束了一切自然哲学的思辨，科学地把关于物质的学说转向了两个方面：一个是哲学的方面，这一转向是与唯物主义地解决哲学基本问题分不开的；另一个是自然科学的方面，这一转向是与对物质的结构和属性的新发现联系在一起的。这些观点在当时得到了普遍的认同。

再次，还有一种观点主张把物质的运动、时间、空间等哲学的而非物理学的特征也包括到物质概念中去。许多学者认为，这一观点也是不可取的，因为它实际上是以辩证唯物主义关于物质及其存在形式的整个学说代替了物质的定义。

在捍卫列宁的物质定义方面比较突出的是 Φ.Т.（费·季·）阿尔希普采夫的著作《列宁论科学的物质概念》（1957）、《物质是哲学范畴》（1961）。不过，苏联关于物质概念的争论并没有终止。在 70 年代，Б.М. 凯德洛夫等人仍然坚持区分哲学的物质概念与科学的物质概念的观点。

除了对上述不同观点的批评，从 50 年代中期到 60 年代初，苏联学者们还探讨了物质与实体、存在的关系，以及列宁的物质定义与现代自然科学的关系等问题。

从 60 年代初到 80 年代中期，苏联学者们在探讨关于物质的一般属性和规律性的现代科学的基础上，对物质的最基本属性的认识更加精确化了，并提出了一些新问题，这包括以下几点：首先是探讨了基本粒子物理学提出的一系列问题，分析了基本粒子概念，"基本"的标准，粒子、要素、结构的相互关系和相互作用等方面。与此相关的是 М.Э. 奥美里扬诺夫斯基等人提出了一个更为一般性的问题即什么是基本性和基本观念（作为认识原则），这些原则对于研究物质结构层次具有重要意义；其次，随着从宇宙角度看待基本粒子物理学观念的发展，微观世界与超大世界的关系、基本粒子与宇宙的关系中的哲学方面也得到了苏联学者的关注；再次，苏联学者们对传统的唯能论的认识也逐步达成了共识，即认识到现代科学的发展已经表明了唯能论的破产。总之，通过研究这些问题以及其他一些问题，苏联学者们对世界的物质统一性原则及其与宇宙无限性的相互关系做了进一步的现代解释和论证。①

（二）运动

关于运动范畴，主要的讨论集中在 50 年代后半期到 60 年代初，这主要体现在三个方面：第一个方面是对运动的矛盾性的研究，代表作是 B. И.（弗·约·）斯维捷尔斯基的著作《运动的矛盾性及其表现》（1959）；② 第二个方面是对恩格斯的物质基本运动形式理论的研究。苏联学者们不仅重申了恩格斯在这一问题上所确立的一些基本原则，而且对这一问题有所发展。例如，Б. M. 凯德洛夫根据自然科学的新进展，提出了一种关于物质的基本运动形式的新的图式。他认为物质的基本运动形式有两种——量子力学运动和宏观力学运动；比较特殊的运动形式还包括亚原子物理运动形式、化学运动形式、分子物理运动形式、地质运动形式、生物运动形式等等；化学运动形式在这一系列运动形式中占有中心的地位。③ 第三个方面是运动与发展的关系，这一问题我们将在介绍这一时期唯物辩证法研究的部分进行考察。

（三）时间和空间

关于时间和空间，50 年代后半期的研究主要有 B. И. 斯维捷尔斯基的著作《空间和时间》（1958），C. T.（谢·季·）麦柳欣的著作《有限和无限的问题》（1958），等等。

在 60—80 年代，时间问题逐渐成为研究的热点。实际上这是一种国际化的趋势，在物理学和整个自然科学领域中，时间问题都成为最重要的理论问题之一。苏联学者们对时间的研究主要有以下几点：首先是论证时间的客观性，批判把时间看作人的意识的属性或者人感知外部世界方式的观点；其次，阐明了“同时性”。再次，研究了时间的方向问题；此外，还研究了与时间相关的“现在”、“此在”、“决定性与非决定性”、“可确定性与不可确定性”等概念。

（四）因果性

现代科学的发展使因果性与决定论的关系问题突出了出来。苏联学者

---

① B. E. 叶夫格拉弗夫主编：《苏联哲学史》，商务印书馆 1998 年版，第 158—159 页。

② 关于此书的基本观点，参见 B. E. 叶夫格拉弗夫主编《苏联哲学史》，商务印书馆 1998 年版，第 145 页。

③ Б. M. 凯德洛夫：《关于自然界中物质运动的各种形式的相互关系》，载《现代自然科学的哲学问题》论文集，莫斯科 1959 年版，第 198—199 页。

们在这方面的研究首先体现在对因果关系的客观性和普遍性的论证；其次，关于因果性与决定论的关系，苏联学者们进行了讨论，一种观点认为决定论是因果关系的一种属性和特征，因果联系既可能是严格意义上的、决定论的，也可能是非决定论的、不确定的、统计性的、概率性的。另一种观点认为决定论更为一般，因果性更为特殊，它表征的只是决定论的联系和规律的诸种可能机制之一，因此，决定论可能是非因果性的，因果性则必然是决定论的；再次，在这一领域，除了因果性和决定论，概率性、偶然性和必然性等范畴也得到了研究。60 年代研究因果性问题的代表作是 И. В. （伊·瓦·）库兹涅佐夫、С. Т. 麦柳欣、М. Э. 奥美里扬诺夫斯基等人合著的《现代物理学中的因果性问题》（1960）。

（五）意识

关于意识问题，早在 20—30 年代，Т. 巴甫洛夫、Ф. И. 哈斯哈契赫等苏联学者就进行过研究。50 年后期对这一问题的研究主要体现在以下两个方面：一方面是关于意识本质的研究，这方面的代表作是 С. Л. （谢·列·）鲁宾斯坦的著作《存在与意识——论心理因素在物质世界诸现象的普遍联系中的地位》（1957）。С. Л. 鲁宾斯坦认为，由于人的大脑是人与外部世界相互作用的器官，心理现象和大脑的关系问题就必然变成心理现象对人和世界的相互作用的依赖性问题。"人和世界的相互作用，人的生活、实践，这是展开和形成心理活动（认识世界和指导人的行为的心理活动）的实在基础。"[1] 除了 С. Л. 鲁宾斯坦的著作，Е. В. （叶·瓦·）肖洛霍娃等学者也对意识本质的问题进行了研究。

另一方面是关于意识起源的研究，这方面的代表作是 А. Г. 斯皮尔金的著作《意识的起源》（1960），其他著作还有 Н. П. 安东诺夫的《意识的起源和实质》（1959）、П. Ф. （彼·费·）普罗塔谢尼亚的《意识的起源和它的特点》（1959）。

在 60—70 年代，意识、观念的东西的本性及其与物质的东西的关系，对意识、观念的东西进行研究的途径这类问题仍然是苏联学者们关注的问题。首先是关于意识的本质问题引起了激烈的争论，这方面涉及的问题有意识、心理的本质，自我意识在意识中的地位，认识论与心理学、高级神经活动生理学的关系，等等；其次，一些苏联学者探讨了意识心理学的哲

---

① С. Л. 鲁宾斯坦：《存在和意识》，莫斯科 1957 年版，第 30 页。

学方面；再次，还有一些学者从辩证法的角度研究了意识的发生、意识和思维等问题。①

二　唯物辩证法

在唯物辩证法研究领域，这一时期召开了三次比较重要的讨论会，分别是 1965 年 4 月的全苏唯物主义辩证法问题讨论会、1968 年在阿拉木图召开的全苏辩证逻辑研讨会和 1977 年在阿拉木图召开的全苏作为逻辑和现代科学认识方法论的唯物辩证法研讨会。这一时期的苏联学者在唯物辩证法研究中尽管出现了一系列重大的理论分歧，但是所取得的理论成就也是相当突出的，这些成就属于体现苏联马克思主义哲学研究最高水准的成果之列。具体而言，这一时期的唯物辩证法研究状况体现在以下几个方面：

（一）唯物辩证法的规律、范畴以及发展原则

这一时期的苏联学者专门研究了唯物辩证法的发展原则。② 一种观点把运动看作比发展更广泛的范畴，认为发展具有一定的方向性、不可逆性、并伴随着客体的复杂化。持这种观点的人中还有人认为机械运动不是发展，甚至断言无机界没有真正的发展。另一种观点认为，恩格斯把运动和发展理解为相同的范畴不是偶然的，本质上高级形式不能还原为低级形式的原则也表明，任何现实运动本身都包含发展的因素，或者是发展过程的一部分；并且具有不可逆性和不能还原的特性。只有在脱离开有限系统的抽象的无限性中，发展过程的方向这一概念才会失去意义。后一种观点是当时占主流的观点。

关于唯物辩证法的规律，这一时期的苏联学者主要从一般方法论和社会主义辩证法两个层面进行了探讨。社会主义辩证法层面的研究，我们将在后面关于这一时期历史唯物主义研究的部分进行讨论，这里先介绍一般方法论这一层面的研究。

首先，否定的否定规律完全恢复了存在的权利，在 1955 年这一规律重新列入了苏联高等教育的哲学教学大纲。从 1956—1965 年期间，苏联

---

① B. E. 叶夫格拉弗夫主编：《苏联哲学史》，商务印书馆 1998 年版，第 165—166 页。

② Г. A. 库尔萨诺夫主编：《马克思主义辩证法史：列宁主义阶段》，人民出版社 1987 年版，第 259—261 页。

出版了十几本研究否定的否定规律的著作以及许多论文。其中最重要的是 Б. М. 凯德洛夫的一系列论著：《否定的否定规律》（论文，1956）、《否定的否定》（著作，1957）、《发展过程中的重复性》（著作，1961）。除了 Б. М. 凯德洛夫的论著，比较重要的研究还有 Э. 巴吉罗夫的著作《否定的否定规律》（1960）对这一规律所做的哲学史的分析，以及 Г. 多姆拉切夫、С. 叶菲莫夫、А. 季莫费也夫的著作《否定的否定规律》（1961）从物理学理论发展的角度对否定的否定规律的探讨。

当时的苏联学者们从以下几个方面阐发了否定的否定规律的多重内涵：否定的否定规律以否定性原则为内在基础，又以构成规律特征的"否定的否定"的具体形式表现出来；否定的否定规律表征发展的一般进程和方向，以及前进性质和再生能力；表征从统一到分裂，再从分裂到统一的运动；表征该过程的矛盾的展开和解决；不仅表征新事物对旧事物的否定，而且表征新事物与旧事物的联系和发展中的继承性；表征发展进程中的相对重复性、周期性和螺旋性；等等。①

其次，关于对立面的统一和斗争规律，这一时期的苏联学者也给予了高度的重视。1958 年苏联科学院哲学所还召开了"从现代科学和实践看矛盾问题"的讨论会。苏联学者们除了继续研究对立统一规律在唯物辩证法体系中的地位问题，还集中研究和讨论了"辩证矛盾"问题。严格说来，这一时期对"辩证矛盾"问题的研究不只是停留在客观辩证法这一层面，而是更多地涉及了作为逻辑、认识论和方法论的辩证法这一层面。例如，苏联学者们研究了作为辩证逻辑范畴的辩证矛盾概念，辩证矛盾的概念、结构和形式及其展开和解决的基础，自然科学和逻辑中矛盾发展的特点等问题。② 这方面的代表作是 Б. М. 凯德洛夫主编的文集《辩证矛盾》（1978），这是一本以辩论为特色的书，充分体现了关于"辩证矛盾"问题的不同观点之间的争论。

再次，关于量变和质变相互转化的规律，这一时期苏联学者们主要研究了以下三个方面的问题：第一，研究了质这一概念与本质、实物、属

---

① В. Е. 叶夫格拉弗夫主编：《苏联哲学史》，商务印书馆 1998 年版，第 144 页；Г. А. 库尔萨诺夫主编《马克思主义辩证法史：列宁主义阶段》，人民出版社 1987 年版，第 304 页。

② Г. А. 库尔萨诺夫主编：《马克思主义辩证法史：列宁主义阶段》，人民出版社 1987 年版，第 301 页。

性、关系等范畴之间的关系，"质的单一性"和"质的多样性"，以及量、质和结构的关系；第二，60 年代初就质变中飞跃的形式问题、革命和进化的问题进行了讨论，其结果是对进化概念有了更为精确的理解，60 年代以后这方面的研究进一步深化，开始研究在物质运动的不同形式中量变转化为质变的具体特点；第三，研究了"度"这一范畴及其特殊形式——单纯的结构的度、实体的度和发展过程中特殊的度，等等。①

同时，关于唯物辩证法的规律的研究还涉及了：唯物辩证法的基本规律与非基本规律的关系问题，如何理解唯物辩证法规律之间的内在联系以及这一内在联系的核心——对立面的统一的问题，唯物辩证法规律的叙述次序问题，唯物辩证法规律的发展问题，等等。

关于唯物辩证法的范畴，继 50 年代中期雅罗斯拉夫国立师范学院哲学教研室关于这一问题的两部集体著作之后，1955 年出版的 M. M. 罗森塔尔的著作《马克思〈资本论〉中的辩证法问题》的重要内容之一就是考察唯物辩证法的范畴，包括辩证逻辑的范畴。从 1956 年到 1971 年，苏联出版了五十多种研究唯物辩证法范畴问题的著作。② 这些著作以及相关论文研究的问题主要有三个方面：第一个方面是对个别范畴的研究。第二个方面是探讨唯物辩证法的范畴体系问题以及唯物辩证法的规律和范畴的关系问题。B. П. 图加林诺夫、B. C. 比勃列尔、M. Г. 马卡罗夫、Д. И. 希罗卡诺夫等人研究了这方面的问题。以 B. П. 图加林诺夫的著作《辩证唯物主义范畴的相互关系》（1956）为例，该书对客观现实做了对象、属性和关系的区分，并据此把辩证唯物主义的范畴分为三组：（1）实体性范畴：自然界—存在—物质—现象；（2）属性范畴：运动—变化—发展，空间—时间，主观—客观，意识—思维；（3）相对性范畴：质—量—渐进性—飞跃，基础—本质—显现，内容—形式，一般—特殊—个别，同一—统一，差别—矛盾—对立—冲突，等等。③ 在这一个研究方向中，

① Г. A. 库尔萨诺夫主编：《马克思主义辩证法史：列宁主义阶段》，人民出版社 1987 年版，第 304 页；M. A. 敦尼克等主编：《哲学史》第六卷（上册），生活·读书·新知三联书店 1982 年版，第 213—214 页。

② 关于这方面的研究，参见 Г. A. 库尔萨诺夫主编《马克思主义辩证法史：列宁主义阶段》，人民出版社 1987 年版，第 318—327 页，391—396 页。

③ B. E. 叶夫格拉弗夫主编：《苏联哲学史》，商务印书馆 1998 年版，第 146—147 页；M. A. 敦尼克等主编《哲学史》第六卷（上册），生活·读书·新知三联书店 1982 年版，第 215—217 页。

Б. М. 凯德洛夫、П. В. 科普宁、А. П. 谢普图林等人的著作以及苏联科学院哲学所的集体著作《辩证法范畴是认识的阶段》（1971）主要是把唯物辩证法的范畴作为认识的阶段加以分析的，这些研究实际上属于对作为逻辑、认识论和方法论的辩证法的研究。

第三个方面是以现代科学的材料补充唯物辩证法。例如原因和结果这对范畴成了研究自然科学的哲学问题的苏联学者所关注的对象。再如一些学者在研究中结合现代科学的新材料使属性、质、量、度、形式和内容等辩证法范畴更加精确化并且有了新的理解。还有一些学者试图用系统结构的观点分析唯物辩证法的范畴，并把"要素"、"结构"、"整体"、"部分"、"体系"、"概率"等范畴引入到辩证法体系之中。

（二）作为逻辑、认识论和方法论的辩证法研究的兴起

后斯大林时期苏联唯物辩证法研究所取得的最重要成就出现在对作为逻辑、认识论和方法论的辩证法的研究这一领域。[①]

在苏联的过渡时期和斯大林时期，作为逻辑、认识论和方法论的辩证法的研究主要是以辩证逻辑研究这种形式出现的（"作为逻辑、认识论和方法论的辩证法"与广义的"辩证逻辑"可以作为同义词来使用）。后斯大林时期的一些苏联学者认为，以往的这些研究在方法论上往往存在着一个问题，即把客观辩证法的普遍规律同时看作为逻辑、认识论和方法论的辩证法的规律，从而忽视了后者的特殊规律。因此，揭示唯物辩证法作为认识的科学（认识论）以及作为思维形式（逻辑）和思维方法（方法论）的科学的特殊规律也就成为后斯大林时期这一领域研究的主要任务。

从 50 年代中期开始，一直到 60、70 年代，对于作为逻辑、认识论和方法论的辩证法的研究迅速兴起，并成为苏联马克思主义哲学研究中的"显学"。这方面的论著不仅数量众多，而且具有相当高的质量。这一领域研究兴起的原因在于：一方面，现代科学技术的进步和认识过程的复杂化导致了逻辑、认识论和方法论问题成为当时所有科学领域的研究者集中注意的问题，出现了以研究这些问题为主的思维科学，而且思维科学领域也成了各种哲学体系进行思想交锋的一个战场；另一方面，列宁的辩证逻

---

① 关于这一领域的研究，参见 Г. А. 库尔萨诺夫主编《马克思主义辩证法史：列宁主义阶段》，人民出版社 1987 年版，第七章。

辑思想也需要进一步的挖掘和阐发。①

　　这一时期的苏联学者们首先在关于作为逻辑、认识论和方法论的辩证法的一系列认识上基本达成了共识：第一，当时的苏联学者普遍把作为逻辑、认识论和方法论的辩证法的研究对象规定为以唯物辩证法的规律为依据，研究认识和思维的规律性和形式；第二，把马克思主义认识论的基本观点作为研究的前提；第三，对辩证逻辑与形式逻辑的关系有了较为一致的认识，即认为二者不是互相排斥的，形式逻辑在认识的某些方面也起着重要作用；第四，不仅要把形式逻辑、心理学、生理学、科学史，而且要把当时新出现的控制论、符号学、创造心理学等学科作为研究的材料来源；第五，对马克思主义经典作家的辩证逻辑和方法论思想的研究，尤其是对《资本论》的相关研究，成为研究作为逻辑、认识论和方法论的辩证法的重要依据。②

　　当时的苏联学者主要从三个方向和方面研究了作为逻辑、认识论和方法论的辩证法：

　　第一个方向是对辩证法的普遍规律在认识中作用的分析。在这方面首先克服了仅仅从认识的现象领域抽取一些实例来说明辩证法某一规律的做法；同时也克服了把辩证法的普遍规律直接等同于认识规律的做法；分析辩证法的普遍规律在认识领域的特殊表现形式成为这方面研究的主要对象，尽管在如何理解这一特殊表现形式上当时的苏联学者之间还存在着根本的分歧。关于当时这一研究方向所取得的成果，主要是 Б. М. 凯德洛夫的《辩证法、逻辑和认识论的统一》（1963）一书中所做的相关研究。当时的一些苏联学者认为，对辩证法的普遍规律在认识中作用的分析尽管是必要的，但是对作为逻辑、认识论和方法论的辩证法的研究不能局限于这一方向，因为它包含着一种危险，即把唯物辩证法归结为从不同的现实领域（包括认识领域）摘取的"实例的综合"；同时，它也不能充分地表明辩证法作为逻辑和认识论这一提法的合理性。

　　第二个方向是研究认识的辩证法。当时的一些苏联学者提出的一个重

---

　　①　关于这一时期对列宁辩证逻辑思想的研究书目，参见 Г. А. 库尔萨诺夫主编《马克思主义辩证法史：列宁主义阶段》，人民出版社 1987 年版，第 364 页注释。

　　②　关于这一时期对《资本论》逻辑的研究书目，参见 Г. А. 库尔萨诺夫主编《马克思主义辩证法史：列宁主义阶段》，人民出版社 1987 年版，第 368 页注释。

要观点是：辩证地考察认识并不是辩证法专有的特点，辩证法研究认识的特殊观点在于揭示认识的发展和变化，所以，可以把辩证逻辑看作关于我们的知识（概念、假说、规律、科学理论）形成、变化和发展规律的科学。从这一前提衍生出的一个重要课题就是通过研究认识史揭示认识以及思维形式和思维方法发展的规律，它是对作为逻辑、认识论和方法论的辩证法的发生学研究。这方面的代表作有 Д. П. 高尔斯基的《科学的一般方法论和辩证逻辑的问题》（1966），Г. А. 库尔萨诺夫的著作《辩证唯物主义论概念》（1963），以及 Б. М. 凯德洛夫主编的一系列著作，例如《辩证法—认识论。科学方法问题》（1964）。当时的一些苏联学者认为，从认识的辩证法这一方向研究作为逻辑、认识论和方法论的辩证法固然是必要的，但是为了说明辩证法与具体科学在研究认识的发展变化方面的区别，就必须明确说明辩证法研究认识的发展变化的特殊角度和方面，也就是说它如何考察和怎样考察认识的发展。而这实际上就是研究作为逻辑、认识论和方法论的辩证法的第三个方向。

第三个方向也是最重要的一个方向，是从认识的起源、对象和内容出发来研究认识和思维的规律性和形式。这一方向来源于从马克思主义哲学尤其是认识论出发对黑格尔的辩证逻辑思想的批判继承，即它把思维的一个特殊类型和发展阶段——辩证思维作为辩证逻辑的主要对象。这一方向所要研究的主要问题包括："运用辩证法中已经获得的关于认识客体的知识，来研究把客体作为辩证客体再现时沿着客体的思维（认识）运动的特点和规律性，分析辩证思维的各种手段、形式和方法，考察作为科学认识发挥作用和发展阶段的辩证法范畴。"① 在这一研究方向上，当时的苏联学者们取得了丰硕的研究成果。例如，在辩证逻辑中分析思维再现客体的过程这一课题首先是在 Э. В. 伊利因科夫的学位论文《马克思〈政治经济学批判〉一文中唯物辩证法的若干问题》和 А. А.（亚·亚·）季诺维也夫的学位论文《从抽象上升到具体的方法（根据马克思〈资本论〉的材料)》中提出并加以考察的。М. М. 罗森塔尔、Э. В. 伊利因科夫、В. А. 瓦久林等人研究了从抽象上升到具体的方法，Д. П. 高尔斯基、Б. А. 格鲁申、И. С. 纳尔斯基、Г. А. 波德科雷托夫等人研究了历史主义

---

① Г. А. 库尔萨诺夫主编：《马克思主义辩证法史：列宁主义阶段》，人民出版社 1987 年版，第 396 页。

方法，还有一些学者研究了系统结构分析的方法。而在研究唯物辩证法的范畴方面，出现了许多把范畴作为认识的阶段来分析的一些论著，它们也属于对作为逻辑、认识论和方法论的辩证法的研究。

此外，与辩证思维研究相关的理论问题还有：

在60年代初继续讨论了辩证逻辑与形式逻辑的关系问题，这方面的代表作是文集《辩证法与逻辑。思维规律》(1960)、《辩证法与逻辑。思维形式》(1962)。讨论中主要有三种观点，一种观点只承认一种逻辑学——形式逻辑，另一种观点承认存在着独立的辩证逻辑，还有一种观点认为辩证法是逻辑学，但不是就形式演算而言的，而是就人类思维达到真理的运动规律和运动形式的科学而言的。因此，辩证逻辑对唯物辩证法来说并不是什么单独和独立的科学，而是揭示辩证法如何、怎样以及以何种形式成为思想向真理运动的逻辑学。持第三种观点的是 M. M. 罗森塔尔和 Б. M. 凯德洛夫等人。

60年代初讨论的另一个问题是形式逻辑是哲学学科还是部门学科。Б. M. 凯德洛夫认为形式逻辑是哲学学科，它是辩证逻辑的一个组成部分。П. B.（彼·瓦·）塔瓦涅茨和 П. B. 科普宁认为形式逻辑是部门学科，对于形式逻辑和其他部门学科而言，辩证逻辑是一种研究方法。

还有一个问题是如何从辩证逻辑出发研究概念、判断、推理等传统思维形式。这方面的著作除了前面已提到的，还有 П. B. 塔瓦涅茨的《判断及其形式》(1953)、《判断理论问题》(1955)，Д. П. 高尔斯基的《抽象问题和概念的形成》(1961)，П. B. 科普宁的《假说和对现实的认识》(1962)、《观念是思维的形式》(1963)。[①]

其他问题还包括：如何对辩证思维的"手段"、"方法"、"形式"概念做出精确说明，思维规律与存在规律的同一性，辩证逻辑区别于形式逻辑的特殊性，科学研究的逻辑，等等。

一些苏联学者在总结这一时期的作为逻辑、认识论和方法论的辩证法的研究时指出：尽管苏联学者关于这一问题的观点千差万别，但是大家都有一个共同的信念，即需要专门分析辩证法的逻辑方法论和认识论的问题，这种分析不能归结为对辩证法普遍规律的考察；苏联学者们在考察这

① M. A. 敦尼克等主编：《哲学史》第六卷（上册），生活·读书·新知三联书店1982年版，第230—231页，B. E. 叶夫格拉弗夫主编：《苏联哲学史》，商务印书馆1998年版，第154—155页。

一问题时的不同途径、方法和方向大多不是彼此排斥的，而是互相补充的；不同意见的分歧大多属于名次术语方面的，如对"逻辑"、"方法论"、"辩证法"的不同理解，当然，不是所有的分歧都是名词术语方面的。

（三）对于作为逻辑、认识论和方法论的辩证法与客观辩证法的关系的不同理解以及关于马克思主义哲学的研究对象和学科结构的争论

如何理解列宁的辩证法、认识论、逻辑学三者一致思想，在苏联学者中一直存在着争议。在作为逻辑、认识论和方法论的辩证法的研究兴起之后，上述问题进一步具体化为作为逻辑、认识论和方法论的辩证法与客观辩证法的关系问题。同时，由于深受列宁关于辩证法、认识论、逻辑学三者一致思想的熏陶，苏联学者往往把辩证唯物主义和唯物辩证法作为同义词来使用。这样，对于作为逻辑、认识论和方法论的辩证法与客观辩证法的关系的不同理解后来就又进一步演化为关于马克思主义哲学的研究对象和学科结构的争论。

首先，关于马克思主义哲学的研究对象，50 年代的苏联学者就开始争论这一问题。当时的争论主要是与对辩证法、认识论、逻辑学三者一致思想的不同理解联系在一起的，出现了一系列不同观点。第一种观点把辩证法、认识论、逻辑学理解成整体和部分的关系，认为马克思主义哲学的研究对象是作为普遍规律的辩证法，这一辩证法又可以分为四个部分：自然界的、社会的、思维的和认识的。这一观点主要是由 B. П. 罗任在其著作《马克思列宁主义哲学的对象和结构》（1958）中提出的，实际上这一观点主要来源于恩格斯的相关思想；第二种观点认为把马克思主义哲学分成本体论和认识论是正确的，本体论是关于存在的学说，认识论是关于认识的学说。M. H. 鲁特凯维奇的《辩证唯物主义》（1959）持这种观点；第三种观点是把辩证法、认识论、逻辑学理解成唯物辩证法的三个方面或侧面。И. Д. 安德列也夫在《认识论原理》中持这一观点；第四种观点，也是当时的主流观点，认为在马克思列宁主义中，除辩证法外，不存在任何的辩证逻辑和认识论。只存在一门科学——辩证唯物主义或唯物辩证法，它执行着认识论和逻辑学的职能。M. M. 罗森塔尔和 Б. M. 凯德洛夫等人持这种观点。

Б. M. 凯德洛夫（主要在其著作《辩证法、逻辑和认识论的一致》（1963）中）以及其他一些苏联学者还进一步论述了三者的辩证统一：第

一，这种辩证的统一具有内在的、有机的性质，而不是外在的、机械的、折衷的；第二，这种辩证的统一具有具体的同一性，而不是抽象的、绝对的同一性，它承认不同方面的区别；第三，辩证唯物主义的对象和内容可以分成两个层次——一般的规律和范畴和特殊的规律和范畴。①

60 年代以后，在作为逻辑、认识论和方法论的辩证法的研究兴起的背景之下，关于马克思主义哲学的研究对象的争论进一步演变成了"本体论派"与"认识论派"的争论。② 尽管正如一些苏联哲学的研究者指出的，"本体论派"与"认识论派"这两个概念只是相对的、有条件的提法，并不是标准的学术术语，但是这两个概念大致能够表明当时关于马克思主义哲学研究对象之争的核心问题。

持"本体论派"观点的苏联学者人数很多，他们的论点互有差异，但有一点是共同的，即都承认唯物辩证法定义中客观存在的方面。列宁格勒的一批哲学家 В. П. 图加林诺夫、В. П. 罗任、В. И. 斯维捷尔斯基，莫斯科的 С. Т. 麦柳欣、Г. В.（格·瓦·）普拉东诺夫，以及 Л. Ф. 伊利切夫都是比较彻底的"本体论派"。"认识论派"的基本观点则是把唯物辩证法看作逻辑和认识论，主要代表人物是 П. В. 科普宁、Э. В. 伊利因科夫和 Б. М. 凯德洛夫。其中 П. В. 科普宁在其《列宁与辩证法》（1969）等论著中，主要强调人是理解自然界的钥匙，哲学世界观是从自然界与人的联系和关系方面来理解一切的。Б. М. 凯德洛夫不仅是一贯的"认识论派"，而且在 1979 年《哲学问题》第 10 期上还发表了一篇文章《论"整个世界"是马克思主义哲学的对象这一提法》，批判"本体论派"是把"整个世界"作为哲学的研究对象。他认为"整个世界"不是哲学单独的研究对象，而是哲学和其他各门科学共同的研究对象。哲学世界观这一概念并不以整个世界为前提，而是以思维与存在的关系问题为主要内容。唯物辩证法不仅是关于存在（自然界和社会）规律，而且是关于思维规律的科学，是关于自然界、社会和思维"最一般规律"的科学。Б. М. 凯德洛夫的文章引起了进一步的激烈争论。Э. В. 伊利因科夫是最彻底的"认

---

① M. A. 敦尼克等主编：《哲学史》第六卷（上册），生活·读书·新知三联书店 1982 年版，第 184—187 页。

② 关于苏联哲学中"本体论派"与"认识论派"的争论，参见贾泽林等编著《苏联当代哲学（1945—1982）》，人民出版社 1986 年版，第 89—116 页；安启念《苏联哲学 70 年》，重庆出版社 1990 年版，第 154—184 页。

识论派"，在《辩证逻辑：历史与理论概论》（著作，1974）等论著中，他主要强调要把列宁关于辩证法、认识论、逻辑学三者一致思想贯彻到底，认为唯物辩证法的对象不是存在和思维的普遍规律，而是反映在思维中的存在的普遍规律。在与"本体论派"的论战中他还指出，自然科学和"本体论"（即不从主体与客体的关系方面来考察世界的本身的本质）都不是哲学，只有逻辑和辩证法才是真正的哲学。在马克思主义哲学的对象问题上，除了"本体论派"与"认识论派"，还有一些苏联学者持所谓的综合观点，即对两派观点的一种折衷。

"本体论派"对"认识论派"的批评主要有以下几点：否定马克思主义哲学的世界观职能；缩小了马克思主义哲学的作用和意义；向现代唯心主义和实证主义否认哲学的本体论职能的观点靠拢；忽视了唯物辩证法的阶级立场；等等。"认识论派"对"本体论派"也提出了以下批评：没有说明为什么马克思、恩格斯和列宁都没有从肯定意义上使用过"本体论"一词；没有能够很好地说明列宁关于辩证法就是逻辑和认识论这一观点；根据个人好恶取舍马克思主义经典作家哲学思想的行为实质上是一种折衷主义；没有很好地区分哲学和自然科学的研究对象；试图复活旧的"自然哲学"和恩格斯批判过的 E. 杜林的"世界模式论"；等等。

经过论战之后，两派的分歧依然存在。应当说关于马克思主义哲学研究对象的这一争论涉及了许多重要的理论问题，尤其是"认识论派"的观点体现了一种"人文化"的倾向，这些都值得我们进一步的研究。就争论这种形式本身而言，它是理论发展过程中的正常现象，能够促进马克思主义哲学的发展。苏共中央对于这一争论的较为宽容的态度也体现了苏联哲学为政治服务体制的一个可喜的变化。

其次，与关于马克思主义哲学研究对象的争论密切相关的还有关于马克思主义哲学的学科结构的争论。①

在 60 年代后期苏联学者就马克思主义哲学的结构和职能问题展开过讨论和辩论，M. H. 鲁特凯维奇等人的观点得到了大多数苏联学者的认同，即认为科学知识的分化过程也发生在马克思主义哲学内部；马克思主义哲学内部也存在着部分、分支和学科；从狭义和直接意义上讲，马克思

_____

① 贾泽林等编著：《苏联当代哲学（1945—1982）》，人民出版社 1986 年版，第 104—107页。

主义哲学就是辩证唯物主义，但从广义上讲，马克思主义哲学是一个学科体系，包括辩证唯物主义、历史唯物主义、自然科学的哲学问题、逻辑、美学、伦理学、科学无神论和哲学史。70年代末80年代初，П. В. 阿列克谢也夫的著作《辩证唯物主义的对象、结构和职能》（1978），以及Г. В. 普拉东诺夫、Г. М. 施特拉克斯和 В. Н. 杰明娜主编的《作为体系的马克思主义哲学》在马克思主义哲学的结构和职能问题上也表达了与М. Н. 鲁特凯维奇相似的观点。此外，一些学者还提出科学共产主义理论、社会学、人文科学的哲学问题也应当包含在马克思主义哲学的学科体系之中。

1982年，Б. М. 凯德洛夫在《哲学问题》第1期上发表了一篇文章——《马克思主义哲学：它的对象及其在现代科学总体化中的作用》，全面驳斥了上述观点。Б. М. 凯德洛夫认为，现代科学中发生的不是单纯的分化过程，而是分化和整合相互影响、相互制约的过程；马克思主义哲学本身并没有发生分化，也不能被分解成各个分支和部分，它始终是完整的、浑然一体的；不存在脱离辩证法的认识论和脱离辩证法、认识论的逻辑；尤其不存在"马克思主义的本体论"和"马克思主义的自然哲学"；把马克思主义哲学看作多个学科的总和只是一种"貌似的"马克思主义哲学。Б. М. 凯德洛夫的这篇文章也遭到了持对立观点的苏联学者的批评和反驳。

可见，苏联学者在马克思主义哲学的结构和职能问题上的分歧来源于对马克思主义哲学对象的不同理解，这方面的争论同样很难有定论。

（四）对唯物辩证法理论的系统阐述

早在1967年8月14日苏共中央制定的《关于进一步发展社会科学和提高社会科学在共产主义建设中的作用的措施》的决议中，就把制定系统的唯物辩证法理论作为苏联哲学研究最重要的任务。为此，苏联科学院哲学研究所成立了一个由 М. Б. 米丁领导的辩证法写作集体，成员主要有Д. П. 高尔斯基、Т. И. 奥伊泽尔曼、И. С. 纳尔斯基。1973年 Б. М. 凯德洛夫担任哲学所所长之后，考虑到对辩证法理解上的根本分歧，又成立了一个由他本人牵头的辩证法写作集体，成员主要有 Э. В. 伊利因科夫、Г. А. 库尔萨诺夫、В. А. 列克托尔斯基。由于这两个集体的工作进展较慢，后来又成立了分别以 Л. Ф. 伊利切夫、Ф. В. 康斯坦丁诺夫为领导的两个辩证法写作集体。

到了 80 年代，包括上述写作集体的研究成果在内的系统阐述唯物辩证法理论的著作纷纷出版，呈现出井喷之势。

首先是两部一卷本，分别是 П. Н. 费多谢也夫主编，И. Т. 弗罗洛夫、В. А. 列克托尔斯基、В. С. 施维廖夫、Б. Г. 尤金参与写作的《唯物辩证法（理论概论）》（1980 年，共 287 页）和 Л. Н. 苏沃洛夫的《唯物辩证法》（1980）。其中前一部体现了一种"本体论派"和"认识论派"之外的"综合的观点"，并且受到了较为一致的好评。

第三部是出版于 1981—1985 年，由 Ф. В. 康斯坦丁诺夫和 В. Г. 马拉霍夫主编，主要由苏联哲学学会西北分会（主要是列宁格勒、波罗的海一带）的苏联学者参与写作的《唯物辩证法》五卷本（有中译本）。其中第一卷为《客观辩证法》，第二卷为《主观辩证法》，第三卷为《自然界和自然科学的辩证法》，第四卷为《社会发展的辩证法》，第五卷为《现代唯心主义辩证法的批判》。这部著作比较突出地体现了"本体论派"的观点。

第四部是出版于 1982—1983 年，由 Л. Ф. 伊利切夫主编的《唯物辩证法是关于发展的一般理论》四卷本。其中第一卷为《发展理论的哲学基础》，第二卷为《认识发展的辩证法》，第三卷为《现代科学中的发展思想》，第四卷为《社会发展的辩证法》。这部著作也体现了"本体论派"的观点。

第五部是出版于 1983—1986 年，由 М. Б. 米丁主编的《马克思列宁主义辩证法》八卷本。其中第一卷为《作为科学体系的唯物辩证法》，第二卷为《辩证逻辑》，第三卷为《认识过程的辩证法》，第四卷为《非生物界的辩证法》，第五卷为《生物界的辩证法》，第六卷为《现代社会进程的辩证法》，第七卷为《对各种资产阶级辩证法观念的批判》，第八卷为《共产主义形态形成的辩证法》。这部著作也基本上体现了"本体论派"的观点。

Б. М. 凯德洛夫所主持的写作集体因其主要成员 Г. А. 库尔萨诺夫和Э. В. 伊利因科夫相继去世，而 Б. М. 凯德洛夫本人也重病缠身，未能写出自己的辩证法著作。不过，Б. М. 凯德洛夫不仅不同意其他写作集体对辩证法的理解，而且对他们构建唯物辩证法理论体系的方法也提出了批评，从而引发了关于辩证法的叙述方法的争论。

1978 年，Б. М. 凯德洛夫在《哲学问题》第 1 期和第 2 期上发表了他在 1977 年阿拉木图讨论会上所做的报告——《论辩证法的叙述方法——从抽象上升到具体》。Б. М. 凯德洛夫在这篇文章中认为,从抽象到具体的方法是马克思在《资本论》中自觉运用的叙述方法,列宁也对这一方法给予了充分的肯定。在构建辩证法体系的过程中,也应当遵循这一方法,即首先找出其"细胞",然后以此为起点,研究其最高级、最发达的形式,最后形成严整的理论体系。Б. М. 凯德洛夫还尖锐批评了苏联马克思主义哲学教科书和研究性论著中流行的"原理加例子"的叙述方式,认为它扼杀了辩证法的精神实质。此外,Б. М. 凯德洛夫还不指名地批评了 М. Б. 米丁和 Л. Ф. 伊利切夫主持的辩证法体系的写作计划,认为他们都犯了割裂主观辩证法和客观辩证法的错误。Б. М. 凯德洛夫的这些观点遭到了很多苏联学者的反对。

尽管 Б. М. 凯德洛夫没有写出系统的辩证法著作,但是他在其 1983 年的著作《论辩证法的叙述方法》中不仅详细考察了从抽象上升到具体的方法,而且也勾勒出一个体现他自己观点的关于辩证法理论体系的蓝图。

苏联学者对唯物辩证法理论体系的探索,尤其是 80 年代出版的一系列大部头著作,虽然包含着一些理论分歧,而且许多著作在内容上也有重复之处,但是它们在系统地阐述唯物辩证法理论方面所做的工作是前所未有的,堪称马克思主义哲学史中重要的理论成就,值得我们进一步地研究和继承。

除了上述几个方面,苏联学者对西方学者关于辩证法的一系列理论观点的分析和批判也属于唯物辩证法研究的内容。

三 认识论

在后斯大林时期,苏联学者们对认识论问题非常关注,在这一领域也取得了重要的成就,这体现在以下几个方面:[①]

(一) 反映论

正如列宁所指出的,反映论是辩证唯物主义哲学的基石,是反对各种

---

① 关于这一时期的认识论研究,参见贾泽林等编著《苏联当代哲学 (1945—1982)》,人民出版社 1986 年版,第二章,第 4 节;В. Е. 叶夫格拉弗夫主编《苏联哲学史》,商务印书馆 1998 年版,第 163—168 页;М. А. 敦尼克等主编《哲学史》第六卷 (上册),生活·读书·新知三联书店 1982 年版,第三章。

唯心主义、不可知论以及先验论知识理论的有力武器。面对形形色色的现代资产阶级哲学，在总结包括物理学、控制论、现代生物学的不同分支、脑生理学、心理学、语言学和语义学等现代科学的成就的基础上坚持和发展反映论就成为苏联认识论研究领域的首要课题。这方面最突出的成就是保加利亚学者 T. 巴甫洛夫主编，苏联和保加利亚学者合作撰写的著作《列宁反映论与现代科学》。该书 1969 年以一卷本形式，1973 年以三卷本形式（第 1 卷：《反映、认识、逻辑》；第 2 卷：《反映论与自然科学》；第 3 卷：《反映论与社会科学》）出版。在该书以及苏联学者的其他相关论著中探讨了以下几个方面的问题：

首先，坚持和发展了反映是物质的普遍属性的原理。这一原理首先是由列宁在其《唯物主义和经验批判主义》一书中提出的。在 30 年代，T. 巴甫洛夫、Ф. И. 哈斯哈契赫等人将这一原理具体化，研究了物质的反映能力由低级到高级发展的形式问题。50 年代的苏联学者又开始研究这一问题，例如 А. Х.（阿·赫·）基谢林切夫（1905—1960）的著作《马克思列宁主义反映论和 И. П.（伊·彼·）巴甫洛夫的高级神经活动学说》（1954）。60 年代这方面的研究主要有 В. И. 克列缅斯基的论文《作为物质属性的反映的类型》（1963）和著作《活物质的结构层次》（1969）。这一时期的苏联学者一般认为反映按其水平可以划分为以下等级：无生物界的反映（非功能反映）和生物界的反映（功能反映）。其中后者又分为生物形式的反映（包括前心理水平和心理水平）和社会形式的反映（包括作为认识的反映和社会意识形式的反映）。认识水平的反映又可以区分为前科学认识和科学认识，科学认识又可以进一步区分为前理论水平（经验水平）和理论水平。总之，苏联学者们给自己提出的任务是研究每一个等级水平上的反映，从而建立一个完整的反映论体系。这方面研究的薄弱环节被认为是对社会意识水平反映的研究。

其次，从反映是物质的普遍属性的原理出发，苏联学者们从 30 年代开始一般把反映定义为各物质系统的普遍的相互作用。60 年代以后，由于受到控制论等新兴科学的影响，一些苏联学者探讨了反映与信息的关系、反映现实的"非观念形式"等问题。Б. 乌克兰采夫等人提出，反映是在另一种形式中，用另一种物质系统的特点再现某一物质系统的特点。这就肯定了反映和信息的某些共同特征，同时也确定了信息的存在要以一定的物质结构为前提。① 到了 80 年代，一些苏联学者进一步把反映定义为物质系统在相互作用过程中以自己的特征再现其他系统的特征的属性。②

再次，苏联学者们把能动性看作反映的一般属性，并对其进行了研究。这方面比较有影响的研究是 П. К. 阿诺兴在 1962 年提出的"超前反映"概念，苏联学者们在探讨这一概念的过程中阐发了反映的能动性、反映的创造性、理论与实践的关系等问题。③

同时，受东欧学者的一些研究的影响，苏联学者们对于新实证主义等现代西方哲学流派提出的符号与意义的问题也给予了关注，他们从反映论出发探讨了逻辑语义学的一些问题，尤其是反映与意义、符号的关系。例如，有人认为，意义是对象的反映，而符号则不反映意义，因而也不反映对象，只是代表对象。另一些人则认为符号以间接方式与对象发生联系，符号不仅代表对象，而且在观念上反映列入人类活动范围之内的对象。

此外，苏联学者们也对认识中的价值成分以及反映与评价的关系进行了研究。

（二）控制论与认识

控制论提出了一些应用范围非常广泛的概念，例如信息、管理、反馈等等。它的许多问题需要从哲学、尤其是认识论层面进行研究。首先，苏联学者们对信息进行了哲学分析，并讨论了信息与反映的关系。Б. 乌克兰采夫、Н. И. 茹科夫等人认为信息是由反映派生出来的概念，是普遍联系的一种特殊形式。В. М. 格鲁申、И. Б. 诺维克等人则认为信息是物质的一种属性，信息和反映体现了同一现象的不同方面，反映是信息的基础，信息的象征结构则体现了反映的顺序性；其次，苏联学者们对管理问题进行了哲学方法论分析，这方面的代表作有 В. Г. 阿法纳西耶夫的著作《对社会的科学管理：系统研究的经验》（1968 年第 1 版，1973 年第 2 版）、《论社会主义社会发展的集约化：科学、技术和管理的相互作用问

---

① 关于苏联学者对反映是物质的普遍属性原理的研究，参见 M. A. 敦尼克等主编《哲学史》第六卷（上册），三联书店 1982 年版，第 202—204 页。

② A. M. 科尔舒诺夫：《反映，活动，认识》，莫斯科 1979 年版，第 21 页。

③ 贾泽林等编著：《苏联当代哲学（1945—1982）》，人民出版社 1986 年版，第 129—130 页。

题》（1969）、《社会信息与社会管理》（1975），Д. M. 格维什阿尼的著作《组织和管理》（1972）；再次，60—70 年代苏联学者们还就模拟问题进行了很多研究，并主要探讨了作为科学中特殊认识手段的"模型"的定义和分类。模型被认为是按一定方式组合起来的物质或观念的系统，该系统通过与客体原型发生一定的客观联系而反映客体原型的本质特征。模型可以分为物的和符号的，也可以分为以反映原型的物的方面的特征为主的基质性的模型和功能性模型。①

（三）认识与实践

这方面的研究可以分为两类，一类是对实践在认识中的地位和作用的研究，另一类是对实践的定义、要素和在马克思主义哲学中的地位的研究。

这一时期关于实践在认识中的地位和作用的研究有以下几个方面：

首先是关于实践是不是认识过程中一个单独的阶段的争论。M. H. 鲁特凯维奇在 1954 年的一篇论文《论实践在认识过程中的作用问题》中首先提出了这一问题，并认为实践不是认识过程的一个阶段。这一观点当即被批评为有割裂认识和实践的倾向。到了 60 年代，不仅 M. H. 鲁特凯维奇没有放弃自己的观点，而且 П. В. 科普宁也提出了类似的看法。П. В. 科普宁认为，实践不是认识的一个单独的阶段，而是渗透在整个认识过程之中；同时，由于感性认识和理性认识也是相互渗透的，所以也不能说认识的两个阶段是感性和理性，认识的两个阶段应当是经验阶段和理论阶段。尽管 П. В. 科普宁关于感性和理性的看法受到了 M. M. 罗森塔尔的批评，但他关于认识阶段的观点在当时还是被普遍接受，并被写进了 70 年代 Ф. В. 康斯坦丁诺夫主编的《马克思列宁主义哲学原理》教科书中。

其次，关于实践和认识的相互渗透、相互包含以及实践在认识中的基础性作用，在 50—60 年代，苏联学者们就基本上达成了共识，即认为实践不仅是检验认识的真理性的标准，而且贯穿整个认识过程，是认识的出发点、基础、源泉和最终目的。这方面研究的代表作有 M. H. 鲁特凯维奇的《实践是认识的基础和真理的标准》（1952）、《实践是科学中真理的标准》（1960）、A. H. （亚·尼·）伊利亚迪的《人类认识的

---

① В. Е. 叶夫格拉弗夫主编：《苏联哲学史》，商务印书馆 1998 年版，第 164—165 页。

实践本质》（1962）。[①]

再次，在实践作为检验认识的真理性标准的问题上，这一时期的苏联学者们对这一标准的绝对性和相对性的关系做了进一步的研究。他们认为，在现代科学中，实践对真理的检验越来越具有间接的性质，这就要求借助于一些辅助性标准，例如简明性、理论与以往知识的一致性、用模型化方法检验的公理演绎演算的可完成性，等等。苏联学者们还探讨了上述经验外标准与实践标准的关系问题。

这一时期关于实践范畴本身的研究则包括以下一些方面：

首先，关于实践的概念，苏联哲学界的传统定义是把实践规定为人类改造周围世界的物质活动。到了 80 年代，一些学者试图进一步强调实践中主体方面的地位和作用。例如，E. A. 西蒙扬认为应当把实践规定为表示人的活动的物质方面和精神方面统一的哲学范畴，他还指出早在 20 年代末、30 年代初 П. Л. 库切罗夫就已经提出过类似的观点。不过，这只是少数派的观点，这一时期的大多数苏联学者还是从唯物主义和辩证法的角度来理解实践的，他们还研究了实践中绝对和相对、客观和主观、普遍和个别的相互关系，以及创造、活动、实践、劳动、实践形式等概念。70—80 年代的苏联学者还开始分析实践的物质—工艺成分、社会—交往成分以及二者的关系。

其次，关于实践的要素，这一时期的苏联学者一般把其规定为：活动目的、对象、手段、活动过程本身等方面。

再次，关于实践的类型，60 年代初的苏联学者特别研究了实验以及生产实验这两种实践形式，例如 П. E. （巴·叶·）西沃康的著作《论自然科学实验的起源和哲学意义》（1962）、И. H. 纳扎罗夫的著作《生产实验及其在认识中的作用》（1962）。

同时，关于实践在马克思主义哲学中的地位，在 70 年代，一些苏联学者提出实践不仅是辩证唯物主义认识论的中心范畴，而且是整个马克思主义哲学体系的中心范畴，是辩证唯物主义和历史唯物主义

---

① M. A. 敦尼克等主编：《哲学史》第六卷（上册），生活·读书·新知三联书店 1982 年版，第 219—220 页。

的结合点。①

此外，与实践相关的一个问题是对活动原则的研究。由于在心理学、语言学、人类学、文化理论等传统社会科学和人文科学学科中"活动"概念的重要性不断增长，以及工程心理学、功效学、劳动生理学、技术美学等以人的活动及其形式为研究对象的新兴学科的出现，苏联学者们开始关注活动原则并对其进行了许多研究。②

（四）主体与客体

苏联学者对主体与客体这对范畴的深入研究是从 60 年代中期开始的，研究中主要涉及了以下问题：

首先是主体与客体同哲学基本问题的关系，苏联学者们指出了它们的联系与区别；其次是对关于主体与客体的意识的发生学研究，苏联学者们主要讨论了在人的认识的哪个阶段出现了关于主体与客体的意识；再次，在规定主体和客体的概念时，苏联学者们强调了主体和客体的社会性。这方面的代表作有 П. В. 科普宁的《科学的认识论基础和逻辑基础》（1974）以及 В. А. 列克托尔斯基的著作《主体、客体、认识》（1980）和一些论文。В. А. 列克托尔斯基还提出，主体是各种活动的承担者，其生成取决于社会关系之网，因此分析认识关系的重心应当由客体与个别主体的关系转向研究社会的、个人之间的不同活动系统的历史发展过程和相互关系。③ В. А. 列克托尔斯基的这一观点开拓了认识论研究的一个新领域，即从社会文化变化和历史变化的角度研究认识过程，尤其是研究认识的社会文化中介性。

同时，苏联学者把主体和客体范畴引入认识论的一个重要目的就是阐发认识中主体的能动性，这方面的代表作是 П. В. 科普宁的《马克思主义认识论导论》（1966）。П. В. 科普宁讨论了认识的合目的性和有目的性、人的反映的创造性、作为人的活动的一个因素的真理等问题。除此之外，70—80 年代的苏联学者还研究了客体在主体界限内的形成、作为精神的

①　Д. П. 高尔斯基、С. Н. 斯米尔诺夫："关于实践和认识的辩证唯物主义学说的迫切问题"，载《实践和认识》，莫斯科 1973 年版，第 7—8 页。

②　这方面的研究参见 В. Е. 叶夫格拉弗夫主编《苏联哲学史》，商务印书馆 1998 年版，第166 页。

③　贾泽林等编著：《苏联当代哲学（1945—1982）》，人民出版社 1986 年版，第 125—126 页。

独立性的主体的能动性、作为客观具体的认识条件的主体能动性等问题。

此外，苏联学者们还研究了在自然科学、社会科学、社会意识形态的各个领域，整个文化等各个认识领域内主客体关系的特殊性，其中社会认识中的主客体关系被认为是研究的薄弱环节。

除了以上讨论的几个方面，这一时期的苏联学者对作为逻辑、认识论和方法论的辩证法的研究也涉及了许多认识论问题。同时，苏联学者对西方学者关于认识论的一系列理论观点的分析和批判也属于认识论研究的内容。

四　科学研究的逻辑和科学方法论

科学研究的逻辑和科学方法论这两个研究领域既有联系，又有区别。在后斯大林时期，苏联学者在这两个领域以及与此相关的一般方法论领域的研究极为活跃，在 1960 年、1962 年、1963 年、1972 年、1976 年召开了五次全苏科学研究逻辑的会议。① 我们将从科学研究的逻辑和科学方法论这两个方面介绍苏联学者的研究状况：

在 50 年代末和 60 年代初，科学研究的逻辑成为苏联马克思主义哲学的一个独立的研究方向。Π. B. 科普宁在这方面起到了重要的推动作用。按照他的观点，科学研究的逻辑也可以称为科学辩证法，其学科地位类似于社会主义辩证法，就是以唯物辩证法为指导，揭示科学认识这一特殊领域的规律性。② 当然，由于辩证法具有本身就是认识论和逻辑学的特征，科学研究的逻辑与社会主义辩证法在体现唯物辩证法普遍规律的具体方式上还是存在着重要的区别。

60 年代初的苏联学者就"科学研究的逻辑"这一概念进行了讨论并普遍认为其任务主要在于对科学所特有的逻辑过程和手段做出分析。这样，在研究对象上，苏联的科学研究的逻辑与现代西方科学哲学很相似。以 Π. B. 科普宁的观点为例，他认为科学研究逻辑应当研究以下问题：（1）丰富科学哲学的范畴工具；（2）发展形式逻辑手段及其人工语言；（3）深入理解和领会知识运用的过程本身（包括科学创造）；（4）认识

---

① 关于这一时期对科学研究的逻辑和科学方法论的研究，参见 B. E. 叶夫格拉弗夫主编《苏联哲学史》，商务印书馆 1998 年版，第九章，第 4 节。

② Π. B. 科普宁："辩证逻辑与科学研究"，《哲学问题》，1962 年第 10 期。

科学的诸个别领域的逻辑基础和结构。[①] 具体而言，这一时期的苏联科学研究的逻辑领域主要出现了以下几个研究方向：

第一个方向是从 50 年代末开始的把现代数理逻辑运用于分析科学的逻辑方法论。这方面涉及的问题包括：概念的逻辑结构，关于自然界规律的知识的逻辑结构，建立科学理论的演绎方法的结构，构造概率逻辑，以及科学逻辑，真理的语义定义，假说—演绎方法的结构，等等。

同时，形式方法在逻辑方法论研究中的发展也促进了对符号—象征手段在认识过程中作用的研究。60 年代出版了许多探讨符号和意义问题以及语义学中的哲学和认识论问题的论著。对科学语言所做的逻辑方法论分析在此背景下被看做是对科学知识进行语义分析的补充形式之一，该研究不仅包括对专门人工科学知识系统所做的形式—句法学研究，也包括对其所做的语义学和应用研究。

在 70 年代，这一领域除了继续研究上述问题，还进一步研究了归纳理论、科学语言形式化的可能性、构建各种非经典科学等问题。

苏联学者在把现代数理逻辑运用于分析科学的逻辑方法论的过程中，还始终注意避免把逻辑分析的形式方法绝对化，反对用它来代替对科学的内容方面的认识论和方法论分析。

第二个方向是从辩证逻辑出发研究科学的逻辑问题。这方面的研究实际上包含于对作为逻辑、认识论和方法论的辩证法的研究之中。

第三个方向也是基本的方向是研究科学认识的实际方法论问题，包括科学知识的形式和结构、科学研究的方法论手段和程序、科学认识的过程等问题。

60 年代这方面涉及的具体问题有：科学知识的经验水平与理论水平的关系、作为科学认识形式的假说、理论的结构和功能的本质、理论理想化客体的本性、假说—演绎方法的本质与结构、科学认识中理想化的本质和功能、科学说明的本性和功能、作为科学研究手段的模拟的本性、抽象的本性，等等。

在 70 年代，除了上述问题，苏联学者们还研究了科学认识过程演进、科学知识的变化和发展过程等问题，并把对科学所做的逻辑方法论分析与对科学史的研究相联系。在科学史基础上研究科学知识的形成和发展的代

---

① П. В. 科普宁：《作为逻辑和认识论的辩证法》，莫斯科 1973 年版，第 39 页。

表作有 B. C. 斯焦平的《科学知识的形成：物理学中理论知识结构和演变的内容方面》（1976）。

此外，主要在 70 年代还出现了第四个研究方向，即对科学认识结构的研究。这方面的研究包括：科学知识形成和发展的初始前提；一些不仅具有科学意义，而且具有文化和社会学意义的要素；等等。涉及的问题有思维风格、思维的模式和范式、世界的初始图景，以及科学革命、科学知识的分化和整合、科学知识的继承性和间断性。在科学史与哲学方法论的联系这一方面，哲学方法论与科学史的关系、科学史研究方法论的哲学原则、科学史与社会文化环境的关系等问题也引起了关注。

以上介绍了后斯大林时期科学研究的逻辑这一领域的研究状况。与这一领域的研究相联系，在 70 年代对一般方法论和科学方法论的探讨成为热点。科学方法论被认为是比科学研究的逻辑更为广泛的一门学科，其研究的对象是科学知识发挥功能和发展的规律性以及科学认识活动的方式和方法。科学方法论与科学研究的逻辑在研究对象上在相当大的程度上具有重合之处，所以 60、70 年代苏联对科学研究的逻辑的研究涉及了大量的科学方法论问题。除了科学研究的逻辑涉及的方法论问题，苏联对科学方法论的研究还包括以下几个方面：

首先，70 年代对一般方法论的研究开始兴起，出现了许多方法论方面的论著，讨论了方法论的本质、功能和水平，以及对象、方法和结构等问题。Л. Ф. 伊利切夫等人提出了区分方法论研究的哲学层次和专门科学层次以及唯物辩证法是一切方法论分析的理论基础的观点。

其次，专门讨论了科学方法论概念以及一系列相关问题，诸如科学方法论与哲学认识论的联系和区别，哲学原则、世界的具体图景与一般哲学概念的相互关系，等等。这方面涉及的一个具体的问题是哲学范畴与具有一般性的科学范畴（例如信息、结构、对称）的关系。关于是否把一般科学范畴上升为哲学范畴方面存在着争议，同时还讨论了如何确定哲学范畴的标准问题。

再次，出现了许多研究部门科学方法论的论著。其中从总体上研究自然科学方法论的代表作是苏联科学院哲学所自然科学的哲学问题研究部的集体著作《现代科学知识的综合》（1973）。对历史科学、社会科学和人文科学方法论的研究相对薄弱，但是也出现了一些这方面的论著。

　　此外，属于科学方法论领域的一个重要问题是对系统理论的研究，这也是后斯大林时期苏联马克思主义哲学研究的显学之一。[①] B. И. 克列缅斯基的论文《从物理学、控制论和生物学看机体之作为"系统"的某些特点》（1958）可以看作苏联系统理论研究的一个起点，B. Г. 阿法纳西耶夫的《哲学和生物学中的整体性问题》（1964）则是这方面较早的哲学专著。从 1958 年到 1976 年，苏联出版的系统理论方面的文献多达千余种，而且还出版了《系统研究年鉴》。对系统理论的研究也被认为是苏联马克思主义哲学研究所取得的重要成就之一。

　　苏联学者们首先研究了系统的概念，认为系统具有整体性、系统规律性、多质性、多层次性等特征。许多学者都认为系统可以作为唯物辩证法的一个新的基本范畴。

　　根据苏联学者对方法论的层次的划分，例如 B. H. 萨多夫斯基把方法论分成哲学方法论、一般科学方法论、具体科学方法论、研究方法和研究技术四个层次，苏联学者们区分了以下三个概念：系统性原则、系统方式和一般系统论，并对三者都进行了深入的研究。关于三者的关系，较为普遍的观点是认为系统性原则属于哲学方法论层次；系统方式和一般系统论属于一般科学方法论层次，它们是在同一层次上对系统反思的不同的形式。这些研究也表明了对系统理论的研究作为科学方法论的具体研究领域的本质属性。

　　苏联系统理论研究涉及的其他哲学问题还有：系统概念在哲学史上的产生和发展；马克思主义经典作家著作中的系统性思想，这方面的代表作是 B. П. 库兹明的《马克思理论和方法中的系统性原则》（1976 年第 1版，1980 年第 2 版）；系统理论的进一步运用和发展，例如对系统理论在辩证唯物主义和具体科学之间所起的中介作用的探讨；系统理论所引起的世界科学图景的变化以及它所要求的从新的角度看待辩证唯物主义的基本原理，这方面的代表作有 B. M. 莫洛佐夫和 B. B. 莫洛佐夫的《辩证法：系统和发展》（1978）。

----

　　①　关于这一时期对系统理论的研究，参见贾泽林等编著《苏联当代哲学（1945—1982）》，人民出版社 1986 年版，第三章，第 6 节。

第四节 后斯大林时期的历史唯物主义研究

后斯大林时期历史唯物主义研究的一个重要特征是具体社会学和科学共产主义理论这两门学科从历史唯物主义学科中独立了出来。苏联从50年代后半期开始了具体社会学研究，在60年代，具体社会学逐渐成为哲学学科之外的一门独立的学科①，而科学共产主义逐渐成为哲学学科体系内的一个分支学科②。但是它们与历史唯物主义仍然存在着紧密的联系，它们所研究的问题与历史唯物主义也存在着交叉。

在具体社会学和科学共产主义学科独立出去之后，后斯大林时期的历史唯物主义研究则主要包含了历史唯物主义的基本理论问题、社会主义辩证法、社会主义实践中的哲学问题、现时代的辩证法等层次和领域，这些领域之间也是相互联系和相互交叉的。根据这些层次和领域的划分，可以把后斯大林时期的历史唯物主义研究状况概括为以下几个方面：

一 历史唯物主义的基本理论问题

这方面的研究往往与社会主义实践中的哲学问题交织在一起，主要包括以下方面：③

（一）社会存在和社会意识

在50年代末，苏联学者讨论了社会存在概念。В. П. 图加林诺夫等人认为，社会存在是指人们在社会经济和政治生活中的整个实践活动，既包括基础，也包括上层建筑。Г. Е. 格列泽尔曼等人批评了这一观点，认为社会存在这一概念的制定是为了解决与社会有关的基本的认识问题，它主要不是针对个人来说的，而是针对社会来说的。对于个人而言，不仅社

---

① 关于具体社会学的独立，参见 В. Е. 叶夫格拉弗夫主编《苏联哲学史》，商务印书馆1998年版，第75—77、222—223、227—228页。

② 关于科学共产主义学科的独立，参见 В. Е. 叶夫格拉弗夫主编《苏联哲学史》，商务印书馆1998年版，第77—78、226—227页。

③ 关于这一时期对历史唯物主义基本理论问题的研究，参见 В. Е. 叶夫格拉弗夫主编《苏联哲学史》，商务印书馆1998年版，第59—61页，第十一、十二章；贾泽林等编著《苏联当代哲学（1945—1982）》，人民出版社1986年版，第三章；М. А. 敦尼克等主编《哲学史》（第六卷）上册，生活·读书·新知三联书店1982年版，第三章。

会物质生活，而且整个社会生活都是决定他的意识的"社会环境"；而对于社会而言，它的客观基础，即社会存在，只能是人与自然之间以及人与人之间的物质的社会关系。

50 年代末和 60 年代初的苏联学者还研究了社会意识、社会精神生活的一系列问题，包括作为历史唯物主义范畴的社会意识的定义，社会意识发展的规律性，对社会意识结构特征的说明，社会意识形式及其相互作用，社会主义社会意识的特点，社会主义社会意识的发展和共产主义社会意识形成的途径，等等。①

在 60、70 年代，苏联学者还研究了意识形态概念及其相关问题。②

（二）社会经济形态

在 50 年代中期，社会经济形态问题又重新引起苏联学者的注意。当时的苏共纲领指出，从世界历史的角度看，世界社会主义体系的形成和发展就是共产主义社会形态形成的过程，而资本主义的总危机则是资本主义社会形态的日益衰落和死亡。因此，马克思主义的社会形态理论的重要性突现了出来，它成为评价当代一切社会历史过程的世界观基础和理解现时代辩证法的一把钥匙。

这方面的首要问题是对社会经济形态概念的理解。与 30 年代的情况类似，后斯大林时期的苏联学者把社会经济形态和社会形态当作同义词来使用，并认为社会形态包括社会现象的全部总和，不再按照斯大林的观点把社会形态仅仅归结为生产关系、基础和上层建筑。

其次，关于社会形态的内容和结构，尽管当时的苏联学者仍然把基础和上层建筑看作社会形态的骨骼，但他们同时也指出每一个社会中都有一些不属于基础和上层建筑的要素，如语言、人们共同体的形式（如家庭），等等。

再次，社会经济形态理论的一个重要推论是历史进步的辩证法，在这方面苏联学者的研究主要体现在对社会进步的一般标准的讨论，以及对一些西方学者怀疑历史发展的进步性、历史发展的方向性的看法和历史悲观

---

① 关于这方面的研究书目，参见 M. A. 敦尼克等主编《哲学史》（第六卷）上册，生活·读书·新知三联书店 1982 年版，第 254 页注释。

② 关于这方面的研究书目，参见 B. E. 叶夫格拉弗夫主编《苏联哲学史》，商务印书馆 1998 年版，第 231 页注释。

主义观点的批判。①

　　同时，与社会形态的发展和更替相联系的一个最重要的理论问题是历史发展过程中一般和个别的相互关系。这方面的问题涉及了社会形态发展的一般规律和特殊规律的关系，共产主义社会形态发展的一般与特殊，资本主义社会形态的总危机，落后国家走向社会主义的非资本主义道路，社会主义建设中各个方面的相互作用等方面。

　　60、70 年代关于社会经济形态的讨论仍然在继续。除了上述几个方面，一些学者开始深入挖掘马克思主要在其一系列经济学手稿中的关于社会经济形态的思想，讨论中还涉及了马克思著作中"社会经济形态"概念的涵义，亚细亚生产方式，人类社会历史发展的"五阶段"、"六阶段"与"三阶段"之争，社会经济形态的系统性，社会经济形态和文明的相互关系等问题。② 其中探讨马克思著作中"社会经济形态"概念的代表作是 Г. А. 巴卡图利亚的《马克思的第一个伟大发现：唯物史观的形成和发展》(1968)。研究和肯定人类社会历史发展"三阶段"理论的代表作是 Ю. М. 鲍罗达伊、В. Ж. 凯列、Е. Г. 普里马克合著的《马克思的遗产和社会经济形态理论问题》(1974)，该书主要由于对传统的马克思主义关于社会发展"五阶段"的理论的冲击而受到了苏共中央的严厉批评。

　　这一时期苏联学者对社会经济形态理论的研究在当时的马克思主义哲学教科书中得到了反映。如前所述，Ф. В. 康斯坦丁诺夫主编的《马克思列宁主义哲学原理》1972 年版就专门增加了阐述社会经济形态、世界历史过程的统一性和多样性，人们共同体的历史形式，历史进步的四章。

　　（三）生产力和生产关系

　　从 50 年代中期到 60 年代初，苏联学者对斯大林关于生产力和生产关系的一系列观点进行了批评和反思，如对生产力的过于狭窄的定义；社会主义的生产力和生产关系完全适应的观点；以及斯大林在《关于尔·德·雅罗申科同志的错误》一文中在批评把生产关系溶解在生产力中的错误时，把生产关系和生产的社会组织对立起来，进而把经济理论和经济

---

　　① 关于这方面的研究，参见 В. Е. 叶夫格拉弗夫主编《苏联哲学史》，商务印书馆 1998 年版，第 232 页；М. А. 敦尼克等主编《哲学史》第六卷（上册），生活·读书·新知三联书店 1982 年版，第 273—274 页。

　　② 参见贾泽林等编著《苏联当代哲学（1945—1982）》，人民出版社 1986 年版，第三章，第 4 节；В. Е. 叶夫格拉弗夫主编《苏联哲学史》，商务印书馆 1998 年版，第 231—232 页。

政策对立起来的倾向；等等。① 在这些批评和反思的基础上，后斯大林时期的苏联学者进一步研究了生产力和生产关系。

首先，对生产力的认识进一步深化。这包括以下几点：第一，60、70年代的苏联学者对生产力进行了系统的分析，研究了生产力的实体性和功能性特征，物的要素和人的要素，个体生产力和社会生产力，科学在现代生产力体系中的地位和作用等问题；第二，50年代末和60年代初的苏联学者讨论了生产力发展的源泉问题，并在这一问题上确立了人与自然之间、生产力诸要素之间、生产力和生产关系之间三个方面相互作用是生产力发展源泉的综合观点；第三，确立了生产力范畴也是辩证的，其内容会随着生产的发展而变化的观点；第四，确立了现代生产力的强大因素是科学，科学已成为直接的生产力，其作用在不断增长的观点；第五，探讨了劳动手段以及劳动对象的生产功能及其在社会生产过程中的作用问题，确立了在现代生产过程中劳动手段和对象的界限已具有相对性的观点。第六，对生产力中的人的因素有了新认识。苏联学者们认为，关于除劳动资料以外具有劳动经验和劳动技能的劳动者是生产力最重要因素的观点已不足以说明现代生产力的特点。劳动者为了参加高度发达的现代生产，不仅应该具有劳动经验和技能，而且应该有广泛的科学知识。同时，在生产力的成分中，不仅包括直接使生产工具运转的劳动者和参加生产的工程技术人员，而且包括数学、控制论、自然科学和其他科学领域的专家，他们的活动已成为生产正常运转的必要因素。②

其次，苏联学者们研究了现代生产力发展的特点，尤其是科技革命对现代生产力的影响。当时的苏联学者们认识到，现代生产力的发展是以建立在广泛和全面利用科学成就的基础上的技术进步为特征的。为此，苏联学者们研究了现代科技革命的内容和特点以及它的社会影响，尤其是它对现代资本主义的影响和对社会主义建设以及向共产主义过渡的影响。对于西方学者关于科技革命的社会影响的一系列观点，苏联学者们也进行了批评。马克思主义的科技革命论逐渐成为苏联历史唯物主义研究的一个重要

---

① 参见 M. A. 敦尼克等主编《哲学史》第六卷（上册），生活·读书·新知三联书店 1982年版，第264—265页。

② 同上书，第268页；B. E. 叶夫格拉弗夫主编：《苏联哲学史》，商务印书馆 1998年版，第233—234页。

内容。①

再次，在这一时期，一些苏联学者根据列宁划分阶级的原则把生产关系的结构划分为以下几个方面：人们在社会生产体系中表征彼此间地位的关系（统治和被统治关系或者合作互助关系）；生产资料所有权关系；分配关系；交换和消费关系。他们还认为所有权是最基本的生产关系。此外，还提出了研究第一生产关系和派生的（第二、第三）生产关系的问题，其中派生的生产关系与国际经济联系密切相关。

此外，这一时期的苏联学者还研究了社会主义生产力和生产关系的辩证法，尤其是社会主义生产关系对于生产力发展的积极影响的问题，以及集体所有制、分配等问题。②

（四）基础和上层建筑

首先，这一时期的苏联学者对基础和上层建筑的基本认识是：上层建筑包括以下三个部分：社会意识（思想、信仰、社会情感等）；设施及组织（国家、政党等）；意识形态方面的关系（政治的、法律的、道德的、美学的、宗教的关系）。他们还认为基础不仅包括占统治地位的生产关系，而且包括残余的和新生的生产关系。

其次，批评了斯大林关于随着经济基础的消灭，旧的上层建筑也随之消灭的观点，认为这一观点必然导致否定旧的上层建筑中的进步成分，否定文化发展的继承性。恢复和发展了随着经济基础的改变，或早或迟整个上层建筑也会发生转变的传统观点，并认为这种转变的特征不仅存在着上层建筑中过时、反动成分的消亡，也存在着对上层建筑中进步成分的保存、改造和发展。

再次，讨论了社会主义国家的经济活动问题。一些人认为随着国家经济作用的增长，国家具有"双重性"，部分属于基础，部分属于上层建筑。另一些人认为国家仍然是上层建筑，其经济活动是社会主义国家固有的经济组织职能的表现。

---

① 参见 M. A. 敦尼克等主编《哲学史》（第六卷）上册，生活·读书·新知三联书店 1982 年版，第 266—267 页；B. E. 叶夫格拉弗夫主编《苏联哲学史》，商务印书馆 1998 年版，第 59—60、234—235 页。

② 参见 M. A. 敦尼克等主编《哲学史》（第六卷）上册，生活·读书·新知三联书店 1982 年版，第 268—270 页。

（五）阶级、国家和革命

1956 年苏共 20 大之后，苏联共产党在阶级、国家和革命以及它们在社会主义条件下的发展变化方面提出了一系列新观点，当时的苏联学者也对此进行了积极的研究。①

首先，当时的苏联共产党对阶级、国家和革命等问题的认识是以对苏联所处的社会主义发展阶段的认识为前提的。1959 年苏共 21 大提出，社会主义在苏联已经取得了"完全的和最终的胜利"，苏联已经不存在资本主义复辟的可能性；同时，苏联已经进入了全面展开共产主义高级阶段建设的时期。1961 年苏共 22 大则宣布苏联将在 1980 年建成共产主义。这些带有主观主义和唯意志论色彩的观点随着 1964 年赫鲁晓夫的下台而有所修正，但是关于社会主义在苏联已经取得了"完全的和最终的胜利"的观点仍然被保留下来。1971 年苏共 24 大提出，苏联正处于发达社会主义阶段。1976 年苏共 25 大则详细论证了发达社会主义理论。② 同时，关于苏联社会主义发展史的阶段划分，经过 70 年代的讨论，到了 80 年代形成了较为一致的观点，即把苏联社会主义史划分为三个阶段：1917—1936年是过渡时期；1936—1960 年是苏联基本上建成社会主义的时期；1960—1980 年是苏联的发达社会主义时期。

其次，这一时期对阶级和阶级斗争问题的基本认识主要有以下几点：第一，批判了斯大林关于随着社会主义力量的增长阶级斗争将尖锐化的观点，同时认为阶级斗争是过渡时期的普遍规律，其实际进程和尖锐化程度取决于具体的历史条件；第二，关于苏联社会主义社会的阶级结构，确立了社会单一性的增长是社会主义社会结构发展的基本趋势的观点。同时，1981 年苏共 26 大提出，在成熟的社会主义阶段主要的和基本的方面已开始形成无阶级的社会结构；第三，苏共纲领和苏联学者们阐述和研究了向共产主义过渡的过程中克服阶级差别、城乡差别、脑体差别以及社会不平等的途径和方法；第四，关于国际范围内的阶级斗争，由于 1956 年苏共20 大提出了社会主义和资本主义两大体系"和平共处"的观点，苏联学

---

① 参见 M. A. 敦尼克等主编《哲学史》（第六卷）上册，生活·读书·新知三联书店 1982 年版，第 297—306 页；B. E. 叶夫格拉弗夫主编《苏联哲学史》，商务印书馆 1998 年版，第 239—240 页。

② 关于苏联的发达社会主义理论，参见贾泽林等编著《苏联当代哲学（1945—1982）》，人民出版社 1986 年版，第三章，第 5 节；B. E. 叶夫格拉弗夫主编《苏联哲学史》，商务印书馆1998 年版，第 47—49 页。

者们主要研究了"和平共处"这一国际范围内阶级斗争的新的表现形式。第五，苏联学者们分析了资本主义国家的阶级状况和社会结构。第六，苏联学者们还批判了西方学者提出的社会分层理论、中间阶级论，等等。

再次，在国家问题上，1961 年苏共 22 大提出了苏联已成为"全民国家"以及与此相联系的苏共已成为"全民党"的观点。苏共 22 大的纲领认为，苏联社会主义已经获得了完全的和最终的胜利，已经不再有对立的阶级和阶级斗争，无产阶级专政从内部发展的观点来看已经不再必要，并正在成长为全民国家。苏共 22 大还提出苏联共产党仍然是工人阶级的政党，但同时也成为全体人民的党。从 1961 年一直到 1991 年苏联解体，"全民党"和"全民国家论"这种明显地违背马克思主义理论常识的观点成为苏联共产党在社会主义的核心问题——政权问题上的基本观点，这是值得我们深思的。苏联学者们也在研究中阐发了"全民党"和"全民国家论"。他们认为无产阶级专政国家和全民国家是社会主义国家发展的两个阶段。同时，苏联学者们还研究了社会主义国家的必要性、社会主义国家的经济组织职能、全民国家中工人阶级的领导作用、共产党的领导作用等问题。

除了研究全民国家问题，苏联学者们还研究了社会的政治组织，并指出其主要环节是国家，但同时也包括一些非国家组织，它们在政治生活中也发挥着作用。此外，苏联学者们还研究了社会主义国家组织发展为共产主义自治的辩证法，以及社会主义民主的发展等问题。苏联在国家问题上理论观点的变化也体现在了马克思主义哲学教科书之中。以 Φ. B. 康斯坦丁诺夫主编的《马克思列宁主义哲学原理》1972 年版为例，专门增加了一章讨论"社会的政治组织"。

同时，在革命问题上，苏共纲领和苏联学者们阐述和研究的主要问题有人民民主革命的性质及特点，社会主义革命的道路和形式，等等。这方面的内容我们也将在讨论现时代的辩证法的部分给予介绍。

此外，与阶级、国家和革命相关的另一个重要问题是社会主义条件下的民族和民族关系问题，苏共纲领和苏联学者们也对此进行了深入的阐述和研究。[①]

---

① M. A. 敦尼克等主编：《哲学史》(第六卷)上册，生活·读书·新知三联书店 1982 年版，第四章，第 4 节；B. E. 叶夫格拉弗夫主编《苏联哲学史》，商务印书馆 1998 年版，第 240—241 页。

（六）社会意识和文化

从 1956 年到 1964 年期间，由于当时以赫鲁晓夫为首的苏共中央把从社会主义向共产主义的过渡提上了议事日程，向共产主义过渡的一系列理论问题得到了苏共纲领的阐述和苏联学者的研究。其中社会意识和文化问题，尤其是社会主义意识如何发展为共产主义意识，共产主义文化的特点等问题成为阐述和研究的一个重点。除了苏共的有关纲领和决议中的论述，这方面苏联学者的代表作主要是两部集体著作——《共产主义建设的某些理论问题》（1960）、《从社会主义到共产主义》（1962）。[①]

首先，当时的社会意识和文化研究是在反对两种错误观点的基础上进行的。一种观点是所谓的意识形态和平共处理论和东西方文化综合论。在反驳这种错误倾向的过程中，苏联共产党还提出了资产阶级意识形态和共产主义意识形态斗争尖锐化的理论，这一理论值得我们进一步的研究。另一种错误观点是作为日丹诺夫主义的组成部分的对外国文化的虚无主义态度，这一观点也受到了批判。

其次，当时的社会意识和文化研究所确立的首要问题是：社会主义意识如何发展为共产主义意识，广大人民群众的科学世界观如何形成？当时的苏共纲领提出，要解决这一问题，首先要具备一些重要的条件，这些条件包括：要求全体劳动者具有高度的普通教育水平和文化技术水平；要求脑力劳动和体力劳动、理论和实践的有机结合；等等。同时，当时的苏共纲领从马克思主义的人的全面和谐发展的理论出发，制定了社会主义意识发展为共产主义意识的基本方针，即树立共产主义觉悟、造就共产主义新人的方针。这一方针的内容包括：培养共产主义的科学世界观；进行劳动教育；树立共产主义道德；发展无产阶级国际主义和社会主义爱国主义；全面发展把精神丰富、道德纯洁和体格完美和谐地结合起来的新人；克服人们意识和行为中的资本主义残余，揭露资产阶级意识形态；等等。

培养共产主义的科学世界观在社会主义意识发展为共产主义意识的过程中具有突出的地位。当时的苏共纲领认为，科学世界观不仅包括辩证唯物主义和历史唯物主义哲学，而且包括整个马克思主义理论。科学世界观

---

①　关于这方面的研究，参见 M. A. 敦尼克等主编《哲学史》（第六卷）上册，生活·读书·新知三联书店 1982 年版，第 348—364 页；B. E. 叶夫格拉弗夫主编《苏联哲学史》，商务印书馆 1998 年版，第 241—242 页。

的主要内容包括：共产主义的思想性，对共产主义事业的正义性坚信不疑，对它的胜利充满信心，深刻理解国内外发生的事件以及世界发展的进程和前景，把共产主义思想同每个集体和个人在日常生活中所从事的共产主义事业有机地结合起来，自觉的共产主义劳动态度，人道主义的道德理想，进步的美学鉴赏力，自觉的无神论，对现代科学的重大成就的认识，等等。[①]

在苏共纲领的指引下，苏联学者们研究了社会主义意识发展为共产主义意识的一系列理论问题。第一个问题是社会主义意识的发展阶段问题，一般认为有四个阶段：在资本主义条件下的萌芽阶段；在从资本主义向社会主义过渡时期实现的思想文化领域的社会主义革命阶段；社会主义意识由于建成社会主义而在人民群众意识中的确立，同时进行克服人们意识和行为中资本主义残余的斗争的阶段；向共产主义过渡过程中共产主义意识最终形成的阶段。

第二个问题是揭示社会主义意识发展中的矛盾。其中对抗性矛盾主要有两种：一种是国际范围内社会主义意识形态与资本主义意识形态的矛盾；另一种是苏联国内的社会主义意识与人们思想和行为中的资本主义残余的对抗性矛盾。非对抗性矛盾则包括：社会主义思想和人们的个人意识，尤其是人们的心理和道德中旧制度的残余之间的矛盾；各种社会意识形式发展不平衡导致的社会主义精神生活的内部矛盾；社会精神生活中新与旧的矛盾，例如科学、文学、艺术、文化已有水平与社会发展新需要的不适应；等等。苏联学者们还讨论了解决上述各种矛盾的不同方式。

第三个问题是向共产主义过渡过程中社会心理的形成和变化过程。苏联学者们研究了社会心理与意识形态的相互作用，并指出社会心理，尤其是个人心理中所保留的旧的残余较诸其他意识形式要多得多。

第四个问题是社会主义意识成长为共产主义意识的规律性。对这一问题的研究主要有两个方面：一方面是阐明社会意识发展的一般规律性在社会主义意识成长为共产主义意识过程中的表现，例如阐明了物质生产方式对精神生产方式的决定作用、社会意识形态的相对独立性等方面在这一过程中的表现。另一方面是阐明社会主义意识成长为共产主义意识过程中的特殊规律，这些规律包括：思想和文化领域的社会主义革命的必然性；在

---

① 参见 M. A. 敦尼克等主编《哲学史》(第六卷)上册，生活·读书·新知三联书店1982年版，第408页。

社会主义条件下先进思想、主观因素、人民群众的历史作用的增长；社会主义条件下社会政治和思想的一致性；社会意识的各种形式与人民生活的日益接近；科学这类形式的重要性的增长并成为社会精神生活的中心；各个民族及其精神生活的相互接近；等等。

除了以上几个问题，苏联学者们还探讨了劳动人民精神状态的提高，他们意识和日常生活中的资本主义残余的克服等问题。

再次，共产主义意识和共产主义文化是两个稍有不同的概念，因此，除了社会主义意识如何发展为共产主义意识的问题，还有一个重要的理论问题是共产主义文化如何形成。苏联 50 年代之前关于社会主义文化革命的基本观点是：随着苏联建成社会主义，文化革命就完成了。1956—1964 年期间，关于这一问题则有了新的认识，即认为只有共产主义的实现才意味着文化革命的最终完成，而苏联当时正处在向这一目标前进的过程之中。

当时的苏共纲领认为，社会主义文化革命的目标有三个方面：第一，社会主义文化的成就将成为社会全体成员的财富，文化水平将极大提高，社会主义文化将发展成为共产主义文化；第二，工人阶级的社会主义文化将成为全人类文化，表现为社会一切成员所共有的共产主义特征和共同的精神面貌；第三，苏联各族人民文化的社会主义内容相互丰富，文化发展的民族形式和全人类的、国际主义的形式相互渗透。这三个方面也可以概括为共产主义文化的全民性、全人类性、民族性与国际性的统一这三个特征。

苏联学者们在这方面也进行了研究，尤其是探讨了社会主义文化的民族性和国际性的辩证法。

以上主要介绍的是 1956—1964 年期间苏共纲领和苏联学者对社会主义文化问题的认识。从 60 年代中期到 80 年代中期，苏联关于社会主义文化问题的基本认识并没有实质性的改变，而且这方面的研究在继续。

同时，苏联学者在社会意识和文化问题的研究上，不仅关注着社会主义意识和社会主义文化这一首要问题，而且也讨论了社会意识和文化的一般性问题。关于文化，这一时期的苏联学者们也研究了文化的定义等一系列理论问题。

（七）人民群众在历史中的作用

列宁领导下的俄国共产党（布尔什维克）一贯把人民群众在历史上

的决定作用作为历史唯物主义的基本原理之一。俄共（布）中央就列宁逝世而发布的《告全党和全体劳动人民书》则阐述了与人民群众的历史作用相关的马克思主义关于伟大人物的历史作用和意义的基本观点。同时，在苏联的过渡时期，人民群众在历史上作用的不断增长也被作为一个一般社会学规律加以确立。

1956 年苏共 20 大开始了批判斯大林的个人迷信及其有害后果的运动，这就要求进一步阐述人民群众在历史中作用的历史唯物主义原理。在 50 年代后期，苏联学者们就这一问题发表了许多论著，例如 Φ. B. 康斯坦丁诺夫等人合写的《人民群众和个人在历史上的作用》（1957）。同时，《苏联共产党历史》、《马克思主义哲学原理》、《马克思列宁主义原理》等教科书也阐述了这一问题。

这方面的阐述和研究主要涉及了以下内容：分析人民群众在历史中的决定作用以及个人在历史中的作用；批判个人迷信的思想和实践；结合社会主义条件下"主观因素"作用的日益增长的观点讨论了社会主义条件下人民群众历史作用的日益增长，等等。其中，一些学者还阐述了"人民"和"人民群众"的内涵随着历史条件的变化而变化的特征，并认为人民是由那些在一定历史条件下能够解决社会进步发展的已经成熟的任务的阶级和社会集团构成的。[1]

除了以上几个方面，后斯大林时期对历史唯物主义基本理论的探讨还涉及了历史进程中自发性与计划性（自觉性）的关系、人口等问题。

同时，在后斯大林时期，苏联的历史唯物主义研究中还出现了两个重要的属于交叉学科的领域。一个领域是作为历史唯物主义与方法论的交叉学科的社会科学方法论，苏联学者在这方面也取得了突出的成就，研究了社会科学的一般方法论、各门具体学科的方法论、社会认识的各种原则等问题。1977 年还召开了"社会科学方法论的迫切问题"全苏理论研讨会。[2] 另一个领域是作为历史唯物主义与管理学的交叉学科的社会管理理

---

① 参见 M. A. 敦尼克等主编《哲学史》（第六卷）上册，生活·读书·新知三联书店 1982 年版，第 323—332 页；B. E. 叶夫格拉弗夫主编《苏联哲学史》，商务印书馆 1998 年版，第 236 页。

② 关于这方面的研究，参见 B. E. 叶夫格拉弗夫主编《苏联哲学史》，商务印书馆 1998 年版，第 79、228—229 页。

论，苏联学者在这方面的研究也较为突出。①

最后，谈到后斯大林时期对历史唯物主义基本理论问题的研究，就不得不提到 Φ. B. 康斯坦丁诺夫主编的两卷本著作《马克思列宁主义的历史过程理论》（1981—1983）（中译本 1986 年出版）。在 80 年代出现了一系列系统阐述唯物辩证法的大部头著作的同时，这部著作则试图在总结苏联历史唯物主义研究成就的基础上，对历史唯物主义理论做出进一步的系统阐述，而且该书对苏联马克思主义哲学教科书中原有的历史唯物主义框架有所突破。该书堪称后斯大林时期苏联历史唯物主义理论研究的一部代表作，其内容值得我们进一步研究。

二　社会主义辩证法

后斯大林时期社会主义辩证法研究的核心问题是如何理解社会主义社会的矛盾，或者说苏维埃社会的社会统一和社会矛盾的关系。② Ц. A. 斯切潘年在 1947 年的哲学讨论会上明确地提出这一问题并在 40 年代末期做了进一步的探讨之后，在 1955 年又发表了《社会主义社会发展中的矛盾以及克服这些矛盾的途径》一文并再次引起了讨论。1958 年苏联科学院哲学所组织召开的"从现代科学和实践的观点看矛盾问题"讨论会、1965 年的全苏唯物辩证法讨论会都把这一问题作为讨论的中心问题。1965—1966 年间还出现了关于这一问题的大规模的讨论。

一些苏联学者认为，这一问题的关键在于认识作为普遍规律的对立面统一和斗争的规律以及斗争的绝对性和统一的相对性的原理是如何体现在苏维埃社会这个特殊之中的，尤其是如何体现在不断巩固的苏维埃社会的社会统一之中的。在社会主义矛盾问题上的许多错误观点，都是与未能很好地理解上述普遍与特殊的辩证法相关的。

一种观点认为，在社会主义社会，矛盾似乎不是发展的动力，而是发展的阻力。《哲学百科全书》（1970）的"矛盾"这一词条在一定程度上反映了这一倾向，该词条认为辩证矛盾不是在任何时候都是事物发展的动

---

①　关于这方面的研究，参见贾泽林等编著《苏联当代哲学（1945—1982）》，人民出版社1986 年版，第三章，第 7 节。

②　关于这一时期对社会主义辩证法的研究，参见 Г. A. 库尔萨诺夫主编《马克思主义辩证法史：列宁主义阶段》，人民出版社 1987 年版，第六章，第 4 节；贾泽林等编著《苏联当代哲学（1945—1982）》，人民出版社 1986 年版，第二章，第 5 节。

力。该词条受到了许多苏联学者的批评，一些学者指出不能把矛盾和矛盾的消极、保守的那一个方面混为一谈。还有一些类似的观点也受到了批评，例如，有一种观点认为矛盾只有在解决时期才对事物的发展起推动作用。这一观点同样否认了矛盾的普遍性。

另一种观点认为对立面统一和斗争的规律不适用于社会主义社会，因而存在着两种辩证法，一种是阶级社会的"对抗辩证法"，另一种是社会主义的"和谐辩证法"。持这种观点的苏联学者有 В. П. 罗任、Ц. A. 斯切潘年、Б. 乌克兰采夫、Г. М. 施特拉克斯等人。这一观点曾引起激烈的争论，这一争论直到苏共主抓意识形态的领导人 M. A. 苏斯洛夫出面批评这一观点才告一段落。①

还有一种观点也受到了批评。这种观点从对立面统一和斗争的规律出发，认为苏维埃社会的社会统一也是相对的。当时的苏联学者反驳道，苏维埃社会的"社会统一"是一个社会学范畴，不能把它和作为一般哲学范畴的"统一"等同。

在批评了一系列"错误"观点之后，苏联学者关于社会主义矛盾的正面研究体现在以下几点：

首先是对对抗性矛盾的研究。否认社会主义社会中存在着对抗性矛盾是斯大林以来苏联共产党的一贯观点。这一观点是有片面性的，赫鲁晓夫时期提出的"全民党"和"全民国家论"与这种片面性有内在的联系。在这种观点指导下，60、70 年代苏联学者对对抗性矛盾的研究很少，仅限于讨论非对抗性矛盾与社会对抗的根本区别问题。到了 80 年代，一些苏联学者开始承认社会主义社会中对抗性矛盾的存在。

其次，研究了社会主义的非对抗性矛盾与社会统一的关系。如前所述，列宁把社会主义的非对抗矛盾分成三类：社会主义与其内部的资本主义等旧社会的残余的矛盾；社会主义发展过程中产生的新与旧的矛盾；新事物中与整体与部分、普遍与特殊、单一与多样、同一与差异相关的矛盾。60、70 年代的苏联学者则研究了这三类矛盾与社会统一的关系。关于第一类矛盾，苏联共产党给予了一贯的重视，并一直强调反对旧势力、旧习惯、旧传统，以及与反对本质上代表旧势力的资产阶级世界观的侵蚀

① 关于这一争论，参见贾泽林等编著《苏联当代哲学（1945—1982）》，人民出版社 1986 年版，第 47—55 页。

作斗争的原则性和不可调和性，苏联学者们认为这不仅不会削弱而且能够加强苏维埃社会的社会统一。关于第二类和第三类矛盾，苏联学者们认为对这些矛盾的克服同样能加强社会主义社会的社会统一，而列宁提出的新事物内部的"对立面结合"的方式则成为克服这些矛盾的基本方式。

值得一提的是，在第二类非对抗性矛盾，即社会主义发展过程中产生的新与旧的矛盾中，一个最基本的矛盾是社会主义的原则和共产主义萌芽的矛盾。关于这一矛盾，苏联共产党和苏联学者都给予了关注。首先批评了一种主观主义的错误倾向，即不顾社会物质技术基础的实际成熟程度而跳跃尚未过时的发展阶段。斯大林1952年的《苏联社会主义经济问题》中低估集体农庄所有制和商品生产的观点就被认为属于这种错误倾向。同时，把社会主义原则与支持共产主义萌芽结合起来的观点也成为苏联共产党实施逐步向共产主义过渡的方法论基础。这一结合也充分体现了苏维埃社会的社会矛盾与社会统一的有机联系。

到了80年代，一些苏联学者在给社会主义社会的矛盾分类时又把社会主义社会中社会与自然、社会存在与社会意识、生产力与生产关系的矛盾单独划为一类，例如 Г. Е. 格列泽尔曼的《社会主义社会发展的辩证法》就持这种观点。实际上这种划分与列宁的划分并不冲突，这类矛盾实际上属于列宁所说的第二类矛盾中一些最基本的矛盾，社会主义社会发展中新与旧的矛盾正是由这些基本矛盾衍生出来的。

再次，苏联学者们还讨论了社会主义社会的基本矛盾以及共产主义社会的基本矛盾。基本观点无非两种，一种认为是生产和需要的矛盾，这一观点实际上来自于斯大林在1952年的《苏联社会主义经济问题》中对社会主义基本经济规律的阐述。另一种认为是生产力和生产关系的矛盾。

此外，除了阐发列宁提出的"对立面结合"的方式，一些苏联学者还讨论了社会主义矛盾解决的原则——科学性、具体性、最优性和社会主义矛盾解决的其他方式，如批评与自我批评，某些情况下的均势和缓和，等等。

最后，一些苏联学者还总结了研究社会主义矛盾问题的几个原则：第一，从总体上说，不是要调和、中立、平衡新与旧，而是要克服和解决矛盾；第二，苏维埃社会的社会统一是及时克服社会主义辩证矛盾的必要条件，而社会主义非对抗性矛盾的展开和及时解决同样巩固着苏维埃社会的社会统一；第三，寻找把对立面结合起来的最适当、最好方式（在客观限度的范围内)，以利于加强新事物，加强它同旧事物斗争的阵地，这就是克服随着向共产主义高级阶段前进而在新事物自身中产生的矛盾的特殊方法。①

除了研究社会主义社会的矛盾，苏联的社会主义辩证法研究还涉及了主观因素与客观因素的辩证法，量变和质变相互转化的规律、否定的否定的规律在社会主义社会发展中的体现等问题，例如在社会主义条件下旧质向新质过渡的形式的多样性问题，社会主义社会新质形成的辩证法及新质发展中各个阶段的顺序问题，社会进步的前进性质和否定其过时的形式以及保留以往发展的成果的问题，等等。其丰富的理论内容值得我们进一步研究和挖掘。②

三　现时代的辩证法

现时代世界社会历史发展的辩证法具有重要的理论地位，它是苏联共产党以及全世界的无产阶级政党制定长远战略和具体政策的理论依据之一。在苏联的后斯大林时期，针对现时代的特点，苏联共产党在这一领域提出了一系列新观点。此外，许多苏联学者也对现时代的辩证法进行了研究。③ 现时代的辩证法所涉及的基本问题包括：

(一) 现时代的本质特征

在苏共纲领以及苏共关于国际共产主义运动的纲领性文件中，揭示了现时代的性质和最主要的规律性、现代社会发展的最重要的矛盾和解决这些矛盾的基本途径。

首先，在继承列宁对帝国主义时代和从资本主义革命性地过渡到共产

---

① 参见 Г. A. 库尔萨诺夫主编《马克思主义辩证法史：列宁主义阶段》，人民出版社 1987 年版，第 290—291 页。

② 关于对社会主义条件下主观与客观的辩证法的研究，参见贾泽林等编著《苏联当代哲学(1945—1982)》，人民出版社 1986 年版，第 237—241 页。关于对量变和质变相互转化的规律、否定的否定的规律在社会主义社会发展中的体现的研究，参见 Г. A. 库尔萨诺夫主编《马克思主义辩证法史：列宁主义阶段》，人民出版社 1987 年版，第 303—304、305—318 页；M. A. 敦尼克等主编《哲学史》(第六卷)上册，三联书店 1982 年版，第 368、410—412 页。

③ 关于对现时代辩证法的阐述和研究，参见 M. A. 敦尼克等主编《哲学史》(第六卷)上册，生活·读书·新知三联书店 1982 年版，第一章、第五章、第 274—277 页；Г. A. 库尔萨诺夫主编《马克思主义辩证法史：列宁主义阶段》，人民出版社 1987 年版，第六章，第 9 节；B. E. 叶夫格拉弗夫主编《苏联哲学史》，商务印书馆 1998 年版，第 247—249 页。

主义的新历史时代的分析的基础上，上述纲领性文件揭示了资本主义社会所固有的劳动和资本之间的矛盾在现时代的表现形式，阐明了社会主义力量和帝国主义力量之间的矛盾是现时代的基本矛盾，是现代社会历史发展的源泉和动力，并对现时代的其他矛盾产生着决定性的影响。现时代的其他矛盾主要有：资本主义国家中无产阶级和资产阶级的矛盾，殖民地附属国的人民与帝国主义、殖民主义之间的矛盾，各资本主义国家之间的矛盾，等等。

其次，这些纲领性文件指出，资本主义的总危机经历了三个阶段。在资本主义总危机的第一个阶段，社会主义和资本主义之间的基本矛盾表现为世界上第一个社会主义国家和它周围的资本主义国家之间的矛盾，当时帝国主义力量占优势。在资本主义总危机的第二个阶段，形成了世界社会主义体系，这就使劳动与资本之间的矛盾表现为一种新的形式——两个对立的世界社会体系之间的矛盾。在资本主义总危机的第三个阶段，日益发展和巩固的世界社会主义体系开始决定人类历史发展的基本内容和主要特点。社会主义体系的力量愈来愈占优势，这也加深了世界帝国主义体系的内部矛盾。

再次，在分析现时代矛盾的基础上，这些纲领性文件总结了现时代的基本性质和规律。正如苏共 22 大通过的《苏联共产党纲领》所指出的："以从资本主义向社会主义的过渡为主要内容的现时代，是两个对立的社会体系斗争的时代，是社会主义革命和民族解放革命的时代，是帝国主义崩溃、殖民主义体系消灭的时代，是越来越多的人民走上社会主义道路、社会主义和共产主义在全世界范围内胜利的时代。站在现时代的中心的是国际工人阶级和它的主要产物——世界社会主义体系。"[1]

以苏共纲领以及苏共关于国际共产主义运动的纲领性文件为依据，苏联学者们进一步研究了现时代的基本矛盾问题。

П. Н. 费多谢也夫在其著作《现时代的辩证法》（1966）、《共产主义与哲学》（1971）中进一步研究了现时代的一系列重要矛盾。他把这些矛盾分成三个领域：第一个领域是社会主义国家和世界社会主义体系，属于这一领域的矛盾的有刚刚完成向社会主义过渡的国家中的矛盾、胜利了的

---

① 《苏联共产党纲领》，《苏联共产党第二十二次代表大会文件汇编》下册，人民出版社1961 年版，第 1377 页。

社会主义国家中的矛盾和世界社会主义体系中的矛盾；第二个领域是各资本主义国家和整个资本主义体系。在这一领域中，社会进步的源泉是争取通过社会革命解决生产方式中的对抗性矛盾和不可调和的阶级斗争。同时，属于这一领域的矛盾还有帝国主义国家之间的矛盾及其发展的极端不平衡性，资本主义各国内部和国际范围内各垄断集团之间的矛盾，等等；第三个领域是处于民族解放某一阶段上的国家。决定这些国家发展的是两种矛盾倾向的斗争：导致社会主义的进步倾向与在帝国主义列强庇护下培植和巩固资本主义的反动倾向。同时，属于这一领域的矛盾还有帝国主义列强与已经解放的各国人民之间的矛盾，"第三世界"各国之间的矛盾，等等。

苏共中央书记 Б. Н. 波诺马廖夫在《共产主义建设和现时代的基本矛盾》一文中从社会主义与资本主义的斗争就是共产主义社会形态形成和发展的规律这一基本思想出发，指出了现时代辩证法的一系列重要特征：首先是社会冲突和矛盾极端尖锐化，进步势力和反对势力空前两极化，出现了人类进步的异常有利的条件与帝国主义的军国主义政策给人类带来的核战争危险之间的矛盾；其次是现时代的各类矛盾之间的联系更为紧密，更具整体性，也更为复杂；再次，两个体系之间的斗争是以不同的形式展开的，某一国家的内部矛盾和外部矛盾辩证地联系在一起。同时，两个体系之间相互影响，资本主义走向没落，社会主义在向共产主义前进。

此外，一些学者在研究中还强调了社会主义的内部矛盾、资本主义的内部矛盾与现时代辩证法的内在联系。

（二）现代资本主义内部矛盾的辩证法

现代资本主义的内部矛盾既包括资本主义国家的国内矛盾、资本主义国家之间的矛盾，也包括帝国主义与民族解放运动之间的矛盾。苏共纲领以及关于国际共产主义运动的纲领性文件对这些方面都进行了阐述。首先，关于现代资本主义国家的国内矛盾，当时的基本观点是认为国家垄断资本主义作用的加强和经济军国主义化的加剧进一步阻碍了生产力的发展并使资本主义矛盾尖锐化。同时，上述纲领还阐述了科技革命所创造的有利条件与资本主义国家把大部分科技发明和物质资源用于战争目的之间的矛盾；其次，关于资本主义国家之间的矛盾，上述纲领主要阐述了资本主义发展的不平衡性；再次，关于帝国主义与民族解放运动之间的矛盾，上述纲领的阐述主要涉及了帝国主义与民族解放运动之间的矛盾的实质，这一矛盾与现时代的基本矛盾的关系，民族解放运动的道路和形式，民族资产阶级的两重性，民族解放运动发展的两种可能性——社会主义或资本主义等一系列理论问题。

苏联学者们也研究了上述问题，例如 Π. Η. 费多谢也夫的《现时代的辩证法》、《共产主义与哲学》。同时，在 60—70 年代，苏联学者们还进一步研究了现代资本主义社会的阶级结构和阶级斗争的新特点，以及发展中国家的阶级结构等问题。

（三）世界社会主义阵营发展的辩证法

与现代资本主义的内部矛盾的辩证法相对应，社会主义自身也存在着矛盾和发展的辩证法：一方面，存在着社会主义社会内部的矛盾和发展问题，这属于社会主义辩证法的研究领域；另一方面，存在着世界社会主义阵营内部的矛盾和发展问题，这属于现时代的辩证法的研究领域。关于后一问题，苏共纲领及其关于国际共产主义运动的纲领性文件以及苏共领导人的讲话都有所涉及，不过，一些苏联学者的研究更为深入。

在《列宁主义和当代哲学问题》（1970）一书中有专门一节讨论世界社会主义体系发展的辩证法，作者为 Α. Π.（阿·巴·）布坚科。该部分主要讨论了两个方面的问题，一个是世界社会主义体系的形成和发展中的辩证法，另一个是世界社会主义体系中各个国家之间关系的辩证法。关于前一个问题，该书指出在世界社会主义体系的形成和发展过程中存在着两种倾向：个别国家发展的不平衡倾向和组成世界社会主义体系的各国的水平接近和拉平的倾向，其中后一种倾向占主导地位。关于后一问题，该书则主要讨论了社会主义发展的民族性和国际性的辩证法。

其他一些苏联学者则进一步研究了世界社会主义体系内部的矛盾问题。一般认为有三类矛盾：在发展和巩固世界社会主义体系的自然历史过程中产生的内部矛盾；由于违背客观因素和主观因素的辩证法，由于无知、失算和领导机关的失误而产生的矛盾；由于某一国家受到世界帝国主义和国内社会力量的压力而使社会主义制度和社会主义发展规律变形而产生的矛盾，由于政治上的领导力量脱离马克思列宁主义和无产阶级国际主义而产生的矛盾。而解决这些矛盾的基本方式是在无产阶级国际主义和马克思列宁主义的原则基础上日益有效的合作和不断巩固的统一。

（四）在国际范围内社会主义与资本主义阶级斗争的新形式：和平共处、和平竞赛

苏共纲领及其关于国际共产主义运动的纲领性文件认为，在现时代，帝国主义仍然把战争作为维护自己利益的主要手段，而世界社会主义阵营在解决社会主义与资本主义的矛盾上则主张不同社会制度国家的和平共处政策，因为它能够为扩大群众的革命斗争创造最有利的条件。上述纲领性文件认为，由于社会主义力量开始比帝国主义力量占优势，所以保卫和平的斗争在国际政治中愈来愈占有举足轻重的地位。和平共处意味着停止战争；发展不同制度国家之间的经济、外交、科技、文化联系；在经济互动范围内进行和平竞赛；但是在意识形态领域的斗争则需要加强。总之，和平共处并不意味着两个世界体系之间本质性对抗的任何缓和，它在本质上仍然是社会主义与资本主义之间阶级斗争的新形式。

此外，和平共处政策与对现时代世界战争的认识相联系。苏共纲领及其关于国际共产主义运动的纲领性文件认为，现时代的世界热核战争不仅会消灭人类的大部分，而且会使人类大大倒退，使建设社会主义成为遥远的未来。所以，必须加强争取和平的运动与社会主义运动之间的联系，力求避免世界战争。同时，在不久的未来，社会主义与和平的力量将占绝对的优势，在社会主义在地球上没有取得完全胜利之前，仍然存在着把世界战争排除于社会生活之外的现实可能性。

在 60—70 年代，有关和平共处、战争与和平的一系列问题也得到了苏联学者的研究。

（五）从资本主义向社会主义过渡的辩证法及其新形式——和平过渡

苏共纲领及其关于国际共产主义运动的纲领性文件对这一问题的阐述主要有几个方面：

首先，强调了社会主义的普遍性，肯定和阐述了一切国家进行社会主义革命和社会主义建设的共同规律。这些规律有：通过以马克思列宁主义政党为核心的工人阶级领导的无产阶级革命建立无产阶级专政；建立工农联盟；以生产资料公有制代替资本主义所有制；对农业实行社会主义改造；有计划地发展国民经济；进行思想文化领域的社会主义革命；消灭民族压迫；保卫国家；实行无产阶级的国际主义；等等。

其次，阐述了社会主义革命的普遍和特殊的辩证法，并得出以下结论：某一个别国家发生的社会主义革命，首先是这个国家本身发展的结

果；每一国家的社会主义革命都是世界社会主义革命的一部分；每个国家社会主义革命的直接前提可以有很大的不同；社会主义革命的形式将是多种多样的。

再次，阐述了革命历史过程的内容和形式的辩证法，认为在现时代，可以通过和平方式实现社会主义革命。

苏联学者们在这方面也进行了积极的研究。首先是阐发列宁的社会主义革命理论，例如，Б. Н. 波诺马廖夫在 1970 年"列宁主义和世界革命过程"国际理论会议上的报告就讨论了这一问题；其次是研究社会主义革命的一系列具体问题，例如 П. Н. 费多谢也夫在其著作中讨论了各种革命力量与共产党队伍的统一，向社会主义革命过渡的具体道路和多种形式，民主和民族革命转变为社会主义革命的辩证法，革命、战争与和平共处的关系，历史过程的不平衡性与世界发展的上升线和下降线的辩证法等问题。在 70 年代初，Ю. А.（尤·安·）克拉欣、Ф. И. 扎哈罗夫等人在论著中也研究了社会主义革命问题。70 年代后期这方面的代表作则有 М. М. 罗森塔尔的《列宁的帝国主义论与现时代的辩证法》（1976），П. Н. 费多谢也夫的《20 世纪的马克思主义》（1977 年第 2 版）。

（六）社会主义向共产主义过渡的辩证法

苏共纲领及其关于国际共产主义运动的纲领性文件对这一问题的阐述主要有两个方面：

首先，阐述了什么是共产主义。苏共 22 大通过的纲领指出："共产主义是具有单一的生产资料全民所有制的、社会全体成员享有充分的社会平等的，无阶级的社会制度，在那里，随着人们的全面发展，生产力在科学和技术不断发展的基础上也不断发展，一切社会财富的源泉都会充分地涌现出来，'各尽所能、按需分配'的伟大原则将实现。共产主义是自由的、自觉的劳动者的有高度组织的社会，在这个社会里，将确立起社会自治，造福于社会的劳动对所有的人来说，都会成为生活的第一需要，成为认清了的必要，每一个人的才能的运用都将最有益于人民。"①

其次，强调了社会主义向共产主义过渡的辩证法的一些主要的方面：建立共产主义的物质技术基础，对社会主义的社会关系进行共产主义的改

---

① 《苏联共产党纲领》，《苏联共产党第二十二次代表大会文件汇编》下册，人民出版社 1961 年版，第 1426—1427 页。

造；培养共产主义新人；等等。

苏联学者们的两部集体著作《共产主义建设的某些理论问题》（1960）、《从社会主义到共产主义》（1962）则不仅是探讨社会主义意识和社会主义文化的代表作，而且是探讨社会主义向共产主义过渡辩证法的代表作。

四　人和人道主义

对人和人道主义问题的研究是 70、80 年代苏联马克思主义哲学研究的"显学"之一。[①] 在 50 年代之前，苏联哲学中对人的问题的研究很少，根据 М. И. 彼德罗相在其著作《人道主义》（1964）中的统计，当时研究这一问题的只有 7 篇论文。50 年代中期之后，苏联关于人和人道主义的论著开始增多。由于 1961 年苏共 22 大把人道主义的内容写进了苏共纲领之中，当时掀起了一个宣传人道主义的高潮。"人道主义"、"异化"等条目在 60 年代初开始收进《哲学辞典》等工具书中。从 60 年代后期开始，尤其是 70、80 年代，出现了数量众多、质量上乘的研究人和人道主义问题的论著，同时还召开了许多相关的理论会议。具体而言，这方面的研究可以概括为以下几个方面：

（一）马克思主义哲学与人的问题

首先，人的问题在苏联马克思主义哲学研究中的兴起是有其复杂的历史原因的，苏联学者们也对此进行过论述。第一，对人的问题的重视和研究是 20 世纪国际哲学界的一个潮流，而这一潮流有其深刻的社会历史原因。现代科学技术的发展改变了人的存在的条件，一方面，人对自然界的统治力量大大增强了；另一方面，这种力量又有可能摆脱人的控制，反过来威胁到人的生存和人的精神生活。这就使人的价值、人性、人与自然的关系等问题突出了出来。第二，在国际性的研究人的思潮中出现了一种观点，认为马克思主义哲学是"科学中心论"，忽视了人的问题，甚至是"人学的空场"。还有一些"西方马克思主义者"主张用"哲学人本学"、关于"一般人"的哲学理论和"抽象人道主义"来取代马克思主义哲学。

---

① 关于这方面的研究，参见贾泽林等编著《苏联当代哲学（1945—1982）》，人民出版社 1986 年版，第四章；В. Е. 叶夫格拉弗夫主编《苏联哲学史》，商务印书馆 1998 年版，第 61—64、242—246 页。

为了反对西方学者的这些指责和企图，也需要阐明马克思主义关于人的理论。第三，研究人的问题也是社会主义建设理论和实践的需要。当时的苏共纲领已经把共产主义新人的培养看作由社会主义向共产主义过渡的重要内容之一，这就要求研究关于人的全面发展的一系列问题。一些苏联学者还提出，向共产主义过渡的过程同时是一个从自然必然性王国向自由王国过渡的过程，社会进步的目标将从物质生产的发展转变为每个人的个人能力的全面发展，这种转折也说明了不仅在苏联而且在全球范围内人的问题引起关注的深刻背景。

其次，对人的问题的研究不仅是一个迫切的课题，而且是一个综合的课题，需要许多学科的参与。经过 70、80 年代的发展，苏联逐渐形成了理论人学和实践人学的复杂的多分支系统，并且对自然科学和社会科学、技术和人、医学和教育、人的科学认知和审美活动之间的联系不断有新的认识。同时，这也提出了一个问题——在研究人的问题上哲学所具有的特点及其与其他学科的关系。一些苏联学者对此做出了论述。例如，Ф. В. 康斯坦丁诺夫认为，社会科学的各个分支都提出或阐明人的问题的某一方面，只有哲学阐明整个人的问题，揭示人的本质和人存在的规律性。另一些学者则强调具体科学揭示的是人作为一个经验个体的特征，而哲学则把人作为一个"类"存在物来研究。还有人提出，哲学不仅要揭示人的外部世界，而且要揭示人的内部世界，即人的内在的、意识的活动，精神—意志的组织以及道德本性的机制。

再次，哲学研究人的问题的另一个理论前提是科学与价值的关系。这一问题与苏联对价值理论的研究相关。50 年代以前，苏联哲学界仅把价值看作属于伦理学和美学的范畴。1960 年出版的 В. П. 图加林诺夫的著作《论生活和文化的价值》开始探讨马克思主义价值论。1967 年出版的 О. Г. 德罗伯尼茨基的《马克思主义哲学的价值理论问题》也讨论了这一问题。1972 年版的 Ф. В. 康斯坦丁诺夫主编的《马克思列宁主义哲学原理》也专门讨论了知识与价值的关系。苏联学者们讨论了价值的定义，价值与科学的关系，并提出科学与价值统一的基础是人的实践。在价值论研究的基础上，一些苏联学者指出，价值范畴的意义就在于它与主体、自由、创造这一方面的紧密联系，因而对于说明人的本质是不可缺少的。

同时，对人的问题的研究涉及的另一个重要问题是哲学基本问题与人的关系，这是前文所述的"本体论派"与"认识论派"争论的焦点之一。

例如，П. В. 科普宁认为，世界观的对象是人与世界的关系问题，或者说主体与客体的关系问题，哲学基本问题从属于这一问题。П. В. 科普宁的观点受到了"本体论派"的批评，例如，Ф. В. 康斯坦丁诺夫主编的《马克思列宁主义哲学原理》认为人的问题尽管在哲学中占据中心地位，但它不能决定哲学研究的方向是唯物主义还是唯心主义，因而不能看作哲学基本问题。

最后，也是带有总结性的一个问题是人在马克思主义哲学中的地位。苏联学者们一方面驳斥了认为马克思主义哲学是人学空场的观点；认为在传统的历史唯物主义理论中人就是一个重要的、具有首要地位的课题；马克思主义哲学揭示了人在世界上的真正使命和角色，以及其作为历史存在物与现实的关系；只有从马克思列宁主义的立场出发才能正确地理解人的真正本质、人的内心世界、人的生命的含义、人的生活方式以及人的发展。

另一方面，关于人在马克思主义哲学中应当处于什么样的地位，苏联学者们存在着分歧。一种观点认为，人的问题仅仅是哲学的特殊领域；同时，历史唯物主义已经为一种完备的人的学说奠定了基础。另一种观点认为，人的问题渗透于哲学的一切方面，是哲学的中心问题，以往的历史唯物主义研究恰恰忽视了人这个中心。而且，人不仅是历史唯物主义的中心，也是辩证唯物主义的中心，要把作为认识主体和实践主体的人的学说的辩证唯物主义与作为社会关系的综合和个性的人的学说的历史唯物主义结合起来。例如，П. В. 科普宁认为，在马克思主义哲学中没有自然哲学和社会哲学的划分，它是一种以人为中心的统一的世界观。还有人提出，作为实践哲学的马克思主义同时就是人的哲学。一些学者还以人的问题为中心对辩证唯物主义做出了新的解释。需要指出的是，虽然到了 80 年代持后一种观点的苏联学者人数众多，但是一直没有成为苏联官方认同的主流观点。

（二）对人的哲学思考

首先是对人的活动本质的探讨，即从活动、实践、劳动出发规定人的本质。这包括以下内容：第一，苏联哲学界一般把活动与实践、劳动当作同义词来使用，但也认识到三者之间的差别，尤其是活动在外延上比实践、劳动更为广泛；第二，关于人的本质，М. С. 卡冈在其著作《人的活动》（1974）中提出，活动是人的存在方式，可以把人定义为"活动的人"，而人的活动是主体指向客体或其他主体的能动性。Л. П. 布耶娃在其著作《人：活动和交往》（1978）中也肯定了活动是人的存在的特殊方式和人的能动性的特殊形式，但是她主张从对象活动、社会关系的总和、对象世界和意识四者的辩证统一出发来规定人的本质；第三，关于活动的要素，М. С. 卡冈认为有主体、客体、能动性三个要素。布耶娃则认为有主体、对象、手段或工具（技术系统）三个要素；第四，关于活动与社会关系的关系，布耶娃认为：活动是过程，社会关系是条件；活动是原因，社会关系是结果；活动是内容，社会关系是形式；与社会关系相比，活动是揭示人的本质的更重要的范畴。其他苏联学者则指出，社会关系体系指的是对象化、客体化了的人的本质，不应把它直接等同于人的本质；第五，关于活动的类型，М. С. 卡冈把活动分为改造活动、认识活动、价值—定向活动、交往活动以及作为四者综合的艺术活动。心理学家 Л. С. 维果茨基和 С. Л. 鲁宾斯坦则把活动分为游戏、学习和劳动三类。其他的分类还有：劳动、交际、认识；实践活动和精神活动；生产活动、社会政治活动、精神活动；等等。

其次是对人的社会本质的探讨。苏联学者们对于马克思关于人的本质是一切社会关系总和的命题有着不同的理解，不过，他们在讨论中在以下几个方面基本上达成了共识：第一，不应把社会关系和人的活动割裂开来并把社会关系理解为某种在人之外或者凌驾于人之上的抽象实体，而应把社会关系理解为人的活动的具体历史形式；第二，人不仅是社会关系的产物和承担者，而且是社会关系的主体和创造者。那种把人看作社会舞台上的消极"角色"的资产阶级庸俗社会学观点，以及把人和社会等同，把人看作人格化的社会关系的观点都是片面的；第三，必须全面理解人的社会本质，不能把社会关系仅看作生产关系。例如，Л. П. 布耶娃认为，人的社会本质有客观方面和主观方面。客观方面即人在社会中的具体地位，人对各种社会共同体的归属性。其中阶级、民族—种族、职业的归属性，以及由各种人口学特征（性别、年龄等）所产生的客观联系和依赖性，在人的社会本质形成中起主要作用。而家庭、教育团体、劳动团体等其他共同体形式也起重要的作用。人的社会本质的主观方面则是指社会关系的心理方面，它表现在情绪、理智和意志的反应的整个系列之中；第四，要重视交往问题的研究。交往是现代社会心理学的一个重要范畴，原意是指个人之间的关系。苏联哲学界一般把交往区分为广义和狭义，广义的交往是指社会关系，狭义的交往取其原意，是社会关系的个性化形式。社会关系与狭义的交往是一般和个别的关系，前者决定了后者的内容和方向，同时，后者又具有相对独立性，与个人的性格、社会经验和能力相关。苏联哲学界还强调了不能用狭义的交往来代替社会关系，这样会把社会关系主观化；第五，不能把社会关系归结为阶级关系，但是在阶级社会中，阶级关系又是社会关系的决定性的本质的方面。此外，苏联学者还在讨论人的社会本质的基础上进一步探讨了个体与社会、个人和阶级、个人和社会经济制度、个人和民族关系、个人与民主和纪律、个人和集体、个人生活、家庭等问题。

再次是对人的生物性与社会性的关系的探讨，这是 70 年代后期和 80年代初的一个热点问题。由于现代科学技术的发展，尤其是现代生物学在遗传密码的判读、基因的人工合成以及遗传工程等方面的进展，形形色色的生物决定论开始在西方国家复活和滥觞，一系列伦理问题和社会问题也凸显出来。苏联学者们围绕着人的生物性与社会性的关系问题，从哲学、心理学、生物学、社会学、医学等各个角度出发，进行了广泛而深入的探讨。这方面的代表作有论文集《人的发展中的生物因素和社会因素》(1977)，K. E. 塔拉索夫的著作《人的生物学的社会决定性》（1979），И. T. 弗罗洛夫的著作《科学进步与人的未来》（1975）、《人的前景》(1979)。

苏联学者们在这方面的基本观点是：第一，人的自然本性包括生物属性是历史的前提之一；第二，人的社会因素的形成以生物因素为前提，但是从生物因素出发不能直接形成社会因素，社会因素是人的活动，尤其是物质生产活动的产物；第三，在人成为社会存在物之后，人仍然属于自然界，自然因素包括生物因素仍然参与决定人的发展过程；第四，在人的社会因素形成后，它会对人的自然因素产生决定性的影响，在这个意义上说，人的自然本性也是历史的产物；第五，人的生物因素与社会因素的关系本质上是物质世界的不同层次、物质运动的不同形式之间的关系。社会因素这种较高的层次以生物因素这种较低的层次为前提，同时又包含和改造生物因素。社会因素是人的发展中的主导因素。

除了上述基本认识，苏联学者们关于这一问题的探讨还包括：第一，关于人类进化和发展过程中的生物因素与社会因素的关系，H. П. 杜比宁提出了"两种继承理论"，认为人类进化和发展过程中既存在着"生物继

承"，又存在着"社会继承"，其中"生物继承"是通过遗传程序进行的，
"社会继承"是在遗传程序之外进行的；第二，探讨了个人行为中社会因
素与生物因素复杂的相互作用问题；第三，一些心理学家强调了人的心理
因素在人的生物因素与社会因素之间的中介作用；第四，一些学者提出，
在人的发展过程中生物因素与社会因素的地位和作用是不断变化着的；第
五，И.Т.弗罗洛夫的《人的前景》探讨了现代生物学发展所带来的一系
列哲学问题，等等。

　　同时，人的个性问题也引起了高度的重视。个性一直是心理学研究的
对象。对人的哲学探讨必然要涉及个性，因为个性是人的本质在具体个人
身上的实现，是人的一般本质的个别形态。同时，存在主义哲学家萨特在
其《辩证理性批判》中批评马克思主义是个性问题的"空场"，这一批评
也成为苏联学者研究个性问题的动力之一。苏联学者们的研究包括以下
内容：

　　第一，在如何界定个性概念的问题上，苏联学者们首先区分了个性、
个体和个人特性这三个概念。М.С.卡冈认为，个性是指个人的社会面
貌，个体是指个人的解剖—生理特征和主要由遗传决定的心理特征，个人
特性是个体和个性的统一。用个性概念表示个人的社会特征，苏联哲学界
在这一点上较为一致。关于个体和个人特性概念，许多学者不同意М.С.
卡冈的观点。一些学者认为，个体这一概念不是与个性相对应的，而是与
整体相对应的，它表示的是作为某个整体（生物的类或社会集团）的个
别代表的个人。个人特性则是指某个人区别于其他人的，使他成为某一具
体个人的特殊内容。个人特性既包含生物特质，也包含社会特质。

　　第二，尽管苏联哲学界一般认为个性是指个人的社会面貌，但并不否
认个性中的自然因素和生物因素，因为人的生物因素和社会因素本来就是
联系在一起的。例如，Б.Г.阿纳尼耶夫认为，气质是性格的自然基础，
禀赋是才能的自然基础，本性中需要的结构是行为动机和利益的自然
基础。

　　第三，个性的核心问题是个人与社会的关系。苏联学者们关于这一问
题的基本认识是：一方面，个性是社会关系的产物，社会关系对个性的形
成具有决定作用；另一方面，个性又具有相对独立性，这体现在个性所具
有的主体性、自由性和差异性等方面：其一，个性形成的基础是主体的活
动，个性就是一种具体的主体性；其二，自由是个性的基础，个性中包含

着自由与必然的辩证法；其三，不能把个性归结为社会性，每个人都是一个具体的、不可重复的个体。

第四，苏联学者们也探讨了个性的全面、和谐发展的问题，他们的基本观点是：其一，个性的全面、和谐发展的依据是人的属人的质的多样性和整体性，个性的全面、和谐发展是人的本质在每个人身上的真正实现；其二，实现个性的全面、和谐发展的历史条件是对立的阶级结构的消灭，个人活动领域的整体化，人的活动和人的社会职能形式的多样性和内容的丰富性；其三，活动的多样化不仅是个性全面发展的条件，也是个性全面发展的真正含义。活动的多样化不仅指掌握多种职业技能，而且指人的各种潜能的发展。M. C. 卡冈把人的潜能分为五种：认识论的、价值论的、创造的、交际的、艺术的。他认为一个人虽然不可能掌握五种活动的无限多样的具体形式，但是可以创造使个人加入任何一种活动的条件，从而具备发展其一切潜能的可能性；其四，有学者提出艺术按其本性来说最适合培养全面发展的个人，等等。个性的全面、和谐发展是人的全面发展的本质内容，它与培养共产主义新人、向共产主义过渡的问题密切相关。这方面的研究还涉及了社会主义类型个性的形成、在社会主义制度下科技革命为人的全面发展所提供的条件、培养全面发展的人的途径等问题。

此外，对人的哲学思考还涉及了人性中的共性这一重要的理论问题。50 年代后期，苏联学者们讨论了道德领域和审美领域中的全人类因素问题并确认了这种因素的存在。一些苏联学者还进一步提出了研究人性中的共性或共同人性的问题，并认为这方面的研究有利于对唯心主义和生物决定论的人性观的批判，有利于揭示社会发展中的人类共同因素与反人类因素的斗争，也有利于研究在消灭了阶级对抗的社会主义社会中体现在每个个人身上的一般人类因素。苏联学者们认为，所谓共同人性，从历史的角度看，是指在社会发展过程中人的稳定的属性；从社会结构的角度看，是指不同阶级和社会集团的普遍的属性。"一般人类属性"与人的具体历史属性是辩证的统一。一些苏联学者还提出，阶级属性是"一般人类属性"与人的具体历史属性的中介。

最后，苏联学者们还探讨了与上述对人的哲学思考密切相关的人的主体性和自由等问题。

苏联这一时期出版的探讨人的理论问题的代表作除了上面已经提到的，还有 B. П. 图加林诺夫的《个人与社会》（1965）、З. M. 卡卡巴泽的

《作为哲学问题的人》（1970）、А. Н. 列昂节夫的《活动、意识、个人》
（1975）、Б. Т. 格里高里扬的《关于人的本质的哲学》（1973）、Б. Г. 阿
纳尼耶夫的《现代人学问题》（1977），等等。①

（三）人道主义和异化

这方面的研究主要有以下内容：

首先，关于人道主义的含义。苏联哲学界一般认为，人道主义有广义
和狭义之分，狭义的人道主义是指文艺复兴时期出现的一种要求满足人的
尘世欲望的思潮。广义的人道主义则是一种源远流长的社会思潮，也是人
类精神文明的重要成就，其基本内容是：（1）肯定人的尊严，确认人是
最高的价值，是社会发展的最终目的；（2）重视人的现世幸福，确认人
具有尘世的需要和才能，这些需要和才能应当在尘世生活中得到充分的满
足和发展；（3）承认具体的个人的价值，要求实现个人的物质幸福和个
性的全面、和谐、自由的发展；（4）要求建立人与人之间相互尊重的真
正人的关系；（5）推崇人的智慧和创造能力，等等。广义的人道主义在
历史发展过程中主要经历了三个阶段：古代人道主义、资产阶级人道主义
（始于文艺复兴时期的狭义的人道主义，后来主要发展为两个派别：以 18
世纪法国启蒙哲学为代表的资产阶级人道主义和 19 世纪初空想社会主义
的人道主义）、社会主义人道主义。人道主义问题同样是一个跨学科的、
综合性的研究课题。

其次，关于马克思主义和人道主义的关系。在苏共纲领的指引下，苏
联哲学界认为人道主义是马克思主义世界观的一个组成部分，甚至有人认
为它是马克思主义的"实质"和"核心"。马克思主义被称作"真正的人
道主义"、"人道主义的新的最高形式"，等等。还出现了"马克思主义人
道主义"、"社会主义人道主义"、"共产主义人道主义"、"革命的人道主
义"、"无产阶级的人道主义"等大同小异的术语。苏联哲学界还认为，
马克思主义人道主义的特点是：第一，具有科学性，即第一次从历史发展
的客观规律中引出人道主义原则并使其与唯物史观相结合；第二，具有
现实性和实践性，即不是关于人的幸福的抽象理想，而是为消灭使人受到
非人待遇的社会条件而进行的实际革命斗争；第三，具有党性和阶级性，

---

① 关于这方面详细的书目，参见 В. Е. 叶夫格拉弗夫主编《苏联哲学史》，商务印书馆
1998 年版，第 62—64 页注释、第 243 页注释。

即以无产阶级为阶级基础，把人道主义与消灭私有制的阶级斗争、与在社会主义条件下向共产主义过渡联系起来。总之，马克思主义人道主义是科学的人道主义、现实的人道主义、无产阶级的人道主义，以及爱国主义和国际主义的统一。关于马克思主义在何种意义上是一种人道主义，一些苏联学者论证道：马克思的共产主义学说就是一种人道主义理想，是从马克思关于人是最高价值的原则中直接引申出来的。

我们认为，苏联哲学界关于马克思主义与人道主义关系的理解存在着严重的片面性，其基本观点是把人道主义与社会主义这一概念等量齐观，把马克思主义看作人道主义的一种形式，这就背离了马克思主义对人道主义这一意识形态既有继承又有批判的科学态度。马克思主义的人道主义不是马克思主义的实质和核心，而只是其哲学世界观的一个被扬弃过的组成部分。马克思主义的共产主义理论也不是从人道主义原则中直接引申出来的。在苏联的后斯大林时期，无论是苏共纲领，还是苏联哲学界，在人道主义问题上的主要错误就是只看到马克思主义与抽象人道主义的联系，没有看到它们之间的本质区别，没有划清马克思主义与抽象人道主义的界限。这也体现了苏联理论界一贯的形而上学思维方式的影响。这一错误所导致的理论上的混乱在苏联的改革时期造成了严重的后果。

再次，与人道主义问题密切相关的是对人的价值和使命的探讨。

关于人的价值，涉及两个层面，一个是在个人与社会的关系中体现出来的个人价值；另一个是在个人与个人之间的比较中体现出来的个人价值。

关于在个人与社会的关系中体现出来的个人价值，苏联 50 年代之前的一种传统观点是把人看作社会机体上的一个"螺丝钉"以及社会进步的普通工具。这种观点在后斯大林时期受到了批评。70、80 年代的苏联学者普遍认为，在社会发展的一定阶段，类（社会）的发展以牺牲个体的利益为手段，而从社会发展的总趋势来看，在社会主义和共产主义条件下，社会进步的目的是人本身，是个人的全面发展。苏联学者们还认为这一思想奠定了马克思主义人道主义的基础。例如，Π. H. 费多谢也夫指出，物质的、经济的条件是个人生活和发展的最主要的和决定性的条件，但是马克思主义决不把改造这些条件的活动看作目的本身，马克思列宁主义的社会主义改造和共产主义改造的理论和实践目的，过去和现在从来都是人。И. Т. 弗罗洛夫认为，从生物意义上讲，个人只能是整个类的手段，大自然对个人是漠不关心的。然而，正是大自然失去兴趣的地方，社会的兴趣才不断增长，个人的个性发展正是人类存在和发展的目的和手段。还有学者强调，人作为社会活动的主体和客体，既是社会进步的目的，也是其手段。

关于在个人与个人之间的比较中体现出来的个人价值，也涉及了两个问题。一个是人的尊严，即个人作为人类的一员所应当受到的尊重。例如，А. Ф. 施什金认为，人的尊严意味着个人本身的价值，不论社会地位、职业、民族、肤色等如何，任何个人都跟其他人是平等的。另一个问题是个人作为社会的一员所发挥的作用，在这方面有益于社会的活动成为衡量个人价值的标准。

人的使命，即人生活的意义问题与人的价值和人的本质问题紧密相关。在人的使命问题上，苏联学者们区分了两种观点，一种是超验论，主张生活的意义在于彼岸世界；另一种是内在论，主张生活的意义在于生活本身。苏联学者们认为马克思主义对人的使命的认识属于内在论。同时，在内在论的范围内，对人的本质的不同理解也决定了对人的使命的不同认识。苏联学者们一般认为人的使命在于创造性、建设性的劳动，并以每个社会成员的全面发展为目的。此外，苏联学者们也对人的生命的意义给予了足够的重视。И. Т. 弗罗洛夫还试图通过生物学、社会理论和人道主义原则的结合来确定生命的尺度。

同时，与人道主义相关的另一个重要问题是对异化范畴的理解。苏联哲学界一般从人的活动的能力和产物（包括社会关系）对人的统治的角度来规定异化。例如，П. В. 科普宁认为，人们有意识的实践活动的产物不仅可以转化为独立的客观现实，而且可以成为敌对于和异己于人们的力量，由此产生了作为意识产物对象化的特殊形式的异化。同时，苏联学者们也指出了异化范畴的复杂的多重含义。例如，有人强调异化是对人的本质力量的压抑。有人认为马克思在其后期著作中在对抗性的社会矛盾的意义上使用异化范畴。还有人认为异化是资本主义所特有的现象，即依靠生产主体失去其人的特性来实现社会物质生产的全面发展。关于异化的表现形式，苏联学者们列举了经济领域的商品和商品拜物教，政治领域的国家，精神生活中的宗教，等等。不过，有人反对把国家看成异化的形式。关于社会主义条件下的异化问题，苏联学者们一般认为在社会主义条件下存在着资本主义的残余所带来的异化现象，但是社会主义制度本身并不产生异化。

还有一个问题是异化范畴在马克思主义哲学中的地位，这是苏联马克思主义哲学史研究中讨论的一个热点问题。这方面涉及的问题有：第一，如何评价马克思《1844年经济学哲学手稿》中的"劳动异化"理论？在这方面苏联哲学界的主流观点认为"劳动异化"还是马克思不成熟的思想，还只是一种不科学的人本主义学说，但是也存在着不同意见；第二，在马克思思想成熟时期的著作中，异化是一个哲学概念，还是经济学概念？这方面也存在着争论；第三，异化范畴是否可以被替代和舍弃？这方面同样存在着争论。一种观点主张舍弃异化这一概念，另一种观点则认为异化范畴是马克思主义理论中不可缺少的组成部分，甚至是体现马克思共产主义思想本质特征的一个范畴。后一种观点显然是和苏联关于人道主义的某些认识联系在一起的，如果不能划清马克思主义与抽象人道主义的界限，就必然错误地把异化范畴作为马克思主义哲学的核心内容。

除了上述问题，后斯大林时期对人道主义问题的讨论还涉及了人道主义与科学、文化、道德的关系，革命的暴力等问题。而这一时期研究人道主义问题的代表作首推 А. Г. 梅斯里夫钦科等苏联、保加利亚、波兰、罗马尼亚、捷克等国学者集体编写的著作《马克思列宁主义哲学中的人道主义问题》（1975）。此外还有 П. Н. 费多谢也夫的《社会主义和人道主义》（1957）、М. И. 彼德罗相的《人道主义》（1964）、В. И. 科索拉波夫的《自由和责任》、В. В. 凯舍拉瓦的《真假人道主义》（1973）、С. И. 波波夫的《社会主义和人道主义》（1975）等著作。

（四）全球性问题

在70年代后期和80年代，苏联学者们研究了与人，尤其是与人的未来密切相关的全球性问题。[①] 苏联学者们在这一领域发表了大量论著，《哲学问题》杂志还以"人及其生存环境"、"科学与现时代的全球性问题"、"人的社会哲学问题"等为主题组织过多次讨论。苏共中央也曾在

---

① 关于这方面的研究，参见贾泽林等编著《苏联当代哲学（1945—1982）》，人民出版社1986年版，第四章，第4节；В. Е. 叶夫格拉弗夫主编《苏联哲学史》，商务印书馆1998年版，第63—64页。

一些决议和文件中对这一问题给予过关注。

苏联学者们所讨论的全球性问题主要有两类，一类是国际关系方面的，另一类是人类与自然界关系方面的。属于国际关系方面的问题有：防止热核战争的爆发，缓和国际紧张局势，裁减军备和武装力量，克服发展中国家经济落后的状况，在国际关系中确立各国人民的主权和平等以及公正和互利的原则。属于人类与自然界关系的则主要涉及了人类与自然界的相互作用中所产生的危险的不平衡现象，以及合理地利用人类生命活动所必需的自然条件的问题。其中特别尖锐的问题有：地球上人口数量的膨胀，居民所需食品的缺乏（粮食问题），能源和自然资源的迅速消耗，工业和都市化所造成的环境污染，以及各种传染病和多发病等威胁人类健康的问题，等等。苏联学者们认为，全球性问题是一个整体，其中居于首要地位的是和平和裁军问题。

苏联学者们还指出了全球性问题的特点和意义。即这类问题与现时代，与现时代所特有的生产和经济生活的国际化，与现代社会历史进程的矛盾，与这一进程各方面的错综交织和相互作用是紧密联系在一起的。这类问题的特点在于它们具有全世界规模，在于它们直接触及各国人民、各社会集团的利益和世界文明的命运。同时，这并不意味着全球性问题是某种超阶级和超民族的东西，相反，它们首先触及的正是工人阶级和千百万劳动人民的切身利益。不同阶级和社会制度的代表人物从不同的立场和世界观出发，对这类问题的态度是不同的。解决全球性问题，需要各国人民、学者和社会活动家共同努力，进行深入的哲学思考和广泛的国际合作，制定可靠的、有科学依据的长远战略。

关于如何解决全球性问题，苏联学者们还提出了一系列重要观点。这些观点包括：第一，批判了罗马俱乐部等西方未来学组织解决全球性问题的方案，主张从马克思主义的立场和观点出发来解决全球性问题；第二，强调只有通过国际合作才能解决全球性问题；第三，认为解决全球性问题的长远战略也就是实现共产主义的战略，只有共产主义的实现才能使全球性问题得到完全和彻底的解决；第四，主张把人和人的未来问题作为解决全球性问题的理论出发点，坚持科学观点、社会观点与人道主义相结合的原则，从而科学地认识和评价现代科学技术及其后果；第五，主张把系统原则作为解决全球性问题的方法论基础之一，并提出创立"生物经济学"、"全球生态学"等交叉学科；第六，主张研究全球性问题的哲学方面，例如研究全球性问题与科学世界观，全球性问题的文化历史意义，全球性问题的科学方面和社会方面，全球性问题与人类文明的未来等一系列问题。

与西方未来学对全球性问题的关注有所不同，苏联学者们对全球性问题的关注是与苏联共产党赋予苏联理论界的全面研究向共产主义过渡的理论任务相联系的。所以，当时的苏联学者们不仅关心全球性问题，而且对解决全球性问题充满信心，对人类的未来充满希望，这也体现了苏联在研究和解决全球性问题上所具有的异常有利的历史条件。不过，对全球性问题的关注和对人类未来的责任感如果不是建立在科学世界观的基础上，而是建立在抽象人道主义原则的基础上，就会造成一种理论上的空想主义和实践上在国际关系领域中的投降主义，这在苏联改革时期戈尔巴乔夫提出的国际关系"新思维"中有明显的体现。

除了上述问题，与人和人道主义相关的另一个重要问题是"社会主义生活方式"，苏联学者们也对其进行了探讨并指出与资产阶级生活方式相区别，社会主义生活方式的特征是集体主义、人道主义、国际主义、社会乐观主义，等等。①

综上所述，苏联后斯大林时期马克思主义哲学研究还是取得了很大成就，值得我们进一步学习和研究的领域至少有以下一些方面：马克思主义哲学史研究，自然科学的哲学问题研究的某些方面，作为逻辑、认识论和方法论的辩证法的研究，对唯物辩证法的系统阐述，系统理论研究，社会主义文化研究，历史唯物主义研究中的某些交叉学科以及对历史唯物主义的系统阐述，社会主义辩证法研究，现时代世界社会历史发展的辩证法研究，社会主义向共产主义过渡问题研究，人和人道主义研究，等等。

同时，如何看待从十月革命到20世纪80年代苏联马克思主义哲学发展过程的总体特点也是一个重要的问题。一些苏联学者对此做出了总结：在过渡时期，主要形成了对辩证唯物主义和历史唯物主义框架的整体理解，并为其系统阐述奠定了基础；在斯大林时期，主要出现了一个马克思主义哲学理论的结构分化成各个部分的过程；在后斯大林时期，除了深入

---

① 关于这一问题的研究，参见 B. E. 叶夫格拉弗夫主编《苏联哲学史》，商务印书馆1998年版，第63、246页。

研究个别部分和问题之外，作为统一整体的马克思主义哲学则依照科学和社会实践的需要、依照为共产主义斗争的现实任务，在其研究对象进一步具体化、对其所有组成部分、其原则与功能的统一进行系统思考和整合的基础上，在更广阔的领域中得到了发展。①

---

① 　参见 B. E. 叶夫格拉弗夫主编《苏联哲学史》，商务印书馆 1998 年版，第 79—80 页。

第 十 章

马克思主义哲学的苏联化形态在苏联的进一步演变:改革时期的苏联马克思主义哲学(1986—1991)

苏联的改革时期是一个政治和社会生活发生急剧变化的历史时期。在苏联的改革初期,以戈尔巴乔夫为主要领导人的苏共中央的确是把完善和发展社会主义作为其基本的出发点,当时的某些改革措施也具有积极之处,对此不能一概否定。同时,导致后来错误的改革路线的一些因素和苗头也已经出现并不断发展着。以 1990 年苏共 28 大上戈尔巴乔夫的人道的、民主的社会主义的确立为标志,苏联的改革发生了变质,由社会主义的改革变成了对社会主义的颠覆和向资本主义的和平演变。就资本主义制度在苏联境内的复辟而言,戈尔巴乔夫等人的确达到了他们的目的。然而,这不过是表明了戈尔巴乔夫等人对苏联社会主义事业的叛离和对苏联无产阶级和劳动人民根本利益的背离。而且,与之伴随着的是苏联国民经济的崩溃、社会的动荡和统一的多民族联邦的解体。本章将继续考察在这样一个动荡的历史时期苏联马克思主义哲学的命运。

第一节 苏联改革初期对马克思主义哲学的反思和变革

一 苏共改革方针的提出与马克思主义哲学的新任务

如前所述,苏联共产党进行改革的决心主要来自于 70 年代后期以来经济增长速度趋于缓慢以及社会生活的停滞所带来的压力。1986 年 2 月召开的苏共 27 大是一次改革的动员大会。1987 年 1 月召开的苏共中央全会则为改革制定了基本方针。戈尔巴乔夫在这次会议的报告中认为，苏联所出现的一系列经济和社会问题的根源在于苏联的社会主义理论落后于时代，因此苏联改革的关键是对传统社会主义理论的突破；苏联改革最重要的动力则是广大人民群众的积极性；为了调动广大人民群众的积极性，发扬社会主义民主应当成为推动改革的基本手段。换言之，戈尔巴乔夫等人为苏联改革确立的基本方针是：以革新社会主义理论为前提，以政治改革为先导，政治改革与经济改革相互促进。

既然改革依赖于理论的革新，而哲学又处于苏联理论领域的中心地位，所以当时的苏共中央对苏联哲学，尤其是马克思主义哲学提出了新的要求。[1] 从 1985 年 4 月的苏共中央全会、1986 年的苏共 27 大，到 1986 年 8 月苏共中央就《共产党人》杂志所做的决议，以及 1986 年 10 月的全苏社会科学教研室主任会议，苏共中央都对苏联哲学界提出了严厉的批评。这些批评所指出的苏联哲学界的问题有：理论脱离实际，缺乏创新的勇气，工作作风腐朽——教条主义、派别主义、互相吹捧和自吹自擂盛行，成果不尽如人意，等等。

苏共中央还对哲学界提出了三项基本任务。当时的苏共中央的一个基本认识是：克服苏联社会发展中的停滞现象，一要靠社会主义制度，二要靠科学技术发展，三要靠调动人的积极性。从这一认识出发，苏共中央要求苏联哲学界重点研究三个方面的课题：第一，社会主义社会在新的历史发展阶段的辩证法。与这一领域相关的问题有苏联的社会发展动力，列宁在苏联建国初期关于社会主义理论和实践的探索，辩证法理论，等等；第二，科学技术进步的社会哲学和方法论问题。属于这一领域的问题有科学技术的某些具体理论问题、科学技术的社会影响、计算机和人工智能涉及的理论问题、对技术和工艺最新领域的哲学研究，技术科学和工程设计的方法论，等等；第三，与在社会的前进发展中人的因素的作用不断增长相关的问题。属于这一领域的问题有人的各种品质和能力，人的创造性活动及其条件，全面调动人的积极因素的途径和方法，对人的综合研究，等等。

---

① 关于苏联改革初期马克思主义哲学发展的基本状况，参见安启念《苏联哲学 70 年》，重庆出版社 1990 年版，第五章；安启念：《俄罗斯向何处去——苏联解体后的俄罗斯哲学》，中国人民大学出版社 2003 年版，第二章。

二　对苏联 70 年哲学发展的反思

1987 年苏共中央一月全会之后，苏联理论界的一个重要活动就是对苏联社会主义历史的全面反思，在反思中出现了一种对苏联社会主义建设的历史成就给予全盘否定的倾向，这一倾向得到了戈尔巴乔夫等人的肯定和支持。这种反思和错误倾向同样出现在苏联哲学界。对苏联哲学 70 年哲学发展道路反思的高潮出现在 1987 年 4 月《哲学问题》杂志组织召开的"哲学与生活"讨论会上。在这次讨论会上，苏联学者们的发言主要集中在以下三个方面：

首先，关于如何看待苏联哲学中存在的问题，尽管有人对苏联 70 年的哲学发展持全盘否定的态度，但是多数学者认为苏联哲学既有积极的方面，又有消极的方面。关于苏联哲学的成就，有学者提出，苏联哲学在认识论、逻辑学、科学认识方法论、哲学史等领域取得了举世公认的成就，出现了不少虽然受到过批判，但富有创造精神的哲学家，例如 Б. М. 凯德洛夫、П. В. 科普宁、В. Ф. 阿斯穆斯、Э. В. 伊利因科夫，等等。关于苏联哲学的不足之处，除了苏共中央所列举的几点，苏联学者们也指出了许多方面的问题。其中《哲学问题》主编 В. С. 谢苗诺夫的发言具有一定的代表性，他主要列举了以下几点：对待问题的简单化；处理问题的专断性；见风使舵、虚与委蛇，形成了一种由权威人士提出指导性意见，由哲学工作者加以解释、论证的"宣布—解释"模式；哲学表述的规范化、义务化、教条化；哲学成了教训人的说教；等等。由于这些问题，哲学削弱了自己的世界观、方法论、批判、预见、革命改造等功能。

其次，关于苏联哲学中存在的问题的根源。苏联学者们普遍认为，根源在于政治对哲学的巨大压力，即苏联哲学始终无法摆脱粗暴的行政干预，而所谓的哲学联系实际，变成了对党的各种决议进行注释和宣传。А. Б. 哈恰图良甚至认为苏联哲学变成了政治的婢女。苏联学者们还认为，哲学的处境不是孤立的，它所承受的压力与整个社会生活中对人的忽视有关。А. В. 马尔古利斯认为，哲学的困难和问题根源于过去半个世纪中"客体方法"作为组织社会生活的种种原则、形式和方法的体系占据了统治地位。而人这个实际的主体仅仅被看成工具，没有被看成社会实践的直接和最高的目的。同时，学者们还探讨了苏联社会生活中对人的忽视这一状况形成的原因。他们普遍认为，20、30 年代苏联国内外的特殊的历史条件是导致这种状况的根本原因。苏联学者们对苏联哲学中存在问题的根源的反思涉及了对苏联哲学为政治服务体制的认识，苏联哲学为政治服务体制中的某些弊端开始被充分认识和批评，这是有积极之处的。但是，苏联学者们的这些反思也存在着片面性，即只看到了苏联哲学为政治服务体制的消极方面，没有看到其积极方面，也没有看到这些积极方面所体现的社会主义思想文化体制的某些基本原则的必要性。

再次，关于振兴苏联哲学的途径，学者们谈到了以下几点：第一，给哲学发展以充分的自由，正确处理哲学与政治的关系；第二，哲学生活的民主化。这方面的反思后来取得了积极的成效。例如，苏联科学院为了促进学术生活的民主化开始制定一系列具体措施；第三，加强哲学界干部的更新换代，这方面的一个值得注意的具体措施是改革了苏联各大学的哲学系的本科生一直由地方党团组织推荐的制度；第四，紧紧把握时代的要求。时任苏联科学院哲学所所长的 H. И. 拉宾认为，当今时代提出了三个层次的要求：在全人类这一层次上，提出了人类在核时代继续生存下去的要求，生活形式多样化的要求和生活形式人道主义化的要求，等等；在个人这一层次上，提出了在所有人自由发展的前提下，个人的自由和全面发展的要求；在社会这一层次上，社会主义社会的要求是在公有制形式多样化的前提下，个人和社会团体进一步发扬其独立自主精神。H. И. 拉宾还认为，这三个层次上的要求给哲学提出了一系列新任务，包括："使哲学人文化"——把人作为社会进步的内在目的、最高标准和万物的尺度；揭示教条主义的认识论和社会政治根源，彻底反对教条主义；恢复辩证唯物主义和历史唯物主义原理和范畴的辩证本质；积极参与构建世界图景；形成世界哲学发展的逻辑和历史图景，以正确判断现有哲学工作的位置及前途；实现辩证唯物主义和历史唯物主义的统一；以及作为首要任务的研究新思维的哲学基础——科学的、辩证的方法论。H. И. 拉宾的这些看法是对苏共中央为马克思主义哲学提出的新任务的进一步阐释和发挥。

三　马克思主义哲学教科书体系的改革

在对苏联哲学史的反思之后，苏联哲学的改革也被提上议事日程。就研究性论著而言，改革并没有立竿见影地体现出来，苏联学者的研究更多地体现为对 70、80 年代的继续，这主要是因为当时哲学领域的工作还处在转变方向的过程中，许多新思想还处在酝酿阶段，其情况类似于苏联

50 年代后半期。另一个重要的原因是，正如我们上一章所考察到的，70、80 年代苏联学者的哲学研究本来所受到的束缚就相对较少，学术民主和学术自由在相当大的程度上已经得到了实现。相对于研究性论著而言，哲学的改革在马克思主义哲学教科书体系的变革方面则体现得较为明显。

苏联哲学界所进行的历史反思的一项重要内容，就是对马克思主义哲学教科书的框架和水平的批评。例如，Т. И. 奥伊泽尔曼认为，哲学教科书的问题有以下几点：往往落后于研究性论著很多年；总是声称一切问题都被经典作家解决过了，忽视了创造性发展的问题；通常不谈论马克思主义哲学领域的分歧；等等。同时，从 80 年代初开始，一些苏联学者就开始对辩证唯物主义和历史唯物主义体系的二分结构提出公开的批评。① 在这些批评的基础上，苏联哲学界开始了对马克思主义哲学教科书体系的改革。

1989 年，著名哲学家，也是戈尔巴乔夫的理论顾问之一，时任苏共中央书记和《真理报》主编的 И. Т. 弗罗洛夫主编的《哲学导论》出版并成为苏联新的权威版本的马克思主义哲学教科书。该书分上、下两卷，上卷共 4 章，分别讨论哲学——它的使命、含义和功能，哲学的产生及其历史形态，马克思主义哲学的形成与发展，20 世纪的非马克思主义哲学。下卷共 14 章，标题分别是：存在，物质，辩证法，自然界，人，实践，意识，认识，科学，社会，进步，文化，个性，未来。从篇章结构和内容上看，该书与 Ф. В. 康斯坦丁诺夫主编的《马克思列宁主义哲学原理》（1982 年版）相比有了很大的变化。首先，增加了关于存在问题的一章，实际上起到了对马克思主义的哲学基本问题理论、世界的物质统一性原理以及物质及其存在形式的学说的淡化作用；其次，突出了人的问题。关于人、个性、未来的三章讨论的都是人的问题，关于自然界的一章主要讨论的是人与自然的关系，尤其是生态问题。这几章的内容实际上是对 70、80 年代关于人的问题、包括全球性问题研究的总结；再次，突出了实践问题和文化问题，分别作为独立的一章。这也体现了苏联哲学界的研究成果。同时，淡化了历史唯物主义的基本理论问题，尤其是删去了阶级、国家、革命等内容；加上该书删去了哲学的党性原则、马克思主义哲学的阶

---

① 王东：《马克思学新奠基——马克思哲学新解读的方法论导言》，北京大学出版社 2006 年版，第 62—63 页。

级基础等理论内容，以及把书名从"马克思列宁主义哲学原理"改为
"哲学导论"；这种种做法的目的就是否定马克思主义哲学作为无产阶级
意识形态的职能。

　　该书的主要编者除了 И. Т. 弗罗洛夫，还有 В. С. 斯焦平、В. А. 列
克托尔斯基、В. Ж. 凯列等人，他们都是 70、80 年代活跃于马克思主义
哲学研究领域并主张对马克思主义哲学进行革新的学者。由于该书对马克
思主义哲学持明确的肯定态度，并且在阐述中持明显的马克思主义立场，
所以该书仍然可以看做一种马克思主义哲学教科书。有学者认为该书的主
线是抽象人道主义，这一观点的依据并不充分。① 总之，该书的主要优点
是反映了苏联马克思主义哲学领域的一些较新的研究成果，主要缺点则是
否定了马克思主义哲学的无产阶级意识形态职能，从而背离了马克思主义
哲学的科学性和革命性的统一这一基本精神，因此，该书不是一本成功
的，而是一本存在着根本缺陷的马克思主义哲学教科书。1991 年苏联解
体之后，直到 90 年代中期之前，该书一直被俄罗斯等前苏联加盟共和国
作为通用哲学教材使用。90 年代中期之后，至少就俄罗斯而言，该书才
被一大批新的哲学教材所逐渐取代。

第二节　苏联改革的变质与对马克思主义哲学的否定

一　戈尔巴乔夫"人道的、民主的"社会主义的提出与苏联的演变和解体

　　如果把戈尔巴乔夫的改革分为内政、外交两个方面，实际上戈尔巴乔
夫首先进行的是外交方面的改革，其理论基础就是他提出的国际政治
"新思维"。"新思维"的核心内容是主张全人类利益高于阶级利益，它本
质上是对马克思主义关于现时代世界社会历史发展的一系列基本观点的背
离。从"新思维"出发，戈尔巴乔夫的某些外交举措对于缓和国际紧张
局势，推动和平和裁军的确起到了不可忽视的积极作用，但是，由于
"新思维"所固有的理论缺陷，戈尔巴乔夫逐渐走向了一条向美国等国际

---

　　① 王东：《马克思学新奠基——马克思哲学新解读的方法论导言》，北京大学出版社 2006
年版，第 63 页。

资本主义势力妥协退让的外交方针，其结果是不仅损害了苏联无产阶级的国家利益，而且损害甚至有时出卖了一些东欧社会主义国家的国家利益。因此，戈尔巴乔夫的"新思维"在实践上基本上是失败的。

就国内改革而言，如前所述，戈尔巴乔夫等人最初制定的改革方针是以革新社会主义理论为前提，以政治改革为先导，政治改革与经济改革相互促进。为了进行政治改革，戈尔巴乔夫首先在思想文化领域提出了"民主化"、"公开性"、"多元论"等所谓的新观点，这些新观点的实际效果是鼓励对苏联社会主义建设成就的彻底否定，鼓励对马克思列宁主义的彻底否定，鼓励形形色色的资产阶级意识形态的复活和滥觞。"民主化"、"公开性"、"多元论"不仅给苏联的思想文化领域，而且给苏联整个政治和社会生活都造成了混乱和动荡的局面。同时，戈尔巴乔夫的经济改革也困难重重，遇到了一系列的问题和阻力。

在这种情况下，戈尔巴乔夫等人的观点进一步右转，开始把民主社会主义这种反马克思主义理论作为拯救苏联的一根救命稻草。同时，在改革的具体步骤的选择上，戈尔巴乔夫等人下决心进行彻底的政治改革。这时戈尔巴乔夫等人的改革方针已经演变为：在社会主义理论上以民主社会主义代替科学社会主义，进行彻底的政治改革，以政治改革带动经济改革和全社会的改革。1988 年 6 月，苏共第 19 次党代表会议制定了政治体制改革的方针，这一方针实质上是从所谓的民主主义和自由主义原则这两个资本主义政治制度的理论前提出发，一方面改革苏维埃制度，另一方面建立所谓的社会主义法制国家。1990 年 3 月，苏联修改宪法，否定了苏联共产党的领导地位，实行多党制。这是苏联向资本主义制度演变的最关键的转折点之一，它充分暴露了戈尔巴乔夫等人的政治改革根本不是什么政治体制改革，也不是社会主义的自我完善和发展，而是摧毁社会主义政权，以资本主义的政治制度代替社会主义的政治制度，而资本主义的政治制度必然要求社会经济基础的资本主义化。

1990 年 7 月，在苏共 28 大上戈尔巴乔夫等人正式确立了人道的、民主的社会主义的基本纲领，这也标志着苏联共产党的变质。这一纲领的基本内容是：在经济领域，主张以私有化为核心内容的"经济民主化"，否定社会主义的经济基础；在政治领域，主张建立资产阶级民主制，否定无产阶级专政；在思想文化领域，主张意识形态多元化，否定马克思主义的指导地位；在苏联共产党的建设这一领域，主张民主社会主义的建党原则，改变苏联共产党的基本性质。在民族关系领域，主张以改革联邦制为核心内容的"民族关系民主化"，否定联盟的民主集中制原则；在国际关系领域，宣扬"新思维"，否定马克思主义的外交方针。

苏共 28 大之后，苏联的形势急转直下。经济领域的彻底私有化方针加剧了苏联国民经济的崩溃。资产阶级性质的政治组织开始逐渐夺取国家政权。民族分裂势力、资本主义势力相互勾结，使苏联一步步走向分裂。而无论是苏联的资本主义势力，还是民族分裂势力都得到了美国等国际资本主义势力的大力支持。这也充分表明了戈尔巴乔夫的国际政治新思维是何其幼稚和荒谬！在 1991 年 "8·19" 事件之后，苏联向资本主义制度演变和联盟解体的悲剧命运已无法扭转。1991 年 12 月，苏联正式解体。

二 对马克思主义哲学科学性的否定

苏联改革的变质以否定马克思主义为前提，而为了否定马克思主义必先否定马克思主义哲学。这一否定首先又是以否定马克思主义哲学科学性的理论形式出现的。1987 年 4 月 "哲学与生活" 讨论会之后，苏联科学院哲学研究所开始对苏联哲学中的一系列问题进行内部讨论，在讨论中 "哲学是不是科学" 的问题逐渐突出出来。1989 年，《哲学科学》杂志第 6 期发表了哲学研究所方法论专家 A. 尼基弗洛夫的文章《哲学是不是科学?》，这篇文章实际上是 A. 尼基弗洛夫参加哲学所内部讨论时所形成的一个成果。这篇文章的发表引发了全国性的关于哲学是不是科学的讨论，在讨论中否定哲学是科学，把哲学不是科学的命题偷换成哲学不再具有科学性的命题，从而否定马克思主义哲学科学性的观点占据了上风。1991 年，《哲学科学》第 1 期再次发表 A. 尼基弗洛夫的总结性文章《这场争论实际上涉及的是什么?》，这也标志着这场争论的基本结束。同时，1991 年还出版了反映哲学所 1987 年内部争论的论文集《哲学意识：更新的艰难》。尽管这场争论基本上结束了，但是它所讨论的问题在 1991 年之后仍然得到了俄罗斯等苏联各国学者的进一步研究。

除了这场讨论，当时的苏联也出现了其他一些关于马克思主义、马克思主义哲学的讨论，例如 1990 年召开的 "马克思主义的昨天、今天、明天" 的讨论会。在这些讨论中，无一例外的是那些彻底否定马克思主义的偏激论调占据了上风。

先是在哲学改革中淡化马克思主义哲学的革命性，然后是否定马克思主义哲学的科学性，其结果是剥夺了无产阶级和劳动人民手中的有力的思想武器，代之以本质上是为资产阶级服务的意识形态。

三 对苏联哲学为政治服务体制的彻底否定

苏联的哲学为政治服务的体制是苏联思想文化体制的一个组成部分。戈尔巴乔夫的改革彻底否定了苏联的思想文化体制，也就彻底否定了哲学为政治服务的体制。

如前所述，苏联的哲学为政治服务体制的基本原则一是政治领导哲学，二是哲学为政治服务。这两个基本原则体现了无产阶级的政党和国家对哲学领域实施有效领导的必要性和马克思主义哲学作为无产阶级的意识形态为无产阶级的政党和国家服务的必然性。否定了政治对哲学的领导，就难以保证在哲学领域的意识形态性的问题上马克思主义观点的主导地位。同时，否定了哲学为政治的服务，就会使马克思主义的政党和国家失去有力的思想武器，就会削弱马克思主义的政治主导地位。

在颠覆社会主义制度的过程中，戈尔巴乔夫等人把否定马克思主义的科学社会主义理论、削弱马克思主义哲学作为削弱和最终否定无产阶级专政的重要前提。而为了达到削弱和否定马克思主义理论的目的，戈尔巴乔夫等人首先是通过"公开性"、"多元化"等方针来削弱和否定社会主义的思想文化体制，对苏联的哲学为政治服务体制的削弱和否定是其中一个重要的环节。

四 戈尔巴乔夫"人道的、民主的"社会主义的哲学基础——抽象人道主义

戈尔巴乔夫等人的社会主义纲领来自于第二次世界大战后的当代民主社会主义，他们对人道的、民主的社会主义的哲学论证也来自于当代民主社会主义。当代民主社会主义对其经济政治纲领的哲学论证主要有以下内容：首先，社会主义并不是基于历史必然性的运动，而是对特定的伦理价值的追求；其次，社会主义的基本价值是脱胎于法国大革命时期提出的自由、平等、博爱的自由、公正、团结；再次，对社会主义基本价值的论证是多元的，可以从欧洲人道主义传统、基督教的伦理原则、甚至被修正了的马克思主义等意识形态来论证基本价值，无论哪种论证，只要对自由、

公正、团结的认识与当代民主社会主义一致，就可以团结在民主社会主义的旗帜下。这就是当代民主社会主义的"意识形态多元化理论"的本意。

人道的、民主的社会主义继承了当代民主社会主义对其基本纲领进行哲学论证的两个基本观点，即承认社会主义的本质是对特定价值追求的伦理社会主义原则；承认社会主义的基本价值是自由、平等、博爱。戈尔巴乔夫说："把社会主义论证为经济必然性、论证为资本主义矛盾发展的必然结果已经不够了。"[①]"社会主义是一般民主和全人类的理想和价值观的体现者和捍卫者"[②]；"我们着手改革，是要通过它走向真正的社会主义，在这种社会主义中包含着原来就为社会主义运动其他流派所赞同的基本价值观"；"社会党国际十八大所通过的纲领性文件证明，我们有许多共同之处……在人道的、民主的价值观的基础上，我们不仅在政治立场上而且在世界观上都接近了"。他还公开宣称"俄国1917年革命是法国大革命所追求的自由、平等、博爱的回声"[③]。

同时，在对基本纲领的哲学论证上，人道的、民主的社会主义与当代民主社会主义的不同之处在于，它对社会主义基本价值的论证不是多元的，而是一元的，即它诉诸抽象人道主义这一意识形态的一元论。这样，它不仅是"民主的"社会主义，而且是"人道的"社会主义。这种一元化的人道主义论证是与苏联马克思主义的意识形态一元论的理论传统以及60年代以后马克思主义哲学内部抽象人道主义内容的泛滥相联系的。

抽象人道主义，包括戈尔巴乔夫等人宣扬的抽象人道主义，包含两个层次的理论内容，一个层次是抽象人道主义的伦理原则，另一个层次是作为抽象人道主义伦理原则的理论基础的人本主义历史观。在历史观问题上，当代民主社会主义虽然否认自己有历史观，但是，其伦理社会主义观和社会主义基本价值论实际上蕴含着一定的历史观前提，即抽象人性论。所以，当代民主社会主义的"意识形态多元化"理论只是就意识形态的

---

① 戈尔巴乔夫：《未来世界与社会主义》，载戈尔巴乔夫、维·勃兰特等著《未来的社会主义》，中央编译出版社1994年版，第12页。

② 戈尔巴乔夫：《社会主义思想与革命性改革》，《真理报》1989年11月26日，中译文参见《苏联东欧问题译丛》1990年第1期，第10页。

③ 戈尔巴乔夫：《未来世界与社会主义》，载戈尔巴乔夫、维·勃兰特等著《未来的社会主义》，中央编译出版社1994年版，第10、13、20页。

某一个层面而言的，它仍然有自己隐含着的哲学意识形态。人道的、民主的社会主义在这个问题上则明确得多。它用抽象人道主义伦理原则来论证自由、平等、博爱，同时又明确地宣扬人本主义历史观，并把它作为抽象人道主义伦理原则的理论基础。

抽象人道主义伦理原则的基本特征是宣扬一种超阶级的、适用于全人类的人的价值和尊严，它的一个经典表述就是德国哲学家康德提出的"人是目的，不是手段"的命题。戈尔巴乔夫宣称："社会主义思想的核心是人"，人道主义伦理原则是"社会主义的首要价值观"，"我们应当彻底实行人文标准（即上述人道主义原则——引者注）在我国社会生活一切领域中居先的原则"。社会结构的人道主义化符合"道德至高无上的要求"①。在国际政治"新思维"中，戈尔巴乔夫又提出："在历史上第一次迫切需要把社会主义的道德伦理标准作为国际政治的基础，使国际关系人性化，人道主义化。"② 这些言论表明，戈尔巴乔夫等人的确是首先把抽象人道主义看做一种伦理原则，并把它看作自由、平等、博爱的社会主义基本价值的前提和基础。

抽象人道主义伦理原则本质上是一种资产阶级的伦理观，它与作为一种伦理原则的社会主义人道主义存在着本质的区别。首先，它宣扬的是一种超阶级的、抽象的价值观。历史唯物主义认为，不同的时代、不同的阶级、不同的人群有不同的价值观，不能离开社会发展的具体情况，离开人在社会中的劳动，离开个人同他人、同集体、同阶级、同社会的关系，来抽象地、孤立地谈论的人的价值。从抽象的人的价值出发提出的人是目的，不仅仅是手段的命题，虽然目的是维护人的尊严，但是一经运用到社会关系领域，其片面性就暴露出来了。马克思曾经指出，在资本主义交换关系中，"（1）每个人只有作为另一个人的手段才能达到自己的目的；（2）每个人只有作为自我目的（自为的存在）才能成为另一个人的手段（为他的存在）；（3）每个人是手段同时又是目的，而且只有成为手段才能达到自己的目的，只有把自己当作自我目的才能称为手段"③。这说明

① 戈尔巴乔夫：《社会主义思想与革命性改革》，《真理报》1989 年 11 月 26 日，中译文参见《苏联东欧问题译丛》1990 年第 1 期，第 3、11、11 页。
② 戈尔巴乔夫：《改革与新思维》，新华出版社 1987 年版，第 177 页。
③ 《马克思恩格斯全集》，第 46 卷（上），人民出版社中文第 1 版，第 196 页。

在社会关系中，每个人既是目的，又是手段。割裂了目的与手段的统一，片面强调人是目的，而不是手段，就会使人们认为他人、集体和社会应该为个人服务，而个人不应当为他人、集体和社会服务，只要"人人为我"，不要"我为人人"。其次，社会主义的人道主义是与社会主义的集体主义这一道德原则结合在一起的，而抽象人道主义伦理原则是与集体主义相对立的。

作为抽象人道主义伦理原则的理论基础的人本主义历史观的基本特征是：把抽象的人作为万物的尺度和历史的出发点；从抽象的人出发，虚构出人所固有的共同本性，即抽象的人性；然后以这种"本性"为尺度，衡量各种社会制度的合理性；并把实现了符合这种"人的本性"的理想社会作为历史发展的最终目的，进而把历史看成一个人的异化和复归的过程。人本主义历史观在本质上是一种唯心史观，它进一步表明了抽象人道主义哲学的非马克思主义性质。

总之，作为戈尔巴乔夫的人道的、民主的社会主义的哲学基础的抽象人道主义虽然在苏共 28 大上被写进了苏联共产党的基本纲领，但它本质上不是一种马克思主义哲学，而是在马克思主义哲学苏联化形态内部发生的一次质变的产物。它也表明戈尔巴乔夫等人在使社会主义理论变质的同时，也制造出了一种变质的哲学理论。根据理论的一般与特殊的辩证法，马克思主义哲学的苏联化形态可以衍生出层次不同、形形色色的特殊形式，戈尔巴乔夫的变了质的抽象人道主义哲学只是其中的九牛之一毛罢了。戈尔巴乔夫可以把抽象人道主义哲学写进党纲，但是他的哲学和他的改革一起破产了。同时，苏联社会主义的暂时失败并不意味着辩证唯物主义和历史唯物主义哲学的消失，无论是戈尔巴乔夫，还是其他任何人，都无法干预马克思主义哲学苏联化形态的继续存在和发展这一理论自身所固有的逻辑。

第三节　苏联解体后马克思主义哲学在原苏联各国的命运

了解苏联解体后马克思主义哲学在原苏联各国的命运有助于加深我们对马克思主义哲学苏联化形态的理解。鉴于在原苏联的各加盟共和国之中俄罗斯是苏联的主要继承者，所以我们主要讨论 1991 年之后马克思主义哲学在俄罗斯的遭遇。① 这主要包括两个方面的内容：

首先，从 20 世纪 90 年代至今，马克思主义哲学在俄罗斯思想文化领域中的地位如何？

在苏联解体后的最初几年中，在俄罗斯等原苏联各国，无论是马克思主义哲学，还是其他的哲学学科，都面临着严重的生存危机。主要表现为大批哲学学者失业、生活困难，哲学的教学和研究严重萎缩，哲学学术活动停顿，哲学刊物生存困难，等等。1996 年以后，至少就俄罗斯而言，随着的政治和社会生活趋于相对稳定，哲学也开始摆脱困境，并逐步走向繁荣。

在 90 年代中期以后，在俄罗斯哲学界，马克思主义哲学基本上处于一种边缘化和隐性化的状态。第一，在俄罗斯哲学界占据中心地位的是形形色色的西方哲学和俄罗斯传统哲学。马克思主义哲学不仅受到官方的压制，而且失去了大多数读者和听众。几乎找不到专门阐述马克思主义哲学理论的著作，公开打出马克思主义旗号的哲学在俄罗斯也难以立足；第二，尽管如此，由于现在俄罗斯哲学界的绝大多数学者是在苏联时期接受的哲学培养，加上马克思主义哲学并不会因为受到压制就失去其真理性和现实性，所以，许多俄罗斯学者在哲学研究中或多或少地、自觉或者不自觉地运用着马克思主义的立场、观点和方法。因此，马克思主义哲学仍然作为一种直接的和重要的思想遗产而隐性地存在着；第三，马克思主义哲学成为众多流派中的一种，而且对马克思主义哲学本身的理解也逐渐多元化。例如，Н. И. 拉宾根据对待马克思主义的态度把今日俄罗斯的哲学流派分为五类，分别是：具有教条主义特点的攻击性的马克思列宁主义，力图考虑到包括苏联解体在内的现实社会主义教训的演化中的马克思列宁主义，西方式的演化中的马克思列宁主义，对马克思主义的理论和方法持意识形态中立态度的非马克思主义流派，在意识形态上攻击马克思主义的反马克思主义。Н. И. 拉宾这位苏联共产党培养出来的原马克思主义哲学家竟然给马克思主义的批判性和革命性的本质特征贴上了"教条主义"和"攻击性"的标签，这恐怕不能说明苏联社会主义的失败是如何可悲，而只能说明 Н. И. 拉宾本人思想的蜕变是如何可悲了。

———————————

① 参见安启念《俄罗斯向何处去——苏联解体后的俄罗斯哲学》，中国人民大学出版社2003 年版，第一、三、四、五章。

其次，还有一个重要的理论现象，即 90 年代的俄罗斯学者对马克思主义哲学以及马克思主义进行了一系列反思。这些反思中比较有代表性的有 B. C. 谢苗诺夫对马克思主义及其发展史的概括，B. C. 斯焦平对马克思主义与技术文明关系的探讨，B. 梅茹科夫对马克思主义与乌托邦关系的探讨，T. И. 奥伊泽尔曼对马克思主义哲学和马克思主义的反思，以及 И. T. 弗罗洛夫对苏联改革的哲学总结等等。其中，И. T. 弗罗洛夫的言论对于进一步认识戈尔巴乔夫时期苏联的改革有重要的意义。而 T. И. 奥伊泽尔曼的反思在理论上最为重要，他提出和探讨的一系列问题，不仅对于进一步认识苏联哲学，而且对于我们进一步发展马克思主义哲学都具有重要的意义，值得我们进一步研究。

马克思主义学术文丛　赵剑英　总主编

马克思主义哲学形态的演变　下卷

吴元梁　主编

中国社会科学出版社

目　录
（下卷）

第四编　马克思主义哲学形态在中国的演变（1）
——毛泽东哲学思想

第五编　马克思主义哲学形态在中国的演变（2）
——中国特色社会主义哲学思想

第 三 编

马克思主义哲学形态在西方的演变

20 世纪 20 年代以来在欧美发达国家形成了有别于苏联马克思列宁主义的各种马克思主义思潮，我国理论界称之为西方马克思主义。

马克思 1883 年逝世以后，恩格斯承担了整理马克思《资本论》手稿和指导国际共产主义运动的繁重任务，同时还进行了大量的理论工作。他针对资本主义国家所发生的新变化及国际工人运动面临的新形势，通过对以往的理论和实践经验的反思和总结，在哲学、经济学和科学社会主义等方面提出了许多新观点、新论断，丰富和发展了马克思主义，使马克思主义具有新的时代风貌。1895 年恩格斯逝世以后，第二国际在如何理解马克思主义、如何认识社会主义前途等重大问题上产生了分歧，分裂为左、中、右三派，1914 年第一次世界大战爆发后，第二国际中除了列宁领导的俄国社会民主党（布）外，欧洲各国党都采取了支持本国资产阶级政府参加帝国主义战争的民族沙文主义政策，当年恩格斯领导下建立的第二国际实际上已不复存在。1917 年列宁领导的俄国社会民主党（布）取得了十月革命的胜利，在粉碎了外国武装干涉之后，就开始了社会主义的建设实践。在俄国十月革命胜利的鼓舞下，德国、匈牙利、捷克、波兰等国也发生了无产阶级革命，但都失败了。这些国家无产阶级革命的失败及无产阶级革命形势在西方发达国家的逐渐消失所引发的反思、苏联革命和建设实践中的种种问题所引发的争论、对资本主义在发达国家中演变和社会主义前途问题的思考等原因，导致了西方马克思主义的产生和发展。

西方马克思主义的发展大致可以分为三个阶段：

第一个阶段从 20 世纪 20 年代至 60 年代。这一阶段的西方马克思主义，不受制于苏联官方意识形态的马克思主义，甚至在一定程度上还具有反苏联官方意识形态的倾向；此外，与苏联作为官方意识形态的马克思主义不同，这些马克思主义者完全处于非执政地位。

主要代表人物有匈牙利的卢卡奇和他的《历史与阶级意识》、德国的柯尔施和他的《马克思主义和哲学》、意大利的葛兰西和他的《狱中笔记》；以学派形式出现的有法兰克福学派、以萨特和梅洛·庞蒂为代表的存在主义的马克思主义、阿尔都塞的结构主义的马克思主义等等。

乔治·卢卡奇和安东尼奥·葛兰西既是共产党领导人、同时又是哲学家。他们和卡尔·柯尔施一起被后人认为是西方马克思主义的创始人。

作为一个建立在一种准学术构架之内的独立的社会研究机构和唯一的一个有组织的西方马克思主义阵营，法兰克福社会研究所（the Institute of

Social Research）由费利克斯·魏尔（Felix Weil）发起成立于 1923 年。卡尔·格伦伯格（Carl Grünberg）是该研究所 1923—1929 年间的领导人。1930 年，研究所的创始人之一马克斯·霍克海默（生于 1895 年）取得了该所的领导权，并创制了一种革新的理论规划，即由"历史唯物主义科学"转向"批判的社会理论"。批判的社会理论将建立在经验调查证据的基础之上，这些证据来自强有力的新兴学科，诸如社会学和心理学，并与哲学话语发生独特的交互作用。正是在这一时期，马尔库塞和阿多诺加入了研究所。

第二个阶段从 60 年代至 80 年代底。这一阶段的主要历史背景起始于 20 世纪 60 年代在发达资本主义国家掀起的以法国巴黎的"五月风暴"而著称的一系列群众性政治运动，今天仍然活跃在世界舞台的马克思主义学者大都形成于这一时期。这一批马克思主义学者不仅受着苏联、东欧和中国等社会主义国家的鼓舞，而且受着欧洲政治风暴的鼓舞，例如分析的马克思主义代表人物英国的柯亨和戴维·麦克莱伦、法国的乔治·拉比卡、雅克·比岱、美国的汤姆·洛克莫尔、伯特尔·奥尔曼、德国的沃夫纲·豪格等等。

此时最为著名的代表著作有麦克莱伦的《马克思之后的马克思主义》、柯亨的《卡尔·马克思的历史理论》等等，但是与早期的西方马克思主义不同，他们本人并不都是马克思主义的信奉者，有些仅仅以研究者甚至同情者自称，例如麦克莱伦和柯亨都属于这种情况。

法兰克福学派的第二代在这一历史阶段对资本主义所进行的批判已经不同于马克思主义、甚至马克思本人的理论了，文化和道德批判在分量上已经超越了阶级批判，他们并不向往苏东的社会主义模式。

第三个阶段从 20 世纪 90 年代初至今。这一阶段的主要历史背景是 80 年代末 90 年代初的东欧剧变，这一历史变迁对发达资本主义世界马克思主义的影响是双重的：一方面，有相当一批马克思主义的追随者随着这一事变放弃了原来的信念，转向了自由主义阵营；另一方面，随着东欧剧变和全球化资本主义发展进程，激发了另一些学者对马克思、马克思主义的兴趣，法国解构主义哲学家雅克·德里达就是这一方面的典型代表。

德里达在此时特地表达了自己对马克思的敬意，坚决地回击了美国福山在《历史的终结及最后之人》一书中宣告社会主义终结的观点，提出通过哀悼我们应该继承什么的问题，德里达同时将解构主义方法毫不留情地指向了马克思主义。这样的工作在某种意义上属于历史反思的范畴，然而他的反思对象不仅仅是马克思主义理论的实践，同时是马克思主义理论体系本身。

与此同时，绝大部分著名的马克思主义学者并没有因为这一历史事变动摇自己的信念。这又有两种情况：其一，在他们看来苏东的社会主义并不是真正的社会主义，因而苏东的挫折并非马克思主义的挫折；其二，他们尝试着通过将马克思从马克思主义那里区分出来的方法以拯救马克思，从而将苏东的剧变看做是马克思主义的挫折，而非马克思的挫折，美国的汤姆·洛克莫尔和他的《马克思主义之后的马克思》一书就代表了这样的观点，伴随着这一意图的趋势是在 20 世纪 90 年代以后在西方世界掀起的回到马克思的浪潮。

西方国家所存在的各种哲学传统、哲学思潮和哲学流派对马克思主义哲学形态在西方的演变也产生着明显的影响。从这一角度来看，发达资本主义国家的马克思主义哲学形态与传统社会主义国家马克思主义哲学形态的最大区别在于它基本上与一定的哲学学派有着密切的关联，或者说其学者本人首先是一定哲学学派中的哲学家，其次才是马克思主义哲学家。这又有两种情况：其一是他用已有的哲学知识去接受、理解和研究马克思主义，例如分析的马克思主义创始人之一的柯亨；其二是他对马克思主义的接受、理解和研究在无意识中不得不受着环境氛围中哲学背景的影响，尽管他本人并不认为如此，例如结构主义马克思主义的阿尔都塞。不同哲学背景的影响是否已经形成了不同的马克思主义哲学形态，存在主义的马克思主义、结构主义的马克思主义、后马克思主义（含解构主义的马克思主义）、分析哲学的马克思主义等等是否包含着马克思主义哲学的不同形态，这是值得研究的问题。

第十一章

西方马克思主义哲学的起源

本章研究、介绍、评述的是西方马克思主义哲学几位创始人的思想，包括匈牙利的卢卡奇、德国的柯尔施和意大利的葛兰西。

第一节　卢卡奇："西方马克思主义的创始人"

卢卡奇的研究和创作生涯大约起始于 20 世纪 20 年代，结束于 70 年代。这是一个世界局势发生巨大变迁的时代，与此相应，卢卡奇的思想在其一生中的发展变化也极为明显。他的这种变化可以从两个方面得到解释：第一，他生活在一个多变的历史时代，经历了由资本主义社会到社会主义社会的变迁；第二，他直到 20 世纪 30 年代才看到马克思的《1844 年经济学哲学手稿》，这对他后期的思想转变起了相当重要的作用。卢卡奇的哲学思想在马克思主义哲学史上占有十分重要的地位，被认为是西方马克思主义的创始人，他后期提出的社会存在本体论，在实际上建构了马克思主义哲学的一种新形态。

一　由阶级意识到社会存在本体论

在卢卡奇早期发展阶段，从马克思主义的立场来看，欧洲所面临着的主要问题是对资本主义社会进行否定性的变革，此时，在他看来，无产阶级的阶级意识似乎成了能否成功进行这一革命的决定性因素，于是阶级意识的培养和阶级意识的觉醒便成为卢卡奇早期著作中关注的主题。

卢卡奇 30 年代初的苏联之行，以及 40 年代后期——东欧诸国和中国相继步入社会主义社会，社会主义国家与资本主义国家在世界范围内形成了两个阵营之间的冷战与和对峙，这时社会主义国家在生存和发展中所出现的种种新问题又引起了卢卡奇不同的思考。

当现实社会中两极分化的现象和剥削关系的存在被铲除之后，在生产资料公有制的条件下，社会发展的内在机制和动力问题便在深层次上突出了出来，这是卢卡奇把研究视野由阶级意识转向社会存在本体论问题的现实背景。

从理论上来看，在当时的社会主义国家中，人们对马克思主义唯物史观存在着机械性的理解倾向。虽然这一理论倾向的存在已不是一朝一夕的新鲜事，并且有其漫长的历史根源，但其消极作用，在社会主义时期尤为明显，因其思维方式只看到社会发展中的经济决定作用。从某种意义上说，卢卡奇对社会存在本体问题的探讨，在很大程度上是出于对这一倾向进行批判的需要。

反对经济决定论、强调主体性作用是卢卡奇一贯的哲学立场，只是在其早期，这一立场体现为卢卡奇对革命运动中阶级意识的强调，而在后期则体现为他对社会主义体制下社会发展动力机制的关注，即进一步对物与物背后人与人之间关系的认识。

卢卡奇通过对物与物的关系后面所掩盖着的人与人之间的关系的揭示，使人类社会运动的内在逻辑在两个层次上体现出来：第一，从最基本的意义上来说，它是人本身的产物，但是却表现为物的关系；第二，这种物的关系似乎摆脱了人的控制力量成为纯粹物的关系，但其背后仍然是人的作用。卢卡奇认为，只有通过对经济活动背后的现实人的关系的揭示，才能够看到社会发展的真实过程，这也就是说，作为物化关系的核心和基础的人，只有在消除了这种关系的直接性之后才能被发现。

卢卡奇的这一思想对马克思早期的两个理论框架（异化的产生、消亡和生产力与生产关系的矛盾运动）进行了综合的表述，尽管此时卢卡奇还没有看到马克思的《1844 年经济学哲学手稿》。在这一表述中他突出了人的因素，用他自己的语言来说，就是使人成为一切事物的尺度，成为社会历史发展中的主体性力量；而人类社会历史的基础则是通过经济学的范畴和方法加以建构的，从而"把不可转变的拜物教形式导源于人的关系的原初形式"[①]。换句话说，在卢卡奇看来，构筑一个社会的经济基础并不能取代推动社会历史发展的主体性因素，这是两个不同的范畴，具有

---

① 　卢卡奇：《历史与阶级意识》，商务印书馆 1992 年版，第 274 页。

截然不同的内在含义。

　　然而，在其早期，卢卡奇并没有从人的对象性关系的意义上来理解主体性因素的真实含义。此时，他还受着黑格尔思辨哲学的影响，把主体看成是客体经过自我意识而达到的一个阶段。他把具有阶级意识的无产阶级看做是这样的主体，这是对历史主体概念的一种非常狭义的理解。因为无产阶级的阶级意识只是历史发展中的某一阶段的某一阶级对自身及其社会存在状况的理性认识，并且这是间接的自为意识，借助于这一意识而达到的主体只具有特定的意义。卢卡奇自己也认为，他的这一主体概念在很大程度上是对黑格尔的承袭。当然，这种理解也有时代背景的因素，它强调了在资本主义社会向社会主义社会转变的过程中，具有阶级意识的无产阶级的能动作用。

　　随着时代的变迁，卢卡奇的思想发生了很大变化，他对马克思主义的理解和接受在方法上有了一个根本的转变。早年，他对资本主义的憎恶主要是出于一种道义上的、伦理上的考虑，因此，在很大程度上，他把马克思主义作为一种改革现实社会的革命工具，用来解释和指导革命的活动。而在晚年，他在更深层次的意义上接受了马克思用于研究现实社会、从而得出革命性理论的那种客观分析的方法。在接触了马克思的《1844 年经济学哲学手稿》以后，卢卡奇对主体概念的理解和使用已非常接近马克思的方法，即从对象性关系中论述人的产生和作用。

二　卢卡奇早期思想中的黑格尔逻辑

　　在其早期，卢卡奇对无产阶级阶级意识的认识在很大程度上是承袭了黑格尔的理论模式。在黑格尔那里，主客体的概念变化指的是同一事物的自身发展，在黑格尔看来这一事物是精神性的绝对理念，绝对理念的自身发展由主体产生客体；在卢卡奇这儿，出发点是阶级，他认为，无产阶级只有通过他的阶级意识才能由客体转化为主体。

　　在这一转化过程中，无产阶级的阶级意识是一个决定性的环节，当无产阶级认识到了自己的历史地位和作用时，他就由历史的客体上升为历史的主体，历史主客体在无产阶级身上达到了统一。

　　这样，阶级意识在卢卡奇这儿就扮演了黑格尔的自我意识的角色，黑格尔借助于自我意识使外化了的客体又返回到主体，从而达到了历史主客体的统一，而卢卡奇则借助于阶级意识使历史主客体在无产阶级的身上得到了统一。

对于阶级意识本身，卢卡奇主要是从反映性的理性思维活动这一意义上来论述的。

在他看来，阶级意识是一个阶级作为整体来说，对自身在社会经济关系中所处地位及其历史使命的认识，所谓阶级意识也就是宏观意义上一个阶级的自我意识。然而，一个阶级如果仅仅受制于本身的局部利益，他的阶级意识又是一种无意识，此时，这一阶级没有把对自身利益的思考与整个社会联系起来，它只能是一个被动的阶级。

在卢卡奇看来，阶级意识不仅是对本阶级特殊地位的理性认识，同时，它必须在社会整体根本利益的基础上来认识本阶级的自身利益。也就是说"它的阶级利益，它的阶级意识使它有可能根据这些利益来组织整个社会"①。这实际上已经是一种超越，它已由自在意识上升为自为意识。在卢卡奇看来，只有具备了这样的阶级意识，才能使无产阶级在历史过程中达到客体和主体的统一，从而完成自己的历史使命。

卢卡奇进一步把这样的阶级意识作为消除物化现象、进而变革现实社会的关键性因素。这样，在某种程度上，在关于人与环境的关系问题上，卢卡奇又不知不觉地回到了 18—19 世纪意见决定环境的观点。对此，他自己后来也作了自我批评，认为这是在总体性的方法之下片面夸大了某一因素的作用。

卢卡奇自从 30 年代阅读了马克思的《1844 年经济学哲学手稿》后，不仅将自己从黑格尔的主客体发展模式中解脱出来，而且也将自己从黑格尔的主客体三段式中解脱了出来。卢卡奇接受了马克思的方法之后，不再把阶级意识作为历史主客体统一的主要中介因素，不再狭隘地从阶级意识角度来认识历史主体，而是转向以社会存在的本源为起点，从人与自然，人与社会的对象性关系中认识历史主体问题，使人成为社会实践的主体，而实践的对象（社会与自然物质变换的存在与改造）则成为客体。

三　在对象性关系与异化关系认识上的转变与甄别

在对其早期思想进行扬弃的基础上，卢卡奇后期的思想发生了一系列相应的变化。

---

① 卢卡奇：《历史与阶级意识》，商务印书馆 1992 年版，第 107 页。

首先，他以社会存在的最初产生为起点，来分析主客体的分化及主体性的突起。在他看来，人类社会存在的出现，是自然发展史上的一个根本性转变。自此，主体和客体作为存在形式出现了，而类似于主体性的东西在自然界中根本不存在，"只有在社会存在的发展中，客体才被置于意识之下，而主体才产生了积极主动性"①。

其次，随着卢卡奇对历史主客体概念认识上的转变，他对物化与异化问题的认识也有所转变。在早期，卢卡奇的历史主客体概念与社会存在中的对象性关系还有一定的距离，对于社会存在中的对象性关系，他是用物化概念来表述的。他用物化概念来理解人的活动的对象化，这一思维方法在一定程度上受着马克思的影响。马克思通过商品这一细胞来分析资本主义经济关系中的物化现象，认为在资本主义社会中，人与人之间的关系在商品结构中获得一种幽灵般的对象性，只有透过这层物化屏障，才能窥视其背后人与人之间关系的全部痕迹。

在这样一种思维方式的支配下，卢卡奇从外化的意义上来理解人的活动的对象性，把这一外化作为某种客观的、不依赖于人的东西与人相对立。

在他看来，这种对立表现在三个方面：即人的活动的结果与人自身、人的活动过程与人自身、人格与人，这三个方面都作为对立面与人相异化了。在马克思那里，商品关系中的物化现象只是揭示了人的活动的对象性关系中消极、否定的一面，即对立或异化的一面，这是资本主义社会特定的历史现象，而卢卡奇在早期笼统地在对象化与异化之间画了等号。

显然，早期的卢卡奇既没有从对象性关系中来认识历史主体，又没有把外化现象纳入一般的对象性关系中。他只是用物化概念来揭示现实中的异化现象，并进一步将异化现象由活动的对象性推及至于活动的规律性。他认为，人对人的直接关系，被生产过程的客观规律所中介，这些规律便成为人与人之间关系的直接表现形式，"作为物化关系的核心和基础的人，只有在消除了这种关系的直接性之后才能被发现"②。这是由物的对象化和异化推论到规律的对象化和异化，意在揭示资本主义社会的经济规律以一种超出于人的控制并与人相对抗的力量运行着，从而试图解释20

① 卢卡奇：《社会存在本体论导论》，华夏出版社 1989 年版，第 267—268 页。
② 卢卡奇：《历史与阶级意识》，华夏出版社 1989 年版，第 263 页。

世纪初资本主义社会频频暴发经济危机的事实。

随着卢卡奇关于历史主客体思想的转变，他关于物化关系与社会规律的思想也有所变化。他开始认识到对象化与异化是两个有所区别的范畴，对象化本身并不是批判的对象，它是人们实现改造外部世界的过程。这种对象性活动在价值上具有双重性，既可以是一个肯定的事实，又可以是一个否定的事实。

由于人的任何实践活动的结果都表现为一种对象化，因此，对象化这种社会现象事实上是不能从人类社会中消除的；而异化则表现为社会存在中的对象性关系与人相冲突，或者说，只有当人的本性在社会存在中受到压抑、扭曲和残害的时候，才呈现为一种异化的关系。

在此基础上，卢卡奇从对象化或客体化的意义上去理解物化现象和社会历史发展规律，或者说，他把后者看做是人的活动的外化产物。并将物化思想发展为社会存在中的主体性问题，不仅从这一意义上来理解人的活动的结果以及人与人之间的关系，并且从这一意义上来理解社会发展的规律性问题。

从这一角度说，他不仅把人与人之间的关系也理解成社会客体，同时认为，主体客体化的过程在社会发展规律中体现为目的性、因果性，这一思路为他的社会存在本体论的理论构思提供了基础。

四　转变后的历史主体有了完全不同的新涵义

随着主客体观的转变，卢卡奇对历史主体的认识也发生了根本变化。这一变化促使着卢卡奇更新自己的思想，他深切地感觉到，要使自己的理论体系具有现实意义，就必须使自己的一切研究都从头开始。于是他不仅从人类社会的最初起源开始分析主客体的形成与分化，而且从主客体的最初分化开始分析历史主体的产生及其本质特征。

在卢卡奇看来，人类社会的存在本身是主体突起的前提条件，"社会存在的出现是（可以从容地说，首先是）人类的一个根本转变，在这个转变中，存在形式的过程性改变第一次出现了主体和客体，而类似于主体的东西在无机界中并不存在，更不可能在其中发生作用，因而在无机存在中根本谈不上什么主体"[①]。

---

①　卢卡奇：《社会存在本体论导论》，华夏出版社 1989 年版，第 267 页。

那么人类社会又是如何形成的呢？这就是人类的劳动，人在生产劳动中结成了人与人之间的关系并逐渐形成了社会，同时，人也通过劳动而成为社会存在的主体，并在劳动过程中建立起了全新的主客体关系。这样，历史主体的基本特征就可以通过人类的劳动、在劳动中所形成的主客体分化以及人类社会的形成过程中来分析。

在卢卡奇那里，人的劳动实践与动物维持生存的本能活动有着质的区别，人的劳动具有自主性和能动性的特征。人在对环境的积极适应中成为自我能动的、能有意识地引导和改造事物的主体，因为他赋予自身的劳动以目的性，同时，在劳动目的性的设定中，对象便成为客体。

而目的性是通过人的意识活动而体现出来的，这样，有意识的劳动实践，作为对对象世界的有效活动，在本质上就不同于动物的消极被动的适应性活动，这使人的劳动具有积极能动的特征。因此，是劳动把人从其余的动物世界中分离了出来，而人的劳动实践与动物维持生存的本能活动之间最根本的区别在于，人们在劳动中所内在地包含着目的性。

目的性的出现已意味着意识活动的产生，而这是人类的劳动由消极被动的本能活动转化为能动的、积极的实践活动的内在根据。"随着通过劳动而产生的积极的适应，这种生命的趋向得到了不断的（在质上远远高于量的）提高。"[①] 这也就是说，人对环境的积极适应，从一开始就有一个超出生物决定性的自我拔高的趋向，它蕴含着一种逐渐的、无穷尽的对生物决定性的自我解脱的要求。

劳动不仅使人在周围世界中具有主动性、能动性的特征，同时它也伴随着语言的出现并促进了意识的发展。然而，与马克思早期的认识不同，卢卡奇所理解的意识活动主要还是理性思维活动，只是他从更加直接的意义上论述了它的产生、功能和作用。

与历史主客体概念的转变相适应，卢卡奇关于意识作用的认识也更为宽泛了。在早期，他所理解的意识主要是一种反思性的理性认识，如阶级意识，而到了后期，卢卡奇则从更为直接的意义上来论述意识的功能及作用，例如实践活动中的目的性、意向性等等。

在他看来，人的意识活动作为能动地适应环境的必要条件，永远是在实践活动中形成的，并成为实践活动不可缺少的基本要素。或者说，意识

---

① 卢卡奇：《社会存在本体论导论》，华夏出版社 1989 年版，第 172 页。

从一开始起，就从来不是作为一种不相干的因素附加于有机生命的，相反，从其起源的意义上说，它是有机生命对周围环境积极适应的产物。在后期的卢卡奇看来，所谓历史主体也就是在对环境的积极适应中，能够能动地、有意识地改造和作用于客观事物的人。

那么具有自主性、能动性的历史主体，是否就完全超脱了动物界呢？卢卡奇进一步从无机界、有机界、生物界一直到社会的存在中，分析了主体作为类的存在物所具有的诸种规定性。他指出，社会主体，虽然超脱了纯生物存在，但不能完全摆脱他的生物存在基础，也不能完全摆脱与无机界的联系，从这一意义上来说，人永远也不能中止它还作为自然存在物的存在。

只是在社会存在中，自然性愈益为社会性所制约，然而，尽管人的生物学上的存在规律由此得到了质的改变，但并不能被完全取消。因此，从生物界发展而来，又与生物界具有质的区别的主体，仍然在一定意义上保持着他的生物属性，这是从人的物质存在本源，论述主体性中的客观实在性。然而，这只是问题的一方面，仅此，主体还不能成其为主体。人之所以能成为历史的主体，关键在于人的能动性。

然而，能动性并不排斥客观实在性，相反，客观实在性是能动性的物质根源。人的实践活动的特征，一方面在于它是客观物质活动，另一方面人的实践活动的典型特征在于它的能动性——目的性、计划性、预见性。这些都是在人的有意识的实践活动中体现出来的，那么，人的意识是哪里来的呢？是从劳动实践活动，以及在劳动实践中所形成的语言，语言的产生又促进了意识的发展。这表面上看起来似乎是陷入了循环论证，实际上，是不同事物之间的相互联系、相互作用的结果。

随着卢卡奇对主客体问题认识上的变化，他对辩证法的认识也有所改变，在其早期阶段，卢卡奇认为辩证法只存在于主客体的辩证关系中，而主客体的关系只有借助于无产阶级的阶级意识才能得到统一，因此，卢卡奇也就把辩证法狭义地局限在社会历史领域。随着卢卡奇对人类历史研究视野的扩大，他把自然存在作为社会存在的基础，在他的总体观中，社会存在包含着无机存在、有机存在、生物存在，因此，他对辩证法的认识也就发生了飞跃，由历史辩证法发展为包含着自然存在的客观辩证法。

从卢卡奇早期对主体性因素的重视，到晚期对主体性问题的研究，其思想发展的内在逻辑是连贯的，其思维方法是总体性的方法，即对事物之间的不同要素进行辩证的联系和认识，而不是机械地加以割裂。这不仅体现在他对人与物的关系、意识与物的关系的认识上，同样也体现在他对主体与客体、社会存在与意识活动的关系的认识上。

尽管卢卡奇有时对自己的总体性思维方法作出自我批评，认为这是以总体性掩盖了经济因素的决定性，实际上他的研究活动就是要批判经济决定论。因此，这种批评有时并非出自内心，实际上他的思维方式并没有改变。

五 社会存在本体论的理论框架

卢卡奇在后期重新开始认识人类社会并从人类社会的本源入手，这一转变体现在他对历史主客体问题的认识所发生的变化上。这一变化又自然要影响他对社会存在本身的认识，当他不仅从主体性对象化的意义上来理解社会的物质性存在，而且从主体性对象化的意义上来理解社会的发展规律时，这就已经蕴涵了他将历史主客体的问题本体论化，并试图构建社会存在本体论的设想。

社会存在本体论的理论构思，体现出卢卡奇后期对社会存在和发展本质的认识，采取了更为自然而客观的态度。或者说由于卢卡奇接触了一些现实的社会主义国家，这些国家的生存机制和发展动力等问题把卢卡奇的研究视野引向了社会本质的更深处，这一趋势充分反映在他构建社会存在本体论理论体系的探索过程之中。

由对历史主客体问题的研究，进一步深入到从本体论的意义上来分析社会存在的机制，显然使问题本身变得更为复杂化了。这不仅显示出卢卡奇在后期阶段的研究视野更为开阔了，研究态度更加客观了，而且研究的层次也更为深入。

卢卡奇在本体论的意义上对社会存在的分析，从理论上来说，是为了进一步驳斥那种将主体与客体，社会意识与社会存在加以割裂的机械论观点，强调社会存在中的主体性因素，用总体论的方法来分析各不同要素在社会存在中的相互联系和相互作用。

在构建社会存在本体论的过程中，卢卡奇的分析有两个比较突出的特点：其一是强调劳动不仅是主客体分化的前提，也是社会存在的前提；其二是从主体客体化的意义上来理解社会存在的本质、从主体性外化的意义上来理解社会发展规律的特殊性，并从物质优先原则的意义上来论证意识与存在的关系。他具体地分析了意识与存在的内在联系，而不再像早期那样，仅仅把阶级意识理解为一种抽象的变革现实社会的决定性力量。

卢卡奇对社会存在进行本体论意义上的分析，是从物质存在的基础开始的，即存在的三大类型：无机自然、有机自然和社会，以及这三者之间的差别和联系。在他看来，不理解这种联系及其原因，人们便不能理解真正的本体论意义上的社会存在及有关问题。这样的问题在卢卡奇看来包括精神和肉体的关系、自然存在和社会存在的关系、社会发展规律的本质等。

因此，卢卡奇所理解的本体论意义上的社会存在，不是一个物质实体概念，而是同时包含着人的有意识活动、人们在实践活动中所形成的人与人之间的关系以及活动的对象性、规律性，简言之，所谓社会存在是人的有意识的实践活动及其活动结果的存在。

由于人的意识与实践活动，无论从起源的意义上，或者是从发生作用的意义上说，都是不可分割、相互联系的，卢卡奇便把这一特征作为社会存在最为本质和最重要的客观规定性，并通过社会存在与自然存在的区别来强调由于意识活动的出现，前者所具有的本体论特征。

首先，他通过对无机存在、有机存在与社会存在的分析来论证社会存在的特殊性。在他看来，无机存在遵循的是因果性；有机存在遵循的是康德所谓的"无目的的合目的性"，这种"合目的性"不仅是无意识的、自发的，同时也是一种对自然的被迫性反应活动，为的是实现自身的再生产；而人的劳动实践，与前两者的本质区别在于，把有意识的目的性带入社会存在中。卢卡奇用马克思的例子来论证自己的观点，即蜜蜂和建筑师的区别在于，后者的目的性在他的劳动之前就已观念地存在于人的头脑中。

其次，卢卡奇既以目的性因素来强调社会存在与自然存在的区别，又以目的性因素来强调社会存在的合规律性。在他看来，无论怎样强调目的性的意义，目的性并不能取代事物自身在有规律的运动中起作用的规定性。

换个角度来看，有意识、有目的的活动本身，并不能改变事物有规律的运动本质。从这一意义上说，在社会存在中，因果系列正是通过目的性设置而发生作用的。例如，人的劳动实践是人类为了延续其自然存在的社会性实践活动，自然领域的因果性与社会领域的目的性相互交织在劳动实践中，因此，人类的劳动实践把因果性和目的性都带入了社会存在之中。

在卢卡奇看来，这一变革现实的目的性模式便成为社会存在的本体论基础，正因如此，卢卡奇认为，社会存在受制于选择决定的必然性。

然而，人在劳动实践中所表现出来的目的性因素首先体现在他的意识活动中，因此，从社会存在本体论的意义上对目的性因素的认识，必然推出从社会存在本体论的意义上对意识活动本质的认识。在卢卡奇看来，从意识活动起源的意义上说，它是有机体生命活动对周围环境积极适应的产物，它从一开始就是有机生命与周围环境价值关系的体现。

这样，卢卡奇就通过劳动这一主客体分化和联系的中介，这一包含着自然存在、社会存在的人类实践活动，提出了自己具有独特性的观点：在劳动中通过目的性设置而成为主体的人，他的意识活动就不仅仅只是一般的反映性活动，它是人为了自身的生产和再生产而进行的积极的适应性思维活动，这一思维活动不仅体现了主客体之间的价值关系，而且具有趋向性。

这也就是说"意识活动在人们目的性选择决定中，常常表现为他们自己积极性的源泉（并且这种'现象'当然是社会存在的一种客观的、不可忽略的因素），因而唯有通过它才能够合乎存在地发现人类实践、及其存在的真实基础"①。因此，在有意识的劳动活动中，趋向性和价值关系是统一的，因为，人通过有目的的劳动而对环境的积极适应，本身就是主客体价值关系的体现。

于是，卢卡奇通过劳动实践中的目的性设置，而将意识活动纳入于社会存在本体论的范畴。这一思维方式使人们对传统唯物史观的认识在两个方面有所突破：第一，通过对社会发展过程中目的性因素的论证，强调了社会发展规律内在地包含着主体性因素；第二，在肯定马克思主义的基本观点，不是人们的意识决定人们的社会存在，恰恰相反，是人们的社会存在决定人们的意识这一前提之下，进一步将其概括为："思想是从作为特殊的生命存在物——人的形成中形成的，是从作为人的本质上新型类属性特征的特殊基础和结果——社会的形成中形成的。"② 但是在现实的社会发展过程中，意识和社会存在之间的关系并不像无机自然界中的情况那

① 卢卡奇：《社会存在本体论导论》，华夏出版社 1989 年版，第 22 页。
② 同上书，第 309 页。

样，以直接的、简单的因果关系形式而表现出来，因为社会存在本身受制于选择决定的必然性。

这样，卢卡奇就在更深层次上提出了社会存在与人的意识活动两者之间关系的复杂性。对于这种复杂性，不能仅仅简单地用存在决定意识以及存在的第一性和意识的第二性那样的思维方式来加以认识。这也就是说，如果像马克思所阐述的那样，思想是被看作为在社会存在中形成和发展的人的主动性过程的一个组成部分，并且在这个范围内被社会存在所制约，那么，"任何抽象设定的关于思维与存在之间何者在先的问题已不再是真正问题了，它们之间的本质对立就消失了。因为社会存在已经以其特殊的方式为思维作用的发挥提供了前提"①。

卢卡奇从社会历史过程动态的意义上去分析社会存在与人们的意识之间具体而复杂的关系，意在批判人们对唯物史观的机械论理解方式，认为把一种精神现象当作现实物质力量的一种机械产品，这绝不符合马克思主义的真正本质。尽管意识与存在的关系，在认识论本体论意义上的区别是不可否认的，但在社会存在领域，这两个过程的交互作用、它们两者之间不可分割的协同现象，是社会存在在本体论意义上的事实。

卢卡奇虽然看到了意识与存在的关系在认识论和社会存在意义上的区别，但没有明确地将这一区别特征揭示出来。这一区别特征体现为：在认识论的领域中，存在先于意识是个不能否认的事实，但在社会存在领域中，社会存在不可能在人的有意识的实践活动之前存在，也是个不可否认的事实。

在此分析基础之上，卢卡奇批判了把马克思主义视为经济唯物主义的庸俗观点，这种观点将经济规律理解为纯物质性的规律，并与意识活动相对立。他指出，由于社会存在是以目的性设置为基础的过程性存在，而目的性设置中必不可少的基本因素必然是观念性的，因此，社会存在中的经济因素就不是物理或化学意义上的纯物质性的东西，观念与物质是相互交织在一起的。

尽管卢卡奇对意识活动的理解是不全面的，但他的分析足以说明，在社会存在中，脱离开意识活动的纯物质运动过程和纯经济运动过程都是不存在的。

---

① 卢卡奇：《社会存在本体论导论》，华夏出版社 1989 年版，第 313 页。

　　由上可见，卢卡奇从本体论的意义上对社会存在所做的分析，意在强调：社会存在与自然存在，两者在物质存在意义上的同源性，但是支配后者的因果规律性对于前者来说又是通过目的性过程而表现出来的，这是社会存在的特殊性。因此社会存在的过程也就是人的有意识的实践活动的过程。卢卡奇的这一分析，不仅批判了马克思主义创始人之后所流行的各种机械论观点、经济决定论观点，并对唯物史观的发展作出了自己的新贡献：首先，他使我们对社会存在与人们意识活动关系的理解更加具体化了；其次，他超出了传统思想中仅仅将理性思维活动看作是正确的反映活动的观点，而从它对生存活动的参与这一意义上来理解理性活动的意义和价值。

六　卢卡奇的社会存在本体论与马克思主义哲学

　　纵观卢卡奇一生的理论活动，从他对历史主客体问题理解上的变化，到他所关注的历史主体性在含义上的转变，都体现出他的理论兴奋点能够紧扣历史发展的脉搏。

　　在其早期，资本主义国家频频出现经济危机、两次世界大战的爆发、社会主义国家的诞生，都把无产阶级的阶级意识、阶级觉悟在促进历史进程发生转变中的作用突现了出来，在此时的卢卡奇看来，阶级意识便成为无产阶级由历史客体上升为历史主体的决定性因素。在其后期，社会主义国家已进入和平建设和发展时期，这一时期所暴露出的新问题——例如，社会主义社会高速发展的动力机制，自然要将人们的注意力引向历史发展的动力所在——历史主体本身。

　　这只是问题的一方面，从另一方面来看，马克思和恩格斯创建唯物史观，侧重于论证社会主义取代资本主义的历史必然性，对于社会主义条件下的社会发展问题，他们没有亲身体验。因此，对于在劳动主体与劳动客体相统一的社会体制下，劳动者能动性的发挥机制，他们也无法作出具体的推测和论证。

　　而且，在马克思的思想体系中，他从两个层次上理解了人的劳动本质：其一是自由自觉的劳动与人的全面发展——这是从自由、自觉的意义上论证人的能动性，这也是他对阶级对立状况铲除之后，在社会主义和共产主义条件下人的能动性得以发挥的设想；其二是人类为了延续自己的生存而从事的物质生产活动——这是从受动性的意义上论证能动性的内在根据。那么第二种能动性与那种自由自觉的实践活动之间是一种什么样的关系呢？

这一问题只有在阶级社会被废除的情况下，才能够更加清晰地体现出来，从这一意义上来看，卢卡奇关注社会存在中的主体性问题，有其历史必然性。

卢卡奇虽然能够正视时代所面临的新问题，随着时代的变化而调整自己的研究视野，但是如果我们观察其思想的核心部分，就能明显地看出他的思想的发展，在内在的逻辑关系上具有前后的一贯性，这一点并不为时代的变迁所左右。

第一，他自始至终强调社会历史发展的能动作用存在于主体性之中，并把人的意识活动作为这一能动作用的内在根据。在其早期，他把反映性的理性认识结果——阶级意识作为能动地变革现实社会的决定性力量。在其后期，他对问题的认识有所突破，即不再仅仅从反映性的认识活动这一意义上来理解主体能动性的内在根据，而从意识活动是劳动实践的一个组成部分这一意义上来理解主体的能动作用，这一认识显然比早期深刻得多。

第二，尽管他的认识对象有所变化，但是他的总体性认识方法没有变。在其早期，他借助于这一方法分析了物与物的关系后面所蕴涵着的人与人之间的关系；在其后期，他则进一步揭示了人与人之间的关系同时又受着无机存在、有机存在与社会存在的制约，反过来说，社会存在并不仅仅体现为物的运动过程，它同时也是包含着人的有意识的实践活动过程。

然而，卢卡奇是通过劳动过程中的目的性因素来分析意识的本质及其作用的，因此他对意识活动主要是从意向性的意义上来分析的。在这一意义上，卢卡奇的分析表明：人的能动作用并不仅仅产生于反思性的认识活动，它在更为直接的层次上体现为主体对客体的积极适应。而在这一层次上的意识活动中，非理性意识活动扮演着极为重要的角色。

尽管卢卡奇对历史主体、对历史主客体关系的认识在某种程度上是对马克思主义唯物史观研究领域、尤其是人学领域的开拓和深化，与萨特的人学理论比较起来，卢卡奇的哲学立场和方法更加接近于马克思的立场和方法。

然而，卢卡奇并没有继续将自己的研究成果与唯物史观的基本规律加以结合，进一步分析社会经济运动以及生产力与生产关系矛盾运动中的主体性因素，从而进一步发掘社会主义社会的存在机制和发展动力。他在不应该停滞的地方住了脚。

这使得他不能够为总体性概念和经济基础的核心作用关系作出进一步的说明，并且作出了言不由衷的自我检查：即不该用总体性概念取代经济基础的核心作用，因为他对两者的关系并没有作出进一步的分析和认识！

卢卡奇的社会存在本体论思想，经由前期到后期的发展呈现出如下轮廓：即他不仅从主体客体化的意义上来理解人的活动结果、人与人之间关系的对象化过程，而且从这一意义上来理解人的活动的规律性。在由历史主客体到社会存在本体论的建构过程中，呈现出这样一个不断递进的层次性关系：他通过意识的产生来论证社会存在与自然存在的区别；又通过有意识的实践活动的合目的性来论证社会发展规律的特殊性；由此认为经济领域的纯物质特性是一个神话。卢卡奇的这些思想，通过对社会存在中主体性因素的分析，提出了社会存在受制于选择决定的必然性观点，以此批判经济决定论。

卢卡奇的社会存在本体论显然拓展和丰富了马克思主义的唯物史观理论，是建构马克思主义哲学新形态的一种巨大尝试。在哲学背景上，其特点是以对黑格尔哲学方法的改造为前提，这也是他与后来出现的诸如存在主义或者结构主义的马克思主义相区别的一个特点。

第二节 柯尔施："非教条的马克思主义"

"从1918年到今天，欧洲历史的每一章都可以冠以这样的标题：革命的失败。"这是安东·潘涅库克[①]在1927年对马克思主义的描述。这期间，1924年6月（共产国际第五次代表大会），当第一次世界大战的严重动荡已经过去时，卢卡奇和柯尔施（1886—1961）被苏联正统派的拥护者们斥为"教授"和"左派"共产主义者，他们新近出版的著作《历史与阶级意识》和《马克思主义与哲学》（均于1923年出版）遭到了正统

---

① Anton Pannekoek，1873—1960年，荷兰天文学家和马克思主义理论家，曾帮助在荷兰形成一个马克思主义政党，其本人是德国社会民主党成员。著有大量理论、政论文章，主要著作有《世界革命与共产主义策略》（1920）和《列宁作为哲学家》（1938）等。引文转自《"西方马克思主义"译文集》，北京市哲学社会科学规划办公室1992年版，第1页。

派的敌视。这两本书都吸取了从以往事件中得来的政治经验，并简要地提出了各自的政治意义。像《历史与阶级意识》一样，《马克思主义与哲学》被认为是一部政治上异端的哲学著作。这本书对西方马克思主义的基本哲学主题作出了反响：马克思主义不是简单的实证科学，而是一种批判，即一种包括关于对社会的精神结构（意识形态结构）的批判的哲学。庸俗的马克思主义者认为哲学已经被政治经济学取代、超越，这完全是一种曲解。

　　尽管卢卡奇和柯尔施两人都被当作"极左"思潮的主要代表，而且柯尔施也在自己著作的一版后记中表达了他与卢卡奇在理论上的一致，但这种一致在一定程度上是一种假象。他们的观点有相同之处，但又是各自独立的。卢卡奇从一个黑格尔式的马克思主义者和"左派"共产主义者转变为哲学的正统派和政治上的妥协者，柯尔施则从一个保守的哲学家和马克思主义者转变为哲学和政治上的异端分子。他们的道路几乎完全不同。与卢卡奇相比，柯尔施的影响力是极其有限的。他的政治命运比起他的理论成就来说要逊色得多。如果说在 1923 年卢卡奇和柯尔施在政治上理论上还有相似之处的话，那么从那时以后，他们很快就分道扬镳了。1926 年 4 月，柯尔施被共产党开除，卢卡奇则不断地进行自我批评，向共产党靠近，其中半是假意，半是真情。然而，柯尔施则开始了长期独立的对马克思主义的再评价。到 1961 年他去世的时候，他几乎已经被人遗忘了。

　　但这只是柯尔施的政治命运，而不是对他著作的评价。他的批评当然不能见容于苏联官方的共产主义理论，但他的理论工作始终是那些正统马克思主义以外的马克思主义者的共同财产，并对他们发生着重大影响。尤其是，随着 1960 年代晚期到 1970 年代早期欧洲革命性政治的短暂复活，他的影响越来越明显。就个人关系而言，布莱希特把柯尔施当作他的老师，不断地寻求他的指导；悉尼·胡克在 1928—1929 年听过柯尔施的讲座，他在他的著作（《关于对卡尔·马克思的认识》，1933）里感谢柯尔施，并为他的思想辩护。他甚至还指导过费利克斯·魏尔，这位法兰克福社会研究所的创立者。

一　柯尔施和欧洲 1920 年代的革命

　　为了理解柯尔施的马克思主义的性质，把握一下什么是他所反对的

"马克思主义"是很有必要的。柯尔施于第一次世界大战前夕首次加入德国社会民主党，当时，这个组织是第二国际最重要的分支。在整个国际内部，由于德国社会民主党公开强调需要有一个对资本主义的革命性的颠覆，它因此成了正统马克思主义的托管者。德国社会民主党拥有10多万名党员以及100多份报纸，在工会中组织了100多万支持者并且是德国议会的第二大党。该党理论生活的实际支配者是被称为"马克思主义教皇"的卡尔·考茨基。恩格斯死后，出版马克思大量原始手稿的工作即由他来负责。考茨基得到了社会主义国际各个派别的敬重，人们认为，正是他捍卫了马克思主义免遭像爱德华·伯恩斯坦这样的修正主义者的攻击。而伯恩斯坦则积极地从事德国社民党的活动，并试图使该党转变成一个明白无误的改良主义的组织。

尽管在与伯恩斯坦的争论中，考茨基表明自己是一个传统马克思主义的拥护者和胜利者，但在表面现象之下，考茨基的马克思主义存在着严重的问题。按照考茨基的看法，马克思证明了历史是一个由各个不同的社会构成的连续体。在每一个社会之中，生产要一直成长到它不能再进一步成长为止。到了那一时刻，便会发生一场革命并产生出一种新形式的社会。在考茨基的著作以及第二国际的马克思主义之中，都没有给人的作用留下位置。社会几乎独立于人的所作所为而自行生长和衰落。其结果是，革命的任务仅仅是等待资本主义的最终崩溃。在争论中，第二国际的马克思主义者极力坚持说，他们看到了在长期的经济因素和短期的人的决定之间存在着某种关系。普列汉诺夫的小册子《个人在历史中的角色》便致力于分析这个特别的问题。他坚持认为人的决定是起作用的，同时，在社会结构和个人作用之间存在着某种统一。然而在"最后的分析中"，"一切都依赖于社会的发展过程和社会力量之间的关系"①。考茨基声称同意普列汉诺夫的观点，个人的确有其在历史中的地位。他对那些把他的马克思主义看成是某种形式的决定论的人提出严厉批评："仍然有人相信马克思教导说历史的发展是靠它自己进行的，而不能从人的作用中得到任何帮助，这真是太奇怪了。即使是在社会主义者中间，这种关于马克思主义的令人吃惊的见解也并不鲜见……当然，马克思从来没有说过这种废话。把阶级

---

① G. Plekhanov, *The Role of the Individual in History*, London: Lawrence and Wishart, 1951, p. 54.

斗争理论表现为一种静态的理论，这是荒谬的。"①

　　当进入抽象的理论化工作时，考茨基为关于人的作用的观念辩护。但是，当为日常生活的紧迫问题提供理论时，考茨基的马克思主义实际上完全是按照他声称反对的那种还原主义方式进行的。考茨基一再争辩说，社会主义的胜利乃是必然的、不可避免的。其前提是如下一个假定，即对于德国社会民主党来说，卷入任何草率鲁莽的行动都将是错误的。因此，当德国社会民主党的左翼争辩说，德国的社会主义者可以复制 1905 年已经发生在俄国的革命的大罢工时，考茨基回应说，事件的步伐不应当太匆忙。考茨基号召人们要保持耐心和克制，要与工会领导人、伯恩斯坦以及其他修正主义者联合行动。正是在这个过程中，考茨基主持了德国社会民主党的官僚机关化。当 1914 年第一次世界大战爆发时，这样的马克思主义经受了决定性的检验。在这场大屠杀中，考茨基以及第二国际的所有正统领导人都支持他们自己的国家和他们自己的资本家阶级。第二国际的进化论的和宿命论的马克思主义意味着它拿不出反对这场战争的政治性纲领。

　　卡尔·柯尔施属于反对第二国际的决定论马克思主义的革命一代中的一员。那个年代的积极的行动随即引起了俄国的革命，诸如柯尔施、卢卡奇和葛兰西这样的马克思主义者都在反战运动的高涨中接受了教育。他们目睹了 1917 年俄国布尔什维克革命的巨大突破，也目睹了从 1917 年持续至 1923 年冬天，德国革命最终失败了的工人阶级斗争的高涨浪潮。在当时，很显然，俄国革命为一种运用马克思主义的全新方式打开了未来的视野。尽管直到很久以后，列宁的绝大部分哲学著作都没有得以在西欧出版，这位俄罗斯的革命者还是得出了自己的结论，即恢复马克思主义的革命内涵的唯一途径，就是到黑格尔的辩证法那里检查马克思主义的起源。列宁坚持认为，在第二国际的马克思主义的粗陋的哲学和它的改良主义的政治之间具有某种一致性。他同时论证说，一种对辩证法的研究必须是任何重建的和革命的马克思主义的核心。正如列宁所说，"不钻研和不理解黑格尔的全部逻辑学，就不能完全理解马克思的《资本论》，特别是它的第 1 章。因此，半个世纪以来，没有一个马克思主义者是理解马克

---

① K. Kautsky, *The Materialist Conception of History*, Yale: Yale University Press, 1988, p. 482.

思的!!"①

在 1920 年代走向马克思主义的那一代人之中，柯尔施是马克思主义哲学的标准的理论承担者之一。在理论的层次上，并且在没有接触过列宁的哲学著作的情况下，柯尔施得到了与列宁极为相似的结论。根据他自己的政治实践，柯尔施采取了一系列从费边主义到极左的不同立场，而只是短暂地站在马克思主义传统的中心。然而，柯尔施的不朽著作，即著名的《马克思主义与哲学》，却坚持认为马克思主义的目标乃是能够让工人运动夺取权力。在下一代马克思主义者看来，柯尔施的许多陈述看上去是不完善的，但却没有人怀疑他相信这样的观念，即工人阶级是能够驾驭世界的。在马克思主义理论内部，柯尔施那一代的持不同政见的马克思主义者发展了一些新的见解，这些见解是与 1914 年以前第二国际的僵化的、宿命论的马克思主义相对立的。在其后整整 40 年间，这些持不同政见和非斯大林主义的马克思主义者，他们的著作基本上被忽视了。只是到了 20 世纪 60、70 年代，一些西方的马克思主义者才开始以某种系统的方式关注这些作者。例如到了 1970 年代晚期，已经有 4 部柯尔施著作的英文本面世。然而从那以后，随着工人阶级运动遭到经济和政治上的挫折，人们对柯尔施的兴趣又下降了，而与他同代的其他一些马克思主义者，例如本雅明和布莱希特，却仍然备受关注，因为他们著作中的基本观点已经被那些灰心丧气的、退却了的马克思主义者所采纳。相反，由于柯尔施明确地许诺了一种革命的变革，这使得那些已经学院化了的马克思主义者发现很难继承他的衣钵。

二　《马克思主义与哲学》

1920 年，柯尔施加入了德国共产党，随后几年，他用大量时间写作极为一般的马克思主义教科书、短篇著作、入门读物和评论，以此来简述马克思主义的基本概念。他最有创意的观点来自他对第二国际的马克思主义的批评，因为这种马克思主义在德国共产党的竞争对手——德国社会民主党的著作中达到了顶峰。他像列宁一样认为，德国社会民主党的马克思主义是一种粗陋的、对马克思的改良主义的背离。1922 年，柯尔施参加了德国图林根州一个重要的马克思主义"工作组"。这个工作组的组织核

---

① 《列宁全集》第 55 卷，人民出版社 1990 年版，第 151 页。

心后来演变成了法兰克福学派，而柯尔施的演讲手稿则于 1923 年以《马克思主义与哲学》为名出版。就是这本小册子日后为柯尔施赢得了最为持久的成功。

《马克思主义与哲学》的第一个论点是，马克思主义本身必须被历史地理解。科学社会主义本身也有它自己的历史这种见解的确是柯尔施的独特观点。柯尔施论证说，马克思主义起源于马克思和恩格斯拒斥黑格尔及其唯心主义哲学的著作之中。从 1840 年代以后，它以不同的方式得到了发展。而第二国际的马克思主义在两个重要方面是古典马克思主义的倒退：首先，不仅是伯恩斯坦及其他修正主义者，而且还有考茨基、普列汉诺夫和其他第二国际领导人，他们全都忽视了国家问题。除了形式上作出推翻资本主义的保证以外，这些官方的社会主义党已经变成了改良主义者。他们在其日常实践之中接受了资本主义并为其进行辩护："（伯恩斯坦的）修正主义似乎是在试图以一种具有理论连贯性的形式表达那种为工会的经济斗争以及工人阶级党的政治斗争所要求的改良主义性质……用他们对马克思主义理论抽象词句的所有教条的迷执也不能保持它（马克思主义）原初的革命性质（甚至包括伯恩斯坦的对手，考茨基和第二国际内部的教条的马克思主义者在内）。他们的科学的社会主义已经不可避免地不再是一种社会革命的理论了。"①

马克思主义的倒退的第二个来源，按照柯尔施的看法，是一种对哲学（辩证法）的忽视。在对第二国际的马克思主义的批评中，柯尔施提醒读者注意列宁的呼吁："我们必须从唯物主义的立场组织一种对黑格尔辩证法的系统研究。"对于柯尔施来说，辩证法的关键成分之一是它对总体性的强调。马克思自己就总是强调世界的总体性质，是他后来的追随者把马克思的理论割裂成了一个个片断。马克思主义与知识的各个孤立分支这种观念是不谐调的："不论他们怎样从理论和方法上声明他们的历史唯物主义，（第二国际的马克思主义者）事实上把社会革命的理论分割成了碎片……晚近的马克思主义者越来越把科学社会主义看成是纯粹的科学观察，而与政治或者其他阶级斗争实践没有任何直接的关系……一种关于社会革命的统一的一般性理论变成了对资产阶级经济秩序、对资产阶级国家、对资产阶级教育状况以及对资产阶级宗教、艺术、科学与文化等等的

---

① K. Korsch, *Marxism and Philosophy*, London：Pluto, 1970, pp. 58 – 59.

批评。"马克思主义是一种革命行动的形式，在这里，理论的讨论和实践应当再一次被结合起来。因此，柯尔施认为自己是在把马克思主义的理论再一次结合到实践的目的上，并（像卢森堡和列宁那样）触及到了"无产者阶级斗争的革命新阶段的实践需要"。①

对于柯尔施来说，理论与实践的统一应当通过人的行动具体地达到。因此，在《马克思主义与哲学》一书中，他极力强调意识的重要性。柯尔施着重指出，意识形态并不能仅仅被看成是经济事实的辅助性推论。资产阶级社会的"智识性现实"有着与其经济现实一样的重要性，它也是社会结构得以建立的基础。观念、政治和经济一起形成了资产阶级社会的总体性。因此结论是，这里有着"智识性行动"的一席之地。如果工人阶级想要"在实践上革命化"，那么一种"理论上的批判"同样也是需要的。

但是在为革命的马克思主义所作的辩论中，柯尔施强调马克思所传达出来的信息表现了一种对哲学的否定。1850 年以前及以后，马克思和恩格斯自己都曾作出过这样的断言。例如，马克思在《关于费尔巴哈的提纲》里写道："哲学家们只是以不同的方式解释世界，而问题在于改变世界。"恩格斯发展了这种思想，他论证说，马克思主义已经把哲学从历史的领域中废弃了，它唯一还能做的只是去思索纯粹思维的规律。恩格斯还指出，随着德国资本主义力量的增长，资产阶级越来越失去了对哲学的兴趣，而留下无产阶级成了黑格尔哲学的唯一继承人。

柯尔施用三种方式来论证并深化他这种关于马克思主义乃是一种反哲学的概念。他的第一个论点是，资产阶级哲学已经在黑格尔的著作中达到了最高点。通过让黑格尔头足倒立，马克思已经破坏了哲学。柯尔施的第二个论点是，马克思主义是一种对资本主义世界的所有方面的批判，而资产阶级哲学就包含在马克思所要拒绝的观念之中。他的第三个论点是，哲学仅仅反映了世界，而马克思主义则寻求对世界的改变。这种对实践的强调意味着马克思主义是否定哲学的。

在《马克思主义与哲学》的结尾处，柯尔施提供了这样一个世界的可能性，在这个世界中，哲学已经不复存在了："资产阶级意识必定把自己看做是处在这个世界之外的，作为纯粹的批判哲学和公正科学独立于这

---

① K. Korsch, *Marxism and Philosophy*, pp. 54 - 60.

个世界的，这仅仅是因为资产阶级国家和资产阶级法律看起来似乎凌驾于社会之上。这种意识必须通过革命的唯物主义辩证法，即工人阶级的哲学，来从哲学上加以斗争。仅当整个现存的社会及其经济基础被从实践上完全克服，而这种意识被从理论上完全超越和废止了的时候，这种斗争才会停止。"① 哲学能够被克服，但这必须通过一个社会主义社会的成功实现，通过工人阶级的革命才能达到。

三　马克思主义的历史和性质

随着 1923 年 10 月德国革命的失败，德国共产党在费舍尔（Ruth Fischer）和马斯洛夫（Arkadi Maslow）的领导下主要转向了左倾。此二人在 1923 年时已经身居德国共产党高层领导人之列，当时，他们曾经从一种极左的和不切实际的立场——在这种立场看来，革命总是迫在眉睫的——出发，支持过关于一场革命的号召。当 10 月危机过去以后，在季诺维也夫和共产国际领导层的支持下，他们继续主张德国将很快进入另一个危机阶段，这意味着有一个为急迫的、更进一步的起义做准备的迫切需要。在这种极左气氛下，柯尔施成了党的最主要的代言人之一。同时，他也成了德国国民议会中的共产党代表。

然而，德国共产党与国际共产主义运动领导层的步调逐渐不一致起来，因为国际领导人此时确信世界正进入一个新的稳定阶段。1924 年，《马克思主义与哲学》在共产国际第五次代表大会上受到责难，季诺维也夫谴责柯尔施和包括卢卡奇在内的其他一些人是"修正主义者"和"唯心主义者"。柯尔施的著作被描述成了费舍尔和马斯洛夫的政治领导在德国党内的哲学翻版。为了回应这种批评，柯尔施试图组成一个共产国际反对派，他的小组形成了一个仍然处于共产国际和德国共产党内部的叫做"坚定的左派"（Resolute Lefts, Entschiedene Linke）的小团体。1926 年 4 月，柯尔施被德国共产党开除，而他的小团体则一直存在到 1928 年。就在同一年，柯尔施也失去了他在德国国民议会中的位置。1930 年，柯尔施写了一篇叫做《"马克思主义与哲学"问题的当前状况》的长文，为他在《马克思主义与哲学》中所主张的论点进行辩护，并扩展了他早期关于马克思主义是一种历史科学、马克思主义本身也应当被历史地理解这种

---

① Korsch, *Marxism and Philosophy*, pp. 84 – 85.

观念。特别是，他认为马克思主义的历史应当被理解成下述三个连续阶段的渐次演变：

从 1843 年到 1848 年，马克思主义作为一种理论，将自己建立在一种公开的无产阶级斗争的基础之上。这是马克思主义第一次达到其高潮的时刻。然而在 1848 年欧洲革命失败以后，很明显，资本主义体系将其安全性整整保持了一代人之久。在这一形势下，马克思主义只能通过把自己描述成一种人道主义的和实证的科学，把自己确定为一种一般真理的形式才能幸存下来。在从 1900 年开始的第三个阶段，产生了一种工人阶级信心的复苏，这在布尔什维克主义和工团主义的成长中得到了证明。这一复苏恢复了马克思主义作为工人阶级革命的哲学的主观品格，并为一种更完善、更真实的革命理论铺平了道路。[①]

马克思主义具有它自己的历史这种论点提醒我们，社会主义是建立在一种活的传统之上的。在许多方面，马克思主义是一个关于成长和发展的故事。当资本主义发展时，马克思主义者便能对处于该系统之核心的动力学获得更丰富的理解。但是另一方面，马克思主义传统也是一个关于逆转和失败的故事。第二国际的马克思主义的冲击是把革命的社会主义转变为一种改良主义的新变种。此后，一种新的还原主义和改良主义的马克思主义在世界范围内兴起。在这个意义上，可以说柯尔施未能成功地阐述一种恰当的马克思主义史。虽然如此，这样一种规划仍然是值得的，而柯尔施则是这种规划的首批倡导者之一。

1933 年，柯尔施被驱逐出德国。他先后在英国和美国定居。在遭受放逐的日子里，柯尔施的主要工作是为他那些已经在 20 年代建立起来的观念辩护。他先后写了三篇文章：《〈资本论〉初步》（1932）、《为什么我是一个马克思主义者》（1935）和《马克思主义的最主要原理：一个重申》（1937），其中最重要的是《为什么我是一个马克思主义者》。这篇文章其实是一次座谈的一部分，参加者中由戈登维泽（Alexander Golden-weiser）、桑塔亚那（George Santayana）和韦尔斯（H. G. Wells）解释为什么他们不是马克思主义者，而由柯尔施和拉斯基（Harold Laski）解释为什么他们是马克思主义者。这篇文章的主题，仍如柯尔施著作中的通常

---

① K. Korsch, "The Present State of the Problem of 'Marxism and Philosophy'", *Marxism and Philosophy*, pp. 89 – 128.

情形一样，乃是马克思主义是一种目的在于改变世界的世界观。柯尔施因此把马克思主义概括成四条陈述：①

> 1. 马克思主义的所有主张，包括那些看上去具有一般性的主张，都是特殊的；2. 马克思主义不是肯定性的，而是批判的；3. 它的主旨并不是现存的、处于其积极肯定状态之中的资本主义社会，而是显示在其确凿无疑的没落腐朽之中的、衰退着的资本主义社会；4. 它的首要目标并不是关于现存世界的沉思冥想的乐趣，而是对它的积极的改变。

柯尔施坚持认为马克思主义是一种关于实践的哲学。他对那些仅仅把马克思主义思想当作一套理解世界的工具的人表示蔑视："马克思主义的'理论'并不以获得关于与独立的、理论性的兴趣无关的实在的客观知识为奋斗的目标。它之获得这种知识乃是受到斗争的实践需要的驱策，并且，只有冒着不能达到它的目标的极大风险，以及以它所表达的无产阶级运动的失败为代价，它才能忽视这种知识的获得。"② 柯尔施认为，马克思主义理论的唯一目标乃是在晚期资本主义的当下世界中发挥作用。因此，通过马克思主义来理解任何与此不同的其他世界的任何企图都是有缺陷的。与马克思主义的革命精神相敌对的并非仅仅只是马克思主义是一种对世界的理论性反映这种看法，而且，对任何其他的历史因素进行任何理论化也是与这种革命精神相敌对的："正因为（马克思主义理论）从未失去其实践目标的视野，因此，它避开了把全部经验强制到一个关于宇宙的一元论建筑规划，以便建立一种统一的知识体系的所有企图。"③

但是这里可以提出一个柯尔施本人未能令人满意地回答的重要问题。柯尔施的论点是说，马克思主义作为一种知识理论乃是相对的。按照柯尔施的看法，马克思主义者对任何事物的理解都是从工人阶级的优越立场出发的。如果这是正确的，那么，为什么对一个事物的马克思主义解释应当是比其他任何解释都更好的解释呢？一个遭到柯尔施反对的回答是说，这

---

① K. Korsch, *Three Essays on Marxism*, London: Pluto, 1971, p. 61.

② Ibid.

③ Ibid., p. 68.

是因为马克思主义的解释是客观的：它们解释了这个世界。按照柯尔施的看法，马克思主义的理论之所以必定是正确的，这是由于它是对工人阶级历史境遇的具体化。对于马克思来说，正如对于卢森堡和列宁一样，马克思主义既是一种理解世界的科学，同时也是一种改造世界的武器。柯尔施拒绝这种综合，他更偏爱那种仅仅是一种改造世界的有效手段的马克思主义。柯尔施想要重建一种"坚定的马克思主义"的传统，但是他把马克思主义的革命政治与任何对客观实在的关注割裂开来了。柯尔施的马克思主义变得武断而极左，并且脱离了广大的听众，因此，他的革命的想象显得空洞，渐渐不为人所知。如此一来，柯尔施的马克思主义就仅仅为革命的社会主义提供了一种有限的和不完全的辩护。

四 柯尔施的"非教条的马克思主义"

究竟如何评价柯尔施对马克思主义理论所作的贡献，不同的作者意见并不一致。最富同情的评论者当数德国马克思主义者埃里希·格拉赫（Erich Gerlach），他认为柯尔施所写的马克思传记是"最接近马克思的实际教导的马克思研究"。[1] 按照《新左派评论》编辑弗里德·哈勒戴（Fred Halliday）的看法，柯尔施是"西方 1920、1930 年代最令人感兴趣、最具原创性的马克思主义理论家之一"[2]。帕特里克·古德（Patrick Goode，柯尔施的传记作者）同样强调他所看到的"柯尔施的马克思主义的积极的一面"，这使得它比绝大多数学院化的马克思主义都更为优越。[3] 佩里·安德森把柯尔施描述为西方马克思主义的奠基人之一，是从古典马克思主义传统倒退而迈向学术化和悲观形态的一个步骤。[4] 道格拉斯·凯尔纳则直截了当地把柯尔施称为"世界历史运动的书记员"。[5] 另一方面，柯拉克夫斯基则说柯尔施从来没有决定马克思主义究竟是一种科学呢，还

[1] E. Gerlach, "Karl Korsch's Undogmatic Marxism", *International Socialism* 19, 1963, pp. 22 – 27.

[2] F. Halliday, "Karl Korsch: an Introduction", *Korsch, Marxism and Philosophy*, pp. 7 – 23.

[3] P. Goode, *Karl Korsch: A Study in Western Marxism*, London: Macmillan, 1979, pp. 186 – 187.

[4] P. Anderson, *Considerations on Western Marxism*, London: New Left Books, 1976, pp. 29 – 30, 49 – 50.

[5] D. Kellner, "Korsch's Revolutionary Historicism", *Telos* 26 (1975 – 6), pp. 170 – 193.

是仅仅表达了工人阶级的利益。因为他从来没有解决这个问题，因此他的著作是一个失败。① 海伦娜·舍汗（Helena Sheehan）在自然辩证法争论的语境下讨论了柯尔施。她援引了柯尔施的朋友布莱希特对他的判断："在无产阶级的房间里柯尔施只是一个客人。他打好了行李，并随时准备着离开。"②

假如柯尔施本人可以回答"什么是他对马克思主义理论的持久贡献"这个问题，那么很可能他会指出他在劝服马克思主义者重新讨论有关哲学问题上所取得的成功。关于他所发动的战斗，柯尔施有他自己的想法，那就是他所说的反对所谓"黑格尔健忘症"的斗争。第二国际的马克思主义者已经忘记了他们的辩证法，而没有了辩证法，他们便堕落到了机会主义和修正主义之中。随着辩证法的恢复，马克思主义将重新表现出理论和实践的统一，而对于寻求改造世界的工人阶级来说，马克思主义也将再一次成为他们的武器。

然而，把柯尔施与1920—1930年代的其他马克思主义者区别开来的最为显著的特点实际上是他对马克思主义的"特殊"性质的强调。对于柯尔施来说，马克思主义首先、并且首要地是一种对资本主义的革命的批判。马克思主义并非是关于一种人类未来的乌托邦景象，它仅仅是处于晚期资本主义之下的工人阶级的科学。这种想法在柯尔施关于马克思的传记里表现得特别清楚。在那里，柯尔施论证说，这样一种对马克思主义的特殊的解释，即把马克思主义解释成对晚期资本主义的批判，是把马克思主义恢复成一种关于希望的信息的唯一方式："历史特殊性的原则，除了它的作为一种改良了的社会学分析和探索方法的原创性意义以外，还变成了在为反对现存社会条件而发动的实际斗争中的最重要的辩论性武器。"③对这种观点持批判态度者之一是卡尔·考茨基。1920年代中期，考茨基仍然是德国社会民主党的主要理论家之一。考茨基对柯尔施的保卫马克思主义的理论和实践相统一的主张采取了十分敌视的态度："对于柯尔施来说，马克思主义仅仅是一种社会革命的理论。但事实上，马克思主义最为

① L. Kolakowski, *Main Currents of Marxism, Its Origins, Growth and Dissolution*: Volume 3: *The Breakdown*, Oxford: Oxford University Press, 1981, pp. 308 – 323.

② H. Sheehan, *Marxism and the Philosophy of Science: A Critical History*: Volume 1: *The First* 100 *Years*, New Jersey and London: Princeton University Press, 1985, pp. 255 – 273.

③ K. Korsch, *Karl Marx*, New York: Humanities Press, 1963, p. 38.

显著的特征之一便是它确信，社会革命只有在一定的境况下，也即只有在一定的时间和一定的国家才可能发生。柯尔施所属的共产主义宗派已经彻底忘记了这一点。对于他们来说，社会革命总是可能的，不论在什么时候，不论在什么境况下。"①

这里重要的是，考茨基的评论的确引起了存在于柯尔施的马克思主义之中的一个真实的问题。也就是说，如果柯尔施是对的，那么马克思主义就应当被理解为"只是"晚期资本主义之下的工人阶级的适当理论。显然，如此一来就必然限制了马克思主义的范围。一种不可避免的逻辑结论是：在需要社会建设而不是社会革命的社会主义社会，例如在现实存在的社会主义社会，所谓真正的马克思主义恰恰是不可能存在的。

古典马克思主义的传统把马克思主义看作既是一种工人阶级革命的手段，同时也是一种探索世界的方式。在马克思主义作为一种武器和马克思主义作为一种科学之间存在着一种统一。马克思的早期著作在时间上先于工人阶级作为一种成熟的全球性力量的兴起，它们乃是建立在对前资本主义和资本主义社会的历史分析之上的。与此同时，马克思论证说，由于在资本主义之下工人阶级是大多数，并且是发生在资本主义社会之中的巨大的科学进步的继承人，因此，无产阶级是第一个能在解放它自身的行动中同时解放整个社会的阶级。与先前的被压迫阶级不同，工人阶级所从事的是集体性的生产。在过去，压迫者能够通过提供土地而把农民们分离开来。而在资本主义之下，工人阶级只能作为一个整体和集体的力量才能赢得解放。无产阶级是第一个有能力完成普遍的人类解放的阶级。

在这个意义上，当考茨基认为，当工人阶级已经取得政权，并且已经不再作为资本主义之下的被剥削者而存在的时候，马克思主义理论仍然是有效的（当然是以另外一种方式），这个时候，他是正确的。当然，在总体上，从马克思主义哲学形态演变的角度来看，如果说考茨基的马克思主义是对德国社会民主党的官僚结构利益的改良主义妥协的理论表达的话，那么柯尔施的马克思主义则是一个处于资本主义危机时期的激进主义分子的观察，它把马克思主义理论与阶级斗争和革命的需要结合到了一起。但是，它仅仅把马克思主义呈现为工人阶级在革命时期的意识，而工人阶级所继承的历史传统，包括工人阶级的斗争经验，都几乎是没有什么意

---

① P. Goode, *Karl Korsch: A Study in Western Marxism*, London: Macmillan, 1979, p. 82.

义的。

　　在这里回过头来对柯尔施和卢卡奇再作一番比较也许是有益的。像柯尔施一样，卢卡奇也强调对一种辩证的马克思主义和把马克思主义的理论和实践联系起来的需要和必要性。在吸取了俄国革命的教训，并转向古典马克思主义传统的核心以前，卢卡奇像柯尔施一样也经历了一个早期的极左时期。卢卡奇这个阶段的发展表现在他的重要著作《历史与阶级意识》之中。但与柯尔施不同，卢卡奇对建立一个革命的党的需要有严肃的理解，而这也就解释了为什么在俄国革命之后他决定加入匈牙利共产党。他在1930年代拒绝与斯大林主义决裂意味着他被迫扮演斯大林主义喉舌的角色。但是，卢卡奇却冒着比其他那些与斯大林主义取得了更具决定性的妥协的卓越的马克思主义者更大的风险，参与了1956年的匈牙利事件，并加入了短命的纳吉政府。因此，与柯尔施的马克思主义相比，卢卡奇的马克思主义至少在三个方面有其特点：首先，卢卡奇并不满足于把自己局限到只进行哲学写作上。在许多著作中，卢卡奇试图把他的哲学见解与详细的历史案例结合起来，以此使他的理论能够得到检验①；其次，卢卡奇对于革命的困难、从而对于建立一个革命的党的必要性有着急迫得多的判断。这一点引出了卢卡奇特点的第三个方面，即卢卡奇更接近表达了观念与行动之间的统一。不论柯尔施作为一个马克思主义者的长处何在，卢卡奇在使得他的理论与实践合而为一方面是更为成功的。

　　实际上，柯尔施的马克思主义是一种非常抽象的理论。他大量使用诸如"理论"、"实践"、"哲学"这样的范畴，但并没有给予它们任何具体的含义。因此，在接受"人乃是他们的社会条件的产物"这种唯物主义论点的同时，柯尔施拒绝说出哪些条件是重要的，以及它们是怎样起作用的。尽管柯尔施非常细致地论证了马克思主义只具有作为达到工人阶级革命的工具的意义，但是，他在对工人以及他们的斗争进行描述上所遭遇的失败表明，柯尔施的马克思主义只能是一种对马克思主义的非常黑格尔化的、非实践的和哲学的辩护。尽管如此，我们最好还是记住柯尔施这个人，由于他为自己设定的目标，而不是由于他在达到这一目标时所遭遇的失败。当第二国际中处于主流地位的马克思主义显得相当贫乏、空洞并陷入了还原主义之时，柯尔施提出了他的理论，试图把1918—1923年间的

---

　　①　包括他的《历史小说》（1963）和《理性的毁灭》（1980）。

工人斗争转化为革命的理论。当柯尔施坚持认为马克思主义或者必须是革命的，或者就什么也不是的时候，他是完全正确的，尽管他十分错误地把马克思主义限制为仅仅是对现存社会的批判。除去它的弱点，柯尔施的工作至少能提醒我们记住，仍然有一个世界在等待着我们去赢得。

第三节　葛兰西：革命与"实践哲学"

如果我们还没有在卢卡奇和柯尔施的马克思主义之中准确把握到所谓西方马克思主义的早期主旨，那么在葛兰西这里我们一定能发现更多的东西，从而对西方马克思主义发展的来源留下更深刻的印象。对葛兰西（1891—1937）的描述包括很多头衔："社会哲学家"、"政治家"、"社会主义和共产主义的领导人和理论家"、"反法西斯主义者"、"（西方）最主要的马克思主义思想家"，等等。事实上，与卢卡奇和柯尔施相比，葛兰西是这样一位思想家和革命的实践者，他不仅在西方世界赢得了更持久、更广泛的尊敬，就是在东方和所谓的第三世界，他也得到了更多的、更具实质性的反响。是葛兰西而不是卢卡奇和柯尔施，才是不断激起人们的精神和实践兴趣的人。原因大约主要如下：葛兰西的马克思主义不仅是一种必要的斗争的理论，而且，在西方发达资本主义世界，它表达了一种带有全局性的和战略性的观点。

与卢卡奇和柯尔施不同，葛兰西基本上与第二国际没有发生过直接的关系。因此，在他的理论中看不到那种与马克思主义保守分子作斗争的激昂情绪，虽然他也提出并系统地阐述了一种有别于"正统马克思主义"的新的马克思主义理论。葛兰西的理论来源于意大利国内的工人阶级革命实践，也来源于俄国革命最初的强大刺激和对苏联式社会主义实践和理论的反思。他不像卢卡奇和柯尔施那样受到了共产国际的批判，实际上，他作为共产国际的意大利代表在莫斯科生活了将近两年（1922 年 5 月—1923 年 11 月），并且娶了俄国女小提琴家和共产党员约尔卡·舒赫特（Julka Schucht）为妻。也许是因为葛兰西后来（1926 年）被关进了意大利的法西斯监狱直至其去世之故，苏联的共产国际领导层没有把葛兰西的"人道主义的马克思主义"当成理论上的敌人。当然，它也没有把这种理论当成可尊敬的盟友。也许这一切都因为葛兰西是唯一在监狱里写出了其主要著作的人。更何况，他的名为《狱中笔记》的大量手稿（1929—

1935）在其生前并没有多少机会得到系统的出版。只是在第二次世界大战结束数年后，当意大利共产党开始着手出版葛兰西散乱的手稿和一部分写于狱中的书信时，他的这些作品才重见天日。

但是葛兰西与卢卡奇和柯尔施也有一致之处，正是这种一致允许我们把他们同时称为西方马克思主义的创始人。有一个令那些把西方马克思主义基本上等同于法兰克福学派理论的人大为吃惊的现象，即所有早期的西方马克思主义者（卢卡奇、柯尔施和葛兰西只是其中的杰出代表）基本上都是马克思主义内部的"左派"。他们被俄国革命的成功所刺激，并以为在这里能够看到西欧工人阶级革命的希望和榜样：既然俄国能够成功地发动革命，那么这种革命为什么不能被复制到欧洲大陆上来呢？因此在理论上他们也更接近列宁而不是那些"西方的马克思主义者"，诸如伯恩斯坦和考茨基。至于共产国际不喜欢这些人并把他们斥为"教授"，那是因为当斯大林取得权力以后，他们的理论对于他的目的来说显然是不合时宜的。此刻他需要的只是灌输的工具和铁一般的真理。与此同时，西欧的无产阶级革命也可悲地失败了，并在很长时间里持续衰落下去。鉴于这种形势，这些早期西方马克思主义的继承者们大多果真当起了"教授"，并对能够发生现实的、合理的无产阶级革命持悲观的态度，这一点也就不难理解了。同样不难理解的是，一旦似乎有了革命的可能（比如 1968 年前后），这些"学院派"的西方马克思主义者（比如马尔库塞）又会重新陷入一种革命的"左派幼稚病"。这实际上暗示了西方马克思主义的两个主要特征：对现实的社会主义的不满和对现实的资本主义的（实践的或者理论的）批判。

一　葛兰西与意大利工人阶级运动

葛兰西 1891 年出生在意大利南撒丁岛的山村阿勒斯（Ales）。他虽然智力早熟，却不是一个身体健康的孩子，四岁时一次严重的摔伤和其他一些疾病使他成年后身材矮小，并且还是个驼背。在整个求学期间，葛兰西的家庭都被经济上的困难困扰，然而 1911 年，一笔特殊的奖学金使葛兰西能够离开撒丁岛而进入都灵大学学习。葛兰西在都灵大学学的是文学、语言学和哲学，并开始写作社会新闻。1915 年，不顾放弃成为一名学术研究者的大好前程，葛兰西成了意大利社会主义党的积极分子，并开始了新闻记者生涯，这使他成为当时意大利最令人生畏的批评者之一。虽然葛兰西主要是为政治报刊写作，但他才华横溢的文章和机敏的观察很快为他赢得了更大的声望。他在报纸上的专栏和他的戏剧评论被广为阅读，并产生了广泛的影响。他经常在工人学习集会上就不同的论题进行演讲，比如罗曼·罗兰的小说、巴黎公社、法国和意大利革命以及马克思的著作等等。

此时，第一次世界大战久战不决，意大利的参战也成了残酷的现实。葛兰西的基本立场是，意大利的社会主义者应当利用意大利参战这个时机，把意大利的民族情绪引向一种革命的转变，而不是一种盲目的爱国热情。也正是在此时，1917 年和 1918 年，葛兰西开始看到把政治和经济行动与文化工作结合起来的必要性，在都灵，这最终导致了一个无产阶级文化协会的形成。1917 年 10 月布尔什维克革命的爆发进一步激发了葛兰西的革命热忱，在战争剩余的岁月以及以后的日子里，虽然并非全无批评，葛兰西使自己与俄国革命领导层的方法与目标、与在整个发达资本主义社会进行社会主义改造的理想保持一致。1919 年春，葛兰西与塔斯卡（Angelo Tasca）、特拉西尼（Umberto Terracini）和陶里亚蒂一起创办了《新秩序：社会主义文化周评》，此后五年，这是一份在意大利激进的革命"左派"当中颇具影响的定期刊物。周评对欧洲、俄国和美国的政治和文学潮流均给予了极大的关注。

随后几年，葛兰西把大量时间用在了工会运动的发展上。葛兰西发现，此时的都灵正在经历着其主要的工业革命时期，菲亚特（Fiat）、兰西亚（Lancia）等大公司都在从意大利各贫困地区大量招募新工人。工会开始建立起来，工业社会的第一次冲突开始显现。葛兰西密切参与了所有这些发展。1921 年，随着葛兰西曾帮助组织的都灵汽车厂工会以及其他一些工会遇到困难，葛兰西连同一批社会主义革命者的核心分子（其中包括布尔迪迦（Amadeo Bordiga）和陶里亚蒂等）一起从社会主义党中分离出来，成立了意大利共产党（PCI）。1922 年，葛兰西作为共产国际执行委员会的意共代表来到莫斯科，在这里，他与列宁一起讨论革命的策略问题，并遇到了他未来的妻子舒赫特。与此同时，墨索里尼的法西斯主义在意大利崛起，不久，葛兰西带着培养反法西斯"左派"党统一战线的指示返回意大利。

本来，当葛兰西还在莫斯科的时候，他便被缺席选入了意大利的议会机构。这个职位拥有一种议会豁免权，使得他可以重返意大利，而不必顾

及法西斯政府由于他的政治活动已经对他签发了逮捕令。然而，1926 年
11 月 8 日，墨索里尼废除了所有议会豁免权，于是葛兰西被逮捕了，并
被囚禁在罗马的一座监狱里。此后，葛兰西便开始了长达十余年的狱中生
活，他的余生基本上是在不同地方的不同囚室里度过的，其间伴随着连续
不断的生理上和精神上的苦痛，直到 1934 年，由于严重恶化的身体状况，
他才在被监管的条件下得到了有限的自由。1937 年 4 月 27 日，葛兰西死
于脑出血。显然，致命的打击无非是在狱中从未得到适当治疗的年复一年
的疾病的最后结果。在葛兰西被关押期间墨索里尼曾经说过："我们必须
防止这颗头脑继续进行思维。"他的愿望终于实现了。

正如任何熟悉葛兰西的人所知道的，狱中岁月同时也是葛兰西在智识
成就上所获甚丰的时期。在被关押期间，他写了大约三十二本、长达
3000 多页的关于历史及其分析的笔记，其中包括葛兰西对意大利历史和
民族独立运动的梳理，以及关于批判理论和教育理论的思想。这其中的一
些理论就目前来看仍然与他的名字紧密相关，例如：文化领导权作为资本
主义国家的维持手段；对大众工人的教育的需要，以便鼓励从工人阶级当
中发展知识分子，等等。作为一位社会哲学家，葛兰西在《狱中笔记》
中阐述了一种关于马克思的政治哲学的人道主义观点，对于葛兰西来说，
这种观点同时也是与盛行于当时的意大利的法西斯主义相对立的东西。像
另一位意大利哲学家克罗齐一样，葛兰西对任何形式的独裁政府深感悲
哀。而作为一位马克思主义理论家，葛兰西则论证说，社会阶级是被它们
所处的物质环境塑造的，在同等的程度上，它们也是被它们各自所特有的
思想方式塑造的。因此，葛兰西拒绝经济主义的论点，而坚持意识形态对
经济决定论的独立性。同时，他也拒绝粗陋的唯物主义，而提出了一种马
克思主义的人道主义解释，这种解释把注意力主要集中在人的主观性上。
这大概是葛兰西的马克思主义的主要论点。事实上，《狱中笔记》的中心
和主旨就是发展一种可适用于发达资本主义条件的新的马克思主义理论。

二 领导权理论

葛兰西接受了先他一个世纪的马克思所提出的资本主义分析，也接受
了统治阶级和从属的劳动阶级之间的斗争是推动社会前进的动力这一观
点。但他发现他不能接受马克思主义对统治阶级如何进行统治这一问题的
传统看法。正是在这里，葛兰西用他对意识形态所扮演的角色的分析，对

现代思想作出了主要贡献。

"意识形态"这个术语经常被简单地看成指一个观念和信仰的系统。然而，它又与权力概念紧密地联系在一起，就此而言，安东尼·吉登斯提出的定义可能是最易于理解的。吉登斯把意识形态定义为"被分享的观念和信仰，用于证明统治群体的利益的正当性"[1]。它与权力的关系是，它合法化了这个群体所持有的差别化的权力，同时歪曲了人们对他们的真实处境的认识。

马克思主义关于权力的传统理论所依据的是唯物史观，认为经济是基础，而政治及意识形态则是上层建筑，经济基础决定上层建筑，因而，政治权力不过是经济权力的表现而已。这一点被第二国际当时流行的把唯物史观曲解为庸俗的经济决定论的思潮所强化了。俄国十月革命胜利后，无产阶级及其政党掌握了政权，有些共产党人也产生了似乎有了政权和军队就有了一切的思想情绪。葛兰西感觉到，这些理论和认识缺少了一种对意识形态的控制和操纵的微妙而深入普遍的形式的理解：这种意识形态的控制和操纵被用于使一切压制性的结构永恒化了。他把两种极为不同的政治控制形式统一起来：一个是统治（domination），指由警察和武装力量实施的直接的物理性压制；另一个是领导权/盟主权、霸权（hegemony），指意识形态控制以及更关紧要的对意识形态的认同。葛兰西假定，没有什么政权，无论多么独裁的政权，能够主要只是通过有组织的国家权力和武装力量而维持其自身。长远地看，为了维持稳定，政权必须拥有大众的支持和合法性。

葛兰西用 hegemony（领导权、盟主权、霸权）这个术语意指一个价值、态度、信仰和道德的完整的系统对社会的浸泡式的渗透，这种渗透所产生的效果是对现存权力关系的支持。在这个意义上，hegemony（领导权、盟主权、霸权）可以被定义为一种"组织原则"，在其社会化过程中它被散布到了日常生活的每一个领域。进一步说，这种处于优势的意识被所有人口主观化，以致成了通常所说的"常识"的一部分，因而统治精英的哲学、文化和道德便看起来成了事物的自然秩序。[2]

马克思的社会二分法，即把社会分为一个由经济结构加以表现的基础

① Giddens, A. (1997), *Sociology*, 3rd ed, Cambridge: Polity Press, p. 583.

② Boggs, C. (1976), *Gramsci's Marxism*, London: Pluto Press, p. 39.

部分和一个由遍及于社会的体制和信仰加以表现的上层建筑这种基本划分，被熟悉这一概念的绝大多数马克思主义者所接受。对于葛兰西来说，这种划分是进行一种更进一步的划分的前提步骤：他把上层建筑分成了具有公开压制性的机构和不具公开压制性的机构。他把公开压制机构——基本上是诸如政府、警察机关、武装部队和法制系统这种公共机构——看成是国家或政治社会，而把非公开压制机构——诸如教堂、学校、工会、政党、文化组织、俱乐部、家庭等等——看成是市民社会。从某种程度上说，学校可以归入任一范畴。学校生活的一部分很明显是强制性的，如义务教育、国家规定课程、国家考核标准和资格认证等等，尽管另一部分（隐性课程）倒也并非如此。

因此对于葛兰西来说，社会是由生产关系（资本—劳动）、国家或政治社会（压制机构）和市民社会（所有其他的非压制机构）构成的。

第一次世界大战以后，欧洲工人阶级在发展一种革命的意识上遭到了完全失败，他们转而发展一种改良主义，事实上已经与资本主义体制融为一体而不再努力推翻它了。在对这一点的解释上，葛兰西的分析提供了比任何在他之前的马克思主义理论都更为深入的理解。比起他的任何同代人来，这都是一种远为精微的权力理论，有着一种解释统治阶级如何进行统治的深远可能性。

现在，如果葛兰西是正确的，即统治阶级仅靠人民大众的认同维持统治，而只在最后关头才动用其法律和秩序暴力这类压制性机制，那么，对于那些希望看到这同样的统治阶级被推翻的马克思主义者来说，这意味着什么样的后果呢？如果统治的资本主义阶级的霸权导源于一种统治者和被统治者之间的意识形态结合，那么，什么样的策略才是可以使用的呢？这些问题的答案如下：那些想要打破这种意识形态结合的人必须建立一种针对统治阶级霸权的"反霸权"。他们必须把结构转变与意识形态转变看成是同一个斗争的两部分。劳动过程处于阶级斗争的核心，但是，如果人民大众想要获致一种意识，使得他们能够对他们的政治和经济主人的统治权发出质疑，那么，就必须给意识形态斗争一个位置。需要挑战的正是市民社会中大众对现存秩序的普遍认同。

然而，克服大众的认同绝非易事。意识形态霸权本身即意味着社会人口的绝大部分把社会中所发生的事当作"常识"或者"社会运作的唯一方式"接受下来。当然，对事物的运作方式不满而发出抱怨是存在的，人们也会寻求改进或者改善，但是，对社会起支撑作用的基本的信念和价值体系则被看成既是中立的、又是大体上与社会的阶级结构相适应的。马克思主义者们会怎么想呢？人们不停地要求从蛋糕上得到更大的一块，而真正的问题却在于面包师对于蛋糕拥有所有权。

如前所述，葛兰西用霸权这个术语表示了一个社会阶级对另一个社会阶级的统治性优势。这样的概念所表达的不仅仅是政治和经济上的控制，而且还有统治阶级的如下能力，即它能够对自己看待世界的方式进行某种规划，从而使得那些屈从于它的阶级也接受这种世界观，并把它看成是"常识"并且是"自然的"。一般来说，接受是心甘情愿的并且包含着积极的认同，而常识则可以看作是一个从属阶级安于其从属状况的主要方式。然而，葛兰西强调的是斗争，因为他注意到，常识并不是某种坚固的和不变的东西，相反，它在不断地转变着自身，因而认同必须被不断地获取再获取。人们的物质社会经验不断地提醒着他们处于从属地位带来的不利，因而对统治阶级形成了威胁。实际上，霸权在意识形态和从属阶级的社会经验之间设定了一种连续不断的矛盾，从而围绕着霸权产生了不可避免的意识形态斗争。很自然，葛兰西的姿态使他拒绝经济主义，因为他把争夺意识形态霸权的斗争看成是剧烈变革中的首要因素。

葛兰西在社会范畴之内构思文化，并把整个社会区分为市民社会与政治社会：在政治社会中起作用的主要是意识形态霸权，而在市民社会中起作用的则主要是文化霸权。按照葛兰西的看法，文化的功能并非仅仅是经济基础的反映。然而，如果说文化并未被看作完全是一种随附的现象，那么，它也没有被设想成完全是独立的实体，它具有调停基础—上层建筑之间关系的内在能力。因此，虽然葛兰西拒绝标准马克思主义的反映理论（比如普列汉诺夫所直率地表达的），但他从未放弃马克思式的下部构造—上层建筑构想。毋宁说，通过把这种关系的性质从反映改变为互动，他重新铸造了"反映"的基本概念，在这种概念里，至关重要的经济性基础产生了它的伪装的和/或模糊不清的反映性的上层建筑。可以说，葛兰西的思想仍然保持着马克思主义的传统框架，但是同时，正是这种互动作用的理论概念给予了他思想中的文化以真实的力量。

"霸权"这个概念据说是在1890—1917年间的俄国社会民主运动中，作为一个口号的一部分而首次得到使用的。而通过文化霸权理论，葛兰西则把一种来自马克思主义的观点发展成了敏锐的分析，从而能够解释为什么直到 20 世纪早期，为正统马克思主义所预期的"不可避免的"无产阶级革命仍然没有发生。的确，资本主义看起来似乎是比以往更为稳固了。这是因为资本主义并不仅仅是通过暴力以及政治和经济的高压来维持对社会的控制。维持统治的还有意识形态压力，通过一种文化霸权，资产阶级的价值变成了"常识"性的价值。于是，一种共识性的文化发展了起来，在这种文化中，作为工人阶级的人民把他们自己的利益与资产阶级的利益视为同一，并且帮助维持现状，而不是起来反抗它。因此工人阶级需要发展一种"反霸权"文化，首先推翻资产阶级价值表现了社会的"自然"价值或"正常"价值这种观念，然后才是成功地推翻资本主义。这就需要创造一种工人阶级的文化，与此相连，葛兰西提倡一种能够发展出工人阶级知识分子的教育。

三 组织化的知识分子

葛兰西认为，在创造一种反霸权这个语境下，知识分子扮演着一种至关重要的角色。他很清楚，从资本主义向社会主义转变需要大众的参与。毫无疑问，社会主义可以由一个为工人阶级的革命行动勇于献身的精英群体而导致。这本该是社会人口中的绝大多数，即那些意识到自己究竟在做什么的人的工作，而不是一个有组织的政党的领导层的工作。对于西欧或者任何发达工业化国家来说，列宁和布尔什维克所领导的 1917 年俄国革命并不是一个适合的榜样。列宁主义模型发生在一个经济落后的国家，那里有大量的农民而工人阶级则很少。其结果是，人口中的大多数群众并未卷入其中。而对葛兰西来说，群众意识是基本的，知识分子的角色则至关重要。

注意一下葛兰西所说的知识分子是什么意思是很重要的。知识分子并非仅指科学工作者或学术研究者，坐在象牙塔里为学术期刊撰写博学的论文，仅供其同类欣赏。他的定义要宽广得多。葛兰西在《狱中笔记》中对此有清楚的说明。他写道："所有的人都是知识分子"，"但并非所有的人都在社会中发挥着知识分子的功能"。他的意思是说，每一个人都有其智力并且能够使用它，但按社会功能来说，并非所有的人都是知识分子。他解释说，"每个人在同样的时间里煎了两个蛋或缝住了夹克上的口子，但是我们没有必要说每个人都是厨师或者是裁缝"。每一个存在的社会群体都在自身之内生产一个或更多层次的知识分子并赋予它以意义，这帮助它紧密地团结起来并行使职能。从存在形式上说，他们可以是管理者、公务员、神职人员、教授和教师、技术人员和科学家、律师、医生，等等。从本质上说，他们伴随统治阶级有机地发展起来并为统治阶级的利益行使职能。葛兰西认为，说知识分子是一个独立于阶级概念的独特的社会范畴，这一观念乃是一个神话。

葛兰西统一了两类知识分子——传统知识分子和组织化的知识分子。传统知识分子是那些认为自己是自主的、独立于社会统治群体的人，大体上说社会大众也是这么看待他们的。他们看起来好像是自主的、独立的。他们赋予自己一种历史连续性的光环，而没有考虑他们也要步入其中的社会剧变。神职人员就是一个例子，哲学家和教授也是。当我们想到知识分子的时候，常常是这些人首先进入我们的视线。尽管他们乐意认为自己是独立于统治群体的，但这通常都是一个神话或者幻想。从本质上说他们是保守派，他们与社会上的统治群体密切相关并协助他们进行统治。

第二类是组织化的知识分子。正如上面所说的，这是一个伴随着统治阶级的成长而有机地成长起来的社会群体，是统治阶级的思想和组织要素。他们由教育体系系统地生产出来，在社会中为统治的社会群体执行着一种功能。正是通过这个群体，统治阶级对社会的其余部分维持着其霸权。

这两类知识分子都是所谓的"纯粹知识分子"。这些纯粹知识分子"其行为好像是统治阶级流传最广的意识形态的鼓吹者，是他们本国知识分子群体的领导者"[1]。为了建立一个自主的知识分子新群体，必须反对纯粹知识分子的意识形态，"以便能够组成独立知识分子自己的群体"[2]。葛兰西认为纯粹知识分子的文化是唯心主义的，还特别是德国唯心主义的，这是马克思主义要坚决与之斗争的；它是一种"受教育阶级"的文化，或者是一种"有局限的智力贵族"的文化。[3]

上面说过，那些想要推翻现行体制的人需要一种反霸权，需要一种颠覆认同、反对社会的"常识"观的方法。这究竟怎样才能做到呢？

---

① Gramsci, A. (1971), *Selections from the Prison Notebooks*, London: Lawrence and Wishart, p. 390.

② Ibid. , p. 393.

③ Ibid. , p. 394.

在《狱中笔记》中，葛兰西认为要做到这一点，所需要的不仅是应当有实质数量的"传统"知识分子向"革命事业"迈进（马克思、列宁和葛兰西本人就是其例子），而且工人阶级运动应当产生它自己的组织化的知识分子。葛兰西说过，所有的人都是"知识分子"但并非所有的人都在社会中发挥着知识分子的功能。他继续指出："没有哪一种人类活动能够把所有形式的知识分子参与都排除在外。"每一个人，在他们特殊的职业活动以外，也都"承担着某种知识分子式的活动——分担着关于这个世界的某个特殊观念，具有对道德行为的判断意识，因而有助于维持关于世界的某个观念或者对它进行修正，并引起一种新的思想方式"。听起来葛兰西似乎夸大了这种可能性，但他真正想要传达的是，人们都有思想的可能和能力。问题在于如何驾驭这些可能和能力。事实上，葛兰西把协助从工人阶级当中产生组织化的知识分子并尽可能多地使传统知识分子加入革命事业当成他的任务之一。他试图通过在《新秩序社会主义文化周评》上开办专栏来尝试这一点。

葛兰西坚持意识形态斗争对于社会变革的基本重要性，这意味着这一斗争并不限于意识的觉醒，而且必须以意识的转变——一种社会主义意识的产生——为目标。这不是某种能够强加给人民的东西，而是必须从他们实际的工作生活当中产生。因此，知识分子领域并未被限于某种精英，而是被看作某种根植于日常生活的东西。葛兰西写道："新知识分子的存在方式不再系于修辞……而在于对实际生活的积极参与，作为构造者、组织者。"永远去担当说服者，"而不仅仅是简单的演说者。"①

这是因为，新知识分子也可能再一次变为成一个精英阶层，产生出一种精英文化。葛兰西用"相似"这个词描述了发生在宗教改革和马克思主义当中的事。那就是说，在两者当中都存在着知识分子和大众之间的分离。在宗教改革当中，大众被知识分子"遗弃"在了敌人面前，直至通过一个选择过程，对改革的目标仍然保持着信心的人民产生了一个新的、达到了古典哲学的顶点的知识分子群体。"目前某些类似的事已经发生在实践哲学身上了。在这一哲学的地域里已经形成了大知识分子，除了数量稀少而外，这些人也并不与人民相连，他们并不是从人民当中涌现出来

---

①　Gramsci, A. （1971）, *Selections from the Prison Notebooks*, London: Lawrence and Wishart, p. 10.

的，而是传统的中间阶级的表达者，在历史的伟大‘转折点’上，他们又回归于这个阶级。也有些人保留下来了，但不如说是屈从于那种系统地修正了的新观念，而不是推进它（实践哲学）的自主发展。……在任何给定的时间里存在着的是一种新与旧的结合体，是一种依照社会关系的平衡而保持着瞬间平衡的文化关系。”①

因此，创造一种积极参与实际生活的、能对现存社会关系起破坏作用的反霸权的工人阶级知识分子，这正是葛兰西对发展一种能够把理论和实践联系起来的哲学所作出的贡献。他的哲学是精英主义哲学或者独裁主义哲学的直接对立面。他的道路是开放的、非宗派主义的。他相信人类具有理解并改变他们的世界的内在能力。在《狱中笔记》中他问道：“没有批判意识地去‘思想’，还是相反，自觉地、批判地得出一个自己对世界的看法，哪一个更好呢？”他希望革命者都是批判的，并且要弄清楚，“批判性事业的出发点，乃是对这样一个问题的意识：人是什么……”②

四　“实践哲学”

一个社会阶级依靠在市民社会和政治社会当中获得霸权，并通过社会力量的“历史性集团”（historical bloc）的多层次结构来进行统治；统治阶级——通常由具有历史偶然性的联盟组成——传播自己关于人类社会世界的具有意识形态动机的观点。但是这里有一点很重要，那就是要看到在葛兰西的估价中，意识形态并不就是虚假意识，而是一种在特定的历史状况下，对于究竟什么才真正是历史真理的被歪曲了的视线。于是意识形态——不论是以政治演说、教堂布道还是以歌曲和民间传说这种通俗文学的形式表达出来——被分析成了解释和理解的对象，而不是被贬低的对象。实际上，“实践哲学”的任务之一，便是对当前仍行之有效的意识形态之历史发展的根源和衍变作出解释。

“实践哲学”是葛兰西在《狱中笔记》里采用的一个术语，它的意思实际上就是“马克思主义”或者“历史唯物主义”。之所以采用这样的术语，部分原因可能是为了避开监狱检查员们的警惕的眼睛。因此，在

① Gramsci, A. (1971), *Selections from the Prison Notebooks*, London：Lawrence and Wishart, p. 397—398.

② Ibid. , p. 323.

"实践哲学"之中包含着葛兰西几乎全部的哲学观点以及他全部的马克思主义论点。这些观点有时甚至被阐述得非常详细。

在葛兰西看来，实践哲学是一种关于世界的新观念，它阐明了这个世界的构造可能性，以及这种可能性的现实性。实践哲学的自我充足性、自主性和总体性使得它实际上成了一种在唯物主义与唯心主义、唯意志论与经济主义、上层建筑和经济基础这些二分法之外重构马克思主义的努力。这种具有哲学内在性和政治明晰性的"之外"并非一种武断的"第三条道路"，一种革命理论的"民主"替代品，而是过去和现在的哲学中有价值之物的替代性的综合。它是一个包含着挑战的辩证统一体，这些挑战指向过去的因素，这些因素被它整合进自身，并被它所取代。实践哲学这种综合的或辩证的现实化不必等到一个先锋党夺取国家权力再开始其长期的革命过程。向共产主义的转变不必被设想为一种未来的可能性。毋宁说，作为一个过程，而不是作为一个事件，未来已经包含在现在之中。

实践哲学把思想的共性和个性、把客观性和主观性集合为一，在这个意义上，它是综合的。它热望一种理想化的总体性的单义性。这种总体性宣称自己首先是差异，然后是对抗性和自主性，最后，当它真正使自己总体化的时候，它将摧毁它所反对和反对它的事物的形式和力量。对葛兰西来说，这就是真正的正统马克思主义的含义。那就是说，"实践哲学的基本概念是'自身充足'，即它在自身之中包含着构造一个关于世界的总体的、完整的概念，和一个关于自然科学的总体哲学和理论所需要的所有基本要素；不仅如此，它还包含需要在社会的某个完整的实践机构中获得生命——即是说，变成总体的、完整的文明——的所有事物"①。

当然，时至今日，这种说话方式已经不再流行了；在西方，葛兰西毋宁说的更多的是被用来建构一种以激进民主为名的又一种声调的民主。革命理论遭到贬损，总体性概念已经变得与极权主义相等同。世界被划分为"民主的"体系和"总体的"体系，哲学也同样如此。被不假思索地用"民主"和"民主的"这些词汇来谈论的那些国家（特别是美国和西欧），在实践中，其实远未达到这些词语所应包含的价值和标准。更有甚者，在一些理论家的口中，极权主义已经几乎变成了共产主义的同义

---

① Gramsci, A. (1971), *Selections from the Prison Notebooks*, London: Lawrence and Wishart, p. 462.

词。因此，作为革命的理论，如果想要幸存下来，马克思主义必须适应当前时代的特点，适应民族、国家、地区的特点，从实际出发，在回答时代和实践问题的过程中采取广大人民群众能够认同和接受的价值导向、思想方式和存在形态。葛兰西的实践哲学被特别用来表明，思想差异可以存在而不必过分扰乱已经建立起来的秩序。实践哲学因而被归入文化领域，它变成了"文化哲学"，好像这个词语并不曾被用来描述所有的哲学、所有的理论和实践。葛兰西远离官僚主义的、僵死的正统派，这本该被看作是对他的一致性、对他的坚定的革命姿态的衡量，如今却被认为具有稍许抚慰的作用并且没有多少威胁。好像把斗争的支点从经济基础转移到上层建筑，从国家转移到市民社会，从生产和流通转移到哲学和教育，也就是说，从经济转移到政治和历史，是一种放弃革命事业的征兆。然而，相反的看法才是真实的。葛兰西的概念是一种社会和世界激进改变的工具，它们是自由的手段。必须通过文化、教育和哲学水平的工作而发生的主观改变，是一种真实的劳动方向上的改变，它不再是资本之内的力量，而是变成了不仅是针对资本，也是针对它自身、针对它自身的启示的力量。"实践哲学不仅宣称解释和审判过去的一切，同时还历史地解释和审判它自身。"①

因此我们必须重新解释文化和教育。在实践哲学眼中，它们无非就是试图从统治的力量中逃脱，组织并建立一个未来哲学和未来社会的真实的劳动而已。因为真实的劳动知道这是可能的，虽然这种知识常常陷于常识和落后的思想，以致它常常难以看到这种可能性是实实在在地存在的。这也许要归因于如下事实，即葛兰西懂得马克思已经为我们呈现了什么：真实的劳动和生产劳动之间的区别。对于葛兰西来说，劳动是"社会秩序和自然秩序之间关系"的调停者。② 它是"人的理论性的和实践的活动……（它）为一种关于世界的历史、辩证概念的发展提供了基础，它理解运动和改变，欣赏现在让过去以及将来让现在所付出的全部努力和牺牲，它把当下的世界看成是过去和过去所有世代的综合，它把自己规划进

---

① Gramsci, A. (1971), *Selections from the Prison Notebooks*, London: Lawrence and Wishart, p. 399.

② Ibid., p. 34.

未来"①。可以理解，葛兰西这里关于真实的劳动的思想有别于那种仅仅是经济主义的和生产主义的观点。劳动不仅仅首先是一个政治经济学的范畴，它也是一个本体论的范畴，它的根基在教育之中。因此也就很清楚，对于一种一般的社会理论来说，教育和文化并不只是上层建筑的附属物，而是革命理论的基本要素。它们建立在劳动之上，而劳动，我们可以把它理解为一个意义明确的社会范畴，而不局限于经济领域。

　　远离生产主义的实践哲学为一种既不局限于文化领域，也不局限于经济领域，而是覆盖了社会组织和活动全部范围的革命理论扫清了道路。这一革命的一般时机是现在，其特殊的时机可以在下述时刻看到，即当真实的劳动并不被吸收进资本的物价稳定措施当中，而是留有其双重否定的社会地位之时。在这种生产性让位于创造性的时刻，真实的劳动变成了真实的文化，并开始"检验它自己对传统文化的领导权"。②从生产场所离开的真实的劳动不是生产性的。然而，生产性和非生产性劳动仅仅是资本的范畴。在资本之外，生产性和非生产性劳动都是真实的劳动，而真实的劳动，就其自身来说既不是生产性的，也不是非生产性的。不如说，它是创造性的。这种真实的劳动的创造性与商品生产和剩余价值毫无关系。毋宁说，这种创造性的真实劳动是社会、文化和历史的创造者。这意味着，在资本生产以外还有大量的事情要做。这能够、也将由真实的劳动来完成和加以组织。当然，创造性劳动的王国并非简单地意味着生产的终结，而是意味着资本主义生产，即生产主义的终结。

　　对于葛兰西来说，如果劳动仅仅被狭隘地理解为经济生产，那么它当然不是"人的本质"；毋宁说，"人"应当被理解为实践的劳动主体。而实践恰恰是一个离开那种经济结构和上层建筑的狭隘分离的过程。这一点可以从葛兰西关于技术的定义，而不是直接从他关于劳动的定义中看到。当然，两者对于葛兰西来说是相同的，因为葛兰西总是一方面反对把劳动简化为技术要素，另一方面又扩展了技术概念，使它覆盖了实践的整个过程和运动。他说："一个人通过技术这个词所理解到的将不只是被运用于工业的科学思想（这是这个词语的通常意义）的总和，而且还包括'智

---

　　① Gramsci, A. (1971), *Selections from the Prison Notebooks*, London：Lawrence and Wishart, pp. 34—35.

　　② Ibid. , p. 462.

力'手段和哲学知识。"① 技术就是劳动，也就是说，是一个主体和一个客体之间的交互作用。这种交互作用能够具有物质生产的形式，但并不限于此。其实，正是通过同样的互动形态，历史、文化、国家和社会制度诞生了出来。实践哲学需要证明的只是这种交互作用的结果是普遍有效的，而非局限于统治阶级的利益。正如我们所看到的那样，这种普遍性承担着一种总体性。它的主体（生产领域中的生产者，思想领域中的自发的思想家，但这也可以是同一个个体的两个方面）在它自身之内发现了它的作用和它的利益的尺度。换句话说，劳动的主体必须通过充当它自己活动的方法和力量而成为主体，从把生产当作生产，到把生产当作自由和无私创造的最高要素。

尽管葛兰西的思想发源于有组织的"左派"，但是，在现今的文化研究和批判理论的学术性讨论中，他已经成了一位重要人物。来自中和右的政治理论家同样也在他的观念中发现了有力的思想。他关于文化霸权的观点已经成了广为引用的论点，而在现代政治科学当中，他的影响表现得尤为强烈。但是，我们能够想象，葛兰西的批评者责备他鼓励了一种通过思想进行斗争的观念。这种责备可以来自两个方面。一方面，传统马克思主义的拥护者可能发现葛兰西忽视了物质斗争的重要。但在大多数情况下这只是一种误解。另一方面，自由主义者则可能发现，这种对待思想的葛兰西方式与根植于西方文化古典传统的开放的、自由主义的探询发生了冲突。然而，把当今理论政治学和哲学中的艰难困苦归咎于葛兰西是一种相当奇怪的历史转变，因为葛兰西并不像 20 世纪的大多数思想家一样，他本人从来不是一个纯粹的学者。事实上，他在智识上深深留有他的祖国——意大利的文化、历史和普遍流行的自由主义思想的烙印。这或许有助于解释，作为西方马克思主义开拓者的葛兰西，为什么能够发展一种适合于西方发达资本主义工业社会的批判的哲学形态。

---

① Gramsci, A. (1971), *Selections from the Prison Notebooks*, London: Lawrence and Wishart, p. 353.

第十二章

批判理论:西方马克思主义的典型形态

也许今天很难想象,1960 年代以前,在西方学术界,批判理论只是一小撮知识分子手里的"保留地"。在作为西方学术新领主的美国,除了马尔库塞这个例外,学者们大都从未听说过批判理论和它的主要代表,批判理论的主要著作也只是在 1970 年代以后才在英语世界里陆续得到翻译。时至今日,情况当然是大不相同了。哈贝马斯到处被当作社会理论的大人物,人们也很难碰到哪一个文学批评家是不知道阿多诺或者本雅明的。这种情况甚至在东方也亦是如此。批判理论占领了权威学术刊物的大量版面,其领域从人类学和电影理论一直延伸到了宗教学、语言学和政治科学。

然而批判理论并不是一个体系,也不能被归结为任何固定的观点。也许正因为如此,传统上,批判理论的主要人物都以散文、札记或格言作为其传达思想的体裁和手段。天然具有未完成性质的散文文体是产生反系统主张和培养反思性训练的合乎逻辑的形式。再说,这种形式与批判事业的精神是协调一致的。另一方面,批判理论的原初意图使得它具有一种多学科、跨领域(interdisciplinary)的性质。它的领域涉及广泛,从哲学、美学、政治学、人类学、宗教学到历史,无所不包。事实是,它很难被不言自明地归结为任何"学派"或者任何固定的倾向,甚至"批判理论"这个术语本身也并非一种单意的存在。然而这正是批判理论的特点。因此,所有这一切都不能说明,我们不能对批判理论的传统有一种一般的理解,不能把其中所包含的哲学理念总结为体现了某种独特的"意识形态"。如果说,我们可以把批判理论看作是被一种解放意图所激发的"问题簇",那么它的独特性也正可以从这种独特的存在状况中得到理解。

第一节 从革命到批判

一 西方马克思主义传统

只是在马克思于 1883 年去世以后，他的同事恩格斯才写下了对其历史唯物主义理论的系统阐释，从而使其获得了广泛的政治影响。马克思自己写下的文字有四分之三在他去世以前未出版。是下一代社会主义理论家出版了这些文字，然而他们所做的与其说是发展马克思和恩格斯的著作，不如说是对它们进行整理和巩固。

第一次世界大战之前和之间这一段时期目睹了马克思主义话语的巨大膨胀，特别是在奥地利、德国和俄国。为了呼应强大的无产阶级政党在民主舞台上的涌现以及乡村俄国民众的基本斗争，一种马克思主义的政治理论发展了出来。

尽管 1917—1921 年间的俄国革命和国内战争取得了胜利，从而建立了第一个社会主义国家，但是面对一个更强大、更成熟的资本主义社会，1918—1920 年间的西欧起义却失败了。继之而起的是纳粹的崛起以及苏联的兴起。1924 年，当列宁去世而斯大林取得了统治权时，等级和特权便又在苏联恢复了，并由暴力和恐怖加以维持。理论家们不是被迫沉默便是遭到放逐，有些人甚至遭到杀害。在随后的阶段，很少有创新的理论从共产国际之中产生出来。

在西欧，由于马克思主义理论的理想主义和乐观主义在其最初成功实践之后遭到了粉碎，马克思主义的理论家们逐渐退却到了学术界的安全地带。1930 年代，当马克思主义理论被学院吸收了的时候，理论—实践这一马克思主义的传统结合被逐渐切断了。出生于 1885 年（卢卡奇）到 1918 年（阿尔都塞）间的新一代西方马克思主义者就是在这种情形下开始他们的思想活动的。

另一个情况是，第二次世界大战以后，西方的自由民主模式第一次变得稳固起来。资本主义由其帝国主义模式转变为一种后殖民主义的全球消费主义，由此带来了一个长时期的资本主义繁荣。与此同时，东欧的苏联卫星国却正遭受着苏联独裁官僚主义的扼杀。不难想象，新的一代西方马克思主义者因此主要集中在德国、法国和意大利。

乔治·卢卡奇和安东尼奥·葛兰西既是积极的共产党领导人、同时又是哲学家的人。自此以后，西方的马克思主义理论便日益脱离了大众文化，事实上，变成了学院哲学的一个分支。这种转变是由马克思的早期哲学著作（主要是 1844 年的哲学—经济学手稿）在 1930 年代的出版点燃的。马克思主义变成了一种对马克思的著作或其所受影响（诸如黑格尔和费尔巴哈的影响）的理论性评注，从而发展成了一种深奥的学理语言和一种与资产阶级理论家的辩论，而不是先前那种与无产阶级实践的辩论。

　　法兰克福理论家们一方面援引早期马克思，另一方面援引马克斯·韦伯，从而用"统治"概念取代了"剥削"概念。"统治"指涉一个社会关系的更宽阔的范围，以及一种受威廉·赖希（Wilhelm Reich）在其《性格分析》（Character Analysis，1927）和《法西斯主义群众心理学》(The Mass Psychology of Fascism，1933）中所进行的后弗洛伊德分析影响的权力概念。法兰克福学派当然也浸润着弗洛伊德的影响，这在马尔库塞的《爱欲与文明》中表现得最为明显。尼采是对阿多诺和马尔库塞都产生了强烈影响的另一个非马克思主义者。换句话说，这里有一种强烈的反理性、非理性和美学的意义。

　　纳粹在 1933 年的胜利迫使法兰克福研究所流亡到美国，在那里，它更加与工人阶级的斗争相隔离，并被迫公开与各种自由主义的意识形态黏着在一起。1949 年返回德国后，它仍然保持着这种一般的去政治化（de-politicisation）倾向。然而，对法西斯主义现象的分析自此始终是法兰克福理论家们重要论题之一。

　　受马克斯·韦伯的影响，法兰克福学派的一个中心观念是，受资本主义驱使的一种科学和技术的工具合理性已经完全渗入了人们的主观意念之中。韦伯把工具合理性看作是现代主义的驱动力，他承认官僚制、技术和大众文化是这一过程的不可避免的部分。批判的社会理论则认为这些形式是需要被批判的，而视艺术的精英形式为人类自治的火花能够得以幸存的唯一场所。它把大众文化感知为一种下述描述的同质形式，即它是且只不过是"一条资本主义投资的新出路"[①] 罢了。

　　曾经是马克思主义希望之所在的群众，现在被降格成了资本主义机器

　　[①]　S. Aronowitz, *Dead Artists*, *Live Theories*, *and Other Cultural Problems*, New York：Routledge, 1994, p. 122.

的自愿牺牲品:"对于批判理论来说,在一个完全被总体管理所统治的世界上,真正高级的艺术是批判实践的最后的避难所。社会打上了一个老于世故的生活世界的印记,在其中,娱乐取代了至关重要的公共领域,而在这个公共领域中,公民是有能力就政治问题展开充分的争论,并且能够真正控制他们的事务的。"①

于是,曾经是马克思的资本主义分析推动力的意识形态批判,变成了对现代资本主义的全面意识形态性质的分析和批判。这种批判在后批判理论的种种发展中染上了一种深刻的绝望气质,并逐渐演变为文化的破坏,马克思主义真正成了一种幽灵般的魅影,而不是一种现实的实在的运动了。

二　批判的理论家们

作为西方马克思主义最重要的一个学派,批判理论家们的著述在1960年和1970年代激发了西方众多学生和知识分子的想象力。在德国,该学派的著作被成千上万地售出,其中许多还是价格便宜的盗版本。欧洲其他国家和北美地区的新左派成员也常常通过同样的途径得到启迪。在世界的其余部分,比如在阿根廷,同样能够看到其巨大影响。在圣迭戈的大街上,马尔库塞的名字常常与马克思和毛泽东一道,成为"3M"之一,从而在当时的政治标语中占据一席之地。在新左派的常规陈述和自我理解中,批判理论成了一个关键因素。那些投入新的激进抗议运动,反对帝国主义、反对稀缺资源的私人占有、反对对个人首创精神的极端限制的人们,在这个学派的著作中发现了一种对马克思主义的"引人入胜"的新解释,以及一种对很少被正统马克思主义所触及的那些问题(例如大众文化、家庭和性问题等)的适时的强调。

尽管西方1960年代的运动遭到压制并最终被驱散了,但是批判理论家们的著述始终是争论的对象,争论的中心则是它们究竟具有什么样的理论和政治价值。由于它们是在1960年代的政治混乱中获得其声望的,也由于它们浸染着很少在盎格鲁—萨克逊世界及其他地区得到研究的理论传统,批判理论家们的著述因此常常遭到误解。然而,在他们的著述中,他们反对各种如今已经声誉扫地的思想流派(例如实证主义),并且做得比

---

① S. Aronowitz, *Dead Artists*, *Live Theories*, *and Other Cultural Problems*, New York : Routledge, 1994, p. 124.

当下大多数批评更令人信服。批判理论家们把人们的注意力导向诸如国家和大众文化这样的领域，这些领域只是后来才得到了他们所要求的那种研究。他们一方面与正统马克思主义交锋，另一方面与社会科学中的因袭方法交战，这对两方面的作者都提出了重大挑战。他们在著述中既批判资本主义也批判苏维埃的社会主义，并想要指出社会发展的另一种可能途径。对于日后的人们来说，这种可能途径究竟是什么，已经成了一种经常性的探索目标。

应该强调的是，批判理论并未形成一个统一体，对于它的所有信奉者和拥护者来说，它也并不意味着同样的事情。能够用这个标签宽泛地指示的思想传统至少可以分成两个分支，第一个以成立于 1923 年的法兰克福社会研究所为中心，第二个则以较晚近的哈贝马斯的工作为中心。社会研究所的主要人物有马克斯·霍克海默（Max Horkheimer，哲学家、社会学家、社会心理学家）、弗里德里希·波洛克（Friedrich Pollock，经济学家、国民计划问题专家）、西奥多·阿多诺（Theodor Adorno，哲学家、社会学家、音乐学家）、埃里希·弗洛姆（Erich Fromm，心理分析学家、社会心理学家）、赫伯特·马尔库塞（Herbert Marcuse，哲学家）、弗兰茨·纽曼（Franz Neumann，具有特别法律专业技能的政治科学家）、奥托·基希海默（Otto Kirchheimer，具有法律专业技能的政治科学家）、列奥·洛文塔尔（Leo Lowenthal，流行文化和文学学家）、亨里克·格罗斯曼（Henryk Grossmann，政治经济学家）、阿尔卡迪·古尔兰（Arkadij Gurland，经济学家、社会学家），以及作为研究所"外圈"成员的瓦尔特·本雅明（Walter Benjamin，思想评论家和文学批评家）。社会研究所的全部成员经常被人约定俗成地称为法兰克福学派。但是这个标签可能引起误导，因为研究所成员们的工作并不总是形成一个编织紧密的、服从互补性规划的整体系列。仔细的研究表明，如果有人可以在这里正当地谈论一个"学派"，那么严格地说，这个学派仅仅由霍克海默、阿多诺、马尔库塞、洛文塔尔和波洛克组成①——人们可以只是因为这五个人而把"法兰克福学

---

① 如果我们讨论的只是霍克海默指导时期的研究所早期阶段，那也可以把弗洛姆加进这个名单。一个特殊的情况是本雅明。本雅明从来不是这个群体的密切成员，在研究所的整个活动中，他也处于一个相对边缘的位置。但是，他对研究所，特别是对阿多诺发生了相当大的智识方面的影响。

派"这个术语保留下来。①（为了便利的缘故，在不致引起误解的前提下，我们在使用中并不是时时处处遵守这种严格性）

　　哈贝马斯的哲学和社会学工作重塑了批判理论的概念。还有一些人对这一规划作出了贡献，其中包括阿尔布莱希特·韦尔默（Albrecht Wellmer，哲学家）、克劳斯·奥弗（Claus Offe，政治科学家和社会学家）和克劳斯·艾德（Klaus Eder，人类学家）等人。尽管哈贝马斯及其助手与社会研究所成员有着某种统一的目的，但是他们之间还是存在着重大的差别，正如这两个阵营内部的绝大多数个体之间也存在着很大的不同一样。鉴于这里的主题是西方马克思主义的哲学方面，因此后文的论述是以霍克海默、阿多诺、马尔库塞和哈贝马斯为主的。实际上，这四个人正是批判理论的中心人物。而当我们写到"批判的理论家们"时，我们所指的常常就是他们。

　　在一般意义上，我们可以说批判理论的创始人保持了许多为德国唯心主义思想所关切的问题，例如理性、真理和美的性质等等。但是，他们改造了先前那些理解这些问题的方式。他们把历史置于他们进入哲学和社会问题的中心位置。遵从马克思，他们（特别是在其早期工作中）全神贯注于推动社会走向合理制度的各种力量，这种合理制度，就是能保证一种真实的、自由的和公正的生活的制度。但是，他们对激进变革中所存在的大量障碍有清醒的意识，并试图对它们提出分析和揭示。因此，他们既关心（理论上的）解释，也关心（实践中的）转变。

　　每一位批判理论家都认为，尽管所有的知识都具有历史条件性，真理性的主张还是能够独立于直接的社会利益（比如阶级利益）而被理性地裁定。这是在捍卫一种批判的独立要素的可能性。同样，他们都试图在一种非客观主义的（non-objectivistic）、唯物主义的基础上为批判理论提出辩护。对批判概念的扩展和发展——从关注理性和知识的条件和局限（康德），到对精神之涌现的反映（黑格尔），再到集中于特殊的历史形式，即资本主义和交换过程（马克思），这一过程在法兰克福理论家和哈贝马斯的工作中得到了进一步的深化。他们试图在对一切社会实践的讨论中发展一种批判的视野。

---

　　①　关于这方面的总体情况，M. Jay（1973）有很详细的研究和说明。参看马丁·杰伊《法兰克福学派史》，单世联译，广东人民出版社1996年版。

批判理论家们的工作中有着一系列与过去和当代的重要哲学家、社会思想家和社会科学家的批判性对话。法兰克福学派的主要人物试图从康德、黑格尔、马克思、韦伯、卢卡奇和弗洛伊德等的工作中学习，并将诸多不同的方面综合起来。而对于哈贝马斯来说，某些英美传统也同样重要，特别是语言哲学和较晚近的科学哲学。他一直试图在看起来截然不同的取径之间进行调解，并将各种类型的学说整合起来。其背后的动力对于每一位批判理论家来说都是相似的。尽管处理问题的方式各有不同，批判的理论家们都相信，通过对当代社会和政治问题的某种审视，他们能够对一种意识形态批判、对一种非独断、非官僚主义的政治的发展有所贡献。

三　历史背景

为了把握批判理论发展的轴线，至关重要的一点是要对它发端于其中的那个时代的风起云涌的历史事件获得必要的理解。对于批判理论的创立者们来说，这些事件是他们对历史和政治的基本体验，它们或直接或间接地对批判理论发生了影响。特别是，无论是对法兰克福学派成员还是对哈贝马斯来说，那些发生在两次世界大战之间的主要事件对他们都发生了深远的影响。

直到第一次世界大战爆发之前，在德国和世界其他主要的工业和资本主义国家，阶级冲突可以说始终被成功地控制着。但是很清楚，所谓"被成功地控制"其实也只不过是被暂时回避和延缓了而已。在随后的 20年里，连绵不绝的爆发性事件不断撼动着欧洲大陆诸多古老的核心政治体系。1917 年 2 月，俄国的沙皇制垮台。9 个月以后，布尔什维克党夺取了政权。革命的成功及对人心的激荡得到了远超过俄罗斯疆域之外的回响。作为马克思主义纲领的中心议题的理论和革命实践的统一，看起来是触手可及了。

第一次世界大战结束以后的两年检验了变革的力量所拥有的强度和自发性。1918 年，德国基尔和威廉港发生海军叛乱。10 天以后，德国帝国体系的基础便遭到了破坏。11 月 9 日，一个共和国在柏林宣布成立，一个由"多数社会民主党"（Majority Social Democrats）和"独立社会民主党"（Independent Social Democrats）组成的联盟开始行使权力。多数社会民主党决心通过一种立宪过程走向议会政体和一种协商式的和平协定。然而，大量厌倦了战争的民众却持有一种更高的目标，这种目标超越了

"共和国、民主与和平"这种一般性的愿望。① 一个由工人和士兵委员会组成的大规模网状系统迅速发展起来,要求在经济领域和军队系统进行深远变革,这些变革包括要求对生产工具进行大规模的社会化和废除军衔制。同时,在奥地利、匈牙利和意大利,一系列类似的事件也相继发生。在匈牙利,当资产阶级政府下台以后,一个苏维埃共和国诞生了。正像在奥地利和意大利那样,一个工人委员会迅速形成。大规模的抗议和罢工在奥地利则如家常便饭。在意大利,此类事件在普遍的罢工和广泛的工厂占领中达到了顶点。②

但是,俄国革命更为直接的胜利与发生在中南欧的激进革命运动的命运形成了鲜明的对比。尽管有战争带来的破坏,欧洲革命的、社会主义运动的各种策略对于对抗统治阶级的资源和社会组织来说,仍然显得不足胜任。1920 年年末,这些策略受到了抑制。与此同时,俄国革命由于外国干涉、封锁和内战而遭到削弱,其冲击力也愈见微弱。革命被孤立了。总的情况是,在欧洲社会主义运动被分裂和遭到镇压这种大背景下,俄国周围环绕着西方和东方势力的重重压力;作为战争的结果,物资极为匮乏,同时又遭受着经济封锁和一般性的经济停滞。在这种情况下,俄国革命自身也偏离了列宁曾经希望维持的道路。列宁于 1924 年去世。3 年以后,斯大林在权力的角逐中大获全胜。

俄国的斯大林化过程伴随着中央控制和审查制度的强化。与此同时,使得欧洲多数共产主义政党向莫斯科"俯首称臣"的过程也完成了。其实,共产国际的布尔什维克化已经为莫斯科在第三国际中的领导地位打下了基础。整个 1920 年代,德国共产党(KPD)的成员数量稳步增长,而这个党在德国却变得日渐衰弱。对于那些一心想破坏来自右的制度形式的人来说,正是该党的存在构成了一种持续的威胁。但是,由于该党对"国际—布尔什维克路线"的依附,伴之以在策略和战略上的变化无常,以及对一种迅速改变社会环境的粗陋理论的教条应用,和对其他左派党和工会运动领导权的刻毒攻击,所有这些都导致了它在赢得和组织一个工人

---

① A. J. Ryder, *The German Revolution of 1918*, Cambridge: Cambridge University Press, 1967, pp. 1 – 8. 也可参看 Perry Anderson, *Considerations on Western Marxism*, London: New Left Books, 1976。

② G. A. Williams, *Proletarian Order: Antonio Gramsci, Factory Councils and the Origins of Communism in Italy*, London: Pluto Press. 1975.

阶级多数派上的失败。在魏玛共和国社会分化的环境之中，德国共产党的革命口号常常显得空无一物。

德国工人阶级内部的分化是一个长期和复杂的历史过程的结果。此类分化的来源，其苗头可以在第二国际和德国社会民主党的历史当中找到。第二国际的马克思主义理论家常常把社会主义表述为一种资本主义发展的必然的历史结果。革命被认为就存在于这个历史过程中。但是，一个满足于等待革命的革命的政党，将逐渐不再是一个革命的政党。这正是发生在德国社会民主党身上的事情。第一次世界大战之前，历经整整三代人，它在规模上不断扩大，在战后紧接着举行的选举中它便要求进行普投。它的辞藻是马克思主义的，但是它的纲领却变得愈来愈修正主义。1898 年，伯恩斯坦曾经写道："如果将来有一天，某些事件有可能把权力置于社会民主党之手，那么存在于我们的理论假定和现实之间的洞开的差别将在其所有维度上展现出来。"[①] 1914 年，形式上承诺了一种反对资本主义的国际斗争的社会民主党，对战争投了帝国所要求的信任票。随后的 6 年确定了这个党的命运。1917 年，该党左翼形成了一个独立的团体。战争开始之后的两年，社会民主党领导层亲自督导了对激进的革命运动的压缩。现在，他们完全寄靠于"形式的合法性"。他们不仅未能把握住机会，在德国进行民主化和生产社会化的深化，而且，在后来的岁月里，正如弗兰茨·纽曼指出的那样，他们"无意中强化了德国工业中的垄断传统"，并且未能"彻底根除司法和行政事务中的反动因素，或者把军队限制到其适当的合乎宪法的作用上"[②]。

当然，德国的社会冲突在下一代中并没有稍减。工人阶级的忠诚被撕扯在社会党、共产党和国社党之间。战败的体验，令人沮丧的和平协议，大规模的通货膨胀，持续上升的失业人数，以及爆发于 1929 年的历来最

---

① 伯恩斯坦致倍倍尔，1898 年 10 月 20 日，Dick Howard, "The Historical Context", *The Unkown Dimension: European Marxism since Linen*, p. 46. ed. Dick Howard & Karl Klare, New York: Basic Books, 1972。

② F. Neumann, *Behemoth: The Structure and Practice of National Socialism*, 1933 – 1944, rev. ed., London: Gollancz, 1944, p. 21. 参见 A. J. Nicholls, *Weimer and the Rise of Hitler*, London: Macmillan, 1968。关于对德国社会民主党的政策和试图合法化怎样"无意中强化了德国工业中的垄断传统"的更详细的描述，可以参看 A. R. L. Gurland, Otto Kirchheimer and Franz Neumann, *The Fate of Small Business in Nazi Germany*, New York: Howard Fertig, 1975。

为严重的国际资本主义经济危机，所有这一切都加剧了各种形式的社会和阶级冲突，并使其复杂化了。在整个这一时期，只存在着若干极为短暂的经济复苏和政治稳定期。

对魏玛民主的攻击来自许多方面。反革命势力正在资源和技巧的窃取上获得成长。1924—1933 年的欧洲历史被纳粹主义和法西斯主义的急速崛起所定义。自由主义和民主主义的政党证明自己在对抗这些势力的组织机构和意志力上是无能为力的。共产主义者虽然常常英勇无畏，但他们是在用过于微弱的和支离破碎的力量进行着不合时宜的战斗。希特勒在德国攫住了机会，正如墨索里尼在意大利、弗朗哥在西班牙那样。1933 年 1 月，纳粹攫取了政权。从中欧到南欧，资本家和大地主、官僚和军队的结盟胜利实现。所有独立的社会主义和自由主义组织都被镇压了。1939 年 8 月 22 日，希特勒—斯大林条约签订。这是一个时代的结束，对于所有那些投入反对资本主义的战斗的人来说，这也是一种绝妙的讽刺和嘲弄。

四　从革命到批判

这就是批判理论的诞生环境。它试图解释，为什么马克思在 19 世纪中叶所预言的社会主义革命并没有在欧洲如期发生。马尔库塞、阿多诺和霍克海默认为，他们必须重建马克思主义的逻辑和方法，从而发展一种与 20 世纪的资本主义相适应的马克思主义。他们不相信他们已经放弃了马克思把资本主义看作一个自我矛盾的社会系统这种基本理解，关于这一点，可以参看霍克海默 1937 年对这个问题的论述。[①] 在一篇题为《传统理论与批判理论》的论文中，霍克海默勾画出了批判理论的基本维度。特别是，批判理论家们追随匈牙利马克思主义者乔治·卢卡奇，试图把经济分析、文化分析和意识形态分析结合起来，以解释为什么马克思所期望的革命并没有发生。卢卡奇用"物化"（reification）这个术语指示在晚期资本主义之中加深了的异化。像卢卡奇一样，批判理论的思想家们相信马克思低估了工人（以及其他人）的错误意识（虚假意识）能够被用以保持社会和经济系统平稳运行的广度和深度。他们都同意马克思所说的，随着时间的推移，资本主义倾向于发展出内在的经济不合理。批判理论家们认为，20 世纪的资本主义正在发展出有效的、应对性很强的机械论，这

---

① M. Horkheimer, *Critical Theory*, New York: Herder & Herde, 1972.

使得它能够防止洪水般爆发的周期性危机演变为大规模的社会主义革命。

特别是，资本主义深化了虚假意识，它向人们暗示说，现存的社会系统既是必然的、又是合理的。在《资本论》第一卷对商品拜物教的著名分析中，马克思已经提出了虚假意识的可能性。按照马克思，商品拜物教（这个词语现在常常被误解为意指人们对商品消费的痴迷，即消费主义）的含义是指劳动过程陷入了迷途，而显得并非是具有意志的人类目的之明确建构。在一个社会中，建立在商品拜物教，即资本主义之上的虚假意识，其特殊的性质是它不能把社会关系经验并认知为可以加以改造的历史的产物，反之，人们"错误"地把他们的生活经验认为是某种不可改变的社会性的自然产物。

商品拜物教的深化导致了卢卡奇所说的"物化"，批判的理论家们则将其称为"统治"（domination）。在批判理论的术语体系中，统治是一种外在剥削（例如榨取工人的剩余价值——《资本论》中对此有详尽无遗的研究）和内在规约的结合物，内在规约使得人们不再对外在的剥削加以思考和追究。用社会学的语言来说，人们内在化了某些价值和规范，从而促使他们积极地参与到生产劳动和再生产劳动的分工之中。经典的非马克思主义社会理论，如孔德、涂尔干、韦伯、帕森斯以及后来的新帕森斯主义，探究了帕森斯所说的"秩序的霍布斯问题"①：在组织化的工业社会中，人们因为什么而服从？涂尔干—韦伯—帕森斯式的回答是：人们之所以能够服从，是因为他们分享着一定的共同价值与信念（涂尔干将此称为"集体意识"），这些价值和信念以一种合乎理性的方式向他们解释了这个世界。特别是，人们相信他们可以通过遵从社会规范而获得适度的个人改良，但是那种超出这种要求的大规模的社会变化则是不可能发生的。

批判理论的思想家们论辩说，这种包含服从和规训在内的共同价值是与人们求取解放的客观利益相矛盾的。这些价值发挥着一种意识形态的功能，意在使人们丧失对发达技术化社会中真正可能会发生什么的想象力。马尔库塞说道，在晚期资本主义之中，统治必须成倍地强化，以便人们不顾匮乏即将结束这个日益现实的前景而依旧埋头苦干。马尔库塞所说的

---

① T. Parsons, *The Structure of Social Action*, New York: Free, 1937.

"剩余压迫"（surplus repression）① 强加给人们一种内在的规训，使得人们只知道追求眼前事务、经营家庭、为了生意东奔西走。人们被教导通过一种"压抑性的去崇高化"（repressive desublimation）来满足他们的需要；他们放弃实质性的社会政治和经济解放，以换取当今世界里选择余地如此丰富的作为消费者的"自由"。②

批判理论的思想家们是根据深化了的意识形态统治来解释资本主义的令人惊讶的幸存的，特别是，他们把实证主义锁定为资本主义意识形态的最有效的新形式。在写于 1940 年代的《启蒙的辩证法》③ 一书中，霍克海默和阿多诺把这一新的意识形态一直回溯到启蒙运动。尽管他们赞成启蒙运动要使宗教和神话脱离神秘化的努力，但启蒙运动建立在实证科学基础之上的独特模式却并不足以一劳永逸地消除神话。相反，他们说，科学的实证主义理论已经变成了一种新的神话和意识形态，它不能理解自身在社会现实当中的实际能力。因此，他们绝不仅仅只是反对把实证主义当作一种科学研究的理论。他们认为，在晚期资本主义社会，实证主义已经变成了最具支配性的意识形态，人们到处都被教导着要"如其所是"地接受这个世界，因而也就不再费心思索而将其永恒化了。

像马尔库塞一样，霍克海默和阿多诺拒不承认实证主义是一种适当的世界观。实证主义认为，人们能够认识这个世界而无须对所研究的现象的性质作出假定。知识不过是对世界的反映这种观念导致了实在与理性之间的非批判的同一：一个人只是在合理性与必要性上经验这个世界，从而缩小了改变它的企图。反之，批判的理论家们则试图发展出某种意识和认知的模式来打破实在和合理性之间的同一，这种模式并不把社会事实看作是对人类自由的必不可免的约束，而是把它看作可以改变的历史片段。辩证的想象力④是这样一种能力，它根据世界在未来可能被改变的潜力来看待这个世界，但在一个得到社会现状默许的、促进实证主义心智习性的世界里，这样的能力是极为罕见的。

在其到处促进被动性和宿命论这个意义上，实证主义发挥着意识形态

---

① H. Marcuse, *Eros and Civilization*, New York：Vintage, 1955, pp. 32 – 34.

② H. Marcuse, *One-Dimensional Man*, Boston：Beacon, 1964, p. 46.

③ M. Horkheimer, T. Adorno, *Dialectic of Enlightenment*, New York：Herder & Herder, 1972.

④ M. Jay, *The Dialectical Imagination*, Boston：Little Brown, 1973.

的功能。批判理论既在日常生活这个层次上、也在作为一种把社会世界还原为因果模型的社会理论这个层次上对实证主义发起攻击。在这个意义上，大量资产阶级社会科学由于缺乏那种能够使社会科学家超越既定的社会事实之表面，而看到并达到新的社会事实（阶级社会、父权制、种族主义和人对自然的控制的终结）的辩证想象力，也同样沦为批判理论猛烈攻击的目标。按照批判理论，当依照马克思所说的经济运动规律来描绘资本主义的必然衰落之时，甚至马克思主义本身也变得过于实证主义了。在批判理论看来，马克思本人是否就是一个实证主义者是难以确定的。撇开马克思所表达的认识论范围不论，确定无疑的是，马克思的的确确可以说是启蒙运动之子，他相信科学可以克服不确定性，并因而带来一个更好的世界。同样确定无疑的是，马克思以后的马克思主义者，特别是那些控制着第二国际和第三国际（共产国际）的人，按照实证主义唯物主义的路线改造了马克思的更为辩证的社会理论。① 而这一切是从马克思最亲密的合作者恩格斯开始的。恩格斯开辟了一种把各种要素聚集在一起的传统。直到斯大林死去，西方的马克思主义者接触了马克思早期的经济学—哲学手稿，② 在那里，人们才看到马克思清楚明白地表达了一种非决定论的历史唯物主义。

批判理论的立场是反对一切种类的实证主义，特别是反对马克思主义的实证主义变种。但是哈贝马斯比他的早期同事更有把握地断定，即使是马克思，在他的全部著作中，实证主义倾向也是显而易见的。哈贝马斯说，马克思未能足够仔细地在因果分析知识与自我反思和互动知识之间作出区分。其结果是，马克思主义不能为意志论保留一席之地，而是相反地落入到了实证主义决定论的宿命论窠臼之中。哈贝马斯不同意霍克海默、阿多诺和马尔库塞认为马克思本人实际上是实证主义的反对者这种观点。因此他论证说，我们必须付出更艰苦的努力，以便重建马克思的历史唯物主义，从而对自我反思知识和因果分析知识之间的范畴差别给予比马克思本人更多的关注。对哈贝马斯来说，这种重建了的历史唯物主义所采取的

---

① B. Agger, *Western Marxism*: *An Introduction*, Santa Monica, Calif: Goodyear, 1979.

② H. Marcuse, "The Foundations of Historical Materialism", *Studies in Critical Philosophy*, Boston: Beacon, 1973.

形式是他的交往理论,① 在这个理论中,他试图把批判的社会理论从他所说的意识范式转换为交往范式,从而使有待发展的意识形态批判、共同体建设和社会运动策略能够真正地行之有效。

阅读批判理论家们的著作,人们有时能感觉到他们有着像马克思那样的革命激情,但同时又被他们的悲观情绪所完全笼罩。的确,他们生活在一个已经看不到革命的可见希望的时代,资本主义的工业化的政治图景使一切革命的热情都不得不转化为愤懑的批判。马克思是一个流亡的革命者,而批判的理论家们则不得不满足于流亡的批判者的角色。马克思拥有一个第一国际,批判的理论家们则只拥有一个社会研究所。

但这并不是在否定或低估这些理论家的成就和影响。在他们镶嵌于其中的世界里,也许只有以他们那种方式才能更有效地达到他们希望达到的目标。他们的问题簇,他们所提出的细致议题,他们对启蒙、对文化工业、对现代思想形式的批判以及对理性和人性的分析,他们对政治和国家的看法,无一不是当代西方、甚至全球范围内的思想发展的重要的理论背景。就我们所关心的马克思主义形态的发展来说,如果撇开正统和非正统的有时显得毫无意义的执念和偏见,人们完全可以认为,在全球资本主义发展日益复杂的情况下,批判理论中包含着一种迫于实际压力而出现的、并为反抗这种压力而形成的新形态的马克思主义哲学。也许我们没有必要为这种哲学欢呼,但是,这种哲学的阐发者却是值得我们尊敬的前辈,他们以他们自己的方式赢得了历史和世界。

第二节　批判理论:"独立的马克思主义"

一　独立思维的源流

对于那些为马克思主义所激发,又为 1920 年代和 1930 年代的事件所撼动的人来说,有一些基本的问题需要回答。很清楚,不论主张社会主义是"历史计划"的不可避免的一部分,还是主张正确的社会行动应当只来自对党所公布的正确路线的遵循,这样的马克思主义者所拥护的都是误导性的和过分简单的立场。政治事件和革命实践并没有与来自当日的马克

---

① J. Habermas, *The Theory of Communicative Action*, Vol. I, Boston: Beacon. 1984. *The Theory of Communicative Action* Vol. 2, Boston: Beacon. 1987.

思主义理论所作出的预期取得一致。下列问题变得急迫起来：现在，应当如何构想理论和实践之间的关系？理论是否能维持对未来的希望？在变化着的历史环境中，应当怎样为革命理想作出辩护？为了理解法兰克福学派和哈贝马斯对这些问题的回应，简要地回顾一下卢卡奇和柯尔施的思想将是有好处的。这两个人处理这些问题的努力，各自都为马克思主义的理解打开了新的视野。尽管卢卡奇和柯尔施并非唯一对批判理论发生了显著影响的人，他们的作品仍可以被看作为批判理论家们树立了一个重要的先例。

如今，人们常常把批判理论与以下这些人物的名字联系在一起，如霍克海默、洛文塔尔、阿多诺、弗洛姆、马尔库塞、本雅明等等。实际上，它是由一系列或多或少与共产主义运动左翼有联系的非正统思想家孕育起来的，在梅洛—庞蒂看来，这些人表达了一种所谓的"西方马克思主义"的精神。这种倾向，连同它对机械唯物主义和一切对马克思主义的反历史主义解释的拒斥，它对辩证方法的强调以及对唯心主义传统对马克思主义的重要性的强调，对意识的关注和对克服异化的迫切要求，使得它的思想家远非只能局限于那些"法兰克福学派"的先驱。柯尔施、卢卡奇和恩斯特·布洛赫都对批判理论的发展发生了特殊的影响。

1920年代早期，当卢卡奇和柯尔施分别还是匈牙利共产党和德国共产党的活跃成员时，他们写下了各自的重要著作《历史与阶级意识》和《马克思主义与哲学》，对当时占统治地位的马克思主义正统观点（这些观点已经被共产党和社会民主党奉为信条）提出质疑。《历史与阶级意识》和《马克思主义与哲学》的出版遭到了一系列冷酷的攻击。有些最为严厉的批评来自共产国际自身的主要发言人。在随后的若干年里，无论是卢卡奇还是柯尔施，他们都发现，要继续进行他们对马克思主义的重新评价是极为困难的。柯尔施由于其"离经叛道"终于在1926年被德国共产党开除出党。面临着同样威胁的卢卡奇则写下了一些著作，来平息他的批评者的怒火。卢卡奇渐渐向正统观点靠拢，并移居到了苏联。在一段时间里柯尔施试图维持一个独立的政治团体，此后，由于纳粹在德国的胜利，他陷入流亡状态，在斯堪的那维亚半岛和美国过着与世隔绝的生活。

然而，通过对正统观点发起挑战，通过在与当代事件的联系中重新思考马克思主义，这两个人为重新考察马克思主义的理论和实践创造了基础。卢卡奇和柯尔施都相信，在马克思的著作中包含着一些被正统马克思主义违背了的概念、理论和原则。他们两人都试图详细说明并发展马克思事业中的这一方面。更进一步,他们都相信,这一详述和发展的过程需要对马克思思想的来源和性质进行检查,并需要与那些能够对这一重构过程有所帮助的思想家进行衔接,不管这些思想家是马克思主义的还是非马克思主义的。

卢卡奇和柯尔施的早期工作特别对历史唯物主义的"决定论"解释和"实证主义"解释提出了异议,其异议所指在于它们对历史发展阶段的不可移异性的强调,以及对自然科学方法论模型能够适用于对这种阶段论进行理解的强调。① 后一种解释马克思的方法,他们论辩说,正与一种为马克思本人所拒绝的思想方式——"直观的唯物主义",一种忽略了人类主体性的首要性的唯物主义——相符合。由于淡化了人类主体性和意识的重要性,这些马克思主义者错失了对于预防革命动因的突然出现而言恰恰是最重要的因素。鉴于卢卡奇的工作对批判的理论家们产生了极其重要的影响,他发展这些论题的方式在这里就具有特别重大的意义。②

按照卢卡奇的看法,历史唯物主义在无产阶级斗争以外并无意义。并不存在社会理论家能够被动地反映的客观实在,因为在每一时刻,这些理论家都是社会过程的组成部分,同时也是"它的潜在的批判的自我意识"。理论家被看作是持续不断的阶级冲突的参与者,其职能在于揭示出各种阶级关系的动态情势所固有的客观可能性。③ 相应地,马克思主义对客观性和真理的要求,绝不能被从一个特殊的社会阶级的实践中割裂出来。但是,"无产阶级立场",从而马克思主义,超越了其他社会理论和阶级意识形态的"片面性"和扭曲性。因为无产阶级是这样一个阶级,资本主义社会正建立在这个阶级的形成之上。它的自我成型过程乃是整个资本主义构造的关键。作为资本主义总体的枢轴,它有能力理解并把握本质性的社会关系和社会过程。按照卢卡奇的意见,"无产阶级立场"、社

---

① 然而卢卡奇仍然保留了一系列正统马克思主义的信条,特别是那些对党的职责起支配作用的观念。参见 G. Lichtheim, *Marx: An Historical and Critical Study*, New York: Praeger, 1961; R. Jacoby, "Towards a Critique of Automatic Marxism: the Politics of Philosophy from Lucács to the Frankfurt School", *Telos*, no. 10 (Winter 1971)。

② 参见马丁·杰伊,第一和第二章。

③ G. Lukács, *History and Class Consciousness*, trans. Rodney Livingstone, Cambridge, Mass.: MIT Press, 1971, p. 3.

会的"主—客"关系，是使总体性能够被把握的唯一的基础。

卢卡奇的立场来源于断定一个拥有独特的社会位置的阶级的存在，其独特性在于，该阶级具有既能够理解、又能够从根本上改变社会的能力。即使大众性的革命的工人阶级实践并不存在，一个人也仍然可以谈论它的客观可能性，因为按照卢卡奇的看法，这种可能性就蕴涵在历史发展的动态过程之中。因此，理论的目标就是去分析和揭示现实和可能性之间、充满矛盾的现存秩序和一种潜在的未来状态之间的裂隙。理论必须是有方向性的，简言之，它必须要导向意识的发展和对积极的政治参与性的提升。①

卢卡奇强调说，对于革命意识的一个主要障碍乃是"物化"，一种人们的生产活动呈现为某种对他们是陌生的和异化的东西的现象。卢卡奇吸取了马克思在《资本论》中对商品结构的分析，齐美尔对文化的商品化的说明，以及韦伯关于合理化的论述，试图表明物化是如何弥漫在日常生活的全部领域之中的。物化并不简单地是一种主观现象。它涉及一种过程，经由这种过程，社会现象呈现为物的外貌。实际上它来自生产过程，一个把社会关系简化为类物关系的过程。它把工人和他们的产品简化成了商品。物化是一种具有社会必要性的幻象，既准确地反映了资本主义交换过程的现实，又阻碍了它在认知上的洞察力。卢卡奇的分析力求对此作出评价和批判，他论辩说，商品问题、物化问题，这是"资本主义社会各个方面中最重要的结构性问题"。② 它决定了资产阶级社会的客观形式和主观形式。③

随后的叙述将会表明，批判理论家们保留了大量卢卡奇所关心的问题，诸如历史和理论之间的相互作用，理论作为一种"群众发展之促进因素"的重要性，生产和文化的关系，物化的效用，等等。然而，卢卡奇所喜用的术语却常常得不到批判理论家们的同情对待。例如，对于把"无产阶级立场"当作评断真理的准则，他们抱有极为敌视的态度（或许只有1930年代中期的霍克海默是个例外）。卢卡奇的最终目的在于为党的

---

① 开始着手这一工作的责任被明白无误地放到了党的肩上。党被委以"无产阶级之阶级意识的担负者和无产阶级之历史使命的良心的崇高职责"（*History and Class Consciousness*, p. 41.）。

② G. Lukács, *History and Class Consciousness*, p. 83.

③ 关于卢卡奇物化理论的详尽的叙述，可参看 A. Arato, "Lukács' Theory of Reification", *Telos*, No. 11（Spring 1972），pp. 25–65。

至高权力进行辩护的政治概念,也是与任何法兰克福学派的立场正相反对的。他们拒斥卢卡奇用以表述其大多数论证的黑格尔式的语言,并改造了物化概念。但是,撇开这些不同,卢卡奇对正统马克思主义所提质疑以使马克思的思想重获生机以及由此而提供的推动和刺激,则被每一位批判理论家当作了各自思想工作的基础,尽管并非每个人都是出自相同的动力。虽然卢卡奇后来放弃了他早年的主张,批判理论家们却继续了卢卡奇已经涉及的如下议题:考察马克思思想的来源,探索马克思作品中以前为人忽略的维度,根据当代事件评价马克思主义传统的相关性,等等。

在深入这些一般目标的过程中,批判理论家们吸取了许多不同的知识源流。例如,他们转向德国唯心主义(正如卢卡奇已经做过的那样),特别是康德和黑格尔,以便恢复马克思主义传统中的哲学维度。德国唯心主义的批判者——其中既有马克思主义者,也有非马克思主义者,像叔本华和尼采——也是探索的对象,这是为了与唯心主义观点近距离作战。马克思的早期作品,特别是《1844年哲学经济学手稿》,既被用来评价黑格尔对马克思思想的影响,又被用来发现马克思思想的批判基础。胡塞尔和海德格尔的贡献则被评价为是与当代哲学相结合的重要组成部分。由于对人类主观世界的重新研究,弗洛伊德的工作被认为具有首要的重要性。韦伯的作品,特别是他关于合理化和官僚化过程的研究,被认为是对当代社会学的最重要的贡献,特别是考虑到关于此类或相关论题的严肃讨论在马克思主义传统中是缺乏的。同时,在社会研究所成员之间和在批判理论家自身之间,也存在着一种非同寻常的思想的杂交孕养。例如,霍克海默和阿多诺相互之间的碰撞对于双方来说都具有首要的重要性。本雅明的观念对阿多诺产生了强烈的影响。而马尔库塞和阿多诺则对哈贝马斯具有一种持久的作用力。

二 独立思维的发展

从最初开始,批判理论就表达了一种对废除社会不公的明确兴趣。要点在于要显示出压制性利益是如何被据说是价值中立的科学公式掩盖起来的,正如本体论所做的那样。这一运动因此始终保留着一种知识社会学的和"意识形态批判"(Ideologiekritik)的理论旨趣。然而,这种与现存秩序的内在遭遇,却保持着一种先验的或乌托邦的成分。一种对个体完整性以及对超越现存可能性的自由的承诺,也许变成了整个思想事业背后的激发性因素。在理论规划的内在性要素和先验性要素之间保持平衡，充其量始终是脆弱的。这两个概念之间的平衡，虽然在任一批判理论家的不同著作中有所游移，但其中没有哪一个曾经被完全牺牲掉。因此，其真实的意图不如说是在思想中保持那种能够培养辩证思维的张力。目标是培养反思性，即一种想象力，一种在一个异化与日俱增的世界里进行实践的新基础。

这样，批判理论就与经济决定论或历史阶段论相对立。它试图对经济基础与上层建筑之间的各式各样的"调解"方案进行检验。它试图对马克思主义传统（或曰正统）范畴进行修正，并试图建立一种理论来阐明革命的时代错误性，从而揭示出是什么东西抑制了西方的革命实践和它的解放效果。批判理论试图超越"现实存在的社会主义"中所包含的无效的教条和集体主义顽疾，并在这个基础上获得推进。压迫的意识形态的、制度化的构架总是涌上前台，成为批判理论的攻击靶子。正是这些情状滋养了批判理论的乌托邦情怀，以及它对新形式的经验和分析的不屈不挠的试验。

批判理论的主题簇因此保持了一定的完整性和一致性。但另一方面，它也从截然不同的历史境况当中涌现出来。第一次世界大战和俄国革命所提供的背景环境促发了辩证思想的新的征程。技术与进步、科学与道德同步发展，种种解放理性乌托邦幻想崩溃在资本与帝国的沟壑之中。自由主义失去了它的魅力，改革和良好的愿望被证明是显然毫无用处的。无产阶级国际主义在1914年被社会民主政治"出卖"，与此同时，布尔什维克主义者在俄国攫取了权力，而在战后的欧洲，一股无产阶级起义的洪流四处蔓延。所有这些都为一种对正统派和对马克思的标准的"唯物主义"解释的批判提供了刺激。

正统马克思主义可能已经对某些事态的发展有所察觉。但是，它的顽固信念，即经济发达世界的资本主义危机将会自动地为在更发达的国家建立社会主义创造未来，这与革命发生在经济不发达的俄国明显不符。对生产力的客观发展和大众组织的官僚政治形式的强调，被一种新的对"意识"的关注和对社会的更激进的转变可能性的热望取代了。人们开始探询革命理论和革命实践之间的关联。如此一来，马克思主义和哲学之间的关系就再一次成了一个大问题。

柯尔施把意识形态解释为一种"活的经验"，他拒绝严格的规训约束，试图重建理论与实践之间的联系。他用唯物主义辩证法的内在洞察力，批评包含在社会民主劳工运动和共产党之内的日益僵化的马克思主义。历史唯物主义真正变成了历史性的。辩证法的批判性力量朝向了那些自以为是它的保卫者的人。然而，他对现实实在的、坚决的、内在的直视并没有使他拒绝先验性。自由从未被等同于任何既定的形式或系统，柯尔施因此终于被德国社会民主党开除，转而帮助发展一种"独立的马克思主义"。

卢卡奇虽然最终放弃了他的早期物化思想，以换取留在共产主义运动之内，但他同样对批判理论的倾向作出了贡献。他的理论方式将被证明为发展知识社会学奠定了基石。然而，与柯尔施相比，卢卡奇的方式要形而上学得多。对卢卡奇来说，正统性是一个根植于总体性和媒介范畴的方法问题。总体性和媒介二者都被他用来分析"资产阶级"理论和实践之间的不协调，同时发展对诸如异化问题的解释，这将对日后的批判理论产生深刻的影响。很清楚，《物化与无产阶级意识》无疑是整个批判理论传统的生发性著作。

布洛赫是一位伟大的乌托邦哲学家，他的著作把历史唯物主义、人类学、宗教和得自各种不同传统的有关生存的疑问混合在了一起。在这位自由不羁的知识分子的思想中，马克思主义假定了一种新形式的天启，但他后来对阶段理论和把法西斯主义分析为某种革新的观点提出了激进的批评，即使这是在他把自己与共产主义运动统一在一起的时候。第二次世界大战后，他对解放理论的影响日益深远。很奇怪他并不像柯尔施和卢卡奇那样广为人知。他的乌托邦哲学与柯尔施对工人委员会的关注，与卢卡奇对阶级意识和对废除所有异化的社会关系的强调，这些都是从同一块土壤当中生长出来的。

很不幸，所有这一切都只是再一次证明，密涅瓦的猫头鹰只在黑暗中才展开翅膀。柯尔施的《马克思主义与哲学》和卢卡奇的《历史与阶级意识》都出现在 1923 年。正是在这一年，一种国际革命的可能性最终破灭了。也正是在这一年，社会研究所成立于德国美茵河畔的法兰克福。最初的研究计划是在卡尔·格伦伯格（Carl Grunberg）博士的主持下发展起来的。它的中心问题是劳工运动、资本主义经济和在苏联所进行的新试验。在这个阶段，柯尔施发挥了一种重要的影响，而它的重要学者主要是弗兰茨·施特恩伯格（Fritz Sternberg）、亨里克·格罗斯曼（Henryk

Grossmann）和弗里德里希·波洛克（Friedrich Pollock）。它的许多成员都与共产主义运动结盟，而这一运动对国家和垄断资本主义的看法甚至被1930年代研究所某些重要的著述所采用。然而，当霍克海默于1930年成为研究所的领导者时，研究方向发生了一种根本的转变。

"批判理论"这个术语就是由霍克海默铸造的。他利用《社会研究杂志》这本日后成为研究所公开论坛的学术刊物建立新议程，这种新议程强调一种远为宽广的问题簇，其范围从心理学、美学和哲学一直延伸到技术批判。霍克海默把批判理论与所有"传统"理论（形而上学理论和唯物主义理论）对立起来，目的是突出地表明批判理论反对所有建立固定系统的企图，反对把主体和客体同一化（不论是在社会制度方面还是在哲学范畴方面）的企图。本体论和工具理性，这些主观地把自己等同于某些预制范畴的概念，将遭到来自霍克海默的猛烈攻击。

正如一幅伟大的画作，当它被同时期那些风格完全遭到它反对的竞争作品所包围的时候，它的品格才更清楚地显现出来。一种特殊的理论，当它与它所反对的哲学立场相对峙的时候，它便会显出某种更锐利的外观。1930年代，社会研究所的批判理性主义赋予了它一种独特的立场。这是一个似乎失去了对未来的一切希望的10年。本雅明，这位日后成为20世纪最卓越的文学批评家和哲学家之一的人，试图通过重新获得"尘世的光辉"来拯救这个年代。在极权主义兴起的时代，他对自由、个体性和哲学试验寄托了一种特别的期望。他试图建立一种否定的历史哲学，以代替少有实质性内容的古典的黑格尔式总体概念，他强调，为了改造整个批判事业，特殊性将最终被置于基础的地位。像批判传统中的其他主要人物一样，本雅明实质上是一位现代主义的热心支持者。他把强调改造日常经验的超现实主义看作是革命的本质要素。实际上，正如布洛赫和布莱希特一样，他本人的激进化是通过他对资产阶级文化传统的直率批判表现出来的。

不幸的是，放逐是1930年代和1940年代的真实主题。为了逃避希特勒，社会研究所和它的绝大多数成员最终重新聚集在了美国。在这里，霍克海默与阿多诺合作写出了《启蒙的辩证法》。这标志着批判理论一个方向上的重大转变。无产阶级不再被看成是历史的革命主体，进步的目的论观念不再被严肃地对待，自由主义启蒙的遗产不再被同情地接受，事情也不再仅仅被看成是一个使技术朝向新的目标改变方向的问题。社会的批判理论向一种更直接的人类学调查方式转移。面对由"文化工业"支撑、意在消除主观性和消灭反对现状的反思性来源的天衣无缝的官僚政治秩序，革命转变的可能性被认为已经消失了。某种新形态的"文化精英"和"特殊知识分子"应运而生。对于批判理论的支持者来说，在黑格尔和马克思的辩证框架里进行工作，因此成了这样一件事：在发达工业社会里吸取叔本华和尼采反对集体主义压力的斗争。

阿多诺可能是批判理论这一新的转变的最有才干的支持者。他与霍克海默取得了联合，并且，随着研究所于 1947 年返回法兰克福，他们成为整个事业的最重要的学术支柱。作为本雅明的唯一真正信徒和"否定辩证法"的发明者，阿多诺的著作表现出一种真正非凡的广度和品质。的确，他写出了一些 20 世纪最重要的美学理论著作。然而，正是在阿多诺手里，理论和实践之间的关系几乎濒临瓦解的边缘，而内在性和先验性之间的联系也显得最为脆弱。

批判理论所采用的艰涩文体常常使它受到攻击。辩证哲学的遗产的确对此有所影响，而对复杂概念的复杂使用很自然地要求一种复杂的文体风格。特别是在第二次世界大战后充满意识形态氛围的环境里，社会研究所的成员们采用了一种"伊索寓言式"的写作方式，这确实常常是出于恐惧或者是为了自我保护的目的。出于同样的理由，他们试图把自己的马克思主义隐藏起来，并使用了一种高度抽象的黑格尔式语言。但是，他们的深奥风格也有着一种理论上的正当性。比如阿多诺指导完成的《威权人格》一书所包含的对文化工业的著名分析，使我们理解到一部著作无论包含着何种解放信息，它都必然遭到大众文化的压制。然而，对于弗罗姆来说，这并没有构成什么特别的困难。

没有人比这位新弗洛伊德主义心理学家更受大众欢迎的了。他的确是社会研究所中最简洁、最明晰的文体学家。他也许还是对研究所的原初目标最为忠诚的人。弗罗姆最初是研究所中最有影响力的成员之一，并且他也是霍克海默的亲密朋友。他所关注的是社会心理学及其与政治和临床实践的关系。这一点即使在他后来试图把弗洛伊德和马克思联系起来的努力中也始终保持为一个参考点。由于这个原因，当阿多诺首次坚持从弗洛伊德的本能理论立场出发展开对人类学的批判时，他与弗罗姆发生了冲突。耀人眼目的新来者赢得了战斗。弗罗姆离开了研究所，但他继续写作包括

《逃避自由》在内的一系列畅销著作。事实上，他很快就因其著作的"肤浅"品质而遭到诟病。尽管如此，他还是对战后西方的知识分子和政治生活产生了重要影响。

批判理论在 1960 年代和 1970 年代达到了其事业的顶峰。它对异化以及人对自然的控制、对进步之中所包含的倒退因素、对人性的游移不定以及对文化工业和发达工业社会的徒劳努力的强调，使得它的事业在年轻知识分子当中获得了巨大反响。然而，理论中的激进主义却变成了实践中的保守主义。它的忠实成员，例如霍克海默和阿多诺，最后却被由他们的写作激发起来的运动深深地震惊了。

然而，马尔库塞始终保持着对批判理论的最初实践冲动的信心。他有意识地利用这一点来给鲁莽的新运动注入活力。尽管在许多方面是失败的，但他的确向他所说的"单向度的社会"提供了一种积极的乌托邦回响。他的观察法试图把青年马克思的普罗米修斯式雄心与人类学洞察力和席勒的审美游戏原则以及弗洛伊德的元心理学融合在一起。他的理论兴趣源自那些阿多诺于 1930 年代纠合在一起的人，或许正是因为这个原因，马尔库塞遭到了弗罗姆的恶意攻击。

激进浪潮的消退在新一代批判理论家中产生了一系列新的论题：克服它的无节制的乌托邦，减弱它的主观主义，肯定它与启蒙的关联，建立它与经验科学的联系，提供它对哲学合法性的标准关注，向其灌注来自不同传统的见识，所有这一切都成了受关注的问题。这些问题中的每一个都展现在批判理论的当代代表，当代西方杰出哲学家——于尔根·哈贝马斯的面前。

哈贝马斯是阿多诺和霍克海默的学生，但显然已经在许多重要方面偏离了其理论创始人的立场。他所关心的始终是"未被扭曲的交流"和一种有能力激起对不公进行理性审判的解放旨趣。他同时也是一位卓越的"公共知识分子"，在当今许多重要的政治和哲学事务上坦然表明立场。这也许就是他从早年的认识论和方法论路线上退却的原因。哈贝马斯实行了一种"语言学的转向"，这是由他对实用主义和分析哲学的逐渐感兴趣激发的。批判理论原本对这些哲学立场持轻蔑的态度。然而按照哈贝马斯的看法，批判理论的标准主张现在终于也要接受调试了。它们应当建立在语言自身的主体间结构之内，因而他相信，对于激发许多法律和政治上的自由前景来说，一种新的交谈伦理将会被证明是有用的。但是，当对这一新体系的特性和它与批判传统的关系，对它所提供的"后形而上学"哲学主张，对它处理物质利益问题的能力和它对政治实践的适当性等等这样的问题进行考察时，总是存在着大量的疑问挥之不去。

三　一个消极的定义?

批判理论规划了一种解放前景和一种新的学科间观察法，试图激发起反对压迫的斗争。马丁·杰伊（Martin Jay）因此正确地指出，西方马克思主义和批判理论提出了恰当的问题，尽管他们给出的答案也许是不正确的。

常常有这样的说法：由于批判理论家们总是经常不断地批判别人的著作，因此，说批判理论不是什么，这要比说它是什么更容易。在这种评论里包含着足够的真实性，使得我们可以一开始先对批判理论给出一个消极的定义。这也许的确有助于排除一些常见的误解。尽管霍克海默、阿多诺、马尔库塞和哈贝马斯的思想可以说沉浸在康德和黑格尔的传统之中，但是康德和黑格尔的观念只是被他们有选择地加以采用。批判的理论家们拒绝康德的先验方法，也拒绝黑格尔哲学的大多数方面。例如，他们反对黑格尔的如下主张，即认为历史是一个理性逐渐走向它的自我意识的过程：理性在实践中展开，使得思想和客体、自由和必然最终取得统一。他们试图表明，人类理性在多大程度上仍然是"非理性的"。他们把理性与物质条件和物质实践联结在一起，然而在他们看来，这些物质方面的要素常常只是晦暗不明地反映在人类的意识里。

他们全都拒绝同一性哲学。这样的哲学暗示了主体和客体之间一种实际的或潜在的统一。他们攻击黑格尔对一种在他们看来是唯心主义同一性理论的承诺。在他们看来，历史不能被简化为一个绝对主体、一个世界精神"通过个体的行动"，朝向一种理念和世界之间的既定的或潜在的统一——一种主体完全适应于其客体的状态——"发展"的显现过程。他们同时也对正统马克思主义所宣扬的唯物主义的同一理论持批判态度：历史不能被看作是经济规律不可移异地将其承载者推向社会主义或共产主义——一种主体被历史的"客观机制"所挟裹的状态——的显现过程。他们全都拒绝辩证唯物主义。他们对"马克思主义的人道主义"也持批判的态度。[1] 他们并不主张社会可以简单地"简化为它的创造者—主体,而历史就是这种主体的连续不断的展现"。[2] 正如霍克海默所说的:"不可能存在什么公式一劳永逸地规定个体、社会和自然之间的关系。虽然历史不能被看成是一个人类本性的始终如一的展开过程,然而,与之相反的宿命论公式,即认为事件的进程是由独立于人的必然性所支配的,这种看法同样幼稚。"[3] 因此,人们可以在他们的著作中发现大量对费尔巴哈的抽象人道主义、对由哲学人类学家、存在主义者和现象学家所建立的立场的拒斥。他们由于共同拒绝对科学的实证主义理解、共同拒绝真理符合论而团结在一起。

把他们的工作特征归结为只是简单地用对社会哲学、文化和社会心理学的一般兴趣取代了马克思主义的政治经济学,[4] 这就更是一种错误的看法了。纽曼、波洛克和哈贝马斯都在经济、政治及其相互关系上有过广泛的写作。说他们在处理这些论题时不考虑经验的研究,这同样也是错误的。他们曾经进行过广泛的经验探索。[5] 认为法兰克福学派的作品仅仅是由一系列片段组成的,因此呈现为一个混杂的集合,这可能是一种误解。霍克海默和阿多诺诚然常常选择用格言和散文来表达思想,但是作为一个整体,法兰克福学派发展出的是一种对资本主义社会性质的系统的阐述。

来自"左派"的批评家指责批判理论未能深入实际的政治问题。这是一个复杂的问题,留待以后讨论。在这里,重要的是要注意到,对于早期的霍克海默来说,正如对于卢卡奇一样,理论家的实践职责是清楚地表达出、并帮助发展一种潜在的阶级意识。在霍克海默的后期著作中,批判理论家的任务常常被设想为是"牢记"、"想起"或"抓住"一个处于被遗忘的危险之中的过去——为解放而斗争、此种斗争的理由,以及批判理论自身的性质。但是批判的理论家并不只是关心对什么是潜在的阶级意识或怎样牢记过去作出阐述,他们还在其理论和实践概念中提出新的侧重点

①　M. Jay, "The Frankfurt School's Critique of Marxist Humanism", *Social Research*, vol. 39, no. 2 (Summer 1972).

②　G. Therborn, "A Critique of the Frankfurt School", *New Left Review*, vol. 63 (1970), p. 77.

③　M. Horkheimer, "Bermerkungen zur philosophischen Anthropologie" [Remarks on philosophical anthropology], *Kritische Theorie*, vol. 1, s. 202, Frankfurt: S. Fischer Verlag, 1968.

④　这主要是佩里·安德森的观点。参看他的 *Considerations on Western Marxism*。

⑤　参看马丁·杰伊,第七章。

和观念。例如，马尔库塞对个人满足感（与那些坚持禁欲和清教徒观点的革命者相对）、对个体自我解放（与那些一味坚持解放将随生产力和生产关系的改变而来的人相对）、对人和自然间关系的基本的权衡态度（与那些只愿加速现存技术形式的发展的人相对）的保卫，所有这一切都构成了一种与传统马克思主义教条的重大区别。然而，霍克海默、阿多诺和马尔库塞从未提出过一套严格的、不可改变的政治诉求，因为，认为解放的过程需要一个自我解放和自我创造的过程，这是他们思想中的中心信条。对哈贝马斯来说也同样如此。他们也并不认为理论和实践之间是一种既定的、一成不变的关系。在他们关于这一关系的概念中，时间因素是至关重要的维度：这种关系是一种历史性的关系，就像所有其他事物一样，它是被一个处于发展当中的、不断变化的世界所决定的。

第三节　法兰克福社会研究所

一　社会研究所的几个阶段

法兰克福学派的机构性基础是 1923 年成立于德国法兰克福的社会研究所（Institut für Sozialforschung，Institute of Social Research）。研究所的成立乃是一位富有的粮商之子费里克斯·魏尔（Felix Weil）倡议的结果。魏尔的意图是极力保证研究所能够在不受或尽可能小地受到外界压力和约束的情况下获得发展。事实上，虽然研究所在形式上隶属于法兰克福大学，但它的运转依靠私人资金，这的确给了它相当大的自主性。[①]

法兰克福社会研究所的创立是在俄国布尔什维克革命取得胜利，而中欧（特别是德国）的革命却遭到挫败的特殊历史背景中发生的。它能够被看作是对左翼知识分子普遍感受到的、在新的环境下重新评价马克思主义（特别是理论和实践的关系）这一需要所作出的一个回应。在这个意义上，研究所的活动构成了后来被称为"西方马克思主义"这一广泛的思想运动的一个部分，其特点是一方面存在着多种多样的、以首先是哲学的和黑格尔式的方式，联系发达资本主义社会的现实对马克思主义理论所作的重新解释，另一方面，则是对社会发展和苏联的状况的不断加强的批判。然而在其早期阶段，社会研究所并没有形成一个清晰的学派，正如马

---

① 关于社会研究所成立的详细情况，参看马丁·杰伊，第一章。

丁·杰伊所说，"……直到研究所被迫离开法兰克福之前，一个特殊学派的观念并未发展起来（而［法兰克福学派］这个术语本身则是在研究所于 1950 年返回德国以后才开始使用的）"。①

社会研究所和法兰克福学派的历史事实上以可被分成四个相对清楚的阶段。第一阶段在 1923—1933 年间，在此一阶段，研究所所从事的研究是多种多样的，而且也不是被某一种（如后来包含在批判理论之中的）马克思主义思想的特定概念所激发。在其第一任所长卡尔·格伦伯格的领导下，研究所相当大的一部分工作具有非常强烈的经验特征，而格伦伯格本人则是经济史和社会史学家，在眼界和观念上与奥地利马克思主义者具有密切的联系。在其 1924 年社会研究所的就职演讲中，格伦伯格把他自己的马克思主义观念总结为一种社会科学，认为历史的唯物主义概念既不是一种哲学体系，也不以此为目标，它的对象不是抽象之物，而是处于发展变化当中的特定的具体世界。在格伦伯格领导期间，直到他于 1929 年由于中风而退休，这种想法的确是研究所许多成员所遵循的路线。在此期间，在这种观念的影响下，维特弗吉尔（Karl August Wittfogel）进行了对亚洲生产模式的研究（后来成为 1931 年出版的《中国的经济和社会》中的一部分），格罗斯曼发展了他对资本主义经济趋势的分析（1929 年以《资本主义社会中的积累和崩溃规律》为名出版），波洛克则承担了一项对苏联从市场经济向计划经济转化的研究（《苏联的经济计划实验：1919—1927》，1929 年出版）。

第二个阶段是从 1933 年到 1950 年间的北美流亡期，在此一阶段，一种新的、具有明确的黑格尔风格的批判理论观念牢固地植入了研究所活动的指导原则之中。这种理念和研究兴趣的重新定向其实在早几年前就开始了，主要是受到了霍克海默于 1930 年 7 月被指定为研究所新任领导人的影响。正如马丁·杰伊援引霍克海默的就职演讲（《社会哲学的当前状况和社会研究所的任务》，1931 年）的题目时所说，"……他与其前任在取径上的不同立即就清楚了"②。现在，是哲学，而不是历史和经济学，占据了研究所工作的优先位置，而当马尔库塞于 1932 年、阿多诺于 1938 年（在与研究所从 1931 年起保持了一段松散的联系之后）分别成为研究所

---

① M. Jay, p. xv. 参看马丁·杰伊，正文第 3 页注。
② M. Jay, p. 25. 参看马丁·杰伊，正文第 33 页。

的成员之后，这种倾向便被进一步加强了。同时，研究所还产生了对心理分析的强烈兴趣,① 在其后来的工作中，这一点一直被保持为一个显著的要素。流亡期间，在霍克海默的指导下，研究所的领导成员开始以一种更加系统的方式阐明他们的理论观点，同时，一种明确的具有思想学派性质的面貌也开始逐渐成形。

　　当研究所于 1950 年返回法兰克福的时候，"批判理论"的主要思想已经在一系列重要著作中清楚地表达了出来，"法兰克福学派"也开始对德国的社会思想发生重要影响。它的影响后来扩展到欧洲的绝大部分地区，特别是当"新左派"在 1956 年涌现出来之后。美国也深受法兰克福学派的影响，这在某种程度上可能是由于研究所许多成员（其中最重要的是马尔库塞）后来留在了美国所造成的。这是法兰克福学派在智识和政治上影响最大的一个时期，我们可以称其为该学派发展的第三个阶段。随着激进的学生运动在 1960 年代后期的迅速发展，研究所的这种影响力达到了顶点，虽然在这段时期，事实上是马尔库塞而不是霍克海默和阿多诺在起着一种新形式的马克思主义批判理论的首席代言人的作用。其时，霍克海默已经退休，居住在瑞士；阿多诺则早在流亡北美期间就已经不再那么激进了，而在战后德国改变了的社会环境中，就更是如此了。

　　从 1970 年代早期开始，法兰克福学派的影响逐渐衰落，随着阿多诺在 1969 年和霍克海默在 1973 年的去世，它作为一个学派的存在事实上已经终止了。我们或许可以把这一时期称为它的第四个阶段。在它的最后年月，法兰克福学派已经离开当初激发了它的马克思主义传统如此之远，以至马丁·杰伊认为它已经"丧失了被包含在马克思主义诸分支当中的权利"②。其社会理论的整个方法越来越受到新的、或者说再度流行起来的马克思主义思想的挑战。然而尽管如此，法兰克福学派的一些核心概念还是以其自己的方式进入了许多社会科学家（既有马克思主义者也有非马克思主义者）的工作之中，并且，在哈贝马斯对社会知识可能性的条件的再次批判中，以及在他对马克思的历史理论和现代资本主义理论的重新

---

　　① 因此之故，弗罗姆在 1930 年代早期成为研究所的一个密切合作者，但他后来对弗洛伊德理论持逐渐强化的批判态度，加之他试图给心理分析增加更多的社会学维度，这使他与研究所之间产生了分歧，并于 1939 年中断了与研究所的联系。

　　② M. Jay, p. 296. 参看马丁·杰伊，第 335 页。

评价中，这些概念也以一种独具创意的方式得到了发展。

二 费里克斯·魏尔和社会研究所的创立

在对法兰克福学派历史的研究上，费里克斯·魏尔是一个被过分忽视的人物。当人们在思想和理论的框架内给法兰克福学派制定"谱系"时，霍克海默、波洛克、阿多诺、马尔库塞、弗洛姆、本雅明、纽曼、洛文塔尔、基希海默、格罗斯曼、古尔兰、施密特、哈贝马斯、内格特、韦尔默、奥弗、霍耐特等等这些名字赫然在列，费里克斯·魏尔这个名字不是了无踪影，就是被写在一个小小的角落里。甚至在"新马克思主义"人物辞典编纂者罗伯特·戈尔曼那里，在已经把福柯、费耶阿本德等人都纳入了广义上的"新马克思主义者"行列的情况下，西方马克思主义最重要流派的大本营——法兰克福社会研究所的创建者和资助人，却没有被列入其中。说这些话并非只是一种不平之鸣。重要的是，这种状况实际上反映了一种研究方法和观察视角上的选择性。这里只是想指出，人们在研究中是何等重视"理论"而轻视理论生长和生存的环境。这种轻视并不总是由研究重点的差异所致。很多情况下，这表明了人们实际的研究方法与他们的方法论承诺之间究竟有多大的背离。

历史学家通常承认魏尔是社会研究所的资金提供者。这一点也许本身很了不起，但与思想和理论的创造无关。魏尔本人在理论上的建树无法与上述任何一人相比，这也许是他总是被忽视的重要原因。然而，历史不是思想荣誉的分配簿。历史也不应当容许思想自大到忘记了自己的物质性的存在。在如下意义上，魏尔对我们的研究来说极其重要：在法兰克福学派的历史上，如果不是由于费里克斯·魏尔这样一个人物的出现，它的特征赖以存在的那种物质基础，即法兰克福的社会研究所（包括其组织实体和运转机制），可能根本就不会产生。不应当忘记（尤其是在马克思之后），思想往往受制于对思想的选择和判断。实际上，魏尔的活动和支持直接影响到了社会研究所早期的命运和特征。没有他在 1922 年与霍克海默、波洛克对创建一个独立于任何"政党—政治"的、具有马克思主义性质的、对从经济基础到制度和观念的上层建筑进行全方位的社会性研究的机构的倡导和活动，并提供至关重要的支持资金，社会研究所就不会在当时充满战后的耻辱，各种激进、保守思潮异常活跃，并且法西斯主义已经开始初露端倪的德国建立起来，并在法兰克福大学找到它的栖身之地。

与法兰克福学派的绝大多数成员一样,费里克斯·魏尔出生于富人家庭,是一位富有的德国谷物商赫尔曼·魏尔(Hermann Weil)的独生子。赫尔曼于19世纪晚期在南美和欧洲之间做谷物贩卖生意,由此挣得大笔财产。费里克斯1898年出生在阿根廷,1907年回到欧洲,先在法兰克福的歌德大学预科学校学习,后来进入法兰克福大学深造。1918—1919年,他在图宾根大学参加了左翼运动,成了一个坚定的马克思主义者。他的政治学博士论文论述的就是实现社会主义的过程当中的一些实际问题,后来被收进了由柯尔施编辑的一套专题丛书。由于是独生子,加之父母的富有、宽容和支持,费里克斯·魏尔从父母那里获得了可观的遗产和财富,他把这些资金投放在支持各种左翼运动的"激进冒险"中。

20世纪初期德国僵化的大学体制对一些左翼学者的独立研究形成了的桎梏。随着现实中左翼运动的失败,建立一个独立的、自己给自己规定研究目标和计划的永久性研究机构的想法在费里克斯·魏尔的头脑里逐渐成形。在当时反犹主义和左翼斗争失败的情况下,进行上述"具有马克思主义性质的、对从经济基础到制度和观念的上层建筑进行全方位的社会性研究"的计划难以得到大学提供的体制内保证。然而,此类研究恰恰是那些作为马克思主义者的犹太人最感兴趣的论题。这样,由魏尔独立捐资建立研究所,在当时的条件下也许是通往独立的学术研究的唯一现实的选择。在魏尔与霍克海默、波洛克的努力下,社会研究所与当时的德国教育部签署了一项协议,并于1923年2月3日正式成立。

社会研究所形式上附属于法兰克福大学,但实际上是独立的,这种独立的基础是它财政上的独立。这一切全有赖于费里克斯·魏尔和他父亲赫尔曼·魏尔的资金支持。有一个有意思的现象:霍克海默、波洛克以及后来的马尔库塞、本雅明、弗洛姆等,这些在法兰克福学派史上声名赫赫的人物,他们也都是富家子弟,却未能像魏尔那样得到来自父辈的支持。情况确实如此。在当时的德国犹太人里,一个资产阶级的父亲是很难接受一个作为"革命者"的儿子的。霍克海默、波洛克、本雅明都分别和他们的父亲发生过冲突,马尔库塞、弗洛姆同样也以温和的方式告别了他们父亲的时代。费里克斯·魏尔似乎是一个例外。或许这与他是独生子有关。作为家里的独子,他受到了父母的宠爱。他极少与父母发生冲突。对于他的选择和志向,父母给予了充分的支持和尊重,不仅在精神上,而且也在经济上。当霍克海默的父亲因为儿子不能追随自己进入制造业而大发雷霆时，赫尔曼·魏尔却接受了儿子去当一个"革命者"，而不是一个商人的选择。当费里克斯·魏尔与霍克海默、波洛克等人刚刚准备进行关于工人运动史和反犹主义的研究时，赫尔曼·魏尔就接受了这个计划，同意每年赞助 12 万马克。1927 年赫尔曼去世，费里克斯继承了双亲的遗产，从而使研究所得到了从未间断的经费支持。当 30 年代研究所遭到纳粹迫害，辗转欧洲最后到达美国，在一片陌生的土地上继续进行批判理论的事业时，费里克斯·魏尔也来到美国，再度提供 10 万美元，使社会研究所在财政的独立的基础上保持了可贵的思想独立，捱过了艰难的 30、40 年代。霍克海默和阿多诺诚恳地承认，正是通过魏尔为研究所设立的基金会，"我们以及一大批德国流亡者，甚至在希特勒统治时期，还能继续进行理论研究工作"①。

人们可能为魏尔不能像法兰克福学派其他成员那样在理论领域取得如此令人瞩目的成就而感到遗憾，尤其是，人们完全可以意识到他可能拥有多么大的理论潜力。从某种角度来说这的确是很可惜的。但这很可能是一种多余的感慨。且不说魏尔在研究成果上并不像人们想象的那么贫乏，就在他为研究所提供资金这件事上，其意义也不应被过分简单地理解。实际上，魏尔的意义并不只是在于他是一个提供金钱的人，更重要的是他为研究所在思想上的独立提供了不可或缺的物质基础，或许还有精神基础。可以说，法兰克福学派乃至批判理论，它们作为一种哲学形态所具有的特征，在很大的程度上有着由魏尔的活动和个性所赋予的成分。"从一开始，独立就被当作从事理论革新和无限制的社会研究的必要先决条件。幸运的是，独立所需要的条件是具备的，费里克斯·魏尔 1922 年设想了一个可以追求上述目标的研究所框架。"② 这就把作为捐助者、活动家和思想者的费里克斯·魏尔的形象完整地综合了起来。正是在他的组织下，1922 年夏天，一个叫做"首次马克思主义工作周"（Erste Marxistische Arbeiswosche，[First Marxist Work Week]）的非正式会议在图宾根举行，参加者中有西方马克思主义的鼻祖卢卡奇、柯尔

---

① 霍克海默、阿多尔诺：《启蒙辩证法》，洪佩郁、蔺月峰译，重庆出版社 1990 年版，"导言"第 6 页。

② M. Jay, p. 5. 参看马丁·杰伊，正文第 9 页。注意译文中人名译法有所不同。

施,法兰克福的重要成员波洛克、维特弗吉尔,以及其他一些当时在德国很有影响的左翼人士。这次会议主要讨论了柯尔施当时尚未出版的《马克思主义与哲学》的手稿。魏尔曾打算安排更多的此类会议,但当创立一个更为持久的马克思主义研究中心的想法在他头脑里出现时,他便把精力和财力都转移到了这个计划当中。"第二次马克思主义工作周"仅仅是在心里打算了一下,便由于出现了更具雄心的计划而被放弃了。然而,当1923年法兰克福社会研究所成立以后,魏尔似乎离理论的创造中心越来越远,而且,他也从未居于研究所的领导地位。令人惊异的是,这一切都是魏尔有意为之的结果。

费里克斯·魏尔由于其谦逊而得到了人们的普遍尊敬。虽然他以其全部力量支持社会研究所的工作,尤其是在战时,但却从未从研究所谋求任何东西。早在为研究所命名而进行的讨论中,魏尔就表现出了异于常人的品格:当"马克思主义研究所"这个名称由于显得太过刺激而被放弃的时候,德国教育部提出建议,说可以称为"费里克斯·魏尔研究所"。因为研究所主要是由他活动、由他父亲捐资支持建立的,而按照惯例,以捐资人的名字命名一个机构,这是再正常不过的事情了。但是这个提议却遭到了魏尔的拒绝。他认为,他确实希望这个研究所广为人知,或许还是著名的,但他希望这是靠他作为一个科学组织者对马克思主义的贡献,而不是靠他作为一个创建者的所给予的金钱。更加与常人相异的是,他还拒绝给予自己的授课资格或成为编外讲师,也拒绝考虑理论取得进展后成为研究所董事的可能,因为他担心这将带来一个结果:人们肯定以为他是用钱买了授课权或主席的职位。无论如何,这将会给研究所的独立形象带来损失。自始至终,费里克斯·魏尔都没有干涉过研究所的具体理论规划和所长的权力。他提供财政支持,却无意于希望研究所听命于自己的意志,虽然在观点上他与霍克海默也确实并无太大的分歧。所有曾经掌握权力(包括金钱的权力)的人心里都明白,这一点该有多么难以做到。

三　卡尔·格伦伯格领导下的社会研究所

当霍克海默在1930年开始担任研究所的领导职务时,那些后来成为法兰克福学派著名成员的人物已经开始积极参与到了研究所的活动之中。虽然在霍克海默的影响下,研究所的方向发生了显著的改变,其首任领导者卡尔·格伦伯格的经验和所关注的问题，还是对研究所的整个发展产生了相当重要的作用。然而与研究所历史上那些赫赫有名的人物相比，人们如今对格伦伯格知之甚少。在法兰克福学派历史的研究中，格伦伯格也许是被过分忽视了的另一位重要人物。

格伦伯格被许多人看成是奥地利马克思主义传统的创立者之一。他在维也纳大学度过了一段与法律和政治科学有关的职业生涯，之后得到了法兰克福的任命，从而成为第一个"在一所德国大学获得职位的公开的马克思主义者"。① 他所负责筹建并编辑的欧洲第一份关于劳工史和社会主义史的重要刊物——《社会主义和工人运动史文献》（*Archiv für die Geschichte des Sozialismus und der Arbeiterbewegung*，[Archive for the History of Socialism and the Workers' Movement]），或如通常所称的《格伦伯格文献》（*Grünbergs Archiv*），随着对他的任命也一并迁移到了法兰克福。

马克思主义成为社会研究所未来规划的灵感来源和理论基础。与莫斯科的马克思—恩格斯研究所（当时由大卫·梁赞诺夫 [David Ryazanov] 领导）经常性的接触和信息交换，象征着法兰克福社会研究所与经典马克思主义的紧密联系。两个研究所联合发起、承办了《马克思—恩格斯历史考证版全集》（*Marx-Englels Gesamtausgabe*，即通常所说的 MEGA 版第一版）第一卷的出版。这是此后长达近一个世纪的马克思—恩格斯全部历史文献收集、整理、出版工作的开始。

被格伦伯格聚集在一起的学者有许多是政治活动的积极参与者。在他的助手中有共产党员，比如维特弗吉尔、博克瑙（Franz Borkenau）、古姆佩茨（Julian Gumperz），也有社会民主党成员。柯尔施也积极参与了研究所的早期事务，参加研讨会并为《文献》撰写稿件。但是，研究所在官方形象上始终保持着对党派联盟的独立性，它是许多拥有不同政治信仰的学者的共同中心。正如它的成员格罗斯曼所说："在大学里它是一个中立的机构，任何人都可以接近它。它的重要性在于这样一个事实：世界上最重要国家中有关工人运动的一切，第一次被集中到了一起。首先是原始资料（国会会议记录、党纲、法令、新闻报纸和期刊）……在西欧，如果有谁想写关于当代工人运动之类的东西，他就必须到我们这里来，因为我

---

① M. Jay, p. 10. 参看马丁·杰伊，正文第 15 页。

们是这类材料的唯一汇集点。"①

　　社会研究所所引入的马克思主义印记的特殊性,在格伦伯格 1924 年的就职演讲中得到了最好的体现。在这篇文章中,格伦伯格强调他反对德国大学里以牺牲研究来保证教学的流行倾向,反对大学只生产一些"中国旧官僚"式的产物,其能力仅限于为权力和资源之间的现存的平衡服务。马克思主义,格伦伯格论辩说,作为一种科学探索的方法和作为一种哲学体系,必须被用于对抗这些趋向。

　　在格伦伯格的阐述中,历史唯物主义的客体领域是现实的社会事件,即"处于永不止息地一再发生转变之中的社会生活"。研究的目标是抓住"这些转变过程的最终原因,以及它们赖以演化的规律",研究的方法则"明显地是归纳的"。但是,研究的结论"在时间和空间里没有绝对的有效性……而只有相对的、具有历史条件性的意义"。② 与某些第二国际成员所持的立场截然不同,格伦伯格的马克思主义不是那种坚持一种简单的真理符合论和主张揭示超历史规律的直截了当的一元论唯物主义。格伦伯格坚持认为,唯物主义诸范畴所要把握的并不是普遍的、不变的真理;它们反映和描述的是一个其未来并不能被提前保证的动态的和发展的社会。他相信,社会生活能够通过发现在一个既定的经济体制中起作用的规律来理解。马克思主义只能被当作一种生产理论,一种关于经济生活的变化着的形式的理论来发展。

　　格伦伯格治下的社会研究所试图把具体的历史研究与理论性分析结合起来。他的刊物大量发表关于资本主义和社会主义经济史、关于工人运动的文章。历史学家、经济学家和哲学家等都会出现在刊物里和研究所的研讨会上。各种人物的作品,比如梁赞诺夫、格罗斯曼、维特弗吉尔、柯尔施和卢卡奇等人的文章,都会在《文献》中得到出版。

---

　　① 格罗斯曼致保罗·马蒂克(Paul Mattick)的信,作为附录附于格罗斯曼的著作《马克思,古典政治经济学家和动力问题》(Marx, die Klassische Nationalökonomie und das Problem der Dynamic [Marx, the Classical Political Economist and the Problem of the Dynamic], pp. 85–86.)之后。转引自 Martin Jay, p. 14。参看马丁·杰伊,正文第 20—21 页。

　　② C. Grünberg, "Festresde, gehalten zur Einweihung des Institute für Sozialforschung an der Universität Frankfurt am Main am 22. 6. 1924" [Inaugural address, given on the occasion of the opening of ...], *Frankfurter Universitätsreden* (Frankfurt 1924), p. 11. 转引自 D. Held, *Introduction to Critical Theory*, Cambrifge: Polity Press, p. 30。

　　然而，格伦伯格为社会解释所提供的方案并没有得到批判理论核心人物们的衷心支持。他们拒绝这种观念，即认为所有的社会现象本质上都不过是对经济状况的"反映"这种看法。同样，那种经常表现在格伦伯格著作里的乐观主义的决定论（它暗示了一种社会机制从"较不完美到较完美"发展的连续序列），也没有被后来成为批判理论家的那些成员所分享。但是，格伦伯格对以历史为定向的经验研究的极力强调，终至成为他们思想的参考框架里至关重要的一部分。而且，正是格伦伯格，在研究所活动开展之初便充分贯彻了费里克斯·魏尔的意图，法兰克福学派此后在理论品格和精神面貌上始终保持了对各种压力的独立性。这对批判理论作为一种批判理论，对于法兰克福学派的马克思主义作为一种具有自己特定形态的哲学理论，无疑都是至关重要的。

四　霍克海默的社会研究所及其规划

　　当然，是霍克海默真正确立了法兰克福学派的特征，使它终至成为一种形态独具的马克思主义理论。这当然也并非仅凭霍克海默一人之力所能为。霍克海默在自己身边聚集了一批各怀禀异的"天才"，他们组成了一个非同寻常的阵线。短短数年之内，新加入研究所的人里就出现了弗洛姆、马尔库塞和纽曼这些人物，同时还有波洛克和洛文塔尔这样的从1920 年代起就是研究所成员的人。所有这些人都在研究所里取得了更显著的位置。霍克海默领导下研究所的构成证实了本雅明的说法："不能说这个群体……建立在一个特定的领域之上……（倒不如说）……它是以这样一种观念为基础的，即关于社会的研究只能在各学科间最紧密的融合中才能得到发展，其中最重要的是经济学、心理学、历史和哲学。"①1935 年，本雅明本人也成了研究所巴黎分部的研究伙伴，并领取研究所的补助金。

　　1930 年代早期，当霍克海默接手法兰克福社会研究所时，他就构想了这样一种研究机构，在这个机构中，哲学家、社会学家、政治经济学家、历史学家和心理学家们能够携起手来，用最精良的科学方法研究那些旨趣宏大的哲学问题，并在工作过程中把这些问题清楚地呈现并突出出

---

　　①　W. Benjamin，"Ein deutsches Institut freier Forschung"［A German Institute of Free Research］，载于 *Gesammelte Schriften*，vol. 3（Frankfurt：Suhrkamp 1972）。

来。他希望新的研究既能找到新方法，又不至于在扩大了的背景之中迷失自己。他坚决反对教条僵化、"混乱的专门化"和追求经验—技术性的细枝末节，而提出一种跨学科的研究规划。虽然在后来的数十年中，霍克海默的光芒不断地被他的朋友和合作者们所遮盖——先是被马尔库塞和弗洛姆，后来又是被阿多诺和本雅明；但是，作为一个研究管理者、教师、编辑、流亡中的同伴和法兰克福学派的领袖，他理应被当作一位强有力的、富有智慧的人物得到认真对待。而作为一位喜欢散文和格言风格的作者，他所完成的一系列作品早在它们出现在德语之外的世界以前，就享有其应得的声誉了。

霍克海默发表于 1931 年的就职演讲——《社会哲学的当前状况和社会研究所的任务》，既表达了与格伦伯格规划间的连续性，也表达了与其断裂的意愿。[①] 正像格伦伯格在他之前所做的那样，霍克海默相信"领导者的领导权"：研究所的领导者应该在研究所的所有活动中居于中心地位。格伦伯格对理论分析和经验调查的并重态度同样也是霍克海默兴趣的中心。然而，霍克海默倾向于以一种更为彻底的历史和理论方式来讨论理论和社会研究的职能。他在演讲中主要阐述了社会哲学和科学的关系问题。在霍克海默看来，社会哲学的特征是它试图对人类的命运作出解释，"只要他们还是社会中的部分，而不仅仅是个体"。它"首先关心那些只能通过与人们的社会生活相联系才能得到理解的现象：国家、法律、经济、宗教，总而言之，人类全部的物质文化和精神文化"。[②] 他承认社会哲学中那些传统问题的重要性，比如个人与社会的关系，文化的意义与社会生活的基础等等，但他拒绝接受对这些论题的纯哲学的研究方式。[③] 他论辩说，哲学家们总是用过分抽象的、与历史和社会境况无关的态度对待这些问题，其主要流派肤浅地要么把"抽象的、孤立的个体"（例如存在主义），要么把一个"实体化的社会总体"（例如黑格尔的唯心主义）当

---

① M. Horkheimer, "Die gegenwärtige Lage der Sozialphilosophie und die Aufgaben eines Institus für Sozialforschung" [The Present Situation of Social Philosophy and the Tasks of an Institue of Social Research], 载于 *Sozialphilosophische Studien* (Frankfurt: Athenäum Fischer Tashenbuch Verlag 1972)。《就职演讲》。

② M. Horkheimer, "Die gegenwärtige Lage der Sozialphilosophie und die Aufgaben eines Institus für Sozialforschung", s. 33.

③ Ibid. , s. 40.

作生活的源泉和社会探询的适当客体。霍克海默拒绝这些方法，相反，他要求"一种辩证的穿透力、哲学理论的发展和个人的科学训练实践"。[①]把各个学科重新整合起来极为必要，因为人文科学和社会科学中的劳动分工已经如此发达，然而其结果却导致了如此的碎片化。哲学或者任何个别科学都不能正当地声称自己能够独自揭示"本质"或"事实"。[②] 霍克海默并非是在简单地要求"用经验研究补充'社会科学'的发展"[③]，他强调的是一种多学科、跨领域研究规划的必要性："……哲学家、社会学家、经济学家、历史学家和心理学家必须结成一种持久的工作伙伴关系……去做那些所有真正的研究者一直都在做的事，即用最精致的方法追寻大的哲学问题"；但是在研究特定问题和对象的过程中，研究者又必须对哲学问题重新加以表述，使它们更精确，并设计出处理特定问题的新方法，同时又"不失去普遍性的视野"。[④]

霍克海默也拒绝那些他认为并不懂得马克思的人所强调的事情。社会现象并不能从物质性存在，也即从经济中推论出来。他坚持说，研究所的成员必须探索"社会的经济生活与个人的精神发展和文化领域（不仅包括科学、艺术和宗教，也包括法律、伦理、时尚、公共舆论、体育、娱乐和生活风格等当中的精神内容）的转变之间的相互联系"[⑤]。说得更具体一些，他们应该去问：在确定的社会群体、确定的时间段和确定的国家里，一个群体在经济生活当中所占据的位置和该群体成员的心理变化，以及其他限制、影响了这个群体的思想和实践的相关因素之间，究竟存在着什么样的相互联系。[⑥]

霍克海默就职演讲中有三个论题支配了日后研究所中所有人的行动。第一个，上面已经说了，是提出了把"大的哲学问题"重新表述到多学科、跨领域研究规划当中的必要性；第二个论题比较隐晦，但在后来的文章中有了更清楚的表达，那就是要求拒斥正统马克思主义，而用一种对马克思方案的重构了的理解取而代之；第三条强调的是社会理论必须能够阐

---

① M. Horkheimer, "Die gegenwärtige Lage", s. 40.

② Ibid., ss. 39 – 40.

③ Anderson, *Considerations on Western Marxism*, pp. 32 – 33, London: New Left Books. 1976.

④ M. Horkheimer, "Die gegenwärtige Lage", s. 41.

⑤ Ibid., s. 43.

⑥ Ibid., s. 44.

明使得社会、经济、文化和意识的再生产和转变成为可能的那些交互关系（媒介作用）。在不久后的一段时间里所写的文章中，霍克海默进一步补充了关于他就职演讲中这些论题的方法论。按照他的意见，没有哪一种方法能够产生关于所探询的给定客体的决定性结论。仅仅采用一种类型的研究方法，这总是有着产生关于实在的歪曲图景的风险。几种方法，不论是取自定性的技术还是定量的技术，在任何系统的研究中都应该是相互补充的。但是，霍克海默强调说，经验的工作并不是理论分析的替代品。因为，像社会、文化和阶级这样对于任何探询都必不可少的概念，不能简单地用经验术语来描述。它们需要得到理论性的解释和估量。

在整个 1930—1940 年的早期，除了研究所由于纳粹攫取政权而不得不进行的两次迁移（1933 年 2 月到日内瓦，1935 年到纽约的哥伦比亚大学）以外，研究所成员继续进行着政治经济学、哲学、社会学、心理学、文学、音乐和其他学科研究。各种不同的方法都反映在研究所的新刊物《社会研究杂志》（首初出版于 1932 年）和《哲学与社会科学研究》上。其实，"批判理论"（如今，在这个标签下，法兰克福学派已经有如此之多的著作成了名著！）这个名词并不能充分反映出所属刊物和研究所属成员各自研究所呈现出的多学科状态。虽然霍克海默、阿多诺和马尔库塞似乎很高兴把它当作一个标签来描述他们自 1930 年代中期以来的事业，它却不能被用来描述像格罗斯曼、弗洛姆和纽曼这些人的方法。他们对自己的学科持有一种更为传统的态度。它也不能被统一用之于霍克海默、阿多诺和马尔库塞自己思想发展的各个阶段。例如，霍克海默的理论视野就经历了从早年信奉唯物主义和批判到晚年着迷于"准宗教"现象的转变。更有甚者，这个标签抹杀了霍克海默、阿多诺和马尔库塞之间的许多区别（这个问题后面有较详细的叙述）。在使用这个名词时，应当记住存在着不同模式的批判理论。这也是我们把"批判理论"与"法兰克福学派"相对区分开的原因，因为当法兰克福学派尚存在之时，它表现的是一种具有特殊气质的批判理论，这在它的研究课题中也有所反映。

五　研究所课题规划的特征

研究所最有活力的岁月，即 1930—1944 年，也正好是纳粹主义和法西斯主义异军突起的年代。当霍克海默和其他人被迫离开纳粹德国的时候，他上任还不到 3 年。"推动群众发展"的机会急速地消失了。但是，尽管霍克海默和其他人以极为不同的方式构想着他们工作的政治含义，研究所的大多数成员还是希望他们逐渐积累的努力能够对以意志和意识来造就历史有所贡献。他们希图把他们的发现变成一种与所有形式的统治作斗争的物质力量。如下这些论题构成了研究所成员的中心问题：

欧洲的劳工运动没有发展成所有工人的统一斗争。是什么东西阻碍了这种发展？

资本主义处于一系列严重的危机之中。如何更好地理解这些危机？政治危机和经济危机之间是什么关系？这种关系正在改变吗？

极权主义和官僚制的发展似乎愈来愈成了当今的秩序。如何理解这些现象？

纳粹主义和法西斯主义开始控制中欧和南欧。这是如何可能的？这些运动是如何获得了大规模的支持？

社会关系，诸如那些由家庭产生的社会关系，看起来正经历着剧烈的社会变化。这些变化的方向是什么？它们怎样影响了个人的发展？

文化领域看起来完全能够接受直接的操纵。是否一种新类型的意识形态已经形成？如果是，它又是怎样对日常生活发生影响？

不论马克思主义在俄国和西欧的命运如何，马克思主义本身是否只是一种乏味的教条？是否存在一种社会动因能够促进进步的变化？对于有效的社会主义实践来说存在着怎样的可能性？

当然，并不是研究所的所有成员都研究以上每一个论题。但是，霍克海默、阿多诺和马尔库塞论及了上述绝大多数问题，即使不是每一个。正是从他们的著作中，人们能最直接地重建出各个论题之间的关系。另一方面，在得到研究所不同时期资助的大多数研究项目和研究所成员独立开展的大多数研究工作之间，同样也存在着重要的联系。这不仅使他们事实上作为一个学派凝聚起来，也给他们富有特征的批判提供了一种组织力，这在西方的哲学史乃至理论史上（不包括由于党派而结盟的情况）恐怕是绝无仅有的。

六　移民生涯

1930 年代晚期和 1940 年代移居美国期间，研究所的活动遭到了破坏并在一定程度上被分裂了。在哲学和社会理论工作（如霍克海默和阿多诺的《启蒙的辩证法》)与研究所所承担的经验研究（如《威权人格》[①]）之间出现了裂隙。理论与实践之间的鸿沟也越来越大了。或许是对法西斯德国和流亡状况的反映，马尔库塞写道:"思想与行动分离，理论与实践分离，这本身就是不自由世界的组成部分。没有什么思想，也没有什么理论能够（单独）解开这个结。"[②]

霍克海默曾在他的就职演讲和《社会研究杂志》上发表的早期论文中提出的那些规划，无法在发生了变化的环境中继续执行。1935 年移居纽约、1941 年又移居加利福尼亚，这打乱了一系列议程。希特勒的掌权、失去亲人和朋友以及身处一种极其陌生的文化之中所造成的冲击，所有这些都带来了困窘和混乱。[③]霍克海默和其他人在写作对象上的改变也引起了一种无方向感。虽然他们仍然相对地孤立于美国的社会科学，但是事实是他们待在美国的时间越长，其读者就越是由美国的社会科学家们构成。霍克海默和阿多诺继续用德语出版他们的大多数作品，《社会科学杂志》则用德语发行到 1939 年。但是，读者方面的变化逐渐迫使他们不得不重新考虑他们某些作品的形式和内容。

德国学者和美国学者在智识传统方面的不同加深了这种紊乱感。纽曼说道:"从总体上说，所受教养为尊重理论和历史而轻视经验主义和实用主义的德国流亡者，进入了一个直接与这种教养相对立的智识氛围:一种乐观主义的、以经验为导向的、反历史的，但同时也具有自我正当性的氛围。"[④]研究所成员常常发现英美哲学缺乏深度和洞察力。按照阿多诺和纽曼的看法，美国学者是非批判的，并且过分热衷于经验研究所具有的益处。但是，双方在传统和研究方法上的这种冲突导致了研究所成员提高了对"传统偏见"的戒备意识。正如阿多诺所说的，他试着"不要想当然地对待事情"，从一般概念到研究方法都是如此。[⑤]对于霍克海默和纽曼

---

① T. W. Adorno, Else Frenkel-Brunswick, Daniel J. Levinson, and R. Nevitt Sanford, *The Authoritarian Personality*, New York: Harper, 1950; Norton, 1969.

② H. Marcuse, *Reason and Revolution*, p. xii, New York: Oxford University Press, 1941.

③ 参看马丁·杰伊，第二章和第七章。

④ F. Neumann, "The Social Sciences", p. 19, 载于 Neumann, H. Peyer *et. al.*, *The Cultureal Migration: The European Scholar in America*, Philadelphia: University of Pennsylvania Press, 1953。

⑤ T. Adorno, "Scientific experience of a European scholar", p. 369, 载于 Donald Fleming and Bernard Bailyn (eds.), *The Intellectual Migration: Earope and America*, 1930 – 1960, Cambridge, Mass.: Harvard University Press, 1969.

来说似乎也有着同样的经验。

　　财政问题（特别是在 1940 年代早期）也引起了困难。研究所一系列吸引投资的努力都未获成功。基金赞助极难获得。结果，原计划中对德国文化各方面的研究只得放弃，《哲学和社会科学研究》也于 1941 年停刊。也许可以说，在当时，研究所曾经打算完成的许多项目都已经失去了实际意义，甚至可以说是不明智的。另外，正如马丁·杰伊曾经指出的，由于担心政治侵扰和遭到遣返，研究所的出版物有意淡化了激进色彩。① 非但如此，研究所能够实现的研究类型还要受限于潜在的赞助者对"问题"、"议题"和"研究"这些概念的理解。赞助者通常只支持那些他们认为是问题的问题。举一个例子。例如，研究所的《偏见研究》（*Studies of Prejudice*）《威权人格》只是其中的一卷，是由美国犹太人委员会资助的，这是因为，由于由来已久的、我们现在大都已经熟知的原因，恰恰是犹太人对这个问题有着特殊的兴趣。

　　移民身份、读者对象的改变和财政状况并不是影响研究所活动的唯一因素。前面曾经简略叙述了那些有助于说明研究所成员们的历史经验和政治经验的主要事件。不应当低估这些经验在法兰克福学派发展中的重要性。比如，霍克海默经常承认，他在 1930 年代使用的概念工具对于分析 1940 年代的主要事件来说是不充分的。他在战前所怀有的那种乐观主义已经消失了。批判的理论家们此时已经很难考虑自己会变得对大众发挥激励性的影响。马尔库塞强有力地表达了这一观点，并注意到了它可能包含的后果："如果无产阶级不再作为革命的阶级行动……它就不再为哲学提供'物质的武器'。情势因此回到了从前：由于遭到现实的排斥，理性和自由又变成了哲学所关心的事。'人的本质'、他的'完全的自由'再一次［只能］在思想中体验。理论……不仅又一次预期了政治实践，跑在它的前面，而且不顾实践的失败而继续维护解放的客观性。在这个过程中，理论再一次变成了意识形态——不是虚假意识，而是有意识地远离、脱离压抑的现实，甚至与其相对立。出于同样的原因，它变成了最具意义的政治因素。"②

　　法兰克福学派在这一时期涉及了广泛的论题，包括对资本主义理论、

---

①　M. Jay, pp. 205－206. 参看马丁·杰伊，第 236—237 页。

②　H. Marcuse, *Soviet Marxism*, p. 106, Boston：Beacon Press, 1964.

国家结构以及工具理性的兴起的讨论,对科学技术发展、文化工业和大众文化、家庭结构和个人发展以及人们对意识形态的敏感性的分析,同时还有对启蒙辩证法以及对实证主义作为认知的支配模式的思考。正如霍克海默及其伙伴总是期望的那样,或许他们的工作能够有助于建立一种可以洞穿现存的意识形态、维护独立判断的批判的社会意识,或如阿多诺所说,能够"保持它的自由,以设想事物也许会有所不同"。

七 战后岁月

1950 年代早期,霍克海默、阿多诺和波洛克在西德重新定居,马尔库塞、洛文塔尔、基希海默和另一些人则留在了美国。1953 年,研究所在法兰克福重建,霍克海默已经被指定为法兰克福大学的学院院长,阿多诺也接受了教授职位。1955 年,阿多诺成为研究所的共同领导者。《社会研究杂志》没有复刊,但是研究所不久就开始出版系列性的《法兰克福社会学文献》。霍克海默和波洛克于 1958 年退休。1969 年阿多诺去世,一年以后波洛克去世,1973 年,霍克海默也去世了。虽然社会研究所在他们去世以后仍然保存了下来,但法兰克福学派已经不复存在了,因为作为一个学派,它是如此依赖于这几个人的能量和思想,以致他们的死亡也就意味着一个学派的结束。

霍克海默和阿多诺支配了研究所的战后岁月。他们对资本主义社会和社会主义社会的大部分发展趋向持同等的批判态度,仍然坚定地保持着智识和政治上的独立立场。他们继续强调多学科、跨领域的理论方法,并在他们的教学和写作中使用各种各样的方法论技术。在美国发展起来的研究技巧在一些学生当中传播并得到了运用,虽然霍克海默和阿多诺都从未鼓励过把它们从理论的和批判的视野中分离出来单独加使用。

在战后重建和冷战的氛围里,许多来自昔日德国的知识分子开始对重压和学术界发起攻击,直接的线索被从黑格尔、叔本华、尼采追索到了法西斯意识形态,从马克思追索到了斯大林主义。霍克海默和阿多诺抵制这种风尚,并试图恢复对这些思想家以及其他思想家的严肃讨论。但是,这种立场并非毫无压力。为马克思和批判思维的重要性进行辩护,同时又对苏维埃马克思主义者试图把马克思的理想付诸实施的愈益危险的方式持批评态度,他们可能既不能取悦于保守的一方,又不能取悦于激进的一方,其中包括许多他们自己的学生。事实上,他们在政治问题上的独立立场招致了所有这些派别的挑战。1960 年代，他们由于其政治悲观主义和缺乏实践参与而遭受攻击；在他们死后，他们却由于他们对"恐怖主义"的"或可能有"的鼓励和政治不负责而遭受攻击，这可真是一种讽刺。

马尔库塞在 1960 年代和 1970 年代早期随着新"左派"一起开始流行（特别是在美国），这与他昔日同事的命运形成了鲜明的对比。虽然马尔库塞的许多观点与霍克海默和阿多诺所阐明的思想极其相似，但他对政治斗争和社会斗争毫不含糊的承诺意味着他已经变成了"左派"最卓越的代言人和理论家之一。正是通过马尔库塞的著作，法兰克福学派对当代文化、对极权主义和官僚主义的批判才变得广为人知。从某种程度上说，法兰克福学派试图通过引起人们对诸如劳动分工、生态问题和性别歧视（同时也有传统的所有权和控制问题）这些论题的注意，来扩大政治讨论范围的愿望，也是通过马尔库塞的影响才付诸实施的。当然，马尔库塞、霍克海默和阿多诺之间仍留有很大的不同。这在后文中还要加以详细的讨论。

第十三章

批判理论的历史哲学和认识论

如前所述，法兰克福学派，或者说批判理论，涉及广泛的学科和论题。在这里，我们主要把注意力集中到它的哲学方面。

科学、技术和生产的发展扩大了人类所面对的可能性的范围。在《启蒙的辩证法》一书中，霍克海默和阿多诺给自己定下的任务，却是去发现"为什么人类不是进入了一种真正的人的状态，而是陷入了一种新的野蛮"。[①] 他们试图把注意力集中在"合理性与社会现实的连接，以及与此相连的，自然与对自然的统治的连接"[②] 上。按照霍克海默和阿多诺的看法，这种连接正是人类控制自然的基本意图，并且日益左右了人们占有和理解社会世界和自然世界的方式。

第一节　工具理性批判

《启蒙的辩证法》对法兰克福学派的发展具有决定性的意义，因为这部著作提出了该学派最为关注的一个问题：工具理性的兴起和统治。这个论题针对的是启蒙哲学和"启蒙"的各种形式。启蒙本来与刺激了欧洲18 世纪末的政治变动的各种智识趋向联系在一起。"启蒙"这个概念并不指示一个确定的历史阶段，或一套特定的智识倾向，它指示的是一些更具包容性的原则。因此，在启蒙哲学和"启蒙"本身之间暴露出了某种矛盾。通过考察工具理性在这个语境中的重要性，霍克海默和阿多诺希望做

---

① M. Horkheimer and T. Adorno, *Dialectic of Enlightenment*, Trans. J. Cumming, New York: Herder & Herder, 1972, p. xi. 参看霍克海默、阿多尔诺：《启蒙辩证法》，洪佩郁、蔺月峰译，重庆出版社 1990 年版，"导言"第 1 页。

② M. Horkheimer and T. Adorno, *Dialectic of Enlightenment*, p. xvi.

到的，是为一种"被从盲目统治的纠缠中释放出来的"积极的、解放的启蒙概念准备一条道路。

他们并没有给"统治"（domination）这个概念下定义。但是，在最低限度上，那些受到统治影响的人的思想、愿望和目标，应该是和未受影响时极为不同的。这种观点也出现在马尔库塞后来的立场中："在实际效果上，任何时候，只要一个人的目标和目的，以及他追求和获得这些目标和目的的手段，对他来说是规定好了的，并被他执行为某种规定好了的东西，那么这就是统治了。统治既可以由人，也可以由自然和事物来施行。它也可以是内在的，即被个体施行在他自己身上，而形式上却好像是他自己自主地做出的。"① 资本主义剥削只被看作是统治的一种特殊的历史形式。三位作者都主张，文明的历史显露出统治的三重形式："首先是对一个人本身、对一个人的自然存在的统治……其次是对这种被规训、被控制了的个体所完成的劳动的统治；第三，是对外在自然，对科学和技术的统治。"② 在《启蒙的辩证法》中，统治的历史被追溯到了西方文明的各个历史"转折点"——从创世纪的第一章和奥林匹斯诸神，到宗教改革和资产阶级无神论，再到文化工业和独裁国家。霍克海默和阿多诺想要揭示，对自然的理性统治，尽管遭到了种种背离和反抗，究竟是怎样不断地赢得时代，并把所有的人类特性整合在一起的。

一 "启蒙的辩证法"：走向一种历史哲学的哲学片断

《启蒙的辩证法》并没有提供一种对历史的系统重建，这是它有意这么做的。作者并没有打算为比如说黑格尔哲学的模式建立一种哲学体系。他们的工作显然有意于发展出一些属于历史哲学的概念，但是这些概念并没有被作为一套规范提出来。他们坚持认为，体系性的历史哲学很容易把自己强加给历史，并且歪曲历史。③ 当历史只有作为"一种统一哲学的相关物"才能引起人们的兴趣时，它就被转变成了自己的对立物。此外，体系哲学容易把严重的暴行合法化。例如，"基督教、唯心主义和唯物主

---

① H. Marcuse, *Five Lectures*, trans. Jeremy J. Shapiro and Shierry M. Weber, Boston: Beacon Press, 1970, pp. 1 – 2.

② Ibid. , p. 12.

③ M. Horkheimer and T. Adorno, *Dialectic of Enlightenment*, pp. 222 – 225. 参看霍克海默、阿多尔诺，第 212—215 页。

义，虽然自身都包含着真理，也都要为以它们的名义所做出的野蛮行为负责。因为权力——即使是以善为目的的权力——的代表者们自身变成了能够被组织起来的历史力量，并因而在人类的真实历史中扮演着一个血腥的角色：组织的工具"。① 信念体系，像基督教，变成了"固定的观念和普遍的方法"。它们导致了对任何尚未被分析地接受下来的东西的强烈排斥。依据"体系"的测量法，当分歧发生的时候，批判性的思想就变成了非理性的，而那些接近体系内容的特权者则可以挟体系之势，使得特定的偏好和兴趣永恒化。

霍克海默和阿多诺在《启蒙的辩证法》里表现了一种关于历史的批判性观点而非建设性观点。他们并没有把特定的实践推许为是正确的和有益的。他们的工作源自对统治的无处不在的威胁的认识。正如该书副题（英文译本去掉了这个副题，中文译本则保留了下来）所表明的，他们提供的是"哲学片断"。他们的历史哲学试图打破所有封闭体系对思想的控制，它致力于破坏所有自称完满、并助长对社会进行非反思断言的信念。

《启蒙的辩证法》可以在两个不同的层次上阅读。在第一个层次上，它为启蒙概念在西方（德国）近现代哲学史上的发展理出了一条线索，即从康德关于理性和自由的讨论到黑格尔和尼采对"启蒙的辩证法"的确认。启蒙的理性概念（这一点康德表达得最清楚）具有一种二重结构："超验的、超个体的自我……［部分地］构成了关于一个自由的、人性的社会生活的观念，人们就像是普遍主体般地组织自己，并且在整体的自觉的团结一致中，克服了纯粹理性和经验理性之间的冲突。这表达了真正具有普遍性的观念：乌托邦。然而与此同时，理性构成了计算式审判的法庭，这个法庭为了自我保存的目的调整世界，唯一认可的仅仅是从感觉材料制备客体这种机制，其目的则在于使这种材料能够为征服所利用。"② 辩证法就在理性的这两个方面之间：作为普遍性的、为任何存在所共有的理性，以及作为特定者的统治的理性。前一个方面提供了已经深埋在人们对他们自己活动的解释之中的理想和合法性，后一个方面则产生了实际制约着日常实践的习俗和惯例。启蒙可以被看成是一种由启蒙思想、神话和统治构成的统一体。

---

① M. Horkheimer and T. Adorno, *Dialectic of Enlightenment*, p. 224.

② Ibid. , pp. 83 – 84.

然而在更基本的层次上，这部著作是一项对"启蒙"的结构的研究。解放的理性或曰启蒙，像任何一种社会现象一样，表达了一种矛盾：它既是它自己，同时又不是它自己——一种对立面的统一体。启蒙的辩证法可以被归纳为两个命题："神话已经是启蒙了；启蒙回复到了神话。"正如一位评论者简洁地指出的那样，霍克海默和阿多诺把启蒙看成是一个贯穿于历史之中的辩证的主体，在整个过程中，它非常容易给予自己一种超越于其对象、相对于其对象的绝对地位，由此不断地以各种新的形式重新坠入到恰好是它早先想要克服的那种压抑状态。① 通过对这个主题的发展，霍克海默和阿多诺希望对由德国唯心主义提出的许多传统问题重新加以探讨。特别是他们想要在一种历史的和辩证的语境之下，重新确立起对理性问题和真理问题的注意。

他们的讨论受惠于黑格尔之处颇多。《启蒙的辩证法》第一章把许多来自《精神现象学》的见解运用到了对启蒙的理性概念的讨论之中。特别是黑格尔认为，在启蒙、功利伦理和恐怖（特别是法国大革命的恐怖主义）之间具有一种内在的关系，这种看法与他们自己关于（基于工具理性的）科学意识、实用主义、伦理决断论（ethical decisionism）和野蛮（特别是极权主义的野蛮）之间关系的讨论极其相似。

对于黑格尔来说，启蒙是以普遍的科学理性在知识世界的统治为标志的。黑格尔观念中的科学是培根式的概念，对于培根来说，科学知识乃是潜在的力量（权力）——是能够被用于征服自然界的器具或工具。科学是控制自然界和（正如培根直言不讳地承认的）控制人类的关键。按照培根的说法，服从自然，一个人也就能掌握自然。因此黑格尔论证说，启蒙意识使世界客体化了。启蒙意识把世界看作一个"纯粹和简单"的事物的"绝对实在"，这是一个"物质事物"的世界，它被给予感官，而不带有"任何进一步的规定"。因此，它能够被操纵和改变。

循着黑格尔对培根的引证，《启蒙的辩证法》一开始就引用了大段来自培根的引文，在这些引文里，培根提议说，人类精神能够并且应该克服所有形式的迷信，因为"人的权威［人的力量］深藏在知识之中"。霍克海默和阿多诺引用培根是为了指出："人们想从自然界学到的东西就是如何利用它、从而完全统治它和统治其他的人。"他们认为，对自然的统治

---

① J. Bradley, "FrankFurt views", *Radical Philosophy*, vol. 13（Spring 1975）, pp. 39 - 40.

处于启蒙哲学的基底。一种曾经是解放理性的东西转变为一种压制性的正统观点，或者说启蒙转变成了极权主义，这可以被理解为是此种形式的启蒙自身所含要件的必然结果。

按照霍克海默和阿多诺的看法，启蒙的基本特征包含在为绝大多数启蒙思想家所坚持的自然的概念之中，这种概念暗示了一种"主体性与自然的彻底分离"。古希腊的自然概念并没有把精神和主体性与客体世界截然分开；与此不同，启蒙概念在指涉自然时，仅把它当作纯粹的物质，是按照规律构造的，能够通过具有数学形式的普遍科学而获知。在伽利略的著作中，我们能找到这种对自然概念的最早表达。伽利略的自然观念是在一种有关生命及其在宇宙中的位置的思想背景下发展起来的，但它与统治自然的目标不可分割地纠缠在一起。自然是"纯粹客体的领域"。因为意识和有目的的活动是人和神的特性，对自然的使用将被建立在人的决定和神迹之上。

自然据以被归类的特定范畴是根据它如何能够被使用来制定的。自然是有用的。"有用"概念几乎自然而然地是从启蒙观点而来的。自然就其自身、对它自己而言是没有价值的，因此，如果它想获得任何意义，它就必须服务于他者（人类或神）的目的和意图。功利性变成了启蒙的伦理原则。行动和思想是根据它们的有用性加以判断的，而有用性则是根据它们就某些目的和目标而言所达到的结果来确定的。

这种自然观念的发展早于启蒙思想的产生（虽然对它最清晰的表达是在启蒙思想之中）。对它有塑造之功的传统是多方面的，使它的重要性逐渐显现出来的经验条件也是如此。霍克海默和阿多诺提出并讨论了若干这方面的例证。首先，这种观念可以追溯到神话和魔法。神话意欲报告创世的叙述，但它也报告关于创世的显现、证实和解释，这种倾向随着对神话的记录和收集变得愈来愈强烈。作为历史上极早出现的要素，一种强烈的教导因素出现在叙事之中。"每一种宗教仪式都包含着这样的思想，即行动是一个被决定的过程，然而魔法仍然能在其中发挥影响。"[1] 在关于自然的工具主义观点的发展过程中，神话和魔法是一个重要阶段。其次，在古希腊文化中，神话已经是由被培根赞为"权力之标志"的那些学科和力量来描述了。"代替地方精灵和恶魔，此时出现了天堂以及天堂里的

---

[1] M. Horkheimer and T. Adorno, *Dialectic of Enlightenment*, p. 8.

等级制；代替乞灵于魔法师和部落，等级严格的祭品和不自由者的劳动通过口令得到了中介。奥林匹克诸神不再直接等同于元素，他们被象征性地表示出来。"① 废弃这些神或是向这些神献祭，这与他们控制自然的不同程度相关联。再次，作为一个概念，统治自然是犹太—基督教传统的重要组成部分。在这个传统中，宗教"精神"被从自然之中区分了出来，并被赋予塑造和统治自然的能力。神具有对宇宙的最高统治权，而人则以神的权威统治着大地。这种规则是由神建立在造物之上的："让我们按照我们的形象造人，使他们与我们相像；让他们统治海里的鱼，空中的鸟，牲口和全地，以及所有匍匐在地上的爬行之物。"②《创世纪》中的创世故事告诉我们，对自然的统治是生命中自然而然的一部分。此外，16 世纪晚期、17 世纪和 18 世纪，建立并扩展人类对自然的统治这种观念经由科学进入了哲学和传统。它的绝大多数作者，特别是培根，认为探求对自然的统治是被宗教和伦理学认可的。它被设想为是一种与失掉乐园的堕落状态作斗争的手段："因为堕落的人同时从他丧失了清白和他丧失了对造物的统治中感到了这种堕落。然而在他有生之年，这两种丧失都可以得到部分的补救，前者通过宗教和信仰，后者通过艺术与科学。"③ 文艺复兴和宗教改革给了这些观念一种推动力。工具理性开始渗透到越来越广泛的日常生活领域。对这些观念的推动力自然又被经济压迫强化了。最后，资本主义的发展使经济增长得以体制化，并导致了对新形式的知识的系统探索。培根的"准则"被轻而易举地世俗化了。科学和技术的发展变得相互依存。科学被转化为重要的生产力。对自然的统治变成了整个经济系统的旨趣。

对霍克海默和阿多诺来说，对自然的统治标志着人与自然关系的一种特定类型。自然之所以有意义是因为它具有功利性，是因为它是人类目标的工具。物被定义为一种可以被操纵的可能对象。包含在自然当中的人民，同样也是潜在的可控制的对象。统治具有潜在的包容性。按照霍克海默和阿多诺的看法，在我们的自然概念和对自然〔以及因而对人〕的统

---

① M. Horkheimer and T. Adorno, *Dialectic of Enlightenment*, p. 8.

② Genesis, 1：26.《旧约·创世纪》, 1：26。

③ F. Bacon, "The new organon", in *The Works of Francis Bacon*, vol. 4, pp. 247 – 248. 转引自 William Leiss, *The Domination of Nature*, Boston：Beacon Press, 1974, p. 49.

治之间具有一种必然的联系。自然概念的历史就是使这种联系最大程度地变成现实的历史。

神话和启蒙在相同的人类基本需求——生存、自我保存和恐惧——中找到了它们的根："当不再有什么未知之物时，人想象自己就脱离了恐惧。这决定了消除神话的过程……启蒙是转变剧烈的神话恐惧。实证主义贫乏的内在性，它的最终产物，可以说就是这样一种普遍禁忌。根本没有什么东西可以留在外部，因为外部这种观念恰恰是恐惧的来源。"① 按照霍克海默和阿多诺的看法，在一种威胁生存的环境中，对未知之物的恐惧是渴望统治自然的根源，也是古代和现代思想体系的共同基础。

像科学一样，神话和魔法也追寻其客体，但它们的做法显然是不同的。后者企图通过模拟来达到它们的目的：宗教仪式上对自然过程的重演是一种控制并理解这些自然过程的尝试。它们并不在思想和实在之间假设一种彻底的分离。科学则试图循序渐进地使自己远离其对象的领域。它站立在"思想的权威"之上。神话把无生命物和有生命物混合在一起，在很大程度上，它是通过"把主体性投射到自然之上"而构造出来的。而对于启蒙的科学意识来说，自然是祛魅的。对于启蒙思想家来说，神话本质上是迷信和无意识的错误。在这两种思想模式之间存在着一种明显的不对称。但是，在神话当中也能发现一种人与自然之间的不发达形式的二元论。正像霍克海默和阿多诺对荷马的《奥德赛》所做的分析所表明的，人们很早就认识到了太阳系的力量。他们学着尊重自然，并揭示它"周而复始的力量"的来源。在与自然规律达成妥协的斗争中，人的主体意识诞生了。因此神话之中已经包含了启蒙的要素。另一方面，启蒙理性的系统探索导致了把有生命物与无生命物相混合。尽管理性起源于向自然妥协，但它转而"反对思维的主体"。启蒙的扩展在实践上导致了批判性思想的衰落。启蒙"每走一步都变得更深地淹没在神话之中"。②

在神话和魔法占据显著地位的社会，作为主体的人倾向于被客体统治，实践沉埋在人类和自然浑然未分的统一之中。而在启蒙之中，正如在当代意识之中，存在着一种主体和客体的彻底分离。但是在其发展和展开过程中，外部世界被降低为可被操纵的数量确定的客体，主体变得越来越

---

① M. Horkheimer and T. Adorno, *Dialectic of Enlightenment*, p. 16.

② Ibid. , p. 12.

被一种"第二自然",一种似乎是"先定的、命定般的"(阿多诺语)历史所压制和统治。神话被经验主义和实证主义代替,"有法术者"的限于语境的实践被无所不在的工业技术代替,这都导致了社会的物化和阿多诺所说的"虚假的整体"。① 人类对自然的不断加强的控制看起来带来了更大的压迫。生产力的扩大并没有(像正统马克思主义者所期望的那样)为一个解放的社会打通道路。解放的潜在可能性变大了。然而,任务控制和任务执行之间的分离,精神劳动和单调的重复劳动之间的分离,加之文化工业所产生的效果,等等,所有这些都标志着"理性之蚀"(eclipse of reason)。

二　科学,社会科学和启蒙

按照霍克海默和阿多诺的看法,随着现代科学的建立,随着自然的数学化,启蒙达到了其顶点。新科学建立了一个纯粹理性的、观念性的世界作为唯一真实的实在。它把世界理解为一个科学的宇宙,只能由科学本身系统地把握。在这个世界里,每一个客体(由数学定理加以表达)都变成了可能的研究焦点。一种普遍的、数学公式化的科学的发展,以及它突然成了所有科学和知识的模型,代表着启蒙规划的顶点。尽管关于科学的这样一种概念在启蒙以前就存在了,但是正是启蒙给了它一种强大的推动力。伴随着这些事态的发展,欧洲进入了一个"实证主义的时代"。

在某种程度上,这个"时代"是以各种实证哲学体系的出现而闻名后世的。在《理性与革命》中,马尔库塞讨论了其中的三种实证哲学体系:奥古斯特·孔德的《实证哲学教程》,弗里德里希·斯塔尔(Friedrich Stahl)关于国家的实证哲学,以及谢林的柏林演讲《实证哲学》。② 在这里我们只讨论马尔库塞对孔德哲学的分析,因为这种分析最典型地表现了批判理论对实证主义的一般态度。

像上述几位哲学家一样,孔德主张通过对可以得自经验的事实进行评价来确定实在。他的目标是抵制纯粹先验思维的影响,从而建立经验观察的权威性。马尔库塞认为,孔德很少在适用于物理科学和适用于人文科学

---

① 阿多诺的原话是"整体是虚假的"(T. Adorno, *Minima Moralia*, London: New Left Books, 1974, p. 50.),以对应于黑格尔的"整体是真实的"。

② H. Marcuse, *Reason and Revolution*, New York: Oxford University Press, 1941, pp. 323 – 388.

的方法之间加以区分。与此相应，孔德的社会学是以自然科学，特别是以生物学为模型的。社会应当被看作是一个被一般规律所支配的事实的综合体。孔德教导说，人类和他们的制度必须被看作是"中立的对象"，能够用与任何其他科学对象相同的方式加以研究。社会的结构和形式是与自然的结构和形式相仿佛的。两个领域都受着自然必然性的支配。因此，正像马尔库塞指出的，孔德的哲学暗示说，应该"教育人们对主流事态采取积极的态度。实证哲学将证实现存的秩序，而不是相反的像某些人那样，坚持有'否定'它的需要"。① 孔德当然没有否认进步性改革的必要性。但是此类变化，其形式也总是由"现存秩序的机制"给予的。②

　　孔德认为所有社会运动都服从于法则式的规律。他认为，通过合理意志的运用，许多社会制度都是不可改变的。因此，政治行动必须听从于确定的、一般性的限制。孔德乐于鼓吹（用他自己的词语）"顺从"和"公共秩序的巩固"（用于对抗"纯粹革命原则的无政府力量"）。社会斗争的中心议题应当被从它的活动场所提取出来，交由以科学研究为根据的专家意见来解决。如此一来，"对现存之物的批判"便让位给了一种"意识形态的救星"。

　　实证哲学的哪些原则确保了它对现存秩序的合法化呢？在马尔库塞看来，讨厌的是那些试图证明观察的权威性，而反对理性和想象力的其他形式的原则。对现存之物的服从，一方面来自如下的实证主义观点，即概念必须建立在观察事实之上；另一方面来自如下观念，即事实之间的真正联系表现了一种"不可变更的秩序"。通过强调社会"静态"、"动态"的自然规律的重要性，人的活动被归并到了客观必然性的范畴之中。更进一步，由于坚持社会学作为一门实证科学已经与价值判断没有关系，而事实和价值是完全不同的实体，因而便没有什么独立于科学的客观基础和发现物留给公民社会了。存在的就是本应当存在的！但是这种立场其本身不能由实证哲学得到辩护。因为关于"应当"问题，也即关于价值判断的问题，已经经由把事实和价值分开，而被宣布为是非理性的问题了。跟此后各种形式的实证主义一样，实证哲学建立在它不能依靠的，也即它不能合理地证明的预先判断和评价的基础上。

---

① H. Marcuse, *Reason and Revolution*, p. 327.

② Ibid. , p. 343.

　　然而，马尔库塞关于实证主义方法的讨论也并不全是批判性的。他注意到，这种方法有助于破除神学和形而上学的幻觉，促进自由思想，特别是在物理科学中。① 霍克海默在其 1930 年代的著作中，对休谟和洛克传统的重要性也提出了相似的看法。比如他认为，包含在休谟对主流教义的批判之中的怀疑主义经验论具有一种潜在的道德冲击力。② 在霍克海默和阿多诺的合著中，他们也强调了在启蒙对工具理性的重视和它对科学的实证主义理解中所包含的一定程度的解放效果。希望知识性命题具有相关的独立自控能力，这当然是合乎情理的。③ 大量命题是可以通过严格的调查研究加以检验或反驳的。同样，把合法的知识等同于来自自然科学的知识概念，这种倾向也具有一定的合理性。19 世纪，自然科学以如此迅速的速度发展，产生了如此壮观的结果，唯一阻碍它们的似乎只有各种形而上学理论。这些科学被看成是最为系统的知识来源，能够被用于把人从自然必然性、从自然力量的统治和单调辛苦的工作当中解放出来。④ 人们因此对自然和关于自然科学的方法论倾注了更多的注意力，生物学和物理学作为最发达、最高级、最受人尊敬的自然科学越来越占据了中心位置。而其他科学，不管是自然科学还是社会科学，则被认为是"第二等的"和欠发达的科学。然而到了 19 世纪晚期，人们逐渐想到，所有这些其他科学本质上也能容许与物理学相同的结构和程序，并将逐步产生重大进展，从中获得益处。

　　按照霍克海默和阿多诺的看法，到了 20 世纪，这些发展背后的道德推动力消失了，而这些发展自身也具有越来越强的破坏性。一种以生物学或物理学为模型的社会科学并没有建立起来。事实上，社会理论中研究重大问题的道路，以及研究社会现象的各种有用的途径，已经被堵塞了。批判地分析社会的能力已经被摧毁。为了理解霍克海默和阿多诺对这种状况的反对态度，有必要更细致地考察他们对实证主义的批评，以及他们用"实证主义"这个词指的是什么。

　　"实证主义"被用以表达一种涵盖广泛的哲学立场，因此，人们常常

---

　　① H. Marcuse, *Reason and Revolution*, p. 327.

　　② M. Horkheimer, *Critical Theory: Selected Essays*, trans. M. J. O'connell, New York: Herder & Herder, pp. 132 – 187.

　　③ 参看 M. Horkheimer, *Critical Theory*, ch. 1.

　　④ 类似的观点也可见于恩格斯的《反杜林论》。

难以清楚地理解它的确切含义究竟是什么。当霍克海默和阿多诺使用这个词的时候，他们可能指以下几种情况：1. 经验主义传统中的现象论倾向，例如马赫或早期卡尔纳普的立场；2. 物理主义立场，比如卡尔纳普在1930年代中期所持的立场；3. 罗素的逻辑原子论立场；4. 各种实证哲学家（如孔德）的立场。他们有时并不在这几种立场之间作出区分，也不说明他们具体所指的是哪一种情况。阿多诺甚至有时也用这个词指波普尔的观点。但是最常见的情况是他们用它来指维也纳学派的逻辑实证主义。从他们对这个词的使用来看，只要一种哲学符合下列原则中的一条或几条，在他们眼里就是实证主义的。这几条原则是：

1. 所有（综合性的）知识都建立在感觉经验的基础之上。

2. 意义建立在观察的基础上。

3. 概念和一般法则仅仅代表了它们所抽象的事物的各个特殊方面。概念实体本身并不存在，它们仅仅是名称；实证主义因此通常与唯名论相联系。

4. 科学是按照自然科学的方法论统一起来的。知识的理想形式是具有数学公理化特征的普遍科学。

5. 价值不是事实，因此价值不能在感觉—经验中被给予。因为所有的知识都是以感觉经验为基础的，因此价值判断不能被赋予知识的地位。

实证主义的目标是为知识建立一个客观的、经验的和系统的基础。有了上述五条原则，实证主义者接着就会坚持认为世界是由"事实"或者"感觉材料"（或者"原子"）构成的。这些事实被直接或间接地给予感觉经验，它们是知识的唯一对象。

霍克海默和阿多诺发现，在实证主义立场中，直接的感觉、经验和知觉的世界似乎是知识的最终基础。然而，这种最终性的表象掩盖了它的从属性和派生性。[①] 例如，观察绝不只是对给定的对象世界的复制。对象世界总是我们的对象世界——是我们解释的世界。正如黑格尔指出的，客体总是为我的客体，是相对一个自在之物的意识而言的存在。意识以许多方式中介了给定之物。但是，通过意识的中介给予我们的世界，其结构是建立在意识自身内在的历史性之上的，而这种意识的历史

---

① M. Horkheimer, *Critical Theory*, p. 157.

性，乃是整个社会实践的结果和产物。① 马尔库塞赞同道："事实是人类历史实践的作品。"并不存在什么社会"事实"，它们构成了社会理论的"根基"，就像实证主义者所想象的那样。社会实在的每一项事实都只能被理解为是"要素"（总体的一个阶段或方面）和"总体"不断相互作用的结果。社会过程的结构既限制了每一个特定"事物"发生的场所和功能，也决定了它表现为一个经验对象的形式。任何给定的客体只能在它所处的条件和关系当中加以理解。所有这些都并不表现为直接的经验，但对于理解和解释"事物"是极为重要的。② 实证主义者们未能理解，获得知识的过程是不能被从人与世界之间的历史斗争中分离出来的。理论和理论性劳动不可避免地要与社会生活过程纠缠在一起。事实上，理论家们无法保持超然事外的态度，被动地对"社会"或"自然"进行沉思、反映和描述。

　　知识的结构，以及实在的结构，对于任何实证主义者来说，就像对于任何独断论者来说一样，是严格而僵硬的。尽管他们对理性主义的如下主张——存在着一些命题，一些关涉理性和实在的性质的命题，是不能被任何经验反驳的——提出了批评，但是，实证主义者还是为存在设想了一种固定的结构。正像霍克海默指出的，"原则上，整个世界（对实证主义者来说）在一个固定的系统里获得了位置……所有知识的正确形式都与物理学相同，物理学是伟大的'统一科学'，任何事物都必须根据它来陈述，这种说法把某些形式假定为永恒的常量了。这样一种断言构成了一种先验的判断。"③ 从一开始，实证主义未加证明的判断就预先决定了什么应该被看作是所要研究的对象的性质。例如，人主体被看成是"一个孤立的主体，一组像任何其他事物一样的物理事件"。在讨论实证主义对社会学方法的影响时，阿多诺得出了与此相似的论点。他论证说，一些"受惠于"对科学的实证主义理解的方法，常常事先就规定好了本来是应该要去调查的东西。比如说，意见研究中的调查法，通过给被访者提供固定的问题选项，或者把问题过度一般化，时常制造出一些并不存在的意见，或者落入人为限定的范围之内的回答。然后，这些意见通常被不加批

---

①　M. Horkheimer, *Critical Theory*, p. 146.

②　H. Marcuse, *One Dimensional Man*, Boston：Beacon Press, 1964, pp. 105 – 107, 146.

③　M. Horkheimer, "The Lastest Attack On Metaphysics", in *Critical Theory*, p. 146.

判地当成主观态度的"客观记述"。为了照顾所谓一般的客观方法，对象的结构被忽略了。这样，意见研究就既制造了它自己的对象，又把它的结论具体化了。① 阿多诺则坚持认为，方法不应该提前规定它们的对象，相反，方法必须适合它们的对象。

实证主义意识在把自然世界客体化的同时，也把社会世界客体化了。这就是说，它把世界概念化为一个随时准备接受操纵的客体领域。正像霍克海默和阿多诺指出的那样，在这种观念之下，社会被设想成了一个"第二自然"。社会世界被实物化了：社会地产生的规则、习俗和规范被理解为是"自然的"，"事情曾经如此，并将永远如此"。社会制度和社会过程被认为遵从"事物的秩序"。社会事实被赋予自然事实的地位。历史规律被赋予与自然规律同样的身份。但是，这样的关于社会生活的概念并不适合它们的对象。男人和女人是自然的，但他们创造历史；而在任何类似的意义上，自然不是他们创造出来的。结果是，历史包含着自然（通过人类）获得自我意识的可能性。历史规律不能被简单地等同于自然规律，二者之间的区别是极其重要的。诚然，一个人可以谈论历史中的规律（如资本日渐集中这条规律），一种看上去很自然的规律，也是个人必须服从的规律。但是这种规律与人类组织的特定形式联系在一起，它们不能被从特定时代的环境和独特性里抽象出来。它们改变着，也能够被改变。一般社会结构的运动和个人运动之间的历史关系并不是一个永恒的常量。②

例如，一个社会可以被"占领"，以至于个人被"按照'自然'［物理］规律的必然性运行的客观机制所制服"。③ 人主体，按照这种描述，可以被简化或降低为仅仅是一个一般社会结构的支撑者或承载者。1930年代晚期和1940年代早期的法兰克福社会理论已经明确指出，在资本主义社会，这个过程已经进展得相当顺利了。交换法则的盛行和大众媒体对舆论的严格控制等等，确保了几乎每一个人的行为都变成了规范化的和强制性的。④ 如果个人想幸存下来，他就必须使他的生活适应这些过程，并

① T. Adorno, "Sociology and Empirical Research", in Adorno et al., *The Positivist Dispute in German Sociology*, trans. Glyn Adey and David Frisby, London: Heinemann, pp. 68 – 86.

② T. Adorno, *The Positivist Dispute in German Sociology*, pp. 77 – 78.

③ H. Marcuse, *Reason and Revolution*, p. 316.

④ T. Adorno, *The Positivist Dispute in German Sociology*, p. 14, 74.

变成商品交换行为的承担者和载体。在这种状况下，社会互动就显得是被"严格的"规律控制的。实证主义者的这种看法——相似的方法既适合对自然又适合对社会生活进行研究，看来的确包含着一定的真实性。但是，一旦一个人假定了这种状况的实在性，那么不管他是否愿意，他都不得不接受它的永存性。实证主义方法不是使个人和他或她的生活环境成为批判性反思的对象，相反，这些方法完全复制了其对象的物化意识。事实上，它们通过复制本身歪曲了这些意识。它们给予特殊和一般、个体和社会间的特定的历史关系以一种本体论的地位。它们不合理地从一个特定时代的经验中抽象出一种关于社会科学的对象结构的一般性观点来。这样，社会现实就在一系列描述中遭到了歪曲：在一个直接给定的世界里，现状被凝固了；特殊事物不能从其存在的环境得到理解，所有历史性的具体存在都被去情景化了，因而导致了潜在性与可能性范畴的缺失：现存的秩序即是唯一的秩序，它排斥了一切其他结构的可能性。

加于一个似乎由某种"解救者"——正是他们充当着媒介，使得一些人对另一些人的统治得以实现——管理的世界之上的符咒，可以通过批判的反思和政治实践来打破。只要社会将其再生建立在人类的意识和日常实践之上，改变社会关系的可能性就是存在的。通过"物化"，实证主义忘记了这一点。因此，正像启蒙一样，它"回到了神话，而且从来不真正知道如何避免这一点"。①

三　事实、价值和工具理性

通过"自然无差异"原则，实证主义的科学概念把自然表达成了潜在的工具和手段。它的"合法知识"概念把科学发现限制为一个技术过程。实证主义科学概念的这种技术性特征在《启蒙的辩证法》里得到了进一步的分析，并且由霍克海默和阿多诺分别在其多部著作里，根据实证主义在事实和价值之间所作的分离，进行了仔细的研究。②

根据这种事实和价值的二分法，科学可以对相对于给定目标的手段的效能作出判断，但它无助于为价值的形成提供一个客观基础。然而，这种

---

①　M. Horkheimer and T. Adorno, *Dialectic of Enlightenment*, p. 27.

②　比如可以参看霍克海默的《理性之蚀》（*Eclipse of Reason*），以及阿多诺为《德国社会学中的实证主义争论》（*The Positivist Dispute in German Sociology*）所写的导言。

二分法是站不住脚的，原因如下：首先，客观性理想和价值无涉（value-freedom）观念，其本身就是价值。"一个真实的判断好于一个虚假的判断"，这种观念里包含着一种评价。"价值和价值无涉并不是彼此分离的；它们其实是互相包含的。"① 第二，以科学和理性自身观点的名义，实证主义发起了一场意识形态批判，其目标在于根除那些与它竞争的理论，这些理论据说是价值负载的，并因此非法地被用于对科学实践进行评判。但是这种形式的批判并不是像实证主义所坚持的那样，是价值无涉的。因为它包含了一种形式（手段—目的）理性，并把它自己对手段相对给定目标的效率和经济性的考虑置于中心地位。打着价值无涉的旗号，这种意识形态批判为科学实践的其他模式规定了价值系统。

这种事实/价值和理论/实践的二分法导致了矛盾的结果。以价值无涉的名义，一种特定的价值取向取得了胜利，而排除了所有其他的可能。以理论和实践分离的名义，一种特殊形式的实践获得了支持。沉思式的理性取代了实践理性，占据了一个更基本的位置。实践问题不再是理性探索和解决的对象，它们变成了私人领域，最后只能根据信仰或信念的决断或承诺来说明。实证主义者把理性决断过程限制在自然科学的范围之内，而把伦理学简化成了决断论，并堵塞了从理性论证获得终极原则和价值的可能。然而，作为他们自己的前提假设的结果，实证主义者们无法意识到这些不一致。

这种隐藏的价值承诺对社会理论的影响，是产生了问题的概念化和非传统的解决方式，而这鼓励了一种技术理性和技术思想方法的发展。只有那些能够按照科学—技术方案处理的问题才是可以理性地决定的。"终极目标"据说不能被理性决断，因而不在科学和理性对话的控制范围内。科学对工具理性的依赖确保了其发现的技术适用性。

工具理性在实证主义之中达到了它的最发达阶段。但是它的高级发展隐含着最为退化的要素。因为它的"世界的去形而上学化"规划碰上了一种"归谬法"：实证主义不但谴责价值之间裁定过程的非理性，它还谴责概念性思维本身的整个过程。按照某种逻辑经验主义的最经典公式，陈述的意义是由"意义的证实理论"来说明的。一般来说，"证实理论"认为，一条陈述是有意义的，仅当它是经验证实的一种特定类型时——一条

① T. Adorno, in *The Positivist Dispute in German Sociology*, pp. 61 – 62.

陈述的意义就是它的证实模式。现在的问题是：这条原则怎么来证明？如果只有经过经验证实的断言（和同义反复）被认为是有意义的，那么，关于"意义"、"科学"和"真理"这些概念的争论或讨论本身就必定包含着无意义的陈述。哲学变成了一个无能的、无意义的领域。结果，在实证主义规划的权限范围之内，关于譬如科学的地位这种问题的整个讨论就都不可能发生了。对于回答什么能被正当地称作科学和真理这样的问题，证实原则是不足胜任的。[①] 它表明了实证主义在对自己作出说明上的无能，更不用说证明自己了。如果科学想要巩固其反对蒙昧主义和神话的立场，哲学家就"必须为科学的真正性质建立一个标准"。[②] 实证主义科学哲学既不能阐明它自身的有效性和方法的条件和界限，也不能阐明现代科学的条件和界限。

法兰克福理论家们也拒绝实证主义哲学家给予预测的地位。在实证主义框架里，所有材料能够根据是否可以预测未来事实加以分类，并能被形式化为规律或类规律的归纳。一个当得起科学之名的学科必须按照某种一般化方法行事，对以经验为依据的归纳进行检验。一个科学理论是通过检查其类规律假设的有效性来进行检验的。因为解释的逻辑结构被认为与预测的逻辑结构相一致，因此检验的作出就是通过对预期事件与观察到的事件作对比进行的。然而，按照霍克海默和阿多诺的看法，这种方式的检验对于理论来说是一种不充分的检验。正像阿多诺指出的，"事情果真像社会理论已经猜测过的那样发生了，这种廉价的满足感"不应当"迷惑理论家，使他误以为他已经洞彻了社会"。[③] 事实上，如果这么做了，那么理论家多半已经把社会过程和自然过程混在了一起，并把一个社会发展的特殊阶段实体化了。霍克海默也断定，可预测性并不导向真理。毋宁说，它突出地表明了在多大的程度上社会关系是不自由的关系。社会越是表现为一种第二自然的范畴形式，越是按照这种范畴来理解，社会就越是被闭锁在经济必然性关系当中的个体行为所塑造，人主体就越是被发展的"规律"控制，它就越是容易对社会的

①　M. Horkheimer, *Eclipse of Reason*, New York：Oxford University Press；reprinted Seabury Press, 1974, p. 76.

②　M. Horkheimer, *Eclipse of Reason*, p. 77.

③　T. Adorno, in *The Positivist Dispute in German Sociology*, p. 69.

结果作出预测。① 马尔库塞写道："一个社会越是不由自由者的集体努力来组织和把握方向，它就会越是表现为……被一种'不可改变的'规律所控制。"② 由这种观点来看，结论就是，批判理论是不能被经验地估价的，如果"估价"即意味着仅仅由预测的成功或失败来证实或证伪的话。批判理论关注的是对塑造了当下状况的特定的历史条件进行考察。它试图说明，人类经验有着不能在实证主义科学的狭窄紧身衣里加以估量的独特的范围。批判理论拒绝把广阔范围里各不相同的重要经验排除在外；它试图展现历史所给予的扩大自由领域的潜在可能性。

由于实证主义，科学不再被理解为是知识的一种可能形式，它被理解为就是知识本身。因此，"就不剩下什么思想方式可以对科学的概念形式和结构模式进行批评性考察了"③。其后果，霍克海默认为，是"一幅幽灵般的、被歪曲了的世界画面"④。被局限为一种只是世界可观察部分的研究议程的实证主义，不能把握"作为过程的人的自我塑造过程"。它把关于事实或数据的抽象概念实体化。它宣称，意义应当在感官观察和检验过程中显现，在社会科学中，就是在合法的科学经验中显现，而所谓合法的科学经验，就是对明显的、公开的行动进行感官观察。这样一来，实证主义就阻塞了社会现实中的主要方面。下列问题被从探询过程中排除了：

人可能附着在自身行动上的不同的主体—客体意义。

社会关系的可能的组织形式，以避免某些特定行动和对某些特定利益的表达。在这些特定类型的行动和表达模式中，统治关系（通过意识形态和压迫）系统地排除了某些特定类型的意义（如各种主张和要求）活动，因为若非如此，它们便会出现在日常生活中，并成为日常生活的主题；

事物表现为其他样态的可能性：承认被约束和无效力的行动具有"得到解放"的潜在可能性。

---

① M. Horkheimer, "Zum Problem der Voraussage in den Sozialwissenschaften" [The Problem of prediction in the social sciences], *Kritische Theorie: Eine Dokumentation*, ed. Alfred Schmidt, 2 vols., Frankfurt: S. Fischer Verlag, 1968. vol. 1, ss. 112 – 117.

② H. Marcuse, *Reason and Revolution*, p. 315.

③ M. Horkheimer, "The Lastest Attack On Metaphysics", in *Critical Theory*, p. 145.

④ Ibid., p. 155.

　　批判理论直截了当地把自己导向了对社会世界这些方面的研究。它试图说明，人类实在是一个自我建构的、自我展开的、矛盾的整体。如果它想成功地完成它自己规定的任务，那么批判理论要进行以下几方面的工作：

　　1. 说明思想在意识、互动过程和经验的辩证运动中的构造。

　　2. 分析人们具有主体间性和历史性的概念的产生、维持和变化过程；

　　3. 拒绝忽视或掩饰现象水平上的矛盾和相互矛盾的主张；换句话说，它必须观察和解释"否定性行为的确定的、历史性的行动"，并把握主体的动态运动。

　　4. 为批判地、反思地理解历史和传统留下充分的余地。它不仅要认识到对传统的意义结构进行理解是重要的，而且它还要意识到，绝对不能把历史理想化。因为它自己也可能含有建立在错觉和歪曲（意识形态）之上的行动。

　　这样一种取径，它的目标一方面可以通过相互竞争的"现实"观念来理解，另一方面，它暴露了意识形态可能是在哪些领域存在的。在批判理论的范畴里，科学与评价是统一的。一个人必须能够对现实的各个方面（意识形态、神话等当然也包含在其中）进行评价，从而才能准确地描述它。实证主义方法则不能把握这一点。它缺乏与竞争的意义架构进行沟通的基础，或者对其进行评价。当它通过自己的认识论和方法论紧身衣对现存的事物进行理解时，它向它低下了自己的头颅。某类马克思主义在 20世纪再度陷入实证主义哲学就证明了这种屈服的后果。正统马克思主义把思想和文化现象简化为仅仅是物理事件的附带现象，并把自然必然性看成是所有社会现象的基础，这样，它就把无为主义合法化了，同时也宣告了批判思维的终结。① 必然性领域与自由领域的关系变成了纯粹的"数量性和机械性"关系。现在，自由的实现依赖于生产力的"必然的自然进化"，它驱动着社会向其最高发展阶段前进。历史必然会修得其正果。因此，主体被拒绝在历史的创造中担任一个主动角色。阶级主体，比如政党，被描述为只具有有限的介入能力。党可以传播政策，这可能加快或者调控社会变革；但是，它不能改变这种变革的方向。结果，技术统治变成

---

　　① M. Horkheimer and T. Adorno, *Dialectic of Enlightenment*, p. 41. 参看 Marcuse, *Reason and Revolution*, p. 399.

了历史终结之处的适当模式，技术成功变成了思想的唯一公认标准。工具性的行动和知识决定了公正取舍的范围。也因此，当理性被与工具理性捆绑在一起的时候，批判理论的合法性便受到了威胁。

为了支持他们对实证主义和实证主义哲学的批判，法兰克福理论家们必须详细制定他们自己关于"理性"、"客观性"和"真理"的概念。对实证主义的拒绝需要一种可供替代的哲学和社会基础的发展。在这些论题上，霍克海默、阿多诺和马尔库塞之间在方法和风格上都存在着许多重要区别。

第二节　霍克海默：对批判理论的系统说明

霍克海默、阿多诺和马尔库塞，这三位法兰克福学派的领袖人物，他们虽然在认识论和方法论问题上有着基本一致的态度，但还是能发现他们之间的不同。什么是批判理论？怎么证明它的正当性？它具有什么样的结构？在回答类似这样的问题时，三位理论家都表现出了不同的、独创性的立场。

霍克海默漫长而多产的一生见证了一种从《浮士德》到市井男女、从《失乐园》到迪斯尼乐园的文化变迁。在他去世30多年后，他曾经试图引起人们注意的那些问题依然难以回答，这不仅是因为人们的注意力被极大地分散和扩展了，而且还因为，在"自由社会"里，他所具有的那种悲观情调如今已经成了随处可闻、司空见惯的东西。人们确实可能发现，跟以往的数代人相比，极权主义、军国主义、经济灾难、环境危机和大众文化的贫乏等等这些问题，在当今非但没有像人们所期望的那样得到缓解，反而变本加厉、愈演愈烈了。想要克服霍克海默愈到晚年愈显得明显的悲观主义，这不是更容易了而是更困难了，因为它需要付出更大的代价。然而，在霍克海默的壮年时期，当他在领导着一个将在历史上留下重要痕迹的研究机构时，这一切并没有被清楚地预见到，虽然这种发展其实在很大程度上验证了他的理论。世界继续在他所批判的道路上前行，而他的雄心却是促成一种多少能够改变这种状况的理论的发展。

一　批判理论的结构

如前所述，在霍克海默的领导下，法兰克福社会研究所致力于发展一种建立在多领域、跨学科研究基础上的社会理论。他希望这种理论既能够从哲学的反思能力、也能够从科学的严格程序当中获得收益。从他发表就职演讲开始，他就强调有必要在哲学和科学、科学和批判、事实和价值之间锻造一种新的统一。可以有许多方法对霍克海默的这一立场进行研究。其中比较方便的一个，是我们可以从他对批判理论本身的说明入手。

每一种思想、观念和特殊性都与整个社会生活过程交织在一起。批判理论除了努力反映客体发展的多种多样的形式以外，还在其每一步上都把基础建立在特定的历史条件性上。它的内容是不断变化的。"批判理论作为一个整体并没有什么一般的标准，因为这样的标准常常建立在事件重复出现的基础上，因而也是建立在自我复制的总体的基础上……"①

然而，这种社会学激进主义给批判理论的逻辑结构带来了问题。在一篇题为《论真理问题》的文章中，霍克海默为此争辩说，一种放弃了"终局性"这种形而上学特征、放弃了一种庄严外貌的辩证理论，"其自身也变成了与人的命运紧密相联的暂时性因素。然而，未完结的辩证法并不因此失去真理的印记。事实上，对一个人自己和他人思想中的局限性和单面性的揭示，构成了智识过程中的一个重要方面……我们现在认为正确的理论终有一天会消失，那是因为，在它的概念发展过程中起过作用的实践旨趣和科学旨趣消失了，更重要的是，它所指涉的那些事物和状况消失了……但是，随后的纠正并不意味着先前的真理就是先前的谎言……辩证法从唯心主义的幻觉中逃逸出来，并克服了相对主义和独断论之间的矛盾。它并不假定批判和决定的进展将在它自己的立场上达到终点，但它也绝不放弃如下信心，即它的知识——在它的概念和判断所指涉的整个语境中——不仅对个人和群体是有效的，而且它就是有效的，与它对立的理论则是错误的"。② 但是，怎样构想理论和实践、事实和价值等等之间的关系，才能避免怀疑主义和相对主义呢？批判理论所呼吁的又是一种什么样

---

①　M. Horkheimer, "Traditional and Critical Theory", in *Critical Theory*, p. 242.

②　M. Horkheimer, "Zum Problem der Wahrheit"［The problem of truth］, *Kritische Theorie*, vol. 1, ss. 246 – 247.

的真理概念呢？

霍克海默对这些问题的回答是复杂的。开始我们就得说，他的立场并不总是前后一致的，它们随着时间的推移有所变化。我们可以根据他写于社会研究所最富创作力的时期，即 1930 年到 1945 年间的作品（尽管有时也会参照其后期作品），来对此进行分析。在此期间，他的立场至少包含三个因素。首先，这里存在着一种意识形态的批判思想，在结构上类似于马克思对资本主义商品生产和商品交换的批判；其次，他强调一种跨学科语境下条理分明的研究的重要性；最后，他强调实践在理论的最终证实中的主要作用。

二 意识形态批判

霍克海默坚持认为，在概念和对象、词和物——这些都是整个社会过程中相互依存、不可简化的方面——之间存在着裂隙。按照他的看法，把"精神"（或者文化）还原成"自然"，就像把"自然"还原成"精神"一样，都是错误的。像"自然"和"精神"这样的哲学概念，当它们被从它们嵌入其中的总体环境中抽象出来的时候，它们就变得"不适当、空洞并且虚假"了。然而，"一种终极性的二元论的假定也是不能接受的……这两极不能被简化为一个一元性原则，然而它们的二元性也必须被理解为主要是一种产物"①。这些思想为理解霍克海默真理观念的主要方面提供了基础。

批判理论的目标是对"思想和现实之间的裂口"作出评估，进行的方法是内在批判。内在批判要面对的是"处于其历史语境中的生存者和他所宣称的概念原则，这是为了对它们两者之间的关系提出批判，从而超越它们"②。例如，在资产阶级秩序的思想和现实之间，在它的言辞和行为之间存在着矛盾。资产阶级社会秩序把宏大的普遍理想，诸如"公正、平等和自由"，放置在它的政治哲学和道德哲学的中心。它宣称，通过为自由和公平交换创造条件，它要将普遍性付诸实践。它认为商品体系或者市场体系能够在需求与供给、效用与负效用、个人利益与稀缺资源等之间建立动态的平衡。它自诩是满足个人需求和愿望的最有效、最公正的模

---

① M. Horkheimer, *Eclipse of Reason*, p. 171.

② Ibid., p. 182.

式。然而，它的普遍性原则实际上被它的实践所否定。

通过对资本主义的内在批判，事情发生了转变："完全控制着经济的概念变成了它们的反面：公平交换变成了更深刻的社会不公正；自由经济变成了垄断统治；生产劳动变成了阻碍生产的社会关系的强化剂；社会生命的维持变成了人民生命的贫乏。"① 但是，把概念转变为它们的反面的过程并非仅仅是一个抽象和逻辑的过程。方法必须"适合于"其对象。霍克海默像马克思一样认为，商品经济暴露了它自身的内在否定性。它的发展与它对自己的宣传和对未来可能性的宣传相矛盾。从这个视角，霍克海默觉得自己能够得出结论：资产阶级社会越是不再保持其"公正、平等、自由"的革命承诺，它就越是能够被认为即使按其自身的标准来说也是失败的。资产阶级社会鼓吹一种"利己的个人利益与社会性过程"之间的和谐，这种自由资本主义的意识形态隐瞒了自己的否定的辩证法，也即大众用他们自己的劳动生产着一种在更高的程度上奴役他们、并用全部痛苦威胁他们的真正的现实。

通过内在批判发展起来的社会理论所要做的，是在社会世界的发展运动中对它进行研究。它从关于某个对象的概念性原则和规范开始，随之展开这些原则和规范所暗示的含义直至其结果。然后，它再根据这些含义和结果对对象进行重新考察和评价。之所以如此，是因为批判可以说是"从内部"开始进行的。因此它希望避免说，它的概念给对象强加了无关的评估标准。重新考察的结果是产生了一种对客体的新理解：一种对矛盾和可能性的新领会。如此一来，对对象的原初意象就被超越了，对象本身也在一定程度上被带进了不断变化的状态之中。

可以用霍克海默自己的语言重新表述这一点：社会研究者观察一个对象，该对象是一个同一性和差异性的统一体——是一个把矛盾包含在自身之内的对一面的统一体。对象对自己的看法是与其实际的现实相矛盾的。通过反思和批判，它能够逐渐意识到它自身的局限性。通过这种意识，它获得了发展，并对根本性的变革持开放的态度。

在面对社会存在时，批判理论始终保持着否定原则作为它方法的支柱。要被引出的真理首先是否定性的。但是，通过指出其内在于现存秩序的局限性，通过指出其终结的可能性，一种以内在批判为基础的意识形态

———————————

① M. Horkheimer, "Nachtrag", *Kritische Theorie*, vol. 2, p. 195.

批判得到了某种积极的特征。"否定扮演着一个基本的角色……否定是双面的——对主流意识形态的绝对要求的否定和对现实的轻率主张的否定…… [发达如批判理论这样的] 哲学严肃对待现存的价值,但是坚决要求它们变成一个理论整体的一部分,从而暴露它们的相对性。由于主体和客体、词和物不能在现有的条件下被融为一体,我们就在否定原则的驱动下,试图从虚假终极图景的碎片中挽救相对真理。"①

应当注意,霍克海默并没有暗示说,在现存的社会生活中理解否定性将带来自由实践的同时扩展。对于克服特定的历史环境来说,反思和批判的实践是必要的条件,但无论如何不是充分的条件。"这样的假设将会使对历史的唯心主义解释挫败真正的哲学,并对理想和现实、理论和实践之间的核心区别失去洞察的视野。"② 因此,在理论和实践之间存在着一个裂口,在早年的霍克海默看来,它正好必须用有意识的和革命的政治来填充。只有这样的实践能够为真正的物质自由创造条件。通过揭露社会总体中的矛盾,特别是社会存在和意识形态之间的矛盾,霍克海默认为,批判理论能够对这种实践的发展作出贡献。

由于这个原因,不能把意识形态和那些具有必要的有效条件和限制的论点混为一谈。"一个论点的有条件性与意识形态是截然不同的两件事。我们可以正确地称其为意识形态的东西,它的局限总是由现有状况和我们的知识造成的。洞察到 [一个论点或一种一般视野的] 历史条件性从来不等于证明了它是意识形态的。毋宁说,这里存在着…… [理解] 其社会功能的必要性。"③ 一种思想或关系现实的认知模式是否是意识形态的,这要看它在特定的历史环境当中的角色和功能。一种(或一组)主张、看法和哲学,如果它(它们)为了一个统治阶级或统治团体的利益而隐瞒或掩盖社会矛盾的话,就可以被看成是意识形态的。然而意识形态不仅仅是错觉或假象。它们包含并显露在社会关系里。某些对社会生活的非历史、非社会的解释,其自身就可能是对社会关系向非人形式和物化形式转变的反映。意识形态能够表达"存在的模式"。因此,意识形态也常常是由符号、观念、想象和理论组成的包裹,通过它,人们体验着他们彼此之

---

① M. Horkheimer, *Eclipse of Reason*, pp. 182 –183.

② Ibid. , p. 183.

③ M. Horkheimer, *Anfänge der bürgerlichen Geschichtsphilosophie*, Frankfurt, 1930, s. 74.

间以及与世界之间的关系。某种意识形态把社会关系神秘化的程度，或者反映扭曲的社会关系的充分程度，这是一个应该在特定的情形或语境中探询的问题。

同样，批判建立于其上的标准也总是与文化和时间相联系的。然而这个事实并不阻止采取一种基本的批判姿态。它并没有暗示一种极端的相对主义。不如说，它暗示的是这样一种认识，即正当的批判立场并非永远都是正当的，并非永远都有着同样的内涵。这种标准和价值立场是相对于一定的语境的，但在这个范围里，它仍然可以是客观的。结果，真理的原始古典概念，"名和物的等值性"，就能够得到保留。通过内在批判和它的主要工具——否定，"事物就能够按照它们的正确名称来称呼了"①。

内在批判的重要性在阿多诺和马尔库塞的著作里也得到了强调。他们拥有若干与上述方法论信条相同的看法，虽然他们将它们发展到了不同的道路上。他们都同意一个中心论题，那就是，他们对内在批判方法的发展，是在发展马克思方法的一个主要因素。在阿多诺的著作中这一点表达得最清楚，这一点后面还要谈到。

三 跨学科研究

整个 20 世纪 30 年代，霍克海默都在他的文章里不断地强调，虽然理论和方法总是（应当被理解为）内嵌在历史和社会过程之中的，但是每一种理论主张还是必须使自己从属于个别的经验科学。批判理论必须保证与最先进的"传统"理论保持一致。对于霍克海默来说，"传统理论"具有一种轻蔑的含义，他认为，这种类型的理论对社会持非批判的态度，它们对待社会现象，就像这些社会现象的性质是给定的，具有不变的形式一样。但是他承认，这种理论常常能提供一些有趣的思想，而这些思想应当被批判地加以利用。个别性的经验科学，它们的局限性和单面性应当被克服，但不是通过方法论手段拒绝无法控制的经验，而是要在它们的概念和判断所指涉的总体语境中重建或者重新解释它们的工作。为科学理论和科学研究制定规范的约定俗成的标准应当得到尊重，比如逻辑一致性、方法论清晰性、结果的可重复性或主体间有效性、能够解释其他理论或模型不能说明的问题或论题，等等。然而，不能认为这种尊重暗示着任何对给定

---

① M. Horkheimer, *Eclipse of Reason*, pp. 179–180.

的、单独的事实的执著和偏爱，认为它们是生产知识的唯一的基础。在详细研究现象的性质时，一定不能把系统性的反思排除在外，而这就要运用哲学的、理论的和跨学科的视野来进行。

个别社会科学和批判理论之间的鸿沟应当通过把两个互相关联、但又截然不同的探索阶段区分开来加以克服。这两个阶段，一个是"再现"或"表现"（*Darstellungsweise*, presentation）过程，一个是"研究"（*Forschung*, research）过程。所有在可用的科学经验基础上得到促进的相关概念、定义和命题，都需要加以留意。这些概念在理解社会—历史事件所需要的材料里构成了必不可少的一部分。但是，在再现过程的语境中，它们被重新解释了。结果，它们在一个更大的概念和理论框架里获得了一种新的意义。概念有了新的功能、新的意思和新的所指。它们的新特征否定了它们由之而来的抽象（局部性、片面性）语境，也否定了人们先前对它们所作的理解。霍克海默认为，"再现"能够把一个对"局部"、对"某物"的分析重新定位到总体性的语境之中。由特定立场所构成的特定视角将在对整体的重建中发现它们的位置，而这种重建是由一种具有哲学敏锐性的跨学科规划实现的。① 只有完成了这种工作，历史的真实运动才能得到适当的刻画。实际上，在法兰克福社会研究所的早期阶段，在研究所的组织结构和上述这种方法论框架之间，就存在着一种明显的同构。作为研究所的领导人，霍克海默经常把自己看作是研究所获得的发现的综合者。

在1941年发表的一篇短文中，霍克海默断定，在最后的分析中，批判理论只能达到一些用以理解社会的归纳性范畴。这似乎表达了他在立场上的某种变化。但他的归纳概念不同于传统的理解。受本雅明的影响，霍克海默认为，归纳表示一种方法，这种方法是"在特殊性之内、而不是在其以上或以外"检验普遍性的，"因为在物质的意义上，社会是一个'系统'，其中每一个单个的领域或关系都以不同的方式包含着、并反映了整体自身"②。批判的社会研究"应当愈益深入地钻研特殊性，并在那里发现普遍性"。当历史总体性被领会了的时候，那么这是对特定的历史

---

① M. Horkheimer, *Kritische Theorie*, vol. 1, ss. 31 – 66, 118 – 174, 228 – 276.

② M. Horkheimer, 'Notes on Institut activities', *Studies in Philosophy and Social Science*, vol. 9, No. 1 (1941), p. 123.

现象进行详细的理论性和经验性调查研究的结果。不是"从一个特殊走向另一个特殊，然后达到抽象的高度"，这里提出的看法似乎是说，理论的支持性证据只能在一种跨学科的语境中，通过分析特定现象之被中介、促成的方式来发现，也就是说，通过分析它们被形成以及它们在与其他现象的相互依赖中维持其身份的方式来发现。内在批判的主张必须在这种语境里加以评估。

四　理论与实践

霍克海默思想中关于批判理论的本质特征的第三个方面，是强调实践在理论的最终证实中的中心作用。对与人和社会联系在一起的思想的评价和确证，曾被认为是依赖于历史性的斗争或"实践"的。对这一思想的理解，最好参照马克思的著作来进行。

在《关于费尔巴哈的提纲》第一条里，马克思总结了他对唯物主义和唯心主义的批评："从前的一切唯物主义（包括费尔巴哈的唯物主义）的主要缺点是：对对象、现实、感性，只是从客体的或者直观的形式去理解，而不是把它们当作人的感性活动，当作实践去理解，不是从主体方面去理解。因此，和唯物主义相反，能动的方面却被唯心主义抽象地发展了，当然，唯心主义是不知道现实的、感性的活动本身的。"[1] 这里，马克思是在与唯心主义抽象方面的对照中解释"人的感性活动"的。在《提纲》的第二条中，马克思进一步指出了这一范畴的认识论重要性："关于思维——离开实践的思维——是否具有现实性的争论，是一个纯粹经院哲学的问题。"因为问题是实践的："人的思维是否具有客观的真理性，这并不是一个理论的问题，而是一个实践的问题。人应该在实践中证明自己思维的真理性，即自己思维的现实性和力量，亦即自己思维的此岸性。"[2] 这里的启示仿佛是说，理论是在实践中、并通过实践得到检验和确证的。

马克思的历史唯物主义既反对客观主义、又反对主观主义。对马克思来说，社会现实既不是某种完全处于主体"之外"的东西，也不是人类思想的创造物。毋宁说，社会现实是通过实践和劳动形成和构造出来的。

---

[1]　马克思、恩格斯：《费尔巴哈》，人民出版社 1988 年版，第 83 页。

[2]　同上书，第 84 页。

通过实践和劳动，人类综合并改变了物质世界。人类感知的对象，本身就是人这个类自我繁殖和自我塑造活动的产物。人类获得知识的过程不能被与历史性的存在割裂开来。

但是，正像马克思常说的，历史的制造并不以行动者有意识的、当下的愿望为准。在历史过程的任何已有的例子中，环境都先于它们而存在，给社会行动设定条件，并限制了把任何协作完全解释成追寻理性目标的行动。现实冲击着、制约着个人，它似乎仍然是某种"非人的"、客观化的和物化的东西。然而，这种状态能够被改变。这种改变虽然不能靠主体简单地占有它的"他者"来实现，但是，人们能够开始理解社会究竟是怎样运行的，把社会当作一个过程来理解，并懂得它是可以转变的。对现存秩序来说真实的东西，对未来来说未必也是真实的。更重要的是，马克思认为，为了真实的意识能够存在，不仅意识必须把握住现实，而且现实必须被改变，从而使它不再能够（通过意识形态的生产）系统地歪曲意识。为了达到这一点，就必须创造一种"真正自由的生活"。当然，是否能够实现这种生活，这并不是一个实践可以独自决定的问题。

霍克海默的立场可以说是对这一观点的扩展。他拒绝把批判理论置于历史过程之外，而是将其投入一种历史—实践的确证。例如他写道："获得知识的过程既涉及真正的历史意愿和行动，也涉及经验和构想。离开前者，后者便无法前行。"① 对于霍克海默来说，并不存在社会理论能够被动地反映的客观实在。在任何时刻，社会理论家都是正被分析的社会过程的一部分，也是它"潜在的批判的自我意识"。理论与历史纠缠在一起。它的概念和范畴指涉着社会关系、人的实践活动和历史斗争的发展和形成。因此，如果一种理论是正确的，这将会在历史的过程中显示出来。它将由于"拥有它的人带给它以力量"而得到确证。在霍克海默看来，实践是一个历史的、政治的、认识论的范畴。

在一篇发表于 1935 年的文章里，这一点被清楚地表述了出来："与人和社会联系在一起的思想，对它的证实和确证并不在于实验室里的实验或文献研究，而在于历史斗争；在这里，对思想的确信本身就起着本质性的作用。认为现状本已和谐这种错误观点……构成了新的不和谐和衰落的一个要素……这本身就变成了它自己的实践反驳的一个因素。不可否认，关

---

① M. Horkheimer, "Zum Problem der Wahrheit", s. 247.

于普遍经济状况的正确理论，关于危机日益加深以及灾难即将来临的教导和学说，不断地在细节上得到证实，但是，关于一幅更好的秩序的图景……却是在历史斗争的过程中被确定、被修正、并得到证实的。"① 在同一篇文章中，霍克海默直截了当地说：真理为正确的实践所固有，也是正确实践的一个要素。②

对批判理论的这种描述引起了进一步的问题。如果认为所有的知识都是受文化和时间限制的，并且，如果认为认知过程是实践的一个因素（方面或阶段），那么，就有可能引起如下问题：我们怎样才能辨认出有效的和真正的知识呢？霍克海默坚持认为，思想和理论是在历史斗争中得到检验的。但是真理，正像他自己写到的，并不是只由某一个社会群体推进的，虽然这个群体还可能是进步的："一种理论的价值并非只由真理的形式标准来决定……一种理论的价值是由它与如下任务——使进步的社会力量吸纳特定的社会因素——的联系决定的。然而即使是这种价值也不是立即就对人类全体显出效力，它首先只对那些对此任务发生兴趣的群体起作用。"③ 这种观念该怎么证明呢？在什么意义上，一个特定的社会群体和阶级的任务能说是进步的呢？霍克海默的观点似乎是，在如下的意义上，一个社会群体的斗争可以说是进步的，即它通过"正确的实践"推进了真理。"真理是正确实践的一个因素。"但是，如果这个立场想要避免陷入循环，那么问题就变成了：怎样才能把正确的实践，也即批判理论可能建立于其上的实践，从片面的或者狭隘的实践，以及潜伏在意识形态理论之下的利益当中区分出来呢？④

一切思想和理论都是与人的各种利益、旨趣紧密相联的，批判理论也不例外，霍克海默说，它表达了一种"特殊的"实践旨趣，并为其所指引，那就是一种把人从阶级社会的所有强制和统治形式中解放出来的旨趣："批判理论并没有自己的特殊要求，除了它所固有的对废弃阶级统治

---

① M. Horkheimer, "Zum Problem der Wahrheit", ss. 244 – 245.

② Ibid. , s. 256

③ M. Hirkheimer, "Zum Rationalismusstreit in der gegenwärtigen Philosophie", *Kritische Theorie*, vol. 1, ss. 146 – 147.

④ 如果霍克海默说，真理是正确实践的一个因素，而正确实践又是推进真理的实践，那么从形式上说，这里就出现了循环。

的旨趣……"① 这种旨趣并不是一种狭隘的旨趣，而是一种（用霍克海默的话来说）共通旨趣（generalizable interest），是"公众"（general public, *Allgemeinheit*）的旨趣。1930 年代早期，霍克海默强调，一种唯物主义的和批判的理论，要在它的概念、范畴的形成过程中和在它发展的各个阶段上，把这种公共旨趣变成它自己的旨趣。在这些年里，霍克海默特别关注的问题，是表明在一个阶级社会（或者一个被某个专制集团统治的社会）里，"公共旨趣"如何由于个人自主性在实践中遭到否定而无法实现。

传统资本主义社会关系的基础之一，是个人拥有追求一定的自我设定的目标和自我利益的自由。个人选择的重要性处于资产阶级理论和实践的中心。社会进步据说依赖于自由市场里各不相同的愿望和利益之间的相互作用。这种观念是自由主义的基本原则：追求其自身利益的个人，同时也自动地服务于社会整体的共同利益。这些观念被霍克海默看作是自由主义的教条。

在资本主义生产和交换的情形下，人们被局限于为他们自己工作。个人是一切存在的焦点。但是个人的主体性既得到了强调，也遭到了否定。个人的主体性之所以得到强调，是因为个人，从封建主义政治奴役中解放出来的个人，可以在市场——"社会组织的最好工具"——上自由买卖了。个人成功变成了判断对错的准则，实践中的成功既是个人发展的标志，也是对个人发展的报偿。而个人主体性之所以遭到否定，则是因为个人（他或她）在买卖之中是孤立的。交换过程便是个人之被组织的模式。追求物质利益变成了追求个人利益的同义语。主体的个人追求和自我本位这种概念变成了一种社会的统治力量。在资产阶级秩序的语境里，对"个人自由"的自由主义保护变成了意识形态：它掩饰了局部利益，亦即资产阶级利益的存在和支配地位。

在私有财产体系里，这一状况的再生产被认为是如下原则的结果，即个人应当"为了他们自己去寻求"。② 但是处于竞争中的孤独的个人，几乎所有人都在努力战胜自己。对经济收益和利润的专心致志的追求，最终否定了个体的个人兴趣。这一观点（可以说是"青年"霍克海默的观点）的核心，是一种对马克思商品经济分析的肯定。霍克海默像马克思一样认

① M. Horkheimer, "Traditionelle und kritische Theorie", *Kritische Theorie*, vol. 2, s. 190.
② M. Horkheimer, "Traditional and Critical Theory", in *Critical Theory*, p. 213.

为，资本主义占统治地位的交换关系产生并掩盖了剥削，而资本家从价值的生产者那里榨取了剩余价值。在资本关系的支配下，个人竭尽全力地为工资而工作，这导致了"剥削、贫困、失业、通货膨胀和经济危机"。因此，一方面，社会在既定的社会关系中由个人的劳动所创造和改变。但是另一方面，社会经受着它自己的动态转化。社会变成了"资本的世界"。个人之间的竞争关系产生了一种"盲目的、无政府主义的"（马克思）社会发展过程，越来越超越了个人所能控制的范围。对于企业家阶层和无产阶级来说这都是一样的。一句话，个人否定了他或她在个人主义当中的个体性。在资本主义社会关系的语境里，全社会的需要以及个人的需要都遭到了扭曲和否定。大规模经济合作和文化工业时代的来临只是加剧了这种趋势而已。因此，最紧迫的政治任务是把个人从个人主义的状态中解放出来。①"如果说今天'公众'的旨趣面临着它自己的盲目困扰，那么造成这个事实的原因就应该在这样一个社会里寻找，这个社会的当前形式是与其绝大多数成员的个人利益相矛盾的。克服这种矛盾，而不是抑制个人利益，才是应当通过、也只有通过对生产关系——整个社会的基础——的决定性的改变加以解决的任务。"②

这个任务被霍克海默描述为是一场实现"社会中绝大多数成员"的立场（"利益"、"需求"）的斗争。在1930年代早期到中期的一系列文章里，霍克海默暗示说，这一立场是"进步的社会力量"的立场，而这种力量之所以变得进步，是由于他们在生产过程中所占据的位置所致。理论必须符合"一个特定的社会阶级"——无产阶级——的"精神（geistigen）状态和物质状态"。③ 我们可能会注意到，霍克海默这一立场与卢卡奇在《历史与阶级意识》中所持的立场相近。但是，如果说他们的立场是一样的，那就错了。霍克海默对于把任何一个单个阶级的立场视为实体的做法都保持着警惕。正如他在"传统理论和批判理论"中所说的，在当今时代，任何一个社会阶层的意识都有可能被意识形态所限制和腐化。他拒绝把无产阶级的优势与一种意识形态批判的优势简单地联系在一起。

---

① M. Horkheimer, "Zum Rationalismusstreit", s. 150ff.

② Ibid. , s. 156.

③ Ibid. , s. 146.

　　对于青年霍克海默来说，关于无产阶级的重要事情，是它发展了一种不能通过资本主义现有价值的僵硬分配、而只能通过实现资本主义关于"公正、平等和自由"的许诺来满足的需要。因此，如果这些需要被转化为激进的阶级意识，它们就能为实现资本主义赖以建立的普遍原则提供基础。[①] 这正如马尔库塞所说，无产阶级解放自身的特殊旨趣"同时也是一般旨趣：它不能解放自己而不把自己作为一个阶级废除，把所有阶级废除……作为革命的阶级，无产阶级的目标是自我超越的：在保持为历史的、具体的目标的同时，它们（在它们的阶级语境中）扩展到了特殊的阶级内容以外"[②]。直到 1930 年代极晚期，霍克海默还相信，批判知识分子的思维对于大众的发展能够是一种刺激性的、能动的因素。通过提出它自己对解放的旨趣、对超越一切阶级社会的旨趣，批判理论能够有助于提高对社会矛盾的意识，并因此推动对人类生存状况的客观改善。[③]

　　但是到了 1930 年代晚期，霍克海默对工人阶级的潜在发展已经愈来愈不抱幻想。虽然他仍然坚持批判理论的立场是受生产过程和无产阶级的社会位置制约的，但他开始越来越经常地强调，这种立场可以越来越少地与工人阶级的实践相联系。结果，他转而试图通过以下途径来证实批判理论立场的客观性，即寻找"一种旨趣，这种旨趣存在于一个人类活动的理性组织之中，在这里，它［批判理论］已经得到了阐明和合法化。因为它不仅关心那些由已经预先存在的生活形式所规定的目标，它还关心人类及其所有可能性"。[④] "一个理性社会"这种今天看起来"仅仅出现在幻想中"的目标，"被真正交给了每一个人"，他补充说。它被当作潜在的可能性交给了人类。[⑤]

　　对于霍克海默来说，"理性社会"这个概念多半只能以消极的方式领会：它是一个由内在批判所指明的社会，一个摆脱了现存秩序的矛盾的社会。他很少以肯定的方式说出这样一个社会究竟有什么样的性质。他是有意这么做的。"至于批判理论所指向的本质性的变化，那么在它实际到来

　　[①]　参看 'Zum Rationalismusstreit', ss. 146 – 147, 156; 'Zum Problem der Wahrheit', ss. 244 – 245, 247, 256; 'Traditionelle und kritische Theorie', s. 190.

　　[②]　H. Marcuse, *Counterrevolution and Revolt*, Boston: Beacon Press, 1972, p. 124.

　　[③]　Horkheimer, 'Traditionelle und kritische Theorie', pp. 162 – 164.

　　[④]　M. Horkheimer, 'Nachtrag', *Kritische Theorie*, vol. 2, s. 193.

　　[⑤]　M. Horkheimer, 'Nachtrag', s. 198.

之前，不可能有……关于它的具体概念。如果对布丁的证明就是吃，那么在这里，吃仍然是未来的事。"① 辩证法必然是否定性的。一个"理性社会"只能出现在"为未来的斗争"之中，只能出现在反对"资本世界"（早期霍克海默）和"技术理性统治"（后期霍克海默）的斗争之中。只有通过反对现存矛盾的斗争，"理性社会"的概念才能被更清晰地定义。

战后的霍克海默经历了一系列变化。其实，早在 1940 年代早期，霍克海默的著作中就已经很少讨论理论和革命实践的关系了。通过无产阶级所代表的公共旨趣来检验批判理论方案，这种策略也变得越来越不重要。霍克海默集中精神于跨学科语境中的内在批判，虽然这两种倾向（哲学沉思和经验研究）在他的身上并不总是能达到协调一致。纵其一生，他经历了革命在西方的失败，目睹无产阶级革命意识的缺乏，垄断资本主义的成长，极权国家和官僚政治的膨胀，所有这一切在霍克海默身上所引起的独特反应，或许就是促使他不断地感到有必要修正自己的立场。他越来越关心起要保护一个处于被遗忘的危险中的过去——一段为解放而斗争的历史。晚年的霍克海默并未丧失独立、批判的思维能力，但他的确把一种独特的神学因素引入了自己的思想，在他看来，神学表达了人想要摆脱他的即刻现实，建立一个自由公正的社会的渴望。他早年关心的"公众旨趣"，也即"对一个理性社会的旨趣"，仍然极其微弱地保留在这里。但是，霍克海默那种意识形态批判的原初规划，却很难在他的后期作品中找到了。

第三节　阿多诺：否定的辩证法

按照霍克海默的看法，从 1930 年代早期开始，西方哲学就处于一种混乱状态。哲学试图把握生活总体的宏大企图失败了。德国古典哲学分裂为一些相互竞争的体系，既高度抽象又极其独断。作为一种反应，维也纳学派把哲学引向一条新路径，然而，这也被证明只不过是另一条死胡同罢了。

霍克海默相信，许多传统哲学问题并不需要被完全拒绝，它们只是需要被加以重新考虑。他强调社会科学或许具有为重要的哲学问题提供答案

---

① M. Horkheimer, "Traditional and critical theory", in *Critical Theory*, pp. 200 – 201.

的能力。阿多诺对这一立场持同情的态度，但他试图强化的是霍克海默"反实证主义的、沉思的弧度（bent）"① 这一方面。对阿多诺来说，首要的任务是进行一种哲学的内在批判。只有系统的哲学批判才能适切地摒除旧有问题，并为新的规划设定界限。还在他成为法兰克福社会研究所全职成员以前 9 年，在他的法兰克福大学就职演讲里，他就说道："只有一种本质上非辩证的哲学，一种以非历史的真理为目标的哲学，才坚持认为旧有问题能够简单地通过忘掉它们、重回起点而移除。只有在与最近的……哲学……的最为严格的辩证交流中，一种哲学意识的真正变化才会成功。"② 因为艺术以间接的形式表达了社会矛盾，因此阿多诺认为哲学也包含着相似的客观结构。因为一些特定形式的艺术能够保持一种批判的视角，因此特定的哲学也能做到这一点。通过考察其他理论的对抗性和张力，阿多诺试图发展一种哲学和风格，以期有助于建立一种"批判的社会意识"。③ 霍克海默对此也感兴趣，但是与他把精力主要花在考察思想体系的社会功能上不同，阿多诺集中考察的是哲学表现社会结构的方式。不像霍克海默，阿多诺在相当程度的技术细节上对许多不同的哲学进行了调查研究。④

　　由于着重点不同，霍克海默和阿多诺在如何对相互竞争的社会理论进行合理取舍这个问题上也观点不同。早期的霍克海默比阿多诺更接近卢卡奇在《历史与阶级意识》中的立场，而从其最早的哲学作品开始，阿多诺就专注于对真理概念的重新考察。⑤ 对他来说，真理理论的建立有赖于一种特定类型的辩证批判。然而这种分歧随着时间的推移变得越来越不明显。到了 1940 年代早期，他们已经有了充分的共同基础来合写一部《启蒙的辩证法》。在如何决定理论的有效性这个问题上，霍克海默的立场愈来愈接近阿多诺，这既是霍克海默对无产阶级的潜力越来越持悲观态度的

---

　　① T. Adorno, "Offener Brief an Max Horkheimer" [Open letter to Max Horkheimer], *Die Zeit*, 12 February, 1965, s. 32.

　　② T. Adorno, "The Actuality of Philosophy", *Telos*, No. 31 (1977), p. 132. 这篇文章于 1931 年 5 月 7 日由阿多诺提交给法兰克福大学哲学系。

　　③ T. Adorno, *Negative Dialectics*, trans. E. B. Ashton, New York: Seabury Press, 1973, p. 323.

　　④ Benjamin Snow, "Introduction to Adorno's 'The Actuality of Philosophy'", *Telos*, No. 31 (1977), pp. 115 – 116.

　　⑤ T. Adorno, *philosopische Frühschriften*, in *Gesammelte Schriften*, vol. 1, ss. 325 – 371.

结果，也是阿多诺在社会研究所的影响日益扩大的结果。虽然相对来说阿多诺的一般哲学立场在其著述生涯之中少有变化，他对研究的性质和实践的兴趣却日趋强烈。把活动范围不断扩大到经验研究之中的结果是他与霍克海默之间产生了更多的共同领域。但这些并不是说他们的风格和方向变成了一样的。他们之间的差别仍然很大，足以使他们在单独写作时作出极为不同的工作。

一　哲学批判：最初的定向

阿多诺的观点是通过一种内在的哲学批判发展而来的。他认为，绝大多数哲学家都未能对主体和客体之间的关系提出一种适当的说法。① 在这里，就阿多诺的目的来说，"主体"可以指一个特定的人主体（human agent），也可以指独立于任何给定个体的社会主体（social agent）。"客体"可以指社会世界或自然世界，或者它们的某些方面。在阿多诺看来，主体和客体的关系"既不是一种基本的二元性，也不是躲在幕帷后面的最终统一"。② 主体和客体二者相互构成，但不能彼此还原，即一个永远不能被另一个完全包容。它们是具有内在联系的、相互独立的结构，认知过程在其中得以展开。许多哲学家不是把主体还原为客体，就是相反的把客体还原为主体，由此宣布了各种虚假的统一。阿多诺最关注的就是对这种事态作出评价，因为它清楚地显露在资产阶级哲学的历史当中。他特别热衷于揭示主观主义的谬误，认为这是过分强调主体作用的结果，虽然这种强调常常是隐藏着的或者不被承认。

主观主义在资产阶级唯心主义里的经典表现之一，如黑格尔哲学所表现的那样，是强调主体的建构性，或者主体概念产生世界这种观念。虽然哲学路径各不相同，但是所有资产阶级唯心主义都内含着阿多诺所说的"同一性思维"（identity thinking）这种东西。同一性思维致力于把所有特殊客体都包容在一般定义或者一个统一的概念体系里。当代社会制度的"总体性"组织趋势，阿多诺认为，是这种思维模式的历史对应物：特殊性被包容在一般概念之中，就像个人被包容在"计划"之中一样。阿多诺试图表明，这种类型的思维准确地显露了统治性的意识形态，但同时它

---

① T. Adorno, *Negative Dialectics*, p. 167.

② Ibid. , p. 174.

也错误地肯定了这种意识形态。

就像经验主义传统所表明的那样，主观主义的第二种经典表现是哲学怀疑论。通过揭开它的各种伪装，哲学怀疑论的内在不一致就表现出来了。但是更为重要的是，它帮助阻止了对社会存在的批判性评价。因为在其社会哲学和政治哲学的典型形式里，唯有个人的权威才被认为是值得辩护的。个人有相信他们愿意相信的任何事情的自由。无论是资产阶级的个人声望还是他们所信奉的幻觉中的自由，都从这种思想里得到了支持。哲学怀疑论是同一性思维的反面，但对于阿多诺来说它同样是不可接受的。

阿多诺把这种理论定向与其风格化写作方式联系了起来。因此，如果一个人只注意其写作的内容而忽略了形式方面，他就无法完全把握阿多诺思想的意义。① 阿多诺力求在他的写作风格与写作主题之间创造一种一致性。他的许多作品以其结构演示了他对压制性的思想体系和组织体系的发展的思考。他试图揭示和表现个人在当代社会的处境——一种越来越被交换过程、官僚体制和文化工业所塑造的处境。

阿多诺的写作强调了一个客体的自我宣称与其实际表现之间的不一致——这种不一致通常是隐藏着的或者直接遭到否认。他的作品研究并展示了社会整体之内的不连续、不和谐和矛盾。阿多诺坚持认为，当一个社会由于不间断的发展而不能接受精确的定义时，那么非同一性（the non-identical）就必须在一部作品的内容和形式中明白地表现出来。② 为了打破所有封闭的思想体系（如黑格尔唯心主义或者正统马克思主义），防止（以资产阶级意识形态为典型的）对社会的非反思的肯定，阿多诺把他的写作构思为一系列分析和干预。他对格言风格或随笔形式的偏好，一方面反映了他想破坏一切自称完满的思想体系；另一方面反映了他想保持特殊者的独特性。写作对象的矛盾和二律背反被再生产在他文本的结构当中。照他的说法，舍此别无他法。因为这些问题的解决靠的是历史，而不是哲学。

阿多诺还强调，阅读一部文本涉及比收集信息更多的内容。阅读行为

---

① 阿多诺写了许多关于风格的随笔和格言。可以参看 "Der Essay als Form", Notizen zur Literatur, *Gesammelte Schriften*, vol. 11, ss. 9 – 33, 'Momento', 'Juvenal's error' in *Minima Moralia*, ss. 85 – 87, 209 – 212.

② T. Adorno, *Negative Dialectics*, p. 18.

引入并唤起复杂的体验，在某种程度上，这能通过对文体的仔细构思来加以影响。通过"刺激性的表述"和"戏剧性的强调"，阿多诺希望创造一种条件，使得社会世界能够在这种条件下被重新评价。他用来搅动读者的技巧五花八门，包括动词时态的仔细选择、大量引证和前后参照、反讽和反语倒装、夸张、交错排列法、重复熟悉的事物、看似无尽地重复某些主题、大肆张扬地遗漏另一些主题，① 等等。阿多诺当然不相信他能为解释他的文本提供所有线索。他其实真正追求的是维持和创造批判思维的能力。在一个传统范畴的有效性已经遭到严重破坏的语境中，读者必须为理解现象的意义而斗争。在一个"总体"社会里，在一个物化的社会世界里，阿多诺以他所呈现的主题来揭示并唤起差异。他也因此希望他的写作方式能防止他的文本走进被社会"总体"所融合、所吸收的命运。

二　否定的辩证法：非同一性思维

为争取解放而进行的斗争依赖于特定的物质和历史条件，阿多诺相信，这种条件已经越来越不利于这种斗争的成功了。"先验的冥想通过毁灭来获得拯救，这已经不再可能了；永恒出现了，但不是以这种方式，而是通过最易腐败的东西衍射出来。"② 虽然如此，在阿多诺这里，一丝希望的微光仍然保留着。《否定的辩证法》"是一种对批判这个事实自身的批判，与它自己的趋向相反，它必须保留在概念的媒介之内……根据否定的辩证法的定义，它将不会依靠它自己，就仿佛它是总体一样。这就是它的希望形式"。③ 阿多诺没有看到乐观主义有多少施展的空间。但是历史环境——所有形而上学体系和信仰体系都停靠在这里——可能会改变。历史没有也不能为任何思想体系提供一个稳固的基础。如果思维能够不断地被溶化到一个批判的过程之中，至少对一种超验因素的接收还可以保留。否定的辩证法独自并不能引起变革。但是它可以帮助打破所有概念体系的控制。最终，阿多诺想要阐明的是特殊者的立场，和客体（不论是自然事物还是社会事物，或者人类实践）的变化着的构造。在《否定的辩证法》中，他的目标是论证客体的优先性，同时确认主体和客体之间的互

---

① T. Adorno, *Minima Moralia*, pp. 85 – 87.

② T. Adorno, *Negative Dialectics*, p. 360.

③ Ibid. , p. 406.

为媒介性。正如他所写的："一个客体只能被一个主体设想，但永远保持为与该主体不同的东西，尽管一个主体按其本性来说来自与一个客体同样的开端。即使主体是一种观念，我们也不能设想一个不是客体的主体，但是我们却可以设想一个不是主体的客体。成为一个客体也是主体性所意谓的一部分意义，但是成为一个主体却并不对等地是客观性所意谓的一部分意义。"[1]

阿多诺的目标是表明心智的历史是如何不断地显露出"客观性的优越性"的。(但是阿多诺提醒我们，承认客体的优先性并不意味着"客观性是某种直接的东西，或者我们可以忘记对朴素实在论的批判"。[2]) 客体为我们而存在。没有概念系统我们无法把握它们。但是客体并不因此就溶化在概念里。由于概念不可避免的自身不足，它们随着时间的推移消失在客体变动不居的过程中。主体的历史就是它不断地为客观性的主导性让路的历史。阿多诺试图依靠概念来超越概念，到达"非概念性 (non-conceptual)"的境地。[3] 在通过记忆解救特殊者的过程中，囊括一切的理性或许能被打破，一个自由——创造性、自发的思想和行动——的空间或许可以产生。这该怎么做呢？

为了领会某物，我们必须一开始就在它与其他事物的内在关系中理解它，并考察它于其间存在和变化的环境。[4] 阿多诺的唯物主义坚持描绘客体的内在历史，也即描绘客体在历史中被中介的途径。在否定的辩证法里，用以理解客体的中心范畴是"可能性"。在用"星丛"（constellations）方法探索可能性的过程中，我们能够探索贮藏在客体之中的历史过程——客体的现实化和局限性。

知识埋置在历史之中。阿多诺承认，传统在各种已知的客体之间起着中介作用。它包含在最简单的问题和最复杂的答案中。这问题就是，裹挟在传统之中的批判理论，究竟怎样才能超越传统呢？[5] 对阿多诺来说，答案在于非同一性思维（non-identity thinking）：这种思维既依赖于、又改变着现存的常规、惯例和习俗。阿多诺对非同一性思维和同一性思维作了对

---

[1]　T. Adorno, *Negative Dialectics*, p. 183.

[2]　Ibid. , p. 184.

[3]　Ibid. , p. 9.

[4]　Ibid. , p. 25, 52.

[5]　Ibid. , pp. 54 – 55.

比说明。①

同一性思维企图把所有个别对象都包容在一般概念之下，结果是特殊性往往被溶解到了普遍性当中。关于同一性的想象是纯粹思维的意识形态要素，但这种想象背后的东西也是一种真正的意识形态因素，因为在概念当中存在着一个乌托邦的方面。在一个同一化判断中，我们宣称一个客体满足它的概念。然而，概念包含着比一个给定的特殊对象更多的内容：它们也指涉该对象的中心理念或引导性观念。它们指示了一系列被认为对于客体来说是本质性的理想性质（条件和关系），但这些性质并非客体本身。在当前的社会条件下，客体可能无法完满实现它的概念。一个客体只有满足了其理想典型的规定，才能与它的概念相匹配。这种情况，阿多诺称其为合理同一性（rational identity）。

同一性思维主张所包含的谬误可以通过否定的辩证法揭示出来。否定的辩证法对概念和客体之间的关系、对概念所暗示的性质和客体实际所具有的性质之间的关系进行考察。在评估它的对象时，否定的辩证法使用的规范和标准是对象在其概念里自身所具有的。历史地形成的规范提示了客体是什么或者可能是什么。它们也提示了那些很少真正得到实现的可能性，并把没有实现的潜在可能性作为一种想象呈现出来。通过概念的"星丛"结构，非同一性思维把语言当作一种蕴涵装置或者指示装置（connotative or indicative decive）使用。这样，客体的各个特殊方面便得到了揭示，而这是同一性思维和对分类图式的教条运用不可能做到的。

否定的辩证法是一种非同一性思维。非同一性思维也常常被阿多诺用来指内在的批判或内在方法。它在概念与客体、观念与物质世界之间的"力场"上运行。它与其对象遭遇，该对象有着它自己已经形成的规范。它考察客体关于自己的观念与其实际存在之间的矛盾。在这个过程中，他超越了客体的自我想象，并把客体带进流动性之中。这样，通过它产生"提高事物自身认识"的能力，内在方法无法逃避某种"先验的"品质。② 当然，这种方法的先验因素并不导向对总体的一劳永逸的把握。

按照阿多诺的说法，"把同一性定义为物自体与其概念的符合，这是

---

① 阿多诺在 *Negative Dialectics* 第 146—161 页讨论了非同一性思维与同一性思维的基本区别。

② T. Adorno, *Prisms*, trans. S. Weber and S. Weber, London: Spearman, 1967, p. 32.

狂妄的；但是，同一性的理想一定不能被简单地抛弃"①。因为包含在这一理想当中的合理同一性观念为乌托邦保留了一个位置。作为一种关于可能性的概念，乌托邦经常处于被忽视或者被压制的危险之中。非同一性思维能够发掘出这一因素。在一个层次上，不难指出一个同一性判断未能把握的非同一因素："每一个属于某个类的单个客体，都有未被包含在该类的规定性当中的规定性。"② 但是更重要的是，在某些概念（如自由、公正或美）领域，对于那些并非简单地是从"个体对象的特征单位"（如三角形）中抽象出来的概念而言，这里所包含的定义是客体自身可能无法完全实现的。这些概念所包含的观念既比特殊对象多、又比特殊对象少。少是因为对象总是有一些其概念未能把握的性质。多则是因为概念包含着比一个特殊事物更多的东西。因为这些概念指示了一系列理想性质（条件和关系），它们被认为是客体的本质，然而又并非客体本身。概念因而能够既表示特殊对象之所是、又表示它所不是。③ 它们能变成揭示一个给定事物的实际存在和可能存在之间的区别的工具。这样，非同一性认知就允许对一个客观进行同一化（identification）处理，但是是以比同一性思维更多的方式、在更大的范围里进行。④ 一个客体的概念中所指涉的一般条件突出了该客体的存在状态。通过客体的概念这个渠道，我们获得了一种对客体的理解和估计。例如："一个人是自由的这个判断指涉自由概念；但是这个概念并不局限于对这个人进行断言，而根据其他定义，这个人又不局限于关于他的自由的概念。这个概念所说的并不只是它可以被运用到任何被定义为自由的人身上；支撑它的是这样的观念，即存在着一种状态，在这种状态下，个人将拥有一些目前还不属于任何人的特点。"⑤ 在这种状态下，人们（男人和女人）将实现包含在自由观念里的所有性质和条件。在我们生活于其中的所谓自由社会里，社会权力的不平等表明了它所宣称的概念（自由）和对象（目前的事态）之间的同一是虚假的。实践中对自由概念的否定指示了社会中支持、限制和抑制自由之实现的各

---

① T. Adorno, *Negative Dialectics*, p. 149.

② Ibid. , p. 150.

③ 阿多诺注意到，这并非对所有类型的概念来说都是对的。但他没有系统地讨论这一点。参看 *Negative Dialectics*, p. 11, pp. 149 – 50.

④ T. Adorno, *Negative Dialectics*, p. 149.

⑤ Ibid. , p. 150.

个方面。

在对一个特殊实体的分析中，我们从它的概念开始，并揭示了非同一性（正是在这里被过于经常地假设了同一性）。通过这种内在方法，阿多诺论证说，个别实体的个体性便能够被发掘出来——通过它固有的范畴，而不是通过从外面强加给它的概念。否定的辩证法建立在对概念与客体、现象与本质、特殊与普遍、部分与整体（总体）这些范畴的具有内在联系的运用之上。通过对概念形式、概念间的分裂以及它们试图覆盖的客体进行考察，阿多诺的辩证方法致力于揭开客体和总体性之间的彼此建构和彼此改建过程。在这种考察中，客体同样也被根据它表面之所是和它本质之所是加以评估——揭示特殊性中的普遍性，例如揭示特殊个体被建构在总体中时它的性质。有一点很重要，就是要注意阿多诺的总体概念是"去中心化的"（decentered）。总体性不能像黑格尔或卢卡奇所做的那样，被简化（还原）成一个特殊的"遗传中心"或者"创造者主体"；因为它是，用马丁·杰伊的话来说，"一个互动的星丛，而没有一个明确的起源"①。

阿多诺论证说，绝大多数研究社会的其他途径，例如那些典型的常规社会学，都复制了社会的物化和不透明性质。它们把社会感知为一个客体，是需要通过与自然科学相似的方法去理解的。相反，批判理论试图在其结构上理解、分析并扮演（enact）社会的主观基础：社会不仅仅是一个客体，它是一个主—客体（subject-object）。它既是知识的主体，又是知识的客体。"社会是主观的，因为它反过来指示了创造它的人类，而且，它的组织原则也反过来指示了主观意识和它最一般的抽象形式——逻辑，某种本质上主观的事物。社会又是客观的，因为，由于它的根本结构，它不能感知它自己的主观性，因为它并不具有一个总体的主体，而且，通过它的组织形式，它阻止了这样一个主体的设置。"②

为了理解一个社会，我们必须从其内部了解它；我们必须了解它的构成过程。如果社会被当作一个"中立的客体"对待，这些过程将不会被

---

①　M. Jay, "The Concept of Totality in Lukács and Adorno", *Telos*, No. 32（summer 1977），p. 134.

②　T. Adorno, *Introduction to The Positivist Dispute*, p. 33.

把握，社会的主—客体也会遭到破坏。客体将被赋予它本身所没有的性质。它将被用强加自外部的范畴加以重构，同时也以这种方式得到理解。阿多诺拒绝给他所使用的概念下定义。因为如果这样做，那就意味着要提出一种合理同一性。构造了客体的历史和过程确定了客体不能被简单地加以定义。为了避免进行这种定义，阿多诺建立了概念的星丛，以便"指示"，或者"表示"客体的特殊性。然而他承认，某些概念（独裁人格，比如说）很可能不得不通过定义加以引介，以便把握一种"错误事态的本体论"，因为这种事态是一种生产幻觉、复制社会矛盾的状态。① 为了解释这样一种状态，进行理论的引介将是不可避免的。但是这并不意味着在这务虚情况下理论是没有约束性的。② 正像阿多诺所说，"理论……必须把它从外部引入的概念转化成客体本身所具有的概念，转化成客体将愿意成为的东西……它必须把僵硬的、固定在时空当中的客体溶解为一种处于可能性与现实性之间的张力：为了能够存在，可能性与现实性两者中的每一方都要以另一方为依赖。……［在这个意义上］理论无可置疑地是批判的。"③ 而发展这样一种理论是社会科学的终极目的。④

三　否定的辩证法和马克思的价值理论

主体与客体、精神与物质应当是联系在一起的概念：它们都以对方为先决条件。然而它们的彼此建构过程，阿多诺认为，发生在客体的形成中。主体和客体由客体性而区分开来。它们的分离是客体形成的一个特征。为了理解客体，我们必须把握它的发展；为了对它作出评估，我们必须把握被它明确下来的规范。没有什么方法是独立于客体而存在的；在现实与方法之间没有什么严格的分界线可以被始终维持下来。"任何一个人，如果想要跟随其对象的结构并把它概念化，好像掌握了它本身的运动，那么在可供他处置的范围里便没有独立于对象的方法。"⑤ 方法本身必须适合于社会形式的特性。

---

① T. Adorno, *Negative Dialectics*, p. 11.

② Ibid. , p. 31.

③ T. Adorno, "Sociology and Empirical Research", in Adorno et al. , *The Positivist Dispute*, p. 69.

④ T. Adorno, "On the Logic of the Social Science", in Adorno et al. , *The Positivist Dispute*, p. 112.

⑤ T. Adorno, *Introduction to the Positivist Dispute*, pp. 47 – 48.

从这个角度，我们就能理解阿多诺着眼于马克思的工作，特别是着眼于马克思的价值理论对于他自己的工作的重要性。在他全部著作的许多地方，他都把马克思对交换过程的分析当作一个非同一性思维的例子来使用。按照马克思的看法，交换被宣称为等价交换，尽管它并不是等价的。正如阿多诺所说的："对所交换之物的等价性的断定，所有交换的基础，被它自己的结果否定了。由于其内在动力，当交换原则扩大到人类活劳动时，它不由自主地变成了客观的不平等，也就是社会阶级的不平等。由于有一个强制性的开端，矛盾就在于交换既平等又不平等地发生了。"① 但是马克思的工作，其意义并不仅仅在于被当作例子来使用。它的许多方面为阿多诺自己的方法提供了模型。他写道：以一种宏伟的方式，马克思的工作显示了一种科学意义上的批判和元科学意义上的批判的统一体。阿多诺不愿接受给知识提供基础的传统模式，他采纳了批判程序这种最为成功地解开了资产阶级意识形态死结的方法，也就是马克思在他对交换价值和商品拜物教分析中所使用的方法。因此他宣称，他的方法历史地与历史的动态发展相关，更重要的是，它适合历史的动态发展。

阿多诺坚持认为，马克思的分析暴露了资本主义幻象的首要来源，并揭示了内在批判对于克服这种幻象的必要性。② 通过交换过程以及随后的拜物化，相异的现象变得相等了。这以两种方式发生：一方面是社会现象的物化；另一方面，无生命的事物被当作仿佛具有社会品质一样对待。两个过程都产生并维持了同一性思维。作为物化的结果，人类之间决定性的关系表现为物质对象之间的关系所具有的形式，物的概念被运用于社会关系。随着把社会关系的属性归结到"物"，一种概念和客体之间的欺骗性的相等也产生了。不要设想这些现象仅仅是意识的错误，这一点很重要。它们是社会地产生的幻象，规划着既包含着真理、也包含着错误的世界意象。它们之所以包含着真理，是因为它们反映了商品的交换过程，一个把相异的事物变得相等的过程："交换原则，把人类劳动还原为平均劳动时间这种抽象的普遍概念，与同一化原则具有根本的联系。同一化在交换中

---

①　T. Adorno, *Introduction to the Positivist Dispute*, p. 25.

②　Ibid. , p. 25, 69, 115, *Negative Dialectics*, p. 52, pp. 146 – 148.

有其社会模型，而交换如果没有同一化将什么也不是。"① 只是通过交换的普遍化，不同的东西才变得可以比较。但是同一性思维作为物化的思维，无法洞穿社会的表象，并感知潜伏于其下的"非同一性"。因此，它不能理解生产的社会关系的性质，而这种关系以各种复杂的形式决定着社会的特征。

按照阿多诺，马克思表明，概念性（conceptuality）内在于现实，不是仅仅作为"求知主体的构造性的概念性"，而是作为"一种支配现实本身的概念性"。② 后者对于资产阶级社会世界是一种虚幻的内在性，是由交换过程产生的。根据阿多诺的意见，马克思还展示了交换和拜物教的某些效果能够用来对概念和事物存在、演化的特定条件进行考察。阿多诺采纳了马克思的方法，并把它用于对资产阶级世界里文化现象的研究。

循着这种视角，我们就能理解阿多诺的如下观点："没有真实意识和客观真理的概念，对意识形态、对虚假意识、对具有社会必要性的幻象的研究将是毫无意义的。尽管如此，起源和有效性不可能被分开而不产生矛盾……它们无疑必须在个人的认知行为和认知原则中被批判地区分开来。但是在原发性问题……的领域里它们是不可分离地统一在一起的。"③ 现象的意义不能简单地被给定。它历史地变化着。然而，一个现象是真实的还是不真实的，这是可以判断的。资本主义社会的真实性和虚假性可以根据它是否满足它的概念加以评估。马克思关于交换的工作，或者阿多诺关于文化的工作，都表明资本主义社会并不满足它的概念。因为资产阶级社会要想是真实的，它就得拥有合理同一性；它就得按其宣称的，表现一种自由公正的交换过程；它就得实现它对自由和平等的许诺。为了与这些概念取得合理的同一，社会就得进行彻底的变革。最终，"科学真理的观念不能与真实社会的观念分开。只有这样一种社会才会从矛盾和矛盾的缺乏中解脱出来"④。否定的辩证法指向解放的未经实现的潜在可能性。它发现内在于其对象、然而常常被该对象的现状所否定的价值。否定的辩证法

---

① T. Adorno, *Negative Dialectics*, p. 146.

② T. Adorno, "Sociology and Empirical Research", p. 80.

③ T. Adorno, Introduction to *the Positivist Dispute*, pp. 21 – 22.

④ Ibid., p. 60.

本身既不是一种方法也不是一种实在。它之所以并不简单地是一种方法，是因为它的对象是矛盾的，没有明确的起点和终点，不能进行完全的解释，这本身把思想驱向辩证法。另一方面，否定的辩证法也不简单地是一种实在，因为它在反思的过程中重铸了实在；"矛盾性是一个反思的范畴，是概念和事物在认知中的对抗"。去理解和表达这种矛盾就是去反驳现实（拜物教化了的资产阶级世界）。去反驳现实并不是抛弃它所是的一切。否定的辩证法表现了一种"实践的挑战"。[①]

《否定的辩证法》以一系列"对形而上学的沉思"结束。阿多诺一如既往地强调历史"客观性"的中心性、社会现实的矛盾特征和同一性理论的贫乏。虽然否定的辩证法继续唤起着超越现存信仰体系和物质条件的潜在可能性，它并没有给这种观念以一种绝对的地位。正像阿多诺指出的，"辩证法允许我们思想绝对"，但是"经辩证法传递的绝对处于有条件思维的束缚中"。辩证法不能逃避这种束缚。"除了关于内在性的论题和范畴以外，没有什么别的东西能够被表达为绝对了，虽然不论就其条件性还是就其总体性来说，内在性都不应当被神化。"[②] 内在性概念本身是历史的。否定的辩证法试图成为意识形态环境的自我意识。它并不宣称自己已经全然逃避了这种环境，虽然它的确希望"从内部摆脱这种环境"。

在一种反黑格尔主义的语境里，阿多诺最终的立场与康德哲学的某些方面更为接近。康德形而上学所描述的二律背反，在阿多诺看来，准确地表现了形而上学在一个矛盾的历史环境中所处的位置。阿多诺赞扬康德为"预先阻止概念神话"作出了贡献，赞扬他意识到了精神没有、也不可能穷究"它所涉及之物"：必有某种东西超越于精神之上而存在。阿多诺当然没有接受康德的先验方法。但是他认为康德对超越的意义的强调，则必须加以保留。[③] 对阿多诺来说，保持这种超越因素，就是保持一种可能性因素，就是保持超越的可能性，而对于真正的和真实的思想来说，这种可能性始终是启示和灵感的源泉。

---

① T. Adorno, *Negative Dialectics*, pp. 144 – 145.

② Ibid., p. 407.

③ Ibid., pp. 384 – 393.

第四节　马尔库塞:辩证法和历史
唯物主义的基础

马尔库塞像阿多诺一样也关心对物化和拜物教的批判和超越。在一种与霍克海默相似的脉络上,他也强调辩证法的未完结性,人的尚待实现的可能性,人类实践在知识的建构和评价中的中心性,以及跨学科方法对于理解社会总体的重要性。然而尽管有相当程度的交叠,他们在立场上还是存在着一些重要的不同。

霍克海默和阿多诺当然也承认马克思早期写作的重要性,但是马尔库塞给予它们以更高的强调,并且特别关注其中的《1844 年哲学—经济学手稿》:他更愿意捍卫“青年马克思”所作出的发现,并且认为它们预示了像《资本论》这样的著作,并在这些著作里精致化、完善化了。一种关于劳动和异化的一般理论为他所有的著作提供了一个背景。根据这些看法,黑格尔对马尔库塞发生了比对霍克海默和阿多诺更深刻的影响,这就不难理解了。马尔库塞直接受惠于黑格尔的一些中心观念,比如说黑格尔的理性概念、辩证法和对历史结构的理解。在黑格尔的著作中马尔库塞还发现了许多马克思最具挑战性的观念的早期形式,比如劳动的性质、异化和市民社会的无政府状态等。

马尔库塞的著作比霍克海默和阿多诺的著作更全面地介入到了经典马克思主义的旨趣之中。政治在他的生活和工作中扮演了一个关键的,即使不是中心的角色。在其生涯中他不断地努力想要保卫与重建马克思主义的事业。一种对革命的命运、社会主义的潜在可能性和保卫“乌托邦”目标的全神贯注,在他的著作里显而易见。他的社会批判方法,其目标是解放意识、培养一种去中心化的政治运动和调解人和自然之间的关系。不像霍克海默和阿多诺,马尔库塞正像一位评论者所说的那样,“不断地争取把批判理论所提供的有关社会过程的综合画面,与当前已经存在或正在出现的各种形式的对手联系起来,不管它们当时看起来可能多么破碎、扭曲或者毫无希望”。①

---

① 　W. Leiss, "The Critical Theory of Society: Present Situation and Future Tasks", in Paul Breines (ed.), *Critical Interruptions: New Left Perspectives on Herbert Marcuse*, New York: Herder & Herder, 1972, p. 93.

马尔库塞与霍克海默和阿多诺的兴趣还有一些其他的不同。例如，虽然马尔库塞也经常采用一种跨学科的视野，但他却比研究所其他成员承担了更少的经验工作。他首先是一个哲学家和社会与政治理论家。同时，他也更主动地接受了 20 世纪哲学发展的一些影响。作为海德格尔和胡塞尔的学生，他对他们的事业怀有同情的态度。有一段时期，他与海德格尔有密切的工作关系，后者所关心的问题和语言方式在马尔库塞的绝大多数早期出版物里都有所体现。但是海德格尔影响马尔库塞的程度不应当被夸大。马尔库塞很少无条件地赞同海德格尔的现象学纲领，即使是在他最早的作品中。例如，在一篇发表于 1928 年的论文中，马尔库塞写道："一种人类存在的现象学失之于缺少必要的清晰性和完整性"，因为它"避开了历史存在的物质条件。"[1] 在 1932 年的一篇评论中，阿多诺以赞同的语气描述了马尔库塞"从存在的意义到关注在世存在（being-in-the-world），从基本本体论到历史哲学，从历史性到历史"[2] 的转变。

一　批判理论的概念

按照马尔库塞的看法，批判理论的目标是对社会实践的所有形式，以及那些阻碍它们 的自我意识和自由发展的因素作出理解。因此，它既关心"防止丧失过去的知识劳动所获得的真理"，也关心"对目前状况的批判和对它们的趋势进行分析"。[3] 通过探询表现在所有社会现象之中的社会结构，批判理论试图表明这种结构里包含着未被实现的潜在可能性，一种由人类目前的生存形式和人类本质（人类未实现的能力和才智）之间的鸿沟所造成的潜在可能性。这种鸿沟可以通过考察那些与既存秩序对立的事物，比如社会斗争、超越了惯例性描述模式（对语言的支配性使用）的概念、挫败感和渴望一种"不同的事物秩序"的需要和愿望等来把握。

尽管相信所有知识都具有其历史根源性，但马尔库塞更坚定地相信，由思想规划出来的潜在性和可能性的阵列能够被合理地裁定。在对霍克海

---

[1]　H. Marcuse, "Contributions to a Phenomenology of Historical Materialism"（最初发表于 *Philosophische Helfte*, No. 1, Berlin, 1928）, *Telos*, No. 4（Fall 1969）, p. 21.

[2]　T. Adorno, Review in *Zeitschrift für Sozialforschung*, vol. 1, No. 3（1932）, 转引自 Jay, *The Dialectical Imagination*, p. 28.

[3]　H. Marcuse, "Philosophy and Critical Theory", in *Negations*, Boston: Beacon Press, 1968, p. 152, 145.

默和阿多诺表示赞同的同时，他坚持认为是历史条件而不是纯粹的认识论条件决定着命题的有意义性和真实性。正像他在早期作品中指出的，"在世存在"的条件产生了评估陈述有效性的标准。在马尔库塞 1940 年代晚期以前的著作中，这些标准是在理性和劳动之中得到显示的。

马尔库塞捍卫一种理性主义和对社会的批判取径。这种取径有两个主要准则："第一，人是一种理性生物，比如一个具有自由决定和塑造自己的存在这种潜能的人，其决定是由知识过程引导的，其塑造是就其世俗幸福而言的；第二，生产力和生产关系的发展水平，是那些潜在可能性在人的理性建构的社会里何时能够得到实现的标准。"[①] 马尔库塞并没有把理性看作是"存在的绝对基础或本质"，而是把它理解为"具体个体在他们特定的社会条件中的理性"，这种条件限制了人的知识，限制了把行动解释为追寻合理目标的范围。但是这些条件自身"应该得到理性的理解，并且，在这种理解的基础上得到改变"。[②] 马尔库塞的社会批判既是理论的，又是批判的。

马尔库塞的工作既展示了一种方向上的连续性，又表现为一系列非常显著的发展阶段。后者值得给予简要的描述，因为这为比较他与霍克海默和阿多诺的批判理论的兴趣点的不同提供了一个有用的参考。第一个阶段，马尔库塞试图把海德格尔的现象学与马克思主义综合起来，并为一般理论安置一种批判的基础。在他发表的第一部长文《历史唯物主义的现象学导言》（Contributions to a phenomenology of historical materialism，1928 年）里，马尔库塞力图阐明本体论、历史性和辩证法三者之间的关系。第二个阶段的特点，其一是对黑格尔哲学的考察，马尔库塞发现，在黑格尔的许多概念，比如理性与劳动之中，包含着一种激进性和政治性。其二是他根据"早期马克思"发展了他对马克思主义的理解。在这一时期，马尔库塞参与了对经验主义、实证哲学和实证主义的长期批判。这一阶段随着《理性与革命》（1941 年）的出版而达到高潮。这部著作的意图之一，是想表明黑格尔思想的革命特征。它所阐述的观点与流行于英美的标准看法直接对立，因为根据这种看法，黑格尔大概是 20 世纪"右翼"极

---

① H. Marcuse, "The Stuggle Against Liberalsim in the Totalitarian View of the State", in *Negations*, p. 15.

② Ibid. , p. 272.

权主义的先驱之一。

从 1942 年到 1950 年，马尔库塞发表的作品数量很少，他为战争工作，很长一段时间服务于美国政府官方机构。但是随着《爱欲与文明》在 1955 年出版，他的思想中又增加了一个重要的新维度。这来自他对弗洛伊德的阅读。他处理弗洛伊德的方法与他评论黑格尔的方法很相似。正如一位评论者指出的，对于两者，他采取的都是不理会他们明确的政治意见，而直接分析他们基本的哲学或心理学概念，以此来证明他自己的论点。"马尔库塞在两者中都发现了一种革命信息，尽管有着对历史悲观主义、独裁主义和现状的公开妥协，但仍然保持着完整性……在两者那里，结果都是［马尔库塞］在表面的保守虚饰之下，发现了同样的批判推动力，那种只有在卡尔·马克思的著作里才获得了明确形式的批判的动力。"① 依靠本能理论的帮助，马尔库塞试图探讨个人和社会之间的关系，并试图探索把合理性运用到历史之中的可能性。

1950 年代晚期和 1960 年代早期，马尔库塞出版了他对苏联马克思主义和工业资本主义的批判性分析。在这些著作中，他对统治（经济的、政治的、文化的、智识的、性的）的多重根源的关注得到了最详尽的表述。《苏联马克思主义》（1958 年）和《单向度的人》（1964 年）两本书都有明显的论辩意图，它们一方面分析了发达社会的发展趋向，另一方面，它们探讨了这样的问题：究竟是什么因素使得社会批判难以发挥作用，又是什么因素阻碍了社会真正实现民主的可能性。

二 历史唯物主义的基础

在黑格尔构造其体系一个多世纪以前，哲学就已经把理性当作自己的旗帜了。哲学家们主张说，自然世界和社会世界将能够、也必须用理性来理解和驾驭。理性的实现将会使所有专横的外在权威逐渐得到解除，人们将能自由地按照他们的意愿行动，现实和人的努力之间的矛盾也会被消除。② 黑格尔是最后一个用思想标准解释自然和历史、并把世界把握为理性的人。但是，由于他懂得理性的充分实现是以社会和政治秩序为基础的，他就"把哲学引到了否定的门槛"。只需要不多的几步，这种批判传

---

① P. Robinson, *The Sexual Radicals*, London：Temple Smith, 1969, p. 156.

② H. Marcuse, *Reason and Revolution*, Boston：Beacon Press, 1960, pp. 253 - 255.

统就能被改造到新的方向和形式上来。① 通过揭示无产阶级的性质，马克思走出了这些步骤当中最重要的一步："无产阶级的生存方式与所谓的理性现实相矛盾，因为它呈现在我们面前的整个阶级证明了对理性的全然否定。"② 黑格尔哲学的真理性被历史现实自身否定了。社会批判不再能够仅仅由哲学探讨来推进了。为了实现哲学自己所关心的事，"否定哲学"变成了必要的行动。只是在这时事情才变得显而易见了："真理"只能在历史过程中、通过人们的集体实践才能发现和实现。

黑格尔的社会范畴和经济范畴实际上全都是哲学概念，相反，马尔库塞强调说，马克思主义思想中的哲学概念全都是社会和经济范畴。③ 但是马克思的范畴绝非全都是原创的，它们当中有许多是从黑格尔那里来的。其中意义最为重大的是劳动概念，按照马克思和马尔库塞，这是黑格尔的"决定性的贡献"。黑格尔对这个概念的使用直接指示一种"实践活动和人的感性活动"过程（马克思），一种创造的动态过程。马克思把他的理论聚焦在劳动过程上，这样，马克思就"把黑格尔辩证法的原则，即内容（现实）的结构决定理论的结构，改造到了完美的境地"④。他把劳动过程，也即"社会的基础"，当作了他的社会理论的基础。这是在他最早的著作中就达到了的境界。

马尔库塞认为，《1844 年哲学经济学手稿》不仅对马克思思想的整个发展来说极为重要，就是对于马克思主义研究和"科学社会主义"的一般理论来说也是极为重要的。在马尔库塞对马克思这些早期著作的著名介绍中，他辩论说，正统马克思主义违背了马克思某些最重要思想的实质。⑤ 马克思绝非要创造一种历史的"经济学"观点，他也并不认为事情只是在技术层面上解决生产力和生产关系之间矛盾的问题。马克思主义在用政治经济学范畴评估现实的时候，考虑到了现实中人的因素，即现实中由人的才能、力量和需要构成的方面。"马克思把人的这些特性归结为

---

① 马尔库塞也用相当的篇幅讨论了费尔巴哈和其他一些人在从黑格尔到马克思的转变过程中起到的重要作用。参看 *Reason and Revolution*, pp. 251 – 273.

② H. Marcuse, *Reason and Revolution*, pp. 260 – 261.

③ Ibid., p. 258.

④ Ibid., p. 272.

⑤ H. Marcuse, 'The Foundations of Historical Materialism' (1932), in His *Studies in Critical Philosophy*, trans. Joris de Bres, Boston: Beacon Press, 1973, p. 4.

'人的本质'；当他对经济进行考察的时候特别留意的问题是，那种经济是否实现了人的普遍本质。"① 马尔库塞认为，正是以此为基础，我们可以对革命作出决定性的判断。正是因为资本主义社会威胁到了"人类实在"的存在，威胁到了人这个物种的特性，一种"总体的和彻底的革命"才是必要的，同时也可以得到辩护。② 如果革命没能加深人的满足感，那么它就背叛了它的目标，结果当然也不能证明它的进步性。

为了探究这种观点的基础，人们要问："普遍本质"，或者像马克思和马尔库塞有时表达的那样，"人的本质力量"，"人的本质存在"，这些术语意味的是什么事情呢？在马尔库塞对马克思的解释中，个人是在劳动过程中成为他们之所是的。劳动过程是"人的自我创造的活动"，在这个人为实现预期需要而奋斗过程中，人性形成了；在这种获得知识的活动和意识活动过程中，人的世界得以产生。这是一个生成过程，其主要的意义是需要的满足。关于人的"本质存在"的任何陈述，都必须把这一点纳入它的范畴。对马克思的贡献的任何评价，也都必须从考虑这一点开始，因为马克思工作的实质性前提，历史唯物主义的实质性前提，是一种关于人的本质和人类发展的特殊概念。

马克思的出发点是：人是一种"类存在"。在马尔库塞对《1844 年哲学经济学手稿》的解释中，什么才是这种"类存在"的特征呢？按照马尔库塞的看法，人并没有被限制为只能存在于一种特定的状态。他们的存在和他们的对象世界并没有被他们生存的直接环境所穷尽。他们能够"意识到并把握包含在每一种存在之中的可能性……能够开发、改变、塑造、处理和推动……任何存在"。③ 正是这种特性把人确定为具有普遍性的动物，因而也是自由的动物。人类把自己当作"实际的、真实的类"对待，任何存在都变成了他们的客体。人类的普遍性构成了它的自由。④

人类通过"现实的感性对象"塑造他们的生活。他们的存在之所以有力量，就在于他们能够通过对象、并在对象中做任何他们想做的东

---

① H. Marcuse, *Reason and Revolution*, p. 275.

② H. Marcuse, "The Foundations of Historical Materialism", pp. 10 – 12.

③ Ibid., p. 16.

④ Ibid., pp. 15 – 17.

西。① 仅仅对他们而言，对象世界才是客观的，也即是物质的，这个对象世界是"人的'自我对象化'，或者人的对象化"。人是对象性的动物，对象化包含着人和自然的统一。

但是，并非仅仅是人创造并安排对象，他们也被对象所安排。这是感知的基本的决定因素。人一出生就进入一个已经存在的客观世界，他们赖此获得需要和愿望的满足。正是通过对他们自己的物质性存在的感知，他们才与这个世界联系起来，并发展成为"普遍的"和"自由的"存在。在这里，"联系"和"发展"的模式是由人类活动给予的，也就是说，是由劳动给予的。

只是在劳动中、通过劳动，人才了解并占有了世界。"在劳动中，人撤销了对象的纯粹客观性，而把它们变成'生存的手段'。他给它们留下他存在的印记，让它们进入'他的劳作和他的现实'……已完成工作的客观片断是人的现实；人，正像他已经意识到的，本身是他的劳动的对象……恰恰是在劳动中……独特的人类普遍性变成了现实。"② 在这个过程里活动的并不是单独的、孤立的个人。所有劳动都处在一个公共领域之内：它是社会的，总是"与他人一起、为了他人、依靠他人"的。因此，世界总是一个社会世界，实际上也就是一种历史性的现实。对于所有劳动和占有行为来说，既存的和已经建立起来的东西是它的媒介和工具。

总起来说，马克思关于人的概念描述了一种"自然的"和"感性的"存在，这是一种"普遍的"和"自由的"存在。这种存在的条件是劳动：人们只有通过劳动才能认识自己，在劳动中，人们创造了自己和他们自己的现实。这一点，按照马尔库塞的看法，是马克思类存在概念的核心。类存在因而并不是指某种在历史发展的任何阶段都保持有效的抽象的人类本质。"人类和历史的本质"（本质性）与"历史的实际状况"（事实性）并不是分离的、各自为政的领域。事实上，人的历史经验"被纳入了关于他的本质的定义……而本质……则可以在历史中、而且只能在历史中加以定义。"③ 按照这种看法，社会研究的方向就是探究人、人的社会关系

① H. Marcuse, "The Foundations of Historical Materialism", p. 18.
② Ibid. , p. 23.
③ Ibid. , p. 28.

和对象世界是怎样如其所是地发展而来的。由于它揭示了人的生存形式在什么程度上是自由的自我认识的手段，又在什么程度上是这种认识的障碍，这种社会研究因此变成了一种批判的分析。

在发表于 1933 年的一篇论文①和随后的一些著作中，特别是在《理性与革命》中，马尔库塞作出了他自己的类似分析。在这些著作里，劳动成了一个人类生存的"先验范畴"，因为"只有在劳动中，而不是在劳动之前，人才成了历史的，才能要求他在历史过程中的决定性地位"。②马尔库塞遵循马克思的说法，认为劳动并不是一种简单的经济活动。他重申了这一观点，即认为劳动是"人在外化［*Entäusserung*］（externalization）之中成为自己"的过程，是"人的自我创造或自我对象化的活动"。③ 按照马尔库塞的观点，劳动是人类生存的条件，它独立于所有社会形式，是一切活动的基础。这样，劳动就被赋予了持续性和永久性的特征。创造出来的东西变成了劳动者周围环境的一部分，"它变成了实际的、现存的、历史性的'客观性'，在'世界'的生成中，它要求一种客观形式。"④ 在 1933 年的论文中，马尔库塞还认为劳动具有一种内在的沉重性，因为它被引向把异化的条件强加给人类活动。然而这种立场在《理性与革命》中被修正了，在这部著作里，马尔库塞脱离了资本主义生产关系，把劳动设想成一种潜在的自我定向的、自由的活动。⑤

通过劳动（不考虑形式的不同），人们把他们所遭遇的每一种情况都变成了他们自己的，这是通过把它们生产和再生产出来实现的。"生产和再生产并不仅仅指经济活动中'物质存在'的生成，它指的是人类生存作为一个整体的活动过程：在人类生存的所有不可或缺的领域里，对所有人类生存的占有、征服、转化和进一步发展。"⑥ 这种"占有"、"征服"、"转化"和"发展"，本质上是一系列有意识的、有目标的活动，是被一

---

① H. Marcuse, "On the Philosophical Foundations of the Concept of Labour in Economics" [*Archiv für Sozialwissenschaft und Sozialpolitik*, vol. 69, No. 3, 1933], trans. Douglas Kellner, *Telos*, No. 16 (Summer 1973).

② H. Marcuse, "On the Philosophical Foundations of the Concept of Labour in Economics", p. 27.

③ Ibid., p. 12, 10.

④ Ibid., p. 16.

⑤ H. Marcuse, *Reason and Revolution*, pp. 292 – 294.

⑥ H. Marcuse, "On the philosophical foundations of the concept of labour in economics", p. 18.

个特殊的目的塑造的，这个目的就是人类生存的创造和发展，是一种更适合人类存在的世界的创造和发展。这个目的，马尔库塞认为，是劳动的地基和所有生成的基础。

人类活动的驱动力是"需要"。马尔库塞论辩说，"愿望满足了以后总是会留下些可供想象的东西，而一些还没有实现的愿望也总是会接踵而至"①。作为人类而存在，这总是涉及比展现在目前形式中的人性更多的东西。因此，不能设想劳动是以其自身为目的的。它的意义与对人类生存的改进不可分割地联系在一起。它是一种对愿望、对缺乏的表达，并被导向通过创造和占有来克服这一点。当然，劳动总是发生在由过去的成就所设定的疆域里。在日常生活的层面上，劳动常常是一种平淡无奇的活动。但是，所有劳动都从属于"那最终的目的……劳动的目标和目的，人类的持续和永久生存的真正实现"。最后，马尔库塞得出了与马克思一致的结论：劳动是人类"普遍本性"的发展手段。②

马尔库塞强调，不能用对劳动的一般理解来代替对劳动的确定社会形式的理解。很清楚，这些形式是随着自然环境和历史环境的不同而改变的。只有通过对劳动在每一种生产模式中的明确形式进行具体的研究，我们才能对它获得适当的理解。通过这样的探究，社会的基本形式和基本过程，以及变革的潜在可能性，就可以为我们所把握。③ 这是因为，劳动过程决定着社会的基本结构，因而，它也决定着理性和自由可能实现的条件。

在《理性与革命》中，马尔库塞接受了马克思在资本主义研究中的基本发现。他甚至把他的《单向度的人》看作是对马克思此种分析的发展。诸如劳动和资本、资本和商品等等这些关系，被按照人的关系加以理解，这决定了一种特殊的社会生存形式。这种生存，假如是被劳动过程的机械化和"经济规律"所决定的，那么它就是在"损害工人的身体，并且摧毁工人的精神"。④ 由于资本的聚积加剧了贫困，由于快速的技术发展导致"死物质统治了人的世界"，工人异化的基本性质就暴露出来了，

---

①　H. Marcuse, "On the philosophical foundations of the concept of labour in economics", p. 22.

②　Ibid. , p. 29.

③　H. Marcuse, *Reason and Revolution*, p. 295.

④　Ibid. , p. 276.

那就是工人与他们的产品、与他们的劳动过程、与他们的同类、与他们的类存在的异化。在这种情况下，劳动产品变成了一种独立于生产者的力量，工人几乎丝毫不能控制他们的劳动过程，个人被竞争和私有财产分隔开来并互相对立，人们将在他们生活的一切领域失去寻求普遍性和自由的能力。①

三　马克思的辩证法

在对工资劳动/资本关系的分析中，马尔库塞发现了马克思辩证法的来源。他在对黑格尔和马克思的辩证法进行比较时写道："对马克思来说，就像对黑格尔一样，辩证法看到的是实在本身所固有的否定性是'推动性的和创造性的原则'。任何一个事实并不仅仅是一个事实；它是对真正可能性的一种否定和限制。工资劳动是一个事实，但是与此同时，它也是对可能满足人的需要的自由劳动的限制。私有财产是一个事实，但是与此同时，它也是对人对于自然的集体占有的否定……"②马克思的概念抓住了现存秩序的否定性——劳动的异化，并看到了它的积极的革命性。这些概念包含着两个互相联系的维度：社会关系的现存形式和内在于它自身的革命变革的趋势。在对这些现象的研究中必须使用辩证的方法，因为它们的结构本身就是辩证的。

然而，马克思抛弃了黑格尔辩证法的本体论基础。他的分析集中在历史过程中一个特定阶段的内在矛盾上。他所解剖的整体是阶级社会的整体。他所描述的否定性是这种社会的产物。因此，这里讨论的是一种不能被加以实体化的历史条件。③它是历史的、具体的，因而是可变的，而不是一个不变的、实体性的"整体"。

遵循马克思，马尔库塞认为，资本主义里的对抗是独一无二的。资本主义不仅否认和反对实际的可能性，而且，由于它的结构，它还产生了否定之否定的可能：对异化的生产关系的克服。这种可能性具有一种非常特别的特点：它为人类达到完满性建立了条件。黑格尔哲学建立在普遍理性观念的基础上，在这种普遍理性中，每一个"部分"或"事物"都被结

---

① H. Marcuse, *Reason and Revolution*, pp. 273 – 287.

② Ibid., p. 282.

③ Ibid., p. 314.

合到了一个结构性的、综合的整体之中。马尔库塞认为，马克思证明了是资本主义社会"第一次把这样一种普遍性带进了实践之中"："资本主义为着一个统一的社会系统整体而发展生产力。普遍商业、普遍竞争和劳动的普遍相互依赖盛行起来，并把人转变为'世界历史性的、经验性的普遍个体'。"① 进一步说，资本主义产生了一个其利益具有根本普遍性的主体："无产阶级可以由以下事实辨认出来，即作为一个阶级，它意味着对一切阶级的否定。"

某种程度上，马尔库塞通过分析无产阶级的结构性位置和潜在意识对这一论断作出了证明："无产阶级的普遍性是……一种否定性的普遍性，它意味着劳动异化已经加剧了……无产阶级的劳动阻止了任何自我实现，他的工作否定了他全部的生存。然而，这种极端的否定性带来一种积极的转变。他被剥夺了在现行体系中的一切优长这一事实，把他置于超越于这个体系之上的位置。他是'真正摆脱了旧世界，同时与之战斗'的阶级中的一员。无产阶级的'普遍特性'是共产主义革命的普遍特性的最终基础……无产阶级不只是对某种特殊的人类可能性的否定，它还是对这种人本身的否定。所有把人区分开来的特定的区别性标志［财产、文化、宗教、民族］都失去了它们的效力……他所设想的生存不是作为一个既定的群体、一个阶级或一个民族，而是真正普遍的、'世界历史性的'存在。"② 被资本主义带入实践的普遍性是以一种未加控制的、异化的方式借助于环境产生的。控制、自由和理性的实现，要求一种条件的转变，即一种普遍的革命，它能确保普遍性将不再作为一种"盲目的自然力量"起作用，而是作为"一种由自由结合起来的个体所制定的一般计划"发挥作用。③

然而否定的否定并不是一个不可避免的过程，像黑格尔在最后的分析中所说的那样。内在于现存秩序之中的可能性的释放，需要"人付出历史性的行动去实现它们"。④ 在自由的、解放的行动到来之前，辩证法是不会完结的。虽然辩证的分析描述了一个将由社会主义社会摧毁、并必将

---

① H. Marcuse, *Reason and Revolution*, p. 287.

② Ibid., pp. 261 – 292.

③ Ibid., pp. 288 – 289.

④ Ibid., p. 315.

被社会主义社会取代的体系，但这并不意味着它描述了一种资本主义本身的不可避免的、积极的转变，像马克思有时似乎假设的那样。① 必要的和不可避免的只是资本主义的灭亡。必要的但并非不可避免的是一个名副其实的社会主义社会的产生。

马克思在这种语境下所使用的真理概念在性质上与黑格尔的真理概念具有相似性。马尔库塞论辩说，除了强调存在（特别是物质环境）决定意识这种历史唯物主义观点以外，一种认识论的和伦理的相对主义是无须被保留下来的。"只有一种真理，只有一种实践能够实现它。"理论已经揭示了使得一个理性社会——一个摆脱了现存秩序的矛盾的社会——成为可能的趋势和条件。它已经构造了"新的"和"必要的"社会实践的广阔目标：异化劳动的不断清除、为实现所有个人潜能而对集体所有的生产工具的有计划地使用。② 为了保卫理性社会的旨趣，批判理论从马克思以来维护着"现存秩序的真理性"：对一种实现了现有潜能的社会的幻想。正确的理论因而是这样一种理论，它保留着对不断达到这种理想社会所必需的实践的意识。③

然而，对一个理性社会的旨趣同时也体现为为实现类能力而创造条件。事实上，这种旨趣最重要的意义就在这里。相应地，理性社会代表着真正的、公正的、有价值的生活——理论和实践的统一。这种统一的基础是在劳动中给予的。在劳动中，理论发现了它最终的地基，一种只能由理论来阐明、由实践来实现的地基。在对劳动的分析中，理论发现了一种真理标准，这种标准既内在于实践、又独立于这种实践的现有形式。劳动包含着它自己的批判标准。这是因为劳动的每一个因素都参与了"好生活"——类存在的实现，一种"所有可能性都变成了现实"的生存的不朽的、持久的满足感。

人类实现其本质的能力随着时间而演化并改变着，这是马尔库塞分析的中心信条。只是由于资本主义的出现，一种可能导致异化逐渐消除的社会形式才得以产生。由这个立场，我们大概就能理解马尔库塞的如下观点："理论随时都陪伴着实践，分析变化着的形势，并形成相应的概念。

---

① H. Marcuse, *Reason and Revolution*, p. 317.

② Ibid. , pp. 321 - 322.

③ Ibid. , p. 321.

实现真理的具体条件可能是不同的，但是真理仍然保持不变，理论也仍然保持着它最终的保护人的身份。理论将维护真理，即使革命实践偏离了它正确的道路。"①

马尔库塞 1950 年代以前的立场可以归纳如下：劳动过程是建构存在的枢轴，它揭示了人类力量在历史中的展开过程。它既决定了人类生存的结构，也决定了社会的基本形式，它是一个否定性的、矛盾的和变化的过程：它是一个辩证的过程。但是辩证法是未完结的和开放的。人类实现其本质的机会并不是任何"铁律"的一部分。正如资本主义所展现的，"生产活动"被认为已经创造了实现人的类性质的可能性。这个过程的真理在于劳动成为一种世界性的组织活动。克服资本主义的关键因素是无产阶级。因此，批判理论的真理性断言便与"人的历史—实践活动"密不可分。对自由和一个理性社会的旨趣建立在劳动的每一个行动之上。劳动的每一种因素都参与了类能力的实现。结果是，我们可以根据其潜能对所存在的事物作出评价。对劳动和生产的特定模式的分析可以是经验的、分析的和批判的。

第五节　哈贝马斯：历史唯物主义的重构

法兰克福学派思想家们的思想是新一代批判理论代表人物哈贝马斯的主要思想来源。哈贝马斯生于 1929 年，在纳粹德国度过成长期，但直到 1950 年代晚期，他才开始变得激进起来。在阿多诺（哈贝马斯后来成了阿多诺的助手）以及其他人的影响下，他发现了系统运用马克思和弗洛伊德的思想资源的方法。尽管哈贝马斯的全部著作不能被简单地认为是发展了霍克海默和阿多诺从其最早的著作以来所开创的事业，但是，从 1950 年代晚期开始，他的目标就是重新塑造批判理论的形象。

哈贝马斯所构想的规划是发展一种含有实践意图的社会理论：人从统治中自我解放。通过对人类自我形成过程的考察，哈贝马斯的批判理论意在加深社会群体对他们改造社会的能力的自我理解。尽管他给他事业的定位后来有所转变，似乎更为强调他所说的经验—理论的或者"经验重建"的任务，但是他给批判理论设计的目标，仍然是帮助历史"按意志、有

---

① H. Marcuse, *Reason and Revolution*, p. 322.

意识"地创造。为了保护一种社会批判理论的理念,哈贝马斯曾致力于系统地发展这种批判理论的哲学基础。在哈贝马斯看来,这牵扯到对古希腊哲学和古典德国哲学某些中心论题,诸如真理和价值、事实和价值、理论和实践的不可分离性等等的重建。这一规划被刻画为是一种"争取科学的批判精神"和"批判的科学精神"的斗争。①

对于哈贝马斯来说,对批判理论加以重新表述,其力量来源于"历史的进程"。他坚持认为,20 世纪的历史是由发生在社会主义社会和资本主义社会的一系列发展所塑造的。俄国革命退化为斯大林主义和技术统治论的社会管理;西方的大众革命无一例外地遭到了失败;无产阶级大众普遍缺乏无产阶级的革命意识;马克思主义理论不断地衰败为要么是一种决定论的、客观主义的科学,要么是一种悲观主义的文化批判,所有这些都是当今时代的重要特征。他认为,资本主义社会的结构性变化已经不仅改变了它的表象,而且改变了它的实质。国家干预加强了;市场机制获得了支持并有所更新;资本主义具有越来越强的"组织性";工具理性和官僚体制似乎愈加扩大化了,已经威胁到了公共领域,而这个领域本该是一个由理性大众对政治生活加以公开讨论的领域。哈贝马斯认为,根据这些情况,人们可以对马克思的工作的有效性,对马克思主义的一般框架,以及对许多其他众所周知的社会理论提出怀疑。因而,他发现,对社会思想的主要传统进行评价,实际上是对它们重新进行表述,这是十分必要的。

1960 年代的诸多事件,特别是学生运动的出现,对哈贝马斯的思想也有着显著的影响。最初,哈贝马斯是学生运动的主要发言人,事实上,也是所有那些寻求社会激进民主化的人的代言人。然而,到了 1960 年代晚期,他已经与运动的领导群体越来越疏远了。他对他们提出批评,认为他们离开了他们当初所承诺的民主化和非专制主义目标。他们不是在争取一种自由和首创精神领域的扩大,而是在试图给思想和行动强加一种新的约束。但学生们反过来批判哈贝马斯不参与实际斗争,而是退守到理论反思之中,只是在理论中才能把理论和实践统一起来。从那时起,哈贝马斯就似乎不太强调其规划的实践—政治方面了。他开始试图捍卫和详尽阐述他的理论旨趣,只是偶尔才指出它们的实践相关性。

---

① A. Wellmer, *Critical Theory of Society*, trans. John Cumming, New York: Seabury Press, 1974, p. 53.

一 哈贝马斯与法兰克福学派的连续性与不连续性

在哈贝马斯早期关于社会理论的著作中，能够发现其中含有许多法兰克福学派成员们的思想和理论，虽然是以一种改造了的形式出现的。在《公共领域中的结构性转化》①（1962 年）和《走向一种理性社会》②（1960 年代后半期的论文选）中，哈贝马斯记录了许多世界历史性的社会变化，例如大规模经济和商业机构的成长，科学、技术和工业日益强化的相互依赖，国家和社会不断增长的相互依赖，媒体的商业化以及工具—目的理性向越来越多的生活领域的扩张等。哈贝马斯按照一种法兰克福学派的立场，认为这些发展已经产生了一种经济和政治的新构象，"政治不再只是一种上层建筑现象了"③。国家的扩张——资本主义社会危机趋势的征兆——导致行政官员和技术专家越来越多地参与到了社会和经济事务当中。④ 正如哈贝马斯用霍克海默、阿多诺和马尔库塞都可能使用过的词语指出的那样，"专制国家的明白无误的统治让位给了技术—操作性管理的操纵式的强迫"⑤。同时，与科学的整体化相结合，它还导致技术和工业成为一种新形式的意识形态：意识形态不再只是仅仅建立在交换概念的基础上了，它还以对社会秩序的技术论证明为基础。⑥ 由特定的历史性阶级利益支撑其下的实践议题，被定义成了技术问题，政治变成了一个以技术手段消除社会机能失调、避免资本主义体系危机的活动领域。

关于工业资本主义社会的这种看法也可以在哈贝马斯后来的一些著作中发现，比如在《合法化危机》⑦（1973 年）和《历史唯物主义的重建》⑧（1976 年）当中。但是在这些著作中，他对资本主义关键因素的分析彻底离开了法兰克福学派的观点。哈贝马斯改造了霍克海默和其他法兰

---

① J. Habermas, *Strukturwandel der Öffentlichkeit*, Neuwied：Luchterhand, 1962.

② J. Habermas, *Towards a Rational Society：Student Protest, Science and Politics*, trans. Jeremy J. Shapiro, London：Heinemann, 1971.

③ J. Habermas, *Towards a Rational Society*, p. 101.

④ Ibid., pp. 63 – 64, 106 – 107.

⑤ Ibid., p. 107.

⑥ Ibid., p. 103.

⑦ J. Habermas, *Legitimation Crisis*, trans. Thomas McCarthy, London：Heinemann, 1976. 德文版 1973 年。

⑧ J. Habermas, *Zur Rekonstruction des Historischen Materialismus*, Frankfurt：Suhrkamp, 1976.

克福学派成员对现代社会的理解框架。其实，哈贝马斯与马尔库塞的重要区别在哈贝马斯的"早期著作"中就已经很明显了。比如说，在他的重要论文《作为"意识形态"的技术和科学》（收在《走向一种理性社会》一书中）中，哈贝马斯反对马尔库塞关于现代科学和技术具有内在的意识形态性这种观点。他发现，在这种观点里包含着一种得不到证明的浪漫因素。按照哈贝马斯的解释，科学和技术是作为一个整体的人类规划的一部分，是不能被历史超越的。但是后来，造成他们这些区别的材料范畴不断扩大，一直蔓延到了对科学、技术、文化、危机趋势和革命变革前景等等的解释。马尔库塞捍卫一种非压制性的、可升华社会的可能性，相反，哈贝马斯并不像马尔库塞那样对彻底的社会变革持如此乐观的态度，尽管他当然也不像霍克海默或阿多诺晚年时那么悲观。

　　与法兰克福社会研究所的绝大多数成员不同，哈贝马斯并不特别关注美学和对当代流行文化的研究。但是，他特别强调心理学对阐明社会制度框架与个体身份形成之间关系的重要性。他承认，"由不明的刺激性潜能［既是性本能的又是攻击性的］所构成的［人的］自然史遗产，决定了人类［冲突—受虐式］再生产的内部条件"①。但是尽管他运用了精神分析的概念探索权力和意识形态之间的关系，他却没有像先前的批判理论家那样，直接使用弗洛伊德的任何范畴。例如，哈贝马斯极少讨论弗洛伊德著作中的性心理方面。肉欲和性爱在他的著作中也从未扮演过重要角色。哈贝马斯对精神分析的兴趣看起来主要是方法论性质的。另一方面，哈贝马斯却试图通过结合并吸收现代个体心理学和社会心理学的大量成果来发展批判理论的心理学维度，其中包括行为符号互动论（米德、戈夫曼［Goffman］②）、角色理论（帕森斯）和认知发展心理学（皮亚杰、科尔伯格［Kohlberg］③）等等。后来，他还试图把本我发展（ego development，即把个人的"内在自然"融合到语言、思想和行动的普遍结构当中的过程）分析和身份形成（identity formation，即产生一种生活史的连续性的能力）

---

　　① J. Habermas, *Knowledge and Human Interests*, trans. J. Shapiro, London：Heinemann, 1971, p. 285.

　　② E. Goffman（1922－1982），美国社会学家，符号互动论的代表人物，拟剧论的倡导人。

　　③ L. Kohlberg（1927－1987），美国儿童发展心理学家。他继承并发展了皮亚杰的道德发展理论，着重研究儿童道德认知的发展，提出了"道德发展阶段"理论，在国际心理学界、教育界有重要影响。

分析等更具综合能力的因素加入到他的理论基础之中。

哈贝马斯没有分享霍克海默、阿多诺和马尔库塞的哲学观点。例如，阿多诺坚持认为知识和价值并不存在最终的基础，哈贝马斯则更愿意为一种与之相反的立场作辩护。他也拒绝阿多诺（和霍克海默）对体系性思想的反感。他在其著作中所强调的东西与法兰克福学派理论家们的兴趣形成了显著的对比，例如他主张应当对竞争的哲学和社会理论的思想传统加以使用甚至利用，应当重新阐明社会理论的理论基础，等等。他与伽达默尔（解释学）、卢曼（系统理论）和德里达（后现代主义）之间所发生的一系列公开争论，既刺激了他自己思想的发展，也导致了他的某些思想转变。总的来看，他的全部工作似乎都渗透着一种一般的折中主义特点。

二　哈贝马斯的规划：基础概念概览

哈贝马斯与法兰克福学派之间虽然在所关注的问题上有所重叠，但是哈贝马斯是在一种与法兰克福学派立场极为不同的框架中发展他的思想的。由于不能在细节上一一重述这个框架和其中的思想，我们将在这里提供一个有关主要概念和理论的概览。这或许有助于表明，究竟在多大程度上他与霍克海默和其他法兰克福学派理论家有所区别，而他自己规划中的各个不同部分又是如何结合在一起的。有一点必须提前提起注意，那就是哈贝马斯的观点不幸与思想史上的许多大人物一样，是随着时间而变化的。他经常给予他的立场一种试验性的姿态，表明它们属于一个正在发展着的规划。例如他在《知识和人类旨趣》（1968 年）里详加说明和论证的立场后来被修改了，实际上许多方面简直就是被重新论证了。（《知识和人类旨趣》1973 年再版时增加了一个跋，其中突出强调了一些以前所没有的新立场）。他对批判理论的逻辑结构的看法也经历了变化，与此相应，他关于社会科学的性质的观点也改变了。诸如此类的变化不一而足。但是在下面这个介绍性的概述里，所有这些内容都将被一笔带过，而不展开论述。

从《公共领域中的结构性转化》一书起，哈贝马斯所关注的一个主要问题就是工具理性向诸多社会生活领域的扩大。技术统治意识的兴起，连同其对公共领域的分解作用，在两个基本层面上得到了讨论。在社会理论层面上，哈贝马斯论辩说，把实践问题定义成技术议题这种越来越严重的倾向，威胁到了人类生活的实质方面。因为技术统治意识不只是为一种对统治的特殊的阶级利益作出辩护，而且它所影响的正是人类的利益结构自身。[①] 相应的，要对这种事态作出反思，按照哈贝马斯的意见，就必须"穿透实践的、历史性的阶级利益这个层面，而揭示出人类本身的基本利益（旨趣）"[②]。

在知识理论层面上，哈贝马斯探究了工具理性支配现代思想的方式。通过对认识论的瓦解过程和实证主义在 19 世纪占据优势地位的过程进行集中研究，他考察了认识主体（以及该主体对其活动的反思能力）的重要性是如何被逐渐淡化直至几乎消失了的。他论辩说，今天，如果从统治中解放出来就意味着保持一种人性的规划，那么反抗这种倾向并重新确立对自我理解进行自我反思的必要性就是至关重要的。为了做到这一点，哈贝马斯的方法是对人类旨趣、对行为和知识的性质进行系统的研究。研究的形式是一种对从康德到黑格尔、马赫、皮尔斯和弗洛伊德的范围广阔的传统作者的内在批判。

像霍克海默一样，哈贝马斯认为知识是扎根于历史之中、并受到利益—旨趣制约的。但是他理解这个问题的方式却与其前辈极为不同。例如，在《知识和人类旨趣》与《理论与实践》中，哈贝马斯发展了一种所谓的"认知旨趣［cognitive interests］理论"（或曰"知识构建性旨趣［knowledge-constitutive interests］理论"），在他对知识与人类活动的关系的说明中，这是第一个重要步骤。在后来的著作中，他还进一步扩展了这一论题，并形成了一种理论，称为"交流能力"（communicative competence）理论。发展出这些复杂的理论，只是为批判事业作辩护。

认知旨趣理论的要旨是揭示人类知识可能性的条件。哈贝马斯接受这样的看法，即认为知识是认知主体的建构活动的结果，但他拒绝那种把此种活动归结到一个非历史的、超验的主体身上的康德式做法。相反，从历史唯物主义的实质性原则——在哈贝马斯看来，这种原则意味着历史、社会实在和自然（为人所知的自然）都是人类的建构性劳动的产物——出发，哈贝马斯认为，对知识的理解应该以人在"生产自己的生存和再生产自己的类存在"的过程中所遇到的问题为依据。知识的建构条件是人类在其中发展自身的历史性的、物质性的条件。

---

① J. Habermas, *Towards a Rational Society*, p. 113.

② Ibid.

哈贝马斯的论点是，人类是按照先验旨趣或者认知旨趣（知识引导性旨趣）来组织其经验的。他论辩说，存在着一种"基本旨趣"，这种旨趣来自对人的如下理解，即人既是制造工具的动物、又是使用语言的动物：他们必须通过操纵和控制客体，通过使用受规则支配的制度环境中具有主体间可理解性的符号与他人进行交流，而从自然中生产出为物质生存所需的东西。因此，人类有一种创造能使它控制客观进程、并维持交流的知识的旨趣。

然而按照哈贝马斯的说法，还存在着第三种旨趣：一种对人类生活进行反思性占有的旨趣，没有这种旨趣，知识受利益—旨趣制约这种特征其本身将无从把握。这是一种对理性的旨趣，一种对人类的自我反思和自我控制能力的旨趣，对人类的理性行事能力的旨趣。结果是产生了能够增强自主性和责任感的知识，因而，它是一种解放的旨趣。作为知识的先验条件的认知旨趣，其本身具有一种自然的根基，也就是说，支配人类活动的规则系统"具有一种先验的功能，但它是在人类生活的实际结构中呈现出来的"。哈贝马斯给予"认知旨趣"这个范畴的这种"准先验性"，在某种程度上使它具有一种问题化的身份。

这个分析的结束点是一个由人类旨趣（"解释生活经验的具有人类学根基的策略"）、媒介（社会组织的手段）和科学构成的三分模型。旨趣是由技术旨趣、实践旨趣和解放旨趣构成的，它展开在三个媒介—界面上，即工作（工具性行为）、互动（语言）和权力（强制和属从的不对称关系），从而为三种科学造就了可能性条件，这三种科学分别是经验—分析科学、历史—解释学科学和批判。哈贝马斯最核心的断言之一就是，这三种科学只是系统化和形式化了的为人类活动的成功所需的程序。

《知识和人类旨趣》以及其他著作中发展出来的认知旨趣理论，是哈贝马斯具体说明知识和人类活动之间关系的最初尝试。但是他后来意识到，需要对这种关系进行更深入的考察，特别是，需要把知识的构造过程和证明过程区别开来。这就是他试图在交流能力理论之中解决的问题。

在交流能力理论中，哈贝马斯论辩说，所有言谈都是在真正获得意见一致——虽然它经过的是一个散乱的过程——这种观念的引导下进行的，可惜这一点很少被意识到。① 哈贝马斯声称，对一致性的分析表明，一致性这个概念涉及一种规范维度，这个维度是在他所说的"理想言谈情景"这个概念中形成的。一种获自这种情景的一致性被当成了"理性的一致性"，按照哈贝马斯的意见，它是决定一条陈述的真理性或者正确规范的真理性的最终标准。这一论证的最后结论是，正是言谈结构本身预期了一种生活形式，在这种生活中，真理、自由和解放都具有可能性。在哈贝马斯看来，批判理论因此建立在一种规范性标准的根基之上，这种规范化标准不是主观随意的、独断的，而是"社会行动和语言的结构本身所固有的"。正是这种对一种理想话语形式的预期，能够被用来作为一个对扭曲的交流进行批判的规范性标准。哈贝马斯认为，在每一种一致性乃建立在高压或其他类似条件下的交流情景中，我们可能面临对交流进行系统扭曲的场景。在他看来，这正是意识形态的当代表现形式。按照这种观点，意识形态是"这样的信念体系，它们能够保持其合法性，尽管事实是，如果诉诸理性话语的话，它们可能是无效的"。② 解放过程因此必然涉及超越这种扭曲的交流系统。而这个过程反过来又要求引入批评性的反思和批判。只有通过反思，以各种形式出现的统治才能露出其本来面目。

在《交流与社会进化》③ 中，哈贝马斯在个体发生和种系发生的意义上研究了交流能力——也即认知、语言和互动能力——的获得。通过考察个体发展和社会进化的主要阶段，他希望表明，在上述两个层次上，掌握理论话语（以产生真理性断言为目的的陈述）和实践话语（关于规范的公正性和正确性的话语）的能力都不断增长。重建交流能力对于自我反思和批判来说都是必需的，以便为一种与历史相关的批判和对发展的可能性的探索提供一种适当的基础。

按照哈贝马斯的看法，人类获得自由的能力依赖于在理论和实践活动中的累积的学习。通过这种学习所产生的知识，使得对自然世界和社会世界的技术掌握、对社会关系的组织和改造成为可能。这意味着"人的感性活动"领域或实践领域的扩大。在哈贝马斯的分析中，实践是一个由

---

① J. Habermas, "On Systematically Distorted Communication", *Inquiry*, vol. 13（1970）, "Towards a Theory of Communicative Competence", *Inquiry*, vol. 13,（1970）.

② T. Schroyer, *The Critique of Domination*, New York: George Brazillier, 1973, p. 163.

③ J. Habermas, *Communication and the Evolution of Society*, trans. Thomas McCarthy, London: Heinemann, 1979.

两个关键部分构成的复合体，其中一部分是工作，可以是工具性行为，也可以是有目的的理性行为；另一部分是互动，或者说是交流性的互动。①工作是以对客观过程的技术控制为方向的，它的合作方式是理性决策，要素则包括步骤程序和对技术性知识的充分运用。互动的方向是互相理解，合作方式是主体间性的，其要素则由可辨识的规范和规则构成。在"工作"和"互动"这两个范畴之下，人们的注意力分别被引向对自然世界和社会世界的技术掌握和社会关系的组织上。

哈贝马斯认为，通过工作和互动，人类被引入两个彼此独立又相互联系的维度，即生产力的发展和互动的规范性结构的发展。哈贝马斯将此观点引为其社会进化理论的中心。②在这两个维度上都发生了累积过程，每一个过程的方向也都应据此得到理解。

哈贝马斯关于社会进化的思想为他考察特定的社会或社会形式的发展提供了一个框架。在这个议题中，有两件事得到了确认：第一，存在着一个社会的"核心结构"走向进化的"可能空间"，也即发展的潜在途径；第二，存在着使这种结构受到伤害的危机趋势。虽然哈贝马斯很注意对前文明社会（原始共同体）和传统社会的研究，但他关注的主要焦点始终是现代资本主义。特别是，他探究了"发达"资本主义（或者像他有时称呼的"晚期"资本主义或"组织化"资本主义）经受"合法化危机"的方式：大众收回了他们对现存秩序的支持或忠诚，因为他们对其规范基础持信奉态度的动机已经被破坏了。哈贝马斯的确认为，在这种或其他相关的危机趋势中，能够发现一种新的进化式发展——克服资本主义的根本阶级矛盾——的种子。

从以上的简要描述中能够看到，哈贝马斯的工作覆盖了一个特别宽广的问题域。他的最终目标是提供一个条理清晰的框架，能够把一系列明显处于竞争状态的社会科学取径融为一体。这些取径中既包括意识形态批判和行动理论，也包括社会系统分析和进化理论。同时，他也希望这个框架将能提供一种基础，以便把社会科学中越来越碎片化的个别学科的旨趣和

---

① J. Habermas, 'Postscript to Knowledge and Human Interests', *Philosophy of Social Science*, vol. 3, 1975, pp. 161 – 168, p. 186.

② J. Habermas, 'Historical materialism and the development of normative structures', 'Toward a reconstruction of historical materialism', J. Habermas, *Communication and the Evolution of Society*, trans. Thomas McCarthy, Boston: Beacon Press, 1979; London: Heinemann.

发现重新融合起来。

　　根据我们这里的论题，下面的论述，我们将开始把注意力主要集中在哈贝马斯庞杂理论的历史哲学和认识论方面。

三　马克思和历史唯物主义

　　哈贝马斯在他的许多重要著作中都探讨了马克思的思想，《知识和人类旨趣》和《历史唯物主义的重建》这两本书中所作的评论是其中最重要的。在《知识和人类旨趣》中，哈贝马斯认为马克思主义思想中存在一种"没有得到解决的基本的紧张关系"，正是由于这种紧张关系的存在，马克思的社会理论一方面有沦为实证主义的危险，另一方面，它可能被拿来为比如说东欧社会的那种技术统治型的社会管理方式作辩护。在《历史唯物主义的重建》之中，哈贝马斯则打算重建这种历史唯物主义。在哈贝马斯这里，"重建"的意思是指"把一种理论拆散，然后再以一种新的形式将其重新结合起来，以便使它更加完满地实现它自己已经先行设定了的目标"。[1]

　　按照哈贝马斯的观点，马克思在他的经验研究和他关于历史唯物主义的著作中，常常认为生产劳动和实践活动两者都既是（用哈贝马斯自己的术语来说）工作，又是互动。在马克思的分析中，既包含着对人类再生产其生活的物质条件（改变他们的物质世界）的方式的分析，也包含着对他们在历史斗争中解释与改变他们的制度（确立或改变他们的身份）的模式的分析。马克思所作的具体的社会探询既包括社会的物质（经济）基础，也包括社会的制度框架，包括符号性互动的结构以及文化传统的作用。马克思在社会再生产过程的两个具有辩证联系的"维度"之间进行了一种分析性的区分。一方面，存在着一个科学—技术过程的领域，其特征是生产力的"划时代革新"；另一方面则存在着一个制度领域，即生产关系的领域，对报酬、义务和责任进行分配。后者由社会整合（统治）和社会冲突（阶级斗争）两种形式构成。制度改变的过程表现为诸反思阶段，通过这种反思，"统治和意识形态的优越形式所具有的那种僵化特点被消除了"。[2]

---

①　J. Habermas, "Historical materialism and the development of normative structures", p. 95.

②　J. Habermas, *Knowledge and Human Interests*, p. 55.

于是，人的自我形成过程被认为既依赖于在生产中与自然的冲突，又依赖于在社会斗争中对社会的改造。马克思的资本主义理论就是在这个参照系里发展的，它试图对技术活动和实践活动同时加以考虑。它一方面是一种对资本主义充满危机的动态过程的分析，一方面也是一种意识形态批判；它既是一种对政治—经济活动的政治经济学分析，又是一种对关于这种活动的错误理论的政治经济学批判。它既是科学又是批判，是一种关于剥削的理论，等等，同时，它还把自己设想为是革命实践的批判意识。

但是马克思对自己的理解，哈贝马斯辩论说，是与这种范畴框架不一致的。例如，马克思在《政治经济学批判导言》的序言中对他自己的工作所作的反思，就表现出一种把实践活动简化为技术活动的强烈倾向，技术活动，或者说生产劳动或工具性行动，变成了分析感性的人类活动的范式。"马克思并没有实际上说明互动和劳动的相互关系，相反，在社会实践这个不特定的名目下，他把其中的一个还原为另一个，也就是说，把交往行动还原为工具行动……调控着人类与其自然环境间的物质交换的生产活动，变成了所有范畴之产生的范式，所有事情都被归结到了生产的自我运动之中。因为这个，马克思对生产力和生产关系间辩证关系的卓越洞察，就有可能迅速地遭到一种机械论式的曲解。"① 在哲学人类学和认识论的层面上，马克思的"卓越洞察"需要伴随一种对人作为工具制造者和人作为语言使用者的区分。然而与之相反，马克思在两个层面上都强烈地倾向于把后者归入前者。

与马克思主义思想中的还原论倾向相伴随的，是他对自己事业的认识论和方法论身份的误解。按照哈贝马斯的看法，尽管马克思本人"以批判的形式而非自然科学的形式建立了人的科学，但他总是倾向于把它归类为自然科学"。② 马克思经常在他自己工作的性质和自然科学的性质之间进行类比。哈贝马斯觉得，这种以自然科学的方式处理人的问题，连同它所暗含的实证主义姿态，虽然不难解释，却相当令人惊讶。这是一个局限于工具行动框架的逻辑结果。如果互动的形式被回馈为与生产联系在一起，那么，按照与描述生产关系同样的方式来描述这些互动形式，这就是

---

① J. Habermas, *Theory and Practice*, trans. John Viertel, London: Heinemann, 1974, pp. 168 - 169.

② J. Habermas, *Knowledge and Human Interests*, p. 45.

可能的。如果互动不是人类活动的一个独立维度，如果它被还原成技术活动，那么，关于社会过程的知识就可以通过找出人类行为者的"独立的"、或者"头脑之外的"运转规律来发展。对马克思在其具体研究中所进行的批判的强调，就被一种对法则性知识的关心取代了；对自由与必然之间的相互作用的强调，就让位于对必然一端的强调了（决定论）。哈贝马斯认为，马克思未能制定出一个令人满意的元理论，能够把工作和互动、把从这两个领域里产生的各自的知识形式联系起来。在他的工作中，存在着一种一般理论方法上的还原主义和实证主义（或者唯科学主义①，这是哈贝马斯有时使用的词）与其具体的社会调查研究的批判、辩证特征之间的未加解决的紧张关系。

　　哈贝马斯认为，在恩格斯、列宁、布哈林和斯大林以及其他一些人的著作中，这种紧张关系被以一种有利于还原主义和实证主义的方式得到了解决。辩证法发现了（保证了）人和自然之间的统一。② 生活的每一个部门被认为都可以理解为客观的活动。与此相应，有了关于历史运动的规律的知识，对社会过程的控制，就有可能采取与自然科学所采用的控制相类似的方式。有了（显然能够得到的）关于社会过程的结果的知识，就有可能在任何给定的情形下采取客观正确的行动。如此一来，科学——发展为辩证唯物主义——就把技术统治活动合法化了，并把"专家治理"置于中心地位。主体自身对他的活动或对党和国家的影响，其重要性则消失了。的确，从那些手持"客观知识"的人的观点来看，这样的反思纯粹是多余的；因为从原则上说，主体的解放是随着对历史的客观结构的科学控制自动地实现的。

四　历史唯物主义的重建

　　哈贝马斯本人的批判理论试图重新制定马克思主义的哲学基础和方法论基础，从而能够毫不含糊地阻止批判事业沦为技术统治论意识形态的支持物。但他并不只是关心马克思主义的哲学问题。在《历史唯物主义的

---

　　①　在哈贝马斯的用法中，唯科学主义（scientism）意味着把知识等同于科学。

　　②　"Literaturbericht zur philosophishen Diskussion um Marx und Marxismus"［Literature report on the philosophical discussion about Marx and Marxism（1957）］, in J. Habermas, *Therie und Praxis*, Frankfurt：Suhrkamp, 1974, ss. 387 – 463.

重建》中，他对马克思和随后的正统马克思主义对历史唯物主义的说明中某些基本的概念进行了评价。按照哈贝马斯的观点，马克思在《政治经济学批判大纲》和《资本论》中制定出来的资本主义发展理论，是历史唯物主义的一种"亚理论"。相应的，历史唯物主义不是一种指南或方法，而是"一种社会进化理论，由于其反思性质，它还为政治行动的目的提供信息"。虽然哈贝马斯觉得"来自历史唯物主义的促进因素并没有被耗尽"，他还是认为"在许多方面它需要修订"。许多困难来源于马克思对生产力作为历史的发动机的强调。"尽管马克思把对于进化而言极为重要的学习过程放置在……生产力的维度上，但是与此同时也有极好的理由可以假定，学习过程同样也发生在道德省察、实践知识、交往行动以及对行动冲突的公认规约的维度上。沉积在更加成熟的社会整合形式、更新的社会关系之中的学习过程，反过来首先使新的生产力的引入成为可能。"①

哈贝马斯把他关于历史唯物主义的讨论聚焦于两个基本概念——"社会劳动"和"类历史"（与"生产方式的发展序列"观念相关）——和两个基本定理——"基础和上层建筑"理论和（危机）发展理论（也即"生产力和生产关系的辩证法"）之上。

对于马克思来说，"有组织的社会劳动"这个概念规定了人类（相对于动物）再生产他们的生活的方式。然而按照哈贝马斯，最近的人类学发现却与这个论题相矛盾：有组织的社会劳动和经济生活形式不仅是现代人类的特征，也是原始人类的特征。② 因此马克思的概念"在进化的刻度上达到了过深的位置"。哈贝马斯论辩说，社会劳动对于现代人类来说是基本的，但是同时，他们的社会组织形式也是他们的独特性的标志。父亲角色的制度化（与父女之间的乱伦禁忌和其他家庭社会结构一道）创造了人类生活再生产的特定形式。这种进化发展依赖于语言交流的出现，因为语言交流使得一种社会角色和社会规范体系能够得到系统的、形式化的说明。

哈贝马斯强调说，语言是人类社会生活得以展开的至关重要的媒介之一。人和动物的进化论分离之所以发生，乃是因为在人类发展的社会—文

---

① J. Habermas, "Historical Materialism and the Development of Normative Structures", pp. 97–98.

② J. Habermas, "Toward a Reconstruction of Historical Materialism", p. 133.

化阶段，动物性的行为得到了语言交流结构的重新组织。若非人际关系间的特殊的经验和形式可以互相交换，产生于语言的主体间性便不可能获得。哈贝马斯认为，这表达了人类认知能力、行为动机和语言主体间性的特殊的相互渗透。在这个过程中，语言发挥着作为一个转换者的功能；"因为像感觉、需要、感受这样的精神过程与语言的主体间结构融为一体，经验的内在事件便被转换到了意向性的内容之中，也就是说，认知被转换成了陈述，需要和感受被转换成了标准化的期望（戒律和价值）"。转换在"意见、愿望、快乐或痛苦的主观性与表现为一般性断言的言论和规范之间"产生了"富有结果的"区别。社会系统通过给予行动以一种普遍的意义和价值而再生产了它们自己。① 生产和社会化，社会劳动和角色系统（组织的家庭原则），哈贝马斯总结道，"对于类的再生产来说是同等重要的"。

马克思把历史过程设想成了一系列不连续的发展阶段。社会劳动既产生了生活的物质条件，也产生了特定的历史动态。按照这种看法，重建"类历史"的关键之处在于"生产模式"概念。按照哈贝马斯，一种生产模式是由生产力发展的一种特定状态和社会交往的一种特定形式（生产关系）来刻画的。生产力中的"力"由生产者的劳动力、技术知识（就其被转化为生产手段和生产技术而言）和组织知识（就其用于劳动的发展而言）构成；社会交往则指那些调控生产手段和间接决定社会财富分配和社会利益结构的制度和社会机制。② 在正统马克思主义的历史唯物主义看来，社会进化要经过五个发展阶段：从原始共产主义到古代的、封建的、资本主义的和社会主义的生产模式。后来又插进去了一个亚细亚生产模式。按照这种观点，历史进程是一个"宏观主体［或类主体］的单线的、必然的、不间断的和进步的发展"过程。哈贝马斯对这一立场持强烈的分析的和经验的反对意见。

哈贝马斯论辩说，首先，历史唯物主义必须拒绝、也不需要一个进化的宏观主体的概念。"进化的承担者不如说是社会和与它们相融合的行动着的主体。"③ 第二，重要的是，要把理性重建的模型与经验发展的过程

---

① J. Habermas, *Legitimation Crisis*, pp. 10 – 11.

② J. Habermas, "Toward a Reconstruction of Historical Materialism", p. 139.

③ Ibid. , p. 140.

区分开来。① 他并不拒绝历史中的目的论观念，但是他想为它发展出一种可接受的形式。他想为之辩护的是这样一个论题：如果一个社会进入了进化过程，那么就存在着一种能够"展示方向"的累积式发展。不论是在技术活动领域还是在实践活动领域，进步的理性化都能够发生。新的技术应用知识和道德实践知识都能够被用于发展和促进生产力和社会的基本制度。第三，哈贝马斯认为，最近的人类学研究和历史研究对生产模式图式产生了严重困难；生产模式概念常常难以应用，并留下了十分重要的未得到解决的问题，例如，能够在原始共产主义生产模式的基础上把旧石器时代社会与新石器时代社会区分开来吗？国家垄断资本主义是标志着旧的[资本主义的]生产模式的最后阶段呢，还是向一种新的生产模式的转化？等等。对于区分社会的某些最重要的特征来说，生产模式的概念是一个不充分的基础。

这些和其他一些考虑，哈贝马斯总结说，需要为"类历史"发展出一种方法，它将使得我们既能把握住发展的逻辑结构，又能对复杂的历史条件进行分析。这一点，哈贝马斯相信，可以一方面通过制定出比马克思所制定的更高层次的一般化原理，另一方面通过对经验机制投入更多的注意来达到。为了给这一规划提供基础，哈贝马斯既引入了马克思关于社会形式的概念，同时也引入了每一种形式"都是由一种社会组织的原则决定的"这种观念。哈贝马斯用"组织原则"这个概念表示那些使社会学习水平制度化的革新。一个社会的组织性原则决定着以下事态的可能性范围：制度能够被改变的特定的维度、现有生产力的利用程度、新生产力的发展以及系统复杂性的提高，等等。

马克思所建立的基础和上层建筑理论意在揭示在社会进化中扮演着首要角色的社会力量。对马克思来说，社会的"基础领域"是由生产力和生产关系构成的，它们形成了一种经济结构，并划定了一个范围，对社会来说最具试验性的问题就产生于其中。然而，按照哈贝马斯的看法，对于理解社会的许多不同形式来说，把经济结构视同社会的"基础"是不充分的。"基础"并不一定必然仅仅局限于经济领域。因为，如果生产关系被理解为是调控生产手段和间接决定社会财富分配的机制，那么可以看到，它们在过去乃根植于非经济的社会制度。"在原始社会，这种功能是

---

① J. Habermas, "Toward a Reconstruction of Historical Materialism", p. 141.

由亲族系统执行的，而在文明社会则由统治系统执行。只有在资本主义社会，当市场随同其操控功能一道，也假定了稳定社会关系的功能时，生产关系才以这种方式发展起来，并采取一种经济的形式。"① 只有在这个点上，"基础"才的确与经济亚系统的形式相符合。

社会关系绕其形成的制度核心决定着特定的"社会整合形式"。如果出现了在一个社会的统治性整合框架之内不能得到解决的问题，那么它的同一性就遭到了威胁：它处在危机之中了。在马克思的分析中，社会危机的发展是"生产力和生产关系的辩证法"的结果：生产力的内生发展产生了与生产关系的结构性的不调和。哈贝马斯对这种立场既从经验上加以反对，也从分析的角度加以反对。他认为，首先，引致第一次文明和欧洲资本主义兴起的那些事件"并没有限制生产力的发展，而是引起了生产力的显著发展"。② 换句话说，在这些例子中，生产力并没有为进化的突进制造局限。第二，生产力和生产关系定理本身不能解释，一种生产模式所面临的结构性问题是如何和为什么被解决了的，亦即向新的社会整合形式迈进的"进化的脚步"是如何和为什么被采纳了的。

哈贝马斯自己提出了如下回答：人类既在技术运用性知识的维度上学习，也在道德实践意识的维度上学习，而这两个维度分别对生产力的发展和互动结构具有决定性的意义。③ 社会进化构成了一个"学习过程"，这个过程能够在发展逻辑的基础上加以重建。这里，发展逻辑的概念取自皮亚杰的认知—发展心理学和科尔伯格的道德意识发展理论。按照哈贝马斯的说法，学习发生在两个核心维度上：道德—实践省察和经验—分析知识。学习的结果在文化传统中流传了下来。这些传统为社会运动提供了根本性的源泉和一种处理社会再生产过程中出现的困扰和危机的认知潜力。文化传统是行动理性化的基础。但是，尽管哈贝马斯同时强调这两个维度的核心性，他还是认为，规范性结构的发展是"社会进化的前导，因为社会组织的新原则意味着社会整合的新形式，而后者则反过来首先使现有生产力的实施和新生产力的产生成为可能"。④

---

① J. Habermas, "Toward a Reconstruction of Historical Materialism", p. 144.

② Ibid. , p. 146.

③ Ibid. , p. 148.

④ J. Habermas, "Historical Materialism and the Development of Normative Structures", p. 120.

哈贝马斯很快指出，他对规范结构形式的描述（以及对生产力发展的描述）并非其本身就是一种社会进化理论：它是对一种"内在于文化传统和制度变化的发展逻辑"的描画。关于"发展的机制"它什么也没说，它只告诉了我们"一些文化价值、道德表达、规范以及诸如此类的东西……能够被加以组织的变量范围"。规范结构的实际发展依赖于被经济环境所限定的系统性问题，以及在对它们进行反应时所涌现出来的学习过程。[①] 在这个意义上，按照哈贝马斯的说法，文化仍然是一种上层建筑现象，即使在向新的发展水平转化的过程中，它看上去扮演着一个比许多马克思主义者此前所假定的更为显著的角色。

哈贝马斯对批判理论的重建特别引起了批判的社会理论家们的注意，因为他掌握并综合了一个从传统马克思主义和心理分析一直到帕森斯的功能主义和言语—行为理论的范围宽广的理论和经验领域。[②] 凭借他的博学多识和不吝汲取诸种不同理论和政治传统的做法，哈贝马斯极大地促进了德国批判理论在大学学院里的合法化。与之相比，他的法兰克福前辈们则一向对资产阶级的哲学和社会科学持轻蔑的态度。但是有人[③]认为，哈贝马斯由于着重强调了自我反思与交流、因果性和技术理性之间的联系，从而使得批判理论的解放议程遭到了极大的削弱。哈贝马斯的范畴区分的后果之一是，他把社会变革的议程局限到了自我反思/交流的领域，在这里，人们理性地讨论着可供选择的社会政策，并试图达到意见一致。而他的法兰克福前辈们则像早年马克思一样，不仅想改变社会政策的实施过程，而且还想改变科学和技术的社会组织形式。哈贝马斯反对马尔库塞、阿多诺和霍克海默的如下看法，即我们不仅可以改变社会政策，也可以改变我们同自然界的整个科技性的交互作用。哈贝马斯把这种观点称为"神秘主义的遗产"。[④] 其结果是，他的批判的社会交流理论便与爱德华·伯恩斯

---

① J. Habermas, "Historical Materialism and the Development of Normative Structures", p. 98.

② 参看 T. McCarthy, *The Critical Theory of Jurgen Habermas*. Cambridge, Mass: MIT Press. 1978.

③ 参看 B. Agger, 1976. "Marcuse and Habermas On New Science". *Polity* 9: 151 – 181; Wellmer, A. 1976. "Communications and Emancipation: Reflections on the Linguistic Turn in Critical Theory". In On *Critical Theory*, ed. J. O'Neill. New York: Seabury; Benhabib, S. 1987. *Critique, Norm and Utopia*. New York: Columbia Univ. Press.

④ J. Habermas, *Knowledge and Human Interests*. Boston: Beacon. 1971. pp. 32 – 33.

坦的议会社会民主和斯堪的纳维亚式的民主非常接近，而远离了传统马克思主义的阶级斗争概念。

　　但这本身并不构成反对哈贝马斯的历史唯物主义重建的充分理由，尤其是，那些天真的左翼人士竟然确定无疑地宣称社会主义战胜资本主义的不可避免性已经经受了严格的检验。人们可以对此作出合乎理性的回应：列宁以后的苏联斯大林主义从未与马克思所鼓吹的成熟的社会主义或者共产主义有什么相似之处。人们也可以承认，哈贝马斯的“新社会运动”理论是对一种已经僵化了的马克思主义的富有成效的经验性和政治性的改造，因为这种马克思主义包含着被白人男性“左翼”所严重忽视了的某些统治形式，特别是建立在性别和种族之上的统治形式。同样，对于社会学来说，在批判理论对国家理论和批判分析所作出的其他贡献以外，哈贝马斯的理论也作出了一种具有潜在意义的实质性的贡献。

第十四章

西方马克思主义哲学的若干其他形态

本章研究、介绍、评述的有以萨特和梅洛·庞蒂为代表的存在主义的马克思主义、法国哲学家阿尔都塞的结构主义的马克思主义和雅克·德里达解构主义、分析的马克思主义代表人物如英国的柯亨和戴维·麦克莱伦、法国的乔治·拉比卡、雅克·比岱、美国的汤姆·洛克莫尔、伯特尔·奥尔曼、德国的沃夫纲·豪格等，最后则讨论一下西方马克思主义哲学形态的发展趋势。

第一节　存在主义与马克思主义哲学

存在主义哲学思潮发起于 19 世纪 20 年代德国，第二次世界大战期间流传于法国、继而向美国和其他西方国家流传开来，存在主义在法国经萨特等哲学家与马克思主义思想的相遇产生了存在主义的马克思主义哲学形态。

人的存在和本质问题是存在主义哲学的核心问题，关注对象的集中使得存在主义哲学家们对这一问题的认识，无论从涉及面和深度来说，都达到了一定程度。因此，当萨特从存在主义的角度去解读马克思的时候，人的存在和本质问题就成为切入点。萨特认为，马克思主义的人学理论显得"贫乏"，存在着"人学"的空场，并尝试着去弥补这一空场。

一　存在主义与马克思主义在萨特那里的相遇

存在主义哲学家萨特在其思想的发展进程中有两个先师，一个是现象学家胡塞尔，一个是存在主义者海德格尔。他从胡塞尔的现象学前提出发，把世界看作是在意识中的显现，从海德格尔的此在论出发，提出存在先于本质。并把海德格尔关于此在是一种可能性不断展开的命题，发展成为关于主体意志绝对自由的命题。

（一）萨特存在主义方法论的来源

自由意志是萨特人学问题的核心，这一问题同样为早期的马克思所关注过，如何认识人的自由意志，萨特在很大程度上受着海德格尔和胡塞尔的影响。海德格尔从本体论的意义上论述了人的本质是在他的存在过程中不断得到展现的，在此基础上，萨特进一步论述了人的本质在于他的自由，这样他就赋予人的自由意志以本体论的意义，尽管他对自由意志的理解是不全面的。为了更好地理解萨特是如何从本体论的意义上理解人的自由意志问题的，我们得首先分析萨特的哲学基础。

从其存在主义思想的发展过程来说，萨特一方面接受了胡塞尔的现象一元论的哲学方法；另一方面接受了海德格尔的存在本体论的观点。萨特的哲学方法是这两者的结合，他从现象一元论的方法出发建立了存在主义的本体论，他的这一哲学方法体现在他对人的本质的论证之中。

在人的本质问题上，萨特从存在主义的前提出发，承袭了海德格尔的思想，反对传统的人性论观点，反对传统哲学对人的本质作出的种种规定性。并向传统哲学的观点发出挑战，指出如果上帝不存在，"那么至少总有一个东西先于其本质就已经存在了；先要有这个东西的存在，然后才能用什么概念来说明它。这个东西就是人，或者按照海德格尔的说法，人的实在（human reality）"①。萨特与海德格尔一样，认为人首先是存在着，然后才能决定自己是什么，他按照自己的意愿选择自己的未来。因此，在萨特看来，人除了自己所认可的本质，什么都不是。

萨特把这看作是存在主义的第一原则，用一个命题来表示就是："存在先于本质。"我们先来分析这一命题本身，然后分析它的哲学基础。

这一命题虽然是对传统哲学关于人的本质问题的挑战，但它的方法仍然是传统哲学的方法。它的概念过于抽象而笼统，例如对于"存在先于本质"这个命题，其中"本质"这一概念是极其含糊的。从萨特所说的"本质"可以由人自由选择、自主决定这一意义上来看，"本质"这一概念似乎类似于个人的成长、个人的职业和事业、个人的前途等含义，那么它与传统哲学意义上"本质"概念的含义是不同的。传统哲学大多将本

---

① 萨特：《存在主义是一种人道主义》，上海译文出版社 1988 年版，第 7—8 页。

质理解为人的固有属性，尽管对什么是人的固有属性，人们的观点并不一致。

那么对于传统哲学所理解的固有属性，萨特又是如何理解的呢？萨特从自为世界和自在世界的相互关系来理解。他似乎把人的精神属性理解为自为世界，把人的肉体属性理解为自在世界（萨特用这两个概念所表述的内涵并不是始终一贯的）。只是，他不用自在世界来说明自为世界，而是相反，用自为世界来解释自在世界。例如，他不用物质的匮乏来解释人的欲望的产生，而是用人的欲望来解释物质的匮乏现象。

（二）萨特存在主义所关注的核心问题：人的自由意志

"存在先于本质"的原则把人的自由意志——可选择因素推至极端，这是对人的主观能动性的夸张。对于来自这方面的批评，萨特辩解道，所谓主观性，意思是说"人首先是存在——人在谈得上别的一切之前，首先是一个把自己推向未来的东西，并且感觉到自己这样做"①。只有已经存在了的人，才能选择自己的未来、自己的职业，决定自己的本质，这就是存在主义的含义所在。

因此"存在先于本质"这一命题有两个意义：

第一，它从本体论的意义上论证了人的自由本质，认为人在存在之初什么也不是，他面临着自己的未来，必须对自己的未来作出选择：主动地出击、或被动地服从，其实都是一种选择，而且放弃选择本身也是一种选择。存在着的人每时每刻都面临着选择，选择甚至成为人的基本存在方式，而每一个选择的作出，仰仗的都是人的自由意志。因此，人——从本体论的意义上来说是自由的。

第二，萨特从本体论的意义上对人的自由意志的论证，意味着已经存在着的人是自主的。因为，既然存在先于本质，人时时面临着对自己未来的选择，那么他就要对自己的选择负责，对自己是什么样的人负责，对自己的本质负责。因为这一本质不是先天的，是按我自己的意愿造就的，是我自己自由选择的结果，我就理所当然地要对自己的选择负责。而且，既然上帝不存在了，没有上帝来为我们安排一切，那么人就得主宰自己的一切，因为我们失去了一切可能有过的依赖性，不得不自己去面对一切，我们就得自己为自己安排一切，我们必须自主了。

① 萨特：《存在主义是一种人道主义》，上海译文出版社 1988 年版，第 8 页。

　　从这一意义上来看，萨特的存在主义命题，有一定的积极意义。他从本体论的意义上论证了人的自主性、能动性，强调了人必须自己选择并对自己的行为负责。但是从问题的另一方面来说，萨特的存在主义命题也能够从反面给我们带来启示。

　　唯物主义的观点认为选择性只是主体意识活动的一个属性，仅仅从主体自身的条件来说，它不仅受着自身机体存在的制约，也受着外部存在的制约。如此看来，主体性在通过主观性得到表现的同时，首先受着客观实在性的制约。因为，从一方面来看，人面临着选择，从另一方面来看，人的选择又不是任意的。当萨特指出，人的选择往往受着自身欲望的控制时，他实际上已经对人的自由作了限定。

　　"存在先于本质"虽然是一个具有积极意义的命题，但同时又是一个极不确切的命题。海德格尔还起码在时间中、在历史中，为人的过去、现在和未来保留有一定的根基。萨特自己也明白这一点，所以他才说：主观主义一方面指个人的自由，另一方面也指个人越不出人的主观性。这后一层意义上的主观性实际上也就是人的历史制约性，或者说它是一定历史条件的产物。

　　萨特也认为这一层意义在存在主义哲学里是比较深奥的。因此，当他说我只能根据我的处境、我的情感或者欲望作出决定、作出选择时，这一决定或选择还有什么绝对自由的意义可言呢？既然人的选择以及选择能否得到实现都受着现实社会的制约，从这一意义上来说人的自由又只能是相对的，因为选择也是受着条件限制的。

　　萨特对人的自由本质的论证植根于他对人的特定处境的认识，他对人的自由本质的分析是一种本体论意义上的分析，这一意义上的自由意味着它并不依赖于人的正确认识，而是人与生俱有的。显然，这一自由与传统哲学意义上的自由在含义上是不同的。然而，萨特的自由概念与康德从自律性的意义上论证自由意志问题有一定的内在联系，在康德看来，人与动物的区别在于，人在本质上是自由的，因为人对道德命令的执行是自律的。

　　萨特与康德的共同之处在于，他们两人都不是从摆脱外在世界的制约性这一意义上来论证人的自由问题，而是把自由看作是人自身所固有的，尽管他们对自由含义的理解是完全不同的。

　　对自由含义的界定是提出"存在先于本质"这一命题的前提条件，

因此，对自由本质的论证，也就成为论证这一命题的哲学前提，萨特对人的自由本质的论证是从分析人的意识活动开始的。

（三）萨特对自由意志的分析思路

萨特认为，从最直接的意义上来说，呈现在意识中的现象首先是反思前的"我思"，因为在最原初的情况下，"我思"或自我意识是非反思的，是情感等非理性因素。

于是，"我思"或自我意识就成了萨特哲学的出发点。而在反思或认识等理性思维的概念化意识活动中，已经表现了一种对象性的思维活动，或者说，自我从自身分离出来，并把自身作为意识对象，显然这已不是最原始、最直接的意识活动了。"我思"已经发展为"反思"了。

在萨特那里，意识活动是具有意向性的，它不是指向外面，就是指向自身，它自身则是虚无。萨特对自由意志的论述，就是以这样一种一无所有的存在为出发点的。我们从萨特那拗口的论述中可以看出，萨特也在追求一种彻底性，他以意识的虚无状态为基点，去自由地构筑人的大厦。

萨特对于意识的本体论分析表明，这种意识本身既没有时间性，因为它没有历史规定性，它无所从来、无所从去；也没有空间性，因为它不依赖于任何外界事物，整个世界都在它之外，它只是显象中的纯存在，是虚无。因此，萨特的本体论证明，也就是一种非物质性的纯精神的存在论证明。

但是，把意识作为绝对的纯存在，并不能解决意识与独立于它的存在物——两者之间的关系这一难题。在萨特看来，胡塞尔和海德格尔都没有解决这一难题，但是不解决这一问题，对萨特来说，也就等于没有完成对意识存在的本体论证明。于是萨特开始退让，"意识是对某物的意识，这意味着超越性是意识的构成结构；也就是说，意识生来就被一个不是自身的存在支撑着"[1]。萨特认为这就是对意识的本体论证明。

这一证明似乎又包含着唯物主义的因素，因为它规定意识是对一个其本质是实存的存在的意识，或者说意识被不是自身的物质性的存在支撑着。

既然如此，萨特如果不用自在的存在来解释意识的产生和本质，他就必然陷入意识存在和自在存在的二元论，而这恰恰是他所竭力反对的；萨

---

[1]　萨特：《存在与虚无》，生活·读书·新知三联书店1987年版，第21页。

特如果用自在的存在来解释意识的产生和本质，他就不可避免地要回答两者之间的关系是如何发生的。面对这一问题，萨特的思考往往是充满了困惑和矛盾的。

萨特为了对意识的存在和物质世界的存在进行区分，提出了前者为自为存在，后者为自在存在的概念，并认为两者是相对立的。并据此把存在分为两个绝对独立的领域：反思前我思的存在和现象的存在，这已是明白无误的二元论了。他试图在实在论和唯心论之外去寻找使这两种存在能够结合的解决办法。为此，他将自在的存在规定为：存在是其所是，将自为的存在规定为：是其所不是且不是其所是。

萨特实际上试图通过第三种办法来论证两种存在都属于一般存在的问题，而这对理解他关于人的绝对自由的论证是十分必要的。

在萨特那里，这种一般的存在就是人，他通过人的存在而将自在存在与自为存在结合在一起，但是这一结合并不能说明他克服了二元论。一元论要求他必须指出这两种存在中谁是第一性的，关于这一问题，萨特往往陷入矛盾之中。

在哲学的基本问题上，萨特实际上是一个折衷论。他一方面说，自在和自为并不是双峰对峙的，自为没有自在就是某种抽象的东西；另一方面又说，自在又不可分割地与自为相联系着，自在从意识的虚无化那里获得它的存在。

萨特就是在这样一种折衷观点的前提下来论述自由意志问题，因此，一旦他涉及主观能动性与客观实在性的关系时，就处处陷入自相矛盾之中。

他一方面认为在自为和自在之间不存在一条不可逾越的鸿沟，意识总是对某物的意识，一种意识如果是对乌有的意识，那么就是绝对的乌有；另一方面又强调意识是一种超越、一种拔高，一种脱离任何自在限制的绝对自由，当然这一矛盾的产生有其客观的原因：即问题本身的复杂性。

尽管如此，我们从他关于自为与自在关系的具体论述中，仍然能够大致看出他关于人的自由意志的核心观点：他从自为是对自在的超越这一意义上论述意志的绝对自由；从人对外在世界的物质性依赖这一意义上来论述人的欠缺，人的欲望本质；从主客体关系中体现出来的价值有赖于人的存在这一意义上来论述人是价值关系的主体。其主要意图在于强调人的自主性、能动性。

　　关于主观性与客观性之间的关系，萨特的认识往往也是非常矛盾的。

　　在主观性的层次上，萨特认为自为的存在也就是自由的存在，在实体性的层次上，萨特论述了精神欲望与肉体存在的欠缺是同一的。但他不是用欠缺、需要来解释欲望，而是用欲望来解释欠缺，似乎没有精神上的欲望，现实中的欠缺也就不存在了。然而，他没有看到，在社会关系中所形成的欠缺，与自然状态下物质匮乏的存在，具有完全不同的意义；而且，精神上的欲望与物质匮乏的存在本来就是充满了矛盾的统一体。如果我们不是用人们的需要来解释其欲望的产生，而是用其欲望的存在来解释物质上的匮乏状态，那么就只能像萨特那样，从绝对虚无中来解释精神欲望的产生了。

　　那么当萨特把两者统一起来，即把绝对自由的主观性与有所欲望的自为存在结合起来时，会发生什么情况呢？欠缺揭示了自为对自在世界的需要；自由揭示了自为在满足需要的行动中所进行的选择，这一意义上的自由已经不再是绝对的自由，它有限制性的前提条件，即自为的欠缺。

　　正是这样，萨特指出："行动是要同时在自为的层次上和自在的层次上考察的，因为这涉及内在起源的谋划，这谋划在超越的东西的存在中规定了一种变化。"[1] 意识活动的规划，通过对自身行动的支配而超越了自身，达到了对自在世界的改造，这也就是说，通过行动，主观性的力量征服了客体对象。这是萨特思想中的唯物主义因素，自为通过行动（实践活动）而与自在世界达到了统一。

　　（四）存在主义与马克思主义

　　萨特的存在主义人学，并不仅仅是融合了海德格尔和胡塞尔的哲学理路，我们同样可以从中看到康德和黑格尔等哲学大师的思想。萨特在前人基础上所拓展起来的人学理论，在哲学基本问题上仍然存在着困惑和矛盾，或者说持折中主义的态度，这种困惑和矛盾在某种程度上产生于问题本身的复杂性。

　　马克思本人对人的问题的关注主要存在于他开始转向政治经济学研究以前的早期阶段，与萨特的研究比起来，马克思对问题的关注虽然没有萨特那么细致，但是在哲学基本问题上、在人性的基本问题上，马克思的思路要更加清晰和明确。

---

　　[1]　萨特：《存在与虚无》，生活·读书·新知三联书店1987年版，第795页。

　　萨特认为马克思主义哲学存在着人学空场，从马克思主义对人学问题关注的相对薄弱来说，并非毫无道理，但是当他要以存在主义作为马克思主义哲学中的"一块飞地"来弥补这一"空场"时，则显然是非常荒唐的，因为萨特的哲学前提与马克思的哲学前提是不同的、萨特的哲学基本观点与马克思的哲学基本观点同样是大相径庭的。因而所谓的弥补是不可能的，正如人们不可能用一块质料去弥补另一块不同质地的质料一样。

　　我们现在就来对萨特的人学理论与马克思的人学观点作一比较：

　　我们从自由意志的概念来看：萨特是在现象学的范围内对人的自由意志进行描述，他虽然不时地超出现象学的范围，对自为与自在的关系进行一些比较唯物地分析，但是，从总体上说，萨特的人学脱离人的社会存在、脱离人的社会历史性，因此他对人的认识和对自由的强调就不可避免地具有很大的抽象性、神秘性。

　　在马克思那里，人的本质是一切社会关系的总和。人是在对象性的社会实践中形成发展的，因此，无论单纯地从主体方面或客体方面都难以给人下定义。当萨特指出，人在存在之前什么也不是时，这在某种程度上有一定的道理，但他如果仅仅把本质的形成看成是主观上自由选择、自主行动的结果，这又陷入了另一种偏差之中，因为各种社会关系的反馈作用必然要影响到人本质的形成。

　　萨特的偏差还体现在，他虽然看到了他人对"我"的自由是一种限制，指出他人是地狱。但是他没有从另一个角度思考同一个问题，自我的本质正是通过与他人的交往在社会中得到体现、得到完成的，并且具有意义的，从这一意义上来说，如果没有他人，自我的本质也就无所谓实现了。

　　同时他没有从本体论的意义上理解，他人的限制、社会关系的制约通过历史积淀的途径，早已内在地作用于人的自身因素之中。因此，从社会存在的本体论意义上来说，人的主观能动性要受着客观实在性的制约，这不仅从个体自身的存在意义上、而且从社会存在的意义上来看都是这样。

　　马克思没有专门从选择的意义上讨论过自由问题，马克思对人的自由是从社会关系和人与物质需要的关系方面来讨论的，在马克思那里，从普遍意义上不受物质需要困扰的人的自由活动是人类的最高自由境界。

　　而萨特则是将物质匮乏看作是人类欲望的必然结果。

　　从欲望与匮乏的关系来看：萨特为"存在先于本质"这一命题进行

的论证，虽然有着极其复杂的哲学背景，然而意志的因素、精神的因素往往成为第一性的因素。

他为了使意识摆脱客观世界的束缚，而将存在分解为纯存在和现象中的存在，所谓纯存在也就是反思前的意识、也就是存在的虚无化，萨特称之为自为的存在；而现象世界是自在的存在。

他从两个层次上使用自为概念：第一，自为是纯意识，是反思前的我思；第二，自为是意识与自身肉体相同一的人。

第一个层次上的自由不难论证；第二个层次就不同了。因为现实中的人时时刻刻与周围世界发生着关系。在这一意义上，萨特认为，自为的存在方式是欠缺。这是对人依赖于客观物质世界的抽象表述，欠缺在精神上的表现就是欲望。他对此论证道，"人的实在是欠缺，作为人的行为的欲望的存在就足以证明这一点。"① 既然"欲望是存在的欠缺，它在其存在的最深处被它所欲望的存在所纠缠"②。

那么，受着欲望所纠缠的自为存在还有什么自由可言呢？这就更加清楚了，萨特所谓的自由并不是指不受自身的束缚、不受客体世界的约束，或者是物质需要满足之后的状态，而是相对于自由选择这一意义而言的。正是在这一意义上，萨特的"存在先于本质"这一存在主义命题为人的自由意志提供了本体论层次上的哲学论证。

然而这样的论证与马克思从现实社会关系、社会的阶级结构为基础对人的需要满足所进行的论述是不相容的，马克思从社会的阶级结构、阶级剥削来论证由于社会的阶级分化所造成的无产阶级贫困。从马克思主义的观点来看，笼统地用人的欲望来阐释人间的物质匮乏是荒谬的，而在萨特那里，匮乏是人的生存状态。

综上所述，虽然萨特对人的问题从存在主义、现象学、社会学甚至精神分析学等方面作了马克思所没有作的研究和分析，萨特对存在主义人学的贡献是巨大的，但是并不因此就意味着萨特的人学研究可以弥补马克思的人学"空场"，这不仅因为两者在哲学的基本问题上存在着如此巨大的差异，更因为两者对所论述概念含义的理解都是完全不同的。

从这一意义上来看，人们可以由于萨特将存在主义与马克思主义结合

---

① 萨特：《存在与虚无》，生活·读书·新知三联书店 1987 年版，第 130 页。
② 同上书，第 131—132 页。

的努力认为存在着存在主义的马克思主义哲学形态，这种哲学形态以存在主义哲学为背景，在某种程度上用存在主义的哲学方法去解释和解决马克思主义哲学中存在着的问题，并且在存在主义哲学氛围中形成了一支存在主义的马克思主义流派。同时我们也看到，所谓存在主义的马克思主义哲学形态与马克思主义哲学原生形态之间有着非常大的距离，这种距离不仅来自于不同的哲学方法，同时来自于不同的世界观和阶级立场。

第二节　衍变中的结构主义与马克思主义哲学

所谓结构主义的马克思主义就是用结构主义的哲学方法去解释和把握马克思主义的基本理论、尤其是马克思本人的基本理论思路，由此形成了结构主义的马克思主义哲学形态。其代表人物是 20 世纪 60 年代法国的阿尔都塞（Louis Althusser），尽管阿尔都塞本人并不认为自己是结构主义者，但是当时的结构主义哲学背景无疑给了他以很大影响。

结构主义哲学方法的形成在某种程度上可以说是产生于对存在主义哲学方法的"叛逆"，存在主义从本体的意义上强调主体的先在性，"存在先于本质"是存在主义哲学家萨特对其哲学前提的概括，强调主体对自身本质的自主意义。

然而人们可以从两个方面对这一前提进行质疑，其一，我们能否将主体的存在仅仅理解为主观性存在，主体存在的客观性基础是什么，主体能否摆脱客观性的制约？其二，主体的选择是在社会关系、社会性存在中进行的，它能否超越后者决定自己的本质？

对这两个问题的回答是结构主义哲学方法产生的哲学背景，尽管它首先起始于语言学领域，人们发现在不同的语言背后存在着同样的深层次结构，这是人们把握世界的基础，而它本身却不是主体选择的结果。这一研究思路一经产生很快被运用于精神现象学、社会学、历史学甚至文学等领域，结构主义思潮由此而形成。阿尔都塞对马克思主义理论的研究工作无论从有意识或者无从意识的意义上来说，受到了这一思潮的影响。

而对结构主义思潮进行"叛逆"的是解构主义，它对被结构主义所突出的结构本身进行瓦解，使表面上看起来清晰而确定的事物变得不确定，打破人们受既成观念的束缚，将观念本身推上解剖台，窥视观念的背后。法国哲学家雅克·德里达（Jacques Derrida）对马克思主义理论的关注方法可以说是其代表。

继结构主义和解构主义思潮之后，法国又形成了另一种对马克思主义理论的研究思路，它既不同于结构主义的方法：从客观结构解释主体的行为和选择或者指出主观行为背后存在着客观结构；又不同于解构主义的方法：对客观结构与政治理论、观念的深层次因素进行一味地窥视和解构。而是从社会结构发生的意义上对其元结构进行探讨：这一研究思路从主体性出发，强调客观结构的发生、变化，法国哲学家雅克·比岱（Jacques Bidet）是沿着这一研究思路发展的。

一　对马克思主义理论的结构解释

20世纪60年代结构主义思潮的掀起必然要影响到当时的马克思主义研究，法国的马克思主义者阿尔都塞可能就是其象征，尽管阿尔都塞本人并不认为自己是结构主义者，强大的结构主义思潮背景在有意无意之间使其研究方法深受影响。但是我们同时应该看到，并非阿尔都塞的所有研究思路都受着结构主义方法的影响。我们现在就来看看他的主要研究思路，然后分析结构主义方法在哪些方面影响了阿尔都塞的研究。

（一）认识论断裂说

在其论文集《保卫马克思》一书的序言中，阿尔都塞提出了青年马克思与成熟马克思之间的断裂说，问题首先以这样的方式出现，是否存在着断裂以及断裂发生的位置。认识论断裂这一概念本身来自于加斯东·巴歇拉，阿尔都塞借用这一概念来表达马克思在成长过程中由科学思维取代意识形态思维的转变。

阿尔都塞从三个方面分析了这种断裂：

第一、在马克思的著作中确实存在着"认识论断裂"，这个断裂的位置就在于马克思批判哲学信仰的著作《德意志意识形态》，《关于费尔巴哈的提纲》是这个断裂的序幕。

第二、这种认识论断裂同时涉及两种不同的理论学科，即新的历史理论——历史唯物主义，新的哲学——辩证唯物主义。在这里存在着新科学与新哲学相混同的局面，这是马克思主义哲学产生以后的一个关键历史时期。

第三、这种"认识论断裂"把马克思的思想分为两大阶段：1845年断裂以前是"意识形态"阶段，1845 年断裂以后是"科学"阶段。

阿尔都塞关于马克思的认识论断裂说正是受着结构主义思维方式的影响，这种思维方式将人的思维看作是一个整体结构，一个会发生断裂的结构，而不是一个系统的体系，一个会发生变化的体系。

马克思的早期思想与成熟时期的思想有所不同，这中间要经过过渡期，这本身是非常自然的过程，问题在于为什么要将这样的变化理解为断裂？从文字的意义上来看，断裂或者意味着前后同样的事物在外力的作用下发生了中断，此时事物本身具有同时性，阿尔都塞显然不是这个意思；或者意味着前后发生的事物完全不同。阿尔都塞关于马克思认识论断裂说的背景是历时性，而不是同时性，针对的问题是马克思的认识论方法，而并非马克思关注的对象或者内容。

这样问题就比较清楚了，阿尔都塞的认识论断裂说在一定意义上把握了马克思认识论方法的变化，他并没有否认马克思主义思想在内容上的内在连续性：即马克思在早期对异化现象的关注与成熟时期对剥削问题的研究具有内在的一致性。

在阿尔都塞看来，异化与向非异化状态的回归是一个意识形态问题，而对剥削关系的经济学分析与废除剥削现象的历史性论证则是科学论证，尽管在我们看来，异化现象与剥削关系针对的是同样的事物。

（二）人道主义、人本主义、人性概念与意识形态

马克思主义与人道主义的关系是阿尔都塞研究的又一理论焦点问题，无论从理论背景和社会历史背景来看，这都是一个极其错综复杂的问题。我们先来看看人道主义与人本主义的基本的、简单的定义，再来看看阿尔都塞的研究思路。

人本主义：以人为本对社会历史的解释思路，它与以社会经济基础为本对社会历史的解释思路相对而言，后者又被称为决定论的观点。人道主义：对人的道德关怀。

阿尔都塞提出了两种不同人道主义的概念：阶级人道主义与社会主义人道主义：阶级人道主义的内容是消灭阶级剥削，而社会主义人道主义的内容是关注人的自由和人格尊严。

阿尔都塞认为社会主义人道主义与社会民主党的自由人道主义概念似乎有了共同点。"苏联的'自由化'为自由人道主义提供了保证。至于社会主义人道主义，它可以认为自己不仅批判了资产阶级人道主义的矛盾，

而且更重要的是完成了资产阶级人道主义的'崇高的'愿望。"①

阿尔都塞的这一认识产生于苏联解体以前，他没有完全理解苏联模式下的人道主义问题、因而也就没有可能真正理解社会主义人道主义与社会民主党的人道主义之间的区别。

阿尔都塞不仅没有真正理解社会主义和社会民主党的人道主义概念区别，而且对马克思的人道主义概念也作了简单化的理解，在他看来，在马克思那里，人道主义是意识形态，而非科学。

他的这一界定据于他对马克思的两段引文：

其一，是马克思在1844年手稿中的一段话：共产主义——是由人为了人而对人的本质的真正占有，作为完成了的自然主义，等于人道主义。②

其二，是马克思在评瓦格纳的《政治经济学教科书》时写的一段话：我的分析方法——不是从人出发，而是从一定的社会经济时期出发。③

这两句话从字面的意思上看，典型地体现了阿尔都塞所谓意识形态和科学主义的区别，前者是人道主义的信念，后者是社会主义的理论基础。

阿尔都塞以此分析了马克思人道主义思想的两个阶段：第一个阶段体现为马克思的思想受着黑格尔和费希特的影响，从自由与理性统一的意义上去理解人道主义的实质性内容；第二个阶段受着费尔巴哈的影响，从理性的异化中理解现实社会的矛盾。

阿尔都塞认为，此时的马克思依然是从人的哲学来理解现实社会，例如马克思在《〈黑格尔法哲学批判〉导言》中说道：所谓彻底，就是抓住事物的根本。但人的根本就是人本身④。

由人的异化到在实践中向人的本质的回归便成为马克思早期人道主义思想的逻辑归宿，然而如何回归，回归意味着什么？

为了回答这一问题，马克思的研究思路是由意识形态转向了现实社会，因而发生了阿尔都塞所说的认识论断裂，还是继续从人类生存的基本活动——生产活动中去探讨实现人道主义的思路？

---

① 阿尔都塞：《保卫马克思》，商务印书馆1984年版，第191—192页。
② 同上书，第192页。
③ 同上书，第190页。
④ 同上书，第195页。

　　社会形态、生产力、生产关系、上层建筑、意识形态等概念的形成是问题的一个方面，但是它们本身并不能够说明断裂现象的出现，问题的关键在人的概念。

　　如何理解人的概念，是将其看作具有不变的属性，还是以人为核心来理解社会历史，这是两个不同的问题，以前者取代后者使阿尔都塞自己发生了迷惑，同样这也就成为他提出断裂说的理论根据。

　　我们现在就来循序渐进地分析这一问题：

　　首先，异化说并非仅仅指人性的异化和复归，相反人性的异化、复归在马克思那里是以现实社会关系的变化为前提的，人的异化是现实社会关系发生分裂的结果，而不是相反。因此，我们不能够说马克思以人的异化和复归为基础去解释社会历史。

　　其次，以实践的观点否定一成不变的人性并不能够等同于放弃了以人为核心的社会历史研究思路。人性说并不能够等同于人道主义。

　　因此，阿尔都塞关于马克思认识论断裂说的第二条，即彻底批判任何哲学人道主义的理论要求就是不成立的，由此产生的第三条，即确定人道主义为意识形态同样是不能够成立的。

　　因为马克思对资本主义关系的人道主义批判从来（从马克思开始关注现实社会的40年代初起）就是以现实社会关系为基础的，而不仅仅是一种意识形态的批判，例如《莱茵报》时的批判就已经是以现实社会关系为基础的批判了。

　　将人道主义看作为意识形态是马克思对论敌的批判，并非意味着马克思自身走向科学、告别人道主义。在阿尔都塞看来，马克思并没有否定人道主义的历史存在，只是将其作为意识形态来对待。

　　显然，阿尔都塞由马克思告别人道主义，再由将人道主义定义为意识形态，完成了对马克思由人道主义转向科学主义的推论。这一推论的基础是将人道主义与人性画等号，并且将人道主义问题意识形态化，马克思的人道主义思想始终以现实社会关系为基础，因而不能够将其简单地理解意识形态。

　　（三）马克思主义与非历史主义

　　除了将马克思主义看作是非意识形态、非人道主义的，阿尔都塞同样将马克思主义看作是非历史主义的，在阿尔都塞那里，历史主义本身是非意识形态、非人道主义的，那么历史主义的具体内容对阿尔都塞来说是什么？

似乎是一种还原论，即把全部认识还原为社会历史关系，而把生产关系还原为简单的人的关系。

对此，问题的核心不再是人与环境的关系，这一关系关心的是人是否具有脱离历史而存在的先在本质；而是生产关系与人的关系，由此产生的两种观点共同将否定人具有脱离历史而存在的先在本质为前提，但是关于两者之间谁更具有基础性的意义存在着分歧。由此产生的两种观点是：

其一，生产关系是人与人之间的关系，人集历史的导演、剧作者、演员于一身。一方面人的本质是在历史中形成和发展的；另一方面，人创造了历史。这种观点以人的具体的、历史的属性取代抽象的、神秘的、不变的属性，但仍然从人的活动的意义上来理解社会历史。

阿尔都塞认为爱尔维修、卢梭、费尔巴哈已经具有这样的观点。认为这种观点以人为历史的主体。而生产关系、政治的和意识形态的社会关系就成为历史化的人的关系，即人与人之间的、主体与主体之间的关系。

阿尔都塞认为这种历史主义的观点是马克思主义形成之前的观点，并不是马克思主义的观点。

其二，根据阿尔都塞所理解的马克思的观点，历史的主体不是人，而是构成生产关系的结构。

我们现在就来分析他的第二种观点，即在他看来是马克思主义的观点。

（四）阿尔都塞与结构主义

阿尔都塞本人反对结构主义的形式主义方法，认为根据结构主义的观点，真实是由要素随意混合而成的产物，然而在当时法国强大的结构主义思潮影响下，他本人对马克思理论的解释不能说没有受到结构主义的影响。

他在不同地方反复表达了这样的观点："生产关系的结构决定生产当事人所占有的地位和所担负的职能，而生产当事人只有在他们是这些职能的'承担者'范围内才是这些地位的占有者。因此，真正的'主体'（即构成过程的主体）并不是这些地位的占有者和职能的执行者。同一切表面现象相反，真正的主体不是天真的人类学的'既定存在'的事实，不是'具体的个体'，'现实的人'，而是这些地位和职能的规定和分配。所以说，真正的'主体'是这些规定者和分配者：生产关系（以及政治的和意识形态的社会关系)。但是,由于这一些'关系',我们不能把它们设想为主体的范畴。"①

阿尔都塞反对将生产关系还原为人与人之间的关系、主体与主体之间的关系,在他看来,生产关系只是生产客体和生产当事人关系的"承担"者,它涉及当事人的占有、地位以及职能的特殊分配等,因而它是将当事人和生产客体结合起来的结构。

从一方面来看,阿尔都塞反对将生产关系简单地还原为人与人之间的关系,看到生产关系中物的因素是有根据的,因为人与人在生产关系中离不开人与物之间的关系;但是因此将生产关系理解为能够完全摆脱人本学的问题,使其成为一种完全客观存在的结构,则是将问题推向了另一个极端。

例如当他说,"从现在开始,我们可以不再谈人本学的问题。人本学在政治经济学中的任务就是要(通过关于经济的理论)来论证经济现象的经济性质,……去掉人本学的'既定存在',剩下的就是这个使我们感兴趣的空间"②。

在他看来,这有可能产生两种观点:一种观点是将机械的因果关系置于统治地位,使结果与原因之间存在着特定的联系,因果之间的内在必然性只能够在既定存在的序列中得到理解。

阿尔都塞认为这不是马克思的观点,马克思在一个总结构中来理解经济现象,把经济现象看作是复杂而深刻的空间,而这个空间又是另一个复杂而深刻的空间的组成部分。

然而问题在于,无论阿尔都塞所理解的这个空间构成是如何地复杂,它都回避不了客观结构与人的作用关系问题,为了回避人的因素,阿尔都塞提出了用经济现象的概念来说明经济现象,就是用这种复杂性概念,或者说就是用生产方式的总结构来说明经济现象。

这就是阿尔都塞所理解的马克思,他用总体理论既取代历史主义的观点、又取代经济决定论的观点。

显而易见,阿尔都塞以复杂结构和简单结构的关系取代了传统哲学关于人与环境的矛盾与悖论,这就是生产方式作为总结构,决定了生产关系

---

① 阿尔都塞:《保卫马克思》,商务印书馆 1984 年版,第 209 页。
② 同上书,第 211 页。

与生产力这两个特定结构的统一。

马克思的理论经阿尔都塞这样一解释，人的因素和概念、人本的问题似乎就消失了，消失在总结构与区域结构的关系中，与此相反，萨特却是要弥补人学的空场。

这一现象至少说明了这样一个问题，在马克思成熟时期的历史唯物主义理论框架那里，我们可以以马克思在《〈政治经济学批判〉序言》的表述为例，确实存在着理论结构对具体人的因素的忽视，阿尔都塞沿着其理论结构的形式方向发展，而萨特则是要重新突出人的因素，他们这是从同一个出发点沿着两个相反的方向发展。

阿尔都塞进一步论证他所理解的马克思理论有可能产生的重要结果，其一，由经济结构到生产方式、由生产方式到其构成，实现了经济理论与历史理论的统一；其二，非同质性取代同质性；其三，复杂因果关系取代线性因果关系。

从另一方面来看，阿尔都塞因此将生产关系看作是主体与客体关系的承担者，是既定存在，这在一定意义上是对马克思关于生产关系是不依赖于人的主观意志的一种解释。

然而阿尔都塞的解释由于没有区分以人的主观意志为转移和人的活动结果之间的关系，而是直接将前者等同于后者，他因此将马克思批判唯心史观的观点推向了极端，将生产关系作为结构、作为生产客体和主体关系的承担者绝对化起来。

阿尔都塞实际上并没有解决传统哲学关于人与环境问题的悖论，而是将传统哲学的难题简单化了，他强化了马克思理论中的某些薄弱环节。

阿尔都塞如果将生产方式作为总体结构、而将生产关系和生产力作为区域性结构，他将面临这样的问题：生产力能否成为一种自在的力量？生产力的动力机制能否源自于非人因素？为了回答这些问题，阿尔都塞显然绕不开主体性的话题。

阿尔都塞对马克思主义的解释，从方法上来看，在很大程度上受着结构主义的影响，因此人们往往将阿尔都塞的马克思主义解读称之为结构主义的马克思主义，但我们是否能够因此认为存在着结构主义的马克思主义形态，则应该另当别论，阿尔都塞本人并不认为自己是一个结构主义者。

正如发展到鼎盛的结构主义必然要因为其自身缺陷的显露而受到另一种哲学思潮的挑战一样，阿尔都塞的结构主义马克思主义也要受到另一种哲学思潮的挑战，这种思潮就是尝试着超越结构主义方法的后结构主义，或者说解构主义。无论是后结构主义或者解构主义或许都有着自己更加确切的定义和指向，这里只是就其一般意义而言。

一种哲学思潮取代另一种已经流行的哲学思潮，不仅与人们哲学思想发展的逻辑性背景有关，同样与时代背景有关，对马克思主义的解构思潮在更大意义上是时代背景的产物。

二　对马克思主义理论的解构

以解构主义方法著名的法国哲学家德里达在东欧剧变后将解构主义的方法指向了马克思主义，解构主义与马克思主义的相遇早已是对后马克思主义状况不太满意的人们所期待的事件。这一事件的机遇产生于 1993 年加利福尼亚大学的国际讨论会，这次讨论会邀请德里达作了两场报告，报告的题目是"马克思的幽灵们——债务国家、哀悼活动和新国际"，会后德里达将这两场报告整理成一本书，并命名为《马克思的幽灵们——债务国家、哀悼活动和新国际》。

这两次报告和书的撰写给予德里达一个契机，用解构主义的方法去面对马克思。其实，正如继结构主义形成之后的解构主义必然要产生一样，继结构主义的马克思主义之后必然要有人用解构主义的方法面对马克思主义，德里达就是这样的当然人选。尽管他认为"解构主义从来不是马克思主义，正如它从来就是非马克思主义一样，但它仍然忠实于马克思主义的某些精神，至少忠实于他的某一个精神"[1]。德里达在该书中正是通过对马克思与马克思主义、马克思的批判精神与其理论的分析，试图回答东欧剧变以后人们能够从马克思那里继承什么的时代性问题。

这一问题以"幽灵"这一概念为核心，这里的幽灵是复数、不是单一，德里达的解构就以此为切入口。他通过对语言和意义在结构和程序上的分析，以表明它们是如何地不确定，它们的变化和区别是如何地不清晰，而且这些幽灵在翻译成不同的语言时经常包含着不同的含义。

德里达的解构主义步海德格尔存在主义的后尘，意在发掘和评估整个西方传统哲学的前提，从柏拉图到胡塞尔，以揭示它的"形而上学在场"

---

[1]　J. Derrida："Politics and Friendship"，"*The Althusserian Legacy*"，eds. E. A. Kaplan and M. Sprinker, London and New York：Verso, p. 221.

存在着致命的缺陷。柏拉图的真理包含着在沉默中自我对话的"灵魂"，一个纯粹的自我统一的存在。这一对话的基础意在追求永恒、没有时间的真理，或者"超验的意义"。它基于这样的事物，例如本质、原因和精神。这样的本质通过与他人的对话而被揭示出来，它包含"存在者"的在场。对德里达来说，这样的存在是值得怀疑的。

因为从时间的意义上来说，"现在"是很难把握的，它存在于过去和将来之间，或者存在于记忆和欲望这样的状态之间，同样重要的是，语言是用来表达"存在"的思想、被假设为是与存在相统一的描述性文字，而符号通过差异来表达他们的意义。因此，对于德里达来说，语言作为在场的表达，从本体论意义上假设"纯粹的"存在可以与自身相统一是一个幻想，你所表达的事物，不是已经不存在，就是还没有成为存在，纯粹的当下是不可能被把握的。德里达因此试图去抹煞存在和非存在的差异。事物的这一特征正好可以用幽灵来彰显。

德里达的《马克思的幽灵们》不仅仅作为解构主义继结构主义之后必然要面对马克思主义的事实而出现，同样它产生于苏东剧变这一历史事件，以及这一事件在西方世界所引起的反响。福山的《历史的终结及最后之人》代表了其中的一种观点，一种宣告社会主义终结和哀悼的观点。德里达的《马克思的幽灵们》在某种程度上可以说是针对福山在该书中所表现出来的主基调而创作的。福山在书中宣告了马克思的死亡，而德里达则选择了这样的时机向马克思表示敬意，并提出通过哀悼我们应该继承什么的问题。

继承什么样的精神、不继承什么样的精神，包含在德里达所讨论的幽灵们之中，而在德里达那里，似乎只有解构的方法才能够将不同的精神、不同的幽灵区别开来，德里达的解构因此开始于幽灵的概念。

（一）德里达解构方法的指向：马克思（主义）的幽灵们

与大多数西方世界的左翼学者一样，德里达也强调马克思与马克思主义之间的区别，然而对于他所说的幽灵们，我们很难分清哪些是属于马克思的、哪些是属于马克思主义，即马克思的继承者的。

德里达的幽灵概念在某种意义上取之于马克思在《共产党宣言》开头部分所表达的幽灵，"即一个幽灵，共产主义的幽灵，在欧洲悠荡。"①

---

① 《马克思恩格斯选集》第1卷，人民出版社1995年版，第271页。

而马克思所使用的幽灵概念与欧洲的传统文化背景有着密切关系。西方一些马克思主义学者经常借莎士比亚剧本《哈姆雷特》中的幽灵来说事儿，哈姆雷特过世的父亲，以幽灵的形式再现于世。人们都知道马克思非常喜欢、并且非常熟悉莎士比亚剧本。

英国政治哲学教授朱尔斯·汤森（Jules Townshend）认为德里达象征性地将马克思（主义）类比为过世的哈姆雷特的父亲，由此产生哀悼和继承的问题。而幽灵概念正是这两个问题的核心，我们需要继承什么？德里达通过《哈姆雷特》对幽灵的多重含义进行了很多暗示，将幽灵看作是超越时间连续性的，并以幽灵为线索把握重要的理论问题，幽灵因此成为德里达的解构对象，并贯穿于他的整本著作中。

然而，作为解构对象的幽灵既不是存在、又不是非存在，既不是身体，又不是灵魂，在德里达那里它可以象征人类的所有特性：感性、想象、记忆、希望、恐惧、欲望、压抑的创伤等，所有这些事物都是存在的、但又是非存在的。德里达的幽灵具有后现代的特征，他用于表达幽灵的符号，意义是不稳定的，在另一种语言、或者另一种历史境遇下完全可以代表着另一种事物。而且，德里达的在场，也不是通过认识论意义上的感性存在能够把握的，它是本体论意义上的在场，它包含着存在的不同方面，从伦理学意义上来说，它包含着我们对"不在场者"的义务。

这是我们理解德里达所说幽灵的前提条件，即作为解构的对象，幽灵的符号意味着什么？幽灵是否存在？前者是语义学问题，后者是存在论问题。

德里达在一个很大的框架内解构马克思，它不仅包含着认识论和伦理学的问题，同时又与时间相关联，它因此具有"精神本体论"的意义。德里达对幽灵时间界定的把握完全是存在主义的方式：幽灵在时间中存在，或者不存在，它向现在、当代或者当下移动，它是过去和将来的集合，因此要求我们对过去和将来负责。

在汤森看来，马克思不同于其他人的地方，在于他不仅看到当下的资本主义，同时看到人类的未来，认为人类的发展受着理想的驱动，这也正是马克思批判精神的基础。德里达因此认为只有解构主义才能够合理地理解时间和幽灵的关系，而这需要马克思的批判精神。

汤森从三个方面分析了我们能够理解德里达指称马克思幽灵概念的途径：第一，德里达对马克思精神的理解；第二，他对人们在"哀悼活动中"所说的一些马克思精神加以拒绝，包含对马克思所使用幽灵概念的批判；第三，他对自己的解构主义方法的认可，认为自己的解构主义方法至少能够适合马克思的自我批判精神，并且有助于重新将马克思主义政治化。①

正如马克思自己曾经表白过自己不是一个马克思主义者那样，德里达宣称自己不是一个马克思主义者。然而他忠实于某种马克思的精神，在他看来："不能没有马克思，没有马克思，没有对马克思的记忆，没有马克思的遗产，也就没有将来：无论如何得有某个马克思，得有他的才华，至少得有他的某种精神。"②

这种精神就是批判精神，德里达从两个意义上理解这种精神：一种是对资本主义的批判，德里达在所有形式上肯定了马克思对资本主义的批判精神、对其上层建筑、对其自我估价的意识形态的批判，它包含了重新将马克思主义政治化的倾向；一种是自我批判精神，在德里达那里，这种"激进的批判的东西，那就是一种随时准备进行自我批判的步骤"③。

第一种批判精神与另一种中立的、从政治旋涡中退出、并进而采取纯学术化的研究态度是相反的，德里达批判了这种把马克思非政治化的倾向，在这些人看来："既然马克思已经过世，尤其是既然马克思主义似乎正在迅速解体，有些人似乎想说——我们将可以不受马克思主义者的干扰，而且因此也不受马克思本人，也即一个还在不停地言说的鬼魂的干扰，去关注马克思。"④ 因为"他不属于共产主义和马克思主义者，也不属于某些政党，他的著作应当列入我们西方政治哲学的伟大经典著作之中。回到马克思，最终把他当做一位伟大的哲学家来阅读他的作品"⑤。

与此相应，德里达指出了什么是需要放弃和不应该继承的精神："那些精神把自己固定在马克思主义学说的躯干上，固定在它假定的系统的、形而上学的和本体论的总体性中（尤其是固定在它的'辩证方法'或者说'辩证唯物主义'中），固定在它的有关劳动、生产方式、社会阶级等

① J. Townshend："Derrida's Deconstruction of Marx（ism）"，2004 年 4 月英国政治哲学年会上的发言稿。

② 德里达：《马克思的幽灵》，中国人民大学出版社 1999 年版，第 21 页。

③ 同上书，第 124 页。

④ 同上书，第 46 页。

⑤ 同上。

基本概念中，并因此固定在它的国家机器（谋划的或实际的：工人国际运动、无产阶级专政、一党制、国家以及最终的极权主义的残酷性）的整个历史中。"①

德里达本人的态度恰恰相反，他一方面强调用马克思的批判精神面对当下的国际政治问题，列举了十大紧迫问题：1. 失业，不同于以往的新型失业；2. 国际移民的合法身份和政治权利问题，以及由此人类面临的新经历；3. 不同国际组织、团体之间的经济战争，这种战争主宰着对国际法的解释和运用；4. 自由市场概念在规范、控制国际矛盾方面的无能；5. 负债国的恶劣处境与全球市场化的要求发生矛盾；6. 军火工业和贸易；7. 核扩散；8. 种族战争；9. 像幽灵一般的黑社会势力的存在和蔓延；10. 国际法以及国际机构问题。另一方面，他的解构方法就是发挥马克思的自我批判精神对待马克思主义的幽灵。

然而德里达的解构思路并不是很清晰的，而且他在幽灵的驱魔与精神的继承方面存在着自相矛盾，这是解构方法与分析哲学方法的典型区别。德里达除了对什么是该继承的、什么是不该继承的精神进行笼统地界定，缺乏对事物本身的分析，因而正如朱尔斯·汤森所说，德里达自己就被幽灵所困扰。

正如我们在上面所看到的，在他所要放弃的精神中有着他用于批判资本主义的精神，例如马克思的劳动概念，生产方式和社会阶级等理论。他自己也认为非教条的传统马克思主义可以有效地为分析当代的国际贸易战争、过度生产和第三世界的债务，以及国际中的强权政治对民族国家、垄断的科技资本、金融资本对国家资本和私人资本的无限颠覆等等提供启示。总之，马克思的批判能够充分揭示自由、民主的资本主义不能够实现其理想，资本主义的政治和经济体制使人类历史遭遇了不平衡。

德里达在对幽灵的解构中，除了对马克思主义的精神进行了区分，还对马克思主义的幽灵与马克思对待幽灵的态度进行了区分。在德里达看来，马克思在将幽灵还原为宗教，还原为神学的过程中，只是用社会经济因素来解释商品拜物教的形成，而忽视了精神因素。马克思希望通过共产主义体制消除所有的幽灵，或者说是将共产主义的幽灵变为以体制为保证的现实。

---

① 德里达：《马克思的幽灵》，中国人民大学出版社 1999 年版，第 125 页。

　　然而德里达认为，这种对待幽灵的方法有着理论上的不足：马克思在这里假设的幽灵只是本体论的"在场"，是"真实的实在和客体"。虽然德里达没有对幽灵的概念通过"预先解构"加以驱逐，他认为幽灵的概念忽视了"人"的存在的历史，存在和时间的关系——在场或"现在"的不确定性，缺乏当代性的过去和将来。

　　德里达认为借助于精神分析学所揭示的本能冲动有助于建构人类具体的经验，人们因此能够看到，幽灵以一种或者不同的形式在这里存在着：例如恐惧（对死亡）、创伤、压抑，超我的意识、来自幽灵（被神父监视）的结果、来自伦理冲动的自责等等。

　　德里达认为，尽管马克思不喜欢幽灵，他要从现实中驱逐它们，并相信他能够战胜它们，正如生命战胜死亡，但是马克思自己也被幽灵所纠缠。德里达通过《德意志意识形态》中马克思和施蒂纳的争论，指出马克思否定了施蒂纳的驱魔（资本主义）方式，而施蒂纳本人是被幽灵所追逐的，追逐幽灵体现在施蒂纳对共产主义本性的讨论中，马克思以不同方式探讨共产主义。

　　德里达这样分析了马克思在《资本论》中的论述，指出马克思假设了只要货物和劳动不再作为交换价值，商品拜物教就能够消失。而他通过解构模式表明，使用价值和交换价值的区别是不清晰的，从使用价值到交换价值的转变过程是不清晰的。使用价值具有成为交换价值的可能性，现实存在中的物体（客体或劳动）因为其有用性而会发生改变，不同类型物品的交换，而不仅仅是金钱的交换使得这种改变成为可能，因此使用价值和交换价值概念是相互缠绕的，使用价值具有成为交换价值的可能性。

　　我们还可以通过一个例子来了解德里达的解构方法和解构指向，即对马克思的伦理学维度的解构，这一维度是与解放的信念息息相关的。德里达将 20 世纪 30 年代欧洲神圣同盟和苏联的对抗性状态看作是两种幽灵的对抗，并认为无论是欧洲神圣同盟、还是福山的终结论都不能够抹去共产主义及其民主和正义的幽灵，共产主义的价值已经成为人类实践"普遍结构"的一部分。只要社会存在着差异，共产主义就像民主和正义问题一样，其幽灵就总是在徘徊。

　　他从这一历史的解构中得出这样的结论：历史在过去、现在和将来永远会有着不可预见的新的意义，解放道路的定义是不确定的，人们在追求新社会的过程中，要对不确定事物留有余地。真实的历史存在着这样的需要，它要为那些在马克思主义权威历史理论框架和规划中看起来是不可能的事物采取开放的态度。

德里达不仅用解构主义方法解构了福山之类的末世学，同时解构了目的论，认为历史目的论的解释排斥了对多变因素的开放性态度，并且因此否定了"解放的允诺"，因为这一允诺存在着不确定性。

德里达将失去的苏东看作是共产主义实践的逝去，但是他在企盼"新国际"。他所企盼的新国际不仅要解决他所提到的十大社会问题，而且是一种能够实行国际法律的国际秩序，其干预作用能够与民主、人权相协调，适用于经济领域，超越于民族国家的控制。

在他所设想的新国际里，没有政党、没有国家、没有民族共同体、没有市民之间的联盟、没有共同的阶级，它要求对国际法、国家和民族的概念进行理论和实践的批判。

朱尔斯·汤森很敏锐地注意到，德里达的批判理论同样包含着"救世主"的论调，以及空洞无物的无效允诺。我们同样可以说，德里达的批判理论同样有待于被解构，我们现在就来看看马克思主义方面对德里达的回应。

（二）解构方法所面临的批判及其对批判的回应

作为"左派"学者，德里达对马克思主义的解构不同于其学派中其他人尤其是美国的反马克思主义解构态度，德里达试图脱离其反马克思主义倾向，他认为自己的解构是负责任的。不过德里达对马克思主义的解构同样引起了来自某些马克思主义方面的反对。在德里达看来，所有来自这一方面的批判都排斥或包含着对马克思所谓本体—政治（onto-political）关系的辩护。

德里达正是要告别这种本体—政治（onto-political）的思维方式，这种方式包含着假设的体系、本体论总体性、"辩证法和辩证唯物主义"、劳动概念、生产方式、社会阶级，以及无产阶级专政、一党制、国家等等。德里达反对所有这些马克思主义"本体—政治"的理论/实践模式。

伊格尔顿（Eagleton）对此分析道：德里达只是将马克思主义作为一个批判武器，并不认同马克思的唯物主义分析方法及其社会主义理论，实际上，德里达的伦理学立场是非常空洞的、没有任何具体内容。

刘易斯（Lewis）指出，德里达否认马克思主义能够从历史知识中有效地论证产生社会主义理论的根据。而且，德里达几乎否定了马克思主义理论的每一个核心概念，除了自我批判精神。

阿曼德（Ahmad）质疑了德里达在目的论与末世学之间进行的所谓区别，既然在他看来社会主义缺乏物质基础，德里达放弃了社会主义能够从资本主义矛盾中生长起来的逻辑可能性，而将其看作是信仰者的自愿行为。这样，德里达协调马克思主义和解构主义的尝试从深层次上来说是值得怀疑的。

斯皮瓦克（Spivak）认为德里达没有用马克思的政治经济方法在其所述当代世界的十个灾难之间进行任何系统的联结。

他们的批判焦点直接指向德里达对"本体政治"的解构性批判，阿曼德认为德里达的这种解构正如马克思在《德意志意识形态》中所批判的那些"真正的社会主义"，他们将政治和意识形态从经济领域中区别开来，将社会主义从特定的历史时期的阶级需要和阶级利益中区别开来。而用普遍性的斗争、抽象的人权、不同阶级的联盟和知识精英阶层的领导取代工人阶级的斗争。这些情况说明，德里达对工人阶级的斗争能力持悲观态度，与其说是改革者，不如说是改良者。

德里达在《马克思和他的儿子们》一书中对于一些批判进行了回敬，对自己的解构方法进行了辩解，他说，他的解构是精神分析层面的解构，他要弄明白对于那些自称是马克思主义者的人们来说，"马克思主义"对他们来说意味着什么？他反复声明为了对虚幻的事物进行批判，自己并不在乎那些"合法继承者们"的成见，他向马克思主义"真"的完全在场的价值进行了挑战。

在德里达那里，与"本体政治"相对而言的概念是"幽灵政治"，他对"本体政治"的解构批判是针对苏东的实践模式而言的，而"幽灵政治"是要在无意识和政治之间借助于精神分析的方法去发展一种新的联系，他认为马克思主义者至今没有从精神分析的维度去认识信念问题。

对于来自马克思主义方面的批判，德里达声称他既不是一个"后结构主义"者，也不是一个"后现代主义者"，并不反对"元叙事"，同时声称自己不是一个悲观主义者。然而无论怎样，人们很容易在他的论调中看到悲观的色彩，他关于"救世主"的概念，正如"不可能的经验"，同时包含着悲观的色彩和乐观的成分。他既不愿意被人们看作是"改革者"，又不愿意被人们看作是"革命家"。

德里达抱怨那些自认为是马克思主义者的人们不愿意倾听他的声音，

不愿意认识精神分析的重要性，而只是以他们自己的方式、即主要是意识形态领域的"在场"本体论去质疑马克思。德里达认为当人们将他看作拒绝了所有马克思主义关于"本体政治与阶级和阶级斗争"关联的理论时，人们是在误解他，他只是要从新的角度来认识阶级问题，将其看作是综合的问题。

（三）德里达解构方法的意义和局限性

当德里达将自己的解构对象指向马克思主义时，就发生了马克思主义与解构主义的相遇，相遇的共同基础是什么？朱尔斯·汤森对此进行了分析，认为两者都在一定形式上强调民主社会主义，并且希望看到自由民主资本主义统治的终结。然而两者的起点又是不同的：马克思主义起始于、或者说产生于马克思之后；德里达的知识基础则要更加复杂和折中，它融合了包含胡塞尔、海德格尔、康德、黑格尔、弗洛伊德、索绪尔（Saussure）、布朗肖（Blanchot）、列维纳（Levinas）等现象学、存在主义、精神分析学、伦理学和语言学的方法和内容，而他对马克思作为"科学的"非伦理学理论的理解使得他又非常接近阿尔都塞，从这一意义上又可以说，解构是针对结构而言的。

德里达用解构主义的方法面对马克思主义，但是我们不能够因此说存在着解构主义的马克思主义哲学形态，因为马克思主义是德里达的解构对象，并非他的解构方法的出发点，尽管两者之间存在着某种针对自由资本主义而言的共鸣。

德里达的解构方法为了在其对象中找出疑问和不确定的东西，为了动摇其固有的意义，在不同层面、不同角度进行操作。我们现在就来看看他的解构思路的方法、意义及其局限性：

其一，反本体政治的解构思路，即反对仅仅用生产方式和社会阶级的存在来认识社会的政治事务，以及将政治属性还原为阶级斗争的方法。在德里达那里，古典马克思主义的"本体政治"方法是认为政治属性可以还原为阶级斗争，因此在没有阶级的社会就意味着政治的"终结"。

而在德里达那里，取代"本体政治"的是"差异"和民主政治的概念，这样的政治即使在没有阶级的社会也并不意味着政治的终结。在他看来，在一个没有阶级的社会中，只要差异仍然存在于经济、社会和政治生活中，在对平等作为普遍目标的追求中就存在着冲突。

西方政治哲学一直在探索"政治"与"伦理"在"真"的意义上的

结合，而朱尔斯·汤森认为这种结合是可能的，不过从民主原则的核心意义上来说，解构主义由于对概念的确定性表示怀疑，因此对这一结合同样持怀疑态度。

德里达的批判并非毫无疑义，它揭示了同一性中差异的存在，在民主中对待差异的诚实态度，以及政治在阶级消失后的延续问题。然而人们可以很容易看到，德里达并不能够完全排斥马克思主义"本体政治"的主题，可以说，德里达自己的批判与其被批判的对象并不遥远，这尤其体现在他对自由资本主义民主的理解和批判中，在这一批判中他并不拒绝阶级和阶级斗争的概念，只是要求对其从头去进行分析和进行理论重建。

其二，精神分析的研究思路，不满足于"本体政治"研究方法的德里达尝试着将精神分析的方法引入马克思主义的政治领域，他认为精神分析对于马克思主义来说并不总是异在的领域，但是至少没有能够认识到精神分析的重要性。德里达的精神分析内容是很广泛的，它甚至包含对权力体制中男性领导权的心里分析。

然而这样的精神分析如果取代马克思主义的分析方法来分析国际事件，就会陷入表象上的认识，例如，在冷战时期，对于美国"右翼"来说，共产主义妨碍美国梦的完全实现，而现在起妨碍作用的则是恐怖主义。

朱尔斯·汤森认为，这样的精神分析恰恰忽视了资本主义自身在幽灵和现实之间存在着的悖论：即在任何资本主义体制下每一个人都能够富裕的允诺，存在着结构上的不可能性。

不过朱尔斯·汤森并没有忽视精神分析的重要性，其根据是这一分析对人类本能驱迫力的理解，从法兰克福学派、尤其是弗洛姆、马尔库塞、赖克和哈贝马斯都用人类理解的这种模式去解释纳粹主义、法西斯主义和文化领域中的异化现象。

其三，伦理学的维度，德里达认为不仅精神分析的问题，伦理学的问题同样困扰着马克思主义，它在马克思的著作中没有受到足够的重视。例如，马克思虽然通过对生产过程的分析，论证了剩余价值的产生途径，科学地解释了剥削问题，然而"剥削"概念本身并不承受伦理学重负。而在马克思对共产主义的描述中，除了伦理学因素，没有具体的内容。

朱尔斯·汤森在某种程度上同意德里达的观点，还有很多重要问题并没有为马克思所研究，例如我们如何从国际范围上来理解普遍的工人阶级利益，即工人阶级利益的民族性和国际性关系，这涉及"普遍"和"特殊"的相互关系，人们实际上并不知道它们在现实中是如何相互作用的。

如果像解构主义所设想的那样，认为普遍的工人阶级利益是永远不可能的，那么国际主义就将成为问题，德里达因此提出了"新国际"的概念。德里达的解构表明，目前的反资本主义斗争并不明显地以阶级为基础，由此产生的问题是，在很长的时间里这样的斗争是否仍然没有阶级的因素，如果没有阶级因素的作用，人们能够推翻资本主义吗？

在德里达那里，经典马克思主义将阶级看作是与自身相同一的，但是德里达认为反资本主义联盟如果不对阶级（政党）战略的意义进行认识，就可能被证明为政治上的无效性。

至此，人们很容易看出，以幽灵概念为核心主题的解构方法在德里达那里同样被各种幽灵所困扰，不过朱尔斯·汤森认为对"透明度"的追求将有助于我们从坏的"幽灵"那里解放出来，德里达因此号召"新的启蒙"。

无论怎样，德里达认为马克思的意识形态境域忽视了精神分析和现象学的存在和时间概念，但是这并不意味着马克思以商品交换为线索对资本主义拜物教因素的分析是错的。在他看来，"前解构"对劳动、生产和交换过程中拜物教因素的本体分析并非是不必要的，但是这一分析由于假设了稳定的知识体系而受到限制，这样的知识忽略了未来有可能出现的"剧变事件"，以及那些不稳定的、无序事件的结果。

德里达的解构立场是重新使马克思主义政治化，尽管他在解构幽灵的同时被幽灵所困扰，他坚持"正义到来"而非正义延迟的弥赛亚信念，他的解构主义的核心问题是任何观念在现实具体化的过程中，总会有某种东西会失去，这个失去的东西在某种意义上总是比"在场"的东西更重要。

他举了一个或许过于简单的例子说明这一问题："民主"的允诺意味着激进的平均主义永远是不可能的。如果我们将这一句话反过来理解，那么就是，激进的平均主义，或者说平均主义观念的实现，是以民主为代价的。从这一点上看，我们很难将德里达的解构立场与对自由资本主义民主的批判联系起来，因为他有时受着后者的幽灵所缠绕。

阿尔都塞用结构主义的方法解释马克思基本理论的著作《保卫马克思》产生于苏东解体之前，而德里达的《马克思的幽灵》和《马克思的儿子们》产生于苏东解体之后，因此两者之间不仅存在着研究方法的不同，同时存在着历史背景的不同，正是后者的不同使得两者的主基调有所区别：即阿尔都塞的结构侧重于提供一种解释，而德里达的解构意在批判和解构，在马克思主义精神中，他所要继承的核心内容正是批判精神，他不仅用这一批判精神来批判资本主义和当代的后工业社会，同样用这种批判精神来解构和批判传统马克思主义理论中被僵化和教条化了的观念。

我们从德里达的解构中仍然获得了这样一些从传统思维方式中难以获得的启示：拓宽和深化我们的研究视野，超越本体—政治的思维模式；激活我们的研究理念，从存在的历史境域中理解事物的发展；在真的追求中研究时代中的马克思主义与马克思主义所面临的时代问题。

同样产生于苏东解体之后的比岱的元结构理论，给我们带来了另一幅图景，这幅图景不是侧重于批判和解构，而是侧重于对马克思基本理论结构的重建。

三　对马克思理论进行元结构的重建

雅克·比岱元结构思路的提出，无疑受着结构主义思潮的影响，它与结构主义研究思路的差异并非在于是否使用结构分析的方法，而是对马克思所研究的对象，这也是阿尔都塞尝试着用结构主义的方法所把握的对象，从其结构的发生学意义上，即元结构意义上进行分析，从探索事物的起点开始。在比岱那里，这一起点就是人类文明社会基本的社会关系：契约模式。比岱对此进行了分解，即个人之间的契约和中央契约，前者对应于市场关系、而后者对应于组织关系，这是元结构的核心内容，我们现在就来看看比岱的重建思路是如何展开的。

（一）元结构的设想

雅克·比岱在其《一般理论》[1]一书将这样的起点称为元结构，他指出，对于颇有争议的政治实践来说，人们只有从它的起点开始进行认识，但它的起点是什么？这正是需要进行研究的问题。马克思的《资本论》从当代社会假设的起点出发，这一起点就是"元结构"，即"自然（理

---

[1]　*General Theory*, *Theory of Law*, *Economics and Politics*, Paris, 1999.

性）规律"①。

根据这一规律，社会的形成和发展是一个自然过程，是人类理性选择的结果。然而，同样从自然（理性）规律的角度来看，当代社会的阶级结构，又可以被看作为一个倒置，即一个"颠倒的世界"。比岱在结构主义框架下运用了卢梭式的辩证思维方法。这与马克思本人在批判黑格尔哲学时所说的颠倒是不同的，比岱所说的颠倒是事物的原则和凭借着原则所形成的事物之间的关系，而马克思所批判的黑格尔式颠倒，指的是精神和物质的关系。

此处，我们能够向比岱提出的问题是，颠倒的是什么？是使事物得以成为事物的原则，例如，自然（理性）规律，抑或是事物本身，例如现实存在中的社会关系，它走向了自身的反面？

比岱在接下来的分析中指出，同样只有从这一起点开始，人们才能够考虑，让这一颠倒的世界重新用脚站立。从中看出，比岱所说的颠倒，指的是现实社会关系，而并非自然（理性）规律。如何通过对起点的分析，使颠倒的世界重新颠倒过来，正是元结构研究要解决的问题。他的研究开始于马克思的《资本论》。

他认为，马克思在《资本论》第一部分，对价值进行了抽象定义，并从这一意义上指出，市场所体现出来的是理性和自由生产的逻辑关系。在《资本论》第二部分，分析了商品生产由市场关系向资本主义的过渡。在《资本论》第三部分（以及其余部分），从获得剩余价值的角度，描述了资本主义的阶级结构。

根据雅克·比岱的元结构研究思路，第一部分是对自然（理性）规律的揭示，第二部分是揭示规律的产物，即现实社会关系的颠倒，第三部分是在这一基础上，论证资本主义阶级结构的形成。

显然，在比岱那里，所谓世界的颠倒意味着自由和平等的市场关系走向了它的反面，即走向了强制和剥削的关系。他因此认为马克思排除了"社会主义与市场相结合"的理念。

比岱首先分析了马克思的研究思路：在马克思那里，资本主义的竞争动力将导致自我超越：随着资本日益在少数人手上的集中，市场的作用会日益削弱，生产的组织化、社会化程度会提高，各种合作经济的形式会日

---

① 参见雅克·比岱：《论当代视域中的马克思主义革新》，《南京大学学报》2003 年第 1 期。

益增强。随着生产的集中和科学化程度的发展，工人阶级在数量上有所增长、在竞争力上有所增强，从而有能力夺取生产的管理领域，为社会主义生产过程的民主化创造条件。

然后指出现实社会的发展产生了什么样的结果：因为今天人们已经看到，有计划、有组织的社会主义，例如前苏东，形成了怎样一个新的阶级社会。

接着他提出了自己对马克思主义理论的重建计划，而这首先要求我们回到马克思那里，并且回到马克思建立起整个理论体系的出发点。

这一出发点体现在马克思的"政治经济学批判大纲"（Grundrisse）中，在那里，马克思超越抽象的市场概念，提出了一个具有决定性意义的观点：他以鲁滨逊和他的孤岛为例，来说明最简单的生产关系，即没有任何中介的、直接的生产关系，当代社会的生产关系正是经由这种直接性向间接性发展而来。

对于马克思来说，存在着两种间接性（或者中介），两种对立的间接性，它们分别代表着事物的两端。一是市场，它产生资本主义，一是计划和组织，它产生社会主义，为公共自由提供了一个理想的天地。比岱将此看作是体现直接性（交往程序）和间接性（市场和组织）的矩形理论，这显然是一种把握现实社会关系的结构性方法。

但是比岱将马克思看作是这一矩形理论的发明人，尽管马克思本人并没有从社会结构的意义上来分析直接性和间接性的关系，并将生产关系看作是由一端向另一端的发展，就像是力的运动那样。比岱认为后韦伯（Weber）的社会学（哈贝马斯，等等）和当代异化经济理论［从纬伯伦（Veblen）到威廉姆（Williamson）的制度主义、调节主义等等］都是由此发展而来。

比岱之所以用结构性的矩形理论来把握马克思，因为在他看来，马克思将市场和计划看作是一种纵向的历史替代过程，即计划取代市场。在比岱看来，这是一种错误。这一错误在于仅仅从历史辩证法的角度描述这两种不同的中介，从一个引出另一个、从市场引出计划和组织，为社会主义铺平道路。

比岱的重建思路正是针对矩形两端纵向的历史替代性而言的，他尝试着拓展马克思在《资本论》中体现出来的理论思路：认为我们对市场与组织、计划这两个中介关系不应该从假设的历史递进关系，而应该从其相互蕴涵的建构中加以接受。

他因此又提出了与市场和组织、计划相对应的个人契约和中央契约概念，即市场的基础是个人之间的契约，而管理组织的基础是中央契约。这里比岱为了结构之间的平衡提出了个人之间的契约关系和中央契约关系的对应。

然而，中央契约的概念是一个理论假设，是相对于个人之间契约的宏观契约，然而其具体含义是不明确的。如果它是类似卢梭式的契约，那么它所体现的是个人与政府之间的契约，这可以有两种形式，民主的和专制的；如果它是组织之间的契约，那么它就没有中央的含义。无论从哪一种意义上来看，个人契约与中央契约的对称性对应关系并不存在，后者是结构性的虚拟契约。

如果对称性对应关系是不存在的，那么就谈不上历史发展由一端向另一端的位移，因为它们本来是相互包含的。

由于中央契约的概念是不明确的，计划就不能够理解为中央契约，实际上它没有对手，因而传统意义上的计划是行政命令，而并非契约的产物。

在比岱看来，市场关系中存在着的契约是以个人的自由意志为基础的。正是由于这一意志是自由的，它可以超越市场原则，在社会契约的基础上形成某种组织和计划，而这一社会契约对个人之间的契约进行限制。

这里由个人之间的契约转向社会契约缺乏规则，因为我们知道，卢梭和霍布斯就提出了两种完全不同的设想。社会契约是个人契约的延伸或者超越？这是两种完全不同的状况，这正是中央契约概念不清楚的地方。

比岱在这里并没有将问题阐述清楚，或者说他给出了两种不同的论证：当他将社会契约（中央契约）理解为市场契约的超越，他显然是在不同规则的意义上来理解社会契约，而当他将社会契约理解为具有自然规律性时，例如，它可以通过一系列预期的结果得到协调，并且其补充措施也是能够预测的。他是在同样规则的意义上来理解社会契约的。

我们暂且撇开组织契约、或者中央契约的确切定义。比岱的元结构是以中央契约为一端，以市场契约为另一端而形成的，他把这两端都看作是中介，元结构是包含两者的综合。

这一观点突破了将计划看作是市场的取代这一纵向更替的观点，而是从同时性的意义上把握两者。认为个人之间的契约和中央契约处于相互批判的关系之中，例如，处于对效用的批判性诉求之中，比岱认为，只有直接的公共交往程序才能够超越这种两者之间的批判关系。他的这一观点显然是受着哈贝马斯的影响。

（二）元结构的要素及其现实意义

在比岱看来，当我们将社会看作是理性合作的产物，我们就能够意识到政治哲学与政治经济学的密切关联，元结构体系同时体现了这两个方面的因素。

政治方面的理性因素（Vernuft）体现为个人契约和中央契约之间存在着的两端差异，经济方面的理解因素（Verstand）体现为市场和组织合作的联系方式，这是当代生产关系产生的前提。在此基础上，比岱分别从经济与政治的关联和国家法律两个方面分析了元结构理论框架的意义。

从经济方面来看，比岱以马克思的劳动力使用价值概念为基础，提出了经济理论的重建，从契约关系的角度解释当代劳动形式，将"当代制度"看作是理性经济的制度。他的重建意味着要对劳动价值论进行重新审视。

比岱的这一方法与将经济和政治加以分割的新自由主义方法不同，揭示了在认识论上具有同等重要意义（并且相互界定）的市场和组织。

这一方法在经济与政治关联的基础上，又提出了两者的区别：经济方面的理解因素只能对两种契约模式的结合提供"理性协调"的作用，而政治方面的理性因素则是批判性的，在那里，个人之间的契约和中央契约是相互冲突的。理性因素在这种冲突中起着主导作用。

市场与组织的关联显然不能直接地等同于经济与政治的关联，因为市场中运行的并不仅仅是理解因素。

不过我们还是看到，比岱对普遍理性的理解是深刻的，在他看来，普遍性的理念并不要求其普遍性体现在每一个人、或者每一组契约缔结者在契约的缔结中体现了自己的利益，相反，它应该体现为，在一定的范围内每一个人的利益与另一个人的利益、与社会共同的利益是协调的。而经济理性只是追求个人利益的实现，这与普遍理性的功能是有所区别的。

个人与社会，分别体现为现代社会的两端，比岱认为两者是同等重要的，这个观点排除了人们仅仅从私人关系的角度对文明社会的定义。因而为了超越两者之间的不协调现象，需要体现普遍意义的权威组织，这只能是代表公共交往程序的公共组织。

市场和组织分别是交往程序的两个中介，元结构连接了经济和政治这两个方面，以及市场和组织这两端，国家概念是超出组织之上的，正如中央契约的概念是不明确的一样，作为组织一端的国家概念也是不明确的。

国家作为交往程序的组织形式，同时掌控着市场和组织以及公共领域和私人领域的市民社会。然而，国家并非是抽象的存在物，人们能够通过对"市民社会"的重新界定看到"公共领域"与私人领域一样具有市民性质。马克思早期的市民社会理论之所以为人们所重视，就是因为马克思通过对市民社会的认识非常清晰地看到了政治国家的本质存在于市民社会之中。

在市场和组织的概念之后又引入了国家的概念，如果我们将中央契约排除于国家概念之外，那么在比岱的社会矩形（matrix）结构中，两个中介的相互联系构成法律和政治，后者作为第三种因素统摄了前两者，这一方法将中央契约与国家概念区别开来。

这三种因素从三个批判性角度提出了直接交往程序的合法性要求：即要求（经济）效率和（法律—政治）公正，并且要求每一个人在法律国家中的被认同，这样的法律国家被假设为是交往程序中的纯粹组织。

我们不难看出，这里对中央契约与国家法律的区分，在某种意义上是西方分权理念的体现，比岱从元结构的意义上进行了重新认识和解释。

无论如何，这样的分权理念并没有阻止强权对暴力行为的滥用，因而比岱提出人们仍然有必要去检验这一强权的合法性，而元结构理论则试图否定强权对暴力的行使。这样的可能性存在于对元结构的辩证性理解之中。

因为当代社会的元结构假设，是在颠倒了的结构体制下发出的呼唤，根据辩证法的程序，这一被颠倒了的体制将走向自己的反面，重新站立起来。

（三）元结构的颠倒、突破及其历史性含义

当代资本主义社会的阶级结构，是元结构向其对立面的转化，因而是颠倒的结构。根据元结构的理解，个人之间的契约和中央契约是相互蕴涵的，而在此之上的政治机制诉诸公共权力，这实际上蕴涵着每一个人已经分享、并且代表着这一权力。

然而资本主义社会的矩形结构在既有的不平等和私有财产关系中运行。其原则是：我的就是我的，其现实的财产关系是：一些人拥有生产手段，另一些人没有。因而中介机制实际上受着财产关系的约束。

人们的理性因素（ration）只有在合理性（reasonable）的基础上才能发挥作用，并且只有通过理性的批判，这一颠倒的结构才能在元结构的意义上受到质疑。在比岱那里，市场、组织、直接交往这三项元结构的因素在颠倒的社会关系中，以辩证方式揭示了当代社会是阶级斗争的社会。

不仅阶级关系的存在，而且阶级关系的形成是元结构理论关注的问题，根据比岱的元结构理论，阶级关系形成于两种中介要素：即个人之间的契约和中央契约，或者说是市场和组织。

由于占有、剥削、排斥和占统治地位的社会关系的形成和再生产，当代社会的阶级群体、或不同群体，他们的共同处境和前途或多或少取决于他们在资本主义市场和组织程序中的位置，这同样形成了他们相互之间的个人关系和集体行为的框架。

比岱认为，市场和组织是形成阶级的两个因素，与当代社会的两个主导性逻辑相呼应，分别基于两种显然不同的资本占有形式，即个人占有资本的两种类型，即"财产"资本和"权益"资本（从 Bourdieu 的意义上来说）。这里，第一种资本具有普通意义，第二种资本针对中央神话而言。拥有这两种类型资本的人，因此形成了统治阶级。这里的两种资本同样被看作是合法的经济手段。

资本主义再生产的程序因此在双重的资本占有形式中得到分析，即财产资本（马克思描述的）和权益资本，两者之间相互渗透、相互作用。与此相应，形成了具有不同原则的政治派别的两端：即立足于私有财产的传统"右派"，和立足于公司和管理组织阶层的社会民主派。

不过比岱同时清晰地看到，无论怎样，阶级的概念并不能穷尽丰富的社会关系：资本只是体现为一个新的社会逻辑，其控制模式在当代社会以前就已经存在了。

全球化发展趋势说明了当代社会关系的自然属性将在"世界体制"中继续得到发展。当代世界只是作为世界总体体制的一部分，从资本主义和其历史起源来看，资本主义体现了民族国家内部的阶级关系，当这一关系在世界范围内、在复杂的、多级的地理区域中重现时，就构成了一些民族对另一些民族的控制。

比岱在这里不仅用一种元结构的颠倒模式来解释民族国家内部的社会结构，而且将这一模式延伸至世界范围，去解释全球化的世界结构，即民族与民族之间的关系，从中看到了后一种结构模式与前一种结构模式的差异，而这种差异导致了元结构的突破。

因为世界性的市场关系不再与中央契约发生联系，而这种联系是当代契约的前提条件。根据中央—边缘模式，市场与中央形成相互关系，而在世界市场中，中央权力并没有在世界体制范围内受到普遍的、共同意志的控制。帝国主义就是这一程序的完成。

那么，这里的问题显然是，帝国主义体系与民族国家的元结构体系是一个什么关系？或者说，世界范围的元结构体系如何形成？

比岱认为，世界体制初现于公元 1000—1500 年之间，并且进入了2000 年。然而世界体系不是以国际化的"市民社会"方式，而是以"理解国家"的方式形成并且存在的，这与民族国家体制内存在着并且发挥作用的理性国家恰恰相反。元结构因此而被打破。

（四）元结构理论的批判意义

比岱的批判是指向自由主义的，他认为自由主义是在元结构领域通过对个人契约一极的优先允诺得到界定的政治、经济和社会教条。它通过元结构的两个方面，即市场和组织，历史地发展起来。它涉及两个理论，一个是以理解为基础的功利主义理论；另一个是以理性为基础的契约主义理论。功利主义和契约主义是自由主义内部两种相互反对的观点。

对契约主义的批判以其哲学基础理性自由主义为对象，对功利主义的批判以其哲学基础理解自由主义为对象。

从政治哲学的角度来看，理性、普遍性通过两个相互渗透的框架得到验证，即合法财产和合法权利，与此相应的自由主义理论是"产权理论"和"代理人理论"。

"产权理论"涉及效用的基础问题，即效率：控制劳动和有效生产以及对合作的认可。传统的公司解决这一问题的方法是赋予资本家从程序、合同、到生产等等的所有权利。

在马克思那里，公司的"产权制度"被看作是作为生产手段的占有者和非占有者之间的关系，作为力量和权利之间特殊的理性关系。比岱认为，马克思在这一合法的制度中看到了在先性和对资本主义的"历史性辩护"，并由这一历史形式推导出另一个历史形式，即"公共财产"。劳动力的买卖关系本身是"世纪斗争"的结果，比起其他规则，它显得更加自由和平等。显然，马克思早已认识并揭示了为资本主义进行辩护的财权理论基础。

对于"代理人理论"来说，权威最终地降解为纯粹的、对等的契约关系，而新权威概念尝试着用等级关系取代市场关系。"产权理论"和"代理人理论"两者的方法是类似的：后者分配的是权利，它调节财产，正如前者分配的是财产，财产调节权利。

"代理人理论"原则假设了这样的关系：一个人占有了一个机构，并操作它，我们在这儿就遇到了霍布斯所提出的问题：即所有人将所有的权利仅仅赋予一个人，让他以他们的名誉行动。在这种情况下，对于个人来说，在偶然的情况下进入一定的境况，他实际上没有进行选择的余地，这就意味着他丧失了理性行动的能力。比岱认为这里存在着悖论。

契约原则程序平等的含义在这一意义上显现出来，因为我们并不能够要求每一个人对既成规则具有选择权。然而这一批判并非是毫无意义的，它揭示了这样的问题，资本家的权力并非来自于契约程序，它产生于这一模式的历史性发展。

从元结构理论的角度来说，假设无阶级社会由个人之间的权利关系所构成，"代理人理论"就基于这一假设，然而比岱认为，这一理论不堪一击。从新阶级理论那儿推论出的对称关系，即无所谓资本雇佣劳动，或者相反，蕴涵着霍布斯关于最初非对称关系起源的理论，即无论前提是什么，当全体形成一个契约关系时，他们将自己的权力仅仅赋予一个人。

比岱在这里的讨论涉及两种情况：其一是霍布斯的契约论，它将权威看作是全体人的权力转让；其二是新阶级理论的游戏规则，它要求全体人的允诺和服从。

在这两种情况中都存在着权威，或者规则一经形成，对一切人所具有的约束力，对这种约束力的彻底否认将导向无政府，而比岱所说的约束力本身蕴涵着对约束力形成原则的允诺，即每个人的自由和平等。

资本主义社会的"产权理论"和"代理人理论"都使原则走向了自身的反面，在此意义上，比岱的批判是马克思立场上的批判，然而其批判方法并不相同。

在财产与权力的关系中，马克思的批判是从前者出发的，而比岱的批判是从后者出发的，其批判的方法正如批判的对象那样，从理解的角度出发进行理性的思考。

理解自由主义为了避免向功利主义、经济主义倒退，走向了自由主义的突破点，罗尔斯因此引来了各种批判。他力避所有社会结构理论，视市场规则为效率的自然理性原则，对资本主义现实抱着乌托邦的幻想，比岱认为他终究没有在理论上提出任何具有实践意义的政治哲学。

同时在比岱看来，罗尔斯的"差异理论"与"原初状态"的概念有关，它所包含的内容就有可能瓦解功利的自由主义理论体系（以及公共教条标准）。

与康德关于法律强制性的陈述比较起来，严格说来，罗尔斯的理论包含了两个具有决定性意义的变革：其一，它强调了经济效率的重要性；其二，它揭示了"下层社会"的出发点，由这一出发点所决定的一切都可以理解为效率。罗尔斯的理论使得自由主义格言通过在实践中使弱小者的利益最大化而超越了自身。这一理论又可以被看作"潜在平等的原则"。

（五）元结构理论的建构意义

元结构理论的建构性意义可能体现在马克思批判资本主义和在此基础之上形成的社会主义理论之中，后者在苏东那里已经成为历史性的实践，这一实践通过消灭市场来尝试着建立完全有组织的社会。

比岱认为马克思虽然提出了超越资本主义的有力论证，但是尽可能避免对社会主义作出具体的论证。在他看来，至少马克思的社会主义理论忽视了元结构的矩形，因为它以计划取代市场，将当代社会主义历史发展阶段看作是从第一阶段向第二阶段的过渡，而马克思是在这一矩形框架内提出了社会革命的理论。

根据比岱的论证，在马克思的社会主义结构中，不再存在元结构的矩形框架，市场的一端消失了。这在比岱看来是不可饶恕的过失，因为市场作为元结构的一端是不能够消失的。这里，元结构矩形本身的完善似乎成了市场应该存在的根据。

比岱因此认为，人们对苏东式社会主义的批判应该从马克思理论元结构的开端着手，因为所有的困难都存在于开端之中。马克思在当代社会的阶级结构和市场前提中勾画了这样的关系：这种关系被假设为自由和平等的关系。当代社会的劳动契约涉及中央契约和个人契约之间的关系，本身是元结构的体现。

社会主义是当代社会阶级斗争的产物，其目的是为了废除阶级。它与九头鸟的两个头，即产生阶级结构的两个因素进行搏斗：市场和组织。无论如何，这既是理解的社会形式，又是理性的社会形式。这一斗争并不意在废除市场和组织本身，而是废除其所引起的阶级关系。它力图通过对生产手段、产品交换和公共媒体进行有效的控制、使用和管理，把经济控制在公共财产的范围内，并使其附属于理性政治。

在比岱看来，在马克思那里，这不是一个简单的、合法的转折，而是文化制度（教育、信息）和政治制度的（社会民主，联合立法）革命。

根据马克思的社会主义设想，社会主义要尽可能地排除市场关系及其所产生的拜物教因素，而实行公共计划。国家原则上占有生产和交换手段，并且对生产的全过程实行计划管理，这也正是前苏东所实行的经济体制。

如果说，比岱从元结构理论的建构性意义上来分析马克思的社会主义设想，并将苏东作为一种模型来认识，那么，他对苏东的批判所涉及的是马克思的没有市场的社会主义设想。根据比岱的观点，马克思的社会主义设想存在着元结构中市场一端的缺失。

在比岱那里只有共产主义才能够超越计划和市场的组合，同时将分配从人们的工作中分离出来，这使得普遍的教育、收入、物质条件以及和平地分配自然资源等获得保证。比岱认为，马克思所假设的共产主义其目的是超越中介，致力于直接而公开的程序秩序，即直接交往程序（discourse）。不难看出，这里有着哈贝马斯的影响。

元结构理论的建构性意义本来是要将资本主义社会颠倒了的契约原则重新颠倒过来，建立以消灭阶级为目的的社会主义社会，然而当比岱一方面将中央契约仍然看作是与市场契约相对而言的阶级关系形成基础（如在苏东那里），另一方面仍然将市场契约看作是不可缺的因素（如当他批判苏东的中央计划模式）时，从社会结构的角度来看，他就为社会主义保留了两种形成阶级的中介基础：市场契约和中央契约。这两种契约关系在比岱看来只有在共产主义阶段才会消失。

（六）比岱的元结构理论和哈贝马斯的程序伦理

比岱将共产主义看作是两种契约模式的超越，与此相应，两种产生阶级的中介环节为人们的直接交往程序所取代。他因此将自己的理论与哈贝马斯的理论进行了批判性并轨，然而他的研究思路也由此将产生诸种难以逾越的矛盾，因为哈贝马斯的社会学理论更加贴近自由主义左翼哲学家罗尔斯的理论。

从形式上来看，哈贝马斯的直接交往程序似乎能够取代两种中介程序，在元结构的框架内取得一种平衡。但是，在哈贝马斯那里，直接交往程序是以两种中介因素的存在为前提的，因而是以阶级关系的存在为前提的，这与马克思所设想的社会主义、共产主义不是一个事物。在哈贝马斯的直接交往程序中，马克思所揭示的各种对抗性社会矛盾依然存在。

比岱对哈贝马斯的批判性认可是建立在元结构理论基础上的，在他那里，当代社会的元结构在三个形式中建立起平衡关系，它们分别是：（a）程序的地位，正是根据程序，"我们在程序的模式中相互合作"；（b）契约关系的元结构，根据这一结构，"我们意识到我们是自由、平等和理性的存在者"；（c）对世界平等的评价，根据这一评价，"世界平等地属于大家"。

这其中第三点蕴涵着两层意思：其一，这是订立契约关系的前提；其二，对财产所有权的要求要能够经得起契约程序的检验。后者在比岱看来是唯物主义论证所需要的彻底性。

这三点同时是哈贝马斯交往程序理论的基础，比岱分析了在此基础上形成的两种政治观点：

其一是以底层群体的利益为出发点的观点，这种观点在经济利益不平等（普遍原则的自然结果）的条件下，赋予底层群体在商榷民主中发挥重要的作用。

其二是相反的观点，它不以底层大多数人的立场为出发点，认为商榷是多余的。

哈贝马斯的交往程序理论意在促使交往程序合法化，这为底层的呼声提供一个渠道。然而比岱认为这并不能够改变悬殊力量对比的事实，在这种情况下，就会产生诉诸战争程序的要求。

这是元结构理论超出交往程序理论的内容，它揭示了允诺与普遍原则之间动态的逻辑关系，即在允诺基础上形成的普遍原则，在其发生颠倒关系的情况下，允诺会发出自己的呼声，要求允诺的兑现。在比岱那里，这是元结构内在具有的动力机制。

比岱元结构理论的国际性意义可以从一个民族国家的模式延伸开来理解，在他看来，在后现代时代，无论我们是否在全球意义上讨论契约原则的规则，它实际上免不了这样的规则。当资本主义经济运行的全球化规模将一切民族国家都卷入进来时，这些经济运行所涉及的是全人类，及其人类与其唯一而共同的生存手段即地球的关系。

然而与一国内的元结构规则不同，在国际范围内，并没有相应的中央契约与市场契约相对应，具体的商业规则没有相应的法律与之相对应。因此，在国际范围内，理性因素不能够向理解因素那样有效地发挥作用，弱势者的地位受不到保护。国际范围内的自由、平等和公正问题以比民族国家内更加尖锐的矛盾方式体现出来。

由上可见，元结构理论在很大程度上受着结构主义哲学方法的影响，这种方法通过掌握现象背后存在着的结构模式来理解事物。与此不同，比岱的元结构并非是纯粹在主观行为背后起作用的客观因素，元结构以两种契约关系为框架，而契约的前提是每个人的允诺，元结构的动态平衡通过每个人对允诺的要求和契约关系对承诺的兑现而实现。个人的自主和自由在元结构的平衡中扮演着重要的角色。这是比岱的元结构方法不同于结构主义方法的地方。

与德里达的解构方法相比较而言，元结构又有着与结构主义类似的方法，两者都共同将社会的结构作为研究的对象，以此为前提去把握社会的历史和发展，然而与阿尔都塞结构主义方法有所区别的是，比岱的元结构更加强调主体的作用。

法国学者对马克思主义从存在主义、结构主义、解构主义（后结构主义）到元结构的发展思路，在某种意义上可以说是一个合乎逻辑的衍变过程：萨特的存在主义说马克思主义存在着人学的空场，而他要将人的自主因素突出出来，阿尔都塞的结构主义看到了主体性因素背后的客观结构，德里达的解构方法虽然并非是针对阿尔都塞的结构而言，但是他将马克思主义的基本理论和理念置于解构的对象之中，在此基础上，我们是否可以说比岱的元结构是解构之后的结构重建？

实际上，比岱的研究思路与德里达的研究思路并没有太多的直接联系，但是比岱的元结构在某种意义上同样鉴于 20 世纪末的苏东之变，是苏东之变后对马克思主义的再思考，在这一点上，德里达与比岱有着共同之处，尽管其思考的方式不同：一个是对传统的解构；一个是对传统的重建。

法国学者对马克思主义不同的研究方法其共同点是与时代话题的结合、对时代问题的关注，并且受着时尚哲学的影响。或许我们并不能够简单地统统称其为马克思主义哲学，因为更确切地说，他们是用已有的哲学方法去面对马克思，但是其客观结果却是，他们使马克思主义哲学具有不同的形态。

这些不同的形态从不同角度深化、拓展，或者消解了经典马克思主义理论中的概念、体系，至少使马克思与时代、与人们的现实生活更贴近，使马克思在现实的时代中具有活力。

第三节　分析哲学与马克思主义哲学

分析哲学学派渊源于盎格鲁—撒克逊语系经验的、实证的哲学传统，分析的马克思主义是分析哲学学派中的马克思主义学者，或者马克思学者用分析哲学的方法对马克思文本中的基本理论、观点进行分析，主要分析的对象是马克思的历史唯物主义理论和政治经济学理论。其主要创始人有柯亨（G. A. Cohen）、爱尔斯特（J. Elster）和罗默（J. Roemer）。分析哲学是分析的马克思主义的哲学背景，分析哲学与马克思主义哲学的结合形成了分析的马克思主义哲学形态。

分析哲学学派中的马克思主义与英美世界两次激进的政治浪潮相关，其一，它受着第一、第二次世界大战期间英国共产党领导的政治运动的影响；其二，它是60年代末70年代初激进的政治、文化运动的产物，这时在英国和美国，马克思的思想被广泛传播。与第一次浪潮产生的政治影响作用不同，第二次浪潮主要来自于学术界，而较少与本土的共产党或者苏联官方的共产主义意识形态有联系。70年代末，英美世界的马克思主义像欧洲大陆的马克思主义那样同样陷入了危机，就在此时，分析的马克思主义在强势的分析哲学背景下作为本土化的马克思主义在危机重重的80年代成长起来。

分析哲学可以分别地从广义和狭义两个角度来理解，所有分析的马克思主义都接受了广义的分析哲学的方法，而部分分析的马克思主义还接受了狭义的分析哲学的方法。广义的分析方法是与辩证法相对而言的，它具有很强的技术性，它不仅要求陈述精确、论点明晰，它还要求能够运用数理逻辑和语言分析的方法对研究对象进行技术性分析。狭义的分析方法是从某一事物的微观组成和微观机制上去分析它的诸种现象和构成这一事物的基础。根据这一方法，分析的马克思主义反对这样一种观点，即不是从组成社会的个体，而是从社会形态和阶级层次来描述社会规律。

分析的马克思主义学派的这种尝试并非为大多数英美世界的学者所接

收，一方面对于那些非分析学派的马克思主义学者们来说，例如对于黑格尔和阿尔都塞两大阵营里的马克思主义者和激进分子们来说，牛津和剑桥的分析哲学方法过于狭隘，当然这并非仅仅是针对分析的马克思主义学派而言；另一方面，对于通常的分析哲学家们来说，他们或者认为马克思不具有真正哲学意义上的重要性而对他不屑一顾，或者认为马克思历史唯物主义的核心学说是充满了黑格尔晦涩主义和哲学错误的混合体。

然而分析的马克思主义学派并没有因为这些诘难而放弃自己的分析，他们的分析对象随着时代的进程而发生变化。

一　对历史唯物主义理论的分析

分析的马克思主义学派的代表人物柯亨相信能够运用分析哲学语言分析的方法澄清和说明历史唯物主义的核心理论，或者同时能够使其问题更加明晰，易于为人们所看到。

他为此撰写了《卡尔·马克思的历史理论：一个辩护》① 一书。柯亨在该书中通过对物质属性和社会属性两种概念的分析和功能性解释，对马克思在《〈政治经济学批判〉序言》中所阐述的历史唯物主义经典表述进行了辩护。

柯亨将马克思关于生产力与生产关系相互作用的命题分解为两大命题：即发展命题和首要性命题。根据发展命题，物质生产力具有不断发展的趋势，柯亨所分析的生产力不仅包括物质生产力的含义，而且包括精神（科学技术知识）生产力的含义。根据首要性命题，社会关系（生产关系）的性质由其物质生产力发展水平来说明，而不是相反，同时政治和法律制度的性质由生产关系来说明。

柯亨之所以要用分析哲学的方法来为马克思的历史唯物主义理论进行辩护，与 70 年代末马克思主义理论面临着的危机不无关系。在这场危机中，马克思的历史唯物主义理论首当其冲地受到了质疑和挑战。

柯亨认为这种质疑和挑战产生于人们对马克思历史唯物主义理论的传统解释，这种解释不对发展命题和首要性命题进行区分，它基于这样的理解：在生产力发展的不同阶段，有着不同的生产关系与之相适应，并促进生产力的进一步发展。生产关系保护生产力的发展，当生产力发展到一定

---

① 柯亨：《卡尔·马克思的历史理论：一个辩护》，重庆出版社 1989 年版。

程度，并且不能够再为旧的生产关系所适应时，就会突破这些关系，并用新的生产关系取代之。

柯亨的辩护首先从分析这一解释及其他所引起的质疑入手。

根据这一解释：生产力决定生产关系（经济基础决定上层建筑），一定的生产关系有利于生产力的发展（上层建筑对经济基础有强大的反作用），由此引起的质疑产生于人们的常识。

根据这种常识：一定的原因导致一定的结果，因此，在一般的分析哲学家看来，这一解释中存在着相互矛盾，历史唯物主义理论因而是不合逻辑的。

柯亨用功能性作用为这一解释进行辩护，他指出，生物学家用鸟的空心骨能够使其飞行来解释鸟具有空心骨的事实，马克思也能够用一定的生产关系促进物质生产力的发展来解释生产关系的性质。言外之意，如果人们并不指责生物学家的解释是自相矛盾的，那么马克思理论的解释为什么要受到质疑呢？

柯亨的这一辩护方式首先引起了分析的马克思主义内部的争论。埃尔斯特在一系列文章中强调，这种辩护方式将使马克思主义理论的处境更加糟糕。

埃尔斯特分析了三种解释模式：其一是原因解释，它基于通常的物理学解释方式；其二是目的性解释，它涉及人类个体的信念和欲望，这是社会科学常用的解释方式；其三是功能解释，它是生物学中人们最常使用的解释方式。不过，埃尔斯特认为，柯亨用功能主义的解释方式来为历史唯物主义辩护是不成功的。

柯亨对自己的辩护进行的辩护性解释是，尽管没有人理解功能作用的内在机制，但是人们在达尔文和孟德尔之前已经确信了生物趋利性的功能解释。还有一些分析的马克思主义者用类似于自然选择对生物进化所起的作用来论证历史上经济和军事竞争对生产关系适应物质生产力发展所起的作用。

柯亨的发展命题同样受到质疑，在《卡尔·马克思的历史理论》一书中，发展命题仰赖于处于物质匮乏境地中的个人理性。因此，在许多分析的马克思主义者看来，发展命题内在地包含着非历史的理性解释，这被看作是非马克思主义的解释。

对柯亨在《卡尔·马克思的历史理论》一书中对马克思历史唯物主

义理论的辩护，人们直至今天仍然在讨论，辩护或者批评。对于这一辩护，疲于应对的柯亨，其工作在很大程度上处于兵来将挡、水来土淹的架势。

柯亨对马克思核心理论的分析，历史唯物主义理论只是个开端，柯亨在研究工作中所起的示范作用鼓舞和启发了其他研究者的类似工作，他们大都是盎格鲁—撒克逊语言体系的学者：例如 J·罗默（美国经济学家）、J·埃尔斯特（Jon Elster，挪威哲学家）、E·O·赖特（Wright，美国社会学家）；范帕里斯（Philippe Van Parijs，比利时政治哲学家）、A·普泽沃斯基（Adam Przeworski，波兰政治哲学家）、R·布伦纳（Robert Brenner，美国历史学家）等等。

这些思想家在相互之间的交锋中形成了自身的特点，他们很少具有共同的基本原则，然而，能够非常清晰地阐明自己的论点、观点，并且能够通过公开批评和争论的方式使观点更加清晰，他们对自己的研究工作充满了自信和自豪，他们尽可能在研究工作中拒绝含糊不清的思想，将其他马克思主义者经常使用的模糊问题的方法看作是蒙昧主义。他们的研究小组因此称自己为"非废话的马克思主义"（no-bullshit Marxism），由于每年的会议都在 9 月举行，该小组被称为"九月小组"。虽然马克思主义的核心理论是他们分析的对象，其成员并非都是马克思主义者。

柯亨对马克思核心理论的分析虽然以历史唯物主义理论为开端，但是并不局限于此，随着 20 世纪 80 年代末 90 年代初的历史变迁与全球化的发展趋势，与自由主义的论战、社会主义与市场经济的结合同样进入了他的分析视野。

二　对社会主义与市场结合的分析

我们先来看看柯亨对社会主义与市场关系的分析，在他看来，传统的社会主义对市场经济持排斥态度有四个理由：第一，市场是无效率的；第二，市场是无政府主义的；第三，市场的结果是不公正的；第四，市场的动机是卑微的。柯亨反对前两个批评，但是认为后两个批评并非没有道理。

从第一点来看，所谓市场的无效率是指它的资源分配与它的收入分配存在着冲突，如资源的大量浪费与分配不公。尽管资源分配与收入分配是有内在联系的，但这一指责的矛头主要针对资源分配，由于市场的无计划性造成了资源的大量浪费。然而，现在人们已经很明显地看到，传统社会主义关于市场是无计划的观点是一种误解，他们没有看到市场在组织信息方面的特有能力。

从第二点来看，由于市场生产的无计划而被认为是无政府主义的，这种状况说明社会不能控制自己的命运。马克思恩格斯赞赏计划经济，不仅因为它能控制生产，而且因为计划意味着人类能够有意识地控制自己的社会，从而由必然王国走向自由王国。

从第三点来看，市场的收入分配是不公正的，这是如此明显，毋须多言。

从第四点来看，市场动机所涉及的问题不是关于人们能得到什么，而是关于人们能付出什么，以及为什么付出。在资本主义市场模式中，生产行为的直接动机掺杂着贪婪和焦虑，就贪婪来说，他人被看作是财富的资源，就焦虑来说，他人被看作是竞争中的威胁。这是一种对他人的非常可怕的看法，在非市场模式中，生产的动机是我渴望去服务他人，并被他人所服务。这样的动机虽然蕴涵着互惠的期望，但它与市场动机具有质的差别，市场者只在有回报的情况下才愿提供服务，而非市场者在没有回报的情况下也提供服务。

对于第四点柯亨进一步解释道，20世纪的历史鼓励了这样的思想，在当代社会提高生产力的最简单的方法，是在收入呈等级差异的情况下，激发人们的贪婪动机，苏联和东欧剧变说明人类社会第一个不仰赖于贪婪和焦虑而操纵现代经济活动的实验失败了。但这并不能使它成为有魅力的动机，有谁会希望一个社会运行于这样的动机之上？并产生与此相应的世界？

柯亨对市场采取了分析的方法，而不是笼统的反对或者赞成，这样，他对市场就采取了一种比较客观的态度。因而，尽管他非常清楚马克思的社会主义是非市场的，他仍然分析了社会主义与市场结合的可能性。

他对与社会主义结合的市场和与资本主义结合的市场两者之间的区别以及社会主义市场经济与传统社会主义之间的区别同样进行了分析：社会主义市场经济之所以是社会主义，在于它克服了资本与劳动的对立。在社会主义市场经济体制中，不存在与资本家相对而言的工人阶级，工人们拥有自己的企业。

但是社会主义市场经济也不同于传统的社会主义，因为在竞争的市场契约模式中，各企业之间，各企业与它们的消费者之间成为竞争对手。与此相应，市场机制削弱了传统的社会主义模式所强调的经济平等，竞争就意味着胜利者和失败者。

对于所有制与分配公正、市场与经济动机等社会主义市场经济中存在着的问题，分析的马克思主义学者的分析虽然是非常具体而现实的，然而即使是这样，他们之间仍然在基本观点上存在着分歧。

这里仅以分配公正为例。

关于分配公正：在柯亨那里，市场的分配是不公正的，这在他看来是"如此明显，毋须多言"，然而大卫·米勒（David Miller）却提出了完全不同的观点。在其著作《市场、国家和共同体》① 一书中米勒提出了一个大胆的设想：任何市场都能够做到分配上的公正。其理由是，由于社会主义市场倾向于奖励个人的业绩（功过），因此它的分配是公正的。

罗默甚至通过具体的分析，将通常认为是公有制属性的特征与其所有制形式分解开来，例如在他看来，社会主义不仅仅可以定义为存在着公有制，而且可以定义为这样一种制度，它能够将集中起来的利润在某种程度上平等地向全社会进行分配。如果公有制能够做到这一点，那么它就与社会主义相协调，也许其他的所有制形式同样能够、或者更好地做到这一点②。对于罗莫来说，假设被废除的私有制一定要用公有制来取代显然是错误的。他用平等而不是公有制来作为社会主义的特征。

柯亨对此持完全不同的意见，他以正统马克思主义的观点来分析这一问题，坚持认为共同占有生产资料是公正地分配消费资料的前提。比起罗莫来，柯亨更加强调出发点的平等。米勒进一步提出了社会主义市场体制下综合意义上的平等问题，即防止收入上的不平等向各其他社会领域的侵蚀，例如就学、择业、医疗等。

罗默和米勒的观点多少有些理想成分，如果收入上的差异不能转化成为现实生活中的各种不平等待遇，对金钱的追求本身也就失去了它的激励作用。

还有其他学者对公有制概念提出质疑，认为1989年之后的历史剧变带给人们的启示就是：人们曾经认为自己知道了什么是公有制（国家控

①　D. Miller：*Market, State, and Community*, Clarendon Press Oxford, 1989.

②　*Market Socialism: the Current Debate*, New York, Oxford University Press, 1993.

制生产资料），现在应该同时从理论上和实践上对公有制的定义以及其如
何能够与社会主义的价值和经济效率相协调进行新的探索。

三　罗默对剥削概念的重新定义

分析的马克思主义学派的创始人之一罗默的研究领域是经济学，这使
得他对所有权问题、对社会主义与市场经济结合的有关问题、尤其对剥削
和阶级问题感兴趣，这些问题自然就成了他的分析对象。

罗默在其早期著作《马克思经济理论的分析基础》一书中就对马克
思的经济理论采用了非常数学化的新李嘉图式的重建，后来在《剥削与
阶级的一般理论》一书中，他又进一步发展了早期著作中的研究思路。
《剥削与阶级的一般理论》尝试着把马克思主义理论对社会现象（如阶
级）的宏观描述建立在个人微观动机的基础上，并在此基础上提出马克
思主义理论中可供分析的对象。

罗默的方法与分析哲学的基本态度是一致的，而与传统的马克思主义
的方法正好相反，这一方法因此被认为是反传统的，同时又是保守的，因
为它仍然强调阶级分析方法的重要性，而反对其他社会分层方法。

罗默在《剥削与阶级的一般理论》一书中分析了马克思的剥削和阶
级概念是怎样从标准的新古典经济学那里形成的，然后分析了马克思的剥
削观点：根据这一观点，有没有剥削行为取决于有没有占有他人的剩余
劳动。

他从马克思的剥削观点出发，以纯粹抽象的一般条件为前提，假设了
在这样的经济活动中，所有的人都为自己工作，并只需要用于维持生存的
物品，他们通过在市场上交换其产品而发生相互之间的交往作用。

此时，如果人们以不同劳动力（labour power）水平开始生产，那么
就会出现剥削。

这是因为富人有着更广泛的技术选择余地，因而能够用更短的时间生
产出那些普通人以社会必要劳动时间所能够生产出的商品量。这些商品能
够在市场上交换到数量更多的商品。如果社会生产的产品总量是平均分配
的，那么显然，穷人要比富人工作更长的时间。

于是，在存在着劳动力市场和最初财富不均等的经济状况下，就会出
现阶级。信贷市场和劳动力市场带来的是同样的结果。

罗默认为在这种情况下，劳动价值理论可以成立，但这是价格的逻辑

结果而不是剥削。

我们在此处可以清晰地看到：罗默将剥削理解为一种非法（违反价格市场）占有他人劳动时间的不道德行为，而没有看到它在马克思那里更加是一种合法的经济交往关系的产物。

罗默在这里讨论的剥削问题，其分析起点是既有生产力发展水平差异下的经济交往问题，例如发达国家与不发达国家的经济交往中的分配公正问题。

如果他尝试着从零差异，即没有物质技术、知识水平上的贫富差异，而只是具有最基本的自然能力差异，例如体力、智力差异，那么情况如何？

我们在这里可以换一个方法提出问题，罗默所说的起点差异，即既有生产力发展水平的差异本身可以是这一差异得以发挥作用的同样逻辑的结果。

我们现在来看看罗默的分析思路与这一思路向前提的发展：

（a）如果人们以不同的（物质）劳动力（labour power）水平开始生产，那么就会出现剥削。因为富人有着更广泛的技术选择余地，因而能够用更短的时间生产出那些普通人以社会必要劳动时间所能够生产出的商品量。

（b）如果人们以不同的自然劳动力水平开始生产，那么就会出现剥削。因为能力强者能够用更短的时间生产出那些普通人以社会必要劳动时间所能够生产出的商品量。

（c）罗默所说的不同的物质劳动力水平可以是（b）的逻辑结果。

这两种情况都以经济交往关系、私有财产的存在为前提。

罗默的分析本身已经蕴涵着更加一般的条件。然而他不是从这一思路，即同样的逻辑关系去追溯更加一般的前提条件，而是用博弈理论来超越"阶级—剥削对应理论"。

根据"阶级—剥削对应理论"理论：凡是出卖劳动力的当事人是被剥削者，凡是购买劳动力的当事人是剥削者。当事人是劳动力的出卖者还是劳动力的购买者由他们最初的财富决定。占有生产手段的不同决定了某人是雇佣劳动力的人还是出卖劳动力的人。

因此，剥削关系和阶级关系是密切相关的，这一"阶级—剥削对应理论"以既有阶级关系的存在为前提。

然而，罗默认为，当当事人具有不同数量和质量的劳动时，这种关系就将被打破。罗默因此寻求论证比马克思的劳动价值理论更"一般"的剥削理论。

建立一种一般的剥削理论的困难并不在于从剩余劳动的转化形式这一意义上来定义剥削，因为新古典经济学家可以承认这种转化，但是他们否认由此而带来的道德谴责——剥削。因为新古典经济学认为在资本主义市场竞争条件下不存在剥削，每个人都能够从交易中有所得。如果人们拒绝进入交易关系，而以封闭的方式进行简单再生产，那么其处境将更加糟糕。

在新古典主义那里，只有依靠经济关系以外的强制关系迫使某些人为另一些人劳动，使得另一些人依靠他人的劳动而生活（如在封建社会或奴隶社会），这时才存在着剥削。

新古典经济学的观点忽视了两种不同情况的区别：

一种情况是国家之间的经济交往和同一国家不同阶级之间的经济交往，前者不能够取代后者来分析剥削问题。根据马克思的理论，工人进入交易关系同样是被迫的，因为他失去了劳动手段（在私有制社会，这里指劳动工具和劳动对象），自愿的现象背后存在着生存需要的强制。

另一种是自然经济关系（如东方社会的农村经济）和资本主义经济关系中的工人处境，再次，前者不能够取代后者来分析剥削问题。

罗默在《剥削与阶级的一般理论》一书中提供了一个总体结构，在这个结构中，马克思剥削理论所关注的问题和新古典主义所涉及的剥削问题都成为一种特殊的情况。

罗默的定义是根据财产关系的变更作出的，他假设存在着一个社会N，如果在这个社会N内的群体S是被剥削的，那它当且仅当：

（1）存在着这样一种选择，并且假设为可能的选择，根据这一选择，群体S带着其可让度性财产退出这一群体，那么其处境会比目前好；

（2）在这种选择下，S的补体，即N-S的群体S'将比目前状况恶化；

　　（3）那么，S'对 S 是一种统治（剥削）关系。

　　这是一个撇开一切制约因素的一般理论，既没有阶级关系的前提，也没有新经济学理论的强制性关系，而是一种所谓的自由联合体。

　　在罗默的这一模型中，（1）和（2）可以分别是经济联合体中的任一群体。在这一联合体中，一个群体可以选择参与该经济联合体，也可以选择退出该经济联合体。根据罗默的规则，某一群体如果被认为是受剥削的，那么不但要求在假设的选择条件下该群体的分配状况会比以前更好，而且要求其补体的分配状况会比以前更差。

　　罗默的剥削定义离开阶级关系的历史形成过程，如果再用这一定义来分析任意的例子，就会得出很荒谬的结论，正如他自己所说，没有劳动力的人就有可能被看作是剥削者了。

　　由此可见，如果只是对分析哲学的方法从逻辑形式上进行发挥，可能会使我们离开事物本身更加遥远，而不是看得更加清晰。

　　罗默对剥削概念的重新定义，是想分解阶级—剥削的对应理论，这一理论用阶级的存在来定义剥削的存在，从而表明剥削地位和阶级状况是系统相关的。罗默尝试着用联合体概念与联合体中的任意群体概念来取代阶级社会和阶级关系理论，正是要打破这种系统相关性，分析与阶级存在不相干的剥削现象。

　　我们可以说，罗默的这一分析并非完全是逻辑游戏的结果，至少与某种现实社会背景相关，这就是在全球化的发展趋势中，发达世界是不是在与不发达世界的经济交往中对其进行着剥削？马克思的剩余价值理论显然是难以面对其中的复杂情况。

　　罗默的假设方法以普遍的规则为前提，没有人是例外，对于那些能够从经济联合体中退出的群体可以进行任意界定。人们可以将联合体中的任一部分的个体归入一个群体，在普遍的游戏规则下，验证这个群体是否被剥削。

　　罗默自己很快就发现这一形式定义的可笑性，因为，当带着财产的群体（资本家群体？）从联合体中退出时，他们根据定义就是被剥削者。

　　罗默因此不得不回到马克思的阶级定义，认为通过共同利益对人们进行群体归类的方法是明智的，罗默所假设的共同利益概念，在传统的

"马克思主义者"那里是用阶级理论来表达的,根据这一理论,谁是劳动力雇佣者还是劳动力出卖者由其所拥有的生产手段来决定。既然如此,罗默的定义还有什么意义呢?

克里斯多夫·贝塔姆教授因此在对罗默的剥削定义进行分析后提出了这样的问题,为什么我们要在马克思的剩余价值理论框架之外去把握这种群体划分方法,以此来解释剥削问题?

而且,一旦这种分析方法由罗默的规范结构转化为社会学的分析结构,那么罗默的方法就非常类似于韦伯的方法,即以市场上不同集团对特定财产的剥削为基础分析社会的矛盾和冲突,而不是像马克思那样,分析社会冲突以对剩余价值的掠夺为基础。

我们看到,罗默非常敏锐的把握了阶级—剥削相对应的特征,但是他没有能够通过分析哲学的方法在自己的逻辑框架中解决他所要解决的问题,即离开阶级的存在来讨论剥削理论的一般性问题。

我们可以用同样的方式假设阶级理论的一般性,而将剥削看作是阶级形成的结果,并且认为只有通过对后者的分析,才能够从阶级形成的一般性中去认识剥削理论的一般性。

由此可见,分析的方法虽然敏锐、犀利,但有着自身的局限性,分析的前提有时仍然是以信念为基础的,例如罗默关于脱离阶级存在的剥削理论一般性的分析,是事先就有了非阶级剥削的概念,然后再加以分析。

此处,辩证的方法或许比分析的方法更能够解决问题,我们可以从辩证的相互作用中把握阶级与剥削的关系。

四 对个人主义和理性选择的分析

柯亨对分析的马克思主义方法与分析前的马克思主义方法做过这样的比较,分析前的马克思主义正如早期的化学研究方法一样,它没有从更加彻底的分子水平上去认识事物的构成,例如,认识到盐是由钠和氯组成的是一回事,而指出为什么盐是由钠和氯组成的以及它们是怎样组成的是另一回事,后者正是分析的方法。同样,指出资本主义必将被社会主义所取代,并没有说明个人的行为怎样才能够导致那样的结果。

然而分析的马克思主义的方法论的个人主义受到了非分析马克思主义的质疑。方法论的个人主义以理性人为社会基础,认为所有的社会实践和社会结构在原则上可以从个人的理性行为中得到解释,它包含对欲望和信念的理性追求，以及由此形成的经济模型。

方法论的个人主义反对结构主义或整体主义的观点：后者认为决定个人理性选择行为的基础是国家、阶级或生产方式，它们是超越个人行为范围的存在实体。显然，分析的马克思主义的方法论的个人主义与结构主义或整体主义的观点是两种截然相反的观点。

这一观点有可能引发两个方面的问题，其一，理性人假设在社会科学中是不是一种恰当的分析工具，其二，这一方法与"马克思主义的"主要理论是否相容。

分析的马克思主义者用这一方法分析了大量马克思所采用的例子，这些例子看起来非常像理性选择模型。例如，《资本论》中对利润率下降趋势的解释就是一个通过个人理性对自身利益的追求导致整体状况变差的经典例子。马克思对国家功能的讨论同样是一个很好的例子：国家帮助资产阶级制服工人，工厂立法一般是维护资产阶级利益的，而资本家为了追求自身利益往往不惜损害工人们的身体健康。

分析的马克思主义者还分析了在马克思那里存在着矛盾的理性选择例子，例如资本家的行为。我们可以这样来分析这一问题，一方面，根据马克思的理论，资本家的行为目的是追逐个人利润最大化；另一方面，根据马克思对资本主义生产关系的分析，资本家的行为是一定生产方式的结果。

前者的理论根据是分析马克思主义的方法论个人主义的理性选择，后者的理论根据是分析马克思主义所反对的结构主义、或者整体主义。在分析的马克思主义看来，这当然是一个矛盾的观点：根据分析哲学的逻辑要求，资本家的行为或者是理性选择的结果、或者是生产方式的产物。

分析的马克思主义因此认为这两个方面的因素，即个体的行为及其社会背景，都有待解释。历史唯物主义是解释社会的生产关系及其起源的理论，它先于个人主义的解释取得了一些进展。

柯亨为马克思历史唯物主义的辩护就是试图用理性选择和方法论的个人主义对其进行辩护和解释，然而，在克里斯多夫·贝塔姆看来，柯亨并没有在这一方面取得实质性的进展。

然而即使对于分析的马克思主义来说，如何评估方法论的个人主义和理性选择仍然是一个问题：马克思主义应不应该赞成方法论的个人主义和理性选择？

如果方法论的个人主义作为霍布斯的基本观点，认为社会现象可解释为个人的信念和欲望，这些信念和欲望是社会存在的基本要素、是不可排除的，那么分析的马克思主义的方法论的个人主义就应该与这种观点有所区别。

这种区别是存在的、并且是非常明显的，在霍布斯那里：方法论的个人主义所产生的结果是人与人之间不可避免的敌对和战争状况；而在分析的马克思主义那里：方法论的个人主义是社会结构的基础，是解释社会关系的基本要素。

分析的马克思主义所为之辩护的方法论的个人主义是一种更加温和的观点：在他们看来，从宏观现象出发的社会科学解释应该同时以个人行为（包含在社会中形成的欲望和信念）为基础。

这种观点只是否认宏观社会现象的自在性和自发性，而不是纯粹的个人主义，纯粹而极端的个人主义分析方法其错误是显而易见的。许多分析的马克思主义者都认为，虽然研究社会事件需要从个人出发、从微观出发，社会科学同样研究社会类型、研究整体。这些社会类型体现了具有不同信仰、动机、不同处境的个人的不同结合，个人主义的还原主义方法并不能够解释这些社会类型。

剩下的问题还有方法论的个人主义和理性选择之间的关系。

在克里斯多夫·贝塔姆看来，理性选择应当从方法论的个人主义问题中独立出来进行研究。如果是这样，那么离开个人的理性选择，方法论的个人主义还有什么内容呢？这一观点显然是欠考虑的。

其他分析的马克思主义者从两个角度分析了理性选择问题：一方面，从经济学上来看，他们通过对罗默和普泽沃斯基理性选择工具的成功运用，论证了马克思理论的主要特点可以通过新古典经济学的技巧来阐明；另一方面，他们批判了理性选择方法，指出其缺陷和不足，例如它可能被用来反对整体论。无论从哪一个角度来看，这样的理性选择方法都没有从方法论的个人主义那里分离出来。

实际上，无论是整体论还是方法论的个人主义都有可能被滥用并产生消极作用，因此，仅仅从两者都可能扮演的意识形态功能来看，不能够因此而否认它们在哲学认识上所具有的方法论意义。后者可能是不完善的、片面的，但是这与它们在意识形态中的被滥用仍然是不同性质的问题。

五　政治哲学的规范化问题

继早期柯亨对马克思历史唯物主义理论的辩护、至后来关于方法论的个人主义和理性选择问题的讨论，分析马克思主义的分析对象是越来越具体，90 年代随着前苏东剧变和资本主义全球化的发展趋势，马克思主义与自由主义作为关系到人类社会未来走向的两种不同的途径，两者在核心问题上的分歧开始引起了分析马克思主义的关注。

其代表作是柯亨的《自我所有、自由和平等》，这是一本标准的政治哲学著作，这本著作的商榷对象是美国自由主义哲学家诺契克（Robert Nozick）的主要观点。诺契克在其代表作《无政府、国家和乌托邦》一书中，假设在自由市场经济条件下，国家应该拥有最低限度的权力（a minimal state）。国家的职责只是局限于防范武力、偷窃和欺诈，以及对合同的强制执行，任何超出这一范围的行为，将不可避免地侵犯个人权利，即个人的自我所有原则。根据这一原则，在没有合同的情况下，任何人没有义务向别人提供任何服务和产品，也就是说，不欠别人什么。诺契克对此进行了道德的辩护性论证。

在柯亨看来，诺契克对于自我所有原则的假设，似乎能够普遍地被马克思主义者和社会主义者所接受。尤其是，"自我所有"的思想潜在于许多马克思主义者对剥削现象直觉认识的背后，例如，工人被剥削就是因为他们的劳动成果被资本家无偿占有了，资本家占有了本该属于工人的劳动产品。

这对于分析的马克思主义者来说是一个非常棘手的问题，它涉及理论问题的最深层次，它揭示了这样一个事实：马克思对资本主义的批判前提同样是为资本主义进行辩护的自由主义理论的前提。换句话说，双方争论的理论基础不仅能够为共产主义、同样能够为市场和私有制进行辩护。

柯亨因此要抛弃这一前提，他由此开始否定自我所有原则，然而他欣赏平等的自由主义的观点，即罗尔斯（John Rawls）的正义理论。不过他对罗尔斯的欣赏只是停留于其平等的原则，而反对其前提，即既有的社会结构，在他看来，罗尔斯的理论原则与其对现实社会结构的认可之间存在着矛盾：因为弱势者群体之所以是弱势，正是现实社会的产物，如果他们处于强势者的处境，那么有谁能够说这些目前的弱势者不会成为强势者呢？柯亨因此认为，社会结构是有问题的。

而在罗尔斯那里，弱势者是竞争的失败者，理想中的公平社会应该为每一个人提供平等的机遇，竞争中的失败者是需要关注的弱势对象。

这在我们看来，罗尔斯的矛盾存在于：即使其平等原则的出发点和终点都在追求平等，而其所认可的现实社会结构却在不断产生着现实的不平等。

因此，柯亨与诺契克的分歧是原则上的分歧，而与罗尔斯的分歧不是原则上的分歧，而是社会结构上的分歧，这本身就说明，罗尔斯已经弱化了诺契克的原则，但是并没有离开他。

这种复杂局面将政治哲学的规范化问题提了出来，马克思主义理论和"资产阶级"理论之间在方法论上的障碍已经不再被分析的马克思主义学者所认可。原因可能存在于分析哲学本身的特征之中，它要求概念的明晰、确定，超越阶级性而追求普适性，并以"狭义"的分析方法取代了阶级分析方法。

因而，对于那些卷入广泛的分析政治哲学争论中的学者来说，我们甚至可以将这一界定推广至当今的政治哲学纷争，要在社会主义者和自由主义左翼即平等的自由主义者之间，说清楚谁属于社会主义者、谁属于平等的自由主义者是非常困难的，在其所追求的原则和其所认可的社会结构之间，在不同的人那里往往是相互渗透的。

我们可以来看看所有制的例子，在马克思那里，共产主义的基本特征是生产资料的公共占有，即使其"低级阶段"，也是向着这个目标前进的。然而范帕里斯在与荷兰政治学家罗伯特·范德维尔（Robert van der Veen）合写的《通向共产主义的资本主义道路》的论文中，否定了"左派"应当以"社会主义"为目标的思想。

范帕里斯认为，资本主义可以取代社会主义为实现真正共产主义的先决条件，即物质产品的丰富提供基础。

他提出了这样的设想：在以市场和私人财产相结合的资本主义社会中，以普遍基金（universal grants）为基础所构成的社会性"基本收入"，使得每个成年人无论其是否进入劳动力市场都能够获得无条件的基本收入，从而将人们从为了满足基本物质需要的被迫雇佣劳动状态下解放出来。

美国的詹姆斯·劳勒（James M. Lawler）提出过类似的观点，在他看来，当代资本主义比其在落后经济基础上建立起来的社会主义更加接近共产主义，共产主义可以从资本主义的因素中形成。

范帕里斯在一系列论文和《全体人的真正自由》一书中，进一步捍卫和支持"普遍的基本收入"观点。除了基本的收入，他提出每个人应该拥有一份工作，因为拥有一份工作就意味着拥有一份稀缺的自然资源，这在我们的时代仍然是社会公正的体现。

作为"九月小组"的成员，我们可以看出，范帕里斯们的观点与马克思理论有着非常大的距离，"基本收入"的观点并不仅仅局限于分析的马克思主义学派、或者其他左翼学者，一些左翼的新自由主义创始人也以不同的方式提出了与其类似的思想。

尽管范帕里斯的建议要比弗里德曼的建议更激进，但是在克里斯多夫·贝塔姆看来，他们的研究成果有着同样的社会背景：即他们提出的观点只要是恰当的，就能够被自由民主的国家采纳。于是这样的情况成为可能，解放工人阶级的政策，不是出于工人阶级自身的奋斗，而是议会精英和政府行政部门努力的结果。这样的观点与马克思的观点已经相距甚远了。

罗默游离于马克思主义的正统思想也有很长时间了，90年代以后，他就开始着手构想市场社会主义的经济模式，这种"社会主义"的经济模式与传统的社会主义大不相同。罗默认为富有效率和活力的经济需要与自由市场和政治民主相结合。然而罗默对生产资料的公有制和工人所有制不抱幻想。

在他的市场社会主义中，他所关注的事物是资本所有权和投资的政府导向。根据他的设想，每个人公民拥有相同数量的股份证券，这些证券不能兑换成现金，不能赠送给别人或为其他意图进行交易，一旦持有者死后，证券又归属于公共财产。这就使工人和穷人没有用其资本财产进行交易的可能性，从而杜绝了资本所有权在一些资本家手中集聚的可能性。所有人都有从资本的自然增值中获益的平等机会。

然而罗默的设想从市场本身蕴涵的经济驱动力来说是自相矛盾的，市场通过优胜劣汰的竞争机制激发人们内在的最大潜力，当罗默用不变的资产和稳定的收入取代优胜劣汰的竞争机制时，他已经在很大程度上消解了市场的驱动力。

罗默致力于创造平等和民主的市场社会主义，不仅致力于对少数资产阶级掌握生产手段进行控制，同时致力于对因拥有稀有技术和能力而产生严重不平等的现象进行控制，然而罗默的方案存在着矛盾。其最主要的矛盾可能就是在他致力于消解市场动力机制的消极因素同时，消解了市场动力机制的功能。而卡伦斯（Joseph Carens）在他的《公平、道德刺激和市场》一书中通过税收的调节手段促使人们的经济动机社会化。

政治哲学规范化问题的提出产生于分析的马克思主义与自由主义的争论，在这场争论中，一些左翼的分析学者并没有将自己定位于马克思主义，或者是追求更加具有普遍性和一般性的公正、自由含义，例如罗默、范帕里斯等等。在这种情况下，人们自然要提出政治哲学概念规范化的问题，如果人们不是简单地把规范化理解为超越阶级性，而是将阶级的形成、存在本身看作是一般的、历史的产物，那么规范化问题的提出就有一定的合理性，它将是不同派别之间的讨论能够进行的基础。

六　分析哲学与马克思主义的结合

欧美世界的马克思主义哲学无不受着强势的哲学流派的影响，并因此在某种程度上形成相应的马克思主义哲学形态，分析的马克思主义哲学形态就是分析哲学和马克思主义相结合的产物。分析的马克思主义哲学形态具有当代所有学术化马克思主义倾向的共同特征，它与受压迫阶级、与工人阶级之间缺乏联系，并使得马克思主义哲学研究成为一种纯粹的学术活动。

为了追求精确性和明晰性，学者们的理论工作在很大程度上成为一种纯理论研究和探讨的过程，而不是将某种既成的理论看作是指导思想，领导工人阶级的运动，相反其理论在一定意义上可能被容纳于现行政策中，共产主义的目标和希望越来越具体化，人们可能依据自己的理解而对现实采取截然不同的两种态度。

大部分分析的马克思主义者并不将自己看作是马克思主义者，相反，对马克思理论进行自由的、创造性的和批判性的分析、思考是他们共同的特征。他们保留马克思理论的一些基本价值观念，例如平等和民主的思想，但是并不坚持具体的理论原则，例如在罗默看来，如果能够在私有财产的条件下实现平等的理念，那又有什么不好呢？而卡伦斯甚至可以为物质刺激的道德化进行论证。

那些后马克思主义者和新马克思主义者同样并不认为分析的马克思主

义者是马克思主义者，然而，从对时代问题的共同关注来看，他们之间有很多相通的地方。

分析哲学方法与马克思主义的相遇，或者说用分析哲学的方法去分析马克思主义，自分析哲学形成起就是人们预料之中的事情，正如分析哲学以反对传统形而上学为自己的主要使命那样，分析哲学的方法也历来受着传统哲学的批判。

分析的马克思主义作为分析哲学的一支，它不仅受着传统哲学方法的批判，同时它面临着分析哲学内部的批评，因此它是在双重压力下形成起来的。

尽管如此，用分析哲学的方法分析马克思主义的基本理论，在诸多问题上，不仅使问题更加清晰、具体，而且能够揭示传统方法难以揭示的问题，这些问题常常给人们带来认识上的困惑以及由此产生的诸多纠缠不清的纷争。然而从另一个方面来看，分析哲学方法本身在某种程度上又因为其对研究思路过于严谨、苛刻的要求而暴露出自身对问题理解的狭隘性，以及逻辑上的形式主义。

如何恰当地运用分析哲学的方法去剔除传统哲学思维方式中的无意义概念和无意义纷争，同时又不为其严苛的技术性要求所局限，对于马克思主义基础理论的研究来说无疑是非常必要的，从这一意义上来看，分析的马克思主义哲学形态在今天从方法论意义上来说仍然具有其生命力。

第四节 西方马克思主义哲学形态的发展趋势

尽管西方马克思主义哲学由于受着一定哲学流派背景的影响而形成了不同的形态，然而在这些不同的形态背后我们依然可以把握到其共同的发展主题：这就是紧扣时代脉搏、探讨人类社会进步的可能途径。在这一主题主导下的发展趋势是沿着不同途径展开的，对此我们大致可以从不同方面来把握：其一是文本研究；其二是面对时代挑战的理论研究；其三是马克思主义理论的当代可行性研究。

一 文本研究可以从两个方面来理解

第一，伴随着《马克思恩格斯全集》历史考证版国际版（MEGA2）的出版工作而展开的研究。《马克思恩格斯全集》历史考证版的出版，一方面不断为人们带来新的资料、拓展人们的研究视野、激发起人们的研究热情；另一方面，历史考证版的编辑出版工作本身在某种程度上就是研究的课题、成为研究的对象。

例如日本马克思主义学者广松涉的哲学研究工作始终是与文本研究和文本的编辑出版联系在一起的，这不仅因为经典著作的编辑出版本身是奠基于研究工作基础上的，而且，这一方面的文本研究对于非母语的马克思恩格斯哲学思想研究来说尤其重要，因为哲学思想、理论、概念、词汇的翻译过程本身也是奠基于研究工作基础上的，从译本入手的阅读有时很难准确地理解文本的原意，这就使得对原文本的研究对于非母语的学者来说显得更为重要。

第二，对马克思的文本研究热在很大程度上产生于 20 世纪 90 年代的历史变迁，是回归马克思思潮的自然结果，这一回归思潮有两个不同的含义：一方面是尝试着将马克思本人的思想、理论与马克思主义区别开来，以从苏东的挫折中拯救马克思，认为人们应该从马克思那里开始，理解马克思的人类解放思想，即所谓正本清源；另一方面是反思的需要，以苏东挫折为鉴，反思马克思主义理论源头，即马克思本人的思想和基本理论。

由回归而引发的文本研究思潮不仅将苏联模式的马克思主义与马克思本人的思想区别开来，而且将恩格斯的诠释与马克思本人的思想区别开来，从这一意义上形成的文本研究热，其研究对象主要是马克思本人的思想，或者是对其进行反思、或者是寻求理解时代问题的锁钥。

二　面对时代挑战的理论研究

时代的挑战是随着时代的发展和变迁而对一个既有理论的挑战，它可能产生于两个方面，其一是来自于对立面的理论性挑战；其二是时代的发展、变迁使得现实情况超出了原有理论的假设情况。

从第一个方面来看，对马克思主义理论最具挑战性的当代理论是自由主义理论的左翼理论，尽管确切的含义不同，他们同样将自由、公正和平等作为自己追求的信念宗旨，不过他们的理论是以认可现实资本主义体制为前提的。

自由主义左翼理论对马克思主义理论的挑战性之强大，仅以一例就可以得到说明，法兰克福学派的第二代领军人物哈贝马斯毫不讳言自己与自由主义左翼理论的领军人物罗尔斯的同族关系。20 世纪 90 年代以后，随着资本主义全球化的进程，与自由主义理论的交锋成为国外马克思主义哲学发展的一个重要领域。在英国、德国和法国，这样的交锋已经将马克思主义的一些基本理论研究引向了更深层次，例如英国的柯亨、法国的比岱等，不过后者同样在某种意义上赞同罗尔斯的某些观点，从中我们不难看出，所谓的西方民主社会主义理论与自由主义左翼理论的分歧在缩小。

从第二个方面来看，后马克思主义思潮可以被看作是对时代变迁作出敏锐反应的时代性思潮之一，由于哲学背景的不同，后马克思主义的具体哲学形态也大有差异，例如解构主义的后马克思主义与法兰克福学派中的后马克思主义，但其共同特征是以对资本主义的文化批判取代以生产方式为前提的阶级批判。

从某种意义上来说，后马克思主义思潮看到了政治、文化在当代资本主义社会中与经济因素同样起着重要的作用，或许他们的文化批判并非仅仅是要简单地取代阶级批判，而是看到了新型的阶级关系并非完全是由生产关系所决定的，政治、文化因素同样是不可忽视的。与此相应，后马克思主义几乎不约而同地将关注的对象指向了人们的精神领域，这并非是一种无意识的巧合，然而这其中的原因却是复杂的。

由于哲学背景的复杂性，后马克思主义思潮本身是难以简单概括的，作为一种发达资本主义国家后现代的马克思主义发展趋势，它并没有形成主流态势。

三　马克思主义理论的当代实践性研究

当我们国内学者谈论当代西方马克思主义哲学时，视线主要集中在传统意义上的西方马克思主义和分析的马克思主义以及后马克思主义，我们很少关注在国外、尤其在美国还存在着在实用主义哲学背景下形成的实用主义的马克思主义哲学，本世纪初以美国的《社会科学》杂志（Science & Society）为核心，展开了与福山的历史终结论针锋相对的替代（alternative）性讨论。这样的阵地在美国还有《再思考马克思主义》杂志（Rethinking Marxism）。

实用主义的马克思主义有自己的特征，与法兰克福学派不同，他们并不是一味地对现实资本主义进行批判，与当今英美分析的马克思主义也不同，他们并不仅仅关注于对马克思（主义）基本理论的分析、辩护，与后马克思主义思潮也不相同，他们并不回避阶级问题，甚至与后马克思主义思潮的文化批判相反，他们关注的对象仍然是经济领域。

　　美国实用主义哲学氛围中的马克思主义学者，20 世纪末、21 世纪初的讨论话题是社会主义与市场经济相结合的问题。美国分析的马克思主义学者罗莫在某种意义上是分析哲学与实用主义结合的典范，在实用主义理念的支配下，原则与原则要达到的效果比起来，可以退居其次，或者说，只要能够获得同样的效果，可以放弃原则。这在罗莫那里体现为，只要能够在市场经济条件下实现社会主义的平等要求，是不是公有制并不是非常重要的。诸如此类的问题在他们那里不是从理论本身的意义上，而多半是从理论的可行性、可操作性的角度进行讨论的。

　　我们仅仅从文本、时代性和实用性三个角度来分析，就已经能够看到，当代西方马克思主义哲学的发展趋势无论从形式和内容上来说，呈现为多样性，并且难以一概而论，尽管如此，多样性背后仍然存在着共同因素，这就是在马克思主义基本理论的基础上探讨人类社会发展的资本主义替代模式。

第 四 编

马克思主义哲学形态在中国的演变(1)

——毛泽东哲学思想

第十五章

中国化形态马克思主义哲学形成的现实依据

中国化形态马克思主义哲学的形成，既不是某些思想家坐在书斋中冥思苦想的产物，更不是某种外来学说生搬硬套的结果，而是时代变化的要求，社会现实的需要和选择。时代变化是最大的现实，它从一个更广阔的时空纬度提供了中国化形态马克思主义哲学形成的现实必然性；而社会现实需要则是最具体的现实，它从特定的具体环境和具体条件来证实中国化形态马克思主义哲学形成的现实必要性。它们两者从不同方面共同说明：中国化形态马克思主义哲学这一民族形态的形成，是时代变化和社会现实的需要和选择，是哲学满足客观需求的集中反映。时代变化和社会现实的需要、选择，与中国化形态马克思主义哲学的形成有着不可分割的内在联系。正因为如此，对中国化形态马克思主义哲学的研究，就不能仅仅局限在理论的层面上，把它们仅仅看作一种哲学形态的变化，而是要从更广阔的空间、更现实的社会需求去考察中国化形态马克思主义哲学的形成，揭示其深层次的现实动因和客观依据。

第一节 时代变化与中国化形态

人们所处的时代，是生活在这个时代的人所必须面对的最大现实。一切理论学说的形成发展无不受其制约、受其影响。因此，从事理论学说研究的人，也就无不关注时代的变化，努力探讨时代变化与理论学说形态改变之间的内在联系。就像今天的中国学术界，人们都在热烈地讨论时代问题，努力从不同角度去探讨时代变化的真正内涵和它们对理论学说形态变化的诸多影响。我们认为，所谓时代的变化说到底就是时代所面临和所要解决的主要问题（即时代主题）发生了变化。时代的变化是和时代主题的根本性变化是不可分割地联系在一起的，时代的变化也正是通过时代主题的转换或更替来展示其客观进程的。一种哲学是否称得上时代的哲学或具有时代意义的哲学，关键就在于它是否真正发现、把握、并有效解决时代发展所提出的重大现实问题。我们说马克思主义哲学是时代精神的精华，是具有时代意义的哲学，根据就在于它不断通过反映时代、把握时代、指导时代重大问题的解决等不同方式，始终与时代发展保持密切的联系，并在这种密切联系中不断形成具有时代性和时代价值的哲学新形态。哲学形态与时代变化的关系是如此密切，由此也就决定了中国化形态马克思主义哲学的形成，是一种时代要求、时代产物，是哲学形态时代性的具体体现。这里所理解的哲学形态的时代性，主要有这样几层含义。

一　同一种哲学在不同的时代会因时代的变化而有不同形态产生

由于时代的变化，使得马克思主义哲学的关注点和所要解决的问题发生变化，这样马克思主义哲学形态的改变也就具有时代必然性。事实上，在马克思主义哲学发展史中，哲学形态的变化与时代的变化从来就息息相关、不可分割。

在马克思恩格斯所处的时代，资本主义的发展和劳资矛盾的激化是最突出的时代问题。为回答和解决这些问题，就必须从历史的角度去研究资本主义经济制度的发生和发展。也就是说，时代要求马克思恩格斯把他们的主要精力放在资本主义经济关系和生产方式的研究上，要通过研究去说明资本主义发展中的一切矛盾现象，并以此为基础来揭示人类社会发展的一般规律，阐明资本主义制度必然要为新的更合理的社会制度所取代的历史必然性，从而为无产阶级争取解放的斗争提供哲学指导。正是时代的特点和要求决定了马克思恩格斯时代的马克思主义哲学，是服从和服务于社会经济、历史问题研究的，其哲学形态也就具有鲜明的经济、历史特色。具体地说，就是哲学的基本原则和方法隐含在经济、历史问题的研究之中，没有刻意去创造一个专门的、独立的、完整系统的纯哲学理论体系，而是通过经济、历史问题的研究来展示其哲学的存在和价值。

到了毛泽东时代，由于时代的发展，马克思主义哲学所面临的问题和所要解决的问题发生了新的变化，东方民族国家的民族民主革命成为世界无产阶级革命的重要组成部分，马克思主义哲学的一般原理如何与东方的中国这个具体民族国家历史、现实的特殊性相统一？如何在中国这个东方殖民地半殖民地国家中完成无产阶级夺取政权、巩固政权、建设强大社会主义国家的历史任务？就成为以毛泽东为代表的中国共产党人所要面对和解决的最大时代问题。在具体应用马克思主义哲学解决这些时代新问题的过程中，马克思主义哲学的形态发生了变化，中国化形态的马克思主义哲学——毛泽东哲学思想产生了。鲜明的民族特色是毛泽东时代马克思主义哲学形态变化的最主要之点，具体应用马克思主义哲学，即把马克思主义哲学的一般原则、原理和基本概念、范畴转化为一系列指导中国革命实践的具体思想方法和工作方法，则成为中国化形态马克思主义哲学——毛泽东哲学思想的最醒目的时代标志。中国化形态马克思主义哲学的形成，集中反映了马克思主义哲学在毛泽东时代的时代特点和时代要求。

在中国，毛泽东的逝世在一定意义上意味着一个时代的结束。邓小平所领导的中国，开辟了一个新的时代。这个时代的变化更大，时代特点更加明显。从政治角度看，世界的基本格局发生了巨大变化，社会主义和资本主义两大阵营的公开对立已经成为过去，冷战时代基本结束；从经济角度看，资本主义经济发展的全球化趋向，影响、渗透到全球的每一个角落，社会生活的各个方面。在这样一个大的时代背景下，中国的社会主义运动走上了改革开放、建设有中国特色社会主义市场经济的新路。如何在全球化的新时代，坚持中国的社会主义改革，发展社会主义市场经济，建设社会主义强大国家也就成为邓小平时代，中国共产党人必须面对和解决的重大时代课题。新的时代要求马克思主义哲学必须具有与它相适应并对其予以反映和指导的新的哲学形态，马克思主义哲学形态的改变在改革开放的新时代也就成为一种必然，这是不以人的主观意志为转移的。也就是说，中国化形态的马克思主义哲学也必须与时俱进，必须反映新的时代要求和新的时代特点，必须有新的内容和新的表现形态。时代的要求是马克思主义哲学形态变化的根本推动力。中国化形态马克思主义哲学在改革开放新时代的与时俱进，可以从两个层面看：一是邓小平理论的应运而生，为中国社会改革开放的深入提供哲学指导；二是改革开放30多年来中国哲学界关于马克思主义哲学当代新形态所进行的各种探索。这一切足以说明是时代的变化赋予了马克思主义哲学形态的时代性和时代特征。

二　时代发展中的重大事件、重大转折都会成为哲学形态改变的契机

时代发展中出现的重大事件、重大转折，都会成为马克思主义哲学形态改变的历史契机，都会成为马克思主义哲学形态变化的起因和推动力。在 20 世纪，随着社会主义运动在世界范围的潮起潮落，马克思主义哲学形态也同样是变化万千、纷繁复杂。

20 世纪初至 30 年代，从世界上第一个社会主义国家建立到形成能与西方资本主义势力相抗衡的强大社会主义阵营，社会主义运动蓬勃发展。与之相应，马克思主义哲学也以崭新的、系统的理论形态（即苏联化的马克思主义哲学形态），在世界范围内传播，成为世界上影响最大、作用最大的哲学。对于这个时期由苏联马克思主义哲学家根据马克思恩格斯的哲学思想和他们自己对马克思恩格斯哲学的理解而构建的马克思主义哲学形态，今天的人们可以说三道四，但有一点不能动摇，那就是不能否认它们是适应那个时代需要的产物，对那个时代的发展曾经起过积极的推动作用，有它们产生的历史合理性。需要予以反思并加以总结的则只不过是把马克思主义哲学的这种理论形态神圣化、凝固化、唯一化，由此完全忽视哲学形态的时代性、民族性和鲜明个性以及由此带来的诸多弊病罢了。

20 世纪 30 年代以后，部分国家的马克思主义者开始对唯一自居正统的马克思主义苏联化哲学形态提出自己的不同看法，马克思主义哲学一种形态一统天下的局面被打破，出现了多种形态并存，这其中最引人注目的是各种西方马克思主义哲学形态的产生。而马克思主义哲学形态的变化在东方，则首先要提到毛泽东，他在 30 年代中期，就以《实践论》《矛盾论》，宣告了马克思主义哲学中国化形态的产生。30 年代末，毛泽东又在中共六届六中全会上，公开提出了包括马克思主义哲学在内的马克思主义中国化问题，并且要求全党高度重视、努力实践，马克思主义哲学中国化的历史进程由此加快，有效推动了中国革命的发展，并在 1949 年取得胜利。马克思主义哲学中国化的社会效果在实践中得到了最有力的证明。

到 20 世纪末期，苏联解体、东欧剧变，一个强大的社会主义阵营不复存在，国际共产主义运动转入低潮，但中国的马克思主义者则继续高举社会主义的大旗，通过改革开放去探索自己国家的发展新路。这一系列重大历史事件的发生，向传统的马克思主义哲学形态提出了挑战，促使中国的马克思主义者去深刻反思现存的马克思主义哲学形态，致力于它的创

新、发展，以适应时代的变化。中共十一届三中全会以来，改革旧哲学体系、创建马克思主义哲学中国化新形态的强烈呼声和各种探索，无疑是时代发展的重大事件和重大转折对马克思主义哲学提出的客观要求，具有不可抗拒的历史必然性。它表明中国的马克思主义哲学运动正在进一步摆脱外国模式的束缚，中国人要根据时代的变化，要按照自己的理解来构建具有中国特色、中国气度、中国风格的当代马克思主义哲学形态。而这些都是和那些具有划时代意义的重大历史事件、重大历史转折紧密联系在一起的，内在地反映了时代变化、历史转折的客观要求，因而绝对不是某些思想家的个人行为。

马克思主义哲学形态如何改革、创新、发展？我们认为当代中国马克思主义哲学形态的创新，有两点必须坚持：一是必须坚持中国化的正确方向；二是必须立足现时代的客观现实。在这样的前提下，做好两方面的工作：首先是"破"，即在观念和思维方式上彻底改变以往对马克思主义哲学形态的种种错误认识，认真清理以往对马克思主义哲学的种种误读，力求准确把握马克思主义哲学的科学内容和精神实质；然后是"立"，即根据现时代的发展要求，用新时代的新的社会实践经验去更新、丰富、发展马克思主义哲学，重新建构适应新时代要求的马克思主义哲学新形态。在这里，"破"与"立"只是一种语言上的秩序，实践中两者是辩证统一的，其相互渗透、相互影响共同推进马克思主义哲学中国化形态的与时俱进。

在当代中国哲学新形态的探讨中，有人认为：近代以来，由于中国传统文化遭到了西方文化的全面颠覆，中国哲学的言说范式发生了断裂，丧失了文化自我的现代中国哲学基本上处于"学舌"状态，脱离了西方哲学的语汇就根本无法言谈哲学。近年来，随着中国经济的急速增长和社会结构的重大改变，一场民族复兴的伟大运动正在悄然来临。民族主体意识的觉醒，呼唤着对自己文化的重新评估和对自我文化身份的重新认定。而我们要建立一种有别于现代西方工业文明的新的文明样式或形态，当务之急便是构造一种与西方工具理性主义这种哲学文化相异的当代中国新哲学，这是当代中国哲学不可推卸的历史使命。我们觉得这些言述提出了一个非常重要的问题，似乎对五四以来的中国哲学发展否定太多，对实际存在的马克思主义哲学中国化运动和中国化马克思主义哲学形态的形成发展更是视而不见，似乎一切都要重新开始。对此我们不敢苟同。我们认为，中国传统哲学虽然经历了五四时期"彻底反传统"的冲击，但传统是不可能被轻易否定的，能被轻易否定的东西就不是传统。传统哲学仍然在学术领域存在，在广大民众的实际生活中存在。而且就理论学说这一层面来看，所谓彻底的、激烈的否定在中国并没有持续很长时间，曾经激烈反传统的中国共产党人，在对待传统的问题上很快有了新的认识和新的措施，由全盘否定转向了批判性的扬弃与创造性地继承，并且致力于马克思主义中国化。20世纪30年代后期"马克思主义中国化"这一口号的正式提出，就公开表示了中国共产党人对传统的创造性态度。虽然这一进程充满了曲折，至今也没有完成，但这个过程绝不是现在才开始的，现在需要的是把这一伟大思想文化事业不断向前推进。在当代中国新哲学的探讨中，中国化形态马克思主义哲学的创新和发展无疑是主要课题，而中国化形态的马克思主义哲学的创新发展，同样离不开传统，同样需要在继承传统中创新和发展。在中国化马克思主义哲学形态如何创新、发展的探讨中，传统的利用和继承仍然是一个非常重要的方面，这方面的任务仍然是很艰巨的。

三　哲学形态的时代性与条件性

对于哲学形态的时代性，我们还可以从条件性的角度去理解。因为所谓时代的变化，在一定意义上说，也就是具体历史条件的变化。例如从战争革命转向和平建设，从两极对立转向多元共处，从生产制造型的工业社会转向知识创新型的知识社会等，都是历史条件发生巨大改变的具体表现。具体历史条件变化了，反映历史条件变化的马克思主义哲学的基本概念、范畴也必然要发生改变，旧概念、范畴要退出历史舞台，新概念、新范畴要登场亮相，马克思主义哲学形态的变化也就在所难免。因为哲学基本概念、范畴是哲学形态的基本构成要素，哲学基本概念、范畴的创新，是哲学形态创新的主要内容，哲学形态的变化常常是通过哲学概念、范畴的创新来实现的。如何根据具体历史条件的变化来进行马克思主义哲学基本概念、范畴的创新，以创建马克思主义哲学的新形态？无疑是当前中国哲学界的一个探讨热点。例如有人首先从宏观的角度指出：人类社会正在从工业社会转向知识社会，人类的基本生产方式从生产制造转向知识创新，这就意味着，构建马克思主义哲学的当代形态，必须通过创新范畴研究知识型经济和学习型社会生产方式的特点、组织和新机制，以创新范畴为蓝本重建人的存在、主体间性、交往方式、社会结构、发展动力等概念或理论，从而实现马克思哲学从工业社会向知识社会的跃进。接着，他对马克思主义哲学的生产力、生产关系、社会结构、社会发展动力等基本概念、范畴，究竟如何根据新的社会条件来创新的问题提出了自己的看法。例如他说：根据知识经济社会的特点，对生产力中"人"这个最关键的因素的理解就要变化发展。生产力不能局限于人的生产能力，而且还包括人的政治能力和文化能力，即生产力的实质是人类追求彻底解放和全面发展的社会能力。在这个意义上，研究生产力范畴的当代形态必须关注社会对个人的"知识分配力"。在知识经济社会，生产关系由物质产权转换为知识产权后，生产关系的当代形式必须关注知识共享机制。以生产力与生产关系为内容的生产方式的重建，重建生产方式的当代形态，必须关注社会对个人的"知识分配力"与"知识共享机制"的网络结构，生产方式的当代形式是知识分配力与知识共享精制的统一。社会结构范畴，经典马克思哲学设计了一个经济基础—上层建筑的双层建构，社会存在与社会意识之间的反映论模型，采用的是形态论的分析方法，这在工业社会具有不可替代的合理性。但在现代科技革命和知识经济时代，集群分析（即使用企业—政府—大学—研究机构等范畴进行分析）具有一定的现实合理性。马克思哲学的当代形态必须考虑形态分析与集群分析的整合问题，必须关注经济—政治—科学的共同体，必须思考政治的阶层性与决策的多样性之间的整合。①

我们认为，上述观点为我们思考马克思主义哲学基本概念、范畴在当代社会条件下的创新所提供的思维角度，提供了诸多启发和参考。在马克思那里，哲学概念和范畴诞生于社会经济关系和经济问题的研究之中，并为社会经济关系和社会经济问题研究提供哲学方法指导。而当代马克思主义哲学基本概念、范畴的创新发展，同样不能离开当代现实社会经济关系和经济问题的研究，同样应该在对当代社会经济关系和经济问题的具体研究中实现其创新、发展。当代中国社会经济关系正在发生着新的巨大变化，各种新的经济问题层出不穷、扣人心弦、激荡人心，哲学家如果对这些现实问题视而不见，把自己关在屋子里搞马克思主义哲学概念、范畴的创新，那只能是一种自娱自乐的文字游戏，对社会发展毫无教益可言。我

---

① 安维复：《创新范畴与马克思哲学当代形态的研究》，《哲学动态》2002 年第 2 期。

们研究马克思主义哲学中国化形态的形成和变化，实现马克思主义哲学概念、范畴的创新，创建马克思主义哲学的新形态，绝对不可忽视或小视社会经济关系和社会经济问题，而是应该把它们视为最根本的出发点和最根本的内在根据。

综观人类思想学说发展的历史，我们就会发现，哲学形态的变化与时代主题、时代重大事件、时代历史条件的变化从来都是辩证互动的，马克思主义哲学的发展则更具有典型性。也就是说，随着时代的发展，不断出现新情况、新问题，对这些新情况、新问题的认识、把握、解决，也就成为这个时代哲学的主要任务。在完成这个时代任务的过程中，任务执行者不断自觉地、及时地将新的实践经验哲学化，即将具体的、经验层面的认识提炼、概括为抽象的、具有某种普遍意义的哲学概念或范畴，从而使原有的哲学内容得到充实、更新，获得新的表现形态，这样就能使哲学始终保持与时俱进的旺盛活力。在这个意义上，我们可以说，对时代主要问题的认识、解决和哲学概括、总结，是哲学形态变化更新的永恒动力。而哲学形态的更新发展，反过来又能够为时代主要问题的认识和解决提供更科学的哲学世界观和方法论指导。哲学形态与时代变化的辩证互动，决定了马克思主义哲学永远不会是一种凝固化形态，或只有一种凌驾于一切时代之上的永远不变的形态。马克思主义哲学正是在不断认识、回答、解决时代发展新问题的过程中，实现自身形态的更替，获得自身形态的多样性的。

第二节　现实需要与中国化形态

马克思在《"黑格尔法哲学批判"导言》中说："理论在一个国家实现的程度，总是决定于理论满足这个国家的需要的程度。"① 在《德意志意识形态》一书中，马克思恩格斯在批评某些"真正的社会主义者"忽略社会现实需要时，指出他们的失误就在于"没有考虑到，即使这些著作（指共产主义文献）是在宣传某些体系，它们仍然是以实际需要为基础的，是以一定国家里的一定阶级的生活条件的总和为基础的。他们把这一派中的某些著作家的幻想信以为真，似乎这些著作所谈的是'最合理

---

① 《马克思恩格斯选集》第 2 版，第 1 卷第 11 页。

的社会制度'，而不是一定阶级的一定时代的需要。事实上，这些共产主义体系以及批判性和论战性的共产主义著作，不过是现实运动的表现"①。

马克思主义哲学经典作家们的这些论述，对我们研究一定民族国家的社会现实需要与马克思主义哲学形态变化之间的关系具有重要启发。马克思主义哲学中国化形态的形成和发展，同样是 20 世纪中国社会发展的客观需要，是马克思主义哲学满足这种客观需要的产物。也同样是以中国社会发展的"实际需要"为基础，是一定社会和特定时代的实际需求，而绝不是什么突发奇想。关于现实需要与马克思主义哲学中国化形态的关系，可以从以下两方面展开探讨。

一　现实需要马克思主义哲学改变形态

回顾 20 世纪初中国社会发展的客观现实，无人否认，"救亡图存"是中华民族最大最现实的客观需要。也就是如何从根本上解决中华民族迫在眉睫的生存和发展危机，为中华民族的存在和发展找到一条康庄大道。为了解决这一最大的现实问题，中国人不断从西方引进各种思想学说，从进化论到实用主义哲学、马克思主义哲学，尝试着用它们来解决中国的最大现实问题。这就是说中国社会的现实需要一种能够解决最急迫的社会问题，并且能够展示其实践前景的哲学思想，而马克思主义哲学在引进的各种西方哲学思想中，是唯一可以满足中国社会现实需要的哲学。它不仅有效地指导中国革命取得了彻底胜利，从根本上解决了近代中国社会发展的最大现实问题，推动了中国社会的发展，而且普及于人民大众，得到了几亿中国人的由衷信奉，成为他们思想和行动的指南，成为新中国哲学文化的重要组成部分并占据主导地位。现实中的这个奇迹是如何产生的？产生的根本原因何在？这是许多人都想弄明白的问题，也有过许多不同的答案。我们认为，最根本的就是马克思主义哲学最大限度地满足了中国社会发展的现实需要，成功地解决了中国社会发展的最大现实问题。那么，马克思主义哲学又是如何做到这一切的呢？除了马克思主义哲学自身的真理性之外，最不容忽视的原因就在于马克思主义哲学中国化了，马克思主义哲学具有中国化的形态。马克思主义哲学通过它的中国化形态，与中国的社会现实和现实实践的主体发生了联系，满足了它们的需要。关于这一点

---

① 《马克思恩格斯全集》第 3 卷，人民出版社 1960 年出版，第 541、535 页。

可以从两个不同层面来理解。

　　首先是因为马克思主义哲学所产生的社会条件和所回答、解决的问题都与中国的现实需要有一定隔膜和距离。如何缩小或消除这种差距和隔膜？现实的要求就是马克思主义哲学必须改变其特定形态，实现从欧洲化形态到中国化形态的转变。如何转变？只有两条路，一是与中国的传统结合；二是与中国的现实结合。通过这两个结合来实现马克思主义哲学形态的转变。实践证明，马克思主义哲学形态转变在这两个结合中获得了成功。如果没有形态转变的成功，马克思主义哲学也只能像其他引进中国的西方哲学流派一样，要么昙花一现，要么始终只是在一个很小的学术圈子里发生影响，远离中国社会发展的客观现实需要，与中国广大人民群众的生活实际联系不上，对于中国的社会变革和社会进步，永远只能是一个帮不上忙的外来者。关于这一点，毛泽东的一段话说得最精辟，他说："马克思列宁主义来到中国之所以发生这样大的作用，是因为中国的社会条件有了这种需要，是因为同中国人民革命的实践发生了联系，是因为被中国人民所掌握了。"① 毛泽东的话，深刻地揭示了马克思主义哲学——中国社会现实需要——中国化形态马克思主义哲学之间的逻辑联系，揭示了马克思主义哲学中国化的科学内涵，即把中国化科学地定位在满足中国的实际需要、同中国的社会实践相联系、被中国人所掌握。任何一种外来思想学说，真正做到这三点，那就是中国化了，就具有中国化形态。

　　其二是因为马克思主义哲学毕竟是一种由一系列原则、原理和概念、范畴组成的哲学理论，而它在中国的实际接受和应用者，则是以工农兵为主体的革命者，他们接受马克思主义哲学，主要不是为了学术研究，而是要用来指导中国革命，指导具体的革命工作，使革命取得胜利。理论和实际接受者、应用者之间存在的这些差距是很现实的。这一现实差距在客观上要求马克思主义哲学必须改变形态。如何改变？同样有两条路径：一是由抽象变具体。即必须把抽象的哲学原则、原理转化为具体的、实用的、能够指导中国革命具体实践的思想路线、思想方法和领导方法、工作方法，毛泽东在这方面的创造是举世公认的，中国化形态的马克思主义哲学——毛泽东哲学思想就是在完成这个任务的过程中形成的，这是一种以哲学方法论为特色的中国化了的马克思主义哲学新形态。我们说这种做法

————————

　　① 《毛泽东选集》第 4 卷，人民出版社 1991 年出版，第 1515 页。

具有中国特色、是中国化的，主要是因为把哲学作为指导实践活动的方法，原本就是中国哲学的传统。在中国哲学史上，哲学从来就不像西方哲学那样，是一种纯粹的理论思辨、抽象的逻辑系统，而是和社会生活、个人行为实践紧密相连、融为一体的行动哲学、实践哲学。把马克思主义哲学的一般原则、原理具体化为指导行动的具体方法，既符合马克思主义哲学的本质，更与中国传统吻合、一致，因此也就容易为中国人理解、接受和应用。所以我们在中国化形态的马克思主义哲学——毛泽东哲学思想中，很少看到专门的、纯粹的、抽象的哲学原则、原理和概念、范畴的演绎、推理，毛泽东的哲学基本上都是和实践紧密联系在一起的方法论和一系列具体的思想方法、工作方法；二是由高深变通俗。即必须把高深的哲学概念、范畴转化为中国人所熟悉的、容易理解和接受的关于做人、做事的通俗道理和行动指南，也就是要使马克思主义哲学具有中国人所喜闻乐见的通俗表现形式，毛泽东在这方面的创造同样是出类拔萃。他特别善于把马克思主义哲学的一般原理，借助于中国传统思想文化中那些妇孺皆知的典故、格言、警句的创造性解释，普及到最普通民众中去。正是由于上述方面的创造和贡献，毛泽东被看作是中国化形态马克思主义哲学的创始人，毛泽东哲学思想被看作中国化形态马克思主义哲学的首创形态。

二　现实选择导致马克思主义哲学形态的改变

在人类的思维实践活动中，需要通常意味着选择。在特定历史条件下，需要甚至就是一种选择。也就是说，人们在面对某种思想学说时，通常是从现实需要出发，选择那些能够满足自己需要的东西，加以强调、突出或发挥、发展。

回顾马克思主义发展的历史，不难看到，马克思之后出现的各种不同形态的马克思主义，实质上都是选择的结果，都是不同时期、不同国家民族的人，根据自己的不同需要和不同理解而做出的选择，也都是马克思主义某一部分内容或某一方面内容的强调或发挥，因而形成马克思主义的不同表现形态。所谓中国形态，是指以毛泽东为代表的中国共产党人，从中国特殊的国情和特定的社会历史环境出发，选择了中国需要的列宁式的马克思主义，并且根据中国的实际加以创造性应用和发挥（农村包围城市的革命道路和新民主主义革命理论）的马克思主义。

马克思主义哲学的不同形态，同样代表着不同时期、不同民族国家、不同需要的选择。这些选择从表面上看是主观的，但根基却深藏在客观实际需要之中。由于客观实际的需要总是不一样的，因而反映实际需要和满足实际需要的哲学理论在表现形态也就必然不一样。有关这方面问题的探讨，在今天中国哲学界，有着不同的着眼点和不同路径。

许多人着眼整个世界，以地域为基本界限，把马克思主义哲学形态分为两大类——东方形态的马克思主义哲学和西方形态的马克思主义哲学。并且肯定马克思主义哲学东、西方形态的形成，根源于它们各自面临的历史任务、各自所处的历史环境、各自所需要解决的问题，所以各有其自身的合理性。在他们看来，东方形态的马克思主义哲学（主要包括苏俄式的马克思主义哲学和中国化的马克思主义哲学），面对和要解决的问题是在政治、经济、文化比西方落后得多的国家中，如何首先通过暴力革命的手段取得政权，然后依托政权的力量改变生产关系，促进生产力发展，从而实现国家的现代化。为了完成这个历史任务，东方国家的马克思主义者看重并选择、发展了马克思主义哲学的一般原理——即关于自然界和人类社会发展的一般规律的学说，同时也是适应这个历史任务的需要，构建了以自然界和人类社会发展一般规律为核心的马克思主义哲学理论体系，即马克思主义哲学的辩证唯物主义和历史唯物主义形态，这就是马克思主义哲学的东方形态。西方形态的马克思主义哲学（主要是指葛兰西、柯尔施、卢卡奇等人的思想学说），面对的是发达资本主义国家的意识形态变革问题，即在暴力革命、武装斗争的条件不具备的情况下，如何从意识形态（思想文化）的变革入手，实践马克思主义的理论，实现无产阶级的权利和利益。正是从他们所处国家的实际需要出发，他们突出了、发挥了马克思主义哲学的社会批判理论，建立了批判的马克思主义哲学形态。西方马克思主义的批判理论，既是指对资本主义的文化批判、思想批判，也是指对苏俄马克思主义的批判。

也有人着眼中国，专门探讨中国化形态的马克思主义哲学的形成发展是如何从中国的实际需要出发的。在他们看来，中国人在接受马克思主义时，没有选择德国形态的马克思主义，而选择了俄国形态的马克思主义，完全不是一种主观选择，而是由中国社会的客观现实、客观需求决定的。因为中国的资本主义极不发达，议会道路在中国行不通，只能走暴力革命的道路，阶级斗争的路，所以，俄国形态的马克思主义是最适合中国需要的。中国的实际需要也决定了中国人对马克思主义哲学的选择，首先是唯物史观，特别是唯物史观中的阶级斗争理论和阶级分析方法。而对唯物史观的理解，中国人最初也是从自己民族国家的迫切需要（救亡图存、争取国家的独立和民族的繁荣富强）出发的。他们把马克思主义哲学理解为唯物史观，又把唯物史观等同于阶级斗争、阶级分析方法。这种以阶级斗争、阶级分析方法为主要内容的马克思主义哲学曾在中国占统治地位达数十年之久。它曾经有效地解决了1840年以来中国最重大、最紧迫的社会问题——反帝反封建的问题，建立了一个崭新的国家。但在中国最重大、最紧迫的社会问题解决之后，社会生活的主题发生了根本性的转变，而中国人对马克思主义哲学的理解却没有随着这一变化而及时变化，仍然坚持以"阶级斗争为纲"，仍然习惯用"阶级分析方法去分析一切、衡量一切"，结果使社会主义建设一度误入歧途。直到毛泽东逝世后，中国人对马克思主义哲学的理解才开始从"斗争哲学"、"阶级分析"的框架中解放出来，并重新根据现实社会生活的主题，现实社会生活的新变化和新需要，对马克思主义哲学做出新的理解和解释，形成新的形态，如实践唯物主义、历史唯物主义、人道主义的马克思主义等，马克思主义哲学形态呈现多样性。这就是中国马克思主义哲学形态变化的进步历程，变化的原因首先是社会的客观需要，同时也反映着这种需要的理解者、解释者本身的主观立场、功利性目标。

以上关于中国化形态马克思主义哲学的形成、变化与中国社会现实需要、选择之间关系问题探讨的各种见解，反映着中国哲学界对这个问题研究的现实状况。探讨正在逐步深入，需要进一步解决的问题是对这个过程中各种失误的历史原因和现实根据，还应有更深刻的分析、论证。因为马克思主义哲学中国化形态与中国历史传统、现实需要之间的关系并不那么简单的对应、等同，这其中的反映与被反映、理解者与理解对象之间的关系是很复杂的，需要有更细致、更深入、更具体的分析、论证。尤其是关于这方面问题探讨中的那些被视为"异端"或"另类"的不同看法，也许能给我们新的启发，提供新的思维视野。

第十六章

中国化形态马克思主义哲学
形成的哲学文化背景

　　中国化形态马克思主义哲学的形成，在中国近代哲学发展史上并不是一种孤立现象而是在西学东渐、中西方哲学文化由冲突走向融合，中国人努力将西方哲学中国化成为潮流这样一种历史大背景下发生的，同时也是近代以来西方哲学中国化这一时代潮流的一部分、一种超越、一种创新和发展。

　　西方哲学中国化这一潮流的出现，实际上是对近代中国出现的西学东渐高潮的一种回应、一种对策。因为中国化的问题，从根本上说或说得通俗一点，就是一个如何对待外来思想学说，如何处理外来思想学说与本土传统思想文化的关系的问题。20 世纪上半叶出现的将西方哲学中国化的各种努力和尝试，可以说是 17 世纪以来一系列文化主张和策略的继续，它克服了"全盘西化论"和"国粹论"的偏颇和不足，立足中国的历史和现实实际，从中国的现实需要出发，对外来思想学说进行选择、吸收、消化，使之适用于中国的社会实际，成为中国哲学文化的一部分，即使之中国化。

　　为什么到 20 世纪上半叶，中西方哲学文化会由冲突走向融合，努力将西方哲学中国化成为中国哲学界的一种主导性潮流呢？关于这一历史转变，学者们可能有各种分析，叶秀山文章中的一段话则生动形象而有启发性，他说：中西方哲学的各自发展，到 20 世纪，已经达到了一个可以相互交谈的程度。也就是说，各自都要走出"自己"，就会"相遇"在道路上。在路上遇到"异己"，开头可能会"争斗—碰撞"一番，逐渐地会熟识起来，相互"欢迎"，然后相互"理解"，以对方来充实自己。任何的学术，都会走出"自己"，遇到"异己"。① 这段话给人的启发是，西方哲学中国化实际上是一种历史机遇成熟的产物，是中西方哲学文化交流——冲突——融合这一自然历史过程的一个具有必然性的历史阶段。到了这个历史阶段，许多人都会不约而同地认识到这个问题的重要性，都会自觉地努力地去做这方面的工作。

西方哲学中国化的潮流，由严复、康有为、梁启超、孙中山等人开其端，到"五四"前后又有胡适、李大钊、陈独秀、梁漱溟等人将其继续向前推进，在20世纪30—40年代形成高潮，进入理论探索的收获期。在中国化形态马克思主义哲学形成之前就已经存在的努力将西方哲学中国化的各种探索实践，既为马克思主义哲学中国化做了必要的铺垫，同时也为马克思主义哲学中国化形态的形成提供了有益的启示。

第一节　西方哲学中国化的早期探索

从西方哲学文化开始进入中国的那时起，中西方哲学文化的冲突就成为不可避免。只不过在鸦片战争之前，由于双方的差距（包括政治经济基础和自身的水平）不大，中国传统哲学文化仍然能够像以前那样大度包容一切外来的思想学说，因此冲突并不明显。但鸦片战争之后，情况发生了巨大变化，中西方哲学文化无论是在经济政治基础，还是在自身理论的科学性方面，差距已是一目了然。西方哲学文化的强势地位和中国传统哲学文化弱势处境，使得它们之间的冲突日益加剧，这也就成为这个时期中国文化知识精英面临的最大问题。他们为解决中西方哲学文化的冲突问题而不断探索，相继提出了各种不同的主张和对策，从"用夏变夷"、"夷夏之防"、"会通以求超胜"，到"西法中源"、"中体西用"、"全盘西化"、"建设中国本位文化"，再到"融会中西，兼容并包"。这些不同的文化主张和策略之间一直争论不休，几乎贯穿整个中国近现代社会发展的历史。在经过历史的比较和实践的选择之后，以我为主、吸收融合西方哲学文化、并使之中国化也就成为一种必然的选择。

在融合中西、努力将西方哲学文化中国化的早期探索中，"以我为主"的探索路径有着特定的、带共性的内容，即他们都认为中国传统思

————————

① 　叶秀山：《沉思在这片土地上》，《社会科学管理与评论》2003年第1期。

想文化从整体上是必须肯定的，不可丢弃的。正如梁启超所言："凡一国之立于天地，必有其所以立之特质。"① 这里说的"特质"就是中国特有的传统思想文化，它是中华民族的灵魂，是中华民族凝聚力之所在，是中华民族存在发展、立足于世界民族之林的根基。在这个前提下，他们也清醒地看到中国传统思想文化确实需要与时俱进，即需要随着时代社会的发展而进行自我调整、自我变革。调整和变革的途径就是对中国传统思想文化作重新解释和发挥。通过重新解释和发挥来弘扬其精华，舍弃其糟粕。那么，何谓精华？何谓糟粕？多数人的基本价值评判标准是时代发展、社会进步的需要。符合时代发展，适应社会进步需要的就是精华，反之则是糟粕。而重新解释和发挥中国传统思想文化的重要手段，就是吸收西方哲学文化中的科学观点和方法，用于中国传统哲学文化的重新解释和重新建造，使中国传统哲学文化发生脱胎换骨的变化，由传统形态进入现代发展阶段。下面就早期探索阶段的主要代表人物做些介绍。

一　严复

前面曾经讲到，严复是在中国传播西方哲学文化的第一人，实际上他也是努力将西方哲学中国化的开拓者。因为就中国化这个概念而言，它是形式和内容的统一。中国化，首先就是要把外国的语言文字翻译成中国的语言文字，这可以说是中国化的外在表现形式，是中国化的第一步。而在语言文字的翻译中，不可能存在纯粹客观的直译。翻译者通常要从本国社会发展的实际需要出发，做出自己的主观选择，融入自己的主观理解。严复作为一个著名的翻译家，在将西方的进化论哲学介绍给中国人时，就对它做了大量的中国化工作。例如他在翻译《天演论》时，就做了这样几项探索：一是直接说明翻译《天演论》的目的，是为中国人的思想启蒙服务，是出自中国人救亡图存、自强保种的实际需要；二是在具体翻译过程中，从中国救亡图存的实际需要出发，变单纯的直译为意译，并在翻译过程中加入译者自己的"阐述"和"评论"，重新编排章节，从而使其更加适合中国人的需求；三是选择最适合中国需要的内容（如物竞天择、优胜劣汰），结合中国的实际进行重点发挥。他发明的这种附加大量按语（即创造性发挥）的翻译方法，显然是将西方哲学中国化的一种大胆探

---

① 《论中国学术思想变迁之大势·总论》，1902 年（清光绪二十八年）版。

索。有学者研究指出：严复在翻译《天演论》时，"并不是以纯学术的态度忠实于原著对它进行直译，而是有意识地进行篡改、比附，有选择、有侧重、有评论，根据现实'取便发挥'"。[①] 鲁迅也曾经说过严复是在"做"《天演论》。[②] 这一个"做"字生动传神，反映了严复翻译《天演论》时所下的工夫和它的特色所在。

严复将西方哲学中国化的探索实践启发我们，对中国化的理解不要太简单、狭隘，中国化的途径和方法是多样的、丰富多彩的。我们不能总是把注意力集中在应用、结合、改造上，这些固然不应该忽略，但需要进一步扩大视野，探索中国化的多种形式，如语言文字的表现、文章著作的结构特点等。

二 康有为

就融合中西、努力使西方哲学文化中国化的历史发展而言，康有为可以算是一个早期探索者，一个开风气之先的人物。他在近代社会内忧外患的刺激下，通过对中国传统思想文化的深刻反思和对西学的初步了解，看到了中西哲学文化融合、会通的可能性和必要性，在这方面进行了积极的探索，试图为解决民族国家的内忧外患提供最佳方案（改良主义的君主立宪制）。康有为这方面的探索，其特色在于：

一是采用比附的手段，努力从中国传统哲学文化中给西方哲学文化寻找所谓的根据，使西方哲学文化披上一件合理、合法的中国外衣，以便更容易被中国人接受，更容易在中国实行，如所谓的"孔子托古改制"；二是借用中国哲学的传统概念范畴（如"气"、"性"、"善"等）来表述西方的新知识、新思想，在对中国哲学传统概念的具体解释、发挥中，融入了所能了解到的西方自然科学知识和西方资产阶级的平等、民主、人权观念。李泽厚曾经非常生动形象地指出：康有为建筑自己思想理论体系"所用的砖瓦材料完全是传统哲学的陈旧材料，建筑这个体系的目的，也标榜着是为供养传统圣人而必需的新式庙堂。但是，在这庙堂的道貌岸然的神像中，我们却终于认出了资产阶级自由主义的俏皮的鬼脸。在康有为庄严肃穆、郑重其事的'春秋微言大义'的'公羊三世说'的'圣人心

传'中，是对封建主义的真正微言大义的捣乱式的危险的嘲笑"。① 薛广洲也谈到康有为对西学的介绍是"以中学为旗帜，以孔子为偶像的"。②康有为当年所采用的那种"漫画式"的融合中西，努力将西方思想学说中国化的方法、手段，在今天的人们看来是很牵强、很幼稚，甚至很可笑，但在当时中国传统思想文化一统天下、西方哲学文化在中国的传播和影响都很有限的历史条件下，却是一种不得已的、有一定效果的变通方法，有它产生的历史合理性。康有为所采用的方法、手段，虽然说是很幼稚、很牵强，但毕竟是中西思想学说融合、西方思想学说中国化的开端；这时的融合和中国化尽管是在一个很陈旧的层次上进行，新思想与旧概念极不协调地混杂在一起，但它毕竟代表了一个思想文化发展新阶段的开始，以此为起点而不断走向成熟是必然的。

作为他那个时代的"先知先觉者"，康有为坚决摒弃那些将中西方思想文化完全对立起来的绝对排斥西学或变相排斥西学的文化保守主义主张，坚持认为中西方思想文化是相通的、是有一致之处的，并且在他认为的那些相通处和一致处上大做文章，相继写出了《新学伪经考》《孔子改制考》《大同书》等一批理论著述，创立了自己的融合中西、将西方哲学文化中国化的理论体系。在创立自己理论学说的过程中，康有为采用的主要手段，就是将西方先进的思想学说（如哲学上的进化论、政治上的君主立宪制度等）接受过来，再从中国传统思想文化中为它们寻找所谓的根据，并努力将它们说成是一回事，是同一个东西。例如为了论证说明西方君主立宪制度在中国实行的合理性，康有为就将它们和中国古代典籍中某些说法和做法联系起来，硬说"立宪法""开国会"是合乎中国圣人之道的，中国古人说的"天视自我民视，天听自我民听"，就是最早的"国会山"。而中国历史上的"春秋改制"，也就是最早的"立宪法"。

康有为还从政治上变法维新的实际需要出发，将西方的进化论哲学和民主、平等观念引进中国，用它们来改造中国传统的"公羊三世说"，从而创造出一种新的进化的历史观，为中国的社会变革提供思想理论服务。这种新的进化历史观以变易、更新、进化为核心，认定人类社会历史的变易、更新、进化是沿着"据乱世—升平世—太平世"的路径向前发展的，

---

① 李泽厚：《中国近代思想史论》，天津社会科学院出版社 2003 年版，第 108 页。

② 薛广洲：《毛泽东的超越》，中共中央党校出版社 1994 年版，第 124 页。

这是普遍规律。而这个普遍规律又是和世界上存在的三种政治制度，即封建君主专制、资产阶级君主立宪制度、资产阶级民主制度的依次更替相对应的。康有为对这种进化历史观的阐述是很中国化的，即是借孔子的嘴，以孔子的名义来说话，例如他说："变者天道也。故孔子系《易》，以变易为义"；"孔子制作，专重变易，故特立三统，能知此而后可以读孔书"；"夫物新则壮，旧则老；新则鲜，旧则腐；新则活，旧则板；新则通，旧则滞；物之理也"；三世为孔子非常大义，托之《春秋》以明之。所传闻世为据乱，所闻世托升平，所见世托太平。"《春秋》发三世之义，有据乱之世，有升平之世，有太平之世，道各不同。"①

从以上论述中可以看出：康有为的进化历史观显然是一种中国传统概念与西方新思想的结合物，是一种中国化了的西方进化论。也就是说，他是在用中国的语言、概念来表述西方的进化论思想，表现形式是中国的，实际内容是西方的，就犹如一位西方绅士穿上了一套中式的长袍马褂，显得那么"不中不西，即中即西"（梁启超语）。经过康有为对西方进化论的中国化制作，不仅使西方进化论有了一种新的表述，即中国式的表述，而且也使中国古老的"公羊三世说"中的变易、进化思想得到了充分的张扬，由此而摆脱了封建的、历史循环论的旧巢穴，成为一种近代的、进化的新历史观，为中国近代社会的变革提供了有力的理论支持。对此，后人有各种评价。如康有为的学生梁启超认为：康有为的哲学是"进化派哲学"，"中国数千年学术之大体，大抵皆取保守主义，以为文明世界在于古时，日趋而日下。先生独发明《春秋》三世之义，以为文明世界在于他日，日进而日盛。盖中国自创意言进化学者，以此为嚆矢焉"②。在这里，梁启超充分肯定了康有为的历史进化论是对封建主义的"天不变，道亦不变"的旧历史观的首次公开否定，标志着中国近代资产阶级进化论历史观的创立。梁启超的评价代表了他那个时代人的认识水平。而在今天，评价者的角度有了变化，如薛广洲认为：康有为"将中国传统文化中的公羊三世的变易思想同西方进化论结合起来，创立了公羊三世说历史进化论。这一思想就其当时的社会历史作用来说，当然是积极的、进步的，即便从中西文化与哲学的比较上来说，它也是认识上的深化和实践上

---

①　冯契：《中国近代哲学史》（上册），上海人民出版社 1989 年版，第 200—201 页。

②　同上书，第 207 页。

的新途。但是这种进化学说，又实在是一种如同用旧瓶装新酒的办法，来对中西学加以汇通"。①

三　梁启超

梁启超与康有为是同时代的人，在融合中西、将西方哲学文化中国化的实践中，有些共同之处。如他们都努力将国学与西学熔于一炉，重新铸造出一种涵括中西方哲学文化精华的思想理论体系，这样的思想理论体系都显得那么"不中不西，即中即西"。"不中不西，即中即西"本是梁启超形容他老师康有为的思想理论特征的，其实也同样适用于他自己，是他们那个时代这方面探索者的共同特征。不同的是，梁启超的着眼点似乎更多地集中在思想观念的层面上，以及认识方法、治学方法的学术层面上。在这些方面，梁启超做了许多中国化的工作。除此之外，梁启超对融合中西思想、努力将西方思想学说中国化的认识程度和倡导实践力度，也比他的老师更深刻一些，更少一些保守色彩。例如他对异质思想文化之间交流、融合作用的阐述，其中说道："生理学之公例，凡两异性结合者，其所得结果必加良，此例殆推诸各种事物而皆同者也。大地文明祖国凡五，各辽远隔绝，不相沟通，惟埃及、安息，藉地中海之力，两文明相遇，遂产出欧洲之文明，光耀大地焉。其后阿拉伯之西渐，十字军东征，欧亚文明，再交媾一度，乃成近世震天铄地之现象，皆此公例之明验也。我中华当战国之时，南北两文明初相接触，而古代之学术思想达于全盛，及隋唐间与印度文明相接触，而中世之学术思想大放光明。今则全球若比邻矣，埃及、安息、印度、墨西哥四祖国，其文明皆已灭，故虽与欧人交，而不能生新现象。盖大地今日只有两文明，一泰西文明，欧美是也；二泰东文明，中华是也。二十世纪，则两文明结婚之时代也。吾欲我同胞张灯置酒，迓轮俟门，三揖三让，以行亲迎之大典。彼西方美人，必能为我家育宁馨儿，以亢我宗也。"② 梁启超在 20 世纪初说的这段话，从世界文明发展史和中国文明发展史的角度，阐述了不同思想文化之间交流、融合的伟大历史作用，其生动、形象而富有预见性，就是在今天这段话也不过时，现在有关思想文化发展策略和主张的许多议论，实际上不过是这段话的转

---

① 《毛泽东的超越》，中共中央党校出版社 1994 年版，第 124 页。
② 《饮冰室合集·文集》，中华书局 1989 年版，第 4、7 页。

述或发挥。这也许正是这段话在今天仍为许多学者所津津乐道、反复引用的主要原因。因为从根本上说，融合中西，努力将外来思想文化中国化，以创新发展中华文化，仍然是我们这个时代的任务。

梁启超在融合中西、努力将西方哲学文化中国化方面所做的工作，要义如下：

力倡"新民说"。梁启超早年大力倡导的"新民说"，不仅深刻影响了包括毛泽东在内的那一代青年人的理想和追求，而且也奠定了他在中国近代启蒙思想史上的独特地位。如果换个角度，将它放到融合中西、西方哲学文化中国化的历史进程中加以考察，就会发现它同样是中西思想文化融合的产物，是一系列西方新思想、新观念的中国化表述。梁启超在解释说明"新民"的那个"新"字时，采用的就是他所推崇的来自西方的新思想、新观念、新道德，即西方的独立、自由、民主、平等、法制等。他把这些西方的新东西（是内容、是实质）与中国传统思想文化中有关个人道德修养、个人主观努力（是方法、是途径）的言论结合起来，企求教育培养出具有新思想、新观念、新道德的"新民"，并把他理想中的"新民"视为民族振兴、国家发展的基础和希望。他特别指出：中国人受旧习的浸染是很深的。而要祛除旧习成为新民，则"不可不以战胜旧习为第一段工夫"。战胜旧习的办法就是中国传统道德修养所倡导的悔过自新，即"《大学》曰：作新民，能去其旧染之污者谓之自新，能去社会旧染之污者谓之新民。若是者，非悔末由。悔也者，进步之原动力也。"这里说的"悔"，就是依靠人的自觉努力去悔过自新。也就是说，要成为"新民"，必须靠个人的主观努力和自我更新。正如他说："新民云者，非新者一人，而新之者又一人也，则在吾民之各自新而已。孟子曰：'子力行之，亦以新子之国。'自新之谓也，新民之谓也"[1]。在这里，中国的旧方法与西方的新思想是结合在一起的，新内容是通过旧方法来实现的，这就是梁启超融合中西、使西方思想中国化的特色所在，同时也是融合中西、努力将西方思想中国化初级阶段的特点所在。

力倡治史新法。中国是一个有治史传统的国家，梁启超又是一个对历史研究情有独钟的人，在学术实践中，他敏锐地发现中国传统的治史方法

---

① 《新民说·论新民为今日中国第一急务》，台北中华书局 1959 年版，1902—1904 年在《新民丛报》上连载。

与近代社会发展不相适应之处。为了解决这个问题，他积极地从西方哲学文化宝库中寻找新的方法和新的工具。

一是西方的实证主义的科学方法。这种实证主义的科学方法是建立在西方近代经验主义自然科学发展基础之上的，它的核心是一切以客观实际为依据，一切均需在客观实际中求得证实。重视逻辑、重视分析、重视经验、重视证据更是实证主义方法的特色所在。梁启超将西方这种实证主义的科学方法接受过来，并将它们和中国传统的讲究训诂考据的乾嘉学派和注重史料研究的浙东学派的研究方法结合起来，提出了一种史学研究的新方法。这种新的方法把人类历史看作一种客观存在，属于科学研究的对象，因此必须应用实证主义的方法来研究它。具体地说，就是研究历史首先必须从真实可靠的史料出发，"忠实于史"。"史料为史之组织细胞，史料不具或不确，则无复史之可言。"① 而真实可靠史料的获得就必须采用实证的方法，即"搜集宜求备，鉴别宜求真"。② 为此，梁启超把忠实于史的"史德"放在史学家必备道德要求之首，认为要做到"忠实于史"，必须"极力铲除"这样几种毛病：一是夸大。如果夸大，就会脱离事实，丧失史料的价值；二是附会。就是把现在的思想附会到古人或古事上去。这种做法，"从事实本身说，失却历史的忠实性"；三是武断。即对片辞孤证，不加审择，主观下结论，不符合历史真相。总而言之，"史家道德，应如鉴空衡平，是甚么，照出来就是甚么，有多重，称出来就有多重，把自己主观意见铲除清尽，把自己性格养成像镜子和天平一样"③。

二是西方的经验归纳法。在梁启超看来，西方科学的发达，主要得益于培根的经验归纳法。"演绎只能推论其所已知之理，而归纳法专以研究其所未知之理，培根氏所以独荷近世文明初祖之名誉者，皆以此也，而数百年来全世界种种学术之进步，亦罔不赖之。"④ 所以，他不仅在《文明初祖二大家之学说》等文章中，向中国人热情介绍培根的经验归纳法，而且把它具体应用于自己的史学研究，并使之中国化，创立了一种新的史学研究方法，从而奠定了中国近代资产阶级新史学的方法论基础。

---

① 《中国历史研究法》，河北教育出版社 2003 年版，第 4 章第 38 页。
② 《中国历史研究法》，河北教育出版社 2003 年版，第 6 章第 110 页。
③ 《中国历史研究法》，河北教育出版社 2003 年版，第 2 章第 131—132 页。
④ 《墨子之伦理学》，《饮冰室合集·专集》第十册。

首先是将经验归纳法类比为中国古代的治学方法。说《系辞》中的"方以类聚，物以群分"是指用分类的方法来研究"共相"；"参伍以变，错综其数"是指用参验比较的方法研究事物的"别相"。所以，孔子"全是用的归纳法"。在《清代学术概论》中，梁启超甚至说清代乾嘉考据学派治学用的方法也是归纳法："清儒之治学，纯用归纳法，纯用科学精神。此法、此精神，用何种程序能表现耶？第一步：必先留心观察事物，觑出某点某点有应特别注意之价值；第二步：既注意于一事项，则凡与此事项同类者或相关系者，皆罗列比较以研究之；第三步：比较研究的结果，立出自己一种意见；第四步：根据此意见，更从正面、侧面、反面博求证据，证据备则渺为定说，遇有力之反证则弃之。凡今世一切科学之成立，皆循此步骤，而清考据家之每立一说，亦必循此步骤也。"① 梁启超这样的类比，无非是为了缩小中西方思想学说的差距，努力将它们融合为一体，使西方的方法中国化，更便于中国应用推广。

接着是将经验归纳法作为他的"新史学"研究的方法论基础，并将其具体化为一种"统计研究法"。也就是主张用"统计学的法则，拿数目字来整理史料，推理史迹"，借助"统计表"对历史进行分门别类的研究，以期从中"发明出极有价值的原则"②。梁启超不仅提出了这套方法，而且亲自将它们应用到中国古代社会结构的研究中去，用实践来证明这种方法的重要和必要。而这套方法实际上就是西方近代自然科学中常用的归纳研究方法的中国化表述、中国化应用。

四　孙中山

孙中山同样主张融合中西方思想学说，并在此基础上创立了中国资产阶级革命理论，指导中国的资产阶级民主革命。孙中山融合中西方思想学说的途径和方法，是由他的特殊生活经历和特殊的思想文化结构决定的。孙中山生于中国最早开放、最早沐浴欧风美雨的广州中山县，青少年时代曾先后在广州、檀香山、香港等地读书，学习掌握到了许多西方的自然科学知识和社会科学知识。正如他在《上李鸿章书》中说的："幼尝游学外洋，于泰西之语言文字，政治礼俗，与夫天算地舆之学，格物化学之理，

① 《中国历史研究法》，河北教育出版社 2003 年版，第 332—333 页。
② 《饮冰室文集》卷六十六，中华书局 1989 年重印。

皆略有所窥，而尤留心于其富国强兵之道，化民成俗之规；至于时局变迁之故，睦邻交际之宜，辄能洞其窍奥。"① 成年后，又多次游历欧洲各国，实际考察西方社会，广泛阅读西方著作。所有这些都为他融合中西思想学说，将西方思想学说中国化打下了基础。对于中国传统思想文化，幼年"村塾"的刻苦学习，以及成长过程中民族传统思想文化的耳濡目染、潜移默化，使得孙中山在国学方面同样造诣深厚，这是他将西方思想学说中国化所不可缺少的条件。

正是由于这样独特的生活阅历和知识文化结构，使得孙中山能够在融合中西思想学说，努力将西方思想学说中国化方面走出新路，采取新的手段方法。他提出"若由学问上致力，则能集合多数人之聪明，以为聪明，不特取法现代，抑且尚友古人"②。便是一段比较有代表性的议论，虽然只有几句话，却包含好几层意思，好几种态度。

所谓"集合多数人之聪明，以为聪明"，是一种理智的态度，是说在学问问题上，不要固执于中西方的划分，只要它是人类智慧的结晶，是聪明者的产物，就都应该加以吸收、利用。这显然是中西方思想学说能够融合、应该融合的前提条件。

所谓"取法现代"，是针对如何学习西方思想学说而言的。这里讲的"现代"包括现代形态的西方思想学说和社会政治经济管理制度等。也就是说，要大胆学习、仿效、借鉴西方一切进步的现代思想学说及政治经济管理制度。

他首先肯定"欧美的物质文明，我们可以完全仿效"。这是说欧美先进的科学技术和机器设备，中国人是可以学到手、做得到的。为此，他根据中国的实际来学习欧美的物质文明，为中国的资本主义发展制定了一个规模宏大的计划——《物质建设（实业计划）》。在这个计划中，他特别强调"我们要学外国，是要迎头赶上去，不要向后跟着他。譬如学科学，迎头赶上去，便可以减少两百多年的光阴，我们到了今日的地位，如果还是睡觉，不去奋斗，不知道恢复国家的地位，从此以后，便要亡国灭种"。③ 孙中山 20 世纪初就提出的这种学习西方"不要跟在后面"，而要

---

① 《孙中山选集》，人民出版社 1956 年版，第 7 页。
② 《军人精神教育》，《中山全书》第 4 集，新民书局 1927 年印行，第 7 页。
③ 《三民主义·民族主义》，《孙中山选集》，人民出版社 1956 年版，第 658 页。

"迎头赶上去"的方法，在 21 世纪初的今天仍然有它的现实价值。这显然是一种科学的学习西方的方法，是从中国实际和中国特点（如地理环境、自然资源、人口数量和质量、经济发展水平等）出发的学习西方的方法，也是一种中国化的学习西方的方法。

他同时也明确指出西方的有些东西（如科学技术等）是可以学习仿效的，而有些东西（如社会管理制度等）则只能"借鉴"、"参考"，不能完全照搬过来。对其原因，孙中山从三个方面作了分析：一是欧美管理人的社会政治制度与物的管理不一样；二是欧美的社会管理制度并不完美、有缺陷；三是欧美的风土人情与中国的风土人情不同。在他看来，"欧美有欧美的社会，我们有我们的社会，彼此的风土人情，各不相同"。"中国的社会既然是和欧美的不同，所以管理社会的政治，自然也是和欧美不同，不能完全仿效欧美，照样去做，像仿效欧美的机器一样。欧美的机器，我们只要是学到了，随时随地都可以使用，譬如电灯，无论在中国的什么房屋，都可以装设，都可以使用，至于欧美的风土人情和中国不同的地方，是很多的，如果不管中国自己的风土人情是怎样，便像学外国的机器一样，把外国管理社会的政治，硬搬进来，那便是大错。所以管理物的方法，可以学欧美，管理人的方法，还不能完全学欧美。"①

所谓"尚友古人"，是针对国学而言的，是一种如何学习、继承自己的民族传统思想文化的态度和方法。这其中有这样几层意思：一是古人必须学习、继承。因为中国历史悠久，历史上有许多东西确实值得继承，如曾经走在世界"各国之先"的指南针、火药、造纸、印刷术等四大发明，以及陶瓷、丝绸、茶方面的知识和技术；二是古人的思想学术也有缺陷，有需要改进的东西，如死读硬背、脱离实际等。在他看来，中国古人求知识、求进步的方法，开始是专靠实行。到了后来，不是"好读书不求甚解"，就是"述而不作""坐而论道"，把古人言行的文字，死读死记，另外解释一次，或把古人的解释，再来解释一次，你一次解释过去，我一次解释过来，好像炒冷饭一样，怎么能够有进步呢？秦汉以来的中国人，既不重视"行"，也不重视"知"，从而不去求"知"，"这种思想便误了中国"，这是几百年来中国比欧美落后的一个重要原因。所以他在主张政治革命的同时，"学问也主张要革命"；三是学习、继承古人必须有正确的

---

① 《三民主义·民权主义》，《孙中山选集》人民出版社 1956 年版，第 728—729 页。

方法。由于万物殊类，古今异同，所以学习古人要"用古人"、"役古人"，而不能"泥古"，成为古人的奴隶，被古人所束缚。正如他说的："如能用古人，而不为古人所惑，能役古人，而不为古人所奴，则载籍皆似为我调查，而使古人为我书记，多多益善矣。"①

　　正是立足于对中西方思想学说的这样一种正确认识，所以孙中山在融合中西、努力将西方思想学说中国化方面有所贡献，有所创造。在这方面，他常常采用的方法就是借用中国传统思想学说的名词、概念，在具体的解释发挥中注入西方的新思想、新学说，从而使传统的东西满足新的现实需要。例如他在《军人精神教育》中讲解"智"、"仁"、"勇"三种道德时，就去掉了传统《大学》、《中庸》中"智"、"仁"、"勇"概念所反映的封建内容，而代之以民主革命运动中革命的新军人所必须具备的新的"智"、"仁""勇"。这就是孙中山将西方的民主、科学思想中国化的独特路径。

第二节　西方哲学中国化探索的继续推进

　　如果说严复、康有为、梁启超、孙中山等人融合中西方思想学说，努力将西方哲学文化中国化的探索，乃是20世纪西方哲学中国化潮流发展的早期阶段，那么，"五四"前后胡适、李大钊、陈独秀、梁漱溟等人，则在各自不同的立场上做了许多将西方哲学中国化继续向前推进的工作。

一　胡适和西方实用主义哲学的中国化

　　胡适在"五四"前后，就通过《实验主义》、《多研究些问题，少谈些主义》、《杜威先生与中国》、《五十年来之世界哲学》、《新思潮的意义》等一系列文章，对来自西方的实用主义（又称实验主义）哲学进行了中国化的解释发挥。所谓中国化的解释发挥，就是根据中国社会当时的实际需要，重点宣传实用主义哲学中能够满足这种需要的观点和方法，从而使实用主义哲学在中国大受欢迎，影响范围曾一度超过马克思主义哲学，成为中国人进行反封建斗争的有力思想武器。胡适对实用主义所做的中国化解释和发挥，主要表现如下：

---

　　① 冯契：《中国近代哲学史》（上册），上海人民出版社1989年版，第505—506页。

胡适针对中国传统的封建思想文化及伦理道德观念长期对中国人思想的束缚所造成的迷信和盲从，强调实用主义的精髓就在于它的"求实证重效应"的方法论。胡适没有去详细介绍实用主义的那些抽象原理和复杂概念，而是突出它的方法论内容。他说："杜威始终只认实验主义是一种方法论"。"实验主义要把种种全称名词一个一个地'兑现'做人生经验，再看这些名词究竟有无意义。这便是实验主义的根本方法。"① 在这同时，胡适还进一步把实用主义的方法论具体化为"历史的方法"和"实验的方法"。所谓"历史的方法"，就是把任何一种制度和学说放到历史的因果链条中去加以评判的方法；所谓"实验主义的方法"，就是从具体的事实和具体的环境入手，把一切知识、一切学说看作有待证实的假设去加以"实验"的方法。"实验是真理的唯一试金石"。在胡适看来，运用实用主义的这些方法，就可以对一切事物做出最公正、最严厉的批判，就能把中国人从"古人的奴隶"中解放出来。为此，胡适说："若能都注意于推行他（杜威）所提倡的这两种方法，使历史的观念与实验的态度变成思想界的风气和习惯，那时候，这种哲学的影响之大，恐怕我们最大胆的想象力也还推测不完呢。"②

胡适还针对中国传统思维方式的明显缺陷（如把封建的纲常礼教视为"天经地义"以及思维内容和方式不求精确而造成的直观、笼统、含糊等），重点说明：实用主义是一种批判精神和科学怀疑的方法。并且依据实用主义的效果论，批评中国人一贯的万事不认真的"差不多"的落后思维方式，反复倡导"拿证据来"的证据主义和疑古精神，从而有力地推动了中国人思维方式的革命和中国学术界治学方法的推陈出新。正如有的研究者指出的：来自西方的实用主义哲学，在经过胡适的"中国化"的解释发挥之后，成为适合中国反封建斗争需要的哲学，这也是它在20世纪20年代在中国风行一时的主要原因。③

二　李大钊、陈独秀、梁漱溟和西方柏格森哲学的中国化

李大钊、陈独秀，也同样从中国反封建斗争的实际需要出发，对来自

---

① 《五十年来之世界哲学》，《胡适文存》卷2，亚东图书馆1924年版。
② 《胡适散文》第2集，广播电视出版社1992年版，第233页。
③ 《现代中国哲学之回顾与前瞻》，华中理工大学出版社1996年版，第253页。

西方的柏格森的生命哲学做了"中国化"的解释和发挥。他们根据当时中国社会变革的实际需要，选择生命哲学中"创造进化论"的积极内容，加以充分的宣传和发挥，使之成为反封建斗争的有效武器。而对柏格森哲学中贬低科学、抑制理性、崇尚直觉的神秘主义内容则放弃不用。这种从中国实际需要出发，有取有舍，有针对性的介绍、发挥西方哲学，是当时有识之士努力将西方哲学中国化的一个重要手段。

李大钊在成为一个马克思主义者之前，是一个坚定的革命民主主义者。他从当时中国社会反封建斗争的实际需要出发，从柏格森哲学中选择了意识生命之流说、进化发展观、奋斗进取观等具有积极意义的内容，进行创造性的宣传和发挥。例如在柏格森哲学中，意识绵延是时间的本质。人类意识只不过是相互渗透交融、永不断绝的生命之流。李大钊将这一观点接受过来，作了创造性的发挥，提出了一种富有进取精神的"今"的哲学。所谓"今"的哲学，就是把宇宙生命视为一个"无时无刻不在向前发展创造"的过程，而个体生命存在只是一个个承前启后的过渡站，目的在使生命力得以延续相传。正因为如此，"今是生活、今是动力、今是行为、今是创造"。人类个体正是通过"今"的行动，将无限的"过去"和无限的"未来"联系起来，"以成其永远，以成其无始无终的大实在"。因此，"今"是最宝贵的，也最容易丧失，我们应该牢牢把握住"今"，"尽其承受古人，启发来者的责任"。① 在柏格森哲学中，意识的绵延犹如不停滚动的雪球。李大钊借用这一观点来抨击中国社会中存在的倒退、循环的历史观和消极、颓废的人生观，倡导一种"奋斗鼓舞"、"乐天努力"的历史观和人生观。这就像李大钊在这个时期的文章中所反复强调的："古虽好，也含于今之内。人的生活，是不断的生命。由古而今，是一线串联的一个大生命"。因此，所谓"今不如古"是毫无根据的。我们无须发思古之幽情，不要说"世道日衰""人心不古"的丧气话，而应对现在及将来抱乐观的希望。在柏格森哲学中，变化、冲动、生命、自我等概念蕴涵着奋斗、进取的积极精神，李大钊在吸收、融合它们的基础上，提出了一种适合中国需要的"青春"宇宙观和"奋斗"人生观。即如李大钊所说，"大实在的瀑流永远由无始的实在向无终的实在奔流，吾人的'我'，吾人的生命，也永远合所有生活上的潮流，随着大实

---

① 《李大钊文集》（上），人民出版社 1984 年版，第 532—533 页。

在的奔流，以为扩大，以为进转，以为发展。故实在即动力，生命即流转"①。正是以柏格森这种流变的生命哲学为根据，李大钊号召中国人，特别是中国的青年，面对国家和个人的困境，不要沮丧消沉，而要"与境遇奋斗，与时代奋斗，与经验奋斗"。"青年之字典，无'困难'之字，青年之口头，无'障碍'之语；惟知跃进，惟知本其自由之精神，奇僻之思想，敏锐之直觉，活泼泼之生命，以创造环境，征服历史"。② 总而言之，经过李大钊创造性的解释和发挥，柏格森哲学已不是原来的面貌。也就是说，通过李大钊对生命哲学进取性的颂扬和生命实现过程中对困难的藐视，柏格森哲学成为一种适合中国需要，具有振奋人心，促进人们积极行动起来的进步哲学，而这正是当时中国社会最需要的。原来作为 18 世纪理性主义启蒙运动的对立面而出现的柏格森哲学，其本身并不具有反封建的性质。但经过中国人的创造性解释和发挥，却成了中国人反封建斗争的思想武器，这显然是外来哲学"中国化"的结果。

陈独秀在他那篇被称之为"五四"新文化运动开场篇的《敬告青年》一文中，利用柏格森哲学中"创造进化论"所推崇的宇宙"恒变"原则，激励中国青年放弃保守的传统思想观念，不要安于落后、黑暗的现状，而要奋起打破现状，积极进取，开拓创新，才能避免被淘汰的厄运，实现民族和个人的自强自立。文章写道："不进则退，中国之恒言也。自宇宙之根本大法言之，森罗万象，无日不在演进之途，万无保守现状之理；特以俗见拘牵，谓有二境，此法兰西当代大哲柏格森之'创造进化论'所以风靡一世也。"③ 在这里，柏格森哲学显然是一种与保守和落后对立的进步学说，具有催人奋发上进的积极意义。这样的介绍和解释发挥虽然带有明显的功利主义或实用主义色彩（即以救亡图存为目的，汲取西方哲学的部分内容为我所用），但在当时仍不失为探索西方哲学中国化的一种途径。因为为我所用的"拿来主义"，本是"中国化"的多种含义之一，即根据我的需要去汲取外来思想学说的内容，并根据我的需要加以创造性的解释和发挥，使之成为我的东西，指导我的行动。这里说的"我"是一个"大我"，即中国，中国的实际需要，中国的国情与国务。

① 《李大钊文集》（上），人民出版社 1984 年版，第 534 页。
② 同上书，第 178 页。
③ 《青年杂志》一卷一号（1915 年 9 月 15 日）。

　　梁漱溟也同样努力做西方哲学中国化的工作。他的基本思路是从西方哲学中寻找可利用的思想材料，结果发现柏格森的生命哲学是可以利用的东西，于是就把它吸收过来，使它成为自己创立"新孔学"的重要思想资源和重要构成部分，这就是所谓的"援生命哲学入儒"，即用西方柏格森的生命哲学来诠释孔子儒学。例如，梁漱溟用柏格森关于生命本体和生命创造的理论来重新解释和发挥儒家的"万物化生"的变易思想，认为"宇宙的本体不是固定的静体，是'生命'，是'绵延'。宇宙是一个大生命，从生物的进化史，直到人类社会的进化史，一脉下来，都是这个大生命无穷无尽的创造"。[①] 从这里出发，梁漱溟认定既然宇宙生命是一种不断的创造和进化，那么，宇宙间就没有什么永远不变的"天理"（即传统的道德教条），个体生命的存在和活动，应该是一任直觉的随感而应，不必受到僵死教条的限制和束缚，这些才是孔子人生哲学的真正含义。经过这样的重新诠释，孔子的人生哲学就不是原来的内容了，而是成为一种"生命化"了的新东西，一种除去了历史的污垢、融进了西方哲学的内容、适合于现代人口味和需要的新孔学。梁漱溟还依据西方哲学的直觉主义和生机主义，重新塑造孔子的形象，认为孔子的处世原则应该是不分人我界限，不讲权利义务，所谓孝弟礼让之训，处处尚情而无我。[②] 在对"尚情无我"的具体解释中，他既保留了中国传统哲学的基本概念范畴（如"仁道""天理"），又引用了西方哲学的本能说、直觉说、情感说，提出一任直觉是"存天理"的最好方法，孔子的"仁"就是本能、情感、直觉，求"仁"也就是求得情感上的安慰、心灵上的宁静。

　　在梁漱溟的哲学中，我们既可以看到中国传统哲学的基本概念范畴（如"仁道""天理"等）和基本原则思路（如生生不息、大化流行的变易观、注重事物有机联系的发展观等），同时也能发现在对这些传统东西的具体解释发挥中所包含的西方哲学的内容，如柏格森的生命哲学和叔本华的唯意志论等。将西方哲学引进中国哲学，用西方哲学来解释中国哲学，使其成为中国哲学的内容，这是"五四"前后许多学者努力将西方哲学中国化的主要路径。这样做在很大程度上促进了中国哲学的关注点（从伦理、政治向主体及主客体关系）、思维路径（由伦理观到本体论）、

[①]　梁漱溟：《东西文化及其哲学》，商务印书馆 1987 年影印本，第 48—49 页。

[②]　同上书，第 152 页。

研究方法（由注经式到归纳与演绎的结合）由传统向现代的转换，纠正了中国传统哲学的偏颇和不足，使得近现代哲学中的某些重大问题，如研究主体和客体关系问题的认识论、研究思维和存在关系问题的本体论等，在中国哲学研究中得到了空前的重视。西方哲学中国化的结果，推动了中国哲学的现代化，这是中国哲学发展史上不可抹杀的历史功绩。

第三节　西方哲学中国化探索的理论收获期

"五四"前后胡适、李大钊、陈独秀、梁漱溟等人将西方哲学中国化的各种努力，基本上仍处在探索阶段。但到了 20 世纪 30—40 年代，西方哲学中国化的探索则进入了一个比较成熟的理论收获期。这个时期的中国文化精英们对"全盘西化论"和"国粹论"的偏失有了比较理性的认识，因而也就更加自觉地、积极地以自己对中西方哲学文化特有的深厚功底为基础，察异观同，重新评价传统，主动吸收西学，综合熔铸，努力将西方哲学中国化，产生了一批有分量的理论成果，这就标志着西方哲学中国化的探索进入了理论收获期。这个时期的冯友兰、熊十力、贺麟、金岳霖等人所做的融合中西、努力将西方哲学文化中国化的工作，比起他们的前辈来有许多的不同。首先，他们几乎都是纯粹的学者教授，基本都是从学术的角度来进行中西哲学比较，并在此基础上努力将西方哲学中国化；其二，他们对西学的了解和掌握，无论在广度还是在深度上，都达到了一个新的层次；其三，他们更注意民族传统思想文化本身的发掘和改造利用，更重视民族传统精华的弘扬和发挥。

一　冯友兰

冯友兰在融合中西方哲学、努力将西方哲学中国化方面的贡献，在今天的学术界，其公认度无疑是比较高的。对于冯友兰的做法，最典型的说法是"旧瓶装新酒"。这在过去一个相当长的时期内，似乎是个贬义词，对它的作用和贡献评价极低。而改革开放以来，人们在纠正过去某些过"左"的做法的同时，有的人又偏向了另一个极端，将它的作用和贡献夸大到了脱离实际的程度，似乎只有这样的哲学才是真正的中国哲学，代表着中国哲学的最高水平。由此可见，准确地评价一个历史人物或一种哲学体系并不是那么容易的，常常会受到各种主客观因素的制约和影响。如果从融合中西方哲学、努力将西方哲学中国化的角度来评价冯友兰的贡献，并将他的做法和同时代的同类探索放在一起，作一番比较分析，就会发现它们的共性和各自的特色。共性的东西主要表现为取西学之长补中学之短，将西学融入中学之中，目的在改造、提升中国传统哲学，使其脱去传统外衣，获得现代内容，进入一个新的发展阶段。不同的、具有个性特色的是各自的着眼点和具体的途径、手段、方法等。

冯友兰的着眼点是哲学的基本概念和范畴，因为在他看来这是构成哲学的基本元素，哲学正是通过一系列具有内在逻辑联系的概念、范畴来建构其体系，表现其特色的。正是从这里出发，冯友兰开始他的中西方哲学比较、融合，实现西方哲学的中国化。对于西方哲学，冯友兰认为它的最显著的特点就是概念、范畴的高度清晰、明白准确，而这一特点的形成完全得益于西方哲学所惯用的逻辑分析方法，"逻辑分析方法就是西方哲学家（点石成金）的手指头"；对于中国哲学，冯友兰同样是从概念、范畴入手，分析指出它们的特点正在于歧义性和不确定性，并且说明这些特点和中国古代哲学家偏重于直觉而不尚逻辑分析有密切联系。中国人向西方学习"要的是手指头（方法），不是西方哲学的现成的结论。西方哲学对中国哲学的永久性贡献，是逻辑分析方法"①。在对西学和中学各自的长短有比较清醒的认识和把握的基础上，冯友兰采取了"取长补短"的方法来融合中西方哲学。所谓"取长补短"，就是运用西方哲学的逻辑分析方法，来对中国哲学的传统概念和范畴做一番新的制作。这番新的制作是从两方面进行的：一是运用逻辑分析方法，对中国传统哲学的基本概念——理气、道体、有无等，重新进行含义准确的界定和解释，使其像西方哲学概念那样高度清晰、明白；二是按照中国传统哲学基本概念范畴的内在逻辑联系，重新编排它们的逻辑顺序，使其在逻辑性方面得到现代化的提升。经过这番重新制作，西方哲学所特有的精确的分析、明晰的思辨、严密的逻辑被融入到中国传统哲学中，成为中国哲学的一部分，这就是西方哲学中国化的具体体现。

在冯友兰看来，西方哲学有擅长逻辑分析的长处，但也有明显缺陷，这就它忽略了哲学本该有的使人"安身立命"的大道理，不讲如何去提高人的精神境界和如何去塑造完美的人格，从而"使人作为人能成为

---

① 《中国哲学史》，北京大学出版社 1985 年版，第 394 页。

人"。西方哲学所忽略的东西，正是中国传统哲学之所长，因为中国传统哲学从出发点和最终目的上看，是一种关于"人"的哲学，即怎样去提高人的精神境界、完善人的品格的道德哲学，是人类理想的"安身立命"的精神家园。中国传统哲学的这一特长，正好可以弥补西方哲学的不足。所以，冯友兰对中国传统哲学的长处，不仅毫不动摇地坚持，而且把它作为创立新的哲学理论的基本前提，立足这个理论平台来实现中西方哲学的融合，实现西方哲学的中国化。

在中西方哲学融合、互补的过程中，用西方哲学的方法和观点来弥补和改造中国传统哲学，似乎是冯友兰关注的重点，也是他的特色所在。他不仅从西方哲学中取来了逻辑分析方法，而且还借来了新实在论的观点。例如，西方新实在论者认为具体事物和抽象概念都是独立存在的，冯友兰把这一观点和中国程朱理学关于理与具体事物的解释联系起来，认为它们有相通之处，可以用新实在论的这一观点来改造中国的程朱理学。冯友兰的改造主要表现在两方面：一是强调既要严格区分逻辑的存在和事实的存在，同时更要划清形而上与形而下这两个世界的界限，认为"一类事物，皆依照一理，事物对于理，可依照之，而不能有之。理对于事物，可规定之而不能在之"[1]；二是用新实在论的多元的宇宙观（即世界不是一个有机的整体，而是多元的集合，每一个共相都是各自独立存在的）来重新解释中国传统哲学中的"太极"概念，把朱熹的原本是"一"的"太极"重新规定为"多"，认为它是"众理之全"、"众极之全"。对于冯友兰的改造，有人说他是割裂了普遍与特殊、本质与现象，在个别与一般、感性与理性之间划了一道鸿沟，使中国哲学有了西方哲学思维的特征。这似乎就不是西方哲学中国化，而是中国哲学西方化了。其实，如果从中西方哲学融合的角度看，这只是一个问题的不同表述。因为"融合"实质上是一种"互化"，区别仅在于你是从哪方面看，你需要的是什么，你侧重的是什么。就冯友兰而言，他需要的是西方哲学中他所认为的科学观点和方法，吸收过来应用中国哲学的重新解释，是为了使中国传统哲学的根本缺陷得到有效的弥补，使中国哲学在整体上得到提升。他的最终目的是要让西方哲学的科学观点和方法融入中国哲学之中，成为中国哲学的一部分，即西方哲学的中国化。而在一切是通过冯友兰创立的"新理学"体

---

① 《新理学》第 58 页，《三松堂全集》第 4 卷，河南人民出版社 1986 年版。

系来完成的，"新理学"在融合中西哲学、努力将西方哲学中国化的潮流中树立起了自己的旗帜，作出了自己的贡献，同时也奠定了自己的历史地位。

二　熊十力

熊十力融合中西方哲学、努力将西方哲学中国化的途径和方法很有自己的个性。他的理论著作由于文字比较深奥、晦涩，很多人对他的理论学说，只能是"高山仰止"，深入其中者总是少数，这大概也是他的理论学说在很长时期内难以成为"显学"的原因之一。只是到了 20 世纪末，一部分热心寻找"新儒家"的学者，重新把注意力集中到了他的理论著作上，将他称之为"新儒家"，并给以极高的评价。而从融合中西哲学、努力将西方哲学中国化的角度来评价他的贡献的人，多半肯定他的着力点是在中国传统哲学本身中具有永恒价值的内容的挖掘和发挥，并以此为前提和基础来吸收和消化西方哲学，让它们为中国哲学的发展服务，成为中国哲学的一部分。可以这样说，他对西学的态度和所采取的方法手段基本上是传统式的，就像中国历史上本土思想文化对待外来的佛学那样。

熊十力认为："中西之学，当互济而不可偏废。中西文化，宜互相融合。中西学术，合之两美，离之两伤。"我们既要采借"西方之真"，同时又不能舍弃"固有之长"。[①] 正是从这样的中西哲学文化观出发，熊十力主张立足传统哲学来吸收、消化西方哲学，并且在此基础上创立了自己的"新唯识论"。熊先生的具体路径一是对传统哲学的坚守，二是对西方哲学的有选择的吸收、消化，这两方面的有机结合很好地体现在他的理论著述中。所谓对传统哲学的坚守，是说在面对西方近现代哲学如潮水般涌来，而中国传统哲学如弃履一般被许多人抛弃时，始终坚持认为中国传统哲学有不可完全否认的价值，包含着很多具有永恒生命力的内容，如"六合之外，圣人存而不论"的理性精神，"讷于言而敏于行"的实践品格，"天地之大德曰生""生生之谓《易》"的生存智慧，"天行健，君子以自强不息"的积极入世态度，以及悠远无疆的历史意识、悲天悯人的道德情怀、天下一家的社会理想等，这一切都使中国传统哲学具有鲜明的

---

① 《读经示要》，卷一，第 34 页；卷二，第 15 页；上海中正书局 1949 年版；《十力语要初续》，台北乐天出版社 1971 年翻印本，第 42 页。

实践智慧特征和丰富的人文道德关怀。这是它永远屹立于世界哲学之林的资本，是国人坚守它的理由和根据。熊十力把这些视为中国传统哲学中的"精意"，认为它们在中国哲学的现代化建设中永远要占据主导地位，永远不会过时、不可抛弃，并且努力通过自己的"生命体验"去探究和发挥这些占据主导地位、具有永恒价值的东西。他的探究和发挥是从宇宙本体意识、主体的认识功能以及本体与现象的关系等方面入手的，并在此基础上构建了自己的哲学体系，使中国传统哲学有了一种新的表述、新的形态；所谓对西学的有选择地吸收和消化，是说他对中国传统哲学中具有永恒价值内容的探究和发挥，是通过或借助于有选择地吸收和消化西学来完成的。因为在他看来，西方哲学并非完美无缺，其有所长，也有所短，我们应该取以知识为本位的理智、思辨之长，让它和以道德为本位的"直觉体悟"型的中国传统哲学实现"圆融无碍"，从而推进中国哲学的变革发展。例如他吸收了西方柏格森哲学中关于宇宙是一个永不停歇的变化之流的思想，但却不赞成其把宇宙过程和人的行为本质归结为生命的盲目冲动；他看到了西方哲学重理智而中国哲学重道德的巨大差异，但却并不认为理智与道德是根本对立的，而是设想"如使两方互相了解，而以涵养性智（指中学），立天下之大本，则量智（指西学）皆成性智的妙用"[1]。也正像他所说明确指出的那样："今日言哲学，宜向西洋理智、思辨路数，多用功夫。然后荡之以佛老，严之以宋明儒，要归于乾元行健，富有日新，扩充无己之盛。"[2] 他自己的一系列理论实践，正是沿着这个路数前进的，一方面不忘记本民族传统哲学的主导地位；另一方面积极吸收融入西方哲学之精华，从而表现出立足于传统来融会西学的个性特征。

三　贺麟和西方新黑格尔主义哲学的中国化

贺麟将西方哲学中国化的努力和理论收获是"儒化西学"口号的提出和"新心学"的问世。所谓"儒化西学"的口号，实际上不过是西方哲学中国化的另一种提法。贺麟在对这个口号的解释说明中明确提出：要在深入研究中国传统哲学的基础上，积极而有分析地吸收西方哲学的思想成果，通过两者的比较参照，使中西方哲学融会贯通。对于中国传统哲

---

① 《新唯识论》，中华书局 1985 年版，第 678 页。

② 《十力语要》，1947 年湖北"十力丛书"印本，卷四，第 75 页。

学，他主张从同情的立场出发，分析其发展的长处，揭示并汲取其发展中的失误教训；对于西方哲学，他主张虚心以理会之、切己以体察之，努力将其正宗的根本精神，用自己的语言，解释给中国读者，使中国人能够理解、接受。在具体方法上，主要是将西方哲学中某些与中国传统哲学——陆王心学相似或接近的内容接受过来，融入中国传统的陆王心学中，并加上自己的引申和发挥，创立了一种新学说——"新心学"。

例如西方新黑格尔主义把心视为"绝对实在"，这与中国陆王心学的"吾心即宇宙"的思想相似，贺麟就把这两者融合在一起，提出了"心为物之体，物为心之用"的哲学本体论，并展开系统论证。但也有的研究者指出：贺麟是深入到中西方哲学的内部，即内在的发展逻辑中去探索差异的。如他认为，从周敦颐到朱熹，从康德到黑格尔，是中外绝对唯心论发展的两个典型阶段。"太极"（或译为"绝对"）是古今中外客观唯心论哲学家的最基本范畴，有的哲学家强调"太极"是心，有的则强调"太极"是理。而朱熹和黑格尔却都强调"心与理一"，都认为要达到心与理一的最高境界，非要经过千辛万苦、长途跋涉、辩证发展的过程才能完成。朱熹的"太极"是"涵养须用敬"所得来的一种内心境界，而黑格尔则认为整个历史是绝对精神或太极的次第表现；朱熹的太极如风光霁月，悠然自得，而黑格尔的太极如洪水猛兽，推崇斗争。①

贺麟提出著名的"儒化西学"的口号，目的是想通过"儒化西学"来实现儒家哲学的现代化。在他看来：儒学是诗教、礼教、理学三者的和谐体。因此，吸收西方文化也要有针对性，要以西洋哲学来发展儒家的理学，以西洋基督教之精华充实儒家的礼教，以西洋艺术发扬儒家之诗教。也就是通过吸收、消化西方哲学，给中国传统哲学注入新鲜血液。只有这样才能更好地挖掘中国传统哲学的内在价值，激发出新的生命力，以适应现代社会生活的需要。

四　金岳霖和西方科学哲学的中国化

金岳霖在将西方的科学哲学中国化方面的贡献，集中反映在他创立了"知识论"这样一个中国化的科学哲学体系。他的主要手段一是借助中国传统哲学中的"道""无极""太极"等基本范畴，来阐发包含西方逻辑

---

① 参见《中国哲学年鉴》（1994），第343页。

分析方法和实证主义原理的科学哲学思想，使它们融入中国传统哲学范畴。例如他提出：独立自存的世界就是"道"自身结构的展开和自身演化的过程。世界由本体界、现实界、存在界这三个层次构成。包括这三个层次在内的宇宙演化总过程是"无极而太极"，"无极"和"太极"是"道"的逻辑起点和逻辑终点，"而"则是过程本身。整个的现实历程就在这"而"字上。"无极是道，太极是道，无极而太极也是道；宇宙是道，天地日月山水土木也莫不是道"；二是采用中国传统的运思模式。例如他把西方的逻辑主义和经验主义结合起来，这样也就有意无意地加入了中国传统的"和合中庸"的运思模式。他把本体论的最高范畴"太极"理解为"综合是绝对的目标"、"至真、至美、至如、至善"，这本身就超出了新实在论对存在的纯逻辑结构，而在内容和实质上融入了中国传统哲学概念，从而建立起一个具有中国特色的科学哲学体系。正如有的学者指出的：金岳霖的"知识论"标志着当时欧美科学哲学中国化的完成。①

在 20 世纪 30—40 年代融合中西方哲学、努力将西方哲学中国化的大潮中，除了冯友兰、熊十力、贺麟、金岳霖这批学者型的主力队员备受研究者的青睐外，还有一部分人的理论活动也开始进入研究者的视线，他们就是以戴季陶、陈立夫、蒋介石为代表的国民党官方哲学——民生哲学、唯生论、力行哲学等。这些官方哲学的社会历史作用，已被历史实践所检验，这里不必细说。但如果撇开政治因素，从学术的角度来考察它们，也可以把它们视为 20 世纪 30—40 年代出现的融合中西方哲学、努力将西方哲学中国化这一哲学主潮流的一部分，代表着一种探索、一条路径，尽管这种探索走进了死胡同。

戴季陶的"民生哲学"，在一定意义上可以将其看作西方唯意志论哲学的"中国版"（即中国化）。戴季陶将西方唯意志论哲学中的"求生"观念融进他的"民生哲学"之中，并在此基础上创造出了一个中国化的唯意志论哲学。这种中国化的唯意志论哲学把人类的求生意志或欲望当作宇宙的本体、历史的重心，认为"生存是人类原始的目的，同时也是人类终结的目的。在生存的进行中，逢着一种障碍的时候，求生的冲动，便明明显显地引导着人发生一种生存的欲望"。"人的欲望，最大的就是饮食，男女。一切人类的行为，都是由这种

---

① 楼宇烈等：《中外哲学交流史》，湖南教育出版社 1998 年版，第 521—525 页。

欲望扩张出来的。"① 在这同时，戴季陶还尽力使自己的哲学思想更多一些中国根据、中国色彩，例如他硬是说两千多年前的孔子就已经"组织了一个民生的哲学"，自己不过是中国这一正统思想的继承者、信奉者。

陈立夫的"唯生论"和蒋介石的"力行哲学"，从根本上看，则是西方唯意志论、生命哲学与中国古代唯心论哲学融合的产物，是西方唯意志论和生命哲学的中国化表述。陈立夫的"唯生论"哲学，以取自西方生命哲学中的"宇宙的本质即生命"的观念为核心，展开系统的、中国化的论证和发挥。"唯生论"认为："宇宙一切皆由有生命的元子构成的，所以宇宙一切皆有生命，一切现象，都是生命的表征，都是万物求生活的结果。宇宙的本质，就是这个滔滔滚滚奔进不息的伟大的生命长流。"② 这样的议论很显然是西方古老的"物活论"和近代"生命哲学"的中国化转述。在这同时，"唯生论"又从中国传统哲学中继承了"诚"这个精神性的伦理概念，将它视为"生命的动力"，并且从本体论的高度宣布"不诚无物"，从而使精神性的"诚"成为宇宙万物的本源。③ 这样的中国化无疑是走进了唯心论的死胡同。蒋介石的"力行哲学"，同样是将西方唯意志论哲学中"行动论"和"本能观"拿来，融入中国传统的倡导"知行合一"的陆王心学中，鼓吹"行的哲学为唯一的人生哲学。'行'为'性'之表，与生俱来，人之生也为行而生，我们主要为'生'而行。行的原动力就是'诚'"。④ 在这里，中国哲学的古老概念与西方的唯意志论、生命哲学的内容，同样是被人为地拼凑在了一起。这虽然也是一种将西方哲学中国化的努力和尝试，但它实际的社会影响和作用却很有限。这也是这些哲学思想虽然有政权的依托，但却难以征服人心、获得大量信奉者的原因之一。

如果我们从另外一个角度看，国民党不同时期的官方哲学在融合中西、将西方哲学中国化方面有一个共同的特点，这就是对西方哲学的融合是以曲解为前提的，是以服从和服务于中国传统经典、概念的主观理解和发挥为准则的。人们早就注意到，在"民生哲学""唯生论""力行哲

---

① 《国民革命与中国国民党》导言，广州平社 1927 年出版；《〈青年之路〉序》，上海民智书局 1928 年出版。

② 《唯生论的宇宙观》，《新生活》第 2 卷第 23 期合刊，1933 年。

③ 《生命的动力——诚》，《京沪杭甬铁路日刊》1934 年 12 月 4、5 日。

④ 《行的道理》，《力行哲学》，重庆正中书局 1940 年出版。

学"中，传统色彩是非常浓厚的，中国传统哲学经典中的概念、范畴的解释发挥占据了主导地位。然而，这些占据主导地位的东西却不是传统的精华，而是落后、愚昧的东西，如倡导用所谓的先天的良知来排斥一切科学的求知等。在"民生哲学""唯生论""力行哲学"中，有些取自西方的科学名词和科学知识，但常常是被主观曲解了的，甚至被用来作为中国传统经典概念、范畴的注释，就像艾思奇当年所尖锐批评的那样，它们"不是用新的扬弃旧的，而是使新的屈服于旧的墓穴之内"，表现出一种"由近代钻回到旧的坟墓中去的企图"①。这样的做法虽然也可以说是中国化的一种形式，但其科学性则微乎其微，这已经被历史实践所证实，其经验教训在中国的西方思想学说中国化的历史上是值得记取的，这也是本书要评介它们的意义所在。

第四节　西方哲学中国化与马克思主义哲学中国化的比较

从时间和空间的角度看，马克思主义哲学中国化是在 20 世纪上半叶西方哲学中国化这一时代大背景下发生的，是这一时代潮流的一部分，是这一时代潮流发展的继续，同时又是一种超越，一种具有新内容和新形式的新探索。马克思主义哲学中国化与西方哲学中国化，从概念的外延看，后者包括前者，因为马克思主义哲学也属于西方哲学，是西方哲学发展一定阶段的产物，代表着西方哲学发展的最高水平。但从马克思主义哲学中国化与西方哲学中国化这两种中国化的具体路径、方法以及实际内容和实际的社会作用来看，二者又有区别。在这里，我们可以从宏观和微观的结合上，探讨马克思主义哲学中国化与西方哲学中国化的共同处与不同点，总结西方哲学中国化给马克思主义哲学中国化所提供的各种有益的启示。

一　共同处

马克思主义哲学中国化与同时代西方哲学中国化的各种探索实践相比，有共同之处，这主要表现为：

从总体上或从大的发展方向上看，马克思主义哲学中国化与西方哲学

---

① 《艾思奇文集》第 1 卷，人民出版社 1981 年版，第 568 页。

中国化都属于 20 世纪上半叶中国出现的中西方哲学会通、融合这一时代主潮流。两者都主张学习、吸纳西方哲学（包括古典的和近现代的）的优点或长处（主要是观点和方法），都强调并着眼于中西方哲学的融会贯通，都与中国传统哲学、特别是儒家哲学有密切联系。也就是说，两者有着共同的思想文化背景、共同的立足根基，反映着共同的时代要求。

首先是有共同的思想文化背景。这就是说，马克思主义哲学中国化也好，西方哲学中国化也好，都没有忽略客观存在的、影响巨大的中国传统哲学文化，都是依托于民族传统哲学文化，在这一大的思想文化背景下进行理论创造活动的。中国传统哲学文化的核心或代表是儒家哲学，因此在这个意义上说，"儒化"与"中国化"是一致的。

其二是在途径和方法上，两者带有共性的做法是：都是从本民族社会发展的客观需要出发，结合本民族传统哲学文化的特点，有选择地吸收西方哲学的精华，将其与本民族的传统哲学文化融会贯通，在此基础上创造出具有中国特色的哲学理论体系。

其三是在具体内容上，两者都包含着"化"者的主观立场、主观需要、主观理解，以及主观能动性的发挥，这样也就使中国化的内容和形式呈现个性色彩，形成多样性、复杂性。这种情况在人类思想文化交流发展史上是很正常的，对于思想文化的交流发展也是必要的、不可缺少的。因为在把任何一种外来思想文化本土化的过程中，具体操作者通常是从实用的角度出发，根据自己的主观需要（这是客观需要的反映），强调某些内容，突出某些内容，而忽略那些实用性不强、不适合本地、本身需要的东西。也就是说，外来思想学说本土化的过程，绝对不是一个纯客观的过程，一个原封不动的照搬过程，理解者或解释者的主观诸因素在其中起着不可小视的作用，他们主观能动性的发挥更是创造了外来思想理论的新内容和新形态。尽管这些主观因素的作用不可小视，但同时又是有限度的，是以不丢弃外来思想学说本身的特质为前提的。例如马克思主义哲学中国化，就必须保留马克思主义哲学的基本原则、观点和方法，这是绝对不能丢弃的，否则就不是马克思主义哲学的中国化了。

二　不同点

西方哲学中国化与马克思主义哲学中国化虽然同属于一个时代哲学发展的主流，但由于哲学本身的差别和"化"者本身的差别，使得这两种中国化有着明显的不同点。

首先，马克思主义哲学中国化和其他西方哲学的中国化相比较，在内容上更丰富，范围更广大，途径更多样，作用更具体实际。因为马克思主义哲学中国化的实现过程，不仅要从中国传统哲学文化中吸收精华，要对中国传统哲学文化进行继承、利用和改造，而且还要从指导中国革命和建设的社会实践中总结新鲜经验，将其上升到哲学高度以丰富发展马克思主义哲学。而其他西方哲学中国化的各种努力和尝试在这方面则有着非常明显的欠缺，因为从事这方面活动的主体大多是纯粹的学者文人，特定的社会角色决定了他们大多远离现实社会实践，主要是在书斋中构建个人的哲学体系。尽管他们在主观上是要为"治国、平天下"服务，为社会发展出一点力，但实际上他们哲学理论的社会作用是有限的。

其二，西方哲学中国化的各种努力和探索，从根本上说，都未能彻底摆脱用"中学"去同化"西学"的老套路，都未能彻底打破"中体西用"的老框框。因为他们大都从骨子里认定"中学"是根本，是主体，是高于或优于"西学"的。例如梁漱溟就认为"世界未来文化就是中国文化的复兴"；贺麟也强调用儒学去"化"西学，将西学融入儒学之中。儒学是融化别人的，西学则是被融化者，是一种被吸收利用的营养。也就是说，他们将西方哲学中国化是以中国传统哲学文化为价值坐标、为吸收主体的，目的是通过吸收消化西学来弥补中国传统哲学文化的缺陷，提升中国传统哲学文化的水平，这里的关键是以"中学"为根本，为主体。这也正是他们不能突破"中体西用"，始终在这条老路上兜圈子的根本原因。而坚持把马克思主义哲学中国化的人，虽然也把外来的哲学文化视为营养，主张吸收利用，如毛泽东就曾经说过：中国应该大量吸收外国的进步文化，作为自己文化食粮的原料。中国共产主义者对于马克思主义在中国的应用也是这样。① 但他们更强调和更重视用马克思主义哲学来改造中国传统哲学文化。因为在他们看来，马克思主义哲学是高于或优于中国传统哲学文化的，马克思主义哲学比中国传统哲学文化更能满足中国社会进步发展的需要，也更适用于中国现代社会。因此，他们把马克思主义哲学奉为自己思想和行动指南，并根据马克思主义哲学所提供的科学方法，唯物而辩证地对待自己的民族传统哲学，取其精华，将它们"融化"到马

① 《毛泽东选集》第 2 卷，人民出版社 1991 年版，第 706—707 页。

克思主义哲学之中，从而使马克思主义哲学这一外来思想学说具有中国的
内容和中国的形式，更容易为中国人理解、接受、应用。这样的"融化"
同时也改造了中国传统哲学文化，提升了中国传统哲学文化的水平，使其
进到了一个新的发展阶段。

其三，马克思主义哲学中国化注意克服西方哲学中国化探索实践中出
现的肤浅的"拼凑"现象，在"化"的深度上狠下工夫。所谓在"化"
的深度上狠下工夫，也就是在马克思主义哲学与中国社会现实实践的结
合、马克思主义哲学与中国现实社会实践的主体——人民群众的结合上狠
下工夫。在马克思主义哲学与中国社会现实实践的结合中，中国共产党人
用马克思主义哲学回答并解决了中国近代以来最大最突出的社会现实问
题，即民族国家的"救亡图存"和"独立富强"的问题，对中国社会的
发展产生了广泛而深刻的影响；在马克思主义哲学与中国现实社会实践的
主体——人民群众的结合中，实现了马克思主义哲学武装群众、掌握群众
的根本宗旨。无论是在它处于被打压的地位时，还是在它成为国家指导哲
学之后，它都以自己的独特理论魅力，使马克思主义哲学在民众中的普及
率、应用面成为整个马克思主义哲学发展史上的奇观。相比之下，其他西
方思潮的中国化都是望尘莫及的，无法与之相提并论的。

第十七章

社会进化论——中国人对
马克思哲学的最初理解

一般认为，在 20 世纪初、十月革命前，中国人对马克思主义的介绍是零星的、片段的甚至是歪曲的，而且这些介绍主要集中在马克思、恩格斯的生平活动及其社会主义学说方面，至于马克思主义哲学方面，几乎没有什么介绍。马克思主义哲学在中国的早期传播，主要是唯物史观的传播，从五四运动到中国共产党发起成立，是唯物史观在中国的最初传播时期，也是马克思主义哲学在中国的启蒙时期。[①]

对于上述观点，我们有如下疑问：当马克思主义被当作某种社会主义学说介绍到中国时，是否也涉及了它的哲学依据呢？如果是的话，这个依据是什么呢？唯物史观是马克思主义哲学在中国的第一个理论形态吗？如果不是，它又是什么呢？我们的简要回答如下：当马克思主义被当作某种社会主义学说介绍到中国时，涉及了它的哲学依据，这个依据是社会进化论；唯物史观不是马克思主义哲学在中国的第一个理论形态，它在中国的第一个理论形态是社会进化论。

以"社会进化论"或类似的术语来称呼马克思的哲学，并不是我们的发明，实际上，在 20 世纪的头 20 年，甚至是头 30 年，这是相当流行的做法。请看以下几段引文："现在稍微研究社会科学的人，即知道有唯物史观的一个名词，并知道就是加尔·马克思所发明的社会进化论，也就是马克思主义惟一立足地。"[②] "马克斯之学说不外资本制之解释与其批

---

① 参见曾乐山《马克思主义哲学的中国化及其历程》，华东师范大学出版社 1991 年版，第 7—8 页；庄福龄主编《中国马克思主义哲学传播史》，中国人民大学出版社 1988 年版，第 63 页。

② 董亦湘：《唯物史观》，载《民国日报》副刊《觉悟》1924 年 7 月 25—28 日。

评，其立论多根据社会进化原理。"① "马克思的唯物史观有二要点：其一是关于人类文化的经验的说明；其二即社会组织进化论。"② "马氏在他的历史的哲学序中，说明社会机体进化的原理，和达氏所发明的生物机体进化的论据，很是相近。"③ 这里不仅出现了"社会进化论"的术语，也出现了"社会进化原理"、"社会组织进化论"、"社会机体进化的原理"等类似的术语，它们都是对马克思哲学的称呼。

马克思的哲学之所以一开始即被认作某种社会进化论，与那个时代特殊的思想环境有关，我们在这里特别指出两点：

第一，社会进化观念的流行。1897 年，严复翻译的《天演论》④ 开始在《国闻汇编》刊行，1898 年正式出版，随即多次再版（仅商务印书馆从 1905 年到 1927 年就印了 24 版）。这本书的出版是一个划时代的历史事件，标志着社会进化观念在中国流行的开端。"自此书出后，'物竞'、'争存'、'优胜劣败'等词，成为人人的口头禅。"⑤ 康有为宣传进化思想的时间比严复还要早些，可追溯到在 19 世纪 80 年代中期。他根据当时已经翻译过来的介绍宇宙演变的某些西方自然科学著作（主要是一些天文学、地质学和古生物学著作，例如《谈天》和《地学浅释》），以及阐发变易思想的某些中国古代经典（例如《易传》、《春秋繁露》和《春秋公羊解诂》），创造性地提出了社会进化的模式（三世说）。通过著述和讲学活动，其思想得以广泛流传。为了给改良造势，梁启超甚至不惜将进化论夸大为当时世界学术的主要的、压倒性的潮流："近四十年来之天下，一进化论之天下也。唯物主义昌，而唯心主义屏息于一隅。科学（此指狭义之科学、即中国所谓格致）盛而宗教几不保其残喘。进化论实取数千年旧学之根底而催弃之，翻新之者也。"⑥ 在社会进化观念广泛流行的

---

① 徐松石：《社会主义之沿革》，载《时事新报》1920 年 1 月 18—19 日。

② 李大钊：《我的马克思主义观》，载《新青年》第 6 卷第 5、6 号，1919 年 5 月、11 月版。据有些专家考证，第 6 卷第 5 号的出版时间当在 1919 年的 9 月。

③ 凌霜：《马克思学说的批评》，载《新青年》第 6 卷第 5 号。这里的"历史的哲学序"应指《〈政治经济学批判〉序言》。

④ 此书源自托马斯·赫胥黎的《进化与伦理以及其他论文》（1894）中的两篇文章《进化与伦理：导论》以及《进化与伦理》。根据"强国保种"的需要，严复在译文中加入了大量宣扬斯宾塞的社会达尔文主义的按语，并多处改动原文的意义。

⑤ 蔡元培：《五十年来中国之哲学》，载《申报》馆编《最近之五十年》，1923 年 2 月版。

⑥ 中国之新民：《进化论革命者颉德之学说》，载《新民丛报》第 18 号 1902 年 10 月 16 日。

背景下，马克思的哲学作为一种描述社会主义（共产主义）代替资本主义历史进程的学说，作为一种宣扬阶级斗争（阶级竞争）的学说，作为一种和无神论相对抗的唯物主义学说，和进化论联系起来，也就没有什么可奇怪的了。

　　第二，日本马克思主义者的影响。20 世纪最初的几年，日本几乎是中国人了解马克思学说的唯一来源地，而当时日本的一些有影响的马克思主义者，多以进化论范式解读马克思的哲学。久松义典指出，研究马克思社会主义原理，可以"探进化之次第"。① 幸德秋水更是直接把社会进化论当作社会主义学说的哲学基础，他认为，社会主义学说"明进化之公理，示必然之趋向，促人类之进取，证社会之快活"②。其名著《社会主义神髓》第三章"产业制度之进化"以进化论的语言对人类历史上生产方式的变动进行了回顾，并得出结论说："要而言之，资本家终至有无以驾驭劳动者之生产力之一日。而劳动者挟其蓬勃之生产力，排除现时之制度，脱逸私有者之羁轭，以成社会全体之公益，是实世界产业史进化发达之大势也。"③ 这本书出版的当年便有了中文译本（中国达识译社译，1903），后来又有蜀魂译本（1906 年）和创生译本（1907 年），可见其受欢迎的程度。俄国十月革命之后，日本开始广泛接受马克思主义哲学的"唯物史观"解释范式，即便如此，进化论范式也未完全过时。在相当长一段时期内，两种解释范式并行，互相论证和支持。例如，在河上肇等人的著作中，马克思的哲学既被称为"唯物史观"，也被称为"社会组织进化论"。④ 众所周知，河上肇对中国马克思主义者的影响是非常巨大的。

　　马克思主义哲学的进化论解释范式在中国大约经历了三个发展时期：1. 鼎盛期。从 20 世纪初到五四运动前，社会进化论的解释几乎是唯一的，很少有反例出现。即便是不同的解释，也通常是对进化论解释的反驳；2. 维持期。从五四运动到 20 年代后期，唯物史观解释与社会进化论解释并行，人们竭力把两种解释范式统一起来，但冲突不断出现；3. 衰落期。从 20 年代后期开始，随着辩证唯物主义与历史唯物主义解释范式

---

　　① 久松义典：《近世社会主义评论》，杜士珍译，载《新世界学报》第 2—6 期，1903 年 2 月 27—4 月 27 日。

　　② 幸德秋水：《社会主义神髓》，中国达识译社译，《浙江潮》编辑所 1903 年 10 月 5 日版。

　　③ 同上。

　　④ 参见河上肇《马克思的唯物史观》，渊泉译，载《晨报》副刊 1919 年 5 月 5—8 日。

的兴起,社会进化论的解释迅速衰落。除了在某些社会发展史著作中还可以见到它的有限影响外,社会进化论作为马克思主义哲学特征的整体概括已经不再被接受了。

第一节　马克思的进化论者形象

在 20 世纪头 20 年,几乎所有研究过马克思学说或对之感兴趣的人,都参与了马克思的进化论者形象的塑造。他们之中既有改良派,也有革命派,既有无政府主义者,也有各种各样的社会主义者与共产主义者。

在中国人写的作品中,最早提及马克思(译作"麦喀士")名字的是梁启超的《进化论革命者颉德之学说》。该文见于 1902 年 10 月 16 日出版的《新民丛报》第 18 号,内有如下文字:"进化论之功在天壤,有识者所同认矣。显然以斯宾塞之睿智,创综合哲学,自谓借生物学之原理,以定人类之原理,而其于人类将来之进化当由何途,当以何为归宿,竟不能确实指明。而世界第一大问题,竟虚悬而无薄,故麦喀士(日耳曼人,社会主义之泰斗也)嘲之曰:'今世学者以科学破宗教,谓人类乃由下等动物变化而来。然其变化之律,以人类为极点乎?抑人类之上更有他日进化之一阶级乎?彼等无以应也。'"这里,梁启超首先指出了斯宾塞进化论的不足,即没有指明人类进化的道路和归宿,然后引用了马克思对斯宾塞的一段批评(实际上是虚构出来的)。从批评的内容看,马克思显然站在为进化论辩护的立场上。梁启超认为,虽然马克思提出了问题,但没有能够解决问题,"虽能难人,而不能解难于人",所以,有必要介绍颉德的学说。[①]

马君武是将马克思哲学系统引进中国的第一人,同时也是达尔文

---

① 梁启超关于马克思学说的最初知识来自《大同学》一书。此书的蓝本为英国社会学家、社会达尔文主义者本杰明·颉德(Benjamin Kidd)的《社会进化》(Social Evolution, 1894)。1899 年 2—5 月,《万国公报》第 121—124 册以《大同学》之名连载了该书的部分章节,翻译者为李提摩太和蔡尔康(蔡尔康将"Marx"译作"马克思"和"马客偲")。同年 5 月,全书翻译完毕,由上海广学会出版。在这部被认为是最早向中国人介绍马克思社会主义思想的作品中,颉德认为,马克思是进化论者,但不是彻底的进化论者,因为他想消灭竞争,实际上,竞争是不可能消灭的,假如真的消灭了,人类社会就会退化。

《物种起源》的部分章节及全书的最早中文译者。① 在发表于《译书汇编》第 2 年第 11 号（1903 年 2 月 15 日）上的《社会主义与进化论比较——附社会党巨子所著书记》（以下凡引该文均不标注）中，马君武提到了马克思的唯物论历史学与达尔文的进化论之间的密切关系：

"自达尔文发明天择物竞、生物进化之理，直抉世界事物发达之源。马克司之徒，遂指社会主义与达尔文主义相同之点，谓是二主义实相与有密切之关系。达尔文虽非唯物论者，然其学说实唯物论 Materialism（……）之类也。马克司者，以唯物论解历史学之人也。马氏尝谓：阶级竞争为历史之钥。马氏之徒，遂谓是实与达尔文言物竞之旨合。"

有学者根据"马克司者，以唯物论解历史学之人也"得出了"马君武认为马克思的哲学是唯物史观"这样的说法，我们认为，这样的说法欠妥。马君武是在一种特殊意义上使用"唯物论"这一词语的，它表明的是一种和"唯神论"相对立的、立足于现实世界（实际上是抽象的现实）的理论。这种用法同样见之于马君武的另一篇重要文章《唯物论二巨子（底得娄、拉梅特里）之学说》（1903 年 1 月 8 日）。在这篇文章中，马君武指出，底得娄（今译"狄德罗"——引者）"初信上帝，后乃全反之，初信灵魂不死，……后乃废然自攻其前说"，但他"仅发唯物论之端，而无伦理以实之"。相比之下，拉梅特里（今译"拉美特利"——引者）不仅坚决批判无神论，而且主张"形质上之幸福，人生最大之归向在焉"，即主张以此身之幸福、实际之幸福为行动的指南，因而令"唯物论学派放一奇彩"。这里，马君武说达尔文不是唯物论者，是说他不是一个无神论者，说他的学说实际上是唯物论，是说在他的学说中没有上帝的位置，说马克思以唯物论解历史学，不过是说马克思在研究历史的时候排除了神的因素，仅关注现实世界而已。

实际上，马君武对于马克思的历史观的理解是相当肤浅的。马君武的马克思并不是把历史当成生产方式的发展史，而是把它当作道德等上层建筑因素的进化史。"人类之社会，何以能常发达不息？则亦惟曰：使人群

---

① 相关译作有：《新派生物学（即天演学）家小史》，译自《物种起源》第二版开头达尔文关于物种起源见解发展史的一个说明，载 1902 年 5 月 22 日的《新民丛报》第 8 号；《达尔文物竞篇》，译自《物种起源》第 3 章，出版于 1902 年；《达尔文天择篇》，译自《物种起源》第 4 章，出版于 1903 年；《物种由来》（即《物种起源》前 5 章），出版于 1905 年；《达尔文物种原始》（即《物种起源》全译本），出版于 1920 年。

之道德及智识常进步不息而已。道德及智识既进步，而物质也，生计也，独停滞而不进步，此必无之事也。""社会主义以为人群之交际、道德既发达，则机器技术之属亦必随之发达，而物质生计之需，自逞能效材，以助长其群之福祉。"这里，马君武显然夸大了道德和意识的作用，从而把马克思的历史观道德史观化、唯心史观化了。我们知道，以本身没有任何历史的意识形态因素为主线描述人类历史进程的做法，恰恰是马克思本人激烈反对的。

在马君武看来，争自存，也就是为生存而进行斗争，不唯是自然进化的动力，也是社会进化的动力，阶级竞争只是生存竞争的特殊表现形式而已。"达尔文之争自存说，于人类之社会历史，既可验其现象矣。……徒举社会发达（Social development）一问题，则进步（progress）自并包于其中。故社会主义者，不惟不与达尔文主义相反对，且益广其界而补其偏。虽谓达氏主义得社会主义，而其义乃完可也。"这里，马君武似乎把马克思主义作为达尔文主义在社会历史领域直接应用的结果。按照他的看法，如果以达尔文主义的观点去讲"社会发达"（"Social development"按现在的译法可译为"社会发展"）问题，那么也就包含了社会主义者所说的"进步"问题。因此，社会主义补充和完善了达尔文主义，使它不仅成为关于自然进化的学说，也成为关于社会进化的学说。

马君武从三个方面详细分解了"社会主义与争自存说相关之理"，"社会赖争自存以进步之理"，并将其总结为社会主义与达尔文主义相通之"三说"。第一说："政治发达、道德发达、交际发达，三者皆人群由争自存以臻于整齐之域之现象也。"社会（人群）每经历一次竞争，就经历一次进步。进步导致的结果必然是法律的改良、秩序的完善以及道德的胜利。道德既进步，则政治与交往必与之俱进。由此可以推知，一个"道德雍雍、美善和平"的社会是完全可以达到的。第二说："夫道德进步之现象，即人群相与、康乐和亲、团体愈固是也。"上古之时，人类分为小部落，互相并吞残杀，随着文化的发展，出现了宗派、民族、人种。这些团体的大小、聚散，随着时代的治乱有一定变化。然而，道德进步的必然趋势是，"将来必至合通世界之人种，为一大群，万国和亲，无能分异，无可类也"。第三说："竞争者，乃此世界人种之学校。"社会由野蛮状态进到半文明状态，由半文明状态进到文明状态，就像学生从小学升到中学，又由中学升到大学一样。学生没有不升级的道理，社会也没有不进化的道理。世界上的国民，常常彼此互为先生，互为弟子，相互学习以进于善。世界上的各种制度，就像学校里的教科书一样。学生升到高的年级，就不再使用低年级的教科书。社会进化到新的阶段，也应该废弃旧的社会制度。当今社会争利的制度，是旧制度，而社会主义制度，是新制度。

　　当然，马克思的进化论与达尔文的进化论之间也存在着不相通之处，概约有两点。第一点：关于"发展"。达尔文将"最宜者存"视为"物种竞争"的合理结果，而马克思则认为竞争会导向"共同和亲、利益均享"的理想社会。马克思的这一思想被马君武称为"华严界之类"。华严界本系佛教名词，喻指西方极乐世界，马君武用它来翻译托马斯·莫尔的"Utopia"（乌托邦），喻指"人意所创造理想所组成之极乐世界"。① 值得注意的是，马君武并不认为华严界（乌托邦）是不现实的，而是认为它不能"实行于今日"，所以他特别批评了马克思对理想社会来临速度的过于乐观的估计："彼谓其思想中之世界，经一大革命之后，即可一蹴而致，诚大不可必之事。"第二点：关于"争利"。达尔文对争利持一种积极肯定的态度，认为争利是"进步之鞭"，而马克思等"社会党人"则对争利持一种相对否定的态度，认为它是"人间之黑兽"。不过，后者也主张，如果没有争利，则进化"良不易"。马君武指出，这是自相矛盾之论，但他也承认，这是一个极为复杂的问题。

　　无疑，马君武关于马克思的社会进化论的看法是十分初步和粗糙的，甚至赋予了它某些斯宾塞主义的特征。但是，考虑到当时的资料条件及解释者本人的应用目的（如强国保种），我们不能过分苛求其"准确性"。相反，我们倒是应该注意马君武那些至今仍富有启发意义的洞见，如他对未来理想社会来临时间的估计，对社会改造复杂性的考虑，对社会进化过程无限性的理解，等等。

　　随着社会主义思想的进一步传入以及新的解释需要的出现，这种以社会达尔文主义色彩涂抹马克思的社会主义学说的做法引起了一些疑虑。例如，孙中山并不否认马克思的学说是一种社会进化论，也不否认阶级竞争说在马克思学说中的重要位置，但他坚决反对把马克思的社会主义看作是

---

① 马君武：《社会主义之鼻祖德麻司摩尔之华严界观》，载《译书汇编》第 2 年第 12 号，1903 年 3 月 13 日版。

达尔文学说在社会历史领域中的直接运用。他认为，这两者之间存在着原则性的区别，它们的某些观点甚至是完全对立的。"社会主义，所以尽人所能，以挽救天演界之缺憾也。其所主张，原欲推翻弱肉强食、优胜劣败之学说，而以和平慈善，消灭贫富之阶级与贫穷。"① 社会主义的博爱、平等、自由的主张，靠"天演"，也即自然演化的方法是不能实现的，必然要靠"人力"，也就是靠"革命"（政治革命）。

当然，也有观点否认社会主义制度有助于人的进化的实现。例如，钱智修说，"进化者，增高社会所希望之共同目的也。一社会之人，有一社会之共同目的。目的既达，而新希望又生。相引相推，而进化之机于是乎不息。然必认自由意志之存在，而后有新希望发生之余地；认个别活动之存在，而后能有达其目的之成效。如社会主义之说，则个人之在社会，如金铁之受铸于模范，从政府之命令为机械的行动，则自由意志，个别活动皆陵夷殆尽。此窒塞进化之道也。"② 这种观点实际上是对马克思的哲学做出了机械论的解释，否认个体能动性的作用，因而得出了社会主义将导致进化的"终结"或"衰退"的结论。这种看法是极为个别的，而且不久即被反对的声音淹没了。煮尘的批评是，"作者以人之于社会，如金铁之受铸于模范，为机械的行动，此可以言今日工厂苦力劳动之辈则然耳。至社会主义实行以后，每人每日不过操作一二小时之间，或者治劳心之事，或者治劳力之事。而中材以下既不忧衣食之冻馁，自不至于作奸犯科，高智之士，得以每日余暇以从事于精深完美之科学，或怡悦性情之美术。于是而个别活动之目的正缘以发达，新希望之发生亦愈演而愈进。去私利，谋公益，灭奸诈，重感情，联个人之道德，而因以著为社会之制度，同登乐土共庆太平，此世界，进化之极轨也，尚何必为杞人无谓之忧劳哉！"③ 煮尘的观点代表了作为时代主流的激进主义者（革命派、无政府派、社会主义与共产主义者）的看法，这部分人对社会主义能够解决中国的问题表现出了高度的期待。

五四运动后，在唯物史观解释和社会进化论解释并行的时期，两者的

---

①　孙中山：《社会主义之派别及批评》，载 1912 年 10 月 30 日《民立报》。

②　钱智修：《社会主义与社会政策》，载《东方杂志》第 8 卷第 6 号，1911 年 8 月 19 日版。

③　煮尘：《社会主义与社会政策（社会主义讲演集第八章）——附驳〈东方杂志〉论文》，载《新世界》第 7 期，1912 年 8 月 14 日版。

关系其实并不是十分清楚的。有人认为，唯物史观是进化论和唯物论的结合，有人认为，唯物史观说明了社会进化的原因，也有人认为，社会进化论是唯物史观的立论基础。① 这些观点表明了试图维持原有解释范式的种种努力。在这一时期，一种代表性的观点是将马克思的哲学，或者说是唯物史观，说成是"社会组织进化论"。这一术语首先由日本学者河上肇使用，然后被李大钊、杨匏安、范寿康等人"拿来"。在这几个人中间，以李大钊对社会组织进化论内涵的阐发最为详细。

李大钊认为，社会组织进化论是马克思的"历史论"，是关于"过去"的理论，根据这个理论，就可以对当今社会进行科学的分析，并对将来社会的走向进行科学的预测。"他（马克思——引者）根据他的史观，确定社会组织是由如何的根本原因变化而来的；然后根据这个确定的原理，以观察现在的经济状态，就把资本主义的经济组织，为分析的、解剖的研究，豫言现在资本主义的组织不久必移入社会主义的组织，是必然的运命；然后更根据这个豫见，断定实现社会主义的手段、方法仍在最后的阶级竞争。"② 社会组织进化论的具体论述见于马克思的《哲学的贫困》、《共产党宣言》、《〈政治经济学批判〉序言》等著作，而最集中、最经典的论述出现在《〈政治经济学批判〉序言》中。李大钊的《我的马克思主义观》中的一段话基本上可以看做《〈政治经济学批判〉序言》相关段落的重写：

"生产力一有变动，社会组织必须随着他变动。社会组织即社会关系，也是与布帛菽粟一样，是人类依生产力产出的产物。手臼产出封建诸侯的社会，蒸汽制粉机产出产业的资本家的社会。生产力在那里发展的社会组织，当初虽然助长生产力的发展，后来发展的力量到那社会组织不能适应的程度，那社会组织不但不能助他，反倒束缚他妨碍他了。而这生产力虽在那束缚他、妨碍他的社会组织中，仍是向前发展不已。发展的力量愈大，与那不能适应他的社会组织间的冲突愈迫，结局这旧社会组织非至崩坏不可。这就是社会革命。新的继起，将来到了不能与生产力相应的时

---

① 参见邵振青《各国社会思潮》，商务印书馆 1920 年 4 月初版；董亦湘：《唯物史观》，载《民国日报》副刊《觉悟》1924 年 7 月 25—28 日；徐松石：《社会主义之沿革》，载《时事新报》1920 年 1 月 18—19 日。

② 李大钊：《我的马克思主义观》，载《新青年》第 6 卷第 5、6 号，1919 年 5 月、11 月版。

候，他的崩坏亦复如是。可是这个生产力，非到在他所活动的社会组织里发展到无可再容的程度，那社会组织是万万不能打破。而这在旧社会组织内，长成他那生存条件的新社会组织，非到自然脱离母胎，有了独立生存的命运，也是万万不能发生。恰如孵卵的情形一样，人为的助长，打破卵壳的行动，是万万无效的，是万万不可能的。"①

社会组织进化论的要义是：社会组织的实质是社会关系（生产关系），它要随着生产力的变动而变动。在社会组织进化论的外衣下，李大钊基本正确地介绍了唯物史观的有关内容，但他的理解无疑具有某些机械论的成分。

李达的《现代社会学》（1926 年）没有使用"社会组织进化论"术语，但它和李大钊的《我的马克思主义观》一样，也是试图通过对传统的社会进化论解释范式作出某些调整，而注入唯物史观的一些内容。例如，该书第 11 章第 1 节中的一段文字："社会进化之原动力实为生产力，生产力继续发达，则经济组织继续进化，政治法制及其他意识形态亦随而继续进化，此社会进化之原理也。"② 我们以为，《现代社会学》可以看作调和社会进化论和唯物史观两种解释范式的最后一部重要著作，此后，受苏联的辩证唯物主义与历史唯物主义解释范式的影响，中国马克思主义者著作中那些带有强烈进化论色彩的词语如"进化"、"阶级竞争"、"互助"、"社会组织"、"社会有机体"等明显减少，它们被更"科学"和"准确"的词语取代了。

第二节　社会进化的阶段

在《社会主义与进化论比较——附社会党巨子所著书记》中，马君武勾勒出迄今为止的西方社会进化的四阶段："若自历史上观之，则人群之竞争，其级常变。野蛮狉獉之时代，其竞争之结果为获其俘囚，杀而均食之（此俗今日极野蛮之岛族尚有）是为第一级。及社会进步，由游牧射猎之族变为耕植聚居之国，其竞争之结果为获其俘囚而奴使之，此家奴

---

① 李大钊：《我的马克思主义观》，载《新青年》第 6 卷第 5、6 号，1919 年 5 月、11 月版。

② 李达：《现代社会学》第 11 章，湖南现代丛书社 1926 年 6 月初版。

之制所由兴也，是为第二级。及罗马帝政之中叶，执政者以为农仆之制，较诸家奴更为良便，而农仆之制兴焉，是为第三级。至于今日，农仆之制变为自由作工之制。乏资财者，服社会中劳动之役以得酬金而争其生存焉，是为第四级。"另外，再加上将来要实行的"人人平等"的社会主义制度，就构成了人类社会发展的五阶段，或五形态。

马克思关于社会形态理论的经典概述是在《〈政治经济学批判〉序言》中提出的，随后又在《资本论》等著作中加以讨论。[①] 在《〈政治经济学批判〉序言》中，马克思根据生产方式标准将以往的社会形态划分为四种。"大体说来，亚细亚的、古代的、封建的和现代资产阶级的生产方式可以看作是经济的社会形态演进的几个时代。"[②] 如果再加上作为人类社会真正开端的社会主义（共产主义）社会，也是五形态。在《资本论》（第三卷）中，马克思又提到了"原始共同体"、"奴隶生产"、"小农民和小市民的生产"、"资本主义生产"的生产方式[③]，它们是和《序言》中的有关内容相呼应的。在马君武文章所附的社会主义者的书目中，有《政治经济学批判》（1859 年）和《资本论》两书。这表明他对上述两部著作的基本内容有所了解。但是，马君武的论述显然要比《序言》和《资本论》有关段落内容丰富——不仅对生产方式的变迁进行了较详细的描画，而且还涉及了生活方式（如游牧射猎与耕植聚居）内容。从这个段落的高度概括性和条理性的特点看，它很可能取自日本社会主义者的介绍性文献（而这些文献又往往来自于欧美社会主义者的介绍性文献）。

难能可贵的是，马君武并不认为这种五形态的社会形态划分法具有普适性，而是认为，它和中国的情况并不吻合。在本节开头所引的那段话之后，马君武加了一段按语："泰西之变级如是。中国则家奴、农仆、雇工三者常兼包并容，而无显然分别之阶级，至今尚然。此中国与泰西历史比较之异点也。"马君武的这个观点后来成为同盟会和国民党制定政策的依据。从我们掌握的资料看，这段话应该是最早涉及马克思主义中国化问题

---

① 《1857—1858 年经济学手稿》虽然也进行了扩展性的讨论，但它直到 1939 年才出版，马君武在写这篇文章时不可能参考该书。

② 《马克思恩格斯选集》第 2 卷，人民出版社 1995 年版，第 33 页。

③ 《马克思恩格斯全集》第 25 卷，人民出版社 1974 年版，第 363 页。

的文字。

马克思也并不认为他的五形态理论是放之四海而皆准的。事实上，它只是以西欧社会为范型得出的结论。1877 年，马克思在给《祖国纪事》杂志编辑部的信中，对俄国的米海诺夫斯基把一种类似于五形态说的历史分期模式强加到自己名下表示了明确的反对："他（米海洛夫斯基——引者）一定要把我关于西欧资本主义起源的历史概述彻底变成一般发展道路的历史哲学理论，一切民族，不管它们所处的历史环境如何，都注定要走这条道路——以便最后都达到在保证社会劳动生产力极高度发展的同时又保证每个生产者个人最全面的发展的这样一种经济形态。但是我要请他原谅。他这样做，会给我过多的荣誉，同时也会给我过多的侮辱。"① 马克思坚决否认以"一般历史哲学"去看待历史，即以超历史的、绝对的、机械的观点去看待历史。因为，极为相似的事情发生在不同的历史环境中，会引起完全不同的结果。只有对每一个个别都加以研究，再把它们加以比较，才能找到解答历史现象的钥匙。五形态论是普遍性与特殊性统一。所谓普遍性，是指较高级的社会形态绝不会在较低的社会形态之前出现，而所谓特殊性，是指并非所有的社会都要完整经历五形态。

《序言》中的那段经典概述直到 1919 年才开始有了比较可靠的译文。李大钊的《我的马克思主义观》将其翻译为："综其大体而论，吾人得以亚细亚的、古代的、封建的及现代资本家的生产方法，为社会经济的组织进步的阶段。"李大钊明确承认采用了河上肇的译法。

在这几种生产方式中，以亚细亚生产方式最为国人关注，并引发了长时期的讨论。究其原因，是因为它与中国的一系列实际问题直接相关，例如：中国社会的性质、中国社会的发展道路，中国社会的历史分期、中国社会与世界历史的关系等等。不论是在 20 世纪 20—30 年代史学界关于中国社会史的论战（因抗战和国内战争而中断）、还是在 50—60 年代史学界关于"五朵金花"② 的研究（因"文革"而中断），还是在 80—90 年代哲学界关于马克思社会形态理论是"三形态论"还是"五形态论"的商榷，亚细亚生产方式都是热门话题。通过长时期的讨论，逐渐形成了以

---

① 《马克思恩格斯选集》第 3 卷，人民出版社 1995 年版，第 341—342 页。
② "五朵金花"比喻当时史学界探讨的五个热点：中国古代史分期问题、中国封建土地所有制形式问题、中国封建社会农民战争问题、中国资本主义萌芽问题、汉民族形成问题。

下有代表性的观点：1. 亚细亚生产方式是原始公社或原始共产制生产方式；2. 亚细亚生产方式是原始公社向奴隶社会过渡的形态；3. 亚细亚生产方式是奴隶制与封建制的变种；4. 亚细亚生产方式是东方社会的一种独特的经济结构。

我们有条件地支持第二种观点，这个条件是，在"原始公社向奴隶社会过渡的形态"前面加上定语"西欧的"。至于原因，前面已经提到，即马克思的五形态模式是根据西欧社会的演变情况提出的。

亚细亚的生产方式当然不只亚洲才有。马克思在《政治经济学批判》(1859) 中即已指出："这种原始形式（"原始的公社所有制"——引者）我们在罗马人、日耳曼人、赛尔特人那里都可以见到，直到现在我们还能在印度遇到这种形式的一整套图样，虽然其中一部分只留下残迹了。仔细研究一下亚细亚的、尤其是印度的公社所有制形式，就会得到证明，从原始的公社所有制的不同形式中，怎样产生出它的解体的各种形式。例如，罗马和日耳曼的私人所有制的各种原型，就可以从印度的公社所有制的各种形式中推出来。"① 由于原始的公社所有制在亚洲尤其是印度最为典型和保存得最为持久，所以才被命名为"亚细亚的"生产方式，或"印度的"生产方式。这种以"典型形态"命名的方法即便是今天也仍然是很常见的（如我们经常谈到"温州模式"以及"特区模式"）。在 1868 年 3 月 14 日致恩格斯的信中谈到俄国和德国重分土地的习惯时，马克思更明确地说："我提出的欧洲各地的亚细亚的或印度的所有制形式都是原始形式，这个观点在这里（虽然毛勒对此毫无所知）再次得到了证实。"② 毫无疑问，在"欧洲"各地存在"亚细亚"的生产方式或"印度的"生产方式。

从 50 年代中后期到阅读摩尔根的著作之前（70 年代末），马克思并不了解亚细亚所有制形式以前的社会状况，在他的心目中，亚细亚生产方式就是"一切文明民族"的最古老的生产方式，就是最原始的经济社会形态，也可以说，"亚细亚生产方式"在当时是作为"原始社会"的同义语来使用的（后来马克思意识到两者并不等同）。但是，从马克思对这种生产方式的实际描述看，它只能存在于原始社会向奴隶社会过渡的时期

---

① 《马克思恩格斯全集》第 13 卷，人民出版社 1962 年版，第 22 页注 1。

② 《马克思恩格斯全集》第 32 卷，人民出版社 1975 年版，第 43 页。

（国家已经存在）。

在西欧，作为社会形态的亚细亚的生产方式被古典古代的或奴隶制的生产方式所取代，然而，这一情形并不一定在世界所有地方都会发生。也就是说，亚细亚生产方式之后未必是奴隶制的生产方式。在西欧以外的地方，关于亚细亚生产方式的演变情况，以及它与别的所有制之间的关系，则要做具体分析。例如，有人相信，亚细亚的生产方式在原始社会之后的中国残留了相当长的一段时间，并和奴隶制、封建制相混合。

既然中国人对古代社会的真正兴趣直到 20 世纪 20 年代后期才出现，那么，在此之前，关于社会进化阶段问题讨论的热点是什么呢？一个很容易想到的答案就是，关于未来社会的讨论。我们以为，这是 20 世纪中国思想界最为热闹的一场讨论。实际上，到 1908 年的时候，社会主义思潮就由于派别众多而变得的面目不清了："至于社会主义四个字，起初没有什么派头可以分别，现在最为含糊。单说社会主义，不知道他主张些什么东西，故现在分了许多派头：有纯然的，有不纯然的；有无宗教的，有有宗教的；有无政府的，有有政府的；有自由的，有强权的；有无祖国的，有有祖国的。"① 持有不同社会主义主张的人们都在畅想着未来，但是，未来对于他们各不相同。

社会进化论在当时承担的一个主要功能是对未来社会提供某种理论支持，或者说，它被当作将来的社会主义与共产主义社会（有不少人称之为"大同"社会）的哲学依据。李达指出，"盖马克思之社会主义，系根据历史的社会的事实，研求伊古社会组织变迁之原因，而发见其进化之法则；次更依据此进化之法则，以观察现代之社会，决定现代社会之必然变革而达于理想社会，故谓之科学的社会主义。"② 杨匏安更是直截了当地说，"群起而取得国家之权力，改一切生产工具为国有，脱去资本家之羁绊，恢复各人之经济自由"，"是固循社会演进的程序而自然发生者也"。③

在 20 世纪的最初几年，"社会主义"和"共产主义"两个词的含义并没有太大区别。1903 年，杜士珍翻译了日本人久松义典的《近世社会

---

① 民：《驳〈时报〉〈论中国今日不能提倡共产主义〉》，载《新世纪》第 72 期，1908 年 11 月 7 日版。

② 李达：《现代社会学》第 14 章，湖南现代丛书社 1926 年 6 月初版。

③ 匏庵：《马克思主义》（一称科学社会主义），载《广东中华新报》1919 年 11 月 11—12 月 4 日。

主义评论》，其译者按语中有如下解释："社会主义，英文谓之'索西亚利士谟'（Socialism），其训即共产主义是也。……日本译之，或曰'社会主义'，或曰'共产主义'，或直译其音，三者皆通用。总之，社会主义'索西亚利士谟'者，其宗者专在废私有财产，而为社会财产、为共有财产，与仅名为社会学者不可混同。"① 在当时，如果说两者的含义有区别的话，也仅仅是字面上的，如，康有为和梁启超将社会主义训为"人群主义"，将共产主义训为"均产之说"。

两者的实质性区分大约最早出现在 1906 年。胡汉民在这一年的《民报》第三号上发文指出："……社会主义，其学说虽繁，而皆以平经济的阶级为主。言其大别，则分共产主义与国产主义，而土地国有，又国产主义之一部也。"② 胡汉民似乎把共产主义和国产主义作为两种不同的处理私有财产的主张。前者主张公共所有（公产），后者主张国家所有，而两者同属于"以平经济的阶级"为主要目的的社会主义学说范围。在中国当时条件下，不宜实行共产主义，也不宜实行完全的国产主义，而只能实行部分地国产主义，其中心政策是土地国有（古代井田制已经为其奠定了基础）。

胡汉民的话也暗示了国产制度和共产制度是社会主义的两个不同阶段，且是由低到高、前后相继的两个阶段。同盟会另一理论家朱执信也持同样观点："夫往者诚有排社会主义者，顾其所排者非今日之社会主义，而纯粹共产主义也。若是谓今日不能即行，吾亦不非之。顾自马尔克（马克思——引者）以来，学说皆变，渐趋实行，世称科学的社会主义（Scientific Socialism），学者大率无致绝对非难，论者独未之知耳。而吾辈所主张为国家社会主义，尤无难行之理。"③

1912 年，在《社会主义之派别及批评》的演讲中，孙中山明确提出阶段论思想，认为"共产主义本为社会主义之上乘"："自予观之，则所谓社会主义者，仅可区为二派；（一）集产社会主义，（二）共产社会主义。盖以国家社会主义，本属于集产社会主义之中，而无政府社会主义，

① 久松义典：《近世社会主义评论》，杜士珍译，载《新世界学报》第 2—6 期，1903 年 2 月 27—4 月 27 日。

② 汉民：《〈民报〉之六大主义》，载《民报》第 3 号，1906 年 4 月版。

③ 县解：《论社会革命当与政治革命并行》，载《民报》第 5 号，1906 年 6 月版。

又属于共产社会主义者也。夫所谓集产云者，凡生利各事业，若土地、铁路、邮政、电气、矿产、森林，皆为国有。共产云者，即人在社会之中，各尽所能，各取所需，如父子昆弟同处一家，各尽其生利之能，各取其衣食所需，不相妨害，不相竞争。郅治之极，政府遂处于无为之地位，而归于消之一途。两相比较，共产主义本为社会主义之上乘。"① 根据他的判断，由于今日中国国民素质较低，如果贸然实行共产社会主义政策（特别是就其分配制度而言），反而会引发社会混乱，当时中国唯一的选择是集产社会主义。等到全体国民道德、知识达到完美程度之后，方可实行（无政府的）共产社会主义制度，不过，那是"数千年后"的事情了。

同盟会和国民党的理论家一般把马克思的社会主义理解为"集产主义"的某种形式。这有两方面的原因，一是它们所依据的经典文献主要是《共产党宣言》，特别是第二章末尾的十条措施（朱执信最早翻译）。现在看来，这十条措施说的不过是由资本主义到社会主义（共产主义）转变或过渡期间所发生的事情，而非社会主义（共产主义）制度本身的特征；二是他们受无政府主义者的影响，把共产主义理解为专属于无政府主义者的某种主张。

无政府主义者刻意强调马克思的共产主义与无政府共产主义的区分。1908 年，刘师培在为民鸣译的《共产党宣言》（实际上是第一章的某些段落）所作的序中说，"惟彼（马克思——引者）之所谓共产者，系民主制之共产，非无政府之共产也。故共产主义渐融于集产主义中，则以既认国家之组织，致财产支配不得不归之中心也。由是共产之良法美意亦渐失其真，此马氏学说之弊也。"② 他明确指出，马克思的共产主义实质上是集产主义。刘师复 1914 年的一篇文章也持同样的观点："无政府党所主张者为共产主义，而集产主义则社会民主党（Social-democrate，即俗称国家社会党或简称社会党）所主张"。③ 1919 年，黄凌霜以更加简洁的语言进行了概括："马氏所谓共产主义即今日的集产主义"。④

关于无政府党人所主张的共产主义和社会党人所主张的共产主义

---

① 孙中山:《社会主义之派别及批评》，载 1912 年 10 月 30 日《民立报》。
② 申叔:《〈共产党宣言〉序》,《天义报》第 16—19 期合刊, 1908 年版。
③ 师复:《无政府共产主义释名》，载《民声》第 5 号, 1914 年 4 月 11 日版。
④ 凌霜:《马克思学说的批评》，载《新青年》第 6 卷第 5 号, 1919 年 5 月版。

（集产主义）的制度方面的特征，无政府主义者谈道："共产主义（Communisme）主张以生产机关及其产物全属之公共，人人各尽其所能，各取其所需。集产主义（Collectivisme）主张以日用之物（如衣食房屋之类）属之私有，生产之物（如机械土地之类）属之公有（或国家）。"① "无政府共产党想将国家的组织改变，由平民自己建立各种团体会社，如办教育就有教育会，办农业就有农业会等，由单纯以趋于复杂，以办理社会所应需的事，去除一切强权，而以各个人能享平等幸福为主。他们所主张的劳动原则，就是'各尽所能'四个大字（From each according to his capacity），他们所主张的分配原则，就是'各取所需'四个大字（To each according to his needs）。无政府党和马克思派争论的焦点，就在这个了。"②

从上面两个段落所引的文字看，无政府主义者对马克思的共产主义的理解是完全错误的。"各尽所能，各取所需"（今通译为"各尽所能，按需分配"）正是马克思所指出的共产主义高级阶段的分配方式。我们认为，马克思的共产主义与无政府共产主义的真正区别并不在于其目标，而在于实现这一目标的手段和过程。就手段而言，前者强调作为整体的工人阶级的或以暴力或以和平方式进行的斗争，后者则强调有觉悟的个体或自由组织的工人团体的暴力行动；就过程而言，前者认为共产主义包含了由低到高的两个发展阶段，后者则认为共产主义是资本主义之后的和集产主义对立的另外一种选择。

"共产主义"一词之所以流行，并最终取代"均产主义"的解释，在很大程度上要归功于无政府主义者，但是，由于无政府主义长期和共产主义捆绑在一起（这种状况至少持续到1923年），这使得共产主义不可避免地蒙受了一些恶名，例如极端主义、暴力主义、恐怖主义、虚无主义等等。其实，这些恶名和马克思本人的思想是不相干的。

共产党理论家对马克思未来社会理论的看法和前两派又有不同，他们依据的经典主要是《哥达纲领批判》。"我们从他的这篇文章（《哥达纲领批判》——引者）里，可以把他的实现共产主义的顺序分为三期：第一期，是革命的过渡期；第二期，是共产主义的半熟期（这就是普通所说的社会主义时期）；第三期，是共产主义的完成期（其实，是不能这样严

---

① 师复：《无政府共产主义释名》，载《民声》第5号，1914年4月11日版。
② 凌霜：《马克思学说的批评》，载《新青年》第6卷第5号，1919年5月版。

密区分的，大家以意会之就是了）。"① 这是施存统在《马克思的共产主义》一文中对马克思未来社会发展阶段理论的描述。所谓过渡期、半熟期、完成期的说法应该来自河上肇，他的《马克思的理想及其实现的过程》② 的文章中采用了同样的术语，而这篇文章正是施存统翻译的。

值得注意的是施存统对共产主义半熟期的解释，他认为，半熟期就是社会主义时期。这个解释在《哥达纲领批判》中并没有根据。马克思把"社会主义"和"共产主义"看作同一阶段的不同名称。也就是说，共产主义过渡期、共产主义第一阶段、共产主义高级阶段也可以称为社会主义过渡期、社会主义第一阶段和社会主义高级阶段。在 1845 年以后的著作中，马克思从未把社会主义和共产主义视为未来社会的两个不同阶段。《共产党宣言》的确区分过社会主义和共产主义，但不是把它们作为社会发展的阶段，而是作为两种不同的社会思潮。马克思之所以称自己为共产主义者而不是社会主义者，称自己的学说为共产主义学说而不是社会主义学说，按照恩格斯的说法，是因为，"在 1847 年，社会主义意味着资产阶级的运动，共产主义则意味着工人的运动。当时，社会主义，至少在大陆上，是上流社会的，而共产主义却恰恰相反"③。

施存统的这一解读应该受到了列宁的影响。在《国家与革命》（1917）中，列宁明确把共产主义的第一阶段称为社会主义阶段，"通常所说的社会主义，马克思把它称作共产主义社会的'第一'阶段或低级阶段。既然生产资料已成为公有财产，那么，'共产主义'这个名词在这里也是可以用的，只是不要忘记这还不是完全的共产主义。"④ 有时候（更多时候），为了强调第一阶段和高级阶段的区别，列宁直接用社会主义称呼第一阶段，而用共产主义称呼第二阶段，"社会主义和共产主义之间的科学区别，只在于第一个词是指从资本主义生长起来的新社会的第一阶段，第二个词是指它的下一个阶段，更高的阶段"⑤。这样，给人的感觉是，社会主义和共产主义是未来的两种社会形态，而不是同一社会形态

---

① 施存统：《马克思的共产主义》，载《新青年》第 9 卷第 4 号，1921 年 8 月 1 日版。

② 河上肇：《马克思的理想及其实现底过程》，施存统译，载《东方杂志》第 19 卷第 6 号，1922 年 3 月 25 日版。

③ 《马克思恩格斯选集》第 1 卷，人民出版社 1995 年版，第 264 页。

④ 《列宁选集》第 3 卷，人民出版社 1995 年版，第 199—200 页。

⑤ 《列宁选集》第 4 卷，人民出版社 1995 年版，第 10 页。

的两个阶段。

列宁的解释，而不是马克思本人的看法，后来成为中国共产党人尊奉的经典。毛泽东喜欢"社会主义"和"共产主义"这样直截了当、简明有力的说法："社会主义社会也要死亡，不然共产主义怎么来？共产主义也不是一个办法，几万年不变化，辩证法的生命力不断走向反面。万物总是发生、发展到消灭……我不相信共产主义不分阶段，不发生质变。"[①]他似乎从来也没有把社会主义看作共产主义的一部分，而是把它看作有别于共产主义的另外一个完全不同的社会发展阶段。至于共产主义里面，也是分阶段的，但这些阶段和社会主义没有什么联系。

第三节　进化与革命

在汉语语境中，"进化"和"革命"给人的感觉是非常不同的（特别是当它们并置时）。前者让人联想到渐变、自然力、非暴力，后者让人联想到突变、人力、暴力。梁启超清楚地解释了两者之间的区别："凡事物之变迁有二种，一缓一急。其变化之程度缓慢，缘周遭之情状，而生活方向，渐趋于一新生面，其变迁时代，无太甚之损害及苦痛，如植物然，观乎其外，始终若一，而内部实时变化，若此者谓之'发达'，亦谓之'进化'（Development or Evolution）。反之，其变化性极急剧，不与周遭之情状相应，旧制度秩序，忽被破坏，社会之混乱苦痛缘之，若此者谓之'革命'（Revolution）。"[②] 马克思的哲学是革命的哲学，这一点即使是它在中国的最初传播时期也是非常清楚的。[③] 在进化论的解释框架中，如何纳入革命的元素，始终是一个棘手的问题（虽然人们已经认识到马克思所说的进化是分阶段的）。这一问题在唯物史观传入以后变得更加突出。

---

①　毛泽东：《关于哲学问题的讲话》，转引自中国社会科学院马克思主义毛泽东思想研究所编《马克思、恩格斯、列宁和我国领导人论社会主义发展阶段》，社会科学文献出版社1989年版，第218页。该书标明此讲话的时间为1965年春（笔者怀疑此讲话即毛泽东在北戴河和吴江、关锋、龚育之等人的谈话，其时间应为1964年8月18日）。

②　梁启超：《社会革命果为今日中国所必要乎》，载《新民丛报》第86号，1906年11月版。

③　例如，朱执信说："盖马尔克固恶战争，虽然，以之去不平，所不可阙，则亦因用之所不能讳者也。"（蛰伸：《德意志社会革命家列传》，载《民报》第2、3号，1906年1月、4月版）。

因为，按照当时的一般性的理解，唯物史观的要旨是要说明社会的进化是一个由生产力推动的社会组织的变迁过程，而阶级斗争对于这个过程来讲是不重要的，或者说是不太重要的（唯物史观的"唯"字在某种程度上可以看作导致这一误解的根源）。于是，有相当一部分人质疑马克思学说中的进化与革命的关系：马克思一面主张社会之生产力为历史的原动力，一面又主张历史从来都是阶级斗争的历史，这显然是自相矛盾的。[①]

针对以上质疑，共产党理论家给出了以下解决方案[②]：将唯物史观继续解释为某种社会进化论，将阶级斗争说（包括革命说以及无产阶级专政说）与唯物史观分离开来，使之构成马克思学说的相对单独的部分，然后再强调它们互相渗透、互相蕴涵。

在《我的马克思主义观》中，李大钊把阶级斗争（阶级竞争）看作贯穿于马克思的历史论、经济论和政策论的一条"金线"。他指出，在历史论（社会组织进化论）部分，马克思承认以往的历史为阶级斗争的历史，在经济论（资本主义的经济论）部分，马克思揭示了当今社会组织是造成工人阶级和资产阶级冲突的必然根源，在政策论（社会主义运动论）部分，马克思把阶级斗争视为推翻现今社会组织的最有效的手段。把马克思学说分为三个部分，只是为了研究上的便利，其实马克思的学说完全是一个有机的系统，各部分之间有着不可分割的关系。由于李大钊本人更倾向于唯物史观的"经济史观"解释，所以他也认为，马克思的唯物史观与阶级斗争说之间确实存在一些矛盾。"他（马克思——引者）说自从土地共有制崩坏以来，经济的构造都建立在阶级对立之上。生产力一有变动，这社会关系也跟着变动。可是社会关系的变动，就有赖于当时在经济上占不利地位的阶级的活动。这样看来，马氏实把阶级的活动归在经济行程自然的变化以内。但虽是如此说法，终觉有些牵强矛盾的地方。"李大钊以为，唯物史观过分强调了经济的决定作用，似乎只是把被压迫阶

---

① 参见陈独秀《答蔡和森（马克思学说与中国无产阶级）》，载《新青年》第 9 卷第 4 号，1921 年 8 月 1 日版。

② 某些国民党理论家，例如胡汉民，给出的方案是类似的。胡汉民的文章《唯物史观批评之批评》（载 1919 年 12 月出版的《建设》第 1 卷第 5 号）"丁"部专门反驳了"以为与阶级斗争说矛盾而非难唯物史观者"，其基调和内容与共产党理论家大致相同。这主要是因为，他们都受到了日本社会主义者的影响。按照德里克使用过的术语，胡汉民属于"国民党马克思主义者"。

级的反抗当作经济组织实现自我变迁的一个工具，这样就和政策论部分鼓励阶级斗争的做法不一致，但在一种学说的初创期，为了达到矫枉过正的目的，这种做法是难免的。

在 1922 年的《马克思的经济学说》这篇演讲中，李大钊不再坚持进化说和革命说的矛盾。"'社会主义'之发生，恰如鸡子在卵壳里发生一样。'社会主义'之想打破资本主义的制度，亦恰如鸡子之想打破卵壳一样。卵壳打破，才能产生一个新生命；卵壳打破，才能产生一个新局面。在这卵壳尚未打破的时期，是一种进化现状。到鸡子已经发生成熟的时期，便非打破这壳不可。'社会主义'也是如此。到了已经发生成熟的时期，便非打破这资本主义的制度不可，打破卵壳是革命的现象，打破这资本主义的制度也是革命的现象。有些人愿意进化而不愿意革命，'但是我们也要知道，革命乃是我们更大的途程'。鸡子在卵壳里，长了眼睛，长了头，长了毛，既然非打破这壳不可，那么，'社会主义'到了他羽毛丰满的时候，自然也非打破资本主义不可。鸡子打破他的卵壳，'社会主义'去打破资本主义，这都是'革命'——'革命是不可避免的'。"①这里，李大钊甚至没有提到阶级斗争，他所谓的革命只是对社会制度突变状态的描写，并不是指无产阶级推翻资产阶级的行动，可见，他仍把阶级斗争视为社会组织进化中的一个辅助性因素，仍未摆脱经济决定论的影响。

相比之下，陈独秀对唯物史观和阶级斗争说的统一关系、进化说与革命说的统一关系的辩护要积极的多。在《马克思学说》这篇文章中，他明确说："唯物史观说和阶级争斗说不但不矛盾，并且可以互相证明。"②他认为，《共产党宣言》的精髓正是根据唯物史观来说明阶级斗争的，其要义无非有二：第一，一切过去社会的历史都是阶级斗争的历史；第二，阶级的成立和斗争崩坏都是经济发展的必然结果。根据《共产党宣言》提供的线索，他详细论述了资本主义发生、发展和灭亡的历史，指出，正是由于资本主义产业的高度发展，才造成了无产阶级人数的增加，而无产阶级人数的增加，使得他们能够逐渐结成大的团体，在生活贫困的情况下，这些团体就会产生和资产阶级抵抗的觉悟，进而发生斗争。这些斗争

---

① 李大钊：《马克思的经济学说》，载 1922 年 2 月 21—23 日《晨报》。

② 陈独秀：《马克思学说》，载《新青年》第 9 卷第 6 号，1922 年 7 月 1 日版。

从罢工开始，以革命而结束。从这个过程来看，唯物史观和阶级斗争说实在没有矛盾的地方。

按照陈独秀的理解，唯物史观固然含有自然进化的意义，但是它的要义并不只此，"我以为唯物史观的要义是告诉我们：历史上一切制度底变化是随着经济制度的变化而变化的。我们因为这个要义的指示，在创造将来的历史上，得了三个教训：（一）一种经济制度要崩坏时，其他制度也必然要跟着崩坏，是不能用人力来保守的；（二）我们对于改造社会的主张，不可蔑视现在社会经济的事实；（三）我们改造社会应当首先从改造经济制度入手。在第（一）、（二）教训里面，我们固然不能忘了自然进化的法则，然同时我们也不能忘了人类确有利用自然法则来征服自然的事实，所以我们在第（三）教训内可以学得创造历史之最有效最根本的方法，即经济制度的革命。照我这样解释，马克思主义并没有什么矛盾"①。很明显，陈独秀一方面肯定了经济制度变迁的规律性，另一方面又肯定了人的主观能动性在创造历史中的作用。他特别强调，如果仅仅把唯物史观看做一种呆板的"自然进化说"，看做一种"完全机械论的哲学"，那么也就不能正确地从经济的角度说明历史。陈独秀对唯物史观的理解，无疑要比李大钊更辩证一些。

在 20 年代初，共产党理论家普遍持有下列看法：马克思的理论是唯物史观（进化说）、阶级斗争说（革命说）以及其他某些学说的综合，所以应该全面地把握。例如，蔡和森认为，专讲革命说则必流为感情的革命主义，专讲进化说必流为经济的或地域的投机派主义；马克思主义的精髓在于综合了进化说与革命说，所以能立于不败之地。② 李达认为，唯物史观一方面说明资本制度发展的过程，一方面注重现今社会中新兴阶级的力量；若忽视这种阶级的心理和阶级的自觉，不去助长阶级斗争的运动，社会革命是不可期待的。③ 李汉俊认为，唯物史观，如果没有阶级斗争的参照，就要成为机械论；唯物史观和阶级斗争，如果没有经济学说的参照，只能得到空洞的观念，也就不能了解现在的社会，尤其不能了解将来社会

---

① 陈独秀：《答蔡和森（马克思学说与中国无产阶级）》，载《新青年》第 9 卷第 4 号，1921 年 8 月 1 日版。

② 同上。

③ 李达：《马克思还原》，载《新青年》第 8 卷第 5 号，1921 年 1 月版。

的组织。①

　　由于将唯物史观和阶级斗争说视为两种不同的学说，所以，进化说与革命说至多是一种外在的统一。这种解释框架明显受到了日本社会主义者的影响，特别是河上肇的影响。1924 年的时候，情况发生了一些变化。在瞿秋白的《社会科学概论》中，我们看到，阶级斗争说（革命说）已被视为唯物史观的当然的组成部分。或许正是从瞿秋白开始，中国的马克思主义者开始将目光转向苏联，寻找一种和日本社会主义者的解释范式不同的范式。瞿秋白的《社会科学概论》和布哈林的《历史唯物主义》有明显的类似之处，甚至可以说，前者只是后者的一个改编本。

　　《社会科学概论》把阶级斗争说引入唯物史观，试图把进化说与革命说变成内在的统一。大致而论：经济的基础——技术，因人类以之适应自然而日有变易（所谓工业"革命"），经济关系因之而变（城市生活及商业关系的发展），政治制度及法律亦就渐渐变动（国会里的争执及民法商法上习惯的积累）。于是社会心理潜伏新潮（文艺复兴前后），久而久之，社会思想就大起激变（启蒙时代）；凡此都还只是数量上的渐变，——所谓"进化"。这些根源于经济的变更，逐步帮着经济进化，积累既久，便引起社会上的突变——"大革命"。② 进化是社会发展过程中的量变，革命是社会发展过程中的质变，量变积累到一定程度便引发质变。这里的革命不仅指社会形态的更替，也指被压迫阶级推翻压迫阶级的行动。

　　从上述种种努力看，无论是李大钊、陈独秀还是瞿秋白，他们都无法成功地在社会进化论的框架中将进化说与革命说完美地结合起来。要么承认马克思的唯物史观是进化论，而让阶级斗争说停留在唯物史观之外，要么把阶级斗争说纳入唯物史观，而否认唯物史观是进化论。

　　如果不考虑马克思哲学的体系特征及其名称，只考虑社会历史发展过程中进化和革命的关系，那么，我们可以发现，李大钊、陈独秀和瞿秋白的看法其实并没有太大区别。他们都认为，进化和革命是社会历史发展进程中的不同阶段。在生产关系和生产力总体上相适应的阶段，阶级斗争并

---

　　① 李汉俊：《研究马克思学说的必要及我们现在入手的方法》，载《民国日报》副刊《觉悟》1922 年 6 月 6 日。

　　② 瞿秋白：《社会科学概论》第 12 章，上海书店 1924 年 2 月版。

不会导致革命，社会处于进化的阶段；而在生产力和生产关系总体上不相适应的阶段，阶级斗争将会导致革命，社会处于革命的阶段。另外，在他们那里，进化似乎总是与某种非暴力的方式相连，而革命似乎总是与某种暴力的方式相连。

然而，马克思并没有把进化和革命视为截然不同的阶段。实际上，革命内在于社会进化的整个过程中，构成了其中的若干个环节。马克思在《哲学的贫困》中提到，只有在没有阶级和阶级对抗的情况下，社会进化将不再是政治革命。而在这以前，在每一次社会全盘改造的前夜，社会科学的结论总是："不是战斗，就是死亡；不是血战，就是毁灭。问题的提法必然如此。"① 在存在阶级和阶级斗争的情况下，社会进化包含了政治革命（政治革命同时也是社会革命）。只有在没有阶级和阶级斗争的情况下，社会进化才不包含政治革命。但是无论有没有政治革命，社会都是进化的，社会进化并没有因为革命而中断。

另外，革命可以有暴力和非暴力两种形式。马克思强调暴力革命的方式，这一点是我们所熟知的，但是，马克思有时候也鼓励非暴力革命的方式（特别是在 60 年代以后的作品中，这可能与国际工人协会的斗争策略有关）。马克思在与《世界报》记者 R. 兰多尔的谈话（1871 年 7 月 3 日）中表露了这样的思想：社会形态的更替要通过革命，革命既可以是暴力的，也可以是非暴力的，究竟采用哪种方式，要根据客观情形而定，绝不反对在可能的情况下通过非暴力的方式取得政权。他明确地说，"凡是利用和平宣传能更快更可靠地达到这一目的的地方，举行起义就是不明智的"②。如果从"非暴力"的角度去理解进化，那革命仍可以是进化的一部分。

革命和进化并没有冲突，或者说，马克思的哲学是不是一种进化论不应该由它是否宣扬革命来判断。瞿秋白以后，社会进化论范式衰落的一个重要原因是，很多人相信革命与进化是冲突的：唯物史观既然是宣扬革命的，那它就不是主张进化的。这个理由从达尔文主义的观点来看或许成立，但问题是，马克思主义是不是一种达尔文主义？

---

① 《马克思恩格斯选集》第 1 卷，人民出版社 1995 年版，第 195 页。
② 《马克思恩格斯全集》第 44 卷，人民出版社 1972 年版，第 690 页。

第四节 进化论还是进步论?

在 20 世纪 20 年代以前,"进化"和"进步"两个词在汉语中基本是混用的。随着第一次世界大战的结束以及资本主义社会弊病的充分显露,有人开始质疑"进化"一词的肯定性意义并试图把它和"进步"区别开来。"我真不解一般人所说的进化是什么意义? 说进化是进步吧,从前的弓矢,抵不得现代枪炮的利害,杀人盈野;说进化是退步吧,那达尔文先生,在九泉之下,一定气得胡子翘起来;说进化是一种自然的趋势,但这种趋势,是不是原本的自然? 是不是没经过人类的炮制? 我们又不敢骤然断定。"① 虽然这位作者只是就进化与进步的差别进行一般性提问,但却有助于我们思考如下问题:如果我们把马克思的哲学称为"社会进化论",那么它和达尔文的进化论有什么不同? 如果一定要用"进化"或类似的词语来概括马克思哲学的体系特征,那么,"社会进步论"是不是一个比"社会进化论"更好的表达? 本节将尝试回答这两个问题。在最后的答案揭晓之前,本文仍旧按照先前的叙述习惯将马克思的哲学称为"社会进化论"。

一 关于进化的目标

达尔文认为,自然选择的结果会导致物种趋于完善(perfection),但是,这只是就它适应自然的能力而言的。实际上,物种进化的方向是不确定的,因为任何的进化都是对不断变化的环境的一种回应。无论物种向哪个方向进化,只要它能生存下来,都是一种成功的回应。彼得·狄肯斯正确地指出,"在达尔文的进化概念中并不带有这一假设:变化必然意味着进步或者方向。在达尔文那里,未来是敞开的,变化方向是偶然的。达尔文的理论也不暗示任何有关'方向'或者内含'目的'的概念,尽管达尔文偶尔有过这种提法。达尔文的整个理论奠基于有机物种所发生的自发变异这一概念。这意味着并不必然会导致复杂性和异质性的增加"②。达

---

① A. D:《破坏论(一)》,载《奋斗》第 5 号,1920 年 5 月 3 日版。
② 彼得·狄肯斯:《社会达尔文主义——将进化思想和社会理论联系起来》,涂骏译,吉林人民出版社 2005 年版,第 32 页。

尔文之所以竭力避免为进化设定某种目标，是因为他相信，如果他那样做，又陷入了某种带有神创论特征的目的论。

然而，马克思并不认为，在达尔文的进化论中，目标的概念是完全无意义的。在承认达尔文的进化论"不仅第一次给了自然科学中的'目的论'以致命的打击"的同时，他也承认，进化论"也根据经验阐明了它的合理的意义"①。或许，在马克思看来，一个完全由偶然造成的自然界是不可思议的，完全的偶然也就是完全的必然，它仍然是非常神秘的。达尔文对未来的某种进化方向的揭示，其实就隐藏在他对进化条件的经验描述之中。或者也可以说，通过对这些条件进行分析，我们也可以合理地预测物种进化的方向。

马克思本人的社会分析正基于这样一种信念之上。马克思明确为人类社会的发展指明了目标——社会主义与共产主义。这个目标不是凭空设定的，它基于对社会发展规律的认识。这个规律简单来说就是，生产力决定生产关系，经济基础决定上层建筑。在人类社会的早期，由于生产力水平低下，没有剩余产品，没有阶级，没有剥削，社会处于原始公有制阶段，随着生产力的进一步发展，人类进入私有制社会，根据不同的生产关系类型，这些社会又可划分为奴隶社会、封建社会和资本主义社会。在一种自然发展的状态下，这三种社会呈现出时间上的先后顺序。资本主义社会是私有制发展的最后阶段，它的大工业的生产方式为这种制度准备了无产阶级这个掘墓人，同时也为将来的公有制社会准备了物质基础。社会主义和共产主义的制度，是资本主义社会基本矛盾的根本解决之道，严格地说，它并不是被设计的，而是被决定的。虽然人类的活动有时也可以加速或延缓社会进步的过程，但是，它并不能改变历史前进的方向。从世界历史的角度看，所有的社会最终都要发展到社会主义（共产主义）社会。

二 关于进化的过程

达尔文认为，在生存竞争中，那些最适应的个体能够存活下来，它们的性状得以保存，并通过繁殖得以延续和扩大，假定这个过程不断进行，微小的变化不断积累，那么，长此以往，就会导致新的物种的形成。"自然选择仅能借着轻微的、连续的、有利的变异的累积而发生作用，所以它

---

① 《马克思恩格斯全集》第 30 卷，人民出版社 1975 年版，第 574—575 页。

不能产生巨大的或突然的变化；它只能按照短小的和缓慢的步骤而发生作用。因此，'自然界里没有飞跃'这一格言，已被每次新增加的知识所证实。"①达尔文明确持有一种渐进论的观点：物种与物种之间的过渡只有渐变，没有突变，如果物种之间的过渡似乎呈现出某种突变的特点，那也不过是因为中间类型已经灭绝或地质记录不全而已。

诚然，马克思并不否认社会进化的过程是一个渐变的过程。"当他（马克思——引者）证明现代社会，从经济上来考察孕育着一个新的更高的形态时，他只是在社会关系方面揭示出达尔文在自然史方面所确立的同一个逐渐变革的过程。"②但是，马克思更为强调，社会进化的过程中也存在着突变：一种生产关系取代另一种生产关系，是社会进化过程中的突变，根据占统治地位的生产关系的不同，人类社会可以明确划分为若干种经济社会形态。

首先，生产关系之间没有过渡类型。在某种社会形态的早期和中期，生产关系总体上是适应生产力发展要求的，但是，"社会的物质生产力发展到一定阶段，便同它们一直在其中运动的现存生产关系或财产关系（这只是生产关系的法律用语）发生矛盾。于是这些关系便由生产力的发展形势变成生产力的桎梏。那时社会革命的时代就到来了"③。社会革命以改变生产关系为目的。新的生产关系的建立，只能以彻底摧毁旧的生产关系为前提。当然，在原有社会形态中，统治者出于维护自身利益的需要，也会对旧的生产关系进行一些调整，但这种调整只是局部的和轻微的，它绝不会改变原有生产关系的性质，更不会使之发展成为一种新的生产关系类型。

其次，生产关系的进化可以是跨越式的。这里指一种跨度更大、突变程度更高的情况。在一种自然发展的状态下，原始社会应当过渡到奴隶社会，但是，由于某种外在原因，例如，这个社会之外的某种力量的提升，原始社会可以直接过渡到封建社会、资本主义社会，甚至是社会主义社会。英国对印度的殖民统治使得资本主义制度直接取代了印度的原始社会

① 查理·达尔文：《物种起源》，周建人、叶笃庄、方宗熙译，商务印书馆1995年版，第538页。

② 《马克思恩格斯全集》第31卷，人民出版社1972年版，第410页。

③ 《马克思恩格斯选集》第2卷，人民出版社1995年版，第32—33页。

制度，而马克思本人相信，西欧国家的无产阶级革命的成功也会帮助俄国在原始公社制（虽然只是残余）基础上直接建立社会主义公有制。（中国的例子更为典型：在新中国实行社会主义制度时，某些少数民族聚居的边远地区仍然处于原始社会，不久它们就被带入社会主义社会，从而省却了中间的发展阶段）。

马克思对达尔文只强调物种的渐变而否认其突变的做法表现出了不满，这部分解释了他对特雷莫著作感兴趣的原因。"有一本很好的书……这就是1865年巴黎出版的比·特雷莫的著作《人类和其他生物的起源和变异》。尽管我发现了一些缺点，但这本书比起达尔文来还是一个非常重大的进步。……在达尔文那里，进步是纯粹偶然的，而在这里却是必然的，是以地球发展的各个时期为基础的。"[①] 特雷莫显然相信地球发展的分期可以成为划分生物进化阶段的基础，而这与达尔文是不同的。马克思想要通过特雷莫的著作证明：突变的现象不仅存在于人类社会，也存在于自然界，或者说，在自然界中也像在人类社会中一样存在着必然的"进步"。

三　关于进化的动力

达尔文认为，一切物种的数量都有高速率增加的倾向，由于可供分享的食物和生存空间有限，因此必然发生生存斗争。斗争可以发生在同种的个体之间，也可以发生在异种的个体之间，还可以发生在物种与周围的环境之间。同种个体之间的斗争是激烈的，因为它们在习性、体质、构造方面非常相似，它们要分享的食物和生存空间也非常相似。生存斗争推动着物种向更加适应环境的方向进化，因此也可以说，生存斗争是物种进化的动力。

在达尔文的整个理论体系中，关于生存斗争的思想是马克思借鉴最多的，也是他评价最高的。在给恩格斯的一封信中，马克思提到，达尔文的《物种起源》一书为他们的观点"提供了自然史的基础"[②]。这个观点也就是后来马克思在给拉萨尔的一封信中明确指出的阶级斗争观点："达尔文的著作非常有意义，这本书我可以用来当作历史上的阶级斗争的自然科

---

① 《马克思恩格斯全集》第31卷，人民出版社1972年版，第250页。
② 《马克思恩格斯全集》第30卷，人民出版社1975年版，第131页。

学根据。"①

　　然而，在马克思的著作中，我们却找不到一个关于阶级的现成定义。《资本论》第3卷的最后一章标题是"阶级"，似乎表明马克思在这里要对"阶级"进行详细的阐述，但手稿只进行了一页便终止了，恩格斯不无遗憾地评注道："手稿到此中断"。不过，从马克思对历史上的生产方式的分析来看，"阶级"这个概念的基本内容还是清楚的，也就是，阶级是不同的利益集团，其中某些集团凭借对生产资料的占有取得物质生产过程中的统治地位，并进一步取得国家权力生产过程中的统治地位，从而能够实现对不占有生产资料的集团的剥削、控制和支配。由于利益的根本对立，阶级之间的冲突在所难免。但是，人类社会的阶级斗争和自然界的物种斗争呈现出不同的特点。第一，物种斗争起因于对食物、地盘、异性的争夺，而阶级斗争既可以围绕物质生活方面的利益而展开，也可以围绕精神生活方面的利益而展开，既争夺生存的权利，也争夺发展的权利；第二，物种斗争以个体为单位进行，阶级斗争以集体为单位进行，人类社会还经常出现几个阶级联合起来对抗另外一些阶级的情况；第三，物种斗争仅限于"热战"，而"阶级斗争"既可以采取"热战"的形式，也可以采取"冷战"的形式，既可以诉诸暴力途径，也可以诉诸和平途径，既可以用武器进行批判，也可以把批判当作武器。

　　重要的是，马克思不仅注意到了阶级斗争在推动社会进化中的作用，更注意到了社会基本矛盾运动在推动社会进化中的作用。与前者相比，后者处于一种更为基础性的地位。社会基本矛盾也就是生产力与生产关系的矛盾、经济基础与上层建筑的矛盾。"人们在自己生活的社会生产中发生一定的、必然的、不以他们的意志为转移的关系，即同他们的物质生产力的一定发展阶段相适合的生产关系。这些生产关系的总和构成社会的经济结构，即有法律的和政治的上层建筑竖立其上并有一定的社会意识形态与之相适应的现实基础。物质生活的生产方式制约着整个社会生活、政治生活和精神生活的过程。不是人们的意识决定人们的存在，相反，是人们的社会存在决定人们的意识。"② 与阶级斗争相比，社会基本矛盾运动的基础性地位至少表现在三方面：第一，它遍及一切社会形态，第二，它贯穿

---

① 《马克思恩格斯全集》第30卷，人民出版社1975年版，第574—575页。
② 《马克思恩格斯选集》第2卷，人民出版社1995年版，第32页。

某一社会形态始终；第三，在阶级社会中，它决定着阶级斗争起作用的大小、范围和方式。

通过上述几个方面的比较，我们现在可以说，在满足一定条件时，我们可以把马克思的哲学（唯物史观）称为"社会进化论"，这个条件就是避免把它理解为达尔文主义在社会历史领域里的直接应用——把达尔文主义直接应用于社会历史领域，只会产生社会达尔文主义①，而不会产生马克思主义；如果我们有意强调马克思哲学与达尔文进化论的区分，一个更为恰当的选择是，把马克思哲学称为"社会进步论"，而不是"社会进化论"。

---

① "社会达尔文主义"的名称首见于美国历史学家理查德·霍夫施塔特（Richard Hofstadter）的著作《美国思想中的社会达尔文主义》（*Social Darwinism in American Thought*，1944），指的是将达尔文主义用于社会分析的社会学理论，它的鼻祖一般被认为是斯宾塞。社会达尔文主义的原则通常是由达尔文的生物进化论直接推导而来，例如，主张自由竞争的资本主义，声称帝国主义、殖民主义、种族主义具有道德上的合理性，宣扬优生学理论等。

第十八章

毛泽东创建中国化形态马克思主义哲学的独特条件

探讨中国化形态的马克思主义哲学，首先就要面对毛泽东。这是因为在中国的马克思主义哲学中国化运动中，毛泽东的贡献最大，最有自己的特色，是毛泽东首创了马克思主义哲学的中国化形态，毛泽东哲学思想就是中国化形态的马克思主义哲学，是马克思主义哲学中国化最有代表性的理论成果，这在中国学术界已是一种共识。那么，毛泽东为什么能够在马克思主义哲学中国化方面作出巨大贡献？换言之，毛泽东创建中国化形态马克思主义哲学的独特条件是什么？根据多年的研究和探讨，我们认为：毛泽东作为一个致力于马克思主义哲学中国化的实践主体，必须具备这样三个基本条件：一是深厚的中国传统哲学文化根基，这是实现马克思主义哲学中国化的思想土壤、立足之基；二是必备的西方哲学文化知识，这是接受马克思主义哲学、把马克思主义哲学中国化的必要中介；三是丰富的社会阅历和革命实践经验，这是创建中国化形态马克思主义哲学的实践平台以及将马克思主义哲学"中国化"的大熔炉。毛泽东所具备的这些得天独厚的条件，是他创建中国化形态的马克思主义哲学所不可或缺的。

第一节 深厚的中国传统哲学文化根基

探讨马克思主义哲学中国化形态问题，无法回避中国传统思想文化与马克思主义哲学的关系。而对中国传统思想文化的界定，则一直是个争论很大的问题。在中国实现改革开放之前，人们习惯将中国传统思想文化分为精华和糟粕两部分，注意力主要集中在精华部分对马克思主义哲学中国化形态的作用和影响。改革开放以来，人们对这个问题看法趋于多样化。

有人将中国传统思想文化分为正统主流思想文化、非正统主流思想文化和反正统主流思想文化三种；有人将中国传统思想文化分为士大夫雅文化和一般民众的俗文化两种；有人将中国思想文化传统分为"精英文化传统"与"民间文化传统"；有人则用"显型文化"与"隐型文化"来概括中国传统思想文化的基本内容，如此等等。这些不同看法反映了各种不同的研究视角。在我们看来，可以将中国传统思想文化分为"正统主流文化"（或占统治地位的思想文化）与"非正统边缘文化"（即不占据统治地位的思想文化）两部分。这样的划分虽说是"偏颇"了一些，但却是比较正统的。事实上，这样的划分只有相对的意义，因为这两部分之间从来就是相互影响、相互渗透的。毛泽东所接受的中国传统思想文化教育和影响，主要来自这两个方面。童年的强制性教育（私塾）和青年时代的刻苦钻研，再加上天生过人的理解力和记忆力，使得毛泽东和同辈人相比，具有更深厚的中国传统思想文化根基。这个根基对毛泽东创建马克思主义哲学的中国化形态、实现马克思主义哲学中国化的作用和影响是很大的，同时也是多层次、多渠道的，是很复杂的。中国学术界过去对这个问题的研究过于简单，甚至带有片面性。近年来，已经开始注意这方面的问题，在充分肯定其正面的、积极的作用和影响是主要的同时，注意研究其负面的、消极的作用和影响的存在，并给以足够的重视，认真总结这方面的经验教训。

一　统治阶级思想文化的教育和影响

毛泽东出生的年代，西方思想文化虽然已经破门而入，但中国传统思想文化，特别是统治阶级的正统思想文化仍然在中国人的社会生活中占主流地位。因此，毛泽东从小所接受的教育，仍然是以"四书""五经"为代表的统治阶级思想文化，即儒家思想文化。正如毛泽东自己说的："我七岁起，就在本村一个小学读书，一直到十三岁。每天清早和晚上，我在田里做工，白天就读《四书》。"[①] 这也就是 1964 年 8 月 18 日毛泽东在北戴河同哲学工作者谈话时说的"六年孔夫子"，即在韶山周围的南岸、关公桥、桥头湾、钟家湾、井湾里、乌龟井、东茅塘六处私塾读了六年孔夫子的书。毛泽东也和当时的许多儿童一样，首先从《三字经》、《百家

---

① 《毛泽东自传》，解放军文艺出版社 2001 年版，第 4 页。

姓》、《增广贤文》、《幼学琼林》这些儒家传统思想文化的普及读物入门，然后再读《四书》《五经》。毛泽东虽然不喜欢这些枯燥难懂的经书，但天资的聪慧，使他仍然能够把中国传统思想文化的基础知识熟记于心，日后用起来是那么得心应手。在这六年"童子功"的基础上，毛泽东又先后就读于湘乡东山小学、湘乡驻省中学、湖南省立一中、湖南第一师范学校，中国传统的经、史、子、集一直是他的必修课。特别是在湖南第一师范读书时，毛泽东"每天总是在天色微明时就起身，晚上熄灯后还借外面一点微弱的灯光苦读，从不肯浪费半点时间，而且持之以恒。从先秦诸子到明清时代思想家的著作，从二十四史到司马光的《资治通鉴》，从《昭明文选》到《韩昌黎全集》，从顾祖禹的《读史方舆纪要》到本省的县志，他都认真地研读。他在给好友萧子升的信中开列了七十七种古代经、史、子、集的著作，说'苟有志于学问，此实为必读而不可缺'"。①

　　陈晋著的《文人毛泽东》一书，曾从不同方面非常详细地探讨了毛泽东所具有的超出常人的深厚传统思想文化根基是如何打下的，说明这里既有先天条件（如过人的理解力和记忆力）的作用，更靠后天的勤奋和努力。这其中有三件事是很有代表性的：一是毛泽东青年和晚年都喜欢读的中国传统思想文化经典《昭明文选》，该书不仅为毛泽东一生的讲话和写作提供了取之不尽的语言、知识素材，而且在 1959 年的庐山会议上，毛泽东还把其中西汉辞赋家枚乘的《七发》印发给与会者，同时附有一篇长文介绍，其中说道："我少时（即湖南第一师范读书时）读过此文，四十多年不理它了。近日忽有所感，翻起来一看，如见故人。聊效野人献曝之诚，赠之于同志。"并且认为《昭明文选》"所收曹植《七启》，张协《七命》，作招隐之词，跟屈（原）、宋（玉）、贾（谊）、枚（乘）唱反调，索然无味了"。这样的评价集中反映了毛泽东对中国古代思想文化的熟悉程度。毛泽东借此委婉告诫与会者，不可谓不用心良苦，手法精妙，臻于化境！新中国建立后，毛泽东多次要过《昭明文选》来读。他批注过的版本，现存的就有三种。在一本李善注解本的封面上，他还写了"好文宜读"四个大字，里面做了不少圈画。在他生前，卧室里有用大字排印的江淹的《别赋》、《恨赋》，谢庄的《月赋》，谢惠连的《雪赋》，庾信的《枯树赋》，封面上都有红铅笔画的大圈。这是他晚年因有眼疾，

---

① 《毛泽东传》（1893—1949）上册，中央文献出版社 1996 年版，第 18—19 页。

看书不便，特意嘱咐印制的，由此可见其对这本书的钟爱。二是毛泽东在湖南第一师范学校老师袁仲谦的"强迫"下，苦读《韩昌黎诗文全集》，钻研古代散文写作技巧，从而使自己的文章"深得汉末散文家孔融的'笔意'"，"透露庄子、孟子、韩愈散文的气息"，具有超出一般人的深厚的古文知识基础和古文写作能力。到了晚年，毛泽东还要工作人员专门替他找《韩昌黎全集》来读，平时讲话，也常常举韩文为例。偶然在《新唐书·李汉传》里读到，李汉"少事韩愈，通古学，属韩文，辞雄蔚，为人刚略，类愈。愈爱重，以女妻之"，便提笔批注："韩愈文集，为李汉编辑得全，欧阳修得之于随县，因以流传，厥功伟哉。"看来是把"文起八代之衰，道济天下之溺"（苏轼名评）之韩愈的文集的传世视为了不起的事情。在读到《新唐书·姚崇传》叙述姚崇向唐玄宗上书论佛一段文字时，毛泽东又批道："韩愈佛骨表祖此。"韩愈的《谏佛骨表》写于唐元和十四年，是在姚崇上唐玄宗论佛书 89 年之后。韩文与姚文确实一脉相通，如果不是对韩文读得精熟，大概不会由姚崇上书而产生如此联想的，此文对毛泽东"破四旧"运动影响巨大。三是毛泽东爱读桐城学派核心人物姚鼐编的《古文辞类纂》，学生时代就在袁仲谦老师的影响和指导下，认真阅读。新中国建立后，他从北京图书馆借了还，还了又借，看了许多遍。在一本同治年间江苏书局重刊版《古文辞类纂》上，还写了不少批语。毛泽东还对桐城学派主张"义法"（"义"就是言有物，"法"就是言有序，既反对质木无文的学究文章，也反对拖泥带水的虚浮文风）、讲究写作技巧给以充分肯定。如 1938 年 4 月 28 日，毛泽东在延安"鲁艺"演讲时就讲道：清代桐城派做文章讲义法，用现在的术语来说，就是讲技巧，这也是要学的。因为没有良好的技巧，就不能表现丰富的内容。[①]

　　上述具体事例表明，毛泽东对中国传统思想文化的了解和掌握，在同辈人中是出类拔萃的。如此雄厚的传统思想文化根基，为毛泽东把马克思主义哲学中国化提供了得心应手的素材和技巧，同时也使得毛泽东的文章写作，从青年时代起就超出一般人，中年后更是挥洒自如、炉火纯青。无论是古朴刚健的古文（如 1936 年"西安事变"后三天毛泽东起草的一篇古文通电、1937 年 4 月毛泽东起草的《祭黄帝陵文》等），还是纵论时政

---

① 　参见陈晋《文人毛泽东》，上海人民出版社 1979 年版，第 14—16 页。

的《论联合政府》《论人民民主专政》，都是那么的语句沉着、笔力遒健、超凡脱俗、至性流露，读起来是那么的令人舒心、畅快。就是在今天，我们随手翻阅《毛泽东文集》中的任何一篇文章，都能感受到它深厚的传统思想文化底蕴，它文风的踏实、文字的优美、精练，和现在的某些文章相比，没有言之无物的浮华辞藻，更没有迎奉阿谀的套话、空话。在我们看来，毛泽东的文章很"耐读"，读它们是一种"享受"，它们犹如制作精良的美酒，时间越长，其味道和价值就越发显得不一般。

系统的中国传统思想文化教育，使得毛泽东具备了一个中国传统知识分子所必须具备的知识，尤其在文史哲方面更是基础雄厚，迥异常人。中国传统知识分子所具有的那种"修身、齐家、治国、平天下"的理想抱负；那种以民为本、为民做主、救黎民于水火的社会责任感；那种高度重视精神的作用、追求伦理道德的高标准严要求的高尚情操等，都在毛泽东的身上得到传承。中国传统哲学所特有的政治哲学色彩、"体用不二"所体现的本体观与方法论的高度统一、对伦理道德修养和精神作用的一贯强调以及短小精悍、警句格言式的表现风格等，也都在中国化形态的马克思主义哲学——毛泽东哲学思想中得到了传承。可以说，中国传统思想文化中的修身美德、思维特点、价值观念、情感方式、审美意识等，不仅对青年毛泽东世界观、人生观的形成产生了巨大作用，而且也对毛泽东后来接受马克思主义、努力使马克思主义哲学中国化的实践和理论，有着长久而深刻影响。

关于中国传统思想文化对毛泽东哲学思想——中国化形态马克思主义哲学的作用和影响问题，在过去相当长的一段时期内重视不够，并且常常简单化，满足于表面现象。正如何显明在《毛泽东的心路历程》一书中指出的：在毛泽东与中国传统文化的关系问题上，我们以往的研究成果往往只局限于例证毛泽东怎样广泛地运用传统成语典故、神话故事，引用古代经典，以及如何运用具有鲜明的中国语言风格的表述方式来阐释马克思主义理论，局限于说明毛泽东改造了几对传统哲学范畴等。事实上，中国传统文化对毛泽东的影响，要比人们通常所理解的深刻得多、丰富得多。从价值理想、思维方式、审美情趣、生存风格，到人格信念，毛泽东精神世界的每一个侧面，都深深地浸润在中国传统文化的精神之流中。离开中国传统文化，我们根本无法想象现代中国历史舞台上会诞生这样一位神奇而独特的毛泽东。

中国传统思想文化，特别是文人士大夫阶层的许多正统思想文化观念（如前面提到的理想抱负、社会责任感、道德情操，以及中国传统哲学的特有风格等），在毛泽东接受马克思主义之前，已经深深扎根于他的思想意识之中，构成了他一生思想文化观念形成和发展的主色调，成为他理解和接受马克思主义哲学并努力使之中国化的思想文化基础和背景。马克思曾经说过的："人们自己创造自己的历史，但是他们并不是随心所欲地创造，并不是在他们自己选定的条件下创造。而是在直接碰到的、既定的、从过去继承下来的条件下创造。一切已死的先辈们的传统，像梦魇一样纠缠着活人的头脑。"[①]　恩格斯也曾经指出："同任何新的学说一样，它必须首先从已有的思想资料出发，虽然它的根子深深扎在物质的、经济的事实中。"[②]　当代西方解释学家也同样看重社会环境、历史景况、文化背景、传统观念等先前存在的条件和因素，对一个人理解某种思想学说、形成这种思想学说的新的理解形态的巨大影响，将它们称之为"理解前结构""先见"或"前见"。我们今天研究中国化形态的马克思主义哲学的形成，显然不能忽视西方解释学家们所重视的"理解前结构"或"先见"（我们认为他们的见解在一定意义上是马克思恩格斯有关论述的承继和发展），要探讨这些"理解前结构"或"先见"在中国化形态的马克思主义哲学形成过程中的作用和影响。

在毛泽东接受马克思主义之前，实际上已存在的"理解前结构"基本属于中国传统哲学文化的内容。例如他也和中国传统知识分子一样，非常看重思想伦理道德在改造社会中的作用，把它们视为"大本大原"，认为"民智污塞，开通为难，欲动天下者，当动天下之心，而不徒在显见之迹。动其心者，当具有大本大原"。"今吾以大本大原为号召，天下之心其有不动者乎？天下之心皆动，天下之事有不能为之者乎？天下之事可为，国家有不富强幸福者乎？"[③]　对于毛泽东这个时期所看重、所强调的"大本大原"究竟是什么？学术界有不同看法。有人认为它很有些像客观唯心主义哲学家心目中的"道"（老子）、"理式"（柏拉图）、"绝对精神"（黑格尔），是宇宙生成和发展的根本原则，是支配社会历史发展的

---

① 《路易·波拿巴的雾月十八日》，《马克思恩格斯选集》第 2 版，第 1 卷，第 585 页。
② 《社会主义从空想到科学的发展》，《马克思恩格斯选集》第 2 版，第 3 卷，第 719 页。
③ 《毛泽东早期文稿》，湖南出版社 1995 年版，第 85 页。

客观规律。也有人不同意上述看法，认为这种看法误解了毛泽东说的
"大本大原"的含义，不恰当地估计了青年毛泽东的思想高度。毛泽东这
个时期所说的"大本大原"只能是中国传统的孔孟学说。因为中国几千
年来一直把孔孟之道视为"大本大原"，青年毛泽东在接受马克思主义之
前，基本属于中国传统（正统）知识分子，这还可以从他当时明确表示
其"独服曾文正"的心态中得到佐证。① 而在我们看来，毛泽东这个时期
所说的"大本大原"，显然是一种带根本性的、类似于孔孟之道的哲学思
想或伦理道德观念，是一种能够从根本上促使人们觉悟、引导人们去行动
的精神动力、精神指南。其文献根据是毛泽东自己说过"故愚以为，当
今之世，宜有大气量人，从哲学、伦理学入手，改造哲学，改造伦理学，
根本上变换全国之思想，如此大蠢一张，万夫走集；雷电一震，阴噎皆
开，则沛乎不可御矣"。② 把"大本大原"说成"历史发展的客观规律"，
显然有削足适履、食洋不化之嫌；把它等同于孔孟之道，则缺少直接的证
据。把"大本大原"看作类似孔孟之道的精神性的哲学思想或伦理道德
观念，看重或强调他们的作用和力量，应该说是毛泽东接受马克思主义之
前，中国传统思想文化教育和影响的一个具体体现。

正像中外许多学者所肯定的那样，中国传统哲学在一定意义上说是一
种伦理道德哲学。看重伦理道德的作用，追求伦理道德精神的最高境界是
中国传统哲学的特色所在。毛泽东在接受马克思主义哲学之前受中国传统
哲学的教育和影响，非常相信哲学伦理道德的作用。这样的"理解前结
构"在接受马克思主义哲学之后，就很自然地融入马克思主义哲学之中，
使马克思主义哲学具有伦理道德哲学的色彩，即东方特色。这集中表现为
在中国化形态的马克思主义哲学——毛泽东哲学思想中，就有着对人的伦
理道德修养、伦理道德情操、伦理道德标准的高度重视和不懈追求，如毛
泽东著名的"老三篇"（即《为人民服务》《纪念白求恩》《愚公移山》）
中所高扬的"三大精神"，即作为中国共产党根本宗旨的"为人民服务"
精神；作为中国共产党人精神道德追求的"毫不利己、专门利人"、努力
成为"一个高尚的人、一个纯粹的人、一个脱离了低级趣味的人、一个
有益于人民的人"的"白求恩精神"；代表整个中华民族精神风貌的不畏

---

① 张海鹏：《毛泽东的历史观》，《中国社会科学院院报》2003 年 12 月 25 日。
② 《毛泽东早期文稿》，湖南出版社 1995 年版，第 86 页。

艰难、团结奋斗、争取胜利的"愚公移山精神"。从这些有关精神和伦理道德追求的一系列论述中，能明显地感觉到中国传统哲学文化基本特性影响的存在，直接感受到它们在马克思主义哲学中国化中的作用。

二　非正统思想文化的教育和影响

中国传统思想文化是一个庞大而复杂的宝库，内容非常丰富。除了统治阶级所宣扬和倡导的正统思想文化观念以外，还包括各种非统治阶级的思想文化观念。后者同样是毛泽东深厚传统思想文化根基的一部分，同样对马克思主义哲学中国化起着作用和影响。所谓非正统的思想文化，主要是指那些世世代代流传于民间广大民众中的、不为统治阶级所提倡的、具有强烈反抗意识的思想价值观念和人生信条，其主要的特点是对正统社会秩序和思想秩序的大胆挑战和反叛，其中最有代表性的就是"造反有理"。毛泽东从小就接受了这方面观念和知识的启蒙教育，并且影响他的一生。1936 年毛泽东在延安接受美国记者斯诺采访时，曾毫不忌讳地谈起自己青少年时代所接受的非正统思想文化的教育和影响，"我熟读经书，但我不喜欢那些东西。我所喜欢读的是中国古时的传奇小说，尤其是关于造反的故事。在我年轻时，我不顾教师的告诫，读了《岳飞传》（《精忠传》）、《水浒传》、《反唐》（《隋唐》）、《三国》和《西游记》等书，而教师则深恶这些不正经的书，说它们害人。我总是在学校里读这些书的，当教师走过面前时，就用一本经书来掩盖着。我的同学大多也是如此。我们读了许多故事，差不多都能够背诵出来，并且一再地谈论它们。关于这类故事，我们较本村的老年人还知道得多。他们也喜欢故事，我们便交换地讲听。我想我也许深受这些书的影响，因为我在那种易受感动的年龄时读它们"。①"喜欢"通常是一个人接受某种知识或思想影响的最大动力。毛泽东正是通过阅读他所喜欢的那些"禁书"，接受了其中所蕴涵的反叛意识和造反观念，并潜移默化于他的个人性格和人生价值取向之中，也同样影响到他后来对马克思主义哲学的理解接受和马克思主义哲学的中国化。例如他一生对反叛意识的欣赏、对一切个性束缚的反抗；他一生都认定"与天奋斗，其乐无穷；与地奋斗，其乐无穷；与人奋斗，其乐无穷"；他早年曾把马克思主义简化为"阶级斗争"，说他在 1920 年读

---

①　《毛泽东自传》，解放军文艺出版社 2001 年版，第 7—8 页。

了几本有限的马克思主义书籍（考茨基著的《阶级斗争》、陈望道翻译的《共产党宣言》和一个英国人作的《社会主义史》）之后，只从中撷取了四个字"阶级斗争"，老老实实地来开始研究中国实际的阶级斗争，由此而确立了对马克思主义的坚定信仰，一生再未动摇过；他后来甚至用"造反有理"这一典型的中国化概念来表述马克思主义，认为"马克思主义的道理千头万绪，归根到底就是一句话：造反有理"；晚年的他更是说共产党人的哲学就是"斗争哲学"。

在新中国建立后的相当长的一段时期内，学术界对非正统思想文化对毛泽东创立中国化形态的马克思主义哲学的作用和影响重视不够，没有太多的研究。改革开放以来，国内和国外的毛泽东思想研究开始涉及这方面的问题，相互之间有一定的启发和交流。在国内，较早涉及并产生一定影响的有李泽厚，他在《青年毛泽东》《试谈马克思主义在中国》[①] 等文章中，多处谈到《水浒传》《三国演义》等中国旧小说中非正统思想文化观念对毛泽东思想的影响，以及这些早年影响与晚年犯错误的关系。这些影响包括强烈的英雄主义崇拜、"造反有理"的观念情感、浪漫的反叛欲求，以及对运动、对立、冲突、斗争作用的完全肯定和欣赏等。他认为这些东西在毛泽东那里，"从少年到晚年都一直存在，也表现在他生活的各方面，只是有时被理智自觉压抑下去（如中年领导民主革命和晚年处理国际关系时必须顾及各种客观现实条件），但有时却由于有理论武装（如两个阶级两条道路的斗争理论）而更加突出了。对'破坏一个旧世界'的兴趣，使毛泽东对从孔夫子到新文化、从党到政府的各种权威，一律加以批判和否定。'不破不立'、'一分为二'、'斗争哲学'在一定意义上正是毛泽东早年的'与天奋斗'、'与地奋斗'、'与人奋斗'、'其乐无穷'的继续"。对此，我们的看法是：首先，毛泽东对传统思想文化在不同历史时期有不同的态度，并非一贯地一律加以批判和否定；其二，一个人晚年犯错误，与他早年的思想可能有某种联系，但不能夸大这种联系。如果把晚年犯错误的根源或晚年的错误完全归结于早年的某些思想影响，则显得很牵强。因为一个人早年思想和晚年思想的差别和变化是很大的，晚年出现某些类似早年思想的回归现象是有的，但并不具有必然性。毛泽东晚年犯错误，有许多主客观方面的因素和条件，早年的思想影响可能只

---

① 这些文章收入李泽厚《中国现代思想史论》一书。

是其中之一，而且这个"一"同样需要以事实为依据，而不能仅仅靠推测，靠逻辑推理。研究毛泽东晚年犯错误、研究马克思主义哲学中国化为什么会走弯路，是需要探讨毛泽东早年思想观念与晚年思想倾向之间是否有某些联系，但这只是一个方面，不是唯一的。在这里，特定的社会背景和社会心理基础更值得我们关注。例如中国几千年封建思想统治所遗留、所积淀下的封建意识、封建心理（如"帝王"思想、"圣旨"意识、"清官"企盼等），不仅在毛泽东这样的伟人身上存在，也同样在广大民众中的存在，这样的两种"存在"有时是相互影响、相互作用，其结果就是封建的东西以现代的形式复活，而人们却习以为常。这样"百姓日用而不知"、"范围天地之化而不过，曲成万物而不遗"的"存在"对现实社会生活的影响是不可低估的，它们不仅是当代中国现代化历史进程和民主化历史进程中的最大障碍，同时也是马克思主义哲学中国化运动有可能误入歧途的社会思想基础。

在毛泽东思想研究方面有一定成就的李锐，对中国传统思想文化对毛泽东思想的影响同样有自己的看法。他认为：中国文化传统可分为所谓"显型"与"隐型"两种形态，前者是经过整理修饰和官方认可的历代典籍中的意识形态，后者则是流行于民间未作加工的带有习俗情感的社会心理形态。中国进入近代以来，资产阶级是弱小的，无产阶级人数也不多，而农民小生产者是一片汪洋大海。因此志士仁人追求变革的思想，无不涂上一种理想主义的浪漫色彩。在这样的经济文化环境中生长出来的革命家和思想家，从思维方式到情感因素，伟大如毛泽东，终于也不能不受到此种历史沉淀的影响。为此，提出"从广大民众意识心态的共鸣角度，去研究毛泽东思想的发展，也许会获得比显型文化形态的影响更深刻、更丰富、更具体的内容"。[①] 李锐的话对后人很有启发，他提醒人们，中国传统思想文化有很大一部分是不应该被研究毛泽东思想的人忽略的，这部分就是在广大民众中存在的"隐型"思想文化，毛泽东作为一个来自民间、出自民众的伟大人物，他的思想形成发展、思维方式变化无不与广大民众的精神企求、心理特征等有密切关系，这种关系可以用婴儿与母体之间连接的"脐带"来做比喻，其重要性是不言而喻的。

前面有老一辈学者引路，后面有许多学者在继续关注和探讨这方面的

---

① 《为毛泽东思想研究开拓新的领域》，《人民日报》1988 年 3 月 28 日。

问题。例如何显明的《毛泽东的心路历程》，以专著的形式比较系统而详细地探讨了中国传统思想文化对毛泽东一生的影响。他认为：毛泽东对于中国传统思想文化兼收并蓄的认知态度，实际上使他在不同程度上接受了正统主流文化和社会底层反主流文化的双重影响，正统主流文化和社会底层反主流文化在毛泽东身上得到了非常奇特的和谐统一。社会底层反主流思想文化对毛泽东的影响，使他从小就"神往于历史上那些绿林好汉们的造反英雄业绩，认同于他们反抗正统秩序的价值选择"。这方面的作用和影响，为毛泽东后来探索和选择改造中国社会的现实途径和方法提供了重要的内在制约因素。这不仅表现为五四时期，毛泽东对以孔孟为代表的封建旧思想和旧伦理道德观念的激烈批判，而且表现在 1927 年大革命失败后，毛泽东选择"农村包围城市"这样一条革命新路的实践过程中，"早年对那些草莽英雄的浓厚兴趣和跃跃欲试的仿效冲动，已经为他日后的选择提供了必要的心理与思想准备。'学梁山好汉'的念头犹如一根暗中的丝线，牵引着他最终在客观局势的制约下做出了自己的选择。"[①] 但在我们看来，中国革命新路的选择，与毛泽东早年所接受的非正统思想文化观念（如造反）影响固然有一定关系，但不是唯一的，具体的客观局势在这里具有决定性的作用。如果没有后者，前者永远只是一种潜在的东西，这种潜在的东西只有在与一定的客观条件结合后，才能成为现实，成为对历史发展起作用的东西。如果从更长久的时间跨度来考察中国非正统思想文化对毛泽东创建中国化形态的马克思主义哲学的影响，我们认为有两点是非常突出的：一是根据唯物史观有关历史发展动力的论述，高度评价中国历史上农民造反传统，认为"在中国封建社会里，只有这种农民的阶级斗争、农民的起义和农民的战争，才是历史发展的真正动力"[②]。从这里出发，历史上的英雄和历史的主宰者也就不再是原来的圣贤皇帝，而是那些农民起义的首领；二是清醒地看到历史上的农民战争与中国共产党领导的革命之间的联系与区别，如 1958 年 12 月武昌会议期间，毛泽东在阅读《三国志》的《张鲁传》时曾写下这样的批语："历代都有大小规模不同的众多的农民革命斗争，其性质当然与现在马克思主义革命运动根本不同，但有相同的一点，就是极端贫苦农民广大阶层梦想平等、自由，

---

① 何显明：《毛泽东的心路历程》，学林出版社 2002 年版，第 102 页。
② 《毛泽东选集》第 2 卷，人民出版社 1991 年版，第 625 页。

摆脱贫困，丰衣足食。"① 在认识二者的联系和区别的基础上，毛泽东更看重前者对后者的借鉴作用，如在中国革命即将取得胜利之际，毛泽东及时提醒全党，中国共产党人要汲取历史上李自成取得政权又得而复失的惨痛教训，郭沫若的《甲申三百年祭》就具体贯彻、体现了毛泽东的这一提醒。

　　美国学者列文森在他的《儒教中国及其现代命运》一书中，同样注意到以毛泽东为代表的中国共产党人对中国传统思想文化中的"非地主的传统""人民的传统"（都是指非统治阶级的思想文化传统）的态度，以及这些"非地主的传统""人民的传统"对中国共产党人的影响和作用。他认为毛泽东等中国共产党人对中国传统思想文化不是完全否定的，而是通过"阶级分析方法"来对它们作具体的区分，来继承其中的一部分，即"人民的传统"。他们"像普通的民族主义者一样，中国共产党人表面上也赞同反传统，然而实际上是为了掩盖他们与传统重新建立联系的要求"；"人民的传统是能够被重新解释的中国的过去，而以前一直作为中国的过去的儒家传统或地主传统则被完全否定掉了。在中国共产党看来，太平天国自身也已成为活的中国传统的一部分，这种活的中国传统代替了统治阶级代言人所伪装的所谓中国传统"。也就是说，毛泽东为代表的中国共产党人是通过继承所谓的"人民的传统"来与中国传统思想文化建立新的联系的。在列文森看来，这种"人民的传统"，也就是流传于普通民众之中、从小就烙印于毛泽东心灵深处和性格之中的反叛意识和造反传统。它们在 20 世纪的中国革命中得到了传承，对领导这场革命的毛泽东和中国共产党人产生了作用和影响。这种作用和影响的形式和结果，是使毛泽东为代表的中国共产党人领导的 20 世纪的中国革命，在一定意义说是中国历史上农民起义（即造反）运动的继续，二者在许多方面都有着惊人的相似，如都起始于广大农村、以农民为主体、以武装斗争为主要方法、以"改朝换代"为目标等。对于这些相似，中外学者由于立场、观点、方法上的差异，有着完全不同的看法。许多外国学者从这些相似中得出了 20 世纪的中国革命就是一场农民革命，与中国历史上的历次农民起义没有本质区别。中国学者则首先充分肯定 20 世纪的中国革命是一场不同于中国历史上历次农民起义的、以马克思主义为指导的无产阶级革

---

①　参见张贻玖《毛泽东读史》，中国友谊出版公司 1991 年版，第 143 页。

命，但也并不否认中国非统治阶级思想文化传统对这场革命的影响，因为这场革命是在中国发生的，与中国民众中普遍存在的反叛意识和造反传统有一定的承继关系，在一定意义上可以说是"造反"传统的延续。

三　对中国传统思想文化作用和影响的具体分析

不同于一般人的深厚的中国传统思想文化根基，无疑是毛泽东创建中国化形态马克思主义哲学的有利条件，它们的积极的、正面的作用和影响是主要的，是必须充分肯定的。但同时也应该看到它们的消极的、负面的作用和影响，从而给以足够的重视。

关于中国传统思想文化在毛泽东创建中国化形态的马克思主义哲学中的积极作用和正面影响的研究，应该是我们研究的主攻方向和研究重点，应该充分肯定深厚的中国传统思想文化根基，为毛泽东卓有成效地实现马克思主义哲学中国化奠定了坚实的思想理论基础，提供了可供其充分吸收利用的思想资源。毛泽东对这一丰厚思想文化资源的创造性继承和利用，不仅使马克思主义哲学这一西方哲学精华在表现形式上获得了必须有的中国人所喜闻乐见的中国作风和中国气派，而且也使马克思主义哲学融入了中国传统哲学文化的精华，在内容上得到充实和发展，产生了它的东方形态，从而有效地扩大了它在世界范围内的作用和影响。总而言之，实现马克思主义哲学中国化离不开中国传统哲学文化这块肥田沃土，马克思主义哲学只有扎根于这块沃土中，吸收其精华作养料，才能长出中国化的新枝叶，结出中国化的新果实。中国传统思想文化的历史价值得到了学术界的充分肯定，这方面研究所取得的成果是有目共睹的，不足之处主要是太一般、太笼统，需要进一步具体化。只有具体，才能深入，才能展开。例如中国传统哲学文化对马克思主义哲学中国化产生作用和影响的具体过程、具体途径、具体表现、具体结果究竟是怎样的？中国传统哲学文化对于马克思主义哲学中国化的历史价值究竟是什么？抓住这些具体问题深入研究，中国传统哲学文化在马克思主义哲学中国化中的作用和影响研究，才有历史感和说服力，而不仅仅是一些原则的肯定和空泛的结论。

关于中国传统哲学文化对马克思主义哲学中国化所产生的消极的、负面的作用和影响，显然是一个非常敏感而复杂的话题。由于众所周知的原因，中国学术界在相当长的时期内不提及这个问题。改革开放以来，国内外都开始有人涉及这方面的问题。但在我们看来，这段时期的探讨，主要集中在政治层面上，而政治层面的探讨，又主要集中在毛泽东的晚年，尤其是毛泽东晚年所犯的错误上。在中国传统思想文化对马克思主义哲学中国化的消极、负面影响问题的研究中，最为典型的一种说法是中国化就是封建化、儒家化。这种说法国内国外都有，有的是直截了当、一目了然，有的则比较隐晦，并不直说。我们不赞成在中国化与封建化、儒家化之间画等号，更不赞同把某些封建主义因素对马克思主义哲学中国化的渗透和影响扩大化，把非主流的因素当成主要的东西。在这个问题的研究中，研究者需要的是非感情用事的理智态度、实事求是的精神和辩证的科学方法，需要改变过去那种形而上学的思维定式，即把马克思主义哲学中国化的过程想象得那么一帆风顺、一路高唱凯歌，要实事求是地承认马克思主义哲学中国化的历史进程是曲折的，在肯定成就是主要的同时，也要看到它确实渗透进了某些封建主义因素的影响，以及这些影响在特定的历史条件下、特定历史人物身上所造成的对社会发展的消极作用。

在国内学者中，李泽厚关于这个问题的看法最为引人注目，他在《中国现代思想史论》① 一书中对中国传统思想文化中那些落后、保守的东西，如农民意识、封建主义思想在马克思主义中国化过程中的消极影响和负面作用有具体分析。由于这些具体分析和以往那些不痛不痒、遮遮掩掩的评说很不一样，因而引起了争论，甚至是对他的严厉批判。今天，这样的批判似乎沉寂下去了。这时候再去认真地读一读他的书，认真地思考一下他的那些似乎很另类的观点，就会觉得他的有些分析虽然很尖锐，让人看起来不太舒服，但如果他说的是事实，道出了历史的本来面貌，那我们就应该正视它，承认它，并认真总结这方面的经验教训。但作为"一家之言"，他的某些分析我们可以不赞成，也可以反驳，并且正面阐明看法，学术研究的意义和乐趣也许就在这里。下面不妨对李泽厚的主要观点作些引述，并阐明我们的理解和看法。

例如：李泽厚认为，在现实斗争任务要求马克思主义中国化，和在各方面（包括文化和文艺领域）强调民族形式的形势下，中国传统的农民意识和传统的文化心理结构自觉不自觉地渗入刚学来的马克思主义中，从而形成某些打着马克思主义旗号的封建主义，它们的具体表现：一是否认差别、泯灭个性的平均主义；二是权限不清、一切都管的家长制；三是发

---

①　李泽厚：《中国现代思想史论》，天津社会科学院出版社 2003 年版。

号施令、唯我独尊的"一言堂"；四是严格注意尊卑秩序的等级制；五是对现代科技教育的忽视和低估、对西方资本主义文化的排斥。这些东西在新中国建立初期，就在马克思主义的社会主义或无产阶级集体主义名义下，自觉不自觉地在整个社会以及知识者中蔓延开来，统治了人们的生活和意识。特别是从 50 年代中后期到"文革"，封建主义越来越凶猛地假借社会主义的名义来大反资本主义，高扬虚伪的道德旗帜，大讲牺牲精神，宣称"个人主义乃万恶之源"，要求人人"斗私批修"做尧舜，这便把中国意识推到封建传统全面复活的绝境。封建主义为什么能借马克思主义复活？原因有三：一是中国近代以来，资产阶级民主观念在中国始终居于次要地位，占据主要地位的是救亡，它压倒了一切；二是封建主义在中国有深厚基础，近代以来又始终未能认真清算，资产阶级民主思潮并未在中国生根，这是一种"农民革命的后遗症"；三是中国没有经过资本主义的发展、成熟阶段，半封建、半殖民地之后，紧接着就是社会主义了，长久封建社会产生的社会结构和心理结构并未遭到资本主义社会的民主主义和个人主义的冲击，旧的习惯势力和观念思想仍然顽固地存在着，甚至渗透到人们的意识和无意识的底层深处。

在我们看来，上述言论，实际上是对马克思主义中国化的另外一种完全不同于多数人的理解，即马克思主义进入中国后，在特定历史条件下、在一定程度上封建化、农民化了。农民意识和传统文化心理结构渗透到马克思主义中，这也是一种中国化，一种消极的、有害的中国化。这里的关键词是特定历史范围和一定程度，在这样特定的范围和程度内，李泽厚的分析在一定程度上是符合历史事实的，是有一定依据并言之成理的，对我们今天继续推进马克思主义中国化的伟大事业，避免误入封建化的歧途是有某种借鉴作用的。但如果以特定历史范围内的一定程度的封建化，去否认马克思主义中国化的整个历史过程和历史功绩，在中国化与封建化之间画上一个等号，将两者完全等同，则显然是混淆其辞、南辕北辙、矫枉过正，违背了历史事实。过去我们完全不承认马克思主义中国化过程中有失误之处，这无疑是自欺欺人。今天我们承认这一点，认真总结这方面的经验教训，是中国人思想认识的一大进步，但如果因此而完全否认马克思主义中国化的历史和现实，则是从一个极端跳到另一个极端，同样不是既解放思想又实事求是的辩证的、一分为二的科学态度。

关于马克思主义封建化、儒家化的问题，李泽厚还谈道：把马克思主义哲学伦理化、道德化，是中国共产党人把马克思主义哲学中国化的一个突出方面。不仅毛泽东这样做了，如他那著名的"老三篇"，刘少奇也这样做了，如他的《论共产党员的修养》《论党内斗争》《人为什么会犯错误?》等。因为在中国古代，是非常强调个人修养（"吾人一日三省吾身"）、非常注意"内圣"（即个人的思想改造）的，重视伦理道德精神的修养，并强调身体力行是中国哲学的一贯传统和特色。毛泽东、刘少奇把它们和马克思主义哲学结合起来，强调共产党人思想改造和个人修养对于中国革命事业发展的极端重要性，从而使马克思主义哲学具体化为一种指导自己行为的道德理想、一种行为规范、一种不懈追求、一种完美人格。而在李泽厚看来，道德至上和政治挂帅是马克思主义哲学中国化过程中的一个失误。因为"修齐治平"在中国社会和中国人的文化心理积淀中是有其深厚的基础的。中国传统社会原本就是以伦理主义作为意识形态的核心，宋明理学的"克己复礼""正心诚意"曾经是长久的社会统治意识和官方的正统哲学，已成为人们所熟悉所习惯的文化心理。这也正是毛泽东把马克思主义政治哲学道德化、伦理化，提出一系列马克思主义的伦理道德要求（如毫不利己、专门利人等）而能为中国人所接受的原因。在中国，历代人的道德修养通常是和政治（即治国平天下）紧密相连的，正如众所周知的那样，"修齐治平"是一体的，"治"是终极目的。所以，强调道德至上，必然顺理成章地要"政治挂帅"，使社会生活的一切方方面面都依附于政治、从属于政治，政治的地位、权力、等级成为社会生活中最重要最强有力的标准和尺度。道德至上和"政治挂帅"的紧密联系，显然是中国传统思想的影响所在，而不是马克思主义哲学的本色。马克思主义唯物史观强调的是经济，经济是社会发展的基础和动力（而不是政治），共产主义是经济发展到一定阶段的必然产物，而不是一种政治——道德理想，共产主义新人是全面发展个性潜能的人，而不仅仅是道德高尚、思想纯洁、政治觉悟高的圣贤。

我们的看法则和上述分析迥异，我们认为把马克思主义哲学道德化、伦理化（即高扬伦理道德主义，重视个人修养和精神追求，提倡集体主义、个人利益服从集体利益、甚至牺牲个人以利社会），也许正是马克思主义哲学中国化的一个成功范例，由此而形成的一种具有东方特色、东方形态的马克思主义的伦理道德哲学，这显然是马克思主义哲学内容和形态的丰富和发展。对伦理道德修养的高度重视，对精神、理想的不懈追求，并始终强调身体力行、强调个人修养与社会政治实践活动的不可分割，原本是中国传统哲学的精华和长处。中国共产党人继承自己民族传统的精华和长处，把它们引进并融入马克思主义哲学之中，不仅弥补了马克思主义哲学在这方面的不足或不突出，而且使马克思主义哲学更具伦理道德色彩，更能够对人的举止行为发挥规范和引导作用，从而更有效地实现马克思主义哲学改造社会、改造人的社会功能。这些最为集中的反映在中国化形态的马克思主义哲学——毛泽东哲学思想中，毛泽东哲学思想的一大特色就是对道德修养、精神追求的高度重视和高的标准要求。关于这方面的一系列论述，如著名的"老三篇"中所提出的中国共产党人的精神追求和道德理想（全心全意为人民服务的道德理想、努力成为"一个高尚的人，一个纯粹的人，一个有道德的人，一个脱离了低级趣味的人"的理想人格等），中国人是耳熟能详、一点都不陌生的。从中能明显地感觉到所谓"内圣之学"这一中国传统哲学精髓的存在，以及它们在马克思主义哲学新形态形成发展中的作用。毛泽东的伦理道德哲学，是毛泽东根据中国革命具体实践的需要（即中国革命在客观上要求参加这一革命的人把个人的追求和社会、阶级的利益统一起来，把自我、个人融入社会、民众中去，甚至不惜牺牲个人以利社会），把共产主义人生观和道德理想与中国传统伦理道德的精华结合起来，并加以创造发挥的产物。它们不仅极具中国特色，而且是马克思主义哲学的创造性发展。它们不仅是革命年代的需要，同时也是和平建设年代的需要。我们今天的社会发展，不是仍然在呼唤道德、理想，仍然在强调建设法治国家的同时不忽视"以德治国"，仍然需要高尚的人、有道德的人、脱离了低级趣味的人、有益于人民的人吗？如果没有这些理想道德，完全放弃这些理想道德追求，那将是一个物欲横流的悲惨世界，失去精神家园的人类将会与其他动物毫无区别。可以这样说，一个社会对伦理道德的高标准严要求和对精神理想追求的高度重视，是这个社会健康发展的重要标志，同时也是一个人健康存在的标准。否则，就是一个需要改造的病态社会。而在这方面，中国有自己的传统优势，理应得到继承和发扬，而如何继承发扬？则是马克思主义哲学中国化的长久课题，需要随着时代和社会的进步发展，探索新的途径和新的方法，从而不断推进马克思主义哲学中国化运动的发展。

我们认为，马克思主义哲学中国化过程中所出现的伦理化、道德化现象，不能视为马克思主义哲学中国化的失误，而是马克思主义哲学进入中国后，在与中国传统、中国历史现实结合过程中，必然地、不断地中国化的一个具体体现。我们认为，研究中国传统思想文化中某些落后、消极因素对马克思主义哲学中国化的不利影响和负面作用，更要注意研究方式和思维方式方面的问题，这些方面的问题可能更值得关注。例如：

在研究方式上，中国人一贯的传统做法是把前人的思想理论当作神圣不可推翻、不可怀疑、不可跨越的经典、教条、戒律，后人除了顶礼膜拜，所能做的就是在原有思想理论的框架内做些注释工作。中国传统思想文化经典的延续和发展（缓慢而有限的），通常就是通过一代又一代的文人学者的不断注释和注释中的某些发挥来实现的。这种传统的注"经"方式，虽然有它产生的历史合理性和历史作用，有利于思想文化传统的千年延续，但其消极性是显而易见的。在马克思主义哲学来到中国后，中国人很自然、很习惯地用自己民族文化传统的研究方式来对待马克思主义哲学，把马克思主义哲学和中国传统经典一样看待（这也是一种中国化），从而使中国的马克思主义哲学研究在新中国建立后，一直在注释的范围内转圈子，在对马克思主义哲学经典著作某一句话或某一段话的不同理解、不同解释之间开展无休止的争论。这其中一个最典型的中国式的思维迷误，就是总误以为马克思主义哲学经典著作的每一句话都是真理，它们本身是不会错的，从不曾也从不敢去怀疑或追问这些经典本身是否有不完善之处、是否需要随着空间地域的差异和时代社会的发展而有所改变、有所发展？这种窒息马克思主义哲学生命活力的"注经式"研究方法，才是马克思主义哲学中国化过程中的一个典型失误。直到 20 世纪末的改革开放年代，这一典型失误才开始得到纠正。而毛泽东本人毕生都是倾情阳明心学，反对沉古与教条的。

在思维方式上，中国自汉代以来就有"罢黜百家，独尊儒术"的传统，儒家思想学说的地位和影响曾被推到极致。这样的思维传统实际上也延续到了新中国成立后，马克思主义哲学与其他哲学流派的关系上。马克思主义哲学在随着中国共产党执掌全国政权而居于统治地位后，中国人沿袭传统，很习惯地把马克思主义哲学定于一尊，使其居高临下、君临天下，其他一切哲学流派都得接受它的指导，在它面前俯首称臣。后来虽然在理论上提出了"百花齐放、百家争鸣"的方针，但在党的思想路线整个"左倾"的大环境下，所谓的百家争鸣实际上就剩下了两家，即不是无产阶级就是资产阶级，最终则是"一家独鸣"（这同样是一种中国化的失误）。可以说，在一段历史时期内，现当代中国学人没有处理好马克思主义哲学与其他哲学流派的关系，没有解决好马克思主义哲学如何引领整个哲学繁荣的时代任务。马克思主义哲学的指导地位固然不可动摇，马克思主义哲学之为主流哲学无可非议，但显然不能以此为理由去封杀其他非西方、非主流哲学流派，或是将它们统统斥之为"封、资、修"，使其得不到应有的地位和发展。在经过这些惨痛的现实教训后，今天的人们才开始认识到，坚持马克思主义哲学的指导地位与提倡各种哲学流派并存、繁荣哲学并不矛盾，各种不同哲学流派完全可以和平共处、相辅相成、齐头并进、互为犄角。这样的认识是一种历史的进步，是对马克思主义哲学中国化过程中失误之处的纠正，同样也预示着未来中国哲学的大繁荣大发展。

第二节　对西方思想文化的了解和接受

马克思主义哲学是西方哲学发展的一个新阶段，它的产生和发展，是以西方思想文化的历史和现实为背景和基础的，是西方思想文化优秀遗产的继承和超越。马克思主义哲学与西方思想文化之间的这种密不可分的内在联系，决定了东方人对马克思主义哲学的理解和接受，以及在此基础之上使马克思主义哲学中国化，都必须以对西方思想文化的基本了解为前提，这是一个不可缺少的中介和桥梁。在毛泽东出生和成长的年代，西学东渐蔚成潮流，西学的翻译和介绍已形成风气，中国人对西方新知识、新思想的渴求与日俱增，这一切都为毛泽东了解和接受西方思想文化准备了条件。也正是在这样一种大的思想文化背景下，毛泽东和那个时代大多数热心追求新知识的进步青年一样，对西方思想文化（相对于中国传统思想文化，它们被称之为西方"新学"，主要是指西方近代资产阶级的思想学说）表现出了极大的热情，如饥似渴地学习，满怀信心地效仿，期盼从中获得救国救民的利器。在对西学有了基本的了解和掌握的基础上，经过反复比较，马克思主义哲学才能以其特有的科学性和实践性，在众多的西方思潮和流派中脱颖而出，为毛泽东所接受。

毛泽东接受马克思主义哲学，创建中国化形态的马克思主义哲学，是以在这之前有七年时间对西方新学的基本了解和掌握为前提和基础的。毛泽东在后来的回忆中曾多次谈道："我不是天才。是读了六年孔夫子的书，又读了七年资本主义的书，到一九一八年才读马列主义，怎么是天才?""我长期也是资产阶级世界观。开头相信孔夫子，后头相信康德的唯心论，什么马克思，根本不知道。"① 这里所说的"资本主义的书"，主要是指近代以来从西方传入中国的介绍西方资本主义的社会政治学说和欧美资产阶级各种思潮、流派的书籍，其主要内容大致分两个部分：一部分是西方资产阶级的民主、自由、宪政观念，如强调个人作用和价值、崇尚不受束缚的个性自由解放等；另一部分是哲学世界观方法论方面的，如进化论、经验论、实证主义、实用主义以及生命哲学、唯意志论等。西方资产阶级"新学"在中国的传播，对促进中国人的觉醒，推动中国资产阶级民主革命和社会进步，起了不可低估的积极作用。它们虽然有着明显的历史局限和阶级局限，不能科学揭示近代中国社会矛盾的本质，不能为中国人民的解放指出正确道路，但却是中国人民接受马克思主义哲学所不可或缺的桥梁。毛泽东正是通过阅读这些"新学"书籍，对西方"新学"有了基本的了解和掌握，并且以此为起点，开始了接受马克思主义哲学、创建中国化形态马克思主义哲学的艰难历程。

一 《盛世危言》——最早的接触和了解

1902—1909 年间的中国，西学的传播已初具规模，中国人热心介绍西学和出洋（东洋和西洋）求取新知已成风气。在这样的社会思想文化背景下，毛泽东少年时代生活的湖南韶山冲尽管封闭落后，但仍然阻挡不了西方新知识、新思想的传入。一位名叫李漱清的维新派教师从外地回到家乡韶山，给少年毛泽东带来了山外的各种见闻，从中知道了有《盛世危言》这样一本传播新知识的书，于是便想方设法借到了这本书。这本书的作者叫郑观应，是中国近代资产阶级改良派的代表人物，曾长期经办中外贸易，对国内外政治、经济状况有比较全面的了解，对西方的科学技术和思想文化作过考察。《盛世危言》是郑观应的代表作。全书共五卷，正文五十七篇，附录十九篇。首列《道器》篇，系该书的总论，后有《学校》、《西学》、《考试》、《议院》诸论。这是一本满怀爱国主义热情来议论时事政治经济，明确提出改造中国社会方案的书，书中有许多介绍西方政治制度和思想文化知识的内容。该书出版后，在宣传维新变法、传

---

① 《建国以来毛泽东文稿》第 13 册，中央文献出版社 1998 年版，第 245、171 页。

播西方新知识方面发挥了很大作用。毛泽东读到这本书的时候，书中宣传的君主立宪的政治主张虽然已经过时，但对于一直生活在闭塞的韶山、对外面世界的变化不甚了解的毛泽东来说，它仍然是一本新书，它在毛泽东面前展现了一个从未见闻过的新世界，给他带来了许多崭新的思想和知识，这是毛泽东对西方新学的最初接触。毛泽东如获至宝，反复阅读，从这本书中了解到的西方新知识，主要有这样几个方面：

一是政治方面的，主张设议院、制宪法、实行君主立宪。《盛世危言》指出：西方国家"治乱之源，富强之本，不尽在船坚炮利，而在议院上下同心"；"泰西各国咸设议院，民以为不便者不必行，民以为不可者不必强，制治固有本也"；"君主者，权偏于上；民主者，权偏于下；君民共主者，权得其平。"这样的政治主张，本是西方资产阶级上升时期由于经济发展而提出的政治要求，中国资产阶级改良派把它接受过来，用来表示自己的政治主张。青年毛泽东曾一度受到中国资产阶级改良派君主立宪的宪政主张的影响，就像他后来在回忆中说的："那时我还没有成为一个反君主的人。老实说，我认为皇帝以及大多数官吏都是诚实、良好、和聪明的人。他们只需要康有为的变法就行了。我心醉于中国古代的著名君主——尧舜、秦始皇、汉武帝的史实，读了许多关于他们的书籍。"①

二是经济方面的，强调"商"是"四民之纲领"，发展工商业是国家抵御外侮、繁荣富强的根本。书中认为："兵之并吞，祸人易觉；商之掊克，敝国无形。我之商务一日不兴，则彼之贪谋（即列强的经济殖民）一日不辍。吾故得以一言断之曰：习兵战不如习商战。商战为本，兵战为末。""商务之纲目，首在振兴丝、茶二业，裁减厘税，多设缫丝局，广购新机，自织各色布匹，购机器织绒毡呢纱、羽毛、洋衫裤、洋袜、洋伞等物。关东卷烟，南洋广蔗糖之植，中州开葡萄之园，制山东野蚕之丝茧，收江北土棉之纺纱，遍开五金煤矿铜铁之来源。"这些无疑是西方资产阶级重商主义经济主张与中国实际相结合的一种表述，这里强调的"商"，既包括商品生产，也包括商品流通。这些对于中国这样一个有着重农抑商传统的国家来说，显然是一个全新的发展经济的思想主张。毛泽东对这些思想主张的了解和接受，在当时虽然没有的直接表现，但仍然或多或少地反映在他后来关于革命根据地的经济建设以及再后来的新民主

---

① 《毛泽东自传》，解放军文艺出版社 2001 年版，第 16 页。

义经济思想理论中。而包括政治、经济、思想文化丰富内容的新民主主义理论，则被学术界公认为马克思主义中国化的成功典范。

三是文化教育方面的。书中指出："泰西诸国富强之基，根于工艺，而工艺之学不能不赖于读书。我国极宜筹款，广开艺院，教育人才，以制造为用，庶制造日精，器物日备。""学校者，人才所由出；人才者，国势所由强。故泰西之强，强于学。然则欲与之争强，非徒在枪炮战舰而已，强在学中国之学，而又学得其所学也。"所以，中国应该学西方，"废八股之科，兴格致之学，设学堂，广置人才"。这些重视教育、重视人才培养的思想主张，对毛泽东影响巨大，不仅使当时的毛泽东重新燃起了外出求学的欲望，由此而改变他的人生轨迹，而且贯穿于他后来的革命实践和领导国家建设的实践。

《盛世危言》带给毛泽东的西方新知识虽然不是很多，但它毕竟是毛泽东接触西方新学的开始，后人探寻毛泽东接受西学的历史过程，这本书理应成为起点。这本书的另外一个不可忽视的历史价值在于，它所带来的西方新知识、新思想，重新点燃了少年毛泽东的求学愿望。因为在这之前，毛泽东已辍学在家务农三年。然而正是通过阅读这本书，在这本书的刺激和启发下，强烈的"天下兴亡，匹夫有责"的社会责任感，使得毛泽东不再满足于做一个终日耕作于乡野田间的农人，而是渴望走出狭小的韶山，到一个更广阔的世界去求取更多的新知识，以便为自己国家的强盛发挥作用，贡献力量。可以设想一下，如果毛泽东当年没有碰到李漱清老师，没有看到《盛世危言》这本书，也许毛泽东一生的历史就不是今天人们所看到的那样了。开卷有益。事实上，一本书往往可以引导一个人的一生，虽然说具有一定的偶然性。但偶然性对于必然性来说，又是不可或缺的。在一般情况下，必然性与偶然性之间有着不可分割的内在联系，偶然性常常为必然性开辟道路，必然性也常常要通过偶然性来实现。读到《盛世危言》这本书，是具有偶然性的，然而正是通过这一偶然性，使毛泽东身上那种具有必然性的潜在特质和能力，获得了生长的条件和发挥作用的环境。如果没有这种偶然的机遇，那些具有必然性的潜在特质和能力也许就会被终身埋没。现代教育学研究者通过无数个案研究，对于这一点是给以充分肯定的，毛泽东少年时代的这一特殊经历，也可以说是这样一个典型个案。

二　《新民丛报》——对西方新学的全面接触

1910 年秋，经过不懈努力，毛泽东终于实现了复学求知的愿望，第一次走出韶山，到湘乡东山小学堂读书。这是一所不同于中国传统私塾的新式学校，教学内容除了中国传统经典外，还有从西方引进的新学科，教育方法也比较科学。在这里，毛泽东从老师讲课和广泛阅读中，对西方新学有了空前的全面接触，从西方历史到地理，从社会政治、经济到科学、民主、自由、平等、博爱等思想学说。这其中最值得一提的是梁启超主编的《新民丛报》，这是毛泽东这个时期全面接触西方新学的最大来源地，对毛泽东所产生的影响是巨大的、多方面的。

《新民丛报》（半月刊，1902 年创刊，1907 年停刊，共出版 96 期，有汇编本）是梁启超在戊戌变法失败后流亡日本期间创办的，他以此为阵地，撰写发表了大量介绍、评价西方资产阶级政治经济制度和思想学术的文章，广泛涉及西方国家的地理知识、历史人物、社会道德观念、各种理论学说及其主要代表人物的世界观、人生观。由于这些文章以丰厚的西方新思想、新知识为基础，并且注意结合中国当时的局势和处境，用一种特有的、流畅明白的、"笔端常带感情"的文字语言表达出来，因而具有新颖、生动、吸引人的特点，深受那个时代进步青年的喜爱，在国内风行一时。据有关史料记载：《新民丛报》在国内的销售量高达万余份，仅国内就有发行点近百个，遍布 40 多个县市，西南、西北、东北等边远地区都有人在读它。梁启超的文章"影响教育了一代人"的说法是符合历史实际的。《新民丛报》的影响之大，从当时一些所谓大家的评论中可见一斑。例如杰出诗人、文学家黄遵宪在写给身为后辈的梁启超的信中，对《新民丛报》的评价可谓生动形象、至高之极，他说："《清议报》胜《时务报》远矣，今之《新民丛报》又胜《清议报》百倍矣。惊心动魄，一字千金，人人笔下所无，却为人人意中所有，虽铁石人亦应感动，从古至今文字之力之大，无过于此者矣。罗浮山洞中一猴，一出而逞妖作怪，东游而后，又变为《西游记》之孙行者，七十二变，愈出愈奇。吾辈猪八戒，安所容置喙乎，惟有合掌膜拜而已。"[1] 日后声名显赫一时的胡适也曾回忆说："梁先生的文章，明白晓畅之中，带着浓挚的热情，使读的人

---

[1] 《梁启超年谱长编》，上海人民出版社 1983 年版，第 274 页。

不能不跟着他走，不能不跟着他想。"①

毛泽东读到《新民丛报》时，它虽然已经停刊，但其影响仍在。毛泽东是通过表兄文泳昌借到一本《新民丛报》的汇编本，爱不释手，反复阅读，有的文章差不多能够背下来。通过阅读，毛泽东第一次知道了，原来在中国的"四书五经"和孔孟老庄之外，世界上还有那么多新知识、新思想。在阅读过程中，毛泽东还不时写下自己的理解和感想，如在《新民丛报》第四号的《新民说》第六节"论国家思想"处写道："正式而成立者，立宪之国家，宪法为人民所制定，君主为人民所拥戴；不以正式而成立者，专制之国家，法令为君主所制定，君主非人民所心悦诚服者。前者如现今之英、日诸国；后者如中国数千年来盗窃得国之列朝也。"② 关于《新民丛报》对毛泽东的影响，近年来已成为毛泽东思想研究的一个热点。在我们看来，这种影响主要集中在两个方面：

一是外在的，即梁启超文章的写作风格——语言明白流畅、文笔生动犀利、字里行间激情洋溢、为大众所喜闻乐见的"新文体"，曾经是毛泽东极力效仿的对象。后来虽因受到湖南第一师范国文老师的讥讽而一度改变，但实际上却影响了他的一生。后人在阅读毛泽东所遗留下的那些文章时，仍然会感觉到梁氏文体遗风的存在。

二是内在的，即梁启超在《新民丛报》上所极力鼓吹的西方资产阶级的民主主义、自由主义、个人主义均在青年毛泽东的思想上留下了鲜明的印记。如他在湖南第一师范读书时的课堂笔记中写道"人的价值在于实现自我，个人有无上之价值"。"故凡有压抑个人、违背个性者，罪莫大焉。故吾国之三纲在所必去，而教会、资本家、君主、国家四者，同为天下之恶魔也。"③ 而集西方民主主义、自由主义、个人主义于一体的"新民说"，对毛泽东的影响最大。梁启超大力倡导的"新民说"，强调"新国"必先"新民"，而"新民"则必须爱国、利群、尚武、自尊、冒险，"自护其权利，勿为古人之奴隶，勿为世俗之奴隶，独立自由，奋斗进取"；造就"新民"的方法则首在教育，要通过学校、报刊等各种形式来"开民智"，实行教育救国。这些思想和主张均为毛泽东所接受，并且

① 《胡适自传》，江苏文艺出版社1995年版，第56页。
② 《毛泽东年谱》（1893—1949）上卷，人民出版社、中央文献出版社1993年版，第9页。
③ 《毛泽东早期文稿》，湖南人民出版社1990年版，第151页。

身体力行。

在毛泽东成为马克思主义者之前，梁启超"新民"学说的核心——改造社会必须首先从变化"民质"（即通过教育来改造国民性）入手的思想主张，在毛泽东的思想中占据重要地位，这不仅表现为毛泽东把他最早成立的社会团体取名为"新民学会"，把新民学会的最初宗旨确定为"革新学术，砥砺品行，改良人心风俗"，而且还反映在这个时期他为改造中国社会所进行的思考和所做出的行动中。例如 1912 年初，毛泽东参加湖南全省高等中学的入学考试，在做《民国肇造，百废待兴，教育、实业何者更为重要》这一试题时，就是以梁启超的"以教育为主脑"的思想为中心，展开了自己的发挥。在这所学校读书时，还曾经写过一篇题为《商鞅徙木立信论》的作文，在文章的一开头，毛泽东就写道："吾读史至商鞅徙木立信一事，而叹吾国国民之愚也，而叹执政者之煞费苦心也，而叹数千年来民智之不开、国几蹈于沦亡之惨也。"[①] 在这里，毛泽东也像梁启超那样，认为中国贫弱的原因是在"民智"不开，改变这种状况的办法就是要通过教育来"开民智"，造就一代"新民"。后来毛泽东选择湖南师范学校就读，其基本的指导思想仍然是梁启超的"教育救国论"。在这期间，他曾给在北京的老师黎锦熙写了一封信，其中谈道："今日变法，俱从枝节入手，如议会、宪法、总统、内阁、军事、实业、教育，一切皆枝节也。枝节亦不可少，惟此等枝节，必有本源。本源未得，则此等枝节为赘疣，为不贯气，为支离灭裂。"那么，什么是"本源"呢？毛泽东认为就是"宇宙之真理"，探寻得这支配社会历史发展的"宇宙之真理"，自然足以解释一切。用这本源性的"宇宙之真理"来鼓动"人心"、改变"人心"（即提高国民的思想觉悟和伦理道德水平），就能实现救国救民的理想抱负。[②]

在毛泽东成为马克思主义者之后，梁启超"新民"学说的影响仍然存在，重视提高人民群众的思想觉悟，努力培养共产主义新人，可以说一直是毛泽东的关注点，无论是在艰苦卓绝的战争年代，还是在和平建设时期，毛泽东都有一系列具体论述，成为毛泽东哲学思想的一个重要方面。尽管毛泽东的培养共产主义"新人"与梁启超的造就理想"新民"，有着

---

① 《毛泽东早期文稿》，湖南人民出版社 1990 年版，第 1 页。

② 同上书，第 84—85 页。

时代上的、本质上的差别，但仍然有许多共同点，如爱国、利群、独立自主、奋斗进取等。可以说，变化"民质"，培养"新民"是毛泽东一生的奋斗目标，同时也反映了近代以来中国社会发展的客观要求，直至今天，它仍然是我们这个社会的努力方向。这是因为我们这个民族太特殊了，历史太悠久了。在这些太特殊、太悠久的传统中，固然有值得我们骄傲的内容，但也有让我们在世人面前感到羞愧的东西，特别是几千年的封建统治和封建思想文化专制，使许多落后、保守的思想观念、思维方式深深地浸透到国民的基本性格中，顽固地反映在他们的日常举止和行为中，如圣君贤相观念（总希望有一个"好皇帝"或"清官"来统治或领导自己）、依附观念（总是习惯于把自己的幸福依托于别人，自主、自立、自强的意识薄弱，尤其是女性公民）、等级观念（对家庭与社会中存在的人与人之间的许多不平等的现象总是习以为常、甚至认为是理所当然，平等意识淡薄）、"我注六经式"的思维传统（即习惯按照已有的经典办事，不能亦不敢"六经注我"，不愿意越"雷池"一步）以及柏扬著的《丑陋的中国人》一书中所揭示的那些民族劣根性，都使得中华民族的国民性改造任务异常艰难，再加上近代以来迫在眉睫的"救亡"任务，使得民主、自由、平等、民权的启蒙和教育不得不居于第二位（这是事实，这是按照客观现实需要做出的选择），所以，普及马克思主义的民主、自由、平等、民权观念（它并不完全排斥资产阶级的民主、自由、平等、人权观，而是这个基础上的提高和超越，它们之间是初级与高级的关系，而不仅仅是对立与排斥，中国人既要补上初级阶段的课，又要逐步实现高级阶段的理想），提高国民素质，仍然是今天中国社会改革发展的一个重要任务。

三　半年自学——系统的西方思想文化启蒙

从韶山到湘乡，随着活动领域的扩大，毛泽东的眼界也在扩大，求知欲望与日俱增，渴望到更大的地方去，学到更多的知识。于是在 1911 年初，毛泽东在老师的帮助下，来到省城长沙求学。他先后在湘乡驻省中学、湖南全省高等中学读书。终因不满意学校刻板的校规和不能满足他求知欲望的有限课程，在 1912 年夏主动退学，开始了半年的自学生涯。在这半年中，他晚上住在长沙新安巷的湘乡会馆，每天清早步行三里路到浏阳门外定王台的湖南省立图书馆看书，中午就在附近买两个米饼充饥，直至图书馆闭馆。这段持续了半年的自学经历，使毛泽东相对集中地接受了一次比较系统的西方近代思想文化知识的启蒙教育。这其中阅读最多的是18、19世纪西方资产阶级的哲学社会科学著作，如卢梭的《民约论》、达尔文的《物种起源》、亚当·斯密的《原富》、孟德斯鸠的《法意》、赫胥黎的《天演论》、斯宾塞的《群学肆言》等。这些著作大多由中国近代著名启蒙思想家、翻译家严复翻译。严复翻译的这些著作大多属于西方思想文化的经典，由它们传递给毛泽东的是西方思想文化中最基础、最精华的东西，包括西方古典政治经济学、社会政治理论、唯物论的进化论、经验论的认识论、经验的逻辑学等一系列新知识、新思想，从而极大地满足了他那旺盛的求知欲。要不是因父亲不赞成这种求学方式而不愿意再提供生活费用的话，毛泽东是不会轻易放弃这种独特的自学生活的。

中国学术界对严复这些译著在中国近代哲学思想发展史上的作用和地位，以及它们对中国人思维方式的革命性影响有很高的评价。有人说在严复翻译的许多西方书籍中，有四本是最重要的，即《天演论》、《原富》、《法意》、《穆勒名学》。也有人认为，培根、笛卡儿、斯宾塞、达尔文是对中国近代哲学发展最有影响的人物。正是通过这些译著和这些人物，给中国人带来了一种完全不同于中国传统哲学的崭新的哲学世界观、认识论和方法论，从而在哲学世界观和人的思维方法方面对中国人进行了比较系统的近代西方哲学基础知识的启蒙教育，使他们从传统意识形态和传统思维方式（如历史循环论、唯心主义的先验论、主观主义的"良知"论等）的束缚中解放出来，为接受新思想新知识创造了必要的条件。非常巧合的是这些译著毛泽东大都读过，这些译著给毛泽东带来的西方新知识、新思想是系统而重要的，它们是马克思主义学说产生的社会文化背景，是马克思主义学说形成的思想理论来源。没有这方面知识的系统启蒙，毛泽东是无法理解和接受马克思主义的科学世界观和方法论的。这是因为马克思主义不是"无中生有"的"横空出世"，而是"破茧而出"、"化蛹成蝶"的"应运而生"，与整个西方思想文化发展的历史有着不可分割的联系，它从西方思想文化的发展过程中吸收了许多宝贵的思想资源和理论素材，是西方思想文化的继承和超越。毛泽东系统阅读严复的译著，接受西方思想文化知识的启蒙教育，实际上也是在为理解和接受马克思主义哲学做思想准备，是在构筑必要的理论阶梯。那么，严复的译著究竟给毛泽东理解和接受马克思主义学说提供了哪些必要的思想理论准备呢？这里不妨结合严复译著中有代表性的几本书做些具体探讨：

《天演论》是严复译著中最有代表性、影响最大的一本书。这本书给青年毛泽东提供了一种完全不同于中国传统哲学的新世界观和新历史观，即进化的世界观和进化的历史观。这种进化的世界观和进化的历史观强调："物竞天择、适者生存"是宇宙、社会进化发展的普遍法则，"优胜劣汰、弱肉强食"是进化发展的一种不可抗拒的普遍规律，古今中外概莫能外。"是故天演之秘，可一言而尽也。天惟赋物以孳乳而贫生，则其种自以日上，万物莫不如是，人其一耳，进者存而传焉，不进者病而亡焉。"在这里，进与不进的关键在于自己的努力，"万类之所以底于如是者，咸其自己而已，无所谓创造者也"①。因此，中国人不能无视天地人物演化的这一普遍规律而坐井观天、夜郎自大，而是应该顺应这一规律，充分发挥人的主观能动性，自强、自力、自立、自主，才能避免被淘汰——亡国灭种的悲惨命运。这种进化的世界观和历史观，为毛泽东所接受，并且影响了他一生的哲学活动和社会实践。尤其是在毛泽东哲学思想中，变化、发展始终是他推崇和关注的焦点，不断努力进取、自强不息则是他一生的永恒追求，而充分发挥人的主观能动性更是其特色所在。这种进化的世界观和历史观，在西方哲学思想发展的历史阶段上，与马克思主义哲学世界观、历史观已非常接近。马克思主义哲学世界观和历史观是在吸收了进化论的合理成分，纠正了其局限性的基础上产生的。对进化论世界观和历史观的了解和接受，也就成为毛泽东后来接受马克思主义哲学世界观和历史观的必要阶梯，是毛泽东由中国传统哲学世界观、历史观转向马克思主义科学世界观、历史观的中间环节。这是一个必须经过的阶梯，一个不可缺少的环节，因为只有接受了进化论的启蒙，才有可能理解和接受更高级、更科学的马克思主义哲学世界观和历史观。进化论在这里起着"阶梯"的作用，毛泽东只有踏上这一层，才有可能跨上更高的一层。这就犹如一个"三级跳"，中间的那一跳，就是进化论的哲学世界观和历史观，是它在中国传统哲学世界观、历史观与马克思主义哲学世界观、历史观之间架起了理解和接受的桥梁，实现了两者之间的过渡。

《原富》《法意》《穆勒名学》是严复译著中学术价值最高的著作，它们给青年毛泽东以西方哲学基础知识的启蒙，给他提供了许多新的哲学思维方式，如经验归纳、实际印证等。在这几部译著中，严复通过他的具

---

① 《天演论》，商务印书馆 1981 年版，第 37、4 页。

有针对性、富有创造性的翻译方法，把西方哲学中经验论的认识论和经验的方法论等许多新的哲学知识和方法介绍给中国人，在阅读这些著作的毛泽东那一代人中，普及了西方近代哲学的基础性知识。而这些基础性的哲学知识和方法（如经验论的认识论和方法论），原本是西方唯物论哲学发展的一个阶段，是马克思主义哲学产生之前、与马克思主义哲学关系密切的一个阶段，理解和掌握这些基础性的西方哲学知识和方法，无疑是在为理解和接受马克思主义哲学做准备。同时它们也在毛泽东后来一生的哲学兴趣、哲学价值取向上留下了它们影响的痕迹。严复在这些译著中，针对中国传统哲学思维方法的根本缺陷，突出介绍了西方经验论的认识论和经验论的方法论，并给以很高的评价。例如严复指出：西方国家"有用之效征之富强，富强之基本诸格致，不本格致，将所无往而不荒虚"。"是以制器之备，可求其本于奈端（即牛顿）；舟车之神，可推其原于瓦德；用灵之利，则法拉弟之功也；民生之寿，则哈尔斐之业也。而二百年学运昌明，则又不得不以柏庚（即培根）氏之摧陷廓清之功为称首。"（《原强》）在严复看来，西方国家的强盛，根基在于科学技术，而科技之本又在哲学方法，即培根创立的哲学经验论和归纳法，严复将其翻译为"实测内籀之学"。所谓"实测内籀之学"，主要包括如下两方面的内容：

一是"实测"，也就是一种经验论的认识论，强调实际经验在认识中的首要地位，认为实际经验是认识的基础、认识的出发点、认识的检验标准。"其为学术也，一一皆本于即物实测"；"古人所标之例，所以见破于后人者，正坐阙于印证之故。而三百年来科学公例，所由在见报不可复摇者，非必理想之妙过古人也，亦以严于印证之故。"（《穆勒名学》丙部按语）正因为知识学术来自实际，要由实际来验证，所以"吾人为学穷理，志求登峰造极，第一要知读无字之书"（《西学门径功用说》）。"故赫胥黎曰：读书得智是第二手事，唯能以宇宙为我简编，民物为我文字者，斯真学耳。此西洋教民要术也。"（《原强》）"夫理之诚妄，不可以口舌争之，其证存乎事实。"（《原富》译事例言）毛泽东通过阅读严复的译著而受到西方经验论认识论的影响，这种影响几乎贯穿他后来一生的哲学活动，强调在实践中学习，认真读"无字"之书的言谈，在毛泽东的著作中更是随处可见。早在湖南第一师范读书时写下的《讲堂录》中就有这样一些话："实意做事，真心求学。""闭门求学，其学无用。欲从天下国家万事万物而学之，则汗漫九垓，遍游四宇尚已。"这些话就极富经验认识论的色彩。不仅如此，毛泽东还把认识变成行动，尝试着去读社会这本"无字"之书，努力从社会实际中增长知识，于是就和同学肖子升一起利用暑假，到长沙、宁乡、安乡、益阳、沅江等地"游学"，结果受益匪浅。在后来的《实践论》中，毛泽东更是在经验认识论的基础上，融入马克思主义的唯物辩证法，对经验—实践在认识中的地位和作用有更加完整、深刻的阐述，从而创立了系统的、中国化形态的马克思主义认识论，发展了马克思主义哲学。

二是"内籀"，是指一种经验论的逻辑归纳方法，相对于逻辑演绎方法而言。这种经验论的归纳方法，强调一切知识、真理都必须从经验归纳中来。只有从对客观事物的观察、归纳中，才能得到"无往而不信的科学公例"，即具有普遍性的原理、原则。"科学所明者公例，公例必无时而不减。"（《原富》译事例言）这里说的"公例"，就是科学定律、科学真理。正如严复所说："内籀者，观化察变，见其会通，立为公例者也。"（《原富》译事例言）"西学格致，一理之明，一法之立，必验之物物事事而皆然，而后定之为不易。"（《救亡决论》）这种经验论的逻辑归纳方法对毛泽东的影响同样是巨大的，这突出地表现在毛泽东一生对实际调查研究的高度重视，始终强调必须通过对实际的调查研究，才能从中归纳总结出符合客观实际的策略、方法，用来指导革命或建设实践，并在指导实践的过程中加以检验、印证。

总之，严复译著给毛泽东传递的西方哲学的一系列基本观点和方法，是毛泽东理解和接受马克思主义哲学所不可缺少的。正是在这个基地上，毛泽东的哲学思想实现了从古代到现代的飞跃，完成了马克思主义哲学从西方形态到东方形态的转换。构成这个基地的许多基本元素——经验认识论、经验归纳、实验印证等，都被吸纳到了毛泽东哲学思想中，成为它向高级阶段发展的营养、脱胎换骨的推动力。然而，在相当长的一段时期内，中国学界对毛泽东接受马克思主义哲学之前，西方近代资产阶级哲学对毛泽东哲学思想的影响问题，涉及不多。自从改革开放以来，有不少学者对毛泽东哲学思想与西方近代资产阶级哲学的关系问题做过探讨，但仍然不是很突出、很具体。我们认为，这方面的探讨还有待于进一步深入，深入的重点应放在西方近代资产阶级哲学对毛泽东理解和接受马克思主义哲学究竟起了什么作用？以及在中国化形态马克思主义哲学创建的历史进程中，西方近代资产阶级哲学又起了什么作用？这方面的研究需要具体化，不可泛泛而论。

第三节　特有的人生阅历和丰富的革命实践

在中国共产党众多杰出的领导人中，毛泽东人生阅历的独特和革命实践经验的丰富是独一无二、无人可比的。它们构成了毛泽东创建中国化形态马克思主义哲学的实践平台，中国化形态的马克思主义哲学就是在这样的社会实践的"大熔炉"中锻造出来的。"时势造英雄"，是军阀割据、群雄纷争、狼烟四起的"革命年代"所特有的阅历，造就了"不可复制"的作为"革命家"（而非名人）的毛泽东！有关毛泽东的丰富人生阅历，早就为国内外许多研究者所关注，成果斐然。鉴于这方面的许多史实人们耳熟能详，所以这里不过多涉及具体事实，只是就毛泽东一生革命实践活动的特色做些简要分析。

一　特有的人生阅历

众所周知，毛泽东在学生时代，就不是一个老老实实、安分守己死啃书本的学生，而是一个精力充沛的活跃分子、"社会活动家"。在湖南第一师范学校读书期间，他就是公认的学生领袖，就有了"实干家"的美誉。在这期间，他是学生进步社团——"新民学会"的负责人，把学会的活动搞得有声有色，影响和团结了一大批进步青年去追寻光明、追求新知识；他曾以一批进步学生为骨干，利用学校的有利条件，创办工人夜校，在广大贫苦民众中扫除文盲、传授知识，开始了与中国无产阶级的接触交往；他还曾以过人的胆量和智慧指挥学校的"学生军"保卫校园，使其免遭军阀溃逃士兵的骚扰破坏。学生时代所参与的各种社会活动，锻炼和培养了青年毛泽东的社会活动能力，展示和提升了他的组织才干，磨炼了他的意志，尤其是心理素质方面的沉着自信和意志坚定，更是超出一般的青年学子。

毛泽东从湖南第一师范学校毕业后，从事过一段短暂的教学实践，但很快就接受了马克思主义，并成为将这一革命学说付诸实践的职业革命家，开始了他在工人运动、农民运动、统一战线等方面的革命实践活动。在省城长沙，毛泽东将全市的泥木工人组织起来，开展罢工斗争。斗争从争取经济条件的改善入手，进而提出组织工会、维护自己的正当权利的政治要求。他还作为工人代表去与当权者谈判，与他们斗智斗勇，并注意利用各种有利因素和各种宣传工具，为工人运动的发展和取得斗争的胜利创造条件。在毛泽东的组织领导下，湖南工人运动开展得轰轰烈烈，在全国范围内有一定的影响；在家乡韶山，毛泽东创建了党的基层组织——农村党支部，领导农民们建立起自己的组织——农民协会，开展与地主阶级的斗争，反对地主阶级的残酷剥削和统治，在他的组织领导下，湖南的农民运动成为全国的一面旗帜；在南方广州，毛泽东在国共合作中参与了党的统一战线方面的工作，他担任过国民党的代理宣传部长，主编过《政治周刊》，创办过农民运动讲习所，发表过许多纵论时事政治的好文章。翻阅一下中共党史，在中国革命的这个阶段，像毛泽东这样的能够有如此丰富人生阅历的领导人，是不多见的。

正是这样特有的丰富的人生阅历，使毛泽东对中国社会的基本构成——学生、工人、农民及政党、政客，有了比其他一般人要多得多的了解，由此而使他对中国革命的一系列基本问题有了超出一般人的准确认识和把握，这样也就为他把马克思主义哲学与中国革命实践相结合、从中国革命实际出发来创建中国化形态的马克思主义哲学奠定了雄厚的实践基础。也正是因为有如此独特而丰富的人生阅历，使得毛泽东能够在中国革命突遭失败，许多人都惊慌失措、一筹莫展时，沉着冷静，看准方向，为中国革命指出了一条新路，即到农村去建立革命根据地，发动组织农民开展武装斗争，以农村包围城市、最后夺取全国政权，取得中国革命的胜利。毛泽东主张把革命队伍带到农村去，上山去打游击，看起来似乎是在中国革命走投无路、万般无奈之下的一种选择、一种权宜之计，是"逼上梁山"，但若是透过这些表面现象去探寻深层次的缘由，就会发现它仍然是毛泽东这个特殊个体所特有的各种潜在条件和内在因素合力作用的结果。在这些潜在条件和内在因素中，除了前面提到的深厚的中国传统思想文化根基、对西方新学的了解和接受以外，丰富的人生阅历同样是不可或缺的。这些丰富的人生阅历，让毛泽东对中国国情的认识和把握要比其他领导人深刻而全面，使他不同于那些只知道生搬硬套马克思主义理论的书呆子式的革命领导人，使他能够从中国革命的实际处境出发，来理解和应用马克思主义关于武装斗争的理论，并且在概括总结中国开展武装斗争经验的基础上，创造出马克思主义武装斗争理论的新形态，从而丰富和发展了马克思主义的武装斗争理论。

二　丰富的革命实践

才具满身、力能扛鼎而又力透纸背、力挽狂澜的毛泽东一生丰富的革命实践活动，可以用三个高潮来概括和表示。这三个高潮构成毛泽东一生革命实践活动的三个阶梯，沿着这三个阶梯，毛泽东走到了他一生中最辉煌的顶点，成为世界公认的一代伟人。就像西方著名学者菲力普·肖特在他所著的那本影响较大的《毛泽东传》的中文版前言中指出的那样："无论是在中国还是在国外，毛都是一位远比他同时代的人卓越和杰出的人物，从某种意义上说，他是迄今为止人类历史上为数不多的领袖人物之一。他多姿多彩和复杂多变的个性注定了他是一个非凡的、集多种才干于一身的人：毛是一个理想家、政治家、政治与军事战略天才、哲学家和诗人。"①

第一个革命实践活动的高潮出现在井冈山时期。在走上井冈山之前，毛泽东的革命实践还是初步的，局部的。而从走上井冈山之时起，革命斗争的具体实践才使毛泽东对中国革命斗争的复杂性、残酷性和长期性有了真正切实的认识和体验。毛泽东原本是一个学生出身的知识分子，对于指挥打仗、做"山大王"基本上是个门外汉。面对人生的这一巨大转折，怎么办？为了中国革命的生存和发展，唯一的选择只有是在"干"中学，即在实践中学习，在战争中学习战争，在实践中求真知，知行合一，以言行事，身体力行，行胜于言，实践通常是最好的老师。正是在实践这个最好老师的教导下，毛泽东学会了打仗，实现了从一介书生到一个军事指挥员的转变，这是毛泽东丰富人生阅历中的第一个质变、质的飞跃。这种质变和质的飞跃是在具体的革命实践中完成的，就像毛泽东说过的那样，自己是在革命战争中学会革命战争的。这是中国绝大多数携笔从戎的知识分子所走过的路，毛泽东的经历只是更加典型罢了。革命战争的实践使毛泽东逐步认识和掌握了创建革命根据地、开展武装斗争的规律，并在总结这个阶段革命实践经验的基础上，初步形成了关于中国革命的新理论，这就是《中国的红色政权为什么能够存在？》《井冈山的斗争》《关于纠正党内的错误思想》《星星之火，可以燎原》等一系列著作的问世。马克思主义哲学的基本原理和基本观点在这些著作中得到了最为中国化的应用，即从

---

① 《毛泽东传》，中国青年出版社 2004 年版，第 11 页。

中国革命的实际出发、根据中国革命的具体情况来灵活应用马克思主义哲学解决中国革命的具体问题。这样的从具体情况出发的具体应用也就必然使马克思主义哲学具有中国的色彩和中国的形态。具有中国色彩和中国形态的马克思主义哲学在这里是以隐性的方式，包含和贯彻于毛泽东的这些有关中国革命基本问题的政论性文章和著作中。这是中国化形态马克思主义哲学的一个重要方面和重要表现形式，它的形成来自要解决中国革命具体问题的实际需要。中国革命的实际需要决定了中国化形态的马克思主义哲学，是以"显性的"和"隐性的"两种方式，显微无间地存在并对中国革命发挥作用的。所谓显性的就是《实践论》《矛盾论》那样的专门的、系统的哲学著作，所谓隐性的就是包含和贯彻于有关中国革命的许多政论性文章及中国革命的一系列路线、方针、政策中的哲学观点、哲学原则和哲学思维方式。在毛泽东这里，后者显然是主要的，它们构成了毛泽东哲学思想的主要特色。

　　第二个革命实践活动的高潮出现在抗日战争时期。抗日战争是中国现代历史发展的一个非常特殊的阶段，其复杂性（民族矛盾和阶级矛盾的犬牙交错）和艰巨性（敌人的强大和残暴）都是空前的。正是在这样空前复杂而壮观的实践舞台上，毛泽东完成了从一个局部游击战争的军事指挥员，到一个领导更大范围的抗日战争的强大政党领袖的转变。这是毛泽东丰富人生阅历的第二个质变、质的飞跃。这样的质变和质的飞跃，同样是以具体的革命实践为依托的。如果没有长征途中的"用兵如神"（如"四渡赤水"堪称世界战争指挥艺术上的"神来之笔"），就不会有遵义会议上的众望所归；如果没有抗日民族统一战线策略的及时制订和执行，就不会有中国共产党合法地位的取得和抗日革命根据地建立和扩大。在指挥波澜壮阔的抗日战争的具体实践中，毛泽东作为一个伟大政党的杰出领袖所必须具备的各种才能得到了进一步的锤炼和提高，中国化形态的马克思主义哲学也在领导和指挥抗日战争实践的过程中不断丰富和发展。这个时期形成的有关中国革命的系统理论（如新民主主义革命理论）和中国革命经验的系统总结（如中国革命的"三大法宝"），都是中国化形态的马克思主义哲学的具体展现。中国化形态马克思主义哲学的显性形态——《实践论》《矛盾论》也产生于这个历史时期。它们共同有力地证明：特有而丰富的社会实践必然产生与之相适应、能满足其需要的特有的理论新形态，这种特有的理论新形态一旦形成，就会反过来更好地指导实践，推动实践的发展，保证实践的成功。中国化形态的马克思主义哲学——毛泽东哲学思想在抗日战争阶段成熟和完善，完全是实践的需要，实践的产物。

第三个革命实践活动的高潮出现在解放战争期间。四年的解放战争彻底改变了中国的命运，而指挥这场中国命运大决战的毛泽东，也在"运筹帷幄，决胜千里"地指挥战争的具体实践中成长为一个指挥千军万马在全国范围内进行中国命运大决战的最高军事统帅，这是毛泽东革命实践生涯中的第三次质变、质的飞跃。这样的质变和飞跃同样是革命战争具体实践的产物。就像民间谚语所说的，庭院里练不出千里马，花盆里长不出万年松。只有投身战争、身经百战才能获得革命战争年代的指挥权。毛泽东在解放战争实践中所表现出的超群的军事指挥才能和军事指挥艺术不仅为他的对手所折服，并且得到国外许多著名军事家和军事统帅的肯定和敬佩。究竟是什么使毛泽东这样一个从未进过军事院校的大门、从未系统学习过军事理论的师范生，变成一个指挥千军万马打胜仗的杰出军事统帅的呢？这是一个曾经使许多中外军事家、军事统帅都困惑不解的问题。有关这个问题的答案，毛泽东早就在他的著作和谈话中告诉过我们了。答案其实很简单，就是学习领略中国古代兵家战略（武略），善于从实践中学习，在战争中学会战争，以科学系统的哲学世界观和方法论为依托，活学活用，运用之妙，存乎一心，同时慧眼独具地发掘并提携杰出人才，人尽其才，物尽其用，以长卫短，以短救长，因时因人制宜，此外别无捷径。在这里，我们不否认某些天才因素的作用，但这些天才因素的作用显然不能和丰富的具体革命战争实践相提并论。丰富的革命战争实践才是毛泽东成为一代杰出军事统帅的决定性条件。

特有的人生阅历和丰富的革命实践经验，不仅造就了一个民族英雄、世纪伟人，而且使马克思主义哲学在实际应用于中国革命实践的过程中，获得了它在中国存在和发展的新形态，即中国化形态的马克思主义哲学——毛泽东哲学思想。这两个过程在毛泽东那里是统一的，是相辅相成的。一种新的理论形态的出现和创立它的主体的基本素质构成关系密切。这个创立主体的人生阅历越独特曲折、实践经验越丰富多彩，由此而对社会事物的认识和把握也就越深刻、准确，对事物本质和变化的反映也就越敏感、快捷。古今中外凡是在思想理论的创新发展中有所贡献、有所作为者，无一不是人生阅历独特曲折、实践经验丰富多彩者。人生阅历单调无味、实践经验贫乏苍白者绝对与此无缘。人们常说丰富的阅历和经验是人生的最大财富，这无疑是从无数事实和经验中概括出来的颠覆不破的真理。毛泽东同样是在中国革命这个空前丰富而曲折的实践平台上，开始他创建中国化形态的马克思主义哲学这一伟大工程、作出他的特殊贡献的。

第十九章

中国化形态马克思主义哲学的形成过程

中国化形态马克思主义哲学的形成发展，是一个漫长、曲折的探索过程。这个过程始于 20 世纪初马克思主义哲学传入中国之际，贯穿整个 20 世纪，一直延续至今，并仍在不断向前发展。这个过程经历了初步意识、清醒认识、经典表述、代表作问世等不同阶段，最终产生了马克思主义哲学中国化的首创形态——毛泽东哲学思想。毛泽东哲学思想是马克思主义哲学中国化的首创形态，毛泽东是马克思主义中国化形态的首创者。在这之后，马克思主义哲学中国化运动继续发展，中国化形态的马克思主义哲学不断与时俱进，相继产生了邓小平哲学理论、"三个代表"主要思想、科学发展观与和谐社会等各具特色的新形态。回顾中国化形态马克思主义哲学的形成发展过程，探讨其规律和特点，总结其经验和教训，对于推进当代马克思主义哲学中国化运动的发展，促进中国化形态马克思主义哲学的创新，是很必要而有意义的。

第一节 马克思主义哲学中国化的初步意识

西方哲学中国化的各种努力和尝试，虽然为马克思主义哲学中国化提供了许多有益的启示，但这只是一个外部条件。马克思主义哲学中国化意识的觉醒和认识，则是马克思主义哲学的应用者在具体实践中逐步形成发展的，是应用者在实践中所得经验教训的一种哲学总结、哲学升华，是一种主体的"自我体悟"，是别人强加不了，也代替不了的一种自我意识和自觉认识。

20 世纪初，马克思主义哲学刚刚传入中国，反对者就以中国国情特殊、马克思主义不适合中国为理由，反对马克思主义（主要是唯物史观）

在中国传播，否认马克思主义能够中国化。这个时期的马克思主义者如李大钊、李达等，在反驳各种反对意见时，天才地预见到马克思主义中国化的可能性，初步意识到马克思主义在中国的传播和应用，必须考虑到中国的实际情况，要结合中国的实际。尽管这个时期的马克思主义者并没有明确提出"马克思主义哲学中国化"这个概念，但他们所讲的马克思主义，理所当然地包括马克思主义哲学在内，并且主要是指唯物史观在中国的实际运用。

一 李大钊的初步意识

李大钊在《再论问题与主义》《社会主义与社会运动》等文章中，从"共性"与"特性"的对立统一角度，谈到了马克思主义中国化的可能性和必要性。在《再论问题与主义》这篇文章中，李大钊不仅明确指出：我们的社会运动，一方面固然要研究实际的问题；一方面也要宣传理想的主义，这是交相为用、并行不悖的。而且还进一步说明：马克思主义是科学的理想和主义，是研究中国革命问题的"工具"和"尺度"（这就是它的共性、一般）。而马克思主义适应各国革命的具体情形则是"主义的本性"，马克思主义只有适应各国革命的具体情形才能存在发展（因为从哲学上说共性、一般是离不开个性、特殊的，是依托于个性、特殊的）。在李大钊看来，社会主义（即马克思主义）的本性原有适应实际的可能，在应用于环境时将其精神变作实际的形式使之合于现在的需要，一旦将其应用于环境，就会发生"因时、因所、因事的性质情形生一种适应环境的变化"。在《社会主义与社会运动》一文中，李大钊再次谈道：社会主义的"共性"应与中国的"特性"相结合，共性是普遍者，特性是随时随地不同者。社会主义作为一种具有普遍性的理想主义运用到各国，"因各地、各时之情形不同，务求其适合者行之，遂发生共性与特性结合的一种新制度，故中国将来发生之时，必与英、德、俄有异"。①

二 李达的初步意识

李达在《马克思学说与中国》一文中，针对一部分人对中国共产党第二次代表大会提出的中国革命"两步走"战略的种种非难和不理解，

---

① 《李大钊文集》（下），人民出版社1984年版，第32—38、376页。

特别说明：以唯物史观为基础的马克思主义的社会革命理论，在实际应用于中国社会时，必须从中国社会的实际出发，必须考虑到中国社会的具体环境和中国无产阶级的组织状况、觉悟程度、斗争勇气等诸多因素。并且强调："一个国家的政策，总要根据当时产业的状况和文化的程度来决定，有产阶级的国家是这样，无产阶级的国家也是这样。马克思在《共产党宣言》上替当时各个进步的国家决定的政策，据马克思说，只有当时最进步的各国所能采用，而且只有最进步各国无产阶级执政时所能采用。若据我们用现在的眼光看起来，其中有些是社会政策，早已被现今各个资本主义国家采用了，而且实现了。但在当时，这些政策必须在无产阶级执政的国家才能实现，可知政策的决定，必须根据当时产业的状况和文化的程度来决定的了。"正因为如此，中国共产党制定的中国革命"两步走"战略和现阶段联合中国资产阶级政党进行民主革命的战略，是符合马克思主义关于社会革命的基本原则的，是这个普遍原则在中国的具体应用，是从中国社会具体实际出发的灵活应用。这就表明"马克思学说之在中国已不是介绍时期而进到实行时期了"。马克思主义在中国已不仅仅是一种抽象理论，而是在和中国社会实际的结合中开始具体化了。而这种具体化正是马克思主义哲学中国化的基本要求，是马克思主义哲学中国化的题中应有之意。

李达在文章中还特别指出：用马克思主义来改造中国社会必须结合中国的国情。中国革命究竟怎样开展？"马克思在《共产党宣言》上并未为中国共产党筹划"，只能"按照目前中国国情，参照马克思在一八四八年替波兰瑞士德国共产党设下的计划"，来制定适合中国社会政治、经济、阶级状况的革命策略。①

以上见解，可以说是中国早期马克思主义者对马克思主义哲学中国化的最初意识和最早预言，它们表明中国马克思主义者在接受、应用马克思主义之初，就初步预见到具有"共性"和"普遍性"的马克思主义，不会是永远不变的教条，它在实际应用于各国革命实践、与各国革命具体实践结合的过程中，必然会发生内容的变化，形成新的理论形态。这些新的理论形态也必然是适合各国具体情况，具有各国特色的。这些认识虽然是初步的，但却是马克思主义哲学中国化形态形成的历史起点，代表着一种

---

① 《李达文集》第 1 卷，人民出版社 1980 年版，第 202 页。

正确的方向，指引着后来的实践者。

第二节　马克思主义哲学中国化的清醒认识

从中国共产党成立时起，中国共产党人就明确了中国革命的指导思想是马克思主义，并且很快付诸实践。但在中国革命的最初阶段——大革命时期和土地革命的前、中期，中国革命却屡遭挫折。这些挫折使得中国共产党人开始反省自己的指导思想和实际行动，从中逐渐领悟到：在中国这样一个政治、经济、文化状况和阶级力量、阶级结构都很特殊的国家中，进行马克思主义指导下的无产阶级革命，仅仅依靠马克思主义的"本本"是不够的，中国革命必须依靠中国的同志了解中国的情况，在马克思主义一般原则的指导下，制定切合中国实际的革命斗争路线、方针和策略，才能引导中国革命走向胜利。也就是说，中国革命的曲折使中国共产党人认识到：中国革命没有马克思主义的指导是不行的，但在用马克思主义哲学指导中国革命时，如果不从中国实际出发、不与中国革命的具体实际相结合同样是不行的（这实际上就是马克思主义哲学中国化的基本内涵）。毛泽东的《反对本本主义》集中反映了这方面的认识。《反对本本主义》虽然只是一个数万字的小册子，但在马克思主义哲学中国化形态的形成发展史上，却有重要地位和影响。因为正是在这本小册子中，毛泽东初步阐述了马克思主义中国化的根本原则和出发点，并对如何做到中国化的方法——向实际作调查研究，作了初步探讨。

一　马克思主义哲学中国化根本原则的初步阐述

《反对本本主义》在马克思主义哲学中国化历史进程中的贡献就在于：它初步表述了马克思主义哲学中国化的根本原则，即马克思主义必须和中国的实际情况相结合。"马克思主义的'本本'是要学习的，但必须同我国的实际情况相结合。我们需要'本本'，但是一定要纠正脱离实际情况的本本主义。"这一根本原则具体贯彻体现在指导中国革命实践的三个行动指南中：一是"没有调查，没有发言权"；二是"中国革命斗争的胜利要靠中国同志了解中国情况"；三是"共产党的正确而不动摇的斗争策略要在群众斗争过程中才能产生"。这三个行动指南，实际就是马克思主义立场、观点、方法的具体化，是马克思主义哲学彻底唯物论原则的中国化，因为它们是从中国的实际情况出发的，适应了中国革命的特殊要求，反映了中国革命的特点。

马克思主义哲学中国化基本出发点的初步确立。毛泽东在《反对本本主义》中清楚地表达了这样一个基本观点，即一切要从中国实际出发（这是马克思主义中国化的基本出发点）。为此，毛泽东公开反对无视中国实际、脱离中国实际的"本本主义"，强调"中国革命斗争的胜利要靠中国同志了解中国的情况"。这句话，虽然只有二十来个字，但却突出了"中国革命"、"中国同志"、"中国情况"这三个关键词。毛泽东在这里反复强调"中国"这个词，有很强的现实针对性，完全是从当时中国革命的实际状况和实际需要出发的。因为在当时的中国共产党内，有许多人认为，在莫斯科召开的中共"六大"做出的决议，能够保障中国革命的永久胜利，只要遵照执行决议既定的方针就会无往而不胜。这种对"六大"本本的迷信，是不能开创中国革命的新局面的。因为"六大"决议仍然把党的城市工作放在中心位置，没有认识到农村在中国革命中的特殊重要性。而此时中国革命的实际情况正好与决议相反，中国革命在农村开辟了新路，正在广大农村如火如荼地开展起来。正是针对着这样的实际状况，毛泽东特别强调：中国革命必须依靠中国同志了解中国情况，必须从中国的实际出发，寻找一条适合中国情况的革命道路、革命方式。这显然是马克思主义哲学的彻底唯物论原则中国化的最初表述。

二　马克思主义哲学中国化实现方法的初步提出

一切从中国实际出发、马克思主义哲学必须和中国实际相结合是马克思主义哲学中国化的基本原则，这些原则如何才能变成实际行动？它需要方法、中介、桥梁。为此，毛泽东提出了"向实际情况作调查"的科学方法，把它看作克服"本本主义"，实现马克思主义哲学与中国革命实际结合的必要中介和桥梁。在毛泽东看来，向中国实际作调查是实现马克思主义哲学与中国革命实际结合的一个不可缺少的重要环节。因为只有通过向实际作调查，你才能知道实际需要解决的问题是什么？马克思主义哲学中哪些方法适用于这些问题的解决。

根本原则、基本出发点和具体方法的提出，反映了以毛泽东为代表的中国共产党人对马克思主义哲学中国化必要性和迫切性的一种自觉而清醒的认识。这是一种思想认识的飞跃，表示中国共产党人已经开始认识到，中国革命不能再由并不了解中国情况的外国人（共产国际）来指挥，中国共产党人必须独立地担负起领导中国革命的重任；同时这也是一种理论认识的飞跃，表明中国共产党人不再迷信"本本"，"以为上了书的就是对的"，不再一味地盲目执行"上级领导机关的指示"，而是要以自己所面对的现实实际为出发点，根据中国"实际情况"，"从实际斗争中创造新局面"。① 这两个飞跃，是马克思主义哲学中国化历史进程中的重大突破、质的飞跃。它表明马克思主义的辩证唯物论哲学在中国革命中，已不再是抽象的概念，而是成为指导中国革命的具体行动指南和制定中国革命政策和策略的哲学依据。而把抽象的哲学原理变成具体的行动指南，正是马克思主义哲学中国化的一条基本途径。

第三节　马克思主义哲学中国化的经典论述

1938 年 10 月，毛泽东在中共六届六中全会的报告中，对马克思主义中国化问题作了最为经典的论述。他说："共产党员是国际主义的马克思主义者，但马克思主义必须通过民族形式才能实现。没有抽象的马克思主义，只有具体的马克思主义。所谓具体的马克思主义，就是通过民族形式的马克思主义，就是把马克思主义应用到中国具体环境的具体斗争中去，而不是抽象地应用它。成为伟大中华民族之一部分而与这个民族血肉相连的共产党员，离开中国特点来谈马克思主义，只是抽象空洞的马克思主义。因此，马克思主义的中国化，使之在其每一表现中带着中国的特性，即是说，按照中国的特点去应用它，成为全党亟待了解并亟须解决的问题。"② 这里所讲的马克思主义，当然包括马克思主义哲学。因此，同样应该把它看作马克思主义哲学中国化的经典表述。

一　"中国化"改为"具体化"

1952 年《毛泽东选集》第 2 卷出版时，将毛泽东上述讲话中的"马克思主义的中国化"改为"使马克思主义在中国具体化"，并且增加了"洋八股必须废止，空洞抽象的调头必须少唱，教条主义必须休息，而代

---

① 《反对本本主义》，《毛泽东著作选读》上册，人民出版社 1986 年版，第 48 页。
② 《毛泽东选集》第 5 卷，晋察冀日报社 1944 年版，第 20 页。

之以新鲜活泼的、为中国老百姓所喜闻乐见的中国作风和中国气派"。增加这几句话，就使中国化的含义更加丰富、完整。至于为什么要把"中国化"改为"具体化"？据有关专家考证，主要原因是苏联人对"中国化"这个提法不赞成，持保留态度。因为"中国化"在马克思主义发展史上是个新概念，没有人提出过，苏联人就没有提出过马克思主义苏联化的问题。到60年代，中苏关系恶化，苏联人就公开攻击中国共产党人提出"马克思主义中国化"是"搞民族主义"。中苏论战公开化后，苏联理论界更是大力批判"马克思主义中国化"，说它是"反列宁主义的"。1961年1月，毛泽东在中共八届九中全会上谈到苏联人反对提"马克思主义中国化"时说：对马列主义中国化，他们也反对。我们无非是把马克思主义、列宁主义的普遍真理和中国革命的实际相结合，这是一个树干与枝叶的关系，有什么好反对呢？各国具体的历史、具体的传统、具体的文化都不同，应该区别对待，应该允许把马克思列宁主义具体化，也就是说把马列主义普遍真理和本国革命的具体实践相结合。①

毛泽东关于马克思主义中国化的这段经典论述，是中国革命发展实践的产物，是中国革命历史经验教训的深刻总结，它表明以毛泽东为代表的中国共产党人对马克思主义哲学的态度和认识，已经摆脱了教条主义、经验主义的束缚和影响，达到了一个新的高度，真正马克思主义的高度。毛泽东的这段经典论述，一直被认为是迄今为止关于马克思主义、也是马克思主义哲学中国化的经典论述，后来的许多关于中国化的理解和表述，都是围绕这一经典论述展开的。

二　"中国化"提出的时机和条件

首先，我们要看到，毛泽东在1938年10月公开提出"中国化"这个概念，并对马克思主义中国化作了精彩阐述，绝对不是突然的心血来潮、一时冲动或偶然想起，而是各种条件、因素综合作用的产物。

从国际方面看，当时的共产国际面对德、日法西斯的战争叫嚣，提出了建立反法西斯统一战线的主张，要求各国共产党不要机械地把一国的经验搬到别国去，不要用呆板格式和笼统公式去代替具体的马克思主义的分析。张闻天在传达共产国际的相关决定时，做了进一步发挥，明确提出应

---

①　参见许全兴《毛泽东与孔夫子》，人民出版社2003年版，第233页。

把共产国际有关决议"民族化",使之适合我们的具体环境。

从国内方面看,由于日本帝国主义大举入侵,全体中国人民同仇敌忾,爱国主义热情空前高涨,不同阶级、阶层的人都不约而同地把眼光投向历史,试图从民族历史和民族文化传统中寻找精神支柱,以恢复和提高中华民族的自信心和自尊心。也就是说,抗日战争的爆发使民族传统思想文化重新得到了高度重视,民族精神重新得到了发扬光大。在这同时,持久而复杂的抗战实践更是迫切需要中国共产党人正确应用马克思主义哲学的科学世界观、方法论,用它来指导解决抗战的一切实际问题。这些实际需要正是推动中国马克思主义哲学运动由介绍性的、通俗化的阶段向与中国实际结合的"中国化"阶段发展的最大动力。

从中国共产党人自身的发展历史来看,经历了第一、二次国内革命战争的考验,革命力量有了很大发展,积累了成功与失败、前进与后退的丰富经验,对于马克思主义的理论和中国革命的实践有了更加深入、更加统一的理解。在这个时候,从理论上认真总结党的历史经验既有了可能,也有了必要。就像毛泽东在《"共产党人"发刊词》中指出的:"根据马克思列宁主义的理论和中国革命的实践之统一的理解,集中十八年的经验和当前的新鲜经验传达到全党,使党铁一样地巩固起来,而避免历史上曾经犯过的错误——这就是我们的任务。"① 这里说的"曾经犯过的错误",主要是指抗战之前,中国共产党领导的中国革命曾经走过一段弯路,走这段弯路的根本原因就在于理论脱离实际、把马克思主义教条化。也就是说,以往的错误把马克思主义中国化的问题突出地摆到了中国共产党人的面前,要求他们从理论和实践的结合上做出回答。

以上是毛泽东关于马克思主义中国化问题经典论述提出的必备条件,缺一不可。尤其是共产国际的指示和张闻天的有关解释发挥,在过去一段相当长的时期内不为人们所提及,实在是一大遗憾。以前在阅读、思考毛泽东的这段经典论述时,就曾有过这样的疑问,即毛泽东为什么会在这个时候突然讲起马克思主义中国化问题呢?有什么背景呢?因为在当时,中国共产党内以毛泽东为代表的中国化的马克思主义与以王明为代表的教条主义的马克思主义之间的分歧和斗争仍然存在,王明仰仗着与共产国际的亲密关系而在中国共产党内趾高气扬。在这种情况下,如果没有共产国际

---

① 《毛泽东选集》第2卷,人民出版社1991年版,第614页。

的明确指示和张闻天的解释发挥，毛泽东即使想说这个问题恐怕也不一定能够说出来。共产国际的这个正确指示和张闻天的解释发挥可以说与毛泽东的长期思考和一贯主张是一拍即合，于是毛泽东便抓住这个机会，借题发挥，把马克思主义中国化的问题第一次如此鲜明而突出地提到全党面前，并作了精彩的系统阐述。

在这段经典论述之后，毛泽东对"中国化"仍有一些补充和发挥。例如：1942 年延安整风中谈到民族化、科学化、大众化问题时，毛泽东说：所谓"化"者，"彻头彻尾彻里彻外之谓也"。[①] 究竟何为"化"？《周易》中"观乎人文，以化成天下"的那个"化"，主要是说一个民族的人文经典对民族性情素质的陶冶，不是通过行政命令的方式或强行灌输的方式，而是以它充满智慧的魅力与国人的精神渴求相对应，如春雨滋润旱苗，渗透到国人的生命脉络之中，逐渐与国人的精神体验浑然融为一体。对马克思主义哲学中国化的那个"化"字的理解也应该是这样的，同样包括渗透到国人的精神世界中去，成为中国人思维方式的一部分，即毛泽东说的那种"彻头彻尾彻里彻外"。

1944 年 7 月，毛泽东在和英国记者斯坦因谈话时说：我们信奉马克思主义是正确的思想方法，这并不意味着我们忽视中国文化遗产和非马克思主义的外国思想的价值。中国历史遗留给我们的东西中有很多好东西，这是千真万确的。我们必须把这些遗产变成自己的东西。外国文化也一样，其中有我们必须接受的、进步的好东西，而另一方面，也有我们必须摒弃的腐败的东西，如法西斯主义。继承中国过去的思想和接受外国的思想，并不意味着无条件地照搬，而必须根据具体条件加以采用，使之适合中国的实际。我们的态度是批判地接受我们自己的遗产和外国的思想。我们既反对盲目接受任何思想也反对盲目抵制任何思想。我们中国人必须用我们自己的头脑进行思考，并决定什么东西能在我们自己的土壤路生长起来。在这段话中，毛泽东进一步阐述了中国共产党人对中国传统思想文化和外来思想文化的科学态度，强调无论是继承中国传统思想文化，还是接受外来思想文化，都必须根据中国的具体条件和中国的实际需要，而这些正是马克思主义中国化的内涵所在。

---

① 《毛泽东选集》第 3 卷，人民出版社 1991 年版，第 841 页。

第四节　中国化形态马克思主义哲学的代表作

《实践论》《矛盾论》是中国化形态的马克思主义哲学——毛泽东哲学思想的代表作，是毛泽东把马克思主义哲学中国化的系统理论成果。在中国化形态马克思主义哲学形成发展史上，它们的理论意义在于：实现了马克思主义哲学由欧洲形态向中国形态的转变，使之适用于中国；改变了"中国没有直接产生系统的马克思主义，老是跟着外国跑"（毛泽东语）[①]的状况，中国人开始结合自己的哲学传统和现实实践经验来系统阐述马克思主义认识论和辩证法。

有人说《实践论》《矛盾论》是"马克思主义哲学中国化任务的完成"。但我们认为，它们只是马克思主义哲学中国化形态的第一个比较系统的阶段性成果，是《反对本本主义》之后又一次更为系统、深刻的中国革命实践经验的哲学总结。它们不是马克思主义哲学中国化任务的完成，而是为马克思主义哲学中国化提供了一个范本，指示着继续前进的正确方向。还有人说《实践论》《矛盾论》"实现了马克思主义哲学在中国由传播、解释、介绍到理论创新的飞跃，实现了中国近现代社会发展和中国革命经验向哲学的飞跃，实现了中国哲学向马克思主义哲学的飞跃"。我们赞成这样的概括，因为正是这"三个飞跃"，奠定了《实践论》《矛盾论》在马克思主义哲学中国化历史进程中的重要地位。

《实践论》《矛盾论》的内容和风格，集中表现了毛泽东对马克思主义哲学的理解、选择和重构，展现了他把马克思主义哲学中国化的独特路径。所谓理解，就是毛泽东根据自己民族的哲学文化背景和主观体悟，认为哲学就是一种认识论、方法论；所谓选择，就是毛泽东根据中国国情和中国革命的实际需要，选择了马克思主义哲学中认识论、方法论这部分内容，加以重点发挥和发展；所谓重构，是说毛泽东把马克思主义哲学、中国传统哲学精华、中国革命实践经验的哲学总结融合在一起，重新创造出了一种中国化的马克思主义哲学新形态。

《实践论》《矛盾论》是马克思主义哲学的中国化形态，可以从理论结构和具体内容这两个方面来理解。基本理论结构上的中国化，主要表现

----

① 参见 1937 年毛泽东编写的《辩证法唯物论（讲授提纲）》。

为《实践论》《矛盾论》采用的是中国哲学的传统结构，也就是抓住哲学的某一重要方面或某一重要概念、范畴展开专门的、系统的、深入的分析论证，因而也就像中国传统哲学名篇那样，不是纯粹抽象的理论思辨，也没有庞大、严密的逻辑体系，而是专门、具体、实用，篇幅不长。这和西方哲学家常常喜欢构建一个面面俱到的、抽象复杂的哲学体系，形成大部头著作的做法完全不同。具体内容上的中国化，主要是根据中国革命的实际需要，选择并突出了马克思主义哲学的认识论和方法论，并且用中国革命实践经验的哲学总结来丰富它、发展它，用中国人熟悉的、喜闻乐见的语言文字来表现它、说明它。

一　《实践论》是马克思主义哲学认识论中国化的典范

这里说《实践论》是马克思主义哲学认识论中国化的典范，主要理由在于：

对实践问题的专门阐述和对实践地位、作用的高度重视。20 世纪30—40 年代在中国传播的马克思主义哲学中，实践是马克思主义哲学认识论的一个基本范畴，虽然它在马克思主义哲学认识论中地位重要，但并没有专门而系统的阐述。而在中国化形态的马克思主义哲学——毛泽东哲学思想中，首次有了对实践问题的专门而系统的阐述，并且成为毛泽东哲学思想的重要组成部分，毛泽东哲学思想的代表作。在中国人中，只要一说起毛泽东哲学思想，人们首先想到的就是《实践论》。对实践问题的专门阐述、对实践的空前重视、实践地位的空前提高，是中国化形态马克思主义哲学的特色所在。关于这一特色的形成，有人说这是毛泽东在"辩证唯物主义"理解方式内向马克思的以科学实践观为核心的新唯物主义的一次返回、接近，是在"辩证唯物主义"理解框架内向马克思"实践唯物主义"哲学的回归。① 这种说法很有新意，很值得进一步研究。不过我们总觉得这种看法还是有点牵强。虽然就国际范围而言，"辩证唯物主义"理解框架和"实践唯物主义"理解框架之间争论已有相当长的时间，但就国内而言，这种争论是在改革开放以后才在出现的，毛泽东写作《实践论》时不大可能有这种理论上的自觉。毛泽东当时对"实践"的重

① 参见王金福《马克思的哲学在理解中的命运》，苏州大学出版社 2003 年版，第 272—273 页。

视主要来源当时革命实践的需要，主要是为了解决党的思想认识路线问题才讨论认识和实践的关系问题的。因此，毛泽东对实践的理解基本是在认识论的框架内。当然，毛泽东对实践问题的高度重视和重点阐述，可以说是准确把握和反映了马克思主义哲学"实践唯物主义"的理论品格，但同时也是中国传统哲学精华的继承，尤其是反映了中国革命的现实需要，所以研究者更应该从这些方面去追根寻源。

　　纵观中国传统哲学，就会发现"重闻见、贵亲知"的重视现实实践的实践理性精神是中国传统哲学的精华。它的基本特征是思想主体不执迷于抽象的理论思辨，而是努力于人间世道的实用探求，执著于现实的社会实践，要求把一切事物放在现实实践的天平上，以实用理性为圭臬进行价值评判和褒贬取舍。也就是说，中国先哲们虽然不懈追求生命的更高境界，或求"天人合一"，或讲"心在自然"，或说"心空寂灭"。但事实上，他们都以不同的方式认定，生命真正的境界并不在形而上处，"人间"才是生命境界的开拓处。追求生命最高境界的人，一定要落脚于"人间"，发挥经世济民的才干，在造福民众中，体验生命的真谛，开拓更深更广的生命境界。毛泽东从小接受系统的中国传统文化教育，中国传统哲学精华在他身上得到传承和发展。在接受马克思主义哲学之前，他就养成了重视现实实践，"踏着人生社会的实际说话"的行为作风，这是他接受马克思主义哲学、实现马克思主义哲学中国化的文化背景和思想基础。

　　外来的马克思主义哲学同样是重视实践的哲学，它从实践出发来理解和解释全部认识论问题。毛泽东在接受马克思主义的实践认识论之后，将中国传统的实践理性精神融入其中，用它来阐明人的认识从实践中来，又到实践中去的辩证运动过程和规律。同时也用马克思主义的实践观来克服中国传统实践观的狭隘性，扩大了实践的范围（由个人的、道德的实践到一切改造世界的社会活动），突出了实践主体（由少数知识分子到广大人民群众）的地位和作用，从而使马克思主义的实践认识论中国化和中国传统实践观的马克思主义化，形成一种中国化的马克思主义实践认识论——《实践论》。《实践论》始终以"实践"这个中心范畴为主线，对"实践"在认识中的地位和作用进行了简洁而具体的、多层次、多角度的分析论证，从而形成关于"实践"的专门而系统的理论。这样的体例结构，在马克思主义哲学发展史上是没有的，在中国哲学史上则是常见的。

中国哲学史上的名篇，大多是就哲学某一个或相关的几个具体概念、范畴进行深入细致的专门研究，形成篇幅不长而问题专一的论著。这是中国传统哲学一贯的、为中国人所熟悉并容易理解、接受、应用的体例结构和表现方式，《实践论》承继了它。

再从中国革命发展的实际需要来看，实践问题是最突出、最重要的。因为中国国情和中国革命的特殊性决定了中国革命的发展道路、革命的战略和策略，是要通过具体实践来探索、在具体实践中解决的，马克思主义的"本本"中没有现成的答案。马克思主义的"本本"只能给中国革命者提供一般原则和大的方向，中国革命的一系列具体问题只能靠中国共产党人在革命的具体实践中探索解决。中国共产党内的教条主义者不懂这个道理，忽视具体实践，迷信马克思主义的"本本"，结果使中国革命屡遭挫折。毛泽东在挫折中认识到了实践在中国革命中的极端重要性，所以要从哲学的高度进行专门而系统的阐述。这就是实践问题在中国如此突出、如此被高度重视、从而产生实践问题的专门论著——《实践论》的现实依据。也就是说，《实践论》对实践地位和实践作用的空前强调，绝不是一般理论的逻辑推演，而是中国革命具体实践中曾经有过的忽视实践、轻视实践所造成的深刻历史经验教训的哲学总结。正是在这个意义上，我们说它是中国化的。

二　《矛盾论》是马克思主义哲学方法论中国化的典范

我们说《矛盾论》是马克思主义哲学方法论中国化的典范，同样可以从表现形式和实际内容两方面来分析和理解：

从表现形式上看，《矛盾论》是以"矛盾"这一概念为轴心，展开了对矛盾基本属性、特点和矛盾解决方法的专门而集中、系统而全面、层次分明而逻辑性极强的分析论证，从而形成马克思主义哲学发展史上第一本关于矛盾问题的专门论著。这是个新的创造，而这种创造同样来源于对中国传统哲学体例结构和表现形式的继承利用，同样体现着中国哲学家对哲学的基本理解。在中国历史上，哲学家们对哲学问题的思考，多是从对社会人生的责任感和使命感出发的，所以他们非常关注实际的社会人生问题，并最终落实到具体的社会生活、人生道德修养、国家政治教化、军事战略战术以及文学艺术等领域实际问题（即具体矛盾）的解决上。《矛盾论》显然是继承了中国哲学史的这一优良传统。这种继承，一是表现为

《矛盾论》所研究的矛盾（即所要解决的具体问题），绝对不是那种脱离社会现实的、抽象空洞的、纯粹逻辑上的矛盾，而是中国社会、中国革命中现实具体矛盾的哲学概括和哲学分析；二是《矛盾论》对现实矛盾做出哲学概括和分析的最终目的，是要为解决社会现实矛盾提供方法论指导和实用具体的方法。

从具体内容上看，《矛盾论》中关于矛盾特殊性的论述、关于矛盾"精髓"问题的论述、关于主要矛盾与次要矛盾的论述等，都是马克思主义矛盾学说的创新和发展。而这些创新和发展，首先是中国社会现实矛盾复杂性和特殊性的哲学反映，是来自中国共产党人在对中国社会现实矛盾复杂性、特殊性认识过程中所获经验教训的哲学总结。这样也就使马克思主义的矛盾学说具有中国的实际内容，融入了中国革命的实践经验，这正是马克思主义哲学中国化实质所在；其次是对中国传统哲学的承继。在中国哲学史上，许多哲学家们都承认世界是一个由于内在矛盾而不断变化发展的过程，同一物中包含着差异、对立，而这样的差异、对立正是一切事物运动发展的根据。早在春秋时期，史伯就提出了"和实生物"的思想。"夫和实生物，同则不继。以他平他谓之和，故能丰长而物归之，若以同裨同，尽乃弃矣。故先王以土与金木水火杂以成百物。"① 也就是说，只有把差异和矛盾看作同一物内部的固有内容，才能找到一切事物生成发展的根源。毛泽东承袭了中国传统哲学的这一基本思路，在《矛盾论》中突出了差异、矛盾在事物生成发展过程中的作用。

---

① 《国语·郑语》。

第二十章

中国化形态马克思主义哲学的
构成要素和深刻内涵

马克思主义哲学中国化形态问题的研究要进一步深入，"细化"无疑是一个很好的切入点。何为"细化"？就是要去细致分析中国化形态马克思主义哲学的基本构成要素，探求中国化形态马克思主义哲学的深刻内涵，这样就能使中国化形态马克思主义哲学的研究不再停留在一般过程和结论的水平上，而是向更深层次问题的探讨迈进。

第一节　中国化形态马克思主义
哲学的基本构成要素

中国化形态马克思主义哲学的基本构成要素有三：一是马克思主义哲学的基本原理、原则和主要概念、范畴；二是中国传统哲学精华；三是中国革命建设实践经验的哲学总结和提升。毛泽东把这三种基本构成要素合炼于一炉（这里说的"炉"就是中国革命建设的具体实践），使其融为一体，从而创造出一种既是马克思主义的，又是中国化的哲学新形态。这种新形态的基本原则、原理和主要概念、范畴是马克思主义的，解读方式和表现形式是中国的，具体内容和风格则反映着中国的实际需要和中国的特性。

一　马克思主义哲学的基本原理、原则和主要概念、范畴

首先，我们必须明确肯定中国化形态马克思主义哲学的基本原理、原则和主要概念、范畴是马克思主义的。也就是说，中国化形态的马克思主义哲学，既是马克思主义的，又是中国化的，在这个问题上来不得半点含

糊和动摇。

谈论中国化形态的马克思主义哲学——毛泽东哲学思想的基本构成要素，首先就要明确肯定这一哲学形态所采用的主要概念、范畴，所贯彻遵循的基本原则、原理是马克思主义的，是马克思主义哲学主要概念、范畴和基本原则、原理在中国的具体运用和发展。也就是说，毛泽东哲学思想的基本属性是马克思主义的。但在以往有关这方面问题的研究中，有人以"毛泽东著作和讲话中引用马克思恩格斯列宁斯大林的话很少，引用中国传统哲学文化的内容很多"为理由，或明或暗地否认毛泽东哲学思想的马克思主义属性，否认它与马克思主义哲学一脉相传，把它说成是"纯粹"中国的，完全是中国的东西。我们认为，这种看法的形成，主要有两方面的原因：一是对某些事实的忽略，或是只见其一而不见其二；二是理解上出了问题，对"一脉相传"的理解过于狭窄、片面。

所谓对某些事实的忽略，主要表现是没有看到毛泽东哲学思想的主要概念、范畴，如实践、认识、矛盾、社会基本矛盾、生产力、生产关系、经济基础、上层建筑、意识形态等，都是来自马克思主义；贯穿毛泽东哲学思想始终的实践原则、唯物论原则、辩证法的基本规律等，同样来自马克思主义哲学，反映着马克思主义哲学的本质特征；毛泽东哲学思想中的物质第一性理论、认识来源于实践、实践检验并发展理论的原理、主观辩证法是客观辩证法反映的原理、生产力决定生产关系、生产关系反作用于生产力的原理、社会存在决定社会意识、社会意识具有相对独立性的原理等，也都是马克思主义哲学的特有内容。就像毛泽东在《辩证法唯物论（讲课提纲）》中说的：由于中国社会进化的落后，中国今日发展着的辩证法唯物论哲学思潮，不是从继承与改造自己哲学的遗产而来的，而是从马克思列宁主义的学习而来的。

所谓对"一脉相传"的理解过于狭窄，是说对"一脉相传"的理解不能仅仅是文字、概念上的。不能因为毛泽东哲学著作中引用马克思恩格斯列宁斯大林的话不多，就否认毛泽东哲学思想与马克思主义哲学在哲学属性上的"血缘"关系。毛泽东曾经将马克思主义哲学和它的民族形态的关系比喻为"树干和树权"。有的学者根据毛泽东的这个比喻，对马克思主义哲学民族形态的产生作了创造性的解释发挥，认为：化与被化这样的情况，在复杂系统演进的本体论的树式结构中可以得到很好的理解和说明。马克思哲学可以被理解为马克思主义哲学这棵大树的根，但这棵大树无论如何不会只有一个枝杈（因此，提出"走向马克思"的人想使这棵树长成一根直直的木棒的愿望是很难、甚至是根本不能实现的）。这棵大树会长歪（不歪就不会开杈）。这棵大树会有分杈且决不会只有少数几个分杈，上面写着恩格斯、列宁、毛泽东、邓小平等少数几个人的名字。每一个分杈都是一个化的过程，这个过程确实是自复制、自同构、自相似的。但同样，它又不是、也不可能是完全一样的。正如枫树的叶子是枫叶，每片枫叶都不同于其他树的叶子，但没有两片枫叶是完全一样的。这正是绝妙之处。无论枫叶如何地不同，它们终究是枫叶，一如无论什么马克思主义哲学终究是马克思主义哲学；每片枫叶都具有自相似、自复制、自同构的特点，一如每个什么化了的马克思主义哲学都具有自相似、自复制、自同构的特点；它们又相互不同，又如每片枫叶之相互不同。① 我们觉得这段议论是非常形象、准确的，清晰地阐述了马克思主义哲学和它的众多民族形态之间的关系，清楚地交代了马克思主义哲学和它的民族形态是如何既"一脉相传"，又形态各异的。

二　对中国传统哲学文化精华的吸收、利用和改造

我们必须充分肯定中国化形态马克思主义哲学对中国传统哲学精华的吸收、利用和传统哲学术语的改造、发展。正是它们决定了中国化形态马克思主义哲学的解读方式、表现形式、风格特性是中国化的。

谈论中国化形态马克思主义哲学的构成，根本无法回避如何正确处理马克思主义哲学与中国传统哲学文化的关系？如何才能充分有效地利用中国传统哲学文化这一丰富的理论资源？毛泽东在这方面所做的工作主要有：

一是继承、吸收中国传统哲学精华，将它们融入马克思主义哲学之中，使马克思主义哲学"取得民族形式"，并"使之在其每一表现中带着必须有的中国的特性"，获得"中国老百姓所喜闻乐见的中国作风和中国气派"。一个民族的哲学，通常是这个民族理论思维中最精致、智慧、具有永恒价值的部分。这部分内容经过历史检验和历史积淀而代代相传，成为这个民族存在和发展的精神支柱和精神动力，因此它们也被称之为"精华"。毛泽东把中国传统哲学的这些精华继承下来，融入马克思主义

---

① 《学术月刊》2003 年第 11 期。

哲学的阐述中，从而使马克思主义哲学获得"民族形式"，具有"中国的特性"。

二是用马克思主义哲学对中国传统哲学进行创造性解读，用中国传统哲学术语来表述马克思主义哲学的基本原理。这其中，最为典型的就是"实事求是"。"实事求是"是一个非常古老的概念，不同时代的中国人对它有不同的理解和解释。在古代中国人那里，"实事求是"主要是一种治学方法。而在近代中国，它既是一种治学方法，同时也是一种办事方法，即一种重视和联系社会实际的办事方法。到了毛泽东这里，"实事求是"起初是一种工作作风，即毛泽东在《中国共产党在民族战争中的地位》一文中说的"共产党员应是实事求是的模范，又是具有远见卓识的模范。因为只有实事求是，才能完成确定的任务；只有远见卓识，才能不失前进的方向"。① 后来在《新民主主义论》中，毛泽东又把"实事求是"解释为与"自以为是""好为人师"的狂妄态度相对立的一种"科学态度"。② 真正对"实事求是"做出本体论意义上的经典论述是在《改造我们的学习》中，即"'实事'就是客观存在着的一切事物，'是'就是客观事物的内部联系，即规律性，'求'就是我们去研究。我们要从国内外、省内外、县内外、区内外的实际情况出发，从其中引出其固有的而不是臆造的规律性，即找出周围事变的内部联系，作为我们行动的向导"③。这里所说的"本体论意义"，是指它从本体论的角度提出并回答了世界本原——即存在的本身及其属性问题。毛泽东强调"实事"（即客观存在的一切事物）的客观实在性，把这种客观实在性视为世界的本原，同时又明确肯定人们可以在实践中去认识它、把握它。毛泽东的这段经典论述，既符合马克思主义哲学的物质存在本体论，又与中国传统哲学家们所一贯主张的"体用一原，显微无间"的现象与本体的统一论是一致的，并且完全不同于西方哲学家们常说的本体是一种超实在的、与实在对立的抽象概念。通过对"实事求是"的重新解释，毛泽东给了马克思主义的辩证唯物论原理在中国传播所必须有的、中国人民所喜闻乐见的民族形式，并使其成为中国化形态马克思主义哲学的一个核心范畴、灵魂范畴、精髓范畴。

---

① 《毛泽东选集》第 2 卷，人民出版社 1991 年版，第 522—523 页。

② 同上书，第 662—663 页。

③ 《毛泽东选集》第 3 卷，人民出版社 1991 年版，第 801 页。

三 中国革命建设实践经验的哲学概括和总结

我们必须看到中国化形态马克思主义哲学的基本构成要素中，中国革命建设实践经验的哲学概括和总结是一个非常重要的组成部分，是它们使外来的马克思主义哲学具有中国的内容，成为中国人认可的东西。

中国化形态马克思主义哲学的形成，绝不仅仅是个理论形态转变的理论问题，更是一个实践的问题，是和实践紧密联系在一起，是在实践中展开，在实践中实现的。在一定意义上说，毛泽东使马克思主义哲学中国化，就是通过一个个具体实践活动、在解决一个个具体实际问题的过程中实现的，是特殊而丰富的中国革命建设实践经验的哲学总结和哲学提升。毛泽东一贯强调，不能教条主义地"搬用"马克思主义哲学概念、范畴，而是要用马克思主义哲学的基本立场、观点、方法来分析和解决中国革命和建设实践中的重大实际问题，在解决这些重大实际问题的过程中，推进马克思主义哲学中国化，改变和丰富马克思主义哲学的形态和内容，创建中国化形态的马克思主义哲学。在毛泽东这里，马克思主义哲学中国化与解决中国革命建设中的重大实际问题是高度统一的。解决中国革命建设中重大实际问题的过程，也就是中国化形态马克思主义哲学形成的过程，这正是毛泽东在中国化的路径和方法上与前辈人和同时代人不一样的地方。

那么，毛泽东一生中成功解决了哪些中国革命、建设中的重大实际问题？在解决这些重大实际问题的过程中又是如何从哲学高度对具体的实践经验教训进行总结、概括，使其成为中国化形态马克思主义哲学的基本构成要素的呢？这些都是中国化形态的马克思主义哲学——毛泽东哲学思想研究中最主要的问题。学者们从新民主主义革命理论、中国革命的政策和策略、社会主义革命和建设理论、思想方法和工作方法等不同方面来展开探讨。这里选择部分成功的和有些有争议的内容来做些分析：

关于新民主主义革命的理论

在中国革命的历史进程中，突出的重大现实问题是如何从中国的实际出发，明确中国革命的性质和前途，制定中国革命的战略和策略，以保证中国革命取得胜利。毛泽东的新民主主义革命理论，就是在探索和解决中国革命的这些重大现实问题的实际过程中形成的。它系统而全面地回答了中国革命的对象、任务、领导、动力、发展阶段、发展前途等重大现实问题，为这些重大现实问题的解决和中国的胜利提供了科学的理论指导。

从马克思主义哲学中国化的角度来分析新民主主义革命理论的哲学贡献，探讨它在中国化形态的马克思主义哲学中的地位，就会发现，新民主主义革命理论是毛泽东运用马克思主义哲学解决中国革命重大现实问题、实现马克思主义哲学中国化的典范，是中国化形态马克思主义哲学——毛泽东哲学思想进入成熟阶段的重要标志。新民主主义革命理论在哲学上丰富了马克思主义的阶级斗争学说、国家理论和马克思主义的政治、经济、文化观，成为中国化形态的马克思主义哲学的一个重要组成部分。这其中，"新民主主义革命"这一概念的提出，对旧民主主义、新民主主义、社会主义这三者之间的区别和联系的分析，以及关于新民主主义政治、新民主主义经济、新民主主义文化的阐述等，都是带着"中国的特性"的马克思主义哲学（主要是历史唯物论）的新概念、新理论、新内容，都是中国革命特殊性和特有的丰富实践经验的哲学总结和哲学提升。在中外哲学史上，哲学的新形态、新发展通常是通过新概念的提出、新理论的阐述、新内容的增加以及老范畴的新解释来实现的。新民主主义革命理论对中国化形态马克思主义哲学的贡献，也是通过这样的途径和内容来实现的，它有力地推动了马克思主义哲学中国化的历史进程。

关于社会主义革命和建设的理论

在当代中国，人们对毛泽东运用马克思主义哲学解决中国革命的重大现实问题的理论成果——新民主主义革命理论，持怀疑或否定态度的不多。而对毛泽东运用马克思主义哲学解决中国社会主义革命和建设的重大现实问题所取得的理论成果的肯定，则不那么一致，争议颇多。这可能与毛泽东晚年的重大失误有关。如果我们用实事求是的科学态度来分析新中国建立后，毛泽东运用马克思主义哲学来解决中国社会主义革命和建设重大现实问题的理论和实践，就不难看到，这里并非一片漆黑，仍然有闪光点、成功处。例如：

毛泽东关于社会主义改造的理论和实践，就是一个运用马克思主义哲学解决社会主义革命中重大现实问题的成功典型。新中国建立初期开展的对资本主义工商业、手工业、农业的社会主义改造（史称"三大改造"）的顺利和成功，完全得益于马克思主义哲学的一系列基本观点、方法及规律——从实际出发的唯物主义观点、生产力与生产关系的对立统一原理、个别与一般、共性与个性的辩证统一、量变质变规律、波浪式前进规律等，在解决中国社会重大现实问题过程中的创造性运用。正是由于这些哲学观点、方法、规律的中国化应用，使得在一个几亿人口大国中进行的复杂而艰巨的社会主义改造的阻力和破坏力减少到了最小的程度，创造了国际共产主义运动史上第一个和平实现所有制形式改造的奇迹。也正是在这个过程中，马克思主义关于社会所有制形式革命的许多设想（如关于和平赎买的设想等），得到了实践的检验，并在实践中得到充实和发展。

关于社会主义社会基本矛盾、经济矛盾、政治矛盾解决方法的哲学探索。十年社会主义建设时期，毛泽东在认识和解决社会主义社会基本矛盾的实践中，纠正了斯大林的错误见解，明确肯定生产力与生产关系、经济基础与上层建筑之间的矛盾是社会主义社会的基本矛盾，正是它们之间的矛盾存在和运动，推动社会主义社会的发展，这是马克思主义哲学发展史上第一个关于社会主义社会基本矛盾的明确而系统的阐述；中国社会主义经济建设的特殊性和复杂性是空前的、突出的，《论十大关系》从哲学的角度反映了毛泽东对社会主义社会复杂经济关系和经济矛盾的认识和解决；由于中国社会的特殊性，这个社会的基本矛盾集中而大量的表现为人民内部矛盾，毛泽东的《关于正确处理人民内部矛盾的问题》，为正确认识解决人民内部矛盾提供了哲学理论指导和哲学方法指导。尽管后来处理人民内部矛盾的实践出了偏差，但《关于正确处理人民内部矛盾的问题》中所提出许多处理问题、解决矛盾的基本原则和方法，至今仍然有现实价值。

第二节　中国化形态马克思主义哲学的深刻内涵

关于中国化形态马克思主义哲学的深刻内涵，即什么是马克思主义哲学的中国化？马克思主义哲学中国化意味着什么、代表着什么、反映了什么？这些一直是马克思主义哲学中国化形态研究的热点，学术界有各种不同的理解和表述。这里结合目前的研究成果，提出我们的看法。

一　学术界的各种不同见解

关于中国化形态马克思主义哲学的深刻内涵，一直是学术界的研究热点。研究者的研究角度不同，见解自然也就各有特色。例如：

有人说：马克思主义哲学中国化就是马克思主义哲学与中国革命实践

相结合的过程，也就是在中国无产阶级和人民大众革命实践的基础上，中华民族文化吸收、消化与发展马克思主义哲学而形成新的文化形态的过程。马克思主义哲学中国化，就是革命知识分子在中华民族文化的基础上，掌握和运用马克思主义哲学这一新的认识工具，反思自己的文化传统，总结中华民族的理论思维成果，在中国革命的实践中把马克思主义哲学推向新阶段的过程。马克思主义哲学中国化，不仅是从东方到西方的飞跃，而且是从一般向新的、特殊的飞跃，从原有理论到新的实践的飞跃，又是从新的实践到新的理论的升华。

也有人说：马克思主义哲学中国化的历程与中国近现代史密切联系。它在实践上展示了中国人对现代化道路的艰难选择，在理论上则经历东西方文化几度激烈碰撞和交融，不断创造和更新着中国人的价值观和人生观。在这个意义上说，马克思主义哲学中国化是一个思考中华民族命运的问题，也是一个涉及领域广泛的学术问题。

还有人认为马克思主义哲学中国化的深刻内涵有三层意思：一是应用马克思主义哲学世界观、方法论和价值观去研究中国的历史和现状，应用它来制定指导中国革命实践的理论、路线、方针和政策，从而形成具有中国内容、中国特点的马克思主义哲学的新的理论形态；二是用中国人所喜闻乐见的语言文字形式、生动的具体事例来解释马克思主义哲学，宣传马克思主义哲学，使马克思主义哲学具有中国化的结构形式、表现形态；三是批判、继承中国传统文化哲学的精华，用它们来丰富发展马克思主义哲学。

以上几种看法，分别从不同角度和不同层面回答了什么是马克思主义哲学中国化的问题，都有一定的道理。而在我们看来，要想进一步弄明白马克思主义哲学中国化的深刻内涵，还是要以毛泽东哲学思想为典型来做具体分析。因为是毛泽东第一个以其独特的视角、采取独特的方法，成功地实现了马克思主义哲学的中国化转换，创造了马克思主义哲学的中国化形态。在毛泽东那里，马克思主义哲学不再是苏联哲学教科书上的那些抽象原理、原则和概念、范畴，而是已经转化为一系列具体、实用的思想方法和工作方法，并且日益成为中国共产党人的行为准则、道德观念、价值信仰。马克思主义哲学经过毛泽东的中国化转换，基本消除了中西方哲学之间的隔阂，马克思主义哲学真正成为中国人改造旧世界、建设新社会的理论武器，成为中华民族新传统的重要组成部分。

二 中国化形态马克思主义哲学的深刻内涵

关于中国化形态马克思主义哲学的深刻内涵，学术界的探讨并无定论，探讨的空间还很大。我们认为，毛泽东在1938年10月关于马克思主义（包括哲学）中国化的经典论述，比较准确地道出了中国化形态马克思主义哲学的深刻内涵，回答了什么是马克思主义哲学中国化的问题。这段经典论述实际包含着三个层次的内容：一是结合中国特点来谈马克思主义哲学；二是按照中国特点去应用马克思主义哲学；三是用中国人所喜闻乐见的形式来解释马克思主义哲学，使之具有中国作风和中国气派。

根据毛泽东的见解，结合同时代人的研究成果，我们认为中国化形态马克思主义哲学的深刻内涵，主要应该通过这样三个价值评判标准来展现：一是是否真正为中国人理解和接受？二是是否真正解决了中国社会发展的重大现实问题，推动了中国社会的发展？三是是否真正进入了中国人的精神世界，对中国民众的社会生活是否产生了广泛而深刻的影响。如果这三个问题的回答是肯定的，马克思主义哲学就真正实现了中国化，中国化形态的马克思主义哲学就有了充分的立论根据。

马克思主义哲学是否能真正为中国人理解和接受？关键就在于马克思主义哲学与中国传统哲学文化、中国社会现实实践是否真正实现了有机结合，而不是简单"拼凑"或教条主义式的机械搬用。如果像毛泽东那样，真正做到了"有机结合"，即它们之间真正实现了相互利用、相互汲取、相互融合、相互补充、相互促进，马克思主义哲学就能够并且容易为中国人理解、接受和应用。

马克思主义哲学是否真正解决了中国社会发展的重大现实问题，推动了中国社会的发展？因为能够解决中国社会发展实际问题的哲学，才是真正中国化的哲学。中国化不仅仅是个理论形态问题，更是个讲究实效、注重实际效果的实践问题。这个问题已经由历史事实做出了回答。因为在引进的众多的西方哲学思潮中，只有马克思主义哲学有效地解决了近代中国"救亡图存"这个最大最实际的社会问题。这既是马克思主义哲学基本特性（即马克思恩格斯是在研究和解决社会现实问题中创立他们的哲学世界观、方法论的，他们的哲学始终是和时代社会的重大现实问题的研究和解决紧密联系在一起的）的具体体现，同时也是中国哲学优良传统的继承，因为中国传统哲学在本质上就不是纯思辨的抽象哲学，而是实用性很强的行动哲学，是解决社会和人生现实问题的哲学。对中国社会重大现实问题的有效解决，是马克思主义哲学中国化的最大实际成果，也是中国化形态的马克思主义哲学的一大特色。

马克思主义哲学是否真正进入了中国人的精神世界，是否对中国民众的社会生活产生了广泛而深刻的影响，是马克思主义哲学中国化的本真意义所在。一个不容否认的事实是，中国化形态的马克思主义哲学，是佛教东来并实现中国化之后，对中国人的社会生活发生影响最大的一种外来哲学。它的思想影响是任何一种西方哲学都无法与之相提并论的。尤其是在新中国成立后，中国化的马克思主义哲学——这种唯物而辩证的科学世界观、方法论、人生观、价值观，逐渐确立了它的国家指导哲学的地位，成为几亿中国人思想和行动的指南，在广大民众从事革命和建设的社会生活实践中发挥巨大的作用，成为人们现实生活的重要内容、组成部分。这是马克思主义哲学中国化获得成功的一个重要标志，也是中国化的深刻内涵所在。因为任何一种哲学如果总是游离于广大民众的现实生活之外，对广大民众的社会生活不发生影响和作用，那么，它的中国化就是无稽之谈。

第二十一章

中国化形态马克思主义哲学的形成路径

从对中国化形态马克思主义哲学的构成要素和深刻内涵的基本理解出发，去探讨中国化形态马克思主义哲学的形成路径，就有了一个基本的方向。沿着这一方向前行，就能发现，中国化形态马克思主义哲学——毛泽东哲学思想的形成有两条基本路径：一是使马克思主义哲学与中国传统哲学文化结合；二是使马克思主义哲学与中国社会现实实践结合。在具体的历史活动中，这两个"结合"是相互交叉、相互渗透的。为了理论研究的方便，这里将它们分开阐述。正是在这两个"结合"中，马克思主义哲学实现了中国化，获得了中国化形态。目前这个"结合"过程仍在继续，中国化形态的马克思主义哲学仍将随着实践的发展而发展。

第一节　马克思主义哲学与中国
传统哲学文化结合

马克思主义哲学与中国传统哲学文化的结合问题，是改革开放 20 多年来，马克思主义哲学中国化研究中的突出问题。大多数学者对结合的可能性和必要性持肯定态度，并把这一结合视为中国化形态马克思主义哲学形成的基本路径。在这一点上我们和他们的看法基本一致，认为任何一种外来哲学文化，要想进入中国人的头脑，指导中国人的行动，都不能无视中国本土哲学文化的存在和它的巨大影响，都要解决如何与本土哲学文化结合的问题。马克思主义哲学也是如此，它同样要完成与中国传统哲学文化结合，获得中国化形态的历史使命，这样才能有效发挥它的社会作用，实现它的社会价值，并最终成为中国哲学文化的一部分。然而在实际上，这样的结合是一个非常艰巨的任务，也是一个非常复杂的问题，涉及一系列基本问题的认识和解决。

一　结合的前提

马克思主义哲学与中国传统哲学文化结合，首先有一个前提是必须明确的，这就是必须肯定中国传统哲学的现代价值，即肯定中国传统哲学中有值得结合、可以结合、必须结合的东西，也就是中国传统哲学中被称之为精华的东西，即那些符合客观实际、反映客观规律的合理的、科学的内容。毛泽东多次说道：要使辩证法唯物论思潮在中国深入与发展下去"，必须整理中国古代的哲学遗产。1938 年 10 月，毛泽东公开发表了那段关于马克思主义中国化的经典论述，则明确表示了中国共产党人对中国传统哲学文化的肯定认识。在认识问题解决之后，如何结合的问题就更为实际的摆到了中国共产党人的面前。对这个问题的解决，同样需要探索、需要一个过程。

二　结合中的地位问题

马克思主义哲学与中国传统哲学结合，还要解决一个结合中的地位平等问题。这里所以要特别提出平等地位问题，是因为在很长一段时期内，人们对这个问题的认识是模糊的，甚至是错误的。总是以为在这样的结合过程中，用马克思主义哲学来改造、提升中国传统哲学是理所当然的，因为马克思主义哲学比中国传统哲学科学。而用中国传统哲学来补充、丰富马克思主义哲学则不为人们所重视和强调。这里的原因有二：一是把马克思主义哲学视为没有缺陷、没有不足的绝对真理，无须用其他的东西来补充、丰富；二是对中国传统哲学中具有永恒价值的精华视而不见，认为它没有补充、丰富别家学说的资格。这两种倾向在改革开放以来的理论探讨活动中得到了初步纠正，人们开始认识到马克思主义哲学与中国传统哲学在时代性、科学性上虽然有明显差距，但作为民族哲学或地域哲学，它们的文化地位又是平等的。这种平等来自哲学的共性，来自中国传统哲学文化中具有永恒价值的精华。所谓哲学的共性，是说不同民族的哲学所探讨的问题是有共性的，是超不出世界本原的追问和探讨、人的认识的形成和发展、认识主体和客观对象之间的关系、时代社会重大现实问题的解决等问题范围的。不同的只是探讨的角度、表达的方法、运用的概念、范畴以及结论、目的等。因此，马克思主义哲学与中国传统哲学"结合"的过程中，它们之间是有共同话题的，是能够相互汲取的，是互渗、互补、互动的。那种认为只能用马克思主义哲学来改造、提升中国传统哲学，而否认用中国传统哲学的精华来弥补、丰富马克思主义哲学的看法，显然是片面的；所谓传统哲学中具有永恒价值的精华，是说任何一个民族的哲学，都是这个民族精神的精华所在，集中了这个民族的智慧，反映着这个民族认识世界和改变世界的独特视角和独特方法，这些恰好是它能够与其他民族哲学交流、结合，并补充、丰富其他民族哲学的依据和资本。中华民族历史悠久，哲学思想尤其丰富多彩，称得上是一座丰厚的哲学宝藏。马克思主义哲学与中国传统哲学"结合"，在一定意义上说，就是一个如何充分而有效地开发利用这座宝藏的问题。关于这个问题，毛泽东在 1960 年接见外国代表团时说过：充分地利用传统哲学，"我们现在没有做到"。①由此可见这个问题的长期性和复杂性。正是根据以上两点，我们不仅可以说在马克思主义哲学与中国传统哲学文化的结合中，两者的地位应该是平等的，而且用中国传统哲学的精华来补充、丰富马克思主义哲学也是必要的、可行的。

三 结合的全面性和广泛性

关于马克思主义哲学与中国传统哲学结合，以往研究比较多地集中在马克思主义哲学的民族表现形式上，比较多地强调通过这种"结合"使马克思主义哲学具有中国作风、中国气派，为中国老百姓所喜闻乐见。这些无疑是非常必要的，因为"马克思主义必须和我国的具体特点相结合并通过一定的民族形式才能实现"（毛泽东语）。如果不具备民族形式，马克思主义哲学既不容易为中国人理解接受，也很难与中国革命的具体实践相结合。民族形式对马克思主义哲学中国化来说是不可缺少的。但不能局限于此。马克思主义哲学与中国传统哲学文化的结合，还应该有更广泛的领域、更深刻的内容、更多样化的途径和方法。尤其是对于中国传统哲学文化，不能总是局限在人们所熟悉的那些概念、范畴的解释和运用、发挥上，还应对中国传统哲学文化的精神实质、民族特色、特有内涵以及它们对中国人的思维模式、心理活动的习惯、规律、特点的制约和影响等，作更深层次的探讨，努力在这些方面探寻马克思主义哲学与中国传统哲学

---

① 《毛泽东文集》第 8 卷，人民出版社 1999 年版，第 225 页。

文化的契合处、结合处。

哲学是一个民族思想文化的精华，但这种精华并不是一个空洞的概念，而是通过各种方式方法有形无形地体现在这个民族大众社会生活的方方面面，尤其是人们的理想信念、价值追求、思维方式、心理结构及发展规律等深层次的精神活动领域。如果能够在这些方面真正使马克思主义哲学"安家落户"，成为中国人的自觉意识和自觉行动，那么，马克思主义哲学的中国化才能算是达到了一个更高的水平。特别是在思想意识日趋多元化的今天，这方面的任务是很艰巨的，任重而道远。

四　毛泽东的率先垂范

以上三个方面的问题，都是马克思主义哲学与中国传统哲学文化结合中的重大原则问题，认识和解决这些问题的方法和措施是否正确有效，直接关系到"结合"的成败。毛泽东在这些方面为我们树立了榜样，被公认为是"结合"工作做得最好的。他用自己的理论和实践告诉我们，中国传统哲学文化的现代价值必须充分肯定、充分利用。以此为基本前提，通过马克思主义哲学与中国传统哲学之间的相互汲取、相互补充、相互融合，就能使外来的马克思主义哲学变成中国的哲学，使陌生的马克思主义哲学变成中国人熟悉的、应用自如的哲学。中国化形态的马克思主义哲学，正是在马克思主义哲学与中国传统哲学互汲、互渗、互补、互动的变化、融化、消化、进化、创化过程中形成的，是这个历史过程的产物和具体体现。在毛泽东看来，马克思主义哲学与中国传统哲学文化结合，不能停留在文字概念的表面现象上，而应该把结合的重点放在中国化的那个"化"字上。他把这种"化"理解为一种潜移默化的精神渗透、思维方式方法的悄然变革。这样才能使外来的哲学真正融入中国哲学，进入中国的精神世界。事实也是这样，在毛泽东那里，"化"是有形与无形的统一。有形主要是指外在的表现形式，即已有哲学理论著述的体例结构、表现风格等；无形则是指一种内在的、自觉的哲学思维对人们社会实践活动的指导或支配，具体地说就是对整个中华民族的思维方式、价值观念、理想情操、行为方式的多方面的巨大影响。在毛泽东那里，通过马克思主义哲学与中国传统哲学文化的结合来实现马克思主义哲学"中国化"这个历史过程，同样不是空洞的、抽象的，而是通过一系列"化"的具体措施、具体方法、具体成果来展开的。那么，毛泽东究竟是通过怎样的路径、运用怎样的方法来实现马克思主义哲学与中国传统哲学文化的结合，创立中国化形态的马克思主义哲学的呢？这里就毛泽东哲学思想的主要内容和主要特色来做些具体分析论证：

首先，是用马克思主义哲学来改造中国传统哲学，克服和纠正中国传统哲学的不科学、不彻底，从而把马克思主义哲学引入中国传统哲学中，实现马克思主义哲学的中国化。这是毛泽东实现马克思主义哲学与中国传统哲学文化"结合"的具体路径之一。这方面的具体事例，除前面提到的用马克思主义的科学实践观改造中国传统哲学的知行（即理论和实践）学说，克服中国传统哲学中知行学说的狭隘性，形成系统的、具有中国特色的马克思主义的科学实践理论外，还可以列举很多。例如用马克思主义的唯物辩证法来改造中国传统的"变易"哲学。"变易"哲学是中国传统哲学的一个重要内容，最古老的中国哲学经典《周易》中就有了"穷则变，变则通，通则久"的话语，其后一直延续发展。中国的"变易"哲学在总体上承认变化，在理论上研究变化，在实践中总结变化。马克思主义哲学进入中国后，毛泽东用马克思主义的彻底的、科学的辩证法来改造中国传统的"变易"观，纠正和克服它的不彻底和不足之处，将它提升到一个新的层次，发展成为一种辩证的、彻底的科学发展观。

其次是吸收利用中国传统哲学的合理成分，将它纳入马克思主义哲学的体系之中，做出马克思主义哲学的解释和发挥。这是毛泽东实现马克思主义哲学与中国传统哲学文化"结合"的具体路径之二。例如中国传统哲学中的"内圣外王"之道，特别重视人的内在道德修养，看重精神道德的作用，把它们视为个人进行一切社会活动的基础和指导，并且强调"内圣"与"外王"（即道德修养与社会实践）不可分割的内在联系。毛泽东吸收利用中国传统哲学的这些合理成分，将它们纳入马克思主义哲学的框架之中，做出马克思主义哲学的解释和发挥。这就是毛泽东重点强调的，中国共产党人在积极投身中国革命的实践活动时，要加强自身的思想改造和道德修养，要不断追求思想和伦理道德的最高境界，要身正为师，学意为范，身体力行，率先垂范（这些都是"内圣"的要求），这样才能为中国人民的解放事业建功立业（这就是"外王"的目的）。对此，毛泽东有一系列专门而精彩的阐述，如提出中国共产党人要"全心全意为人民服务"、要"毫不利己、专门利人"、要做"一个高尚的人，一个纯粹的人，一个有道德的人，一个脱离了低级趣味的人，一个有益于人民的人"，一个张思德那样的"重于泰山"的不朽的人，等等。并且把这些规定为中国共产党人的必修课，要求他们身体力行，做出表率。对"内圣"的高度重视和对"外王"的不懈追求，以及对两者关系密切的强调，反映了在"结合"中，毛泽东对中国传统哲学合理成分的充分吸收利用，代表着毛泽东把马克思主义哲学人生观、价值观中国化的成果。毛泽东的这些言论和要求，早就为中国人所耳熟能详、身体力行，对中国人行为道德实践的作用和影响是巨大的，它使中国人的人生观和道德哲学更换了马克思主义的内容，同时也使中国传统哲学的精华得以发扬光大。

　　再次是继承中国传统哲学的特长和特色，用它们来弥补马克思主义哲学的不足，这样不但使马克思主义哲学具有中国的特色，而且也丰富了马克思主义哲学。这是毛泽东实现马克思主义哲学与中国传统哲学"结合"的具体路径之三。像国内外许多学者都认为的那样，中国传统哲学在本质上说，是一种道德哲学、人生哲学，一种关于人的道德修养、道德实践、追求完美人生的学说，它在这方面的系统性、全面性、深刻性在世界哲学之林是独一无二的，这是中国传统哲学的特长和特色所在。和中国传统哲学的这一特长和特色相比，马克思主义哲学的相对不足随之显露出来。在马克思主义哲学中，更多或更主要的是强调社会物质生活对于伦理道德观念的决定作用，强调伦理道德的阶级性。而对于伦理道德修养和教育的重要性则似乎重视不够。例如在《德意志意识形态》中，马克思恩格斯在批判唯心主义哲学家以为用道德说教就可以拯救人类、消灭一切不合理的现实的观点时，就提出"共产主义者根本不进行任何道德说教"，"不向人们提出道德上的要求，例如你们应该彼此爱呀，不要做利己主义者，等等"，而是要揭示各种道德观念的"物质根源"，"他们清楚地知道，无论是利己主义还是自我牺牲，都是一定条件下个人自我实现的一种必要形式"，"随着物质根源的消失，这种对立（指现有各种道德观念的对立）自然而然也就消灭"。① 毛泽东将中国传统哲学重视伦理道德修养和伦理道德教育的特长和特色继承过来，将它们补充到马克思主义哲学中，弥补马克思主义哲学的不足，丰富马克思主义哲学的内容。同时又将它们和共产主义的理想信念结合起来，融为一体，进行创造性发挥。所以，在中国化形态马克思主义哲学——毛泽东哲学思想中，关于进行共产主义理想、

──────────

　　① 《马克思恩格斯全集》第3卷，人民出版社1960年版，第275、536页。

道德教育，关于加强共产党人伦理道德修养及具体要求、目标的内容，是非常突出的一个重要方面，也是马克思主义哲学中国化形态的中国特色的集中体现。这方面的代表作就是著名的"老三篇"（《为人民服务》《纪念白求恩》《愚公移山》）。用中国传统哲学的特长或特色来补充马克思主义哲学，无疑是弥补了马克思主义哲学中关于人的伦理道德修养、教育和人的精神追求这方面论述太少、太原则的不足，强化了马克思主义哲学的人文色彩和社会教化功能，从而使马克思主义哲学更加全面、完整，更加人性化。就像美国著名学者罗斯·特里尔在他写的《毛泽东传》中写的那样：毛泽东"是哲学家，他赋予马克思主义一种东方伦理的新形式"。①这一评论是很中肯的，抓住了毛泽东哲学思想对马克思主义哲学的贡献和由此而形成的中国特色。

第二节　马克思主义哲学与中国革命建设的具体实践相结合

马克思主义哲学与中国革命建设的具体实践相结合，是马克思主义哲学实现中国化，获得中国化形态的又一重要路径。理论与实践的统一、理论与实践相结合，原本就是马克思主义哲学的基本原则之一。马克思曾多处谈道："正确的理论必须结合具体情况并根据现存条件加以阐明和发挥。"②"思维和存在虽有区别，但同时彼此又处于统一中。"③毛泽东完全接受了马克思主义哲学的这一基本原则，并在实践中把它作为实现马克思主义哲学中国化的主要路径，努力使马克思主义哲学与中国革命建设的具体实践相结合。

一　如何理解"中国革命建设的具体实践"

我们认为，所谓的"中国革命建设的具体实践"这句话，有两个关键词：一个是"中国"，另一个是"具体实践"。如何理解这两个关键词，意义重大。

---

① 罗斯·特里尔：《毛泽东传》，河北人民出版社1989年版，第23页。
② 《马克思恩格斯全集》第27卷，人民出版社1972年版，第433页。
③ 《马克思恩格斯全集》第42卷，人民出版社1983年版，第123页。

　　"中国"这个关键词强调的是中国革命建设具体实践的特殊性，即是在中国而不是在其他别的国家进行革命和建设，中国的革命和建设具有不同于其他国家革命建设的特殊内容和特殊形式。如果没有这种特殊性，也就没有必要强调马克思主义哲学在中国的应用必须从中国实际出发了。因为正是中国革命建设的具体实践具有特殊性，马克思主义哲学中国化才有它的必然性和必要性。理论上的教条主义者是看不到这种特殊性的，所以他们不仅不会提出马克思主义哲学中国化的问题，而且坚决反对马克思主义哲学中国化的提法和探索实践（如王明等人）。把握这种特殊性，我们对"中国革命建设的具体实践"这句话的含义就有了正确的理解。

　　"具体实践"这个关键词，根据我们的理解，就是指中国革命建设具体实践中出现的一个个必须回答和解决的重大现实问题。马克思主义哲学中国化就是在回答和解决这一系列重大现实问题的过程中实现的。离开了重大现实问题的回答和解决，马克思主义哲学中国化就失去了它的现实根基。这是我们从毛泽东把马克思主义哲学中国化的理论和实践中得出的结论，是毛泽东在把外来哲学中国化方面获得成功的基本经验，也是马克思主义哲学中国化区别于其他西方哲学中国化的根本标志。因为只有通过中国革命建设中重大现实问题的回答和解决，才能知道中国革命建设的具体实践需要什么？马克思主义哲学中哪些内容能够满足这种需要？同时也只有在具体重大现实问题的回答和解决中，才能获得丰富的实践经验，进而在此基础上将它们上升到哲学高度加以总结，形成新的哲学概念、哲学范畴，构成新的哲学形态。所以说，马克思主义哲学与中国革命建设具体实践相结合，是在回答和解决中国革命建设中的重大现实问题的实际过程中实现的，这是"结合"实现、形成中国化形态的主渠道。

　　关注社会现实问题、解决社会现实问题，是马克思恩格斯创立他们的新哲学世界观的初衷，也是马克思主义哲学发展变化的最基本的推动力。中国化形态的马克思主义哲学的形成，既是马克思主义哲学这一优良品格的具体体现，同时也与中国哲学的优良传统不谋而合。因为中国哲学自它产生的那天起，就是一种现实性很强的哲学，就是一种专门研究解决社会关系、人际关系问题以及人性、人格如何完善问题的哲学。毛泽东承袭了马克思主义哲学的优良品格和中国哲学的优良传统，在运用马克思主义哲学解决中国革命建设具体实践中重大现实问题的过程中，实现了马克思主义哲学与中国社会现实实践的结合，创造出了中国化形态的马克思主义哲学。在这里，解决问题的过程，是结合的过程，同时也是一个中国化的过程。在这样的过程中，马克思主义哲学的真理性得到检验和证实，马克思主义哲学的立场、观点、方法得到更加深刻的理解和更加实际的应用。通过这样的过程，马克思主义哲学获得了中国化形态，具有中国的内容和特色。这样的一个过程，实际上也就是由抽象到具体、再由具体到抽象的逻辑发展过程，同时也是外来理论与本土实践不断融合的过程。中国化形态马克思主义哲学——毛泽东哲学思想的一系列基本原理、概念、范畴，无一不是在革命建设实践中形成并通过不断的实践来逐步完善和发展的，也无一不反映着中国革命建设具体实践的客观要求和现实特点。例如：

在毛泽东哲学思想中，特别强调主观意志的作用、要求充分发挥人的主观能动性的论述是非常丰富而突出的，并成为毛泽东哲学思想的一大特色。这一特色的形成，典型地反映了中国革命的特殊需要，是从这一实际需要出发对马克思主义哲学中关于主观意志、主观能动性基本理论的张显和发挥，是中国革命特定历史条件的产物。众所周知，中国革命和建设都是在异常艰难困苦的环境中进行的。客观环境的恶劣和基本条件的不具备，就在客观上要求参加这样的革命和建设的人必须具有超出常人的顽强的奋斗意志，去充分发挥人的主观能动性，才能转弱为强、转败为胜。正是有鉴于此，作为中国革命建设的主要领导人，毛泽东对主观意志作用的强调，对充分发挥人的主观能动性的高度重视，就是很自然的了。也正是在毛泽东的倡导下，中国共产党人非常相信革命意志、革命精神、革命觉悟的作用，认为只要有了坚强的革命意志、顽强的革命精神和高度的革命觉悟，就能够克服现有物质条件的不足，实现自己的目标和理想。经过长期的教育和实践，这样的人生观和价值观已经渗透到中国共产党人的灵魂深处，化为他们的理想信念，成为他们思想和行动的指南，从而在哲学上推进了中国革命胜利的历史进程。

二　充分认识结合的复杂性、艰巨性和科学性

回顾马克思主义哲学与中国革命建设具体实践结合的历史，人们不难发现，这个"结合"并不像人们想象的那样简单、容易，中国共产党人在实现这种"结合"的过程中，犯过错误，走过弯路。在中国革命的初始阶段，他们曾在这种"结合"中犯过教条主义错误，即不顾中国实际

而机械搬用马克思主义的一般原理和别国经验。在后来的一个相当长的时期内，又犯了片面性、主观主义的错误，即把"结合"片面地理解为马克思主义哲学对中国革命建设实践活动的哲学指导，进而又把这种哲学指导狭隘地理解成为为现行的政治路线、方针、政策作论证、作辩护，结果就使"结合"的路径越来越窄，并带有很大的主观随意性，这样也就使"结合"就走向了斜路。这方面的具体事例和具体经验教训，学术界已经有了许多概括和总结，这里不必细说。关键是要从中领悟一些道理，对"结合"有一个新的认识，从而有益于今后的"结合"。

第一，对马克思主义哲学与中国社会现实实践"结合"的理解不能太狭隘。

历史和现实证明，在人类的活动中，理论与实践结合的方式、结合的渠道是多样化的。在当代中国，马克思主义哲学与中国革命建设的具体实践相结合，已被公认为马克思主义哲学中国化、中国化形态马克思主义哲学形成的主要路径。但究竟怎样结合？如何才能找到结合的最佳方式和最佳渠道？这些问题似乎还在探索之中。在过去一个相当长的时期内，"结合"被理解为马克思主义哲学对中国革命建设具体实践活动的指导，这本身并不错。错的是这种指导被曲解、被唯一化、绝对化。所谓被曲解，是说在具体实践中，哲学对实践的指导，由原来的从哲学思维方式的角度去帮助人们制定实践目标、方针、蓝图、措施，帮助人们总结实践经验去进行新的实践，变成了用头脑中主观设想的哲学去剪裁客观存在的实践、用哲学直接去为现行的政治路线、方针、政策做论证、做辩护，为它们提供所谓的哲学依据，有时甚至是把哲学指导变成了取代或包办代替；所谓唯一化，是说在具体实践中，为现实政治和具体方针政策做辩护、做论证成为哲学指导实践的唯一途径和唯一功能，由此而排斥或忽略了哲学与实践结合的其他方式和其他渠道；所谓绝对化，是说在用哲学直接为现行政治路线、方针、政策做论证时，只能唱赞歌，不能有任何批评。这样的"结合"所造成的恶果，不仅使马克思主义哲学不能正确的指导实践，获得实践的成功，而且也使马克思主义哲学信誉扫地，带来了空前的哲学危机。所有这些问题是今天的理论界应该着重反思的课题。

在这类问题的反思中，我们觉得最值得人们重视的就是如何克服"结合"上的片面性、狭隘性，扩大"结合"的思路，丰富"结合"的方法。这其中，最有现实针对性的是应该把马克思主义哲学的社会批判功能提高到一个新的高度来认识，把它视为马克思主义哲学与中国社会现实实践"结合"、实现马克思主义哲学中国化的重要渠道和主要方式。这样做既符合马克思主义哲学的本性，同时也是中国社会现实实践的客观需要。因为社会批判原本就是马克思主义哲学的一个基本功能，是马克思主义哲学本质的集中体现。就像马克思恩格斯多次说明的那样，马克思主义哲学是在对资本主义社会的系统而深刻的批判中产生的，它在本质上是批判的、否定的、革命的。在今天，那些有见识的西方马克思主义者，也多半是从社会批判功能的角度，来充分肯定马克思主义哲学的当代价值的。

历史的经验教训告诉我们，要使马克思主义哲学真正对中国社会现实实践发生作用，对人们的社会生活产生影响，进而真正成为中国人社会生活的重要内容、组成部分，就不能仅仅局限于指导或规范这样的传统方式，同时还应该包括对社会现实生活的分析批判。在中国共产党人没有取得政权之前，他们对马克思主义哲学社会批判功能的发挥是非常重视的。例如 20 世纪 30 年代中国共产党领导的中国社会科学家联盟，就把运用马克思主义哲学开展对现实社会的批判以及对各种反马克思主义哲学思潮的批判，定为自己的主要任务。① 这是当时现实斗争的需要。当时中国革命的发展，不仅需要以马克思主义哲学为指导来制定正确的路线、方针和政策，以保证革命的胜利。同时也需要充分发挥马克思主义哲学的社会批判功能，对腐朽黑暗的旧社会展开无情的揭露和批判，以唤起人民的觉醒，积极投身革命，争取民族和个人的翻身解放。事实证明，中国共产党人在这些方面获得了成功。而在夺取政权、建立新中国之后，由于各种因素的作用，马克思主义哲学的社会批判功能在某些方面被淡化（如对自身的批判），在某些方面则被曲解。

在改革开放的今天，中国哲学界重提马克思主义哲学社会批判功能的发挥，是和人们对社会主义社会本身的认识联系在一起的，反映了社会现实实践发展的客观需要，是有鲜明的现实针对性的。因为今天的人们，对社会主义社会的认识不再像以前那样，把它看做是完美无缺、不可批判的。在人们重新认识到社会主义制度本身也需要不断改革、不断完善之后，马克思主义哲学社会批判功能被高度重视和充分高扬，就是情理之中

---

① 徐素华：《中国社会科学家联盟史》，中国卓越出版公司 1990 年版，第 45—48 页。

的了。在社会主义国家中，充分发挥马克思主义哲学的批判功能，并不是要通过对社会黑暗面的揭露批判而从根本上否定社会主义制度，而是要通过社会批判功能的发挥，来正视社会主义社会本身的不完善，来监督、制约社会生活管理者的腐败和不足，目的是使我们的社会主义制度更加完善、更加巩固，在与资本主义的竞争中立于不败之地。

通过认真的反思和总结，高扬马克思主义哲学的社会批判精神，充分发挥马克思主义哲学的社会批判功能，已被认为是马克思主义哲学与中国当代社会现实实践"结合"的最佳手段之一，并得到了高度重视。这无疑是马克思主义哲学中国化历史进程中的一大进步，它将使马克思主义哲学与人们的社会生活实践更加紧密地联系在一起，能够更好地发挥马克思主义哲学的社会功能，更有效地推进马克思主义哲学中国化。但现实告诉我们，认识上的进步与实际效果的产生有时并不完全同步。马克思主义哲学社会批判功能的真正发挥，必然涉及许多具体问题。是不是什么问题都能公开批判？以什么方式来进行批判？批判的标准和"度"究竟怎样确定？怎样把握？不切实解决这些问题，马克思主义哲学社会批判功能的发挥恐怕永远只是一种主观愿望。

第二，不可忽视马克思主义哲学与中国社会现实实践结合的必要中介。

马克思主义哲学是一种理论，一种原则、一种抽象的理论，它要和人们的社会实践活动发生关系，并指导实践活动，必要的中介或桥梁是不可缺少的。只有通过这些必要的中介和桥梁，马克思主义哲学对实践的指导作用才能落到实处，哲学的社会功能才能得到充分的发挥。20世纪50—60年代中国出现的那场声势浩大的工农兵"学哲学、用哲学"运动，对马克思主义哲学的宣传和普及无疑是功劳巨大，但其本身存在的简单化、庸俗化倾向，则主要根源于对哲学与实践结合的必要中介和桥梁的忽视。从总结历史的经验教训出发，学者们对哲学与实践结合需要中介和桥梁有了新的认识，但这里说的中介和桥梁究竟是什么？则众说纷纭。

有人说政策是理论（即马克思主义哲学）与实践之间的中间环节。理由是从中国革命、建设和改革的历史看，政策、理论、实践的关系十分密切，政策是马克思主义理论与中国实际是否结合了的具体体现，反映了能否从实际出发运用马克思主义理论解决实际问题的能力和水平。凡属正确的政策，在实践中能发挥巨大威力的政策，都既是对马克思主义理论的创造性运用，又是对客观实际情况的正确把握。政策是理论转化为实践的中间环节，即理论的具体化或实证化；另一方面，政策也是实践转化为理论的中间环节，即实践经验通过政策得到初步概括，然后进一步升华为抽象的理论形态。因此，在推进马克思主义中国化的事业中，要十分注意正确处理理论、政策和实践三者之间的关系，其中理论是依据，政策是中介和桥梁，实践结果则既是检验理论和政策正确可行与否的唯一标准，又是判断马克思主义中国化实现程度的标准。① 从这个角度看问题的人当中，还有人提出：哲学是政策形成和执行的基础和前提，在一定的意义上政策本身就是哲学。因为政策是指在实现组织的理想与目的的基本目标、计划及工作，所以政策会同时带有抽象性与具体性。哲学总是倾向于抽象地表述基本原理，若以具体性强化抽象性为前提，那么，哲学包含于政策，政策本身就是哲学的表象。②

上述对"结合"的中介和桥梁的不同理解，反映了不同的理解视角。我们认为，政策在马克思主义哲学与中国革命建设具体实际相结合过程中，确实起着中介和桥梁的作用。也就是说，首先是要在马克思主义哲学基本原则的指导下去制定符合客观实际的、反映客观事物发展要求和规律的具体政策，然后用这些具体政策去指导现实实践，对现实实践产生作用。政策在这里是把马克思主义哲学与中国革命建设具体实践联系起来、结合起来的通道。不过，我们认为，政策只是"结合"的中介和桥梁中的一种，不是唯一，更不是全部。"结合"的中介或桥梁，还应该从转换、转化的角度去理解和把握，并且注意转换、转化形式的多样性。也就是说，在结合的过程中，首先要把抽象的哲学原理、原则和概念、范畴具体化，即把它们转换成具体的思想路线、方针政策、思想方法、工作方法等，通过思想路线、方针政策、思想方法和工作方法等形式去指导中国革命、建设、改革的实践，对实践产生指导和帮助。只有经过这样的转换，哲学与实践的结合才能得以实现。正是在这个意义上，我们说马克思主义哲学中国化绝不仅仅是一种语言符号的转换，也绝不仅仅是一个理论传播的问题，最重要的是怎样把马克思主义哲学的抽象理论内在地转化为一个

---

① 毛慧：《论马克思主义中国化与中国化的马克思主义》，《毛泽东思想研究》2003 年第 3 期。

② 金炯烈等：《论哲学与政策的过程》，《东方论坛》2004 年第 2 期。

前瞻性政党的基本思想路线，并在这条基本思想路线指导下去制定切实可行的方针、政策和使这些方针、政策得以贯彻落实的工作方法和领导方法，从而在根本上去保证革命政党所领导的和所从事的革命和建设事业取得胜利。毛泽东在这方面所做的转换工作是成功的。他把马克思主义哲学的唯物论原则和辩证法规律转换成一系列中国共产党人必须掌握和运用的思想方法、工作方法和领导方法，从而使马克思主义哲学不再是一堆抽象的原则和抽象的概念，而是成为中国共产党人所熟悉、并能掌握应用的实际工作方法；他把马克思主义哲学中历史唯物主义的群众观点，转化为中国共产党人在一切实际工作中必须坚持的"从群众中来，到群众中去"的群众路线。正是依靠这条独特的"群众路线"，中国共产党人才能动员千百万人民群众加入到革命队伍中来，组织起浩浩荡荡的革命大军，从根本上保证中国革命的胜利。

　　第三，要把"结合"中的理论应用和理论创新统一起来。

　　马克思主义哲学与中国革命建设的具体实践相结合，究竟如何结合？毛泽东在《整顿党的作风》一文中，把马克思主义哲学中关于理论与实际相统一、相结合的基本原理，用中国的一个传统术语——"有的放矢"来表达，从而使马克思主义哲学的这一重要原理有了一个完全中国化的理解和表述。他说："马克思列宁主义理论和中国革命实际，怎样互相联系（即结合）呢？拿一句通俗的话来讲，就是'有的放矢'。'矢'就是箭，'的'就是靶，放箭要对准靶。马克思列宁主义和中国革命的关系，就是箭和靶的关系。有的同志却在那里'无的放矢'，乱放一通，这样的人就容易把革命弄坏。有些同志则仅仅把箭拿在手里搓来搓去，连声赞曰：'好箭！好箭！'却老是不愿意放出去。这样的人就是古董鉴赏家，几乎和革命不发生关系。马克思列宁主义之箭，必须用了去射中国革命之的。这个问题不讲明白，我们党的理论水平永远不会提高，中国革命也永远不会胜利。"① 毛泽东关于理论与实践关系的这段论述，是非常经典而生动的。我们认为这里讲的"用马克思列宁主义之箭，去射中国革命之的"，也就是应用马克思主义哲学的基本立场、观点、方法，去解决中国革命的具体问题。在这个过程中，被解决的问题越多，越有成效，成绩就越大，马克思主义哲学中国化的水平也就越高。可以说，这些是毛泽东在 20 世

---

① 《毛泽东选集》第 3 卷，人民出版社 1991 年版，第 819—820 页。

纪 30—40 年代，有关马克思主义哲学中国化的论述中强调得最多的内容，同时也是毛泽东本人最注意身体力行的内容，由此而促成马克思主义哲学与中国革命实践的最有效结合，形成了中国化形态的马克思主义哲学。毛泽东关于"结合"方面的理论和实践，不仅在过去的革命战争年代保证了中国革命的胜利，就是在今天继续推进马克思主义哲学中国化的新的历史进程中，仍然有它的现实价值。因为当代中国正在探索中的有中国特色的社会主义建设事业和正在试验中的社会主义市场经济，出现了许多新情况、新问题，这些新情况的认识和新问题的解决，都需要领导这一事业的中国共产党人应用马克思主义哲学的立场、观点、方法去解决。在这种情况下，毛泽东当年所提供的基本思路和所进行的实践仍然具有参考和借鉴的价值。可以这样说，应用马克思主义哲学的基本立场、观点和方法去认识和解决当代中国社会实践活动中的具体问题，仍然是实现马克思主义哲学与中国社会现实实践紧密结合、推进马克思主义哲学中国化事业的基本路径。

应用马克思主义哲学的基本立场、观点和方法去解决中国革命、建设、改革实践中的具体问题，无疑是促成马克思主义哲学与中国社会实践有机结合、实现马克思主义哲学中国化的第一步或第一要义。但不能止步于此。在结合过程中实现哲学理论创新，同样是不可忽略的第二步或第二要义。只有在这第二步中，才能使马克思主义哲学中国化获得完整的内容和形态，因为中国化的内容必须通过对应用实践经验的哲学提升和哲学创新才能得到。对此，毛泽东同样给予高度重视和强调。他在《整顿党的作风》一文中说："中国共产党人只有在他们善于应用马克思列宁主义的立场、观点和方法，善于应用列宁斯大林关于中国革命的学说，进一步地从中国的历史实际和革命实际的认真研究中，在各方面作出合乎中国需要的理论性的创造，才叫做理论和实际相联系。"[①] 在《如何研究中共党史》一文中他再次强调："我们要把马、恩、列、斯的方法用到中国来，在中国创造出一些新的东西。只有一般的理论，不用于中国的实际，打不得敌人。但如果把理论用到实际上去，用马克思主义的立场、方法来解决中国问题，创造些新的东西，这样就用得了。"[②]

---

① 《毛泽东选集》第 3 卷，人民出版社 1991 年版，第 820 页。
② 《毛泽东文集》第 2 卷，人民出版社 1993 年版，第 408 页。

毛泽东对结合过程中理论创新的高度重视和强调，反映了毛泽东在这个问题上的远见卓识。因为在他看来，只有在结合中把理论应用和理论创新统一起来，才是理论与实践结合的全过程。只有在这个全过程中，马克思主义哲学中国化才能得以实现，中国化形态的马克思主义哲学才能形成。如果缺少了理论创新这一步，马克思主义哲学中国化就缺少了最重要的内容，中国化形态的马克思主义哲学也就难以成立。因为没有新的、中国的东西，中国化也就失去了最基本的根据。只有在结合过程中，对理论应用的实践经验进行哲学总结和哲学提升，提出新的理论观点，创造出新的概念范畴，由此才能构成新的哲学形态。毛泽东不仅是这样认识的，也是这样做的。在他把马克思主义哲学中国化的系统理论成果——中国化形态的马克思主义哲学，即毛泽东哲学思想中，马克思主义哲学的具体应用和根据中国革命建设实践经验的哲学创新是高度统一的。例如毛泽东在应用马克思主义的社会革命理论来解决中国的社会革命问题时，在坚持马克思主义社会革命理论的一般原则——社会革命的中心任务和最高形式是武装夺取政权，战争解决问题的前提下，从中国革命的实际出发，认真总结中国革命的经验教训，创造性地提出了中国社会革命的新形式、新道路，这就是在农村建立革命根据地，以农村包围城市，最后夺取城市和全国政权。这样的理论创新，不仅使马克思主义的社会革命理论有了中国化的新内容和新形式，同时也丰富、发展了马克思主义的社会革命理论。再例如毛泽东的矛盾"精髓"说，同样是马克思主义矛盾学说的理论创新。马克思说过：两个相互矛盾的方面的共存、斗争以及融合成一个新的范畴，就是辩证运动的实质。列宁则强调马克思主义的最本质的东西，马克思主义的活的灵魂，就是具体地分析具体的情况。毛泽东继承了他们的思想，并在总结中国共产党人认识和处理中国社会和中国革命矛盾特殊性的实践经验的基础上，创造性地提出了矛盾"精髓"说，即矛盾的共性个性、绝对相对的道理，是关于事物矛盾的问题的精髓，不懂得它，就等于抛弃了辩证法。毛泽东的矛盾"精髓"说，深刻地揭示了矛盾关系的新特点，提出了一个新概念，丰富了马克思主义的矛盾学说。

由此可见，理论创新是中国化的根本。这一点在当代中国共产党人推进马克思主义哲学中国化的伟大事业中尤其意义重大。因为我们现在所从事的事业，是在一个完全新的条件下和新的环境中进行的一项全新的探索，"老祖宗"只给我们指出了一个大的方向，提供了一些基本原则，今天的社会主义建设究竟怎样稳步前进，建设中国特色社会主义的现实道路究竟怎么走，现实的各种社会矛盾究竟怎样解决，这一切只能依靠中国共产党人在新的社会实践中，及时总结经验教训，形成新的理论，以指导新的实践，在这个过程中，理论创新就显得尤其重要和必要。

第二十二章

中国化形态马克思主义哲学的中国特色

中国化形态的马克思主义哲学作为马克思主义哲学众多形态中的一种，以其特有的中国特色绽放于马克思主义哲学的百花园中。这些中国特色既表现在它的内容中，同时也反映在它的形式上，二者相得益彰，共同体现了马克思主义哲学在实际应用于中国这一东方大国的特定历史条件和特殊社会实践的过程中，自身所发生的变化。中国化形态马克思主义哲学的中国特色，在毛泽东哲学思想中得到了最为充分的体现，集中表现为毛泽东哲学思想是一种实践哲学、方法哲学、群众哲学。也就是说，由于特定的历史和现实环境，以及中国革命、建设的特殊需要，马克思主义哲学在内容上发生了重组、重构，认识论、实践性方法论、群众性和应用性被摆到了突出而重要的位置，成为中国化形态马克思主义哲学的主要内容。马克思主义哲学在中国发生的这种内容结构变化和表现形式变化（即实践哲学、方法哲学、群众哲学这三大特色的形成），不仅与其他形态的马克思主义哲学区别开来，而且以自己的鲜明个性和创造性，立足于世界民族哲学之林。这三大特色同时也决定了中国化形态的马克思主义哲学——毛泽东哲学思想，在根本性质上就不是一种书斋哲学，而是一种掌握在社会实践主体手中的认识实际问题、解决实际问题的实践哲学；在表现形态上也不是纯思辨的、大部头的理论著作，而是主要以哲学立场、观点和方法的形式贯穿在毛泽东的全部著作中，蕴涵在他指挥战争、治国理政的一系列具体路线、方针、政策中。

第一节　实践哲学

认识和实践的关系问题乃是古今哲学永恒课题。马克思主义哲学包括认识论和实践论，但在它的不同发展阶段，有不同的侧重点。马克思主要是从社会实践出发去说明认识的对象、认识的来源、认识的运动、认识真理性的标准、认识发展的动力、认识的作用等，强调从实践、从人们的社会生活实践出发来理解全部认识论问题。恩格斯则认为，随着具体科学不断从哲学中分离出去，哲学最后剩下的是关于思维规律的科学，即研究人的认识过程、人的思维如何反映存在的一般规律。列宁在继承马克思恩格斯的上述思想的同时，更重视认识论的唯物论原则和方法论功能，强调"马克思的哲学是完备的哲学唯物主义，它把伟大的认识工具给了人类，特别是给了无产阶级"①。毛泽东根据马克思、恩格斯、列宁的一系列相关论述，结合中国革命实践经验的哲学总结，不但写出了关于马克思主义哲学实践论的专著，而且对实践论的重视和强调更是达到了一个新的高度，产生了许多新提法和新论点。

一　"哲学就是认识论"

在毛泽东之前的马克思主义哲学中，认识论只是一个部分或一个方面，其阐述是零碎的、片段的、笔记式的。而在毛泽东创建的中国化形态的马克思主义哲学中，认识论被高度重视，被充分而系统地发挥和论证，《实践论》就是马克思主义哲学发展史上第一个专门的、集中的、系统而全面的认识论理论体系。这是一个层次清晰、逻辑严谨、内容丰富的认识论理论体系。这个认识论体系以实践—认识的基础为出发点，揭示认识发展的过程——两个阶段和两次飞跃，进而总结出认识发展的规律。这样的结构安排，贯彻体现了实践和理论、发展与逻辑相统一的原则。《实践论》之后的《人的正确思想是从哪里来的？》以及一系列关于认识论问题的谈话，和《实践论》一起共同构成了一种极具中国特色的、以实践论为中心内容的马克思主义哲学。这其中最典型的是 1957 年毛泽东访问苏联时，与苏联哲学家讨论两个问题，一个是社会主义社会有没有矛盾？另一个就是公开提出"哲学就是认识论"。② 毛泽东说的"哲学就是认识论"，是认识论的地位和作用被强调到极端的标志。我们认为对毛泽东的这句名言，主要应该从认识和实践的互生关系的极端重要性这个意义上来

---

① 《列宁选集》第 2 卷，人民出版社 1972 年版，第 443 页。
② 《毛泽东哲学思想辞典》，天津教育出版社 1993 年版，第 88 页。

理解，而不能把它理解为马克思主义哲学的简单化、狭隘化。

二 实践论被高度重视的现实依据

实践论为何在中国得到高度重视？毛泽东为什么对实践论特别有兴趣？这绝不是什么个人的喜好，而是中国革命的实际需要。在中国化形态马克思主义哲学的创立者——毛泽东所处的时代，马克思主义哲学认识论的基本原则、原理已经确立，毛泽东所面临的任务和所要解决的问题，就是如何应用马克思主义认识论的一般原则、原理，来认识中国的国情和中国革命的特点和特殊规律，并根据这一认识来指导实践，从而制定出指导中国革命的正确路线、方针和政策，以保证中国革命的胜利。要解决这些问题，首先就要掌握科学的认识论和认识方法。马克思主义哲学的认识论和认识方法由此而被突出出来、被空前重视和发挥发展。也就是说，中国革命的实际需要决定了毛泽东实践哲学思想的切入点，必然要在认识论上大做文章。事实也是如此，由于中国革命的客观需要，马克思主义哲学的认识论功能在中国得到了最充分的发挥，成为几亿中国人的认识工具。丰富的实践必然产生丰厚的理论，马克思主义哲学认识论在中国革命建设的具体实践中不断得到丰富和发展，形成了马克思主义哲学发展史上最为系统的认识论学说，为马克思主义实践哲学的理论宝库增加了新的内容，即中国的内容。

毛泽东不仅高度重视认识论，而且在吸收中国传统哲学精华和总结中国革命实践经验的基础上，丰富发展了马克思主义哲学认识论，形成了具有鲜明中国特色的实践哲学。这里说的中国特色，是指那些马克思主义哲学认识论中没有的或不完整、系统内容，即那些专门反映中国革命特殊经验和特殊规律的新思想、新概念、新范畴。这其中最主要的：一是在马克思主义哲学发展史上第一次清晰而完整地对认识运动的辩证发展过程作了规律性的概括和阐述，即从感性认识到理性认识，从理性认识到革命实践，也就是从实践到认识、从认识到实践，物质变精神、精神变物质的"两个飞跃"。并在此基础上，提出了关于认识运动的著名公式："通过实践而发现真理，又通过实践而证实真理和发展真理。从感性认识而能动地发展到理性认识，又从理性认识而能动地指导革命实践，改造主观世界和客观世界。实践、认识、再实践、再认识，这种形式，循环往复以致无穷，而实践和认识之每一循环的内容，都比较地进到了高一级的程度。这就是辩证唯物论的全部认识论，这就是辩证唯物论的知行统一观"[1]；二是提出了"自觉的能动性"、"能动的革命的反映论"等新概念、新范畴，并作了详尽的说明。尤其是"自觉的能动性"、"能动的革命的反映论"这些新概念、新范畴的提出，是中国共产党人对马克思主义哲学认识论本质特性的理解不断全面、深入的结果。早在 20 世纪 20 年代，瞿秋白在"科学与玄学"的论战中，从唯物史观社会存在决定社会意识的基本立场出发，批评了意志决定论和意志自由论，但在一定程度上忽略了意志的价值和主体选择的自由。到 30 年代，艾思奇在《自由意志问题》《从新哲学所见的人生观》等文章中，批评了唯意志论，同时也反对机械决定论和宿命论。毛泽东在吸收总结前人成果和经验的基础上，提出了"自觉的能动性"这个新范畴和"能动的革命的反映论"这个新概念，反映了中国共产党人对马克思主义认识论的中国化的理解和表述。

毛泽东在 1938 年的《论持久战》中提出：一切事情是要人做的，持久战和最后的胜利没有人做就不会出现。"做就必须先有人根据客观事实，引出思想、道理、意见，提出计划、方针、政策、战略、战术，方能做得好。思想等等是主观的东西，做或行动是主观见之于客观的东西，都是人类特殊的能动性。这种能动性，我们名之曰'自觉的能动性'，是人之所以区别于物的特点。"[2] 在 1940 年的《新民主主义论》中又提出："马克思说：'不是人们的意识决定人们的存在，而是人们的社会存在决定人们的意识。'他又说：'从来的哲学家只是各式各样地说明世界，但是重要的乃在于改造世界。'这是自有人类历史以来第一次正确地解决意识和存在关系问题的科学的规定，而为后来列宁所深刻地发挥了的能动的革命的反映论之基本的观点。"[3]"能动的革命的反映论"这个新概念，既准确地抓住了马克思主义哲学认识论的本质特性（即实践论、辩证法和认识论的统一、认识世界和改变世界的统一），同时也是中国革命实践经验的哲学总结（中国革命尤其需要充分发挥人的主观能动性）。它的核心就是强调充分发挥根据和符合客观实际的自觉的主观能动性。这里有两个

---

[1] 《毛泽东选集》第 1 卷，人民出版社 1991 年版，第 296—297 页。

[2] 《毛泽东选集》第 2 卷，人民出版社 1991 年版，第 477 页。

[3] 同上书，第 664 页。

关键词：一是根据和符合客观实际；二是自觉的主观能动性。前者是后者的不可偏离的客观前提和客观基础，一旦偏离，主观能动性的发挥就会滑入唯心论的泥潭。后者在内容上包括能动地反映客观世界和能动地改造客观世界这两个不可分割的方面。毛泽东对马克思主义哲学认识论的高度重视和对马克思主义哲学认识论的中国化阐述，使马克思主义哲学在中国真正成为一种认识哲学，一种全新的认识中国、改造中国的伟大认识工具。

第二节　方法哲学

在中外哲学发展史上，方法历来被许多哲学家所看重，对方法的重要性也有过许多精彩阐述。在他们看来，方法不是外在的形式，而是内容的灵魂。在一切哲学家那里，体系都是暂时的东西，但包含在体系中真正有价值的方法却可以长久地启人心智、发人深思。由此可见在人类的思维活动中，方法比结论更重要。因为任何结论由于时代历史条件的限制而具有一定的局限性，并且有可能随着时代历史的发展而过时或由正确变成错误。唯有正确的方法能够给人们提供继续探索的合理途径，帮助人们总结新的实践经验，形成新的理论以取代过时的结论。方法的重要性是如此的突出，无可置疑。

一　如何理解马克思主义哲学的方法论特性

马克思主义哲学的方法论特性是很鲜明的。对此，我们究竟应该怎样来理解？这里可以有两个不同的视角：一是从这种哲学的根本目的看，它的创立者创立这一哲学的目的就是要为无产阶级争取解放的斗争提供武器，为他们认识世界和改造世界提供方法。就像恩格斯曾经说过的那样："马克思的整个世界观不是教义，而是方法。它提供的不是现成的教条，而是进一步研究的出发点和供这种研究使用的方法。"① 这就是说，马克思主义哲学在本质上就是一种方法，一种研究社会历史和未来的方法；二是从这种哲学的实际内容看，它强调要现实地、历史地、具体地来分析社会生活，即从社会的物质生产实践出发来分析研究人类的历史和发展。正是在这个意义上，马克思主义哲学作为一种方法论，其所取得的理论成就

---

① 《马克思恩格斯全集》第 39 卷，人民出版社 1974 年版，第 406 页。

及其经验教训，都具有一定的永恒真理价值和现实价值。

马克思主义哲学作为一种方法，既是一种历史主义的方法，也是一种辩证的方法，两者在马克思主义哲学中是统一的。历史主义的方法强调把事物当作"过程"来理解和研究，要求把事物放到它们所产生的那个具体的历史环境中去认识和理解；辩证的方法强调从事物的相互联系、相互作用中去认识和把握事物发展的内在规律，重视事物变化发展的内在动因。马克思主义哲学的这些方法论特性，决定了它能够从众多的西方哲学思潮中脱颖而出，得到中国人的青睐。

20世纪初，中国人从众多的西方哲学思潮中选择了马克思主义哲学，最根本的就是因为它能够为中国人认识和解决最迫切的社会问题（救亡图存），提供其他哲学理论所不能提供的科学分析方法、认识方法和解决问题的方法。毛泽东曾经这样说过：中国人接受马克思主义哲学，是把它们看作一种"科学的宇宙观和社会革命理论"，是把这一无产阶级的宇宙观当作"观察国家命运的工具"。马克思主义哲学来到中国后，在具体指导中国革命的实践过程中，由于中国的特殊国情和中国革命的特殊需要，马克思主义哲学的方法论本质和方法论功能被进一步扩大化、具体化，形成中国共产党人所特有的一整套真正实用的思想方法、工作方法和领导方法，成为中国化形态马克思主义哲学的重要内容和鲜明特色。毛泽东在这方面的贡献是巨大的、富有创造性的。

二　为什么说中国化形态的马克思主义哲学是一种方法哲学

这里说中国化形态的马克思主义哲学——毛泽东哲学思想是一种方法哲学。包含这样几层意思：一是把马克思主义理解为一种思想方法，就像他在1944年7月14日与英国记者斯坦因谈话时说的"我们信奉马克思主义是正确的思想方法"。在这里，马克思主义的方法论功能被摆到了非常突出的位置上，成为整个马克思主义学说的代名词；二是对方法论本身的高度重视，写出了马克思主义哲学发展史上第一部专门而系统的哲学方法论著作——《矛盾论》。这部著作以对立统一规律为核心，从七个不同方面对矛盾的存在、矛盾的认识和矛盾的解决方法展开分析论证，从而为解决一切社会矛盾提供了系统全面、有实用价值的方法论指导；三是根据马克思主义哲学世界观和方法论高度统一的原理，把马克思主义哲学世界观具体化为领导中国革命、指导革命工作的思想方法、领导方法和工作方法，使马克思主义哲学真正成为"改变世界"的哲学。

在毛泽东看来，世界是发展的物质世界，这就是世界观。拿了这样的世界观转过来去看世界，去研究世界上的问题，去指导革命，去做工作，去从事生产，去指挥作战，去议论人家长短，这就是方法论，此外并没有什么别的单独的方法论。① 正是基于世界观和方法论的高度统一，毛泽东把马克思主义哲学视为一种研究历史和解决现实问题的方法。这里说的"方法"有两层含义：一是指导方法。即要在马克思主义哲学基本方法的指导下，去研究中国社会的矛盾和性质，明确中国革命的具体任务，寻找符合中国实际的革命发展道路；二是行动方法。即在革命任务明确之后，就要着力解决"怎么办"的具体方法问题，为革命者提供正确的、具体的行动方法。对此，毛泽东强调说："我们不但要提出任务，而且要解决完成任务的方法问题。我们的任务是过河，但是没有桥或没有船就不能过。不解决桥或船的问题，过河就是一句空话。不解决方法问题，任务也只是瞎说一顿。"② 为了解决"桥"或"船"的问题，毛泽东做了大量的工作，他把马克思主义的唯物论原则具体化为中国共产党人的"没有调查，就没有发言权"的调查研究的基本工作方法；把思维与存在关系的理论具体化为中国共产党人的"实事求是"思想路线和最基本的工作方法原则；把马克思主义关于理论与实际相统一的原则具体化为"有的放矢"的实际工作方法；把马克思主义的实践观点和群众路线统一起来，具体化为指导实际工作的"从群众中来，到群众中去"和"集中起来，坚持下去"的领导方法和工作方法等。可以说，把马克思主义哲学具体化为中国共产党人的思想方法、领导方法和工作方法，是马克思主义哲学中国化最有成就的一个方面。

在毛泽东哲学思想中，由马克思主义哲学基本原则、原理和主要概念、范畴具体化而来的思想方法、领导方法和工作方法，是非常系统而完整的，构成独具中国特色的方法论体系。这个方法论体系，既包括高层次的、原则性的方法论的一般原则，如实事求是、有的放矢、调查研究、阶级分析、矛盾分析、一般与个别相结合、领导与群众相结合、认识和实践相结合等；同时也包括能够直接应用于具体工作的一系列具体工作方法和

① 参见《毛泽东哲学思想辞典》，天津教育出版社1993年版，第83页。
② 《毛泽东选集》第1卷，人民出版社1991年版，第139页。

领导方法，如"多谋善断"、"留有余地"、"一分为二"、"抓两头、带中间"、"以点带面"、"抓主要矛盾"、"统筹兼顾"、"一切经过试验"、"胸中有数"、"学会弹钢琴"、"解剖麻雀"、"蹲点"、"开调查会"、"波浪式前进"等。前者是具体方法的基础，后者则是一般方法论原则的展开和具体化。二者相互渗透，相互作用，构成世界观、认识论、方法论三者统一的方法论系统。这个方法论系统在马克思主义哲学发展史上是绝无仅有的，是以毛泽东为代表的中国共产党人对马克思主义哲学的创造性理解和创造性应用。

毛泽东的包括思想方法、领导方法和工作方法在内的方法论系统，不仅有一系列专门的论著，如《关心群众生活，注意工作方法》《改造我们的学习》《反对党八股》《关于领导方法的若干问题》《党委会工作方法》《工作方法六十条》等，而且在其他有关政治、军事、经济、文化问题的论著中，也能常常见到他对掌握正确工作方法的强调和具体阐述。这些内容在毛泽东哲学思想中是非常突出的，构成毛泽东哲学思想的一大特色，即方法哲学的特色。由于毛泽东的方法论系统所特有的现实针对性和易操作性，所以在实践中能够得到迅速而广泛的传播，为中国共产党中大批文化素质偏低的基层干部掌握和应用，从而大大提高了他们的领导水平和工作能力，使马克思主义哲学社会功能的发挥真正落到实处。毛泽东之所以要这样做，并且能做出突出的成绩，同样是马克思主义哲学中国化的需要，即需要根据中国的实际情况来应用马克思主义哲学。这是因为，中国是一个农民占人口绝大多数的农业大国，农民是中国人口中接受文化教育偏低的部分，而中国共产党的基本队伍偏偏又是由这些文化素质较低的农民组成，要他们去直接理解和掌握、应用来自异域的、比较抽象的哲学理论，无疑是有很大困难的。如何解决这个难题？只有从中国和中国共产党的实际情况出发，把马克思主义哲学方法化，即把马克思主义哲学的基本原则、原理和主要概念、范畴转化为具体的、可实际操作的思想方法、领导方法和工作方法，并通过反复不断的、各种形式的教育灌输，使他们能够熟练地掌握、应用，成为他们思想和行动的实际指南。这就是马克思主义哲学的中国化，即具体化、方法化。所以我们在毛泽东哲学思想中，很少见到抽象的、纯粹的本体论概念或范畴的专门阐述，讲得最多的是实际工作中必须遵循的马克思主义的方法论原则和一系列实际应用的具体思想方法、工作方法、领导方法。

第三节　群众哲学

在 20 世纪，马克思主义哲学在世界范围内形成了各种不同的民族形态，但就其影响和作用范围来讲，中国化形态的马克思主义哲学是最大、最突出的。这其中最根本的原因就在于中国化形态的马克思主义哲学具有最广泛的群众基础和特有的群众性。这种特有的群众性，既秉承了马克思主义哲学的本质特性，更是借鉴利用中国哲学的传统形式、适应中国革命特点、反映中国革命实际需要而使马克思主义哲学中国化的产物。

马克思主义哲学的本质特性之一是它的群众性，马克思主义哲学在本质上是一种群众哲学。就像马克思所指出的那样，"哲学把无产阶级当作自己的**物质**武器，同样，无产阶级也把哲学当作自己的**精神**武器"①。前面说过，马克思主义哲学是一种实践哲学，而谈到实践就脱不开实践的主体——广大群众。马克思主义哲学只有通过掌握群众、为群众所掌握和应用，才能实现它的根本目标。所以说，马克思主义哲学与广大人民群众的关系是天然的、内在的、本质的、不可分割的。

毛泽东在深刻领悟和把握马克思主义哲学的这一本质特性之后，又从中国革命特点和中国革命实际需要出发，借鉴利用中国传统哲学的群众化的表现形式，将马克思主义哲学的群众性发展到了一个新的阶段，即中国化的阶段。毛泽东从实践主体的群众性和理论主体的群众性高度统一的角度，把广大群众视为中国化的主体，把马克思主义哲学中国化最终落实在广大群众的掌握和实际应用中。为此，他明确指出："代表先进阶级的正确思想，一旦被群众掌握，就会变成改造社会、改造世界的物质力量"。②并且反复强调："让哲学从哲学家的课堂上和书本里解放出来，变为群众手里的尖锐武器。"③从延安时期的整风运动、文艺座谈会上的讲话，到新中国建立后多次谈论哲学普及、哲学体系改造、热情支持工农兵学哲学、用哲学，毛泽东是说到做到。正是在毛泽东的大力倡导和实际推动

---

① 《马克思恩格斯选集》第 1 卷，人民出版社 1995 年版，第 15 页。

② 《毛泽东著作选读》（下册），人民出版社 1986 年版，第 839 页。

③ 《中共中央关于目前农村工作中若干问题的决定》（草案），转引自 1966 年 9 月 11 日《人民日报》。

下，马克思主义哲学在中国真正成为一种群众哲学，即真正的群众哲学。

一　为什么说中国化形态的马克思主义哲学是一种群众哲学

这里说中国化形态马克思主义哲学是一种群众哲学，首先在于它准确反映了中国革命特点和中国革命实际需要。由于中国社会性质的特殊性而决定了中国革命的敌人是非常强大的，领导中国革命的中国共产党人要想战胜强大的敌人，就必须全心全意依靠人民群众，进行人民战争。也就是要放手发动人民群众、用革命的理论武装人民群众。而这一切就需要把马克思主义哲学群众化，即让广大人民群众比较容易地接受革命的动员，提高革命的觉悟，掌握革命的方法，这样才能投身革命、干好革命，最终取得革命的胜利；其二在于它借鉴利用了中国传统哲学的群众化表现形式。中国传统哲学一般少有西方哲学那样的严密而系统的逻辑分析论证，更多的是用短语、谚语、比喻例证或注释发挥的形式来表现。中国传统哲学家习惯把深奥的哲理用浅显、简短的话语来表达，奉行"简易之道"（简则易知，易则易行）这和他们对哲学本意的理解是联系在一起的。在他们看来，"道"或"大道"（即哲学，中国古代没有"哲学"这个概念，这个概念是近代从西方、经日本传入中国的）是存在于生活，接近于生活的，只要人们愿意接受，"道不远人"，"吾欲仁，斯仁至矣"。正是本于这样的认识，中国古代哲学家们喜欢用生动活泼的语言形式来表达自己的哲学思想，目的是让普通的老百姓能够理解接受和实践。正因为如此，中国传统哲学的表现形式，除了以文字经典形式在上层统治阶层和知识精英中存在和发挥作用外，还以通俗的形式存在于广大民众的实际生活之中，对广大民众的社会生活产生巨大的影响。这里说得通俗的存在形式，就是那些很容易理解掌握的通俗概念、范畴和富含哲理的格言、警句等。它们通过漫长的历史实践和历史沉淀，转化为中国人日常的生活态度、生活方式、生活信念，并且延绵不断、世代相传，影响和规范着一代又一代中国人的实际生活。例如，中国传统哲学中以"中庸"为基础的"贵和尚中"的哲学理念，就逐步演化为绝大多数中国老百姓所奉行的生活哲学、处世哲学。也就是在日常生活中处理人际关系时，遵循"中庸之道"，与人为善、不走极端，崇尚"和为贵"，努力营造和谐的人际关系。再例如中国传统哲学中"天人合一"的哲学理念，同样日渐演变为常挂在老百姓口头的"天时、地利、人和"这样的通俗名句，从而对社会经济生活的各个方面产生巨大影响。中国传统哲学的这种通俗化、群众化的表现形式和它们所产生的实际影响，不仅对毛泽东实现马克思主义哲学中国化有启发和帮助，而且为他借鉴和利用，使中国化形态的马克思主义哲学具有中国传统的表现形式，成为一种群众性的哲学。

二　如何理解中国化形态马克思主义哲学所特有的群众性

对于这个问题，可以从这几个方面来理解：

一是中国化形态的马克思主义哲学指导世界上人口最多的东方大国的人民革命取得了胜利，使马克思主义哲学的群众性在一个最大的实践范围内得到验证，成为现实。马克思主义哲学成为几亿中国人的哲学指导，为亿万人民群众所掌握、所实践。这不仅是中国近代以来中西方哲学文化交流、融合潮流中的一个成功范例，而且是在整个马克思主义哲学发展史上也是一个伟大的创举。

二是中国化形态的马克思主义哲学有中国老百姓所能理解和接受的通俗内容和表现形式，有中国民众所喜闻乐见的中国作风和中国气派。毛泽东也像中国古代哲学家那样，常常是借助于中国传统哲学文化中的神话、传说、故事（如愚公移山、精卫填海、夸父追日等），把马克思主义哲学的基本道理融入其中，使广大干部和人民群众都能够比较容易地理解和接受，并作为自己的行动指南。毛泽东也像中国古代哲学家那样，从一般老百姓的实际文化水平出发，尊重他们的阅读习惯和思维习惯，不用抽象的概念和晦涩的词句，也不去构造庞大的哲学体系，而是采用一系列深入浅出、风趣生动、短小精悍的格言、警句、成语、俚语来表述马克思主义哲学的基本原则、原理，例如用"有的放矢"去表述马克思主义哲学理论与实践相统一的原则；用"一分为二"来表达马克思主义辩证法的对立统一规律；用"去粗取菁、去伪存真、由此及彼、由表及里"来表达马克思主义认识论的具体过程；用"两个对子"来说明哲学基本问题两个方面之间的关系；用"眉头一皱，计上心来"来比喻人在头脑中运用概念进行判断和推理的活动；用"不入虎穴，焉得虎子"来强调亲身实践对认识的重要性；用"在游泳中学习游泳"来说明实践出真知的唯物论认识论的深刻道理；用"弹钢琴"来说明领导者必须掌握的全局观念和各方协调的工作方法；用"纲举目张"来表达通过抓主要矛盾以带动次要矛盾的解决的道理；用"解剖麻雀"来比喻由分析个别上升到一般的逻辑方法；用"两点论"来强调克服实际工作中的片面性，等等。从而使马克思主义哲学的精神实质和深刻道理，能够比较容易地为广大干部和普通老百姓理解，比较容易应用到他们的实际工作和实际生活中去。这样也就使中国化形态的马克思主义哲学有了最为广泛的群众性，有了浓郁的民族色彩。

在近年来的马克思主义哲学中国化问题的研究中，中国化形态马克思主义哲学的中国特色问题，为许多研究者所关注。多数人对此持肯定态度，但在追究这些特色形成的原因或根据时，看法则有分歧。例如何萍在《马克思主义中国化探论》一书中，把中国化马克思主义哲学——毛泽东哲学思想的认识论、方法论特色的形成归结为 20 世纪盛行的科学主义思潮的影响。她认为：科学主义思潮在 20 世纪中国哲学界产生了很大影响，一些哲学思潮在科学主义思潮的影响下出现了科学主义化倾向。如主张把哲学建立在实证和经验的基础上，成为一种认识论和方法论，来帮助人们获得这种正确的、可靠的认识和说明。马克思主义哲学中国化进程中的科学主义化倾向可以说表现得最为强烈、影响最为深刻，成为 20 世纪中国马克思主义哲学的一种具有普遍性、贯穿性的特征。从李大钊、陈独秀、瞿秋白到毛泽东，形成了对马克思主义哲学认识论化、方法论化的理解。这样的理解对马克思主义哲学发展有贡献，对现实的革命运动产生了重大的积极影响，但是，这也强化了哲学的认识论化、方法论化，过于看重了对客观世界的真理性的认识，过于强调了哲学作为认识工具和思维工具的作用，在一定程度上忽视了对人的精神家园的建设，以及哲学对人的价值、理想、精神世界、终极关怀的探讨。① 对于上述观点，我们有下述不同看法——

首先，我们认为：毛泽东某种程度上把马克思主义哲学认识论化、方法论化，使马克思主义哲学在一定意义上成为一种认识哲学、方法哲学，不能完全归结为科学主义思潮的影响。毛泽东一贯认为认识世界是为了改造世界，认识源于实践，反过来又指导实践。我们认为，马克思主义哲学本身就具有认识论、方法论的基本功能，来到中国后，这些基本功能因中国革命的实际需要而被强化、被突出、被发挥发展。正是在这个意义上，我们说中国化形态的马克思主义哲学是一种认识哲学、方法哲学；二是中

① 《马克思主义中国化探论》，人民出版社 2002 年版，第 234—239 页。

国化形态的马克思主义哲学，对认识论、方法论的重视，并不必然导致对人的精神家园建设、对人的价值、理想、精神世界探讨的忽视。毛泽东继承中国传统哲学精华，结合马克思主义哲学世界观、人生观、价值观，提出了以"老三篇"（《为人民服务》《纪念白求恩》《愚公移山》）为核心内容的一整套极具中国特色的关于人生价值、人生意义、人的伦理道德修养、人的精神追求的实践哲学理论，构成中国化形态马克思主义哲学的一大特色。因此，与其说毛泽东哲学思想是认识哲学，不如说是实践哲学；三是马克思主义哲学的认识论、方法论功能在中国被充分突出和发挥，与这种哲学和现实政治的密不可分有关。在马克思主义哲学创始人那里，哲学就是服从和服务于无产阶级的现实政治斗争的。到列宁、斯大林时期，哲学的政治性（即阶级性、党派性）则被强调到了空前第一的位置。中国马克思主义哲学运动受苏联的影响很大，就像西方学者在评论中国共产党人哲学思想时说的那样，哲学在中国共产党人的手中，是政治斗争的武器，与政治是同一的。在他们那里，哲学就是政治，政治就是哲学。这种说法虽然有点偏激，但基本反映了 20 世纪 30—40 年代中国马克思主义哲学运动发展的特点。既然是政治斗争的武器，就要用它来认识和解决现实政治斗争的具体问题，这样这种哲学的认识论、方法论功能也就必然要被重视、被突出、被发挥发展。

对于中国化形态马克思主义哲学的群众性，即群众哲学的特色，学术界有不同看法，有人肯定，有人否定。从这里引起了我们对民族思维水平究竟如何提高这一问题的思考，思考的核心是究竟如何处理好哲学的普及（群众性）和哲学本身提高的关系。哲学的普及和提高无疑是提升中华民族理论思维水平的有效措施，但在实践中，却总是摇来摆去。20 世纪50—60 年代席卷中华大地的工农兵"学哲学、用哲学"运动，重视了哲学的普及，但却否定了提高，重视了通俗化，却否定了系统化、专业化。而在今天的中国哲学界，似乎又走到了另外一个极端，哲学文章或著作写得越玄妙、别人越看不懂似乎就越有水平。原本就是实践哲学、生活哲学的马克思主义哲学，现在却离社会大众的现实生活实践越来越远。在社会大众中，青年大学生原本是最需要进行哲学思维训练的群体，他们的天性也决定了他们喜欢也容易接受哲学方面的知识和训练。在 20 世纪的 20—60 年代，马克思主义哲学在中国广大青年学生中是最有影响力的哲学，但现在却在青年大学生中难觅知音，目前大学中的马克思主义哲学课老师难讲，学生不愿意听的现象已成"顽疾"。青年大学生本是我们这个社会的希望，如果他们缺少最基本的哲学知识和最基本的思维训练，整个民族的理论思维水平如何提高？创造性的理论思维又从何而来？我们认为，改革大学的哲学教育，激发大学生学哲学的热情，培养他们的哲学思维能力，应该成为提高整个民族理论思维水平的突破口。

　　整个民族理论思维水平的提高，不能完全寄希望于少数人的提高和少数人的系统化教育，普及大众在今天仍然是必要的。今天我们强调哲学的普及，并不是说现在就要开展 20 世纪 50——60 年代那样的群众性学哲学、用哲学的群众运动。而是要针对现在的现实，找准切入点，让马克思主义哲学的世界观、人生观和价值观，以潜移默化的形式对社会大众的生活实践产生影响和作用。今天我们要谈哲学的普及，强调哲学指导生活实践，首先就要使生活实践的主体——广大群众能够读懂我们的哲学文章，看懂我们的哲学书籍，这是一个最基本的要求。而要达到这个要求，我们的哲学就必须关注生活实践、贴近生活实践，有让群众感兴趣的内容和形式，而不是像现在这样，哲学总是在少数哲学专业工作者的圈子里自说自话，与广大群众的生活实践不相干。也就是说，必须采用各种有效措施和方法，使包括中外哲学在内的，以马克思主义哲学为指导的哲学文化理论与思想精义为群众所掌握，在群众中产生作用，这才是马克思主义哲学中国化的实质，才是提高整个民族理论思维水平的有力途径。

第二十三章

中国化形态马克思主义哲学的个性化探索

回顾马克思主义哲学中国化的历史，人们不难发现，从事这方面探索实践的并不完全都是中国共产党人，一些进步学者在这方面也做了许多工作，取得了一定的成果，如张申府（纯崧年）兄弟张岱年等的个性化探索。就是在信奉马克思主义哲学的共产党人中，除了毛泽东这样的职业革命家和思想家作出的贡献、发挥的作用最大外，李达、艾思奇、冯契这样的学者，对中国化形态马克思主义哲学的探索，同样值得在马克思主义哲学中国化的历史上为他们记上一笔。正是由于众多人的探索，马克思主义哲学的中国化运动才显得那么丰富多彩，中国化形态马克思主义哲学才具有多样化、个性化的特征。

第一节　张岱年的探索

张岱年对马克思主义哲学中国化的探索是在 20 世纪 30—40 年代，和中国共产党人的探索活动同步。但由于他的特殊身份（无党派的进步学者、教授），使得他对马克思主义哲学中国化的理解和表述，和中国共产党人相比，角度不尽相同，内容的取舍和"化"的方法、途径也不一样。

一　探索的特有方式和个性特征

在中国共产党人那里，马克思主义哲学主要是一种政治斗争的武器，有助于政治斗争的哲学内容被重视、被突出，"中国化"的方法和途径也侧重在具体应用，即把马克思主义哲学具体应用于中国革命实践，在具体应用中实现马克思主义哲学的中国化。而在张岱年这里，马克思主义哲学主要是一种和社会生活关系密切的进步学术理论，强调的是它对于普通民众社会生活实践的指导和帮助。正因为如此，张岱年和那些中国共产党的哲学家相比，对马克思主义哲学的理解和表述，就少了一些条条框框的限制和束缚，而更具有学术色彩和个性特色。但他们也有共同之处，这就是都肯定马克思主义哲学的真理性和科学性，认定它是一种科学的世界观和方法论。

张岱年对马克思主义哲学中国化的理解和探索，在一定程度上受到他的兄长张申府的影响。新中国建立前，作为朱德和周恩来的入党介绍人，张申府就是一位对马克思主义哲学持欢迎态度的著名学者，他主要是从学术价值的角度肯定马克思主义哲学。他对马克思主义哲学的理解和解释，常常是和中国传统哲学、西方哲学的比较联系在一起的。尤其重视马克思主义哲学和中国传统哲学的比较，探讨它们的相同相异之处，从异中寻同，力图使两者融合。就像他曾经讲过的那样："我的理想：百提（罗素）、伊里奇（列宁）、仲尼（孔子），三流合一"。① 张岱年在其兄的影响下，在对马克思主义哲学做深入了解和研究的基础上，以自己的方式，阐述自己对马克思主义哲学的理解，努力把马克思主义哲学和中国人的社会生活实际联系起来，使马克思主义哲学为更多的中国人了解、接受，进而对中国人的社会生活实际产生作用。这就是他使马克思主义哲学中国化的特有方式和个性特征。

二　探索的特殊途径和方法

张岱年把马克思主义哲学中国化的途径和方法，和当时其他的马克思主义哲学家不同。由于他的具体处境和特定身份，他不能公开谈论马克思主义哲学如何指导中国革命实践，只能结合一般民众的生活实际来谈论马克思主义哲学究竟有什么指导作用？以及如何应用它来指导自己的生活实践；他没有用哲学教科书或哲学专著的形式来系统介绍马克思主义哲学，而是以一篇篇短小精悍的杂文、评论，来宣传马克思主义哲学的一个个基本观点、范畴、规律，通俗易懂、切合实际。这样的探索和表现方式，集中反映在30—40年代发表的一系列文章中，如《辩证法与生活》《辩证法的一贯》《关于新唯物论》《相反与矛盾》等等。其中《辩证法与生活》和《关于新唯物论》这两篇文章，集中反映了张岱年使马克思主义

---

① 《张岱年哲学文选》（上），中国广播电视出版社1999年版，第56页。

哲学中国化的特色所在。

在《辩证法与生活》这篇文章中，张岱年谈道："辩证法既是宇宙的规律，也是一种科学方法。它不仅能指导人们研究客观世界，还可运用到生活中去。这一点是非常有意义的，却很少有人注意。假若你在生活中能注意辩证法，你就能得到良好的快乐的生活。你愈能运用辩证法，你的生活就愈好，也愈有价值。只有用辩证法观察外界现象，才能对现象中的矛盾给以适切的解释；亦只有用辩证法观察生活中的矛盾，才能对这种矛盾予以适切的解决。把辩证法运用在生活上，其要谛在于：对生活中任何事，都要观察其中的矛盾，观察其与周围事物的种种联系。这样便可看出，一切现有的事物皆有毁灭之日，一切苦难皆是进步之因缘。在生活中能运用辩证法，便可免除许多无谓的烦恼，甚至能使人死里逃生，看出处处是活路。譬如失恋，本是使人感到痛苦的事，但辩证地看，你不必为此而惆怅、苦恼，这是告诉你到了专心努力于工作的时候了。不惟如此，只要你在事业上有成就，便有找到更合适更好的伴侣的可能。从辩证法来看，一切挫折，都可变为成功之路的指引；一切拂意之事，都可成为激励人们奋进以遂意的动力。运用辩证法，能使你应付环境的变化，克服生活中的困难。能使你对事物变化的由来有深刻的了解，并预见将要变到哪里去。运用辩证法，能使你看清困难的实在意义，知道困难终必消失，并由此深悟苦境即是佳境。生活是充满了矛盾的，辩证法是解决矛盾之大法，故辩证法是生活之指针。用辩证法来解析现象是学问，用辩证法来处理实际问题，乃是一种艺术。总之，运用辩证法于生活，乃能得到一种快乐而有价值的生活。"① 如此平实而有趣的话语在他的文章中比比皆是。这无疑也是一种中国化方式，即把外来的辩证法哲学和中国人的生活实际紧密联系起来，使马克思主义哲学生活化、实用化，使之成为生活实际的指南。

今天我们读这篇文章，会更觉得它可贵，因为它把马克思主义哲学与实际生活的关系讲的是如此透彻、如此平实。在当代中国，有些哲学家总是抱怨人们冷淡了哲学，不重视哲学。其实认真分析一下这种现象，就会看到问题实际上仍然出在我们的哲学自身。我们的哲学如果不积极主动地关注社会生活实际，为解决社会生活实际中的矛盾和问题提供指导和帮

---

① 《张岱年哲学文选》（上），中国广播电视出版社 1999 年版，第 27—32 页。

助，而总是在一些空洞、抽象的概念、范畴、规律的圈子中自说自话、孤芳自赏，那么，这样的哲学遭到实际生活的冷遇或抛弃，又有什么奇怪的呢？我们今天的正在推进中的马克思主义哲学中国化事业，必须认真总结这方面的教训，把它与社会生活实际密切结合起来，看作马克思主义哲学中国化的重要途径和方法，真正做到结合民众的社会生活实际来谈论马克思主义哲学，使马克思主义哲学成为一种民众需要的、对民众社会生活真正有帮助的哲学。

在《关于新唯物论》这篇文章中，张岱年对马克思主义哲学的理解和表述，表现出了不同于当时流行的苏联模式的马克思主义哲学的个性特征和中国化特色。这主要表现在：他在充分肯定马克思主义哲学具有高于其他哲学的科学性和真理性的同时，明确指出马克思主义哲学还需要进一步完善和发展。在他看来，马克思主义的新唯物论"实只雏形，完成实待于将来。新唯物论欲求完成，则又必更有取于现代各派哲学，而最应取者则为罗素一派之科学的哲学"①。这里且不问马克思主义的新唯物论是否真的需要罗素的解析方法来补充。因为这是个人理解的问题，有不同看法是很正常的。而最值得称道的是他没有把马克思主义哲学看作不变的教条、完美无缺的绝对真理，而是认为马克思主义哲学也需要完善和发展，完善和发展的途径就是吸收现代各哲学流派的长处，在他看来，"对于任何哲学皆不应全都抛弃，而应且扬且弃，且吸且摈"。② 这些见解表明他对马克思主义哲学的理解，和同时代的许多马克思主义哲学家相比，更理性、更科学。

中国哲学如何发展？张岱年的主张是融合中、西、马各哲学流派的长处，在此基础上创造出一种新的哲学（简称"综合创新论"）。正如他所说：吾以为将来中国之新哲学，"必以罗素之逻辑解析方法与列宁之唯物辩证法为方法之主，必为此二方法合用之果。而中国将来如有新哲学，必与以往儒家哲学有多少相承之关系，必以中国固有的精粹之思想为基本"。③ 张岱年的"综合创新论"从 20 世纪 30 年代初步提出，到 80—90 年代大力倡导，反映了他致力于马克思主义哲学中国化的一贯思路和方

---

① 《张岱年哲学文选》（上），中国广播电视出版社 1999 年版，第 55 页。

② 同上。

③ 同上书，第 56 页。

法。这与以毛泽东为代表的中国共产党人所一贯强调的马克思主义哲学中国化应在中国革命和建设的具体实践中进行、应在马克思主义哲学的实际应用中完成相比，显然是很有个性特色的，代表着另外一种的探索方向和探索途径。

第二节　李达的探索

李达是中国学者型的马克思主义哲学家。学者的身份决定了他对马克思主义哲学中国化的探索和表现形式必然不同于毛泽东那样的职业革命家。回顾李达一生的哲学活动，他在中国马克思主义哲学运动中的突出贡献，是把马克思主义哲学以教科书的形态系统化。这样的系统化工作在特定历史时期、对特定阶层的人来说是必要的。他在这方面做的工作，集中反映在最有代表性、最有影响的《社会学大纲》一书中。该书 1937 年公开出版，新中国建立后遵照毛泽东的指示，作进一步修改后以《唯物辩证法大纲》为名再次出版。关于这本书是如何把马克思主义哲学系统化的，已有一些探索成果。① 这里着重探讨的问题是马克思主义哲学的系统化与中国化究竟是什么关系？李达对马克思主义哲学中国化究竟有什么贡献？他的贡献有什么特色？

一　如何理解系统化与中国化的关系

有人说：李达的《社会学大纲》主要是做了把马克思主义哲学系统化的工作，马克思主义哲学系统化也是马克思主义哲学中国化的一个重要组成部分。究竟怎样理解这句话呢？如果是说系统化是马克思主义哲学中国化的要求之一，即中国化的马克思主义哲学必须是系统完整的，而不是杂乱无章的。那么，我们认为这句话是能够成立的。但同时必须警惕概念的混乱，因为系统化和中国化毕竟是两个不同的概念、反映了两件不同的事，不能混为一谈。在我们看来，中国化要求系统化，系统化是中国化的一个方面，但系统化不等于中国化，两者在理论层次上有差别，在表现形式上更有不同。

对于李达在马克思主义哲学中国化方面的贡献和个性特色，还是应该

---

① 参见徐素华《马克思主义哲学在中国》，北京出版社 2002 年版。

在他所做的马克思主义哲学系统化工作中探究、挖掘，这是一个基本的着眼点或突破口。首先，应该肯定，系统化工作对马克思主义哲学中国化来说是非常必要的，因为中国化的一个重要方面是要让马克思主义哲学真正为中国人理解和接受，成为他们思想和行动的指南。而要做到这一点，就不可缺少系统的内容和系统的形式，尤其是在社会的最有希望、最容易接受新知识、新思想的阶层——青年学生中间，宣扬和普及马克思主义哲学，就更加需要教科书形态的、系统的哲学理论教育。正是在这个意义上，李达的马克思主义哲学系统化工作对马克思主义哲学中国化是有巨大贡献的，这个贡献是很独特的，别人是不及他的。其二是要指出，李达的系统化工作是有中国特色的，包含着中国人的独特见解和方法，这同样是马克思主义哲学中国化的丰富内涵之一。

二　《社会学大纲》对马克思主义哲学中国化的贡献

毛泽东曾经对李达在马克思主义哲学中国化方面的贡献有过高度评价，说他的《社会学大纲》是"中国人自己写的第一部马列主义的哲学教科书"①。中国学术界也充分肯定《社会学大纲》是中国人创建的第一个教科书形态的马克思主义哲学传播系统。因为在这本书之前，虽然有不少中国人写的马克思主义哲学著作，但就其理论的完整性、系统性和深刻性来看，都没有达到《社会学大纲》这样的水平。这里说的理论的完整性、系统性和深刻性，恰好就是《社会学大纲》的中国特色和中国人对马克思主义哲学的独特贡献。

所谓完整性、系统性，主要有二层含义：一是它空前详尽地考察了马克思主义哲学的史前史，用确凿的史料说明马克思主义哲学的产生，没有离开人类文明历史发展的大道，而是人类文明发展到一定阶段的产物，是人类认识史上的一次最伟大的革命；二是它空前全面地阐述了马克思主义哲学各个部分的基本内容，并且深刻揭示了各个部分之间的逻辑联系，目的是要说明马克思主义哲学是一个不可分割的有机整体，是一种内在逻辑性极强的思想学说。所谓深刻性，主要是说《社会学大纲》虽然参考了苏联和日本同类哲学教科书的结构和内容，但并没有完全重复别人的话语，而是通过自己数十年的研究，提出自己的新见解，在理论上有所突

---

① 宋镜明：《李达传记》，湖北人民出版社 1986 年版，第 106 页。

出、有所创新，也就是有了中国人自己的创新性理解和发挥。例如书中对马克思《1844 年经济学哲学手稿》的研究和评价，就是从这部手稿基本特征的分析入手，说明马克思哲学的形成，与历史学、经济学和社会主义的研究有不可分离的关系。正是通过这些问题的深入研究，暴露了历史的发展法则，预见了资本主义社会的发生法则及消灭的倾向，指示了否定这种社会的主体——无产阶级。也就是说，历史唯物论——科学的历史观之树立，是唯物辩证法这种哲学的一个最重要的契机。马克思恩格斯"首先阐明了历史领域中的辩证法，其次由历史的辩证法进到自然辩证法，而在社会的实践上统一两者以创出科学的世界观的唯物辩证法。唯物辩证法是科学的历史观和科学的自然观的统一"。[①] 在这里，李达非常清楚地指出了马克思主义哲学是一个由历史观、自然观和认识论组成的统一的完整系统。这些见解的深刻度、准确度和创新度在当时的同类著作中是不多见的，至今也没有过时。在我们今天开展的马克思主义哲学研究中，某些似乎很新的观点，如马克思主义哲学的创立始于经济学研究，始于历史观的革命；马克思主义哲学不是体系哲学，而是辩证法、认识论和逻辑学三者统一的方法论等，都与李达当年的见解不谋而合，由此可见李达在理论上的远见卓识。

李达对马克思主义中国化的贡献，最突出的还是在中国特色上。因为把马克思主义哲学以教科书的形式系统化，并不是中国人的创造，而是苏联人的贡献。毛泽东所以赞扬《社会学大纲》，主要是因为它是"中国人自己写的第一本马列主义哲学教科书"，重点是在"中国人自己写的"这几个字上。如何理解"中国人自己写的"这几句话？我们认为它主要有这样二层意思：

其一，《社会学大纲》集中概括了李达 1927—1936 年间，作为一个中国学者潜心马克思主义哲学教学与研究的理论成果。李达在对马克思、恩格斯、列宁的哲学著作认真研究、深刻领会、融会贯通的基础上，以教科书的形式，用中国人自己的语言把马克思主义哲学系统表达出来，这里包含了中国人对马克思主义哲学的独特理解和和表现方式，可以说是中国人对马克思主义哲学教科书的一次重新构建。

其二，《社会学大纲》对马克思主义哲学教科书的重新构建，是以马

---

① 《李达文集》第二卷，人民出版社 1981 年版，第 56 页。

克思主义哲学经典为文本依据的，但在今天阐述中，又不仅仅是经典文本的简单重复，而是结合中国历史和现实，联系中国社会发展的实际问题，针对中国革命的客观需要，根据中国人自己的理解来阐述马克思主义哲学的基本内容，揭示马克思主义哲学形成发展的内在联系和发展变化。这样就打破了苏联人在马克思主义哲学教科书上的垄断，使中国人在马克思主义哲学教科书上有了自己的发言权，从而创建了中国化形态的马克思主义哲学教科书。我们所以说它是中国化形态的马克思主义哲学教科书，是因为它的许多内容与苏联的马克思主义哲学教科书不同，或者是它们没有的。例如，当时苏联的马克思主义哲学教科书对黑格尔的评价就有一定的片面性，无视马克思辩证法对黑格尔辩证法的直接继承，否认黑格尔哲学的革命性。《社会学大纲》则和它们不同，坚持认为黑格尔哲学的矛盾——反动的方面和进步的方面之矛盾，都可以从当时德国的阶级关系去说明。黑格尔哲学，在观念论的体系中，包摄了从来的人类史及思想史的成果，即辩证法。再例如。列宁曾经说过人的认识不是直线，而是无限地近似于一串圆圈、近似于螺旋的曲线。李达根据列宁的思想，创造性地提出了一个"认识之圆运动的发展"的公式，指出人类"关于客观世界的认识，是采取如下的过程，即实践——直接的具体——抽象的思维——媒介的具体——实践，这是采取圆运动而发展的"。这里说的"直接的具体"即感性的具体，"媒介的具体"即思维的具体，并且说明认识的"这个圆运动，不是形而上学的循环，而是辩证的发展。"这样的阐述显然是苏联马克思主义哲学教科书中没有的。[①]

第三节　艾思奇的探索

如果说李达主要是从系统化的角度对马克思主义哲学中国化作出了贡献，创立了中国化的教科书形态的马克思主义哲学。那么，艾思奇则是从大众化的角度对马克思主义哲学中国化作出了自己的贡献，创立了独具中国特色的大众化形态的马克思主义哲学。艾思奇和他那个时代的许多中国共产党内的马克思主义哲学家一样，既是一个学者，同时又是一个战士，

[①]　参见段启咸，《三十年代唯物辩证法论战中的李达同志》，《中国近现代哲学史研究文集》，吉林大学社会科学学报编辑部1983年版，第364页。

学者与战士统一的身份贯穿他一生的哲学实践，同样也决定了他努力于马克思主义哲学中国化的特有途径和方法。学者的身份使他通过《大众哲学》这样的通俗化的理论著作，做了马克思主义哲学中国化的"初步"工作，为马克思主义哲学中国化奠定了基础；战士的身份则使他在与论敌的斗争中，针对论敌的观点，着重从理论上阐明了马克思主义哲学中国化的一系列基本问题，尤其是马克思主义哲学为什么能够中国化的内在根据和历史必然性。

艾思奇与马克思主义哲学中国化的关系，以及他对马克思主义哲学中国化的贡献和特色，是近年来学术界马克思主义哲学中国化问题研究的重点之一。有学者认为：艾思奇是从马克思主义哲学通俗化走向中国化的。这种通俗化既是指他用人民大众熟悉、易懂的语言文字来传播马克思主义哲学，也是指他密切联系人民大众的思想实际和当时国内外政治形势，深入浅出地阐述辩证唯物论的基本原理。然而他并不满足于马克思主义哲学的通俗化，而是认为通俗化只是"中国化、现实化的初步"，必须把通俗化扩展为"一个哲学研究的中国化、现实化运动"。并且对什么是马克思主义哲学中国化、现实化谈了自己的看法。① 我们赞成他的分析，并在此基础上进一步探讨艾思奇对马克思主义哲学中国化的贡献和这种贡献的特色。我们认为艾思奇的贡献主要有二。

一　实现了中国化的"初步"

所谓中国化的"初步"，实际上就是马克思主义哲学中国化的第一阶段，即用通俗化的语言和表现方式使中国人更容易理解、掌握、运用马克思主义哲学。具体地说就是《大众哲学》的问世和它所产生的巨大影响，这本书对马克思主义哲学中国化的贡献是学术界公认的，这里不再重复。《大众哲学》所做到的这种通俗化对于马克思主义哲学中国化来说，则是不可缺少的"初步"。其实在我们看来，这不仅是"初步"，而且也是中国化的应有之意。一种外来的哲学，要想为本土的广大民众接受，就必须在内容和形式上做一番通俗化、大众化工作，否则就难以达到目的。通俗化、大众化是一切外来哲学本土化必要前提和基础，是第一步的工作，意义非常重大。学术界有人说，就本质而言，马克思主义哲学通俗化就是马

---

① 薛广洲：《毛泽东与中西哲学融合》，人民出版社 2004 年版，第 156—157 页。

克思主义哲学的中国化。通俗化使马克思主义哲学贴近中国民众，为亿万人民所理解接受。对于这样的看法，我们并不完全赞同。因为在概念的内涵上，通俗化与中国化不是一回事。可以说通俗化是中国化的前提要求或前提条件，但通俗化毕竟不能等同于中国化。这两个概念有相通、相连之处，但本质内涵有区别。我们可以强调通俗化的作用，但不能过头。如果把通俗化和中国化用"就是"相连，则会犯概念混乱的错误。

二　提出了马克思主义哲学中国化的方法和原则，阐明了马克思主义哲学中国化的历史必然性和现实必然性，论述了马克思主义哲学中国化的深刻内涵、表现形式和理论成果

关于这些问题的系统阐述，主要包含在《哲学的现状和任务》和《论中国的特殊性》这两篇有代表性的文章中。

《哲学的现状和任务》① 一文写于 1938 年，它的历史价值在于首次提出了"马克思主义哲学中国化"这个概念，并且对通俗化与中国化的关系以及如何做到中国化的问题展开论述。"中国化"这个概念究竟是谁最早提出的？学术界有人说是陈唯实。我们查阅了陈唯实 1936 年出版的《通俗辩证法讲话》一书，其中写道：对于唯物辩证法，"最要紧的，是熟能生巧，能把它具体化、实用化。多引例子或问题来证明它，同时语言要中国化、通俗化，使读者明白才有意义"。由此可见，陈唯实虽然用了"中国化"这个词，但主要是就语言形式而言的，也没有展开论述。在中国马克思主义哲学运动发展史上，第一个明确提出马克思主义哲学的"中国化"这个概念，并且展开系统论述的是艾思奇。在明确提出马克思主义哲学的"中国化"这个概念后，艾思奇对马克思主义哲学中国化中的两个重要问题展开了论述：一是通俗化与中国化的关系。艾思奇的观点是：通俗化不等于中国化，通俗化只是中国化的初步。没有几分通俗化，要做到中国化是不能获得成果的；同样，没有做到中国化，也就不能做到充分的通俗化。我认为，艾思奇在这里着重强调了通俗化与中国化是不可截然分开的，中国化应该包括通俗化，通俗化是中国化的一个必要组成部分，同时也是中国化的初级阶段。由通俗化出发，向中国化努力前进，最终目标是中国化。在一定意

----

① 《艾思奇文集》第 1 卷，人民出版社 1981 年版，第 384 页。

义上说，中国化也就是最大、最充分的通俗化。这里说的一定意义，就是说马克思主义哲学真正完全融入中国人的精神世界和生活实践的各个方面，已经真正成为中国人的思想和行动指南，这就是最充分的中国化，同时也是最大限度的通俗化；二是如何做到中国化？艾思奇的看法是：中国化不是滥用哲学公式，而是要从抗战的经验中汲取哲学养料，发展哲学理论，然后把发展的哲学理论拿来应用，指导我们的行动，并根据每一时期的经验，不断地来丰富和发展我们的理论。

我们认为，艾思奇对如何中国化的理解，集中在两个关键环节上。一个关键环节是从中国的抗战经验中汲取哲学养料，发展哲学理论。也就是说，马克思主义哲学中国化的第一步是吸收、总结实践经验，丰富马克思主义哲学，使马克思主义哲学具有中国的内容，适合中国的需要。另一个关键环节则是用这种包含着中国内容的马克思主义哲学去指导中国的社会实践，即应用于中国社会实践。这两个关键环节在实践中是互联、互动、辩证统一的，目标就是马克思主义哲学中国化，成果就是中国化形态的马克思主义哲学。只有实现这两个关键环节的结合和统一，才是真正的马克思主义哲学中国化。

《论中国的特殊性》① 一文写于 1940 年。文章对什么是马克思主义（主要是马克思主义哲学）的中国化作了最为精彩的论述。所谓精彩，就是从两个不同角度对问题展开分析：

一是从"应用"的角度，强调在中国应用马克思主义，或使马克思主义中国化，就是要坚决地站在马克思主义的观点上，在马克思主义基本原则和基本精神上，用辩证唯物论和政治经济学的科学方法，来具体地、客观地研究中国社会关系，来决定中国无产阶级在中国民族革命斗争中的具体任务及战略策略。这里有一个地方必须注意，即艾思奇是把"在中国应用马克思主义"与"使马克思主义中国化"这两个不同说法用"或"字等同起来的。实际上，如果仔细推敲一下，"在中国应用马克思主义"只是"使马克思主义中国化"的一个方面，或一种"化"法，并不能代表中国化的全部内容和方法。所以，艾思奇紧接着就谈到了中国化的另一个重要含义，即创造性的问题；

二是从"创造"的角度（即发展理论的角度），强调"真正使马克

---

① 《艾思奇文集》第 1 卷，人民出版社 1981 年版，第 471 页。

思主义中国化，也正是有着'创造'的作用了，因为马克思主义原是和实践分不开的，马克思主义者所谓精通马克思主义，不仅是指马克思主义理论研究，而同时是指要能在一定的具体环境之下实践马克思主义，在一定国家的特殊条件下来创造马克思主义的事业。这里就一定有'化'的意思，也就有'创造'的意思。所以，中国化决不是丢开马克思主义的立场的意思，相反地，愈更要能够中国化，就是指愈更能够正确坚决地实践马克思主义的立场的意思；愈更能创造，就是指愈更能够开展真正的马克思主义的意思。"艾思奇这段话，中心是强调"在一定的具体环境之下实践马克思主义"、"在一定国家的特殊条件下来进行创造马克思主义的事业"，就是马克思主义中国化，就是发展马克思主义。这就点明了马克思主义中国化的要害处——"具体环境"和"特殊条件"。这里讲的"具体环境"和"特殊条件"是事物矛盾特殊性的表现，是相对于马克思主义的一般原理、一般规律而言的。中国共产党人如何把马克思主义的一般原理、一般规律运用于"特殊条件"的"具体环境"，在"特殊条件"的"具体环境"中创造性地运用一般原理、一般规律，正是中国化的关键所在。做到这一点，就是中国化，马克思主义的中国化。艾思奇这里讲的"具体环境"和"特殊条件"，无疑是马克思主义中国化不可或缺的客观前提和客观依据。也就是说，只有在中国这个"具体环境"和"特殊条件"下，实践或应用马克思主义的一般原理、一般规律，这些一般原理、一般规律才能因适应中国"具体环境"和"特殊条件"的需要而发生内容和形态的改变，形成适应中国实际需要的、具有中国内容和表现形态的中国化的马克思主义。离开中国这个"具体环境"和"特殊条件"，马克思主义中国化就无从谈起。可以说，艾思奇对马克思主义中国化的理解分析是准确的、深刻的，抓住了关键，点到了要害，代表着那个时期，中国马克思主义哲学家对马克思主义哲学中国化的理解水平。他的这些认识，不仅具有创新性，而且具有指导意义，因为在现实实践中，中国的马克思主义哲学中国化运动基本上是沿着这样的思路展开的、发展的。

第四节　冯契的探索

冯契是一位著名的马克思主义哲学家。他以自己对马克思主义哲学和中国传统哲学的深刻理解和深入研究为基础，在马克思主义哲学中国化方面作出自己的贡献，形成了极具个性特色的马克思主义哲学的中国化形态。

一 学术界已有的研究

关于冯契在马克思主义哲学中国化方面的贡献和特色，学术界已有不少学者做过探讨，例如：

何萍、李维武认为：冯契在 20 世纪 80 年代完成的《智慧说三篇》——《认识世界和认识自己》《逻辑思维的辩证法》《人的自由与真善美》，构建了一个名为"智慧说"的中国化和个性化的马克思主义哲学体系，是马克思主义哲学中国化在改革开放新时期创造性发展的一个具体体现。冯契的"智慧说"是针对苏联马克思主义哲学教科书把认识论片面化、简单化倾向（即只讲认识世界，不讲认识自己；只讲获得知识，不讲成就德性；只讲知识问题，不讲智慧问题）提出来的。在冯契看来，哲学应当是关心人的存在的，应当是给予人以智慧的。认识论不仅要研究知识，尤其要研究智慧。于是他立足实践唯物主义辩证法，打通知识与智慧，把知识转化为智慧，把认识论由知识理论扩大为智慧学说，使马克思主义哲学不仅具有知识理论，而且具有智慧学说。智慧学说原本就是中国传统哲学中最根深蒂固的东西。冯契通过对中国哲学史的深入研究和重新解读，突出了智慧问题在马克思主义哲学中的位置，这样就使马克思主义哲学有了一个新的面貌，具有鲜明的中国特色。通过对中国传统哲学的重新解读来构建马克思主义哲学体系，使马克思主义哲学以一种个性化、中国化的体系形式出现，反映了中国马克思主义哲学家对于马克思主义哲学和中国传统哲学的理解进入了一个新境界，是马克思主义哲学中国化的一个新飞跃。①

童世骏在他著的《冯契传略》中，对冯契提出的"智慧说"进行了历史考察，阐明其特色所在。他认为冯契早在 20 世纪 40 年代求学时，就受其老师金岳霖的影响，初步觉察到哲学上的知识论的态度与元学的态度的对立和脱节，认为要解决对立与脱节的问题，就必须克服哲学上对于知识论态度和元学态度的区分，把知识和智慧勾通起来，找到从"名言之

---

① 《马克思主义中国化探论》，人民出版社 2002 年版，第 100—106 页。

域"向"超名言之域"飞跃的可能和机制。这些可以说是他晚年提出的系统"智慧说"的雏形。在此基础上，经过多年的积累和潜心研究，到20世纪80年代，冯契提出了系统的"智慧学"（三篇），书中通过对中国传统哲学特有智慧的深层挖掘，实现了中国传统哲学与马克思主义哲学之间的相互沟通和相互诠释，达到了"转（知）识成智（慧）、培养德性"的最终目的，使马克思主义哲学具有中国哲学的内容和形式，这是马克思主义哲学中国化的又一成功尝试。①

二 贡献和特色

学者们的上述研究和评价，充分肯定了冯契的"智慧"学说对马克思主义哲学中国化的贡献，我们完全赞同。我们认为，冯契的"智慧"学说，从根本上说，就是深入挖掘和充分吸收中国传统哲学的智慧来充实、丰富马克思主义哲学，使来自西方的马克思主义哲学融入了东方智者的智慧，具有中国特色。这正是冯契对马克思主义哲学中国化的最大贡献。冯契的"智慧"学说，突出了智慧问题在马克思主义哲学中应有的地位，强调了人格培养是马克思主义哲学的主要任务之一。也就是说，马克思主义哲学不仅要用来认识世界、改变世界，同时也要用来认识人、改变人，从而培养出真善美统一的人格。因为所谓"智慧"，从根本上说是人的智慧，是人的一种基本素质。它既表现为人对自然规律的认识和把握，更表现为人本身的完善。冯契提出的"智慧"学说，立脚点显然是在后者，即人的自我完善、人的真善美统一的人格培养。而关于人的自我完善、真善美统一的人格理想，原本是马克思主义哲学的重要内容，但在马克思主义哲学进入中国后，由于需要和环境，这部分内容曾经被人们所忽略或淡忘。而现在人们则越来越清楚地认识到，马克思主义学说的提出和它的终极目标，就是"由于人"和"为了人"，人的自由全面发展是共产主义的理想。在这个意义上说，冯契的"智慧"学说是马克思主义的，是马克思主义的继承。

冯契的"智慧"学说不仅是马克思主义的，同时也是中国的。中国传统哲学历来重视人格修养，把圣贤、君子和英雄作为人格追求的目标。对人的关注、对人格修养的关注，是中国哲学的优良传统、精华所

---

① 《中国哲学年鉴》（1997），《哲学研究》杂志社1998年版，第317页。

在。因此，在许多中外哲学家看来，中国传统哲学是一种"人学"，一种关于"人"的学说，一种专门探讨人的伦理道德行为和修养的学说。冯契的"智慧"学说彰显和突出了中国传统哲学的这一优势，并且充分吸收、利用中国传统哲学的这些精华来纠正中国人对马克思主义哲学的某些误解，充实、丰富马克思主义哲学。由此而使我们联想到，马克思主义哲学中国化，基本的着眼点是内容和形式。在内容方面，主要是把中国传统哲学中的精华融入马克思主义哲学之中，使它更充实、更丰富、更完整，同时也使中国人更容易理解它、接受它、实践它。在形式方面，则是要改变马克思主义哲学的某些不适合中国人的思维习惯和思维方式的表现形式，代之以中国人所熟悉的、所惯用的、所能接受的表现形式。这两个方面在实践过程中是相互作用、不可分割的，由此来推动马克思主义哲学中国化运动的发展，形成中国化的马克思主义哲学的新形态。

在读冯契的著作时，对他所说的"化理论为方法，化理论为德性"这两句话使我们特别感兴趣。这两句话既是他自己一生的自律信条，同时也是他勉励同学、同事的名言警句。这两句话虽然很短，但确有很丰富的内涵，可以分别用来概括中国两位在马克思主义哲学中国化方面作出贡献的哲学家的特点。

"化理论为方法"这句话，可以用来概括毛泽东对马克思主义哲学中国化的贡献。毛泽东把马克思主义哲学中国化的一个显著特点就是"化理论为方法"，即把马克思主义哲学的基本原理和基本概念、范畴创造性地转化为中国共产党人进行革命和建设的一整套系统的、切实有效的思想方法和工作方法。毛泽东的"化理论为方法"，既反映了马克思主义哲学"改变世界"的本质特征，同时也是中国哲学优良传统的继承。因为在中国历史上，哲学从来就不是纯粹思辨的抽象概念，而是和人的行为实践紧密相连的，是一种指导人们进行道德修养的方法，一种规范人们道德行为的方法。

"化理论为德性"这句话，用来概括冯契在马克思主义哲学中国化方面的贡献，则是最恰当的。这集中反映在他创立的"智慧"学说中。"智慧"学说提出的目的，就在于提示人们，哲学不仅仅是认识、改造外部世界的工具和方法，更是认识人本身、不断完善人的德性的指南。正如冯契所说："哲学理论，一方面要化为思想方法，贯彻于自己的行动，自己的研究领域；另一方面又要通过身体力行，化为自己的德性，具体化为有血有肉的人格。这样哲学才有生命力，才能真正说服人。过去的大哲学家如孔子、墨子都有这种要求，马克思主义哲学更是要求如此。"① 冯契对德性、人格的重视和强调，是对中国哲学优良传统的继承发扬，是地道的中国的东西，用它来丰富充实马克思主义哲学，使马克思主义哲学的作用范围更开阔、更深入，同时也使马克思主义哲学更加中国化，更具中国特色。

---

① 《冯契文集》第 1 卷，华东师范大学出版社 1996 年版，第 107 页。

第 五 编

马克思主义哲学形态在中国的演变(2)
——中国特色社会主义哲学思想

第二十四章

邓小平哲学思想

邓小平理论是中国共产党人将马克思主义和中国实际相结合的历史过程中所实现的第二次历史性飞跃的理论成果。邓小平理论中包含着丰富而深刻的哲学思想。从总体上说，邓小平哲学思想与毛泽东哲学思想是一脉相承并同属于一个哲学体系：它在基本思想上所坚持的仍然是围绕实事求是而展开的辩证唯物主义思想体系，在认识论上坚持的是"实践是检验真理的唯一标准"，在历史观上所坚持的是"经济基础决定上层建筑"的历史唯物主义基本观点。但是，邓小平哲学思想与毛泽东哲学思想之间不仅有继承，而且也有发展、变化。与毛泽东哲学思想有所不同的是，邓小平哲学思想在存在形态上以方法论为特征的"应用哲学"形态表现得更为明显，在理论内容的主题上则是关于经济文化落后国家如何实现现代化的"发展哲学"。邓小平哲学思想是马克思主义哲学中国化形态的新发展、新成果。

第一节　邓小平哲学思想的基本特点

邓小平哲学思想是马克思主义哲学中国化的过程中的一个重要的历史丰碑。它与毛泽东哲学思想同属一个哲学体系，都是对马克思主义哲学思想的继承与发展，但是由于它是以"应用"为主要特点的，所以它又具有了许多与毛泽东哲学思想不同的新的理论特质，成为马克思主义哲学中国化形态的一个重要发展阶段。

一　邓小平哲学思想与毛泽东哲学思想同属一个哲学体系

邓小平哲学思想和毛泽东哲学思想同属一个哲学体系，而之所以这样说，其理由主要包括以下几个方面：

第一，革命事业的连续性决定了哲学上的继承性。毛泽东与邓小平所从事的革命与建设事业是中国共产党领导的整个中国革命事业的两个互相联系的阶段，是一篇大文章的上下篇。党的十一届三中全会以来，邓小平所做的工作是毛泽东未竟之业的继续。邓小平说道："三中全会以后，我们就是恢复毛泽东同志的那些正确的东西嘛，就是准确地、完整地学习和运用毛泽东思想嘛。基本点还是那些，从许多方面来说，现在我们还是把毛泽东同志已经提出，但是没有做的事情做起来，把他反对错了的改正过来，把他没有做好的事情做好。今后相当长的时期，还是做这件事。当然我们也有发展，而且还要继续发展。"① 邓小平的上述讲话深刻地揭示了其理论与毛泽东思想之间的内在关系，这一特点也真实地反映在哲学上。从哲学的角度来看，邓小平的哲学思想就是要继承与坚持毛泽东正确的观点，纠正他的错误观点，继续发展毛泽东哲学思想。

第二，邓小平所使用的哲学基本概念、范畴来自毛泽东哲学，其框架体系也大体上与毛泽东哲学相一致。例如，从实际出发、实事求是，实践是检验真理的唯一标准；抓主要矛盾，要有全局观念；社会基本矛盾，生产力标准，走群众路线，尊重群众首创精神；独立自主、自力更生等，这些概念、范畴、命题都是从毛泽东哲学那里学来的，邓小平哲学框架也没有超出毛泽东哲学，仍然是唯物论、认识论、辩证法、历史唯物主义等几个方面的基本内容。从哲学的师承关系来看，可以说毛邓是师生关系、源流关系。

第三，从历史任务来看，历史发展到 20 世纪七八十年代，中国共产党人在理论方面的任务，主要不是体系创新，而是拨乱反正。即用科学的世界观和方法论，批判被搞乱了的思想，纠正毛泽东晚年的错误，总结经验教训，解决在经济文化落后的中国怎样实现现代化、怎样建设社会主义等问题。这个科学的方法论和世界观不是别的，就是中国化的马克思主义哲学——毛泽东哲学思想。当然，与时俱进，理论创新是必要的，但一个新的哲学体系的创立并非轻而易举的事情。它与政治经济学、科学社会主义的发展还有所不同，需要对时代提出的新课题做出完整的解答：需要对自然科学、社会科学划时代的发展做出哲学的概括和总结，需要经受长期

---

① 《邓小平文选》第 2 卷，人民出版社 1994 年版，第 300 页。

的实践考验。

邓小平哲学思想不是有别于毛泽东哲学思想的另一个新的哲学体系，但它的确是毛泽东哲学思想发展的一个新阶段。这是因为：

一是邓小平纠正了毛泽东晚年在哲学上的一些错误，并且提出了一些理论观点，显示出邓小平哲学思想是毛泽东哲学思想发展的新阶段。例如纠正了毛泽东晚年在工作中的某些主观、唯心倾向，坚持实践是检验真理的唯一标准，恢复了实事求是的思想路线，把解放思想与实事求是统一起来，强调实践标准与生产力标准、"三个有利于"标准的一致性，把实践观与价值观统一起来；纠正了毛泽东晚年阶级斗争扩大化的错误，科学地阐明了现阶段我国社会的主要矛盾，把以经济建设为中心和坚持四项基本原则统一起来；纠正了毛泽东晚年的生产关系、上层建筑决定论，恢复生产力是社会发展的最终决定力量的唯物史观，提出改革开放和发展生产力统一起来；纠正了毛泽东晚年接受和欣赏个人崇拜的错误，正确处理群众、阶级、政党、领袖的关系，把爱护领袖与反对神化个人统一起来，等等。

二是哲学观点侧重点不同，表现出邓小平哲学思想与毛泽东哲学思想是不同的发展阶段。这是由于时代和任务不同所引起的。毛泽东所处的时代是战争与革命的时代，他的主要任务是研究"中国革命的逻辑"（规律），指导中国革命战争取得胜利；邓小平所处的时代是和平与发展的时代，他的主要任务是研究中国特色社会主义的建设规律。因此，毛泽东与邓小平在几个主要的哲学观点上有各自不同的侧重点。例如，在实事求是观上，毛泽东更多强调调查研究，把理论付诸于实践，而邓小平则更多强调解放思想，在实践中检验、修正与发展理论；在矛盾观上，毛泽东把矛盾的斗争性放在首位，强调在统一中把握对立，邓小平则注重矛盾的统一性，强调在对立中把握统一；在历史观上，毛泽东强调生产关系、上层建筑的反作用，通过革命解放生产力，邓小平则强调生产力的决定作用，通过改革和科学技术解放和发展生产力，等等。

三是邓小平在哲学的应用方面取得了重大成果，创建了经济文化落后国家如何实现社会主义现代化的"发展哲学"，把毛泽东哲学思想的实际运用推进到了一个新阶段。相比之下，在毛泽东那里，理论哲学和应用哲学兼而有之，既建构了以《实践论》、《矛盾论》为代表的理论哲学体系，又把哲学理论运用于中国革命实际，把马克思主义哲学化为党的思想路线和工作路线、思想方法和工作方法，提倡哲学的解放。邓小平则以哲学的应用见长，他善于按照辩证法办事，把辩证法运用于新的历史条件，特别是运用于改革开放和社会主义现代化建设的实践，创建了关于经济文化落后的国家如何实现社会主义现代化、如何发展的"发展哲学"，体现了新的时代特点，使毛泽东哲学思想在面向现代化、面向世界、面向未来方面发展到一个新的阶段。

二　邓小平哲学思想是以方法论形态为特征的"应用哲学"

人们在学习和研究邓小平理论时最常问的问题是：邓小平有没有哲学？邓小平哲学是怎样的哲学？等等。其实，要回答这个问题，不仅要首先解决什么是哲学和哲学家的问题，而且需要对以"应用"为主要特点的哲学有一个正确的认识。从严格意义上说，邓小平哲学思想是以方法论为特征的"应用哲学"。

哲学是关于世界观与方法论的学问。从一定意义上说，任何哲学都是世界观和方法论的统一体。因为一般说来，有什么样的世界观，就会有什么样的方法论，世界观指导并最终决定着人们对方法的选择和方法论的研究。反过来说，方法论又支持和影响一定的世界观。说世界观与方法论是统一的，并不排除它们之间的差别和不一致。世界观与方法论的区别在于：从对象上看，世界观研究的对象是外部客体的规律，方法论研究的对象是方法，它不仅要研究客体的规律，而且要研究客体对主体的价值关系，研究主体实现自己的目的应采取怎么样的方法；从表现形式上看，世界观回答外部客体"是什么"和"不是什么"的问题，方法论则告诉人们"怎么做"和"不怎么做"的方法；从评价标准上看，世界观评判的标准是真假对错，方法论评判的标准是适用或不适用。

正因为世界观和方法论有上述区别，哲学史上才会出现某些世界观和方法论背离的情况；也正因为世界观与方法论各有其相对独立性，才给人们提供了在一定条件下单独研究世界观或方法论的可能性，人们才据此把哲学分为两大类别：一类是理论哲学（基础哲学或纯哲学），一类是应用哲学（部门哲学或哲学分支学科）。理论哲学着重于世界观即哲学基本概念、范畴、原理等的研究；其特点是具有高度的抽象性、思辨性。应用哲学侧重于方法论的研究，即把哲学基本概念、范畴、原理应用于各门具体科学或实际工作，解决其中带有普遍性的问题，并概括出具有普遍意义的理论来；其特点是哲理性、中介性、应用性。应用哲学从哲学问题的高度对某一领域中最基本的关系作深入的分析，揭示其深层次本质和规律，在哲学与具体科学或实际工作之间设置中间环节，架起由此及彼的桥梁，为具体科学或实际工作指明方向，给人们思维方式、行为方式提供指导。

理论哲学与应用哲学这种哲学分类的历史依据，可以追溯到哲学史上康德把哲学区分为"理论哲学"和"实践哲学"的先例①，其现实依据可以参照自然科学中的"基础研究"与"应用研究"之分。就马克思主义哲学的范围来说，马克思的《1844年经济学哲学手稿》、《关于费尔巴哈的提纲》，马克思恩格斯的《德意志意识形态》，恩格斯的《反杜林论》（哲学编），列宁的《哲学笔记》，毛泽东的《实践论》、《矛盾论》等著作都可以看作是理论哲学；而马克思的《资本论》，列宁的《帝国主义论》，毛泽东的《中国社会各阶级的分析》、《论持久战》、《新民主主义论》、《论十大关系》等，则属于应用哲学。纵观马克思主义经典作家的著作，理论哲学只占一小部分，应用哲学占了绝大部分。马克思、恩格斯将哲学原理应用于社会、经济、历史、文化、自然科学与工人运动等多个方面，获得了巨大的成功。对此，列宁曾经给予了高度的评价："用唯物辩证法从根本上来改造全部政治经济学，把唯物辩证法应用于历史、自然科学，哲学以及工人阶级的政策和策略——这就是马克思和恩格斯最为注意的事情，这就是他们做了最重要最新颖的贡献的地方，这就是他们在革命思想史上英明地迈进的一步。"② 列宁的著作大部分都是应用性的。毛泽东的著作，从公开出版的《毛泽东选集》、《毛泽东文集》、《建国以来毛泽东文稿》等来看，属于理论哲学的著作是少量的，绝大部分是应用性的，即应用马克思主义的哲学理论、观点与方法去分析中国革命与建设的实际问题，把马克思主义哲学化为党的思想路线和工作路线、思想方法和工作方法，这是毛泽东对马克思主义哲学所作出的最大贡献。

同上述两大类别哲学形态相联系的则是存在着两大类别的哲学家：一类是职业哲学家，一类是革命家、政治家兼哲学家。就马克思主义哲学范围来说，前者如俄国的普列汉诺夫等，苏联时期的米丁、尤金等，中国的李达、艾思奇等，后者如马克思、恩格斯、列宁、斯大林、毛泽东等。

---

① 康德：《批判力批判》上册，商务印书馆1964年版，第8—9页。
② 《列宁全集》第19卷，人民出版社1963年版，第557—558页。

　　根据这种关于哲学和哲学家的区分，看一个人有没有哲学思想，是不是哲学家，不单是要看他有没有专门的哲学著作，他的哲学著作是大部头的还是小册子，而且要看他的著作、言谈中是否蕴含着丰富的哲学思想。中国的孔子"述而不作"，他的《论语》是他的学生记录下来的谈话录，老子的《道德经》也不过五千字，古希腊的苏格拉底毕生从事口头辩论，没有著作，只有由其弟子记录下来的一些对话，可是谁能说他们没有丰富的哲学思想，不是思想家、哲学家呢？我们也不能要求作为革命家、政治家兼哲学家的人同职业哲学家一样，更多地从事专门的哲学著述。葛兰西曾经说道："政治家往往也从事哲学的著作，但是他的'真正的'哲学恰好应该在他的政治论文中去找。"① 如果职业革命家有专门的哲学著作，在理论哲学方面形成了自己的体系，应该称为名副其实的哲学家；如果没有专门的哲学著作，理论哲学方面没有形成自己的体系，但他能够运用科学的世界观和方法论去研究和解决具体科学或实际工作中的根本问题，取得了重大的成果，在这个过程中形成一系列相互联系的概念、范畴，理论上有所创新、有所突破，就应该承认其为应用哲学家，这些哲学应该被承认为应用哲学。

　　邓小平虽然没有像毛泽东的《实践论》、《矛盾论》那样的专门的哲学著作，但他有着十分丰富的哲学思想，他的哲学思想不仅体现在他关于拨乱反正、全面改革的著作、言论中，而且还体现在他关于建设有中国特色社会主义的经济、政治、科技、教育、文化、民族、军事、外交、统一战线、党的建设等一系列问题的论述中，体现在党的十一届三中全会以来的文献中。尤其重要的是，他运用马克思主义的世界观和方法论于中国改革开放和社会主义现代化建设实践，围绕"什么是社会主义、怎样建设社会主义"这个中心问题，形成了关于社会主义发展阶段、道路、本质、动力、模式等基本观点，比较系统地初步回答了像中国这样经济文化落后的国家如何建设社会主义、如何巩固社会主义的一系列问题，并在这个过程中发展了马克思主义的认识论、辩证法、历史唯物主义的某些基本观点。由此可见，尽管邓小平哲学思想并不是以"理论哲学"为特征表现出来的，但它却是具有鲜明的"应用哲学"特征。准确地说，它是以方法论为特征的应用哲学。邓小平哲学思想所具有哲理性、中介性与应用

----

　　① 　葛兰西：《狱中札记》（选），人民出版社1983年版，第85页。

性，它为中国特色的社会主义的政治、经济、文化纲领和社会主义初级阶段的基本路线、方针和政策提供了哲学基础和方法论指导。邓小平有着深睿的哲学头脑与实践哲学智慧，堪称我党在实践中运用哲学、运用辩证法的典范，可以称为一位十分杰出的应用哲学家，这一点多次受到毛泽东的称赞。毛泽东曾经赞许地说道："总之，要照辩证法办事，这是邓小平同志讲的。我看，全党都要学习辩证法，提倡照辩证法办事。"①

第二节　邓小平哲学思想是对毛泽东哲学思想的继承与发展

作为对毛泽东哲学思想的继承与发展的重要理论成果，邓小平哲学思想不仅体现出了将解放思想与实事求是紧密统一起来的彻底唯物论特点，同时也体现出了围绕"实践是检验真理唯一标准"而展开的实践观特点，并且是对唯物史观基本原理的创造性的应用与发展。

一　解放思想和实事求是相统一的彻底唯物论

实事求是是邓小平哲学思想的精髓。以历史的观点来考察，邓小平对实事求是思想的最大贡献是把解放思想与实事求是统一起来，进一步阐明了实事求是的深刻内涵，以及贯彻实事求是的基本原则和方法，为建设有中国特色社会主义理论奠定了坚实的唯物论基础。

（一）邓小平对"实事求是"思想的坚持与丰富

邓小平曾经明确宣布："我是实事求是派。"② 从理论上看，邓小平恢复与发展毛泽东的实事求是思想，主要表现在以下几个方面：

一是阐明了实事求是思想的多方面内容和层次性。概括邓小平的论述，可以将实事求是分为四个层次：

第一个层次是哲学或世界观层次。邓小平说："二十年的历史教训告诉我们一条最重要的原则：搞社会主义一定要遵循马克思主义的辩证唯物主义和历史唯物主义，也就是毛泽东同志概括的实事求是"③，"马克思主

---

① 《毛泽东文集》第7卷，人民出版社1999年版，第200页。
② 《邓小平文选》第3卷，人民出版社1993年版，第209页。
③ 同上书，第118页。

义的辩证唯物主义和历史唯物主义，用毛泽东主席的话来讲就是实事求是"。他还说："实事求是，是无产阶级世界观的基础，是马克思主义的思想基础。"① 这就是说，他把实事求是看作是马克思主义哲学和无产阶级的世界观。

第二个层次是思想路线或认识路线层次。邓小平讲的更多的还是实事求是的思想路线。所谓思想路线是把作为阶级、政党和集团的指导思想并体现在行动中的哲学路线或认识路线。邓小平总结我党历史上思想路线问题上的经验教训，把我们党的思想路线概括为："实事求是，一切从实际出发，理论联系实际，坚持实践是检验真理的标准，这就是我们党的思想路线。"② 又说："思想路线是什么？就是坚持马克思主义，坚持把马克思主义同中国实际相结合，也就是坚持毛泽东同志所说的实事求是。"③

第三个层次是作风和方法层次。邓小平在谈到我党的作风与工作方法问题时指出："我认为，毛泽东同志倡导的作风，群众路线和实事求是这两条是最根本的东西。"他又说："按照实际情况决定工作方法，就是一切共产党员所必须牢牢记住的最基本的思想方法、工作方法。"④

第四个层次是言行准则层次。邓小平指出："在延安中央党校，毛泽东同志亲笔题的四个大字，叫'实事求是'。我看大庆讲'三老'，做老实人，说老实话，干老实事，就是实事求是。"⑤ 把实事求是与"三老"联系起来，具体化为处世待人接物的言行准则，这是实事求是层次性的一个重要方面。

二是在思想路线的层次上丰富和发展了实事求是的内容。这主要表现为把解放思想和实事求是统一起来，并且对党的思想路线的基本内容及其相互关系作了完整的科学的概括。最简明的概括就是"解放思想，实事求是"；详细点说，就是"实事求是，一切从实际出发，理论联系实际，

---

① 《邓小平文选》第 3 卷，人民出版社 1993 年版，第 101 页。
② 《邓小平文选》第 2 卷，人民出版社 1994 年版，第 278 页。
③ 《邓小平文选》第 3 卷，人民出版社 1993 年版，第 62 页。
④ 《邓小平文选》第 2 卷，人民出版社 1994 年版，第 114 页。
⑤ 同上书，第 45 页。

坚持实践是检验真理的标准"①。邓小平指出："解放思想，开动脑筋，实事求是，团结一切向前看，首先是解放思想。"② 又说："解放思想，就是使思想和实际相符合，使主观和客观相符合，就是实事求是。今后，在一切工作中要真正坚持实事求是，就必须继续解放思想。"③

三是进一步阐明了实事求是思想的地位和作用。邓小平指出：就在毛泽东思想的范围来说，实事求是是毛泽东思想的出发点、根本点④，是毛泽东思想的精髓⑤，因而也是毛泽东哲学思想的精髓⑥；就整个马克思主义来说，实事求是，是马克思主义的思想基础，是无产阶级世界观的基础⑦。就其作用来说，实事求是，是我们搞革命和建设的根本的指导思想。"过去我们搞革命所取得的一切胜利，是靠实事求是；现在我们要实现四个现代化，同样要靠实事求是。"⑧ 邓小平甚至明确说道："只有解放思想，坚持实事求是，一切从实际出发，理论联系实际，我们的社会主义现代化建设才能顺利进行，我们党的马列主义、毛泽东思想的理论也才能顺利发展。"从这个意义上说，能否坚持实事求是的思想路线，"是个政治问题，是个关系到党和国家的前途和命运的问题。"⑨

（二）坚持解放思想与实事求是的辩证统一

应该说，毛泽东所确立的实事求是的思想路线已经内在地包含了解放思想的内容，这是因为要如实地反映客观事物的本来面目，必须独立思考，必须反对盲从，反对奴隶主义。毛泽东在《改造我们的学习》中讲实事求是的同时，又在《整顿党的作风》中强调："共产党员对任何事情都要问一个为什么，都要经过自己的头脑的周密思考，想一想它是否合乎实际，是否真有道理，绝对不应盲从，绝对不应提倡奴隶主义。"⑩ 邓小平发挥了毛泽东的这一思想，其中特别强调了解放思想。邓小平用"解

---

① 《邓小平文选》第 2 卷，人民出版社 1994 年版，第 278 页。

② 同上书，第 141 页。

③ 同上书，第 364 页。

④ 同上书，第 114 页。

⑤ 同上书，第 126 页。

⑥ 同上书，第 67 页。

⑦ 同上书，第 141 页。

⑧ 同上书，第 143 页。

⑨ 同上。

⑩ 《毛泽东选集》第 3 卷，人民出版社 1991 年版，第 827 页。

放思想，实事求是"来概括与总结党的思想路线，坚持把解放思想与实事求是辩证地统一在一起，不仅具有极为鲜明的现实意义，而且也是一个极为重要的理论创造。

解放思想，是相对于思想禁锢、保守、僵化而言的。邓小平说："我们讲解放思想，是指在马克思主义指导下打破习惯势力和主观偏见的束缚，研究新情况，解决新问题。"① 由此看来，解放思想具有两层意思：一层是就社会环境而言，要创造一种破除迷信，冲破禁锢、僵化和守旧的大气候，使整个社会和全民族的思想获得解放，从而将其自身的活力和能量尽可能地释放出来，为社会发展服务；另一层是就个人心智、思维而言，要使自己的思想活跃起来，勇于思考，敢于创造。在这两者当中，前者更为重要，它决定着后者；后者的发展状况，则往往受制于前者。不难看出，解放思想这个提法，是带有较强的社会性和政治性的；而实事求是，则主要是针对那种违背科学、违背客观规律的主观主义的态度、方法和作风的。因此，解放思想与实事求是所讲内容是有区别的。解放思想要解决的是"要不要，敢不敢"冲破禁锢，更新观念的问题；实事求是，虽然也包括思想解放的内容，但它主要解决的是"怎样解放、怎样创新"的问题。因此，把它们两者混淆起来，甚至加以等同，或者把两者割裂开来，对立起来，都是不对的。

解放思想与实事求是是对立统一的关系。一方面，解放思想是实事求是的前提条件。邓小平指出："解放思想，开动脑筋，实事求是，团结一致向前看，首先是解放思想。"② "今后，在一切工作中要真正坚持实事求是，就必须继续解放思想。"③ 为什么呢？因为人的认识是在实践中产生，在实践中发展的，但由于习惯势力、主观偏见和原有经验的局限，认识往往落后于实践的发展。所以，只有解放思想，冲破旧习惯、旧观念的束缚，才能使认识跟上实践的发展，使主观符合于客观，真正做到实事求是。如果没有解放思想，不研究新情况、新问题，并且做出新概括，实事求是就可能成为一句空话、套话。另一方面，解放思想又要以实事求是为基础。首先，实事求是规定了解放思想的出发点，即从实际出发、具体问

① 《邓小平文选》第 2 卷，人民出版社 1994 年版，第 279 页。

② 同上书，第 141 页。

③ 同上书，第 364 页。

题具体分析；其次，实事求是规定了解放思想的落脚点，即冲破旧思想、旧观念的束缚，研究新情况、新问题，目的是做到主观与客观相符合；最后，实事求是规定了解放思想的正确轨迹，即尊重实践、尊重群众，走理论与实践相结合的道路。离开了上述规定，解放思想就会变成脱离实际、脱离群众，违反规律的主观主义，就只能是胡思乱想。简单地说，两者的区别表现为：解放思想是要求人们的思想从传统观念中解放出来；实事求是是要求人们的思想符合客观实际；两者的联系表现为：由于传统观念往往落后于客观现实，已经不符合客观实际，所以只有从传统观念中解放出来，才能实事求是；而只有实事求是，才能发现原来的思想、理论不符合实际，必须解放思想。由此可见，只有解放思想，才能做到实事求是；只有实事求是，才能真正解放思想，两者不仅相互依赖，而且相互促进，缺一不可。所以，解放思想与实事求是是对立统一的关系。

二　围绕"实践是检验真理唯一标准"而展开的实践观

邓小平的实践观是对毛泽东实践观的继承与发展。它大力发挥了实践能动性思想，紧紧围绕着"实践是检验真理的唯一标准"而展开，体现了实践观与价值观有机的结合，并且以"摸着石头过河"的实践模式具体地指导着人们的改造世界的活动，为社会主义的改革开放和现代化建设服务。

（一）"实践是检验真理的唯一标准"的重提与新的拓展

邓小平在实践观上的真正突破是与"实践是检验真理的唯一标准"的重新提起分不开的。邓小平在改革开放的过程中一再重申：实践是检验真理的唯一标准，是检验一切思想、理论包括路线、方针、政策是否正确的唯一标准[①]。这就是说，真理是人们对客观事物及其规律的正确反映，作为检验真理的标准，只能到把主观和客观沟通起来的社会实践中去寻找。实践的结果是检验真理的唯一标准，此外不能有第二个标准。这里，有必要指出，对"唯一"要有一个完整正确的科学理解。这里所谓的"唯一"，是在归根到底的意义和层次上来说的"唯一"。其意思是说，检验认识的真理性标准归根到底只有通过实践。这样的理解当然并不否认理论论证、逻辑证明、模拟实验等各种形式、手段、途径在认识真理性检验

---

① 参见《邓小平文选》第 2 卷，人民出版社 1994 年版，第 28 页。

过程中所具有的特定的重要性。由此以来，在邓小平那里"实践"成为一个关键性的概念，他的整个认识论都是围绕着"实践"而展开的。

邓小平在"实践是检验真理的唯一标准"上的新的拓展主要表现在：第一，实践标准不仅是检验真理是否正确的唯一标准，而且是检验路线、方针与政策是否正确的唯一标准，由此以来，实践标准就具有更加广泛的现实意义与理论意义。第二，实现了由实践标准到生产力标准的逻辑与历史的发展。由实践标准到生产力标准是逻辑和历史发展的必然和深入。按照马克思主义的认识论，以某一真理性的认识为依据的实践可以是多种多样的，可以有许多选择，原因是各人都有各自的价值观，因而就有各自的实践合理性尺度。邓小平根据马列主义、毛泽东思想，明确提出以是否有利于生产力的发展作为检验实践合理性的标准，这既是依据对社会发展规律的真理性认识（生产力是一切社会发展的最终决定力量），也是依据以人民利益为本位的价值观。单就前者而无后者，这个标准是提不出来的。所以，在解决了认识真理性标准问题之后，还必须进一步解决实践合理性标准问题。

（二）实践能动性思想的进一步发挥

邓小平如何发挥实践能动性思想呢？首先是要求实践主体要有胆略，提出了"敢闯论"。敢闯，就是要求实践主体要有胆略与勇气，在改革、开放和现代化建设中要敢闯难关，敢闯禁区，开拓认识与实践的新领域。邓小平说："改革开放胆子要大一些，敢于试验，不能像小脚女人一样。看准了的，就大胆地试，大胆地闯。""没有一点闯的精神，没有一点'冒'的精神，没有股气呀、劲呀，就走不出一条好路，走不出一条新路，就干不出新的事业。"①"大胆地闯"，特别强调了主体的精神状态对于实践活动的重要性。没有闯的精神，就不可能有闯的行动，因而也不可能干出新的事业。"闯"从哲学上说，是指那种具有开拓性、创造性的实践活动。"大胆地闯"有两个重要前提：一是看准；二是试验。这样一来，大胆才不至于成为鲁莽，"闯"也才不至于成为蛮干。

其次是选择实践方法，提出了"试验论"。邓小平发挥了毛泽东"一切经过实践"的思想，提出要大胆试验。他说道："要克服一个怕字，要有勇气。什么事情总要有人试第一个，才能开拓新路。试第一个就要准备

---

① 《邓小平文选》第 3 卷，人民出版社 1993 年版，第 372 页。

失败，失败也不要紧。"① 他认为，办经济特区是试验，农村改革和城市改革也是试验，整个改革开放都是试验，并对试验的几种情况及其方法论意义进行了深入的分析。在邓小平看来，试验，从纵向看，大体有三种情况：一种是试验、总结、坚持，这是一种成功的试验；另一种是试验、总结、停止，这是一种失败的试验；还有一种是试验、总结、再试验、再总结，如此不断反复。因为在改革开放中，有些试验是否成功，不能看一时一事，要看相当长的时间。试验，从横向看，主要有两种情况：一是由点到面。这是指某一改革开放政策的实施，先在一个点上试验，取得经验，然而推广。二是从少到多。这是指某项改革开放措施试验成功后，再推出新的措施，使改革开放由农村到城市，由农业到工业、金融、财税、投资、外贸，等等，把改革开放推广开来。

其三是要预见到实践进程可能出现的各种复杂情况，提出了"风险论"。邓小平指出：由于改革开放是全新的事业，没有现成的经验和理论可搬，也没有十全十美、万无一失的政策可用，加之改革开放要触及很多人的利益，会遇到很多障碍，也会引起国内外敌对势力的捣乱破坏，不可能一帆风顺，因此"要担很大的风险"②。他还指出，我们已经有了承担和抵抗风险的能力，而且"改革开放越前进，承担和抵抗风险的能力就越强"。"我们处理问题，要完全没有风险不可能，冒点风险不怕"③。

（三）坚持实践观与价值观的统一

邓小平特别谈到了实践的价值取向、价值功能，这主要表现为：一是强调实践的功效作用。邓小平的实践观讲实效，重结果，反对无谓的争论，主张抓住机遇，大胆地闯、大胆地干，办事要"讲实际效果、实际效率、实际速度、实际质量、实际成本"④，反对说空话、说大话、说假话，只有实践才拥有最后的发言权。二是突出了实践的评价功能，强调"实践是检验真理的唯一标准，实践是检验路线方针、政策是否正确的唯一标准"。同时把实践标准运用到社会历史领域，提出了生产力标准，进而转化为判断社会综合发展的评价指标，即"三个有利于"标准。突出

---

①　《邓小平文选》第 3 卷，人民出版社 1993 年版，第 367 页。

②　同上书，第 262 页。

③　同上书，第 364 页。

④　《邓小平文选》第 2 卷，人民出版社 1994 年版，第 100 页。

实践的价值功能，是邓小平实践观的最大特点。这一特点与当代哲学的时代特点是相一致的。当代哲学在研究主客体关系时，在对主客体之间的实践关系、认识关系的研究基础上，尤其突出主客体之间的价值关系。在人类的社会实践活动中，人们在极度突出自己对周围世界的征服改造能力之后，更加注重自己与周围世界的价值关系，人们不仅应该知道自己"在做什么"，更应知道自己"应该做什么"。确立一个合理的价值目标，已成为实践活动的关键性因素，而邓小平的实践与价值统一的实践观恰恰是对当代哲学发展中的这一时代命题的科学回答。

（四）"摸着石头过河"实践模式的确立

毛泽东从认识的来源、认识发展的动力、检验真理的标准、认识的最终目的等几个方面系统、全面地说明了实践在认识过程中的地位与作用，从而使实践是认识基础这一原理成为了被人们广泛接受的基本理论。但是，应当看到的是，既然实践是认识的来源，那么实践相对于认识就具有某种先在性，由此以来，就需要在一定程度上承认在缺乏直接性理论指导下的实践活动的存在，这也就是"摸着石头过河"实践模式能够得以确立的基本理论依据。因此，"摸着石头过河"这一论断实际上是对"实践是认识基础"这一原理加以展开说明的产物，它使人们进一步认识到实践对于认识的深层次意义。

"摸着石头过河"并不是对实践是"主观见之于客观"这一有关实践本质的认识的否定。在"摸着石头过河"的过程中，人们既不缺少主观要素，也不缺少客观要素，所缺少的只是有关如何过河的直接性认识，这样一来，人们就需要在摸着石头过河的过程中去获取有关认识，从而最后赢得实践的主动。有中国特色的社会主义的建设在马克思主义以往的经典文本中没有现成的答案，在以往的社会主义建设实践中除了列宁实行过的短暂的新经济政策的经验外，没有类似的成功的经验可资借鉴。在这种情况下，邓小平提出"摸着石头过河"，就是要求我们在马克思主义的最根本的方法论、即解放思想、实事求是的马克思主义思想路线、认识路线的指导下，在实践中摸索、探索建设中国特色社会主义的道路。因此，"摸着石头过河"这一论断不仅表现了邓小平善于用群众熟悉的语言形象地表达自己思想，而且还极其深刻地蕴涵了认识、理论、真知来源实践的哲理，我们甚至可以说这在实际上提出并形成了贯彻马克思主义实践观的具有中国特色的实践模式。

三　对唯物史观基本原理的创造性应用与发展

马克思在 1858 年的《〈政治经济学批判〉序言》中对唯物史观的基本原理作了经典性的表述。他的第一个伟大贡献是，揭示了生产力同生产关系、经济基础同上层建筑的矛盾运动，是推动社会向前发展的根本动力；生产关系一定要适合生产力的性质；生产力是社会发展的最根本性的决定因素。毛泽东在《矛盾论》中的重要贡献就是说明了生产关系的反作用，认为"在一定条件之下，又转过来表现其为主要的决定的作用"。但是，毛泽东后来的一个失误也就正在于此，即把"一定条件之下"的主要的决定作用加以绝对化、无条件化，企图通过不断变革生产关系来促进生产力的发展，结果事与愿违。邓小平指出："我们是历史唯物主义者，研究和解决任何问题都离不开一定的历史条件"，"时间不同了，条件不同了，对象不同了，因此解决问题的方法也不同"①。正因为有着上述基本的认识，因此，十一届三中全会以后，邓小平积极运用历史唯物主义基本原理，并以具体情况具体分析的方法，认真总结经验教训，拨乱反正，推进改革开放政策，提出了下面五大理论，既丰富和发展了科学社会主义理论，同时也对丰富与发展马克思主义哲学作出了贡献。

（一）关于社会主义最根本的任务是发展生产力的观点

生产力论是唯物史观的核心。马克思与恩格斯在创立唯物史观时就指出：一切人类生存的第一个前提，即一切历史的第一个前提就是："人们为了能够'创造历史'，必须能够生活。但是为了生活，首先就需要吃喝住穿以及其他一些东西。因此第一个历史活动就是生产满足这些需要的资料，即生产物质生活本身……任何历史观的第一件事就是必须注意上述基本事实的全部意义和全部范围，并给予应有的重视。"② 后来恩格斯又一再重申："历史过程中的决定性因素**归根到底**是现实生活的生产和再生产。"③

毛泽东在社会历史观上的重要贡献在于，以生产力为中心，把生产力与生产关系的矛盾同经济基础与上层建筑的矛盾联系起来，概括为人类社

---

① 《邓小平文选》第 2 卷，人民出版社 1994 年版，第 119 页。

② 《马克思恩格斯选集》第 1 卷，人民出版社 1995 年版，第 79 页。

③ 《马克思恩格斯选集》第 4 卷，人民出版社 1995 年版，第 695 页。

会的基本矛盾，并从原则上阐明了社会主义基本矛盾的性质和特点，解决了社会主义发展的动力和社会历史发展中的主观能动性问题。但是，晚年毛泽东在社会主义的建设实践中，一方面夸大了经济基础和上层建筑这对矛盾在社会基本矛盾中的地位和作用，把它变成了主要的东西；另一方面又夸大了生产关系对生产力的反作用，以为单凭主观愿望，依靠群众运动，就可以不顾生产力发展的客观基础和客观规律而使生产力得以快速提高；以为单凭政治动员和政权力量，就可以不顾生产力的现实状态及其对生产关系形式的现实要求，任意改变所有制形式和分配形式，以求得迅速地向共产主义前进。到后来索性把生产力的发展放在次要地位上，在社会主义改造完成后反而更加强调"以阶级斗争为纲"，将发展生产力，把国民经济搞上去当成所谓的"唯生产力论"来加以批判，从而使我国社会主义建设走了很长时间的弯路。

邓小平指出："按照历史唯物主义的观点来讲，正确的政治领导的成果，归根结底要表现在社会生产力的发展上，人民物质文化生活的改善上。如果在一个很长的历史时期内，社会主义国家生产力发展的速度比资本主义国家慢，还谈什么优越性？"还说："什么叫社会主义，什么叫马克思主义？我们过去对这个问题的认识不是完全清醒的。马克思主义最注意发展生产力。我们讲社会主义是共产主义的初级阶段，共产主义的高级阶段要实行各尽所能、按需分配，这就要求社会生产力高度发展，社会物质财富极大丰富。所以社会主义阶段的最根本任务就是发展生产力。""如果说我们建国以后有缺点，那就是对发展生产力有某种忽略。社会主义要消灭贫穷。贫穷不是社会主义，更不是共产主义。"[①]

邓小平对历史教训的总结是切中要害的。虽然我们党在主观上不想搞贫穷的社会主义，但由于指导思想的失误，事实上，搞得不富裕，"不够格"。针对于此，邓小平强调"有中国特色的社会主义是不断发展生产力的社会主义"。邓小平在认识什么是社会主义问题上，把发展生产力提到了首位，并以这种表述来界定有中国特色的社会主义。这对社会主义的传统理论是重大发展，这样的概括不仅符合历史唯物主义的基本原理，而且在理论上表现出罕见的彻底性与坚定性。

---

① 《邓小平文选》第 3 卷，人民出版社 1993 年版，第 63—64 页。

（二）关于"科学技术是第一生产力"的观点

科学技术是生产力，这是马克思主义历来的观点。一百多年前，马克思就明确说道：机器生产的发展要求自觉地应用自然科学，并且指出："生产力中也包括科学。"① 恩格斯在《马克思墓前的讲话》中指出："在马克思看来，科学是一种在历史上起推动作用的、革命的力量。"②

邓小平坚持并发展了马克思与恩格斯的思想。早在"文化大革命"后期，邓小平复出主持工作时就提出"科学技术叫生产力，科技人员就是劳动者"、"科研工作要走在前面"的观点③。在"文化大革命"结束之后的全国科学大会上邓小平明确强调"四个现代化，关键是科学技术的现代化"④，再一次阐明"科学技术是生产力"、从事科学技术的知识分子是劳动者的思想。1988 年在会见外国友人时邓小平明确说道："马克思说过，科学技术是生产力，事实证明这话讲得很对。依我看，科学技术是第一生产力。"⑤ "科学技术是第一生产力"论述的明确提出不仅是对马克思主义生产力理论的丰富与发展，而且对于我国现代化建设具有深远的理论意义与现实意义。

所谓"科学技术是第一生产力"主要是指，科学技术作为生产力系统中的智能要素，它渗透到生产力其他要素之中，对生产力的发展起到第一位的变革作用。现代生产力的飞速发展，日益表现出第一位的就是靠科学技术的特点。总体说来，科学技术作为第一生产力，主要表现在两个方面：

第一，在现代生产力系统中它起第一位的变革作用。

生产力最简单的要素是劳动者、劳动资料和劳动对象。自近代实验科学产生以来，科学获得了相对独立的地位，并直接进入到生产过程。在生产力系统中的各个要素都随着科学技术的进步而发展着，受到科学技术的明显制约。随着科学技术的进步，劳动者的素质由"体力型"转变为"文化型"，再转化为"科技型"；生产工具由手工工具到普通机器，再到智能机器；劳动对象由利用天然材料到经过劳动"过滤"的材料，再到

① 《马克思恩格斯全集》第 46 卷，下册，人民出版社 1980 年版，第 211 页。
② 《马克思恩格斯选集》第 3 卷，人民出版社 1995 年版，第 777 页。
③ 《邓小平文选》第 2 卷，人民出版社 1994 年版，第 32—34 页。
④ 同上书，第 86 页。
⑤ 《邓小平文选》第 3 卷，人民出版社 1993 年版，第 274 页。

人工合成材料；从生产过程的管理来看，从"经验管理"过渡到"现代管理"。正因为生产力随着科学技术的进步而发展，所呈现出成倍数增长或几何级数增长的态势，所以邓小平说道："生产力的基本要素是生产资料和劳动力。科学技术同生产资料和劳动力是什么关系呢？历史上的生产资料，都是同一定的科学技术相结合的；同样，历史上的劳动力，也都是掌握了一定的科学技术知识的劳动力。我们常说，人是生产力中最活跃的因素。这里讲的人，是指有一定的科学知识、生产经验和劳动技能来使用生产工具、实现物质资料生产的人。石器时代，青铜器时代，铁器时代，十七世纪，十八世纪，十九世纪，人们使用的生产工具，掌握的科学知识、生产经验和劳动技能，都大不相同。今天，由于现代科学技术的日新月异，生产设备的更新，生产工艺的变革，都非常迅速。许多产品，往往不要几年的时间就有新一代的产品来代替。劳动者只有具备较高的科学文化水平，丰富的生产经验，先进的劳动技能，才能在现代化的生产中发挥更大的作用。"①

第二，现代科学日益成为生产的先导。

19 世纪以前，表现出"生产—技术—科学"的循环过程。这一公式表明，自然科学主要来自生产，人们通过生产实践观察自然界，取得感性材料，或者将生产实践积累的技术经验上升为科学。但近代以来随着科学实验从生产中分离出来成为一种基本的实践形式之后，出现了一种新的循环过程："科学—技术—生产"。此时，生产过程中所展开的东西更大程度上是科学技术成果的直接运用。这种新的循环过程表明科学日益成为生产的先导。

第三，科学技术进步是推动国民经济增长的首要因素。

之所以如此说，主要是因为：首先，自然科学从知识形态的生产力转化为物质生产力的周期日益缩短，科学技术成果转化为直接生产力的速度日益加快。其次，科学技术应用于生产过程所创造的价值愈来愈高。物质生产的发展和国民经济的增长，受多种因素如资本、劳动力和科学技术的影响。与过去相比，如今资本、劳动力和科技之间的比重发生了极大的变化。据统计，一些发达的资本主义国家在 20 世纪初，科学技术因素在劳动生产率与经济增长中所占比例仅为 5%—20%，但在 20 世纪末，其所

---

① 《邓小平文选》第 2 卷，人民出版社 1994 年版，第 88 页。

占比例已经达到了 60%—80%。由此可见，当今向生产的广度与深度开发，主要依靠的是科学技术的进步，而不是劳动力。邓小平说道："现代科学为生产技术的进步开辟道路，决定它的发展方向。许多新的生产工具，新的工艺，首先在科学实验室里被创造出来。一系列新兴的工业，如高分子合成工业、原子能工业、电子计算机工业、半导体工业、宇航工业、激光工业等，都是建立在新兴科学基础上的。……当代的自然科学正以空前的规模和速度，应用于生产，使社会物质生产的各个领域面貌一新。特别是由于电子计算机、控制论和自动化技术的发展，正在迅速提高生产自动化速度。同样数量的劳动力，在同样的劳动时间里，可以生产出比过去多几十倍几百倍的产品。社会生产力有这样巨大的发展，劳动生产率有这样大幅度的提高，靠的是什么？最主要的是靠科学的力量、技术的力量。"①

（三）关于改革是"解放生产力的一场革命"的观点

邓小平指出："改革是中国发展生产力的必由之路"，也是"决定中国命运的一招"。在"南方谈话"中，他进一步阐发了自己的观点："革命是解放生产力，改革也是解放生产力。推翻帝国主义、封建主义、官僚资本主义的反动统治，使中国人民的生产力获得解放，这是革命，所以革命是解放生产力。社会主义基本制度确定以后，还要从根本上改变束缚生产力发展的经济体制，建立起充满生机和活力的社会主义经济体制，促进生产力的发展，这是改革，所以改革也是解放生产力。过去，只讲在社会主义条件下发展生产力，没有讲还要通过改革解放生产力，不完全。应该把解放生产力和发展生产力两个讲全了。"② 讲全了，就是说社会主义的制度实际上承担着发展生产力和解放生产力双重任务。从哲学上说，它深化与丰富了历史唯物主义的基本原理。

为什么说改革也是一种革命呢？首先，从改革的对象和内容来看，改革的对象虽然不是社会主义的基本制度，而是严重束缚我国社会生产力发展的具体制度即旧体制，包括农村人民公社体制、高度集中的计划经济体制、高度集权的政治体制，等等。改革的内容除了不适应生产力发展的经济体制、政治体制外，还包括旧的思想意识、价值观念、生活方式和工作

---

① 《邓小平文选》第2卷，人民出版社1994年版，第87页。
② 《邓小平文选》第3卷，人民出版社1993年版，第370页。

方式，等等。因此，改革的对象和内容与社会革命有相同的一面，所以可以说改革是一场革命。

其次，从改革的广度与深度来看，当今中国的改革，不是对原有经济体制的修补，而是经济体制的重大变革。这场变革，虽然是社会主义基本矛盾相互作用的产物，也是对生产关系中不适应生产力发展、上层建筑不适应经济基础的部分所进行的变革，它已不同于一般意义上的那种变革即调整。

再次，从改革的历史地位与作用来看，我国的改革也是一场深刻的革命。这场改革是关系到党和国家的兴衰成败、生死存亡的大问题。"文化大革命"结束不久，邓小平就指出："如果现在再不改革，我们的现代化事业和社会主义事业就会被葬送。"[①] 1991 年他又说道："坚持改革开放是决定中国命运的一招。"[②] 所以，邓小平明确称这次改革是"中国的第二次革命"[③]。

从本质上说，解放生产力与发展生产力是两个既相互区别又有着密切联系的过程。解放生产力是把着力点放在生产关系及其上层建筑上，变革不适应生产发展的生产关系和上层建筑，以促进生产力的发展；发展生产力的着力点放在生产力内部，放在直接的生产过程上，一般不触动现行的生产关系。它们之间的区别表现在：一是它们各自的指向对象不同。解放生产力的指向对象是束缚生产力发展的各种社会条件包括社会的经济结构、政治结构与技术管理构架，即生产资料所有制、交换关系、分配关系以及建立在其上的经济制度和经济体制、政治制度和政治体制、观念形态等。发展生产力的指向对象则不同，它是在保持原有生产关系、上层建筑相对稳定条件下着力改变生产力诸要素的状况，特别是着力于生产力各要素的合理配置、现实结合和作用的发挥等。二是各自的实践活动方式不同。解放生产力的实践活动方式是革命和具有革命意义的改革；发展生产力的活动方式和手段则不同，它主要是通过生产实践活动来进行，比如增加投入、扩大经营，改善生产条件与环境等。三是各自的时间跨度不同。革命和改革解放生产力，并不是时时都发生的，只是在社会历史发展到某

①　《邓小平文选》第 2 卷，人民出版社 1994 年版，第 150 页。

②　《邓小平文选》第 3 卷，人民出版社 1993 年版，第 368 页。

③　同上书，第 113 页。

个关键阶段才会发生；发展生产力的时间跨度却很长，也就是说，发展生产力是经常性任务，它贯穿于每一社会形态发展过程的始终。四是它们各自引起生产力变化的状态不同。革命解放生产力，是由于革命打破了束缚生产力发展的枷锁，使劳动者的积极性与创造性得到了极大的发挥，因而带来了生产力的质的飞跃；发展生产力，一般是人们在一定的生产关系下通过生产活动，使生产力得到发展，在经常的情况下，表现为生产力的量的积累，但生产力量的积累达到一定的程度和关节点时，生产力的量的积累就会导致生产力的质的飞跃。

解放生产力与发展生产力的统一主要表现在：一方面，发展生产力是解放生产力的基础，解放生产力是发展生产力的必然结果。另一方面，解放生产力又为发展生产力开辟新的道路。

（四）关于"生产力标准"和"三个有利于标准"的观点

十一届三中全会以后，为了拨乱反正，纠正那种长期以来脱离生产力来抽象谈论社会主义，评判改革是非的错误观念，邓小平不断宣传"生产力标准"这个唯物史观的最基本的观点，并逐渐发展为"三个有利于标准"的思想。1992 年邓小平在南方的谈话中指出："改革开放迈不开步，不敢闯，说来说去就是怕资本主义的东西多了，走了资本主义道路。要害是姓'资'还是姓'社'的问题。判断的标准，应该主要看是否有利于发展社会主义社会的生产力，是否有利于增加社会主义国家的综合国力，是否有利于提高人民的生活水平。"① 这就是著名的"三个有利于"标准。

"三个有利于"和生产力标准是一致的，同时又是它的进一步深化和具体化。它扩大了"生产力标准"的外延，深化了"生产力标准"的内涵，进一步把生产力标准与人民利益标准统一起来了。"三个有利于"强调的是实践的结果，它对实践结果的评判提出了正确的价值取向，即要有利于发展社会主义社会的生产力，有利于增加社会主义国家的综合国力，有利于提高人民的生活水平。

（五）关于社会主义本质论

社会主义本质论是邓小平"南方谈话"中的一个重大理论的贡献。他在总结我国建设社会主义的历史教训时反复地讲，最根本的教训在于对

---

① 《邓小平文选》第 3 卷，人民出版社 1993 年版，第 372 页。

什么是社会主义没有搞清楚，缺乏清醒的认识。这就涉及社会主义的本质问题。

早在 1980 年 4、5 月间，邓小平在强调解放思想时就提出要对社会主义进行再认识的问题。他说道："不解放思想不行，甚至于包括什么叫社会主义这个问题也要解放思想。经济长期处于停滞状态总不能叫社会主义。人民生活长期停止在很低的水平总不能叫社会主义。"他还指出："社会主义是一个很好的名词，但是如果搞不好，不能正确理解，不能采取正确政策，那就体现不出社会主义的本质。"① 这以后，他讲社会主义的多方面的任务和改革应遵循的基本原则，从不同的角度强调了不同的方面，但他讲得更多的还是发展生产力和共同富裕。1986 年 9 月，邓小平明确指出："社会主义原则，第一是发展生产，第二是共同致富。"② 1990年 12 月，又说："社会主义最大的优越性就是共同富裕，这是体现社会主义本质的一个东西。"③ 正是在有了这些长期的思考积累之后，在 1992年"南方谈话"中，邓小平提出："社会主义的本质，是解放生产力，发展生产力，消灭剥削，消除两极分化，最终达到共同富裕。"④

邓小平的社会主义本质论对历史唯物主义内容的丰富与发展，主要可以从以下四个方面来加以理解：

第一，它突出了生产力的最终决定作用和生产力与生产关系矛盾运动的历史唯物主义基本原理。过去对社会主义的认识，比如传统讲法的那几个要素，如公有制、按劳分配、无产阶级专政、马克思主义为指导等，都属于生产关系和上层建筑方面的内容。这些要素尽管能够说明社会主义的重要特征，但传统讲法的缺陷是根本不提生产力，不把发展生产力作为社会主义的根本任务，这样一来就与历史唯物主义的基本原理有了一定的距离。邓小平的"社会主义本质论"，坚持生产力和生产关系的统一，一方面从生产力上揭示了社会主义本质的核心内容是"解放生产力，发展生产力"；另一方面又从生产关系上揭示了社会主义本质的重要内容是"消灭剥削，消除两极分化，最终达到共同富裕"，这既

---

① 《邓小平文选》第 2 卷，人民出版社 1994 年版，第 312—313 页。
② 《邓小平文选》第 3 卷，人民出版社 1993 年版，第 172 页。
③ 同上书，第 364 页。
④ 同上书，第 373 页。

克服了离开生产力而抽象地从生产关系角度界定社会主义本质的片面性，又避免了那种单纯讲生产力而不讲生产关系、混淆社会主义与资本主义根本区别的错误倾向。

第二，它将历史唯物主义的一些重要范畴作了区别，有助于深化对历史唯物主义范畴的研究。过去对社会主义认识上的一大缺陷是将本质与特征不加区别而混用，传统讲法的几个内容实际上是讲社会主义的"本质特征"。其实，本质与特征不是同一层面的范畴。在辩证法看来，"本质"是更为深层的东西，"特征"是"本质"的外化、表现和要求。就"本质"而言，按不同标准划分，也是分层次。如果说"解放生产力，发展生产力，消灭剥削，消除两极分化，最终达到共同富裕"，属于列宁哲学范畴的更深刻的"二级本质"的话，那么，相比之下，"公有制"、"按劳分配"等若要讲成"本质"，至多也是列宁哲学范畴的不甚深刻的"初级本质"。这个"初级本质"用另外的标准来看，就是"特征"。由此以来，将"本质"和"特征"作一定的区别，有利于端正和强化对社会主义的科学认识。

第三，它把社会主义的根本任务与根本目的统一起来，有助于提高人们关于社会主义如何实现的认识。"社会主义本质论"一方面揭示了社会主义的根本任务是发展生产力，抓住了历史唯物主义的核心问题，划清了科学社会主义与空想社会主义的界限；另一方面又揭示了社会主义的根本目的是实现共同富裕，抓住了社会主义的最高原则，划清了社会主义与资本主义的界限。这样就把对社会主义的认识提到了新的科学水平。

第四，它矫正了过去对社会主义的个别不正确认识，体现了历史唯物主义的彻底性与整个马克思主义的革命的、批判的、与时俱进的精神。把计划经济当作社会主义的本质特点来认识，是恩格斯在《共产主义原理》、《反杜林论》等著作中提出的，后来列宁、斯大林予以了强化。现在看来，这与当代世界经济发展的潮流不相符合，也与一些社会主义国家发展实践的要求尖锐冲突。因此，对社会主义本质的概括，不再提计划经济了，这是认识上的一个很大进步。它体现了马克思主义包括历史唯物主义与科学社会主义，要随着实践与时代而发展的与时俱进的精神。

第三节　邓小平哲学理论体系是以发展
为主题的"发展哲学"

邓小平对马克思主义哲学的应用涉及经济、政治、科技、教育、文化、民族、军事、外交、统一战线、党的建设等诸多领域，但他的最大贡献还在于试图解决像中国这样经济文化落后的国家如何实现社会主义现代化、如何发展的问题，因此从主题来说，邓小平的哲学是一种"发展哲学"，而且是紧扣社会发展而加以展开的。

一　邓小平发展哲学的历史传承

毫无疑问，邓小平发展哲学源于中国现代化建设的伟大实践，然而，任何一种理论的形成，总是离不开前人文化遗产的吸纳、继承与弘扬。如果把邓小平发展哲学置于人类社会发展的理论及实践大背景之中去考察，就不难发现，这一哲学实质上是在继承马克思主义发展理论、借鉴国外社会发展理论的优点和吸收我国传统文化的优秀成果基础上的一种再创造。

（一）继承和发展马克思主义的社会发展理论

邓小平总结社会主义革命与建设的实践经验，继承和发展了马克思主义社会发展理论。马克思恩格斯关于落后国家跨越资本主义制度卡夫丁峡谷的东方社会发展理论，列宁的新经济政策的理论与实践，毛泽东的新民主主义理论以及对社会主义工业化、现代化道路的探索，都成为邓小平社会发展哲学形成与发展的深厚的理论基础。邓小平正是在此基础上总结世界各国社会发展的经验教训，针对中国的实际情况，探索适用中国国情的社会发展道路，创造性地提出了"改革开放论"、"社会主义本质论"、"改革动力论"、"两大文明论"、"发展硬道理论"等几个著名的论断，形成了具有中国特色的社会发展哲学，把马克思主义社会发展理论发展到一个新的历史阶段，提高到一个新的理论水平。

（二）超越了国外社会发展理论

邓小平发展哲学的形成与发展时期正是西方社会发展思想、观念与理论异常活跃时期。此时，西方的社会发展理论中不仅出现了"经济发展论"、"现代化理论"、"依附理论"、"世界体系理论"、"综合发展论"，等等，而且还有着著名的来自"罗马俱乐部"的调查报告。邓小平的发展哲学作为中国社会主义发展经验的重要的概括与总结，体现出了对国外社会发展理论的重大超越。早在改革初期，邓小平就提出要学习和借鉴国外包括资本主义国家的先进经验、科学技术和优秀文化遗产。西方学者曾经提出了关于"中国家庭制度不利于社会变革"、中国社会的阶级制度具有"轻商"倾向等思想，以及各种替代发展战略共同倡导的"土地制度改革"等观点。但是，在农村改革方面，邓小平却率先在农村进行体制改革，推进家庭经营联产承包制，增强农民家庭的经济功能以及社会的广泛联系，促进商品经济发展，改变中国社会传统的"轻商"倾向，由此带动了全国其他领域的改革，卓有成效地解决了农村的贫困问题，并为在全国推行社会主义市场经济打下了基础。由此可见，总体说来，即使从当代社会发展理论的角度来看，邓小平的发展哲学也是具有集大成性质的，它引领了当代社会发展理论的新的发展方向。

（三）弘扬中国传统文化中的优秀成果

在中国传统文化中，包含着极其丰富的社会发展思想。与西方发展观"两极对立"的特征相反，中国传统的社会发展观是以整体和谐为特征的。"天人合一"的思想构成中国式的整体论的核心、特色与基础。"天人相通"、"天人一体"，强调人与人、人与社会、人与自然的相互统一。社会发展是以各个方面相互协调为条件的，发展不是向外扩张，而是自我完善，是整体内在状态的改善。中国传统文化强调变异是发展的本质，用动态的观点、发展变化的观点去看待自然、人生与社会。可以说，整体论、协调论、变异论是中国传统发展思想的基本内容与主要特征。

邓小平继承了传统发展思想中的精华，弘扬了传统发展思想中的合理内核，构建了中国特色的社会发展理论，创立了新型的发展哲学。在邓小平的发展哲学中，不仅在逻辑思维上继承了中国文化的优良传统，而且将传统的概念加以改造，移植到现代社会之中，赋予其新的含义与内容。这突出表现在"小康"概念的改造上。

"小康"一词最早出现在我国先秦时期的诗歌经典——《诗经》之中，诗云："民亦劳止，迄可小康。"在《礼记》中的《礼运》篇，孔子曾将社会发展分为乱世、小康与大同等"三世"，认为小康是"天下为家"的社会，靠礼义来统治人民，如"禹、汤、文、武、成王、周公之治，皆谓之小康"。后来，研究《春秋公羊传》的经学家中，又有人提出"三世"之说，即据乱世、升平世、太平世，认为人类社会的进化应该从乱世进化为升平世（小康社会），再从升平世进化为太平世（大同社会）。西方经典社会进化论传入中国后，康有为为了托古改制，极力宣传社会进化论思想，并声称在孔子的《春秋》中发现了"微言大义"，说："大道为何？大理至公，太平世大同之道也。三代之英，升平世小康之道也。"随着时代的演进，"小康"概念流传至今，在民间和一些著书中，常习惯于把那种薄有资财、康泰祥和、安然度日的人家称为"小康之家"；把人民安居乐业的社会称为"小康社会"。

邓小平在借用"小康"这一传统思想时，曾提出三个相关概念，即小康、小康水平和小康社会。从其实质来看，邓小平赋予它一定的社会内涵，用以表达我国社会主义初级阶段的社会发展的特定阶段模式，即在社会生产力发展的基础上，全体社会成员丰衣足食，生活水平和质量不断提高，社会安定祥和，各阶层和睦相处，整个社会处于文明、健康、进步的发展状态之中。

邓小平曾经说过，所谓小康社会，就是虽不富裕，但日子好过之意。特别是在 1979 年 12 月 6 日，当他会见日本首相大平正芳时，把人均国民生产总值 800—1000 美元，低于发达国家标准的"中国式现代化"，称之为"小康之家"、"小康的国家"。1984 年 3 月 21 日，他会见另一位日本首相中曾根康弘时，又把这种"中国式现代化"，称之为"小康社会"①。1984 年 12 月 19 日，邓小平在会见英国首相撒切尔夫人时，说："中国现在制定了一个宏伟的目标，就是国民生产总值在两个十年内，即到本世纪末翻两番，达到小康水平。就是达到了这个目标，中国也不算富，还不是一个发达国家。所以这只能算是我们雄心壮志的第一个目标。"② 就是说，我们的雄心壮志不能因达到小康水平而告完结，那么，雄心壮志的延伸长度又在哪里呢？邓小平鲜明指出："我们的目标是到本世纪末，就是再过十三年，达到一个小康社会的水平。我们进一步的目标是下一个世纪的五十年，达到中等发达国家的水平。……我们就是有这么一个雄心壮志。"③这次谈话的三个月后，邓小平在会见另一批外国来宾时，又指出："我国经济分三步走，本世纪走两步，达到温饱和小康，下个世纪用三十年到五

---

① 《邓小平文选》第 3 卷，人民出版社 1993 年版，第 54 页。

② 同上书，第 102 页。

③ 同上书，第 233 页。

十年时间再走一步，达到中等发达国家的水平。这就是我们的战略目标，这就是我们的雄心壮志。"① 从这些论述中，我们不仅看到了"小康"、"小康社会"与"小康水平"等不同的说法，而且也对它们在邓小平那里所具有的不同的意旨有了进一步的了解。

二　邓小平发展哲学的科学体系

邓小平创立了具有中国特色的发展哲学，邓小平的发展哲学是一个完整的科学体系，这一科学体系具体包括基本理论、基本方法等多方面的内容。

（一）基本理论

作为中国社会主义发展经验的概括与总结，邓小平发展哲学涉及领域广泛，内容十分丰富。概括地说，其基本理论主要包括五个方面：

一是发展条件论。基于对世界形势的科学分析和中国国情的准确把握，邓小平提出了当今时代的主题是"和平与发展"；现代世界是开放的社会；中国处于社会主义初级阶段，处于市场经济尚不发达的历史时期，等等。在他看来，中国的社会发展是不能脱离这些基本条件的。

邓小平之所以能够提出建设具有中国特色的社会主义理论，其中一个重要原因就在于他出色地坚持运用唯物辩证法的发展条件论，表现了一位战略家和哲人的敏锐的眼光，体现了中国共产党第二代领导人中的杰出代表对社会发展条件的自觉把握。早在 1979 年，邓小平在《坚持四项基本原则》的著名讲话中就指出：搞建设，走出一条中国式的现代化道路，"至少有两个重要特点是必须看到的：一是底子薄。……由于底子薄，现在中国仍然是世界上很贫穷的国家之一。……第二条是人口多、耕地少。……特别是农民多，这种情况不是很容易改变的。这就成为中国现代化建设必须考虑的特点。"② 以后，他又通俗地把中国国情概括为"国家大、人口多、底子薄"。邓小平曾经明确说道："如实地指明这种落后状况，会不会使人们失去信心呢？这种人也可能有。这种人是连半点马克思气味也没有的。对于我们无产阶级革命者来说，实事求是地说明情况，认真地去分析造成这种情况的历史的和现实的原因，才能够正确制订我们的

① 《邓小平文选》第 3 卷，人民出版社 1993 年版，第 251 页。
② 《邓小平文选》第 2 卷，人民出版社 1994 年版，第 163—164 页。

战略规划，部署我们的力量；才能够更加激励我们奋发图强，尽快改变这种情况；也才能动员人们虚心学习，迅速掌握世界最高的科学技术。"①

中国社会主义改革开放的历史必然性，不仅表现于它是中国社会发展的客观要求，而且直接受制于当代世界主题的转换。人类历史上曾经经历过两次世界大战的劫难，社会主义国家几乎都是在战火中诞生的，并且经受了战争的考验。这样，在以往相当长的时间内，战争与革命成为时代的主题。总的看法可以概括为：战争引起革命，革命制止战争。这样一种思维定式，造成"过多地认为世界大战很快就要打起来，忽视发展生产力，忽视经济建设"②。直到党的十一届三中全会以后，邓小平运用马克思主义的立场、观点和方法，对世界的全球问题进行了新的分析，指出"世界和平力量的增长超过战争力量的增长。""在较长时间内不发生大规模的世界战争是有可能的，维护世界和平是有希望的。"③ 邓小平明确指出，和平和发展是当代世界的两大主题。正是基于这一思维模式的转换，我们才得以提出并坚持要以经济建设为中心，要进行改革，突破在战争与革命时代形成的高度集中的计划经济模式，实现向建立社会主义市场经济的转轨。

二是发展道路论。邓小平明确强调社会主义的本质是解放生产力，发展生产力，是共同富裕；中国社会发展必须坚持走社会主义道路；中国社会发展的目标是建立中国式的现代化，即富强、民主、文明的现代化。上述种种论述均是对中国社会发展的根本道路和方向上的思考，所反映的是邓小平在中国社会发展的根本方向上所坚持的仍然是社会主义。

中国特色社会主义理论的一个重要前提，就是中国必须坚持走社会主义道路，在改革开放中必须坚持社会主义方向。"历史告诉我们，中国走资本主义道路不行，中国除了走社会主义道路没有别的道路可走。一旦中国抛弃社会主义，就要回到半殖民地半封建社会，不要说实现'小康'，就连温饱也没有保证。"④ 对于什么是社会主义的普遍原则，邓小平认为："一个公有制占主体，一个共同富裕，这是我们所必须坚持的社会主义的

① 《邓小平文选》第 2 卷，人民出版社 1994 年版，第 90 页。
② 《邓小平文选》第 3 卷，人民出版社 1993 年版，第 250 页。
③ 同上书，第 127 页。
④ 同上书，第 206 页。

根本原则。"① 在 1992 年的"南方谈话"中，邓小平又说："社会主义的本质，是解放生产力，发展生产力，消灭剥削，消除两极分化，最终达到共同富裕。"② 以"公有制为主体"，一方面要同不要公有制的私有化主张划清界限，另一方面又要克服以往那种认为社会主义只允许公有制一种所有制的传统观念。至于"共同富裕"这一原则，是邓小平根据唯物辩证法关于事物发展总是遵循着从不平衡到平衡的循环往复的规律提出的，既不同于计划经济体制下的平均主义所造成的"普遍贫穷"，也不同于资本主义国家所存在的那种"贫富两极分化"，他允许"一部分人先富裕起来，一部分地区先富裕起来"，同时主张让先富的一部分人、一部分地区"带动越来越多的人富裕起来"，最后"达到共同富裕的目的"。

三是发展动力论。人类社会发展的历史，首先是生产力发展的历史，生产力发展是社会发展的基础和内在动力。生产力的发展有待于生产关系和上层建筑的协调，而解决生产力与生产关系、经济基础与上层建筑之间矛盾的动力和手段是改革，因此，在邓小平看来，在社会发展动力问题上，也应该积极倡导"改革也是解放生产力"的思想。在生产力诸要素中，科学技术是最活动、最革命的因素，因此，邓小平又提出了"科学技术是第一生产力"的思想。上述三个方面的相互配合，形成了邓小平对社会发展动力的综合认识，也构成了社会发展综合动力观。

上面有关社会发展综合动力观主要是从宏观上把握社会发展动力，除此之外，邓小平还积极从微观上去揭示社会发展的动力。我们知道，毛泽东是"集体实践"的积极提倡者。华裔美国学者梅茨格（墨子刻）曾经十分中肯地说道："毛泽东在组织人民方面"是"成功的"。他还进一步说："毛泽东思想的部分意义在于，……它运用辩证法的普遍法则，说明了为什么投身于群众运动就是个人追求真理和德行的实质所在。"③ 从整体上说，毛泽东在开创中国的集体主义实践观的发展局面方面的贡献是功不可没的，他结束了中国社会长期以来所坚持提倡的"自扫门前雪"的封建观念，使集体主义实践观深入人心。在毛泽东思想的引导下，中国人

①　《邓小平文选》第 3 卷，人民出版社 1993 年版，第 111 页。

②　同上书，第 373 页。

③　墨子刻：《摆脱困境：新儒学与中国政治文化学的演进》，江苏人民出版社，第 219—220 页。

民群众逐渐坚信了"团结就是力量"这一至理名言。但是，应该看到，晚年毛泽东所犯错误的一个重要内容就在于，他在关于集体实践的问题上走向了简单化、极端化，在众多领域中大搞"群众运动"、"人海战术"，等等，从而使我国国民经济建设的发展受到了严重影响。在《介绍一个合作社》一文中，晚年毛泽东论证了我国工农业赶上资本主义大国可能不需要从前所想的那样长的时间，并写道："除了党的领导之外，六亿人口是一个决定的因素。人多议论多，热气高，干劲大。"① 因此，在当时的他看来，只要有了集体实践的规模，造就出"人多议论多，热气高，干劲大"的气氛，就能创造出各种人间奇迹，什么 20 年内在工农业上赶超英美资本主义大国都不是难事。

客观地说，晚年毛泽东在有关集体实践问题上之所以会出现思想上的偏差，主要在于他忽略了一个基本事实，即单一的发展集体实践只不过是一条腿走路，集体实践和个体实践应该是同时并存、相互依存、相互补充的。当代美国学者奥尔森曾经分析说道：集体实践的"特有的和主要的功能是增进由个人组成的集团的共同利益"②。因此，与个体实践相比，集体实践的重要意义在于，它能够更好地增进众多个人的共同利益，弥补个体实践在这个方面的不足。不过，尽管集体实践有着个体实践无法比拟的优越性，但是倘若受个人利益、个人意愿左右的个体实践不受鼓励，个人的生产积极性得不到充分调动，个人的生产发展水平不高，即使拥有十分先进的集体实践的发展形式，社会的整体水平也不会得到大的提高与发展，甚至反而会受到一些十分消极与负面的影响。

邓小平正是在毛泽东的集体主义实践观的基础上，通过修正晚年毛泽东的错误，正确地理解个体实践与集体实践之间的辩证关系，从而从微观上深入揭示了社会发展的重要动力就在于调动个人的实践积极性。邓小平既没有像毛泽东那样片面地强调发展集体实践，也没有追随资本主义的社会发展态势，一味强调发展个体实践，他在充分肯定集体实践与个体实践都具有相对独立的存在意义的同时，不仅强调发展集体实践，而且极其重视个体实践的完整的独立存在意义，认为应该积极鼓励个体实践的深入发展。邓小平指出："社会主义的本质，是解放生产力，发展生产力，消灭

---

① 参见唐宝林主编《马克思主义在中国 100 年》，安徽人民出版社 1997 年版，第 539 页。

② 参见奥尔森《集体行动的逻辑》，上海三联书店 1995 年版，第 6—7 页。

剥削，消除两极分化，最终达到共同富裕。"直观看来，邓小平的这一论述仅在阐述社会主义的本质，但它实际上表明邓小平已经看到了集体实践与个体实践之间的互补关系。在这里，所谓"解放生产力，发展生产力"的一个很重要的内容就是要充分调动个人行动的积极性。但是在社会主义社会中，这样做的目的并不在于像资本主义社会那样仅使少数人富裕起来，造成两极分化，而是要"最终达到共同富裕"。社会主义社会在发展的微观动力上所真正强调的是，在充分调动个人行动积极性的同时，坚持互助合作的行为模式。集体是由个人组成的，任何个体都是具有其完整存在意义的个体，倘若个人的行动积极性得不到调动，个体实践水平较低，要想使合作活动达到最佳效果显然是不可能的，由此以来社会发展要想在整体上有大的提高与发展显然也是很难做到的。

四是发展协调论。中国的社会发展是一个系统工程，是经济、政治、文化、环境的协调、持续的发展，是社会的全面发展和共同进步。

邓小平有着十分强烈的系统论思想，他曾经把加强工作中"系统性"作为一项特别要求，十分严肃而郑重地向全党同志提了出来。他说：我们要求党的各级干部认真学习马克思主义的基本理论，学习现代科学知识，"从而加强我们工作中的原则性、系统性、预见性和创造性"[①]。为了避免在社会发展过程中顾此失彼的情况出现，邓小平明确说道："为了建设现代化的社会主义强国，任务很多，需要做的事情很多，各种任务之间又有相互依存的关系，如像经济和经济、科学、经济与政治、法律等等，都是相互依存的关系，不能顾此失彼。"[②] 邓小平把改革当作一个整体、一个系统工程来看待。他认为改革是一场革命，"这场革命既要大幅度地改变目前落后的生产力，就必然要多方面地改变生产关系，改变上层建筑，改变工农业企业的管理方式和国家对工农业企业的管理方式，使之适用于现代化大经济的需要"[③]。正因为如此，邓小平在改革向纵深发展的时候，提出了"整体推进，综合配套"的方针。

针对中国社会的发展，邓小平不仅重视生产力的发展，而且还高度重视社会主义的民主建设。他指出："没有民主就没有社会主义，就没有社

---

① 《邓小平文选》第 3 卷，人民出版社 1993 年版，第 147 页。
② 《邓小平文选》第 2 卷，人民出版社 1994 年版，第 249—250 页。
③ 同上书，第 135—136 页。

会主义的现代化。"① 他把民主当作社会主义的本质要求，当作思想解放、实事求是的重要条件。他说："在过去一个相当长的时间内，民主集中制没有真正实行，离开民主讲集中，民主太少。……这种状况不改变，怎么能叫大家解放思想、开动脑筋？四个现代化怎么化法？"② 针对党内存在的权力过分集中的弊端，邓小平提出"权力不宜过分集中"的问题。他指出："党成为全国的执政党，特别是生产资料私有制的社会主义改造基本完成以后，党的中心任务已经不同于过去，社会主义建设的任务极为繁重复杂，权力过分集中，越来越不能适应社会主义事业的发展。"③ 因为这妨碍民主集中制的实行，妨碍实事求是路线的贯彻，妨碍集体智慧的发挥，容易产生官僚主义，导致错误的决策。

邓小平认为，改革政治体制，发展民主政治，主要是进行经济体制改革，解放生产力和发展生产力的客观需要。十一届三中全会进行的改革，首先从经济体制改革入手，革故鼎新，兴利除弊，以解放生产力，发展生产力，使社会主义制度的优越性充分发挥出来。但是，经济体制改革不能孤立地进行，从理论上说，经济基础要求上层建筑与它相适应并为之服务。作为经济基础的社会主义经济体制关系的改革，必然要求作为上层建筑的社会主义政治体制也相应地跟着改革，以便为它服务。邓小平在1986年的许多谈话中反复强调了政治体制改革必须与经济体制改革和经济发展相适应的问题。他说：改革，应该包括政治体制的改革，并且应该把它作为改革向前推进的一个标志。不搞政治体制改革不能适应形势，经济体制改革难于贯彻。"现在经济体制改革每前进一步，都深深感到政治体制改革的必要性。不改革政治体制，就不能保障经济体制改革的成果，不能使经济体制改革继续前进，就会妨碍生产力的发展，妨碍四个现代化的实现。"④ 他还指出："政治体制改革同经济体制改革应该相互依赖，相互配合。只搞经济体制改革，不搞政治体制改革，经济体制改革也搞不通，因为首先遇到人的障碍。事情要人来做，你提倡放权，他那里收权，你有什么办法？从这个角度来讲，我们所有的改革最终能不能成功，还是

---

① 《邓小平文选》第 2 卷，人民出版社 1994 年版，第 169 页。

② 同上书，第 144 页。

③ 同上书，第 329 页。

④ 《邓小平文选》第 3 卷，人民出版社 1993 年版，第 176 页。

决定于政治体制改革。"①

　　五是发展评价论。邓小平把文明和生产力标准作为评价社会发展的价值尺度，强调物质文明和精神文明两手都要抓，两手都要硬。

　　尽管邓小平十分重视生产力标准，但在发展评价的问题上，他却并没有单一地强调生产力标准，他最终向人们展示的是一个综合性的评价标准，即物质文明与精神文明两手都要抓、两手都要硬的评价标准。早在1979年10月，邓小平就指出："我们要在建设高度物质文明的同时，提高全民族的科学文化水平，发展高尚的丰富多彩的文化生活，建设高度的社会主义精神文明。"② 1980年12月他又指出："我们要建设的社会主义国家，不但要有高度的物质文明，而且要有高度的精神文明。所谓精神文明，不但是指教育、科学、文化（这是完全必要的），而且是指共产主义的思想、理想、信念、道德、纪律，革命的立场和原则，人与人的同志式关系，等等。"③

　　价值原理是一种特殊的、重要的价值判断，它反映着主体的根本目的、最基本利益和需要，是人们追寻的生活与实践意义的起点之所在。价值原理作为基本的、派生的价值判断，是以价值判断的等级结构或曰层级结构为前提的。这一前提很显然是成立的，否则便无所谓价值选择、价值优先、价值取舍之类说法的出现。现代著名西方学者舍勒指出，价值的等级结构中价值存在的基本样式，它构成了价值领域内的一种先验的本质秩序。他写道："所有的价值本质上都处于一种等级秩序之中。"④ 一般说来，衡量价值等级高低的基本标准主要有以下五个方面：第一，持久性。较高等级的价值往往比较低等级的价值更具持久性，但价值的持久性并不是指价值所实存或其载体的实存之时间长短，而是指它能够存在的性质或精神性存在。第二，不可分性和不可见性。价值愈高，便愈不可见，愈不可见，即愈少可感之经验特性，如基督教心目之上帝。第三，相对独立性。较高的价值不必依赖于较低的价值，但较低的价值必依赖于较高的价值，即价值的等级愈低，依赖性愈大。第四，满足的深度，即价值体验愈

　　① 《邓小平文选》第3卷，人民出版社1993年版，第164页。
　　② 《邓小平文选》第2卷，人民出版社1994年版，第208页。
　　③ 同上书，第367页。
　　④ 舍勒：《伦理学中的形式主义与非形式主义的价值伦理学》，英译本（美国西北大学出版社1973年版），第89页。

深刻，价值就愈高。第五，对主体机体的依赖程度。这种依赖程度愈高，价值愈低，反之则愈高。如快乐和享受就比较依赖于人的感官，而道德之善恶则比较少地依赖于人的机体。在舍勒看来，根据上述一条标准，就足以建立起严格的价值等级秩序。他依此建立了一个感觉价值——生命价值——精神价值——神圣的与非神圣的价值这样一个等级的价值王国。①

既然价值判断具有等级结构或层级结构，那么，当人们运用价值判断去评价事物时，这些评价标准显然也会具有等级结构或层级结构，而且它们会是价值判断的等级结构的一种反映。马克思曾经指出："思想、观念、意识的生产最初是与人们的物质活动，与人们的物质交往、与现实生活的语言交织在一起的。人们的想象、思维、精神交往在这里还是人们的物质行动的直接产物。表现在某一民族的政治、法律、道德、宗教、形而上学等语言中的精神生产也是这样。"② 按照马克思的观点，社会的精神生活过程决定于社会的物质生产方式。人们要从事社会精神生产，创造精神财富，享受精神生活，首先要有必要的物质生活条件，必须解决吃、穿、住等问题，否则精神生产无从谈起。这也就是说，物质生产是精神生产的前提，物质文明是精神文明的物质基础。在谈到物质文明和精神文明的关系时，邓小平指出："真正到了小康的时候，人的精神面貌就不同了。物质是基础，人民的物质生活好起来，文化水平提高了，精神面貌会有大变化。……当然我们总还要做教育工作，人的工作，那是永远不能少的。但经济发展是个基础，在这个基础上工作就好做了。"③ 由此可见，无论是马克思还是邓小平都是将生产力标准作为社会发展的最基本的标准来看待的。邓小平还指出："我们在建设具有中国特色的社会主义社会时，一定要坚持发展物质文明和精神文明，坚持五讲四美三热爱，教育全国人民做到有理想、有道德、有文化、有纪律。这四条里面，理想和纪律特别重要。我们一定要经常教育我们的人民，尤其是我们的青年，要有理想。为什么我们过去能在非常困难的情况下奋斗出来，战胜千难万险使革命胜利呢？就是因为我们有理想，有马克思主义信念，有共产主义信

---

① 参见孙伟平《事实与价值》，中国社会科学出版社 2000 年版，第 158 页。
② 《马克思恩格斯选集》第 2 卷，人民出版社 1995 年版，第 72 页。
③ 《邓小平文选》第 3 卷，人民出版社 1993 年版，第 89 页。

念。"① 在这里，邓小平非常明确地强调了精神文明建设的重要性。在他看来，精神文明的发达程度也是衡量社会发展的重要尺度。

（二）基本方法

从方法论上讲，邓小平发展哲学的基本要点包括以下四个方面：

1. 经济与社会协调观

邓小平认为社会发展是经济发展和社会的全面进步。经济发展是社会发展的前提和基础，社会发展是经济发展的结果和目的，二者是相互依存、相互促进的关系。

唯物辩证法强调事物的普遍联系，反对孤立、静止、片面地看问题。建设有中国特色的社会主义，是一项社会系统工程，必须要有协调性、全面性的战略眼光。单一地、片面地发展经济只会使社会呈现出畸形的发展局面。

2. 稳定与发展统一观

发展是硬道路，但发展要以稳定为条件。在保持国民经济持续、快速、健康发展的同时，要把促进社会稳定和进步摆在重要位置来考虑，把速度与效益、效率与公平、先富与共富等有机结合起来，实现改革、发展、稳定三者之间的相互协调。

世界的运动变化是绝对的，静止、稳定是相对的。邓小平指出：世界上一切事物都是变化的，"问题是变什么"，"是变好还是变坏"。我们主张向好的方面变，反对向坏的方面变。"不要拒绝变，拒绝变化就不能进步。这是思想方法问题。"② 把这一原理运用于社会经济发展，邓小平认为发展是绝对的，稳定、协调是相对的，"发展才是硬道理"③。因为发展是人类社会生存的基本前提，不发展生产，不发展经济，人类就不能生存，社会就不复存在。发展是社会进步的必然要求，生产力发展的水平是衡量社会进步的最终标准。对于社会主义社会来说，发展是社会主义本质的基本内容，"社会主义的优越性归根到底要体现在它的生产力比资本主义发展得更快一些、更高一些，并且在发展生产力的基础上不断改善人民

---

① 《邓小平文选》第 3 卷，人民出版社 1993 年版，第 110 页。

② 同上书，第 73 页。

③ 同上书，第 377 页。

的物质文化生活"①。

在指出"发展是硬道理"的同时，邓小平又把稳定视为发展的基本前提。邓小平明确指出："我们搞四化，搞改革开放，关键是稳定。""中国的问题，压倒一切的是需要稳定。"②"没有安定团结的政治局面，不可能搞建设，更不可能实行改革开放政策，这些都搞不成。"③ 他又说："中国要实现自己的发展目标，必不可少的条件是安定的国内环境与和平的国际环境。"④ 这就是说，发展是以社会稳定为前提条件的，在社会稳定中推进改革和发展；同时，社会的长期稳定又必须靠深化改革和不断推进社会发展来实现。

3. "两个文明"并举观

邓小平强调物质文明与精神文明要两手抓，两手都要硬。坚持物质文明与精神文明并举的方针，将世界现代文明与中国优秀文化传统结合起来，既充分吸收和借鉴现代文明的一切合理内容，又弘扬中国民族的优良传统，在促进人民生活质量提高的同时，促进人的全面发展和社会文明程度的普遍提高。

一手抓物质文明，一手抓精神文明，"两手抓，两手都要硬"，这个思想在邓小平那里一直是明确的。在1985年，他指出了精神文明建设事实上存在着"一手软"现象。他说道："社会主义精神文明建设，很早就提出了。中央、地方和军队都做了不少工作，特别是群众中涌现了一大批先进人物，影响很好。不过就全国来看，至今效果还不够理想。主要是全党没有认真重视。""不加强精神文明建设，物质文明的建设也要受破坏，走弯路。"⑤ 随后，他又指出："经济建设这一手我们搞得相当有成绩，形势喜人，这是我们国家的成功。但风气如果坏下去，经济搞成功又有什么意义？会在另一方面变质，反过来影响整个经济变质，发展下去会变成贪污、盗窃、贿赂横行的世界。"⑥ 为了使全党重视精神文明建设，邓小平将在20世纪80年代初建立经济特区时提出来的"两手抓"方针，进一

---

① 《邓小平文选》第3卷，人民出版社1993年版，第63页。
② 同上书，第286页。
③ 同上书，第199页。
④ 同上书，第360页。
⑤ 同上书，第143—144页。
⑥ 同上书，第154页。

步明确为"搞四个现代化一定要有两手，只有一手是不行的"①。

4. 宗旨与途径协同观

中国社会主义社会发展的宗旨是实现现代化，最大限度地满足人们的多层次的需要。中国社会主义发展的途径是以各项社会事业为载体，动员社会成员广泛参与现代化建设，并通过一系列社会政策来实现现代化。

三　邓小平发展哲学的基本特点

邓小平发展哲学作为马克思主义社会发展理论与中国社会发展实际及时代特征相结合的理论结晶，是具有中国特色的东方社会发展理论。这一理论主要从社会发展的运行层次上，系统地回答了中国这样一个经济文化落后的国家在社会主义条件下如何实现中国式现代化的一系列根本问题，因此，是指引中国发展和实现现代化的一面伟大的旗帜。

具体地说，邓小平的发展哲学作为一个完整的科学体系，不仅包含着丰富的理论内容，而且还具有以下显著的特征：

（一）在社会发展思想的形成上，体现了继承与创新相统一

邓小平作为一个伟大的马克思主义者，在建立其社会发展思想的过程中，始终坚持以马克思主义社会发展理论为指导，在继承马克思主义社会发展理论的基础上，把马克思主义社会发展理论推向了新的阶段和水平。

马克思主义社会发展理论是在其唯物史观中萌生与形成的。马克思主义认为，生产力是经济、社会、历史发展的决定性因素。生产力决定生产关系，生产关系反作用于生产力。由于生产力的不断增长，使得生产关系由生产力发展的形式变成发展的桎梏，最后导致社会革命。马克思主义创始人把社会发展概念引入社会活动领域，认为社会发展是一种自然历史过程。社会发展既包括社会在某一阶段中经济、政治、文化发展的历史过程，又包括社会物质生产、精神生产和社会生活的进步过程。社会发展的实质是为了提高人们的生活质量和改善人们的生存环境，最终是为了促进人的全面发展。

马克思主义社会发展理论包括两个层次：一是本质、规律层次上的社会发展理论。它主要阐述历史观的一些基本观点，揭示社会发展的本质及其规律，包括社会形态的更替，人类社会发展的总体走向，社会主义和共

---

① 《邓小平文选》第 3 卷，人民出版社 1993 年版，第 154 页。

产主义必将取代和战胜资本主义，等等。二是运行层次上的社会发展理论。它主要研究社会发展的条件、方法、动力与途径等问题，为传统社会迈向现代社会提供理论指导。在上述两个层次上，马克思主义创始人的贡献主要体现在第一个层次上。

马克思主义社会发展理论是从本质规律层次上来阐述社会发展的，是对社会发展的宏观概括与总体把握，是研究社会发展的指南。邓小平发展哲学在宏观上坚持了马克思主义社会发展理论。他指出：马克思主义"运用历史唯物主义揭示了人类社会发展的规律。封建社会代替奴隶社会，资本主义代替封建主义，社会主义经历一个长过程发展后必然代替资本主义。这是社会历史发展不可逆转的总趋势"①。在对待毛泽东社会发展理论问题上，邓小平也是既坚持，又发展。他指出："三中全会以后，我们就是恢复毛泽东同志的那些正确的东西嘛……基本点还是那些。从许多方面来说，现在我们还是把毛泽东同志已经提出，但没有做的事情做起来，把他反对错了的改正过来，把他没有做好的事情做好。今后相当长的时期，还是做这件事。当然，我们也有发展，而且还要继续发展。"② 正是根据这一精神，邓小平发展哲学在社会发展的运行层面上，深入丰富与发展了马克思主义社会发展理论，这突出表现在对社会基本矛盾的深入分析，对社会发展的阶段、动力、目标、任务的阐发等方面。

一般地说，邓小平发展哲学是建立在历史唯物主义基础之上的，它不仅坚持了马克思主义社会发展理论的整体观，把社会发展作为一个有机整体来把握，而且还积极从人的根本利益出发，肯定生产力是推动社会发展的决定因素，将解放和发展生产力提到整个社会发展的首位，强调通过改革开放来推动中国社会的发展。邓小平发展哲学，在本质层面上继承了马克思主义社会发展理论，在社会发展运行层面上创造性地发展了马克思主义社会发展理论，把马克思主义社会发展理论推到了一个新阶段，体现了宏观规律层面上的坚持与运行层面上的创新的有机统一。

（二）从人类发展和世界历史的高度认识中国社会发展

邓小平的发展哲学是在经济文化落后的东方大国——中国，在中国的社会主义初级阶段，在国际政治经济格局发生重大变化的条件下形成的。

---

① 《邓小平文选》第 3 卷，人民出版社 1993 年版，第 382—383 页。
② 《邓小平文选》第 2 卷，人民出版社 1994 年版，第 300 页。

它是面向二十一世纪的、具有中国特色的社会主义的发展理论。它的宏观历史视野和世界战略思维是："面向现代化，面向世界，面向未来"；"把发展问题提到全人类的高度来认识，要从这个高度去观察问题和解决问题"，"要从人类发展的高度来认识"①。

"从人类发展的高度来认识"，就是把握世界历史发展的本质、主流与趋势。当今世界发展的主流是世界范围的新技术革命和现代化进程，是和平与发展。"从人类发展的高度来认识"，就是要求我们更新观念，重新确定我们的经济社会发展战略和社会主义现代化路线；就是要求我们重新认识社会主义的本质，从理论上阐明社会主义的根本任务是发展生产力，提高人民的物质文化生活水平。邓小平对当代世界发展的根本问题采取了马克思主义的现实主义的态度，站在时代的制高点上，以高度的智慧、深邃的目光、卓越的胆识，制定了正确的发展目标、发展模式与发展战略。邓小平的发展哲学是中国现代化的新的建设方略与新的发展模式。

马克思恩格斯明确指出："各个相互影响的活动范围在这个发展进程中越是扩大，各民族的原始封闭状态由于日益完善的生产方式、交往以及因交往而自然形成的不同民族之间的分工消灭得越是彻底，历史也就越是成为世界历史。"② 应当看到的是，正因为历史拥有如马克思恩格斯所言的"成为世界历史"的发展态势，因此，随着生产方式的日益完善以及交往的日益发达，一个民族的发展就会逐渐地不再局限在狭隘的民族范围内，不再是单独一个民族的问题，而是世界历史的一部分。中国是在与世界的联系中走向现代化的，必须从世界历史、世界交往的高度来观察、把握中国的社会发展。邓小平明确指出"现在的世界是开放的世界"，"中国的发展离不开世界"③，所表现出的就是一种世界历史眼光。从世界历史的观点来看，"中国式的现代化"不只是一个民族的概念，而是一个世界历史的概念，离开了世界交往与世界历史，中国就不可能发展，就不可能实现社会主义现代化。邓小平指出："如果从明朝中叶算起，到鸦片战争，有三百多年的闭关自守，如果从康熙算起，也有近二百年。长期闭关

---

① 《邓小平文选》第 2 卷，人民出版社 1994 年版，第 35、282、281 页。

② 《马克思恩格斯选集》第 1 卷，人民出版社 1995 年版，第 88 页。

③ 《邓小平文选》第 2 卷，人民出版社 1994 年版，第 64、78 页。

自守，把中国搞得贫穷落后，愚昧无知。"① 他又说："五十年代在技术方面与日本差距也不是那么大。但是我们封闭了二十年，没有把国际市场竞争摆在议事日程上，而日本却在这个期间变成了经济大国。"② 总之，"中国长期处于停滞和落后状态的一个重要原因是闭关自守"③，这说明中国现代化是世界历史性问题，离开了世界历史、世界交往，就不能正确认识"中国式的现代化"的含义，也不能正确选择实现现代化的途径、方式与策略。

（三）实现了对中国社会发展性质和发展阶段的准确把握

邓小平发展哲学的一个鲜明特点，就是强调中国社会发展的社会主义性质与方向。他认为，离开了社会主义，中国的发展就会前途暗淡。历史已雄辩地证明，只有社会主义才能救中国，只有社会主义才能发展中国。因此，邓小平反复强调中国发展的社会主义方向，强调中国的现代化是社会主义现代化。

要使中国社会发展沿着社会主义轨道前进，就必须搞清中国的社会主义处于什么发展阶段。在党的十一届三中全会以前我们并没有完全搞清楚这个问题，因而始终未能找到中国发展的正确道路。马克思曾经指出社会主义是"在保证社会生产力极高度发展的同时，又保证人类全面发展的一种经济形态"④。恩格斯也提出过社会主义是一个不断改革的社会的论断。邓小平在上述思想的基础上深入探索了社会主义的本质特征及其运动和发展的内在规律，科学地揭示了社会主义的本质。邓小平的社会主义本质论，冲破了传统社会主义模式的束缚，为建设有中国特色社会主义奠定了理论基础。同时，邓小平通过对我国及其他社会主义国家现代化建设事业成败得失和经验教训的总结，通过对当今世界上资本主义发达国家和发展中国家发展态势的科学分析，明确了 20 世纪中国发展所处的历史方位和社会阶段，为 20 世纪中国在发展中防止过去毛泽东时代曾经发生过的超越历史阶段的错误提供了科学的理论依据。

① 《邓小平文选》第 2 卷，人民出版社 1994 年版，第 90 页。

② 同上书，第 274 页。

③ 同上书，第 78 页。

④ 《马克思恩格斯全集》第 19 卷，人民出版社 1963 年版，第 130 页。

（四）把立足中国与面向世界结合起来，强调社会发展的中国特色与时代特征

邓小平明确指出："我们的现代化建设，必须从中国的实际出发……走自己的道路，建设有中国特色的社会主义，这就是我们总结长期历史经验得出的基本结论。"他还提醒我们："中国式的现代化，必须从中国的特点出发。"① 以后他又多次强调"马克思主义必须是同中国实际相结合的马克思主义，社会主义必须是切合中国实际的有中国特色的社会主义"。"固定的模式是没有的，也不可能有"②。这些精辟的论断是邓小平探索中国发展道路的经验总结。正是本着把马克思主义与中国实际相结合的科学态度，邓小平勇于创新，大胆探索，不断丰富有中国特色的社会主义现代化理论。

（五）体现了整体发展与全面协调发展的内涵

邓小平把中国的社会发展看作一个整体互动的推进过程，认为要使中国社会协调发展必须正确处理好以下几个关系：一是经济发展与社会发展的关系。二是要使经济发展与政治发展协调。三是经济发展应与科学技术教育发展相互协调。四是社会发展应与人的发展相协调。

（六）体现了理论的实践性与内容的创造性的有机统一

邓小平发展哲学的实践性特征，突出地展现了邓小平追求真理、不搞空谈、注重实践的品格与人格。江泽民同志在邓小平追悼大会上说道："在开拓新的道路的进程中，他尊重实践，敏锐地把握时代发展的脉搏和契机，既继承前人又突破陈规，既借鉴世界经验又不照搬别国模式，总是从中国的现实和当代世界发展的特点出发去总结新经验，创造新办法。"③

邓小平发展哲学具有突出的实践性特征，具有极强的可操作性。从中国处于社会主义初级阶段这一 20 世纪中国基本国情出发，邓小平将中国式的现代化道路划分为三个发展阶段，或称三步走战略。邓小平说道："我国经济发展分三步走，本世纪走两步，达到温饱和小康，下世纪用三十年到五十年时间再走一步，达到中等发达国家的水平。这就是我们的战

---

① 《邓小平文选》第 3 卷，人民出版社 1993 年版，第 63 页。
② 同上书，第 164、292 页。
③ 江泽民：《在邓小平同志追悼大会上的悼词》，《人民日报》，1997 年 2 月 26 日。

略目标，这就是我们的雄心壮志。"① 他还强调："我们现在真正要做的就是通过改革加快发展生产力，坚持社会主义道路，用我们的实践来证明社会主义的优越性。要用两代人、三代人甚至四代人来实现这个目标。"②

思想的求实性，决定了内容的创新性。邓小平发展哲学是以解放思想、实事求是为思想基础，以我国国情为出发点，以走自己的道路为主线，以经济发展为核心，以改革为动力，以开放为外部条件，以富强、民主、文明为目标，以四项基本原则为保证，以政治发展为标志，以文化发展为纽带而组成的一个具有开拓性的社会发展理论体系。

四　邓小平发展哲学的科学价值

作为当代马克思主义发展理论，邓小平发展哲学的科学价值不仅体现为是对辩证唯物主义与历史唯物主义的坚持与发展，而且还体现为是对马克思主义发展理论的重大发展，是对发展问题成为世界的新的历史主题之后充分加以重视的重要思想成果。

（一）邓小平发展哲学是当代马克思主义发展理论

邓小平理论是指导中国实现现代化的马克思主义理论，其中心是建设有中国特色的社会主义理论。在一定意义上说，邓小平理论就是当代中国的马克思主义社会发展理论。这个理论坚持辩证唯物主义和历史唯物主义，批判借鉴西方发展理论的有益成果，对当代世界特别是当代中国的发展问题，做出了不同于西方发展理论的马克思主义的回答。因此，邓小平的发展哲学成为当代马克思主义的发展理论。

1. 社会发展问题的定位

20 世纪 60 年代，发展问题引起了世界各国的广泛关注，发展理论成了研究热点。邓小平立足中国，放眼世界，坚持马克思主义哲学的立场、观点与方法，对发展问题进行了科学的理论定位。

第一，发展问题是当代的主题。

党的十一届三中全会以来，邓小平在精心设计我国社会主义现代化发展战略的同时，始终以极大的精力关注着世界的发展和国际形势的变化。他以广阔的世界历史眼光敏锐地把握住了时代发展的脉搏，深刻揭示了时

---

① 《邓小平文选》第 3 卷，人民出版社 1993 年版，第 251 页。

② 同上书，第 256 页。

代主题的变化，并且做出了科学的判断。邓小平认为，和平与发展是当今世界的两大主题，发展是当代世界的核心问题。这一科学判断在十四大之后成为全党的共识。它不仅表明我们已经把握了当今时代主题的变化，而且表明我们党对马克思主义在 20 世纪 60 年代以来面临的全新课题和发展趋势，从时代特征和世界总体形势方面做出了实事求是的科学分析。

第二，发展问题是当代中国的主题。

邓小平认为，发展是当代中国的核心问题。1978 年，党的十一届三中全会放弃了以阶级斗争为纲的错误政治路线，实现了党的工作中心向以经济建设为中心的社会主义现代化的战略转移。1979 年，邓小平依据唯物辩证法的主要矛盾理论深刻地阐明了实现这一工作中心转移的理论依据。他指出："我们的生产力发展水平很低，远远不能满足人民和国家的需要，这就是我们目前时代的主要矛盾，解决这个主要矛盾就是我们的中心任务。"[①] 他甚至强调说："我们当前以及今后相当长一个历史时期的主要任务是什么？一句话，就是搞现代化建设。能否实现四个现代化，决定着我们国家的命运、民族的命运。"

邓小平认为，当代世界的核心问题与当代中国的核心问题是统一的，相互联系的。谋求发展，推进现代化，是主导世界的历史潮流，这就使得发展成为了当代世界的核心问题；实现社会主义现代化是现代化的历史潮流在中国的特殊表现，因此发展也就必须成为当代中国的核心问题。正是由于这一原因，邓小平把中国的发展与中国实现社会主义现代化当作同一主题，当作当代中国的主要任务和主要目标，当作当代中国的主题。

第三，发展问题是当代马克思主义的主题。

当代马克思主义是对当代历史进程与社会实践最科学、最集中反映。邓小平哲学思想作为当代中国的马克思主义，必然是对时代特征与中国实际的科学总结与概括。既然发展问题是当代世界和当代中国的主题，当代中国的马克思主义就必须紧紧抓住这个核心问题，自觉地把它当作自身研究的主题。

邓小平指出："真正的马克思列宁主义者必须根据现在的情况，认识、继承和发展马克思列宁主义。"他还说道："什么是我国今天最重要的新情况？最重要的新问题呢？当然就是实现四个现代化，或者像我在前

---

① 《邓小平文选》第 2 卷，人民出版社 1994 年版，第 182 页。

面说的，实现中国式的现代化。我们已经说过，深入研究中国实现四个现代化所遇到的新情况、新问题，并且做出有重大指导意义的答案，这将是我们思想理论工作者对马克思主义的重大贡献，对毛泽东思想旗帜的真正高举。"① 这是邓小平对所有马克思主义理论工作者的要求，而他自己也是这样做的。

2. 社会发展本质的规定

发展哲学的核心内容是对发展本质的规定与理解。邓小平发展哲学深刻揭示了社会发展的本质规定，这种规定主要包含了以下三个要点：

第一，社会发展就是从落后转变为发达状态，就是搞现代化。邓小平认为发展不单纯是经济的增长，它包括社会经济形态质的变化，是由传统农业社会向现代化工业社会转变的过程。在此意义上，他把发展和现代化当作同义词使用。对于中国来说，发展又特指社会主义现代化。邓小平认为，许多问题，不搞现代化解决不了。国民经济的发展，国民收入的增加，人民生活的逐步提高，国防相应地得到巩固和加强，都要靠搞四个现代化。邓小平进一步强调指出："搞社会主义现代化建设是基本路线"②，并且称这条路线为"中国的发展路线"③。

第二，搞社会主义现代化，把中国发展起来，最根本的是发展生产力。邓小平多次强调指出，搞社会主义现代化，最主要、根本的任务是发展生产力。

第三，社会发展是社会全面协调发展。在邓小平看来，发展是以经济为中心，但社会发展不是一个单纯的经济运行过程，而是经济与政治、经济与文化、经济与环境以及经济发展与社会发展，经济发展与人的发展的协调。

3. 发展哲学的建构

邓小平运用马克思主义的立场、观点与方法回答了中国及其他发展中国家现代化过程中面临的基本理论与实践问题，对发展目标、发展动力、发展规律、发展机遇、发展战略、发展模式、发展与社会公正、发展与文化的冲突与融合、发展与人口环境资源等问题，做出了不同于西方与前苏

---

① 《邓小平文选》第 2 卷，人民出版社 1994 年版，第 162 页。
② 同上书，第 248 页。
③ 同上书，第 381 页。

联东欧学者的一系列重大的回答，系统地建构了马克思主义的发展哲学，为后来的科学发展观的建立与完善打下了良好的理论基础。

（二）邓小平发展哲学闪耀着唯物辩证法的光辉

邓小平发展哲学是辩证的发展观。他把唯物辩证法应用于社会主义发展问题的解决之中，展现了历史与逻辑的统一、真理与价值的统一、现实与未来的统一。有中国特色的社会主义社会发展的理论与实践，就是邓小平唯物辩证法的生动体现。

1. 邓小平发展哲学坚持矛盾分析法

矛盾分析法是马克思主义哲学的根本方法。邓小平运用矛盾法则去分析中国社会，对不同层次、不同类型、不同作用的矛盾进行了深入与细致的分析，辩证地处理了社会主义社会发展过程中的重大理论与现实问题。

第一，坚持两点论重点论的统一，抓住社会主义初级阶段的主要矛盾，提出社会主义的根本任务是发展生产力。十一届三中全会以后，邓小平对历史经验与我国国情做出了科学分析，明确指出："我们的生产力发展水平低，远远不能满足人民和国家的需要，这就是我们目前时期的主要矛盾，解决这个主要矛盾就是我们的中心任务。"① 他认为，整个社会主义历史阶段的中心任务都是发展生产力。"社会主义的任务很多，但根本一条就是发展生产力"②。邓小平还将生产力问题放到社会主义和资本主义的关系中进行考察，从发挥社会主义优越性和战胜资本主义的战略高度，去深入阐述发展生产力的历史地位与作用。邓小平认为生产不发展，社会主义优越性就无法体现出来。甚至发展太慢也显示不出社会主义的优越性。因此，要在"发展生产力基础上体现出优于资本主义"，③"社会主义优越性最终要体现在生产力能够更好地发展上"④。只有依靠大力发展生产力，始终坚持以经济建设为中心，才能使社会主义最终"战胜资本主义"。

第二，运用社会主义基本矛盾和内因与外因辩证关系的原理，把改革开放与科技教育作为发展的动力。

① 《邓小平文选》第2卷，人民出版社1994年版，第182页。
② 《邓小平文选》第3卷，人民出版社1993年版，第137页。
③ 同上。
④ 同上书，第149页。

第三，运用矛盾同一性的原理，分析社会主义与市场经济的矛盾性与兼容性，提出"社会主义也可以搞市场经济"① 的发展模式论。

第四，运用矛盾力量不平衡和量变质变的原理分析中国地区之间、城乡之间、人群之间发展的不平衡的国情，提出"先富"带动"后富"②以及"三步走"、"三级跳"，积小胜为大胜、积小康为现代化的发展战略。

2. 邓小平发展哲学坚持了辩证唯物主义的否定观

改革开放以来，邓小平倡导"解放思想，实事求是"，为人们冲破传统僵化的思维定式，重新认识社会主义和资本主义的关系提供了科学的方法。辩证地否定资本主义，首先必须看到社会主义与资本主义质的不同。邓小平从政治经济和思想文化等方面谈社会主义与资本主义的对立。他认为，资本主义的政治制度，如三权分立、议会制、多党制不适合中国。中国政治体制改革不能"全盘西化"，要坚持四项基本原则。在经济上，强调公有制和共同富裕是社会主义的根本原则，在建立社会主义市场经济和实现现代化的手段和途径问题上，社会主义和资本主义也存在着差异。在思想文化方面，邓小平提醒我们要保持清醒的头脑，坚持抵制外来腐朽思想的侵蚀，绝不允许资产阶级生活方式在我国泛滥，不能让资本主义文化中有害于我们的东西畅行无阻。

邓小平认为，要辩证地否定资本主义。所谓辩证的否定，是指新事物在否定旧事物时，保留旧事物中积极的因素，作为自己生存和发展的基础。辩证否定的实质是扬弃。否定历来与肯定相伴而存在，否定了资本主义的本质就包含对非资本主义本质的某些因素的肯定。在此意义上，邓小平提出了要学习和利用资本主义的新思维。早在 1979 年党的理论工作务虚会上，邓小平就指出："资本主义已经有了几百年历史，各国人民在资本主义制度下所发展的科学和技术，所积累的各种有益的知识和经验，都是我们必须继承和学习的。我们要有计划、有选择地引进资本主义国家的先进技术和其他对我们有益的东西，但是我们决不学习和引进资本主义制度，决不学习和引进各种丑恶颓废的东西。"③ 1983 年召开的十二届中央委员会第二次全体会议上，他又指出："我们要向资本主义发达国家学习

① 《邓小平文选》第 2 卷，人民出版社 1994 年版，第 236 页。

② 同上书，第 152 页。

③ 同上书，第 167—168 页。

先进的科学、技术、经营管理方法以及其他一切对我们有益的知识和文化，闭关自守、故步自封是愚蠢的。"① 1992 年的"南方谈话"中，邓小平进一步强调"必须大胆吸收和借鉴人类社会创造的一切文明成果，吸收和借鉴当今世界各国包括资本主义发达国家的一切反映现代社会化生产规律的先进经营方式、管理方法"②。

　　总之，邓小平哲学思想是马克思主义哲学基本原理和我国建设实践及当今世界时代特征相结合的产物，是马克思主义哲学中国化形态——毛泽东哲学思想的继承、丰富和发展，是中国特色社会主义的建设哲学、发展哲学，是马克思主义哲学中国化形态的新的理论成果。

---

① 《邓小平文选》第 3 卷，人民出版社 1993 年版，第 44 页。
② 同上书，第 373 页。

第二十五章

"三个代表"重要思想的哲学思想

2000 年 2 月,江泽民同志明确提出了"三个代表"重要思想。他在广东考察工作时的讲话中指出:"总结我们党 70 多年的历史,可以得出一个重要的结论,这就是,我们党所以得到人民的拥护,是因为我们党作为中国工人阶级的先锋队,在革命、建设、改革的各个历史时期总是代表着中国先进社会生产力的发展要求,代表着中国先进文化的前进方向,代表着中国最广大人民的根本利益,并通过制定正确的路线方针政策,为实现国家和人民的根本利益而不懈奋斗。人类又来到一个新的世纪之交和新的千年之交。在新的历史条件下,我们党如何更好地做到这'三个代表',是一个需要全党同志特别是党的高级干部深刻思考的重大课题。"[①] 江泽民同志"三个代表"重要思想的提出,有着深刻的时代和历史背景,是站在千年更迭、世纪更替的历史高度,运用马克思主义基本哲学理论对历史经验的全面总结,对时代要求的深刻把握的结果。"三个代表"重要思想的提出不仅有着极其重要的现实意义,而且有着极其深刻的哲学意义。

第一节 "三个代表"重要思想与
马克思主义的实践观点

"三个代表"重要思想源于实践,是对世界社会主义运动 150 多年和我党 80 年建党经验的科学总结,与解放思想、实事求是的思想路线相一致,与马克思主义的实践观点相一致,是对马克思主义的实践观点的坚持与发展。

---

① 江泽民:《论"三个代表"》,中央文献出版社 2001 年 8 月版,第 2 页。

一　解放思想、实事求是与"三个代表"的历史贡献

实事求是思想路线是毛泽东为我们党确立起来的。毛泽东晚年错误的一个根本原因就是因为背离了这条马克思主义思想路线，这使全党与全国人民受到了一次极为深刻的教育。在新的历史条件下，邓小平重新恢复了实事求是这条马克思主义的思想路线，并予以了重大发展，使得实事求是与解放思想紧密地结合在一起。"三个代表"重要思想的提出，不仅是对解放思想、实事求是思想路线的坚持与发展，而且是对马克思主义、毛泽东思想和邓小平理论宝库的丰富，它是紧跟时代潮流、与时代特征有机结合的产物，是与时俱进的典范。"三个代表"重要思想的诞生，标志着马克思主义哲学在中国的丰富与发展进入到一个新的历史阶段。

解放思想、实事求是的过程，也就是不断完成理论与实践相结合的过程。源于实践，指导实践，并在实践中发展，这是任何科学理论产生、发展、走向成熟并发挥巨大作用的客观过程。马克思主义是科学的，它始终严格地以客观事实为根据，在实践中检验与发展真理：一方面理论随着实践的发展而发展，另一方面发展了的理论又依靠发展了的实践去检验。根据新的时代、新的条件与新的实践，纠正和推翻认识中的谬误，丰富和发展正确的认识，进一步探索新的理论认识，永远保持理论与实践、主观和客观具体的、历史的统一，这既是马克思主义认识论的基本思想，也是解放思想、实事求是思想路线所要表达的实际内容。作为将马克思主义与中国社会主义建设的具体实践在新的时代与新的形势下相结合的思想结晶，"三个代表"重要思想在竭力实现理论与实践相结合的马克思主义认识论基本思想的同时，进一步再现了解放思想、实事求是思想路线的理论精髓。

二　"三个代表"重要思想的实践品格与创新意义

"三个代表"重要思想是马克思主义与中国具体实践相结合的思想原则的进一步升华，它所体现的是马克思主义中国化在与时俱进过程中的新的发展。在马克思主义哲学看来，物质是客观存在的，人的精神、观念、思想来自于实践，而正确的认识对于实践又具有巨大的指导作用。毛泽东曾经十分形象地说过，人的正确思想不是从天上掉下来的，也不是人的头

脑里固有的，而是来自社会实践。你要知道梨子的滋味，你就得亲口尝一尝；你要有知识，你就得参加变革现实的实践；你要知道革命的理论和方法，你就得参加革命。中国社会主义实践在新的历史阶段的新的发展，催生了"三个代表"重要思想。"三个代表"重要思想是马克思主义中国化在新的历史阶段中的新的成就，它将引导中国社会主义建设实践向更加深远的广度与深度发展。

中国共产党的历史，就是一部马克思主义的普遍真理与中国革命与建设的具体实践相结合的历史。毛泽东思想、邓小平理论、"三个代表"重要思想是在实践中不断发展马克思主义的理论。毛泽东思想在将马克思主义与中国革命的实践相结合的过程中解决了中国的新民主主义和社会主义革命的道路和形式的问题，邓小平在将马克思主义进一步中国化的过程中初步解答了"什么是社会主义和怎样建设社会主义"这样一个社会主义建设的根本问题。江泽民在毛泽东、邓小平丰富的思想源泉的基础上，把马克思主义基本原理与历史的经验相融合，提炼、归纳出"三个代表"的科学思想，明确回答了"建设一个什么样的党和怎样建设党"这样一个党的建设的根本问题。这是马克思主义与中国社会主义建设实践相结合的新境界，是我们党解放思想、实事求是、不断开拓、锐意创新精神的生动体现，是我们党的力量与事业生机勃勃、与时俱进的生动写照。

20世纪90年代以来，国内国际形势发生了广泛而深刻的变化，给党执政和领导各项事业提出了新的更高要求。党领导和治理国家的难度比以前增大了。把一个什么样的党带入21世纪，怎样领导人民在激烈的竞争和挑战中实现中华民族伟大复兴的历史使命，是党的建设的基本问题。以江泽民同志为核心的党中央高举邓小平理论伟大旗帜，不断吸取新鲜经验，明确提出了新时期党的建设总目标，制定了一系列加强党的建设的重大举措，创造性地继承与发展了毛泽东、邓小平关于党的建设的理论。"三个代表"重要思想，是以江泽民同志为核心的党的第三代领导集体在新形势下坚持将马克思主义进一步中国化的精神探索和发展党建理论的最高成果和集中体现。

三　"三个代表"的理论思维与实践指向

恩格斯指出："没有理论思维，就会连两件自然的事实也联系不起来，或连两者之间所存在的联系都无法了解。"①"三个代表"重要思想是建立在极其深刻的理论思维基础之上的。从先进生产力的发展要求、先进文化的前进方向、广大人民的根本利益三个维度思考党的建设，不仅体现了共产党人对历史发展的价值选择，而且体现了对历史发展客观规律的高度概括和自觉遵循，蕴藏着深厚的理论思维内涵。

先进生产力、先进文化与广大人民群众的根本利益，本来是三个自身独立的价值评价标准，但是，通过"三个代表"重要思想，上述三个独立的价值评价标准之间构成了一种新的联系。它们之间相互关联、相互促进，形成一个有机的统一整体。在这个统一整体中，一方面，先进社会生产力是基础，因为它既是发展先进文化的物质条件，又是实现人民利益的物质基础。另一方面，生产力的发展离不开教育、科学、文化的发展，离不开思想道德建设和人民崇高精神的培养，先进文化为生产力的发展提供精神动力和智力支持，又满足广大人民群众日益增长的文化生活的需要。这就不断要求我们党在正确处理解放生产力和发展生产力的关系中成为我国先进社会生产力发展要求的忠实代表，而且要求我们要在正确把握社会主义物质文明与精神文明的关系中，成为我国先进文化前进方向的忠实代表。

生产力概念，是马克思、恩格斯创立唯物史观时用来解释社会历史发展的最基本的概念。在人类思想史上，他们首先提出："人们是自己的观念、思想等等的生产者，但这里所说的人们是现实的、从事活动的人们，他们受着自己的生产力和与之相适应的交往的一定发展——直到交往的最遥远的形态——所制约。"② 解放和发展生产力是科学社会主义的基本原则，代表先进生产力的发展要求是马克思主义政党的本性。邓小平强调：共产党人的历史任务正是"解放生产力"和"发展生产力"。他明确指出："按照历史唯物主义的观点来讲，正确的政治领导的成果，归根结底要表现在社会生产力的发展上，人民物质文化生活的改善上。"③"社会主义的优越性，归根结底要体现在它的生产力比资本主义发展得更快一些、

① 《马克思恩格斯全集》第 20 卷，人民出版社 1971 年版，第 399 页。
② 《马克思恩格斯选集》第 1 卷，人民出版社 1995 年版，第 72 页。
③ 《邓小平文选》第 2 卷，人民出版社 1994 年版，第 128 页。

更高一些，并且在发展生产力的基础上不断改善人民的物质文化生活。"①
正是基于对生产力作为社会进步最高尺度的深刻理解，江泽民进一步把党
的建设与生产力的发展要求联系起来，明确提出党要始终代表先进生产力
的发展要求，是对生产力理论和生产方式理论的科学概括和最新发展。

　　江泽民在"三个代表"重要思想中首次提出中国共产党要始终代表
中国先进文化的前进方向，把代表先进文化与党的建设联系起来，表明第
三代领导集体对新时期文化建设的高度自觉。生产力是推进社会发展的最
终决定力量，但不是唯一力量。经济建设是社会发展的物质基础，但社会
进步又离不开文化的支撑与引导。社会进步的标志是社会文明的发展，有
中国特色社会主义包括社会主义物质文明与精神文明两大组成部分，两者
相辅相成，缺一不可。只有坚持物质文明和精神文明协调发展，才能推动
经济与社会的全面发展。因此，中国共产党不但要代表先进社会生产力发
展要求，而且要代表先进文化的前进方向。

　　党要始终代表最广大人民的根本利益，这是由党的性质和人民群众的
历史地位所决定的。马克思恩格斯在创立唯物史观时已经指出："全部人
类历史的第一个前提无疑是有生命的个人的存在，因此，第一个需要确认
的事实就是这些个人的肉体组织以及由此产生的个人对其他自然的关
系。……一当人们开始生产自己的生活资料的时候，这一步是由他们的肉
体组织所决定的，人本身就开始把自己和动物区别开来。人们生产自己的
生活资料，同时间接地生产着自己的物质生活。"② 因此，唯物史观以社
会生活的物质性为自己的出发点，由此产生出最基本的历史活动，即满足
人们这种客观需要的生产活动。作为中国工人阶级的先锋队，我们党来自
于人民，根植于人民，服务于人民，是人民利益的忠实代表。邓小平一再
告诫全党，必须把"人民拥护不拥护"、"人民满意不满意"、"人民赞成
不赞成"作为一切工作的出发点。中国共产党是中国最广大人民利益的
忠实代表，这是发展中国先进生产力和先进文化的出发点和落脚点，是贯
穿在中国先进社会生产力的发展要求和中国先进文化的前进方向中的主线
与灵魂。无论发展社会生产力还是发展先进文化，归根结底都是为了人民
群众的根本利益。

────────────

　　①　《邓小平文选》第 2 卷，人民出版社 1994 年版，第 63 页。
　　②　《马克思恩格斯选集》第 1 卷，人民出版社 1995 年版，第 67 页。

"三个代表"重要思想不仅是一个理论问题，更是一个实践问题。在《关于费尔巴哈的提纲》中，马克思提到："人的思维是否具有客观的真理性，这不是一个理论的问题，而是一个**实践**的问题。人应该在实践中证明自己的思维的真理性，即自己思维的现实性和力量，自己思维的此岸性。关于思维——离开实践的思维——的现实性或非现实性的争论，是一个纯粹**经院哲学**的问题。"① 通过强调实践的核心意义，马克思主义建立了围绕实践而展开的辩证的唯物主义。实践概念及其在认识中的地位与作用在毛泽东哲学思想那里得到了进一步的明朗化。对于邓小平理论来说，实践标准是其重要的思想基石；邓小平理论的全部内容，都是建立在贯彻实践标准，从实践出发基础上的。江泽民的"三个代表"重要思想同样也是围绕实践而展开的，它是在实践中对邓小平理论的丰富与发展。从实践意义上讲，"三个代表"重要思想不仅直接推动着我国改革开放和现代化建设迈向新的征程，而且创造了党的思想理论建设的新鲜经验。面向新世纪，我们只有不断坚持马克思主义的中国化发展道路，才能做到既发挥马克思主义理论的科学指导作用，又坚持大胆实践，勇于探索，认真研究和解决现实中存在的各种问题。

第二节 "三个代表"重要思想与历史唯物主义的基本观点

"三个代表"重要思想从先进生产力、先进文化与人民群众的根本利益三个层面上对党的先进性提出了更高的要求，从而创造性地丰富和发展了马克思主义哲学思想，构建了一个将先进生产力论、先进文化观和群众观点等汇集在一起的新的社会综合发展观。

一 "三个代表"重要思想中的生产力论

生产力论是唯物史观的核心，而"三个代表"重要思想的历史观的基本内容是以先进生产力为中心的先进生产力论。因此，从根本上说，"三个代表"建构了将先进生产力视为一切社会发展的最终决定力量的新的生产力论，从而使马克思主义生产力论在新的历史条件下有了新的

---

① 《马克思恩格斯选集》第 1 卷，人民出版社 1995 年版，第 55 页。

发展。

（一）"先进"与"落后"

"先进"是"三个代表"重要思想中的核心概念，这个概念作为前置词添加到生产力概念之中，从而使生产力概念有了新的内涵。那么，究竟什么是"先进"呢？

所谓"先进"主要是指客观事物内部那些充满活力、代表着未来发展方向的内容，而所谓"落后"，则主要是指客观事物内部那些尽管仍然存在着，但却正在走向衰落的内容。先进的东西往往是与落后的东西并行存在的，落后的东西之所以仍然存在着，并不是因为它们依旧充满活力，而是因为它们通常是作为已往存在过的东西留下痕迹而以某种形式保留在客观事物之中。进一步地说，所谓先进的东西也意味着是对落后的东西超越的结果，是对落后的东西的扬弃（既克服又保留）。先进的东西的很重要的一部分内容来自于落后的东西中的精华。先进是相对于落后而言的，倘若没有"落后"作为映衬，是无所谓体现"先进"的；同理，落后也是相对于先进而言的，倘若没有"先进"作为映衬，人们很难说哪些东西从本质上说就是落后的。

当"三个代表"重要思想将"先进"置于生产力概念之前，其意义是巨大的。由此以来，人们不仅不再模糊不清地对待具有不同内涵的生产力，同时也不再不加区别地去追求与发展具有不同内涵的生产力。从根本上说，虽然发展生产力是人类社会存续的基础，但是，倘若不追求进步、没有进步观念的话，人类社会可以在任何意义上发展生产力。也就是说，只要能够维持存续，对于人类社会来说，任何形式的生产力都可以成为其追求并发展的对象。这也就是现代社会中多种生产力形式并存局面之所以能够存在的根本原因所在。著名西方学者 A. H. 卡尔在《历史是什么?》一书中写道："没有关于进步的这样一种概念，我不知道社会如何能生存下去。每一文明社会，为了尚未出生的后代，把牺牲强加在活着的这一代身上。用未来较美好的世界的名义证明这些牺牲是正当的，这是用某种神的意图来证明这些牺牲是正当的一种世俗的相对应的意图。"① 由此可见，尽管从存续的角度来讲人类社会并不会刻意追求先进生产力，但是，正因为人类有着"进步"这样一种概念，因此，人类社会不会放弃对先进生

---

①　A. H. 卡尔：《历史是什么?》，吴柱存译，商务印书馆 1981 年版，第 130 页。

产力的追求。追求并发展先进的生产力意味着对进步的向往。

人和历史都在人自己的活动中生成，马克思曾经说道："全部所谓世界史不外是人通过人的劳动的诞生，是自然界对人说来的生成，所以，在他那里有关于自己依靠本身的诞生、关于自己的产生过程的显而易见的、无可辩驳的证明"①。这也就是说，人要通过自己的活动建造自己的世界，并在建造自己的世界的过程塑造自己、创造历史。人是"未完成的"，他的活动并非像动物那样由遗传本能规定了方向和过程，而是要由自己确定次序和目标，亦即由自己的目的决定，因而是生成性活动。人的生成活动，也就是历史创造活动没有先天地定向的性质，决定了人们不仅要为它确立目标，而且决定了人们要给它赋予意义，以解释现实社会生活的由来，明确行将展开的活动的方向及其合理性。这一切，决定了进步观念以及对先进生产力的追求对人类社会来说是不可或缺的内容。

（二）以先进为内容的生产力

不同时代、不同时期的先进生产力中的"先进"含义是不同的，就当前而言，先进生产力主要具有以下鲜明特性。其一是先导性，表现为带动和代表整个社会生产力的发展趋势和前进方向。其二是创新性，人们通过对实践经验和客观世界进行理论抽象形成了自然科学，并通过技术上的发明和应用把科学原理和自然力并入生产过程，体现了人们认识、改造客观世界为自身服务的能动作用。通过人们的能动作用进行科技创新而形成的生产力，就是当今时代的先进生产力。其三是高效性，表现为大幅度提高了生产效率和经济效益。其四是前瞻性，表现为对社会生产方式和整个社会关系洞幽烛照，从而富有远见卓识，做出具有远见的决策与抉择。江泽民同志对于"先进生产力"这一科学概念的提出，丰富了生产力理论，是对马克思主义生产力学说的继承、发展和创新；他提出中国共产党必须"始终代表中国先进生产力的发展要求"，是顺应社会生产力发展规律和人类文明进步潮流的科学的重要思想。

人是生产力中最能动、最积极、最活跃的因素，是社会实践的主体，是物质财富和精神财富的创造者。马克思早就说过："最强大的一种生产力是革命阶级本身。"列宁也曾指出："全人类的首要的生产力就是工人，劳动者。"任何生产力的发展都是以人为中心进行的。在先进生产力不断

---

① 马克思：《1844 年经济学哲学手稿》，人民出版社 1979 年版，第 84 页。

取代落后生产力的历史进程中，生产力的各项要素只有同具有一定科学知识、生产经验和劳动技能的人相结合，才能促进生产力的发展和人类社会的前进。可以说，高素质的人是推动先进生产力发展的主导性因素。人类社会的发展，是先进生产力不断取代落后生产力的历史进程，也是劳动者的劳动技能和素质不断提高的历史进程。从人类对石器工具的掌握到青铜技术的发明，再到对铁器技术的应用和大机器生产的普及，以及如今对以电子信息技术为代表的现代高新技术的驾驭，人类每一次劳动技能的提高和创造才能的施展都使不同形态的社会生产力产生了巨大的飞跃。所以，我们发展生产力，既要见物，又要见人，既要重视物质生产水平的提高，又要重视人的素质的提高。

人民群众是历史的创造者。在唯物史观看来，这种创造主要是以先进生产力为中介，同时从科学和人文两个方面进行的。在这个历史进程中，先进生产力蕴涵着强烈的科学精神和人文精神。

先进生产力具有科学精神。先进生产力包含着理性精神，强调要从经验事实而不是从精神和信仰出发来发展生产力；先进生产力体现着探索精神，讲求对经济发展规律的无穷探索和执着追寻；先进生产力包含着批判精神，总是冲破旧的不合时宜的观念的束缚，发展出新的科学技术。纵观整个人类社会发展史，人民群众总是在理性、探索、批判精神激发导引下，在各个历史时期都创新出无愧于自己时代的科学技术，进而转化为现实的先进生产力。在科学技术含量由低到高，作用由弱到强的过程中，先进生产力的科学精神得到充分表现。特别是约500年的世界近现代史，先后发生了蒸汽技术革命、产业电气化革命和信息技术革命，在科学革命、技术革命和产业革命三个层次上，复合地推动着历史前进，生产力的科学性与先进性的内在统一，以及科学性对先进性的决定作用得到淋漓尽致的展示。

先进生产力具有人文精神。先进生产力以人为本，在创造巨大物质财富的同时，也充溢着人文精神，渗透着对人的命运的关怀，对人的自由的渴望，对人的平等的向往，对人的价值的关注，对人的全面发展的追求，是关于"人的解放"的生产力。马克思高度重视先进生产力的人文精神，从最初的人的主体的解放、人性解放，到人的各种社会关系的解放，到阶级和全人类的解放，他科学地论证了生产力发展过程中人的各种异化的历史性，强调必须批判那些使人成为受屈辱、被奴役、被遗弃和被蔑视的东西的一切关系。让这些关系成为符合人的本性的、合理的、平等的关系，实现对人的本质的真正占有，实现人向自身、向社会的人的复归。因此，先进生产力必须是以人为本而不是以物为本的，一个社会、一个政党在发展生产力的过程中一味地见物不见人，甚至最终导致两极分化，即便是创造了巨大的物质财富，也不是我们应该最终追求的先进生产力，只能是社会发展历史进程中不完善的过渡性生产力。

先进生产力的科学精神要求我们必须尊重客观规律，讲求社会经济发展的合规律性，崇尚理性，敢于批判，勇于探索，富于创新精神。它表明，凡是科学技术含量高、产品附加值高的生产经营方式都是先进生产力。先进生产力的人文精神要求我们必须以人为本，充满人文关怀，讲求社会经济发展的合目的性，自觉克服人的各种异化，最终实现人的全面而自由的发展。它表明，凡是在特定社会经济条件下，有利于人民生产生活安定、社会经济秩序合理规范的生产经营方式都是先进生产力。合规律性与合目的性的对立统一，科学精神与人文精神的对立统一，效率优先与兼顾公平的对立统一，发展与稳定的对立统一，都要求我们判断一种生产力先进与否，不仅要看它的科学精神，还要看它的人文精神，要把科学精神与人文精神、科技标准与社会和谐标准有机统一起来，这是一个总的原则。

当然，我们在强调人文精神对科学精神影响制约的同时，不能忽视科学精神对人文精神的基础性作用。科学精神作用于人文精神，并在二者互动中共同促进现实生产力水平向更高层次的不断跃升，表现出动态演进的特征，也就是"代表先进生产力的发展要求"。这就表明，即便是目前发展态势较好的传统产业，在知识经济时代，在信息技术革命面前，也不能固步自封、裹足不前，也要立足于高新技术改造和加强经营管理，也要立足于投入要素由"物"到"人"的转化，确保生产经营中智力因素及其物化形态有条件地相对增强。

（三）推动先进生产力发展的唯物史观的建构与发展

生产实践的观点是马克思主义关于社会历史理论的首要的基本的观点，恩格斯明确指出："历史过程的决定性因素**归根到底**是现实生活的生产和再生产。"[①] 毛泽东在社会历史观上的一大贡献，就是以生产力为中

---

① 《马克思恩格斯选集》第 4 卷，人民出版社 1995 年版，第 695 页。

心，把生产力与生产关系的矛盾同经济基础和上层建筑的矛盾联系起来，概括为人类社会的基本矛盾，并从原则上阐明了社会主义社会基本矛盾的性质和特点，解决了社会主义社会发展的动力和社会历史发展中的主观能动性问题。邓小平在社会历史观上的贡献不仅在于明确提出"社会主义的首要任务是发展生产力"，而且还在于进一步论证了生产关系中经济体制对生产力的反作用，提出了改革也解放生产力的论断。

"三个代表"重要思想中提出发展先进生产力时，对于唯物史观的发展来说，其意义主要包括以下三个方面。

第一个方面是，明确了"先进生产力"概念在唯物史观中的特殊地位。

马克思是第一个阐明"生产力"在社会结构中的地位和在社会发展中作用的经典作家，他在 1859 年 1 月撰写的《〈政治经济学批判〉序言》中明确指出："人们在自己生活的社会生产中发生一定的、必然的、不以他们的意志为转移的关系，即同他们的物质生产力的一定发展阶段相适合的生产关系。"① 马克思的这段话，深刻地揭示了人类社会发展的客观规律，使人们认识复杂纷纭的社会现象时，能抓住主线，这根主线就是生产力。生产力是社会发展的最终决定力量，人类社会从低级向高级的发展，人类社会的每一次重大进步，都是由生产力的发展推动的。因而，生产力不仅是社会发展的最终决定力量，而且生产力标准本身是衡量社会进步的根本尺度。

生产力标准是衡量社会进步的根本尺度，但就生产力自身而言，它也是需要被进行衡量的，也存在着水平的高与低、先进与落后等区别。邓小平曾经说道："社会主义优越性归根结底要体现在它的生产力比资本主义发展得更快一些、更高一些。"② 在这里我们实际看到了一种用生产力的发展状况来将"社会主义或资本主义"加以区分的衡量模式，这是唯物史观生产力标准的具体应用。在唯物史观看来，社会进步归根到底是用生产力标准来加以衡量的，而这种衡量的结果则使人们认识到了不同社会形态的存在，正如马克思主义经典作家所说的那样："手推磨产生的是封建

---

① 《马克思恩格斯选集》第 2 卷，人民出版社 1995 年版，第 32 页。
② 《邓小平文选》第 3 卷，人民出版社 1993 年版，第 63 页。

主的社会，蒸汽机产生的是工业资本家的社会。"① 但是如果作进一步的研究，我们会发现，作为用生产力标准衡量出来的结果，如资本主义社会、社会主义社会等，在一定的意义上和一定场合下又被人们反过来用为衡量生产力的尺度，即用"社会主义的生产力"和"资本主义的生产力"来标明生产力的先进与落后。这大概是因为生产力和生产关系之间、经济基础和上层建筑之间存在着辩证的相互作用的缘故。当社会进步与生产力发展保持高度一致时，这种分析与生产力标准分析是完全一致的。但当面对像中国这样一个跨越了"卡夫丁峡谷"直接进入到社会主义社会的国家时，用"社会主义的生产力"和"资本主义的生产力"来标明生产力的先进与落后时就要特别谨慎，特别要注意使用的场合和意义，注意使用时的条件。因为尽管中国特色社会主义最终可以成为"先进的生产力"的同义词，但就当前的中国来说，社会主义毕竟还不能同"先进的生产力"画上等号。这样一来，就需要在原有认识模式的基础上重新建构关于"先进生产力"的认识，以及"先进生产力"在唯物史观中的地位。只有这样，才能更加客观地面对中国的生产力发展现状，也才有可能更有效地推进中国社会的生产力的发展。与此同时，要坚定信念，充满信心。

第二个方面是，将发展先进生产力作为社会主义的首要任务。

邓小平理论中有关社会主义应该发展生产力的诸多论述，使得人们对社会主义与发展生产力之间的内在联系有了十分深入的理解。"三个代表"重要思想明确提出"先进生产力"概念，则使社会主义的首要任务更加明确地定位在发展"先进生产力"上。

什么是生产力，流行的说法是：生产力是人类征服自然改造自然的能力。严格地说，这个定义是不准确的，它误导人们以为生产力的目的就是改造自然，人类越改变自然，生产力发展的水平就越高，由此导致对自然界生态环境的破坏越严重。我国在 20 世纪 50 年代末 60 年代初的教训就说明了这一点。1958 年，毛泽东发出"以钢为纲"的号召，动员全民大办钢铁。从中南海到偏僻山村，全国城乡一窝蜂地兴建土高炉炼钢，到处砍伐森林，结果炼出来的不是钢、也不是铁，而是没有任何用途的铁疙瘩，造成了人力、物力、生态资源的巨大浪费。20 世纪 60 年代初，毛泽东又一次号召全党"以粮为纲"、"大办农业"，全国农村掀起开垦山林草

---

① 《马克思恩格斯选集》第 1 卷，人民出版社 1995 年版，第 142 页。

地种粮、围湖围海造田的热潮，结果，又一次破坏了生态环境，大江大河的源头水土流失严重，湿地大面积减少，灾害周期由几十年或十几年一遇变成了现在的3—5年一遇。实践证明，社会主义实践非但不应追求对自然的盲目征服与改造，恰恰相反，应当追求的是在发展先进生产力的前提下提高人们的生活水平。

既然是追求发展"先进生产力"，即以发展先进生产力作为首要任务，那么，社会主义就应尽量避免仅以发展生产力作为目的的趋势出现，更应避免在"落后生产力"上徘徊不前的倾向。贫穷不是社会主义，而落后的生产力也不是社会主义。社会主义应该以发展生产力、解放生产力作为自己的重要任务来抓，与此同时，社会主义更应该以发展先进的生产力、解放生产力作为自己的战略目标来抓。从唯物史观的基本原理来看，社会主义最终所应获得的是远远超过资本主义生产力的更为先进、更有活力的生产力，只有这样的生产力，才是与社会主义相匹配。

第三个方面是，在社会主义与先进生产力之间建立起一种新的联系。

在谈到生产力与生产关系、经济基础与上层建筑的关系时，马克思指出："物质生活的生产方式制约着整个社会生活、政治生活和精神生活的过程。不是人们的意志决定人们的存在，相反，是人们的社会存在决定人们的意识。社会的物质生产力发展到一定阶段，便同它们一直在其中运动的现存生产关系或财产关系（这只是生产关系的法律用语）发生矛盾。于是这些关系便由生产力的发展形式变成生产力的桎梏。那时社会革命的时代就到来了。随着经济基础的变更，全部庞大的上层建筑也或慢或快地发生变革。"① 马克思的这段话被人们称为对唯物史观的经典性表述。在这一表述中，生产力始终都是核心，生产关系、上层建筑、社会革命都是由生产力决定的。

邓小平在一次谈话中说道：毛泽东"有一个重大的缺点，就是忽视发展社会生产力。不是说他不想发展生产力，但方法不都是对头的，例如搞'大跃进'、人民公社，就没有按照社会经济发展的规律办事"，② 因而"从一九五八年到一九七八年整整二十年里，农民和工人的收入增加很

---

① 《马克思恩格斯选集》第2卷，人民出版社1995年版，第32—33页。
② 《邓小平文选》第3卷，人民出版社1993年版，第116页。

少，生活水平很低，生产力没有多大发展。"① 针对这种忽视发展生产力的错误，邓小平明确指出："马克思主义的基本原则就是要发展生产力。马克思主义的最高目的就是要实现共产主义，而共产主义是建立在生产力高度发展的基础上的。"② 改革开放 30 多年来，正是在不断坚持发展生产力的情况下，我国的社会综合国力有了长足进步。

"三个代表"重要思想中明确提出了发展"先进生产力"的战略目标，不仅有助于推进我国社会主义建设，而且也使社会主义与先进生产力之间的新的联系更加明朗化。社会主义的先进性最终是由其生产力的先进性所决定。所以，我们可以进一步说，坚定不移地发展先进生产力，用先进的生产力来巩固社会主义的先进性，用社会主义的先进性来促进先进生产力的发展，应该成为社会主义与先进生产力之间内在联系的重要内容。社会主义初级阶段是从"不发达"走向"中等发达"乃至"发达"的历史过程，是不断发展"先进生产力"，并用"先进生产力"取代、改造、淘汰落后生产力的过程——这是"先进生产力"的丰富内涵，也是中国"先进生产力"发展的要求。

二　"三个代表"重要思想中的文化观

社会历史的发展，不仅体现为经济和政治的进步，还体现在文化上的进步。文化是一个社会的灵魂，是一定社会经济、政治在观念形态上的反映。"三个代表"重要思想中提出的先进文化观不仅是社会主义生产力发展的必要保证，而且是有中国特色社会主义文化的发展方向。

（一）"生产"与"文化"

什么是文化？这是文化观的思考基础。文化哲学的开创者之一，18世纪德国启蒙思想家赫尔德，在他的《人类历史哲学概要》中给文化定位过三个基本特征：首先，文化是一种社会生活模式，它的概念是个统一的、同质的概念，无论作为整体还是社会生活的方方面面，人的每一言每一行都成为"这一"文化无可置疑的组成部分；其二，文化总是一个"民族"的文化，它代表着一个民族的精华；其三，文化有明确的边界，文化作为一个区域的文化，它总是明显区别于其他区域的文化。可以说，

---

① 《邓小平文选》第 3 卷，人民出版社 1993 年版，第 115 页。
② 同上书，第 116 页。

这三个特征迄今一直被认为是关于文化理论的权威定论。

英国著名文化学家爱德华·泰勒，1871年在他的《文化的起源》中，对文化提出了著名的定义。他将文化规定为文明，包括知识、信仰、艺术、道德、法律、习俗和人作为社会成员所获得的任何其他能力和习惯。泰勒提供了一个全方位的文化概念，文化成为人类知识和经验的总和，它恩泽广及社会的每一个成员。英国文学批判家马休·阿诺德在1869年出版的《文化和无政府状态》中认为，文化就是求知的完美，是怎样来获知这个世界上同我们有关的最好的思想，文化因此有一种激情，一种追求美和光明的激情。克洛依伯和克勒克荷恩从历史角度去规定文化，认为广义的文化概念包括过去遗产的全部积累，"文化作为一个描述性概念，从总体上看是指人类创造的财富积累：图书、绘画、建筑以及诸如此类，调节我们环境的人文和物理知识、语言、习俗、礼仪系统、伦理、宗教和道德，这都是通过一代代人建立起来的"①。美国社会学家保罗·布莱斯蒂德将文化规定为社会共享的价值观念和行为特征等，"文化包括一切习得的行为，智能和知识，社会组织和语言，以及经济的、道德的和精神的价值系统。一个特定文化的基本要素是它的法律、经济结构、巫术、宗教、艺术、知识和教育。"②

从本质上说，文化不是与经济、政治、科技、自然活动领域或其他具体对象相并列的一个具体的对象，而是内在于人的一切活动之中，左右人的行动方式的基本的生存模式，是人的生活世界的内在运行机制。因此，尽管生产力是社会发展的最终决定力量，但是，文化对于社会发展的重要意义却也是不容忽视的。"三个代表"重要思想将"文化"问题明确提出，所反映出来的就是对文化对社会发展重要意义的重视。从唯物史观的一般观点来看，先进文化的生产与发展，是以生产力为基础的，无论是对自然规律的揭示所形成的科技文化，还是对社会关系本质揭示所形成的意识形态文化，二者的发展必须以生产力的发展为基本条件。否则，就不能说明文化发展的原因和规律。恩格斯曾经指出："旧的、还没有被排除掉

---

① ［美］克洛依伯、克勒克荷恩：《文化：概念和定义述评》，纽约：酿酒丛书，1963，第2页。

② ［美］布莱斯蒂德：《文化合作：未来时代的基调》，纽黑文：海贞基金会，1945，第6页。

唯心主义历史观不知道基于物质利益的阶级斗争，而且根本不知道任何物质利益；生产和一切经济关系，在它那里只是被当作'文化史'的从属因素顺便提到过。"① 由此可见，唯物史观的重要贡献之一就在于，从生产和一切经济关系的角度来解释文化，而不是把生产和一切经济关系只是当作"文化史"的从属因素而顺便提起。

但应当看到，生产与文化的关系并不能仅仅被解释为决定与被决定的关系，从文化的内在性来看，文化已经深藏在生产活动之中，成为人们的生产活动的重要组成要素，影响着人们的生产活动。恩格斯在《反杜林论》中曾经做出了一个著名的论断："文化上的每一个进步，都是迈向自由的一步。"② 马克思在说到工人比农民先进时，也是从文化与自然的比较着眼的。他说："如果说城市工人比农村工人发展，这只是由于他的劳动方式使他生活在社会之中，而土地耕种者的劳动方式则使他直接和自然打交道。"③ 在著名的《哥达纲领批判》中，马克思在批判不问前提地将劳动称为创造财富源泉的观点时说："资产者有很充分的理由给劳动加上一种超自然的创造力，因为正是以劳动所受的自然制约制中才产生出如下的情况，一个除自己的劳动力以外没有任何财产的人，在任何社会的文化状态中，都不得不为占有劳动的物质条件的他人做奴隶。"④ 为什么在社会的"文化状态"中人会成为奴隶呢？这里的"文化"状态就是指人的社会性关系，而在自然状态中只有动物性的生存竞争关系，不会产生剥削压迫关系。正因为文化具有如此特殊的意义，因此，在"三个代表"重要思想中文化被作为与生产同样重要的要素被提及，一方面体现了对文化的重视，另一方面也是对以生产为第一要素的文化的哲学解读模式加以重新审视的结果。

（二）"先进文化"与"落后文化"

"先进文化"的内涵是极其丰富的，不仅包括思想和道德理想，而且包括蓬勃发展的现代科技教育及文学艺术等。先进文化不仅给人提供理论信念的支持，而且还启迪人的智慧，培育科学精神、人文精神。一般说

---

① 《马克思恩格斯全集》第 20 卷，人民出版社 1971 年版，第 29 页。
② 同上书，第 126 页。
③ 《马克思恩格斯全集》第 26 卷第 2 册，人民出版社 1973 年版，第 260 页。
④ 《马克思恩格斯全集》第 19 卷，人民出版社 1963 年版，第 17 页。

来，先进文化应该是反映了生产力、特别是先进生产力发展要求的、有利于社会进步和人的自由而全面发展的文化，是健康的、科学的、向上的、代表人类未来发展方向的文化。而与"先进文化"相反的是，所谓"落后文化"就是那些不健康、不科学、会走向衰亡的文化。先进文化与落后文化并不是以时间或空间作为衡量标准。也就是说，一方面，并不是凡在时间上后出现的文化势必就是先进文化，凡在时间上先出现的文化势必就是落后文化；另一方面，并不是先进文化就是一些地区的专利，而落后文化则是另一些地区的专利。

　　思想道德文化决定着整个文化的社会性质，统帅整个文化发展，推动社会经济政治进步。思想阵地，正确的思想不去占领，错误思想就会去占领；马克思主义、无产阶级思想不去占领，各种非马克思主义、非无产阶级思想，甚至反马克思主义的思想就会去占领。在思想文化建设中，必须坚持以马克思主义为指导。在改革开放和社会主义现代化建设伟大实践中，发扬爱国主义、集体主义和社会主义精神，引导人们树立建设有中国特色社会主义的共同理想和正确的世界观、人生观、价值观。同时把先进性要求同广泛性要求结合起来，鼓励支持一切有利于解放和发展社会生产力的思想道德，一切有利于国家统一、民族团结、社会进步的思想道德，一切有利于追求真善美、抵制假恶丑、弘扬正气的思想道德，一切有利于履行公民权利与义务、用诚实劳动争取美好生活的思想道德，团结和引导亿万人民积极向上，不断提高全民族的思想道德水平。

　　（三）"三个代表"是对先进文化观的继承与提升

　　自"五四"以来，关于中国文化的发展主要有两大思路：一是以新文化运动为代表的激进的反传统路线，另一种是以新儒家为代表的强调传统价值的保守主义路线。以毛泽东为核心的中国共产党人主张将马克思主义与中国的历史遗产相结合而形成"民族形式"，认为"马克思主义必须和我国的具体特点相结合并通过一定的民族形式才能实现。"① 在此思想基础上，中国共产党在文化观上既摆脱了激进主义对民族文化的虚无态度，也反对保守主义对于传统观念良莠不分、抱残守缺般的过分的立场，而是提出了新民主主义文化观。对此，毛泽东有过明确的论述，并将此作为即将到来的新社会的文化纲领。他说道："所谓新民主主义文化，……

---

① 　参见《毛泽东选集》第 2 卷，人民出版社 1991 年版，第 534 页。

一句话，就是无产阶级领导的人民大众的反帝反封建的文化。"① 他还说：民族的科学的大众的文化，"就是新民主主义的文化，就是中华民族的新文化"②。在这里，毛泽东还提出对于外国文化，只能"排泄其糟粕，吸收其精华"，搞"全盘西化"的主张是形式主义地吸收外国的东西，是食洋不化，是完全错误的；并认为中国共产党对于马克思主义在中国的应用，"必须将马克思主义的普遍真理和中国革命的具体实践完全地恰当地统一起来，就是说，和民族的特点相结合，经过一定的民族形式，才有用处，决不能主观地公式地应用它"；"中国文化应有自己的形式，这就是民族的形式"③。

毛泽东曾经明确说道："没有文化的军队是愚蠢的军队"。民主革命时期的一系列著作，毛泽东都谈到了文化建设问题。例如，在1940年发表的《新民主主义论》这篇重要著作中，专辟章节阐述新民主主义文化问题，科学地规定了新民主主义文化的先进性质，指出：这种文化，只能由无产阶级的文化思想即共产主义思想去领导，所谓新民主主义文化就是无产阶级领导的人民大众的反帝反封建的文化。为了坚持文化的这种先进性，就必须粉碎帝国主义和国民党反动派的文化专制主义和"文化围剿"，并在文化工作中避免右的和"左"的偏向。④

邓小平在1941年所做的《一二九师文化工作的方针任务及其努力方向》的报告中，也强调了文化工作的重要性，指出："提倡科学，宣扬真理，反动愚昧无知、迷信落后，加强马列主义的宣传。这不管对人民群众或部队，都是同等重要的。"他还批评"各级政治机关对文化工作的重要性及其特点认识得不够，对文化工作的指导做得不充分"，号召"要同一切轻视文化工作的倾向作斗争；并应克服文化工作不大众化的现象。"报告还指出，"无论哪一种势力或哪一种派别的文化工作，都是服从其政治任务的。""所谓超政治的文化是不存在的"。这个报告还特别指出："日本帝国主义和汉奸亲日派的政治目的是要把中国变为日本帝国主义的殖民地，其文化工作方针是施行奴化政策，以奴化活动和奴化教育来腐蚀我们

① 参见《毛泽东选集》第2卷，人民出版社1991年版，第534页。
② 同上书，第708—709页。
③ 同上书，第707页。
④ 同上书，第694—706页。

的民族意义，消灭民族爱国主义，摧残民族气节。他们毁灭中国的文化机关，焚毁中国的民族典籍，屠杀和监禁爱国的文化人、知识分子和青年学生，建立汉奸文化机关，豢养一批汉奸文人，鼓吹东洋文化，灌输'中日亲善'、'共存共荣'、'东亚新秩序'等奴化思想，培养奴化人才。他们提倡旧文化、旧道德、旧制度，提倡复古、迷信、盲从、落后，组织封建迷信团体等，以实施其海淫海盗、毒化奴化政策。"这个报告还抨击了"鼓吹封建主义的旧文化"的顽固派，"对外奴颜婢膝，投降妥协，对内搞封建主义。他们提倡旧思想、旧制度、旧道德，主张尊孔、复古，保存'国粹'，读经救国"，"压制新文化运动，摧残新文化事业"，"组织封建迷信团体"，"使人民任其宰割"。报告中还就如何粉碎这一套反动文化战略，做了明确的指示。①

　　毛泽东和邓小平的这些思想，虽然是针对新民主主义革命时期的文化工作的，但对于今天在复杂的国际环境下，建设有中国特色的社会主义文化事业，仍然具有重大现实意义。因为，它们所反映出来的是对先进文化与落后文化的明显区分，以及对先进文化的大力提倡与发展。从根本上说，先进的文化是最有生命力的文化，是任何政治、军事与社会的势力所毁灭不了的；这种先进文化，对于社会主义永葆先进地位具有至关重要的意义。

　　今天，有中国特色的社会主义文化的先进性着重强调了坚持六个"统一"：一是精神文明与物质文明的统一。江泽民指出："社会主义社会是全面发展、全面进步的社会。社会主义现代化事业是两个文明相辅相成、协调发展的事业，全党同志必须全面把握两个文明建设的辩证关系。"二是立足中国与放眼世界的统一。江泽民指出："要坚持以马克思列宁主义、毛泽东思想、邓小平理论为指导，立足于建设有中国特色社会主义的实践，着眼于世界科学文化发展的前沿"，只有这样，才能更好地为我国经济发展和社会进步提供精神动力和智力支持。三是思想政治素质与科学文化素质的统一。江泽民指出：这两方面的素质是有机统一，互相促进的。如果片面强调某一方面，而忽视另一方面，都有违背培养"四有"新人，全面发展的要求。四是主旋律与多样化的统一。江泽民强调，我们要发展社会主义先进文化，既必须坚持以马克思主义为指导，坚持

---

　　① 《邓小平文选》第 1 卷，人民出版社 1989 年版，第 22—28 页。

"二为"方针，唱响主旋律，打好主动仗，同时，又要实行"双百"方针，提倡多样化，使社会主义文化生活丰富多彩，满足人民群众多层次的精神文化需要，从而激发广大人民群众建设有中国特色社会主义的积极性。五是德治与法治的统一。江泽民指出："要把依法治国同以德治国结合起来，为社会保持良好的秩序和风尚营造高尚的思想道德基础。"只有这样，使两者互相结合，紧密配合，才能激发广大群众为振兴中国而不懈奋斗。六是科学精神与人文精神的统一。这里所说的人文精神的核心是指社会主义和共产主义的世界观、人生观和价值观。科学精神的核心是实事求是，是务实、求真、创新。能否坚持二者的统一，对于提高全民族的整体素质至关重要。

三 "三个代表"中的利益观

马克思与恩格斯曾经明确说道："'思想'一旦离开了'利益'，就一定会使自己出丑。"① 由此看来，马克思主义经典作家实际上是关注利益对于思想的影响力的。不过，应当看到的是，尽管马克思主义唯物史观从未排斥过利益，但是利益问题在相当长的时间内却是被忌讳提起的，利益问题往往被当作伦理学、政治学或者经济学的内容，而被排斥在马克思主义哲学的视域之外。当然，随着改革开放的日益深入，人们不仅不再回避利益，而且甚至提出马克思主义的利益分析方法，力求运用马克思主义关于利益的观点去观察社会生活。"三个代表"重要思想明确强调代表人民群众的根本利益，是对利益问题在社会主义实践中的作用深入认识的结果，体现了对马克思主义利益观的发展。

（一）利益的类别

虽然我们应该重视利益的存在，但是，由于利益并不是一个抽象的概念，因此我们应该对于不同类别的利益加以区别对待的。总体说来，利益具有以下几种类别：

1. 个别利益、特殊利益、一般利益和共同利益

每一个单独个人的利益，相对于其所在群体的利益乃至社会整体的利益来说，每一个单独群体的利益，相对于比它大一个层次的群体的利益乃至社会整体的利益来说，都是个别利益。个别利益就是某种特殊利益。而

---

① 《马克思恩格斯全集》第 2 卷，人民出版社 1957 年版，第 103 页。

特殊利益又是相对一般、共同利益而言的。应该说，个人利益相对群体利益来说是个别利益、特殊利益，群体利益是共同利益；小群体利益相对大群体利益，如集体利益相对国家利益来说，就是个别利益、特殊利益，大群体的利益是共同利益。同时，每一个利益主体又必然具有个别、特殊利益和共同利益形成复杂的、对立统一的网络，最终把整个人类社会联系起来，使其成为一个完整的社会整体利益，形成整个人类社会的共同利益。群体利益相对于整个人类社会的利益，又是特殊利益。一般、共同利益寓于个别、特殊利益之中。同时，每一种一般、共同利益又必然包含着个别、特殊利益，如整个人类社会的利益，不仅以个人利益和群体利益为基础，而且包含着这些特殊利益。

2. 个人利益、群体利益和社会整体利益

一谈到利益，总是意味着那些隶属于一定主体的利益，因为利益的分类首先是按照主体差别来进行的。不同类别的主体很多，主体的分类主要根据主体特征的差别，如主体的集合特征、群体特征、民族特征、阶级特征、生理特征、职业特征、地域特征、文化特征，等等。从利益主体的集合特征来划分，可以划分为个人利益、群体利益和社会整体利益，这是利益主体的基本类别。所谓个人利益，就是个人所追求的需要目标、对象，它构成了个人行为的主要动机，反映了个人与个人之间的利益关系。在个人利益、群体利益和社会整体利益中，个人利益是其他利益的基础。"'共同利益'在历史上任何时候都是由作为'私人'的个人造成的"。个人利益上升为共同利益的共同基础是人类的社会性。

共同利益有两种形式；一种是社会整体利益，一种是群体利益。社会整体的利益是整个人类社会作为利益主体的利益。社会整体利益有两种情况：一是单个人、单个群体的共同利益之所在；一是在人类社会形成一个有机的、完整的利益主体时实现的利益。随着科学技术的进步和文明程度的提高，人们逐步对整个人类社会的共同利益有更加清楚的认识。整个人类社会的共同利益也是一个逐渐形成和发展的过程。现代社会科学家和自然科学家所关心的许多问题，如能源问题、人口问题、生态问题、战争问题、环境问题、污染问题，等等，都涉及整个人类社会的共同利益，尽管这些问题的解决还为时过早，但人们已经认识到，只有从整个人类的共同利益出发才能解决这些问题。

3. 阶级利益、民族利益和国家利益

在群体利益中，有几种群体利益是极为重要的，它们在社会历史发展过程中的某一阶段的社会生活中曾占有举足轻重的地位。

首先是阶级利益。列宁给阶级下的定义是："所谓阶级，就是这样一些大的集团，这些集团在历史上一定的社会生产体系中所处的地位不同，同生产资料的关系（这种关系大部分是在法律上明文规定了的）不同，在社会劳动组织中所起的作用不同，因而取得归自己支配的那份社会财富的方式和多寡也不同。所谓阶级，就是这样一些集团，由于它们在一定社会经济结构中所处的地位不同，其中一个集团能够占有另一个集团的劳动。"① 阶级利益就是这些社会集团的共同利益，它是以经济上处于不同地位的个人利益为基础，同时又体现阶级内部各成员的利益的本质，体现了阶级内部不同个人、群体、阶层的共同利益。同时它又高于个别利益，制约着阶级内部各成员的个别利益和个别行为。自从人类社会出现私有制，进入阶级社会以来，阶级利益就成为一种对社会发展起极其重要作用的利益。在阶级社会中，必然存在两大主要的根本对立的阶级利益。从总体来看，这两大对立的利益就是统治阶级和被统治阶级、剥削阶级和被剥削阶级的利益。这两大对立的阶级利益，在不同的社会历史形态中具有不同的内容，相互对立的形式也不同。这两大对立的阶级利益决定着各社会形态中大多数人的行为，也是社会发生经济、政治冲突的根源。

其次是民族利益。民族是人们在长期发展的历史中形成的具有共同语言、共同地域、共同经济生活和政治生活，以及具有共同心理的稳定的社会共同体。在这样的社会共同体中，形成民族的共同利益。民族利益的内容是非常广泛的，其中维持民族生存和发展的民族经济利益是最基本的共同利益。民族利益使各民族中的成员保持着某些共同的文化特点和民族情感。同一民族具有共同的民族利益，这并不排除阶级利益及同一民族中不同阶级利益的对立和差别。在阶级社会中，民族利益说到底也是阶级利益，至少受阶级利益的影响、制约。民族利益也是一种特殊利益，与阶级利益有一定差别。

第三是国家利益。国家以地域划分其居民，并设有公共权力、常任官吏以及各种暴力机构。自从国家产生以来，国家的公共权力和暴力机构始

---

① 《列宁选集》第4卷，人民出版社1995年版，第11页。

终掌握在该社会形态中的统治阶级手中。"国家是维护一个阶级对另一个阶级的统治的机器。"① 国家的这一阶级实质决定了国家利益的实质。因此，国家利益并不是满足全体居民需要的利益，而是该国家中居于统治地位的阶级利益，是一种阶级利益的特殊形式。在多民族的国家中，民族利益相对于国家利益而言，又是一种特殊利益。

4. 物质利益和精神利益

物质利益体现了利益主体之间的物质分配关系，是以物质需求对象为实际内容的利益类别。物质需要是人的最基本的需要，只有这种需要得到基本的满足，人才能生存和发展，物质需要的满足是人类其他一切历史活动的基础。物质利益体现了利益主体对物质需要的一种经济分配、物质享有关系。人们进行劳动和生产，直接为了获得物质利益；进行阶级斗争、社会革命，最终也是为了实现物质利益。精神利益是以精神需求对象为实际内容的利益类别。随着人类文明的发展，人们对精神利益的追求将会愈来愈迫切。物质利益是精神利益的基础和保障。尽管在某一时间或在某些人看来，精神利益的实现重于物质利益，但物质利益始终是精神利益的基础。

5. 经济利益和政治利益

物质利益和精神利益必须在一定的社会关系中，通过各种经济的和非经济的活动才能得以实现。因此，在现实社会生活中，物质利益和精神利益又往往表现为经济利益和非经济利益，如政治利益。

人们要获得物质利益，就必须在一定的经济关系中，参与社会经济活动，创造出物的使用价值，并通过一定的经济关系使物的使用价值进入分配、流通、交换和消费领域，这就产生了经济需要，从而形成经济利益。所谓经济利益是对经济关系、经济活动及其成果——产品的占有、享有和消费，或者是对一定的收入的需要的满足，反映了社会利益的一种社会经济关系的形式。经济利益又可分为许多不同的种类，如消费利益、货币利益、收入利益等。物质利益、精神利益和经济利益、政治利益既有区别，又有重合。大多数物质利益都采用了社会经济关系的形式，因而它同经济利益是重合的。但也有很大部分的物质利益不一定是经济利益。一部分精神利益也可能同时就是经济利益。在社会物质消费品还没有达到极大丰富

---

① 《列宁选集》第 4 卷，人民出版社 1995 年版，第 31 页。

时，物质消费始终是大多数人的经济利益。在处于商品经济阶段的人类社会中，一般等价物只能是货币，因而货币利益又是最普遍的经济利益的形式。货币利益不仅可以实现人们的物质利益，同时也是实现精神利益的重要媒介。绝大多数经济利益与物质利益是重合的。有些经济利益的实现，不仅可以满足人们的物质需要，而且也使人们的精神得到享受，实现人们的精神利益。

与经济利益相对的是非经济利益，大多数精神利益是非经济利益。也有一部分物质利益是非经济利益。非经济利益是通过非经济活动使人们的非经济需要得到满足的利益。

在非经济利益中最重要的是政治利益。在一定的经济关系下进行正常的经济活动以实现人们的经济利益，就必须有一定的政治上层建筑作保障，就必须进行一系列的政治活动，这就产生了政治需要。人们的政治需要通过一定的政治活动，经过一定的政治关系的过滤最终得到满足，这就是政治利益，政治利益体现了一定的政治关系。在存在阶级的社会中，政治的主要内容是一些大的集团通过国家政权以及各种权力手段来达到一定的政治目的，从而达到一定的经济目的，实现一定利益（主要是物质利益、经济利益）。政治利益是经济利益的集中表现。当然，政治利益中也可以分为许多不同种类，如政党利益、权利利益、革命利益等。不仅不同的阶级具有不同的政治利益，在同一阶级内部也会有不同的政治利益。

6. 长远利益和眼前利益；整体利益和局部利益；将来利益和既得利益；根本利益和暂时利益；现实利益和理想利益

根据利益的范围程度，可以分为上述几种利益。长远利益是人们管长远的，对将来人的某种需要的存在和发展起作用的利益，是久远以后可以实现的利益。眼前利益是人们的短期需要的利益，是近期可以实现的利益。长远利益与眼前利益是相对而言的，是可以相互转化的。

在长远利益和眼前利益的关系中，眼前利益是基础，没有眼前利益，人们目前的需要不能得到满足，不能保障人们的生存，也就谈不上与未来发展有关的长远利益。但长远利益比眼前利益更根本、更重要。只要眼前利益，不顾长远利益，就中断了发展之路，眼前利益也只能是杯水车薪，从而会根本丧失眼前利益，一般说来，眼前利益是激励群众行动的主要动因。群众总是根据目前的需要来确定自己所追求的利益目标。由于长远利益常常在一般群众的视野之外，在一些群众那里就会发生长远利益和眼前利益脱节的现象，使长远利益和眼前利益发生矛盾，使得一些人只顾眼前利益而危害人们生存和发展的长远利益，使人们的行为陷入被动与盲目之中。因此，利用各种方式打开人们的眼界，使人们认识到长远利益的重要性，使人们的行为不仅以眼前利益为目的，而且与长远利益一致起来，甚至为了长远利益暂时放弃部分眼前利益，这是提高人们行为活动自觉性的重要环节。当然，在追求长远利益时，时刻不能忘记人们的眼前利益，并尽可能使人们的眼前利益得到满足，否则，对长远利益的追求就会失去动力而流于空想。毛泽东曾经在我国农业合作化运动中指出："如果我们没有新东西给农民，不能帮助农民提高生产力，增加收入，共同富裕起来，那些穷人就不相信我们，他们会觉得跟共产党走没有意思，分了土地还是穷，他们为什么要跟你走呀？"这就指出了眼前利益的重要性。

整体利益是指某一个共同体的共同利益，如国家整体利益、民族整体利益、阶级整体利益，等等。局部利益是指整体利益中的某一个部分的利益。整体利益是由局部利益构成的，但局部利益的简单相加并不等于整体利益。整体利益指导、制约、影响局部利益，实现局部利益又是实现整体利益的前提。局部利益要服从整体利益，而实现整体利益又必须考虑到局部利益。

将来利益是长远的、根本的、为之努力争取的利益。既得利益是暂时的、短期的、眼前的、已经得到的、但将来有可能会丧失的、放弃的利益。将来利益指导既得利益。不能囿于既得利益而放弃长远的、根本的利益，放弃奋斗，甚至为了保住既得利益，而逆历史潮流，做损害长远、根本利益的事情。

根本利益是长远的、整体的、将来的，反映大多数人要求的利益。暂时利益则是浅层次的、近期的、个别的，甚至只反映了少数人要求的或是不合理要求的利益。根本利益指导、制约、支配暂时利益，暂时利益服从、让位于根本利益。

在一般情况下，人们的利益可以分为两大部分：一部分是当时生产力水平所能提供的利益，可以视之为现实利益。另一部分是当时的生产力水平所不能提供的，但经过相当时间的发展可以得到满足的利益，可以视之为理想利益。现实利益，是该社会已经具备的生产力状况所提供给人们的，以供人们满足物质文化需要的、现成的利益。一定社会、一定历史时期的一切利益是不是现实的，取决于该社会所能提供给社会的利益是否会使人们的物质文化需要得到满足，最终又取决于当时社会已达到的生产力水平。理想利益是人们奋斗所追求的、将来要实现的利益目标。在一定程度上，它也是长远的利益、将来的利益。

（二）何谓人民群众的根本利益

"三个代表"中着重提出了"人民群众的根本利益"，那么究竟什么是人民群众的根本利益呢？综合前面有关利益的不同分类，总体说来"人民群众的根本利益"具有以下特征：

第一，人民群众的根本利益首先是作为整体利益、群体利益、共同利益而存在的。

由于人民群众本身是一个"类存在"，所以，人民群众的根本利益从本质上说是与整体利益、群体利益、共同利益联系在一起的。一方面，人民群众的根本利益是在个人利益的基础上形成的，它是离不开个人利益的，但另一方面，人民群众的根本利益又是具有其整体上的独立性。关于这一点，正如马克思所说的那样："'共同利益'在历史上任何时候都是由作为'私人'的个人造成"。①

第二，人民群众的根本利益是一个利益综合体：既包括物质利益与精神利益，也包括经济利益和政治利益，等等。

人民群众的根本利益并不是单一的存在，而是利益的综合。在人民群众的根本利益中，既存在着对物质利益的向往，也存在着对精神利益的追求；既有单纯的经济利益追求，也有政治利益追求。政治产生于"群居生活"的需要，因此，在人民群众这个"类存在"中势必存在着对政治以及政治利益的需求。政治是经济的集中反映，政治作为经济利益的手段和工具，是为经济服务的，它为经济利益的实现提供重要的保障。政治利益对经济利益的反作用表现在两个方面：一方面，政治利益的实现是实现经济利益的前提。为了获得一定的经济利益，必须先实现一定的政治利益。只有政治利益实现以后，才能使某种经济利益的实现成为可能。另一方面，政治利益可以巩固既得的经济利益。

正因为人民群众的根本利益是利益的综合体，因此，在实现人民群众的根本利益过程中，绝不能只是满足单纯地追求某一种利益的实现（如物质利益、经济利益或政治利益等）。倘若那样，只会使人民群众的根本

---

① 《马克思恩格斯全集》第 3 卷，人民出版社 1960 年版，第 275—276 页。

利益受到损害。

第三，人民群众的根本利益是与长远利益、将来利益以及理想利益紧密相连的。

由于根本利益是长远的、整体的、将来的，反映大多数人要求的利益，因此，从普遍意义上说，它是与长远利益、将来利益乃至理想利益联系在一起的。而且正因如此，所以，尽管必须关注人民群众的暂时利益、现实利益、既得利益，但是，从根本上说，人民群众的暂时利益、现实利益与既得利益，必须服从、让位于根本利益；根本利益对于它们来说是起着指导、制约、支配作用的。

（三）人民群众的根本利益在社会主义实践中的历史作用

人民群众的根本利益在"三个代表"重要思想中的明确提出，有利于正确理解其在社会主义的历史作用。

第一，人民群众的根本利益是社会主义巩固和发展的可靠保证。人民群众的根本利益不断地充分实现，和社会主义不断地巩固和发展，是密切相关的。改革以前，在长期的极"左"路线影响下，急于求成，以政治运动的方法搞经济建设，结果严重影响了人民群众的根本利益的实现。在社会主义制度下，如果不搞现代化建设，不提高科学技术水平，不发展社会生产力，不增加国家的实力，一句话，不改善人民群众的物质文化生活，不顾人民群众的根本利益，那么，社会主义制度就不可能得到充分巩固，国家安全也不可能有可靠的保障。因此，只有以经济建设为中心，全力以赴搞现代化，增加国家的实力，不断提高人民群众的生活水平，才能使社会主义更加有力量，也才能使之更加受到人民群众的拥护。

第二，社会主义真正代表人民群众的长远利益、根本利益。社会主义的本质就在于，解放生产力和发展生产力，通过消灭阶级、消灭剥削，消除两极分化，达到共同富裕。即从长远、从根本上实现人民群众的利益。宏观地看，社会主义制度相对于资本主义制度的优越性表现在许多方面，归根结底，是要大幅度发展社会生产力，逐步改善、提高人民群众的物质生活和精神生活，保证国家稳定，走向繁荣和强大。微观地看，在一个地方或企业，社会主义建设搞得怎么样，速度快慢、成绩大小、效益高低，很大程度上要看这些地方或者企业人民群众的生活水平提高有多大。

第三，社会主义实践的最终目的是保证人民群众的根本利益得以实现。马克思明确指出："历史不过是追求自己目的的人的活动而已。"而

"人们奋斗所争取的一切，都同他们的利益有关"①。由此可见，在马克思那里，人们的社会实践是与利益追求紧密相连的。马克思曾说道："把人与社会连接起来的唯一纽带是天然必然性，是需要和私人利益。"而"每一既定社会的经济关系首先表现为利益。"② 因此，具体而言，利益就是人与社会的连接纽带，是人类思想意识的基础，也是人类社会中统治的、支配着其他一切原则的基本原则；人们的劳动的最根本的动因就是获取利益。尽管追求利益并不是人类社会的唯一目标，但是人类社会发展的最根本的目标就是为了更好地实现人的利益。这样一来，社会主义的发展势必是不能脱离利益的。社会主义从产生之日起，就把实现人民群众的利益追求、组织和领导人民群众为自己的利益而奋斗写在自己的旗帜上。马克思主义的目的就在于，消灭阶级剥削和阶级压迫，消灭一切不合理的社会现象，使无产阶级和劳动人民群众成为自然的主人、社会的主人、自己的主人，实现自己的利益。社会主义的本质就在于，从人民群众的利益出发，从最广大的人民群众的眼前利益和长远利益、局部利益和全局利益、一般利益与根本利益的统一出发，使人民群众得到实实在在的利益。

第四，社会主义实践在实现人民群众根本利益上所真正体现的是人民主体论思想。马克思主义认为，社会历史发展的自然历史过程是有规律可循的，但它的规律不是自发地起作用，而是通过人民群众的活动来实现。人民群众是创造物质财富和精神财富的主体，是历史发展的主体，是历史的真正创造者。他们理所当然地应该享受自己创造的物质和精神财富。我们要从历史规律实现的特殊性上理解人民的历史主体性，从人民的历史主体性上把握历史发展的规律，从历史规律性和历史主体性的结合上，深刻理解实现社会主义是实现人民群众根本利益的重要保证的真理性。在任何时候任何情况下，社会主义都必须坚持尊重社会发展规律与尊重人民历史主体地位的一致性，坚持为崇高理想奋斗与为最广大人民谋利益的一致性，坚持完成社会主义的根本目标与实现人民群众根本利益的一致性。坚信人民群众是真正英雄的历史唯物主义观点不能丢。

---

① 《马克思恩格斯选集》第 1 卷，人民出版社 1995 年版，第 54 页。
② 同上书，第 82 页。

第二十六章

科学发展观与构建社会主义和谐社会

党的十六大以来，以胡锦涛同志为总书记的党中央坚持以邓小平理论和"三个代表"重要思想为指导，在准确把握世界发展趋势、认真总结我国发展经验、深入分析我国发展阶段特征的基础上，提出了科学发展观、构建社会主义和谐社会、加强党的执政能力建设和先进性建设、建设创新型国家、建设社会主义新农村、树立社会主义荣辱观、走和平发展道路等一系列重大战略思想，为党和人民事业的发展提供了科学的理论指导和有力的思想保证。贯彻落实科学发展观和构建社会主义和谐社会是建设中国特色社会主义的基本要求，是实现经济社会又快又好发展、实现全面建设小康社会目标的内在要求，是马克思主义和中国实际相结合的新进展，是马克思主义中国化的新成果，以人为本，科学发展、和谐发展、和平发展，是马克思主义哲学世界观和方法论的当代运用，是马克思主义哲学发展观的新形态。

第一节　科学发展观的理论基础

任何一种理论都有它的理论基础、都从一定的理论前提出发。这样的理论基础、理论前提对于竖立其上的理论来说是不证自明的、理所当然的。而最一般的理论基础、理论前提则是哲学基础、哲学前提。只要人们理论地提出和思考问题，就不可避免地要使用某种哲学作为自己的基础、前提、出发点，作为自己的方法论工具。科学发展观也是如此，它的理论基础、理论前提就是马克思主义哲学，就是唯物史观。

一　唯物史观是科学发展观以人为本的理论依据

唯物史观关于社会历史主体的理论是科学发展观以人为本的理论

依据。

　　唯物史观揭开了宗教神学和唯心史观披在人类社会历史上的神秘的、唯心主义的面纱，认为社会生活在本质上是实践的，人类社会是在人们的实践活动中形成和发展的。马克思恩格斯指出："以一定的方式进行生产活动的一定的个人，发生一定的社会关系和政治关系。经验的观察在任何情况下都应当根据经验来揭示社会结构和政治结构同生产的联系，而不应当带有任何神秘和思辨的色彩。社会结构和国家经常是从一定个人的生活过程中产生的。"① 社会是什么？马克思认为："社会……是人们交互作用的产物。人们能否自由选择某一社会形式呢？决不能，在人们的生产力发展的一定状况下，就会有一定的交换和消费形式。在生产、交换和消费发展的一定阶段上，就会有一定的社会制度、一定的家庭、等级或阶级组织，一句话，就会有一定的市民社会。有一定的市民社会，就会有不过是市民社会的正式表现的一定的政治国家。"② 历史是什么？马克思认为，历史什么事情也没有做，它"并不拥有任何无穷尽的丰富性"，它并"没有在任何战斗中作战"！创造这一切、拥有这一切并为这一切而斗争的，不是"历史"，而正是人，现实的、活生生的人。"历史"并不是把人当做达到自己目的的工具来利用的某种特殊的人格。历史不过是追求着自己目的的人的活动而已。③ 因此，马克思恩格斯主张，通过对人类所从事的实践活动、劳动的分析去揭示人类社会历史发展的奥秘。

　　然而，人们为什么要从事这样那样的实践活动呢？人作为生命有机体，必须同自然界进行物质、能量、信息的交换，才能维持自身的生命和存在。马克思恩格斯说："任何人类历史的第一个前提无疑是有生命的个人的存在。因此第一个需要确定的具体事实就是这些个人的肉体组织，以及受肉体组织制约的他们与自然界的关系。"④ 又说："人为了能够'创造历史'，必经能够生活。但是为了生活，首先就需要衣、食、住以及其他东西。因此第一个历史活动就是生产满足这些需要的资料，即生产物质生活本身。同时这也是人们仅仅为了能够生活就必须每日每时都要进行的

---

① 《马克思恩格斯全集》第 3 卷，人民出版社 1960 年版，第 28—29 页。
② 《马克思恩格斯全集》第 27 卷，人民出版社 1972 年版，第 477 页。
③ 《马克思恩格斯全集》第 2 卷，人民出版社 1957 年版，第 118—119 页。
④ 《马克思恩格斯全集》第 3 卷，人民出版社 1960 年版，第 23 页。

（现在也和几千年前一样）一种历史活动，即一切历史的一种基本条件。"① 当然，已经得到满足的第一个需要本身、满足需要的活动和已经获得的为满足需要用的工具又引起新的需要。② 这就是说，人们从事物质生产活动是为了获得自身物质生活所需要的物质生活资料；马克思恩格斯认为，这种物质生产活动本身又是以人们之间的交往为前提的。"人们在生产中不仅仅同自然界发生关系。他们如果不以一定方式结合起来共同活动和互相交换其活动，便不能进行生产。为了进行生产，人们便发生一定的联系和关系；只有在这些社会联系和社会关系的范围内，才会有他们对自然界的关系，才会有生产。"③ 而"各个人借以进行生产的社会关系，即社会生产关系，是随着物质生产资料、生产力的变化和发展而变化和改变的。生产关系总合起来就构成为所谓社会关系，构成为所谓社会，并且是构成为一个处于一定历史发展阶段上的社会，具有独特的特征的社会。"④ 马克思还认为，"人是最名副其实的社会动物，不仅是一种合群的动物，而且是只有在社会中才能独立的动物。"⑤ 这就是说，人们进行社会交往的实践活动是为了进行物质生产，是为了在自然界面前获得独立和发展，是为了将生产关系改造的更加适合于人们物质生产活动的发展要求；马克思认为，生产关系的总和构成社会的经济结构、社会的经济基础，在它的上面竖立着法律的和政治的上层建筑和一定的社会意识形式。上层建筑是由经济基础决定的，它虽有相对的独立性，但归根结底是为经济基础服务的，是为发展生产服务的。人们从事这样那样的政治活动、建立这样那样的政治制度，归根到底也是为了使生产力得到更快更好的发展；唯物史观与唯心史观的根本区别就在于它不是从观念出发去解释实践，而是从物质实践出发解释观念，认为包括了政治、法律、道德、科学、艺术、哲学、宗教等观念在内的社会意识，是现实关系的抽象，是人们的社会存在，即人们的实际生活过程的反映。马克思恩格斯把人们社会意识的形成和产生的过程，称为精神生产过程。在他们看来，人们从事这样那样的精神生产是为了认识自然、社会及人自身的存在和发展规律，是

---

① 《马克思恩格斯全集》第 3 卷，人民出版社 1960 年版，第 31—32 页。

② 同上书，第 32 页。

③ 《马克思恩格斯全集》第 6 卷，人民出版社 1961 年版，第 486 页。

④ 同上书，第 487 页。

⑤ 《马克思恩格斯全集》第 12 卷，人民出版社 1962 年版，第 734 页。

为了改造自然、改造社会和改造自身。由此可见，在唯物史观看来，人们从事各种实践活动，占有和创造物质财富和精神财富也好，建立和改变经济政治制度也好，都不过是手段和中介，唯有人自身的生存、发展和解放，才是最根本的目的。从这样的理论中能得出的逻辑结论，除了以人为本，还能有别的结论吗？

有必要指出，唯物史观对人的理解，与其他人道主义思潮、人本主义哲学存在着根本区别。唯物史观所理解的人是现实的人，马克思恩格斯说："我们的出发点是从事实际活动的人"①，"但这里所说的个人不是他们自己或别人想象中的那种个人，而是现实中的个人，也就是说，这些个人是从事活动的，进行物质生产的，因而是在一定的物质的、不受他们任意支配的界限、前提和条件下能动地表现自己的。"② 这样，人们进行物质生产的方式就取决于物质资料的特性，而物质资料及由物质资料决定的物质生产方式就制约着人们自身的存在，"个人怎样表现自己的生活，他们自己也就怎样。因此，他们是什么样的，这同他们的生产是一致的——既和他们生产什么一致，又和他们怎样生产一致。因而，个人是什么样的，这取决于他们进行生产的物质条件"③。马克思认为，人的本质并不是单个人所固有的抽象物，实际上，它是一切社会关系的总和。这样，当人们同物质生产资料处于不同关系的时候，人们就会在社会物质生产体系中处于不同的地位，这就决定了他们会具有不同的存在和不同的特性；而随着物质资料及由物质资料决定的物质生产方式的变化，人们之间的生产关系及其他社会关系也就跟着变化，从而人们本身也就发生变化。

由于"现实的人"具有丰富的现实特性和发挥着多方面多层次的社会角色和功能，因此在唯物史观看来，以人为本这个命题具有丰富的内涵。在反对社会历史的神创论、主张人创论的时候，在反对神的权威、提倡人的权威的时候，在反对将人不当人看待、强调人的类特性和维护人的基本权利的时候，唯物史观理解的以人为本与其他人道主义思潮、人本主义哲学的理解并无多大的区别。但是在涉及人类内部究竟谁是社会历史的主体和动力的时候，唯物史观的理解就与唯心史观基础上的人道主义、人

---

①　《马克思恩格斯全集》第3卷，人民出版社1960年版，第30页。

②　同上书，第29页。

③　同上书，第24页。

本主义、民本主义存在着根本区别。马克思恩格斯认为，整个历史过程是由活生生的人民群众本身的发展所决定，而不是由永恒的永远不变的自然规律所决定，不应该由认识了永恒的自然规律并依照它行动的贵人、贤人和智者来统治。① 他们还说：历史是群众的事业，随着历史活动的深入，必将是群众队伍的扩大②。这就是说，在唯物史观看来，阶级社会中，人民群众是社会历史的创造者，任何阶级和个人，只有融入人民群众并代表他们的利益，才能成为历史发展的动力。这时的以人为本，就是以人民群众为本，就是承认人民群众的社会历史主体地位，承认国家权力来自人民群众。

唯物史观主张以人为本，但并不认为人在自己的实践活动中可以肆意妄为、随心所欲。马克思就指出过，"人们自己创造自己的历史，但是他们并不是随心所欲地创造，并不是在他们自己选定的条件下创造，而是在直接碰到的、既定的、从过去承继下来的条件下的创造。"③ 因为人们在实践活动中还面对着一个按照自身规律运行着的客观对象、客观实际、客观条件，实践活动过程既是人们的主体性、目的性、能动性的实现过程，又是客体、对象以其自身的规律性对主体的作用过程，人们只有把对对象、客体的改造建立在对对象、客体的规律性认识和把握的基础之上，只有实现了合目的性和合规律性的统一，才能在实践活动中达到预想的目的。实践活动的前一特性要求人们讲以人为本、讲价值论、讲人文精神，实践活动的后一特性要求人们讲客观存在、客观规律、讲认识论、讲科学精神。实践活动两方面特性的统一就是以人为本与客观存在的统一、价值论和认识论的统一、人文精神和科学精神的统一、目的性和规律性的统一。这就是为什么我们的发展观中既有"以人为本"的内涵，又有"科学"规定的内涵。把我们的发展观理解为不包含科学规定的纯人文发展观或理解为排斥人文精神的纯科学发展观，都是片面的理解。

二 唯物史观是科学发展观全面协调发展的理论依据

唯物史观关于社会有机体和社会结构的理论是科学发展观全面协调发

---

① 《马克思恩格斯全集》第 7 卷，人民出版社 1959 年版，第 306—307 页。
② 《马克思恩格斯全集》第 2 卷，人民出版社 1957 年版，第 104 页。
③ 《马克思恩格斯选集》第 1 卷，人民出版社 1956 年版，第 603 页。

展的理论依据。

　　马克思恩格斯对人类社会进行分析的时候，引入了当时生物学中已经得到使用和流行的有机体的概念。马克思说，每一个有机体都由各种不同的组成部分构成；每一个组成部分都有特殊的作用，而相互作用的各个器官则紧紧地结合在一起。[①] 恩格斯也说，黑格尔叫做相互作用的东西是有机体。[②] 恩格斯还指出，任何一个有机体，在每一瞬间都是它本身，又不是它本身；在每一瞬间，它同化着自外界供给的物质，并排泄出另一种物质；在每一瞬间，它的机体中都有细胞在死亡，也有新的细胞在形成，经过或长或短的一段时间，这个机体的物质便完全更新了，由其他物质的原子代替了，所以，每个有机体永远是它本身，同时又是别的东西。[③] 马克思恩格斯认为人类社会的运行存在着和有机体相类似的机制。马克思指出，资本过程在其不同阶段上的形式变换和物质变换，就像有机体中发生的变换一样。[④] 马克思还指出，如果说，在完成的资产阶级体制中，每一种经济关系都以具有资产阶级经济形式的另一种经济关系为前提，从而每一种设定的东西同时就是前提，那么，任何有机体制的情况都是这样。这种有机体制本身作为一个总体有自己的各种前提，而它向总体的发展过程就在于：使社会的一切要素从属于自己，或者把自己还缺乏的器官从社会中创造出来。有机体制在历史上就是这样向总体发展的。它变成这种总体是它的过程即它的发展的一个要素。[⑤] 他们还明确地把人类社会称作社会有机体。马克思说，现在的社会不是坚实的结晶体，而是一个能够变化并且经常处于变化过程中的机体。[⑥] 马克思在肯定一位学者对资本论的评价的时候，实际上也肯定了这位学者所使用的"社会机体"这个概念。[⑦] 马克思还使用了社会生产机体概念，称古老的社会生产机体比资产阶级的社会生产机体简单明了得多，但它们或者以个人尚未成熟，尚未脱掉同其他

---

① 《马克思恩格斯全集》第 6 卷，人民出版社 1961 年版，220 页。

② 《马克思恩格斯全集》第 20 卷，人民出版社 1971 年版，第 654 页。

③ 《马克思恩格斯全集》第 19 卷，人民出版社 1963 年版，第 221 页。

④ 《马克思格斯全集》第 46 卷（下），人民出版社 1980 年版，第 171 页。

⑤ 《马克思恩格斯全集》第 46 卷（上），人民出版社 1979 年版，第 236 页。

⑥ 《马克思恩格斯全集》第 23 卷，人民出版社 1972 年版，第 12 页。

⑦ 同上书，第 23 页。

人的自然血缘联系的脐带为基础，或者以直接的统治和服从的关系为基础。① 马克思还把国家生活称为现实的、有机的国家生活、国家生活的机体；还说家庭"familia"这个词被引入拉丁社会，是用来表示一种新的机体；还说工人的活的劳动能力存在于他的活的机体中，称劳动本身就是活的机体；还说机器体系在工人面前表现为一个强大的机体，称机械工厂是一个庞大的自动机，是有组织的机体。

恩格斯认为，有机体经历了从少数简单形态到今天我们所看到的日益多样化和复杂化的形态，一直到人类为止的发展系列。② 毫无疑问，社会有机体处在有机体发展系列上的复杂阶段，除了与生物有机体存在着共性外，还存在着自身特有的特点。生物有机体基本上是由 DNA 的遗传特性决定的，而社会有机体则是人们在劳动、实践的基础上、在人们的交往过程中形成和发展的。唯物史观就是"在劳动发展史中找到全部社会史的锁钥的"。③

马克思恩格斯指出，当人们自己开始生产他们所必需的生活资料的时候（这一步是由他们的肉体组织所决定的），他们就开始把自己和动物区别开来。而人们用以生产自己必需的生活资料的方式首先取决于他们得到的现成的和需要再生产的生活资料本身的特性，取决于他们进行生产的物质条件。生产者和生产的物质资料相结合就构成了生产力。生产过程中除了发生着人和自然的关系外，还发生着人与人的关系。生产本身既以人们之间的交往为前提，又决定着交往的形式。生产力的发展不仅仅是现有生产力的量的增加，还表现为生产力的质的变化。因此，任何新的生产力都会引起分工的发展。"某一民族内部的分工，首先引起工商业劳动和农业劳动的分离，从而也引起城乡的分离和城乡利益的对立。分工的进一步发展导致商业劳动和工业劳动的分离。同时，由于这些不同部门内部的分工，在某一劳动部门共同劳动的个人之间的分工也愈来愈细致了。"④ 马克思还多次谈论了分工所造成的社会生产机体。他说，把自己的"分散的肢体"表现为分工体系的社会生产机体，它的量的构成，也像它的质

---

① 《马克思恩格斯全集》第 23 卷，人民出版社 1972 年版，第 96 页。
② 《马克思恩格斯全集》第 20 卷，人民出版社 1971 年版，第 538 页
③ 《马克思恩格斯全集》第 21 卷，人民出版社 1965 年版，第 353 页。
④ 《马克思恩格斯全集》第 3 卷，人民出版社 1960 年版，第 24—25 页。

的构成一样，是自发地偶然地形成的。所以我们的商品所有者发现：分工使他们成为独立的私人生产者，同时又使社会生产过程以及他们在这个过程中的关系不受他们自己支配；人与人的互相独立为物与物的全面依赖的体系所补充。① 在工场手工业中存在着最简单形式的协作原则：同时雇用许多人从事同种工作。但现在这个原则表现为一种有机的关系。因此，工场手工业的分工不仅使社会总体工人的不同性质的器官简单化和多样化，而且也为这些器官的数量大小，即为从事每种专门职能的工人小组的相对人数或相对量，创立了数学上固定的比例。工场手工业的分工在发展社会劳动过程的质的划分的同时，也发展了它的量的规则和比例性。② 在机械工厂中，这个总机体的骨架却是由各种类型的机器本身组成的，其中每一个机器完成总生产过程所要求的特定的顺次进行的个别过程。③ 而工人本身只表现为机器的有自我意识的器官（而不是机器表现为工人的器官），他们同死器官不同的地方是有自我意识，他们和死的器官一起"协调地"和"不间断地"活动，在同样程度上受动力的支配，和死的机器完全一样。④

马克思恩格斯认为，分工的每一个阶段还根据个人与劳动的材料、工具和产品的关系决定他们相互之间的关系。这就是说，分工发展的各个不同阶段，同时也就是所有制的各种不同形式。所有制形式随着生产力的发展而变化。经过对生产力和生产过程人们交往关系历史演变的考察，他们发现，以一定的方式进行生产活动的一定的个人，发生一定的社会关系和政治关系。社会结构和国家经常是从一定个人的生活过程中产生的。⑤ 他们还指出，直接从生产和交往中发展起来的社会组织在一切时代都构成国家的基础以及任何其他的观念的上层建筑的基础。⑥ 后来，马克思在《〈政治经济学批判〉序言》中概括说："人们在自己生活的社会生产中发生一定的、必然的、不以他们的意志为转移的关系，即同他们的物质生产力的一定发展阶段相适合的生产关系。这些生产关系的总和构成社会的经

---

① 《马克思恩格斯全集》第 23 卷，人民出版社 1972 年版，第 126 页。
② 同上书，第 384 页。
③ 《马克思恩格斯全集》第 47 卷，人民出版社 1979 年版，第 523—523 页。
④ 同上书，第 536 页。
⑤ 《马克思恩格斯全集》第 3 卷，人民出版社 1960 年版，第 28—29 页。
⑥ 同上书，第 41 页。

济结构，即有法律的和政治的上层建筑竖立其上，并有一定的社会意识形式与之相适应的现实基础。物质生活的生产方式制约着整个社会生活、政治生活和精神生活的过程。不是人们的意识决定人们的存在，相反，是人们的社会存在决定人们的意识。社会的物质生产力发展到一定阶段便同它们一直在其中活动的现存生产关系或财产关系（这只是生产关系的法律用语）发生矛盾。于是这些关系便由生产力的发展形式变成生产力的桎梏。那时社会革命的时代就到来了。随着经济基础的变更，全部庞大的上层建筑也或慢或快地发生变革。"①

　　上面的引述表明，马克思恩格斯所论述的社会结构就是由生产力、生产关系（经济基础）、上层建筑（意识形态）这三个层次的因素组成的。不过，以往那种把生产关系等同于所有制关系的理解，是不全面的。从上文引的马克思恩格斯在《德意志意识形态》中的论述来看，生产关系除了所有制关系之外，还包括分工所形成的关系。从对生产关系的全面理解出发，我们可以将唯物史观的社会结构理论描述为由生产力的社会性质——所有制为基础的生产关系——政治上层建筑（意识形态）和生产力的技术工艺性质——分工为基础的生产关系——非政治上层建筑（社会科学）这两根相互联系着的链条组成的结构。在前一链条中，人们因所有制关系上的不同地位而区分为不同的阶级。在后一链条中，人们因分工而从事着不同的社会职业；前一链条形成的社会的利益性结构，后一链条形成的社会的功能性结构，而利益性结构和功能性结构的有机结合就构成了社会的整体结构。

　　除了物质生产和精神生产之外，马克思恩格斯还论述了人本身的生产问题，这就是"每日都在重新生产自己生活的人们开始生产另外一些人，即增殖"②。人本身的生产过程就是人们的物质生活过程。人们为了生活也要与他人建立某种形式的共同体。"这就是夫妻之间的关系，父母和子女之间的关系，也就是家庭。这个家庭起初是唯一的社会关系，后来，当需要的增长产生了新的社会关系而人口的增多又产生了新的需要的时候，家庭便成为（德国除外）从属的关系了。"③ 人们物质生活需要和生产之

---

① 《马克思恩格斯全集》第 13 卷，人民出版社 1962 年版，第 8—9 页。
② 《马克思恩格斯全集》第 3 卷，人民出版社 1960 年版，第 32 页。
③ 同上书，第 32—33 页。

间所存在的必然联系，使得人们的物质生活及在不同历史阶段上形成的社会生活共同体也成了社会结构的要素。

　　马克思认为，人们的存在在开始的时候总是一种狭隘地域性的存在，只有随着生产力的普遍发展和与此有关的世界交往的普遍发展，这种狭隘地域性的存在才能变为世界历史性的、真正普遍的存在。"各民族之间的相互关系取决于每一个民族的生产力、分工和内部交往的发展程度。这个原理是公认的。然而不仅一个民族与其他民族的关系，而且一个民族本身的整个内部结构都取决于它的生产以及内部和外部的交往的发展程度。"① 因此，在相当长的历史阶段上，不同地区、民族、国家之间既发生着一定的交往和联系，又存在着程度不等的区别。地区关系、民族关系、国家关系也成了社会结构的重要因素。

　　马克思恩格斯认为，人们在生产和交往实践中形成的上述种种结构性因素经过复杂的相互作用就形成了社会有机体，而社会有机体在生产发展基础上的历史演变就是社会形态。马克思在《资本论》第一卷中有一段话中起先写的是"它们是属于生产过程支配人而人还没有支配生产过程的那种社会形态的"，但在接下去的文字中"它们"又被称为"资产阶级以前的社会生产机体形式"。② 这就证明，在马克思看来，社会生产机体的历史形式就是社会形态。

　　当年马克思恩格斯提出上述社会结构和社会有机体的理论，是为了揭示人类社会从一种形态到另一种形态的发展规律，而揭示这种社会发展规律的目的是为了从世界观、社会历史观的角度为无产阶级革命提供理论武器。但是他们的理论中所隐含的社会形态量变过程中的社会有机体存在和发展的理论，则成为我们今天科学发展观的理论基础。唯物史观关于生产力和生产关系构成一个社会的经济基础的理论是我们实行以经济建设为中心的理论依据；唯物史观关于物质生活的生产方式和人们的社会生活、政治生活、精神生活之间存在的相互制约关系的理论则要求我们在进行物质文明建设的同时，要进行社会文明建设、政治文明建设、精神文明建设和生态文明建设，实现社会的全面进步和人的全面发展；唯物史观关于物质生产和精神生产，物质生活和精神生活，社会存在和社会意识，生产和交

---

　　① 《马克思恩格斯全集》第3卷，人民出版社1960年版，第24页。
　　② 《马克思恩格斯全集》第23卷，人民出版社1972年版，第97—98页。

换、分配、消费，效率和公正，社会的所有制结构和分工结构之间，社会分工中的产业结构、职业结构、城乡结构、地区结构和人们的利益结构、需求结构之间，个人利益、群体利益、国家利益之间所存在的辩证关系，是我们实现全面协调发展的理论依据。只有全面协调发展，才能实现社会系统的有机性和整体性，才能在发展中保持社会的和平和稳定。

三 唯物史观是科学发展观可持续发展的理论依据

唯物史观关于人、社会对于自然界的依赖性和社会历史的连续性是科学发展观可持续发展的理论依据。

马克思在《1844年经济学哲学手稿》这一著作中论述了人对于自然界的依赖性，他写道："人（和动物一样）靠无机界生活，而人比动物越有普遍性，人赖以生活的无机界的范围就越广阔。从理论领域说来，植物、动物、石头、空气、光等等，一方面作为自然科学的对象，一方面作为艺术的对象，都是人的意识的一部分，是人的精神的无机界，是人必须事先进行加工以便享用和消化的精神食粮；同样，从实践领域说来，这些东西也是人的生活和人的活动的一部分。人在肉体上只有靠这些自然产品才能生活，不管这些产品是以食物、燃料、衣着的形式还是以住房等等的形式表现出来。在实践上，人的普遍性正表现在把整个自然界——首先作为人的直接的生活资料，其次作为人的生命活动的材料、对象和工具——变成人的无机的身体。自然界，就它本身不是人的身体而言，是人的无机的身体。人靠自然界生活。这就是说，自然界是人为了不致死亡而必须与之不断交往的、人的身体。所谓人的肉体生活和精神生活同自然界相联系，也就等于说自然界同自身相联系，因为人是自然界的一部分。"① 马克思在该著作中还论述了人类生产的特点，他写道："通过实践创造对象世界，即改造无机界，证明了人是有意识的类存在物，也就是这样一种存在物，它把类看作自己的本质，或者说把自身看作类存在物。诚然，动物也生产。它也为自己营造巢穴或住所，如蜜蜂、海狸、蚂蚁等。但是动物只生产它自己或它的幼仔所直接需要的东西；动物的生产是片面的，而人的生产是全面的；动物只是在直接的肉体需要的支配下生产，而人甚至不受肉体需要的支配也进行生产，并且只有不受这种需要的支配时才进行真

---

① 《马克思恩格斯全集》第42卷，人民出版社1979年版，第95页。

正的生产；动物只生产自身，而人再生产整个自然界；动物的产品直接同它的肉体相联系，而人则自由地对待自己的产品。动物只是按照它所属的那个种的尺度和需要来建造，而人却懂得按照任何一个种的尺度来进行生产，并且懂得怎样处处都把内在的尺度运用到对象上去；因此，人也按照美的规律来建造。"① 后来，马克思在《资本论》中进一步分析了人和自然之间的物质变换关系，他说："劳动首先是人和自然之间的过程，是人以自身的活动来引起、调整和控制人和自然之间的物质变换的过程。"② 马克思恩格斯认为，这种通过生产劳动所建立的"人和自然的统一性""在每一个时代都随着工业或快或慢的发展而不断改变"③，因而，人们"周围的感性世界决不是某种开天辟地以来就已存在的、始终如一的东西，而是工业和社会状况的产物，是历史的产物，是世世代代活动的结果"④。

马克思揭露了资本主义条件下物质变换过程中对土地的滥用和对森林等自然资源的破坏。他说："资本主义生产使它汇集在各大中心的城市人口越来越占优势，这样一来，它一方面聚集着社会的历史动力，另一方面又破坏着人和土地之间的物质变换，也就是使人以衣食形式消费掉的土地的组成部分不能回到土地，从而破坏土地持久肥力的永恒的自然条件。……资本主义农业的任何进步，都不仅是掠夺劳动者的技巧的进步，而且是掠夺土地的技巧的进步，在一定时期内提高土地肥力的任何进步，同时也是破坏土地肥力持久源泉的进步。一个国家，例如北美合众国，越是以大工业作为自己发展的起点，这个破坏过程就越迅速。"⑤ 他还说："文明和产业的整个发展，对森林的破坏从来就起很大的作用，对比之下，对森林的护养和生产，简直不起作用。"⑥ 马克思在给恩格斯的信中写道："耕作的最初影响是有益的，但是，由于砍伐树木等等，最后会使土地荒芜。"⑦

恩格斯也有类似的论述。他说："我们不要过分陶醉于我们对自然界

① 《马克思恩格斯全集》第 42 卷，人民出版社 1979 年版，第 96—97 页。
② 《马克思恩格斯全集》第 23 卷，人民出版社 1972 年版，第 201—202 页。
③ 《马克思恩格斯全集》第 3 卷，人民出版社 1960 年版，49 页。
④ 同上书，第 48—49 页。
⑤ 《马克思恩格斯全集》第 23 卷，人民出版社 1972 年版，第 552—553 页。
⑥ 《马克思恩格斯全集》第 24 卷，人民出版社 1972 年版，第 272 页。
⑦ 《马克思恩格斯全集》第 32 卷，人民出版社 1975 年版，第 53 页。

的胜利。对于每一次这样的胜利,自然界都报复了我们。每一次胜利,在第一步都确实取得了我们预期的结果,但是在第二步和第三步却有了完全不同的、出乎预料的影响,常常把第一个结果又取消了。美索不达米亚、希腊、小亚细亚以及其他各地的居民,为了想得到耕地,把森林都砍完了,但是他们梦想不到,这些地方今天竟因此成为荒芜不毛之地,因为他们使这些地方失去了森林,也失去了积聚和贮存水分的中心。"①

马克思恩格斯论述了历史发展过程中的代际影响,"历史的每一阶段都遇到有一定的物质结果、一定数量的生产力总和,人和自然以及人与人之间在历史上形成的关系,都遇到有前一代传给后一代的大量生产力、资金和环境,尽管一方面这些生产力、资金和环境为新的一代所改变,但另一方面,它们也预先规定新的一代的生活条件,使它得到一定的发展和具有特殊的性质"②。

马克思恩格斯还探讨了正确处理和解决人、社会和自然关系的理论和途径。马克思在《1844年经济学哲学手稿》中指出:"共产主义,作为完成了的自然主义,等于人道主义,而作为完成了的人道主义,等于自然主义,它是人和自然界之间,人和人之间的矛盾的真正解决,是存在和本质、对象化和自我确证、自由和必然、个体和类之间的斗争的真正解决。"③ 他在《资本论》中指出:"社会化的人,联合起来的生产者,将合理地调节他们和自然之间的物质变换,把它置于他们的共同控制之下,而不让它作为盲目的力量来统治自己;靠消耗最小的力量,在最无愧于和最适合于他们的人类本性的条件下来进行这种物质变换。"④ 他还说:"从一个较高级的社会经济形态的角度来看,个别人对土地的私有权,和一个人对另一个人的私有权一样,是十分荒谬的。甚至整个社会,一个民族,以至一切同时存在的社会加在一起,都不是土地的所有者。他们只是土地的占有者,土地的利用者,并且他们必须像好家长那样,把土地改良后传给后代。"⑤ 恩格斯也指出,"必须时时记住:我们统治自然界,决不像征服者统治异民族一样,决不像站在自然界以外的人一样,——相反的,我

---

① 《马克思恩格斯全集》第20卷,人民出版社1971年版,第519页。
② 《马克思恩格斯全集》第3卷,人民出版社1960年版,第43页。
③ 《马克思恩格斯全集》第42卷,人民出版社1979年版,第120页。
④ 《马克思恩格斯全集》第25卷,人民出版社1974年版,第926—927页。
⑤ 同上书,第875页。

们连同我们的肉、血和头脑都是属于自然界，存在于自然界的；我们对自然界的整个统治是在于我们比其他一切动物强，能够认识和正确运用自然规律。"[①]

作为可持续发展理论的先驱，马克思恩格斯上述关于自然界是人的无机身体、人的生产是全面的、劳动过程是人和自然之间的物质变换过程、人对自然界影响的两重性、人和自然关系上的代际影响、正确解决人与自然关系的理论和制度设想等理论和观点，实际地提出和回答了为什么要实现可持续发展、怎样实现可持续发展的问题，因而成为我们坚持科学发展观、实现可持续发展的理论依据。

总之，唯物史观揭示了人的社会存在、揭示了社会的物质基础，提出用人们的社会存在说明人们的社会意识、用人们的物质生活的生产方式说明人们的社会生活、政治生活、精神生活，形成了科学的社会认识论和方法论；唯物史观揭示了社会的要素、结构和系统的有机性、整体性，揭示了生产力对生产关系、经济基础对上层建筑（包括意识形态）的决定作用以及逆向的反作用，揭示了社会基本矛盾，论述了社会系统的运行机制和社会发展规律，阐明了人类解放的道路，形成了科学的社会历史观和以人为本的价值观。唯物史观是科学发展观的理论基础，而科学发展观则是唯物史观在当代中国的应用和发展。

第二节　科学发展观的理论创新

胡锦涛在党的十七大报告中指出，科学发展观，是对党的三代中央领导集体关于发展的重要思想的继承和发展，是马克思主义关于发展的世界观和方法论的集中表现，是同马克思列宁主义、毛泽东思想、邓小平理论和"三个代表"重要思想既一脉相承又与时俱进的科学理论，是我国经济社会发展的重要指导方针，是发展中国特色社会主义必须坚持和贯彻的重大战略思想。下面就科学发展观的理论创新谈点看法。

一　马克思主义哲学发展观的新形态

我们党提出的科学发展观深深地扎根于马克思主义的理论土壤之中，

---

① 《马克思恩格斯全集》第20卷，人民出版社1971年版，第519页。

是与马克思主义一脉相承的，是以马克思主义哲学为其理论前提和哲学基础的。我们只有深入地掌握马克思主义哲学理论，才能更好地理解和贯彻科学发展观。我们党提出的科学发展观也是对马克思主义哲学的发展和创新。

必须指出，对于马克思主义哲学来说，发展问题和发展观并不是今天才出现的新问题、新概念。马克思主义哲学从其产生的一天起，就研究着发展问题，就隐含着发展观的概念。不过，从今天的眼光来看，马克思主义哲学理论传统中所使用的发展和发展观概念，可以区分为三个对象域（或三个论域、三个层次）。

第一种意义上的发展和发展观，是指世界观、宇宙观意义上的发展和发展观。这种意义上的发展和发展观所研究所讨论的对象领域最广泛、层次最高，包括了自然、社会和思维在内的整个世界、宇宙。关于这种意义上的发展观，我们可以从马克思恩格斯关于辩证法的定义中得知。而在这个层次上，明确地使用"发展观"这个概念的是列宁，他在《谈谈辩证法问题》一文中论述了两种发展观，他说："有两种基本的（或两种可能的？或两种在历史上常见的？）发展（进化）观点：认为发展是减少和增加，是重复；以及认为发展是对立面的统一（统一物之分为两个互相排斥的对立面以及它们之间的相互关系）。按第一种运动观点，自己运动，它的动力、它的泉源、它的动因都被忽视了（或者这个泉源被移到外部——移到上帝、主体等等那里去了）；按第二种观点，主要的注意力正是放在认识'自己'运动的泉源上。第一种观点是僵死的、平庸的、枯燥的。第二种观点是活生生的。只有第二种观点才提供理解一切现存事物的'自己运动'的钥匙，才提供理解'飞跃'、'渐进过程的中断'、'向对立面的转化'、旧东西的消灭和新东西的产生的钥匙。"[①]

第二种意义上的发展和发展观，是指社会历史观意义上的发展和发展观。

恩格斯在《反杜林论》中指出："现代唯物主义把历史看做人类的发展过程，而它的任务就在于发现这个过程的运动规律。"[②] 所以，历史唯物主义被概括为是关于社会结构及其发展的一般规律的科学。唯物史观本

---

① 《列宁选集》第 2 卷，人民出版社 1995 年版，第 557 页。

② 《马克思恩格斯全集》第 20 卷，人民出版社 1971 年版，第 28 页。

身就是社会发展观。它所讨论的社会发展，虽然既包括了社会形态处于量变阶段上的社会发展，也包括了社会从一种形态到另一种形态质变、飞跃意义上的社会发展。不过，它所讨论的重点还是指社会形态质变、飞跃、革命意义上的社会发展。正是这个原因，唯物史观成为工人阶级及其他劳动人民从事革命的精神武器。

很显然，我们党今天提出的科学发展观，既不是第一种意义上的发展观，也不是第二种意义上的发展观。我们正在讨论的发展，主要是指生产力的发展，经济上的发展，科学技术文化上的发展，人民群众物质生活、精神生活和政治生活上的改善，社会秩序、社会风气、社会面貌上的进步，环境和资源上的合理使用和保护。虽然也会涉及生产关系、政治上层建筑，涉及经济制度和政治制度，但这种涉及并不意味着进行经济制度和政治制度上的革命，用一种社会形态去取代另一种社会形态，而是通过对现行体制或制度的改革、改良消除、克服经济、政治、文化、社会、人和环境发展中所遇到的制度性障碍。所以，这里讲的发展，是指一种社会形态处于量变阶段上的发展；这里讲的发展观，就是以社会形态处于量变阶段上的发展为研究对象的理论和观念。这种发展观对于正处于量变阶段上的社会形态而言，不是采取对立的、敌视的、打碎的、革命的态度，而是采取合作、完善、建设的态度。因此，对于现实存在的社会形态而言，是一种建设发展观。我们可以把这种发展观称为马克思主义哲学中的第三种层次和意义上的发展观。这就是说，我们党今天讨论的发展问题在马克思主义哲学的发展史上是没有得到正面提出和展开过的新问题，而我们党今天提出的科学发展观在马克思主义哲学的发展史上则属于新领域、新层次、新时期的新发展观，是建设发展观。因此，我们完全可以理直气壮地说，我们党今天提出和实施的科学发展观，是对马克思主义哲学的丰富和发展，甚至还可以说，我们党今天提出的科学发展观正在成为马克思主义哲学的当代形态。

二　中国特色社会主义发展理论的新概括

我们国家在 1956 年完成了生产资料所有制的社会主义改造之后，进入了社会主义建设阶段，是年毛泽东发表了《论十大关系》和《关于正确处理人民内部矛盾的问题》，以苏联的经验为鉴戒，总结了我国的经验，提出了调动一切积极因素为社会主义事业服务的基本方针，对适合我国情况的社会主义建设道路进行了初步的探索，明确提出了要采取"统筹兼顾"的方针去处理社会主义建设中的各种矛盾，明确提出了"中国工业化的道路"问题，后来他又明确地提出了"社会主义的现代化"的概念。毛泽东对我国社会主义现代化发展道路的探索是中国特色社会主义发展理论的最初篇章，是我们今天讲的科学发展观的最初篇章。

邓小平继承和发展了马克思、列宁和毛泽东的发展观的积极成果，在反映时代精神和当代中国发展实践的基础上，提出了中国特色社会主义建设的发展问题，把马克思主义发展观推到一个新阶段。他论述了发展的重要性，认为发展是当代世界、也是当代中国的主题。他指出："应当把发展问题提到全人类的高度来认识，要从这个高度去观察问题和解决问题。只有这样，才会明了发展问题既是发展中国家自己的责任，也是发达国家的责任。"[1] 他论述了发展、特别是当今中国发展的本质含义，认为发展就是从落后状态变为发达状态，就是搞现代化，就是由传统农业社会转变为现代工业社会。对于中国而言，发展就是要搞社会主义现代化。他强调说："搞社会主义现代化建设是基本路线"，同时又称这条路线为"中国的发展路线"。[2] 他认为发展的核心内容是发展经济。他说："现代化建设的任务是多方面的，各个方面需要综合平衡，不能单打一。但是说到最后，还是要把经济建设当作中心。离开了经济建设这个中心，就有丧失物质基础的危险。其他一切任务都要服从这个中心，围绕这个中心，决不能干扰它，冲击它。"[3] 他要求，经济发展要高速度，要力争隔几年上一个台阶，同时要讲求效益，稳步协调地发展。他说："在今后的现代化建设的过程中，出现若干个发展速度比较快、效益比较好的阶段，是必要的，也是能够办到的。我们就是要有这个雄心壮志！"[4] 他为我国社会主义现代化建设制定了分三步走的发展战略。他指出，以 1980 年为基数，到 80 年代末，年人均国民生产总值翻一番，达到 500 美元。第二步是到 20 世纪末，再翻一番，人均达到 1000 美元，把贫困的中国变成小康的中国。更重要的目标还是第三步，在 21 世纪用 30 年到 50 年再翻两番，大体上

① 《邓小平文选》第 3 卷，人民出版社 1993 年版，第 282 页。
② 同上书，第 248、381 页。
③ 《邓小平文选》第 2 卷，人民出版社 1994 年版，第 250 页。
④ 《邓小平文选》第 3 卷，人民出版社 1993 年版，第 377 页。

达到人均 4000 美元，使中国在世界上达到中等发达国家的水平。[①] 邓小平发展战略中还包括了由先富到共同富裕的战略思想。他还提出了两手抓，两手都要硬，在建设高度物质文明的同时，要建设高度的社会主义精神文明。他认为，只有两个文明建设都搞好才是有中国特色的社会主义。

以江泽民为核心的党中央第三代领导集体坚持和丰富了邓小平发展理论。这表现在：1. 在坚持发展是硬道理的过程中，提出了必须用发展的办法解决前进中的问题的思想。2. 提出要走既有较快速度又有较高素质的发展路子。1994 年，江泽民《在天津考察工作时的讲话》中说："中央提出，国民经济要保持持续、快速、健康发展，……这是积多年正反两方面的经验，才确立起来的我国经济顺利运行的唯一正确的路子。"[②] 3. 提出发展要有新思路。江泽民指出："必须更新发展思路，实现经济增长方式从粗放型向集约型的转变。这种转变的基本要求是，从主要依靠增加投入、铺新摊子、追求数量，转到主要依靠科技进步和提高劳动者素质上来，转到以经济效益为中心的轨道上来。"[③] 4. 提出了广大群众共享经济社会发展成果的思想。1998 年 12 月，江泽民《在纪念党的十一届三中全会召开二十周年大会上的讲话》中说："在整个改革开放和现代化建设的过程中，都要努力使工人、农民、知识分子和其他群众共同享受到经济社会发展的成果。改革越深化，越要正确认识和处理各种利益关系，把个人利益与集体利益、局部利益与整体利益、当前利益与长远利益正确地统一和结合起来，把最广大人民群众的切身利益实现好、维护好、发展好，把他们的积极性引导好、保护好、发挥好。只有这样，我们的改革和建设才能始终获得最广泛最可靠的群众基础和力量源泉。"[④] 5. 从战略高度论述了促进区域经济合理布局和协调发展的重要性，实施了西部大开发战略，加快了中西部地区的发展。6. 实施了科教兴国战略，把科技和教育摆在优先发展的战略地位，依靠科技创新实现社会生产力发展的跨越。7. 实施了可持续发展战略，提出要正确处理经济发展同人口、资源、环境的关系。江泽民指出："所谓可持续发展，就是既要考虑当前发展的需要，又

---

① 《邓小平文选》第 3 卷，人民出版社 1993 年版，第 226 页。

② 《江泽民论有中国特色社会主义（专题摘编）》，中央文献出版社 2002 年版，第 96—97 页。

③ 同上书，第 97 页。

④ 同上书，第 111 页。

要考虑未来发展的需要，不要以牺牲后代人的利益为代价来满足当代人的利益。可持续发展，是人类社会发展的必然要求，现在已经成为世界许多国家关注的一个重大问题。中国是世界上人口最多的发展中国家，这个问题更具有紧迫性。"① 2001 年 7 月 1 日，他《在庆祝中国共产党成立 80 周年大会上的讲话》中进一步指出："要促进人和自然的协调与和谐，使人们在优美的生态环境中工作和生活。坚持实施可持续发展战略，正确处理经济发展同人口、资源、环境的关系，改善生态环境和美化生活环境，改善公共设施和社会福利设施。努力开创生产发展、生活富裕和生态良好的文明发展道路。"② 归结起来，就是发展要始终体现"三个代表"的重要思想。

以胡锦涛为总书记的党中央领导集体坚持以邓小平理论和"三个代表"重要思想为指导，进一步总结了 30 多年来我国改革开放和现代化建设的成功经验，科学地分析了新世纪新阶段在全面建设小康社会过程中所面临的新形势、新情况、新问题，在十六届三中全会的决议中正式提出了"发展观"的概念，而胡锦涛在十六届三中全会第二次全体会议上的讲话中则明确使用了"科学发展观"概念，这就在我们党的历史上第一次完整地系统地提出了以人为本，实现全面协调可持续发展，促进经济社会和人的全面发展的科学发展观。胡锦涛同志指出："科学发展观总结了 20 多年来我国改革开放和现代化建设的成功经验，揭示了经济社会发展的客观规律，反映了我们党对发展问题的新认识。科学发展观对整个改革开放和现代化建设都具有重要指导意义。"③ 科学发展观既继承了邓小平理论和"三个代表"重要思想中的发展理论和发展观念，又作出了新的丰富和发展。这表现在：1. 明确提出了以人为本是科学发展观的核心和本质，科学地阐明了以人为本的含义。这就是要把实现好、维护好、发展好最广大人民的根本利益作为根本的出发点和归宿，要不断满足人民群众日益增长的物质文化需要，切实保障人民群众的经济、政治、文化权益，要让发展成果惠及全体人民群众，促进人的全面发展。党在指导发展的过程中，要坚持权为民所用、情为民所系、利为民所谋；2. 对全面协调可持续发

① 《江泽民论有中国特色社会主义（专题摘编）》，中央文献出版社 2002 年版，第 279 页。
② 同上书，第 282—283 页。
③ 胡锦涛：《把科学发展观贯穿于发展的整个过程》，《求是》2005 年第 1 期。

展的内涵作了全面系统的论述。全面发展就是以经济建设为中心，全面推进经济、政治、文化建设，实现物质文明、精神文明、政治文明、生态文明与和谐社会的全面发展，实现社会的全面进步和人的全面发展；协调发展就是实现城乡之间、区域之间、经济和社会之间的协调发展，使生产关系适合于生产力的发展要求、上层建筑适应于经济基础的要求；可持续发展就是促进人与自然的和谐，实现经济发展和人口、资源、环境相协调，坚持走生产发展、生活富裕、生态良好的文明发展道路；3. 提出了通过"五个统筹"实现科学发展观的基本要求，即统筹城乡发展、统筹区域发展、统筹经济社会发展、统筹人与社会和谐发展、统筹国内发展和对外开放，还提出了要建立实现五个统筹的有效的体制机制；4. 提出了要建立体现科学发展观要求的经济社会发展综合评价体系。在指导方针、政策措施上要注重加强薄弱环节；5. 提出了把树立科学发展观与坚持正确积极的政绩观紧密结合起来的思想，认为科学发展观引导着正确积极的政绩观的树立，正确的政绩观又保证着科学发展观的落实；6. 提出了把树立科学发展观和掌握科学的思想方法、发扬优良的工作作风结合起来的思想，提倡用求真务实的作风和发扬优良的工作作风来树立和落实科学发展观。

总之，我们看到，由毛泽东提出问题，邓小平初步地全面创立，江泽民为核心的党中央的进一步丰富和发展，胡锦涛为总书记的党中央的进一步的总结和概括，中国特色社会主义的发展理论、发展观，已经形成为成熟、系统的科学发展观，这是我们党对社会主义现代化建设指导思想的历史性飞跃。

三　当代人类发展文明成果的中国化运用

就世界范围而言，发展理论和发展观念是在资本主义工业化、现代化发展过程中产生的，也是随着资本主义工业化、现代化过程的发展而演变的。发展理论和发展观念实际上是对工业化、现代化过程的反思和总结，不同的发展阶段、不同的历史条件形成着、产生着不同的发展理论、不同的发展观念。

近300年来西方工业发达国家在理论和实践中占支配地位的发展观和发展理论就是单纯经济增长的片面发展观。这种发展观指导下的发展实践在取得经济增长的同时，则导致了对文化的否定和排斥，导致了文化价值的分裂，导致了文化危机乃至导致了社会危机、生态和环境危机，导致了一系列的全球问题，世界上富国和穷国之间的鸿沟也不断扩大。

由于经历了一系列全球性问题所带来的痛苦之后，从 20 世纪 60 年代起，人类开始反思和总结传统的经济发展观念和发展模式的问题和矛盾，探索能在发展经济的同时保护资源环境，实现社会和人的持续发展，提出新的发展观念和发展模式。

1972 年 6 月 5 日至 16 日，联合国人类环境会议在瑞典斯德哥尔摩举行，通过了《联合国人类环境会议宣言》，呼吁各国政府和人民为维护和改善人类环境，造福全体人民，造福后代而共同努力。

1981 年，美国世界观察研究所所长莱斯特·R·布朗出版专著《建设一个持续发展的社会》，全面论述了"从经济增长转向持续发展"的必要性、迫切性。

1982 年，法国经济学家弗朗索瓦·佩鲁出版专著《新发展观》，从发展中国家的角度阐述了新发展观。

1989 年 5 月联合国环境署第十五届理事会发表了"可持续发展的声明"，1989 年联大通过决议重申了这一声明。

1992 年 6 月，联合国环境与发展大会在巴西里约热内卢召开，通过和签署了《里约热内卢环境与发展宣言》、《21 世纪议程》、《关于森林问题的原则声明》、《联合国气候变化框架公约》、《生物多样性公约》等重要文件。

1992 年联合国环境与发展大会以后，世界上大多数国家都在考虑本国的可持续发展问题，许多国家相继制定了自己的可持续发展战略，有的制定了本国的《21 世纪议程》，几乎所有的国际组织都对《21 世纪议程》作出了反应。据联合国估计，到 1996 年上半年，全球已有约 100 个国家设立了专门的可持续发展委员会，1600 个地方政府制定了当地的《21 世纪议程》。这反映出各国政府都已认识到可持续发展的重要性。为了推进《21 世纪议程》的全面实施，联合国经社理事会下专门成立了可持续发展委员会。自 1992 年 6 月联合国环境与发展大会以来，联合国可持续发展委员会每年都举行会议，审议《21 世纪议程》的执行情况。

上述情况说明，从传统的片面发展观、发展模式向新发展观、新发展模式的转变已成为当代具有全球性质的时代潮流。

新发展观的主要理论观点可概括如下：1. 新发展观把发展方针、发展目的确定为实现人的发展和社会全面进步；2. 新发展观不是把发展归结为单纯的经济增长，而是经济、社会、人、自然之间的协调发展；3. 新发展观把具有能动性的行为者或活动者作为建构发展理论的出发点；4. 新发展观提出了一种新的平衡理论，主张在动态中、在协调中实现平衡；5. 新发展观是一种可持续发展观，不但要求从当代人、当代社会发展的角度看待发展问题，还要求从未来人类、未来社会的角度看待发展问题。

有必要指出，国外发展观演变过程中提出的新发展观，是通过两条途径传入国内的。第一条途径就是我国学者的介绍和研究。我国哲学社会科学界在 20 世纪的 80 年代初就关注了国际学术界关于发展问题和发展理论的研究动向，20 世纪 80 年代中期以来，学者们发表了大量的著作和论文，对我国的发展实践产生了明显的影响；第二条途径就是 1992 年李鹏总理率领我国代表团出席了在巴西里约热内卢召开的联合国环境与发展大会，在会上庄严承诺了中国要认真履行会议所通过的《里约环境与发展宣言》、《21 世纪议程》等文件。会后不久，由国家计委和科委牵头，组织国务院有关部门、机构和社会团体编制了《中国 21 世纪议程——中国 21 世纪人口、资源、环境与发展白皮书》，可持续发展战略第一次被写进了我国经济和社会发展的长远规划。从此，可持续发展问题成为党和国家领导人的重要讲话、党和国家关于国民经济和社会发展的"九五"、"十五"计划中不可缺少的内容。1995 年江泽民指出，在现代化建设中，必须把实现可持续发展作为一个重大战略；1996 年江泽民指出，在实行可持续发展战略中，要从我国的实际出发；1999 年江泽民指出，促进我国经济和社会的可持续发展，是根据我国国情和长远发展的战略目标而确定的基本国策；2001 年江泽民指出，要促进人和自然的协调与和谐，使人们在优美的生态环境中工作和生活；2002 年江泽民指出，加入世贸组织，既为我们充分利用国内外两个市场、两种资源，实现经济社会与人口资源环境的协调发展提供了新的机遇，也对我们提高经济和社会的可持续发展能力提出了新的挑战。因此，我们完全有理由说，从 1992—2002 的十年是我们党和国家围绕我国的发展问题及我国在发展问题上承担的国际义务思考、借鉴当代文明成果的十年，是探索将这种文明成果与我国实际相结合的十年。

2003 年 10 月党的十六届三中全会通过的《中共中央关于完善社会主义市场经济体制若干问题的决定》，实际上也是提出和全面论述科学发展观的决定。该决定对深化经济体制改革重要性和紧迫性的论述就是对实施科学发展观重要性和紧迫性的论述；该决定所规定的完善社会主义市场经济体制的目标和任务，实际上也是科学发展观所要达到的目标和任务；该决定所确定的深化经济体制改革的指导思想和原则，也适用于科学发展观。这个决定明确地提出了科学发展观的概念，全面阐述了科学发展观的内涵，为在实际工作中贯彻落实科学发展观制定了一系列的原则、方针、政策。把"发展观"这个体现着当今时代主题的概念正式写进党的决议之中，并认为科学发展观对整个改革开放和现代化建设都具有指导意义。这是我们党将当代人类发展文明新成果和我国实际相结合过程中的一次升华和飞跃。从这个角度来看，我们党的发展观也是当代人类发展文明成果和我国实际相结合的产物、是当代人类发展文明成果的中国化运用、是对当代人类发展问题的中国式回答。这种结合、运用、回答是同从中国实际出发的创新结合在一起的，是创新中的结合、创新中的运用、创新中的回答。以人为本、全面发展、协调发展、可持续发展，这些概念是我们和国际上公认和通用的新发展观所共有的，是我们借鉴和引进来的，但是我们从我国实际出发给予了自己的解释。以经济建设为中心，在经济建设为中心的基础上实现全面发展；十六届三中全会决议中所提出的"五个统筹"、"五个坚持"；胡锦涛讲话中提出要正确处理的"三个关系"；关于以人为本的解释，等等；都注入了中国的内容，使它们具有中国的特点，至于说我们的发展观是同中国特色社会主义的理论、制度结合在一起的，则更是我们的科学发展观和国外同类发展观相区别的地方。一句话，我们党的科学发展观是当代人类发展文明成果的中国化运用和创新。

四 新世纪新阶段新问题的新回答

坚持和发展马克思主义基本原理也好，坚持和丰富中国特色社会主义理论也好，借鉴和引进当代人类发展文明成果也好，都是为了一个目的，这就是解决新世纪新阶段所面临的新形势、新情况、新问题、新任务。

自从 20 世纪 70 年代末进入改革开放和现代化建设新时期以来，我国的社会主义现代化建设、特别是经济建设，经历了 30 多年快速发展，取得了举世瞩目的伟大成就，我国已经成为能对世界经济产生重大影响的经济体，被称为"世界工厂""世界市场"，生产力有了很大的发展、综合国力得到了全面提升、人民群众的生活水平得到了普遍提高。我们在 20

世纪末提前实现了预定发展目标，并在进入 21 世纪之后，提出了全面建设小康社会的宏伟目标。但是我们也应该清醒地看到，由于 30 多年的经济快速增长，更由于社会主义市场经济体制还处在建立和完善的过程之中，因此经济和社会发展中某些矛盾和问题开始得到了集中和暴露，不仅影响着社会的稳定，还影响着经济的发展。例如，资源能源问题、生态环境问题、三农问题、地区差别拉大问题、社会不同群体之间收入差别扩大问题、就业问题、经济增长与社会事业发展"一条腿长，一条腿短"的问题、经济增长与人的全面发展之间的不平衡问题、经济增长方式上的诸如高投入、高消耗、高排放、高污染、不协调、难循环的问题、腐败问题、完善社会主义市场经济体制和推进社会主义民主政治建设问题、实现物质文明、精神文明、政治文明、生态文明协调发展问题，等等。这些问题如果不能得到及时妥善的解决，全面建设小康社会的目标就不可能顺利实现。

还有，2003 年我国人均国内生产总值突破了 1000 美元，到 2020 年全面建设小康社会的目标实现的时候，我国在国际上将进入中等人均收入国家的行列。许多国家的发展经历表明，这是一个国家发展的极为重要和关键时期。随着温饱问题的解决，人们从往昔的求生存改变为求发展，开始注意讲究提高生活质量，人们的需求不仅越来越多样化，而且档次越来越高，这样就会刺激市场和产业的发展，加速工业化、城市化的进程，使发展出现一个黄金时期。但是，这也是一个经济发展和人口、资源、环境之间、经济发展和社会文化发展之间、社会不同阶层群体之间的矛盾极容易发展和加剧的时期，再加上国际上综合国力竞争日趋激烈，外部环境复杂多变，如果处置不当，很容易丧失发展机遇，导致经济徘徊，甚至造成社会动荡和危机。胡锦涛总书记说："这是一个既有巨大发展潜力和动力又有各种困难和风险的时期，是一个既有难得机遇又有严峻挑战的时期。能不能抓住新机遇、解决新问题、实现新发展，是对我们党的执政能力的重大考验，也是对我们的民族凝聚力和创造力的重大考验。"[①] 总书记又说：要解决中国的发展问题，实现又好又快的发展，必须牢固树立和认真落实科学发展观。只有贯彻落实好科学发展观，才能确保率先全面建成小康社会、率先基本实现现代化。我们一定要增强贯彻落实科学发展观的自

---

① 胡锦涛：《把科学发展观贯穿于发展的整个过程》，《求是》2005 年第 1 期。

觉性和坚定性，结合实际，正确处理以经济建设为中心和全面发展的关系、加快发展和协调发展的关系、当前发展和可持续发展的关系，把科学发展观贯穿于发展的整个过程和各个方面，推进各项事业更快更好地发展。① 因此，科学发展观是我们党面对新形势、解决新问题、妥善处理发展过程中遇到的各种关系和矛盾，推动经济增长方式的转变和经济结构的调整，保证经济持续快速健康地发展，保证实现以人为本、全面协调可持续的发展，全面建设小康社会和构建社会主义和谐社会的新的战略指导思想。

贯彻落实科学发展观是一项社会系统工程，需要全党全国人民的共同努力，需要各领域、各层次的党政企事业单位在党中央的领导下通力协作。围绕科学发展观的坚持和贯彻、围绕科学发展观自身的丰富发展，我国哲学、经济学、社会学、政治学、法学、文学和文化等各个学术研究领域都将面临一系列的研究课题，我国哲学社会科学学者完全应该也完全可能作出自己的贡献。我们一定要在胡锦涛为总书记的党中央的领导下，坚持和贯彻科学发展观，全面建设小康社会和社会主义和谐社会，不断开创中国特色社会主义事业的新局面。

第三节　科学发展观的基本要求

关于科学发展观的基本要求，我们可以作如下论述：

一　全面发展及其根据

在世界历史上，人和社会全面发展的理论是近现代西方进步思想家、特别是科学社会主义创始人马克思恩格斯在批判资本主义过程中提出和阐发的。至于科学发展观中的全面发展理论则是我们党根据马克思的人的全面发展和社会全面生产理论、社会结构和社会有机体理论、唯物辩证法的普遍联系和全面性的理论，深化了对当今世界、特别是我国社会现阶段社会领域不断分化又不断整合、社会的有机性、系统性、整体性不断加强的特点和规律的认识之后提出的。全面发展的观点就是要求我们从社会的整体、国家的全局出发认识和处理发展问题，就是发展问题上的全局观点、

① 胡锦涛：《把科学发展观贯穿于发展的整个过程》，《求是》2005 年第 1 期。

整体观点。

原始人和原始社会中存在着全面性和丰富性，但那是建立在没有社会分工基础上的，具有原始的性质。后来随着社会生产力的发展，这种原始的全面性和丰富性就被社会分工所打破，出现了城乡、脑体、畜牧业农业乃至工业商业之间的分工，不过在前市场经济社会中，人与人之间的各种形式的人身依附关系还是处在主导的地位。马克思把前市场经济社会称作人的依赖关系的社会形态。整个社会处于以人身依附关系为基础的奴隶主、封建主或宗教的权力的一统之下，而经济、政治、文化等则没有分化为社会的不同领域。

从前市场经济的、农业的、传统的社会向市场化、工业化、现代化社会转型和过渡的过程，是人们摆脱人身依附关系而获得依赖于物的独立性的过程，是人们通过市场建立经济关系的过程，是从先前的以人身依附关系为基础的社会整体性向以人们之间的市场经济关系为基础的社会整体性的演变过程，是社会领域不断分化的过程，也是在分化的基础上重新形成社会有机体的过程。由于市场经济的发展，首先是市民社会从政治国家中分离了出来。对于这种分离，当年黑格尔敏锐地觉察到了，所以他讨论了政治国家和市民社会的关系，但唯心主义地认为政治国家决定了市民社会，马克思在批判他的时候也讨论了这个关系问题，不过和黑格尔相反，得出了市民社会决定政治国家的唯物主义结论。马克思指出，在中世纪，市民社会就是政治社会，市民社会的有机原则就是国家的原则。但是在现代国家中市民社会和政治社会的分离实际上是存在的。只有市民等级和政治等级的分离才表现出现代的市民社会和政治社会的真正的相互关系。马克思还认为，只有法国革命才使市民社会的等级差别完全变成了社会差别，即没有政治意义的私人生活的差别，完成了政治生活同市民社会分离的过程。[①] 工业化的过程是生产和经济活动实现机械化、自动化的过程，是生产、经济活动乃至整个社会生活的现代化过程，这就推动了科学、技术、政治、法律乃至哲学、文化的发展和应用。为了解决市场化、工业化、现代化过程中出现的社会矛盾和社会问题，资本主义工业发达国家又逐步建立了发展社会救济、社会保障、社会公益等社会事业的机制和组织。社会就是这样一种在人们实践基础上形成和发展的有机体，只要人们

---

① 《马克思恩格斯全集》第 1 卷，人民出版社 1956 年版，第 334 页。

生活和社会发展上出现了某种需要，它就会形成或产生相应的组织或器官。马克思认为，资产阶级社会是历史上最发达的和最复杂的生产组织。因此，那些表现它的各种关系的范畴以及对于它的结构的理解，同时也能使我们透视一切已经覆灭的社会形式的结构和生产关系。资产阶级社会借这些社会形式的残片和因素建立起来，其中一部分是还未克服的遗物，继续在这里存留着，一部分原来只是征兆的东西，发展到具有充分意义，等等。人体解剖对于猴体解剖是一把钥匙。低等动物身上表露的高等动物的征兆，反而只有在高等动物本身已被认识之后才能理解。① 马克思就是在对资本主义社会进行结构分析的基础上提出了唯物史观的社会结构理论的，即生产力，生产关系（经济基础），上层建筑和意识形态这三层要素组成的社会结构。

当然，市场化、工业化、现代化的过程也使人从早先的那种完成产品生产全过程的独立劳动者变成了机器的附属品，成为机器的一个部件，跟随着机器的节拍和流程从事着重复单一的动作。所以，马克思认为，资本主义工业化过程造成了劳动的异化、人的异化，造成了人的片面发展。市场经济作为一种盈亏经济、竞争经济、优胜劣汰经济总是推动经济主体追求自己利润的最大化，这既使他们十分重视经济活动的效率，但同时也使他们只能从自身的、眼前的、市场上的利益和利润出发去从事经济活动，他们这种自发的经济活动会造成社会总体上发展的无序性、片面性。经济客观过程所要求的发展的全面性和经济主体从自身利益出发所造成的发展的片面性、经济发展过程对人的发展的全面性要求和异化劳动所造成的人的实际发展上的片面性是市场化、工业化、现代化过程一开始就存在和暴露出来的一种矛盾。正是在对这种矛盾的认识和分析的基础上，先是空想社会主义、后是科学社会主义提出了人的自由而全面发展和社会全面进步的理论和理想。

我国从新中国成立之后所开始的社会主义现代化过程，也是从传统的农业社会向现代的工业社会转型的过程，生产资料所有制社会主义改造完成后，计划经济体制取代了往昔的市场经济，1978 年进入改革开放新时期之后，又开始了从计划经济体制向市场经济体制的转轨过程，即我国现代化过程除了要实现工业化、现代化，还要实现市场化。这个过程虽然不

---

① 《马克思恩格斯全集》第 12 卷，人民出版社 1962 年版，第 755—756 页。

能完全等同于西方发达国家所曾经走过的现代化过程，但在某些方面还是存在着类似的特点和过程。在现代化过程中，我国社会的结构也经历着新的分化和新的整合过程。

新中国成立以来，我们党的领导人关于我国社会主义现代化建设领域的划分，就是这种新的分化和整合过程的反映。

早在我国新民主主义革命时期，毛泽东曾经根据马克思社会结构理论的基本精神，用经济、政治、文化之间的关系论述了社会结构。他写道，一定的文化（当作观念形态的文化）是一定社会的政治和经济的反映，又给予伟大影响和作用于一定社会的政治和经济；而经济是基础，政治则是经济的集中的表现。这是我们对于文化和政治、经济的关系及政治和经济的关系的基本观点。那么，一定形态的政治和经济是首先决定那一定形态的文化的；然后，那一定形态的文化又才给予影响和作用于一定形态的政治和经济。[①] 毛泽东根据这种分析，提出了要建立具有新民主主义经济、政治和文化的新民主主义社会的理论。毛泽东的这些论述后来成为我们党分析社会结构和进行社会主义现代化建设的理论根据。

在社会结构和建设领域划分上，我们党先是区分出经济建设和文化建设的领域，接着区分出政治建设的领域，再接着是社会建设的领域。毛泽东1949年在新中国成立时提出和使用了经济建设和文化建设的概念，他说，随着经济建设的高潮的到来，不可避免地将要出现一个文化建设的高潮。[②] 邓小平在提出经济建设为中心的同时，又提出要建设两个文明，即我们要在建设高度物质文明的同时，建设高度的社会主义精神文明。江泽民在1997年党的十五大报告中阐述党的社会主义初级阶段的基本路线和纲领时，提出并阐述了建设有中国特色社会主义的经济、政治和文化，这就在实际上提出了经济建设、政治建设和文化建设的概念。在关于文明建设的提法上，除了继续提物质文明建设和精神文明建设外，在2002年5月31日的讲话中，又把建设社会主义政治文明作为社会主义现代化建设的重要目标。这样，与三个建设领域划分相对应的是三种文明的建设。胡锦涛于2005年2月21日中共中央政治局第二十次集体学习时提出，与社会主义经济、政治、文化建设一样，我们要加强对社会主义社会建设的理

---

① 《毛泽东选集》第2卷，人民出版社1991年版，第663—664页。

② 《毛泽东文集》第5卷，人民出版社1996年版，第345页。

论研究和实践探索。这样在社会主义建设领域的划分上就从原来的三位一体变成了由经济建设、政治建设、文化建设和社会建设所组成的四位一体。随接在文明建设的提法上也加上了社会文明的建设。把社会建设和社会文明建设作为社会主义建设领域提出是有客观依据的，这实际上反映了我国社会随着社会主义市场经济的发展而导致狭义意义上的社会领域的形成和区分。这个社会在与政府相对而言时是指不是依靠政府的力量，而是依靠民间的力量，在与市场相对而言时是指不是通过市场机制而是通过市场之外的社会机制，是依靠民间力量并通过社会机制去发展社会事业，去解决政府或市场没有解决或没有完全解决的社会问题。

既然我们可以在以往的经济建设和文化建设划分的基础上再逐步地划分出政治建设和社会建设，那么随着建设实际过程的发展，我们还可以提出生态建设领域的划分。其实，我们党在提出并实施可持续发展战略的过程中，已经提出并使用了类似的概念，党的十六大以来，更明确地提出和使用了生态建设和生态文明的概念。党的"十六大"报告在论述走新型工业化道路的时候，提出要树立全民环保意识，搞好生态保护和建设；在论述积极推进西部大开发的时候，提出要打好基础，扎实推进，重点是抓好基础实施和生态环境建设；在论述全面建设小康社会目标中的可持续发展时，指出要推动整个社会走上生产发展、社会富裕、生态良好的文明发展道路。胡锦涛同志 2003 年 1 月 8 日在中央农村工作会议上的讲话提到加强农村基础设施建设和生态建设；2004 年 3 月 10 日在中央人口资源环境工作会议上的讲话中在论述要牢固树立人与自然相和谐的观念时提出要保护自然和建设自然，他说保护自然就是保护人类，建设自然就是造福人类；2004 年 5 月 5 日在《把科学发展观贯穿于发展的整个过程》一文中指出，要大力宣传生态环境保护和建设的重要性，增强全民族的环境保护意识，营造爱护环境、保护环境、建设环境的良好风气。而且，在科学发展观的全面发展的内涵中，明确提出生态建设和建设生态文明，可以使全党和全社会更加重视生态环境建设，进一步认识在发展过程中正确解决生态环境资源问题，实现可持续发展的紧迫性和重要性。从理论上说可以使科学发展观在内涵上显得更丰富、更完整。经济、政治、文化、社会和生态环境这五大子系统之间的相互作用并整合，正是现代社会系统的结构特点，也是我国现阶段社会的结构特点；而建设物质文明、政治文明、精神文明、社会文明和生态文明，正是我们社会主义建设所面临的任务。因此，我们主张在论述科学发展观的全面发展的内涵时，提出并实施五位一体的理论和政策。

全面发展究竟如何理解，是需要进一步论述的问题。全面发展当然不是单打一的发展，也不是齐头并进、平均主义式的发展。所谓单打一的发展就是在上述五个领域和方面中只要一个领域和方面的发展而不要其他领域和方面的发展。在这种情况下，单独发展可以在一个时期内实现，但由于失去了其他领域的支持，单独发展就不可能长久进行下去；所谓齐头并进、平均主义式的发展是对上述五个领域和方面平均地使用力量，要求它们同时同等地发展。平均使用力量就发展主体来说，是可以做到的，但那样会出现有些领域投入不够使用，而有些领域的投入又得不到充分的有效的使用，实际上不同的领域在对于资金、人力、技术的投入要求上是不同的。同时同等地发展是不可能实现的，即使人为地实现了，那也会实际地破坏各个领域之间的实际关系。所以，全面发展实际上是在同时避免、否定、扬弃上述两个极端之中得到规定的，是在上述两个极端的张力中得到确定的。全面发展当然包含着同时发展的意思，因为各个方面如果不同时有所发展，那就不是全面发展；但各个方面有所发展并不是各个方面同等地发展，同时同等地发展就变成了平均主义的发展。可见，这个同时发展是根据各个领域之间实际存在的相互关系的同时发展，是每个领域根据它们在全局发展中所处的地位和所起作用而实现的发展，因而是各个领域之间有差别的同时发展。由于在发展的每个阶段上总有某个领域的发展对全局发展起着主导和支配地位的作用，因而这种全面发展也不能排斥某个领域的重点发展。这样，这种全面发展也是在某个领域重点发展基础上实现的。对于长期处于社会主义初级阶段的我国来说，经济建设就是重点、就是中心，因而我们实现的全面发展就是以经济建设为重点、为中心基础上的全面发展。国外各种发展观之间的争论就是围绕着对增长和发展的理解及其关系而展开的，比较极端的看法，一种是把发展仅仅归结为经济增长，另一种则把发展仅仅理解为社会的全面进步和人发展。科学发展观针对我国国情和现阶段的发展实际，辩证地理解和处理了增长和发展的关系，提出了有别于上述两种极端理解的新理解。胡锦涛同志指出："增长是发展的基础，没有经济的数量增长，没有物质财富的积累，就谈不上发展。但增长并不简单地等同于发展，如果单纯扩大数量，单纯追求速度，而不重视质量和效益，不重视经济、政治和文化的协调发展，不重视人和自然的和谐，就会出现增长失调、从而最终制约发展的局面。"① 这就是说，科学发展观所理解和规定的发展是在经济增长基础上实现的量和质、速度和效益相统一的经济发展，是在经济发展基础上实现的经济、政治、文化、社会、生态环境等领域的社会全面进步和人的全面发展的不断推进。

重点发展、中心发展和全面发展是相互矛盾和制约的两个方面，丢掉了全面的重点和中心，就会变成唯一，就会变成单打一的发展，这种发展是不可能持久的；丢掉了重点、中心的全面，极容易变为平均主义的发展，那也是不可能持久的。我国 30 多年发展表明，以经济建设为中心的全面发展，不仅是必要的，也是可能的。由此可见，科学发展观的全面发展是在深化了对我国现阶段社会系统整体发展的新特点和新规律认识的基础上提出的。

二　协调发展及其根据

讨论协调发展，就要回答什么是协调发展，为什么要协调发展，怎样实现协调发展等问题。所谓协调发展，就是构成社会系统的各子系统、各领域、各层次、各要素在发展过程中要互相衔接、互相适应、互相配合、互相促进、互相推动地发展，就是各子系统、各领域、各层次、各要素之间动态平衡地发展，从而实现社会系统在整体上的稳定有序和谐的发展。具体地说，就是要实现经济、政治、文化、社会、生态之间，经济结构、产业结构、就业结构之间，城乡、区域、内外、上下之间，最后就是生产力和生产关系、经济基础和上层建筑、社会利益性结构和社会功能性结构之间的协调发展。

实现协调发展的根据就是因为社会是一个有机体。有一种说法认为事物之间的普遍联系是社会协调发展的根据，这在原则上并没有错，但就是显得太一般和太宽泛了。实际上，事物之间的普遍联系直接形成的是相互作用和因果作用，物理、化学系统从简单到复杂的发展过程也是系统内各要素及系统间的相互作用和因果作用的演变过程，相互作用和因果作用演变为协调作用是在复杂的物理化学系统发展为生物有机系统过程中实现的，有机性要求协调性，协调性实现着有机性，只有各要素、各层次、各

---

① 《十六大以来重要文献选编》（上），中央文献出版社 2005 年版，第 484 页。

子系统之间实现了协调发展才能在整体上形成一个有机系统。协调性是有机系统内及系统与环境之间相互作用的一个根本的重要的特点，把协调作用泛化为一般的相互作用，就是把有机系统还原为一般的物理化学系统。因此最切近地说，是社会系统的有机性要求我们实现协调发展。

在当代社会的发展中，社会的不同领域、不同层次之间，社会的各要素、部分、系统之间的互相联系更加紧密、互相制约进一步加强，社会发展的有机性、系统性和整体性出现了许多新的特点和规律。由于当代科学技术的迅速发展，特别是当代信息技术革命的发展，科学、技术、知识密集型的高新技术产业在产业结构中的比重不断加大，传统产业加速改造，新型的服务产业得到迅速发展，产业结构、经济结构不断升级优化，经济发展和国际上的经济竞争愈来愈取决于科学、技术、知识和人才上的发展和竞争。这就是说，经济的发展越来越依赖于文化的发展。不仅如此，现代信息技术为各类精神生产、知识生产、文化生产提供了强大的技术手段，对各类精神、知识、文化的生产方式、活动方式产生着日益巨大的影响，精神、知识、文化生产正在从手工劳动走向机械化、自动化、信息化，正在从自然智能单独进行的状态发展为自然智能和人工智能结合进行的状态。精神、知识、文化生产正在走上社会化、工业化、信息化的发展道路，知识产业、文化产业得到了迅速的发展，它们对国民生产总值的贡献率不断上升，成为现代经济结构、产业结构中的重要组成部分。经济文化化，文化经济化，经济和文化互为前提、互相依赖、互相渗透地发展，是现代社会、特别是信息社会发展的一个新的特点和规律。即使没有直接进入市场、没有直接经济效益的公益性的文化事业的发展，从长远来看，也对经济的发展提供着智力的支持。经济、文化和政治之间的关系同样出现了许多新的特点和规律。经济、文化的发展使政治的功能和文明程度有了新的发展，政治不仅从人们利益关系的角度调节着经济和文化，而且还从人们功能关系的角度调节着经济和文化，没有政治上的进步，也不可能有经济和文化上的发展和繁荣。我国经济和文化发展过程中出现的许多问题实际上都取决于社会主义政治体制改革和法制建设。市场经济是当代人类社会、也是我国当前社会不可超越的发展阶段。有个经济学家说得好，在现阶段就通过调动人们的致富欲望而推动经济的发展来说，任何经济制度都不能与市场经济制度相比。但市场经济也有它的弊端和失灵的方面。它在带来经济发展效率的同时也往往带来了一大堆的社会矛盾和问题，它只能带来人们在形式上、规则上、机会上的自由、平等和公正，而造成着人们之间在实际上、结果上的不自由、不平等、不公正，造成着社会不同社会集团之间的贫富两极分化。如何在利用市场经济积极作用的同时尽量地避免和缩小市场经济的负面影响，如何在享用市场经济带来的经济发展成果的同时尽可能地解决市场经济带来和造成的各种社会问题和社会矛盾，已成为当代学者和政治家共同面对的历史性课题。因为各种社会问题和社会矛盾的及时恰当的解决既是当代社会稳定和谐的需要，也是经济、政治、文化发展的需要。狭义上社会建设与经济建设、政治建设、文化建设之间同样存在着互为前提、互相依赖、互相制约的关系。生态建设和经济、政治、文化、社会建设之间所存在的这种关系，我们将在下面再述。

至于在世界范围内，自 20 世纪中叶以来，由于当代科学技术、特别是现代信息技术日新月异的发展，由于交通运输和通信的迅速发展，万里大洋、崇山峻岭再也阻挡不住人们的交往。人类获得了在全球范围内进行各种活动的条件和手段。工业发达国家的生产、科技、经济出现了世界化、国际化、全球化的发展趋势，国际间的劳动分工从过去的原料生产和成品生产之间的初级分工发展到了在国际间进行现代工业产品、高级产品生产过程的高级分工。生产过程的国际化极大地推动了生产超出国界的区域化、全球化。生产过程各个方面、环节、阶段之间的统一性、有机性、系统性把世界上不同的地区、民族、国家更紧密地联系在一起，世界正在进一步被组织为一个有机的系统。我国与世界在经济、政治、文化等方面的相互联系和影响日益加深。

上面的分析表明，当今社会和世界在发展过程中所显示有机性、系统性、整体性，社会和世界各组成部分、领域、层次之间关系的辩证性，是我们实现协调发展的现实基础，它既提出了实现协调发展的必要性，又提供了实现协调发展的可能性。但今天人们之所以特别重视发展的协调性，还有一个重要的原因，那就是，无论是就世界范围而言，还是就我国国内发展而言，一个突出的特点就是发展的速度空前地快，而且还在以一种加速度发展着。当年马克思恩格斯在《共产党宣言》中曾以惊叹和赞美的语气描述了资本主义建立初期所造成的发展速度，但那时的发展速度是无法同今天世界发展速度相比的。显然，一个高速变化、运动、发展着的开放系统要比低速变化、运动、发展着的开放系统更需要及时恰当的内外协调，因为它与外部的关系、它内部各组成部分之间的关系都处于快速的变动之中。因此，科学发展观提出的协调发展实际上就是对上述当今社会和世界发展新特点、新规律认识上的把握和深化。

由于现阶段我国社会是一个包含了多领域、多层次的复杂系统，因而协调的内容非常丰富。从社会系统宏观角度来看，首先是要实现经济建设、政治建设（包括党政建设、法制建设、国防建设）、文化建设、社会建设、生态建设（或者说物质文明建设、精神文明建设、政治文明建设、社会文明建设、生态文明建设）之间的协调，还要实现城乡之间、区域之间、国内建设和对外开放之间的协调，说到底，就是要实现生产力与生产关系、经济基础与上层建筑之间、社会利益性结构与社会功能性结构之间、社会发展与生态环境保护与建设之间的协调。

就经济建设来说，要实现生产、交换、分配、消费之间的协调，社会总供求之间的协调，经济发展与经济结构、质量、效益之间的协调，经济发展与人口、资源、环境之间的协调，工业化和信息化之间的协调（坚持以信息化带动工业化，以工业化促进信息化，走出一条科技含量高、经济效益好、资源消耗低、环境污染少、人力资源优势得到充分发挥的新型工业化路子），各种所有制经济之间的协调（坚持公有制经济、多种所有制经济共同发展），产业结构内各产业之间、产业链各环节之间的协调（表现为高新技术产业、基础制造产业、现代服务业之间的协调，或者说基础产业与支柱产业之间的协调，高新技术密集型产业、资本密集型产业和劳动密集型产业之间的协调，虚拟经济与实体经济之间的协调，产品结构、企业结构、产业结构之间的协调），产业结构升级与广开就业门路之间的协调（达到经济发展与扩大就业的良性互动），企业内部出资者、经营者、劳动者之间的协调，市场调节和国家宏观调控之间的协调，等等。

就政治建设来说，要实现政治建设与经济、文化、社会、生态建设之间的协调，政治体制改革与经济体制改革相协调，人民当家做主、依法治国、党的领导的统一和协调，党总揽全局与发挥各方积极性之间的协调，党政机关内部决策、执行、监督之间的协调，中央与地方关系的协调，国防建设与经济建设之间的协调（坚持国防建设与经济建设协调发展的方针，进一步形成国防建设和经济建设相互促进的良好局面），等等。

就文化建设来说，要实现文化建设和经济建设及其他建设之间的协调，实现社会主义文化要求和市场经济文化要求之间，先进性和群众性之间，主旋律和多样性之间，坚持党的指导思想与百花齐放、百家争鸣之间，思想道德建设和科学文化建设之间，市场经济体制和文化建设体制之间，营利性的文化产业与公益性的文化事业之间，教育与科研之间，各级各类教育之间，自然科学研究与哲学社会科学研究之间，普及与提高之间，繁荣和管理之间，加强党的领导和发挥知识分子积极性之间的协调，等等。

就社会建设来说，要实现社会建设与经济建设、文化建设、政治建设之间的协调发展，实现经济发展与社会保险、社会救助、社会福利、慈善事业相衔接的社会保障体系的建立与完善之间的协调，实现改革发展与社会稳定之间、效率与公平之间、初次分配与再次分配之间，分配过程中国家、企业、个人之间，劳动、资本、技术、管理诸生产要素的贡献之间，不同社会群体的利益之间，最广大人民群众的根本利益、现阶段人民群众的共同利益与不同群体的特殊利益之间的协调，等等。

在城乡协调、区域协调、国内建设与对外开放协调的每一项目下也都有许多不同的方面和层次需要协调的，这里我们虽然不一一列举，但仍然是我们必须在研究和实践中搞清楚的。

这就是说，要实现好协调发展，首先要搞清楚一个社会是由哪些领域、哪些方面、哪些层次组成的。不搞清楚一个社会系统的组成，就不知道协调的对象；其次，还要搞清楚各个组成成分在系统整体中处于什么地位、起着什么作用，它们各自同系统整体发生着怎样的关联，它们彼此之间又发生着怎样的相互关联。所谓"怎样的关联"包含着两方面的意思：一是关联的方式，或者说关联的质；一是关联的程度，或者说关联的量。把这两方面统一起来，我们用"关联度"来回答"怎样的关联"这个问题。我们只有准确地把握系统整体与组成成分的局部之间、各组成成分相互之间的"关联度"，才能符合实际地进行协调，实现或维持系统整体和各组成局部之间、各组成成分相互之间在高速变化、运动和发展中的动态平衡，既使各组成成分各尽其能、各得其所，实现局部发展的优化、合理化，又使系统整体得到最优、最合理的发展。

三　可持续发展及其根据

所谓可持续发展，就是要促进人与自然的和谐，实现经济发展和人口、资源、环境相协调，坚持走生产发展、生活富裕、生态良好的文明发展道路，保证一代接一代地永续发展。

人类社会和其他生命系统一样，与自然生态环境系统进行着物质、能量、信息的交换。但是人类社会又不同于其他生命系统。一般的生命系统只能适应生态环境，被动地接受生态环境的"自然选择"，被动地接受生态平衡规律的调节和制约，人类社会则不同，它可以通过人类实践活动，改造和利用自然界。人类社会随着所掌握的科学技术和生产力的发展，在生态环境的作用面前可以获得越来越大的自主性、独立性和自由度，它对生态环境的反作用具有在实践基础上不断扩大和发展的性质。

人类从在地球上诞生之后，就同生态环境发生着相互作用。一方面，生态环境决定制约着人类社会的存在和发展，另一方面，人类通过自己的物质实践活动也对生态环境产生着影响。人类的物质生产活动从生态环境中获取各种资源、能源，把它们改造、加工为能够满足人类各种需要的产品，这个过程既是消费生产资料的过程同时又是排放各种废物、废能的过程；人类的物质生活活动实现着自身生命体的新陈代谢，这也是一个消费生活资料和排放废物、废能的过程。人类无论是从生态环境中获取各种资源、能源还是把各种废物、废能排放到生态环境中去都会对生态环境产生一定的影响。当人类对生态环境的利用、改造超过了生态环境的再生和平衡能力的时候，就会造成对生态环境的破坏。

在人类历史的初期，一方面，生态环境主宰着人类的命运，另一方面，原始人群的过度采集和狩猎也曾经消灭过居住地区的动植物品种，破坏过居住地的生态环境。农业和畜牧业使人类创造了辉煌灿烂的古代文明，但也造成了以破坏土地为特征的环境问题。工业文明给人类带来的生产和生活条件，与农业文明相比，真是天壤之别。但是工业社会的发展确实造成了空前严重的生态环境问题。不过，直到20世纪60年代以前，人类在生存和发展过程中所造成的生态环境的破坏和污染的问题还带有局部和暂时的性质，因而除了如马克思、恩格斯等先驱者有所察觉外，人类在总体上还没有认识到这个问题的存在。

20世纪60年代起，环境污染、资源、能源危机等一系列问题成为全球性问题之后，这才引起了人们的重视，人们才发现，在今天，凭借现代科学技术和高度发达的生产力，人类不仅在生态环境面前获得了极大的主动和自由，而且人类活动对生态环境的影响之大，已成为生态环境能否保持平衡的主要因素，人类似乎已经主宰着生态环境的命运。生态环境的存在和发展不仅是其他生命系统所需要的，也是人类社会的存在和发展所不可缺少的，而生态环境的存在和发展又离不开生态平衡规律的作用，如何在人类社会获得发展的同时保护生态环境和遵循生态平衡规律，就成了当代人类发展所面临的一个时代性课题，这就推动了西方发达国家的一些理论家对传统的发展观、发展模式进行反思和检讨。通过对历史经验的总结和对当代人类社会面临的生态环境问题的研究，有些学者就提出了可持续发展和新发展观的概念和理论。因此，可持续发展的概念和理论实际上反映了人们对当代人类社会发展新特点和新规律的认识。

对于我国发展过程中的资源、能源和环境问题及我国发展的可持续性问题，很早就受到了我国学术界的注意和重视，党和政府还提出并实施了可持续发展战略，但我国的资源、能源和环境问题还是伴随着我国经济增长而变得越来越严重，经过30多年的发展，我国人均 GDP 已经突破 1000 美元，估计到 2020 年可以达到 3000 美元，但资源、能源和环境问题也严重到了成为我国经济社会进一步发展的瓶颈。据报载，我国能耗是世界平均水平的 3 倍，我国 GDP 只有全世界的 5%，但是石油消耗却超过世界7%、原煤消耗超过世界 30%、水泥消耗超过世界 40%、钢铁消耗约占世界 30%。有的评论者说得好，这些资源有些是用血汗钱买来的，那些本国所有的也不是取之不尽的，是把子孙后代的家当挥霍掉。我国生态环境也恶化到了极为严重的程度，全国水土流失和荒漠面积已达国土的 1/3，每年废水排放总量达 500 亿吨，并且直接排入江河湖泊；二氧化硫排放量超过 2000 万吨，世界第一。城市空气污染严重，居民呼吸不到新鲜空气。这种状况如不扭转，不要说子孙后代不能永续发展，就是当代今后经济社会也不能持续发展。

生态环境及生态平衡规律的客观性、人类社会对生态环境的依赖性、当代人类活动对生态环境的巨大影响等情况表明，社会和生态环境之间的协调发展既是人类社会发展的需要，也是生态环境发展的需要，这已成为人类社会存在和发展所必须遵循的客观规律。所谓社会和生态环境的协调发展，就是社会和生态环境之间所进行的物质、能量、信息的交换不仅应该适合社会发展的需要，也应该适应生态环境的发展需要。社会的需求不应超过生态环境的供应能力和再生能力，社会的排放不应超过生态环境的吸收能力和同化能力，就是要把人类实践活动过程中发生的对生态环境的影响过程控制到符合生态环境平衡规律的要求，使社会和生态环境之间的交换过程成为生态环境系统中存在的物质循环和调节过程的一个有机的部分和内在的环节，人类应该在促进生态环境平衡和发展的前提下实现社会的发展。

地球的物质循环和生态平衡是一种自然过程，各种自然规律发生着作用。在实现社会与生态环境协调发展的过程中，要实现人类生产方式和生活方式从消耗型、污染型、资源利用不可循环型向节约型、清洁型、资源利用可循环型的转变，这要依靠自然科学技术解决其中的技术问题。因此，实现社会和生态环境的协调、平衡，要发展一系列自然科学、技术科学、环境科学。同时，实现社会和生态环境协调发展的过程也是对人们从事各种物质活动的目的、手段、规模、方式的调节过程，也是处理生产力和生产关系、经济基础和上层建筑之间的矛盾以及由这种矛盾引起的人们利益上的矛盾的过程。这是社会系统的自调节、自组织过程，其中起作用的规律是社会规律。实现这方面的协调要依靠各种社会科学、社会技术。这就是说，要实现社会和生态环境的协调发展，必须既遵循自然规律又遵循社会规律，要实现自然规律和社会规律的辩证结合。总之，当代资源、能源、生态环境等一系列全球问题的提出和破解使人们认识到，人们只有遵循社会和生态环境协调发展的规律，才能在实现今天发展的同时，为后代人留下一个可以继续发展的资源、能源和生态环境，实现人类的可持续发展。

全面发展、协调发展、可持续发展作为科学发展观的基本要求，三者是既相互区别又相互联系的。从区别的角度看，全面发展是从社会系统的整体和全局出发对发展提出的要求，就是要用整体的观点、全局的观点来观察和处理发展问题；协调发展是从社会系统内部各组成领域、层次、要素之间相互关系的角度出发对发展提出的要求，就是要用辩证联系、有机系统的观点善于分析和处理发展过程中出现的各种矛盾和问题；可持续发展是从社会系统和生态环境的相互关系及人类的未来发展出发对发展提出的要求，就是要用人类在地球上世代永续存在和发展的眼光来处理发展过程中发生的资源、能源和生态环境保护问题；从联系的角度看，全面发展和协调发展是互为前提、互相贯通的，全面发展必然要求协调发展，协调发展也一定会导致全面发展；全面发展、协调发展和可持续发展之间也是互为前提、互相贯通的，实现了全面发展和协调发展就可以实现可持续发展，而实现可持续发展必然要求实现全面发展和协调发展。实际上，这三项基本要求互相联结为一个有机整体。

实现科学发展观的基本要求，除了要认识它们的重要性和正确把握它们的内涵外，还要解决好实现它们的机制（体制、制度）问题。

在人类从传统社会走向现代社会的过程中，商品交换中所形成的市场调节机制首先显示了它的威力，它使资本主义战胜了封建主义，开创了人类历史上的资本主义时代。但随着资本主义的发展，市场自发调节的弊端就逐步地暴露了出来，资本主义市场经济的自发发展造成了经济发展上的无政府状态，导致了周期性的经济危机，造成了社会阶层阶级之间在财富拥有上的严重的两极分化。导致了工人运动和社会主义运动的兴起，导致了战争和革命。

在革命中夺取了全国政权的各国共产党人根据马克思恩格斯的科学社会主义理论建立了以生产资料公有制和中央集中的计划经济为基本特征的第一个社会主义实践模式，由于它起始于苏联的斯大林时期，又被称为苏联模式或斯大林模式。实行这种模式的本意是要解决资本主义市场经济调节中所出现的三大矛盾，使社会生产更好地满足社会成员的消费，在一个时期内也确实推动了经济和社会的发展，显示了相比于资本主义市场经济自发调节机制的优越性。但随着时间的推移，这种模式的弊端就越来越明显地暴露了出来。由于不能正确及时了解和掌握复杂的社会需求，计划成了主观主义、官僚主义的产物，计划经济最后就成了短缺经济，严重阻碍了经济社会的发展。面对改革后的资本主义的挑战，计划经济体制的调节模式就逐渐失去了它的吸引力。

20世纪20年代末30年代初，西方资本主义发达国家发生了经济大危机，为了应对这种危机局面，美国总统罗斯福实行了新政改革，同时经济学家凯恩斯针对市场调节存在的问题，提出了国家对市场经济进行宏观调控的理论，后来逐渐形成了市场调节和国家宏观调控相结合的调节机制。这种新的调节机制不仅使西方发达国家走出来那次经济大危机，而且使资本主义缓和了社会的基本矛盾，获得了继续发展的新活力。这倒不是说资本主义从此获得了可以"长生不老"的"灵丹妙药"。资本主义在未来终将为社会主义和共产主义的新的社会形态所取代的历史必然性依然存在。但从20世纪下半叶以来的实际发展过程来看，资本主义确实还存在着通过自我调节而获得发展的潜力和空间。今天就世界范围而言，虽然时代主题已从20世纪50年代以前的战争和革命改变为和平与发展，但就时代的本质而言仍然是资本在发挥巨大历史作用的时代。国外有文章说得好，资本同人类一起进入了 21 世纪，《资本论》怎么能终结呢？

历史发展经验表明，在生产力发展现阶段，市场调节和计划调节虽然各自都有其长处和优点，但彼此分开孤立地使用的时候，各自又都存在特定的问题和弊端，都不能实现经济社会的可持续发展；唯有将国家宏观调控和市场调节有机结合起来，才有可能形成实现经济社会可持续发展的调节机制。当然，在使用这种调节机制的过程中，也不应该机械地照抄照搬外国的现成经验和公式，而是要从我国现阶段的实际情况出发，针对我国现阶段发展所面临的各种矛盾和问题，既充分调动各级各类主体的积极性，又能及时恰当地规范他们的行为，建立、形成和中国特色社会主义基本制度相配套的调节机制，才能有效地实现科学发展观的基本要求。

第四节　科学发展观与和谐社会建设

坚决贯彻和落实科学发展观，建设社会主义和谐社会，是以胡锦涛为总书记的党中央提出的建设中国特色社会主义的新的战略指导思想，给我国哲学社会科学界提出了一系列的研究课题，推动着我国哲学社会科学的理论创新。科学发展观与建设社会主义和谐社会的关系就是很值得研究和探讨的问题。

一　社会和谐与社会发展

动物的生命活动利用的是自然界提供的现成资料，它们只是适应着自然环境，接受着环境的自然选择。但是，对于人来说，如果仅仅停留在利用自然界提供的现成资料、停留于适应自然环境，那么人只能过一种和其他动物相差无几的生活，人要使自己的生活超越其他动物，就必须在利用和适应自然界的同时，改造自然界，把自然界改造为适合于人类生存和发展的人化自然，要利用自然界提供的能源和资源创造出可供人类生存和发展所需要的生产和生活资料，正如马克思指出的：通过实践创造对象世界，即改造无机界，证明了人是有意识的类存在物，也就是这样一种存在物，它把类看作自己的本质，或者说把自身看作类存在物。动物只是按照它所属的那个种的尺度和需要来建造，而人却懂得按照任何一个种的尺度来进行生产，并且懂得怎样处处都把内在的尺度运用到对象上去；因此人也按照美的规律来建造。因此，正是在改造对象世界，人才真正地证明自己是类存在物。这种生产是人的能动的类生活。通过这种生产，自然界才表现为他的作品和他的现实。因此，劳动的对象是人的类生活的对象化：人不仅像在意识中那样理智地复现自己，而且能动地、现实地复现自己，从而在他所创造的世界中直观自身。① 这就是说，人的生产活动（物质生产、精神生产、社会关系生产、人自身的生产）的实践性质决定了人的类的、社会的性质，决定了人的存在不仅是一种自然存在，而且还是一种社会存在。人的生命表现，即使不采取共同的、同其他人一起完成的生命表现这种直接形式，也是社会生活的表现和确证。人是社会存在物。因此，马克思说，自然界的人的本质只有对社会的人说来才是存在的；因为只有在社会中，自然界对人说来才是人与人联系的纽带，才是他为别人的存在和别人为他的存在，才是人的现实的生活要素；只有在社会中，自然界才是人自己的人的存在的基础。只有在社会中，人的自然的存在对他来说才是他的人的存在，而自然界对他来说才成为人。因此，社会是人同自然界的完成了的、本质的统一。②

社会是在人的实践过程中形成的，但形成了的社会则又反过来制约着人们的活动、生存和发展。唯物史观认为，生产力决定生产关系，但生产关系对生产力存在着反作用；生产关系的总和作为经济基础决定着上层建筑和意识形态，而上层建筑与意识形态又对经济基础存在着反作用。当生产关系适合于生产力发展要求时，生产力就会得到迅速、顺利的发展；当上层建筑和意识形态适合于经济基础（生产关系的总和）的性质时，经济基础就会得到巩固和完善，适合于经济基础的上层建筑和意识形态本身也能得到巩固和完善。而当生产关系、上层建筑、意识形态从生产力的发展形式转变为生产力发展的桎梏时，社会革命的时代就会来临。

所谓社会革命就会来临，是说这时矛盾已经发展到了不能靠对生产关系、上层建筑和意识形态的微调、改良、改革来解决了，在原来的生产关系、上层建筑和意识形态的旧框框、旧制度中，生产力再也不能发展了，不仅被统治阶级无法生存下去，就是统治阶级也无法统治下去了，社会状态也从和谐、有序、稳定、平衡变为混乱、动荡、无序，这时的社会矛盾就只有通过革命才能解决。革命就是代表生产力发展要求的新兴社会力量

---

① 《马克思恩格斯全集》第 42 卷，人民出版社 1979 年版，第 96—97 页。
② 同上书，第 122 页。

使用暴力和非暴力的手段从原来的统治阶级手中夺取政权，摧毁已成为生产力发展桎梏的旧的生产关系、上层建筑和意识形态，建立适合于生产力发展要求的新的生产关系、上层建筑和意识形态。随着新的生产关系、上层建筑和意识形态的建立，社会在整体上也就发展为新的社会形态。

通过社会革命而建立的新的社会形态处于新的量变状态。这时，生产关系和生产力之间、上层建筑与意识形态和经济基础之间，并不是不存在矛盾了，而是说，这时候的矛盾也处在量变的阶段，可以通过对生产关系、对上层建筑和意识形态进行微调、改革、改良来解决。作为社会基本矛盾表现的不同的人们、群体、集团、阶级、阶层之间的矛盾也是如此，虽然矛盾存在着，但社会生活还处在和谐、有序、稳定、平衡的状态之中，社会系统还处于有机运行的状态。

由此，我们可以看到，在唯物史观的理论中，社会发展实际上包含着两种意义上的发展：一种是社会形态根本变革意义上的社会发展，是通过革命实现从一种社会形态向另一种社会形态的过渡、飞跃，我们过去在革命年代用唯物史观谈论的社会发展就指的这种社会发展，就是要进行革命。我们现在讲的发展，则是在社会形态的根本性质不发生根本变化的情况下、是在社会主义根本制度，即社会主义生产关系和上层建筑不发生根本改变的情况下，生产经济上的发展，政治文化等社会生活各方面的全面进步，也就是人们在生产、经济、政治、文化、社会、环境等方面的建设和发展。这种发展的根本目的是为了实现作为社会历史主体的人自身的生存、发展和解放。上述两种发展是互为前提、互相转化的。社会形态量变过程中的发展是社会形态质变时发展的必要准备、必经阶段，而社会形态质变时的发展又是社会形态量变过程中的发展的必然结果。唯物辩证法认为，世界上任何事物的发展过程都是量变和质变的合乎规律地互相转化的过程。任何事物量变到一定程度就会发生质变，质变之后在新质的基础上又会开始新的量变。如此循环往复，事物就实现着由简单到复杂、低级到高级的发展。

社会和谐与上述两种社会发展之间存在着什么样的关系呢？前面已经说了，革命时代来临的时候，也就是社会状态从和谐、有序、稳定、平衡变为混乱、动荡、无序，这时候统治阶级与被统治阶级之间矛盾已进入了激烈的对抗阶段，这时候统治阶级强调要维护原有的社会的和谐、稳定、有序、平衡，就是为了维护自身的利益，巩固自己的统治，而被统治阶级则要求打破原有的和谐、有序、稳定、平衡，用革命的手段夺得政权。所以，革命性的社会发展是以原来社会的和谐、有序、稳定、平衡的冲破为前提的。在革命的年代，鼓吹维护原有的和谐、有序、稳定、平衡，只能有利于统治阶级，只能起着阻碍革命的作用。马克思当年就说过"实际上和对实践的唯物主义者，即共产主义者说来，全部问题都在于使现存世界革命化，实际地反对和改变事物的现状"①。但是，社会和谐对于社会形态量变时期的社会发展来说，就显示出了另一种关系了。社会革命的胜利和新社会形态的建立，只是扫除了生产力发展的障碍，解放了生产力，生产力的真正发展还要靠人们的辛勤劳动，靠人们建设。这时和谐、稳定的社会生活状态，平衡、有序的社会系统运行状态就是人们从事生产、劳动、实践，发展生产力，进行各种建设的不可缺少的社会条件。

历史上每次革命所解放出来的生产力都是在和谐、稳定的社会环境中得到大发展的。革命中夺得政权的新统治阶级只有实行有利于社会和谐、社会稳定的方针、政策，调动各方面的积极性，才能将建设新社会的宏伟蓝图变为现实，反之，如果新统治阶级实行不当的政策，那么革命破坏旧制度所开创的解放局面不仅不会自发地转变成和谐、稳定的社会环境，而且还会使社会长期处在动荡、混乱之中，生产力的大发展和社会的全面繁荣和进步只能化为泡影，严重的时候还使得革命成果得而复失，出现了旧统治阶级和旧制度的复辟。这种正反两方面的历史经验不仅存在于封建阶级取代奴隶主阶级的历史过程之中，存在于资产阶级取代封建主阶级的历史过程之中，也存在于工人阶级取代资产阶级的历史过程之中，1917年俄国十月社会主义革命胜利以来社会主义国家的发展历史反复表明了社会和谐对于社会发展的极端重要性。正是基于对历史经验、特别是无产阶级革命和社会主义建设正反两方面历史经验的科学总结，邓小平才一次又一次地谈论稳定的政治环境对于我国改革开放和现代化建设事业的极端重要性。1980年1月，他指出，"没有一个安定的政治局面，就不能安下心来搞建设"，"没有安定团结，就没有一切"②。1987年3月他指出，"中国

---

① 《马克思恩格斯全集》第3卷，人民出版社1960年版，第48页。
② 《邓小平文选》第2卷，人民出版社1983年版，第251、252页。

要实现四个现代化，摆脱落后状态，必须有一个安定团结的政治局面"①。
1989 年 2 月他指出，"中国的问题，压倒一切的是需要稳定。没有稳定的
环境，什么都搞不成，已经取得的成果也会失掉"②。江泽民也反复谈论
稳定的重要性、处理好改革、发展和稳定关系的重要性。1990 年 9 月他
说，"古今中外，没有任何一个国家是在混乱当中把经济建设搞上去的。
唯有稳定才能搞好经济建设。国泰和民安是紧密相连的，没有国泰就没有
民安；没有人民的安居乐业，也没有国家的兴旺发达。"③ 1997 年 9 月他
说，"在社会主义初级阶段，正确处理改革、发展同稳定的关系，保持稳
定的政治环境和社会秩序，具有极端重要的意义。"④ 近 30 多年来，我国
的改革开放和社会主义现代化建设之所以能取得如此巨大成绩，原因之一
就是我们拥有一个和谐、稳定的政治环境、社会环境。

二　社会发展与社会和谐

社会和谐对社会发展的影响，已如上述。那么，社会发展对社会和谐
又会产生什么样的影响呢？世界历史从传统社会向现代社会转变的现代化
发展过程表明，社会发展对社会和谐产生着强烈的、巨大的直接的影响。

现代化过程就是从传统的农业社会向现代的工业社会的转变的过程，
就是实现市场化、工业化、城市化、社会化的过程，发达国家在 20 世纪
70 年代之后又开始了信息化的过程，被学者们称为后工业化、信息化、
后现代化、第二次现代化，等等。在世界历史上，现代化过程发端于欧洲
中世纪末期，生产力的发展导致了商品经济的发展和扩大，这又导致了以
商人为主体的市民阶层的发展并逐步演变为早期的资产阶级，但是现代化
过程的真正大规模地进行，还是在资产阶级经过革命夺取了政权、建立了
资本主义制度之后，并逐步形成了被当代学者称之为以单纯经济增长为特
征的传统的发展观念和发展模式。

资产阶级登上历史舞台和资本主义制度的建立，极大地推动了社会生
产力的发展和社会文明的进步，对此，马克思恩格斯都给予了高度的评

---

① 《邓小平文选》第 3 卷，人民出版社 1993 年版，第 208 页。
② 同上书，第 284 页。
③ 《江泽民论有中国特色社会主义（专题摘编）》，中央文献出版社 2002 年版，第 210 页。
④ 同上书，第 214 页。

价。他们在《共产党宣言》中写道，资产阶级在历史上起过非常革命的作用。凡是资产阶级已经取得统治的地方，它就把所有封建的、宗法的和纯朴的关系统统破坏了。它打破了封建社会的生产和交换在其中进行的关系，封建的农业和制造业组织，一句话，封建的所有制关系，取而代之的是自由竞争和与自由竞争相适应的社会政治制度，即资产阶级在经济上和政治上的统治。它创造了同埃及金字塔、罗马水道、哥德式教堂根本不同的艺术奇迹；它举行了同民族大迁移和十字军东征完全异趣的远征。资产阶级奔走全球各地，到处钻营，到处落户，到处建立联系，使一切国家的生产和消费都成为世界性的了。资产阶级创立了规模巨大的城市，使乡村屈服于城市的统治，使野蛮的和半开化的国家依赖于文明的国家，使农民的民族依赖于资产阶级的民族，使东方依赖于西方。它使原先的不同地区结合成为一个拥有统一的政府、统一的法制、统一的民族阶级利益、统一的关税的民族。资产阶级争得自己的阶级统治地位还不到 100 年，它所造成的生产力却比过去世世代代总共造成的生产力还要大，还要多。自然力的征服，机器的采用，化学在工农业中的应用，轮船的行驶，铁路的通行，电报的往返，大陆一洲一洲的垦殖，河川的通航，仿佛用法术从地底下呼唤出来的大量人口，——试问在过去哪一个世纪能够料想到竟有这样大的生产力潜伏在社会劳动里面呢？[1] 马克思把资本主义所取得的历史性成就称作"资本的伟大的文明作用"[2]。

　　但是资本主义原始积累和自由竞争式的发展也日益暴露出了所存在的矛盾和问题，其造成的基本矛盾是社会化生产和资本主义占有形式之间的矛盾，个别工厂中的生产的组织性和整个社会生产的无政府状态之间的矛盾，无产阶级和资产阶级之间的矛盾。随着这三大矛盾的发展，资产阶级革命胜利后建立的以人权、自由、平等、民主、博爱为内容的社会和谐就逐渐被周期性地爆发的经济危机所破坏。于是就兴起了工人运动和社会主义思潮。工人阶级开始了罢工、游行、请愿甚至起义，相继发生了英国宪章运动，法国巴黎工人起义、里昂工人起义，德国西里西亚工人起义。在总结工人运动实践经验的基础上，马克思恩格斯创立了工人阶级的世界观和方法论，使社会主义从空想变为科学。1871 年又发生了巴黎工人起义

① 《马克思恩格斯全集》第 4 卷，人民出版社 1958 年版，第 468—471 页。
② 《马克思恩格斯全集》第 46 卷（上），人民出版社 1979 年版，第 393 页。

并成立了巴黎公社。虽然巴黎公社在反动派的镇压下失败了，但工人的斗争并没有停止。在马克思主义的影响和指导下，许多国家的工人阶级成立了自己的政党，为下一步的斗争进行着理论和组织上的准备。资产阶级也总结了原始资本积累和自由竞争发展模式所存在的问题，许多企业走上了兼并和垄断，这在一定程度上解决了某些问题，资本主义从 19 世纪 70 年代到 20 世纪初经历了一个相对稳定的发展时期，也是资本主义社会状态相对和谐的时期。但是，垄断并没有消灭竞争，特别是资本主义国家之间在世界范围内争夺资源和殖民地的竞争越演越烈，最后终于导致了第一次世界大战。这时，不用说国内的和谐，就是世界上的和谐也被破坏了。随着无产阶级革命和民族解放运动的再度兴起，世界进入了战争与革命的时代。

1917 年，在列宁领导下，俄国布尔什维克党取得了十月社会主义革命的胜利，在世界上建立了第一个国家范围内的工农兵政权，开始了社会主义建设发展道路的探索。列宁时期，先实行了战时共产主义政策，后改为新经济政策。斯大林时期，停止了新经济政策，开展了农业集体化运动和工业化运动，逐渐形成了第一个社会主义的实践模式、发展模式。这个模式的特点是生产资料的社会主义全民所有制和集体所有制、中央集权的计划经济体制、没有生产资料市场和劳动力市场的社会主义商品经济、优先发展重工业、靠剥夺农民的途径积累工业化的资金。在 20 世纪 30 年代的历史条件下，这种模式既有它形成的历史合理性，也在当时显示了比资本主义原始积累和自由竞争模式的优越性，使苏联在不长的时间内打下了一个工业化的基础，并在第二次世界大战中赢得了反法西斯战争的胜利。但在后来的发展中，这种模式的弊端和问题也就逐步暴露了出来。计划脱离实际、价格机制被扭曲，供不应求，计划经济成了短缺经济；中央高度集权体制所造成的人身行政依附关系又束缚压抑了人们的自由和积极性，这种模式逐渐阻碍了经济社会的发展，苏联从 20 世纪 50 年代后期起，开始摸索改革，但到 90 年代初，苏共几代领导人始终没有找到正确的改革和发展的道路，结果是社会失控、动荡、混乱，苏联解体、东欧剧变、苏共和东欧各国党纷纷下台。俄罗斯接着又实行了西方谋士提出的休克疗法，试图一夜之间就实现私有化和市场化，结果造成社会、经济、金融秩序的大混乱，卢布贬值，少数人暴富，大多数人的生活顷刻之间一落千丈，俄罗斯也失去了当年苏联所居的世界第二超级大国的地位，社会和谐也就无从谈起。剧变后的东欧诸国走上了西方国家的私有化、市场化、民主化的发展道路，大量外资进入并主导了经济的发展。匈牙利是这些国家中经济状况最好的一个，但这个外资主导型国家的经济陷入了难以自拔的怪圈：经济持续增长，外贸连年创新高，而与此同时，国家财政却入不敷出、债台高筑、大量失业。2006 年在大选中获胜并实现连续执政的政府背弃当选前对选民的承诺，变减税为大幅度增税，一时间，民怨沸腾，直至酿成骚乱。世界银行 2006 年的一份评估指出，如果目前这种形势继续下去的话，东欧问题的彻底暴发"并非遥不可及的事情"。

拉美的主要国家如巴西、墨西哥、阿根廷、智利、哥伦比亚、秘鲁、委内瑞拉等自 20 世纪五十年代以来的发展状况也是很说明问题的。据中国社科院拉美所有关专家研究，这些国家的 GDP 的增长率，50—60 年代为 5.1%，60—70 年代为 5.9%，70—80 年代为 4.5%，它们达到人均 GDP1000 美元的时间大体上都在 20 世纪 60 年代末至 70 年代中期。1999 年，除秘鲁（2130 美元）外，其余六国都超过了 3000 美元。从 20 世纪 80 年代起，按照所谓的"华盛顿共识"的范式，拉美地区进行了 20 多年的改革。在自由贸易的旗号下，大力推动国有企业私有化，金融体系和利率的自由化，方便外来投资，降低公共开支特别是用作社会福利的公共开支，严格履行对外债的偿还承诺，对政府进行重组和现代化改造。整个 80 年代，拉美的经济增长建立在外国直接投资（FDI）的基础之上。拉美在整个 90 年代的私有化收入占所有不发达国家私有化收入的 56%，这说明，拉美是新兴市场地区中私有化和国际化比例最高的地区。虽有大量外资的流入，但 GDP 却并没有得到相应的增长，GDP 年增长率，80—90 年代为 1.2%，1990—2000 年为 3.3%，2001 年为 0.4%，2002 年为 - 0.5%，2003 年为 1.9%。但是城市公开失业率却一路攀升，1950 年为 3.4%，1970 年为 3.8%，1980 年为 3.9%，1990 年为 5.7%，1995 年为 8.7%，2000 年为 10.2%，2004 年为 10.0%。标志社会分配公正程度的基尼系数从 1970 年前后到 2002 年长期居高不下，以 2002 年来说，阿根廷为 0.59，巴西为 0.64，智利为 0.55，哥伦比亚为 0.575，墨西哥为 0.514，秘鲁为 0.525，委内瑞拉为 0.50，这说明社会分配不公问题十分严重，在拉美许多国家，人均收入最高的 10% 人口拥有的财富是人均收入最低的 40% 人口的 20 倍还多。总之，拉美在经济上逐渐形成了对国外的依赖，支柱产业得不到发展，无休止的外债压力，经济停滞，成为一个贫穷、失业、社会成员贫富差别急剧两极分化的地区。社会少数人的财富持续增加和大多数人处于负债和无望境地的社会经济状况，正是拉美发展模式的结果，这种状况的存在和发展也使这些国家的社会极不稳定，有的国家的总统被平民暴乱所推翻，有的国家的政府不断更迭，有的国家发生民众抗议，委内瑞拉则发生了玻利瓦尔革命。

上述情况表明，不同的发展观念、发展战略、发展道路、发展模式对社会整体的存在状况、对社会的和谐与稳定产生着不同的影响。而脱离本国本地实际情况或在发展过程中不能根据本国本地实际情况正确处理经济、政治、文化、社会、环境之间关系的发展观念和发展模式往往不能实现持续发展，或者即使实现了一时的发展，但却造成了大量的社会问题，激化了社会矛盾，破坏了社会的稳定与和谐。

三　科学发展观揭示了构建和谐社会的现实道路

正是由于社会发展与社会和谐之间存在着互相影响的辩证关系，正是由于不同的发展观和发展模式会形成不同的发展道路，会对社会和谐产生不同的影响，所以马克思主义从其产生的一天起，虽然也重视在批判旧世界中发现一个包括和谐社会在内的未来共产主义社会的理想，但更重视通过对现实社会矛盾的研究去揭示从现实社会通向未来社会的现实道路。这是马克思主义科学共产主义与形形色色的空想社会主义区别的根本所在。马克思恩格斯积极投身于无产阶级革命实践，用毕生的精力研究资本主义社会，在哲学上创立以唯物史观为核心内容的马克思主义哲学，在经济学上创立剩余价值理论，都是为了使社会主义从空想变成科学，都是为了找到一条通向共产主义社会的现实道路。我们党之所以坚持要把马克思主义的普遍原理和中国实际结合起来，在革命年代就是为了找到一条能在中国当时的情况下取得胜利的革命道路，新中国建立后，则是为了找到一条能在中国成功地进行社会主义建设的道路。起初，我们是在苏联创立的第一个社会主义实践模式的框架中进行建设并探索我国工业化道路的，第一个社会主义实践模式的问题和弊端暴露出来之后，我们又通过改革开放的探索，开辟了建设有中国特色社会主义的发展道路。改革开放30多年来，我们在中国特色社会主义理论的指导下，我国的社会主义建设取得了举世瞩目的成就，但也积累了大量的矛盾和问题。党的十六大以来，针对新世纪新阶段所遇到的矛盾、问题和挑战，胡锦涛为总书记的党中央提出了科学发展观、建设社会主义和谐社会等一系列的战略指导思想，进一步丰富和发展了中国特色社会主义理论。现在有一种看法认为和谐社会只存在于马克思恩格斯所设想的社会主义共产主义社会形态中，要建设和谐社会就必须坚持和实行马克思恩格斯所设想的社会主义。这种对和谐社会的理解实际上又把社会主义和谐社会的建设推向了遥远的未来。按照我们对唯物史观的理解，社会形态是历史的、具体的，和谐社会或社会和谐也是历史的、具体的，各种社会形态都存在着与其相适应的社会和谐与和谐社会。中国特色社会主义既不是马克思恩格斯当年所设想的那种社会主义，也不是西方发达国家的那种资本主义，中国特色社会主义就是中国特色社会主义，这就是说，它是一种特殊的社会形态。我们对它如果只是机械地套用马克思恩格斯当年关于姓"社"姓"资"的分析标准，那就只能得出错误的结论，我们只有从我国现阶段的国情和时代特征出发，通过分析和解决它所面临的问题和矛盾，才能建设这种社会主义以及和这种社会主义相适应的和谐社会。因此，科学发展观是我们党的世界观和方法论在发展问题上的集中表现，和谐社会是中国特色社会主义的内在本质。它们两个从不同的角度论述和规定了中国特色社会主义建设事业今后的发展，科学发展观所论述和规定的是中国特色社会主义建设事业今后的发展道路，建设社会主义和谐社会论述和规定的则是中国特色社会主义建设事业今后的发展目标。发展道路和发展目标互为前提、互相依赖，内在地统一。所以，在现阶段要建设社会主义和谐社会，最根本最重要的就是要坚决贯彻全面落实科学发展观，只有科学发展观才真正揭示了建设中国特色社会主义和谐社会的现实道路。

首先，只有坚决贯彻落实科学发展观，才能实现经济又好又快的发展，才能不断夯实建设社会主义和谐社会的物质基础。人要维持自身的生命，就要生活，就需要一定的物质生活资料；人要劳动，就要有一定劳动资料。没有了最基本的生活资料和劳动资料，人就没有办法生存，就面临着生存危机的威胁。但人作为一种有意识的能动的生命有机体，在自己的生命、生存危机的威胁面前，不会消极无为、束手待毙，而会奋起抗争，挑战威胁，排除障碍，创造和开辟生存和发展的环境和条件；作为社会性的生命有机体，人与人还结合为群体、结合为社会，运用群体的力量、社会的力量同外部环境抗争。当威胁来自自然界的时候，人们会团结起来，与自然界作斗争；当威胁来自社会内部的时候，受到威胁的人们就会起来同造成威胁的人们进行斗争。一个社会，当大多数人在少数人的统治剥削下，无法生存下去的时候，大多数人就会起来斗争和造反，社会的稳定与和谐就会荡然无存。阶级社会中的奴隶暴动、农民起义、无产阶级革命，都是如此，这就是"官逼民反"。一个社会要稳定、和谐，最起码的条件就是要使最广大的人民群众拥有最基本的生活和生存条件。看看当今世界，大多数的动乱和动荡都发生在贫穷和不发达的国家和地区，而经济发达的国家和地区则相对地稳定与和谐。这就充分说明了经济发展、物质条件对于建设和谐社会的重要性。我国是一个发展中的大国，虽然经过改革开放30多年的发展，贫困人数已经大大减少，人民群众的生活条件普遍得到了改善，但大多数还只是过着一种低水平的小康生活。况且，每年还有大量的新增人口，就业的压力很大。民生问题依然是我们面临首要问题。单纯经济增长的片面发展观只注意经济上的数量增长，不重视经济增长的质量；一味仰仗外延式的、粗放式的增长方式，经济增长是建立在高投入、高能耗、高污染的基础上的，这样的增长既没有实效也不能持久。我们只有坚决贯彻科学发展观，克服以往在实际工作中存在的单纯经济增长的片面发展观，解决它所造成的问题，既保持经济增长的一定的数量和规模，又注意提高经济增长的质量，调整经济结构、产业结构，改变经济增长方式，走新型的工业化道路，使生产的过程成为节约型、清洁型、循环型的过程，实现经济建设和生态环境建设的协调发展，使经济健康、协调、可持续地稳步发展，而经济的这种发展就可以不断增强我们用来解决民生问题的条件和力量，从而巩固建设社会主义和谐社会的物质基础。

其次，只有坚决贯彻落实科学发展观，正确处理经济建设和社会建设的关系，积极推进社会建设，更加重视社会公正，才能为建设社会主义和谐社会创造一个越来越好的社会环境。前面我们谈到了经济发展对于建设社会主义和谐社会的重要性，但经济发展还只是建设和谐社会的必要条件，建设和谐社会还要有一些充分条件，社会公正就是一个十分重要的社会条件。经济发展了，如果社会反而变得更不公正了，那社会就不是走向和谐，而是走向动荡。一些国家和地区的现代化发展过程表明，当人均国内生产总值突破1000美元之后，经济社会的发展就进入了一个关键时期，这既是一个进一步发展的机遇期，也是一个各种社会问题和矛盾的多发期，处理得好就可以继续加速经济社会的发展，处理得不好就会使社会陷入动荡和混乱。而在众多的社会问题和矛盾中，许多是由于前一时期发展中所积累起来的社会不公正所引起的。所以，社会公正问题就成为能不能利用前期发展成果建设和谐社会的一个非常重要的关键问题。我们党在我国发展进入这样一个关键时期后及时地提出科学发展观，就是要求我们更好地处理好经济建设和社会建设、经济发展和社会分配、效率和公正之间的关系，缩小由于分配不公所造成的社会不同阶层在拥有财富上的不合理差距，建立健全社会救济、社会慈善、社会公益、社会保障事业，使社会低收入阶层及各种危难弱势群体也能得到最基本的生活保障，并且逐步使拥有社会财富不等的社会各阶层在社会总人口的比例结构由以往的那种金字塔形结构改变为中间大两头小的橄榄形结构，即中等收入的社会阶层的人数最多的社会结构。国际上的历史和现实的经验都表明，具有这种结构的社会一般都比较稳定，可以为和谐社会的建设提供一个较好的社会环境。

再次，只有全面贯彻落实科学发展观，正确处理经济建设与文化建设的关系，真正改变过去曾经存在过的那种一手硬一手软的情况，把文化建设放到更加突出的地位，在加强文化建设的过程中，认真注意建设和谐文化，就可以为建设社会主义和谐社会创造必要的文化条件。和谐社会这个概念不仅包含经济内涵，还包含着丰富的文化内涵。一个和谐社会不仅要求建立人们之间在经济利益上的协调和谐的关系，还要求人们形成共同的理想信念和道德规范，形成对社会中居于主导地位的核心价值体系和思想舆论导向的认同感，还要求人们在遵循共同的理想、信念、道德规范、核心价值体系、思想舆论导向的前提下对人们在特定的社会交往中所表现出来的个性、习惯、兴趣爱好、审美情趣、世界观、价值观、生活方式上的多样性给予认同和理解。和谐社会在文化上既不能没有统一，但不应该也不可能什么都统一。什么都统一了，这个社会就会被统死，那不叫和谐，那叫万马齐喑，和谐社会在文化上应该是和而不同，应该是充满了活力和生机的社会，应该是具有能够孕育和产生文化大师大家的社会文化氛围的社会。从一定意义上来说，没有和谐文化或文化和谐，社会主义和谐社会就不可能建成。因此，党的十六届六中全会决议中所提出的和谐文化概念，具有极大的理论价值和实践价值，究竟什么叫和谐文化以及怎样建设这种文化并实现文化上的和谐，是值得理论界和党政有关领导部门认真研究的。

最后，只有全面贯彻落实科学发展观，使政治建设真正能随着经济建设、文化建设、社会建设、生态建设的发展而发展，真正适应并服务于经济、文化、社会、生态建设之间协调发展的要求，为和谐经济、和谐文化、和谐社会、和谐生态提供一种和谐的政治，为和谐社会建设创造政治及制度上的保证条件。改革开放以来，我们在建设中国特色社会主义经济和文化的同时，进行了中国特色社会主义的政治建设，在坚持人民民主专政和人民代表大会这一根本政治制度的前提下，积极稳妥地推进了政治体制改革，扩大了社会主义民主权利，努力做到人民当家做主、依法治国和党的领导的统一。但是，必须看到，俄国1917年十月革命胜利之后和我国1949年革命胜利之后建立的社会主义政治制度在实际的运行过程中曾多次发生党和国家的最高权力破坏民主法制的情况，这表明这种社会主义政治制度还很不成熟、很不完善，它同样存在着马克思列宁批评资产阶级民主时所指出的理论与实践、普遍与特殊、形式与实质的矛盾。民主集中制既是党内生活的组织原则，也是国家政治制度的组织原则，即民主基础上的集中，集中指导下的民主，从理论上看是很好的很辩证的，但实践起来就不完全像理论上说的那样了，前半句往往是虚的、软的、不确定的；后半句则是实的、硬的、确定的，其结果是使我们的政治制度在实际上变成了一种高度集中的制度，各级党政干部的任免在名义上、形式上似乎也在征求民意、甚至经过民选，但实际上我们经常要求干部将对党对上级负责与对人民对下负责统一起来，但各级干部实际上往往只对党和上级负责。结果是下级对上级、特别是处于金字塔底层的广大党员和人民群众对党政各级干部权力的监督、特别是对塔顶权力的监督缺乏制度性的机制；还必须看到，我国进入改革开放和现代化建设阶段以来，随着我国从传统的、农业社会向现代的、工业社会的转型、从计划经济体制向市场经济体制的转轨，又使我国社会主义政治制度建设面临着一系列的新情况、新要求、新课题。当年老一辈的共产党人在长征中经历了雪山草地的考验，夺取了革命的胜利，这已经由历史作出了回答；今天在市场经济的条件下，能不能经历花天酒地的考验，在带领人民群众走向共同富裕的同时，保持自己的清正廉洁，这还是有待于新一代共产党人用行动作出回答的问题，加上腐败像肿瘤一样的蔓延，制度性的监督机制又不健全，广大人民群众虽然希望新一代共产党人能够经历考验，作出经得起历史考验的回答，但心中存在疑虑现象还是很普遍的，要克服人们心头的这种疑虑，恐怕还要靠深化政治体制改革，通过制度解决问题；在市场经济条件下，政府如何做到既不越位又不缺位，市场、政府、社会这三者在经济社会发展过程各自的地位、作用及相互关系，就是政府建设面临的问题；在市场经济条件下，工人阶级在总体的政治地位上是国家的领导阶级，但就个体而言，他不过是一个打工者。工人农民在总体的政治地位上是我们国家的主人，但他们中为数不少的人在实际生活中却沦为弱势群体，这是需要加以正确解决的一种新的矛盾；毋庸讳言，在市场经济条件下，资本、劳动、管理、技术各个要素在生产和分配过程中存在着一定的矛盾，其中特别是资本和劳动之间的矛盾有时会变得十分突出和尖锐，作为工人阶级政党的共产党如何协调好资本和劳动之间的关系，实现劳资两利，也是新问题；以人为本，除了要把人作为发展的出发点和落脚点外，还包含着要把处理好人们之间的种种矛盾作为发展过程的头等大事来对待，把人与人之间的关系理顺了、矛盾处理好了，人们就能够各得其位、各尽其能、各获其利，和谐相处。所以，我们只有不断推进政治建设，做到政通人和，才能实际地推进社会主义和谐社会的建设。

第二十七章

改革开放以来哲学界对马克思主义
哲学新形态的探索

马克思主义哲学是"时代精神的精华",它必须与时俱进,随着时代的发展而不断创新。放眼现时代,人类社会生活已经发生了翻天覆地的变化,"世界图景"已经被"刷新",但是当前马克思主义哲学的现状不能令人满意,与"时代精神的精华"还有相当大的距离。因此,立足现时代,科学地总结马克思主义哲学形态的演变,深入探讨马克思主义哲学的本质特征和精神实质,针对时代性问题进行改革与创新,探索马克思主义哲学的新形态,是马克思主义哲学工作者的神圣使命。

第一节 马克思主义哲学形态的演变及其启示

在对全部旧哲学、特别是德国古典哲学的反思与批判中崛起的马克思主义哲学,是哲学史上结出的最具革命性、创造性的成果。150 年多来,伴随着共产主义运动波澜曲折的发展,马克思主义哲学研究走过了一段艰辛的历程。总结马克思主义哲学的发展道路,剖析马克思主义哲学的形态演变,我们可以得出如下启示:

首先,马克思主义哲学是时代、主体实践的产物,是随着工人阶级(无产阶级)登上历史舞台,作为工人阶级(无产阶级)争取自身解放、并进一步解放全人类的理论学说。

应该肯定,在马克思主义哲学与时俱进的过程中,马克思、恩格斯、列宁、斯大林以及毛泽东、邓小平为代表的中国共产党几代领导人,作为工人阶级政党和社会主义运动的领袖,为无产阶级革命和社会主义建设作出了重大贡献,为马克思主义哲学的创立和发展立下了不朽的功勋;马克思主义、列宁主义、毛泽东思想、邓小平理论、"三个代表"重要思想、科学发展观与和谐社会建设，等等，都包含着马克思主义哲学的发展和形态的演变。

其次，马克思主义哲学不是既成的教条，不是终极真理，而是一种开放的发展的理论，它具有与时俱进的理论品格。

在过去相当长的时期里，特别是在极"左"路线横行的时期，我们把领袖神化，当作迷信、崇拜的对象，当作"绝对真理"的制造者和颁布者，对马克思主义、列宁主义、毛泽东思想做了封闭、固定、僵化的理解，将之当作万古不变的教条。这种神化马克思主义哲学的做法，是崇拜圣贤及其经典的文化心理结构在现代的表现，是与马克思主义哲学的精神实质（否定性、批判性）背道而驰的。这在理论和实践上，都造成了十分不良的后果。如"唯上"、"唯书"、"唯本本"，从书本出发，按语录办事，注经式的学习和宣传，机械式的对照、搬用，使我们整个社会在思想上保守僵化，在行动上顺从而富于奴性，整个社会缺乏生气与活力，缺乏想象力与创造力，死气沉沉，万马齐喑。造成的教训是十分深刻的。

正因为马克思主义哲学不是既成的教条，不是终极真理，而是一种开放的发展的理论，因而发展马克思主义哲学就不能仅仅只是某些人的权力。只要遵循马克思主义哲学的立场、精神和方法，任何相关的真诚的研究与探索，都是马克思主义哲学创新所由衷欢迎的。马克思主义哲学真正的进步，就可能蕴藏在某种形式的理论或实践创新中。这里不应该有统一的模式，不应该有万能的方法，不应该人为地设立"禁区"。

总之，我们必须承认，马克思主义哲学不是僵化、停滞的理论体系，它一直处于"成长中"，它一直"在路上"。马克思主义哲学必须以宽阔的胸襟、开放的心态，由衷地欢迎、接纳一切新的成果。正所谓"有容乃大"，正所谓"泰山不让垒土，故能成其高"。从历史性的观点看，自马克思、恩格斯创立马克思主义哲学始，一直到今天的马克思主义哲学研究，包括其间的所谓"异端"，这整个过程、全部思想才构成了"马克思主义哲学"。而且，马克思主义哲学也将以相关的、真诚的、自由的探索，而得以发展和光大。

再次，马克思主义哲学的成长不是一帆风顺的、直线式前进的，而是在曲折中演变、发展的。

即使是马克思主义哲学的创立者马克思、恩格斯，其思想也经历了一个发展历程，某些论者提出的所谓"青年马克思"和"晚年马克思"，就是明证。而且，马克思恩格斯囿于当时情况条件的某些具体论述和观点，今天看来也是不能照抄照搬的。而马克思主义哲学的继承者、发展者，由于各种各样的原因，则更是走了许多弯路，犯了许多错误。在今天的马克思主义哲学研究中，那种唯我独尊的霸权，那种顽固的教条化、形式化思维，那种把马克思主义哲学庸俗化的做法，那种动辄"扣帽子"、"打棍子"的习气，都还在一定程度、一定范围存在。马克思主义哲学的创新性探索，还得在各种不同的声音的交响中，甚至在各种威胁中，艰难地跋涉……

因此，指望马克思主义哲学研究不犯错误、直线式前进，指望不受挫折、毕其功于一役地确定马克思主义哲学的最终形态，是不现实的。甚至，按照马克思主义哲学的本质特征和精神实质，这也不可能。实际上，路漫漫其修远兮，冲破"左"的樊篱，回归马克思主义哲学的真精神；解放思想，实事求是地提升"时代精神的精华"；勇于探索，构建马克思主义哲学的新形态；还有一段漫长、艰苦、曲折的路要走。

第二节 现时代马克思主义哲学
面临的新挑战、新问题

哲学问题是时代的心声和回音。马克思主义经典作家认为，每个时代总有属于它自己的问题；真正的批判要分析的不是答案，而是问题。哲学应该同自己时代的现实世界相接触并相互作用，应该给予重大的时代性问题以科学的回答，并对问题的发展以预测，从而指导人们的行为。因此，系统地梳理、分析现时代马克思主义哲学面临的各种新问题、新挑战，解放思想，实事求是，认真地、与时俱进地进行探索，是马克思主义哲学发展、创新的必由之路。

一 现时代的定位及其对马克思主义哲学提出的新问题。

马克思主义经典作家认为，哲学家是自己的时代、自己的人民的产物，人民的最美好、最珍贵、最隐蔽的精髓都汇集在哲学思想里。任何真正的哲学都是"时代精神的精华"，"文明的活的灵魂"。时代提出的问题需要哲学的研究和回答，时代的发展推动着哲学理论的发展。因而，对目前所处的"时代"的判断，以及在此基础上对"时代精神的精华"的把握，对于理解什么是马克思主义哲学，对于马克思主义哲学的发展与创新，是基本而重要的。

那么，我们究竟处在一个什么样的时代？时代的总特征到底发生了什么实质性的变化？我们这个时代的"时代精神的精华"究竟是什么？很显然，从历史发展的眼光宏观地看，我们所处的时代虽然还处于当年马克思主义经典作家所曾经指出过的从资本主义向未来的社会主义、共产主义过渡的历史大阶段，但与马克思恩格斯在世时所处的时代相比确实发生了超出马克思恩格斯、甚至也超出了列宁、斯大林、毛泽东预想的巨大变化。对此，我们至少可以指出如下三点：

其一，从马克思社会形态理论的角度来看今天时代的社会性质。

19 世纪中叶，自由竞争时代的资本主义社会一方面显示了比封建社会更为强大的优越性，"资产阶级争得自己的阶级统治地位还不到一百年，它所造成的生产力却比过去世世代代总共造成的生产力还要大，还要多"①，资本主义在世界范围内迅速扩展，在一些国家和地区引发了冲破封建羁绊的资产阶级民主革命浪潮；另一方面，资本主义也明显地暴露出它自身所固有的各种矛盾。生产力的社会性质和生产资料的资本家私人占有之间的矛盾、无产阶级和资产阶级之间的矛盾、资本主义宗主国和被占领掠夺的殖民地附属国之间的矛盾迅猛而激烈地表现出来。这些矛盾在当时的资本主义发达国家引发了周期性的经济危机和一次又一次的工人罢工、起义。无产阶级觉醒并登上政治舞台导致了社会主义、共产主义运动的诞生和发展。1848 年《共产党宣言》的发表标志着无产阶级把反对资产阶级的阶级斗争引至无产阶级革命的新时代的开始。

马克思、恩格斯关于无产阶级革命首先在几个资本主义发达国家获得胜利的期望虽然没有实现，但资本主义国家各种社会矛盾的进一步加剧，周期性出现的一次比一次更为严重的经济危机，证明了马克思、恩格斯对资本主义批判的正确性、科学性。从 19 世纪下半叶起，资本主义各发达国家先后从自由竞争阶段过渡到以垄断、金融资本、资本输出为特征的帝国主义阶段。俄国、中国等国家由于外遇资本主义、帝国主义的侵略，内有封建主义造成的社会危机，这些国家的人民日益觉醒起来，世界各地先

---

① 《马克思恩格斯全集》第 4 卷，人民出版社 1958 年版，第 471 页。

后出现了革命浪潮。俄国十月革命在本世纪初取得胜利之后率先开始了科学社会主义由理论到实践的伟大实验。因此，列宁完全有理由把他所处的时代称为帝国主义和无产阶级革命的时代。毛泽东在 1940 年论述中国共产党领导下的新民主主义革命性质的时候，认为旧的资产阶级世界革命已经完结，新的世界革命是社会主义的世界革命，同时这也是殖民地半殖民地解放运动的时代。他说："这是一个绝大的变化，这是自有世界历史和中国历史以来无可比拟的大变化。"① 俄共和中共在各自国家内领导革命取得胜利的事实证明了列宁、毛泽东关于他们所处时代的论断是正确的。

20 世纪 50 年代初，斯大林在《苏联社会主义经济问题》中提出了世界市场的瓦解所造成的世界资本主义体系总危机的加深的新观点，并且认为这是既包括经济也包括 政治的全面危机②。五年之后，各国共产党和工人党在莫斯科举行会议，当时苏联发射了世界上第一颗人造卫星，毛泽东在那次会议上提出了"东风压倒西风"的论断，认为社会主义的力量对于帝国主义的力量占了压倒的优势。后来我们的报刊又进一步认为：我们的时代是一个世界资本主义、帝国主义走向灭亡，社会主义和共产主义走向胜利的时代；甚至认为我们的时代是一个资本主义、帝国主义全面崩溃，社会主义和共产主义在世界范围内全面胜利的时代，认为我们现在正处于世界革命的一个新的伟大的时代。现在已经很清楚，上述论断没有被以后几十年世界形势的发展变化所证实。原因之一，就是斯大林、毛泽东都没有看出西方资本主义发达国家在 20 世纪 30 年代大危机中及之后所发生的变化。

西方资本主义发达国家在 20 世纪 30 年代出现的大危机几乎要了资本主义的命。面对那场危机，美国总统罗斯福吸取了社会主义国家苏联的许多做法，在美国实行了一系列的改革措施，史称罗斯福新政，同时在理论上凯恩斯提出了宏观调控理论，用宏观调控下的市场经济发展模式替代了当年的资本主义市场经济自由发展模式，这不仅使资本主义发达国家走出了当时的大危机，而且为资本开辟了新的发展的历史空间。这样，在这些国家，虽然马克思、恩格斯当年分析过的那些矛盾仍然存在，但有的出现了新的表现形式，有的得到了缓和，这些国家的生产力还在发展，经济还

---

① 《毛泽东著作选读》上册，人民出版社 1986 年版，第 355—356 页。

② 《斯大林文选》（下），人民出版社 1962 年版，第 593、595、616 页。

在发展，社会秩序也相对稳定。那里的情况正像马克思在《〈政治经济学批判〉序言》中说的那样："无论哪一个社会形态，在它所能容纳的全部生产力发挥出来以前，是决不会灭亡的；而新的更高的生产关系，在它的物质存在条件在旧社会的胎胞里成熟以前，是决不会出现的。"① 面对改革以后的资本主义，第一个社会主义实践模式就逐渐失去了它的吸引力，问题和弊端日益暴露了出来。斯大林之后的历届苏共领导始终没有找到一条正确的改革和发展的道路。从 20 世纪 60 年代开始经济长期处于停滞状态，各种社会矛盾逐渐激化，最后则在 20 世纪 80 年代末导致了东欧剧变和苏联解体。我国自 50 年代后期起在"左"的错误思想指导下经历了一个又一个政治运动及长达十年的"文化大革命"，经济走到了崩溃的边缘；就亚、非、拉众多的民族独立国家而言，它们在 20 世纪 50、60 年代曾经不同程度地倾向社会主义，有的还公开宣布要走社会主义道路，实行国有化和计划经济，但后来的发展也没有预想的那样顺利。这样，"什么是社会主义，怎样建设社会主义"，成了一个需要重新认识和探索的问题。邓小平总结了社会主义国家建设和发展的经验教训、研究了资本主义发达国家和发展中国家的发展态势，敏锐地觉察到了时代主题的变化，深刻洞察到了资本在当代的作用，认识到了市场还是我国现在不可超越的历史阶段，领导全党、全国人民通过改革开放和现代化建设的实践，开辟了史无前例的中国特色社会主义的新发展道路、新发展模式。

纵观马克思去世以来，特别是 20 世纪 50 年代以来，国际形势发生的巨大变化，如果我们真正清醒地认识到整个人类从资本主义过渡到共产主义还将经过相当长期的历史过程，那么我们可以把马克思、恩格斯的时代称为资本主义矛盾暴露和科学社会主义兴起的时代；把列宁、斯大林、毛泽东所处的时代称作资本主义矛盾进一步发展和科学社会主义从理论走向实践的第一次实验的时代；把毛泽东逝世以后的时代看做资本主义在新形势下获得相对稳定的新发展和科学社会主义经过对第一个实践模式的总结反思而开始了新的实践模式的探索的时代。② 中国特色社会主义所开辟的发展道路实际上是从中国国情出发利用资本和市场来建设社会主义、实现现代化和中华民族伟大复兴的道路。所以从总体上来看，今天的时代，资

---

① 《马克思恩格斯选集》第 2 卷，人民出版社 1995 年版，第 33 页。
② 参阅吴元梁、金吾伦《论邓小平理论的时代精神》，《中国社会科学》1998 年第 4 期。

本仍然有着发展的历史空间，仍然在发挥着巨大历史作用。根据这样的现实，西方发达国家有理论家说这就是历史的终结，国内也有人说，市场万岁！究竟怎样认识当代资本主义的发展，怎样认识第一个社会主义实践模式的兴衰，人类在 21 世纪究竟走向何方？究竟该怎样看待马克思恩格斯当年提出的共产主义理想？这不能不说是马克思主义哲学、特别是唯物史观所面临的挑战。

其二，随着信息网络技术的发展，特别是 20 世纪 90 年代以来电脑的日益普及、互联网（信息高速公路）呈指数方式的增长，以及这种发展的全球化趋势和大众化趋势，人类正在迈入一个激动人心、充满遐思的"信息时代"、"网络时代"。

"这是一个绝妙的生存时代。"① 咀嚼历史，还从来没有哪一种技术能够如电脑、互联网这样，迅速、彻底、全方位地改变人类的社会生产方式，改变人类的生存、生活方式，改变整个世界的面貌和格局，甚至当代社会形态也正在发生某种变迁。信息网络技术最典型的新颖、独特之处，就在于"数字化"、"虚拟化"。网络是由电脑互联构成的，上面流动和存储的信息都是以数字（比特和字节）的方式存在的，我们所看到的和听到的一切，都变成了数字的终端显现。甚至在网络上，人也是以一个或多个符号为代码进行活动，或者说被数字化、虚拟化了。这种一切均化为数字之幽灵的"虚拟时空"或"数字世界"，或许是人类有史以来最诡异的一种生存变异和活动革命。

生活在电脑、网络建构起来的开放式、交互式、"虚拟化"、"时空压缩化"的数字化时空，人们的能动性、自由度较以前大大提高了，人类认识和实践活动的深度、广度得以前所未有地拓展，人类生活、实践获得了新的活动空间。随着各种"虚拟"活动，如虚拟交往、虚拟会议、虚拟商业活动、虚拟文学艺术创作、虚拟宗教活动、虚拟旅游、虚拟游戏、远程医疗、远程教学……的出现，人类进入了一个以前从未体验过的虚拟世界，人们生活的"现实"看起来像是一个近似梦幻的场景，而这种虚拟的看似"另类"的生活，恰恰已经或正在成为人们真实的现实生活的一部分……总之，一种基于信息网络技术的新型的"信息社会"、"网络社会"正在出现。

---

① 比尔·盖茨：《未来之路》，北京大学出版社 1996 年版，第 344 页。

　　虽然"信息社会"、"网络社会"与现实社会不是割裂的、对立的，网络社会生活是从现实社会生活中分化出来的，它处于现实社会生活之中，是社会人通过互联网（作为网络人）相互交往、虚拟活动的过程，它必然以现实社会生活为背景，可以看作是现实社会的延伸、补充；但是，也无可否认，随着电脑、网络的普及，这种虚拟生活便愈益独立于现实社会，人们社会生活的某些部分由于网络化而演变为一种独特性的网络社会生活，从而部分地取代现实社会生活的功能，而且，现实社会生活将在很大程度上越来越依赖于网络，甚至可以说，当社会的信息化达到一定程度，离开互联网，现实社会生活有可能陷入瘫痪状态。因此，"信息社会"、"网络社会"的出现，仍然对哲学、马克思主义哲学以及马克思主义哲学的某些理论（如社会形态理论等）提出了新的课题、新的挑战。如何看待"信息社会"、"网络社会"的地位与性质，如何处理它与现实社会的关系，如何处理相关的哲学问题（有些问题我们稍后将进一步涉及），就成为人们关注的焦点问题之一。对它的认识，也成为马克思主义哲学对时代、时代精神以及具体理论的探索和把握的相关点。

　　其三，与当前"信息时代"、"网络时代"的发展相关，我们所处的时代正在迈入一个所谓"全球化时代"。

　　全球化的核心是经济全球化，即包括资本、金融、生产、贸易、服务的全球化。开放性和竞争性的商品流通，以实现全球资源的最优化配置为目标的高度发达的市场经济，突破了封闭的自给自足的自然经济，造成了社会的开放性和竞争性。激烈而残酷的市场竞争，"不断扩大产品销路的需要，驱使资产阶级奔走于全球各地。它必须到处落户，到处开发，到处建立联系"，使一切国家的生产和消费都成为世界性的。① 现在，同一种产品，可以同时分布在十几个、几十个国家或地区生产，使每个国家、地区发挥其资金、技术、资源、劳动力成本等方面的优势，使最终产品成为万国牌的"国际性产品"。例如，波音 747 飞机共有 45 万个零部件，它们是由 6 个国家的 1100 家大企业和 15000 家小企业联合生产的，其中包括了中国西安飞机厂生产的飞机尾翼。发达国家的跨国公司是世界经济全球化的主体力量。据统计，目前世界上有 4.4 万个跨国公司母公司，其有 28 万个遍布世界的子公司和附属企业，形成了一个庞大的全球生产和销

---

① 《马克思恩格斯选集》第 1 卷，人民出版社 1955 年版，第 276 页。

售体系。这些跨国公司控制了全世界 1/3 的生产量，掌握了全世界 70% 的对外直接投资，2/3 的世界贸易，70% 以上的专利和其他技术转让。在发达国家和地区的主导下，在跨国公司以其母国为依托的全球扩张要求下，全世界范围内的产业结构调整，全球贸易投资自由化，各生产要素在全球范围内自由流动和配置，已成为目前经济发展的大势所趋。

现代交通运输工具、现代信息通信工具的广泛使用，信息的充分流通，使得地理距离暂时"消失"了，我们居住的星球正在变成一个"小村庄"。这也加剧了经济全球化的进程。今天，世界上能够完全躲避经济全球化的辐射作用的"世外桃源"几乎已经不存在了。每一个消费者需要的商品，都是全球化的商品：全球范围内所可能提供的、最合意的价廉物美的产品；每一个企业，都要在全球市场中竞争与合作，为全世界提供产品与服务，以求得生存和发展。一个"全球市场"终于可能建立起来了。

并且，全球化并不仅限于经济全球化，全球化历程已经广泛辐射到宗教、政治、文化等各个领域。甚至人类面临的一些新老问题，都突显为影响人类全局、决定人类命运的全球性问题。这些全球性问题涵盖极广，影响甚深，大致可以划分为如下三类：一类是人们熟悉的诸如生态问题、环境问题、人口问题、能源问题、粮食问题等。这是人类早在 20 世纪 30—40 年代就已经逐步注意到了的，以著名的罗马俱乐部的研究为代表。二类是由于高新科技发展前沿的一些问题，如放射性污染、核威胁、基因技术的负效应、"克隆人"等。第三类是由于现代科学技术的广泛应用，其对于社会和人的巨大改变所突出出来的一系列问题，其中，如何对待日益猖獗的超地域性的、国际性的网络犯罪的问题就十分典型。

总之，全球化是一个复杂的历史过程，是世界现代化的最新阶段。尽管马克思已经提出了"世界历史理论"，初步奠定了全球化理论的哲学基础；但是，目前全球化的深度和广度，全球化对于人类发展所产生的影响，仍然是与过去不可同日而语的。它为当代马克思主义哲学提供了一个新的思考问题的视野，提出了许多具体的富于意义的新课题，需要马克思主义哲学作出审慎的选择和回答。

二　马克思主义哲学的主体（无产阶级）的变化所导致的后果

毋庸置疑，哲学是人学，哲学的主体是人（类）。哲学只能站在人的立场上，从人的视角、以人的思维方式进行思考，因为，人既是哲学的出发点，也是哲学的当然归宿。因此，关于人（类）的生存和发展状况，如生存环境、发展可能性、可持续发展的困境问题和解决前景等，当前特别是那些影响或决定人类命运的全球性问题（如环境生态问题，能源枯竭问题、人口爆炸问题、尚不可预测的高新科技的后果问题、文化或文明的冲突问题等），总是不断敲打着人（类）的心灵，拷问着人（类）的良知，问询人（类）面临这些问题可能表现出什么样的"大智慧"？

具体对于马克思主义哲学而言，众所周知，它是无产阶级的思想武器，它对应的主体是无产阶级。也正因为如此，马克思主义哲学具有双重使命：它既必须站在全人类的高度，体现人类的高度责任感，又必须站在无产阶级的立场上，从无产阶级的视角解释和变革世界；它既必须有对于全人类的终极关怀，又必须始终关心着无产阶级的切身利益。诚然，由于无产阶级应该是先进生产力的代表，从长远或根本上看，这两者之间应该、并且可能是一致的或统一的；但现实的、具体的达到统一的过程中，依然要有其自身的特色和阶级性。

于是，目前马克思主义哲学改革和创新有一个不容回避的任务，即必须在当代人类状况的大背景下，对无产阶级的状况和处境重新有一个清醒的客观的认识。这是当前马克思主义哲学改革、创新的着眼点和出发点，但似乎和"认识你自己"之谜一样艰难。众所周知，当代无产阶级（包括息息相关的社会主义）的状况，如同资产阶级、资本主义的状况一样，相较马克思时代、列宁时代、斯大林时代、毛泽东时代，都有了许多新的发展和趋向，已经有了很大的区别。我们无论如何不能假装看不见这一点，自以为是地认为可以忽略这一点。例如，（1）苏东剧变以来，过去模式的社会主义，如苏联、东欧等，大多已经消失或"改制"了，国际共产主义运动步入了相对低潮，即便与马克思主义经典作家生活的时代相比，也呈现出十分不同的状况和发展趋势；马克思主义的论敌们正以超前的自信和狂热，对马克思主义发动攻击和挑战；（2）目前具有代表性的中国社会主义通过改革开放和创造性摸索，理论上产生了不少卓越的创造性发展，如"初级阶段的社会主义"、"社会主义市场经济"、股份制改造、"一国两制"等，实践中也获得了长足的发展，生产力水平、综合国力和人民生活水平都有明显提高；但同时，也面临着需要及时加以解决的一系列新问题、新矛盾、新情况；（3）在发达和比较发达的资本主义国家、地区，随着资本主义的发展及其内部矛盾的调整（福利政策、劳工权益法规、工会组织等），工人的工作条件和生活质量大有改观，衣食无着的赤贫的无产者比例越来越小，在一些国家和地区已经不占"绝大多数"甚至"大多数"，而且，在当代发达资本主义国家，甚至出现了所谓"小康型无产阶级"：一些衣食无忧的雇佣工人可能也拥有汽车、住房、存款甚至股权，他们甚至并不认为自己是"无产阶级"，而坚信自己是"有产阶级"、甚至"中产阶级"，思想上也正悄然发生变化；（4）随着新科技革命的兴起，科学技术成为第一生产力，知识、信息取代资本日益成为生产力的首要构成要素，受雇于人的"知识型无产阶级"、"白领工人阶级"闪亮登场；……经济基础决定观念形态、社会意识，诸如"占人口少数的无产者"、"小康型无产阶级"、"有产阶级"等等主体定位是否准确？可能产生何种相应的主体意识（如关于"剥削"、"异化"、"革命性"、"斗争性"、"人类解放"等方面的意识）？这又会有何哲学上的意义或后果呢？

哲学的主体及其状况决定立场、研究视角，其结论也必然有鲜明的主体性。现时代社会主义、无产阶级及其状况的新变化，可能意味着些什么呢？它可能要求反映无产阶级根本利益和需要的马克思主义哲学发生怎样的变化或转型呢？对此，马克思主义哲学改革绝不能视而不见、无动于衷，相反，正需从这里（当前的社会主义、无产阶级）着眼，实事求是地、心平气和地进行客观的探讨。

三　当代社会实践的新发展（包括虚拟实践）提出的新问题。

科学的实践观是马克思主义哲学的基石。马克思主义哲学应该反映现时代的生活、实践之状况和发展趋势，并接受生活、实践的检验，随着生活、实践的发展而发展。

任何一个真诚的马克思主义哲学工作者可能都不会否认，处于支配地位的教科书体系恰恰与当代火热的社会生活、实践有一定的距离。这一点可从社会大众、特别是必修这门课程的各种程度的学生们的反应与批评中，得到基本的验证。至于哲学备受冷落（哲学著作乏人问津、哲学专业报考者稀少、哲学专业毕业生分配难等），在一定程度上，更是其偏离火热的生活、实践的明证。

更何况，放眼世界，茫茫四顾，不容否认，相较马克思等经典作家所

处的时代，当代生活、实践的发展有了许多革命性的、根本性的变化。对
于这一点，关注现实、热爱生活的人们都已经或多或少亲身体会到了：

由于科技的发展、新的生产工具的发明、人的主体能动性的加强，实
践的范围（广度、深度）大大拓展了，复杂程度大大加强了。借助"数
字化"、"虚拟化"的信息网络技术，人类认识和实践活动的深度、广度
得以前所未有地拓展，人类生活、实践获得了新的活动空间。① 随着各种
"虚拟"活动的出现，人们已经或正在感受到，许多过去人类不可能、或
尚无条件亲自进行实践活动的领域，现在正渐次对人类打开大门；而许多
过去受到时空、物质手段以及社会经济等因素制约的活动范围，迄今为止
由于虚拟实在的出现而不再构成限制，如在虚拟环境中学习驾驶飞机、汽
车，电脑模拟核试验，远程专家会诊、手术；甚至人们的想象力也前所未
有地丰富、发达起来……

从上我们还可以感受到，即使是实践方式本身，也正在不知不觉中发
生着"革命"：由于电脑、网络、人工智能等的发展，人们的实践活动与
学习、生活、甚至娱乐休闲等愈来愈一体化了，有时甚至很难将之区分开
来。许多"虚拟实践"活动，如绘画作品的电脑创作、衣服的剪裁、远
程教学、远程医疗手术、在线游戏，等等，人们可能仅仅只是动动鼠标、
敲打几下键盘、发出几个指令而已，并未真的"亲自"去做。甚至"战
争越来越像游戏，游戏越来越像战争。"美国许多参加过海湾战争这种高
科技战争的士兵（他们往往有玩电子游戏的经历），就曾经真切地吐露过
这种体会：在控制室里，一切似乎都像和平时进行军事演习一样，忘乎所
以时，甚至分不清自己是置身于真实残酷、"正在杀人"的战场，还是嬉
戏娱乐、放纵自己的游戏厅。再如，一系列知识产品，如程序（软件）、
"点子"、秘方、设计思想、工艺流程……都已经或逐渐成为现实的生产
力（可以进入市场进行交易），生产概念、实践概念与认识、思考、知
识、思想的界线越来越模糊了。联系过去实践与认识、生产与学习、
"行"与"知"等的严格区分，且不说对整个哲学的意义，这至少对于认
识论提出了许多新课题，对之的发掘应该会有许多新的启示。

同时，实践一方面愈来愈成为一种大规模协作式的劳动（机器大生
产、高度自动化、全球市场的形成等），体现出高度社会化、全球化等

---

①　参见孙伟平《虚拟文化问题沉思》，《社会科学家》2001 年第 4 期。

特点。另一方面，因为大规模重复劳动变得简单而容易，其劳动价值越来越有限，个性因素反而愈来愈重要；在自动化时代、网络时代，几乎可以说，只有高度创造性的、与众不同的个性化劳动，才会是最有效的劳动。这说明，在实践过程中，人一方面可能被高度异化，沦为"机器的奴隶"、"自动生产线的奴隶"，变得无足轻重、甚至丧失自我；另一方面，又表现出高度自主、高度创造性的趋势，在新的层次上维护人的尊严，高扬人的价值，实现人的自由全面发展……在这种新型文明中，人类的价值观和社会历史观是否必须反映这种矛盾、并做出相应的调整呢？

此外，由于信息技术、虚拟技术的应用，一种以间接交往的形式为主，以符号化为特征，超越物理时空限制的新交往模式也兴起了。在传统社会中，人与人之间交往的主要形式是面对面的直接交往，交往、活动的范围受制于物理时间和空间是比较狭窄的；尽管书信和电话能在一定程度上打破物理时空的限制，但其作用却还是相对有限，充其量也只是人与人之间面对面交往的补充而已。信息技术、虚拟技术的应用，极大地延展了人们的交往领域，特别是虚拟交往的日渐普及，促进了最广泛的人们之间的交往、交流、理解与沟通。在网上，任何人都可以以自己选择的面貌、按自己选择的方式出现，去说自己想说的话，做自己想做的事，并与其他人广泛交往联系；在各种虚拟的、或者说虚拟与真实并存的网络空间中，万里之外的亲朋好友可以"当面"交谈思想、研讨学术、交换信息、交互娱乐，人们可以"进入"世界上任何地方的数字图书馆、博物馆、艺术馆、旅游胜地、及其他网站……各种真实的或虚拟的交往，将世界上各个国家和地区、不同民族和宗教、形形色色的部门和行业以及许许多多个人联结在一起……

变化依然以目不暇接之势袭来，"世界每天都是新的"。想到这一点，就会令哲学家头脑兴奋。哲学的功能在于变革世界，同时，也通过这种变革过程，实现自身的改造和超越。环顾四周的世界，无论如何，正在变革着的世界，以及这种变革活动本身——实践的发展，使得哲学赖以生长的基础和前提更新了，使得哲学的内容有了许多新的气象。如何以科学的、发展的实践观为基础，重建马克思主义哲学完整的存在论、认识论、价值论体系，并反过来指导人们的现实生活和实践，迫使人们认真地思考、反复地咀嚼，并创造出新的东西来。

四　现当代科学技术的发展对马克思主义哲学提出的新挑战

哲学、特别是马克思主义哲学是建立在科学基础之上的。科学是哲学的"眼睛"，是哲学的"感官"，它所达到的高度，几乎就是哲学的高度，几乎就是哲学的视野之所在。

马克思主义经典作家十分崇尚科学、十分重视科学的发展，他们由衷地欢迎科学上的每一次革命。他们深知，只有站在科学这个"巨人"的肩膀上，哲学才能有所创新。事实上，也正是以当时的一系列前沿自然科学成就为基础，马克思恩格斯才描绘出了一幅新的、完整而有说服力的"世界图景"，创立了马克思主义哲学。

马克思恩格斯创立马克思主义哲学的自然科学基础是"三大发现"。100 多年来，现当代自然科学技术突飞猛进，已经产生了许多革命性的新进展，如以相对论、量子力学为代表的物理学"第二次革命"；以混沌、分形理论为代表的物理学"第三次革命"；分子生物学、特别是基因重组、克隆技术等给人以深深的震撼；信息技术革命和电脑、网络时代的到来，更是前所未有地改变了人类的生产与生活……所有这一切，令人眼花缭乱，令人目不暇接。从当代科学技术的肩头望过去，所见到的整体"世界图景"发生了重大改变，甚至有些"面目全非"的感觉。例如，反物质以及"既不是物质也不是能量"的信息的出现，物质观正在不可避免地深化；人机互动、人工智能等的进展，哲学的意识观正在悄悄发生改变；由于相对论、量子力学、概率理论等的发现，决定论、规律论受到冲击，正在为非决定论、主体性、偶然性让出一定地盘……

自然科学不一定会理会那些陈旧落伍的哲学观念、空洞无聊的哲学教条、自言自语的哲学说教，但作为"时代精神精华"的哲学（甚至宗教），却不能无视自然科学的革命性发现、经过验证的创新性理论。自然科学基础上的革命性进展，必然导致哲学观、哲学内容、哲学研究方式和方法的变革——有时，并不仅仅只是"丰富"、"完善"与量变式渐进式的"发展"，对此，我们只要重温马克思恩格斯创立其哲学、实现哲学革命的历史过程，就可以深深地领会到。

"随着自然科学的每一次进展，唯物主义也将改变自己的形式。"置身当前的科技革命洪流之中，唯物主义将如何站在科学的肩膀上，把"自己的形式"改变成什么模样呢？作为马克思主义哲学工作者，我们不能仅仅拭目以待。

五 唯物史观面临的一些新的具体问题和挑战

马克思主义在哲学上最重要的贡献，就在于创立了唯物史观或历史唯物主义。由于时代和历史的发展，马克思主义哲学的历史观正在受到多方面的冲击。

例如，在马克思主义哲学唯物史观理论中，生产力是居于决定地位的因素。伴随着时代的发展，特别是知识经济的本性及对全球性生产方式的变革，生产力也正在发生着某种质的变化和飞跃，其导致的经济和社会后果也具有新的内涵。因为，按照生产力多要素理论，决定生产力的要素除劳动者、劳动工具、劳动对象三个"硬要素"外，还有科技、教育、管理、信息四个"软要素"。一系列知识或智力创新活动，如引进新产品新技术、开辟新市场、控制原材料的新供应来源、实现企业的新组织、管理者的组织行为创新、知识分子的技术发明等，起着越来越重要的作用。特别是，信息要素的作用愈来愈突出。信息以及信息网络全面改进了生产力各要素，如通过增强劳动者的信息意识和信息活动能力来提高劳动者素质，通过劳动工具的智能化来对之加以改进和创新，通过世界的虚拟化来拓展劳动对象的范围，同时还通过促进科技、完善教育、提高管理水平等，使这些"软要素"在生产力发展中作出更大的贡献。这使得马克思主义哲学的劳动价值论、阶级斗争理论等内容出现了问题。如按照马克思的劳动价值论，价值主要是由"苦力"即体力劳动创造的，"资产者和无产者"的阶级的划分也主要是按照对物质资本和劳动的关系来衡量的；而知识经济是以知识为基础的经济，是一个以智力资源的占有、配置和知识（信息）的生产、分配、使用（消费）为主要生产要素的经济时代，创造价值的主要源泉是知识（信息）的拥有者和生产者，与之相联系"知识工人阶级"——知识产业中的知识分子共同体，才是先进阶级，才代表着社会先进生产力的前进方向和先进文化的前进方向，代表着社会发展的未来。

又如，马克思主义的传统社会形态理论主要是以生产关系、特别是以生产资料的所有制形式为标准划分的。然而，由于知识经济时代的到来，由于科学、技术、知识、信息等因素在经济和社会活动中的意义大大增强，这一理论确立的前提和方法面临着新的挑战。因为，一般来说，在农业时代（封建社会），土地是最重要的生产资料。在工业时代（资本主义社会），资本是最重要的生产资料，经济活动主要体现为资本的运作与扩张。而进入"信息社会"或"网络社会"，权力或财富的本质正在悄然发生某种改变：科学、技术、知识、信息等无形资本在生产中的地位和作用日益突出，越来越成为最重要的经济资源，成为竞争能力的标志。在信息社会中，谁掌握了科学、技术、知识、信息等无形资本，谁具有知识创新能力、或创造性地运用知识于生产的能力，谁就可能拥有权力与财富。这里的问题在于，信息具有与农业社会的土地、工业社会的资本（机器、工厂等）迥然不同的质的差异。信息就是信息，既不是物质，也不是能量，它具有自身的特质。例如，无论拥有土地、资本（机器、工厂）等有形资本的数量多么巨大，它总是有限的，而且对其的占有是唯一的、不可分享的；如一旦经营失败、或一旦将之赠予，就不再所有了。而信息（知识等）则是无限的，是可以共享、分有、传承的，即对其的占有不是唯一的。许多一无所有的被雇佣者（无产者）仅仅因为能够通过学习占有信息，通过自己的头脑创造新的信息，就可以和土地、资本（机器、工厂）等的所有者一道，掌控经济活动，迈进富翁的门槛。一个现代信息企业，国外如"微软"，国内如"联想"，往往可以同时将大批雇工造就为百万富翁、千万富翁、甚至亿万富翁（当然，不排除企业所有者占有更多份额）。培根所说的"知识就是力量"，正成为当今经济生活和社会生活的真实写照。信息等无形资本的可共享、可传承、不排斥他人的这种特质，至少对传统的以生产资料的所有制形式、以生产关系为标准划分社会形态的理论提出了理论上的挑战。如信息社会中先进生产力应与哪些因素相联系？信息的占有和创造者是否是"生产资料的所有者"？拥有信息的富裕的被雇佣者、"白领"工人在生产中的地位如何？他们是否仍然属于"无产阶级"的阵营？如何对占有和创造信息的主体——知识分子进行定位？以信息为最重要资源的社会将走向何处？等等。这一切要求我们，应该特别重视研究社会形态理论的方法，体现当代社会之社会形态理论发展的新特点。

再如，传统社会的组织管理结构是一种金字塔型的结构，是一种自上而下的管理权力高度集中统一的体制。而随着社会发展的民主化、多元化趋势，除了传统的阶级差异、意识形态差异外，新民族主义、女权主义、族性政治、同性恋群体、新宗教、恐怖主义、网络族群、绿色组织、新纳粹党等，都以各种方式影响社会，冲击社会秩序；非中心化、超地域性的信息网络技术成为社会基本的技术支撑，它不仅极大地促进了文化、知识、信息的传播，普遍地提高着大众的文化知识水平，不断地唤醒着大众的民主意识、民主要求，同时也会打破了少数管理高层垄断信息的局面，大众作为"国家的主人"将获得更多的信息，经由网路更多地表达意见，"直接"参与公共事务。在多种因素作用下，原来那种分地域管辖、集中控制的管理方式往往备受挑战；传统的金字塔型的集权式管理结构，将逐渐向网络型的分权式管理结构演变。非一统化的、不断民主化的社会管理方式，反过来又会为人们多样化的存在方式、多样化的生活方式、多样化的价值选择、多样化的社会行为，提供依据、支持与可能。当然，上述各种变化究竟可能导致社会管理方式、政治管理体制发生何种本质上的变化，还有待进一步的观察和思考。

总之，当今社会已经、或正在被"刷新"，社会历史的内涵与外延空间正在发生巨变，唯物史观、特别是具体的社会形态理论因而也必将随着时代的发展，而具有新的形式、新的内涵。

六 当代社会价值危机对马克思主义哲学的影响

批判性是马克思主义哲学的基本特征之一。当年马克思恩格斯对资本主义的批判主要集中在制度批判上，而今由于各种原因，马克思主义哲学的批判性内涵，主要集中为价值批判、文化批判。环顾当前世界的发展，人类正陷入了一场新的深刻的、世界范围的文化价值危机之中。例如：

在"人定胜天"等观念的引导下，在追求最高利润的市场经济驱使下，贪婪的人类将自然仅仅视为征服、改造、利用的对象。这诚然冲破了慢节奏的、田园牧歌式的农业文明，使人类依次步入了近代化、现代化之境，然而，当社会发展到20世纪后半叶，掠夺性地对待自然，破坏了曾经和谐、宁静的生存环境，造成了严重的环境污染、气候变暖、物种灭绝、土地荒漠化……在严重的生态失衡面前，人类的生存环境正在逐步恶化，人们面对失去家园的惘然与困惑。

在"物竞天择，适者生存"的商品经济、市场经济的大潮中，商品关系的无孔不入，对于金钱和利润的疯狂追逐，扭曲了人的心灵，毒化了淳朴的社会环境，败坏了传统的人际关系。面对严酷的优胜劣汰、生存竞争，个人的利益、需要和欲望得以强化，人与人之间不断发生激烈的冲突，一些人甚至认为"人对人是狼"、"他人就是地狱"。人与人之间这种不和谐、甚至冲突的不良社会关系，使人们的集体观念、社会责任感相对淡漠，并使人们陷入了深深的忧虑与不安之中。

伴随着科技、经济、社会的高速发展，人与自然、他人、社会之间关系的变化，人的内在精神状态也开始失衡。整个社会为发展而发展，为增长而增长，增长成了一种无目的、无理性的竞赛，经济的发展本身成了目的，人自身不是作为目的居于发展的中心，反而成为经济发展的手段，人被异化了；在先进的科技工具面前，在高度自动化的大机器生产过程中，人成了"机器的奴隶"，"人为物役"成为普遍的事实，人自身遭到了冷落，变得渺小而无助……这导致人内心十分不平衡，普遍产生孤独、苦闷等心理，产生焦虑、紧张、不安等情绪，甚至导致人存在的意义失落了，人成了无居所的流浪者，生活本身荒谬化了。

生物化学武器、毁灭性的原子弹以及基因技术等的新进展，提出了大量未加解决的伦理难题，如人工流产的合法性，试管婴儿、代理母亲对传统人伦的冲击，"克隆技术"引发的应否允许复制人类自身（"克隆人"）的争论，等等。这使得人们对曾经高度信赖的科学技术之价值也产生了怀疑，关于科学技术的价值问题、科技发展与人性的关系问题重新得到关注。

20 世纪两次世界大战的爆发，前所未有地摧残了业已建立的文明，直接野蛮地夺走了数千万人的生命。其空前的激烈与残酷，曾经深深地触动和震撼了人们的心灵，引发了人们关于如下一些重大价值问题的重新思考：什么是人性？什么是正义？在人与人之间、国家与国家之间，应该建立怎样的公正与秩序？在战争与和平、公平和正义、理解与尊重之间，人们应该取何种态度？而刚刚跨入 21 世纪，正当美国凭借其一枝独秀的经济和军事实力，在全球推行单边政策，致力建立世界政治经济新秩序之时，其后院却突然起火：发生在美国的"9.14"恐怖主义事件，摧毁了资本主义工业文明象征之一的纽约世贸大厦，并直接夺走了约 4000 人的生命。这场前所未有的新型的恐怖与反恐怖的战争，可能会把人类推向何处？人们在隆隆炮火中，正忧虑地关注与等待。

甚至一些传统的问题也出现了新的表现形式。例如：传统的"南北问题"——世界性的贫富差距问题仍在以新的方式加剧：一方面是财富在少数国家、少数人手中积聚，另一方面是民不聊生的国度、无数饥寒交迫的贫民与难民，① 在富人们享受舒服、安逸、甚至奢侈腐化的同时，饥寒交迫的穷人们如何维持其尊严、实现其价值？"东西问题"——不同社会制度和文化价值的关系问题，也日益突出。哈佛大学著名政治学家塞缪尔·亨廷顿提出了"文明的冲突"观②，认为冷战后，世界冲突的基本根源不再是意识形态的或经济的争夺，而是文化方面的差异，主宰全球的将是不同文明的国家或集团之间的所谓"文明的冲突"，下一次世界大战将是"文明大战"。或许亨廷顿的观点过于夸张，但却提出了一个严峻的问题：在人类的经济、技术、信息、社会交往日益紧密、空间尺度日益缩小，而利益和价值的冲突却愈演愈烈的今天，不同的民族和群体应怎样相处？矛盾是不可避免的，矛盾的解决可否发掘出新意？

更具冲击力的是，随着全球化时代的到来，所有这些价值问题和挑战都正发展演变为"时髦的"、但却更令人头痛的"全球性问题"。在这种情况下，问题及对其思考的复杂性本身，已经不能限于某一局部、某一方面、某一领域之中，它需要一种深层次的、全方位的、综合性的考察和反思。而对这些价值问题的研究与解决，不仅将促使马克思主义哲学关注价值理论、价值实践，而且也必将对马克思主义哲学的新形态，提出丰富的新问题以及解决新问题的新视角、新思维方式。

如果我们拓展视野，开阔思路，那么我们可以发现，这类时代性的问题和挑战还有许多。马克思主义哲学不能无视这些新的问题和挑战，毕竟，今日马克思主义哲学的高度，取决于它把握、理解和解决时代重大问题的程度和水平。

当然，我们也相信，马克思主义哲学能够给这些问题与挑战以回答，

---

① 据联合国开发计划署公布的1999年《人类发展报告》，目前占全世界总人口20%的最高收入人口的收入，是占20%的最低收入人口的74倍；世界三大富豪——比尔·盖茨（"微软"电脑总裁）、沃沦·巴菲特（华尔街股市投资家）和保罗·艾伦（"微软"公司另一创始人）——所拥有的财富，超过了全球35个最贫穷国家的国民生产总值，亦即超过这35个国家的6亿人口的总收入。

② 塞缪尔·亨廷顿对世界文化和文明作了新的区分，认为冷战后全球政治在历史上第一次成为多极的和多文化的，世界格局的决定因素表现为八大文明，即中华文明、日本文明、印度文明、伊斯兰文明、西方文明、东正教文明、拉美文明以及可能存在的非洲文明。冷战后的世界，冲突的基本根源不再是意识形态的或经济的争夺，而是文化方面的差异，主宰全球的将是所谓"文明的冲突"。全球政治的主要冲突将发生在不同文明的国家或集团之间，文明之间的冲突将左右全球政治，下一次世界大战将是"文明大战"。

只是，马克思主义哲学工作者必须具有强烈的历史使命感、紧迫感。

第三节　马克思主义哲学的本质
特征和精神实质

真正以马克思主义哲学的方式回答上述时代性问题，有一个基本的前提，即必须明确马克思主义哲学的本质特征和精神实质。咀嚼马克思主义哲学形态发展史，我们认为，马克思主义哲学的本质特征和精神实质在于如下几个方面：

一　实践性

在《关于费尔巴哈的提纲》（1845 年）中，马克思明确地把"实践"[①] 作为新旧哲学的根本区别。正是由于一切旧哲学"不知道现实的、感性的活动本身"、"没有把人的活动本身理解为对象性的活动"、"不理解'革命的'、'实践批判'活动的意义"，从而在近代哲学中造成了唯物论和辩证法的分离；在旧唯物主义哲学中又造成了"唯物主义和历史彼此完全分离"，即造成了唯物主义自然观和唯心主义历史观的对立。而与以往的一切旧哲学根本不同，马克思主义哲学创立了科学的实践观，从人的实践活动及其历史发展出发，把实践的观点看作是马克思主义哲学的首要的、基本的观点：

实践是人所特有的生存与活动方式。在面向外部世界的实践中，人以物的方式去活动，换来的则是物以人的方式的存在。与动物单纯顺应环境的本能活动不同，人的实践是依自我目的改变自然并使之顺应人的本性和需要的活动。也正是通过这种目的性活动，使人和世界的关系发生了逆转：原来的自然物是一个自在的存在，现在变成了"属人的"或"为人的"存在；原来人是从属于自然界的一部分，现在自然成了属人的世界；原来自然界是自身变化的主体，现在变成人的活动的客体……总之，实践逆转了人物关系，使人上升到起主动、主导作用的主体地位；但人类发展

---

① 所谓"实践"，就是人类特有的、对象性的感性活动，是人类生存发展的特殊本质形式。马克思曾用"人的感性存在"或"感性活动"、人的"改变世界的活动"等方式来表达，并强调它是"客观的"、"对象性"的活动。

历史表明，不管人类在改造自然界中获得了怎样的胜利、也不管人从动物界中提升出多高的程度，有一个事实却永远无法改变，即当年马克思曾说过的，人永远是自然界的一部分。

虽然马克思哲学并不否认"外部自然界的优先地位"，并不怀疑那种"抽象的、孤立的、与人分离的自然界"的存在，并不否认外部自然界的先在性，但却重在指出，那种"被抽象地孤立地理解的，被固定为与人分离的自然界，对人说来也是无"①。即没有进入人类实践和认识活动的"世界"，与人并无现实关系，"对人说来"并无现实的意义和价值。人的现实的、感性的实践活动是整个现存感性世界的非常深刻的基础，只有通过人的实践活动，被人的本质力量对象化了的"感性世界"、"对象世界"，才是对人有现实意义和价值的：它既是人生存、生活的现实环境，又是人进一步认识和改变世界的前提与基础。

"社会生活在本质上是实践的"。人与人类社会不仅是在（劳动）实践活动中产生的，而且也是在实践中存在与发展的。人是社会历史活动的主体，人们自己创造自己的历史，没有人和人的社会实践活动，就没有社会的历史。"'历史'并不是把人当做达到自己目的的工具来利用的某种特殊的人格。历史不过是追求着自己目的的人的活动而已。"② 有目的、有意识的"人的活动"，主要是人的社会实践活动。正是人的永不停息、充满创造性的实践活动，既改变了人周围的环境，也改变人自身，从而构成了人类社会的历史，推动社会矛盾运动，使人类社会生生不息，从一种社会形态转化为另一种社会形态。离开社会实践，社会生活及其发展的奥秘也就成为不可理解的东西了。

人的思维、认识的最本质和最切近的基础，正是人通过实践引起自然界的变化。人所要认识、把握和变革的世界，不仅包括了今天已被人改造过的人化世界、属人的世界，包括已纳入了人的视野的世界，而且还在不断地探索着未知世界。人的思维、认识是实践的产物，它根源于实践、来自于实践。"意识在任何时候都只能是被意识到了的存在，而人们的存在就是他们的现实生活过程。"③ 实践是产生、联结主体和客体的根本环节，

---

① 《马克思恩格斯全集》第 42 卷，人民出版社 1979 年版，第 178 页。
② 《马克思恩格斯全集》第 2 卷，人民出版社 1957 年版，第 118—119 页。
③ 《马克思恩格斯选集》第 1 卷，人民出版社 1995 年版，第 72 页。

是主体能动地、创造性地反映客体从而获得真理的根本环节。人的认识、思维是否具有客观的真理性，并不是一个纯粹理论的问题，而是一个实践的问题，即人们只有在实践中才能证明自己思维的真理性①；

　　而且，马克思提出，哲学的思想方法和使命不仅仅在于解释世界，他特别强调，马克思主义哲学的全部理论都以"改变世界"的实践为目的，强调理论必须付诸实践、指导实践，变为群众的行动，化作改造世界的物质力量。并不存在绝对意义上的"为认识而认识"、"为科学而科学"，一切认识、思维活动都是服从于人的实践目的。马克思相信："必然会出现这样的时代：那时哲学不仅从内部即就其内容来说，而且从外部即就其表现来说，都要和自己时代的现实世界接触并相互作用。"②

二　主体性

　　马克思主义哲学是从人的实践活动、从实际活动着的人或主体出发，来理解与把握人与世界、主体与客体的全面关系、相互作用及其矛盾运动，并从而建构自己的哲学体系的。

　　在《关于费尔巴哈的提纲》中，马克思指出："从前的一切唯物主义（包括费尔巴哈的唯物主义）的主要缺点是：对对象、现实、感性，只是从客体的或者直观的形式去理解，而不是把它们当作感性的人的活动，当作实践去理解，不是从主体方面去理解。因此，和唯物主义相反，能动的方面却被唯心主义抽象地发展了，当然，唯心主义是不知道现实的、感性的活动本身的。费尔巴哈想要研究跟思想客体确实不同的感性客体：但是他没有把人的活动本身理解为对象性的活动。……他不理解'革命的'、'实践批判的'活动的意义。"③ 在这里，马克思明确指出了，不能只是从客体的形式去理解对象、现实、感性等，更要从主体（人）、实践方面去理解、去认识与改变世界。列宁也曾明确地说："必须把人的全部实践……包括到事物的完满'定义'中去"。这说明，在人的实践活动中，一方面，作为主体的人必须面向客体，必须重视客体的作用即效应，按客体的本性和规律办事，即按世界（包括作为客体的人）的本来面目去认

---

① 参见《马克思恩格斯选集》第 1 卷，人民出版社 1995 年版，第 55 页。
② 《马克思恩格斯全集》第 1 卷，人民出版社 1956 年版，第 121 页。
③ 《马克思恩格斯选集》第 1 卷，人民出版社 1995 年版，第 54 页。

识世界和改造世界；另一方面，更重要的是，主体总是从自己出发的，是按自己的能力、方式、需要和尺度去理解客体、改造客体，认识世界和改造世界的，因此，在任何认识和实践中，都必然客观地存在着一种"主体性效应"。

前一方面强调的是客观性，后一方面则主要强调的是主体性。客观性和主体性在人的实践活动中，具有不同的地位，起着不同的作用，它们既相互对立，又相互依存。前者使人们懂得世界上"有什么"或"没有什么"，"是什么"或"不是什么"，"可能怎样"或"不可能怎样"，从而规定着实践的范围、程度和运行轨迹，提供着实践的基础和可能性；后者使人们懂得什么是有意义的或什么是无意义的，什么是合意的或什么是不合意的，什么是值得的或什么是不值得的，什么是必要的或什么是不必要的，从而提供着实践的必要性、动力、热情以及运行指向。前者以外在、强制的力量，以铁的规律性、必然性，规定着实践的可能性和方式；后者以"合目的性"、以内在的、自觉自愿的要求，以顽强的意志力，以人的高度自觉来规范、约束、导引着人的实践，使之向着提升、发展人的方向拓展，提供着克服实践中困难的力量。

甚至二者所具有的局限性和片面性也是既相互对立，又相互依存的。例如，前者是从存在、客体的角度提出要求与限制，表明人的活动的适应性、受制约性和现实性，这是人活动的基础和条件，但是，它却不是人活动的目的和实质意义，如果仅仅停留在这一点上，就难免陷入宿命论；后者是从人、主体的角度提出要求，表明人的活动的能动性、创造性、理想性与超越性，但其自身却难以克服和超越主体（人）自身的弱点，诸如主观因素的膨胀，就可能导致唯意志论，产生各种反主体性效应，如现实中并不乏"人有多大胆，地有多大产"、"不怕做不到，就怕想不到"之类的教训，也不乏自我异化、事与愿违、好心办坏事之类悲剧。

可见，在人的具体的、历史的活动中，客观性和主体性既相互对立，又相互依存、相互补充，单纯强调其某一方面的尺度与规定性，都有其局限性与弱点。当其在实践过程中发生矛盾与冲突时，就要求人们不断地对二者的要求和作用加以双向调节，以实现其辩证统一。

当然，这种辩证统一并不是等量齐观。根据马克思主义经典作家的思想，主体性在实践和认识活动中更为重要，具有更为关键的地位，起着更为关键的作用。这是因为：

在人与世界、主体与客体的全面关系中，作为主体的人是其中起主导作用的因素。主体是人，即有目的、有意识地从事活动的人。而这里的世界则是与人息息相关的属于人的感性世界，是包括人自身在内的、人们生活于其中的现实世界。这里的客体则是主体活动所指向的、并反过来制约主体活动的对象。主体活动的对象指向是以人的对象意识为前提的，动物由于没有自我意识和对象意识，因而不可能把自己和对象区别开来。人的对象意识与对象指向是与人的本质力量相关的，只有和人的本质力量相适应的事物（包括物质的东西、精神的东西和人自身），才能成为对象即客体（人相应的成为主体）。马克思指出："只有当物以合乎人的本性的方式跟人发生关系时，我才能在实践上以合乎人的本性的态度对待物。"①"对象如何对他说来成为他的对象，这取决于对象的性质以及与之相适应的本质力量的性质……因为我的对象只能是我的一种本质力量的确证"②，人的本质力量不能达到或还未达到的那些外在世界并不是对象性客体。音乐、景色和矿物的美，对于没有音乐感的人，对于忧心忡忡的穷人和一心求利、兴趣单一、没有审美情趣的贩卖矿物的商人都分别不是审美客体（人相应的不是审美主体）。可见，只有在人的活动中，与人的本质力量相适应的、人的活动所指向的对象，才能与人构成现实的主客体关系。也就是说，人是现实主客体关系的建立者，是在其中起主导作用的因素。

而且，主客体之间的相互作用及其矛盾运动也是通过主体（人）的活动来实现的。在人的活动中，客体对主体的作用表现为客体对主体的活动的制约和对主体需要的满足，从而不断提高主体的素质、能力，不断丰富主体的本质力量，使人的主体性不断得以发展；而主体对客体的作用则表现为主体不断冲破既有客体的限定，把越来越多的自在之物纳入自己对象性活动的领域，并以自觉的活动改造客体，创造出外部世界原来没有的人工客体，从而不断扩大属人世界的范围。主体和客体相互作用的结果，是主体客体化和客体主体化，而主体客体化与客体主体化双向运动的结果，是作为主体的人同对象世界的关系更为密切，主客体之间通过动态的相互作用而实现内在的统一，并不断发展到新的水平。而在主体和客体的相互作用乃至主客体的统一过程中，主体和客体的地位不是对等的，作为

---

① 《马克思恩格斯全集》第 42 卷，人民出版社 1979 年版，第 125—126 页。
② 同上。

主体的人是其中主要的、能动的一方。这与其他事物之间的相互作用是不同的：在一般物质之间，作用者与被作用者是平等的，不存在主导与服从的关系；动物虽在一定意义上可说是活动的发动者，并把一定的对象作为自己活动的接受者，但动物的活动是受本能支配的，仍是自发的，不能能动地改造对象；而在主客体相互作用中，出现了创造者与被创造者、能动者与受动者等新的关系，而且这种相互作用还必须通过人所特有的工具作为中介，并在一定社会历史条件下，通过作为主体的人的现实活动才能实现。可见，实际活动着的人还是推动现实的主客体关系运动、发展和统一的主导因素。

从这种具体的、历史的、实际活动着的人或主体，以及其所生活的感性世界出发，我们就能获得对人与世界、主体与客体关系的全新把握，获得求解一切哲学之谜的钥匙。恩格斯曾赞同过这样的观点："人只需要了解自己本身，使自己成为衡量一切生活关系的尺度，按照自己的本质去估价这些关系，真正依照人的方式，根据自己本性的需要，来安排世界，这样的话，他就会猜中现代的谜了。不应当到虚幻的彼岸，到时间空间以外，到似乎置身于世界的深处或与世界对立的什么'神'那里去找真理，而应当到近在咫尺的人的胸膛里去找真理。"[①] 正是从具体的、历史的、实际活动着的人或主体，以及其所生活的感性世界出发，马克思才构建了马克思主义哲学的理论大厦，找到了"解释世界"和"变革世界"的钥匙，改变了世界历史的面貌和进程。

因此，建立在科学的实践观基础上的马克思主义哲学，要求对"事物、现实、感性"等，也要"从主体方面去理解"、去分析和解决问题。现时代新型的马克思主义哲学形态的探索和建构，也必须在坚持客观性原则的同时，着力从主体性原则出发，实现它们的内在统一。

三　否定性与批判性

黑格尔把否定性看作事物、生命和精神运动的内在源泉，看作辩证法的灵魂，马克思和恩格斯批判地继承了这样的观点。恩格斯认为，辩证的否定乃是事物自身的一个发展阶段，一个过渡环节。"真正的、自然的、

---

① 《马克思恩格斯全集》第 1 卷，人民出版社 1956 年版，第 651 页。

历史的和辩证的否定正是一切发展的推动力"①,所以,只有抓住"否定",才算抓住了辩证法的根本。

所谓"否定",就是事物吸收和改变原有状态而进到一个新的更高级状态的运动。这种"否定",是事物最深层的本性,它与事物的存在和本质是直接同一的。用辩证"否定"的眼光看世界,世界万物处在一个不断变化、永恒流动的过程中;用辩证"否定"的眼光看历史,世事、人物都不过是历史性的存在;用辩证"否定"的眼光看思想和价值,一切传统的观念和价值都是暂时的假说、阶段性的建构,有待于超越。辩证的否定观给予人们一种勇于批判、勇于探索、勇于超越、勇于改变旧世界创造新世界的精神。

辩证的"否定"内在地与批判性相连。马克思经典性地指出:"辩证法在对现存事物的肯定的理解中同时包含对现存事物的否定的理解,即对现存事物的必然灭亡的理解;辩证法对每一种既成的形式都是从不断的运动中,因而也是从它的暂时性方面去理解;辩证法不崇拜任何东西,按其本质来说,它是批判的和革命的。"② 所谓"对现存事物的肯定的理解",是指事物发展过程中的稳定性和连续性。因为任何事物,对于它所产生的那个时代和条件来说,都有它存在的根据和理由;事物的发展需要吸收原有阶段、状态的合理因素。但是,吸收的根本目的是要改变原有事物、原有状态、原有性质,过渡到新的事物、新的状态、新的性质,即"扬弃",是"新事物"代替旧事物。事物存在,就是因为它与非存在相对应,就是因为它不断否定自己,最终趋向衰亡,而为"新事物"所取代。每一事物都内在地包含它的否定因素、否定力量,即促使它走向不稳定、走向衰落和灭亡的力量。诚然,凡是存在的都是合理的,因为它有存在的客观根据;但是,辩证法认为,任何根据也是不断变化着的,辩证法对事物的肯定的理解中,都同时包含着对现存事物的"否定的理解",因此,凡是合理的都是要灭亡的。

辩证法的否定和批判具有彻底性,它不局限于理论和实践的某一领域之内,它既是理论批判,也是实践批判,是理论批判和实践批判的统一。

所谓理论批判,是在"理性法庭"上将那些失去现实性、因而不具

---

① 《马克思恩格斯全集》第 20 卷,人民出版社 1971 年版,第 673 页。
② 《马克思恩格斯选集》第 2 卷,人民出版社 1972 年版,第 218 页。

备合理性的东西揭露出来，揭穿它们在实践中阻碍社会发展的不合理性的本质，揭露其理论和现实的种种悖论。然而，"批判的武器不能代替武器的批判，物质力量只能用物质力量来摧毁。"① 理论批判最终必须落实到实践批判中去。所谓实践批判，除了强调理论批判的正确性只有在实践中才能得到验证外，主要强调以前的哲学家们只是用不同的方式"解释"世界，而问题在于"改变"世界；"对于共产主义者来说，全部问题都在于使现存世界革命化，实际地反对和改革事物的现状"。这是马克思关于否定和批判的学说，区别于历史上其他否定与批判学说的本质特征。

理论批判对实践活动的形成、健康发展以及达到自觉程度起着指导作用。实践批判不仅是理论批判的前提和基础，是理论批判的继续和深化，而且是理论批判的归宿，最终对理论批判起着决定作用。理论批判是在理性的法庭上使现存的一切受到审判，在思想中设想和构造未来。实践批判则是完成理论向现实生活的过渡。如果只强调理论批判，忽视实践批判对理论批判的最终决定作用，就会导致像青年黑格尔派"自我意识"创造世界的抽象的空谈，陷入自我封闭的主观主义。如果只强调实践批判，忽视理论批判的指导作用，就会成为盲目的实践，从而往往陷入事与愿违的结果。

马克思本人的思想和活动，正是理论批判和实践批判统一的体现。他从来不把自己的理论看成终极真理式的教条，相反，他总是根据实践的发展和历史条件的变化，自觉地以批判的精神来对待一切，包括他自己作出的结论。他说："如果我们的任务不是推断未来和宣布一些适合将来任何时候的一劳永逸的决定，那么我们便会更明确地知道，我们现在应该做些什么，我指的就是要对现存的一切进行无情的批判"②。他通过对资本主义的无情批判，创立了无产阶级解放以及资本主义向共产主义过渡的理论；他强调通过无产阶级革命实现从理论批判向实践批判的过渡，通过批判的武器落实到武器的批判，实现对理论和现实社会的超越。马克思主义经典作家强调，"随着自然科学的每一次进展，唯物主义也将改变自己的形式。"马克思主义哲学也必须在无情的批判中，走进一个又一个新时代。

---

① 《马克思恩格斯选集》第 1 卷，人民出版社 1995 年版，第 9 页。
② 同上书，第 416 页。

特别值得强调的是，马克思主义哲学之辩证的否定和批判，是事物的自我否定和自我批判，它既是对以前不成熟、不合理形态的公然放弃，也是对自身的完善、发展，是对自身的超越。马克思主义哲学发展的根据和动力，主要地也来自于内部，来自于自身的否定和批判。它总是试图在这种自我否定和自我批判中，摒弃自身的局限性、不合理性，通过创新实现自身的发展和超越，表现自身的开放性、历史性和过程性，从而呈现出一种与时俱进的理论品格。

第四节　创建马克思主义哲学
新形态的方法论问题

针对现时代现实层面的发展对马克思主义哲学提出的新问题、新挑战，根据马克思主义哲学的本质特征和精神实质予以创造性的回答，对马克思主义哲学新形态的建构具有实质性的意义。但是，在这一过程中，特别是在理论上构想、创建马克思主义哲学新形态的时候，必须认真思考、处理好一些理论层面的新问题、新挑战。我们不妨对其中主要的一些方面，展开扼要的讨论。

一　马克思主义哲学的历史性和当代性的关系问题

历史性是指马克思主义哲学在何种历史条件下产生、在人类历史上具有何种价值、何种地位以及存在着什么样的历史局限性；当代性是指马克思主义哲学与当代的关系、在当代的命运以及它是否在当代仍然具有指导性意义。

在马克思主义哲学的历史性和当代性的关系问题上，存在着两种极端的观点：一种观点认为，马克思主义哲学产生于19世纪中叶，是当时社会历史条件的产物，现在已经过时了；另一种观点为了肯定马克思主义哲学的当代指导意义，又走到了另一个极端，否认它是19世纪中叶的哲学思潮，甚至认为马克思就是"当代哲学家"、"21世纪的哲学家"。显然，前一种观点否定了马克思主义哲学的普适性和超越性，从而否定了马克思主义哲学的当代性；后一种观点则无视历史事实，否定了马克思主义哲学的时代性、历史性。这两种观点都没有对马克思主义哲学作出正确的判断和评价，都不可能导引我们树立关于马克思主义哲学的正确态度，并正确地开展对它的研究。

我们认为，应该如实地承认马克思主义哲学的历史性、历史特征以及与之不可分割的历史局限性。正因为这样，它在今天受到了时代新特征的挑战、当代新实践的挑战、当代新科技革命的挑战、当代社会发展新情况的挑战，等等，回答这些挑战，发展马克思主义哲学，是当代马克思主义哲学工作者的历史责任和当前使命。同时，我们也应该看到，当年马克思恩格斯回答的时代性问题，今天仍然存在，马克思主义哲学基本的立场、观点、方法至今仍然有意义；特别是，马克思主义哲学是开放性、否定性、批判性的哲学，马克思主义哲学具有以实践为基础的与时俱进的理论品格，这使它有别于那些学院式的封闭性的哲学体系，今天在世界范围内仍然具有广阔的发展空间，具有不可比拟的思想解释力和时代感召力。因此，只要科学地阐明马克思主义哲学的历史性和当代性，充分发挥我们的创造力，挖掘和发挥马克思哲学在当代的理论"可能性"，认真地去解答各种时代性问题，马克思主义哲学在今天是否过时、有没有用的问题，就会迎刃而解。[①]

二　马克思主义哲学的意识形态性和哲学学术性的关系问题

马克思主义哲学作为无产阶级或工人阶级的社会存在、社会历史地位的观念表达，作为无产阶级或工人阶级的世界观、作为无产阶级或工人阶级在解放自己的同时解放全人类的精神武器，它具有意识形态性、阶级性，这是毋庸置疑的。马克思主义经典作家也从不讳言这一点。但是，意识形态性的哲学表达不同于它的政治表达、法律表达。具体的政治、法律观点往往是意识形态性、阶级性以及阶级的利益和意志的直接的集中的表达，但哲学往往要通过许多中介、曲折迂回地采用世界观、价值观、认识论、方法论的普遍性形式去表达，并且要通过一套抽象、反思式的哲学概念、范畴进行合乎逻辑的推导和论证。因而，哲学不同于具体的政治、法律观点，它具有自身的理论性或学术性。

马克思主义哲学的意识形态性和哲学学术性在本质上是统一的，是应该统一、也能够统一的。如果把两者对立起来、割裂开来，用一个否定另

---

① 参阅吴元梁《关于我国马克思主义哲学研究状况及若干理论问题的分析》，《东岳论丛》2004 年第 5 期。

一个，既不符合马克思主义哲学的本性，也不利于马克思主义哲学的发展和创新。在马克思主义哲学史上，那种以政治代学术、或用政治的、行政的方式解决学术争论、从而统一思想的做法，是对马克思主义哲学学术性的损害与扼杀。而如下的说法和做法：因为马克思主义哲学在"左"的时期被人利用，充当过错误政治和错误政策的工具，极大地损害了马克思主义哲学的形象，因而极力否认马克思主义哲学的意识形态性和阶级性，认为意识形态性和阶级性会降低马克思主义哲学的理论性、学术性，从而在研究中极力回避政治、或与政治保持一定距离，这同样也会有损马克思主义哲学的发展与创新。

与此相联系，还必须正确认识和处理作为指导思想的马克思主义哲学与作为学术研究对象的马克思主义哲学的关系，正确认识和处理领袖哲学与学者哲学的关系。过去，我们长期不承认上述区分，结果既不利于政治领导，也不利于哲学研究事业的发展。当然，不适当地夸大这种区分，甚至否认两者之间的联系，否认这种区分不过是党领导下的事业分工不同而已，那也是不正确的，也不利于马克思主义哲学研究事业的发展。因此，应该在其间进行适当的区分，形成一种既相分工又相配合的新机制、新体制、新模式：作为学术研究对象的马克思主义哲学可以有不同的观点存在，可以有一定的研究讨论空间，以使马克思主义哲学研究机构和研究队伍成为哲学观念、哲学理论、哲学方法的精神生产基地，为党和国家领导人提供可供选择的理论和观念；而政治家则可以从众多的理论、观点、方法中进行选择，以供决策和管理之用，从而提高决策和管理的质量和效率。①

三　马克思主义哲学基本原理与表现形态多样性之间的关系问题

这一问题实际上是如何认识马克思主义哲学在世界不同国家、地区传播过程中所形成的不同流派的问题，即存在不存在马克思主义哲学"一源多流"的问题，存在不存在马克思主义哲学的理论特色和个性的问题。

在马克思主义哲学史上，斯大林的态度是明确坚持"一源单传"，即认为列宁是马克思主义的正统传人，斯大林又是列宁的正统传人，至于与

---

① 参阅吴元梁《关于我国马克思主义哲学研究状况及若干理论问题的分析》，载《东岳论丛》2004 年第 5 期。

他们同时代的其他社会主义运动的领袖，则不是反马克思主义的，就是非马克思主义的。毛泽东在反对教条主义的过程中，提出了马克思主义中国化的问题，后来又明确地提出，各国共产党人在运用马克思主义的时候，必须将它和本国实际相结合，这实际上否定了"一源单传"的观点，即运用于不同国家的马克思主义，虽然具有不同国家的特色，但并不妨碍它们都姓"马"。不过，由于毛泽东晚年的错误，这一正确的思想并没有得到真正的执行，"以我划线"、"唯我独'马'"的情况仍然很普遍和突出，并发动了不少错误的批判。只是改革开放以来，我们才真正以"一源多流"的观点取代了"一源单传"的观点。例如，真正按照"马克思主义必须同各国实际相结合"的原则，认识和处理各国兄弟党的理论和政策；在马克思主义哲学研究中，将欧洲共产主义、西方马克思主义也称作马克思主义；特别是，明确强调马克思主义哲学与不同国家、地区的具体国情相结合，具有不同的理论特色和个性（如中国特色的马克思主义）。

按照"一源单传"的观点，除了"单传"的正统之外，其他都是非马克思主义的或反马克思主义的，所以，马克思主义哲学基本原理不存在多种表现形式或形态的问题。不同观点之间的讨论，也常常变成了政治讨伐，变成了争正统和讨伐异端。过去，辩证唯物主义历史唯物主义和实践唯物主义之间的争论就存在过这种情况。辩证唯物主义历史唯物主义自认为正统，将实践唯物主义批为异端、批为反马克思主义、批为唯心主义；而实践唯物主义也把对方批为机械唯物主义、旧唯物主义以及对马克思哲学思想的曲解。双方在争论中都拿出马克思的本本为依据，争夺的仍然是对马克思哲学的"正统"继承权和"唯一"正确的解释权。这种争论至少持续了30多年的历史，但目前似乎并没有决出胜负，还有人在绞尽脑汁"推动"这种争论。如果用"一源多流"观点看问题，用马克思主义哲学基本原理可以有多种表现形态的观点看问题，那么，我们完全可以把它们视为马克思主义哲学在传播和演变过程中出现的不同形态。我们认为，辩证唯物主义、历史唯物主义、实践唯物主义等，实际上是从三个不同的角度表征和规定了马克思主义哲学的性质。实践性、辩证性、历史性等都是马克思哲学唯物主义的基本特征，而实践观点、辩证观点、历史观点也都是马克思哲学唯物主义的基本观点，它们是互为前提、互为因果、互相转化的，是不可分割地结合为一个整体的。因此，我们认为，马克思主义哲学不同形态之间的争论，应该改变过去那种政治攻击的方式，而采取真正学术讨论的态度和方式进行。只有学术层面的讨论，才可能真正推动马克思主义哲学形态的发展、创新。①

四　马克思主义经典文本解读和现实问题研究的关系问题

提倡将马克思主义普遍原理和中国实际相结合，在理论研究中贯彻理论和实际相结合的学风，把马克思主义经典文本解读和现实问题研究结合起来，是中国共产党经过"延安整风"之后不断提倡的学风，包括哲学在内的理论界也是努力贯彻的。然而，改革开放以来，在马克思主义哲学研究中，围绕着马克思主义普遍原理具体指什么？如何理解马克思主义哲学的精髓？以及具体的现实、实际是怎样的？它们提出了什么是真正的"问题"？有什么实质性的意义？等等，马克思主义哲学研究者中间出现了两种不同的意见：

一种意见主张，要"重读马克思"、"回到马克思"去，即要"返本"，通过重新解读马克思主义经典文本，以把握马克思主义哲学的实质和精髓。因为马克思主义哲学的创始人马克思并没有建构完整的哲学体系，在源自苏联斯大林的"教科书体系"中，马克思的著作被严重忽视了，马克思的思想被严重扭曲了，因而当前对经典作家的文本必须回过头去，加以完整、准确和创造性的解读，或说必须"正本清源"，实现从传统哲学解释框架向马克思真实哲学视界的历史回归，还历史以本来面目，从而为推进马克思主义哲学的创新与发展提供一个真实的基点。那么，什么是马克思主义哲学的"本"呢？马克思主义哲学的"本"在哪里？马克思主义哲学研究者中，理解实际上很不一致。有人仍然坚持，这个"本"就是"辩证唯物主义和历史唯物主义"；更多人则持不同意见，认为这是斯大林在《联共（布）党史简明教程》第四章第二节中表述的哲学模式，斯大林哲学模式又来源于列宁、普列汉诺夫对恩格斯哲学思想的理解，是马克思哲学思想的恩格斯解释，而马克思哲学思想则是《关于费尔巴哈的提纲》中概括的"实践唯物主义"；有人根据马克思写于1844年的《经济学—哲学手稿》，认为马克思的哲学是哲学人本主义；还有人认为，马克思的哲学就是历史唯物主义，是将自然史和人类史作为不可分

---

① 参阅吴元梁《关于我国马克思主义哲学研究状况及若干理论问题的分析》，《东岳论丛》2004年第5期。

割的两个方面而加以统一考察的历史唯物主义。现在还有人根据西方其他哲学家如海德格尔的观点来解释马克思哲学。根据对马克思主义哲学的"本"的解释之不同，实际上已经形成了不同的学派，争论十分激烈。

另一种意见则认为，应该主要开展现实问题研究，从问题出发，探索马克思主义哲学的生长点，探索马克思主义哲学的建构路径。特别是从对现时代和当代中国实践这本"大书"的解读入手，发掘和研究当代中国社会现实背后深层次的根本问题，然后运用哲学方法进行研究，寻求中国特色社会主义的哲学基础，丰富和发展马克思主义哲学。总之，只有牢牢树立问题意识，研究现实问题，才能形成新的问题系统、新的问题结构、新的问题逻辑；只有问题研究到一定深度和广度，才能为建构新的马克思主义哲学体系和形态提供基础和条件；只有在回答时代性问题的过程中，才能找到马克思主义哲学发展、创新的根本道路。[①]

目前，这两种意见还形成了研究马克思主义哲学的两种思路、两种方法论范式。前者力图弄清"是什么"，即力图在细致整理相关文献的基础上，对马克思的文本做深度的解读，再现马克思的"新"形象，澄明马克思主义思想的本来面目，以回到或走进所谓真正的马克思；后者则着力于"如何使马克思走向当代"，"如何使马克思面对当代中国实践"，从现实中发掘马克思主义哲学创新的思想资源，以进一步继承和发展马克思，建构马克思主义哲学的当代形态。但两种研究思路或范式都有其缺陷：就前者而言，虽然马克思对人类思想文化的发展作出了巨大贡献，但马克思的文本并没有为我们提供解决当代现实问题的现成药方，如要解决当代中国的发展道路问题，就必须把马克思主义基本原理同当代中国具体实际相结合；况且马克思主义哲学是关注人的现实生活世界和变革这一世界的哲学，是注重实践生成的与时俱进的哲学，离开了时代、时代提出的问题以及对这些问题之解决的探索，对马克思主义经典文本进行抽象的研究、解释，并把自己的解释说成"唯一正确的""真正的马克思主义"，这是一种现代的本本主义，它能否把握马克思哲学的本真精神值得怀疑。就后者而言，任何时代都有其时代色彩，都有其具体情况，时代达到什么水平，马克思主义哲学研究者的认识就达到什么水平，因此，仅仅局限于时代进

---

① 参阅吴元梁《关于我国马克思主义哲学研究状况及若干理论问题的分析》，《东岳论丛》2004 年第 5 期。

行文本解读和研究现实问题，往往并不能获得对于马克思主义哲学的真实把握，从而也不能用马克思主义的立场、观点和方法，去把握和解决真正的时代性问题。

我们认为，应该在新的实践基础上将两种研究思路或范式进行新的综合。应该从当前正在做的事情出发，从当前正在研究的问题出发，对马克思主义经典文本进行新的研究、新的发掘、新的解释和新的应用；同时，更重要的，是坚持以研究实际问题为中心的原则，以实事求是为根本的研究方法，在解决中国实际问题的过程中，发掘重大的哲学问题及其解决的核心哲学理念，构建当代中国特色社会主义的哲学原理。①

五　坚持马克思主义哲学基本观点与吸收、利用西方哲学资源的关系问题

马克思恩格斯在创立马克思主义哲学的时候，曾批判地继承了英国古典经济学、德国古典哲学、法国空想社会主义的积极成果。这种做法为后继者效仿，成为马克思主义哲学发展过程中的优良传统。列宁甚至认为，马克思主义必须继承人类发展过程中积累起来的全部文明成果。毛泽东也强调，在马克思主义和中国实际相结合的过程中，应该批判地继承中国古代哲学的优秀成果，应该借鉴外国经验，古为今用，洋为中用。不过，在相当长的"左倾"思想统治时期内，"批判地继承"实际上只有单向的批判，而根本没有继承，其极端形式可推"打倒一切、否定一切"的"革命大批判"。

改革开放之后，我国否定了"左"的"打倒一切、否定一切"的"革命大批判"路线和政策，西方哲学研究得到了重视和发展，多元化的西方哲学思潮逐一介绍进来。但是，随着共产主义运动在世界范围内走向低潮，马克思主义哲学的声望日益降低，马克思主义哲学研究面临着来自西方哲学的挑战和压力。于是，在处理马克思主义哲学与西方哲学关系的时候，侧重点又从批判转向了继承和吸收，并出现了"对话"的新思路。这种对话也确实取得了不少积极成果，它成为打磨当代马克思主义哲学之锋的砥石，但同时也存在这样一种现象，即在"对话"过程中，仅仅只

---

① 参阅吴元梁《关于我国马克思主义哲学研究状况及若干理论问题的分析》，《东岳论丛》2004 年第 5 期。

是用当代西方时髦的哲学思潮对马克思主义哲学进行一番阐释、包装和论证。① 如果仅仅这样，是于事无补的。

因此，在坚持马克思主义哲学的基本立场、观点、方法的前提下，如何正确地处理马克思主义哲学与西方哲学的关系，如何合理地吸收、利用西方哲学资源，是我们面临的一个重要课题。或许，如下几个方面是最基本的：

（1）必须重申，从思想来源而论，马克思主义哲学是一种西方土生土长的、经俄国传入我国的一种哲学思想，对之必须联系西方哲学传统、西方哲学思想发展的完整脉络，特别是联系马克思主义哲学的理论来源（主要是德国古典哲学），加以考察、解读和理解。

（2）必须尊重西方现当代哲学的发展状况和趋势，包括西方马克思主义、国外马克思主义哲学的成就，通过与之的深层对话，通过"扬弃"它们，寻求启迪和灵感，从而帮助实现马克思哲学的自我理解、自我创新、自身超越。那种既要"坚持"马克思主义哲学，又对西方哲学传统及其现代发展"格杀勿论"的做法，至少在逻辑上是相悖的。

（3）对话是一种主体与主体、文本与文本间的行为。只有坚持马克思主义哲学的主体性，坚持马克思主义哲学的基本立场、观点和方法，通过连续不断的开放性的对话和相互诘难，马克思主义哲学才能立足自身，吸取对话者的思想精华，摒弃其哲学中的错误与不足，将理论推向前进。

概而言之，开创马克思主义哲学研究的新局面，必须始终保持开放的胸襟，科学的态度，广泛吸收和借鉴人类思想文化发展中的一切优秀成果，特别是西方哲学的精华性成果。这也是使马克思主义哲学永葆其生机和活力的基本保证。

六　马克思主义哲学的中国化、中国形态以及中国资源的利用问题

作为中国的主流哲学体系，马克思主义哲学的中国化是势所必然的。这是马克思主义哲学在中国发挥"变革世界"功能的必要前提，否则，在崇尚实用理性的国人看来，理论上会觉得很别扭，实践中则可能会另行其事。况且，传统作为"活"在人们现实中、头脑中的价值观念、思维

---

① 参阅吴元梁《关于我国马克思主义哲学研究状况及若干理论问题的分析》，《东岳论丛》2004 年第 5 期。

方式、行为模式等，总是"像梦魇一样地纠缠着人们的头脑"，对人们的思想和行为产生影响。中国的马克思主义哲学工作者总是浸沉在中国传统文化氛围的环境中劳作，面对的也是中国人民的思考与实践，即使想不理会中国的文化传统与具体国情，恐怕也是不可能的。因此，必须破除传统与现代、马克思主义哲学与中国哲学之间简单对峙的观念，自觉开发和借鉴中国传统文化的精神资源，深入把握其具有原创性的哲学智慧，以之作为马克思主义哲学创新的思想资料。

那么，如何结合中国传统哲学思想和文化、特别是结合现代中国革命和建设的伟大实践，来进行马克思主义哲学中国化的反思和重建呢？这一问题实际上已经提出很久了，如前所述，从毛泽东、邓小平一直到今日的许多马克思主义哲学工作者，都做过许多真诚的探索。但是，由于这一问题的复杂性，今天看来，这依然是摆在中国马克思主义哲学工作者面前的独特的时代课题。

必须明确，这项研究不仅仅是一项文本梳理的案头上的工作，不是靠摘引书本上的词句抽象地演绎出体系，而是要深入到中国发展的历史的起点，理论地反思中国人民在现代化进程中所从事的最基本的实践活动，分析和研究实践中所提出的重大问题以及在解决这些问题中所形成的哲学观念。马克思指出："一切划时代的体系的真正的内容都是由于产生这些体系的那个时期的需要而形成起来的。所有这些体系都是以本国过去的整个发展为基础的。"① 也就是说，我们必须从马克思主义哲学与中国传统思想文化、具体实践过程的有机结合中加以提炼、升华。例如，要分析我国过去几十年社会主义革命和建设过程中，马克思主义哲学中哪些仅仅只是作为"信条"、"口号"、"理想"等来摆弄的？哪些是教条化、形式化、庸俗化、甚至别有用心地理解和运用的？哪些是真正进入了实践操作层面、并起到了良好的现实指导作用的？同时，中国特色的现代化道路是史无前例的，这一探索过程本身蕴涵着什么新的哲学精神、哲学思维和哲学方法？等等。对那些失败教训的反复咀嚼，对那些成功实践的提炼总结，就肯定孕育着马克思主义哲学中国化的新方向。

这里，历史的教训告诉我们，要防止如下倾向和做法：在理论上，只知生搬硬套经典作家的若干词句，有些甚至是被断章取义的、歪曲了的词

---

① 《马克思恩格斯全集》第3卷，人民出版社1960年版，第544页。

句，却拒绝理解和贯彻马克思做出这些分析和断言所依据的历史条件、所采用的方法；在实践上，把从苏联继承来的东西，自觉不自觉地当成了基本的原则和标准，不愿意认真深入地研究中国现实，更不愿意花大气力去进行独立自主的探索和创造，探索中国特色社会主义哲学原理的实质性内容，并创造性地构建由哲学概念、范畴和原理所构成的逻辑系统。

七　寻求新的研究方法和叙述方式，以深化马克思主义哲学研究问题

关于马克思主义哲学的研究方法和叙述方式，也是一个常常被忽略的问题。

从马克思主义哲学的研究方式来说，最主要的当是总结和提炼现时代人们的社会生活、实践。马克思主义哲学不是僵死、凝固的教条，它并没有穷尽真理，而是内在地包含着自我否定的批判精神。随着马克思主义哲学创立以来的现当代社会实践的发展（包括现当代科学技术的进展），马克思主义哲学自然也必须有所发展、有所创新。因此，当代马克思主义哲学改革必须站在现时代的高度，由衷地欢迎时代的挑战和冲击，接受现时代社会生活、实践的发展给马克思主义哲学带来的新气象。

不容否认，目前，马克思主义哲学研究方法的贫困是制约其取得重大进展的"瓶颈"之一。不在马克思主义哲学的研究方法上取得突破，要想从实质上深化马克思主义哲学的研究水平几乎是不可能的。当然，研究方法上的突破也主要来源于对人们的生活和实践的提炼，不能来自简单地"宣布"、"赠予"、甚至"发现"，简单地从西方移植一些现成的方法，虽然不无意义，但是否足够明显是成问题的。

叙述方式是由研究方式决定的。叙述方式决定哲学的面貌，影响哲学的可理解和受欢迎程度。过去马克思主义哲学主要采取教科书式的叙述方式，说教味很浓，而且长期存在教条化、程式化、庸俗化的问题，给人的感觉是一幅"灰色"面孔。这极大地破坏了马克思主义哲学的形象。实际上，只要我们回到马克思，读一读言简意赅的《关于费尔巴哈的提纲》，读一读震撼人心的《黑格尔法哲学批判导言》，读一读气势恢弘的《共产党宣言》，读一读逻辑严谨的《资本论》，那么我们一定会对马克思、对马克思主义哲学有新的感受。

因此，为了改变马克思主义哲学由于长期教条化、程式化、庸俗化理解而导致的"灰色"面孔，为了让马克思主义哲学真正贴近生活、贴近

大众，如下几方面是应该强调的：鉴于马克思主义哲学中存在着大量概念上的误解和混乱，运用逻辑与语言分析方法（概念分析法）来诊断一下旧哲学中的病症是十分必要的；鉴于不少马克思主义哲学出版物宣布"真理"式的霸权、"语录＋口号"式的论证方式，有必要要求正确地理解和运用演绎论证、归纳论证等的逻辑程序和规则；鉴于不少马克思主义哲学文献存在打棍子、扣帽子、以势压人的现象，必须强调马克思主义哲学是一门科学，必须遵守科学的"游戏规则"；鉴于马克思主义哲学著作和论文大多缺乏文采，老气横秋，给予修辞学等一定的地位是必要的，提倡丰富多彩的表达方式是必要的……

根据以上方法论原则，重新理解和解释马克思主义哲学的经典文本，重新总结和概括马克思主义哲学形态的发展历程，特别是不断发掘当代科学技术发展的新成果的新内涵，不断总结正在进行着的中国特色社会主义建设实践的新意义，是建构马克思主义哲学新形态的正确道路。

第五节　对改革开放以来若干马克思主义哲学新形态构想的评析

拨乱反正、改革开放以来，以中国特色社会主义的理论探索和实践摸索为背景，从反思哲学观、批判"传统教科书体系"出发，大多数马克思主义哲学工作者对什么是哲学、特别是什么是马克思主义哲学进行了重新反思，对一些重大理论和实践问题进行了大量的研究和讨论。规模较大的研讨主题有：关于真理标准问题的讨论、关于人道主义与异化问题的讨论、关于主体性与主体性原则的讨论、关于实践唯物主义的讨论、关于价值问题的讨论、关于邓小平哲学思想的讨论、关于马克思主义哲学创新的讨论，等等。这其间召开的大型学术会议，如1988年的天津会议、1995年的南京会议和1998年的苏州会议，都集中了全国许多马克思主义哲学研究的知名学者参加，此间关于马克思主义哲学体系的专题大讨论，十分引人注目。

30多年来，在重新理解马克思、从时代的重大问题中提炼马克思主义哲学，探索建构21世纪的马克思主义哲学新形态的过程中，出现了各种对"马克思主义哲学究竟是什么"的探讨，出现了各种极具启发性的马克思主义哲学新形态的萌芽。然而，这诸多的研究和讨论虽然解放了思想、深化了认识，但并未达成一致的结论，分歧意见仍然很多，致使这一讨论至今还在热烈进行着。评论、分析如下一些竞争性的马克思主义哲学研究和创新思路，是今日马克思主义哲学创新的时代起点：

一　马克思主义哲学是"辩证唯物主义"。

这种方案基本坚持苏联20世纪30年代形成的"辩证唯物主义和历史唯物主义"为范本的"传统教科书体系"，把马克思主义哲学的本真规定理解为反映宇宙物质性存在的唯物主义与反映宇宙物质运动规律的辩证法之统一。主张这种方案的学者认为：哲学的对象永恒的是无限的物质宇宙，马克思主义哲学作为一种科学的宇宙观，只能是"辩证唯物主义"的宇宙观。社会历史是宇宙运动中的一个极其狭小的领域和极其短暂的阶段，因而历史观只能是辩证唯物主义在历史观上的推广；而实践论又只是历史观中的一小部分，因而也只是辩证唯物主义的一个组成部分。

然而，作为对传统教科书体系的坚守，这一方案遭到的批评也是最多、最强烈的。相关的批评者指出，这种方案坚持哲学是"知识"，割裂了"对自然的看法"和"对社会历史的看法"，没有将实践观点、人文关怀等贯穿始终；在这一方案中，常常找不到"人"，有人甚至认为，这种哲学是所谓"人学空场"；这种哲学即使涉及人，却忽视了人的一些主体性因素，特别是非理性因素、心理因素的探讨，只能见到大写的人、抽象的人，而见不到具体的、历史的、活生生的人；这种哲学忽视了人的主体性及其作用，过分强调物对人的决定、制约作用，忽视了人的选择、建构和创造的作用，哲学追求说"神话"而非"人话"；人的价值、自由、以及理想世界的创造，都为规律论、决定论所笼罩……此方案的批评者还指出，这种哲学与马克思的哲学文本是不同构的，人的问题、人的社会历史问题以及人的社会实践问题，绝不是马克思主义哲学的所谓"阶段性"、"局部性"的问题，而是马克思主义哲学的全局性、贯通性和根本性的问题。还有批评认为，这种哲学在对物和对象的理解和解释方面，也存在着许多严重的失误，如追求必然性，忽视偶然性；强调确定性，忽视不确定性；追求精确性，忽视模糊性……在"归纳问题"得到重视，相对论、量子力学、复杂性科学突出了主体性、相对性、偶然性等的情况下，这种理解和解释的缺陷被彰显了。更何况，离开了人和人的社会历史的生活实践活动，根本不可能获得关于世界、自然、物和对象的完整的哲学理解。

二　马克思主义哲学就是"人学"

鉴于传统的马克思主义哲学教科书体系忽视人和人的社会实践的根本性缺陷，一些学者力图重新理解和阐释马克思主义哲学和人学的关系。他们认为，马克思主义哲学是以"从事实际活动的人"为出发点，以现实的人的活动即实践为基础，论证"人是人的最高本质"的哲学理论。人学与马克思主义哲学具有内在的本质联系，应重新挖掘、分析和整理马克思的人学思想。更有一些学者明确强调，马克思主义哲学就是"人学"，人是马克思主义的出发点、核心和归宿，人是马克思主义哲学研究的唯一对象，马克思主义哲学不研究人以外的东西，不研究与人无关的东西。

主张这种观点的学者还指出，"人学"是时代的声音和呼声，当代哲学应着力关注人和人的生活世界，注重对人的理解、尊重和塑造。甚至，人的问题是整个当代哲学理论的中心，应该从具体的、历史的、活生生的"人"出发，重新理解马克思主义哲学，重新建构一种反映时代精神的马克思主义人学。

将马克思主义哲学视为人学，明显地有其积极意义。毕竟，作为人的精神高度抽象、发展的理论学说，哲学确实应该"以人为本"，坚持"人是目的"，成为一种"人为的"和"为人的"学说。如果哲学"丢失"了人，偏离了人的本性和目的，或非要与人的利益、需要、欲望"对着干"，那么，这种"不做人事"、"不说人话"的哲学，其存在是缺乏理由的，其用心也是大可质疑的。

当然，将马克思主义哲学等同于人学，明显存在着毋庸置疑的困难。在学术界，对这种观点的批评来自两个截然不同的方面：一些学者认为，哲学作为自然、社会和人的思维科学的概括和总结，不能等同于人学，而是包括人学，两者是整体与局部的关系，不能混为一谈；另一些学者则认为，人学的外延更广，哲学、各门自然科学、社会科学、人文科学、乃至一切科学，无一不是人学，用"人学"来界定马克思主义哲学，明显地过于含混、笼统。还有学者认为，"这种观点把世界观（本体论）、自然观排斥于马克思主义哲学之外，把人学与哲学完全等同起来，不是取消人学，就是取消哲学，这对哲学与人学的建设与发展显然都是不利的。"[①]

---

① 黄枬森：《马克思主义与人道主义》，《光明日报》2003 年 8 月 19 日。

三　马克思主义哲学是"实践唯物主义"

用"实践唯物主义"的理论体系取代"苏联模式"、即"辩证唯物主义和历史唯物主义"教科书体系，是我国马克思主义哲学界影响最大的一个改革方案。

通过重新解读马克思的经典文本（特别是《关于费尔巴哈的提纲》、《德意志意识形态》等），坚持这种观点的学者指出，马克思在《德意志意识形态》中曾明确说到了"实践的唯物主义者"的名称，并在《关于费尔巴哈的提纲》中，明确无误地强调了"人"和人的"实践"。他们以此尖锐地批评了传统教科书体系把马克思主义哲学割裂为辩证唯物主义和历史唯物主义两个部分，用马克思之前的旧唯物主义的观点冲淡了马克思突出强调的"实践的观点"，回避和淡化了"人的问题"和人的"主体性"，等等。他们坚持从主体（人）以及人的实践去理解、认识和变革世界，是马克思主义哲学新世界观的实质。依据这种哲学观，马克思主义哲学将在重新理解的彻底唯物主义的、科学的实践观的基础上加以构建。这种哲学认为实践是人的根本存在方式，是社会生活的本质；它不仅把实践当作对象，而且进一步把人类的实践方式变成自己自觉的思维方式；不仅强调马克思主义哲学要科学地"解释世界"，更强调要革命地"改变世界"。[①] 他们还认为，实践唯物主义并不排斥辩证唯物主义，主张在自己的体系中要包括"全面的反映论"、"科学的历史观"和"新型的价值观"。还有学者提出，要把实践唯物主义作为邓小平建设有中国特色社会主义理论的哲学基础[②]。当然，对于什么是实践唯物主义，实践唯物主义

[①]　李德顺对实践唯物主义的概括具有代表性。他认为，与已往全部哲学相区别，"实践唯物主义"理论的主要内容，包括有机联系的如下三个方面：（1）彻底唯物主义的、科学的实践观。这是把人类社会实践当作自己首要对象的科学理论。它使马克思主义对实践的本质、地位和意义的理解，达到了人类史上前所未有的深度和广度。（2）实践的思维方式。这是不仅把实践当作对象，而且进一步把人类的实践方式变成自己自觉的思维方式，"把事物、现实、感性理解为实践活动"的一种理论逻辑和方法体系。它是马克思创立自己的新世界观特有的方式，并使马克思主义哲学在各种问题上表现出自己的特色，包括马克思主义哲学的整个范畴系统。（3）批判的革命的实践精神。这是指它的理论目的和价值取向不仅在于科学地"说明世界"，而且更在于革命地"改变世界"，实践的唯物主义者即共产主义者。它意味着"实践的唯物主义"的实践意义。参见李德顺《立言录》，黑龙江教育出版社 1998 年版。

[②]　参见肖前等《实践唯物主义研究》，中国人民大学出版社 1996 年版。

包括哪些基本内容，等等，学者们的理解差异较大，如有些学者进一步主张实践本体论①、实践中介基础论（实践是联结思维和存在、主观和客观的中介和桥梁）、实践物质基础论（马克思哲学变革的实质在于把实践理解为意识的现实的物质基础，从实践出发来解释意识和一切哲学问题）、实践一元论、实践核心论等。

　　"实践唯物主义"的兴起，恢复了实践范畴在马克思主义哲学中应有的基础地位，重申了理论与实践相统一的原则，有力地冲击了"教条主义"与"本本主义"，并提出了大量有价值的思想。但"实践唯物主义"的创新方案出台之后，也受到了许多批评。有些学者坚决反对以"实践唯物主义"取代"辩证唯物主义和历史唯物主义"命名马克思主义哲学，认为整个马克思主义哲学的首要观点是唯物观点和辩证观点，实践观点仅仅是其基本观点之一。有些学者强调，实践论观点和唯物论观点都是马克思主义哲学的基本观点，离开了实践论，便不可能有真正的唯物论；离开了唯物论，也不会有科学的实践论；实践论观点和唯物论观点的有机统一，才是马克思主义哲学区别于以往哲学的重要标志，才是马克思主义哲学本质的集中体现。还有些学者认为，"实践唯物主义"的本文根据只是马克思的早期思想，此方案并不能概括马克思主义哲学的全貌，并会引出许多困难。甚至还有人批评，"实践唯物主义"背离了马克思所注重的人本学要求；"实践唯物主义"存在着对文本解读采取唯我所用的态度的问题，容易混同于实用主义；"实践唯物主义"会脱离唯物主义传统而演变为唯心主义，等等。

四　马克思主义哲学是"实践人本主义"

　　"实践人本主义"方案在理论背景和思想资源上与"实践唯物主义"类似，但其倡导者不满意"实践唯物主义"的提法，认为实践论就是人的价值论，他们要求实践的主体——"人"——出场，以突出马克思的人本学思想。

　　"实践人本主义"的逻辑是："唯物主义"就是物质决定论，是非人本主义哲学，而马克思主义哲学乃是"现实的人及其历史发展"的哲学，

---

　　①　如杨耕认为："实践构成了人类世界得以生存的和发展的基础，是人类世界的真正本体。"杨耕：《重读马克思》，《哲学动态》1998 年第 5 期。

故应称为"实践人本主义"或称为"实践人道主义"。这种创新体系主张
以马克思提出的"实践"观点为基础，同时承认"人是哲学的真正主
题"，然后抓住"思维和存在的关系"这一哲学基本问题，展开思维与存
在的矛盾篇、客体篇、主体篇、主体与客体的统一篇四个部分，突出只作
为主体的人不断发挥创造力、从事改造客体的实践活动，这样才能解决思
维与存在的矛盾。①

　　"实践人本主义"对人和人的实践的重视，显然是有价值的思想。但
是，这种方案也受到了各种批评，有人认为，它把"唯物主义"与人和
人的实践决然对立起来，是难以服人的；同时，该方案的体系构造方式只
是参照近现代西方哲学的几次转向过程，很难说这就体现了马克思主义哲
学的创新特点；特别是，这种方案忽视了历史唯物主义应有的理论地位。

五　马克思主义哲学是"历史唯物主义"

　　一些学者认为，历史唯物主义是马克思划时代的哲学创造之所在，马
克思并没有创立过历史唯物主义以外的任何其他哲学。换言之，历史唯物
主义就是马克思主义哲学。

　　持这种方案的学者认为，马克思把"实践"具体化为生产劳动实践
和以此为基础的人类实践，创造了历史唯物主义。"有着具体的、历史的
和现实的社会物质发展为基础的现代实践，才是马克思新世界观的真正逻
辑起点。"马克思的唯物主义就是通过经济运动揭示人类历史的运动；我
们今天"重读马克思"、"回到马克思"的真正意义，不是单纯地解读马
克思的文本，而是结合当今社会历史运动重新发现马克思主义思想的
价值。

　　由于在当代，随着社会实践的发展，以西方为代表的工业文明造成了
广泛的人与人、人与物、人与自然的对峙，"人的异化"、"自然的报复"、
"文明的冲突"、"文化的困境"成为普遍面临的问题。如何把握历史发展
的普遍规律、结合我国的具体国情选择社会发展道路？如何妥善处理各种
社会矛盾，变革现行体制，实现人与社会的自由全面发展？这类问题使得
历史观的讨论得以凸显，也使得马克思主义哲学作为"历史唯物主义"
受到重视。

---

① 参见高清海《高清海哲学文存》（1—6卷），吉林人民出版社1996年版。

　　"历史唯物主义"方案受到的批评主要是"以偏概全"，例如，如果马克思主义哲学是"历史唯物主义"，那么马克思主义哲学的自然观、辩证法、认识论、价值论等应置于何处？在这种批评之下，"历史唯物主义"的支持者们又提出了"广义历史唯物主义"的概念，以此指历史地了解宇宙存在、自然存在和社会存在的哲学体系。但是，"广义历史唯物主义"这一概念是否成立？如果已经突破了社会历史观的范畴，那么，是否有必要一定要用"历史唯物主义"这一概念？这都值得反思。

六　马克思主义哲学是"生存哲学"

　　有学者认为，"学会生存，学会做人"的"生存哲学"是"现代哲学的一种恰当的表述"，马克思是现代西方哲学"生存论"转向的重要开创者之一，其实践生存论所蕴涵的辩证思维和批判态度，对于我们理解和处理当代人类生存问题具有十分重要的意义。

　　"生存论是指人对自身生命活动和生活的自觉及其在哲学中的表达，它本来就寓于哲学之中并构成哲学的一个根本维度。"[①] 由于近代以来，人类生存方式出现了越来越严重的悖反性质，面临着严重的生存危机，基于对之的哲学形而上学的深刻反省，哲学中出现了现代哲学的生存论转向。哲学的生存论转向是要回归生活，并重新恢复哲学最自觉自由地理解与批判的思想本性，它力求把握的是人的应然的本真的生存，是人在世生存意义的充盈和澄明，而不是人的本能的物态化的实存，不是要化解为人的常识和经验，更非贬斥理性放纵非理性。相反，对于人生存的物化和异化现象，对于日常语境中流俗的生存观，以"生存"为主题的哲学恰恰是要给予认真反思和批判性对待的。实现上述目的的可能性与保障，源于人类生命活动的否定性和超越性，亦即人们对生活及其意义的不断发掘与创新。因此，哲学的使命或功能用马克思的话说，就是要"使世界认清本身"、"在批判旧世界中发现新世界"。

　　生存哲学的提出，突显了人的生存危机，它试图以人的生存的自成目的性为基础，在人的现实的生存实践中，在人所表现所创造因而洋溢着人的生命力量的对象世界中，确证自身并体验生存意义和价值。它试图确立一种具有新的历史合理性的发展理念，即扬弃功利化、单向度的无止境扩

　　[①]　张曙光：《哲学生存论的彰显及其意义》，载《光明日报》2001年11月21日。

张物欲、占有外物的发展观，确立真正合乎人的生存本性与旨趣的、有利于人的潜能的开发、人性的丰满、人格的完善与人生意义的充盈的发展观。

但是，生存哲学也遭到了许多批评和质疑。有人认为，生存问题诚然重要，但哲学作为人类"文明的活的灵魂"、"时代精神的精华"，除了关注生存之外，更多地应关注发展、关注精神自由、关注人的提升；有人认为，将哲学与人的感性生存直接同一，哲学由此将消解于各门应用性学科和人们庸常的经验、体验之中。由于生存哲学与"生活哲学"存在类似之处，还有人对生存哲学提出了类似于对于"生活哲学"的批评（参见以下关于"生活哲学"的批评）。

七　马克思主义哲学是"生活哲学"

有些学者认为，在对生活概念进行哲学诠释（即理解为人的自我生成的过程）的基础上提出的"生活哲学"，才是现代哲学的适当形态。生活哲学"起因于哲学与生活关系的'断裂'，并把重新理解'生活'这个概念作为它的逻辑起点，把处理哲学与生活的关系作为它的主要内容"[1]。

在"生活哲学"看来，生活并不仅仅指日常的衣食住行、闲谈杂聊等活动，它其实是一个无所不包的概念，涵盖了人的一切活动：物质的和精神的、日常的和非日常的、私人的和社会的等。而生活的内涵就是指人的自我生成的过程，因为若翻开人类历史的画卷，人的一切活动最终指向的就是人的生成和完善，就是人的丰富个性和全面的人。

正是在对生活作上述理解的基础上，生活哲学把哲学与生活的关系分解为两个方面：（1）哲学与哲学家的生活的关系。哲学与哲学家的生活的关系本质上是哲学家与他（她）的存在方式的关系，换言之，哲学就是哲学家的生活，是他（她）的生命、存在方式或价值实现方式。这样一种哲学观就与神化哲学的倾向（作为万能的指导者）和庸俗化哲学的倾向（政治化、功利化）区别开来，因为，既然哲学是哲学家的生活，那么哲学活动就不超然于生活世界之外，它所产生的知识的就不是什么绝对真理；既然哲学是哲学家的生命和存在方式，那么它就不只是手段（异化的表现），而是目的本身。（2）哲学与类生活或生活世界的关系。

---

[1]　李文阁：《失语的哲学》，《河北学刊》2004 年第 2 期。

这种关系又可分为两个层面：就哲学与生活世界总体的关系而言，哲学所把握的不是生活世界的个别的、枝节性的问题，而是生活世界的总体性或根本性问题，也就是通常所说的时代精神；就哲学与 SARS 之类的具体历史事件的关系而言，哲学是通过对具体历史事件的关注来把握自己的时代的，也是经由对具体事件的关注来履行其功能、发挥其作用的，来展示自己的存在的：哲学的存在根本上不是知识性存在，而首先是活动性存在、功能性存在。哲学并不只是知识，哲学首先是一种活动；哲学研究活动不只是对具体科学的反思，而且是对生活的参与、体验和感悟，这里当然包括对生活中所发生的重大事件的关注。所以，哲学家们不应当只是做生活的"旁观者"，而应该"参与"到生活中去。①

"生活哲学"直接秉承 20 世纪 80 年代以来人学、实践唯物主义、历史观以及价值论研究的思想倾向和思维成果，并试图将之贯彻到底，揭示了这样一个基本事实：哲学作为人的存在方式，同时又置身于现实生活世界之中，是社会分工的一个部门。当然，"生活哲学"作为一种新的哲学理念，还存在着许多需要进一步探讨、论证的问题。例如："生活"作为一个日常、普通的概念，既无所不在，又充满歧义，如何提炼其哲学本质和意义，加以恰当的界定，揭示它与其他哲学概念的关系？又如：几乎一切理论与实践科学都在言说"生活"，每一个人、每一个群体无时无刻不在展开自己的生活，究竟哲学如何把握生活、以什么方式谈论"生活"，才是哲学或"生活哲学"？又如：因为谈论生活必然涉及实践，如何处理生活与实践的关系问题？如果两者是等同的，那么为什么要放弃"实践哲学"而提出"生活哲学"？如果两者不同，那么不同点又在哪里？此外，众所周知，马克思主义哲学作为无产阶级解放的思想武器，具有鲜明的革命性或意识形态性，"生活哲学"如何非"旁观"性地指导、参与无产阶级的解放事业？这些问题都值得进一步研究。

八　马克思主义哲学是"价值哲学"

有些学者认为，传统的马克思主义哲学教书体系是以知识哲学观为基础的，是一种"拟科学"的、以认识论为中心的哲学体系，它主要关注

---

①　参见李文阁《哲学是一种职业吗？》，《哲学研究》2002 年第 8 期；《生活哲学：21 世纪的哲学观》，《天津社会科学》2003 年第 2 期。

的是对于事实、知识、真理的探索，而忽视了人、主体、价值、实践等问题。基于马克思主义哲学的精神实质在于否定和批判，在于对现实世界的解构、治疗，基于现当代社会生活实践中价值问题的突显，特别是广泛而深刻的价值危机的出现，这些学者认为，马克思主义哲学主要是一种价值哲学，或者说，有关社会人生之批判的价值哲学才是马克思主义哲学的精髓。

这些学者认为，马克思主义哲学作为价值哲学，是对哲学的人学本质的首肯，是对"人是目的"、"以人为本"，要求哲学回归人的生活、实践的反响。它不仅仅是哲学上的一种研究视野和趣向的转变，更反映了人对自身、对世界把握的一种更高的追求。按照价值哲学的立场和研究方式，将促使哲学出现重大的、革命性的变化，探索出哲学改革与发展的新途径：（1）哲学观的变化：哲学不仅仅是狭义的"世界观"，有关人们的信念、信仰、理想等问题的人生观、价值观，也将成为其基本内容。（2）价值论的出现，将改变以传统哲学的基本结构。价值论与存在论、认识论一起，构成哲学的基本理论分支。（3）价值思维成为哲学思维的重要方式，并实现从客体的、直观的、实体性思维向以实践性的、主体性的、关系性的思维转变。（4）哲学精神的变化：哲学不仅仅追求客观知识，更重要的是以人为本，关心人与人类的生存状况和命运，建设一个更加美好的、合乎人性的、每个人都能得到自由和全面发展的世界。总之，它意味着要将人和人的价值生活、实践置于哲学思考的中心地位，从哲学的主体向度、或价值维度出发，来重构马克思主义哲学。①

当然，这种思路和方案也存在许多困难。例如，由于一般价值论产生的时间并不长，哲学价值论尚不成熟，缺乏坚实的理论后盾，这种方案将使马克思主义哲学呈现什么样的面貌，为马克思主义哲学提供什么样的发展前景，还不是十分清楚。再如，以价值论为中心重构马克思主义哲学，马克思主义哲学的其他基本分支，如存在论（本体论）、认识论、方法论等如何处理？价值论能否替代它们、或者包含它们？又如，有人指出，如果可以依照价值论重构马克思主义哲学，那么为什么不能依照存在论、认识论等加以重构？等等。这些问题都值得进一步思考。

如果进一步梳理，这类思路和方案还有许多。例如，有些学者认为，

---

① 参阅孙伟平《当代哲学中的价值论转向》，《天津社会科学》2002 年第 5 期。

"文化哲学"作为内在于众多现代哲学流派和学说之中的哲学主流精神或哲学发展趋势，才是一种真正回归生活世界、作为人类社会内在的批判性的文化精神和自我意识的哲学范式的新哲学范式。还有些学者热切地关注当代科技革命及其对生活、实践的改造，特别重视信息化浪潮中虚拟实践勃兴的意义，认为虚拟实践在改变人类存在、活动方式的同时，也深刻地改变了哲学的实践基础和对象性前提，促使哲学由"现实性哲学"历史性地转换为"虚拟性哲学"……

九　建构中国特色社会主义哲学原理

李景源认为，深入研究和充分反映马克思主义中国化、时代化的最新成果，努力建构中国特色社会主义哲学原理，关系到党和国家事业发展的全局，是一项极为重要而紧迫的战略任务，哲学工作者要不辱使命，为建构马克思主义哲学新形态作出应有的贡献。

他指出，努力建构中国特色社会主义哲学原理，为中国特色社会主义事业服务，这是理论探索的题中应有之义，也是我国哲学工作者的崇高使命。中国特色社会主义理论是马克思主义中国化的新的又一划时代的伟大成果，是科学社会主义的崭新形态。从哲学上对中国特色社会主义的理论和实践作出进一步的概括和总结，是当前马克思主义哲学理论研究和建设工程的一项重要任务。一个理论只有达到哲学层面的自觉，它的完整性、体系性才能得以确立起来。我们同样可以说，只有在哲学层次达到理论的成熟，才能从根本上增强建设中国特色社会主义的自觉性和坚定性。一句话，建构中国特色社会主义哲学原理，是完整地表述中国特色社会主义所不可缺少的，是深化对这一理论的认识以及表明该理论成熟程度的重要标志，更是自觉运用这个理论体系指导实践的重要前提。

他提出了研究中国特色社会主义哲学原理的目标。他认为，在中国特色社会主义理论中存在着一个实质性的哲学系统，存在着丰富的哲学思想。如何把中国特色社会主义理论中隐含的实质性的哲学系统和丰富的哲学思想具体化为一个由哲学概念和范畴构成的有内在联系和开放结构的哲学体系，就是摆在中国哲学工作者面前的重要任务。

他还指出，建构中国特色社会主义哲学原理存在若干困难。首要的一点，这项研究不单单是一项文本梳理的案头上的工作，不是靠摘引书本上的词句抽象地演绎出体系，而是要深入到中国发展的历史的起点，理论地反思中国人民在现代化进程中所从事的最基本的实践活动，分析和研究实践中所提出的重大问题以及在解决这些问题中所形成的哲学观念。中国特色社会主义理论是我们党近半个世纪艰辛探索所取得的思想结晶，要将这一重大成果上升到哲学层面，形成科学反映中国特色社会主义发展道路的哲学体系，还需要作出极大的努力，才能实现①。

尽管上述风格、思路各异的探索尚不成熟，但透过它们，马克思主义哲学的新形态确实正逐渐立体化、明朗化。上述思路的"哲学观"虽然不尽相同，但大都试图或基本走出前苏联 20 世纪 30 年代的"教科书体系模式"。在具体哲学观点上，更是取得了不少实质性的进步，如重新明确了科学的实践观是马克思主义哲学的首要的基本的观点；突出了马克思主义哲学研究和建构的主体性原则；借助科技革命的新成就，围绕真理标准问题，使认识论研究全面走向深化和具体化；注意到了"价值"这一曾经被忽视的维度，开创了价值论研究这一崭新的填补空白的领域……许多问题、领域的研究出现了前所未有的活跃局面。一种基于科学的实践观、具有深厚人文关怀性质、作为中国特色社会主义理论的组成和哲学基础的马克思主义哲学新形态，正在基于现时代的生活实践酝酿和形成之中。

第六节　当代马克思主义哲学新形态构想

针对前述时代性问题，依据前述关于马克思主义哲学的本质特征和精神实质的理解，在上述既有探索的基础上，进一步构想马克思主义哲学的新形态，是马克思主义哲学当前面临的时代性课题。然而，这是一个十分艰巨的任务，显然不能草率从事，显然无法毕其功于一役。不过，任务之艰巨也不是放弃努力、拒绝行动的理由。事情总是在"做"的过程中，逐步向前推进的。

综合前述讨论，从探索的角度考虑，我们认为，马克思主义哲学的新形态应以人的现实生活实践为基础，从实际活动着的人（主体）出发，按照事实维度和价值维度的统一加以建构。这种重构要求真正体现马克思主义哲学的实践性、主体性、否定性和批判性，体现马克思主义

---

① 参阅李景源《论建构中国特色社会主义哲学原理》，《光明日报》2004 年 9 月 14 日。

哲学对时代精神之精华的把握。这种重构是全面的、彻底的，是体现马克思彻底的辩证法精神的。它要求从马克思主义哲学的根（哲学观）上入手，重新反思和"批判"马克思主义哲学，重新理解、"改造"或"重构"马克思主义哲学，从而促使马克思主义哲学形态发生全方位、革命性的变化。

简而言之，这种新的马克思主义哲学形态可以从如下一些方面加以初步的探讨——当然，这种探讨是不全部的，而仅仅只是就一些基础性的方面而展开：

（1）从反思与批判全部哲学出发，形成马克思主义哲学的新哲学观：哲学不仅仅是"科学的世界观"，也是一种人学或价值观，是它们之间有机统一的"整全哲学观"。

传统哲学在总体上，或是与科学混沌未分的，或直接就是拟科学的。在人类思想史早期，人类一切知识、智慧处于笼统、混沌未分的状态。在"爱智慧"的旗帜下，哲学和科学紧密地交织为一体。人们最初主要的探索工作，如关于世界本原的探索：泰勒斯的"水"，毕达哥拉斯的"数"、德谟克里特的"原子"，包括中国的阴阳五行学说，都既是科学，也是哲学。后来，随着研究的深入，哲学和科学才逐渐分化开来，如下一种意见逐渐明朗：科学集中于解释经验现象之间的联系，而哲学则侧重于追问经验现象背后的本原或本体。于是，本体论问题成为人们关心的主要问题。

文艺复兴之后，随着近代实验科学的兴起和科学的里程碑式的突破——牛顿力学的巨大成功，从此科学成为一切学术的范式，知识至上、理性主义、客观主义在思维王国中的地位得以确立。人们认识到，科学不仅能够解释现象之间的联系，也可以超越这些现象去说明自然物的原因，达到现象背后的本原或本体。关于世界是怎么样的，人们可能获得怎样的世界图景，获得关于世界的何种知识，哲学并不会知道得比科学更多。实际上，在这些问题上，科学的界限也就是哲学的界限。

既然科学也具有认识世界本体的能力，哲学存在的必要就受到了严重的质疑。经过痛苦的转型，哲学逐渐放弃了关于"世界是什么"的追问，转而思考"如何认识世界"这一认识论问题，即出现了哲学的认识论转向。如笛卡儿给哲学规定的中心任务是"我们知道什么，我们的知识的依据是什么？"

认识论转向出现了许多卓有成效的成果，建立了一个庞大的、系统的知识论、真理论体系。前述马克思主义哲学教科书体系正是这种认识论转向的产物——当然，认识论转向之后，现代还有一个所谓语言学转向：哲学以语言分析为使命。语言学转向强调了哲学讨论的语言中介和分析工具，使哲学思维方式的训练得以前所未有地加强，但同时也使哲学更趋技术化、专业化、学院化，严重脱离了人、脱离了人的现实生活、脱离了时代所面临的那些激动人心的问题。

无论是认识论转向，还是语言学转向，它们都是"拟科学"的，都是一种"科学的世界观"、"知识哲学观"。然而，这种"拟科学"的实证性、客观性、普遍有效性追求，使哲学沦为以追求知识为目标的"科学认识论"。它既在一定程度上背离了哲学之"智慧之学"的美誉，更丧失了其社会反思、批判与治疗的功能。特别是因为其中人的"退场"（有人甚至认为它是"人学空场"），对人的主体性及其作用的忽视，哲学几乎背离了其本性、迷失了其方向：它的目的不是具体的历史的活生生的人及其幸福，不是人的价值、自由以及理想世界的创造，而是要科学地描述、说明和解释世界；即使在科学地描述、说明和解释世界之时，主要强调的也是物对人的决定或制约作用，至于人的主体性（包括价值评价、选择、建构和创造）因素则在相当程度上被忽视了……

当"拟科学"的哲学在学术上的合法性面临内外交困（如观察的客观性受到质疑、归纳问题尚待解决、整体主义和历史主义哲学观重新抬头）之时，又受到了现实社会的无情挤压和冲击：对短期利益的近视追逐，导致人与自然的高度对峙和严重冲突；商品经济对人与社会的扭曲和异化，使"人为物役"、"人对人是狼"、"他人即是地狱"成为普遍的事实；自动化、快节奏的异化社会、未经思考的人生，导致了人的焦虑和生存意义的失落……特别是，伴随现代科技与市场经济的突飞猛进，全球化时代的来临，所有这些社会冲突、价值困惑、文化危机愈来愈普遍化，愈来愈难以控制和解决。走出这种困境，呼唤一种深层次、全方位、综合性的价值反思与批判。

走出"科学的世界观"、"知识哲学观"，在以人为本、"人是目的"的前提下，自觉反思人与自然、人与社会、身与心的关系，重建其内在统一学说，就成为作为"时代精神的精华"的哲学的必然选择。这必然要求哲学、特别是体现时代精神精华的马克思主义哲学将破裂的自然观、社会观、人生观、价值观重新整合起来，建构一种综合性的统一的"整全哲学观"。

（2）在新的"整全哲学观"的视野中，马克思主义哲学理论的基本结构重新成为反思的对象，自然观与社会历史观，存在论、认识论与价值论相互割裂的旧格局将被打破，而得以重新整合。

当然，这不过是对哲学本来面目的回归。回首哲学史，哲学作为一种"大智慧"，从来都围绕着两个维度——"是"、事实维度与"应该"、价值维度——而展开。"是"、事实维度指向"是什么"以及"如何是"；"应该"、价值维度则指向"应如何"、"怎么办"。这两个维度具有迥然不同的特征与功能：前者给予我们关于世界的总体印象，告诉我们关于对象和自身的事实情况，告诉我们"变革"对象的可能性和方法；后者告诉我们依据什么而行动，是否应该，以及应该如何去行动。

哲学围绕这两个维度的反思与批判而展开，并不是哲学家们无中生有，而是由现实生活、实践的需要所决定的。例如说，在生活、实践过程中，事实要素是我们活动的外在依据，价值要素是我们活动的内在动力和目的。如果不能处理好它们之间的关系，或者割裂它们之间的关系，或者可能导致对对象或客观规律的蔑视，导致唯意志论或神学唯心论，或者可能失去行动的激情、动力与方向。历史上并不缺乏类似如我国 20 世纪50、60 年代"大跃进"这样的例证。

因此，哲学不仅仅只是求解世界之谜的"自然智慧"，而且内在地是指导社会改造、指点人生迷津的"实践智慧"、"生活智慧"。只是在近代以来的一些时间里，这后一方面曾经为某些哲学家们所轻视、忽略。实际上，这种轻视、忽略不过是一种偏见。在哲学史上，关于人生、价值、意义等的探讨，不仅从来不曾中断，而且不少时候还曾是哲学探讨的主旋律。例如，众所周知，中国传统哲学、乃至整个东方哲学，都主要是以伦理、政治问题为主向度的；西方哲学、特别是欧洲大陆哲学，人本主义思想也源远流长……在哲学史上，关于事实、知识、真理的探索，与关于价值（善恶、美丑等）、人生、实践的问题，自古以来就存在一体化探索的传统。而这种一体化的哲学智慧中，并不存在所谓自然观与历史观的人为割裂、所谓"哲学原理"与各"分支学科"（如伦理学、美学、科技社会学等）的人为割裂、所谓"哲学原理"与哲学史的并列与割裂。因此，在这种一体化的哲学智慧中，马克思主义哲学不再呈现为所谓"辩证唯物主义"、"历史唯物主义"两大相对独立的板块，而是真正的"一块整钢"。

当然，我们还是应该特别强调，上述两个维度并非简单并列的。事实上，人和人的价值生活、实践，或者说哲学的主体向度、价值维度更为根本，处于哲学的核心地位。这促使全部哲学、包括存在论、认识论，不能局限于传统的意义上，而必须从这种新的维度加以重新审视和改造。例如，从主体（人）以及价值维度出发，我们并不怀疑在人之先、在人之外的自然界的存在，但那种"被抽象地孤立地理解的，被固定为与人分离的自然界，对人说来也是无"①。即没有进入人的实践—认识活动的"世界"，与人并无现实关系，并无现实的意义和价值。而通过人的活动，被人的本质力量对象化了的"感性世界"、属人世界，才对人具有现实意义和价值：它既是人生存与生活的现实环境，又是人进一步认识、把握和变革世界的前提与基础；人们从事科学认识、探索的目的，并不是"为认识而认识"、"为科学而科学"，而是服从于人的价值目的、服从于人的生活实践的。这样，存在论（本体论）、认识论的基本内容，与实践基础上的价值论一道，作为基本的哲学分支在一种更高的视野和层次中被统摄、整合起来。

（3）马克思主义哲学作为人学之性质的确立，实践论、价值论在马克思主义哲学中地位的突显，将变革马克思主义哲学思维的视角和方式，即从客体的直观的实体性思维向实践性的主体性的关系性思维转变。

传统思维方式如同马克思在《关于费尔巴哈的提纲》中指出的，其历史性局限在于，对"事物、现实、感性"，仅仅只是从"客体的或直观的形式去理解"，而不是"当作人的感性活动、当作实践去理解"，"不是从主体方面去理解"。这实际上指出了，传统的思维方式是一种客体的直观的思维方式：

首先，这种思维方式是一种实体思维。按照这种思维方式，对于任何思考对象，都试图找出某个存在着的、具有某种性质的本原实体（如"上帝"、"理念"、"绝对精神"等"精神"本原，或原子、阴阳五行等"物质"本原）。这种思维与人类历史上那种寻求世界的始基或本

---

① 《马克思恩格斯全集》第42卷，人民出版社1979年版，第178页。

原、寻找各种存在状态背后的终极性实在的本体思维方式和追本溯源的还原式思维，是一脉相承的。它们或者是寻求世界的"精神"本原，或者是寻求世界的"物质"本原，都把丰富复杂的现实世界归结为某种"实体"。它们都不是从实践和以实践为基础的人的对象性关系中去思考，而是把这种关系不自觉或自觉地分解、分化开来，然后再以其中的一极为基点，建立起绝对一元的实体理论。其结果一是机械的庸俗的唯物论，把某一物质实体作为思考对象的根源或本质；一是唯心地设定某个作为万物本质和根源的实体，如"上帝"、"绝对精神"，等等，从而在人与自然、心与物、物质与精神、存在与思维、主体与客体、主观与客观、事实与价值等关系上，使之陷于分离、孤立状态，而无法解决其现实的具体的统一。

其次，这种思维方式是一种客体性思维。客体性思维是与主体性思维相对应的，但它们并不是两种迥然不同的思维方式，而是指迄今人类思维方式在不同发展阶段上所表现出来的不同重点或重心。所谓客体性思维，就是指仅仅从客体方面去把握和思考问题。应该说，客体性思维曾使人类在历史上获得了不少认识成果，发挥过积极作用；但由于这种思维忽视或者回避作为主体的人在思维过程中的地位和作用，不是从主体或主客体的全面关系中去把握思维对象，求解问题；有的人甚至将它发展为一种唯客体主义的"客体中心论"，根本排斥人的主体性和主体的地位与作用，因而这种思维常常表现出严重的局限性。

再次，这种思维方式是一种直观形式的思维，即仅仅孤立、静止、片面地从客体方面去把握和思考问题，而不去把握人与世界、主体与客体的全面关系及其普遍联系、动态发展，不去把握主客体相互作用的动态矛盾运动。在思维方法上，这种思维仅仅是以形式逻辑为工具的（当然，形式逻辑与形而上学的直观形式的思维并无本质联系），而并不懂得辩证法特别是"合理形态的辩证法"的意义，并不懂得实践方式作为人类思维方式的根源的意义，从而常常把思维导向极端与片面。

概而言之，传统思维的误区在于，不懂得生活、实践的方式作为人类思维方式的根源的意义。在《关于费尔巴哈的提纲》中，马克思鲜明地提出，要把现实当作"实践"，从"主体方面"去理解，从而去克服旧唯物主义的"主要缺点"，为新哲学提供理论基础。这就是摒弃传统的客体的或直观的思维方式，确立新的思维方式，即实践的主体性思维方式①。当然，作为对传统的客体的或直观的思维方式之扬弃，新的思维方式已包含了传统思维方式中那些有价值的思想成果，只不过是以经过新思维方式改造过的、消融了其片面性、局限性的方式，而包含传统思维方式的。

从根源上说，实践的主体的思维方式不过是作为主体的人的生存方式、行为方式或活动方式的反映；作为现时代的思维方式，不过是现代社会实践，特别是科学活动与变革世界的活动中体现着的"实践逻辑"或"行动的推理"，在人们头脑中的全面的、立体的、动态的概括和反映。

具体说来，这种新的思维方式具有如下一些内容与显著特征：

首先，这种新的思维方式是一种"关系思维"。这不是一般地把对象、客体放在某种自然甚至社会的联系中，也不简单地只是指去思考对象、客体之间的某种关系。这种"关系思维"，首先是因为实践是作为一种关系——人的对象性关系的运动——而存在。依照马克思的理解，实践是人自觉地变革世界、创造价值的目的性活动，在这种活动中，人一方面改造了外部世界，使之成为人的活动客体；同时也改造了人自身，使之成为人自身活动的主体。在这种活动中，作为主体的人不断地以物的方式去和对象发生关系，打破了原有的自然世界的秩序与状态，使原来只有单一性质即仅具自然关系的世界，变成了具有双重关系即属人关系的世界，使存在出现了自然与属人、主体与客体、主观和客观、现实与理想等种种矛盾对立。作为一种哲学思维方式，"关系思维"要求主体（人）对任何思维对象的思考，都置于这种社会性历史性的现实实践关系中去进行，置于人与世界、主体与客体的全面关系中去进行，从而把握其实质、把握其发展变化。

其次，这种新的思维方式是一种"主体性思维"。所谓主体性思维，"即不是把主体和客体的作用平列地对等地看待，更不是传统的'客体中

---

① 由于如下两方面的原因，从实践出发的观点和从主体（人）出发的观点，实践思维方式和主体性思维方式是一致的、统一的：第一，实践总是作为主体的人的实践，是人特有的存在方式和区别于物的生存本性，在动物界和单纯物的世界，是不存在实践活动的；第二，只有以实践为基础才能确立人的哲学地位，才能解开人之谜，才能全面地把握人的本性、本质以及人与世界的关系（或主客体关系）。它们作为马克思主义哲学的思维方式，是马克思主义哲学"新世界观"的重要贡献之一。

心论'，而是要着重于'从主体方面看'。"① 而所谓"从主体方面看"，即是要从主体与客体的关系中，从主体本身的存在、结构、地位、特性和作用中，去把握现实的客体、把握现实的主客体关系。当然，这里的主体并不是唯心主义者所理解的上帝、神、"绝对理念"、"绝对精神"、自我意识或观念的"化身"，而是以人的生命存在为基础的、处于现实的实践—认识活动中的、具体的、历史的人或人的社会共同体。

再次，这种新的思维方式是一种"辩证的思维"。这种辩证的思维，不仅仅是以形式逻辑为基础的，而且是以"合理形态的辩证法"——实践的辩证法为基础的。它不是把对象从实践所规定的全面而丰富的主客体关系中，从事物的普遍联系中抽取出来、孤立起来进行思考，而是要在主客体的全面关系中，在事物的普遍联系中，综合地、创造性地把握它们，并在实践中实现它们、变革它们。它不是从某种既成的形式，去对对象进行静态的分析描画，而是要在人与世界、主体与客体的相互作用的矛盾运动、动态发展过程中来思维，使思维成为活生生的、现实的、立体的、开放的"感性的活动"之内在组成部分。当然，有时那种孤立、静态的分析与刻画也是必要的，但它仅仅是作为这种实践把握的一个环节、一个方面而内在地包含其中。

将以上几方面综合起来，那么，这种新的实践的主体性思维方式的主要特点，在于要求"像人的生活、实践那样思维"，即人的思维、逻辑并不是脱离生活、实践的概念游戏，不是纯粹心智的"自由构造"，而是主体生活、实践的形态、结构、方式、方法、原则等的提炼与反映。与生活、实践的具体进程相一致，它是一种生成性或成长性思维，一种与思维对象的历史过程相一致的过程性思维。只有体味到了那种永恒动态、发展的意境，才算"触摸"到了这种思维。在思维倾向上，这种新哲学思维方式强调要把对象当作"生活、实践"，从"主体方面"去理解，即在由人的生活、实践所创造的人与世界、主体与客体的全面联系、动态发展中去反映、变革对象。但在这种反映、变革中，人与世界、主体与客体的地位不是简单并列的，而要着重从人、从主体方面展开思维，从主体（人）的视角和价值标准去解释和说明对象，从主客体关系的矛盾运动中辩证地反映、变革世界。

---

① 李德顺：《实践的唯物主义与价值问题》，《南京社会科学》1996 年第 1 期。

（4）在"整全哲学观"的视野中，坚持马克思主义哲学的人学性质和价值维度，运用实践思维方式，将导致马克思主义哲学思考的出发点、哲学的宗旨和使命，以及哲学精神发生重大变化。

马克思主义哲学的根据和秘密，就在于具体地、历史地体现着"社会关系的总和"的人。离开了人和人的现实生活、实践，马克思主义哲学就成了不可理解、无法捉摸的东西。因此，坚持马克思主义哲学的人学性质和价值维度，运用实践思维方式，必然得出一个结论：马克思主义哲学的出发点和宗旨都是实际活动着的人，以及人生活和活动的世界。

在《关于费尔巴哈的提纲》中，马克思就曾经指出，应该"从主体方面去理解"；在《费尔巴哈》中，马克思更是明确宣称："我们的出发点是从事实际活动的人"①，当然，这种人"不是处在某种虚幻的离群索居和固定不变状态中的人，而是处在现实的、可以通过经验观察到的、在一定条件下进行的发展过程中的人。"② 这实际上旗帜鲜明地把哲学的视角从旧唯物主义的"物"转换到"人"，从"客体"转换到"主体"方面来。

人是现实活动着、创造着的存在物。人是通过自己的劳动实践活动，自己创造出自己来的；人自身的活动，就是人之为人的根据。恩格斯指出："人是唯一能够由于劳动而摆脱纯粹的动物状态的动物——他的正常状态是和他的意识相适应的而且是要由他自己创造出来的。"③ 当然，人在通过自己的活动创造自身的同时，也改造了外部世界，使它变成"为人的存在"即属人世界。并且，实践是人所特有的存在方式，人通过这种活动不断改造周围外部世界的同时，又不断地丰富着自己的内部世界，发展着自己的本质特征，使人之为人永远处于一种创造、提升状态。

已往的哲学由于不懂得人自身就是人之为人的根据，不懂得人的实践活动的意义，也就不可能从人与人自身的活动去理解人、解释人，也就难免求诸于外，而试图从自然的或超自然的原因中寻求人的本质和规定性，

① 《马克思恩格斯选集》第 1 卷，人民出版社 1995 年版，第 73 页。

② 同上。

③ 《马克思恩格斯全集》第 20 卷，人民出版社 1971 年版，第 535—536 页。

如把人理解为生物学意义上的"自然人",理解为上帝、神或"自我意识"等的"化身",其结果就难免曲解了人、失落了人。从这样的"人"出发,也就难免以扭曲、颠倒的方式把握人与世界、主体与客体关系的全面图景。而从实际活动着的人以及人生活和活动的感性世界出发,我们就能获得对人与世界、主体与客体关系的全新把握,找到"解释世界"和"改变世界"的钥匙。马克思主义哲学通过深入分析其主体,即深入分析当代无产阶级及其现状,当代无产阶级的利益、需要和能力,当代无产阶级的历史使命等,就能获得关于整个世界的基本图景,获得进一步变革这一世界图景的智慧和力量。

马克思深刻地指出:从前的"哲学家们只是用不同的方式解释世界,问题在于改变世界"①。新哲学的宗旨和使命就在于立足于时代,针对时代性问题,批判世界,变革世界。它要求在一切研究、思考、实践过程中,以人为本,从人出发,关心人与人类的生存状况和命运,关心个人的幸福和社会的正义,追求对于现存世界的否定、超越,消除人的物化、异化,特别是通过对现实世界的反思、批判、解构、治疗,创造性地建设一个"人为的"和"为人的"新世界,一个更加美好、合乎人性和人的目的、促进人与社会自由而全面发展的理想世界(共产主义)。诚然,无论是描述、说明、解释,还是反思、批判、变革、创造,都是人类对世界的掌握方式,都是人类活动的基本形式,不过,它们毕竟有着实质性的区别。尽管后者必须以前者为条件,但前者本身不是目的,只是实现后者的过程和手段,唯有后者才真正体现了现代哲学的实质和精神。②

应该说,上述反映时代精神的马克思主义哲学的探索,既只是一些基础性的思考,而且也远未成熟。这种探索至多只能说:"在路上"。由于马克思主义哲学的人学性质和实践特质尚待进一步落实;由于价值论出现的历史并不长,哲学的价值维度所导致的问题、后果也尚需进一步体味、提炼;更由于马克思主义对时代和时代问题的把握需要一个过程;因此,如何真正实现马克思主义哲学观的变革,通过文本重读,重新完整准确地理解马克思,切实把握马克思主义哲学的本真精神;通过梳理东西方哲学

---

① 《马克思恩格斯选集》第 1 卷,人民出版社 1995 年版,第 57 页。
② 参见孙伟平:《价值论如何"改变"哲学》,《哲学动态》2003 年第 9 期。

思想史，寻求必要的引领人们走向深入的学术资源；通过研究时代提出的新的重大问题，在解题过程中反哺理论；最终提炼、归纳出马克思主义哲学新形态，仍是现时代一个需要进一步求解的课题。这也绝不会是一个短暂、一帆风顺的过程。

马克思主义哲学，任重而道远。

参考文献

导论、第一编

一 基本著作

1. 《马克思恩格斯全集》，第一版共 50 卷 53 册，人民出版社 1956—1985 年出版；第二版规划共 65 卷，人民出版社从 1995 年起开始出版，到目前为止已出版 13 卷。

2. 《列宁选集》第 1—4 卷，人民出版社 1995 年版。

3. 《斯大林选集》（上、下），人民出版社 1979 年版。

4. 《毛泽东选集》第 1—4 卷，人民出版社 1991 年版。

5. 《邓小平文选》第 1—3 卷，人民出版社 1993、1994 年版。

6. 庄福龄主编：《马克思主义史》（第 1—4 卷），人民出版社 1996 年版。

7. 黄枬森等主编：《马克思主义哲学史》（八卷本），北京出版社 1989—1996 年版。

8. 黄枬森等主编：《马克思主义哲学史》（一卷本），高等教育出版社 1998 年版。

9. 《马克思主义哲学史稿》，人民出版社 1981 年版。

10. 克莱恩等：《马克思主义哲学史》，中国人民大学出版社 1983 年版。

11. 《马克思主义哲学史论集》，三联书店 1982 年版。

12. 马泽民：《马克思主义哲学前史》，重庆出版社 1994 年版。

13. 赵修义、童世骏：《马克思恩格斯同时代的西方哲学——以问题为中心的断代哲学史》，华东师范大学出版社 1994 年版。

14. 陈学明、马拥军：《走近马克思——苏东剧变后西方四大思想家的思想轨迹》，东方出版社 2002 年版。

15. 任平等主编：《当代视野中的马克思主义哲学——中国著名学者的马克思主义哲学观》，苏州大学出版社 1999 年版。

16. 王金福：《马克思的哲学在理解中的命运——对马克思主义哲学史的解释学考察》，苏州大学出版社 2003 年版。

17. 彭泽农、林圃：《马克思主义哲学体系研究》，中国社会科学出版社 1984 年版。

二 哲学形态的基础理论研究

18. 欧阳康：《哲学研究方法论》，其中第二章为"哲学形态学的思路与方法"，武汉大学出版社 1998 年版。

19. 孙正聿：《哲学通论》，辽宁人民出版社 1998 年版。

20. 高齐云主编：《马克思主义哲学体系的原生、次生、再生形态》，中山大学出版社 1990 年版。

21. 欧阳康：《建构马克思主义哲学当代形态的几个前提和方法问题》，载《江汉论坛》2000 年第 8 期。

22. 李德顺：《探索马克思主义哲学新形态》，载《教学与研究》1999 年第 10 期。

23. 吴元梁：《回答时代性问题是马克思主义哲学在 21 世纪发展的根本途径》，载《哲学研究》2001 年第 6 期。

24. 聂锦芳：《哲学形态的当代探索》，民族出版社 2002 年版。

25. 杨学功：《马克思主义哲学形态学：是否必要与如何可能》，载《济南市委党校学报》2001 年第 2 期，人大复印报刊资料《哲学原理》2001 年第 10 期转载。

26. 杨学功：《试论哲学的层次结构——兼涉几个相关问题》，载《学术月刊》2003 年第 2 期。

三 马克思主义哲学原生形态（马克思恩格斯哲学思想）研究

27. 高齐云：《马克思主义哲学原生形态探微》，广东人民出版社 1998 年版。

28. 张一兵:《回到马克思——经济学语境中的哲学话语》,江苏人民出版社 1999 年版。

29. 孙伯鍨:《探索者道路的探索——青年马克思恩格斯哲学思想研究》,南京大学出版社 2002 年版。

30.《马克思恩格斯早期哲学思想研究》,沈真编,中国社会科学出版社 1982 年版。

31.《马克思哲学思想研究译文集》,中国社会科学院哲学研究所马克思主义哲学史研究室、《哲学译丛》编辑部编译,人民出版社 1983 年版。

32. 戴维·麦克莱伦:《青年黑格尔派与马克思》,夏威仪等译,商务印书馆 1982 年版。

33. 陈先达、靳辉明:《马克思早期思想研究》,北京出版社 1983 年版。

34. 侯才:《青年黑格尔派与马克思早期思想的发展》,中国社会科学出版社 1994 年版。

第二编

马克思主义经典作家及重要理论家著作:

1.《马克思恩格斯全集》第 1—50 卷,中共中央马克思 恩格斯 列宁 斯大林著作编译局编译,人民出版社中文第 1 版。

2.《马克思恩格斯选集》第 1—4 卷,中共中央马克思 恩格斯 列宁 斯大林著作编译局编译,人民出版社 1995 年版。

3.《列宁全集》第 1—60 卷,中共中央马克思 恩格斯 列宁 斯大林著作编译局编译,人民出版社中文第 2 版。

4.《列宁选集》第 1—4 卷,中共中央马克思 恩格斯 列宁 斯大林著作编译局编译,人民出版社 1995 年版。

5.《普列汉诺夫哲学著作选集》第 1—5 卷,三联书店中文第 1 版。

6.《斯大林全集》第 1—13 卷,中共中央马克思 恩格斯 列宁 斯大林著作编译局编译,人民出版社中文第 1 版。

7.《斯大林选集》上、下卷,中共中央马克思 恩格斯 列宁 斯大林著作编译局编译,人民出版社 1979 年版。

8. 《斯大林文选（1934—1952）》，中共中央马克思 恩格斯 列宁 斯大林著作编译局编译，人民出版社 1962 年版。

马克思主义史及马克思主义哲学史：

9. ［南斯拉夫］P.（普雷德腊格·）弗兰尼茨基：《马克思主义史》第 1 卷，李嘉恩、韩宗翙等译，人民出版社 1986 年版。

10. ［南斯拉夫］P.（普雷德腊格·）弗兰尼茨基：《马克思主义史》第 2 卷，胡文建、杨达洲、贾泽林译，人民出版社 1988 年版。

11. 黄楠森、庄福龄、林利主编：《马克思主义哲学史》（八卷本）第 1—8 卷，北京出版社 1996 年版。

12. 黄楠森、施德福、宋一秀主编：《马克思主义哲学史》（三卷本）第 1—3 卷，北京大学出版社 1987 年版。

13. 黄楠森主编：《马克思主义哲学史》（一卷本），高等教育出版社 1998 年版。

14. 王金福：《马克思的哲学在理解中的命运——对马克思主义哲学史的解释学考察》，苏州大学出版社 2003 年版。

15. 中国人民大学马列主义发展史研究所编：《列宁思想史》，上海人民出版社 1988 年版。

16. 王东：《马克思学新奠基——马克思哲学新解读的方法论导言》，北京大学出版社 2006 年版。

17. ［德国］J.（约瑟夫·）狄慈根：《狄慈根哲学著作选集》，杨东莼译，三联书店 1978 年版。

18. 刘佩弦、马健行主编：《第二国际若干人物的思想研究》，中国人民大学出版社 1994 年版。

19. A.（爱德华·）伯恩施坦：《社会主义的前提和社会民主党的任务》，殷叙彝译，三联书店 1973 年版。

20. K.（卡尔·）考茨基：《唯物主义历史观》第一分册，《哲学研究》编辑部译，上海人民出版社 1964 年版。

21. 王荫庭：《普列汉诺夫哲学新论》，北京出版社 1988 年版。

22. 高放、高敬增：《普列汉诺夫评传》，中国人民大学出版社 1985 年版。

苏联哲学史：

23. ［奥地利］G. A.（古斯塔夫·安德烈·）威特尔：《辩证唯物主义——苏联哲学之历史的和系统的概观》，周辅成、朱德生、陈启伟、齐良骥、汪子嵩译，商务印书馆 1963 年版。

24. ［瑞士］I·M·J.（印诺肯蒂—玛丽亚—约瑟夫·）鲍亨斯基：《苏俄辩证唯物主义》，薛中平译，商务印书馆 1965 年版。

25. ［苏联］B. E.（瓦·叶·）叶夫格拉弗夫主编：《苏联哲学史》，贾泽林、刘仲亨、李昭时译，商务印书馆 1998 年版。

26. 安启念：《苏联哲学 70 年》，重庆出版社 1990 年版。

27. ［苏联］M. A.（米·亚·）敦尼克、M. T.（米·特·）约夫楚克、Б. M.（博·米·）凯德洛夫、M. Б.（马·波·）米丁、T. И.（捷·伊·）奥伊泽尔曼、A. Ф.（亚·费·）奥库洛夫主编：《哲学史》第六卷，上册，侯鸿勋、金顺福、贾泽林等译，三联书店 1982 年版。

28. ［苏联］B. H.（维·尼·）科洛斯科夫：《苏联马克思列宁主义哲学史纲要（三十年代）》，徐小英、王淑秋译，求实出版社 1985 年版。

29. 贾泽林、周国平、王克千、苏国勋等编著：《苏联当代哲学（1945—1982）》，人民出版社 1986 年版。

30. 贾泽林、王炳文、徐荣庆、陈筠泉等编译：《苏联哲学纪事（1953—1976）》，三联书店 1979 年版。

31. ［苏联］Г. A.（格·阿·）库尔萨诺夫主编：《马克思主义辩证法史：列宁主义阶段》，王贵秀译，宋玉升、杨慕之校，人民出版社 1987 年版。

32. ［苏联］K. X. 德洛卡罗夫：《苏联哲学的初年——1917—1929 年的苏联哲学争论》，凤岐译，《哲学译丛》1991 年第 1 期。

33. 贾泽林：《斯大林 1930 年 12 月 9 日 "谈话" 与苏联哲学和苏联意识形态的 "政治化"》，《哲学译丛》1999 年第 2 期。

34. 安启念：《苏联哲学的人道化及其社会影响（上、下）》，《高校理论战线》1997 年第 1 期。

35. 安启念：《解读米丁》，《读书》1999 年第 3 期。

36. И. T.（伊·季·）弗罗洛夫：《60—80 年代苏联哲学：总结与展望》，泽林译，《哲学译丛》1993 年第 2 期。

37. 贾泽林：《从苏联哲学的演变看苏联东欧巨变的深层原因——〈苏联哲学的演变（1917—1953—1991）〉一书概述》，《东欧中亚研究》1998 年第 6 期。

38. 安启念：《俄罗斯向何处去——苏联解体后的俄罗斯哲学》，中国人民大学出版社 2003 年版。

39. ［苏联］H. И.（尼·伊·）布哈林：《历史唯物主义理论——马克思主义社会学通俗教材》，李光谟、曾宪森、何国贤、陈叔平、刘赫文译，人民出版社 1983 年版。

40. ［苏联］А. М.（阿·莫·）德波林：《哲学与政治》（上、下），李光谟等译，三联书店 1965 年版。

41. 张念丰、郭燕顺等编译：《德波林学派资料选编》，吉林人民出版社 1982 年版。

42. 中国社会科学院哲学研究所马克思主义哲学史研究室、吉林省社会科学院哲学研究所合编：《斯大林哲学思想讨论文集》，中国社会科学出版社 1982 年版。

43. 张念丰、王育民、陈谦、燕广、邓瑞云、郑新桐著：《斯大林哲学思想概论》，湖北人民出版社 1988 年版。

44. 李尚德：《评价与争议——斯大林哲学体系研究》，广东人民出版社 1988 年版。

45. ［苏联］А. А.（安·亚·）日丹诺夫：《论文学与艺术》，戈宝权、曹葆华、陈冰夷、李立三译，人民文学出版社 1959 年版。

46. ［苏联］М. С.（米·谢·）戈尔巴乔夫：《改革与新思维》，苏群译，新华出版社 1987 年版。

47. М. С. 戈尔巴乔夫：《社会主义思想与革命性改革》，《真理报》1989 年 11 月 26 日，中译文（中国社会科学院苏联东欧研究所译）参见《苏联东欧问题译丛》，1990 年第 1 期。

48. М. С. 戈尔巴乔夫：《未来世界与社会主义》（1990 年 2 月），载 М. С. 戈尔巴乔夫、维·勃兰特等著《未来的社会主义》，中央编译局国际发展与合作研究所编译，中央编译出版社 1994 年版。

49. 《苏联共产党第十九次代表会议文件》，新华出版社 1988 年版。

50. 苏群编译：《苏联共产党第二十八次代表大会主要文件资料汇编》，人民出版社 1991 年版。

苏联马克思主义哲学教科书及工具书:

51. [苏联] М. Б.（马·波）米丁主编:《辩证唯物主义和历史唯物主义》上册,莫斯科 1934 年版;М. Б.（马·波·）米丁、И. П.（伊·巴）拉祖莫夫斯基主编:《辩证唯物主义和历史唯物主义》下册,莫斯科 1932 年版。

52. [苏联] Ф. В.（费·瓦·）康斯坦丁诺夫主编:《历史唯物主义》,刘磊、刘群、赵木斋、北流、崔平等译,人民出版社 1955 年版（译自苏联 1954 年第 2 版）。

52. [苏联] Г. Ф.（格·费·）亚历山大罗夫主编:《辩证唯物主义》,马哲译,人民出版社 1955 年版（译自苏联 1954 年版）。

53. [苏联] М. М.（马·莫·）罗森塔尔、П. Ф.（巴·费·）尤金编:《简明哲学辞典》,中共中央马克思 恩格斯 列宁 斯大林著作编译局译,人民出版社 1958 年版（译自苏联 1955 年版）。

54. Ф. В. 康斯坦丁诺夫主编:《马克思主义哲学原理》,中国人民大学出版社编译室译,中共中央马克思 恩格斯 列宁 斯大林著作编译局校,人民出版社 1959 年版（译自苏联 1958 年版）。

55. Ф. В. 康斯坦丁诺夫主编:《马克思列宁主义哲学原理》,袁任达、伊尔哲译,三联书店 1976 年版（译自苏联 1972 年版）。

56. Ф. В. 康斯坦丁诺夫主编:《马克思列宁主义哲学原理》,袁任达、伊尔哲译,人民出版社 1985 年版（译自苏联 1982 年第 6 版）。

苏联史:

57. 《联共（布）党史简明教程》,中共中央马克思 恩格斯 列宁 斯大林著作编译局译,人民出版社 1972 年版。

58. 马龙闪:《苏联巨变的文化透视》,中国社会科学出版社 2005 年版。

第三编

1. 《马克思恩格斯选集》第 1 卷,人民出版社 1995 年第 2 版。

2. 《列宁全集》第 55 卷,人民出版社 1990 年版。

3. 马克思、恩格斯：《费尔巴哈》，人民出版社 1988 年版。

4. 徐崇温主编：《西方马克思主义理论研究》，海南出版社 2000 年版。

5. 阿多尔诺：《否定的辩证法》，张峰译，重庆出版社 1993 年版。

6. 阿尔都塞：《保卫马克思》，商务印书馆，1984 年版。

7. 德里达：《马克思的幽灵》，中国人民大学出版社 1999 年版。

8. 葛兰西：《实践哲学》，徐崇温译，重庆出版社 1990 年版。

9. 哈贝马斯：《交往与社会进化》，张博树译，重庆出版社 1989 年版。

10. 霍克海默：《批判理论》，李小兵译，重庆出版社 1989 年版。

11. 霍克海默、阿多尔诺：《启蒙辩证法》，洪佩郁、蔺月峰译，重庆出版社 1990 年版。

12. 卢卡奇：《社会存在本体论导论》，华夏出版社 1989 年版。

13. 卢卡奇：《历史与阶级意识》，杜章智、任立、燕宏远译，商务印书馆 1992 年版。

14. 马尔库塞：《理性和革命》，程志民等译，重庆出版社 1993 年版。

15. 柯亨：《卡尔·马克思的历史理论：一个辩护》，重庆出版社 1989 年版。

16. 柯尔施：《卡尔·马克思》，熊子云、翁廷真译，重庆出版社 1993 年版。

17. 萨特：《存在与虚无》，三联书店 1987 年版。

18. 萨特：《存在主义是一种人道主义》，上海译文出版社 1988 年版。

19. 《法兰克福学派论著选辑》上卷，上海社会科学院编，商务印书馆，1998 年版。

20. 《"西方马克思主义"译文集》，北京市哲学社会科学规划办公室，1992 年版。

21. 马丁·杰伊：《法兰克福学派史》，单世联译，广东人民出版社 1996 年版。

22. Adorno, T., Offener Brief an Max Horkheimer, *Die Zeit*, 12 Februrary, 1965.

23. Adorno, T., *Prisms*, trans. S. Weber and S. Weber, London: Spearman, 1967.

24. Adorno, T., *Negative Dialectics*, trans. E. B. Ashton, New York:

Seabury Press, 1973.

25. Adorno, T. , *Minima Moralia*, London: New Left Books, 1974.

26. Adorno, T. , The Actuality of Philosophy, *Telos*, No. 31 (1977).

27. Adorno, T. , Else Frenkel-Brunswick, Daniel J. Levinson, and R. Nevitt Sanford, *The Authoritarian Personality*, New York: Harper, 1950; Norton, 1969.

28. Adorno et al. , *The Positivist Dispute in German Sociology*, trans Glyn Adey and David Frisby, London: Heinemann, 1969.

29. Agger, B. , *Western Marxism: An Introduction*, Santa Monica, Calif: Goodyear, 1979.

30. Anderson, Perry, *Considerations on Western Marxism*, London: New Left Books, 1976.

31. Arato, A. , Lukács' theory of reification, *Telos*, No. 11 (Spring 1972).

32. Aronowitz, Stanley, *Dead artists, live theories, and other cultural problems*, New York: Routledge, 1994.

33. Boggs, C. , *Gramsci's Marxism.* London: Pluto Press, 1976.

34. Bradley, James, FrankFurt views, *Radical Philosophy*, vol. 13 (Spring 1975).

35. Breines, Paul (eds.), *Critical Interruptions: New Left Perspectives on Herbert Marcuse*, New York: Herder & Herder, 1972.

36. Fleming, Donald and Bernard Bailyn (ed.), *The Intellectual Migration: Europe and America, 1930 – 1960*, Cambridge, Mass. : Harvard University Press, 1969.

37. Gerlach, E. , "Karl Korsch's Undogmatic Marxism", *International Socialism* 19 (1963).

38. Giddens, A. , *Sociology*, 3rd ed. , Cambridge: Polity Press, 1997.

39. Goode, P. , *Karl Korsch: A Study in Western Marxism*, London: Macmillan, 1979.

40. Gramsci, A. , *Selections from the Prison Notebooks*, London: Lawrence and Wishart, 1971.

41. Gurland, A. R. L. , Otto Kirchheimer and Franz Neumann, *The Fate*

of Small Business in Nazi Germany, New York: Howard Fertig, 1975.

42. Habermas, J. , *Strukturwandel der Öffentlichkeit*, Neuwied: Luchter-hand, 1962.

43. Habermas, J. , On Systematically Distorted Communication, *Inquiry*, vol. 13 (1970) .

44. Habermas, J. , Towards a theory of Communicative Competence, *Inquiry*, vol. 13, 1970.

45. Habermas, J. , *Towards a Rational Society: Student Protest, Science and Politics*, trans. Jeremy J. Shapiro, London: Heinemann, 1971.

46. Habermas, J. , *Knowledge and Human Interests*, trans. J. Shapiro, London: Heinemann, 1971.

47. Habermas, J. , *Therie und Praxis*, Frankfurt: Suhrkamp, 1974.

48. Habermas, J. , Postscript to *Knowledge and Human Interests*, *Philosophy of Social Science*, vol. 3, 1975.

49. Habermas, J. , *Legitimation Crisis*, trans. Thomas McCarthy, London: Heinemann, 1976.

50. Habermas, J. , *Zur Rekonstruction des Historischen Materialismus*, Frankfurt: Suhrkamp, 1976.

51. Habermas, J. , *Communication and the Evolution of Society*, trans. Thomas McCarthy, Boston: Beacon Press, 1979; London: Heinemann.

52. Habermas, J. , *The Theory of Communicative Action*, Vol. I, Boston: Beacon, 1984.

53. Habermas, J. , *The Theory of Communicative Action* Vol. 2, Boston: Beacon, 1987.

54. Halliday, F. , "Karl Korsch: an Introduction", in *Korsch, Marxism and Philosophy*, pp. 7 - 23, p. 22.

55. Held, David, *Introduction to Critical Theory*, Cambrifge: Polity Press, 1980.

56. Horkheimer, *Max, Anfänge der bürgerlichen Geschichtsphilosophie*, Frankfurt, 1930.

57. Horkheimer, Max, Notes on Institute activities, *Studies in Philosophy and Social Science*, vol. 9, no. 1 (1941).

58. Horkheimer, Max, *Kritische Theorie: Eine Dokumentation*, ed. Alfred Schmidt, 2 vols. , Frankfurt: S. Fischer Verlag, 1968.

59. Horkheimer, Max, *Critical Theory: Selected Essays*, trans. M. J. O'connell, New York: Herder & Herder, 1972.

60. Horkheimer, Max, Die gegenwärtige Lage der Sozialphilosophie und die Aufgaben eines Institus für Sozialforschung [The present situation of social philosophy and the tasks of an Institue of Social Research], *Sozialphilosophische Studien* (Frankfurt: Athenäum Fischer Tashenbuch Verlag 1972).

61. Horkheimer, Max, *Eclipse of Reason*, New York: Oxford University Press; reprinted Seabury Horkheimer, Max & Adorno, T. , *Dialectic of Enlightenment*, Trans. J. Cumming, New York: Herder & Herder, 1972.

62. Howard, Dick & Karl Klare (ed.), *The Unkown Dimension*; *European Marxism since Linen*, New York: Basic Books, 1972.

63. Jacoby, Russell, *Towards a Critique of Automatic Marxism: the Politics of Philosophy from Lucács to the Frankfurt School*, Telos, no. 10 (Winter 1971).

64. Jay, Martin, *The Frankfurt School's Critique of Marxist Humanism*, Social Research, vol. 39, no. 2 (Summer 1972).

65. Jay, Martin, *The Dialectical Imagination*, Boston: Little Brown, 1973.

66. Jay, Martin, *The Concept of Totality in Lukács and Adorno*, Telos, no. 32 (summer 1977).

67. Kautsky, K. , *The Materialist Conception of History*, Yale: Yale University Press, 1988.

68. Kellner, D. , Korsch's Revolutionary Historicism, *Telos* 26 (1975 – 6).

69. Kolakowski, L. , *Main Currents of Marxism, Its Origins, Growth and Dissolution: Volume 3: The Breakdown*, Oxford: Oxford University Press, 1981.

70. Korsch, K. , *Karl Marx*, New York: Humanities Press, 1963.

71. Korsch, K. , *Marxism and Philosophy*, London: Pluto, 1970.

72. Korsch, K. , *Three Essays on Marxism*, London: Pluto, 1971.

73. Leiss, William, *The Domination of Nature*, Boston: Beacon Press, 1974.

74. Lichtheim, George, *Marx: An Historical and Critical Study*, New York: Praeger, 1961.

75. Lukács, Georg, *History and Class Consciousness*, trans. Rodney Livingstone, Cambridge, Mass. : MIT Press, 1971.

76. Marcuse, H. , *Reason and Revolution*, New York: Oxford University Press, 1941.

77. Marcuse, H. , *Eros and Civilization*, New York: Vintage, 1955.

78. Marcuse, H. , *Soviet Marxism*, Boston: Beacon Press, 1964.

79. Marcuse, H. , *One-Dimensional Man*, Boston: Beacon, 1964.

80. Marcuse, H. , *Negations*, Boston: Beacon Press, 1968.

81. Marcuse, H. , Contributions to a phenomenology of historical materialism, *Telos*, no. 4 (Fall 1969).

82. Marcuse, H. , *Five Lectures*, trans. Jeremy J. Shapiro and Shierry M. Weber, Boston: Beacon Press, 1970.

83. Marcuse, H. , *Counterrevolution and Revolt*, Boston: Beacon Press, 1972.

84. Marcuse, H. , *Studies in Critical Philosophy*, trans. Joris de Bres, Boston: Beacon Press, 1973.

85. Marcuse, H. , On the Philosophical Foundations of the Concept of Labour in Economics, trans. Douglas Kellner, *Telos*, no. 16 (Summer 1973).

86. McCarthy, T. , *The Critical Theory of Jurgen Habermas*, Cambridge, Mass: MIT Press, 1978.

87. Miller, David, Market, State, and Community, Oxford: Clarendon Press, 1989.

88. Neumann, Franz, *Behemoth: The Structure and Practice of National Socialism, 1933 - 1944*, rev. ed. , London: Gollancz, 1944.

89. Neumann, H. Peyer et. al. , *The Cultureal Migration: The European Scholar in America*, Philadelphia: University of Pennsylvania Press, 1953.

90. Nicholls, A. J. , *Weimer and the Rise of Hitler*, London: Macmillan, 1968.

91. Parsons T. , *The Structure of Social Action*, New York: Free, 1937.

92. Plekhanov, G. , *The Role of the Individual in History*, London: Lawrence and Wishart, 1951.

93. Robinson, Paul, *The Sexual Radicals*, London: Temple Smith, 1969.

94. Ryder, A. J. , *The German Revolution of 1918*, Cambridge: Cambridge University Press, 1967.

95. Schroyer, Trent, *The Critique of Domination*, New York: George Brazillier, 1973.

96. Sheehan, H. , *Marxism and the Philosophy of Science: A Critical History: Volume 1: The First 100 Years*, New Jersey and London: Princeton University Press, 1985.

97. Snow, Benjamin, Introduction to Adorno's "The Actuality of Philosophy", *Telos*, no. 31 (1977) .

98. Therborn, Göran, A Critique of the Frankfurt School, *New Left Review*, vol. 63 (1970) .

99. Wellmer, Albrecht, *Critical Theory of Society*, Trans. John Cumming, New York: Seabury Press, 1974.

100. Williams, Gwyn A. , *Proletarian Order: Antonio Gramsci, Factory Councils and the Origins of Communism in Italy*, London: Pluto Press, 1975.

第四编

1. Bernal, Martin. *Chinese Socialism to 1907*, Ithaca etc. : Cornell University Press, 1976.

2. Colp, Ralph, Jr. "The Contacts between Karl Marx and Charles Darwin", in *Journal of the History of Ideas 35*, 2, 1974, pp. 329 – 38. See Jennings, Jeremy (ed.). *Socialism: Critical Concepts in Political Science* (Vol. II), London etc. : Routledge, 2003, pp. 27 – 37.

3. Dirlik, Arif. *Marxism in the Chinese Revolution*, Lanham, Md. etc. : Rowman & Lititlefield, 2005.

4. Hofstadter, Richard. *Social Darwinism in American Though*, Philadelphia: University of Pennsylvania Press, 1944.

5. Krebs, Edward Skinner. *Shifu, Soul of Chinese Anarchism*, Lanham, Md. etc. : Rowman & Littlefield, 1998.

6. Li Yu-ning. *The Introduction of Socialism into China*, New York etc. : Columbia University Press, 1971.

7. Meisner, Maurice J. *Li Ta-chao and the Origins of Chinese Marxism*, Cambridge, Massachusetts：Harvard University Press, 1967.

8. Scalapino, Robert A. & Yu, George T. *The Chinese Anarchist Movement*, Berkeley, California：University of California, 1961.

9.《列宁选集》第 3、4 卷，人民出版社 1995 年版。

10.《马克思恩格斯全集》第 13、25、30、31、32、44 卷，人民出版社 1962、1972、1974、1975 年版。

11.《马克思恩格斯选集》第 1、2、3 卷，人民出版社 1995 年版。

12. 彼得·狄肯斯：《社会达尔文主义——将进化思想和社会理论联系起来》，涂骏译，吉林人民出版社 2005 年版。

13. 蔡元培：《五十年来中国之哲学》，载《申报》馆编《最近之五十年》，1923 年 2 月出版。

14. 查理·达尔文：《物种起源》，周建人、叶笃庄、方宗熙译，商务印书馆 1995 年版。

15. 陈独秀：《答蔡和森（马克思学说与中国无产阶级)》，载《新青年》第 9 卷第 4 号，1921 年 8 月 1 日出版。

16. 陈独秀：《马克思学说》，载《新青年》第 9 卷第 6 号，1922 年 7 月 1 日出版。

17. 董亦湘：《唯物史观》，载 1924 年 7 月 25—28 日《民国日报》副刊《觉悟》。

18. 河上肇：《马克思的唯物史观》，渊泉译，载 1919 年 5 月 5—8 日《晨报》副刊。

19. 河上肇：《马克思底理想及其实现底过程》，施存统译，载《东方杂志》第 19 卷第 6 号，1922 年 3 月 25 日出版。

20. 胡汉民：《〈民报〉之六大主义》，载《民报》第 3 号，1906 年 4 月出版。

21. 胡汉民：《唯物史观批评之批评》，载《建设》第 1 卷第 5 号，1919 年 12 月出版。

22. 黄凌霜：《马克思学说的批评》，载《新青年》第 6 卷第 5 号，1919 年 5 月出版。

23. 久松义典：《近世社会主义评论》，杜士珍译，载《新世界学报》第 2—6 期，1903 年 2 月 27—4 月 27 日。

24. 瞿秋白：《社会科学概论》，上海书店 1924 年 2 月初版。

25. 李达：《马克思还原》，载《新青年》第 8 卷第 5 号，1921 年 1 月出版。

26. 李达：《现代社会学》，湖南现代丛书社 1926 年 6 月初版。

27. 李大钊：《马克思的经济学说》，载 1922 年 2 月 21—23 日《晨报》。

28. 李大钊：《我的马克思主义观》，载《新青年》第 6 卷第 5、6 号，1919 年 5 月（疑为 9 月）、11 月出版。

29. 李汉俊：《研究马克思学说的必要及我们现在入手的方法》，载 1922 年 6 月 6 日《民国日报》副刊《觉悟》。

30. 李石曾：《驳〈时报〉〈论中国今日不能提倡共产主义〉》，载《新世纪》第 72 期，1908 年 11 月 7 日版。

31. 梁启超：《进化论革命者颉德之学说》，载 1902 年 10 月 16 日《新民丛报》第 18 号。

32. 梁启超：《社会革命果为今日中国所必要乎》，载《新民丛报》第 86 号，1906 年 11 月版。

33. 刘师复：《无政府共产主义释名》，载《民声》第 5 号，1914 年 4 月 11 日版。

34. 刘师培：《〈共产党宣言〉序》，《天义报》第 16—19 期合刊，1908 年春版。

35. 马君武：《社会主义与进化论比较——附社会党巨子所著书记》，载《译书汇编》第 2 年第 11 号，1903 年 2 月 15 日版。

36. 马君武：《社会主义之鼻祖德麻司摩尔之华严界观》，载《译书汇编》第 2 年第 12 号，1903 年 3 月 13 日版。

37. 马君武:《唯物论二巨子（底得娄、拉梅特里）之学说》，载《大陆报》第 2 期，1903 年 1 月 8 日版。

38. 毛泽东：《关于哲学问题的讲话》，见中国社会科学院马克思主义毛泽东思想研究所编《马克思、恩格斯、列宁和我国领导人论社会主义发展阶段》，社会科学文献出版社 1989 年版。

39. 钱智修：《社会主义与社会政策》，载《东方杂志》第 8 卷第 6 号，1911 年 8 月 19 日版。

40. 邵振青：《各国社会思潮》，商务印书馆 1920 年 4 月初版。

41. 施存统：《马克思底共产主义》，载《新青年》第 9 卷第 4 号，1921 年 8 月 1 日版。

42. 孙中山：《社会主义之派别及批评》，载 1912 年 10 月 30 日《民立报》。

43. 王辐尘："社会主义与社会政策（社会主义讲演集第八章）——附驳《东方杂志》论文"，载《新世界》第 7 期，1912 年 8 月 14 日出版。

44. 幸德秋水：《社会主义神髓》，中国达识译社译，《浙江潮》编辑所 1903 年 10 月 5 日出版。

45. 徐松石：《社会主义之沿革》，载 1920 年 1 月 18—19 日《时事新报》。

46. 杨匏安：《马克思主义》（一称科学社会主义），载 1919 年 11 月 11—12 月 4 日《广东中华新报》。

47. 易家钺：《破坏论（一）》，载《奋斗》第 5 号，1920 年 5 月 3 日出版。

48. 曾乐山：《马克思主义哲学的中国化及其历程》，华东师范大学出版社 1991 年版。

49. 朱执信：《德意志社会革命家列传》，载《民报》第 2、3 号，1906 年 1 月、4 月出版。

50. 朱执信：《论社会革命当与政治革命并行》，载《民报》第 5 号，1906 年 6 月出版。

51. 庄福龄主编：《中国马克思主义哲学传播史》，中国人民大学出版社 1988 年版。

52. 《马克思恩格斯全集》（第 3、27、39、42 卷），人民出版社 1960 年、1972 年、1974 年、1979 年出版。

53. 《列宁选集》（1—4），人民出版社 1995 年版。

54. 《毛泽东选集》（1—4），人民出版社 1991 年版。

55. 《毛泽东文集》（2、3），人民出版社 1993、1996 年版。

56. 《毛泽东著作选读》（上、下），人民出版社 1986 年版。

57. 《孙中山选集》，人民出版社 1981 年版。

58. 《李大钊文集》，人民出版社 1984 年版。

59. 《李达文集》，人民出版社 1980 年版。

60. 《艾思奇文集》，人民出版社 1981 年版。

61.《张岱年哲学文选》，中国广播电视出版社 1989 年版。

62. 梁漱溟：《东西文化及其哲学》，商务印书馆 1922 年出版。

63. 梁启超：《饮冰室文集》，中华书局 1989 年出版。

64. 冯友兰：《新理学》，商务印书馆 1939 年出版。

65. 冯契：《中国近代哲学史》，上海人民出版社 1989 年出版。

66. 楼宇烈等：《中外哲学交流史》，湖南教育出版社 1998 年出版。

67. 罗远鹏等：《毛泽东哲学思想辞典》，天津教育出版社 1993 年出版。

第五编

1.《邓小平文选》第 1 卷，人民出版社 1989 年版。

2.《邓小平文选》（1975—1982 年），人民出版社 1983 年版。

3.《邓小平文选》第 2 卷，人民出版社 1994 年版。

4.《邓小平文选》第 3 卷，人民出版社 1993 年版。

5. 康德：《批判力批判》上册，商务印书馆 1964 年版。

6.《列宁全集》，第 19 卷，人民出版社 1963 年版。

7. 葛兰西：《狱中札记》（选），人民出版社 1983 年版。

8.《毛泽东文集》第 7 卷，人民出版社 1999 年版。

9.《毛泽东选集》第 3 卷，人民出版社 1991 年版。

10.《马克思恩格斯选集》第 1—4 卷，人民出版社 1972 年版。

11.《马克思恩格斯全集》第 46 卷，下册，人民出版社 1980 年版。

12. 墨子刻：《摆脱困境：新儒学与中国政治文化学的演进》，江苏人民出版社。

13. 唐宝林主编：《马克思主义在中国 100 年》，安徽人民出版社 1997 年版。

14. 奥尔森：《集体行动的逻辑》，上海三联书店 1995 年版。

15. 孙伟平：《事实与价值》，中国社会科学出版社 2000 年版。

16. A. H. 卡尔：《历史是什么?》，吴柱存译，商务印书馆 1981 年版。

17. 马克思：《1844 年经济学哲学手稿》，人民出版社 1979 年版。

18.［美］克洛依伯、克勒克荷恩：《文化：概念和定义述评》，纽约：酿酒丛书，1963。

19. ［美］布莱斯蒂德：《文化合作：未来时代的基调》，纽黑文：海贞基金会，1945。

20. 《马克思恩格斯全集》第 20 卷，人民出版社 1971 年版。

21. 《马克思恩格斯全集》第 26 卷第 2 册，人民出版社 1973 年版。

22. 《马克思恩格斯全集》第 19 卷，人民出版社 1963 年版。

23. 《毛泽东选集》第 1—4 卷，人民出版社 1991 年版。

24. 《马克思恩格斯全集》第 2 卷，人民出版社 1957 年版。

25. 《列宁选集》第 1—4 卷，人民出版社 1972 年版。

26. 《马克思恩格斯全集》第 3 卷，人民出版社 1960 年版。

27. 《马克思恩格斯选集》第 1—4 卷，人民出版社 1995 年版。

28. 《马克思恩格斯全集》第 27 卷，人民出版社 1972 年版。

29. 《马克思恩格斯全集》第 6 卷，人民出版社 1961 年版。

30. 《马克思恩格斯全集》第 12 卷，人民出版社 1962 年版。

31. 《马克思恩格斯全集》第 7 卷，人民出版社 1959 年版。

32. 《马克思恩格斯选集》第 1 卷，人民出版社 1956 年版。

33. 《马克思恩格斯全集》第 6 卷，人民出版社 1961 年版。

34. 《马克思恩格斯全集》第 46 卷（上），人民出版社 1979 年版。

35. 《马克思恩格斯全集》第 23 卷，人民出版社 1972 年版。

36. 《马克思恩格斯全集》第 21 卷，人民出版社 1965 年版。

37. 《马克思恩格斯全集》第 47 卷，人民出版社 1979 年版。

38. 《马克思恩格斯全集》第 13 卷，人民出版社 1962 年版。

39. 《马克思恩格斯全集》第 42 卷，人民出版社 1979 年版。

40. 《马克思恩格斯全集》第 24 卷，人民出版社 1972 年版。

41. 《马克思恩格斯全集》第 32 卷，人民出版社 1975 年版。

42. 《列宁选集》第 1—4 卷，人民出版社 1995 年版。

43. 《江泽民论有中国特色社会主义（专题摘编)》，中央文献出版社 2002 年版。

44. 胡锦涛：《把科学发展观贯穿于发展的整个过程》，《求是》2005 年第 1 期。

45. 《马克思恩格斯全集》第 1 卷，人民出版社 1956 年版。

46. 《马克思恩格斯全集》第 12 卷，人民出版社 1962 年版。

47. 《毛泽东文集》第 5 卷，人民出版社 1996 年版。

48.《十六大以来重要文献选编》（上），中央文献出版社 2005 年版。

49.《马克思恩格斯全集》第 42 卷，人民出版社 1979 年版。

50.《马克思恩格斯全集》第 4 卷，人民出版社 1958 年版。

51.《毛泽东著作选读》上册，人民出版社 1986 年版。

52.《斯大林文选》（下），人民出版社 1962 年版。

53. 吴元梁、金吾伦：《论邓小平理论的时代精神》，《中国社会科学》1998 年第 4 期。

54. 比尔·盖茨：《未来之路》，北京大学出版社 1996 年版。

55. 孙伟平：《虚拟文化问题沉思》，载《社会科学家》2001 年第 4 期。

56. 吴元梁：《关于我国马克思主义哲学研究状况及若干理论问题的分析》，《东岳论丛》2004 年第 51. 期。

57. 黄楠森：《马克思主义与人道主义》，《光明日报》2003 年 8 月 19 日。

58. 李德顺：《立言录》，黑龙江教育出版社 1998 年版。

59. 肖前等：《实践唯物主义研究》，中国人民大学出版社 1996 年版。

60. 杨耕：《重读马克思》，载《哲学动态》1998 年第 5 期。

61. 高清海：《高清海哲学文存》（1—6 卷），吉林人民出版社 1996 年版。

62. 张曙光：《哲学生存论的彰显及其意义》，载《光明日报》2001 年 11 月 21 日。

63. 李文阁：《失语的哲学》，《河北学刊》2004 年第 2 期。

64. 李文阁：《生活哲学：21 世纪的哲学观》，《天津社会科学》2003 年第 2 期。

65. 孙伟平：《当代哲学中的价值论转向》，《天津社会科学》2002 年第 5 期。

66. 李景源：《论建构中国特色社会主义哲学原理》，《光明日报》2004 年 9 月 14 日。

67. 李德顺：《实践的唯物主义与价值问题》，载《南京社会科学》1996 年第 1 期。